ISBN 978-0-331-07199-3
PIBN 11010697

Wiedewelt sculp

Vilh. Pacht Fototypi

Johan Hartvig Ernst Bernstorff

né le 13 mai 1712, mort le 18 février 1772.

CORRESPONDANCE MINISTÉRIELLE

DU

COMTE J. H. E. BERNSTORFF

1751—1770

PUBLIÉE

PAR

P. VEDEL

———

TOME PREMIER

AUX FRAIS DE LA FONDATION CARLSBERG.

COPENHAGUE

IMPRIMERIE DE JØRGENSEN & CIE

1882.

20208
1/1/92

Avant-propos.

L<small>E</small> nom de Bernstorff est bien connu dans la diplomatie moderne, car, dans l'espace de moins de deux siècles, il a été porté par cinq ministres des affaires étrangères, qui tous ont marqué dans l'histoire.

Le premier d'entre eux, le baron Andreas Gottlieb, était, au commencement du siècle dernier, ministre de Hanovre, et c'est à lui que la maison de Brunswick-Lünebourg dut de monter sur le trône d'Angleterre et de s'y maintenir. Son petit-fils, Johan Hartvig Ernst, entra au service danois en 1732, et relevé, par la mort prématurée du prince de Galles, de la promesse qu'il lui avait faite de devenir un jour son ministre, il accepta en 1751 le ministère en Danemark et dirigea pendant vingt ans la politique extérieure de ce pays. Renversé par Struensee en 1770, il survécut à la chute de son rival, en 1772, mais sa mort survenue subitement quelques semaines après, l'empêcha de reprendre un pouvoir qu'il avait exercé avec tant de compétence. Son neveu, Andreas Peter, continua, à deux reprises, la politique de son oncle comme ministre de Danemark, d'abord de 1773 à 1780, ensuite de 1784 jusqu'à sa mort, en 1797. Le fils de ce dernier, Christian Günther, lui succéda au ministère, qu'il dirigea jusqu'en 1810, mais huit ans après il passa au service de la Prusse, dont il devint le ministre des affaires étrangères jusqu'en 1835. Enfin Albrecht, neveu du précédent, se vit en 1861 appelé au même poste, mais dès l'année suivante il y fut remplacé par le chancelier actuel de l'Allemagne.

De ces cinq ministres, le comte Andreas Peter est certainement celui dont le nom est devenu le plus célèbre, grâce à la politique sage et habile par laquelle il sut maintenir la neutralité du Danemark pendant les guerres de la révolution française, tandis que Johan Hartvig Ernst, généralement apprécié de son vivant comme un homme d'État des plus éminents, n'est guère connu de nos jours que par les historiens qui se sont spécialement occupés de la guerre de sept ans, et ceux-ci mêmes ne lui rendent souvent pas la justice qu'il mérite, parce qu'ils ne connaissent que très imparfaitement sa politique.

I.

Ce sont les dépêches les plus importantes de ce ministre que nous livrons aujourd'hui à la publicité. Leur principal intérêt consiste naturellement dans la lumière qu'elles répandent sur l'histoire danoise de 1750 à 1770, et cet intérêt est d'autant plus grand que, pendant cette période, la question de Slesvig-Holstein, cette éternelle plaie du Danemark, traversa une crise qui menaça jusqu'à l'existence même de la monarchie danoise.

La famille ducale de Holstein-Gottorp, branche cadette de la maison royale, avait été justement punie de sa perfidie envers le Danemark pendant la grande guerre du Nord, au commencement du dix-huitième siècle, par la perte de sa part du Slesvig, incorporée à la couronne royale en 1721, et elle se trouvait par conséquent réduite à ses possessions dans le Holstein. Mais si sa puissance était diminuée, sa haine contre la branche aînée n'avait fait qu'augmenter, et bientôt la fortune, en l'appelant à porter deux grandes couronnes, parut lui fournir les moyens de satisfaire pleinement sa soif de vengeance. En 1742, l'impératrice Elisabeth de Russie avait désigné le duc régnant, Carl Peter Ulrich, pour son héritier, et l'année suivante elle réussit également à imposer aux états suédois le prince de Gottorp, Adolf Frederik, comme successeur éventuel au trône de ce pays. Il était facile de prévoir que ces deux ennemis implacables du Danemark, une fois montés sur le trône, ne tarderaient pas à réunir leurs forces pour lui arracher les deux duchés, et que, pressée des deux côtés, la monarchie danoise tout entière

finirait probablement par succomber. Conjurer ce danger
formidable, tel était le problème difficile que le comte Bernstorff fut appelé à résoudre, et le seul moyen de le faire,
était de profiter des quelques années qu'on avait peut-être
devant soi avant l'avènement au trône des deux princes,
pour amener la famille de Gottorp à consentir à un accord,
d'après lequel elle renoncerait à l'amiable à ses prétentions
sur le Slesvig et échangerait ses possessions dans le Holstein contre les comtés d'Oldenbourg et de Delmenhorst,
pays éloignés du Danemark, qui constituaient le patrimoine
du roi. Un premier pas vers ce but avait déjà été fait.
En 1750, sous les auspices du cabinet de Versailles, le prince
héritier de Suède s'était engagé par un traité à accepter
l'arrangement susmentionné, au cas que la mort de Carl
Peter Ulrich sans progéniture fît passer la couronne ducale
à lui ou à ses descendants. Néanmoins il s'en fallait de
beaucoup que cette promesse formelle eût écarté tout danger
du côté de la Suède. L'année suivante, Adolf Frederik monta
sur le trône. Dès lors ni lui ni surtout sa femme, Ulrika
Eleonora, sœur de Frédéric II de Prusse, ne dissimulèrent
plus leur envie de rompre le traité de 1750, et s'ils parvenaient, comme ils le désiraient, à renverser la constitution libre
en Suède, il n'était guère douteux que le premier usage
qu'ils feraient du pouvoir absolu, ne fût d'attaquer le Danemark afin de lui enlever la Norvége. Il en résulta pour
le cabinet de Copenhague la nécessité de surveiller avec la
plus grande attention le développement des affaires intérieures
en Suède, de soutenir, autant qu'il dépendait de lui, le parti
constitutionnel dans ce pays et de s'efforcer de déjouer
toutes les tentatives du roi et de la reine pour augmenter
leur pouvoir.

Si cette tâche était déjà des plus délicates et des plus
difficiles, le problème ne laissait pas de prendre vis-à-vis de
la Russie des proportions beaucoup plus dangereuses et plus
décourageantes. L'impératrice de Russie était, il est vrai,
plutôt favorable que contraire à un accord entre le Danemark et le grand-duc, et le comte Bestouchew le désirait
même vivement, mais elle ne savait pas user de son autorité
légitime sur l'esprit timoré de son neveu, et le chancelier
russe tenait trop de l'intrigant politique pour qu'on pût

jamais se fier à ses conseils. Il n'y avait pas grand'chose non
plus à espérer de la France et de l'Autriche. Ces deux puissances, alliées intimes de l'impératrice, s'étaient bien engagées,
à plusieurs reprises, à mettre leur influence à St. Pétersbourg
au service du cabinet danois. Mais d'autres intérêts plus
pressants les préoccupaient, surtout après l'explosion de la
guerre de sept ans, et elles ne se souciaient guère de froisser
le futur empereur pour une affaire dont toutes les démonstrations du comte Bernstorff n'avaient jamais réussi à leur
faire bien comprendre l'importance pour l'Europe entière.
Malgré toutes les belles promesses qu'on lui avait prodiguées
de tant de côtés, le cabinet de Copenhague restait ainsi au
fond seul en présence de l'obstination du grand-duc, qui
n'était accessible à aucune considération politique. De cette
manière dix années du ministère du comte Bernstorff s'étaient
écoulées inutilement. Il avait épuisé tous les moyens, jusqu'à
la menace, pour stimuler les puissances amies, et il avait
multiplié ses offres au grand-duc, mais tout avait échoué
contre l'indifférence des unes et la haine de l'autre. Le
temps pressait, et le ministre se décida en 1761 à essayer d'un
dernier et suprême effort. Cette fois il paraissait à la fin
toucher à son but; au moins le cabinet de Versailles se prépara sérieusement à reprendre la négociation à St. Pétersbourg pour son propre compte et à la conduire avec vigueur.
Mais, à ce moment même, une mort subite enleva l'impératrice Elisabeth le 5 janvier 1762, et Pierre III monta sur le
trône de Russie.

La ruine du Danemark paraissait inévitable. Sans plus
tarder, le nouvel empereur fit sa paix avec Frédéric II, en
s'assurant la coopération de la Prusse pour la guerre qu'il
préparait contre le Danemark, et il n'était que trop probable
que l'avènement de Pierre III serait bientôt suivi en Suède
d'un changement de gouvernement, qui mettrait Adolf
Frederik à même de faire cause commune avec la Russie.
En même temps, la France et l'Autriche avaient besoin de
toutes leurs forces pour faire face à la situation critique où
elles se trouvaient placées par suite de l'alliance imprévue
entre la Russie et la Prusse, et tout ce que le Danemark
pouvait espérer d'elles, se réduisait à des subsides bien insuffisants. Mais quelque désespérée que fût la situation, le

càbinet de Copenhague ne balança pas. On était résigné à faire de grands sacrifices afin d'éviter la guerre, mais, de l'avis unanime de tous les ministres, c'eût été payer la paix trop cher que de l'acheter au prix de la cession d'une partie de la monarchie, notamment celle du Sleswig, „le plus beau joyau de la couronne danoise". A force d'habileté et de prudence, et aidé d'ailleurs par l'impopularité dont la guerre avec le Danemark était l'objet dans toutes les classes de la population russe, le comte Bernstorff réussit à retarder pendant six mois la déclaration de guerre de la part de la Russie. Ce temps d'arrêt permit au gouvernement danois d'achever ses armements et au mécontement général en Russie de se développer. En effet, au moment même où les deux armées et les deux flottes n'étaient plus séparées que par quelques lieues et où l'on s'attendait de part et d'autre à une première bataille, arriva la nouvelle de la révolution survenue à St. Pétersbourg, qui coûta à Pierre III la couronne et bientôt après la vie.

Le danger imminent d'une guerre était écarté, il est vrai, mais la question de Sleswig-Holstein exigeait une solution non moins impérieusement que par le passé, et les commencements du règne de Catherine II ne furent pas de nature à rassurer le Danemark sur les intentions de la nouvelle czarine. Il n'était guère probable qu'elle reprit de sitôt la politique directement agressive qui avait été si funeste à son prédécesseur, mais en attendant elle paraissait disposée à favoriser ce changement de constitution en Suède que le cabinet de Copenhague craignait à si juste titre. Cette froideur envers le Danemark et ces velléités de rendre le pouvoir royal en Suède plus indépendant du sénat et des états, n'étaient cependant que les premiers tâtonnements d'un esprit entreprenant et ambitieux qui n'avait pas encore trouvé l'assiette de sa politique. En effet, vers la fin de 1763, tout prit subitement un autre aspect. L'impératrice avait alors arrêté son système, et le comte Panin était devenu l'habile exécuteur de ses volontés. A partir de ce moment, l'entente avec le Danemark ne cessa jamais d'être un principe immuable de la politique de Catherine II. Elle commença par abandonner toute idée d'augmenter le pouvoir de son parent en Suède, et cette première condescendance de sa part fut bientôt suivie de la conclusion de trois traités de la plus grande importance. L'ancienne alliance défensive entre la Russie et le Danemark, expirée en 1761, fut renouvelée par le traité du 11 mars 1765, l'échange des possessions grand-ducales dans le Holstein contre les comtés d'Oldenbourg et de Delmenhorst fut adopté en principe par le traité provisionnel du 22 avril 1767, enfin un troisième traité du 13 décembre 1769 jeta les bases d'un pacte de famille entre les deux souverains de la maison d'Oldenbourg.

Par ces trois actes, le comte Bernstorff avait atteint le grand but de son ambition. Dans quelques années la monarchie danoise se trouverait réunie sous le sceptre du roi jusqu'à l'Elbe, les Gottorp auraient cédé leurs possessions dans le Holstein et abandonné leurs anciennes prétentions sur le Slesvig. Mais le comte Bernstorff ne s'était pas contenté de consolider la monarchie danoise pour le présent, il avait en outre eu soin d'assurer sa conservation pour l'avenir, autant que le permettait la différence qui subsistait dans les diverses parties de la monarchie relativement à l'ordre de succession. Par la renonciation des Gottorp au Slesvig et grâce à un arrangement conclu dans les années 1754 — 1756 avec le duc de Glücksbourg et ses héritiers présomptifs, Bernstorff avait rétabli dans l'ancien duché danois le même ordre de succession qui était fixé par la lex regia pour le royaume, et ces deux parties de la monarchie ne pouvaient plus être séparées que par la violence. Il n'en était pas de même pour le Holstein ou au moins pour certaines parties de ce duché. D'après les règles de succession y établies, l'extinction de la descendance mâle du roi Frédéric III devait amener une séparation entre le Holstein d'un côté et le Danemark-Slesvig de l'autre. Cette éventualité ne pouvait pas être écartée pour le moment sans violer des droits acquis, et la solution de cette partie du problème était par conséquent réservée à l'avenir. On pouvait espérer que des occasions favorables se présenteraient plus tard pour réunir les droits éventuels de la ligne d'Augustenbourg, qui était l'héritière la plus proche pour le Holstein dès que la ligne royale mâle viendrait à s'éteindre, à ceux de la ligne royale féminine sur le Danemark-Slesvig. Mais quoi qu'il en fût de cette perspective, le comte Bernstorff avait complètement résolu le pro-

autant qu'il était possible de le faire alors, et il avait
dans tous les cas définitivement réuni le Slesvig avec le
royaume sous une même loi de succession.

Il est impossible de ne pas apprécier l'intelligente prévoyance avec laquelle le comte Bernstorff avait conduit les
négociations avec la Russie à un résultat aussi satisfaisant.
Mais il avait en outre lié le Danemark à la Russie par une
alliance intime et permanente. Qu'une alliance entre les
deux États fût la conséquence ou plutôt la condition de
l'échange du Holstein grand-ducal contre les comtés, rien
n'était plus naturel. Mais que cette alliance prît le caractère d'une pareille intimité, et que cela fût dû à l'initiative
du comte Bernstorff, c'est ce qui peut paraître assez singulier
de la part d'un ministre qui, dans sa correspondance avec
le duc de Choiseul et ailleurs, nous confie toute l'horreur
que lui inspirait la Russie, telle qu'elle était alors. Évidemment ils devaient être bien graves les motifs qui pouvaient
l'amener à lier le Danemark à un État dont il avait dit,
quelques années auparavant, qu'il était „l'objet de la terreur
de toutes les nations dont il s'approchait, et qu'il n'y avait
point de pouvoir dont on aimerait moins dépendre que du
sien". Aussi ne fut-ce rien moins que la nécessité qui lui
fit rechercher l'alliance intime avec la Russie. Par sympathie politique aussi bien que par goût personnel, il avait
toujours été porté pour l'alliance avec les puissances occidentales, notamment avec la France. Mais de tristes expériences lui avaient appris combien ces liaisons étaient
illusoires. L'appui diplomatique qu'elles lui avaient ménagé
n'avait jamais dépassé les limites d'une tiédeur indifférente,
et lorsque le Danemark s'était trouvé dans le cas de devoir
invoquer la garantie que les puissances occidentales avaient
assumée pour le Slesvig, elles n'avaient pas été en état de
tenir leur parole. Y avait-il, dans de pareilles circonstances,
autre chose à faire que de s'attacher à la Russie et d'essayer
de se faire une amie fidèle de la puissance même dont on avait
surtout à craindre l'hostilité? Ce projet présentait des dangers,
il est vrai, mais Bernstorff croyait pouvoir y parer. Il espérait que, garanti par l'alliance russe contre toute attaque
du côté de l'Allemagne, le Danemark serait à même de concentrer toutes ses forces sur le développement de sa flotte

au point de devenir une grande puissance maritime. Dans
ce cas, sa position dans l'alliance avec la Russie était
sauvegardée, car d'une part l'impératrice avait trop d'intérêt
à s'assurer l'assistance de la flotte danoise, pour vouloir se
refuser à compter avec son allié; de l'autre, si contre toute
attente, elle n'en cédait pas moins à son caractère domina-
teur et qu'elle essayât d'imposer ses volontés au Danemark,
la supériorité maritime de ce pays la mettait dans l'impossibilité d'employer jamais la force. Ce projet était hardi, et
il se peut bien que les ressources du Danemark, même
en y comprenant la subvention que la Russie s'était engagée à lui fournir par le traité de 1769, n'eussent pas suffi
pour l'exécuter. Dans tous les cas il ne fut pas donné à Bernstorff de réaliser son grand dessein, car peu de temps après,
les intrigues de la reine et de Struensee réussirent à le
renverser, et, après sa chute, le Danemark tomba dans un
tel état de faiblesse qu'il dut renoncer à tout espoir de
jouer dans les affaires du Nord le rôle brillant que Bernstorff avait voulu lui assurer.

Heureux dans ses efforts pour consolider la monarchie
danoise jusqu'à l'Elbe, le comte Bernstorff le fut beaucoup
moins dans une autre affaire, qui lui tenait presque aussi
vivement à coeur. Libre de toute prévention nationale, il
n'avait jamais pu comprendre que les royaumes scandinaves
s'affaiblissent mutuellement tantôt par des guerres ruineuses
tantôt en querelles inutiles, après que la cession de la Scanie
à la Suède avait éloigné le seul véritable motif de discorde
entre deux pays qui se trouvaient réunis par tant de liens,
et dont chacun avait le plus grand besoin de l'assistance de
l'autre pour parer aux dangers du dehors. Car tous les deux
étaient menacés par la Russie, l'un en Finlande, l'autre en
Holstein. Rien n'était donc plus naturel que de se lier
intimement ensemble, de ne s'épuiser ni par des disputes
intestines ni par une immixtion dans les affaires européennes
qui ne les regardaient pas, mais par contre de défendre avec
leurs forces réunies les frontières du Nord contre l'ennemi
commun. Pénétré lui-même de cette conviction, il croyait
pouvoir rallier le gouvernement suédois à ses vues et l'amener
à établir avec le Danemark une entente générale et durable,
qui se manifesterait au dehors par une politique commune

et au dedans par des relations amicales et libres de toute
jalousie mesquine. Il se confirma dans cet espoir, en voyant
le baron C. F. Scheffer, son ancien collègue à Paris et entré
quelques années après dans le ministère suédois, embrasser
. avec ardeur son projet. L'idée d'une alliance scandinave
plut également au duc de Choiseul, lorsqu'il devint ministre
des affaires étrangères de France en 1758. Il l'entendait,
il est vrai, d'une autre manière que Bernstorff, car il espérait
que, dans les mains du cabinet de Versailles, elle deviendrait
un instrument plus puissant et plus utile que ne l'avaient jamais
été le Danemark et la Suède séparés et animés d'une jalousie
réciproque, tandis que celui-ci ne doutait pas que, les pays
scandinaves une fois sincèrement alliés, la France ne se vît
bientôt dans la nécessité de conformer sa politique dans le
Nord à leurs intérêts véritables, puisqu'elle ne pouvait
se passer de leur amitié dans ses luttes continuelles avec
l'Angleterre. Mais il y avait d'autant moins de raison pour
relever cette différence de vues au sujet de l'avenir, que
Bernstorff avait déjà fait des expériences qui le firent désespérer de la possibilité de réaliser jamais son projet.

Parmi les obstacles contre lesquels il vint se heurter en
Suède, un des moindres était l'hostilité du roi et de la reine,
car ils n'exerçaient presque aucune influence sur les décisions
du gouvernement, et il était d'ailleurs encore permis de croire
que le mariage arrêté dès 1750 entre la princesse danoise
et le prince héritier de Suède ne manquerait pas de rapprocher les deux dynasties. Beaucoup plus funestes furent
la méfiance dont la plupart des ministres suédois et notamment le ministre des affaires étrangères, le baron A. Høpken,
ne pouvaient s'affranchir envers le Danemark, et le souvenir
de l'ancienne grandeur de la Suède, qui ne se conciliait
guère avec la politique réservée que le gouvernement danois
était décidé à suivre dans les affaires de l'Europe. A la
vérité, dans la première grande question européenne qui se
présenta, le gouvernement suédois parut vouloir mettre de
côté ses anciennes préventions pour agir d'accord avec le
Danemark. Ce fut à l'occasion de la guerre coloniale entre
la France et l'Angleterre. Le cabinet de Copenhague était
décidé à garder la neutralité, tout en la rendant plutôt
favorable à la France, et le gouvernement suédois non seule-

ment suivit cet exemple, mais proposa même au Danemark que les deux royaumes fissent des armements maritimes afin de défendre en commun leur commerce et leur navigation contre les empiètements des belligérants. Ainsi l'union maritime fut signée le 12 juillet 1756, et l'on put croire un instant que cet acte allait inaugurer une politique scandinave. Mais cette harmonie ne fut que de courte durée. Peu après éclata la guerre de sept ans et, cette fois, le gouvernement suédois ne sut plus résister à la tentation de jouer un grand rôle politique. Sans tenir compte du peu de forces du pays, qui ne répondaient nullement à son ambition, il se lança imprudemment dans la guerre. Aussi ne réussit-il qu'à faire constater la faiblesse de la Suède au dehors et à provoquer à l'intérieur un sentiment de profonde humiliation et un mécontentement général. Le contre-coup de cette funeste politique ne tarda pas à se faire également sentir dans les rapports entre la Suède et le Danemark. La jalousie et la méfiance traditionnelles reprirent le dessus, l'union maritime devint lettre morte, les difficiles négociations poursuivies par le gouvernement danois avec le grand-duc éprouvèrent souvent l'influence fâcheuse de l'opposition occulte de la diplomatie suédoise, et lorsque Pierre III menaça l'existence du Danemark, c'est tout au plus si l'on put compter sur une neutralité très réservée de la part de la Suède. Enfin la mesure fut comblée lorsque le faible gouvernement suédois se laissa entrainer par son désir de gagner les bonnes grâces de la cour, jusqu'à ne pas s'opposer franchement au projet de la reine de rompre le mariage arrêté entre la princesse Sophie Magdalène et le prince Gustave.

En présence de cette longue série de déboires il était impossible de garder plus longtemps des illusions, et le comte Bernstorff dut à la fin abandonner un projet qui, s'il se fût réalisé, aurait peut-être conservé la Finlande à la Suède et maintenu l'union entre le Danemark et la Norvége. Repoussé par la Suède, le cabinet danois dut, comme nous l'avons vu, chercher sa sécurité dans l'alliance de la Russie, et pendant la dernière partie de son ministère, le comte Bernstorff renferma les relations avec la Suède dans des limites étroites. Il n'était pas homme à endurer tranquillement un affront qui aurait frappé la nation tout aussi bien que la famille

royale, et, malgré la résistance de la reine, le mariage entre
la princesse et le prince fut célébré. De même les intérêts
du Danemark exigeaient que le parti constitutionnel en Suède
fût soutenu dans sa défense de la liberté. En cela Bernstorff
réussit également, et ce ne fut qu'après sa chute que la
révolution du 19 août 1772 mit Gustave III en état de troubler
la paix de ses voisins sans aucun profit pour son peuple.

II.

En même temps que les laborieuses négociations avec la
Russie, la lutte constitutionnelle en Suède et d'autres intérêts
directement danois préoccupaient à juste titre le comte Bernstorff, les événements généraux qui se passaient en Europe
étaient également de nature à réclamer, au plus haut degré,
son attention. En effet son ministère coïncide avec une
transformation fondamentale du système des États européens,
qui fut pour la politique extérieure aussi décisive que la
grande révolution de la fin du siècle l'a été pour l'organisation de la société et pour la politique intérieure.

Jusqu'alors le cercle des États qui vivaient d'une vie commune et entretenaient des relations suivies, tantôt amicales
tantôt hostiles, n'avait pas embrassé la partie orientale de
l'Europe. Non seulement la Turquie, mais aussi la Russie
et la Pologne restaient exclues de cette communauté internationale, et jamais encore les armées russes n'avaient foulé
le sol allemand. Dans cette Europe restreinte, le premier
rang était, depuis longtemps, occupé par la France. Après
avoir expulsé les Anglais de son territoire, elle leur tenait
encore tête sur mer et dans les colonies d'outre-mer, tandis
que sur le continent elle luttait avec la maison de Habsburg
pour la suprématie en Europe. Autour de ces trois grandes
puissances se groupaient l'Espagne, la Hollande, les États
scandinaves et les différents princes d'Italie et d'Allemagne,
et c'était sur les bords du Rhin et dans les plaines de la
Belgique et de l'Italie septentrionale que se décidait le sort
du monde. Tel était le système simple et peu compliqué
qui avait régi l'Europe depuis le moyen âge, mais il fut
profondément altéré dans le courant du dix-huitième siècle,
et cette transformation s'opéra surtout dans la guerre colo-

niale entre la France et l'Angleterre et dans celle de sept
ans entre la Prusse et l'Autriche.

A l'issue de ces guerres, la France, qui naguère paraissait si pleine de force et de vigueur, avait cessé d'être une
grande puissance maritime et colonisatrice. L'empire des
mers avait définitivement passé à l'Angleterre et c'est à
elle que fut désormais dévolue la grande tâche de porter la
civilisation dans les quatre parties du monde, en répandant
en même temps au loin sa langue, ses mœurs et ses institutions. Mais aussi sur le continent la puissance de la France
était brisée. Ses armées, jadis si victorieuses, avaient été
battues sur les champs de bataille; sa diplomatie, autrefois
si impérieuse, avait perdu son crédit dans les cours; son
influence dans le Nord et en Allemagne avait disparu, et
éliminée partout, elle se réfugia dans la sécurité illusoire du
pacte de famille des Bourbons. Et loin d'être un phéno-
mène passager, cette décadence n'était que la manifestation
extérieure du travail occulte de destruction qui sapait déjà
les bases de la société et des institutions de la France et
qui allait bientôt aboutir à la grande révolution.

Tandis que la France descendait ainsi la pente rapide
de ses destinées, deux grandes puissances sortirent des ténè-
bres qui jusqu'alors avaient couvert l'Europe orientale. Ce fut
d'abord la Prusse. Elle avait patiemment, depuis un siècle,
préparé les éléments de sa grandeur future. Le Grand-
Électeur avait fait d'importantes acquisitions territoriales, il
avait dégagé son duché de la Prusse orientale des liens
de vasselage qui le rattachaient encore à la Pologne, mis le
Brandenburg à la tête des États protestants dans l'Empire,
et jeté les fondements de l'admirable organisation adminis-
trative qui devint une des forces les plus vitales de la
Prusse. Son fils, Frédéric I, prit le titre de roi; c'était
marquer qu'il était souverain européen en même temps
qu'électeur allemand, double position dont la Prusse a su
plus tard, en mainte occasion, tirer un si grand profit, en se
prévalant, d'après ses convenances, tantôt de l'une tantôt de
l'autre de ces deux qualités. Frédéric Guillaume I avait
employé les vingt-sept années de son règne à remplir son trésor
et à créer une armée nombreuse, qui, par son organisation et sa
discipline, l'emportait de beaucoup sur toutes les autres armées

en Europe. Ainsi tous les matériaux étaient réunis, il ne manquait encore que l'homme de génie capable de les mettre en oeuvre. Cet homme providentiel fut Frédéric II. Après avoir fait, avec la France comme alliée, un premier essai de ses forces dans les deux guerres de Silésie, qui lui procurèrent la possession d'une grande et importante province, il sut, dans la guerre de sept ans, seul et laissé à ses propres ressources, résister victorieusement aux armées réunies de l'Autriche et de la Russie et maintenir sa conquête de la Silésie contre toutes les attaques, tandis que les Hanovriens suffirent pour arrêter la grande armée française, sur les bords du Rhin. La Prusse était sortie de cette guerre comme une puissance avec laquelle il fallait dorénavant compter dans toute grande question qui viendrait à surgir en Europe, et désormais l'Autriche n'avait pas trop de toutes ses forces pour tenir tête à cette jeune et vigoureuse rivale, qui menaçait d'attirer à elle les autres États Allemands et d'arracher le sceptre impérial aux débiles mains de la vieille maison de Habsburg.

La guerre de sept ans fut également la porte par laquelle la Russie fit son entrée dans la grande politique de l'Europe. Sollicitée par l'Autriche et la France, elle prit pour la première fois part à une guerre européenne, dans laquelle elle ne poursuivit aucun but directement russe, car l'idée de faire l'acquisition de la Prusse orientale ne se présenta à l'esprit de l'impératrice Élisabeth que plus tard, lorsque son armée avait déjà occupé cette province. Mais le résultat n'en fut pas moins plus important pour la Russie que si elle eût conquis de vastes territoires. Quoique mal organisées et encore plus mal conduites, ses armées furent pourtant les seules que Frédéric II ne réussit jamais à entamer sérieusement et qui, au contraire, lui firent essuyer plusieurs formidables défaites. Cette expérience ne fut oubliée après la paix ni par les Russes ni par les autres États. Désormais consciente de sa force, la Russie ne se fit pas faute de se mêler des affaires générales de l'Europe, et loin d'écarter, autant que possible, une intervention si dangereuse, les autres États briguèrent à l'envi sa faveur et flattèrent imprudemment son orgueil. Catherine II sut admirablement bien tirer parti de cette position avantageuse, et bientôt la Russie se trouva admise parmi les membres les plus influents de la communauté européenne, dont, en moins de cinquante ans, elle devint à plusieurs occasions l'arbitre suprême. De tous les souverains de l'Europe, Frédéric II avait le plus grand intérêt à se concilier les bonnes grâces de la Russie, non seulement parce que, en qualité de voisin, il avait le plus à craindre d'une hostilité dont il avait déjà fait une si terrible expérience, mais aussi parce qu'il avait besoin de sa connivence pour exécuter ses projets contre la Pologne. Il réussit, et le partage de ce pays vint créer des intérêts communs entre les deux États, dont l'alliance intime s'est conservée sans interruption jusqu'à nos jours et a si souvent décidé du cours des vicissitudes politiques de ce siècle.

L'influence que le Danemark fut à même d'exercer sur les événements qui allaient avoir de si importantes conséquences, devait naturellement être très restreinte. Il lui fallait cependant prendre un parti et s'arrêter à une conduite à tenir au milieu de la conflagration universelle. Le gouvernement n'hésita pas dans son choix. Les intérêts danois n'étant directement engagés ni dans la guerre coloniale ni dans celle de sept ans, il se décida pour la neutralité.

Dans la guerre anglo-française la neutralité du Danemark fut reconnue sans difficulté, après que le comte Bernstorff eut réussi à persuader au cabinet de Versailles que l'assistance militaire à laquelle la France avait droit en vertu du traité de subsides de 1754, n'équivaudrait jamais aux services que la navigation danoise pourrait rendre au commerce français, si le Danemark restait neutre. Mais il était à craindre que l'incertitude qui régnait sur les droits des neutres, et l'insolence des corsaires, surtout ceux d'Angleterre, ne fissent essuyer à la navigation danoise presque autant de pertes que si le pays se fût trouvé en guerre ouverte avec l'Angleterre. Pour obvier à ce danger, le comte Bernstorff, d'accord avec la Suède, prétendit que la Baltique fût tenue en dehors de la guerre et que la navigation dans cette mer restât libre comme en temps de paix. De même il tâcha de faire reconnaître par les belligérants certaines règles sur les droits des neutres, dont la plupart n'ont reçu leur consécration définitive que cent ans plus tard, au congrès de Paris, en 1856. Les principes que le cabinet de Copenhague soutenait dans cette occasion, se résument en ces trois points principaux: 1° le pavillon neutre couvre la marchandise, excepté la contrebande de guerre; 2° la contrebande ne comprend que les armes et autres instruments de guerre, et 3° le droit de visite est limité à un examen des papiers de bord ayant pour but de constater la nationalité du navire et la nature de la cargaison.

Par un concours heureux de circonstances, la Baltique resta neutre, mais cet avantage n'impliquait de la part de l'Angleterre aucun aveu, pas même tacite, que la Baltique fût une mer fermée dont les États limitrophes pourraient défendre l'accès aux flottes d'autres puissances. Et quant à la question des droits des neutres, toutes les représentations du comte Bernstorff auprès du cabinet de Londres restèrent infructueuses, et le célèbre ouvrage „De la saisie des bâtiments neutres" etc., que M. Hübner, savant danois, publia sous son inspiration, eut plus de succès académique que d'effet pratique. En effet les vexations des corsaires anglais ne tardèrent pas à prendre de telles dimensions, que le gouvernement danois pouvait bien être tenté de préférer la guerre à une neutralité si peu respectée. Mais convaincu que, de toutes les éventualités, une guerre avec l'Angleterre serait la plus funeste pour le Danemark, le comte Bernstorff était décidé à ne pas se laisser entraîner à une rupture, et il espérait d'ailleurs que des démonstrations navales, entreprises de concert par les puissances maritimes neutres, suffiraient pour amener l'Angleterre à mettre un frein aux violences de ses corsaires. Il s'efforça donc de provoquer une entente entre les différents États qui se trouvaient dans le même cas que le Danemark, mais cette tentative n'aboutit encore à aucun résultat. L'expérience qu'il avait déjà acquise à l'occasion de l'union maritime, ne lui laissait aucun doute sur l'impossibilité d'attacher des espérances à une coopération avec la Suède, la Hollande se tint prudemment à l'écart, et l'Espagne déclina les ouvertures qui lui furent faites par le cabinet de Copenhague. Abandonné à ses propres ressources, celui-ci dut à la fin se résigner à accepter un modus vivendi avec l'Angleterre pour adoucir du moins les maux qu'il n'avait pas pu supprimer. Le gouvernement anglais se prêta effectivement à un arrangement d'après lequel le navire capturé devait être relâché moyennant un cautionnement, sans attendre l'issue de la longue procédure devant la cour d'amirauté; en beaucoup de cas le capteur se contentait d'une rançon, sans emmener le navire, et finalement l'outre-cuidance des corsaires, qui n'épargnaient plus même le commerce anglais, provoqua un acte du parlement qui les soumit à un contrôle sévère. Grâce à ces diverses circon-stances, la navigation danoise put reprendre son activité, en se ressentant toutefois aussi pendant le reste de la guerre des empiètements des Anglais.

Il fut plus difficile pour le Danemark de se tenir en dehors de la guerre allemande, car dans celle-ci sa neutralité vint se heurter contre les obligations qui incombaient au roi en sa qualité de duc de Holstein. En effet si le contingent militaire du duché allait rejoindre l'armée des cercles contre la Prusse, Frédéric II était en droit d'attaquer le Holstein; dans ce cas, le roi ne pouvait manquer de défendre cette province et le Danemark entier se trouvait alors entraîné dans la guerre. Le comte Bernstorff trancha cette difficulté en déclarant que le décret de la diète de Ratisbonne n'était obligatoire que pour les États d'Allemagne qui avaient voté en faveur de la guerre de l'Empire; or le roi avait voté contre. En vertu de cette doctrine, il maintint la neutralité pour le Holstein, et ni les menaces ni les cajoleries de l'Au-triche ne le firent dévier de cette ligne de conduite. Mais comme la neutralité militaire, à son avis, n'excluait nulle-ment l'intervention diplomatique, il déploya une activité in-fatigable dans le cours de la guerre, d'abord pour la cir-conscrire dans des limites aussi étroites que possible, et plus tard pour ramener la paix. C'est en grande partie à cause de ses représentations que la France et l'Autriche évitèrent soigneusement dans la suite tout ce qui pouvait donner à la guerre de sept ans ce caractère de guerre de religion que Frédéric II désirait. Pendant les deux premières années il fit des efforts incessants afin d'éloigner la guerre des frontières danoises, et la convention de Closter-Zeven faillit réaliser son projet de neutraliser l'électorat de Hanovre. Quand, à un des moments les plus critiques de la guerre, la Russie surprit ses alliés par la prétention imprévue de con-server à la paix future la possession de la Prusse orientale, ce

fut le comte Bernstorff qui ouvrit les yeux de l'Autriche et de
la France sur les dangers immenses pour l'Europe et surtout pour le Nord, qui résulteraient d'une pareille acquisition, et il n'hésita pas à déclarer que le Danemark s'allierait
avec la Prusse plutôt que de permettre à la Russie de garder
cette province prussienne.   Enfin il ne refusa jamais ses
bons offices, toutes les fois que la France ou la Prusse les
réclamèrent dans l'intérêt de la paix.   Aussi l'autorité du
cabinet danois s'accrut-elle considérablement dans cette guerre.
Des deux côtés on rechercha son alliance, le duc de Choiseul confia ses desseins les plus secrets au comte Bernstorff
dont il écoutait avec déférence les conseils, et au plus fort
du différend causé par les empiètements des corsaires, les
relations entre la cour de Copenhague et celle de Londres
ne perdirent pourtant jamais l'empreinte d'une parfaite
cordialité.

Après la conclusion de la paix à Paris et à Hubert-
bourg, il n'y avait plus la même nécessité impérieuse pour
le Danemark de s'occuper des affaires générales de l'Europe.
Mais le comte Bernstorff était trop intelligent pour ne pas
s'apercevoir de la portée des changements qui continuaient
de s'opérer dans les rapports mutuels des États, et trop
consciencieux pour laisser tranquillement à la postérité le
soin de se tirer tant bien que mal des périls que les fautes
du présent lui auraient légués.   Il se méfiait de la nouvelle
grande puissance qui avait si subitement surgi dans le nord
de l'Allemagne et dont il redoutait l'ambition.   Dès 1758 il
écrivait à mr de Cheusses: „l'Autriche, la France, déjà arrêtées
par leur propre poids, ne s'émeuvent plus avec tant de vivacité
ni d'audace.   Je les compare à des corps gras et pesants
qui n'ont plus ni l'inquiétude ni la convoitise bien allumées.
La monarchie prussienne au contraire est un corps encore
jeune et nerveux, son appétit est toujours allumé, ses mouvements sont vifs et violents, il cherche à acquérir cet embonpoint dont ses rivaux jouissent", et il ajoute finement: „de
qui le prendra-t-il, monsieur?"

Plus formidable encore lui paraissait la Russie, car il prévoyait que „désormais les affaires de l'Allemagne se débat-
traient à St. Pétersbourg", et en attendant la Suède et la
Pologne risqueraient fort d'être réduites à devenir de sim-

ples vassales de l'impératrice. Aussi s'empressa-t-il de prendre
l'initiative pour établir autour de la Russie un cordon de
surveillance européenne. Mais l'Autriche était trop indécise
et la France trop molle pour adopter sérieusement une politique prévoyante, et cette fois encore le comte Bernstorff ne
put compter que sur lui-même. Nous avons déjà vu comment il réussit à s'arranger avec la Russie à l'égard de la
Suède; non seulement il s'assura que les intérêts danois ne
souffriraient pas dans ce pays par l'influence russe, mais il
obtint encore que la direction des intérêts communs en
Suède lui fût, en grande partie, abandonnée par l'impératrice.

Une de ses plus grandes préoccupations regardait la
Pologne. Il était pénétré de l'importance qu'il y avait pour
l'Europe que cet État continuât de servir de barrière contre
la Russie, et de tous les hommes d'État de son temps, le comte
Bernstorff est celui qui, dans les limites de ses forces, a fait
les plus grands efforts pour sauver la Pologne de sa ruine.
Le plan qu'il avait formé pour la régénération de la république
portait principalement sur deux points. D'un côté il désirait
que le liberum veto fût supprimé, de l'autre que les dissidents
rentrassent dans la possession de leurs droits comme citoyens,
seul moyen de rallier cette nombreuse fraction des Polonais à
la république et de les soustraire à l'influence de la Prusse
et de la Russie. Le comte Bernstorff n'épargna aucune peine
pour atteindre ce but. Il prodigua les conseils les plus
sages aux Czartorisky, avec lesquels il était lié par une
ancienne amitié, il prêta au roi Stanislas Auguste son assistance diplomatique à Paris et à Vienne, alla jusqu'à mettre
en péril la confiance dont il jouissait auprès de l'impératrice,
par ses efforts pour calmer son irritation, et ne cessa
de dénoncer à St. Pétersbourg et à Varsovie les intentions de Frédéric II, dont il avait démêlé depuis longtemps
les visées secrètes sur la Pologne. En 1768, la position difficile du roi Stanislas fut rendue presque désespérée par le
traité du 4 février que la Russie lui imposa. Par cet acte
l'impératrice s'arrogea la garantie de la constitution existante,
et assura aux dissidents l'égalité complète des droits soit
politiques soit civils: c'était éterniser l'anarchie en Pologne
et en même temps pousser le fanatisme catholique jusqu'à
la frénésie. Le comte Bernstorff désapprouva fortement cette

conduite impolitique de l'impératrice non seulement en ce
qui concernait la constitution, mais même pour les droits
accordés aux dissidents, parce qu'ils dépassaient de beaucoup la juste mesure. Aussi fit-il tous ses efforts pour
débrouiller l'affaire. Il amena en effet Catherine II à se
déclarer prête à renoncer à la garantie de la constitution et à permettre que l'égalité des droits des dissidents
fût révisée dans un sens plus modéré. Mais les fiers Czartorisky ne voulaient plus se contenter de ces deux grandes
concessions, et Bernstorff s'efforça vainement de vaincre leur
aveugle obstination. A la fin il dut renoncer à la tâche
ingrate de médiateur et abandonner les Polonais à leur sort.
Il ne se dissimula plus l'issue inévitable de ce grand drame,
et, dans sa dépêche du 21 avril 1771, peu de mois avant
sa propre chute, il prédit avec tristesse le démembrement
prochain de la république.

Les dépêches du comte Bernstorff nous font assister à
tous ces graves événements et nous apprennent le jugement
qu'un des hommes d'État les plus intelligents de l'époque
portait sur eux. Elles nous initient d'autant plus intimement
à ses pensées, qu'elles sont toutes écrites par le ministre
lui-même, et s'adressent, en grande partie, à des amis éprouvés
qui jouissaient de sa confiance entière. Aussi la correspondance du comte Bernstorff avec ses agents se distingue-t-elle
de la correspondance officielle ordinaire par une forte empreinte personnelle et par une très grande variété. Tantôt
ce sont des mémoires, rédigés avec netteté et admirables de
lucidité et de logique, tantôt des instructions qui entrent
avec ampleur et franchise dans l'explication des motifs, tantôt
enfin des lettres confidentielles qui nous permettent de pénétrer jusque dans les plis intimes du caractère et du coeur du
ministre. Mais quelle que soit la forme dans laquelle il
s'explique, nous retrouvons toujours la même clarté dans le
raisonnement, la même éloquence dans le développement et
la même loyauté dans les sentiments, et toutes ces dépêches
méritent sans doute d'être rangées parmi les plus beaux
spécimens de style diplomatique que nous possédions.

Les lettres du comte Bernstorff sont trop nombreuses
pour qu'elles aient pu être imprimées toutes, et nous avons
dû nous borner à en faire un choix. La même considération

nous a fait omettre le texte des traités et conventions conclus par lui, et à cet égard nous renvoyons au recueil que
le ministère des affaires étrangères vient de publier sous le
titre de „Danske Traktater, 1751—1800". Enfin nous prions
le lecteur d'excuser les fautes d'impression, fautes qui sont
difficiles à éviter dans la publication de documents écrits
dans une langue inconnue au compositeur, mais qui, nous
croyons pouvoir l'espérer, ne seront cependant jamais de
nature à donner lieu à des malentendus.

I.

Alleruntertänigstes Bedenken an Ihro Königl. Majestät.

Nomine des Kgl. Geheimen-Conseils.

Friedensburg 21. Maj 1751.

Allerdurchlautigster König!

Demnach wir wohl erkennen, dass der von dem Russischen Reichs-Cantzler, Grafen v. Bestucheff, Ewr. Kgl. Majestät Geheimen-Conferenzrath, Grafen v. Lynar, geschehene Antrag[1]), vermöge welches ersterer Allerhöchstderoselben den fürstlichen Antheil des Landes Holstein, unter Vorwand der von dem Gross-Fürsten geführten üblen Oeconomie, zu occupiren und bis zum Schluss der Vergleichs-Tractate zu sequestriren angerathen und Ewr. Kgl. Majestät, dass Sie wegen dieser Einnehmung und Verfügung von der Russichen Kaiserinn nicht nur nicht beunruhigt werden sondern auch von derselben allen Beistand so wohl gegen die etwaigen Machinationen des Gross-Fürsten als auch bei dem Römisch-Kaiserlichen Hofe erfahren und geniessen sollten, versichert, einen solchen Schein hat, dass er wohl in künftigen Zeiten und absonderlich, wenn es dem Allmächtigen hochbesagtem Gross-Fürsten Leibeserben zu verleihen und dadurch die gegenwärtig sehr nahe und gewiss sich anlassende Wirkung des mit dem jetztregierenden Könige von Schweden geschlossenen Tractats[2]) zu entfernen oder gar zu vernichten gefallen sollte, als vortheilhaft und annehmbar angesehen werden möchte, so nehmen

---

[1]) Rapport Lynar ¹²/₂₄ avril 1751, Lynar's Staatsschriften I, 522—26, Vedel: Grev R. F. Lynar, hist. Tidsskr. IV R. IV, 565.
[2]) Traité du 25 avril 1750.

wir uns in tiefster Unterthänigkeit die Freiheit, die Ursachen, welche uns diesen Antrag einhellig als Ewr. Kgl. Majestät Interessen entgegen zu sein anzusehen vermocht, Allerhöchstderoselben schriftlich zu Füssen zu legen. Wir erbitten uns diese Erlaubniss, nicht um Ewr. Kgl. Majestät etwas, so Deroselben verborgen wäre, zu eröfnen oder um uns dadurch gegen eine dermaleins von uns zu fordernde Verantwortung zu sichern. Wir haben keine solche Sorge, wir sind die beständigen und glückseligen Zeugen Ewr. Kgl. Majestät Einsicht, Gerechtigkeit und Gnade und sind daher gewiss, dass weder die Gründe, die uns bewegen, Dero Beurtheilung entgegen sind, noch die Unbilligkeit des Anschlages jemals Dero Beifall erlangen, noch endlich Dero so grosse Milde Ihnen zulassen werde, zu einiger Zeit einiges Misfallen über unsere, nach Treue, Pflicht und Begriff geäusserte, unvorgreifliche Meinung gegen uns zu fassen, sondern wir suchen solche Erlaubniss nur um uns selbst in dieser wichtigen Angelegenheit zu beruhigen und die Ursachen, auf welche sich unsere Gedanken gründen, zu sammeln, auch selbige der Vergessenheit künftiger Zeit zu entreissen und auf die Nachfrage derer, so solche bei veränderten Conjuncturen zu wissen etwa begehren möchten, zu bewahren.

Wir haben jederzeit die Vereinigung des fürstlichen Antheils an Holstein mit Ewr. Kgl. Majestät übrigen Landen herzlich gewünscht und solche als einen der grössten Vortheile, so dieselben in Dero von Gotte augenscheinlich gesegneten Regierung erlangen können, angesehen. Und eben deshalb haben wir uns über die gewiss königlichen Erbietungen, durch welche Ewr. Majestät diesen Endzweck in vorgewesener und noch nicht völlig abgebrochenen gütlichen Handlung[1]) zu erreichen gesucht, höchlich erfreuet. Wir haben aber diese Vereinigung nicht anders als wenn sie rechtmässig, beständig, der Ruhe Ewr. Kgl. Majestät Lande zuträglich, Dero Namen rühmlich und Dero Interesse gemäss wäre, gewünscht. Alles dieses fand und findet sich bei der erwähnten Handlung und eben darum war sie und ist sie noch Ewr. Kgl. Majestät Attention und Beförderung werth.

---

[1]) Négociation 1750—51 de Lynar à Pétersbourg, Staatsschr. I, 239—584. Grev R. F. Lynar, hist. Tidsskr. IV R. IV, 569—91.

Keines derselben ist aber bei dem von dem Grafen Bestucheff geschehenen Vorschlage anzutreffen.

Es trägt derselbe Ewr. Kgl. Majestät nicht die Acquisition sondern nur die Occupation der fürstlichen Lande an, diese letztere ist aber Allerhöchstderoselben in ruhigen Zeiten nichts nütze und bei der geringsten erscheinenden Gefahr so gewiss und so leicht, dass sie aus Vorsorge beschlossen oder beschleunigt zu werden ganz nicht verdient. Die Garnison zu Rendsburg allein ist zureichend, selbige innerhalb 4 oder 5 Tage zu bewerkstelligen und es braucht zu deren Ausführung keine andere Anstalt als nur die blosse Ordre Ewr. Majestät. Es ist mithin bei der Occupirung eines so offenen Landes kein sonderlicher Vortheil in der gegenwärtigen Conjunctur mehr als in jeder anderen zu finden und Ewr. Majestät gewinnen dadurch nichts, weil Sie nur dasjenige ins Werk richten, was Sie stets ungehindert zu thun vermögen. Diese so leichte Occupirung aber würde anjetzo nicht rechtmässig sein. Wir bekennen Ewr. Majestät unsere darüber hegende Meinung mit so mehrerer Freimüthigkeit, weil wir wissen, dass Sie die Gerechtigkeit zum Grunde Ihres Throns und Regierung gesetzt haben und also über deren Ausübung unsere wahren Gedanken mit noch mehrerem Ernste als in allen übrigen, nur Dero Interesse betreffenden, Dingen von unserer Treue fordern. Der Gross-Fürst ist von Ihnen Selbst für einen rechtmässigen Herzog von Holstein und Regierer seines Antheils erkannt worden. Weder Allerhöchstdieselben noch Dero in Gott ruhenden Herrn Vaters Majestät haben vor rathsam gefunden, gegen ihn die einzige Ursache, die ihn von der Regierung eines im teutschen Reiche gelegenen Fürstenthums den Gesetzen nach ausschliessen könnte, nämlich seinen Abfall zur griechischen Kirche, geltend zu machen und es würde jetzo eben so wenig zeitig sein dieselbe gegen ihn anzuführen, weil Sie dadurch den ganzen Plan des Grafen v. Bestucheff gänzlich verrücken, die Russiche Kaiserinn zu der völligen Versöhnung mit ihrem, durch sie vermeintlich bekehrten, Vetter und zu dessen Beistand unfehlbar vermögen, auch bei daraus folgender Entstehung des Römisch-Kaiserlichen Hofes Sich nichts wie Schwierigkeiten und Hindernisse zuziehen würden. Andere Ursachen den Gross-Fürsten seines Eigenthums zu entsetzen sind nicht vorhanden. Seine Weigerung, die von Ewr. Kgl. Majestät ihm angetragenen vortheilhaften conditiones anzunehmen, zeigt zwar wenig Ueberlegung, ist aber doch noch kein Grund ihn seines Erbtheils zu berauben, und es vermag der von dem Grafen Bestucheff vorgeschlagene Prätext seiner üblen Oeconomie und der Deterioration seiner Lande um so weniger dahin zu reichen, als eine solche, nicht einmal völlig gegen ihn zu erweisende sondern seinem Herrn Vater ebender als ihm gebührende, Beschuldigung einen Agnaten wohl zu Protestationen und Verwahrungen, nicht aber zu eigenmächtiger und ohne vorhin angestellte Untersuchung und reichsrichterliche Erkenntniss vorzunehmender Depossedirung des Beklagten berechtigen kann und noch überdem der Beweis, dass die Deterioration selbst nicht einmahl einiges Nachtheil Ewr. Kgl. Majestät sondern nur dem Könige von Schweden, kraft der mit ihm geschlossenen Tractate [1]), bringen könne und also Allerhöchstdieselben zu einer solchen Beschwerde keine Ursache hätten, dem Gross-Fürsten leicht fallen würde.

Eine solche, den Gesetzen und der Billigkeit widrige und nicht einmal durch das Recht der Waffen beschönigte oder durch einen sieghaften Krieg befestigte, Occupation eines im teutschen Reiche gelegenen Landes kann nach der jetzigen Beschaffenheit Europas nicht beständig sein. Der Gross-Fürst wird sich bald als einen durch Gewalt ohne einigen dazu gegebenen hinreichenden Anlass von seinem väterlichem Erbe verdrungenen Fürsten der ganzen Welt vorstellen. Er würde allenthalben Mitleiden erwecken, die Russische Nation, so wenig sie ihn auch vielleicht liebt und so wenig sie sonst einen Krieg wegen der holsteinischen Lande zu führen geneigt sein möchte, würde es doch ihrer eigenen Ehre nachtheilig halten, wenn sie zugäbe, dass ihr künftiger Herr dergestalt gemisshandelt würde, und der Römische Kaiser würde sich, wenn er auch nicht wollte, dennoch kraft der Gesetze genöthigt sehen, sich den spoliirten Reichsfürsten anzunehmen, Monitoria gegen Ewr. Kgl. Majestät ergehen zu lassen und endlich die Execution gegen Dieselben zu verhängen und solche den mächtigsten unserer Nachbaren aufzutragen. Ewr. Kgl. Majestät würde also, statt Ihres

---

[1]) Traité du 25 avril 1750 art. 7.

wahren Zweckes, die Beruhigung Dero Lande und Unterthanen zu befördern, selbige einer immerwährenden Besorgniss und endlich einem nicht zu entgehenden schweren Kriege unterwerfen. Alsdann würde der Gross-Fürst eine rechtmässige Ursache überkommen einen unauslöschlichen Hass gegen Allerhöchstderoselben zu fassen, alsdann würde weiter auf keine Versöhnung noch Negociation mit ihm zu gedenken sein oder, wenn er sich auch in eine Handlung mit Ewr. Kgl. Majestät einlassen oder gar Tractate schliessen sollte, so würde er sich dennoch zu deren Beobachtung nicht weiter als es sein Interesse erforderte verbunden glauben und es würde schwer fallen, ihm ein Betragen, wovon wir ihm ein Exempel gegeben, mit Nachdruck vorzuwerfen. Stete Unruhe, Feindschaft, Kosten und Sorgen würden also die unfehlbare Frucht derjenigen Demarche sein, welche Ewr. Kgl. Majestät zu Sicherstellung Dero Lande und Staaten und um dadurch zu einem standhaften Vergleich mit dem Gross-Fürsten zu gelangen angerathen werden will.

Und wie nachtheilig würde solches Ewr. Kgl. Majestät Glorie sein. Sie, die anjetzo, wir dürfen es ohne Schmeichelei sagen, ein Muster aller Könige durch Dero Gerechtigkeit, Grossmuth und Moderation sind, welche keinem einzigen Menschen, er mag inner- oder ausserhalb Dero Lande sein, eine Thräne noch einen Seufzer seit Ihrer Regierung erpresset und die niemahls jemandem einiges Leid noch Unrecht zugefügt haben, würden diesen herrlichen Ruhm gegen den Namen eines Herrn, der nur sein gegenwärtiges und anscheinendes Interesse, ohne auf dessen Folgen zu achten, vor Augen hätte und um dessen Beförderung kein Bedenken trage, seinen schwachen und entfernten Vetter und Nachbar unversehens zu unterdrücken und einen Sieg, so ihm Niemand bestritten, davon zu tragen, vertauschen.

So nachtheilig und gefährlich scheinen uns die unabweislichen und natürlichen Folgerungen des Anschlags, so der Graf v. Bestucheff, vermuthlich ohne selbigen genugsam zu erwägen, Ewr. Kgl. Majestät zu geben sich unterstanden, und wir sehen nicht, dass sich bei solchem ein Vortheil für Dero Interesse, so nur einen Theil derselben vergüten könne, finde. Man räht Allerhöchstderoselben nichts anderes als die gewaltsame Besetzung und Sequestrirung des fürstlichen Antheils von Holstein an. Mithin zielt der ganze Anschlag nur auf eine Interimsverwaltung des Landes. Ewr. Kgl. Majestät würden, ohne Ihren eigenen dem Projecte gemäss bei der Occupation zu thuenden Aeusserungen zu widersprechen und den Plan des russischen Cantzlers zu verwerfen, keine alten schädlichen Einrichtungen daselbst abzuschaffen oder neue heilsamere anzuordnen noch weniger aber die fürstlichen Einkünfte zu geniessen vermögen, sondern nur eigentlich des Gross-Fürsten Administrator sein und Rechnungsführer für denselben bestellen können, und dieser für Ewr. Kgl. Majestät so geringe Gewinn, der Sie noch überdem in unendlichen Weiterungen und Abrechnungs-Schwierigkeiten mit dem schwedischen Hofe auf den Fall der Eröffnung verwickeln würde, sollte Deroselben das Vertrauen Ihrer Bundesgenossen, deren gewiss keiner dieses Unternehmen billigen noch hinfort so viel Zuversicht in Dero Gemühtsbilligkeit und Verbindungen wie bisher setzen würde, die reinen und aufrichtigen Lobsprüche, so Ihnen jetzt alle Nationen geben, und Dero Independenz, weil Sie nach einem solchen Passu in beständiger Sorge vor die Römische und Russische kaiserlichen Höfe leben und von selbigen, so oft Sie Sich nicht nach ihrem Wunsche oder Wink richten wollten, Angriffe und Feindseligkeiten zu befahren haben und mit dem Gross-Fürsten und der Unterstützung seiner gerechten Sache bedrohet werden würden, kosten?

Wir wollen, um Ewr. Kgl. Majestät Geduld nicht zu misbrauchen, nicht einmal berühren, wie wenig nothwendig es für Sie ist, solche Extremitäten zu ergreifen, da Sie Sich allem menschlichen Ansehen nach in der fast sicheren Hoffnung finden, vielleicht noch in diesem oder doch in kurzen Jahren, nicht nur zu dem Ihnen jetzt vorgeschlagenen, unruhigen, gewaltsamen und gefährlichen Besitz, sondern zu dem rechtmässigen Eigenthum und Herrschaft der herzoglichen Lande und zwar mit voller Sicherheit, Glorie und Beifall aller Völker zu gelangen, sondern wir begnügen uns nur noch mit einem Worte hinzuzufügen, dass dieser ganze, anfänglich so scheinbare in der That aber so schädliche, Plan auf keinem anderem Grunde als auf das Wort eines Mannes, dessen Leben und Credit in steter Ungewissheit schweben, dessen Maassregeln und Anschläge aber gewiss von seinem Successoren verlassen und verworfen werden werden, und auf die geheime Bewilligung und Connivenz der russischen Kaiserinn, deren Wankelmüthigkeit und für den Gross-Fürsten eingewurzelte, auch noch von Zeit zu Zeit hervorbrechende Liebe bekannt sind, gebauet sei und dass also dessen geringer Nutzen in einem Augenblicke verschwinden, dessen traurige Folgen sich aber von Jahren zu Jahren erneuern können.

Wir sind, allergnädigster König und Herr, ganz gewiss, dass wir dessen Annahme nicht zu befürchten haben. Ewr. Kgl. Majestät Gerechtigkeit und Weisheit befreien unsere Treue von aller deshalb zu tragenden Sorge. Es ist uns aber unmöglich gefallen, ein so gefährliches Project ohne etwas dagegen anzumerken vorbeigehen zu lassen. Wir hoffen von Ewr. Kgl. Majestät Huld, Sie werden Sich diesen unseren Eifer nicht missfallen lassen, sondern dessen Merkmale mit der Ihnen allein eigenen Gnade aufzunehmen allermildest geruhen.

2.

Instruction für den Kammerherrn v. Molzahn als destinirten
Envoyé extr. nach dem Russischen Hofe.

Friedensburg 18 juni 1751.

Instruction

wonach

Wir Friederich V etc. allergnädigst wollen, dass der hochedle, Unser Kammerherr und Lieber Getreuer, Johan Lotharius Friderich von Molzahn[1]), als Unser nach dem Russisch-Kaiserlichen Hofe distinirter Envoyé extraordinaire sich allerunterthänigst zu richten habe.

1. Nachdem Wir vor gut befunden, Unsern am Russisch-Kaiserlichen Hofe eine Zeitlang gestandenen Ministre

---

[1]) Molzahn était ministre à St. Pétersbourg depuis 1751 jusqu'à sa mort en 1757.

plénipotentiaire, den Geheimen-Conferenzrath, **Kammerherrn,**
Cantzler und Amtmann, Herrn **Rochus** Friderich Grafen
zu Lynar, Ritter, von dannen zu rappeliren und Wir ihn,
Unsern Kammerherrn, an dessen Stelle als Unsern Envoyé
extraordinaire wieder dahin abzufertigen entschlossen; als
hat derselbe, nach Empfang dieses, seine Sachen also einzurichten, damit er sich, so bald möglich, auf die Reise
begeben, und zu Abwartung der ihm allergnädigst aufgetragenen Abgesandschaft am Russich-Kaiserlichen Hofe einfinden könne.

2. Nach seiner Ankunft, hat Unser Kammerherr und
Envoyé extraord. sich zuförderst behöriger Orten wie gewöhn-
lich zu legitimiren und sodann seine Audienz bei der Russischen Kaiserinn Majestät und Liebden mit demjenigen Ceremonien zu nehmen, welche bei den Audienzen anderer
gekrönten Häupter Ministrorum von gleichem Osractere
gebräuchlich sind. In der Audienz selbt hat er, nach Anleitung des ihm mitgegebenen Creditiv, der Kaiserinn Majestät
und Lbd. die Aufrichtigkeit Unserer Freundschaft zu versichern und dass uns keine Zeitung angenehmer sei, als welche
Wir von Deren beständigen Wohlergehen von Zeit zu Zeit
erhielten. Wir wären über das zwischen Uns und Derselben
zu Unterhaltung eines beständig guten Vernehmens und ge-
meinsamer Sicherheit glücklich subsistirende Bündniss höchst
vergnügt und wie Wir Uns zuverlässig versprächen, es würde
solches ein unauflösliches Band eines immerwährenden genauen Verständnisses, zugleich auch das Mittel abgeben,
die erwünschte Ruhe in Norden, mithin auch den Flor und
Wohlstand Unserer beiderseits Reiche zu befestigen, also
würden Wir das darin verabredete zu allen Zeiten heilig
halten und die darin genommenen engagements auf das genaueste erfüllen, nicht zweifelnd ,Dieselben würden ein gleiches
ab Ihrer Seite geneigt sein.

3. Den Russisch-Kaiserlichen Ministris, insbesondere
dem Reichs-Cantzler Grafen von Bestucheff, und denen, die
zum Geheimen-Cabinet gehören, hat er Unsere Kgl. Propen-
sion zu versichern und dass Wir ihre zu Beibehaltung der
zwischen beiden Höfen befestigten Freundschaft hegende gute
Gesinnung mit sonderbarer Danknehmigkeit erkenneten, anbei
hofften, sie würden fernerweit die Nothwendigkeit und den

gemeinsamen Nutzen davon einsehen alles willigst beizutragen, was zu mehr und mehrerer Befestigung eines unverrückten guten Vernehmens mithin auch für Wohlfart beiderseits Reiche ersprieslich sein könnte. Sonsten hat er sich um gedachter Ministrorum Freundschaft, so viel möglich, zu bewerben und ihre Neigungen zu Unserem Interesse, so viel an ihm ist, zu lenken, damit er in seinen Anträgen und vorkommenden Negociationen sich eines geneigten Willens von ihnen zu versprechen habe.

4. Mit den übrigen am dortigen Hofe subsistirenden auswärtigen Ministris hat er in seinem Umgang die jedesmahl vorwaltende Connexion Unseres mit ihrer Principalen Höfen habenden Interesse zur Richtschnur zu nehmen, übrigens ihnen mit aller Höflichkeit zu begegnen, auch seine Conduite mit erforderlicher Behutsamkeit also einzurichten, dass solche keinem anstössig scheine, noch zu einiger Jalousie Anlass geben könne.

5. Hienächst hat er, zu Erlangung einer erforderlichen Kenntniss von dem Zustande Unserer dortigen Affaires und Angelegenheiten, die vorfindenden Gesandschafts-Protocolle, Originalordres, Documente und andere dahin gehörige Schriften mit Aufmerksamkeit und Fleiss durchzusehen und erfordernden Falls nähere Information von Unserer Teutschen Cantzlei einzuziehen, auch die Ausrichtung eines und des anderen zu besorgen, so einem Antecessori aufgetragen von demselben aber nicht endlich bewirkt sein möchte.

6. Wie nun vor der Hand das wesentlichste und vornehmste Stück, worauf Unsere mit dem Russisch-Kaiserlichen Hofe habende Communication sich gründet, die Beobacht- und Erfüllung des am 10. Juni 1746 zwischen Unserer in Gott höchstseeligruhenden Herrn Vaters Majestät Glorwürdigsten Andenkens und der Russischen Kaiserinn Majestät und Lbd. getroffenen Allianz- und Garantie-Tractats ist, als wovon so wohl als von den dazu gehörigen Secret-Articulen wie auch von der Convention wegen der mutuellen Hülfsleistung und der Elucidations-Akte die Abschriften bei dortiger Gesandtschafts-Registratur vorhanden sind, so hat er, Unser Kammerherr und Envoyé extraord., vor allen Dingen seine Sorge dahin zu richten, dass solche ab dortiger Seiten in allen ihren Punkten und Clausulen, nach dem Buchstaben

und Verstand heilig gehalten, dagegen nicht weder directe
noch indirecte gehandelt, noch mit anderen Puissancen etwas
negociirt werde, so den getroffenen Engagements entgegen
sein möchte, als wowider er, bei entstehendem Fall, in Zeiten behufige Vorstellungen zu thun äussersten Fleisses ange-
wandt sein soll.

7. Die wegen Beibehaltung der gegenwärtigen Schwedischen Regierungs-Form mit dem Russisch-Kaiserlichen Hofe
vorhin entamirte Negociation betreffend, so hat er alles, was
deshalb vorgefallen und gehandelt worden, und in welchen
Terminis die Sache, ohne zum endlichen Schlusse zu gelangen,
beruhen geblieben, aus dem vorfindenden Gesandschafts Archiv zu ersehen und sich solches lediglich pro informatione
bekannt zu machen, übrigens aber bei aller Gelegenheit dem
Russisch-Kaiserl. Ministerio und besonders dem Reichs-Cantzler, Grafen v. Bestucheff zu versichern, dass Wir bei Unseren Principiis, Engagements und Declarationen unveränderlich
beharren und Uns jederzeit mit Bestand allem demjenigen
widersetzen werden, was die gegenwärtige Regierungs-Form
in Schweden verändern und die Souveraineté, welche, solange
sie dort subsistirt, der Ruhe von Norden und von Europa
so funeste gewesen, wieder retabliren kann.

8. Wann er, Unser Kammerherr und Envoyé extraord.,
auch aus mehrbemeldten Gesandschaftsbriefschaften ersehen
wird, welchergestalt, gleichwie Wir mit des jetzigen Königs
von Schweden Majestät gewisse Arrangements wegen Cossion
seiner eventuellen Gerechtsame auf das Herzogthum Holstein
fürstl. Antheils verabreden und durch Tractaten festsetzen
lassen, Wir auch neulich gesucht, mit dem Gross-Fürsten
aller Reussen, wegen Cedirung seines gegenwärtigen Besitzes
gedachten fürstl. Antheils des Herzogthums Holstein an Uns,
etwas handeln und schliessen zu lassen, solche Negociation
aber, aller Unserer Seits dabei bezeigten Grossmuth und
Facilität ungeachtet, von jener Seite abrumpirt worden, so
hat er, obwohl vor der Hand nichts desfalls zu rühren, dennoch auf diese wichtige Sache ein besonderes Augenmerk zu
nehmen, auch von Zeit zu Zeit an Uns allerunterth. einzu-
berichten, ob und wie zu diesem Zwecke zu gelangen sich
einige favorable Umstände hervor thun möchten, um ihm

~~dem Befinden nach mit gemessenen Befehlen darüber versehen zu können.~~

9. So hat er sich auch fleissig und sorgfältig zu erkundigen, auch davon öfters und umständlich allerunterthänigst zu referiren, wie des Gross-Fürsten Gesundheitszustand sich anlasse, was für Hoffnung zu Leibeserben anscheinen möge, wie sein ganzes Verhalten und der Einfluss, welchen er und diejenigen, so um ihn sind, in die dortigen Affaires haben, beschaffen, wobei er insonderheit auf diejenigen Acht zu haben, welche die fürstlich-Holsteinischen bekannten Principia favorisiren, damit nichts Unserem Interesse nachtheiliges von selbigen tramirt werde, ohne dass Wir in Zeiten davon Kundschaft erlangen. Auf den Fall, dass gedachtem Gross-Fürsten eine gefährliche Krankheit zustossen oder selbiger mit Tode abgehen sollte, hat er Uns durch einen Courier in möglichster Geschwindigkeit davon zu benachrichtigen.

10. Ist auch die Conservation und weitere Aufnahme des zwischen beiden Nationen etablirten Commercii eine Sache, woran Uns gelegen und worunter Unser Interesse merklich versirt, daher hat er, Unser Kammerherr und Envoyé extr., mit dahin zu sehen, dass das Commercium Unserer Unterthanen auf Russland und die conquerirten Provinzen nicht nur stets in gutem Stande gehalten sondern, so viel möglich, zu mehrerem Wachsthum gebracht und wider die bisherigen Gebräuche, Gewohnheiten und Privilegien auf keinerlei Weise beschweret noch gedrückt werde, zu welchem Ende er dann für die Aufnahme desselben äussersten Fleisses zu vigiliren, was dazu dienlich sein kann, genau zu erforschen, auch an Uns davon allerunterth. Bericht zu erstatten und Unseren Unterthanen in allen vorkommenden Pällen bestmöglichst beizustehen und sich ihrer anzunehmen hat.

11. Schliesslichen und überhaupt hat Unser Kammerherr und Envoyé extr. seine Conduite in allen Dingen also einzurichten und zu führen, damit dadurch Unsere Dienste und Interesse, so viel immer möglich, befördert, insbesondere dasjenige, was Wir ihm in dieser Instruction aufgetragen und ferner anbefehlen werden, mit gebührender Treue, Eifer und Sorgfalt ausgerichtet werden möge, gestallt er dann auch auf alles und jedes, was am Russischen Hofe negociirt wird, ein wachendes Auge zu haben und sowohl davon als

was sonsten vorfällt von Posten zu Posten umständlichen
und zuversichtlichen Bericht abzustatten, und sich in Sachen,
welche das Secret erfordern, der im dortigen Gesandtschafts-
archiv (welches er von Unserem dort abgehenden Geh. Conferenz-Rath und Ministre plénip. Herrn Grafen zu Lynar,
Ritter, nach einer davon zu verfertigenden Designation gegen
Quittung in Empfang zu nehmen) vorfindenden Chiffres zu
bedienen hat. Sodann hat er auch über alle seine Verrich-
tungen und was er täglich observirt behörige Protocolle und
Journale durch Unseren dort befindlichen Legations-Secre-
tair halten zu lassen um bei seiner Rückkunft Uns selbige
nebst allen übrigen ihm zugefertigten Ordres und Dokumen-
ten (es wäre denn dass Wir hienächst ein anderes befehlen
möchten) dem Herkommen nach in richtiger Ordnung allerunterth. abzuliefern. Und wollen Wir übrigens auf seine
einkommenden Relationes und sonsten dem Befinden nach
ihn mit näherer Instruction und Ordre bei vorkommenden
Fällen allergnäd. versehen.

2.

Instruction

für den Geheimen-Rath und Ober-Hofmeister Juel als Ambassadeur extr. nach dem Schwedischen Hofe[1]).

Friedensburg 13. August 1751.

(Extrait.)

6. Was hienächst die Haupt-Absicht seiner Verschickung
betrifft, so geht solche, ausser vorberegten abzulegenden
Gratulations-Compliment und Freundschafts-Versicherungen,
vor der Hand, da man nämlich zur Zeit keine Negociation
intendirt, mit dahin, dass er, Unser Geheime-Rath und Ambassadeur extraord., sich äusserst angelegen sein lasse, des

---

[1]) Ambassade de félicitation à cause de l'avénement au trône
d'Adolf Frederik, prince de la maison d'Oldenburg. Cette ambassade
se prolongea jusqu'au mois d'avril 1752.

König von Schweden Neigungen und Principien, welche er besonders gegen Uns und Unser Interesse heget, imgleichen die Absichten, so er bei jetzigen und weiter vorkommenden Conjuncturen wie überhaupt also auch besonders zu Beibehalt- oder Veränderung der jetzigen Schwedischen Regierungs-Form führt, bestens zu approfondiren, auch auf dessen vorhabenden Mouvements genau zu vigiliren, um davon an Uns zuverlässige Berichte erstatten zu können, auf welche Wir ihn, dem Befinden nach, mit weiteren Verhaltungs-Befehlen versehen werden.

7. Bei dem ausgeschriebenen bevorstehenden Reichstage hat er auf Unser Interesse, auf die Beibehaltung der gegenwärtigen Regierungs-Form und auf alles, was daselbst vorgeht und in Berathschlagung kommt, ein wachsames Auge zu haben. Und obzwar ein König von Schweden, nach der ihm vorgeschriebenen Regierungs-Form, die Macht hat Bündnisse zu schliessen, so kann es sich doch zutragen, dass bei der Gelegenheit, dass der König dem von den Ständen erwählten Geheimen-Ausschuss die seit dem letzten Reichstage geschlossenen Traktaten vorleget, einige unruhige und durch Suggestiones fremder Mächte gewonnene und aufgebrachte Köpfe dagegen etwas einwenden und entkräften zu wollen intendiren. Wesfalls Unser Ambassadeur, wo möglich, zu erforschen hat, ob bei Communication der zwischen Uns und dem Könige und der Krone Schweden geschlossenen Präliminarien, Defensiv-Allianz und Definitiv-Traktats etwas darinnen dem Senat hat wollen zur Last gelegt werden, wie er dann solchenfalls unter der Hand durch dienliche Insinuationes zu incaminiren hat, dass diese zu Erhalt- und Befestigung der Ruhe in Norden getroffenen heilsamen Traktaten mit allgemeinem Beifall mögen angenommen und genehmigt werden.

8. Er hat ferner in Ansehung der Beibehalt- oder Abänderung der Schwedischen Regierungs-Form unter der Hand der Stände wahre Neigung zu erforschen zu suchen, indem die Beibehaltung sothaner jetzigen Regierungs-Form vor Uns von der äussersten Wichtigkeit ist und Wir, nebst anderen darin interessirten Mächten, derer Abänderung, daferne solche nicht ordentlich und unanimi consensu aller Stände geschieht, nicht werden gestatten noch zugeben können, daher er dann

dort ohne Affectation und auf eine anständige und behutsame Weise zu insinuiren hat, dass die Beibehaltung der in Schweden eingeführten Regierungs-Form als der Grund, worauf der Ruhe-Stand von ganz Norden beruhe, anzusehen sei, welcher nicht verrückt werden könnte, ohne dass dadurch die Kriegs-Flamme allenthalben entzündet werden müsste, angesehen der benachbarten Mächte gemeinsame Sicherheit und Interesse erforderte, einer solchen Unternehmung, welche schwerlich mit allgemeiner Beistimmung aller Stände des Reichs sondern nur durch List oder Gewalt eines Theils derselben ausgeführt werden könnte, sich mit vereinigten Kräften zu widersetzen und diejenigen in Schweden, welche vor die Beibehaltung ihrer Fundamental-Gesetze und Freiheiten wohlgesinnt wären, mit aller Macht zu unterstützen. Wie er denn denjenigen von solcher wohlgesinnten Partei bei aller Gelegenheit, in Gefolge obiges, Muth einzusprechen und übrigens mit den dortigen Ministris anderer mit Uns hierunter gleiches Interesse habenden Puissances und besonders mit dem Russischen sich hierüber, dem Befinden nach, vertraulich zu unterreden und zu concertiren hat. Da aber die gegenwärtige Regierungs-Form in Schweden, um des verschiedentlichen Interesse willen, verschiedene Parteien macht, so hat er sein Betragen in Worten und Werken gegen jede mit der grössten Behutsamkeit einzurichten, damit auf keiner Seite einige Jalousie oder Nachdenken erweckt und er dadurch behindert werde, die Sachen, welche Wir ihm jetzt oder künftig auszurichten allergnädigst anbefehlen werden, mit einem und dem anderen Theil in Vertrauen zu überlegen und zu concertiren.

9. Was übrigens einige in Schweden befindliche für Uns und Unser Kgl. Interesse seit dem letzten Wahl-Geschäfte wohlgesinnte Personen und die zum Theil annoch insgeheim jährliche Pensionen geniessen anbetrifft, so hat er deren Zustand, Beschaffenheit und Zuverlässigkeit von Unserem zu Stockholm vorfindenden Kammerherrn und Envoyé extraord., dem von Wind, bestens zu erfahren zu suchen um sich derselben, dem Befinden nach, in Gelegenheit mit Nutzen bedienen zu können.

10. Wenn auch Schwedischer Seits unlängst mit einem Hafen- und Festungs-Bau zu Landskrone angefangen

~~und durchgeführen~~ werden und dieses Werk vielleicht dahin ~~gebracht~~ werden kann, dass es bei vorfallenden veränderten ~~Conjuncturen~~ Uns und Unserer Unterthanen Schiffahrt und ~~Commercio~~ nach und aus der Ostsee sehr nachtheilig und ~~gefährlich~~ werden kann, so haben Wir vor dienlich und nöthig erachtet, ihm, Unserem Geh.-Rath und Amb. extr., diesen Punkt besonders mit in Commission zu geben. Denn obswar Unsere Meinung gar nicht dahin geht, wegen dieses auf jenseitigem Grund und Boden unternommenen Baues etwas förmlich und directe rühren und antragen zu lassen, so sähen Wir doch gerne, dass davon bei Gelegenheit und bei vorfallenden Freundschaft-Versicherungen des Schwedischen Ministerii und anderer in dem Reich wohlangesehenen und accreditirten Männer adroitement etwas berührt und Ihnen zu erkennen gegeben würde, wie bei der glücklichen Situation, worin beide Kronen sich gegen einander beständen und deren lange Dauer mit gutem Grunde zu hoffen stünde, es dennoch für Dänemark nicht anders als empfindlich sei und Ombrage verursachen könnte, bei sothaner glücklichen Conjunctur mit überaus grossen und dem Königreich sehr beschwerlichen Kosten dergleichen Werk poussirt zu sehen, so nicht sowohl zu einer Defension der Gränzen, alswozu dieser neuanzulegende Hafen nicht einmahl dienen könnte, als vielmehr eine Zubereitung zu einer künftigen Offension abzielte, anstatt dass man anjetzo von beiden Seiten des glücklich obwaltenden Friedens und genauen Einverständnisses und Bündnisses ruhig geniessen, davon die Früchte sammeln und alles, was zu Erweckung von Misstrauen und Widerwillen Gelegenheit geben könnte, billig aufs sorgfältigste evitiren sollte. Er, Unser Geh.-Rath und Amb. extr., hat es auch hiebei allein nicht bewenden zu lassen sondern unter der Hand auf dem Reichstage durch Wohlgesinnte zu veranlassen und zu bewirken zu suchen, dass erwähntem Hafen- und Festungs-Bau mit Nachdruck widersprochen, zu dessen Fortsetzung keine weitere Fonds bewilligt und also dieses Werk unausgeführt gelassen werden möge.

II. Was ferner die Norwegische Gränz-Regulirungs-Angelegenheit[1] betrifft, so hat er, Unser Geh.-Rath und Am-

---

[1] voir Nr. 5.

bas. extraord., aus der desfalls dem hiesigen Schwedischen
Minister unterm 26 Jan. a. c. ertheilten und Unserem Kammerherrn und Envoyé Wind zu Stockholm unter selbigem
dato communicirten Antwort (welche er von diesem zu
requiriren) umständlich zu ersehen, wie man von beiden
Seiten bis auf einen Punkt einig sei, und wie und welchergestalt Wir selbigen zu berichtigen intendiren. Ob man nun
zwar Schwedischer Seits Unsere desfällige Proposition bis
dato noch nicht goutiren wollen und der Schwedische Minister jüngsthin, jedoch nur als vor sich selbst, für das von
Schweden begehrte Stück Landes ein anderweitig Aequivalent
demselben zuzustehen angetragen, worauf Wir ihm aber bereits, in Gefolge des abschriftlich beifolgenden Schreibens,
wodurch unsere desfällige Willens-Meinung von Unserem
Geh. Conferenz-Rath und Ober-Secretaire der dänischen Cantzlei, Herrn Grafen von Holstein, Ritter, Unserem Geh.-Rath
des Conseils, Herrn Grafen von Berkentin, Ritter, kund
gothan worden, haben antworten lassen, wie bewandten Umständen nach der gethane Vorschlag nicht statt haben könnte
und Uns leid thun würde, wenn ein mit so vieler Mühe und
Kosten so weit gediehenes heilsames Werk, wegen sothanes
einen Punkts, nicht zum Stande gelangen sollte, so haben
Wir dennoch Hoffnung, dass vielleicht, unter anderen in Ansehung der zu renouvellirenden Post-Convention, als deren
Schluss bis aubero ausgesetzt ist[1]), man Schwedischer Seits
noch endlich Unseren Vorschlag annehmen werde. Inzwischen
hat sich Unser Ambassadeur, unter Anführung der vor Uns
militirenden Gründe, dahin zu äussern, wie Wir, nach so vielen in dieser Sache bezeigten Facilitäten und Nachgebungen,
gewiss hoffeten, dass man Schwedischer Seits, um eine be-
ständige und natürliche Gränze, wie überall also auch an
quästionirtem Orte, zu machen, endlich den noch streitigen
Punkt berichtigen und nicht veranlassen werde, dass man künftig ab beiden Seiten die an ein so heilsames Werk gewandte
viele Mühe und Kosten, wenn es wegen eines so wenig be-
trächlichen jedoch von Uns nicht nachzugebenden Punkts
wider Verhoffen nicht zum Schlusse gediehe, bereuen müsse.
Von den sodann Schwedischer Seits ihm hierüber geschehenden

---

[1]) voir Nr. 4.

Aeusserungen wird Uns pflichtschuldigsten Rapport erstatten und inzwischen die Negociation hierüber keineswegs völlig abrumpiren, zumahl in dem Fall, dass Schweden hierinnen auf keine Art und Weise sollte nachgeben wollen, Wir Uns vielleicht entschliessen dürften dass von dem Baron Fleming als vor sich vorgeschlagene Temperament anzunehmen.

12. Weil es wohl zu vermuthen, dass man gerne die zwischen Unserer ältesten Tochter, der Prinzessin Sophia Magdalena[1]), und dem Kronprinzen Gustav in Schweden festgesetzte Verehelichung werde publiciren wollen, so hat Unser Ambassadeur, falls ihm hierüber ein Antrag geschehen sollte, darauf zu antworten, dass Wir in Ansehung beiderseitiger grossen Jugend und anderer Bedenklichkeiten es vor rathsamer hielten, die Sache, so wie Wir es gleich Anfangs begehrt hätten, annoch geheim zu halten.

4.

Convention med Sverige om Postgangen, undertegnet i Kjøbenhavn 17 Sept., ratificeret 15 Oct. 1751.

5.

Traktat om Grændson mellem Norge og Sverige, undertegnet i Strömstad 21 Sept. og 2 October 1751, ratificeret 7—18 October 1751

---

[1]) Le roi Frederik de Suède avait, en 1750, demandé Sophia Magdalena en mariage pour le prince Gustave, fils de Adolf Frederik. Le Roi Frederik V de Danemark agréa cette proposition, mais en demandant que l'arrangement restât secret, jusqu'à ce que les fiancés fussent en âge, l'un et l'autre n'ayant alors que quatre ans. — En 1751, le roi George II d'Angleterre ayant demandé la main de la princesse pour son petit-fils (plus tard George III), il lui fut répondu le 15 mars 1751: „si, lorsque le prince, son petit-fils, sera en âge de consentir de sa propre volonté, sa majesté Britannique continue de souhaiter en mariage pour ce prince une de L. L. A. A. R. R. les princesses, sa majesté se fera un plaisir de lui accorder celle qu'il désirera, pourvu que cette princesse soit libre alors et que sa majesté puisse, dans ce temps-là, disposer encore de sa main."

6.

Dépêche à Mr. de Juel, Ambassadeur extraord. à Stockholm.

Fredensborg 26. September 1751.

Vos dépêches du 14 et du 17 de septbre m'ont été bien rendues et je suis charmé de vous pouvoir dire que le roi en a été très-satisfait, surtout de la manière avec laquelle vous vous êtes expliqué à mons. l'ambassadeur de France dans le long entretien que vous avez eu avec lui, tant sur la négociation du comte de Lynar que sur le changement de la forme du gouvernement de la Suède. Je ne comprends pas trop pourquoi, dans cet entretien, mons. d'Havrincourt a voulu s'étendre si fort sur la souveraineté qui résida dans les états et qu'on ne pourrait pas les empêcher de conférer à leur roi, s'ils le voulaient. Nous ne leur avons jamais disputé ce pouvoir, et si la Russie, du moment qu'ils le voudront unanimement, va être en droit de s'y opposer en vertu du traité de Nystad[1]), il me semble qu'on ne devrait pas faire revivre cette contestation dans un temps que la Russie déclare d'être contente des assurances que le roi de Suède a données à son avénement au trône. Je vous avoue donc que ces discours peuvent faire naître des soupçons, comme si la France souhaitait d'introduire une souveraineté qu'assurément elle pourra empêcher par la grande influence qu'elle a dans la nation, soupçons que ceux qui ne l'aiment pas sont assez empressés à nous insinuer, et sur lesquels je vous entretiendrai plus au long un jour que je serai en état de vous écrire en chiffres. Ce qui est encore très-certain et que V. E. a très-bien fait remarquer à l'ambassadeur, c'est que, si l'on veut conserver le repos dans le nord, il faut éviter et prévenir à la diète jusqu'aux moindres indices de changement dans la forme du gouvernement.

Le roi a approuvé ce que V. E. a répondu au comte Tessin sur la déclaration du mariage. Sa majesté n'a point changé de sentiment là-dessus, mais elle croit qu'il est inutile que V. E. insiste sur ce que le sénat n'en doit pas donner

---

[1]) Traité de paix entre la Suède et la Russie du 30 août 1721, cfr. Malmström: Sveriges politiska Historia fra 1718—1772, I, 179.

connaissance au comité secret, d'autant qu'étant obligé par
ses instructions il le fera également encore qu'il promît le
contraire. Cependant il sera nécessaire de faire cette communication avec la précaution dont on se sort en lui com-
muniquant un traité secret, précaution que le comte de Tessin
ne peut pas ignorer.

7.

Note an den Herzogl. Sachsen-Gothaischen Geheimen-Rath, Baron von Keller.

Friedensburg 9. October 1751.

Es sind bereits zwei Monathe verflossen, nachdem der
Chur-Braunschweig-Lüneburgische Geheimrath und Grossvoigt,
Freiherr von Münchhausen, sich mit mir über einige vorseiende Reichs-Angelegenheiten und sonderlich über das von
dem Könige, seinem Herrn, mit vorzüglichem Eifer betriebene Römisch-Königliche Wahl-Geschäft [1]) in Unterredung
und Correspondenz eingelassen und mir seine Besorgnis
zu erkennen gegeben, dass, wie man davon in London gewisse Nachricht zu haben vermeinte, in Regensburg und verschiedenen anderen Orten im Reiche an Stiftung einer unter
Auspicien und Garantie der Krone Frankreich und eines
anderen mit selbiger genau verbundenen königlichen Hofes [2])
zwischen den Fürsten des Reichs zu errichtenden und nur
auf Abwendung dieser Wahl abzielenden Union gearbeitet,
dadurch aber nur zu einer immerwährenden Zwietracht ein
beständiger Anlass gegeben werden wollte. Er hat mir die
bedenklichen und gefährlichen Folgerungen eines Werks,
welches das der Einheit so bedürftige teutsche Reich ent-
zweien und spalten und den einen Theil völlig in die Hände
fremder oder doch oft fremdgedenkender Mächte liefern, auch
ein zutrauliches gutes Vernehmen zwischen Haupt und Glie-

---

[1]) Depuis 1750 le Hanovre travaillait pour faire élire roi des Romains l'archiduc Joseph, alors n'âgé que de neuf ans, cfr. Schäffer: Geschichte des siebenjährigen Krieges, I, 51—55.

[2]) La Presse.

dern wie zwischen beiden höheren Reichs-Collegien, als der
Urheber dieses Anschlages grösste Sorge, forthin unmöglich
machen würde, vorzustellen gesucht und von mir, dass ich
solches alles dem Könige, meinem Herrn, zu hinterbringen
und Ihro Majestät, wie sehr der König von England, wenn
Sie in dergleichen Anschläge willigen und mit eingehen
wollten, bekümmert werden würde, vortragen möchte, begehret. Ich habe mich bald im Stande befunden, ihn über
diesen letzten Punkt zu beruhigen, indem ich von dem Könige Befehl erhalten, ihm zu versichern, dass von dem angeblichen Vorhaben der Fürsten-Union Ihro Majestät nichts
bewusst noch angetragen sei, und dass, wenn auch solches
geschehen, Allerhöchstdieselben, als Welche ohnedem die
Erwählung des Erzherzogs Josephs zu einem Römichen Könige für eine dem Reiche heilsame Vorsorge ausüben und
daher selbige, wenn sie nur nach des Reiches Herkommen
und Gesetzen förmlich und rechtmässig vorgenommen und
bewerkstelligt würde, ebender zu befördern als zu hindern
geneigt wären, daran keinen Theil nehmen würden. Es haben
aber Ihro Majestät vor gut befunden, dass ich mich dieser
Gelegenheit bedienen sollte um gedachtem churfürstlichen
Minister zu gleicher Zeit zu erkennen zu geben, dass, so sehr
Allerhöchstdieselben entfernt wären, in den zwischen beiden
höheren Reichs-Collegien bei Gelegenheit vorseiender Wahl
wieder erneuerten Zwistigkeiten und Irrungen gewaltsame —
vermeintlich Hülfs- in der That aber — Trennungs-Mittel
vorzuschlagen oder zu unterstützen, so wenig würden Sie im
Gegentheil bewogen werden können, von den Ihnen als Fürsten des Reichs zustehenden Gerechtsamen etwas nachzugeben
oder die Sache Jhrer Mitfürsten und der Glieder des Collegiums, in dem Sie als Herzog von Holstein Sitz hätten, auf
einige Weise zu verlassen. Ich bin beordert worden, dieser
Erklärung die nöthigen Vorstellungen von dem Nachtheile,
so dem ganzen Wahlgeschäfte, wenn die Churfürsten der
Fürsten rechtmässigen Begehren sich entziehen und deren
Concurrenz verwerfen sollten, zuwachsen würde, anzufügen
und dem Geheimenrath von Münchhausen zu Gemüthe zu
führen, wie dadurch der Zweck des Königs von Gross-Britannien, nämlich die Feststellung der Ruhe im Reiche, vernichtet, ja die Sicherheit selbst seines Werks und des

Throns, den zu erbauen er sich vorsetzte, zweifelhaft gemacht werden würde, und ist es endlich vermittelst solcher Vorstellungen und durch hin und wieder gewechselte Schreiben dahin gediehen, dass ermeldeter Minister, unter vielfältiger Versicherung der Aufrichtigkeit, mit welcher Ihro Gross-Britannische Majestät die Zufriedenheit des reichsfürstlichen Collegiums und die Combinirung dessen Begehrens mit den Gerechtsamen der Churfürsten wünschten, mich ersuchet, ihm ein Temperament, durch welches beide Theile vergnügt werden könnten, an die Hand zu geben.

Ob nun gleich dem Könige, meinem Herrn, die Schwierigkeit, ein solches Temperament, so billig und dennoch dem Gegentheil gefällig wäre, auszufinden, nicht unbekannt ist und Ihro Majestät, wie wenig man sich einigen Succes von dieser Bemühung versprechen könne, sattsam voraussehen, so haben Sie doch aus Neigung für die Einigkeit und die allgemeine Ruhe, aus Liebe zum Teutschen Reiche und sonderlich aus Achtung für die Fürsten des Reichs und um ihnen ein neues Merkmal Ihrer aufrichtigen Theilnehmung an allem dem, so sie betrifft, und Ihrer Begierde ihnen nützlich zu sein zu geben, mir nicht erlauben wollen, diesen Antrag und Gesuch abzulehnen, sondern mir allergnädigst befehligt, mich selbigem zu unterziehen und darüber mit den Ministeriis der ohnehin mit Ihro in altem Vernehmen und Confidenz stehenden Reichsfürsten, vorzüglich aber des herzoglich sächsisch-gothaischen Hofes, als in dessen reichskundiger Billigkeit und Standhaftigkeit Sie ein ganz besonderes Zutrauen setzen, in ein genaues Concert zu treten und mit solchem dasjenige, was etwa in Absicht auf die bereits in Bewegung gebrachte Römischen-Königs-Wahl, zu Aufrechthaltung der in solcher Occurenz dem reichs-fürstlichen Collegio competirenden jurium, mit Recht, Billigkeit auch Hoffnung der Gewährung begehrt und oft erwähntem Geheimrath von Münchhausen und durch ihn dem Könige, seinem Herrn, mithin dem ganzen churfürstlichen Collegio angetragen werden könne, zu verabreden.

Ich gehorsame derohalben dieser Ordre unverzüglich und mache mir ein ausnehmendes Vergnügen, mich vor allen anderen an Ewr. Hochwohlgeboren, deren tiefer Einsicht, grosser Geschicklichkeit und wahrer patriotischen Gesinnungen ich

ein so oftmaliger und vieljähriger vergnügter Zeuge gewesen
bin, adressiren zu haben. Sie werden, ich verspreche es
mir, mein Erwarten vollkommen erfüllen und mir Dero er-
leuchtete Gedanken in dem zwischen uns stets unverbrüchlich
fortgesetzten engesten Vertrauen dergestalt zu eröffnen
belieben, dass ich solche dem Könige, meinem Herrn, allerunterthänigst vortragen und mir darüber Dessen Befehle
erbitten könne. Ich werde bis zu Erlangung Dero Antwort
weder mit dem mehrgedachten Geheimenrath von Münchhausen noch selbst mit Ministris anderer Fürsten des Reichs
über diese Sache ferner correspondiren sondern bis dahin
alle fernere Bearbeitung des Werks suspendiren.

8.

Dépêche à Mr. le chambellan Reventlow[1]), Envoyé à Paris.

Fredensborg 9. octobre 1751.

Le roi a porté beaucoup d'attention aux avis contenus
dans vos dépêches du 10 et 17 d. p.[2]). Il nous en était parvenu de pareils de diverses parts; mr Titley en avait parlé
même avec une sorte de dessein et d'affectation à mr. Berkentin, le comte Uhlefeldt à Vienne en avait entretenu le
baron de Bachoff, et, ce qui nous a frappé davantage, il
était échappé même au marquis d'Havrincourt à Stockholm
des paroles qui pourraient indiquer, que ce ministre s'attend
à voir poursuivre par la diète les mêmes projets et les mêmes
desseins dont vous nous avertissez. Cette espèce d'uniformité
de langage dans des cours aussi éloignées et par des ministres dont les intérêts sont si différents, doit exciter sans
doute notre vigilance et nous animer à pénétrer, s'il est
possible, si c'est en effet la réalité d'une pareille intrigue ou

[1]) Ministre à Paris de 15/2 1751 à 21/1 1755.
[2]) Relativement au projet qu'on aurait à Stockholm de changer la forme du gouvernement.

d'une pareille disposition dans la nation suédoise qui le leur
arrache, ou si ce n'est que le désir de semer des soupçons
et d'empêcher des liaisons trop étroites entre nous et les
Suédois qui, sans qu'ils se soient concertés ensemble, les engage tous à se réunir dans le soin de nous alarmer. Vous
pourrez concourir essentiellement, monsieur, à nous éclairer
sur ces différentes conjectures, en recherchant la première
source de l'information que vous nous avez communiquée et
en nous apprenant, si vous pouvez le faire, la voie par laquelle elle vous est parvenue. Il n'y a point de si petite
circonstance qui, dans des affaires de cette nature, ne puisse
donner quelquefois des lumières importantes.

La Suède elle-même ne nous donne jusqu'ici aucun
sujet réel d'inquiétude. Nous y voyons des partis qui
sont opposés et qui se balancent réciproquement, mais aucun ne paraît assez puissant ni assez désespéré pour qu'on
puisse le soupçonner de vouloir chercher et courir les risques d'une guerre ou d'une révolution. Tous ne semblent
viser qu'à l'emporter l'un sur l'autre, ou dans la faveur
du roi ou dans celle de la nation, et à s'arroger la principale
part dans les emplois et dans le gouvernement, et c'est une
espèce de combat et de lutte point indifférente, je l'avoue,
mais dont, vu le génie de la nation suédoise, nous ne pouvons être, ce me semble, et par justice et par politique
que tranquilles spectateurs. Le roi a cependant ordonné
à ses ministres, résidant dans ce pays là, de redoubler
de vigilance, d'avoir pour unique point de vue le maintien de la liberté de la Suède et de la tranquillité du
nord, d'y contribuer de tout leur crédit et de toute leur
habileté et de lui rendre un compte exact et circonstancié
de tout ce qui pourrait menacer ces objets de ses soins, et
sa majesté leur fera tenir des instructions précises au moment que les conjonctures l'exigeront et que les manœuvres
des différents partis se développeront davantage. Quant à
vous, monsieur, je ne peux que vous dire la même chose.
Je sais qu'il n'est pas nécessaire d'exciter votre zèle et votre
application pour le service du roi, et je suis très persuadé
que vous ne négligerez rien pour nous apprendre des vues
de la France et des rapports qui lui viendront de la Suède
par son ambassadeur, tout ce qu'il vous sera possible d'en

découvrir. Lorsqu'on vous parlera des desseins du roi, vous pourrez assurer hardiment que sa majesté n'a d'autre but que ceux que je viens de vous marquer, et ils sont trop nobles et trop dignes de notre maître pour qu'il soit nécessaire de s'en cacher. Si la France continue dans le système de la liberté suédoise, qui assure certainement le mieux la stabilité de son crédit dans la nation, et dont mons. de Puisieulx a si souvent et si bien connu tous les avantages, elle nous trouvera dans la même route qu'elle, et si elle changeait de principes, elle ne serait pas étonnée sans doute de nous trouver fidèle aux nôtres, qu'elle a tant de fois approuvés elle-même.

9.

Dépêche à Mr. de Reventlow à Paris.

Copenhague 16. octobre 1751.

L'affaire de Knyphausen[1]) me paraissait en si bon train d'accommodement lorsque je partis, il y a quelques mois, pour l'Allemagne, et tant de raisons me portaient à croire que l'on ne se refuserait pas à Berlin aux moyens de la terminer et promptement et amicalement, que c'est avec autant de surprise que de chagrin que j'ai trouvé à mon retour toutes ces apparences presque évanouies, et la conclusion de l'accord exposée à devenir impossible par la nouvelle garantie

---

[1]) L'affaire de Knyphausen, originairement rixe purement domestique entre le comte de Bentinck et sa femme, amena une complication très-grave entre le Danemark et la Prusse, attendu que cette dernière puissance tâchait de s'en mêler de vive force, bien que le réglement de l'affaire fût exclusivement du ressort du Danemark, la seigneurie de Knyphausen étant une dépendance du comté d'Oldenburg, et de celui de l'empire, dont elle faisait partie. Grâce à la médiation de la France, la question fut enfin résolue conformément aux demandes du Danemark. Histoire de la guerre de sept ans, Œuvres de Frederik II, IX, 23. A. G. Moltke: Kong Frederik Vtes Regering, hist. Tidsskr. IV, R, II 180—81.

que madame de Bentinck veut procurer au traité, ou plutôt par laquelle elle espère le prévenir et le rompre et qui est incompatible avec les droits du roi et les lois de l'empire.

J'estime superflu, monsieur, de vous répéter tout ce qui s'est fait dans ce différend dont vous n'ignorez ni l'origine ni le progrès. Vous avez été témoin de la modération avec laquelle le roi en a agi depuis qu'il a plu au roi de Prusse d'arrêter l'exécution des arrêts des juges légitimes, et vous avez été informé ensuite successivement par son exc. mons. le comte de Berkentin de ce qui s'est dit, écrit et négocié depuis pour apaiser et prévenir les suites d'une affaire, qui, intéressant une sujette du roi et une famille soumise, depuis qu'elle existe, à sa domination et particulièrement honorée de sa protection et de celle de ses augustes prédécesseurs, était pour sa majesté un objet auquel sa justi nec pouvait se refuser, mais qui n'était pas faite d'ailleurs pour brouiller ni pour occuper des rois. Vous avez vu par le projet d'accommodement que sa majesté a permis à son exc. de Berkentin de remettre à mons. l'abbé Lemaire [1]), combien de facilités nous avons portées à tout ce que l'équité permettait de faire en faveur de madame de Bentinck, combien nous lui avons obtenu d'avantages, et enfin par combien de cautions, de promesses et de certitudes, tant bourgeoises et civiles que politiques, nous nous sommes appliqués à lui assurer l'opulence et la tranquillité qui lui sont offertes et à dissiper jusqu'aux ombres d'appréhensions qui pouvaient lui rester, avantages si considérables pour elle et si onéreux à son mari et à sa famille que nous devions nous attendre qu'elle ne les rejetterait pas, et sûretés si supérieures à toutes celles qui se donnent communément aux arrangements de cette nature que nous ne pouvions pas supposer qu'elle en désirerait d'autres. Rien n'a donc été négligé de la part du roi. Équité, soins pour les intérêts de toutes les parties, modération, patience, égards les plus soutenus pour ce même prince, qui en a marqué si peu pour lui, attention la plus scrupuleuse à ménager jusqu'aux prétentions qu'on lui a opposées, tout a été observé. Le projet de la convention,

---

[1]) Ministre de France à Copenhague.

vous l'aurez remarqué, ne contient pas une parole qui puisse
blesser les droits prétendus des directeurs du cercle[1]); quoique
le roi ne les reconnaisse pas dans l'occasion dont il s'agit,
il n'a pas voulu que l'on en fît mention; l'accommodement
entre les parties, terminant tout différend, toute commission
et toute procédure, terminait aussi cette contestation et dis-
pensait de la discuter. Cela lui a suffi et il n'a pas même
demandé à sa majesté Prussienne de s'en désister.

Le roi ne regrette pas tant de soins ni toutes ces démarches, effets des sentiments qu'il conserve au roi de Prusse
et surtout de la haute considération qu'il a pour la cour de
France, à laquelle il est toujours disposé de donner avec
plaisir de nouvelles preuves de son amitié et de sa confiance,
mais il ne s'attendait pas et ne devait pas s'attendre qu'ils
ne feraient d'autre effet que celui de permettre à madame de
Bentinck de se livrer tous les jours à de nouvelles imaginations, et de lui inspirer enfin la hardiesse de vouloir associer
un autre prince aux droits de ses souverains, d'oser marquer
de la défiance contre la sûreté des engagements pris sous
leurs auspices.

C'est là, monsieur, où s'arrête la complaisance du roi.
Engagé par tant de titres à faire justice à madame de Bentinck,
A mons. son mari, à ses enfants et à ses créanciers, il la leur
fera à tous. Il ne se prêtera point à charger sa majesté
Prussienne d'un soin qui relativement à la terre de Knyphausen regarde l'empereur et celui auquel il le remet, et il
ne permettra jamais à madame de B., née sa sujette, qualité
que la possession d'une terre immédiate de l'empire n'efface
point, fille de ses sujets[2]), qui lui doit tout son état et qui a
mille fois imploré son autorité et joui des effets de son
équité et de sa protection, de vouloir d'autre garant que lui-
même de la certitude de sa parole qu'il a su conserver
sacrée et inviolable pendant tout le cours de son règne, et
qu'aucune puissance de la terre n'a encore révoquée ni eu
lieu de révoquer en doute.

---

[1]) La Prusse prétendait que la seigneurie de Knyphausen faisait
partie du cercle de la Westphalie, dont l'électeur de Brandenbourg
était directeur.

[2]) Mad. Bentinck était née comtesse d'Aldenbourg et ainsi alliée à la
maison royale.

La négociation pour accommoder mons. et mad. de Bentinck, qui depuis si longtemps donne tant de peine aux ministres de France et à nous, est donc rompue, si la comtesse trouve moyen de faire insister davantage la cour de Berlin sur ce point. Si le roi de Prusse, non content d'avoir procuré à cette dame des conditions plus avantageuses et des revenus deux fois plus considérables que ceux que dans ses propres projets elle demandait de se réserver, veut encore porter ses bontés pour elle jusqu'au point de la soustraire aux pouvoirs auxquels sa naissance et la nature de ses biens la soumettent, si un prétexte pour pouvoir se mêler pendant la vie de mad. de Bentinck d'une partie de ses affaires, objet si médiocre pour un tel prince, lui parait digne d'être acquis, si, en un mot, il veut s'arroger une garantie que le consentement des parties ne peut pas lui donner, tout est dit et il ne faut plus parler d'accord. Le roi ne peut disposer des droits de l'empereur ni renoncer aux siens. Il pourra donner beaucoup aux conjonctures, encore plus à son amitié pour la France, mais il n'accordera jamais son aveu, ni son oubli, ni son indifférence à de tels procédés et à de telles prétentions.

Sa majesté trouve bon que vous vous en expliquiez dans ce sens au ministère de France, en le remerciant de sa part des bons offices qu'il a passés jusqu'ici dans cette affaire et dont vous l'assurerez qu'elle conservera chèrement le souvenir. Elle sera fort aise qu'il veuille bien les continuer pour porter le roi de Prusse à faire conclure l'accommodement dans le sens du projet et de la dernière réponse donnée aux observations de mons. Lemaire, dont vous avez eu communication le 18 et le 28 d. p. C'est notre dernier mot et nous y avons porté les facilités jusqu'à leur dernier période, et nous ne pouvons aller plus loin, sans blesser les lois et la justice que le roi préfère toujours à tout. Mad. de B. y obtient des avantages que d'abord elle n'aurait pas même osé souhaiter, la convention l'arrache aux poursuites légitimes de ses créanciers, auxquelles nul juge de la terre n'aurait pu la soustraire, elle ne cède à ses enfants que les dégoûts, les peines et les risques attachés au gouvernement de biens obérés et s'en réserve plus, j'ose le dire, qu'il n'en reste; si

tout cela ne la satisfait point, et s'il faut pour la contenter
que ses souverains cèdent encore à sa haine, elle ne parviendra point à son but, et le roi n'accordera jamais sa sanction
à de si coupables vues.

Nous attendrons avec impatience, monsieur, votre rapport de ce que le ministère de France pense à ce sujet. Le
roi a toujours souhaité la composition amicale de cette fâcheuse querelle que la justice qu'il doit à ses sujets ne lui
permet pas d'abandonner, mais qui ne devait jamais devenir
une affaire d'état ni une cause de contestation et de déplaisir
entre des rois; il la souhaite encore, quelque sensible qu'il
soit sans doute à un prince qui s'est fait une règle constante
de ménager avec l'attention la plus scrupuleuse les droits
de toute autre puissance, et qui, depuis qu'il est sur le trône,
n'a pas fait un pas qui ait pu blesser aucune cour, de se
voir payé de si peu de retour et de voir son pouvoir troublé
par des voies de fait, et cela de la part d'un roi, son ami,
ami de ses alliés, quelque sensible, dis-je, qu'un tel procédé
soit à sa majesté, elle ne demande pas mieux que de l'oublier, pourvu qu'enfin le roi de Prusse y mette un terme.

Nous aurions lieu de croire que cela ne serait pas
difficile à obtenir, nous devions penser qu'il serait aisé à
la cour de France de porter ce prince à ne plus souffrir, que
les passions et les aversions domestiques de mad. de B. ou
le petit objet d'autorité qu'elle lui offre, le désunissent davantage avec une puissance, la seule peut-être de ses voisines de l'amitié de laquelle il pût être assuré, et qu'elle
n'aurait point de peine à lui faire sentir que, s'il est glorieux
de protéger, il l'est encore davantage de savoir borner sa
protection et de ne pas lui immoler l'équité et les droits
d'autrui. Mais quand, ce que je ne puis imaginer, ces représentations ne feraient pas leur effet, et quand la France
même ne pourrait engager le roi de Prusse à ne plus attacher à la convention dont il s'agit une condition qui ne
peut s'accorder, le roi aurait toujours la satisfaction de n'a-
voir rien fait dans toute cette affaire que ce que la justice
exigeait de lui. L'Europe entière en conviendra, et il est
bien sûr que non-seulement ses alliés, mais encore les puissances avec lesquelles il est le moins en liaison, sauront
distinguer la bonté de sa cause et ne confondront point la

~~traduite du prince qui ne fait que soutenir~~ ses droits anciens, ~~ceux de l'empire et des lois~~, avec celle de celui dont les prétentions les troubleraient tous.

: *Apostille.*

Voilà, monsieur, une longue dépêche qui, j'espère, vous mettra au fait de la manière dont le roi envisage l'affaire de Knyphausen et la résolution qu'il a prise de rompre plutôt tout-à-fait la négociation par laquelle on a travaillé jusqu'ici à l'accommoder, que de partager ses droits avec le roi de Prusse et de lui céder dans une prétention aussi injuste que la sienne.

Je n'y ajouterai rien, si ce n'est que vous êtes le maître de faire de ma lettre l'usage que vous jugerez convenir au but et au service du roi, et que, s'il vous manque encore quelqu'une des pièces relatives à cette affaire qui pût vous être nécessaire pour votre information, je vous la ferai tenir au premier mot que vous m'en ferez [1]).

10.

Dépêche à Mr. le baron Bachoff von Echt [2]).
Envoyé à Vienne.

Copenhague 26 octobre 1751.

Le comte de Rosenberg nous ayant donné à connaître que l'impératrice-reine, fort satisfaite des bons offices que les ministres du roi résidant en Suède et en France y avaient passés au commencement de cet été en faveur de ses intérêts, souhaitait qu'il plût à sa majesté les faire répéter à présent à l'une et à l'autre cour, pour achever d'y détruire la méfiance que des princes toujours opposés à sa majesté impériale avaient travaillé d'y faire naître, j'ai rendu compte de sa demande au roi et sa majesté, toujours disposée à marquer son amitié sincère à cette princesse, a bien voulu

---

[1]) Cette dépêche fut communiquée en même temps au ministre à Berlin avec l'ordre de se prononcer dans le sens indiqué vis-à-vis du gouvernement prussien.

[2]) Accrédité à Vienne 16/12 1749, mort dans ce poste 24/1 1781.

s'y prêter. Elle m'a commandé d'expédier sans délai les ordres qu'elle fera adresser en conséquence à mrs. de Juel, de Wind et de Reventlow.

Et elle s'est déterminée de même, à la réquisition du dit comte de Rosenberg, à prendre dans le courant de cet hiver l'investiture pour ceux de ses états qui relèvent de l'empire [1]). Bien des raisons qu'il serait superflu de vous détailler auraient pu engager le roi à ne faire à cet égard que ce que font la plupart des électeurs et autres grands princes de l'empire, et le porter à ne se résoudre à cet acte que lorsque quelqu'autre roi, prince de l'empire, s'y serait résolu, mais sa majesté ne veut point remettre à un autre temps un plaisir qu'elle peut faire dès à présent à l'empereur, son ami, et c'est une satisfaction pour elle de donner à l'Europe et à l'empire une preuve éclatante de cette amitié et un exemple de ces sentiments et des procédés qui en sont la suite pour les princes. La seule chose qu'elle se réserve et que vous aurez soin de lui réserver nommément, c'est que, supposé que d'autres princes ou électeurs obtinssent dans la suite quelque changement avantageux dans le cérémonial de l'investiture, ce changement serait censé stipulé et réglé pareillement pour les investitures qui se prennent désormais pour les provinces Allemandes du roi. Sa majesté ne doute pas un instant que la cour impériale ne consente sans hésiter à une demande si équitable.

Le roi n'a pas voulu au reste attacher de condition à cette preuve d'amitié qu'il est bien aise de donner à l'empereur et qu'il lui donne gratuitement, mais il n'en est que plus en droit de s'attendre que ce prince, par un juste retour, sera disposé à lui marquer de même la sienne, en abolissant cette odieuse distinction de style et de titre que la chancellerie impériale observe encore à son égard. Je parle de la Majesté que la dite chancellerie donne à presque tous et j'oserais quasi dire à tous les rois héréditaires et même à ceux qni ne sauraient comparer ni l'ancienneté ni le brillant de leurs couronnes à celle du roi, et que cependant elle

---

[1]) L'investiture fut prise et serment prêté séparément pour le Holstein avec les pays incorporés, le Stormarn et la Ditmarse, et pour les comtés d'Oldenburg et de Delmenhorst avec le péage d'Elsflet.

lui refuse. Il sera de votre zèle et de votre dextérité, monsieur, de parvenir, moyennant une occasion aussi favorable, à faire changer une coutume si injuste et une formalité si désagréable, et de faire sentir à la cour impériale qu'il est même de son intérêt de faire disparaître cette occasion perpétuelle de mésintelligence et de mécontentement entre nous, et qui, sous un roi moins généreux que le nôtre, aurait déjà pu faire son effet. Sa majesté vous commet particulièrement cette affaire et veut que vous ne négligiez rien pour la faire réussir selon ses justes désirs[1]).

J'aurai soin cependant de vous adresser au premier jour en forme les ordres du roi et ses instructions pour la prise de l'investiture et vous pourrez, si vous le jugez convenable à son service et à son but, annoncer dès à présent cette résolution de sa majesté au comte de Colloredo, ainsi que le premier article de ma lettre au comte d'Uhlefeld.

Je vous ferai savoir de même dans peu les commandements de sa majesté relativement aux articles du traité conclu avec le roi de Suède[2]) à confirmer par l'empereur.

11.

Dépêche à Mr. le Chambellan Rosenkrantz[3]),
Envoyé à Londres.

Copenhague 2 novembre 1751.

Le roi m'ordonne de vous faire part de quelques conversations que j'ai eues ces jours passés avec mr de Titley, mais sa majesté trouve à propos que vous n'en fassiez usage que pour votre propre information, et que vous ne vous en expliquiez envers le ministère britannique que dans le cas qu'il vous en pressât. Jusque-là, elle trouve convenable que vous paraissiez ignorer ce dont il ne vous parle pas.

---

[1]) L'empereur s'engagea à donner le titre de Majesté au roi pour la première fois dans la réponse à la notification du mariage du roi avec Juliane Marie de Brunsvic en 1752, dépêche de Bernstorff du 22 juillet 1752.

[2]) Traité du 25 avril 1750.

[3]) C. F. Rosenkrantz accrédité à Londres ¹⁴/₂ 1750, rappelé ²⁵/₂ 1754.

La première chose que mr Titley me demanda, ce fut que, vu la bonne intelligence subsistant aujourd'hui entre les deux cours et vu qu'il n'y avait actuellement personne de la part de la Grande-Bretagne en Suède, il plût au roi d'ordonner que, comme cela s'était déjà pratiqué autrefois, ses ministres instruisissent la cour britannique de ce qui se passait de plus important à Stockholm, marque d'amitié et de confiance que le roi de la Grande-Bretagne rendrait au roi en pareilles rencontres. Sa majesté m'a ordonné d'y répondre qu'elle y consentait avec plaisir, et qu'elle me permettrait de lui faire part de ce qui arriverait en Suède, digne de l'attention de sa majesté britannique.

Il s'étendit ensuite sur les dispositions pacifiques de son roi, dont tous les travaux ne tendaient qu'à assurer la tranquillité générale de l'Europe et le repos particulier du nord, discours dans lequel il glissa quelques réflexions moins avantageuses pour les cours de France et de Prusse et qu'il termina par dire, qu'il espérait que le roi, notre maitre, ne se laisserait jamais engager à s'opposer au sien dans des vues aussi justes et aussi nobles. Je lui répliquai, qu'il pouvait se tenir assuré, que le roi était tout aussi zélé pour la paix et la félicité publique que pouvait l'être sa majesté britannique, et que c'était une vérité que toutes les actions de son règne avaient suffisamment prouvée. Alors il tourna le propos sur les affaires de l'empire et l'élection du roi des Romains, et me pria de représenter au roi de quelle nécessité il était de prévenir les maux qui pourraient résulter de la vacance du trône impérial, et le retour de ces embarras dont nous avions été tous témoins. Je lui répondis qu'il y avait déjà plusieurs mois que, par le commandement de sa majesté, j'étais entré sur ce sujet en correspondance avec mons. de Münchhausen à Hanovre, et que je pouvais lui dire que sa majesté n'était et ne serait pas contraire à la dite élection du roi des Romains, qu'elle était plutôt disposée de favoriser dans l'occasion, mais que ce ne serait que moyennant que l'on s'y prît d'une manière légale et sans préjudicier aux droits des princes de l'empire, qu'elle n'abandonnerait point, et j'ajoutai, que nous étions actuellement occupés, mons. de Münchhausen et moi, à trouver quelque expédient qui pas, s'il était possible, concilier à la fois les droits du collège électoral et ceux de celui des princes.

Mr. de Titley paraissait très-content de cette dernière réplique et s'ouvrit enfin sur la proposition qui, je crois, était le motif et le but de tous ces discours. C'est qu'il me proposa de demander au roi, s'il ne plaisait pas à sa majesté d'entrer en quelques arrangements avec le roi de la Grande-Bretagne pour le cas où la Suède ferait quelques menées en faveur du prétendant[1]) ou lui prêterait secours. Je ne lui ai pas encore fait de réponse sur cette ouverture, si ce n'est que je demanderais à cet égard les ordres du roi, mais sa majesté me parait disposée à me commander de lui dire que les motifs les plus puissants que la religion, l'amitié, les alliances, les droits et l'intérêt pouvaient fournir, ne permettraient pas de révoquer en doute combien, à l'exemple de ses augustes sïeux, sa majesté serait toujours disposée à concourir, si le besoin l'exigeait, au soutien de la maison royale d'Angleterre et à son maintien sur le trône de la Grande-Bretagne, mais que, plus ses dispositions étaient évidentes et immuables, moins elle jugeait nécessaire ou convenable d'entrer sur ce point dans des engagements dont le cas n'existerait probablement jamais, ou n'existerait que dans un temps pour lequel il n'était pas possible de prendre aujourd'hui de justes mesures. Je ne crois pas que le roi me permette de donner une autre réponse, et je doute que sa majesté se laisse fléchir à s'écarter dans cette occasion du grand principe qu'elle s'est établi avec tant de sagesse, de ne faire des traités que pour le besoin et l'utilité présente et de conserver au reste, le plus qu'il est possible, à toutes ses résolutions cette liberté et cette indépendance qui conviennent à sa grandeur et dont elle sait faire un si bon usage.

Vous voilà au fait, monsieur, du point où nous en sommes avec la cour où vous résidez. Comptez que j'aurai soin de vous instruire de même, aussi souvent que le roi me le permettra, de ce qui se passera entre nous et elle à l'avenir et tenez-vous en assez sûr, je vous prie, pour ne rien croire de ce que l'on vous débitera peut-être de prétendues négociations de mr. de Titley et de ses succès, tant que je ne vous

---

[1]) Charles Edward Stuart.

en aurai pas averti. Je sais que l'on fait courir quelquefois des bruits pareils à Londres et autre part, mais ces bruits, monsieur, ne doivent ni vous tromper ni vous inquiéter.

J'ajouterai que le roi a dessein, pour faire plaisir à l'empereur, de faire prendre bientôt l'investiture de ses états relevant de l'empire, que le comte Lynar est sur son départ ou peut-être même déjà parti de Pétersbourg, et que la négociation relative à l'affaire de Knyphausen est au moment de sa crise; elle est heureusement terminée, si le roi de Prusse renonce à la garantie du traité qu'il s'est avisé de prétendre, rompue, s'il y insiste.

12.

Dépêche à Mrs. de Juel et de Wind à Stockholm.

Copenhague 11 novembre 1751.

La lettre que vous avez bien voulu m'écrire le 29 m'a été rendue par la poste ordinaire, et le lendemain j'ai reçu par mr. de Rosenberg les dépêches du 30, dont vous aviez chargé le courrier du comte de Goes et qui contiennent les éclaircissements que votre exc. et vous, monsieur, avez bien voulu me donner sur plusieurs questions que j'ai eu l'honneur de vous proposer. J'en ai sur le champ rendu compte au roi ainsi que du reste du contenu de vos rapports, et sa majesté m'a ordonné de vous marquer qu'elle est très-satisfaite de la manière dont vous vous êtes expliqués vis-à-vis de mrs. de Tessin et de Fleming au sujet de l'ordre des Séraphins que le comte de Lieven doit lui présenter. Il est vrai que jusqu'ici le roi n'a pas aimé recevoir ces décorations étrangères; mais comme la proximité du sang, l'union des intérêts et surtout l'amitié sincère qu'il porte à sa majesté Suédoise tirent ce prince à son égard du pair des autres rois, et lui inspirent pour ce qui lui vient de sa part des sentiments qu'il n'accorderait pas à ce qui lui serait offert par bien d'autres cours, sa majesté s'est déterminée non-seulement à accepter l'ordre de sa majesté Suédoise, mais encore à lui rendre la même marque d'amitié qu'elle reçoit d'elle, en lui envoyant le sien. Le roi vous autorise, messieurs, de

faire part, comme en confidence, de cette résolution à mr.
le comte de Tessin et de concerter avec lui, à quels jours
et comment les deux rois porteront les marques des ordres
qu'ils vont recevoir, points sur les quels, quoique ce ne soient
que des bagatelles, il est bon d'être d'accord avant que le
cas de les exécuter existe.

Sa majesté s'en rapporte, messieurs, à votre zèle et à
votre habileté à faire valoir ces preuves de son amitié et de
sa considération par sa majesté suédoise; mais si, et dans cette
occasion et généralement en toute autre, elle est entièrement
disposée à lui en donner des témoignages les plus publics
et à se prêter à tout ce qui peut lui faire quelque plaisir,
il n'en est que plus fâcheux pour elle, que ce prince continue d'insister sur un point auquel il est impossible à sa
majesté de consentir. Vous jugez bien, messieurs, que c'est
de la déclaration des engagements pris entre L. L. A. A.
R. R. madame la princesse Sophie Magdalena et le prince
royal de Suède que je veux parler. Les raisons les plus
fortes et les plus sérieuses, mais dont aucune ne peut ni ne
doit faire la moindre peine, ni donner le moindre ombrage
à la Suède, empêchent le roi de varier sur cette condition
préliminaire qu'il a attachée d'abord à la réponse qu'il a
donnée aux premières ouvertures qui lui ont été faites
à ce sujet, et l'ont si bien déterminé à ne point consentir,
que ces engagements soient publiés avant l'approche du terme
où ils puissent être remplis, et où l'âge des deux augustes
époux permettra de les unir, que sa majesté vous charge de
ne pas dissimuler la constance de cette résolution au comte
Tessin, et même de dire à ce ministre que le roi regarderait
comme une preuve de l'amitié de la cour de Suède dont il
serait véritablement reconnaissant, si elle voulait bien ne
plus le presser sur un aveu que, vu son désir de lui complaire, il ne refusait qu'avec peine mais qu'il ne pouvait
pas accorder. Vous pourrez, messieurs, vous expliquer ainsi
avec d'autant plus de sûreté que vous ne devez pas craindre
d'en être jamais démentis par quelque résolution contraire.
Vous connaissez la fermeté de notre maitre, et vous savez
qu'il ignore ce que c'est que de chanceler dans les partis
qu'il a pris par sagesse et par des motifs convenables à la
raison et à sa gloire. Il serait au reste trop long de vous

détailler ces motifs, qu'il vous sera aisé de vous dire à vous
mêmes, et je ne me réserve que d'ajouter que je me flatte
que l'on n'aura pas grand' peine à acquiescer, là où vous
êtes, à ce que vous y direz sur ce sujet de la part de sa
majesté, vu que nous savons déjà suffisamment que le secret de
cette négociation, quoique si fortement recommandé par nous,
n'a pas été gardé au delà de la convénience et qu'ainsi sa
publication pourrait être une formalité de plus, mais non
pas une nouvelle pour ceux à qui elle doit donner de
la joie.

Nous attendons avec impatience la résolution finale que
prendra mons. le comte de Tessin, et nous souhaitons fort qu'il
se laisse enfin persuader à continuer les fonctions d'un ministère dont il s'acquitte avec des applaudissements si uni-
versels et si justement mérités.

13.

Dépêche à Mr. de Reventlow à Paris.

Copenhague 30 november 1751.

(Extrait.)

Il nous revient de différentes parts que l'on croit l'intelligence moins bonne entre les cours de France et de Prusse,
ce qui confirme l'avis que vous nous en donnez par votre
lettre du 12. Je vous prie de continuer d'y avoir l'oeil et
de nous informer non-seulement de tout ce que vous en
apprendrez, mais encore de tout ce que vous pourrez en
conjecturer. Vous voudrez bien y ajouter si Lord Marishal
a les mêmes allures et les mêmes liaisons qu'avait le feu
baron de Chambrier, son prédécesseur, s'il parait avoir
acquis du crédit personnel du ministère et s'il est seul
chargé des affaires du roi, son maitre, en France, ou si,
selon la méthode assez ordinaire à sa majesté Prussienne, il
y a quelque autre personnage à Paris qui le soulage dans
ses fonctions ou plutôt les lui enlève.

Vous avez suffisamment rempli les intentions du roi par
les bons offices que vous avez rendus à la cour impé-

ciale.[1]. Il sera bon de n'en pas faire davantage à cet
égard. —

14.

Freds- og Venskabs-Traktat med Tunis,
undertegnet i Tunis d. 8. December 1751,
ratificeret d. 19. Aug. 1752.

15.

Dépêche à Mr. de Bachoff à Vienne.

Copenhague 11 janvier 1752.

(Extrait.)

— Il me reste de vous dire, monsieur, que le comte de
Rosenberg m'a fait ces jours passés à peu près les mêmes
insinuations[2]) que le baron de Bardenstein vous a faites, et
dont vous rendez compte dans votre dépêche, excepté qu'il
n'a pas fait mention nommément de traité à conclure, et
qu'il s'est contenté de me demander en termes plus généraux
si ses souverains, qui ne demanderaient jamais rien au roi
qui pût être contraire à ses engagements antérieurs ou capable de lui donner des embarras, pourraient se flatter, que
ses dispositions leur seraient favorables, en cas qu'ils fussent
troublés par les ennemis de l'autorité impériale, de la maison
d'Autriche et du repos de l'Europe. Je lui ai répondu que
le roi était sincèrement porté pour la conservation et la
grandeur de la cour impériale, dont il convenait que le
maintien importait à l'Europe et à l'empire, et qu'ainsi
cette cour pouvait compter, qu'il pencherait toujours en sa
faveur dans toutes les occasions où la justice et les circonstances lui permettraient de suivre ses inclinations, mais que
leurs majestés impériales étaient sans doute trop éclairées
pour demander à sa majesté sur ces sentiments une déclaration ou une démarche publique ou éclatante, et encore
moins un traité ou engagement formel, attendu que les pre-

---

[1]) Voir Nr. 10.
[2]) A. G. Moltke l. c. 173—174.

mières ne serviraient à rien qu'à donner de l'embarras et
à révolter l'animosité des ennemis de la maison d'Autriche,
ou au moins à leur fournir un prétexte de répandre de nouveaux soupçons contre ses desseins et ses vues, et qu'un
traité ou engagement pour obvier à des cas qui n'existaient
pas encore, et contre lesquels il était tout à fait impossible
de prendre dans une telle incertitude des mesures et des
précautions justes, ne pourrait qu'être entièrement inutile et
peut-être même nuisible au but proposé, par les contestations que son explication pourrait faire naître entre les
parties contractantes. J'ajoutais que le roi s'était fait un
principe de ne jamais prendre des liaisons sur des objets
si vagues et contre des accidents si douteux, mais que, sans
aucun acte ni parole solennelle, la cour impériale éprouve-
rait toujours l'effet de l'amitié de sa majesté et que, même
dans les affaires de la diète et de l'empire, elle la trouverait
constamment dans ses intérêts aussi souvent que ces intérêts
ne seraient pas contraires aux droits légitimes des états et
particulièrement à ceux du collége des princes, dont le roi
n'oubliait pas qu'il était membre.

Le comte de Rosenberg témoigna être content de ma
réponse, et comme je ne doute pas qu'il n'en ait fait son
rapport, avec l'exactitude qui lui est ordinaire, à sa cour,
j'ai cru devoir vous en instruire de même, monsieur,
si l'on vous en parlait. Vous remplirez les intentions du
roi, en assurant toujours la cour impériale de la bonne et
sincère amitié de sa majesté, et en la détournant avec la
même constance et la même attention de toute idée de la
fonder sur des traités. Le roi n'aime pas à les multiplier
et l'amitié gratuite et volontaire est bien aussi solide et
utile que celle qui se promet par écrit et qui, pour
n'être plus regardée de part et d'autre que comme un
droit et un devoir, n'en est mutuellement que plus souvent
négligée. —

16.

Dépêche à Mr. de Molzahn à St. Pétersbourg.

Copenhague 22 janvier 1752.

Il y a déjà quelque temps que le roi est informé que dans toutes les occasions qui se présentent à mr. le chambellan de Panin, envoyé de Russie en Suède, ce ministre fait tous ses efforts pour représenter à sa majesté suédoise sous les couleurs les plus odieuses l'accommodement que ce prince a fait avec le roi sur ses prétentions au duché de Slesvic et sur ses droits éventuels à celui du Holstein, et qu'il n'oublie rien pour l'animer à manquer à ce traité et à le lui faire envisager comme infiniment préjudiciable à sa gloire et à ses intérêts.

Le roi a été très-surpris d'une pareille conduite. Sa majesté ne devait assurément pas s'y attendre de la part d'un ministre d'une cour avec laquelle elle est si étroitement liée, qui, selon ses intérêts les plus évidents et les plus naturels, ne devrait et ne saurait désirer que le Slesvic et le Holstein soient ou puissent être quelque jour entre les mains d'un roi de Suède, et qui, en conséquence de ce principe, s'est engagée solennellement à ne pas souffrir que ce cas existât jamais [1]). Aussi sa majesté aurait-elle eu de la peine à ajouter foi aux rapports qui lui en sont revenus, s'ils n'avaient pas été d'une nature à ne pas permettre de révoquer leur vérité en doute.

Le roi est cependant très-persuadé que ce procédé si peu amical et si peu exact ne doit être attribué qu'uniquement à mr. de Panin et non pas aux ordres de sa cour, et c'est dans cette confiance qu'il vous ordonne, monsieur, d'en porter nos plaintes à mr. le grand-chancelier et de lui dire que sa majesté était si sûre et de ses lumières et de son amitié, qu'elle comptait qu'il ne souffrirait point que sous son ministère un des envoyés de la Russie agît contre la parole de sa majesté impériale et contre les intérêts de son empire, mais qu'il saurait mettre des bornes à ses préjugés ou à sa

---

[1]) Traité du 10 juin 1745 art. secret.

mauvaise volonté, lui dicter une conduite plus mesurée et plus sage et l'empêcher de donner aux Suédois la satisfaction de croire qu'il y avait entre le Danemark et la Russie une mésintelligence dont les ennemis des deux couronnes feraient leur joie, et dont ils sauraient bien faire valoir le bruit au désavantage de l'une et de l'autre.

Vous ne manquerez pas, monsieur, de rendre compte au roi de la réponse que vous fera le grand-chancelier. Je croirais lui faire tort, si j'hésitais de croire qu'elle sera telle que nous la désirons, c'est-à-dire conforme à la vraie politique et à l'amitié qui subsiste entre les deux cours. Il est sans doute trop grand ministre pour permettre à un homme qui est sous sa direction d'agir contre les principes qu'il prend tant de peine à établir, et pour trouver bon que mr. de Panin travaille contre un système que ses lumières lui ont fait découvrir utile à l'empire de Russie et salutaire à tout le nord.

17.

Dépêche à Mrs. de Juel et de Wind à Stockholm.

Copenhague 22 janvier 1752.

Peu de nouvelles ont pu être plus agréables et plus satisfaisantes au roi que celle que vous lui avez donnée souvent de l'amitié que le roi de Suède lui portait, et de la disposition sincère de ce prince à remplir ses engagements et à cultiver la bonne intelligence si heureusement rétablie et affermie entre les deux maisons royales et entre les deux cours. Mais je ne dois pas vous dissimuler, messieurs, que d'autres rapports qui nous viennent en foule ne confirment point les espérances que vous avez conçues. On nous assure que sa majesté suéd. est toujours livrée aux préjugés de son éducation et de ses premières années, qu'elle ne s'occupe que des regrets qu'elle donne au traité par lequel il a renoncé au Holstein et à ses prétentions sur le Slesvic, et que tous ceux qui lui représentent ce traité comme l'ouvrage de ses ennemis et de ceux qui l'ont trahi, sont admis à sa confiance, et l'on ajoute enfin que ce prince pousse l'inconstance et le ressentiment contre les gens qu'on a su lui rendre odieux, au point d'avoir fait des démarches pour se jeter entre les bras de la Russie.

Je ne prétends pas, messieurs, vous faire valoir ces rapports comme infaillibles, mais comme par bien des raisons il serait difficile de leur refuser toute créance, et qu'il est d'une extrême importance pour le service du roi d'être bien informé des vraies dispositions du roi du Suède, tant à son égard qu'à celui de la Russie, sa majesté m'ordonne de vous faire part de ces avis qui lui sont venus et de vous charger de redoubler, s'il est possible, votre vigilance et vos soins pour tâcher de découvrir le fond de ces sentiments qu'on lui représente sous des faces si différentes, et la vérité de ces faits et de ces liaisons sur lesquelles il est de si grande conséquence que nous ne nous trompions pas. Une des premières attentions des auteurs de cette intrigue sera sans doute de la dérober à vos yeux ainsi qu'à ceux des chefs du ministère et du sénat, mais le roi se promet de votre activité et de votre pénétration qu'ils n'y réussiront pas et que vous parviendrez à lui dévoiler un secret qui mérite si bien d'être approfondi. Le roi désire de même de savoir quelle a été, dans ces derniers jours et environ depuis un mois, la manœuvre et la contenance du ministre de Russie, et quels ont été et sont sa contenance et ses propos envers vous et dans le public. Paraît-il davantage à la cour, semble-t-il plus occupé, a-t-il eu quelque audience du roi ou de la reine? Rien n'est indifférent de sa part dans ces momens. —

18.

Dépêche à Mr. de Bachoff à Vienne.

Copenhague 22 janvier 1752.

(Extrait)

La noblesse de Mecklenbourg, qui a reçu avec la plus vive et la plus respectueuse reconnaissance la grâce que le roi lui a faite l'année dernière en vous chargeant alors, monsieur, d'appuyer sa cause au conseil aulique, ayant eu, il y a quelques semaines, le malheur de voir, malgré tous

ses efforts et sacrifices, rompues les conférences qui se sont
tenues à Rostock et à Schwerin pour accommoder ses an-
clenues et tristes contestations avec ses ducs, a de nouveau eu
recours à la clémence de sa majesté et vient d'implorer
son auguste protection pour qu'il lui plaise vous réitérer
les commandements donnés l'année passée, et vous ordonner
d'employer vos bons offices et votre crédit pour engager la
cour impériale, les membres du conseil aulique et particulièrement ceux de la Hof-commission à lui faire non pas faveur
mais justice, et surtout à ne pas prononcer sur le point de
la contribution extraordinaire que les ducs prétendent imposer à
ses valets, avant que de l'avoir écoutée et d'avoir pesé les
arguments sur lesquels elle fonde leur immunité. Ces suppli-
cations ont été heureuses. Il a plu au roi de daigner de
les recevoir favorablement, et, par un effet de cette grandeur d'âme et de cette bonté généreuse qui le rend toujours disposé à secourir ceux qui réclament son appui, il a
bien voulu m'ordonner de vous mander, monsieur, que vous
agirez selon ses intentions, en rendant à la noblesse de
Mecklenbourg, mais seulement selon la justice et avec la
prudence qui vous est ordinaire, les bons offices qu'elle
désire. J'ai donc l'honneur d'exécuter ce commandement,
dont je partage dans la plus profonde soumission la reconnaissance avec tous les Mecklenbourgeois[1]), et je n'y ajouterai rien, sachant qu'il suffit de vous faire savoir, monsieur,
la volonté du roi pour vous la voir remplir avec tout le
zèle qui est dû à ses ordres.

19.

Freds-, Commerce- og Navigationstraktat med Tripolis.

Afsluttet i Tripolis d. 22 Januar 1752,

ratificeret paa Jægerspris d. 19 August 1752.

---

[1]) Par sa naissance et ses propriétés Bernstorff appartenait à la
noblesse Mecklenbourgeoise.

20.

Allerunterthänigstes Bedenken des Geheimen-Conseils.

Copenhagen 18 Februar 1752.

Ewr. Königlichen Majestät allergnädigstem Befehl zu
allergehorsamster Folge, haben Wir das von Dero combinirtem
Admiralitäts- und General-See-Commissariats-Collegio über
die von den Schweden bereits angefangenen und noch ferner
fortzusetzen und zu vermehren beschlossenen Festungs-
Werke und Anstalten bei Landskrone und deren für Ewr.
Kgl. Majestät wichtigste Provinzen, Dero Residenz-Stadt und
den freien Gebrauch der daselbst liegenden Flotte, auch
einquartierten See- und Landtruppen wie nicht weniger für
die Ruhe und Sicherheit Dero Unterthanen und deren Handlung höchstgefährlichen Folgerungen ausgestellte Bedenken
in reife und zusammengesetzte Ueberlegung genommen und
dessen sehr beträchtlichen Einhalt unseres besten Fleisses
erwogen.

Wir vermessen uns nun nicht, über dasjenige, was darin
von der Lage des Orts und Beschaffenheit, dessen Gegend,
Fahrten und Gewässer, und daher entstehender Beschwer-
ja fast Unmöglichkeit, den abseiten der Schweden mit
leichter Mühe wider uns auszuführenden Unternehmungen
hinreichend zu widerstehen, angeführt worden, zu urtheilen,
sondern nehmen billig, ohne etwas dabei zu erinnern, alles
als zuverlässig und erwiesen an, was von der See-Wissen-
schaft erfahrenen Männern, welchen Ewr. Kgl. Maj. die Direktion Dero Flotte und Seewesens anvertraut haben, unter-
sucht und angezeigt worden ist, und wir erkennen zugleich,
dass, obwohl von den Schweden, deren Völker zu Wasser
und zu Lande in geringerer Anzahl wie Ewr. Kgl. Maj. Flotte
und Armeen sind und welche durch ihre Regierungsform
und innerlichen Spaltungen wie auch durch ihren bekannten
Geldmangel und das billige Misstrauen, dessen sie sich
gegen Russland nicht entheben können, nothwendig oft an
nachdrücklicher und geschwinder Ausübung ihrer Anschläge
gehindert werden müssen, nicht eben der Gebrauch dieses
ihnen so vortheilhaften, uns aber so schädlich liegenden
Orts zu besorgen sei als wir, wenn solcher in französischen,

englischen oder andern mächtigeren Händen wäre, etwa zu
befürchten haben würden, dennoch auch bei dieser ihrer
Vortheile minderen und langsameren Anwendung nichts
destoweniger die von ihnen jetzt intendirte Anlegung eines
neuen Hafens und Etablirung einer Galleren- und Galleien-
Flotte in Landskrone so viel Ewr. Kgl. Maj. beschwerliche
und nachtheilige Inconvenienzen nothwendig aach sich zieht,
dass selbige auf alle Weise Allerhöchstderoselben vorzügliche
Aufmerksamkeit und die ernstliche Vorkehrung aller Maassregeln und Mittel, so solche zu hindern oder zu heben vermögen, verdient.

Wir sind derohalben der einhelligen allerunterthänigsten
Meinung, dass, nachdem Ewr. Kgl. Majestät bisher von der
Schweden so oft contestirten Freundschaft die freiwillige
Abstellung dieser feindseligen Arbeit mit grosser Geduld
erwartet, auch Dero in Schweden subsistirenden Minister
zu unterschiedenen wiederholten Malen befehligt haben, mit
allem Glimpf selbige unter der Hand zu bewirken zu trachten,
nunmehr, da solche Hoffnung und Versuche vergeblich gewesen, Dero Dienst unumgänglich erfordert, dass ohne ferneren Anstand zu nachdrücklicheren ja endlich, dem schwedischen Betragen nach, zu den ernstlichsten Mitteln, jedoch
allezeit nur successive und mit aller möglichen Moderation,
Billigkeit und Behutsamkeit geschritten werde.

Der gegenwärtige, in Stockholm fortdauernde Reichs-
tag, als eben dieselbe Versammlung, in welcher dergleichen
wichtige Geschäfte abgethan und die von den Ständen gefassten Beschlüsse wieder (wie wir es bei dieser Gelegenheit
zu erhalten wünschen müssen) aufgehoben werden können,
dünkt uns nur neue Ursache zu sein, diese unangenehme
und beschwerliche aber nothwendige Handlung sofort anzu-
heben, und sind wir also des allergehorsamsten ganz un-
maassgeblichen Davorhaltens,

dass, gleich in diesen Tagen und sobald nur möglich,
Ewr. Kgl. Maj. Botschafter und Abgesandter in Stockholm
mit gemessenem Befehl versehen, und durch umständliche
Instruction dahin angewiesen werden mögen,

dass sie der Kgl. schwedischen Majestät und deren
Ministerio in besonders dazu erbetenen und verlangten Audienzen auf eine nachdrückliche und bewegende Weise, erst

~~ständlich~~ oder wenn sie solches, wie wohl gewiss zu ver-
~~muthen~~, nicht zulänglich erachten sollten, durch ein ihnen
von hie aus allenfalls zuzusendenden Promemoria, wie emp-
~~findlich~~ eine so feindselige, lediglich offensive und in der
That nicht anders als für eine wahre Kriegsrüstung gegen
Dänemark anzusehende, folglich nur reciproke Unkosten verursachende Arbeit und Veranstaltung Ewr. Kgl. Maj. fallen
müsse und wie wenig Sie Sich, dass solche mitten in dem
Frieden angefangen und sogar, nachdem zwischen beiden
Kgl. Häusern und beiden Reichen die genaueste Freundschaft gestiftet und alles, was selbige jemals stören könne,
so sorgfältig und glücklich aus dem Wege geräumt worden,
fortgesetzt werden würde, versehen hätten, vorstellen und
darauf in Dero allerhöchsten Namen die Abstellung dieser
mit einer wahren Freundschaft und Zutrauen zwischen den
beiden Nationen incompatiblen Arbeit begehren und sodann
sich äussersten Fleisses bestreben sollen, auch alle übrige
Personen, so zu Erreichung dieses Endzweckes dienlich sein
können, vorzüglich aber die Reichsräthe, Glieder des geheimen
Ausschusses und andere bei Hofe oder den Ständen Credit
habende und das Wort führende Männer, und unter selbigen
sonderlich, wo möglich, den die Direktion des ganzen Werks
habenden und dessen Nutzen vermuthlich vor anderen zie-
henden General, Grafen von Liewen, durch die ihnen in
ihrer Instruction zu suppeditirenden oder ihnen sonst bei-
fallenden Argumenta wie nicht weniger durch Geld (welches
letztere jedoch nicht voraus, sondern erst nach wirklichen
glücklich oder doch treu geleisteten Dienste auszuzahlen
sein wird) zu gewinnen und zu der Einstellung oder doch
Suspension dieses Unternehmens zu bewegen.

Und da um diesen so sehr zu wünschenden Endzweck
in der Güte und ohne Weiterungen zu erhalten, wohl nichts
unversucht gelassen werden muss, so erachten wir selbigem
zuträglich, dass zugleich sowohl durch Dero hiesiges Ministerium als durch Dero in Paris residirenden Abgesandten
des französischen Hofes bona officia dergestalt requirirt
werden, dass ihm als einem gemeinschaftlichen Freund und
Bundesgenossen die richtigen Ursachen, so Ewr. Kgl. Majestät zu der billigen Resolution die Einstellung schon mehr-
gemeldeter bei Landskrone unternommener Arbeit und An-

stalten von dem Könige und dem Reichstage in Schweden
zu begehren bewogen, und die Unmöglichkeit von solcher
abzustehen vertraulich eröffnet und er, der das gute Vernehmen zwischen beiden Kronen bisher so aufrichtig gewünscht
und so rühmlich befordert, ersucht werde, seinen bekannten
grossen Credit in Schweden zu Erhaltung seines eigenen
Werks und zu Wegräumung dessen, so solches unausbleiblich wieder vernichten würde, anzuwenden.

Wir sehen nicht, allergnädigster König und Herr, dass
bei dieser Sache im Anfang und ehe die schwedische Antwort und Gegen-Erklärung erfolgt, ein mehreres geschehen
könne. Wenn selbige aber einläuft, wird sie entweder ganz
gewierig oder nur unter gewissen Bedingungen favorabel
oder aber ganz widrig sein. Wäre sie das erste, so würde
uns zu unserer empfindlichen Freude nichts weiter obliegen
als Ewr. Kgl. Majestät zu diesem wichtigen Success in
Unterthänigkeit und Treue allergehorsamst Glück zu wünschen. Es ist aber diese Billigkeit und Freundschaft von
der schwedischen Nation wohl so vollkommen nicht zu vermuthen sondern wahrscheinlicher, dass solche die Arbeit bei
Landskrone durch Anführung der von E. K. M. vorgekehrten
nützlichen und weisen Anstalten und vielleicht namentlich durch
die Anlage des Hafens und Werftes zu Friderichsvärn zu
rechtfertigen suchen und etwa die Unterlassung der uns
anstössigen Landskrone-Werke nur conditionate und unter
dem Bedinge, wenn E. K. M. ein gleiches über die Friderichsvärner verhängen würden, bewilligen werden. Schwer
würde es uns nicht sein, den Unterschied beider Dinge zu
erweisen und die Unbilligkeit dieser Vergleichung, indem
E. K. M. die Anlegung neuer Festungen, Werfte und Hafen
nicht allenthalben in ganz Schweden, sondern nur präcise
an dem Orte, wo Landskrone liegt, in der Nachbarschaft
und gerade gegen Dero Residenz-Stadt über abgestellt wissen
wollen, mithin dieses Werk mit dem über 100 Meilen von
Stockholm entfernten Friderichsvärner ganz nicht zu com-
pariren steht, darzuthun, ob aber dennoch nicht, wenn die
Schweden absolute darauf bestünden und gegen die Unter-
brechung der Friderichsvärner Arbeit Landskrone in dem
Stande, in welchem es sich gegenwärtig befindet, zu lassen
ausdrücklich zusagten, Ewr. Kgl. Majestät ihnen solche ihre,

wiewohl nicht gerechte, Bedingung eingestehen wollten, solches überlassen wir alleruntertänigst Allerhöchst-Deroselben selbsteigener Entscheidung und würde alsdann allenfalls Dero Admiralitäts- und See-Commissariats-Collegii pflichtmässiger Bericht über die Wichtigkeit des Friderichsvärner Hafens und ob nicht der Galeren-Werft irgendwo anders in Norwegen mit fast gleicher Bequemlichkeit und Nutzen angelegt werden könnte, zu erfragen sein.

Sollten aber endlich die Schweden nicht einmal zu einer so eingeschränkten Gefälligkeit vermocht werden können sondern absolute auf ihrem Vorsatze, die neuen Werke bei Landskrone zu vollenden, bestehen, auch in deren Perfectionirung fortfahren, so können wir, nach unserem Begriff, auch für E. K. M. Ruhm und Glorie tragenden schuldigen Treue und Eifer, Allerhöchst Deroselben nicht anrathen, dieserwegen viele wiederholte Klagen, Begehren oder Vorwürfe, weder an dem schwedischen noch irgend einem anderen Hofe anbringen zu lassen; alle diese Dinge vermehren der Gegner Stolz und Muth, zeigen nur Schwäche an, geben Richter da, wo man keine braucht noch verlangt, und sind also unter E. K. M. Person und Würde; sondern wir sind des allerunterthänigsten Dafürhaltens, dass auf den Fall Dero Dienst und Ehre nichts Anders übrig lassen, als

dass durch Dero Gesandten in Stockholm nur noch eine nicht in drohenden, als welche stets nachtheilich und nie nützlich sind, sondern in kurzen und ernsthaften Worten gefasste Anzeige, in welcher E. K. M., dass Sie die neuen Landskronischen Anstalten als gegen Sie und Dero Reiche gerichtet ansehen und folglich den damit beschäftigten Hof nicht vor Ihren wahren und aufrichtigen Freund halten könnten, erklären, geschehe,

und darauf, ohne ferneren Wort- noch Schrift-Wechsel, die Befehle zu der Ihnen abgedrungenen Gegenrüstungen und Erbau- und Anschaffung der Galeeren und Fahrzeuge, welche Dero Admiralität der Sicherheit Dero Provinzen in dem 3ten Punkt ihres Bedenkens unumgänglich nothwendig erachtet und für das einzige Mittel gegen die von den Schweden sich neu erworbenen Vortheile erkennt, ertheilt werden.

Sodann und wenn weder die anfänglich glimpflichen
Insinuationen, noch die denen nachgesetzten gründlichen
Vorstellungen und freundschaftlichen Begehren, noch die
daraufangebrachte ernstliche Erklärung, noch endlich E. K. M.
darauf gefolgtes, den Schweden billig bedenklich und furcht-
bar sein sollendes, Schweigen und gemachte Gegen-Anstalten
diese widriggesinnten Nachbarn von ihrem unfreundlichen
Vorhaben abgebracht haben, es Ewr. Kgl. Maj. gefalle, zu einer
von Allerhöchst-Deroselben selbst gewählten gelegenen und
bequemen Conjunctur, wenn Schweden durch den Verlauf der
Zeit eingeschläfert, der preussischen Hülfe weniger sicher
und in andere auswärtige oder einheimische Sorgen verwickelt sein wird, jedoch vor völliger Perfectionirung der
Landskronischen Werke, mit aller Vorsichtigkeit und Verschwiegenheit diejenigen kräftigen, thätigen und zureichenden
Mittel zu ergreifen und mit möglichster Moderation auszuführen, wozu Sie nach so vielen vorhergegangenen friedlichen
Versuchen und so lange gelassener Bedenkens- und Aende-
rungs-Zeit die von Dero Admiralitäts-Collegio angeführte
und ohne Zweifel erwiesene Grösse des Ihnen zugedachten
Nachtheils und Schadens und die Nothwendigkeit dieser Abwendung berechtigt und wozu die ansehnliche Macht zu
Wasser und zu Lande und die vielen übrigen Kriegsbedürf-
nisse, so E. K. M. stets in Copenhagen bereit und bei-
sammen haben, Ihnen eine von den Schweden vielleicht
nicht genugsam bedachte Facilität an die Hand geben.

Wir hoffen jedoch zu der ewigen Güte des Allmächtigen,
dass E. K. M. zu dieser letzteren, so scheinbar auch der
erste Success sein mag. stets gefährlichen und betrübten,
auch in Ansehung der daraus zu besorgenden Zernichtung
der wegen Holstein errichteten so nützlichen und vortheilhaften Permutations-Tractaten sehr bedenklichen Entschliessung nicht werden gezwungen werden, und wir flehen Seine
Barmherzigkeit inbrünstig an, dass Er diese, von E. K. M.
nicht verursachte, sondern Ihnen zugedrungene, Gefähr-
lichkeit gnädiglich abwenden und zu Dero Ehre und Vergnügen ausschlagen lassen, auch Déro ganze, Gott gebe, sehr
lange und glückselige Regierung mit stetem Frieden und
Segen krönen wolle. —

21.

Mémoire transmis à Mrs. de Juel et de Wind pour être
présenté par eux au gouvernement suédois. [1])

Copenhague 28 février 1752.

C'est par ordre exprès du roi, leur maitre, que les soussignés, ambassadeur et envoyé extraordinaire de Danemark,
ont l'honneur de représenter à votre majesté la peine ex-
trème, avec laquelle le roi voit continuer sous ses yeux
les nouveaux travaux de Landskrone et évanouir, à mesure
que le temps s'écoule, son attente que votre majesté jugerait
inutiles des ouvrages ordonnés dans des conjonctures si différentes de celles d'aujourd'hui, et les ensevelirait dans l'oubli avec les motifs qui les avaient fait résoudre.

Le roi l'espérait. Livré depuis trois ans à la douce
habitude de ne parler à votre majesté que de son amitié
pour elle, et uniquement occupé pendant cet intervalle du
soin d'en resserrer les nœuds, il attendait en silence ce retour d'amitié de votre majesté. Il lui en coûte de le rompre aujourd'hui, et ce n'est qu'à regret que l'approche du
terme de la diète l'a enfin obligé à se déterminer à nous
charger de ses plaintes et de ses demandes. Mais il n'a
pu les refuser à ses peuples, il les doit à leur tranquillité,
à la sûreté de leur navigation et à celle de ses provinces,
et surtout à l'objet favori de son règne, au maintien de la
bonne intelligence entre les deux couronnes.

Landskrone est une place qui, par sa position, ne peut
être destinée ni au commerce ni à la défense de la Suède;
c'est une vérité trop connue pour que les soussignés osassent
entreprendre de la prouver à votre majesté. Les nouveaux
ouvrages qu'on y élève, le port qu'on se propose d'y creu-
ser et d'y agrandir, les établissements, qu'on y projette, ne
la rendront pas plus propre ni à l'un ni à l'autre de ces
objets. Elle ne peut être consacrée qu'à la guerre, à une

---

[1]) Ce mémoire ne fut pas communiqué par écrit, mais seulement lu
   à Mr. de Tessin ainsi qu'à son successeur au ministère, le baron de Höpken, et à d'autres sénateurs.

guerre offensive et à une guerre contre le roi, et elle est
située à deux lieues de sa capitale. Un simple bras de
mer, un détroit l'en sépare. Il suffirait pour le déplaisir
de sa majesté, qui ne respire que la paix, de savoir qu'au
milieu même du plus profond repos et des liaisons les plus
étroites et les plus solidement établies, la Suède songe et
se prépare à la guerre, mais le choix de Landskrone, pour
en faire une place d'hostilités et d'observations ennemies, y
met le comble. en l'en rendant lui-même témoin, et il ne
s'y fait point de travaux, qui n'avertissent, jusqu'à ses yeux,
de ne pas se reposer sur une union qui n'a pas la force
d'arrêter les projets conçus contre lui, et qui ne détourne
pas la nation avec laquelle il l'a contractée, d'employer
dès à présent ses trésors à lui nuire.

Les soussignés n'en diront pas davantage pour exposer
à votre majesté la justice des motifs qui engagent le roi,
. leur maitre, à souhaiter la démolition ou au moins la suspension des nouveaux ouvrages de Landskrone: elle est fondée sur des principes soutenus par votre majesté avec une
force et une constance qui ôtent aux soussignés toute
appréhension, qu'ils ne soient méconnus.

Le roi sait que toute nation souveraine, comme l'est
celle qui obéit à votre majesté, est autorisée à faire chez
elle, sans en rendre compte à personne, les établissements
qu'elle juge lui convenir, et il n'y en a pas sur la terre à qui
sa majesté veuille moins contester ce droit qu'à la nation
suédoise, dont l'indépendance ne lui est pas moins chère
que celle de sa couronne, mais il se promet de l'amitié de
votre majesté qu'elle ne voudrait pas user de ce droit à l'égard
de Landskrone, et de son équité, qu'elle ne lui refusera
point la suspension de projets inutiles dans la paix, incompatibles avec la conservation de la confiance réciproque, et
qui ne peuvent être qu'une source de soupçons et de dépenses pénibles et onéreuses à l'une et à l'autre couronne.
Les arrangements qui se font à Landskrone, quels qu'ils
soient après tout, ne feront que mettre le roi dans la nécessité d'en faire de contraires, capables d'en diminuer ou
d'en prévenir l'effet; ceux-ci pourront engager votre majesté
à lui en opposer d'autres, et ainsi, d'ouvrages en ouvrages,
d'armements en armements, deux nations amies et alliées

épuiseront contre elles-mêmes leurs moyens et leurs forces
et, au lieu de goûter les avantages et les douceurs de leur
union, au lieu de travailler à l'affermir, elles tourneront
toutes leurs pensées aux moyens de s'attaquer et à ceux de
se défendre, occupation dont il est bien difficile que l'amitié
ne souffre et peu propre à la conserver vraie, zélée et sincère. Votre majesté voudrait-elle accorder ce triomphe à
ceux qui n'affectionnent pas la concorde des deux cours?
Voudrait-elle sacrifier une alliance si sagement conclue et
si salutaire au nord et à l'Europe, à la perfection d'un ouvrage dont l'utilité, encore si douteuse, ne saurait être que
médiocre et dont les suites seraient si funestes? Les lumières de votre majesté et son équité ne permettent pas au
roi de le croire. Forcé par tous les motifs qui peuvent le
plus sur le cœur d'un souverain et d'un ami, à désirer la
suspension des ouvrages de Landskrone, il se tient sûr que
votre majesté ne la lui refusera pas, et c'est dans cette
confiance qu'il a ordonnné aux soussignés à lui en faire la
demande. Ils obéissent à ce commandement par le mémoire qu'ils ont l'honneur de présenter à votre majesté;
ils attendent avec le plus profond respect la réponse, qu'il
lui plaira leur accorder.

22.

Dépêche à Mr. de Bachoff à Vienne.

Copenhague 28 mars 1752.

(Extrait.)

— Sa majesté approuve votre sentiment au sujet des
affaires du corps évangélique, et comme elle est résolue
d'un côté à soutenir inébranlablement la cause de la religion et le maintien de ses droits, fondés sur la disposition
de la paix de Westphalie et sur un usage et un exercice de
tant d'années, elle ne veut pas, de l'autre, qu'une cause
aussi juste et aussi sainte serve de prétexte à des vues d'une
politique inquiète et turbulente, et elle trouve bon par conséquent, que lorsqu'il sera question de parler ou d'opiner
sur ces matières, vous restiez inébranlablement attaché à

4*

la défense des principes du corps évangélique, mais sans vous laisser entraîner par-là à favoriser d'autres desseins. Sa majesté vous donnera des ordres plus précis, lorsque la contestation aujourd'hui émue sera mieux éclaircie, et lorsqu'elle sera plus particulièrement instruite sur les sentiments et les résolutions des autres princes protestans.

22.

Dépêche à Mr. de Wind à Stockholm.

Copenhague 28 mai 1752.

Le roi s'est fait rendre un compte exact de votre rapport du 15 de ce mois et surtout de la réponse de mr. le baron de Höpken, qui y est contenue, et dont sa majesté a pesé toutes les paroles. [1]) Elle devait s'attendre à en recevoir une plus convenable aux liaisons formées entre les deux cours et entre les deux nations, plus propre à les entretenir et plus conforme à l'équité de sa demande et à la modération avec laquelle elle l'a faite, mais elle n'en a pas moins vu avec plaisir les assurances d'amitié que sa

---

[1]) La reponse de mr Höpken était ainsi conçue: „Sa majesté a reconnu de la façon dont cette affaire a été traitée par votre cour l'amitié de sa majesté danoise pour elle, et sa maj. croit pouvoir avec une entière confiance se rapporter aux lumières mêmes et aux sentiments de sa maj. le roi de D., qui non-seulement connait toute la délicatesse d'une question qui semble intéresser si essentiellement les droits de tous les souverains, mais qui de plus saura parfaitement distinguer des sujets d'ombrage réels d'avec des arrangements défensifs et dans tous les temps innocents. — Le roi est vivement touché de ne pouvoir point dans le cas présent se rendre aux désirs de sa maj. danoise, et sa maj. ne peut voir qu'avec peine que la nature de la demande et les circonstances gênent à cet égard son penchant et les mouvements de son amitié. Sa maj. attend avec impatience quelque occasion où l'impossibilité ne mette point d'obstacle au plaisir, qu'elle sent de se prêter à tout ce qui peut faire un plaisir à sa maj. le roi de. Danemark, et de lui faire connaître, s'il le fallait encore après toutes les preuves qu'elle en a données, combien elle désire de son côté de perpétuer à jamais une harmonie par sa nature indissoluble.“

maj. suédoise lui a fait donner dans cette occasion. Cette
amitié sera toujours précieuse au roi, et ce n'est que
parcequ'elle lui est si chère, que sa majesté voit avec peine
la Suède soutenir et poursuivre une entreprise, qui ne pourra
qu'entrainer après elle les inconvénients qu'elle aurait désiré éviter, et qui sont touchés dans le mémoire que vous
avez été chargé de présenter, et dont vous avez fait lecture au ministre de sa maj. suédoise.

C'est dans ces termes, monsieur, que le roi veut que
vous vous expliquiez envers mr. le baron de Höpken et les
autres sénateurs ou ministres, avec lesquels vous avez traité
de cette affaire.

24.

Dépêche à Mr. de Reventlow à Paris.

Copenhague 29 mai 1752.

Enfin je me trouve en état de faire partir le courrier
que le roi m'a ordonné de vous dépêcher, pour vous mettre
au fait de tout ce qui s'est passé en Suède relativement à
l'affaire de Landskrone et de la réponse, rendue en forme par
le baron Höpken, quoique seulement de bouche, et qui nous
a été mandée par nos ministres, il y a huit jours. Mr. de
Juel est arrivé lui-même jeudi au soir, et son rapport verbal a confirmé celui qu'il nous avait fait par écrit, et la
négociation que par les plus pressants motifs le roi s'est
vu porté d'entamer sur ce sujet, pendant la diète, est ainsi,
au moins pour le présent, entièrement terminée.

Je me dispense de vous en faire le récit, puisque, par les pièces,
que je vous envoie, et qui composent exactement toute la correspondance que j'ai eue avec mrs de Juel et de Wind, vous en
verrez tout le fil et toutes les variations, et en vous remettant le
soin de porter sur ce qui s'est fait à Stockholm le jugement qui n'échappera point à votre pénétration, je me contenterai de vous faire sur le tout quelques courtes observations.

Vous remarquerez d'abord, monsieur, la grande modération que le roi a fait régner dans toute cette affaire,
et combien, quelque odieuse que l'entreprise des Suédois
soit par elle-même, et quelque surcroît de désagrément et

d'offense que leur manière de la soutenir, et surtout l'appui qu'ils ont trouvé pour la poursuivre de la part d'une cour qui se dit amie commune, y aient mis, il s'est néanmoins attaché à garder avec scrupule le langage et les procédés de l'amitié et de la douceur. Il ne vous échappera pas que les ministres y ont ajouté une complaisance sans bornes, qu'ils n'ont pas voulu tenter d'intéresser les états de la Suède dans leur objet, ni d'arracher à la cour et au sénat par la voie de l'embarras ce qu'ils ont espéré en obtenir par celle du raisonnement et des représentations, et que, lorsqu'enfin ils n'ont pu différer davantage et qu'il s'est agi de porter au baron de Höpken la demande du roi, ils ont, pour combler la mesure de leur condescendance, donné à cette demande, en ne la faisant que de bouche, la forme que le ministère de Suède avait toujours souhaité qu'on lui donnât, et ne lui ont ainsi jusqu'au bout rien laissé à désirer de leur part.

Vous observerez ensuite, monsieur, le rôle d'abord contraire et partial et puis nul que l'ambassadeur de France a joué dans cette négociation, point auquel je m'arrête d'autant moins qu'il vous est plus parfaitement connu, et que vous n'ignorez rien de ce qui l'a occasionné ni de ce qui y a rapport.

Vous remarquerez de même les procédés chancelants et variés des Suédois, leur tentative de ne nous répondre que par des conseils et des exhortations, et leur espérance de détourner, par des moyens si peu de saison et si peu propres, une demande aussi juste et aussi sérieuse que celle du roi, leurs promesses peu remplies, leurs divisions intestines, les motifs d'intérêt particulier qui les guident souvent dans les démarches de la plus grande importance, et

Vous jugerez enfin, par la réponse du baron de Höpken, à quoi de leur côté le tout a abouti, et, par les ordres, que le roi vient de faire expédier à monsieur de Wind, dans quel sens sa majesté a jugé à propos d'envisager cette réponse et de s'en expliquer.

Vous trouverez ainsi, monsieur, que rien n'a pu écarter le roi de la sagesse de son plan, non plus que de l'équité et de la fermeté des principes, qu'il s'est établis, et que, grâce aux précautions qu'il a prises, ni l'abandon de la

France, ni la mauvaise volonté de la Suède n'ont pu l'empêcher de tirer avantage de la démarche qu'il a faite. Sans parler de celui qu'il y a d'avoir eu une nouvelle preuve bien décisive de la manière de penser d'une cour sur l'amitié tant de fois promise de laquelle on aurait pu compter peut-être mal à propos en d'autres temps, le roi gagne d'avoir fait connaitre aux Suédois l'ombrage, qu'il prend des ouvrages de Landskrone, et de les avoir mis par là dans le cas de ne pouvoir plus pousser ces ouvrages avec une certaine vivacité, sans lui donner des sujets légitimes de plaintes et de refroidissement, à quoi j'ose croire que la nation en général ne voudra et les factions particulières n'oseront pas s'exposer; il y gagne d'avoir porté le comité secret à recommander dans son testament au roi et au sénat de conserver sur toutes choses l'amitié avec le Danmark, prière ou conseil qui, dans la forme de gouvernement de ce pays-là, est d'un grand poids, et qui naturellement doit lier les bras de ceux qui peut-être auraient voulu risquer de brouiller les affaires, pendant qu'il donne aux bien-intentionnés la facilité et l'autorité de tout disposer pour le maintien de la bonne intelligence entre les deux couronnes, et il y gagne enfin de pouvoir, sans qu'il soit permis aux Suédois de s'en plaindre, prendre telles mesures et faire tels arrangements qu'il voudra pour la sûreté de ses provinces et l'augmentation de ses forces contre eux. C'est surtout ce dernier objet vers lequel le roi va tourner ses vues, et peut-être trouvera-t-il les moyens de faire regretter à ses voisins inquiets de l'avoir forcé à préparer la guerre au milieu de la paix.

Voilà, monsieur, les termes, où se trouve cette affaire, que nous n'avons commencée qu'à regret et que nous avons sincèrement désiré terminer d'une manière qui fût un nouvel affermissement de la concorde, de la confiance et de la paix. Nous n'en ferons plus de bruit, et le roi, qui aime mieux agir que parler, fera désormais les dispositions qu'il jugera nécessaires, sans éclat et sans plaintes, et surtout sans en parler à ces froids amis qui n'ont de la chaleur que pour favoriser les intérêts qui lui sont contraires. Aussi ne veut-il pas que vous traitiez davantage ce sujet avec eux, et se borne-t-il à m'ordonner de vous mander que

vous leur communiquiez simplement la déclaration du baron de Höpken, telle qu'elle est contenue dans le rapport
de nos ministres du 13 de ce mois, et l'extrait de la lettre
que j'ai écrite hier le 28 à mr. de Wind, et que vous y ajoutiez, que le roi, leur ayant fait part de la demande qu'il
avait faite à la Suède, estimait juste de leur faire part de
même de la réponse qui y avait été donnée. Sa majesté
désire que vous vous en teniez là et que si, comme on
doit s'y attendre de la conduite que les ministres de
France ont tenue jusqu'ici, ils voulaient entrer en quelques
propos tendant à justifier les procédés et les déclarations
de la Suède, vous tâchiez, autant que cela pourra se faire
décemment, d'en éviter ou d'en abréger la discussion, ou
bien que vous les écoutiez, mais sans vous engager à aucune réplique. Je n'en dis pas autant, si ces messieurs
voulaient saisir cette occasion d'excuser la façon dont ils
en ont agi eux-mêmes à notre égard et s'ils cherchaient à
se rapprocher de nous, car alors vous rempliriez la volonté
du roi en vous y prêtant de bonne grâce. Nous ne demandons pas mieux que de ne point faire attention au
passé, ou au moins de n'en pas faire mention et de resserrer, autant que jamais, les nœuds de la bonne intelligence avec la France, sauf cependant à ne guère compter
sur sa bonne volonté ni sur des bons offices, aussi souvent
qu'il pourra être question de quelque différend avec la
Suède ou avec la Prusse. Je passe à quelques autres
points de vos lettres. Vous avez souhaité avoir la copie de
notre dernier traité avec la Suède. Le voici. Vous avez
désiré quelques éclaircissements sur un article, s'il se peut,
encore plus important. Vous les trouverez sur la feuille
ci-jointe. Et vous me marquez enfin que les bruits qui
couraient à Paris du mariage du roi avec madame la princesse de Brunsvic, n'y étaient pas entièrement agréables,
attendu que ce n'était pas là l'alliance que l'on désirait le
plus à sa majesté. Je m'y attendais en partie, puisque je
crois bien que, si la chose se réglait selon la politique de
cette cour, madame la princesse de Prusse[1]) l'emporterait

---

[1]) On ne paraît pas même avoir songé à Copenhague à une pareille
alliance, A. G. Moltke l. c. 174—77.

sur toutes ses rivales, mais après elle seule je ne pensais
pas qu'aucune princesse protestante pût avoir plutôt les
vœux de la France que madame la princesse Julie. Elle
est sœur de la reine et de la princesse royale de Prusse,
le duc, son frère aîné, a pour épouse la sœur, et deux des
princes, ses frères cadets, servent dans les armées de ce
roi, pour lequel seul on a des yeux aujourd'hui à Versailles, et dont on y souhaite tant la grandeur. J'aurais
cru que tant d'alliances et tant de liens, encore tous actuellement subsistants, vaudraient à la maison de Wolfenbüttel l'oubli du démerite d'avoir donné autrefois une impératrice à l'Allemagne, et que par cette raison sa majesté
ne pourrait guère faire de choix, qui fût plus sûr des applaudissements de tous les partis. Je l'avais espéré et je
l'espère encore. Au moins aurez-vous soin, monsieur, de
faire valoir ces nœuds si réitérés et si étroits avec la maison de Prusse, en cas que le roi se déterminât en effet
pour madame la princesse de Brunsvic, dont il est vrai,
que toute l'Allemagne nous vante l'esprit, les vertus et les
charmes.

Il ne me reste, monsieur, que de finir cette lettre par une
assurance, que je vous donne avec beaucoup de joie. C'est
que le roi est très-content de vous. Quoique la cour où
vous résidez ait peu répondu à notre attente, le roi est
très éloigné de vous l'attribuer, il rend au contraire toute
justice à la capacité, au zèle et à la fermeté que vous avez
marqués.

Apostille.
Je mets par ordre du roi sur une feuille séparée ce
qui j'ai à vous dire au sujet des engagements, pris entre
son altesse royale madame la princesse Sophia Magdalena et
le prince royal de Suède, sa majesté voulant que cette
feuille soit pour vous seul et que vous la brûliez après
l'avoir lue, sans la laisser parmi les papiers de l'ambassade.

Il est vrai que, sur les insinuations du ministre de
France et sur la demande du roi de Suède, le roi a répondu, il y a près de deux ans, à ce prince, qu'il accorderait madame la princesse au prince Gustave, lorsque l'âge

des deux futurs époux permettrait leur union, et que le roi et la reine de Suède d'aujourd'hui ont accepté cette réponse favorable avec les assurances de la plus vive gratitude. Il est vrai encore qu'ils ont en même temps souhaité que le roi voulût leur remettre dès à présent son altesse royale pour la faire élever avec le prince, son futur époux, mais que sa majesté n'y a pas consenti et qu'au reste il n'a été question encore d'aucune formalité, ni contrat, ni engagement solennel d'aucune espèce.

C'est exactement où nous en sommes à cet égard, et, vous voyez bien que, comme notre princesse est aujourd'hui sans contredit le plus grand parti de l'Europe, nous pouvions espérer de la cour, à laquelle le roi l'a accordée, un peu plus de complaisance et de reconnaissance que nous n'en avons éprouvé. Mais ce sont des vertus qui ne sont presque plus connues sur la terre.

25.

Dépêche à Mr. de Reventlow à Paris.

Copenhague 1 juillet 1752.

Le roi, auquel j'ai eu l'honneur de rendre compte successivement de toutes vos dépêches, et qui en a été très-satisfait, a vu particulièrement avec plaisir dans celle du 13 du passé, que le marquis de St.-Contest commence à rendre justice à la nécessité et à la pureté des motifs qui ont fait agir sa majesté dans l'affaire de Landskrone. Je m'en étais flatté toujours, ce ministre est trop éclairé pour ne pas sentir, que jamais demande n'a été plus naturelle et plus légitime, j'ajoute plus indispensable, que celle du roi, et il est trop équitable et trop instruit, pour ne pas reconnaître, dans toutes les démarches faites à cette occasion par ordre de sa majesté, cet esprit de droiture, d'amitié et de paix qui caractérise toutes ses actions et qui fait l'âme de son règne. Le temps viendra, où le ministère de France voudra bien en convenir; il nous suffit aujourd'hui, qu'il le sente.

Je vous répète cependant, monsieur, ce que j'ai eu
l'honneur de vous dire déjà, nous n'importunerons plus personne sur ce sujet. Le roi a cru devoir à son amitié pour
la Suède et à son alliance avec cette couronne, de lui représenter les suites inévitables de l'établissement qu'ils
ont entrepris. Après avoir satisfait à ce devoir, il ne satisfera pas moins à ce qu'il doit à sa couronne et à la sûreté
de ses provinces. Il saura faire les dispositions auxquelles
on l'oblige, et comme il ne cherche point à inquiéter ni à
alarmer les Suédois, et que ce n'est qu'à regret qu'il se
voit forcé à s'armer contre eux, il mesurera ses dispositions sur les leurs. L'ardeur avec laquelle ils pousseront
leurs travaux réglera la nôtre. Voilà le sens des ordres
donnés à mr. de Wind, dont je vous ai fait part; j'ose
croire qu'ils paraîtront justes même à des ennemis.

Vous avez donc à plus forte raison très bien fait, monsieur, de les communiquer à son exc. mr. le baron de
Scheffer, et le roi approuve que vous cultiviez de toute
manière, tant que vous serez à portée de le faire, l'amitié
de ce sénateur, pour lequel sa majesté a une estime distinguée. Je connais sa pénétration, son équité, les talents de
son esprit et de son cœur, et c'est par la haute opinion
que j'en ai et par la tendre amitié qui je lui porte, que je
suis fort touché d'entrevoir dans votre rapport, qu'il a
donné au mot de modération, employé dans ma lettre à mr.
de Wind, un sens très-éloigné de ma pensée. Faites-lui
faire à cet égard deux observations, je vous prie, l'une,
que cette lettre est écrite non à la cour de Suède ni à un
de ses ministres, mais à l'envoyé du roi, et qu'ainsi ce mot
n'a été dit qu'à mr. de Wind, l'autre, qu'il ne porte pas
sur une modération des desseins, mais sur une modération
dans la forme de la demande et de la négociation, vérité qui,
je crois, ne sera pas contestée, et que le soin extrême,
que nous avons pris d'éviter tout ce qui pouvait embarasser
le ministère de la Suède, tout ce qui pouvait troubler la
diète, tout ce qui pouvait faire éclater nos griefs, nous
mettait, ce me semble, en droit d'alléguer. Avancer que
l'on a usé de modération dans une guerre ou dans la proposition des articles de paix, qui sont sans doute les deux
occasions dans lesquelles ce terme a été employé dans les

cas allégués par mr. le baron de Scheffer, cela peut déplaire, je l'avoue, puisque c'est faire entendre qu'on a usé
de générosité, mais dire qu'on a eu de la modération dans
ses plaintes et dans la manière de les insinuer et de les
poursuivre, c'est ne s'attribuer que des procédés d'ami et
c'est, ce me semble, la prétention la moins offensive que
l'on puisse former. Mr. le baron de Scheffer jugera, par le
détail dans lequel j'entre sur ce mot, du cas que je fais de
ses sentiments, et je dois ajouter que, quand je voudrais
donner en pareille occasion quelque liberté à ma plume, ce
dont je suis cependant très éloigné, mon maitre ne me le
permettrait pas. Le roi ne cherche point de supériorité
sur ses amis, et il est plus éloigné encore, s'il est possible,
de l'affecter dans son langage ou dans ce qui se dit et
s'écrit par ses ordres.

Il me reste de vous marquer que vous avez exactement
saisi nos idées sur ce qui nous blesse dans l'établissement
de Landskrone. La forteresse ordinaire n'excite point nos
plaintes, elle serait du nombre de ces arrangements défensifs dans lesquels nous n'avons nul dessin de nous mêler, et
qui peuvent bien nous paraitre peu nécessaires et d'une
prévoyance bien superflue, mais dont nous n'entreprenons
pas de juger. C'est la place d'armes, c'est le nouveau port
et la station de galères, projets purement offensifs et uniquement dirigés contre nous, qui causent nos griefs et que nous
ne pouvons voir perfectionner avec indifférence. Que Landskrone soit la défense de la Scanie, nous ne dirons mot, et
nous nous contenterons d'admirer la félicité de la Suède,
assez heureuse pour que le plus important et le plus pressé
de ses soins soit d'assurer des côtes qui ne courent nul
danger. Mais que cette place devienne l'inquiétude de la
Sélande et de son commerce et la source de défiance entre
les deux nations, voilà ce que nous souhaitons d'empêcher,
et à quoi nous allons être obligés d'opposer des mesures
que nous aurions fort desiré que, pour leur bien et le nôtre,
nos voisins, nos alliés nous eussent épargnées. Vous pouvez donc persister dans le langage que vous avez tenu à
cet égard, et achever d'éclaircir par là la pureté et la justice
des démarches du roi et de ses vues. Si le baron de
Scheffer ne veut faire de Landskrone qu'une place de dé-

fense, nous serons tous d'accord, et il ne nous restera plus une ombre de différend.

Je finis par vous prier d'assurer ce ministre que je me ferai une très-grande joie de le recevoir, et de pouvoir lui marquer de bouche combien j'applaudis à une élévation[1] qu'il sait que je lui ai toujours augurée. J'espère qu'il voudra bien me continuer et retrécir même les liens de l'amitié dont il m'a honoré pendant tant d'années, et il peut être très-certain que, de mon côté, j'irai au-devant de tout ce qui pourra me procurer ce bien, et lui prouver que le changement de séjour ne porte aucune atteinte à des sentiments pris dans un temps où non la politique, mais l'estime et l'inclination seules ont formé les nœuds qui m'ont attaché à lui.

26.

Dépêche à Mr. de Reventlow à Paris.

Copenhague 25 juillet 1752.

Comme j'ai eu l'honneur de vous exposer dans plusieurs de mes lettres précédentes, à quel point mr. l'abbé Lemaire négligeait ce qui devrait être ou au moins paraître le premier but de son ministère, vous ne serez pas surpris, si j'ai ordre de vous mander aujourd'hui que le roi souhaite son rappel, et que vous agirez selon les intentions de sa majesté, si, sans le nommer ni son ministère et en évitant soigneusement de la commettre à cette occasion, vous pouvez moyenner son retour en France ou bien effectuer qu'il soit employé ailleurs. La bonté naturelle du roi a tenu longtemps contre ses procédés et le peu de soin, qu'il a pris de lui plaire, et sa majesté continuerait de lui pardonner une conduite si peu habile et si peu méritée ou de n'y pas faire attention, si son désir de voir son amitié avec la France affermie et perpétuée à jamais ne l'obligeait de souhaiter d'avoir à sa cour, de la part de cette couronne, un ministre attentif à nourrir cette amitié, et assez équitable

---

[1] Carl Frederik Scheffer, ministre de Suède en France et ainsi collègue de Bernstorff pendant l'ambassade de celui-ci de 1744—1750, fut en 1751 nommé sénateur (Rigsraad).

pour rendre justice à la pureté des démarches et des vues
de sa majesté. Mr. Lemaire n'est plus ni l'un ni l'autre;
trop enthousiasmé de la part qu'il a eue au traité de 1749[1]),
et ne faisant aucun compte ni des droits ni des intérêts
du roi, aussitôt qu'il appréhende que les uns ou les autres
puissent être fâcheux aux Suédois, nous n'avons en lui
qu'un censeur sombre et prévenu, irrité et emporté au moment que l'on touche le moindre grief que nous pouvons
avoir contre cette nation voisine, prompt à condamner toutes
les mesures que nous prenons, quoique ce ne soit que pour
notre défense, et, ce qui pis est, porté à donner à nos paroles le plus mauvais de tous les sens dont elles soient susceptibles, et à nos actions l'interprétation qui peut le plus
déplaire à sa cour.

Voilà, monsieur, ce qui détermine le roi à désirer son
départ. Il est trop important qu'entre des puissances amies
et alliées les affaires se ménagent par des gens animés de
l'esprit de conciliation, d'équité et de vérité, par des gens qui
veulent plaire et être aimés, et par des gens dont le zèle
tende non pas à diviser, mais à lier et à unir, pour que le
le roi puisse voir avec indifférence celles de la France entre
les mains d'un homme que trop de . passion pour son
propre système aigrit et éblouit, et qui par là l'a forcé à
lui ôter la confiance et la bienveillance dont il l'honorait
autrefois. Vous lui rendez donc, monsieur, un service
agréable en l'en défaisant, mais que ce soit, je le répète,
sans nommer ni commettre pour cet effet sa majesté ni
nous autres, qui sommes faits pour recevoir et exécuter ses
ordres. Je sais bien que par cette restriction votre commission devient bien difficile, mais j'espère, que vous n'y
réussirez pas moins, et quand elle ne réussirait que lentement ou point du tout, encore vaut-il mieux que mr. Lemaire nous reste que d'exposer le nom ou les ordres du
roi dans une affaire de cette nature et peut-être inutilement. Je dois ajouter que la bonté de sa majesté est
telle, qu'elle vous recommande expressément de ménager la
réputation de mr. Lemaire, autant qu'il sera possible, et de

---

[1]) Traité préliminaire du 27 juillet—7 août 1749, remplacé par le
traité définitif du 25 avril 1750.

tâcher de ne lui porter d'autre préjudice que celui de le faire retirer de ce poste, pour lequel il n'est plus fait. Sa majesté ne lui veut d'ailleurs aucun mal et lui souhaite toute sorte de bonheur partout hors d'ici.

Quant à celui qui pourrait être nommé à sa place, sa majesté ne se soucie pas qu'il soit ambassadeur. Ce caractère ne fait qu'embarrasser souvent. Tout ministre qui viendra de France, sera agréable au roi, pourvu que ce ne soit pas de ces dissertateurs qui croient tout savoir, et qui, résolus de ne jamais écouter, ne veulent qu'instruire et nous apprendre nos propres intérêts. Je vous prie de nous garantir de pareils personnages aussi bien que de ces gens difficiles et méfiants, qui ne se croient fins que parce qu'ils soupçonnent toujours le contraire de ce qu'on leur dit et de ce qu'ils voient. Un homme de bon sens, bien aise de plaire et rapporteur fidèle, est ce qu'il nous faut, et vous nous ferez grand plaisir de nous le procurer, si vous pouvez. Mais je l'avoue et le répète, je sais que cette commission est plus aisée à donner qu'à exécuter.[1])

27.

Dépêche à Mr. de Reventlow à Paris.

Copenhague 23 septembre 1752.

(Extrait.)

— L'espèce d'inattention que la France nous témoigne, et les erreurs de celui auquel elle confie ici ses affaires, ne seront pas capables, vous pouvez en être assuré, d'empêcher le roi de suivre toujours avec une fermeté égale les deux grands principes, qu'il s'est proposés, l'un de maintenir constamment le système qu'il a trouvé le plus avantageux à sa couronne et au repos du nord, l'autre de le maintenir, non

---

[1]) Par suite de cette démarche, l'abbé Lemaire fut enfin rappelé et remplacé par le président Ogier, ministre très-capable, qui sut se concilier le gouvernement danois à un tel point, que Mr. Bernstorff demanda bientôt pour lui le titre d'ambassadeur. Sa sympathie pour le Danemark lui valut dans la suite l'épithète d'„Ogier le Danois.“

en s'asservissant aux intérêts injustes ou aux préjugés de
ses alliés, mais en prince éclairé et prévoyant, et qui gouverne ses affaires non selon des représentations et des assurances étrangères, mais selon son propre discernement. C'est
ainsi que toutes les protestations des Suédois et de ceux,
qui leur prêteront leur voix et leurs paroles, ne lui font
point perdre de vue l'objet de Landskrone, cet objet, qui
de jour en jour devient plus offensif à ses états. Les règles
de l'amitié et de l'alliance l'ont porté à s'en expliquer
d'abord à demi-mot et puis plus clairement, mais toujours
avec douceur et en ami. Il y a ensuite ajouté des remontrances, et il n'a enfin caché aux Suédois aucune des conséquences, qu'aurait naturellement et inévitablement leur entreprise. Après ces moyens épuisés il n'y reviendra plus, et,
ainsi que j'ai déjà eu l'honneur de vous le dire autrefois par
ses ordres, il ne portera plus de plaintes ni à la Suède ni
à la France, mais il cherchera dans la sagesse et dans les
forces que Dieu lui a données à lui-même le remède à un
mal que des deux nations, ses alliées, l'une veut lui faire et
l'autre consent et approuve qu'on lui fasse. Il va opposer
ouvrage à ouvrage. Par ses ordres la côte de Sélande a été
examinée avec plus de soin qu'elle ne l'avait été encore, et
on a découvert une situation heureuse, et qu'on oserait dire
faite exprès pour brider les desseins des Suédois. Il se
trouve un port naturel très près de la maison de campagne
du comte de Berkentin[1]) et tout vis-à-vis de Landskrone.
Avec des dépenses médiocres, on veut le rendre susceptible
de recevoir des galères et même les plus grosses frégates,
et la proximité des lieux est telle, qu'il ne pourra plus rien
entrer ni sortir de Landskrone, qui ne soit exposé à nos
yeux et ne passe, pour ainsi dire, sous nos batteries. Le
roi y fera travailler incessamment. C'est une nécessité désagréable, mais c'est une nécessité, et la Suède verra bientôt, j'espère, la vérité de ce que nous lui avons prédit,
qu'elle ne tirerait d'autre fruit de son entreprise que celui
de nous jeter les uns et les autres dans des frais, qui auraient été mieux employés à notre avantage commun qu'aux
soins odieux et fâcheux de nous nuire et de nous défendre.

---

[1]) Kokkedal.

J'ai cru devoir, monsieur, vous faire part de bonne
heure de cette résolution décisivement prise par sa majesté, tant pour votre propre information que parce que, à
mesure que les préparatifs de l'ouvrage et les travaux l'annon-
ceront au public, vous pourriez en entendre parler là où
vous êtes. Vous n'en ferez pas mention le premier, mais
vous n'en ferez pas mystère non plus, et si le ministère de
France vous témoigne quelque curiosité à cet égard, vous
vous en expliquerez avec lui dans des termes convenables
à la chose et aux intentions du roi et que vous trouverez
si bien vous-même, que j'aurais grand tort de vous les
prescrire. Je ne pense pas néanmoins que l'on vous en fasse
des plaintes ou des reproches. Il reste sans doute assez
de sentiment à la cour de Suède pour ne pas le tenter,
et assez d'équité à celle de France pour ne pas se prêter
à un langage, qu'il serait si peu possible de soutenir.

Aussi continuerons-nous d'en agir avec les Suédois
en tout point comme amis et alliés et éloignant, lorsqu'il
n'est pas nécessaire de se le rappeler, l'idée du préjudice
qu'ils cherchent à nous porter, nous leur témoignons à
tous autres égards toutes les attentions et toute la confiance qu'ils peuvent désirer. Le roi vient de faire part au
roi de Suède de quelques mesures qu'il a été obligé de
prendre vis-à-vis du grand-duc, relativement à des résolutions auxquelles ce prince malavisé s'était laissé aller pour
la ruine de son pays de Holstein [1]), et sa majesté a donné
ses ordres au baron de Bachoff de négocier, de concert
avec le comte de Barck, envoyé de Suède à la cour de
Vienne, la confirmation impériale de l'article XXI du traité
conclu entre les deux rois le 25 avril 1750. Nous espérons
que sa majesté suédoise sera sensible à ces procédés, que
j'ai cru d'autant moins devoir vous laisser ignorer que le
roi trouve bon, que vous fassiez part au ministère de France
de cette dernière négociation entamée à Vienne, mais sans
requérir ses bons offices pour cette fin. Nous ne pensons
pas en avoir besoin, et il vaudra mieux par conséquent les
éviter.

---

[1]) Voir no. 28.

28.

Dépêche à Mr. de Molzahn à St. Pétersbourg.

Copenhague 17 octobre 1752.

Il y a déjà quelque temps que j'ai eu l'honneur de vous marquer, que nous arions reçu l'avis que l'on méditait à Kiel la coupe de ce qui peut rester de meilleur bois dans les états du grand-duc, sous le faible prétexte d'en payer quelques dettes, et je vous ai fait savoir dès lors combien peu le roi pourrait tolérer l'exécution d'un dessein si ruineux à un pays dont un prince, son cousin, est le maître et dont, taut que son altesse imp. est sans lignée masculine, il est lui-même héritier présomptif; mais ces avis étant devenus des certitudes et ayant obligé sa majesté à déclarer sa résolution de s'opposer à de pareilles menées, je dois par ses ordres vous communiquer ces déclarations et vous charger de faire au ministère du grand-duc les représentations les plus amicales, mais en même temps les plus fortes, pour qu'il dispose ce prince à arrêter lui-même, par les ordres les plus précis et les plus prompts, ces projets, formés par la régence établie à Kiel, qui, il est vrai, n'auront pas d'effet, mais dont la simple tentative serait si ruineuse à son pays et, je ne crains pas de le dire, si contraire à ses intérêts et à sa gloire.

Le préjudice qui reviendrait à la partie ducale du Holstein, si elle était dépouillée de ses forêts, est si évident, que je crois très superflu de vous le prouver ni de vous en fournir des preuves. Elles s'offriront en foule à votre esprit, et il est impossible que mrs. les ministres du Holstein les combattent. Ne les leur épargnez pas néanmoins, faites-leur sentir combien le secours qu'ils retireraient par un moyen si violent et si extraordinaire serait médiocre et passager, et combien cependant la postérité la plus reculée leur reprocherait d'avoir, pour un profit aussi mince, voulu priver la province de ce qui, sagement ménagé, fait à la fois son ornement et sa ressource, et enfin ne leur dissimulez pas que, quand le besoin présent les aveuglerait au point de les entraîner à une résolution si funeste, le roi n'en permettrait pas l'exécution, et que, malgré eux, il leur

~~serverait une action qu'ils~~ auraient tant de sujet de se re-
~~procher éternellement.~~

Ajoutez, monsieur, à ces raisons et à ces remontrances
la communication des pièces que je vous envoie. La première est l'extrait de la lettre écrite par mgr. le margrave[1]) à mrs du ministère de son alt. imp. pour les exhorter à se désister de leur dessein. Ces messieurs y ont
fait une réponse sage et à laquelle le roi aurait acquiescé,
si nous n'avions pas appris immédiatement après, par des
rapports certains, que, malgré leurs assurances qu'il ne
s'agissait que de couper des „abgängige Bäume", et malgré
leur promesse de rendre compte au grand-duc, leur maitre, de la lettre du margrave, ils n'en continuaient pas
moins de tout disposer pour la dite coupe, et qu'ils avaient
même fixé un terme pour en commencer les ventes publiques.
Une telle manœuvre n'a pas permis à sa majesté de s'en
remettre, comme elle l'aurait souhaité, à leur prudence et
d'attendre les résolutions du grand-duc sur leur rapport,
mais l'a obligée à prendre elle-même les mesures convenables
pour prévenir et écarter le mal auquel elle s'oppose. Dans
cette vue, mgr. le margrave va par ses commandements
faire publier l'avertissement que je joins ici[2]), et sa majesté a donné au reste tous les ordres qui pourront être nécessaires en conséquence.

---

[1]) Le margrave de Brandenburg-Culmbach, gouverneur des duchés.
[2]) Cet avertissement était conçu comme suit: „Demnach Ihro Kgl.
Majestät zu Dänemark, Norwegen etc., unserem allergnädigsten
Herrn, allerunterth. hinterbracht worden, wie dass abseiten der
Gross-Fürstl. Rentekammer zu Kiel die Niederhauung der in den
herzöglichen Aemtern noch übrig seienden Forsten und Waldun-
gen beschlossen und veranstaltet, auch zu öffentlicher Licitation
eines Theils desselben bereits ein Termin angesetzt worden sei,
und aber Ihro Kgl. Majestät nach Dero auf das Herzogthum Holstein habenden bekannten Rechten und Gerechtsamen eine so
wichtige und in Seculis nicht zu ersetzende Deterioration desselben nicht gestatten mögen, auch dagegen bereits des Herrn
Gross-Fürsten Kaiserl. Hoheit die triftigsten Vorstellungen, an
deren gerechten Wirkung Sie keinen Zweifel tragen wollen, freundvetterlich gethan haben; So haben wir, nach erhaltenem allergnädigsten Special-Befehl, auf den Fall, da inzwischen schon besagter Gross-Fürstl. Rentekammer Anordnungen fortgesetzt werden
wollten, hiedurch öffentlich bekannt machen sollen, dass Ihro

Elle désire cependant bien sincèrement que la sagesse de mgr. le grand-duc la dispense de la nécessité désagréable de soutenir ses vrais intérêts et ceux de son pays, malgré lui, et ce n'est que par ce motif qu'elle vous ordonne de représenter à son ministère tout ce que je viens de vous dire. Vous en assurerez mrs. de Pechlin et de Bremsen, et vous en parlerez dans le même sens à mr. le grand-chancelier, auquel vous ne cacherez rien de toute cette affaire. Je suis bien sûr que ses lumières et son équité lui feront sentir la justice des procédés du roi, et je me flatte qu'il ne vous refusera pas son appui, pour en convaincre son alt. imp., et pour lui faire ouvrir les yeux sur les fâcheuses suites du funeste conseil qu'on avait osé lui donner. [1]).

29.

Dépêche à Mr. de Rantzau, Envoyé à Regensburg. [2])

Copenhague 18 novbr. 1752.

(Extrait.)

— Quant aux protestants persécutés dans les états héréditaires de l'impératrice-reine, vous n'ignorez pas, monsieur, combien le roi est toujours disposé à secourir les opprimés et particulièrement ceux qui le sont pour la foi, mais comme sa majesté ne s'écarte jamais des voies du droit et de la justice, et qu'il est notoire (ainsi que la cour de Gotha l'a fort bien observé) que les habitants des dits états héréditaires de la maison d'Autriche ne sont pas dans le

---

Kgl. Majestät die Niederhauung und Verletzung der Gross-Fürstlichen Holtzungen nicht geschehen noch die desfalls etwa errichteten Contracte zu ihrem Effecte kommen lassen werden.

Wannhero männiglich dieses in Zeiten angezeigt und sich vor Schaden zu hüten angerathen wird." — En même temps l'ordre fut donné aux troupes de se tenir prêtes, au besoin, à porter main forte à la protestation du roi.

[1]) Vis-à-vis de cette attitude énergique du roi le grand-duc recula, et l'on n'entendit plus parler de la coupe projetée, cfr. A. G. Moltke l. c., 173—179.

[2]) En 1752, le poste de Regensburg fut séparé de celui de Vienne et confié à mr. de Rantzau, accrédité ⁴/₈ 1752, rappelé ⁹/₈ 1754.

cas de ceux pour lesquels les protestants de l'empire puissent s'intéresser dans la forme et dans la qualité de corps évangélique, nous ne croyons pas pouvoir soutenir en droit la démarche d'une lettre intercessionale résolue par la pluralité des voix de la conférence, dont vous avez rendu compte. Il est donc de la volonté du roi que, si le ministre de Gotha ou celui de Wolfenbüttel ou bien de quelque autre prince ou électeur considérable, dont au reste le zèle pour la religion ne fût pas suspect, persistait à ne point vouloir signer la dite lettre, vous vous joigniez à lui, en vous expliquant dans le sens du suffrage de Gotha, dont vous avez envoyé copie, mais que, si l'unanimité était pour la lettre, ou qu'il n'y eût de contradiction que de la part de quelqu'un de ces princes, qui, protestants dans les conférences évangéliques, sont d'ailleurs catholiques-romains, qu'alors, dis-je, pour ne pas vous singulariser, vous signiez également la lettre, en vous conformant toutefois simplement à la majorité. L'effet de cette lettre ne sera assurément pas avantageux aux infortunés en faveur desquels on prétend l'écrire, nous n'en avons que trop de preuves, et c'est ce qui empêche le roi d'intercéder pour eux dans sa qualité de roi et d'ami de l'impératrice. Vous me ferez plaisir au reste de tâcher d'avoir des avis certains de cette persécution et de ses circonstances. Elle sera cruelle sans doute, parce que le clergé romain est toujours cruel, mais peut-être ne l'est-elle pas tout à fait tant qu'on le répand dans le public, et j'aime à le croire par la bonne opinion que j'ai de la sagesse de la cour de Vienne, qui, quelque livrée qu'elle soit aux préjugés de religion, ne peut ignorer le tort qu'elle se ferait en détruisant ses propres sujets. Je serais surtout bien aise de savoir s'il est vrai qu'on conduit ces pauvres malheureux en Hongrie et en Transylvanie, et dans quelle partie de ces deux pays on prétend les établir.[1])

---

[1]) Cfr. Ranke: Ursprung des siebenjährigen Krieges pag. 42. — Voir no. 55.

30.

Dépêche à Mr. de Thienen [1]) à Berlin.

Copenhague 9 décembre 1752.

(Extrait.)

— Mr. de Haeseler m'a remis, il y a quelques semaines, un mémoire, par lequel il demande la franchise du sund pour les villes maritimes de la Poméranie Prussienne. Il fonde cette singulière prétention sur un traité conclu en 1560[2]) avec les villes anséatiques de la Baltique, et il s'efforce de prouver, par des raisonnements qui ne sont pas même spécieux, que, quoique tout soit changé pour ces villes et relativement à elles, et qu'il n'existe plus aucune trace de cette ancienne confédération, anéantie depuis plus d'un siècle, il leur reste toujours la franchise du Sund, dont il convient néanmoins qu'elle n'ont pas joui depuis 120 ans. Vous prévoyez sans doute quelle sera la réponse que le roi fera donner à ce mémoire. Je vous avoue que je ne comprends rien ni aux motifs ni au but de la façon d'agir du roi de Prusse envers nous. D'un côté, il s'oppose par des voies de fait au roi dans des occasions qui sûrement n'en valent pas la peine;[3]) de l'autre, il lui fait des demandes odieuses, qu'il sait ne pouvoir obtenir, et cependant il est impossible qu'entouré, comme il l'est, de puissances ennemies et animées contre lui, l'amitié du roi lui soit indifférente. Expliquez-moi cette énigme, je vous prie, si elle est explicable. —

31.

Dépêche à Mr. de Molzahn à St. Pétersbourg.

Copenhague 23 décembre 1752.

(Extrait.)

— Vous êtes mieux instruit, monsieur, de la véritable façon de penser de sa majesté, mais, comme votre absence pourrait

---

[1]) Thienen, ministre à Berlin de ²⁵/₁₁ 1750 à ¹⁹/₁₁ 1753.
[2]) Le traité d'Odense (Odenseiske Forlig) du 25 juillet 1560.
[3]) Allusion à l'affaire Bentinck.

vous en rendre quelque partie moins présente, je ne ferai
nulle difficulté de vous l'expliquer tout entière, pour vous
mettre en état de la suivre et de l'exécuter avec d'autant
plus d'assurance et de succès.

Le roi, chef et aîné de sa maison, s'en sent le père;
il s'est proposé d'en bannir toutes les divisions et toutes les
mésintelligences, et il a formé le noble projet de fonder,
parmi les princes qui la composent, cette même union qui
rend aujourd'hui la maison de Bourbon si puissante, et qui a
donné autrefois à celle d'Autriche ce pouvoir qui, pendant
si longtemps, a été la terreur de l'Europe. Il n'y a, j'ose
le dire, point de pensée qui soit plus digne du roi, et il
n'y en a pas de plus convenable à une maison favorisée si
extraordinairement par la providence, qu'elle règne déjà sur
trois royaumes, et qu'elle est appelée dans la personne du
grand-duc à l'empire du reste du nord, de manière que sa
domination, supérieure à celle de tous les autres princes
de l'univers, s'étendra sans aucune interruption depuis l'Elbe
jusqu'à la Chine. Voilà, monsieur, le véritable dessein du
roi, et c'est de ce principe que coulent toutes ses actions.

C'est en conséquence qu'il s'est arrangé avec le roi de
Suède, et qu'une étroite amitié a succédé à la froideur qui
les divisait autrefois, et c'est en conséquence qu'il a cherché
avec plus d'empressement encore de s'unir avec le grand-duc
et d'arracher jusqu'à la racine tout ce qui pouvait, à parler
humainement, entretenir ou faire naître quelque jour des
brouilleries, dont sa majesté cherchait à détruire toutes les
occasions et à écarter tous les moyens. Je puis ici appeler
son altesse impériale à témoin de la vérité de ce que
j'avance; quelque soupçon ou idée qu'on ait pu lui inspirer, de
quelque prévention qu'on ait pu la nourrir, il est impossible
qu'elle ne se soit pas aperçue que le roi cherchait son amitié
plus que son pays, et que les offres de sa majesté mar-
quaient le cœur d'un roi, d'un parent, d'un ami, plutôt que
les désirs d'un prince cherchant de faire un traité avantageux. Le grand-duc a sans doute trop d'esprit et de lumières
pour ne pas savoir ce que vaut son pays, il ne peut ignorer
qu'il n'est composé que de quelques bailliages épars çà et
là et partout entourés de ceux du roi, sans aucune ville
considérable, sans aucune place forte, sans aucun moyen de

défense, sans aucune possibilité d'y tenir des forces capables
de résister à une attaque. Il ne peut donc pas supposer
que cette acquisition pût paraître si considérable au roi
qui, comme il est de notoriété publique, n'aurait qu'à le
vouloir pour pouvoir s'en saisir, et il se rappellera cependant que sa majesté lui a offert en échange non-seulement
les comtés d'Oldenbourg et de Delmenhorst, ancien patrimoine de sa maison et pays qui, d'un revenu égal à celui
du Holstein, a sur lui l'avantage d'avoir un territoire con-
tigu et séparé de tout autre, une bonne forteresse et un
corps de troupes nationales, qui, à l'exception des officiers,
ne coûte rien à entretenir au souverain, mais encore une si
grande somme d'argent, que son altesse impériale se serait
trouvée, en l'acceptant, dégagée de toutes ses dettes et de
tous ses embarras et transportée dans l'état du monde le
plus aisé et le plus riant. Je le répète donc, j'en prends le
le grand-duc lui-même à témoin, si tous les procédés du roi
dans cette affaire n'ont pas prouvé d'une manière supérieure
à tout soupçon et à toute réplique les pensées du cœur de
la majesté pour ce prince, et ces procédés ne se sont pas
encore démentis. [1]) —

32.

Dépêche à Mr. de Wind à Stockholm.

Copenhague 21 février 1753.

(Extrait).

— Vous marquerez aussi, monsieur, à mr de Höpken
toute notre reconnaissance de la manière dont il s'est expliqué envers nous, à l'égard des soupçons que le roi de
Prusse avait tâché de lui inspirer contre nous[2].) Vis-à-vis

---

[1]) Cette dépêche était destinée à être communiquée au grand-duc
ainsi qu'au comte de Bestucheff.

[2]) Le roi de Prusse avait fait insinuer à Stockholm que les campements de troupes qui se feraient l'été suivant en Danemark, me-
naceraient les voisins et notamment la Suède. Höpken répondit
„qu'on était entièrement tranquille sur tout ce qui se faisait en
D., connaissant trop la candeur de cette cour pour prendre au-

d'un ministre aussi éclairé que lui, nous ne craignons pas
l'effet de ces insinuations si injustes, si peu fondées et si
peu méritées, et nous pouvons nous reposer tranquillement
sur sa pénétration, qui ne saurait se tromper sur la droiture de nos vues et la candeur de nos démarches, mais je
ne puis néanmoins vous cacher qu'il nous est très sensible
qu'un prince, contre lequel nous n'avons jamais rien fait et
que toutes sortes de raisons devraient, ce semble, engager à
vivre au moins paisiblement avec nous, se fasse une espèce
de plaisir de se servir de ses forces en Allemagne, pour
empiéter sur nos droits les plus clairs et les plus avérés, et
de son esprit pour semer partout la défiance contre nous.
Nous n'ignorons point toutes ces menées, et nous savons
bien ce qu'il a voulu persuader à la France, à l'occasion des
mesures si légales et si innocentes prises pour empêcher
la dévastation des bois dans la partie ducale du Holstein.
Nous savons tout cela, dis-je, et peut-être ne manquerions
nous pas de facilités pour le lui faire sentir quelquefois,
mais il est ami de nos amis et cela suffit pour nous engager à la patience et au silence. —

33.

Instruction für den Kammerherrn und Obersten, Grafen zu
Wedel-Frijs[1]) als destinirten Envoyé extr. nach dem
Schwedischen Hofe.

Christiansburg 9 März 1753.

(Extrait.)

— 11. Anlangend die annoch unabgethanen Sachen,
wegen der in dem mit der Crone Schwedens anno 1720 getroffenen Frieden Art. 12 stipulirten Wieder-Einräumung
der Unseren hiesigen Vasallen und Unterthanen in Schouen
gehörigen Güter und Effecten, so finden Wir nöthig zu sein,
dass er dasjenige, was nicht unter den ab hiesiger und

---

brage d'une démarche aussi innocente que celle de ces prétendus
campements."

[1]) Krabbe Wind fut remplacé à Stockholm 9/3 1753 par le comte
Wedel-Frijs, rappelé 11/6 1754.

Schwedischer Seite verordnet gewesenen Commissarien hat
entschieden werden können, wenn derentwegen einige An-
suchungen von Unseren Unterthanen bei ihm geschehen sollten,
auszurichten suche; gestallt er dann auch in diesen und dergleichen Fällen, Unseren Vasallen und Unterthanen in ihren Angelegenheiten, Prätentionen und vorkommenden Rechts-Sachen
in Schweden, auch, dem Befinden und der Sachen Umständen
nach, unerwartet Special-Ordre, zu Erlangung ihrer billigen
Befugnisse, mit Rath und That nach aller Möglichkeit an
Hand zu gehen. Wenn auch einige Unserer Unterthanen
wegen der von den im letzten Kriege gefangen gewesenen
Schwedischen Officiers bei ihnen zurückgelassenen Schulden
noch nicht ihre gänzliche Befriedigung mögen erhalten haben,
als wovon er unter den von dortiger Gesandtschaft in Verwahrung seienden Documenten und Papieren nähere Information einziehen kann, so hat er, nach Befinden solcher
Nachrichten oder auf den Fall, dass sich einige unserer
Unterthanen, solcher unbefriedigten Forderungen wegen an
ihn wenden sollten, alle Bemühung anzuwenden, dass solcher-
wegen eine endliche Richtigkeit gepflogen werden kann.

34.

Dépêche à Mr. le Comte de Wedel-Frijs.

Copenhague 9 mars 1753.

Quoique l'instruction que je vous remets aujourd'hui,
monsieur, conforme quasi en tous points à celles qui ont
été données à vos prédécesseurs, contienne les principales
règles de la conduite que le roi désire que vous teniez en
Suède, je crois néanmoins devoir y ajouter quelques réflexions
ou éclairissements plus détaillés, dont vous voudrez bien faire
l'usage que vous jugerez convenir au service de sa majesté.

Vous allez résider parmi une nation avec laquelle nous
sommes aujourd'hui en parfaite intelligence. La Suède,
longtemps notre ennemie, a enfin été forcée par les événements à détourner sa haine et ses soupçons de nous et à
les donner tout entières aux Russes; elle a senti qu'elle
ne pourrait jamais se soutenir contre des voisins dont la
puissance lui a été si funeste et est encore si supérieure à

la même, sans être liée avec nous et sans avoir coupé
jusqu'à la racine tous les sujets de division qui restaient
entre les deux couronnes, et cette même nation qui, pendant
tant d'années, n'avait point eu d'objet qu'elle eût suivi avec
plus d'ardeur et plus d'application que celui d'exciter les
ducs de Holstein contre nos rois, et qui par cette manœuvre
n'avait que trop réussi à nous nuire, s'est ainsi trouvée
engagée dans ces dernières années, par un arrangement admirable de la Providence, à regarder comme un bien pour
elle et comme un bien nécessaire, que toute querelle sur le
Slesvig fût éteinte et que tout le Holstein fût réuni dans la
domination du roi. En conséquence de ce principe, elle a
négocié pour nous l'accommodement qui, selon toute probabilité humaine, assure ces grands avantages au roi, elle
a persuadé le prince qui était alors l'héritier de son trône
à y donner les mains, peut-être contre son inclination, et
elle s'est rendue elle-même garante du traité. Elle ne pouvait nous convaincre mieux de la sincérité de ses intentions
que par cette dernière démarche, la plus considérable qu'elle
pût faire pour nous, et comme déjà, quelque temps auparavant,
elle avait, et par ses pertes et par la forme de son gouvernement, cessé de nous être redoutable, rien ne nous
oblige plus de rappeler nos anciens ressentiments, et nous
pouvons la regarder aujourd'hui comme une puissance voisine dont l'amitié assure notre repos, qui nous sert de barrière contre la Russie et que notre intérêt le plus décidé
exige que nous cherchions à conserver, précisément dans
l'état et surtout dans la liberté où elle est.

C'est donc dans cet esprit d'harmonie et de paix que
vous conduirez votre ministère à la cour où vous allez
Mais comme la nation suédoise, toujours déchirée par des
factions, l'est aujourd'hui autant que jamais et que l'esprit
de parti a de propre d'aveugler sur tous les principes, pour
ne rendre vigilant et ardent que sur les moyens de contrarier les vues et de condamner les actions de ses adversaires, il pourra arriver et il arrivera sans doute que des
gens, les uns par préjugé, les autres par malice et par fureur, oublieront les intérêts de leur patrie, unis aux nôtres,
et travailleront à renverser le système établi aujourd'hui,
soit par rapport à nous soit à l'égard de leurs propres lois

et de leur propre gouvernement. Voilà ce qui méritera
constamment toute votre attention, et vous sentirez toujours
que, dans un pays aussi orageux, aussi sujet à des révolutions
et aussi rempli d'intrigues, le service du roi demande de
vous une vigilance continuelle pour observer, pénétrer et
rapporter tout ce qui pourra se machiner contre l'observation des traités entre les deux couronnes, contre la bonne
intelligence subsistante entre elles et enfin contre la forme
de gouvernement du royaume, dont le maintien est, j'ose
le dire, aussi cher au roi qu'il peut l'être à la Suède. Je
ne suis pas en état, monsieur, de vous donner des lumières
sûres et suffisantes sur le nombre de ces partis qui divisent la nation, ni sur leurs forces et leurs vues, ni enfin
sur les personnes qui les composent, et je dois m'en remettre en partie aux informations que vous recevrez sur ce
sujet de monsieur de Wind et de Gamm[1]), et en partie à
vos propres recherches et découvertes; mais j'imagine qu'en
gros on peut se représenter la nation partagée en deux factions, dont l'une, conduite par le sénat, est pour la liberté
et parait étroitement liée à la France, et l'autre semble
vouloir, ne fût-ce que pour contrarier la première, relever
la prérogative royale et pencher pour l'alliance de la Russie.
Ce sera à vous de vous ménager entre les deux avec
assez d'habileté pour ne vous brouiller avec aucune, et pour
vous conserver les moyens de négocier avec l'une ou avec
l'autre, selon que la situation des affaires et le service du
roi l'exigeront; mais, comme je sens qu'une neutralité toute
parfaite n'est pas possible dans la pratique et que, quand
elle le serait, elle ne pourrait l'être que par une indifférence
qui vous mettrait hors de la confiance de toutes les deux
et vous rendrait ainsi totalement inutile, je ne fais aucune difficulté de vous marquer, par ordre du roi, que vos
liaisons les plus intimes doivent être avec ceux qui sont
déclarés pour le gouvernement d'aujourd'hui et par conséquent, tant que le sénat pensera comme il fait à présent,
avec le sénat et ses amis. Je dois seulement vous recommander qu'au milieu de ces liaisons, que vous rendrez telles
qu'il le faut pour qu'elles vous soient utiles, vous observiez

---

[1]) Secrétaire de la légation danoise à Stockholm.

de ne point offenser personnellement les gens du parti contraire et, en général, de ne vous livrer si fort à personne que l'on vous en croie inséparable ou dépendant. Le temps peut tout changer en politique et vous devez vous conserver en situation à pouvoir devenir, en qualité de ministre du roi, chef de parti vous-même, si jamais les conjonctures le pèrmettent ou le demandent.

Le peu que je viens de vous dire vous ferait deviner, si vous n'en étiez pas déjà instruit par les dépêches de vos prédécesseurs, dont vous avez fait la lecture, que le roi de Suède lui-même, qui n'est point à considérer comme le maître de son royaume, mais seulement comme celui qui en représente la majesté, est à la tête de celui des deux partis qui est aujourd'hui le moins puissant et le moins favorable à nos vues. Quand il n'y aurait que son intérêt d'augmenter son autorité et peut-être son espérance éloignée de la pousser jusqu'à la souveraineté, il serait difficile que nos souhaits s'unissent jamais véritablement aux siens, mais il y a plus et il est bon que vous ne l'ignoriez pas. Nous avons des soupçons violents qu'il se souvient encore des préjugés de son éducation, qu'il n'a signé qu'à regret le traité qui termine ses contestations avec le roi et qu'il incline à se lier avec la Russie, liaison que, pour peu qu'elle fût étroite, nous verrions, je ne vous le dissimule pas, avec autant de regret qu'une guerre ouverte entre ces deux puissances. Ses vues, ses penchants semblent donc tout opposés aux nôtres; cependant sa dignité suprême, l'honneur qu'il a d'être de la maison du roi, et son pouvoir, qui, quoique limité, est toujours plus grand, plus assuré et plus durable que celui de tout autre homme en Suède, rendent nécessaire que vous lui marquiez tout le respect et tout l'empressement de lui plaire qui lui sont dûs, et que vous lui cachiez avec soin les justes sujets de défiance que sa conduite secrète nous inspire. Il n'est pas moins important que vous vous appliquiez à l'étudier, à observer toutes ses paroles et toutes ses démarches et à éclairer, autant qu'il sera possible, ses vues et ses projets, ainsi que ceux des gens qu'il écoute, et dont il est essentiel que vous sachiez le génie et le crédit à leur juste valeur. J'en dis autant de la reine, princesse qui a beaucoup de pouvoir sur l'esprit du roi, son époux,

et qui, sœur du roi de Prusse, admire et imite, autant qu'elle
en a l'occasion, la politique et les maximes de ce monarque;
et si je n'ajoute rien des princes, ses enfants, qu'il sera
cependant très bon de connaître de bonne heure, c'est que
je suis bien sûr, qu'indépendamment même de toute autre raison, l'espérance donnée au prince Gustave d'approcher quelque
jour de bien près au roi vous rendra bien attentif à leur
égard.

Vous démêlerez aisément entre les seize sénateurs du royaume ceux qu'il est essentiel de ménager et de connaître. Le
baron de Höpken est à la tête du département des affaires étrangères, le comte de Tessin y a été et y conserve beaucoup de crédit. Le comte Ekeblad, vice-président de la chancellerie, est
fort lié à eux, mais je dois vous recommander surtout, non
pas pour guide et pour directeur, personne ne doit l'être
en Suède, mais pour premier ami, le baron de Scheffer,
nouveau-venu et presque étranger encore, mais qui, si je
ne me trompe, jouera un grand rôle dans son pays, homme
judicieux, éloquent, laborieux, homme à grandes vues, et
que je crois décidé dans sa maxime, que l'amitié du Danemark est la base de la tranquillité et de la félicité de la
Suède. J'estime que tant que les conjonctures ne changeront pas, c'est celui de tous auquel vous pourrez vous fier
le plus, mais vous vous souviendrez toujours que cette confiance doit avoir des bornes.

S'il y a hors du sénat des gens puissants par leur talent et
par leur crédit dans la nation, ils mériteront de même vos
soins. Tels pourraient être messieurs d'Ungern-Sternberg
et de Gyllembourg et peut-être le jeune comte de Brahe,
mais j'avoue n'avoir rien de particulier à vous dire à leur
égard, si ce n'est que vous aurez déjà vu par les rapports
de la dernière diète, que le premier partage avec le sénateur Löwenhjelm la faveur du roi, mais qu'il n'a pas voulu
néanmoins rompre entièrement avec le parti opposé et qu'il
paraît avoir pris pour maxime de ne jamais le pousser à bout.

Peut-être vous verrez vous accueillir à votre arrivée
par des gens qui vous vanteront leur zèle pour les intérêts
du roi, et vous exagèreront tout ce qu'ils ont fait et souffert
pour la bonne cause. Écoutez-les avec patience et ne les
rebutez pas, mais souvenez-vous que, quelque chose qu'ils

~~ment, ils ont ou infidèlement ou mollement servi.~~ Dites-le ~~toujours~~ à vous-même, monsieur, mais ne le leur dites ~~jamais.~~

Votre conduite envers les ministres des cours étrangères demandera une habileté et un ménagement extrêmes. Vous ne pourrez vous passer de leur commerce, et il y aura des occasions fréquentes où ce commerce vous sera utile, mais ne tombez pas, je vous prie, dans l'inconvénient, d'ailleurs assez commun, de ne vivro qu'avec eux. Un ministre de Danemark en Suède n'est pas ce qu'y sont les ministres des autres cours. Il y doit jouer un rôle qui ne convient qu'à lui, c'est à la nation qu'il doit plaire, c'est avec elle qu'il doit chercher des relations, pour y trouver au besoin des créatures, des adhérents et des amis. Soyez donc bien avec vos confrères mais ne soyez inséparable d'aucun d'eux. Il n'y en a point que vous ayez à éviter. Grâce au ciel, le roi est bien avec toutes les puissances de l'Europe, et, si les motifs les plus puissants et fondés sur les intérêts les moins douteux de ce royaume, l'ont engagé à former avec la France des liaisons plus étroites et dont en quelque sorte la Suède est le nœud, ce n'est point aux dépens de quelque autre amitié qu'il les a contractées. Allié de la France, il remplira fidèlement tous ses engagements avec elle, mais il saura toujours conserver l'indépendance de sa couronne et ne lui point accorder d'influence qui passât les bornes de la justice et celles des intérêts du nord. Depuis longtemps sa sagesse lui a fait sentir que, dans le rang où le ciel l'a fait naitre, ce ne sont point les vues d'autrui, ce sont les siennes qui doivent le conduire, et que c'est son propre système, le système danois, et non celui des Français, ou celui des Anglais, étrangers l'un et l'autre, qu'il lui convient de suivre. C'est ce que vous observerez, monsieur, dans votre manœuvre, vous vivrez bien avec tous les ministres des cours étrangères, vous distinguerez l'ambassadeur de France, tant par considération pour sa cour, qui le mérite à notre égard, que par le crédit que son poste lui donne en Suède, et par son étroite union avec les principaux du sénat, mais vous ne vous attacherez pas à lui au point que l'on croie qu'il dirige vos conseils et vos actions, ni que les autres ministres, et particulièrement celui de

Russie, puissent en prendre un juste ombrage. Votre discernement et votre prudence vous dirigeront dans cette partie délicate de votre commission. Il s'agit d'avoir la confiance de l'ambassadeur de France et de ses amis, sans leur accorder de l'empire sur vous et sans faire croire à ceux qui leur sont opposés, que vous l'êtes aussi à eux. Cela n'est pas aisé, je l'avoue, mais vous en viendrez à bout, en étudiant et suivant constamment les vrais intérêts du Danemark et en faisant voir par la modération, la fermeté et l'uniformité de votre conduite, que vous la tenez, non pas parce que la France le souhaite ainsi, mais parce qu'elle convient aux principes sages et équitables de votre roi.

C'est cependant là, monsieur, ce que j'ai de plus difficile à vous prescrire de la part de sa majesté. Car au reste vous ne trouverez point dans vos instructions de ces commissions odieuses, dans lesquelles un ministre ne peut guère réussir, et auxquelles il ne peut travailler qu'en perdant l'amitié de ceux avec lesquels il doit vivre. Vous en êtes dispensé; vous n'aurez, monsieur, que des paroles d'agrément, des paroles d'union et de paix à porter. Le parti qui gouverne aujourd'hui est disposé à vous recevoir avec la confiance, ou au moins avec les marques de la confiance la plus intime. Vous n'avez donc point un accueil froid à craindre, défiez-vous plutôt de trop de caresses. Recevez-les, répondez-y, mais n'oubliez point que, dans un pays de factions, rien n'est absolument assuré. Vos instructions vous chargent de toucher dans l'occasion l'article de Landskrone, établissement que nous ne pouvons regarder avec indifférence, mais l'intention du roi n'est pas que vous en portiez des plaintes — elles seraient inutiles — ni que vous en témoigniez du ressentiment, qui ne ferait qu'aigrir, et n'arrêterait pas, — il suffira que vous en glissiez un mot dans vos conversations, lorsque vous le trouverez convenable, et que surtout vous employiez sous main tous vos soins à retarder, à interrompre et à troubler l'ouvrage. Si l'on vous parle de la forteresse que le roi fait construire à Nibe,[1]) ne la représentez jamais que comme une mesure de défense à laquelle le roi ne s'est déterminé qu'à regret et

---

[1]) Nivaa.

que sa majesté aurait fort souhaité avoir pu épargner à ses peuples.

Rien de déplaisant n'aura donc à sortir de votre bouche et ce n'est, je le répète, que l'esprit de paix et d'union que vous aurez à écouter dans votre ministère. Suivez, cultivez les dispositions que vous trouverez établies, maintenez ce concert de confiance, fondé entre les ministres pour les affaires des deux couronnes. Faites regarder le roi comme l'ami de la Suède, l'appui de ses lois et de sa liberté, tâchez d'obtenir qu'aucun autre prince n'y ait plus d'admirateurs ni plus d'adhérents que lui, étudiez, ménagez le roi de Suède et ceux qu'il écoute, secondez le sénat, conservez les liaisons avec la France et ses amis, ne rebutez point leurs adversaires, formez-vous des partisans et ne vous livrez à aucun, avertissez le roi de tout, que rien ne vous échappe, s'il est possible, ni intrigues, ni projets, ni ordonnances, ni établissements nouveaux, ni arrangements de police, d'arts ou de finances, approfondissez l'état de l'armée, celui de la flotte, celui du commerce, rien de ce qui regarde cette nation voisine n'est indifferent pour nous, et souvenez-vous enfin constamment, que le précis de ce que le roi désire, c'est que la Suède reste son amie et libre, qu'elle ne rompe pas avec la Russie, mais qu'elle ne se lie pas non plus avec elle, que par leur paix et par leur défiance, l'équilibre du nord, dont sa majesté consent de tenir la balance, subsiste, et que le roi de Suède demeure de son propre gré, s'il est possible, si non par politique, constamment lié à tous ses engagements. En coopérant à ces buts, en y donnant tous vos soins, vous remplirez parfaitement, monsieur, l'objet de votre mission et la volonté du roi.

Il ne me reste plus que de vous souhaiter pour cet effet les succès les plus heureux et les plus brillants. Mon devoir et, s'il est permis d'y ajouter un motif de plus, mes sentiments personnels pour vous vous répondent de l'intérêt distingué que j'y prendrai toujours et de la joie avec laquelle je chercherai à y contribuer. Dans toutes occasions, dans toutes rencontres, écrivez-moi avec franchise, mon empressement à vous seconder, mon exactitude à vous informer de voloutés du roi ne vous manqueront jamais.

35.

Traité de paix et de commerce avec le **Maroc**,

conclu 18 juin 1753,

ratifié 18 mars 1754.

36.

Votum im Königl. Conseil,
betreffend die spanische Declaration zu Aufhebung
des Commercii.

Copenhagen 21 Juni 1753.

Das Verfahren des spanischen Hofes gegen Ihro Majestät und Dero' Unterthanen ist von einer ganz ausserordentlichen und sonderbaren Beschaffenheit. [1] Einer freien
Nation, ohne einige directe Beleidigung von derselben empfangen zu haben, mitten im Frieden alle Handlung in seinen Landen zu untersagen und ihren Schiffen die Einfahrt
in seine Häfen zu verbieten, mithin ihr auch die officia humanitatis zu weigern und also alle die Gemeinschaft, so
zwischen entfernten Völkern sein kann, aufzuheben und zu
brechen, und alles dieses, ohne vorher den König dieser
Nation, mit dem man doch in Freundschaft gelebt, nur zu-

---

[1] Le 26 mai 1753, le gouvernement espagnol notifia au ministre de
Danemark à Madrid, le baron de Wense, que sa maj. cathol.,
très étonnée des traités que le Danemark avait faits avec les régences barbaresques, les ennemis de l'Espagne, s'était déterminée
à rompre, tant que ces traités subsisteraient, tout commerce entre
ses sujets et les sujets danois, à exclure ceux-ci de tout trafic et
à interdire à leurs vaisseaux l'entrée de ses ports, mais que cette
rupture n'influerait point au reste sur l'amitié des deux couronnes, et que, pour cet effet, elle avait ordonné à son ministre en
Danemark de continuer de faire sa cour à sa majesté danoise." —
Après avoir vainement attendu que le gouvernement espagnol reviendrait spontanément sur cette démarche hautaine, d'autant plus
blessante qu'elle n'avait été précédée d'aucun avertissement
préalable, le Danemark rappela son ministre de Madrid et défendit
par l'ordonnance du 22 octobre aux Espagnols l'entrée dans les
ports danois et norvégiens, excepté en cas de relâche forcée.

vor davor gewarnt und um Abänderung des nunmehr angeblichen Gravaminis begrüsset zu haben, zu thun ist ein
Betragen, dessen Vorgang ich mich in keiner Historie gefunden zu haben erinnere. Vielleicht ist auch kein anderer
Hof in Europa als der stoltze und unwissende spanische,
dessen natürlicher Uebermuth durch die Demüthigung der
Hamburger vermehrt worden, der einen solchen Schritt so
leichtsinnig zu unternehmen sich beigehen lassen möge. Je
ausserordentlicher aber dieser Zufall ist, je mehr wird er
die Aufmerksamkeit von ganz Europa erwecken und je noth-
wendiger ist es, auf das sorgfältigste zu überlegen, wie
Ihro Maj. demselben auf eine einem gerechten, weisen und
standhaftigen Könige geziemende Art zu begegnen haben
werden.

Die Gerechtigkeit wird Ihro Maj. in diesem casu alles,
was die Klugheit anrathen kann, gestatten. Spanien bricht
die Freundschaft und den Frieden, indem sie der dänischen
Nation, so viel an ihr ist, die Früchte und Vortheile beider
und zwar ohne einigen nur scheinbaren Anlass versagt. Die
mit den Regierungen zu Tunis und Tripolis geschlossenen
Frieden können dem Hofe zu Madrid keinen Vorwand zu
seiner Aufführung geben, weil sie ihn auf keinerlei Weise
beleidigen, das, so mit Marocco vorgegangen und noch vorgeht, ist gleicher Gattung und hat weder anfänglich, da
man einen Handel zu Saffy hat anrichten wollen, noch jetzo,
da Ihro Maj. aus lauter Grossmuth und Gnade für Ihro
allda gefänglich behaltenen Unterthanen Sich ein so grosses
Kosten lassen, den Spaniern den geringsten Nachtheil bringen
können, und wenn diese endlich durch die im Jahre 1746
den Algierern zugesagten jährlichen Lieferungen sich einigermaassen verletzt erachtet, so würden sie dennoch dadurch
nur zuvörderst zu freundschaftlichen Vorstellungen und endlich, wo solche nichts ausgewirkt hätten, zu Anhaltung und
höchstens Confiscirung nach Algier destinirter Présents befugt gewesen sein. Weiter hat keine Nation die andere
auch im offenbaren Kriege einzuschränken sich je unter-
nommen. Die geringe Quantität Pulver und Kugeln, so von
hie aus den Algierern, nicht um den Spaniern zu schaden
sondern nur um Ihro Maj. eigene Unterthanen der Gefahr
in die Sclaverei der Barbaren zu fallen zu entladen, gelie-

fert wird, ist gewiss nicht so gross, dass sie diesen letzteren ein Mittel sein könne, ihren Krieg gegen die Spanier fortzusetzen und es muss dem Hofe zu Madrid die Freundschaft der Krone Dänemark von sehr geringem Werth zu sein scheinen, wenn er durch deren Verlust nicht mehr zu verlieren glaubt. Ihro Maj. haben demnach Spanien nicht beleidigt, es wird Ihnen aber von Spanien zwar nicht in Worten aber doch in der That die Freundschaft aufgekündigt. Die strengsten Richter entbinden Sie daher aller Pflichten der Freundschaft und setzen Sie in völlige Freiheit die Mittel zu ergreifen, welche denen, so diese Freundschaft so wenig geachtet, besseren Begriff von deren Wichtigkeit beibringen können.

Was aber Ihro Maj. Weisheit Ihnen anrathen wird, ist von schwerer Erörterung, indem dabei viele Bedenklichkeiten sich zeigen. Dass, obgleich der spanische Handel bishero nicht sonderlich important gewesen, dessen Verlust dennoch eine unangenehme Begebenheit vor uns sei und dass dessen Wieder-Gewinnung gewünscht zu werden verdiene, scheint mir gewiss, noch mehr aber bin ich überzeugt, dass wir diesen nicht von uns verdienten Verlust nicht nur als eine der Widerwärtigkeiten, so den Staaten wie den einzelnen Menschen oft zu begegnen pflegen, standhaft ertragen, auch nicht höher wie er wirklich ist, schätzen und dessen Ersetzung auf keine andere als eine der Ehre unsers Königs würdige Weise suchen sollen, sondern auch dass wir durch die Billigkeit und Edelmüthigkeit unseres Betragens aus diesem Zufall selbst Nutzen und was vor den grössten Gewinn zu erachten ist, die Vermehrung des Ruhms und des Ansehens unseres Königs zu ziehen uns bestreben müssen. So sehr ich verhoffe, dass ich niemals meiner Pflichten vergessen werde, dass ich Ihro Maj. zu Nachjagung eitler, falscher und von den Regeln des Rechtes und der Klugheit abweichender Ehre anrathen sollte, so sehr halte ich mich nach meiner Treue verbunden Dero wahre Glorie und Reputation den ersten Zweck aller meiner Dienste zu machen und solche allem übrigen, so in der Welt ist, vorzuziehen. Die Reputation ist vor einem grossen Herrn und vor einem Reiche, was der Credit bei einem Kauffmann und für dessen Contoir ist, mit welchem er oftmals mehr als mit eigenen

Kosten und baaren Mitteln ausrichtet und ohne den er
nicht bestehen kann; sie ist die Seele aller Handlung und
da wir von der Güte des Allmächtigen hoffen können, dass
wir nur noch erst im Anfange der Regierung unseres Königs
sind und dass Gott noch lange Jahre Dänemark durch Ihn
beglückseligen werde, so scheint es mir von der grössten
Consequenz zu sein, dass Ihro Maj. Sich dieses, wiewohl an
sich nicht günstigen Vorfalls bedienen um ganz Europa die
wahre Idee Ihres edlen und gerechten Gemüths und vor-
trefflichen Gedenkungs-Art zu geben und dadurch alle dessen
Könige zu bewegen, Ihre Freundschaft noch mehr wegen
Ihrer Person, Klugheit und Beständigkeit als wegen Ihrer
Macht zu wünschen. Dieses ist, meines Ermessens, der
Zweck den wir uns vorzusetzen haben, und kommt es nun
darauf an, dass wir uns in dem Weg dahin zu gelangen
nicht irren mögen.

Bei Spanien selbst die Abhelfung des uns zugefügten
Unrechts zu suchen, würde uns ganz davon ableiten. Wer
kennt nicht den Stolz dieser Nation und dessen Ministern,
wer weiss nicht, dass sie alle Völker gegen sich verachtet
und von denen, so sie nicht täglich brauchen, nichts weiss?
Unsere Vorstellungen würden also, wenn sie in einem der
Würde unseres Königs geziemenden Style abgefasst wären,
den bereits gefassten stolzen Unwillen derselben nur vermehren und wenn wir nachgeben und, was ich doch kaum
aussprechen mag, um die Wiederherstellung der Handlung
gleichsam bitten wollten, so würde dadurch ihre Hofart
und von gleichen Kronen bereits nicht zu duldender Uebermuth nur zunehmen.

Das gewöhnliche aber selten nützliche Mittel der gemeinsamen Freunde würde, soviel ich einzusehen vermag,
uns ebenso wenig zu unserm Zwecke führen. Wollten wir
auch, den Hamburgern gleich, des französischen oder auch
etwa noch anderer Höfe Mediation begehren, was würden
wir erhalten? Unangenehme Antworten derer, so sich unsere
Freunde nennen aber, sobald es auf den Handel ankommt,
es nicht sind und, wenn eine Schwierigkeit entsteht, zich
sie wie Freunde beweisen. Ich meine, wir haben schon,
was, in Streitigkeiten wie diese ist, Mediationes ausrichten,
erfahren und da fast alle Nationes unsere wachsende Hand-

lung mit Missvergnügen ansehen und uns lieber in ihrer
Furcht und Dependenz als frei, herzhaft und reich wissen
wollen, so können wir von ihnen nichts anderes als eine Cri-
tik unseres mit Algier getroffenen Traktats und vielleicht
einige schwache Intercessiones, so uns in der That mehr
Schimpf wie Vortheil bringen würden, erwarten. Ich kann
also weder der Ehre noch dem Interesse des Königs gemäss
finden, eines dieser beiden Mittel zu ergreifen, um so mehr
als leicht voraus zu sehen steht, dass der spanische Hof,
wir mögen uns nun an ihn selbst directe oder durch Mediation wenden, uns keine andere Antwort als die, so er den
Hamburgern ertheilt hat, geben und von uns pro conditione
sine qua non die Aufhebung unseres Friedens mit den Algierern begehren wird, welche aber eines Theils, solange
besagte Algierer uns dazu keine Ursache geben, ungerecht,
anderntheils, wenn es gleichsam aus Zwang geschähe, etwas
unserm Könige so unanständiges sein würde, dass ich solches nicht zu erleben hoffe.

So sehr ich aber gegen eben erwähnte Expedientien sein
muss, eben so wenig ermesse ich mich zu einer öffentlichen
Ruptur und zu einem Kriege in Europa anzurathen. Zwar
hätten Ihro Maj. Reiche und in Europa gelegene Lande
wohl nichts von den Spaniern zu besorgen, welche, dieser
Seen unkundig und des Climatis ungewohnt, sich so weit in
Norden nicht wagen und noch weniger, wenn sie sich dahin
gewagt hätten, darinnen fortkommen würden, und die Unterthanen des Königs hätten mehr von den Spaniern gewinnen
als gegen sie verlieren können, ich darf aber nicht dissimuliren, dass es dennoch sehr gefährlich sein würde, sich in
ein solches Unternehmen einzulassen, so wohl weil die
Kräfte, so der Reichthum giebt, unter beiden Theilen nicht
gleich sind und der feurige und arbeitsame Geist des gegenwärtig alles zu Madrid dirigirenden Ministers[1] die spanische
Macht besorglicher wie sie nicht bishero gewesen macht als
auch weil dadurch (wenn es ohne die hinlänglichen Præcau-
tiones genommen zu haben geschähe) der West-Indischen
Compagnie Possessiones in Amerika sehr exponirt und unsere ganze Schiffart nach der mittelländischen See, in Be-

---

[1] Don Joseph de Carbazel et Lancastre.

mehr selbige gleichsam unter den Canonen von Cadix pas-
siren muss, unterbrochen werden würde und sonderlich weil
alsobald andere Mächte und namentlich der französische
Hof, sich sodann nicht mehr wie Freunde sondern wie Ar-
bitri und Friedemacher darinnen mischen und nach ihrer
bekannten Neigung und Verbindungen mit der Krone Spanien, deren Freundschaft sie alle ihres Handels wegen bedürfen, unsere Anschläge hindern und uns bald zu einem
nicht vortheilhaften und daher auch nicht rühmlichen Frieden nöthigen würden.

Da also bei allen diesen gewöhnlichen Wegen sich so
grosse Schwierigkeiten finden, so bleibt mir kein anderer
als eine Mittel-Strasse, die zwar auch nicht ohne alle Diffi-
cultäten ist, jedoch, wie ich glaube, nur mindere gegen sich
hat, die aber in ihrer Befolgung sehr viele Ueberlegung,
Moderation, Verschwiegenheit und Standhaftigkeit erfordert,
vorzuschlagen übrig.

Es besteht solche darinnen, dass Ihro Maj. des spanischen Hofes Betragen mit gleichem Betragen erwiedern,
dessen Freundschaft, eben so wenig wie derselbe Dero Freundschaft geschätzet, zu schätzen bezeigen, alle Drohungen oder
was selbigen nur erbittern, nicht aber schaden oder schwächen könnte unterlassen, ihm jedoch aber in bescheidenen
und ganz kurzen Worten anzeigen, dass Sie durch die so
wenig veranlassete Aufhebung des Commercii auch alle Freundschaft aufgehoben zu sein erachteten, zu dessen Zeichen
Ihren Minister den dortigen Hof, ohne sich anders als
durch eine, ihm vorzuschreibende, schriftliche Anzeige
seiner Abreise zu beurlauben, zu verlassen heordern, dasjenige so vorgegangen und die Unrechtmässigkeit der
spanischen Proceduren Ihren Alliirten in moderaten und
kaltsinnigen Ausdrükungen bekannt machen, von denselben
aber nichts begehren, jedoch deren Mediation, so sie freiwillig solche anbieten, annehmen und nach ihrem Verdienst
anhören, die Inseln St. Thomas und St. Croix in hinlänglichen Sicherheits-Stand setzen und dann Ihren Unterthanen
in Ost- und sonderlich West-Indien, wo der Spanier Schätze
sind aber auch zugleich ihre Schwäche ist, sich wie solche,
die nach den Spaniern nichts fragen und zu nichts gegen
sie verbunden sind, zu betragen und dadurch sich mit Wu-

cher des Schadens, so ihnen die Aufhebung des spanischen
Commercii in Europa verursachen kann, zu erhalten erlauben, endlich aber Ihre Gelegenheit ersehen, um etwa durch
Wegnehmung einer oder mehr Gallionen, wie es in dem vorigen Seculo Friederich Wilhelm Churfürst zu Brandenburg
gethan, sich selbst in Betracht der Gelder, so Ihnen Spanien schuldig ist, bezahlt zu machen oder aber durch Zufügung eines andern empfindlichen Schadens in Amerika
diesem aufgeblasenen Volk zu zeigen, wie unbesonnen es gehandelt, ohne Ursache mit Ihnen zu brechen und einen König, der Muth, Standhaftigkeit und Klugheit besitzet, so
stoltzer Weise zu beleidigen.

Ich bescheide mich gar wohl, dass bei diesem Vorschlag vieles zu erinnern und vieles zu verbessern sein wird,
und nehme ich mir nur deswegen die Freiheit, ihn Ihro
Maj. in tiefster Unterhänigkeit vorzulegen, um darüber überhaupt Dero Allerhöchste Willens-Meinung zu vernehmen,
da denn, wenn Sie solchen allergnädigst billigen sollten,
über jeden Theil desselben insbesondere noch weiter gerathschlaget und alles reifer erwogen und genauer ausgearbeitet
werden müsste.[1]

37.

Circulaire aux Ministres du Roi.

Copenhague 1 septembre 1758.

Ayant eu l'honneur de vous marquer, il y a près de
deux ans, la naissance et le prétexte du différend survenu

---

[1] Les prévisions de Bernstorff se réalisèrent pleinement. Peu à peu
l'Espagne vint à résipiscence, d'autres puissances, notamment la
France et la Suède, interposèrent spontanément leurs bons offices et,
finalement, le différend fut aplani par une convention secrète, signée
le 22 septbr. 1757 à la Haye. Dans cette convention, l'Espagne
reconnaissait les traités subsistants entre le Danemark et les états
barbaresques, tandis que le Danemark s'engageait seulement à
convertir en argent, s'il était possible avec l'assentiment d'Alger,
les présents demunitions de guerre, stipulés dans le traité conclu avec cet état en 1746. Par suite de cette convention, une ordonnance du 12 novbre 1757 rouvrit les ports danois-norvégiens aux
navires espagnols, et le baron L. von Bachoff fut accrédité à Madrid
comme ministre de Danemark. — Cfr. Moltke l. c. pag. 199—201.

entre notre cour et celle de Maroc, je crois de mon
devoir de vous informer aujourd'hui, que ce différend est
entièrement terminé et qu'un traité, conclu le 18 juin de
cette année, a remis toute chose entre les deux couronnes
sur le pied où le roi désirait qu'elles fussent et où elles
auraient été sans interruption, si les ordres de sa majesté
avaient d'abord été exactement suivis.

Vous vous rappellerez sans doute, que le zèle trop ardent du sieur de Longueville, chargé des lettres du roi pour
l'empereur et le prince de Maroc, ayant engagé cet officier
à passer ses pouvoirs et à accepter, contre la lettre expresse de ses instructions, la ferme et le commerce exclusif
du port de St. Croix, [1]) cette démarche avait excité la jalousie des autres négociants du pays, et les avait portés à
machiner la rupture d'une telle convention et à semer pour
cet effet dans l'esprit du prince maure des soupçons qui,
quoique destitués de toute vraisemblance, ont eu assez de
pouvoir sur lui pour le déterminer à toutes les violences
dont vous avez été instruit dans le temps. [2]) Vous avez su
depuis l'arrivée d'un homme de confiance du prince en notre
cour, [3]) l'envoi de quelques vaisseaux du roi sur les côtes
de ses états et enfin celui de l'escadre de sa majesté sous
le commandement du sieur de Lützow, et vous aurez tiré de
toutes ces mesures une nouvelle preuve de la fermeté immuable avec laquelle le roi soutient ceux qui ont le bonheur d'être à lui et de son extrême affection pour ses
sujets, puisque la conservation d'un très-petit nombre d'entre
eux et le désir de les retirer d'une captivité dans laquelle
leur chef était tombé et les avait entraînés par sa faute,
ont suffi pour que sa majesté ait bien voulu non-seulement
étouffer tout ressentiment qui aurait pu leur être funeste,
mais encore ne cesser de travailler à leur soulagement et à
leur liberté. Aussi le ciel a-t-il béni des intentions si no-

---

[1]) Le colonel du génie Mr. de Longueville, envoyé en 1751 au Maroc, avait signé un traité, mais le gouv. danois, en prévision des
difficultés qu'il entraînerait, avait refusé de la ratifier.

[2]) Longueville, avec une vingtaine de sujets danois, avait été mis
en prison sous le prétexte qu'il méditait la conquête du Maroc.

[3]) Un juif, Samuel Sumbel, arriva en Danemark en 1752 comme envoyé de Maroc pour porter les excuses du sultan de cet affront.

bles et si généreuses. Le roi a la satisfaction de se voir
rendus tous ses sujets. Le sieur de Longueville, rappelé
par sa majesté, a reçu en partant les distinctions dues à
la commission dont il avait été chargé. La maison consu-
laire a été rétablie et le pavillon de Danemark relevé à
Saffy avec les formalités et les honneurs usités en pareille
rencontre. Le prince de Maroc, revenu enfin de ses préventions, a comblé nos gens de bonté, il a renvoyé libres,
chargés de présents, XXIV matelots de l'équipage du Fal-
ster, que le malheur arrivé à ce vaisseau avait fait tomber
entre ses mains avant la signature du traité, et que bien d'autres
princes de sa nation et de sa croyance auraient peut-être
estimés et déclarés de bonne prise, et il a été réglé et publié, que les habitants des royaumes et états du roi jouiront désormais, dans l'étendue de sa domination, des franchises et des prérogatives accordées aux nations les plus
favorisées. Mons. de Lützow, témoin de tous ces faits, et
qui a négocié et signé le traité dont je viens de vous dire
le précis, est revenu ici ces jours passés avec les navires
qui étaient à ses ordres et tous ceux qu'il a délivrés. Il a
eu l'honneur de rendre mardi ses respects au roi, qui, entièrement satisfait de sa conduite, lui a fait un accueil
très-gracieux et l'a nommé commandeur de ses armées navales, et pour ce qui est du sieur de Longueville, bien que
sa faute, quoique causée par un bon principe, eût sans
doute mérité de la sévérité, sa majesté, toujours plus disposée à récompenser et à pardonner qu'à punir, s'est contentée de lui faire ordonner les arrêts dans sa maison, et
il y a même lieu d'espérer que sa clémence abrégera la
durée de cette disgrâce.

Je me suis étendu avec plaisir sur cet événement qui,
tout avantageux qu'il soit par lui-même, nous doit paraître
encore plus agréable par l'honneur qu'il ne saurait que
faire à la constance et à la bonté du roi. C'est surtout
par cette considération que je me réjouis, et je suis bien
sûr que c'est un sentiment que vous partagerez sincèrement
avec moi.

38.

Note à Mr. de Münchhausen à Hanovre.

Copenhague 15 Septembre 1753.

Gleichwie ich in der von Ewr. Exc. mir bishero ge-
gönnten gütigen Correspondenz so wohl eine sehr günstige
Gelegenheit, den Willen und den Dienst des Königs meines
Herrn zu befolgen, als auch einen empfindlichen Theil meines eigenen Vergnügens gefunden habe: also habe ich auch
Deroselben letzteres sehr geehrtes Schreiben vom 4ten dieses mit vieler Erkenntlichkeit erhalten. Ich glaube solche
nicht besser als durch Aufrichtigkeit und Zuversicht an den
Tag legen zu können und werde dahero anbefohlenermaassen
Ewr. Exc. die Gesinnung meines Königs über Dero geehr-
testen Antrag ohne einiges Zurückhalten, jedoch in dem
unter uns so glüklich festgestellten und bewührten Vertrauen, eröffnen.

Es haben Ihro Majestät das Betragen des Chur-Bran-
denburgischen Hauses gegen das jüngsthin in der Ost-Frie-
sischen Sache[1]) ausgefallene Reichs-Conclusum vor etwas,
das im Rechte nicht bestehen könnte, angesehen. Ein den
Gesetzen und Herkommen gemäss von Kaiser und Reich
gefasster Schluss, kann durch den Widerspruch desjenigen
Theiles, welchem er unangenehm und widrig ist, nicht ver-
eitelt werden, und es ist dieser Satz so offenbar in der
Wahrheit gegründet und jedermann so bekannt, dass, wenn
die Chur. Brandenb. Schluss-Erklärung nicht von einem so
mächtigen sondern von einem schwächeren Stande hätte
eingebracht werden wollen, wohl niemand weiter an selbige
gedenken würde. Der König halten also dafür, dass solche
zu keiner Zeit gegen den schon erwähnten Reichs-Schluss
mit einigem auch nur Schein des Rechts angeführt werden
könne, und da das gesammte Reich bereits dieses dergestalt
erkannt, dass es sothane Schluss-Erklärung ab actis remo-

---

[1]) A l'extinction de la ligne mâle des comtes d'Ost-Friese, en 1744,
les états de ce pays avaient prêté hommage au roi de Prusse,
mais le Hanovre éleva des prétentions sur le comté et l'affaire
fut portée devant la diète à Regensbourg.

virt und dadurch selbige auf die nachdrücklichste Weise vor
nichtig erklärt und als nichtig erklärt hat, so haben Ihro
Majestät, so ohnehin von allen nicht ganz nothwendigen
Zusätzen zu den Streitigkeiten, so nur in Worten und mit
der Feder geführt werden und die Sache nicht ändern, sondern nur die ohnehin im Reiche und vorzugsweise in der
Reichs-Versammlung auf eine gewisse beklagenswürdige Weise
so üblich gewordenen herben Zänkereien und Verbitterungen
vermehren, sehr abgeneigt sein, dafür gehalten, dass man es
bei dieser Remotion ab actis, als einem sehr geziemenden
und billigen, auch der Dignität des gesammten Reichs gemässen Passu bewenden, und mithin die Chur-Brandenb.
Declaration auf ihr nichts beruhen lassen und wo möglich
vergessen solle.

Jedoch werden der König, woferne bei der Sache und
deren Umstände noch reiferer Erwägung sich ein heilsames
und der Erhaltung der Ruhe zuträgliches Mittel, wodurch
diesem Chur. Brandenb. Verfahren gesetz- und constitutions-
mässig noch besser begegnet und den täglich zunehmenden
Spaltungen und Zerrüttungen nachdrücklicher abgeholfen
werden könnte, vorfinden sollte, sich nicht entziehen, dazu
durch Dero Comitial-Gesandten, auch durch Dero in dem
Reichs-Fürstl. Collegio habende Freunde aufrichtig und cor-
date zu concurriren, und bin ich dahero stets so bereit,
alles dasjenige, was zu Erreichung dieser Absichten zwischen
Ihro Kgl. Majestät von Gross-Britannien und dem Kaiserl.
Hofe etwa concertirt werden mögte, und Ewr. Exc. mir bekannt zu machen belieben wollen, Ihro Kgl. Maj. in Unterthänigkeit vorzutragen, als gewiss dass Dero Entschliessungen
mich anweisen werden, darauf Deroselben die gewierigsten
Antworten und Erklärungen zu hinterbringen.

Nur muss ich mir sofort erbitten, dass Ewr. Exc. zu
ruhen mögen, dieser Communication, in wieferne deren Mit-
theilung an andere Teutsche Reichs-Stände Ihnen gefällig
sein mögte, anzufügen. Der König ist mit einigen für die
Erhaltung der Ruhe und Verfassung des Reichs wohlden-
kenden fürstl. Häusern in einem genauen Verständniss und
würde also in einem zu solchem gemeinsamen Zwecke abzielenden Concert auch solche mit hierin zu ziehen vielleicht Gelegenheit haben, dagegen aber ohne selbige nicht

gusen, auf dem Reichstage öffentliche Pässe beschliessen.
Ich glaube meiner Pflicht zu sein, auch dieses Ewr. Exc.
nicht zu verbergen, sodann aber alles fernere Deroselben
Bestimmung zu überlassen.

39.

Dépêche à Mr. d'Ahlefeldt,[1] Envoyé à Berlin.

Copenhague 22 décembre 1752.

(Extrait)

Les instructions que j'ai eu l'honneur de vous remettre
de la part du roi, conformes quasi en tous points à celles
que vos prédécesseurs ont reçues,[2] vous apprendront, monsieur, le but général de votre mission et de la volonté de sa
majesté sur les objets principaux de votre attention et de
votre conduite, mais mon zèle pour le service de sa majesté et mon désir de vous y voir réussir m'engagent à y
ajouter quelques directions plus particulières. Elles ne seront, s'il vous plaît, que pour vous seul, et vous n'en ferez
point d'autre usage que celui d'en occuper quelquefois vos
pensées, et d'en faire l'application que vous estimerez juste
et convenable aussi souvent que les occasions le requerront.

Vous allez résider à une cour où nous n'avons point
d'affaires proprement dites. Le roi n'y a point de négociation actuellement et ne se propose pas d'y en avoir. Il désire d'être toujours en amitié et bonne intelligence avec le roi
de Prusse, mais sa sagesse et son amour pour ses peuples
le déterminent à ne pas souhaiter avec ce prince des liaisons assez étroites pour le conduire à partager ses desseins, ses haines et ses querelles. Voilà un point, monsieur, que je vous prie de ne pas perdre de vue, mais de
garder dans le secret de votre coeur, n'oubliez rien pour
conserver les choses sur le pied où elles sont maintenant,

---

[1] Johan Frederik d'Ahlefeldt succéda à Mr. de Thienen comme ministre à Berlin, où il resta de ¹¹/₁₂ 1753 à ²⁰/₆ 1762.

[2] Ces instructions du 21 décembre n'offrent aucun intérêt politique,
si ce n'est qu'elles répètent le passage ordinaire sur la nécessité
de conserver la forme du gouvernement en Suède.

travaillez à augmenter, s'il se peut, la confiance de sa majesté Prussienne envers le roi, atttachez-vous à détruire les soupçons qu'elle a peut-être contre nous, mais ne vous engagez à rien qui puisse mener à une alliance plus particulière, et si l'on vous en parle jamais, répondez-y avec toute la politesse et tous les égards dus à une telle proposition, mais ne vous chargez que d'en faire votre rapport en cour. [1]) —

Nous avons un intérêt essentici de savoir tout ce qui s'y médite, tout ce qui s'y fait. Le roi de Prusse, que sa puissance rend considérable dans toute l'Europe, l'est particulièrement dans celles de ses parties qui nous touchent le plus près dans l'Allemagne et dans le nord. Objet du ressentiment, de la haine ou de la crainte du plus grand nombre de ses voisins, il en redoute quelques-uns et et en hait plusieurs à son tour. Sa situation parait dangereuse et violente, bien que ses grandes forces, son génie et l'opinion qu'il en a inspirée, le soutiennent. Il sera toujours l'auteur ou l'objet de troubles qui pourront interrompre la tranquillité publique. Il est important d'observer tous les mouvements et jusqu'aux indices des résolutions d'un tel prince, d'un prince qui a prouvé qu'il sait frapper au moment qu'il menace. Livrez-vous à cette étude, que rien de ce qu'il se propose et de ce qu'il exécute ne vous échappe, suivez-le dans toutes ses opérations, soit au dedans, soit au dehors de son pays, pénétrez, autant qu'il vous sera possible, tous ses desseins. Mille autres se donnent et se donneront sans doute les mêmes soins, mais vous aurez sur eux un avantage bien considérable. Leurs alarmes, leur haine les exposeront à se tromper; pour vous, vous pourrez tout examiner avec un jugement calme et tranquille. Votre roi ne craint rien du roi de Prusse, il n'a avec lui nul sujet de division, nulle opposition d'intérêts. Rien ne doit donc offusquer votre vue, et vous pourrez juger de ses projets et de ses succès, sans qu'aucune appréhension vous trouble et sans qu'aucune prévention vous éblouisse. —

---

[1]) Dans le courant de l'année, une telle proposition d'alliance avait été faite par l'intermédiaire du prince Ferdinand de Brunsvic mais avait été déclinée. Voir Moltke l. c. pag 179—80.

40.

Traité d'alliance et de subsides avec la France
conclu à Copenhague 30 janvier,
ratifié 18 mars 1754.

41.

Dépêche à Mr. de Molzahn à St. Pétersbourg.
Copenhague 18 juin 1754.

(Extrait.)

Bien que nous soyons habitués depuis longtemps à
voir mgr. le grand-duc donner les interprétations les plus
sinistres à toutes nos démarches et nous prêter, dans nos
actions les plus évidemment justes, des vues et des desseins
qui ne nous apprennent que trop quels seraient les siens,
s'il se trouvait dans la situation où est le roi, et quelle
serait sa politique, s'il se croyait jamais en état de lui
nuire, je vous avoue néanmoins que ce n'est pas sans
surprise que j'ai vu, dans vos différentes dépêches, la manière dont ce prince envisage ou veut faire envisager l'accommodement que le roi a fait avec la dame de Meelen,[1]
et les plaintes amères qu'il forme contre ce qui ne devrait
lui arracher que des remerciments. Avoir détourné de son
pays l'exécution qui allait l'accabler, avoir empêché et vouloir empêcher encore qu'il ne ruine ou n'achève d'engager
et d'aliéner l'état qu'il prétend tant d'aimer, voilà nos injustices; le lui dire avec douceur, l'en avertir d'avance avec

---

[1] Madame de Meelen, par mariage baronne d'Adriani, avait prêté
de l'argent au grand-duc contre hypothèques sur certains domaines
et bailliages de la partie ducale du Holstein. L'emprunteur n'ayant
pas payé au terme convenu, madame de Meelen avait obtenu
jugement exécutoire contre lui auprès du tribunal de Wetzlar et
se préparait à saisir les biens hypothéqués. Pour éviter cette extrémité, d'autant plus fâcheuse, que l'exécution se ferait par la
Prusse en qualité de directoire du cercle, le roi satisfit la créancière et devint cessionnaire de ses droits.

candeur et sincérité, et sans employer ni menaces ni vexations ni violence, voilà nos procédés. Toute la terre jugera s'il y a de quoi exciter tant de cris, et s'il est juste que ces bienfaits, car je ne crains point d'appeler de ce nom tout ce que le roi a fait dans l'occasion dont il s'agit, soient payés par tant de haine et par tant de tentatives et de projets de ressentiment et de vengeance.

Je le confesse, monsieur, tout autre prince que le roi pourrait se lasser de ces plaintes et de ces menaces, aussi déplacées les unes que les autres; instruit par l'expérience que rien ne saurait dissiper les préventions du grand-duc et que rien n'est capable de l'empêcher d'agir, de parler et de penser en ennemi, il pourrait enfin se le tenir pour dit et prendre des mesures en conséquence. Mais sa majesté, qui ne connait et qui n'aime que la justice et la modération, ne se laissera pas détourner par ces considérations, quelque légitimes qu'elles fussent et quelque prudentes qu'elles pussent être. de la règle qu'elle s'est une fois établie, et malgré toute l'aigreur, malgré toute l'animosité, malgré toute l'ingratitude de son altesse imp., elle continuera de veiller avec application et fermeté à ses vrais intérêts, fondés sur ceux de son pays, et vous jugez bien, monsieur, que si le peu de reconnaissance qu'en témoigne le grand-duc ne l'en dégoûte pas, les menaces de ce prince y réussiront bien moins encore. Le roi ne craint point que l'empereur s'oppose à des arrangements fondés sur l'équité la plus évidente et sur les droits connus et confirmés par lui-même, et si la vengeance que médite son altesse imp. et dont il semble qu'elle s'occupe déjà, ne doit s'exécuter que lorsqu'elle sera montée sur le trône de Russie, sa majesté espère que l'impératrice, qui y est assise aujourd'hui avec tant de gloire, vivra et régnera assez longtemps pour donner à ce prince le temps de mûrir ses réflexions, de revenir de ses principes et de s'affectionner davantage à ses vrais intérêts et à ceux de l'empire dont il désire hériter.

Voilà, monsieur, les dispositions dans lesquelles se trouve le roi. Vous vous expliquerez en conséquence là où vous le jugerez convenable et utile, et vous ne répliquerez au reste que le moins que vous pourrez aux discours et aux insinuations de ceux qui, après avoir séduit le grand-duc ou

... nourri ses préventions, cherchent aujourd'hui à
les appuyer et à les répandre. Qui est-ce qui leur ajoutera foi, qui est-ce qui croira comme eux, que son alt. imp.
ait sujet à se plaindre que le roi ait sauvé son pays, et
que ce soit pour s'en emparer que sa maj. ait fait une démarche indispensablement nécessaire alors pour arrêter
l'exécution déjà décernée, déjà acceptée, mais dont aujour-
d'hui le grand-duc peut détourner tout l'effet en lui rem-
boursant ses avances, et qui est-ce qui, à leur exemple, pré-
tendra ignorer les qualités que le roi prend de chef de sa
maison et d'héritier de la partie ducale du Holstein, qualités qu'il doit, l'une immédiatement à Dieu qui l'a fait naître
l'aîné de cette maison, et l'autre aux traités faits à la face
de l'empire et de l'Europe avec le roi de Suède, et qui
est-ce enfin qui condamnera, comme ils osent le faire, qu'en
vertu de ces titres sa majesté protége un pays qui déjà est
partie de son patrimoine et pourra être un jour son bien,
et s'oppose à sa ruine ou à son aliénation. Des droits si
peu disputables dispensent de la peine de le défendre, et
vous avez très-prudemment fait de vous expliquer à cet
égard avec la modération et la sagesse que vous avez employée. Vous continuerez de vous conduire suivant les mêmes
principes, mais vous vous attacherez en même temps à faire
comprendre aux ministres du grand-duc, qu'après tout sa
majesté n'entendait pas être la dupe de cette mauvaise humeur et de ces déclarations, qu'elle avait payé pour leur
maître les sommes que l'exécution du cercle allait lui arracher, qu'elle le lui avait notifié dans les formes et qu'elle
demandait aujourd'hui ou son remboursement ou, à son défaut, la cession des hypothèques assignées à la créancière
dont elle avait acquis les droits. Une demande de cette
nature n'exige pas grande délibération, et cependant trois
mois se sont écoulés sans que le grand-duc ait donné un
mot de réponse. Mrs. de Pechlin et de Broemsen sentiront
aisément que ce ne sont pas des procédés qui puissent se
soutenir. Dites-le leur avec politesse mais sans déguisement, et ajoutez, s'il vous plaît, que sa majesté leur donnera encore six semaines après la date de l'arrivée de cette
dépêche à Pétersbourg, mais qu'après ce terme écoulé, elle

regardera leur silence comme une réponse et fera agir
en conséquence des lois. [1]

42.

Vergleich mit dem Herzog von Holstein-Glücksburg
betreffend die Uebertragung des Glücksburgischen Successions-
Rechts in die Plön'schen Lande an den König.

Gottorp 19 Juni 1754.

43.

Dépêche à Mr. de Molzabn à St. Pétersbourg.

Copenhague 27 août 1754.

(Extrait.)

— Mais si nous touchons ainsi au moment de déterminer d'une manière satisfaisante pour toutes les parties
l'affaire [2]) dont je vous ai parlé jusqu'ici, et si la voie que
la cour de Russie a prise pour y parvenir se trouve assez
équitable pour pouvoir être acceptée, je ne puis en dire
autant de la pensée venue au comte de Woronzoff, dont vous
me parlez en date du 23, et je ne saurais assez vous exprimer mon étonnement, qu'un projet pareil ait pu être en-
fanté par un homme d'état. [3]) Jamais il n'y en eut de
moins praticable ni qui, dans son exécution, aurait des suites
plus funestes.- Vous en avez déjà si bien senti le mauvais,
que j'estime superflu de m'étendre pour vous le prouver ou
pour vous communiquer toutes les réflexions que son simple
exposé m'a fait faire, et que je crois suffisant de vous ob-

---

[1]) Le grand-duc, croyant que le roi n'oserait pas exécuter sa menace, ne répondit pas, mais le gouvernement danois saisit sans
délai la cour de Wetzlar de l'affaire. Alors l'impératrice s'empressa de rembourser au roi le capital, les intérêts et les dépenses.
[2]) L'affaire Meelen.
[3]) Woronzoff avait conçu l'idée que le grand-duc s'acquitterait vers
la Russie des sommes avancées, par la cession à l'empire de la
partie ducale du Holstein.

server en deux mots, combien il est inconcevable qu'un ministre de Russie ait pu l'imaginer et que le grand-duc ait
pu y faire attention, vu qu'il est aisé de démontrer que ce projet serait infiniment préjudiciable à la Russie, funeste à
f. a. i. et impossible d'abord à exécuter et puis à soutenir.
Il serait, je m'explique, préjudiciable à la Russie même en
réussissant, puisque cet empire y perdrait ou les 2 millions
prêtés au grand-duc ou s'engagerait à des dépenses infiniment plus considérables, que le Holstein ne peut acquitter
et que ses propres finances ne sauraient fournir. Son auteur n'a apparemment aucune connaissance du pays dont
il veut disposer, il ne sait pas que ce pays ne consiste
qu'en 6 ou 7 bailliages dispersés en trois parties et que,
n'ayant actuellement aucune place ni ville tenables, il ne saurait être conservé ni régi par une puissance si éloignée
qu'à force de troupes, il n'aura pas fait réflexion que, s'il
met les troupes à la campagne, elles ne seront pas même à
l'abri d'un coup de main et n'en ruineront pas moins cette
campagne, qui ne rendra plus rien, et que, s'il veut les loger
dans des villes et dans des places, il faudra qu'il en bâ-
tisse et qu'il en fortifie, dépense dont il n'a peut être pas calculé
le montant. Il n'aura pensé ni aux difficultés d'envoyer ni
à celles de recruter les dites troupes que la désertion et
la différence de climat auraient bientôt anéanties, et il aura
peut-être moins songé encore, que quand nous supposerions
tout cela fait et rendu possible il ne reviendrait, pour tout
avantage de tant de peines et de tant d'efforts, à la Russie que d'avoir acquis à force d'argent la possession précaire et très peu assurée de ces 6 ou 7 bailliages à 400
lieues de ses frontières, aux dépens de l'amitié et de la
confiance de ses alliés naturels les plus sûrs et les plus
fidèles, qu'elle s'aliénerait par-là totalement, et qu'elle obligerait nécessairement et malgré eux à entrer pour leur propre sûreté dans les liaisons les plus étroites avec ses
ennemis.

Pierre I et Anne I ont abandonné les riches conquêtes
faites sur la Perse et la Porte, puissances redoutables aux
Russes, parce que, quoique limitrophes de leur empire, elles
étaient trop éloignées du centre de la monarchie, et on
voudrait aujourd'hui tenter des acquisitions séparées par

tant de mers et, sans comparaison, moins importantes et
plus difficiles à maintenir. Quelle pensée! Il est, je le répète, inconcevable qu'elle ait pu venir à un ministre de
Russie; mais il l'est mille fois plus encore que le gr.-duc
ait pu la goûter un moment, lui qui par son effet se verrait
dépouillé de tout et n'avoir plus du souverain que le nom.
Ses états cédés à l'impératrice, remplis de troupes Russes
et administrés par des officiers de cette nation, ne seraient
dès ce moment pas plus sous son pouvoir que ne l'est le
reste de la Russie, et on ne peut guère imaginer une
preuve plus forte et plus étrange de l'excès d'erreur où
l'entêtement et la prévention peuvent précipiter, que de voir
ce prince préférer un pareil parti aux états considérables,
à l'opulence et à l'indépendance que le roi lui offre.

Je vous avoue que plus je suis ce projet et plus je suis
frappé de son extrême faiblesse, et que je croirais devoir
désormais m'attendre à tout ce qu'il y a de plus odieux de
la part de ceux qui ont pu ou l'imaginer ou l'adopter, sans
que la raison ni leurs propres intérêts puissent me rassurer
jamais contre les effets de leur haine ou de leurs préjugés,
mais ce qui au moins dans cette rencontre me tranquillise,
c'est que, comme je l'ai déjà touché, leur dessein est impossible à exécuter et à soutenir. Toutes les lois de l'empire germanique s'opposent à des aliénations ou à des engagements des états fiefs de cet empire, et leurs possesseurs
n'ont pas le droit de disposer ainsi du patrimoine de leur
maison, dont au fond ils ne sont que les usufruitiers. Tout
ce que le grand-duc ferait et stipulerait donc à cet
égard serait nul de toute nullité, et je ne vous dissimule
pas que le roi, à la tête de la maison de Holstein, à
laquelle le roi de Suède (quelles que puissent être ses inclinations particulières) ne saurait se dispenser de se joindre, ne le souffrirait pas. J'ajoute que ces mêmes lois de
l'empire défendent l'entrée de troupes étrangères dans ses
limites à moins qu'elles n'y soient appelées par l'empire
même, et que la cour de Russie ne peut pas avoir oublié
que, lorsque Pierre I voulut porter ses troupes au duc de
Mecklenbourg, il ne put, tout grand homme et grand prince
qu'il était, les maintenir près de lui, mais se vit obligé,
quoique au comble de sa puissance et de sa gloire, de les

retirer et' d'abandonner ce prince devenu son neveu et qui
s'était jeté entre ses bras. Si donc la Russie voulait aujourd'hui se prévaloir de la faiblesse ou de l'entêtement du
gr.-duc, pour passer avec lui un traité si contraire aux lois
et si opposé aux droits du roi et de tous les princes de la
maison de Holstein, il faudrait qu'elle en cherchât le fruit
à main armée, pour s'attribuer par la force ce que la justice lui refuserait toujours. Mais comment ferait-elle pour
y passer des troupes capables de s'en emparer, comment
conserverait-elle sa conquête contre toutes les grandes puissances du nord, qui ne pourraient que se réunir pour la
lui arracher et pour étouffer dès son origine un feu qui,
tant qu'il y aurait un Russe en Holstein, ne pourrait pas
s'éteindre; comment soutiendrait, rafraîchirait et nourrirait-
elle une armée coupée de toutes parts, éloignée de tout secours et de toute assistance, et occupant trois petites provinces, séparées les unes des autres, ouvertes et environnées
de tous côtés de voisins forcés de tout risquer pour l'accabler? Non, monsieur, je le dis encore une fois, jamais projet n'a été plus contraire à tout raisonnement et à toute
politique. Et il l'est à un tel point que je me reprocherai
d'y faire la moindre attention, persuadé, comme je dois
l'être, qu'à la seconde réflexion, il ne peut être qu'abandonné par ses propres auteurs; mais comme il pourrait
être mis en avant par des gens qui veulent traverser notre
accommodement avec le gr.-duc, n'importe à quel prix, et
que ce qu'il y a de faux-brillant pourrait éblouir des personnes qui n'examinent pas ce qu'elles approuvent, j'ai cru
devoir vous fournir quelques arguments pour le combattre
et le détruire dans l'esprit de tous ceux qui aiment la
Russie, et qui ne veulent pas allumer le feu dans le nord.
C'est pour cela que je vous ai fait part, le plus succinctement qu'il m'a été possible, de mes réflexions, mais elles ne
sont que pour vous. Vous n'en ferez usage en tout ou en partie que lorsque vous le trouverez nécessaire et vous vous
servirez alors, non de mes termes, mais de ceux que vous
jugerez les plus propres à exprimer la vérité et le fait sans
blesser la fierté de personne. Si on ne parle plus de cette
idée, comme j'espère, vous n'en parlerez pas non plus à
personne, si ce n'est à mr. le grand-chancelier, auquel

vous témoignerez combien le roi est charmé de la réponse
qu'il a donnée sur le champ à la proposition du comte
de Woronzoff, et à quel point sa majesté reconnaît à toutes
ses démarches sa sagesse, sa fidelité envers sa patrie et
son amitié pour le Danemark, et auquel vous communi-
querez de ces idées, mais toujours avec Tous les ménagements possibles, tout ce que vous estimerez convenir. Je
souhaite que vous n'ayez à en parler qu'à lui seul, et je
suis si persuadé qu'il en sentira la vérité que je n'aurais
aucune inquiétude sur toutes ces menées, si j'étais sûr
qu'il avait et qu'il aurait toujours, sur les conseils et les
décisions de sa cour, l'influence qui lui serait si bien due.

Le roi est très satisfait de ce que vous nous mandez
de la lettre de madame la princesse de Zerbst, et de ce
que mr. le comte de Bestoucheff médite de faire en conséquence, mais tout ce que je pourrais vous dire sur cet article se trouve déjà exprimé dans mes dépêches du 19
juin, 29 et 30 juillet, et je m'y rapporte. [1])

44.

Dépêche à Mr. de Molzahn à St. Pétersbourg,

Copenhague 14 septembre 1754.

(Extrait.)

— C'est au reste avec beaucoup de peine que j'ai vu
par la fin de votre dépêche que le comte Woronzoff continue de soutenir le funeste projet de faire passer des
troupes russes en Holstein, projet sur les fatales conséquences

---

[1]) La princesse d'Anhalt-Zerbst, mère de la grande-duchesse, avait
été gagnée, par la promesse d'une rente viagère, pour les intérêts du Danemark, et elle venait d'écrire une lettre à sa fille
afin de l'engager à soutenir le projet de l'échange de la partie
ducale du Holstein. (Voir Denkwürdigkeiten des Freiherrn v. d.
Asseburg pag. 72—73). Fort de cet appui, Bestoucheff croyait
pouvoir reprendre cette négociation, et, sur son invitation, Molzahn fut autorisé à renouveler les propositions faites dans le
temps par Lynar, mais l'impératrice était trop indolente pour
vouloir s'occuper de cette nouvelle tentative, qui resta par conséquent sans effet.

duquel je me suis si fort étendu dans ma lettre du 27 du
passé que je ne vous en dirai plus rien aujourd'hui. Vous
avez très bien fait, monsieur, de vous y opposer, et vous
n'oublierez rien pour le détourner et pour le faire rejeter
pour toujours. Vous ferez sentir à mr. le chancelier que ce
projet ne peut avoir été conçu que par des politiques bien
superficiels ou par les amis secrets de la Prusse et de la
France parce que, pour peu qu'on tentât seulement de l'exécuter, nous serions forcés de nous lier intimement et plus
étroitement peut-être que nous le voudrions nous-mêmes
au système de ces puissances, et vous ne lui cacherez pas
que les lois de l'empire germanique, les dispositions positives de l'union de la maison, les droits du roi et ses intérêts s'opposant également à l'entrée de troupes étrangères dans le Holstein et à l'occupation qui se ferait par
elles d'un pays, patrimoine de sa maison, son héritage et
mêlé partout avec ses domaines et avec les possessions de
ses vassaux, sa majesté ne pourrait regarder — quelque
regret sincère qu'elle en eût — cette démarche que comme
une rupture de l'alliance et comme une hostilité.

Vous sentirez sans doute avec votre prudence ordinaire
que, ces dernières paroles pouvant blesser le gr.-chancelier
et avoir de grandes conséquences, ce n'est que dans un
cas d'extrémité et de nécessité que vous aurez à les employer; mais si l'affaire devenait sérieuse et si on pensait
en effet à faire passer des troupes russes en Holstein, vous
ne devez pas les supprimer ni en déguiser la suite inévitable. Nous espérons que la sagesse du comte Bestoucheff
préviendra de si grands malheurs, mais le roi ne vous en
charge pas moins de veiller avec la plus grande attention
sur ce qui sera résolu sur ce sujet, et sa maj. vous ordonne que, dès que vous aurez lieu de croire que les
conseils du comte de Woronzoff l'emportent et que l'impératrice s'est déterminée à envoyer de ses troupes à Kiel,
vous l'en avertissiez sur le champ, quand ce serait par un
courrier extraordinaire. Rien n'importe aujourd'hui autant
au roi que d'être instruit exactement de tout ce qui a rapport à ce dessein, et je sais que votre zèle pour le service
de sa majesté ne nous laissera rien désirer à cet égard.

45.

instruction für den Kammerherrn Cay von Rantzau[1])
als Envoyé extr. beim Gross-Britannischen Hofe.

Christiansburg 4 October 1754.

(Extrait.)

— 6. Da auch wohl zu vermuthen, dass ihm, unserm
Kammerherrn und Envoyé extraord., von dem Kgl. Gross-
Britannischen Ministerio von ihres Hofes geschehener Accession zu den zwischen den Römisch- und Russisch-Kaiserlichen
Höfen subsistirenden Traktaten[2]) gesprochen und behuf Unseres ebenmässig zu erhaltenden Beitritts zu sothanen Traktaten, (als worum schon alhier durch den Gross-Britannischen
Envoyé Titley in anno 1747 Anträge geschehen) etwas in
Anrege gebracht und proponirt werden dürfte, so hat er
dergleichen Insinuationes und Anträge zu decliniren zu suchen. Allermaassen, wie sehr Wir auch alles, was zur Befestigung der Ruhe in Norden gereichen kann, Uns hoch
angelegen sein lassen, und mit Vergnügen und Dankbarkeit
des Königs von Gross-Britanniens Majestät Mit-Bemühung
zu solchem angelegenen Zweck bemerken, Wir dennoch zugleich versichert sind, dass Wir durch die zwischen Uns
und dem Russisch-Kaiserl. Hofe subsistirenden genauen Verbindungen, welche Wir stets unverrückt zu unterhalten an-
gewandt sein werden, Unserer Seits zu dem grossen vor-
gesetzten Endzweck auf die richtigste und direkteste Art
beizutragen, und obzwar bemeldte Traktaten, welchen beizutreten angerathen wird, mit dahin einschlagen können, so
finden Wir Uns doch aus wichtigen Ursachen bewogen, Uns
in selbige vorjetzo nicht näher einlassen zu wollen.

---

[1]) Rosenkrantz fut remplacé à Londres par Rantzau, accrédité
⁴/₁₀ 1754, rappelé ²⁴/₆ 1756. Le successeur de celui-ci à Ratisbonne fut Joachim Christoph von Moltke, ancien grand-maréchal
de la cour de Saxe-Gotha. Plus tard le baron L. H v. Bachoff,
frère de l'envoyé à Vienne, lui fut adjoint.

[2]) Traité du 22 mai 1746.

46.

Dépêche à Mr de Rantzau à Londres.

Copenhague 4 octobre 1754.

(Extrait.)

— Les liaisons fondées sur l'amitié et sur un rapport d'intérêts ne peuvent qu'être sincères entre les deux nations et plus encore entre les deux rois. Tout le bonheur et l'indépendance de l'Europe dépendent du maintien de l'équilibre entre ses princes, et comme cet équilibre serait anéanti si l'Angleterre était affaiblie, si elle ne se mêlait plus des affaires du continent, ou si elle n'était point gouvernée par un roi protestant, il importe au Danemark ainsi qu'à toutes les autres puissances de l'Europe, excepté la France, que la Grande-Bretagne continue dans sa prospérité et dans son système. Nous ajoutons à ce motif général de bienveillance envers elle d'autres motifs plus particuliers à notre roi. Il est de l'intérêt de ses augustes enfants,[1] qu'aucune rébellion n'attaque le titre de la maison de Brunswic au trône dont ils partagent les droits, et il importe à la sûreté du Holstein que les états d'Hanovre, qui en sont le boulevard, restent tranquilles et conservés. Vous agirez donc toujours comme le ministre d'un prince, ami de l'Angleterre et de la maison qui y règne, vous ne craindrez point d'assurer, lorsque l'occasion l'exigera, que sa majesté ne s'écartera jamais de ses sentiments, mais vous n'oublierez pas néanmoins, que si telle est la résolution du roi dans ces grandes rencontres où il s'agirait du salut de la Grande-Bretagne et du maintien de la famille royale, il y a des cas moins décisifs et moins rares qui n'exigent et n'admettent pas la même ferveur. L'Angleterre n'est pas toujours juste et équitable, souvent elle appelle sa cause particulière celle de l'Europe et veut qu'on la regarde comme telle. Elle aime fort gêner ses amis, et pour obtenir ce titre il faudrait n'aimer que ce qu'elle aime et haïr tout ce

---

[1] Enfants de la reine Louise, fille de George II.

qu'ello hait. Son avidité à saisir tout le commerce et ses
violences pour l'arracher, où elle le peut, à toutes les nations,
sont intolérables. De telles prétentions ne sont pas faites
pour engager le roi. Né souverain d'une nation qui n'obéit
qu'à lui, il veut bien aimer ses amis mais non pas en dépendre, et il ne connaît de guide que sa propre sagesse. Il ne
laissera pas une cour étrangère juger de ses droits et de
ses intérêts, il ne préférera pas les avantages d'un autre
peuple à ceux du sien. C'est ce que vous vous rappellerez,
monsieur, dans toutes occasions où il conviendra, et si jamais le ministère anglais vous reproche, comme il arrivera
peut-être, notre alliance avec la France, vous ne lui dégui-
serez pas que le roi ne pense point à déroger à son amitié
envers la Gr.-Bretagne en suivant, sans blesser les droits
de personne, ses propres intérêts, et en contractant des engagements inoffensifs à tout le monde mais avantageux à
sa couronne et à ses peuples. Le système que le roi a
adopté et le seul digne de lui, c'est de n'en avoir ; s
d'autre que le sien. Il ne se laissera entraîner ni par le
nom de l'Angleterre ni par celui de la France. Le parti
le plus juste des deux aura ses vœux, et celui qui tendra à
maintenir la paix et la liberté du nord aura, s'il est nécessaire, son assistance. Ce n'est que parce que les conditions
de son alliance avec la France sont compatibles avec ces
principes qu'il les a admises, et si l'Angleterre en doute,
vous pouvez le lui prouver par l'expérience. Elle sera contrainte de convenir elle-même que, depuis que le roi est
monté sur le trône, il ne s'est pas fait un pas dont elle
puisse se plaindre, et cependant il n'y a pas eu depuis ce jour
heureux un seul moment où cette alliance n'ait subsisté.

Voilà, monsieur, ce que j'avais à vous dire de ce sujet
et il ne me reste que de vous recommoder une attention
sincère à tout ce qui regarde le commerce. Nous avons
sur ce qui le concerne un ancien traité avec la Gr-Bretagne
conclu en 1670,[1] mille fois violé par les Anglais et cependant réclamé par eux lorsqu'il les favorise.

---

[1] Traité du 11 juillet 1670.

47.

Dépêche à Mr d'Assebourg, Envoyé extr. à Stockholm. [1])

(Extrait.)

— Le roi, qui a un intérêt si décidé à empêcher que
le parti do roi de Suède ne l'emporte et que le pouvoir de
ce prince ne prenne point d'accroissement, et auquel vous
ferez, sur chaque pas que vous faites ou que vous prévoyez
que vous aurez à faire, les rapports les plus détaillés,
vous accordera à chaque occasion où vous les désirez, les
instructions les plus précises; mais je dois cependant vous
dire par son ordre, préliminairement, qu'il vous permet
d'entrer avec le baron de Scheffer, après que ce sénateur
s'en sera ouvert le premier à vous, dans le concert de ces
opérations, et qu'il vous autorise à l'assurer, lui et son
parti, de la sincère bienveillance et de l'appui de sa majesté. Vous ne lui ferez pas, monsieur, le premier cette
ouverture, je le répète; sa délicatesse, qui vous est connue
comme à moi, et son amour-propre national s'affarouche-
raient, vous le laisserez venir à vous, et lorsqu'enfin il
vous aura par sa demande donné l'occasion attendue de lui
promettre l'assistance de sa majesté, vous ajouterez à cette
déclaration, que le roi ne l'accordait qu'à la considération
qu'il avait pour lui et pour ses amis et qu'au soutien des
libertés de la Suède, cause qui ne lui était pas moins chère
qu'aux Suédois eux-mêmes; mais qu'au reste sa majesté
n'avait nul désir de se mêler des affaires domestiques de
la nation ni d'embarrasser ses délibérations et que, pour
preuve de ces sentiments, elle vous avait ordonné de n'entrer dans les manœuvres de la diète, qu'autant que lui, le
baron de Scheffer, le désirerait lui-même. Votre conduite
répondra à ces montres de modération. Vous ne négligerez
rien pour rassurer ces esprits fiers et ombrageux et pour
les habituer à s'adresser au roi et à lui donner part à

---

[1]) A. F. v. d. Assebourg succéda au comte de Wedel-Frijs comme
ministre à Stockholm, où il resta de $^{27}/_{12}$ 1754 au $^1/_3$ 1760. L'instruction qui lui fut donnée était en tout point conforme à celle
de son prédécesseur. —

leurs affaires, et vous ne toucherez cette corde délicate des
opérations de la diète envers personne qu'envers le baron
de Scheffer et ceux qu'il vous nommera. Si d'autres vous
en parlaient dans le dessein peut-être de pénétrer vos instructions, vous ne leur en laisserez rien entrevoir et vous
vous renfermerez dans des propos généraux et dans la promesse ordinaire de rendre compte à votre roi de leurs
ouvertures. —

48.

Königliche Oarantic
des von dem Erb-Prinzen Friederich zu Hessen-Cassel
ausgestellten Religions-Assecurations-Acte und Reversalium. [1]

Christiansburg 24 Januar 1755.

49.

für den Herrn General-Major Orafen v. Wedel-Frijs
als Envoyé extr. am Kgl. Französischen Hofe. [2]

Christiansburg 31 Januar 1755.

(Extrait.)

— 5. Da hienächst in jetziger Crisi der Nordischen
Affaires noch nicht thunlich, ihn, Unseren Kammerherrn
und Envoyé Extr., darüber mit präciser Instruction zu versehen, so behalten Wir Uns vor, solche an ihn hienächst
nach Ergebung der Umstände von Zeit zu Zeit abzugeben,
inzwischen er jedoch den Kgl. Französischen Ministris bei

---

[1] Le prince héritier de Hesse-Cassel ayant adopté la religion catholique, son père lui fit signer un acte qui assurait le maintien
de la religion protestante dans le pays et cet acte fut garanti
par les états protestants d'Allemagne ainsi que par l'Angleterre,
la Prusse, le Danemark, la Suède et les Pays-Bas. Voir Denkwürdigkeiten von Asseburg, 350 seq.; Adelung: Pragmatische Staats-
geschichte VII, 463 seq.; Ranke: Ursprung etc., 39—42.

[2] Le comte de Wedel-Frijs, ministre à Paris du 14/1 1755 au 2/6 1763.

aller Gelegenheit die verbindlichsten Versicherungen zu geben, wie Wir Unserer Seits aufrichtig und feste entschlossen sind, den mit des Königs in Frankreich Majest. in a. 1742 geschlossenen und 1746 so wie in den Jahren 1749 und 1754 erneuerten und verlängerten Freundschafts- und Allianz-Tractat unverbrüchlich zu halten und Unseren darin genommenen Verbindungen aufs genaueste nachzukommen, in gewisser Hoffnung, des Königs in Frankreich Maj. werden darunter ebenmässige Neigung hegen und die Ihrigen gleichfals prompte erfüllen, in dessen Gefolge er dann seine Haupt-Angelegenheit sein zu lassen, dass die, kraft vorbemeldeten Freundschafts- und Allianz-Tractats, Uns zukommenden Subsidien quartaliter richtig ausgekehrt werden mögen.

Und da Wir alhier bei Unterzeichnung des beregten am 14 Aug. 1749 und jüngsthin am 30sten Januar 1754 erneuerten Allianz-Tractats zugleich, wegen der Schwedischen Regierungs-Form eine mündliche Declaration, wie solche abschriftlich beifolgt, [1]) durch Unser Ministerium an die französischen Ministres haben thun lassen, so hat er,

---

[1]) Cette déclaration était conçue comme suit: „Le roi ne voulant pas seulement observer religieusement tout ce à quoi il s'engage par le présent traité, mais souhaitant, qui plus est, de prévenir toute équivoque et qu'on ne lui puisse pas reprocher d'y avoir manqué en rien, nous a ordonné de vous répéter dans une conférence ce qui vous a déjà été donné à connaître dans des entretiens particuliers, que, comme par les alliances on veut pourvoir à ses intérêts et ne pas les sacrifier, sa maj. n'entend pas s'être liée les mains ni agir contre l'esprit du 2ième article du traité en prenant, sans le concert et le concours de la France, des engagements contre l'introduction de la souveraineté en Suède, au cas qu'elle ne se fît pas d'un consentement unanime des quatre états du royaume. Le roi est bien persuadé que sa maj. tr. chr. ne désire pas non plus cette introduction de la souveraineté, mais comme il croit en même temps qu'elle n'aurait pas voulu prendre des engagements pour s'y opposer, c'est par discrétion qu'il n'a pas voulu proposer qu'il fût inséré quelque article ou éclaircissement sur ce sujet dans le traité, croyant qu'il pourrait suffire qu'il fît déclarer là-dessus ses intentions, qu'au fond il ne croit pas contraires à celles de sa maj. tr. chr." — Cette déclaration avait déjà été faite lors de la signature du traité du 14 août 1749 et fut répétée à l'occasion du traité du 30 janvier 1754.

Unser Kammerherr und Env. extr., auch in den Unterredungen, welche er Gelegenheit haben kann mit den Französischen Ministris über die Conjuncturen in Norden zu halten, jedoch ohne Affectation, auf eine anständige und behutsame Weise, so wie er in den Dépêches seines Vorwesers, Unsers jetzigen Geheimen-Raths des Conseils und Ober-Secretairs, Herrn Freiherrn von Bernstorff, Ritter, dass er es gethan, finden wird, zu insinuiren, dass die Beibehaltung der in Schweden eingeführten Regierungsform, als der Grund, worauf der Ruhestand in ganz Norden beruhe, anzusehen sei, welcher nicht verrückt werden könnte, ohne dass dadurch die Kriegs-Flamme entzündet werden müsste, angesehen der benachbarten Mächte gemeinsame Sicherheit und Interesse erforderte, einer solchen Unternehmung, welche schwerlich mit allgemeiner Beistimmung aller Stände des Reichs, sondern nur durch List oder Gewalt eines Theiles derselben ausgeführt werden könnte, sich mit vereinigten Kräften zu widersetzen und diejenigen in Schweden, welche für die Beibehaltung ihrer Fundamental-Gesetze und Freiheiten wohl gesinnt wären, mit aller Macht zu unterstützen.

Nicht minder hat er alle Aufmerksamkeit dahin zu richten, dass die, bei dem letzteren Nordischen Frieden an Unseres in Gott hochseligruhenden Herrn Gross-Vaters Majestät von der Krone Frankreich ausgestellte und auf ewig festgesetzte Garantie über den gewesenen fürstl. Antheil des Herzogthums Schleswig[1] heilig gehalten und solcher zuwider in keinem Stücke mit anderen Potenzien, die sich für das fürstl.-Holst. Haus interessiren möchten, etwas weder direkte oder indirekte gehandelt oder verabredet werde, als woran Uns besonders bei dem anjetzo veränderten Systemate in Norden gar sehr gelegen. —

---

[1] Acte de garantie du 18 août 1720.

58.

Dépêche à Mr le comte de Wedel-Frijs.

Copenhague 31 janvier 1755.

La cour de France, ses forces, son système et sa politique sont si connus et vous avez déjà eu, monsieur, soit
par la lecture des rapports de vos prédécesseurs et des
ordres qui leur ont été adressés, soit pendant votre mission en Suède tant d'occasion de vous en instruire et de
vous mettre au fait de nos relations et de nos liaisons avec
elle, que je crois pouvoir m'épargner le soin de vous en
faire le détail. Il serait superflu de vous dire que cette
puissante cour, gouvernant avec un pouvoir peu limité
l'empire le plus considérable qu'il y ait aujourd'hui en Europe et qui y ait été depuis la décadence de la monarchie
de Charlemagne, régnant sur une nation également propre
aux armes, aux sciences, aux arts et au commerce, ayant
sous sa domination les provinces les plus favorisées par
les dons de la nature et par les riches fruits de l'industrie,
unie avec le roi d'Espagne et des deux Siciles par les
nœuds du sang et les principes de famille, qu'un prince de
la maison de Bourbon peut bien se dissimuler dans quelque
moment de dépit mais qu'il n'oublie jamais entièrement,
liée avec le roi de Prusse par des haines communes, avec
la Suède par une longue amitié et par des préjugés devenus maximes, avec nous, j'ose le dire hardiment, par
l'estime qu'elle a pour notre roi, en possession d'avoir une
grande influence sur les conseils de la porte Ottomane et
d'amener souvent à ses vues, quoique avec peu d'effet, la
multitude en Pologne, et tenant enfin dans sa dépendance
quelques électeurs et princes d'Allemagne par ses largesses,
et la république de Gènes par ses bienfaits, veut être et
est souvent l'arbitre des intérêts d'une grande partie de
l'Europe, que rien ne peut s'y faire à quoi elle ne pré-
tende avoir part et une part supérieure, que cherchant à
gagner toutes les autres cours elle ne désespère que de
celles de Vienne et de Londres, à toutes les vues et à tous
les désirs desquelles elle s'oppose constamment et presque
sans examen, et que, la balance de sa puissance, de ses

moyens et des forces de ses alliés l'emportant sur celles
des dites cours, elle pourrait, suivant les apparences humaines, user de cette supériorité pour le malheur de l'Europe, si la l'rovidence, par un effet de sa miséricorde pour
le genre humain, n'avait donné au roi qui y règne un esprit
modéré et pacifique et à ceux qu'il emploie des génies peu
enclins à des projets vastes et pénibles, et assez occupés
par des querelles et des divisions entre eux, pour ne pas
pouvoir se porter à de grandes entreprises au dehors.

Vous savez tout cela, monsieur, et je pourrai par conséquent me borner à vous donner le plus succinctement
qu'il me sera possible, quelque légère idée de ceux qui
composent le ministère et des divisions qui les partagent, et
à vous parler ensuite des affaires que nous avons actuellement avec la France et qui vont plus particulièrement occuper vos soins.

Le ministère de France est aujourd'hui assez nombreux,
il est composé de huit membres depuis que tout récemment
le contrôleur-général, qui, même avant qu'il fût appelé au
conseil, méritant bien par l'importance de sa place et
l'éminence de ses talents d'être compté parmi eux, y a pris
séance; mais bien que de ces huit il n'y en ait pas trois qui
soient véritablement unis, on peut cependant ne les partager
qu'en deux partis dont le garde des sceaux[1]) conduit l'un
et le comte d'Argenson l'autre. Cruellement brouillés après
avoir été autrefois amis, ces deux ministres ont en toutes
choses adopté des principes différents, et la conduite faible
et chancelante de la cour dans les troubles émus entre le
parlement, soutenu par le premier, et le clergé, appuyé
par le second, est sans doute l'effet de leurs divisions et
la preuve de l'égalité de leur faveur. Le garde des sceaux
avec un esprit bien plus solide, une activité plus grande et
des vues plus droites et plus suivies l'emporterait sans
doute, surtout protégé comme il l'est par ce qu'il y a de
plus puissant à la cour, sur son rival, si l'esprit insinuant
de celui-ci ne lui avait acquis à un point la bienveillance
du roi et sa confiance personnelle que rien n'a pu l'ébranler
jusqu'ici et qu'il a été même plus d'une fois sur le point

---

[1]) Mr de Machault.

de triompher de ceux qui lui étaient opposés. Il peut vous
être important de savoir en gros ces querelles, source de
la langueur et de la variation qui règnent depuis quelques
années dans les opérations de la France, et c'est pour cela
que j'en ai touché ce mot, mais vous pouvez vous dispenser
d'y prendre la moindre part et vous ne sauriez mieux faire
que de paraître les ignorer. Celui des ministres auquel
vous aurez à vous adresser, mr de Rouillé, ne vous obligera pas de vous y intéresser. Il est assez bien avec les
deux partis dont il n'alarme aucun; homme doux, poli, sincère et bien intentionné, il est certainement très-décidé
pour le maintien de la bonne intelligence entre les deux
couronnes et pour l'observation des traités, et, pourvu que
vous parveniez à gagner son amitié et sa bienveillance, ce
qui ne vous sera pas difficile en lui marquant beaucoup de
droiture dans vos démarches et beaucoup d'attachement
pour sa personne, vous réussirez par son moyen dans ce
que vous désirerez, sans avoir à souffrir de ce qui afflige
le royaume et de ce qui embarrasse toutes les cours auxquelles la probité de la France ne suffit pas comme à nous,
mais qui ont encore besoin de sa vigueur. Vous pouvez
aussi former mais avec ménagement, de peur d'aliéner de
vous mr de Rouillé, des liaisons avec mrs de Puisieux et de
St. Severin, qui, quoique sans grand crédit aujourd'hui,
peuvent vous donner des conseils et des notions utiles et
qui, le premier pour avoir dirigé avec gloire et succès le
département des affaires étrangères et le second pour avoir
été ambassadeur en Suède, sont écoutés quelquefois sur les
affaires du nord. Vous trouverez autant de facilité et
d'agrément dans le commerce de mr de Puisieux, dont le
caractère aimable prévient tout le monde et qui tient à honneur
d'avoir réussi, pendant son ministère, à retrécir et à resserrer
les nœuds de l'amitié entre les deux couronnes, que vous
aurez de mesure à garder avec mr de St. Severin pour ne
point échauffer son génie plus fort peut-être, mais impétueux et
dominant, haïssant la contradiction quoiqu'amateur de la dispute. Prévenu pour la Suède et pour l'utilité dont est pour la
France son alliance, qu'il se flatte d'avoir rétablie, il était
autrefois plein de préjugés et de défiances contre nous.
Nos liaisons présentes avec cette nation peuvent l'en avoir

fait revenir et, dans ce cas, vous pourrez tirer avantage de son
esprit qui est pénétrant et ferme, et même de l'ardeur de son
génie qui le portera à s'ouvrir à vous dans la vivacité de
ses entretiens plus que ne le ferait tout autre. Vous ferez
bien encore de cultiver, mais, je le répète, toujours avec
attention de ne pas blesser par tous ces soins la délicatesse
de mr de Rouillé, l'amitié du maréchal de Noailles, homme
de beaucoup d'esprit et qui n'ignore rien, mais que la multitude et la variété de ses notions dissipe et distrait à un
point qu'il n'en suit aucune. C'est un ancien courtisan qui,
déjà considérable sous Louis XIV par son alliance avec
mad. de Maintenon dont il avait épousé la nièce et l'héritière, s'est toujours maintenu depuis, malgré les différentes
révolutions arrivées à la cour, dans une faveur très distinguée; qui, malgré son peu de talent pour la guerre et le
malheur qui l'a suivi dans presque tous les commandements,
s'est vu plus d'une fois à la tête des armées, et qui, par sa
nombreuse famille et les grands établissements qu'il a su
lui procurer, tient à tout ce qu'il y a à la cour et à
tout ce qui environne le roi. C'est lui qui a causé l'élévation du maréchal de Saxe, par lequel il s'est vu ensuite
entièrement éclipsé à l'armée, c'est encore lui qui a appelé
en France et soutenu pendant les premières années le maréchal de Löwendahl. Le comte de St. Severin ne lui doit
pas moins son retour dans les affaires, dont le marquis
d'Argenson l'avait entièrement écarté, et il a été pendant
longtemps le grand appui de mr de Chavigny. Sa bienveillance mérite donc d'être recherchée, bien qu'elle ne soit
pas nécessaire pour vous, mais vous tâcherez avec bien plus
d'application encore à acquérir celles de mrs de Machault
et de Sechelles, dont la première vous est importante par
les fréquentes relations que vous donneront les affaires du
commerce et de la navigation avec le ministre de la marine, et dont la seconde vous sera d'un grand avantage
pour moyenner l'exact payement des subsides. Je n'ajouterai rien à ce que je vous ai déjà dit au sujet de ces
deux ministres. Venant d'ici, il ne vous sera pas difficile
de plaire au dernier, et je ne ferai aussi que vous nommer
simplement le comte de Florentin, ministre d'état mais
assez occupé des détails de l'intérieur du royaume, dont

████ ████ les provinces sont de son département, et de
██ ██████ pour ne prendre quasi point de part aux affaires
étrangères.

Il y a encore quelques personnes qui, quoique hors du
conseil, pourront vous être d'un grand secours, mais je ne
vous citerai entre eux que le maréchal de Belle-Isle, l'homme
de France qui sans contredit connaît le mieux les affaires
étrangères et qui, plein d'ardeur et de zèle pour le bien,
la gloire et le crédit de son roi, ne refuse aucun service à
ceux qu'il croit en être les alliés et ne lui demander que
des choses justes et raisonnables. Il vous sera si aisé de
vous lier avec lui et la franchise, la droiture de son cœur,
qui égale en lui l'étendue de son génie, et ses talents supérieurs, le rendent si facile à connaître que je me dispense
de vous tracer son caractère. Il me suffira de vous dire qu'il
est en effet ce qu'il paraît être, et que vous pouvez compter
dès à présent sur son désir de vous être utile. Voilà, monsieur, ce que j'avais à vous marquer au sujet des personnes
qui influent le plus sur les affaires qui vous seront confiées; je vais vous parler à présent de ces affaires mêmes
t du ton que vous aurez à leur donner.

La plus importante de toutes, celle à laquelle vous vous
appliquerez le plus sérieusement et le plus continuellement,
sera de confirmer le ministère de la France dans l'opinion
qu'il a de notre maitre. Représentez-lui le roi tel qu'il est,
fidèle à ses engagements, constant ami, mais point dépendant, limitation qui ne s'exprime point mais qui se fait
sentir avec prudence par des termes décents et choisis
avec circonspection. Assurez-le, aussi souvent que l'occasion s'en présentera, que le roi est très-satisfait de l'alliance de la France, qu'il ne demande pas mieux que de la
perpétuer et que, son amour pour la paix et le maintien de
la tranquillité du nord tant parfaitement le même que
celui du roi tr. chr., il est entièrement disposé à réunir pour
cet effet ses vues avec celles de ce prince. Conduisez-vous
en conformité de ces assurances. Vivez en bonne intelligence avec les ministres de toutes les cours étrangères, résidant à la cour de France, ne craignez point de paraître
même ami de ceux des puissances avec lesquelles le roi a
des rapports particuliers, comme avec les ministres d'Angle-

8*

terre et de l'empereur, mais n'ayez pas assez d'intimité avec
eux pour que l'on croie que vous partagez leurs conseils
et les mécontentements qui leur sont ordinaires. Soyez
plutôt ou ayez au moins l'air d'être uni avec celui de
Suède; il est du parti du sénat et par conséquent de celui
de notre roi, et, comme il importe beaucoup au service de
sa majesté que ce parti soit soutenu, et que la France
n'écoute jamais plus ceux qui, en Suède, sont partisans de
la souveraineté, c'est servir le roi que d'appuyer un ministre chargé d'une cause qui est la sienne. Je sais qu'il
recherchera votre amitié, et qu'il se fera un point capital
de faire valoir à la France la bonne intelligence qui règne
entre nous et le sénat; tenez le même langage et détruisez
jusqu'aux soupçons, s'il en reste, d'une inimitié nationale
entre nous et la Suède ou de quelque ligue secrète ou dessein caché contre elle. Il n'en faudra pas davantage pour
vous rendre agréable; on désire en France l'amitié du nord
et on nous regardera toujours comme des amis sûrs et intimes,
dès qu'on ne nous croira plus les ennemis de la Suède,
trop fidèle à la France pour lui être indifférente. Evitez
de marquer de l'affection particulière pour quelqu'autre
pays que ce soit, mais évitez aussi, je vous prie, de faire
croire à la France que nous pourrions prendre part à des
querelles qui ne sont pas les nôtres. Ne lui donnez jamais
lieu de l'espérer. Grâce au ciel, le roi n'a point d'ennemis
et il serait au-dessous de lui et de son cœur d'adopter des
haines étrangères.

Ajoutez à ce plan de conduite une très-grande attention aux affaires de commerce et de navigation. Les demandes des consuls du roi, établis dans les différents ports
de la France, les griefs et les plaintes des sujets de sa maj.,
mécontents de quelque jugement rendu contre eux par les
amirautés ou justices subalternes, feront une grande partie
de vos occupations. Il est très-important de les écouter,
très-nécessaire de les soutenir lorsqu'ils ont raison, de les
calmer, lorsqu'ils ont tort, plus nécessaire encore de veiller
au maintien des droits de la nation en général. Vous trouverez dans les papiers de vos prédécesseurs le traité de
commerce conclu en 1742 et la déclaration de mr de Puisieux du 30 sept. 1749. L'un et l'autre vous serviront de

titres et, comme la dernière surtout nous attribue ipso facto
~~tous les privilèges accordés à~~ une autre nation, quelle qu'elle
puisse être, concession qui nous donne tout ce que nous
pouvons désirer, ce sera à vous à donner un soin extrême
à ce que cette déclaration soit toujours exécutée et ne
tombe jamais en oubli. Notre commerce avec la France
est de si grande conséquence, surtout en temps de guerre,
que vous ne pouvez guère rendre de plus grand service au
roi qu'en tâchant d'y habituer de plus en plus les Français,
et en le facilitant et l'augmentant le plus que les conjonctures vous le permettront.

Après ces observations générales et de tous les temps,
je dois enfin faire quelque mention encore des affaires que
nous avons actuellement entamées en France, et dont la
poursuite va faire immédiatement l'objet de votre application. Il y en a principalement quatre et je pourrai en
ajouter encore deux qui vous seront commises, quoiqu'elles
soient en quelque sorte étrangères à votre mission.

La première regarde le payement exact des subsides
dus au roi en vertu des traités. Vous ferez, monsieur, tout
ce que vous pourrez faire avec décence et espérance de
succès pour obtenir que les arrérages soient acquittés, et
les termes désormais exactement observés. La sollicitation
n'en est pas agréable, j'en conviens, mais elle est nécessaire, et vous aurez à ne rien négliger pour que les quartiers ne s'accumulent point, et que leur acquit ne devienne
par leur nombre un sujet d'embarras et conséquemment de
mauvaise humeur pour la France, de mécontentement et de
dégoût pour nous.

La seconde est la médiation dont la France s'est chargée
pour terminer nos querelles avec l'Espagne. Vous ne vous
expliquerez à cet égard que dans le sens et les principes
établis par le roi dans cette contestation, sur lesquels j'ai
eu l'honneur de vous entretenir quelquefois, et que vous
trouverez amplement déduits dans plusieurs de mes dépêches à mr de Reventlow. Vous donnerez à connaître en
toutes occasions que le roi persiste dans les mêmes sentiments qu'il a toujours eus sur cette contestation, qu'il n'a
jamais donné aucun sujet légitime de plainte à l'Espagne,
ancienne alliée de sa couronne et amie de ses amis, et

qu'il n'a encore aucune haine contre elle, mais qu'après les procédés de la cour de Madrid il ne se permettrait pas la pensée de renouer avec elle, si son amitié pour la France ne l'avait engagé à lui sacrifier son juste ressentiment, et ne l'avait porté à accepter avec reconnaissance pour elle la médiation qu'elle lui avait offerte. Vous ajouterez que, toute la répugnance ou la froideur affectée par l'Espagne qui, par un procédé qui devait être plus sensible à la France qu'au roi, n'avait pas même jugé à propos de s'expliquer, si elle agréait cette médiation ou non, ne ferait pas regretter à sa majesté une démarche qui n'avait eu que la France pour objet, mais vous ferez entendre en même temps, quoiqu'avec douceur et prudence, que bien que la résolution de l'Espagne importât trop peu au roi pour qu'il fût impatient de la savoir, cet état de la négociation, sur lequel rien que son amitié pour la France pouvait lui fermer les yeux, commençait à lasser sa maj. et qu'elle désirerait par conséquent que la France voulût bien la terminer de façon ou d'autre, et faire sentir au ministère de l'Espagne que sur ce pied-là elle ne pourrait continuer.

Je mets pour troisième objet de vos soins l'appui que la France nous a promis pour faire réussir le traité de commerce que nous avons offert à la Porte. Cette affaire a déjà si longtemps traîné que je doute que le roi veuille la poursuivre, pour peu que le nouveau sultan puisse marcher dans les traces et adopter la timide et douteuse politique de son prédécesseur. Mais comme il faudra toujours quelque temps pour pénétrer la façon de penser du nouveau sultan, vous aurez probablement encore celui d'animer les bons offices auxquels la France s'est engagée ou au moins d'éclaircir ceux qu'elle nous a rendus. On assure positivement à Versailles, que depuis longtemps les ordres ont été donnés au comte des Alleurs de nous appuyer fortement, et on n'assure pas moins positivement à Constantinople qu'ils n'y sont point arrivés. Il serait bon de savoir ce qui en est, et vous ferez toujours bien de réchauffer la bonne volonté de mr de Rouillé pour nous et celle de mr de Machault, du département duquel le commerce maritime dépend plus particulièrement, en leur représentant que notre trafic au Levant, si jamais nous en établissons un, ne peut être

préjudiciable à celui de la France, dont les objets de négoce
sont absolument différents des nôtres et qui par la proximité et les longues alliances avec les Levantins a tant
d'avantages sur nous, de sorte qu'il ne peut être pris uniquement que sur celui des Anglais et des Hollandais, et qu'ainsi
tout ce qui se fait pour nous se fait en effet contre ces
deux dernières nations, dont la France a tant de raison de
vouloir affaiblir le crédit, l'opulence et la navigation. Vous
vous en tiendrez, s'il vous plaît, à ce principe, le seul qui,
dans une affaire si délicate et dont la France est si jalouse, puisse faire quelque impression sur l'esprit de ses
ministres, et vous éviterez avec soin de leur faire croire que
nous regardons ce commerce comme pouvant jamais faire
un objet important pour nous.

L'affaire de Knyphausen enfin est la dernière que vous
trouverez actuellement entamée entre nous et le ministère
de Versailles. Il y a eu des volumes écrits dans cette question si odieuse, mais en même temps si glorieuse pour la
justice et pour la fermeté du roi. Il vous faudrait des mois
pour vous mettre au fait de tout ce qui a été imaginé
par madame de Bentinck pour l'embrouiller; mais, heureusement pour vous, la contestation a été simplifiée il y a
quelques mois et il n'est plus question que de faire exécuter un traité négocié et conclu sous l'autorité et les auspices de notre roi, du roi de France et de celui de Prusse,
accepté et signé par les parties. Vous n'aurez donc plus
besoin d'outrer dans les détails et dans les disputes antérieures; il ne s'agit que d'insister sur le traité, de demander
qu'on l'exécute avant toutes choses et d'empêcher que l'éloquence et les artifices de mad. de B. ne réussissent à faire
reculer encore son accomplissement. Le ministre de France
est si bien instruit par les belles dépêches de mr le président Ogier de toute cette affaire et des intentions du
roi sur ce sujet, que vous n'aurez nulle peine à lui en faire
sentir la justice.

Les deux négociations qui vous seront confiées, quoique
étrangères à l'objet principal de votre mission, regardent les
traités de commerce déjà entamés avec les républiques de
Venise et de Gênes. Vous trouverez sur l'un et sur l'autre
toutes les informations nécessaires dans les papiers de

vos prédécesseurs. Le premier est encore dans des termes si vagues, et les Vénitiens ont paru jusqu'ici savoir si peu eux-mêmes ce qu'il désiraient et ce qu'ils avaient à désirer, qu'il n'y a jusqu'ici rien de fait et qu'il me suffit de vous avoir indiqué simplement qu'il a été question autrefois d'un tel traité, et que vous pourrez écouter et prendre ad referendum ce que les ambassadeurs de Venise pourraient peut-être vous dire sur ce sujet; mais la négociation avec Gênes est plus avancée et comme vous pourriez réussir à la conclure, le roi a jugé à propos de vous accorder un plein-pouvoir à cet effet. La chose n'est pas de bien grande importance, mais elle peut avoir son utilité et il est toujours avantageux pour une nation commerçante et navigante telle que la nôtre de multiplier autant qu'il est possible ses relations et ses correspondances.

Je crois vous avoir dit à présent tout ce que j'avais à vous dire, et la ponctualité avec laquelle je serai toujours prêt à répondre aux lettres que vous me ferez l'honneur de m'écrire et à vous informer des volontés du roi suppléera à ce qui pourrait y manquer encore.

Puissiez-vous avoir les succès les plus brillants; jamais, j'ose le dire, ministre de Danemarc n'est allé en France dans des conjonctures plus favorables, puissiez-vous en ménager de plus heureuses encore à votre successeur et voir pendant le cours de votre mission subsister l'amitié et la confiance entre les deux couronnes, finir toutes nos négociations à l'avantage du roi et augmenter notre commerce en France et, par son moyen, dans toute la Méditerranée.

51.

Note à Mr Titley, ministre d'Angleterre.

Copenhague 17 mai 1755.

Le ministère du roi ayant rendu compte à sa majesté des propositions qui lui ont été faites par mr l'envoyé extr. de la Grande-Bretagne moyennant un promemoria daté du 3 de ce mois, sa majesté après mûre délibération lui a ordonné de répondre à ce ministre:

que sa maj., persistant invariablement dans ses sentiments pour le roi de la Grande-Bretagne et sa maison
royale marqués bien des fois et encore tout récemment à
sur de Titley, ne refuserait jamais de donner à sa maj.
britannique les preuves les plus essentielles et les plus
efficaces de son amitié sincère et de l'intérêt véritable
qu'elle prendrait toujours à l'affermissement de son trône
et au maintien de la paix et de la tranquillité dans les
royaumes et états de sa domination, pourvu que ces preuves
puissent être compatibles avec la conservation de la paix
dans ses propres royaumes et états et avec cette neutralité
que, pour le bonheur de ses peuples, elle avait établie
comme la base de son règne, et dont elle avait constamment déclaré depuis son avénement à la couronne qu'elle
s'était fait un système inébranlable, mais qu'un envoi d'un
corps de ses troupes pour être employé à défendre en cas
de troubles ou d'attaque les royaumes de sa maj. britannique ne pouvant, dans les conjonctures présentes, être considéré que comme un secours effectif à faciliter à sa maj.
britannique les moyens de disposer d'autant plus librement,
le cas échéant, de ses propres forces, destinées d'ailleurs à
ce service, contre les puissances avec lesquelles elle est en
dissention, sa majesté ne croyait pas pouvoir s'y prêter sans
rompre ce système et sans contrevenir à ses déclarations
tant de fois réitérées,

et qu'elle comptait assez sur l'équité de sa majesté le
roi de la Grande-Bretagne pour se persuader que ce prince
entrerait dans ces raisons si naturelles et si fondées, et
qu'il rendrait justice aux motifs qui décident sa maj. et à
la candeur et à la confiance avec lesquelles il s'en explique
envers lui.[1]

[1] Cfr. Schäffer l. c. 1, pag. 105, voir no 52.

52.

Alleruntertbänigstes Bedenken
des Herrn Geheimen-Raths des Conseils und Ober-
Secretaire Baron v. Bernstorff.

Copenhagen 1 September 1755.

Seitdem die über die Grenzen der Gross-Britannischen
und Französischen Besitzungen im nördlichen Amerika entstandenen Mishelligkeiten so weit gediehen, dass ein Krieg
zwischen beiden Kronen wahrscheinlich und darauf fast un-
vermeidlich geworden ist, hat der Englische Gesandte Titley
zu zweien Malen, jedoch, wie er mir versichert, ohne Befehl
seines Hofes und nur in seinem Privat-Namen, vorgestellet,
wie, nach der Lage des Königreichs Norwegen und in Betracht dass die Engl. Schiffahrt in Kriegszeiten, um die
Französischen Küsten zu vermeiden, fast von allen Orten
der Welt Nordum und mithin durch die Nord-See gehen
müsste, die Franz. Cupers allein von der Freiheit in die
zahlreichen Norwegischen Häfen und Rheden oder Fjorde
einzulaufen und daselbst in allen Vorfällen für sich und
ihre über die Engländer gemachten Prisen Schutz und
Sicherheit zu finden Nutzen zögen, dahingegen die Engländer, welche in eben der Nordsee ihre eigenen Häfen in
England und Schotland fänden, und also die Norwegischen
zu suchen nicht nöthig hätten, auch in der Nordsee fast
niemals Französische Schiffe, als welche, um sich von den
Küsten Grossbritanniens zu entfernen, so wenig wie nur
möglich in benannter Nordsee sich sehen liessen, anträfen,
nichts wie Schaden von schon erwähnter Freiheit hätten,
wannmehro er verlanget, dass Ihro Kgl. Maj., um der von
Ihr ergriffenen Neutralität, aus welcher sein Hof, obwohlen
er dazu durch den noch subsistirenden und anerkannten
Tractat von 1670 wohl berechtigt wäre, Allerhöchstdie-
selbe zu ziehen aus Freundschaft und Consideration für
Dero Interesse unterlassen würde, ein völliges Genüge zu
thun, alle Ihre Häfen, Rheden und Fjorde in Norwegen
beiden Nationen, gleichwie im Jahre 1704 geschehen, untersagen und verschliessen und zugleich die hinlänglichsten
Mittel vorkehren mögten, damit die Französischen Capers

von den unbesetzten und unbewehrten Inseln Norwegens
nicht den Gebrauch, den sie in dem letztern Kriege gemacht, abermahlen zu offenbarem Despect Ihro Kgl. Majest.
Souveränität und alleinigen Oberherrschaft machen noch ihre
über die Engländer eroberten Prisen, gegen das bei allen
Völkern hergebrachte Recht, in den Norwegischen Häfen,
ehe sie solche in ihr eigenes Land gebracht, öffentlich los-
zuschlagen und zu verkaufen sich unterstehen könnten.
Eben dieser Gesandte hat zugleich versichert, dass wenn
Ihro Kgl. Maj. in diesem Punkte seinem Hofe willfahren
wollen, so würde selbiger hinwiederum die Dänische Schiffahrt
und Handlung, so viel möglich, favorisiren und dadurch
vieles von dem, so die Englischen Capers aus Verbitterung
gegen die Gunst, so ihren Feinden, den Franzosen, in Norwegen erwiesen worden, im letzteren Kriege gethan, abwen-
·den können, wobei er jedoch nicht verbergen möge, dass
Grossbritannien den neutralen Nationen nicht wohl eine ganz
freie Schiffart mit Französischen Gütern gestatten könnte,
weil dadurch die Franz. Handlung nicht genug, die Englische
aber zu viel leiden würde.

Dagegen aber hat das Franz. Ministerium gleich bei
der Ankunft des Grafen Wedel-Frijs zu Compiegne durch
denselben, sodann aber durch den hier residirenden Ambassadeur antragen lassen:

„dass, da die vielen Gewaltsamkeiten, welche die Eng-
„länder in letzteren Kriegen gegen die Dänischen und Nor-
„wegischen Schiffe ausgeübt und die häufig darüber, jedoch
„mit nur wenigem Success geführten Klagen und Beschwer-
„den noch in jedermanns Angedenken sein würden, und
„dem A. Chr. König, sowohl aus der auf der Allianz ge-
„gründeten Freundschaft für Ihro Kgl. Maj. als auch Seines
„eigenen Interesse wegen, daran gelegen sein, dass diese
„gewaltsame Herrschaft der Engländer gehemmet, und die
„Handlung zwischen Seinen und den nordischen Reichen
„nicht abgeschnitten werden mögte, so wünscheten nur ge-
„dachte Ihro A. Chr. Maj., dass Ihro Kgl. Maj. den Ihrer
„Flagge gebührenden Respect behaupten und zu solchem
„Ende mit der in ganz gleichen Umständen sich befindenden
„Krone Schweden in ein Concert treten und durch eine mit
„selbiger zu treffende Convention auch zu beschliessende

„gemeinschaftliche Ausrüstung einer hinlänglichen Flotte die
„Schiffahrt und Handlung Ihrer Unterthanen in Sicherheit
„setzen wollten."

Wolchem Antrag der Baron v. Fleming und der Schwed.
Gesandte am franz. Hofe, Baron v. Scheffer, sonderlich aber
des letzteren Bruder, der Reichsrath gleichen Namens, dergestalt beigetreten sind, dass sie nicht nur die Ergreifung
solcher Maassregeln als der Ehre und dem Vortheil beider
Kronen gemäss und mithin nothwendig anerkannt, und dass
Schweden sich dazu willig und bereit finden lassen würde,
versichert, sondern sich auch bereits dahin geäussert haben,
dass sie vermeinten „die Convention müsste auf eine genaue
„Neutralität gegründet, ohne äusserlichen Beitritt einer der
„beiden kriegenden Potenzen geschlossen, und dergestalt
„eingerichtet werden,

„dass zuvörderst zwischen beiden Kronen eine förm-
„liche Verbindung zu Beschützung der gemeinschaftlichen
„Schiffahrt und Handlung ihrer Unterthanen getroffen und dar-
„auf von solcher sowohl Frankreich als England förmlich
„Part gegeben und ihnen declarirt würde, dass wenn ihre
„Kriegsschiffe oder Capers, unter was vor Vorwand es auch
„sein mögte, ein Dänisches oder Schwedisches Schiff weg-
„nehmen sollte, so würde diese Beleidigung, als sei sie bei-
„den Nationen zugleich geschehen, angesehen, und mit ver-
„einigten Kräften geahndet werden.

„Sodann müsste nach dieser geschehenen Declaration
„jede Krone eine Escadre von 6 Kriegsschiffen, deren gering-
„stes 50 Stücke führte, in See schicken und solche mit der
„gleich starken Escadre der anderen Krone dergestalt ver-
„einigen, dass wenn auch die ganze Flotte nicht allezeit bey-
„sammen bleibe, die von selbiger etwa zu machenden Detache-
„ments dennoch von beiden Nationen, damit nie eine allein und
„ohne die andere angegriffen werden könnte, zugleich for-
„mirt würden.

„Und es müsste endlich diese Flotte von einem einzigen
„Chef, dessen Ernennung von einer Krone zur anderen jahres-
„weise alterniren und vor das erste Jahr durch das Loos
„festgestellt werden könnte, commandirt werden, selbiger aber
„ausdrücklich Befehl haben, aller Orten die Dänischen und
„Schwedischen Flaggen zu schützen und diesen Schutz im

„in der Noth thätlich und wenn es auch darüber zum Ge-
„fechte kommen sollte zu bewerkstelligen, wobei zugleich
„festgesetzt werden müsste, dass, wenn ungeachtet erwähnter
„Declaration und Veranstaltungen, die Dänischen oder Schwed.
„Flaggen dennoch beleidigt würden, gegen den beleidigen-
„den Theil unfehlbar Repressalien gebraucht werden sollten,
„welches nach den Gedanken besagter Schwedischen Mini-
„stris ohne grosse Gefahr geschehen könnte, weil die Po-
„tenz, gegen welche solche gebraucht werden würden, ohne
„Zweifel um sich nicht beide Kronen zu Feinden zu machen, die
„Beleidigung, so die Repressalien veranlasset hätte, alsobald
„zu repariren, beflissen sein würde."

Ob aber diese Ausrüstungen und Repressalien nur in
der Ostsee statthaben, oder auch weiter extendirt werden
sollten, darüber sind eben genannte Schwedische Ministri
anfänglich nicht völlig einig gewesen, indem der jüngere
Baron v. Scheffer ersterer Meinung war, sein Bruder, der
Reichsrath, aber behauptet, „dass solche, um den auswär-
„tigen Nationen, welche sich unserer Schiffe zu Fortsetzung
„ihres Handels bedienen wollten, mehreres Vertrauen in
„Unsere Flagge beizubringen und mithin den Unterthanen
„beider Kronen mehreres Gewerbe zu verschaffen, wie auch
„um den kriegenden Mächten und Capers, die, wenn sie
„keine von unsern Kriegsschiffen säben, nach unseren ent-
„fernten Drohungen nicht viel fragen möchten, mehreres
„Nachdenken zu verursachen und endlich damit die Russen
„von dergleichen in der Ostsee eingeschränkten Vorkehrungen
„nicht Gelegenheit nähmen, an solchen Theil haben zu
„wollen, in alle Seen, wo unsere Navigation Gefahr laufen
„könnte, sich erstrecken müssten."

Sie scheinen auch sich nunmehr auf diese letztere Meinung vereinigt zu haben, und da sie wohl einsehen, dass
auf solche Weise besagte Ausrüstungen und Expeditions
viel theurer kommen und deren Unkosten sehr vermehrt
werden werden, so haben sie vorgeschlagen, „eine geheime
„Convention mit Frankreich dahin zu treffen, dass beide
„Kronen eine ansehnliche Flotte in den Ocean zu senden
„sich verbunden, dagegen aber bedungen, dass 1) die Aus-
„rüstung der combinirten Flotte, wo nicht ganz, doch grössten
„Theils auf Französische Unkosten geschehen, 2) dass Frank-

„reich äusserlich nicht den geringsten Antheil an der zwi-
„schen Dänemark und Schweden zu treffenden Verbindung
„nehmen und endlich 3) dass die combinirte Flotte in allen
„ihren Operation die genaueste Neutralität halten und keine
„Nation vor der andern zu favorisiren genöthigt oder be-
„rechtiget sein sollte. Sie glauben, die Krone Frankreichs
„werde diese Convention in Ansehung des Vortheils, den
„sie, ungeachtet der Beobachtung der Neutralität, durch
„die Behauptung der sichern Schiffahrt ihrer Freunde und
„durch die Einschränkung der Englischen Capereien finden
„würde, gerne bewilligen, und sie fügen diesem allen schliess-
„lich noch hinzu, dass dieser Plan von ihren zuverlässigen
„Freunden, den Häuptern der wohlgesinnten Partei, bereits
„angenommen worden, dass man dennoch aber beschlossen,
„solchen, des Geheimnisses wegen, in der Versammlung des
„Senats nicht zum ordentlichen Vortrag zu bringen sondern
„sehr wünschten, dass Ihro Kgl. Maj., wo Sie Sich solchen
„gefallen liessen, etwa von der neulich in Oeresund, von den
„Officiers eines Englischen Kriegsschiffes gegen ein Schwe-
„disches Fahrzeug [1]) begangenen Gewaltsamkeit Anlass nähmen,
„dem Reiche Schweden ein Concert zu Sicherstellung der
„gemeinsamen Schiffahrt und Handlung anzutragen, da denn
„diese Eröffnung alsofort Schwedischer Seits mit grossem Lob
„und Beifall würde angenommen und Allerhöchstderoselben
„contestirt werden, dass Schweden bereit sei in diejenigen
„Maassregeln, so Ihro Kgl. Maj. zu Erreichung dieses so
„heilsamen Endzwecks vorschlagen würden, hineinzugehen."
— Oftbesagte Schwed. Ministri versichern, es würde die
Proposition den Ständen des Reichs unfehlbar höchst angenehm sein, ja vielleicht dem ganzen Reichstage einen
gedeihlichen Ausschlag geben können. Sie erachten aber

---

[1]) En août le navire anglais le Woolwich, commandé par le capitaine Parker, qui convoyait des bâtiments de commerce anglais
dans le Sund, s'était permis sous les canons de la forteresse de
Kronborg de traiter d'une manière arbitraire un bâtiment suédois.
Le Danemark demanda satisfaction de cette insulte dans une note
très-ferme, disant, entre autres, que la réponse prouverait „si
l'Angleterre veut rendre générale la querelle qui est entre sa couronne et la France." Contre son habitude l'Angleterre donna une
pleine et entière satisfaction.

nothwendig, dass inzwischen in zuverlässiger Erwartung dieses Erfolgs an der Projectirung der Convention selbst gearbeitet, deren Entwurf, so weit man damit kommen könnte,
dem Baron v. Flemming bey dessen auf den 20sten dieses
Monats festgesetzten Abreise mitgegeben, und die noch vor-
waltenden Zweifel oder näher zu adjustirenden Artikuls durch
die zwischen beide Ministeria gestiftete vertrauliche Corro-
spondenz discutirt und verglichen werden mögten.

Die simple Erzählung dieser Anträge ist hinreichend,
um sowohl ihre Verschiedenheit als ihre Wichtigkeit anzuzeigen und, da keiner von beiden ist, welcher nicht mit
sehr grossen Inconvenienzen verknüpfet und vielen Bedenklichkeiten unterworfen wäre, so verdienet die darüber zu
nehmende Entschliessung eine reife und genaue Ueberlegung.
Das Gesuch des Englischen Ministers dürfte am ersten
entschieden werden können. Er begehrt, dass die Franz.
Capers von dem Missbrauch und der Occupation des Norwegischen Territorii abgehalten, ihnen sowohl als den Engländern der Eingang in die nordischen Häfen versagt, und
ihnen insonderheit die Erlaubniss ihre Prisen daselbst zu
verkaufen genommen werden möge. Ersteres hat, in so
weit es in einem so weitläufigen und allen Seefahrenden
offenen Lande geschehen kann, keinen Zweifel, in dem letzten Kriege sind dessfals abseiten Ihro Kgl. Maj. die präcise-
sten Erklärungen geschehen und die schärfsten Befehle ergangen und würden also in diesem Punkte dem Engl.
Minister ohne Bedenken die gewierigsten Versicherungen
gegeben werden können. Es ist aber nicht wohl abzusehen,
wie demselben wegen der verlangten Verschliessung der
nordischen Häfen zu willfahren sei, indem, nicht zu gedenken, dass dadurch den Unterthanen Ihro Kgl. Maj. ein
grosser Vortheil und Gewerbe entzogen werden würde, keine
hinlängliche Ursache anzuführen ist, warum Ihro Kgl. Maj.
der Franz. Nation, mit der Sie in Friede und Freundschaft
ja noch dazu in Allianz stehen und von deren Könige Sie
jährliche Subsidien, ohne den geringsten weiteren Ungemach,
ziehen, die officia humanitatis und das Einlaufen in Dero
Häfen und Fjorde versagen wollten. Zwar soll solches in
dem durch den Ryswikschen Frieden geendigten Kriege,
sonderlich aber durch eine anno 1704 ergangene Verordnung

(von welchen beiden jedoch in dem Geheimen Archiv sich keine Nachrichten finden) geschehen sein: die damaligen Entschliessungen, welche ohnehin nicht immer bei veränderten Zeiten zur Nachfolge dienen können, vermögen aber um so weniger in gegenwärtigem Vorfall angeführt zu werden, als damals Dänemark in einer genauen Allianz mit der Krone England stände, anstatt dass jetzo die Verbindung mit Frankreich geschlossen ist, und die von mehrerwähntem Englischen Minister vorgebrachte Consideration, dass die nordischen Häfen nicht seinen Landsleuten sondern nur den Franzosen bequem wären, ist eine Sache, die zwar den Engländern unangenehm sein, dennoch aber die Eigenschaft und Pflichten der Neutralität und bündnissmässigen Freundschaft nicht ändern noch heben kann. Hingegen scheint es, dass sein letzteres Verlangen billiger sei. Nach den Seerechten kann, ausser in ganz seltenen Fällen, eine Prise nicht früher rechtmässig verkauft werden, als wenn sie durch die dazu niedergesetzten Gerichte vor rechtmässig weggenommen erklärt worden, und diese letztere Erklärung kann wohl nicht ganz gesetzmässig geschehen, so lange diejenigen, so bei Eroberung der Prisen zugegen gewesen, nämlich die Capitains und Equipagen sowohl des Capers, der die Prise gemacht, als der Prise selbst, mündlich und gerichtlich, welches aber bei deren Abwesenheit und Entfernung nicht möglich, verhört worden. Obgleich also es den Französischen Capers höchst unbequem fallen wird, ihre in der Nordsee gewonnenen Prisen zuvörderst mit grosser Gefahr die Englischen Küsten vorbei nach Frankreich zu führen, und obgleich der Verkauf der Prisen in den nordischen Häfen den Einwohnern derselben einigen Gewinn zuwenden kann, so scheint der Engl. Gesandte dennoch einigermaassen gegründete Ursache zu haben auf der Beobachtung dessen, so sonsten Seerechtens ist, zu dringen, und wird es demnach von Ihro Kgl. Maj. Willen lediglich dependiren, ob Sie demselben Gehör geben oder aber, wie im letzten Kriege geschehen, die Klagen und Vorwürfe der Engl. Nation den Wünschen der Franzosen nachsetzen wollen.

Der Antrag des Franz. Ambassadeurs und die durch selbigen veranlasseten und mit ihm verknüpften Vorschläge der Schwedischen Ministrorum sind aber von mehrerer Er-

▓▓▓▓▓▓▓ und ▓▓▓▓ wichtigeren Folge und es wird daher
▓▓▓▓ ▓▓▓, ehe ▓▓▓ in deren besondere Stücke weiter
hineingehet, in Unterthänigkeit zn vernehmen, ob Ihro Kgl.
Maj. überhaupt geneigt sind, selbigen Gehör zu geben. Nichts
ist der Gerechtigkeit gemässer als dass Ihro Kgl. Maj. Ihren
Unterthanen Sicherheit in ihrer Schiffahrt verschaffen und
sie gegen die Gewaltsamkeit anderer Nationen, sie mögen
auch heissen wie sie wollen, schätzen, vergeblich aber würde
man sich schmeicheln, dass die Engländer, welche die in Friedenszeiten durch ihren Reichthum und die Menge und Ac-
tivität ihrer See- und Handelsleute erworbene und behauptete Oberherrschaft im commercio, zu Kriegszeiten nicht
anders als durch Gewalt erhalten können, und welche alle
andere Handelnde als ihre Widersacher und Leute, die
ihnen ihr Eigenthum entwenden oder doch schmälern wollen,
ansehen, diese Gerechtigkeit erkennen werden. Sie werden
also die vorgeschlagene Verbindung, und sonderlich wenn
sie mit den Schweden, so sie als Diener der Franzosen fast
mit gleicher Feindschaft wie selbige belegen, errichtet wird,
als gegen sie selbst gemacht betrachten und für einen Effect
der Franz. Intriguen und Influenz über Dänemark aus-
schreien. Dieses erstere Inconvenienz wird von einem zweiten
bald gefolget werden. Ihre Capers, eine unbändige Art
Leute, welche den Befehlen ihres Königs und ihrer Obern
eben so wenig wie den Gesetzen gehorsamen, werden, so oft
sie vermeinen werden, es ohne gegenwärtige Gefahr und
mit Gewinn thun zu können, nichts deste weniger unsere
oder die Schwedischen Schiffe mit gewöhnlicher und vielleicht noch vermehrter Insolenz und Schärfe visitiren und
wegnehmen, also dass wir uns versehen müssen sehr bald
in die Nothwendigkeit der Repressalien zu gerathen. Wie
weit uns aber solche Repressalien führen können, würde
überflüssig zu erwähnen sein. Sobald wir uns zu solchen
entschliessen, müssen wir uns zu einem, zwar nicht ganz
wahrscheinlichen, doch möglichen Kriege gefasst machen,
und wir müssen nicht minder erwarten, dass der den Franzosen und Schweden widrige, den Engländern aber so günstige Russische Hof durch Maassregeln, so uns mit jenen
genauer verbinden, diesen aber unangenehm sind, uns sehr
abgeneigt werde und vielleicht gar mit widrigen Aeusser-

und Drohungen begegnen werde, der Unkosten, so die Ausrüstungen der Flotten und deren Folgen verursachen werden, nicht einmal zu gedenken.

Alle diese Bedenklichkeiten, denen noch mehrere vielleicht hinzugefügt werden könnten, welchen jedoch entgegengesetzt werden mag, dass kein anderes Mittel als ein solches
vorhanden ist, um die Schiffahrt der Kgl. Unterthanen zu
schützen, dass dieses Mittel rechtmässig, edel und der Ehre
des Königes gemäss ist, dass, weil Ihre Kgl. Maj. Finanzen
zu schwer fallen möchte, die Protection der Schiffahrt Ihrer
Unterthanen allein zu übernehmen, eine Verbindung mit
einer andern Potenz, die die Unkosten des Werks trugen
und den Nachdruck desselben vermehren helfe, nöthig sei,
dass dazu keine andere als Schweden, gleichwie es bereits
König Christian V erkannt, der in gleichen Conjuncturen
zu zweien Malen, a° 1691 u. 1693, eine gleiche Verbindung
mit König Carl dem XI in Schweden getroffen, und deren
Instrumente wegen der Gleichheit der Fälle und Absichten
noch gegenwärtig zum Model dienen können, auszufinden
stehe, und dass also, wenn Ihro Kgl. Maj. die Vermehrung
des Gewerbes und des Gewinns Ihrer Unterthanen wollen,
die Gelegenheit selbige bei bevorstehendem Kriege, als der
einzigen dazu bequemen Zeit, zu bewirken nicht versäumt
werden dürfe, sind nun von einer Eigenschaft, welche, wie
schon vorhin berührt worden, Ihro Kgl. Maj. selbsteigener
Decision bedürfen und Allerhöchstdieselben können allein in
dieser so wichtigen Ueberlegung den Ausschlag gehen.

Finden Sie Dero Interesse und Willen gemäss die Capereien und zu vermuthenden Gewaltsamkeiten der Engl. und
vielleicht auch Franz. Capers zu ertragen und selbigen nur
Geduld und Darstellungen entgegen zu setzen, so wird es
nöthig sein, um den Unwillen, so das Franz. und Schwed.
Ministerium darüber schöpfen werden, zu mildern und ihren
Klagen, als hätte man sie durch vergebliche Hofnung aufgehalten, zu begegnen, dass man ihnen diese Entschliessung
bald anzeige, und dadurch der ganzen Negociation ein schien-
niges Ende mache, wobei man jedoch ihren Vorwürfen wie
nicht weniger ihrer Kaltsinnigkeit und Misstrauen nicht entgehen wird. Sollten aber Ihro Kgl. Maj. resolviren, ihren

Vorschlägen Gehör und Platz zu geben, so würden selbige
in genauere Betrachtung zu nehmen sein.

Die Schweden wünschen und die Franzosen bewilligen, dass:

1) „Die genaueste und scrupuleuseste Neutralität der
„Grund und die Basis des ganzen Werks sei."

Gegen diesen Punkt ist nichts auszusetzen. Da die Americanischen Streitigkeiten Ihre Kgl. Maj. und Dero Reiche
in nichts interessiren und das Unrecht, so dorten begangen
worden oder noch begangen werden wird, Ihnen keine Ursache zur Klage noch Feindschaft gegen einen der beiden
Theile giebt, so kann kein Motif angeführet werden, welches
Ihro Maj. einer der kriegenden Nationen, so lange sich selbige nicht an Ihren Unterthanen vergriffen, weniger Freundschaft wie in Friedenszeiten zu beweisen und eine der andern nachzusetzen berechtigen sollte.

2) „Dass auf diesen Grund eine Convention zwischen
„den Kronen Dänemark und Schweden, kraft welcher sie
„sich vereinigen, ihrer Unterthanen Handlung und Schiffahrt
„gegen jedermann, so lauge der bevorstehende Krieg dau-
„ern wird, mit gemeinsamen Kräften zu schützen und die
„der einen Nation zugefügte Beleidigung als beiden gesche-
„hen, zu empfinden und zu ahnden, errichtet werde."

Bei dieser als der quæstioni præjudiciali würde in
unterthänigster Erwartung Ihre Kgl. Maj. Selbsteigenen Allerhöchsten Decision dem, so schon darüber gesagt werden,
nichts anders hinzuzufügen sein als dass, da nach nunmehr sowohl überhaupt im Norden als besonders in Schweden gegründeten Systemate und Verfassung es Ihro Kgl. Maj.
Interesse zu sein scheinet, mit Schweden in Frieden und
Bündniss zu leben, und unter den Parteien, die solches
Reich theilen, diejenige, so die Aufrechthaltung der a° 1719
festgestellten Regierungsform und darauf gegründeten Autorität des Senats behauptet, und gegenwärtig aus den Freunden Frankreichs bestehet, zu unterstützen und zu erheben,
so scheine auch diesem Dero Interesse nichts gemässer zu
sein, als mit gedachter Dero Partei, so Ihres Beistandes,
menschlichen Ansehens nach, noch immer nöthig haben und
also Ihnen treu bleiben wird, und durch selbige mit ganz
Schweden ein Concert zu nehmen, welches Ihrer Autorität

und Influenz in Schweden selbst vermehren und Ihnen zugleich die Mittel Ihren Zweck, nämlich die Beschützung des commercii und der Schiffahrt Ihrer Unterthanen, zu erhalten erleichtern wird. Nur möchte dabei zu erwägen sein, ob dieses Concert mit Schweden oder auch noch mit anderen Potenzen zu nehmen sein werde? eine Extension, die zwar Schweden und Frankreich zugleich unangenehm sei, jedoch aber sonst vieler Betrachtungen wegen nützlich sein könnte. Russland, Preussen und Holland sind die Mächte, welche in solches zu treten wünschen möchten. Weil aber in Betracht des Misstrauens, so zwischen ersterem und Schweden zum Glück des wahren nordischen Systematis herrschet, eine würksame und nützliche Union zwischen beiden nicht gestiftet werden kann, es auch Ihro Kgl. Maj. Interesse sehr zuwider wäre, solche, wenn es möglich wäre, zu stiften und, bei der zu besorgenden Neigung der künftigen Russischen Regierung, zu der Uebung und Verstärkung der Marine gedachten Reichs Anlass zu geben nicht minder gefährlich sein dürfte, so würde wohl auf des Russischen Hofes Aufnehmung in die vorseiende Verbindung nicht zu gedenken sein. Welches von dem Könige von Preussen, da derselbe, anderer Ursachen zu geschweigen, keine Seemacht hat und also zu Verstärkung der Flotten nicht beitragen kann, ebenmässig zu sagen stehet. Also dass beide mit nicht schwer zu erfindenden Entschuldigungen abzuspeisen, und nur allein die Republique der vereinigten Niederlande an den zwischen Dänemark und Schweden zur Sicherheit der neutralen Navigation zu nehmenden oder bereits genommenen Massregeln zu participiren eingeladen werden könnte. Soviel voraus zu sehen steht, würde erwähnte Republique in Betracht ihrer genauen Vereinigung mit Grossbritannien, welche oft einer Dependenz nicht unähnlich sieht, die Einladung nicht annehmen; dennoch aber würde es gut sein, um desto mehr den von aller Parteilichkeit entfernten Zweck beider Kronen zu beweisen, diese Invitation zu versuchen, und es steht zu hoffen, dass deren Proposition in dieser Absicht von dem Schwedischen Ministerio selbst gebilliget werden werde. Dasselbe schläget ferner vor:

3) „Dass von dieser getroffenen Vereinigung beiden krie-„genden Theilen, Namens der verbundenen Kronen, in ganz

gleichen terminis part gegeben und ihnen deren Einhalt und
Zweck förmlich declarirt werde."

Bei diesem als einem ganz geziemenden passu und nothwendigen Folge der Convention wäre wohl nichts zu erinnern, als nur, dass die Declaration selbst mit grosser
Vorsicht und in den moderatesten und glimpflichsten terminis gefasset und von beiderseitigen Ministris zu gleicher
Zeit und mit gleich freundschaftlichem Betragen in London
und Versailles übergeben werden müsste.

4) „Dass zu Unterstützung dieser Erklärung jede Krone
„eine Escadre von wenigstens 6 Kriegsschiffen von 50 Stü-
„cken und darüber ausrüsten und selbige in steter Com-
„bination mit der Escadre der anderen Krone und unter
„Commando eines von beiden, das erste Jahr durch das
„Loos hernach aber durch die Alternation, zu bestimmen-
„den Chefs, allenthalben wo die Unterhanen beider Reiche
„schiffen, zu deren Schutz agiren lassen solle.

Eine schwächere Flotte wie die, so in diesem Antrage
bestimmt wird, würde den gehoften Nachdruck zu einer
Zeit, wo die Seen mit so mächtigen Flotten und so zahlreichen Capers bedeckt sein werden, nicht haben, wie denn
auch das von den Königen Christian V und Carl XI in schon
angezogener Allianz beschlossene Armement stärker war und
aus 8 Kriegsschiffen, nämlich 2 von 60, 2 von 50 und 4
von 40 Stücken abseiten jeden Theils bestand, und die
Ursache, welche das Schwedische Ministerium beweget die
stete Combination beider Escadron und deren Dependenz
von einem commandirenden Chef zu verlangen, ist nicht
minder sehr gegründet; was aber dagegen abseiten der Admiralität in Ansehung der Zahl und Stärke der Schiffe und
wegen der der Dänischen Marine vielleicht nicht angenehmen
auch wohl bedenklichen Conjunction ihrer Escadre mit der
Schwedischen vorzustellen sein möchte, überlasset man billig
derselben Einsicht und Erfahrung.

Sehr grosse Schwierigkeiten aber sind wegen der Seen,
in welchen die vereinigte Flotte agiren soll, vorauszusehen.

Am leichtesten, sichersten und sparsamsten würde es
ohne Zweifel sein, wenn sie in der Ostsee verbleiben sollte.
Allein wo und gegen wen sollte sie alsdann gebraucht werden, da in gedachter See weder Kriegsschiffe noch Capers

der kriegenden Nations kommen werden? Sie würde nicht nur eine entfernte Drohung sein, welche der Dignität der der Kronen nicht einmal gemäss wäre und welche den Capers in der Nord-, der Spanischen, und der Mittelländischen Seen nicht die geringste Furcht, ihren Obern aber nur wenig Sorge inspiriren, mithin keinen Nutzen haben würde.

In der Nordsee hingegen würde die Gelegenheit den Schutz zu leisten und den Capers zu wehren vielleicht nur alzuhäufig sein, und was das Spanische und Mittelländische Meer betrifft, so kann Ihro Kgl. Maj. Escadre daselbst, so lange die Spanischen Misshelligkeiten fortdauern, nicht kreutzen, weil, da sie weder die Französischen noch Englischen Häfen in diesen Umständen suchen kann, die Spanischen aber vermeiden muss, sie bei einem Sturm oder andern widrigen Vorfall in ganz ungeziehmenden Verlegenheiten gerathen könnte. Es wird also, da man diese Bedenklichkeiten nicht völlig zu erörtern weiss, nöthig sein darüber zuvörderst mit den Schweden und auch in Geheim mit den Franzosen zu berathschlagen, und vielleicht solche Gelegenheit sehr dienlich und nachdrücklich angewendet werden können, um beide zu bewegen, dass sie von selbsten und ohne dessfalls von I. K. M. den geringsten Auftrag zu haben, sich äusserst bemühen, den Spanischen Stoltz und Eigensinn durch Vorstellungen zu brechen und dadurch dieser unangenehmen Sache ein der Ehre I. K. M. gemässes Ende zu geben. Wenn die vorseiende Negociation auch keinen andern Nutzen wie diesen hätte, würde sie nicht ganz fruchtlos erachtet werden können.

Fast eben die vorhin berührten Schwierigkeiten finden sich bei dem darauf folgenden Artikul des Schwed. Antrags, da 5) proponirt wird, dass wenn ungeachtet der geschehenen Declaration und darauf genommenen Maassregeln Dänische oder Schwed. Schiffe „unrechtmässig weggenommen „würden, zu würklichen Repressalien geschritten werden „sollte."

Denn wenn diese Repressalien in entfernten Seen ausgeübt werden, wird es sehr beschwerlich sein, die solchergestalt arretirten Engl. oder Franz. Schiffe sicher anbero zu senden, sollen sie aber in der Ostsee, denn dass der Sund ganz frei bleiben müsse ist wohl keinem Zweifel unter-

████ ██████████ werden, so ist zu besorgen, dass da-
████ ███ Schiffahrt in selbiger und zugleich I. K. M. Zoll-
██████ in dem Oeresunde gehemmet und geschmälert werden,
████ Russland und allen übrigen an der Ostsee liegenden
Mächten und Staaten eine gerechte Ursache des Klagens
gegeben werden möchte. Wesshalb auch wegen dieses Punkts
eine noch nähere und reifere gemeinschaftliche Ueberlegung
anzustellen und insbesondere darüber alle mögliche Moderation und Glimpf den Schweden anzurathen und von ihnen
sich ausdrücklich auszudingen sein würde. Wenn aber die
Schweden geneigt seien:

6) „durch eine geheime Convention zu Bestreitung der
Unkosten dieser Expedition neue Französische Subsidien anzunehmen,"

so darf, ungeachtet es wohl unstreitig sehr angenehm
und nutzbar sein würde, I. K. M. See-Macht auf fremde Unkosten zu vermehren und mit den etwa noch fehlenden
Nothwendigkeiten zu versehen, dennoch ein solches Allerhöchstderoselben nach allerunterthänigster Pflicht und Treue
nicht angerathen werden. Ganz vergeblich ist es zu hoffen,
dass eine solche Convention geheim bleiben könne; so bald
aber es ruchtbar würde, dass I. K. M. fremdes Geld und
zwar von einem der kriegenden Theile bekommen hätten, so
würde sogleich der Ruhm und die Gerechtigkeit der ganzen
Sache dahin fallen. Ihrer Ehre würde es nachtheilig sein,
wenn man glauben müsste, Sie bedürften auswärtiger Hülfe
um ihre eigenen Unterthanen zu schützen, und wie würde
eine wahre Unparteilichkeit, als welche allein die vorseienden
Massregeln billig, edel und ruhmwürdig machen kann, behauptet werden können, wenn Frankreich Ihren Unternehmungen das Leben gäbe? So sehr besagter Hof auch gegenwärtig versprechen mag, dass er seinen Beistand verschweigen
und nichts wie Neutralität dafür begehren wolle, so wenig
würde er solches doch in der Länge halten, wenigstens
würde er sich das Recht, die Deutung des Worts Neutralität festzusetzen beilegen und entweder durch Forderungen
oder durch Zurückhalten der versprochenen Subsidien die
Operations der Flotte in der That dirigiren, und wie dürfte
man ihm versagen, eine Flotte, die von ihm bezahlt würde,
zuweilen seinen Absichten gemäss zu gebrauchen? I. K. M.

würden also, anstatt der Schutzherr der nordischen Schifffahrt und der Vertheidiger der Handlungsfreiheit der neutralen Völker zu sein, nur der Alliirte Frankreichs gegen
eine Nation, so Ihnen bisher kein Leid gethan noch Ursache
der Feindseligkeit gegeben, werden, und da dieses Dero Entschliessung gewiss nicht sein wird, so ist wohl nicht zu zweifeln, dass dieser Punkt der Schwed. Vorschläge, wie angenehm, ich wiederhole es, er auch in der That und sonderlich, wo die See-Ausrüstungen mehrere Jahre dauern sollten,
sein würde, abgelehnt werden müsse. Jedoch kann es mit
Dero Ehre, Würde, Billigkeit und Freiheit sich wohl reimen,
dass Sie bei dieser Gelegenheit, da Frankreich Ihnen nicht
leicht otwas versagen wird, suchen die Verbesserung des
mit gedachter Krone ohnehin zu Ende gehenden Commerz-
Tractats zu erhalten und Privat-Contracte, so zwischen Dero
Unterthanen und der Französischen Marine etwa wegen
Fleisch und andrer Livranzen geschlossen werden möchten,
zu der ersteren Vortheil zu bewürken, wie denn desswegen
mit dem Franz. Ambassadeur, wo Sie es befehlen wollen,
in Zeiten und auf eine anständige Weise geredet werden
könnte.

Hingegen würde das letztere Verlangen der Schweden,
da sie

7) wünschen, dass die Proposition des Concerts Königl.
Seits geschehen möge, ihnen wohl zu bewilligen sein, denn
obwohl der erste Gedanke derselben von ihnen oder vielleicht gar von den Franzosen kommt und also auch von
ihnen der erste Antrag verlangt werden könnte, so haben
sie doch Ursache in Ansehung der inneren Constitution ihrer Regierungsform und des herannahenden Reichstages diese
Condescendenz sich von I. K. M., zumalen da Allerhöchstderoselben das letztere Englische im Oeresund ausgeübte Atten-
tatum einen natürlichen Anlass dazu giebt, zu erbitten und
es ist auch, meiner wenigen Einsicht nach, kein Grund vorhanden, warum I. K. M. ihnen solches abschlagen und die
Ehre eine gerechte und beiden Theilen gloriöse Vereinigung
anzutragen von Sich ablehnen sollten. Um so mehr da
nach der bereits versprochenen Antwort die Schweden solche
alsofort mit Dankbarkeit und Begierde annehmen, dadurch

Direction der ganzen Handlung einigermaassen in I. K. M. Händen vorzüglich lassen wollen.

Wann also I. K. M. überhaupt den Vorschlag so oft erwähnter Convention Sich allergnädigst gefallen lassen und, um die Schiffahrt und Handlung Ihrer Unterthanen bei bevorstehenden Kriegs-Läuften zu sichern und zu mehren, die mit derselben verknüpften Beschwer- und Gefährlichkeiten auch unausbleiblichen Unkosten übernehmen wollen, so dürfte meines unvorgreiflichen Ermessens Dero Interesse gemäss sein, zu resolviren:

dass bei der Abreise des Baron von Flemming und der gleich darauf folgenden Rückkehr des Kammerherrn v. Assebourg nach Stockholm oder auch noch ehender, wo das Schwedische Ministerium solches wegen der Herannahung des Reichstages frühzeitiger wünschen sollte, die obenangeführte Preposition durch letzteren mit möglichstem Geheim auf die vorgeschlagene Weise und in ganz generalen terminis geschehe,

Inzwischen aber mündlich mit dem Baron von Flemming oder schriftlich mit dem Reichsrath Baron Scheffer alle Punkte der Convention discutirt und endlich concertirt, auch bei der Gelegenheit den Schweden und Franzosen Ursache und Anlass gegeben werde, die Endschaft der Spanischen Verdriesslichkeiten mit Eifer und als ihre eigene Sache zu betreiben,

Dass, sobald man über die vornehmsten Schwierigkeiten sich verstanden und wenn mittlerweile es zwischen England und Frankreich zum Kriege gekommen, an zweien Ordonnanzen gearbeitet werde, in deren einer I. K. M. allen ihren seefahrenden Unterthanen ein bescheidenes und vorsichtiges Betragen vorschreiben, die verschiedenen Pässe, mit welchen sie sich in Ansehung der Engländer und Franzosen versehen müssen, bestimmen und ihnen die Führung aller Contrebande, zu Dienst welchen Theils es auch sei, unter Drohung schwerer Strafe, so ausser der Confiscation, die ihnen von den Fremden zugefügt werden möchte, noch unausbleiblich in ihrem Vaterlande auferlegt werden würde, untersagen; in der andern aber allen Ihren Unterthanen und sonderlich den Commandanten, Befehlshabern und Obrigkeiten in Norwegen die genaueste Neutralität anbefehlen und ausdrücklich die Licitation von Fremden gemachter Prisen in Ihren Häfen ohne Unterschied verbieten,

Dass darauf und wenn diese Ordonnanzen ergangen und die Convention mit Schweden unterzeichnet worden, die in gleichen terminis den Englischen und Französischen Höfen zu thuende Declararation verabredet und in Werk gesetzt,

Und dass zu gleicher Zeit mit vorhin ausgewürkter Genehmigung des Schwedischen Hofes die Republique der vereinigten Niederlande dem zwischen beiden Cronen genommenen Concert beizutreten in beider Namen invitirt werde,[1]

So dann aber nach Umständen der Zeit die übrigen genommenen Maasregeln bewerkstelligt, jedoch zu den Represalien nicht leichte und nicht geschwinde sondern nur nach allem vorhin versuchten Glimpf und Güte geschritten;

Und indessen von dem Französischen Hofe zwar keine extraordinairen Subsidien begehret noch angenommen aber ausser solchen alle mögliche Vortheile, sowohl für I. K. M. Allerhöchsteigenem als für Dero Unterthanen Interesse, zu erlangen getrachtet werden solle.

Ueber welchen geringen aber getreuen Gedanken I. K. M. Dero Befehle zu ertheilen in Gnaden geruben werden.

53.

Alleruntetthänigstes Bedenken
des Kgl. Geheimen-Conseils.

Copenhagen 18 September 1755.

Ewr. Kgl. Maj. allergnädigstem Befehl zu pflichtschuldigster Folge, haben wir die von Dero combinirten Admiralitäts- und General-See-Commissariats-Collegio zu Dero Allerhöchsteigenen Entscheidung in Unterthänigkeit vorgelegten Verhaltungsfragen in reifer Ueberlegung genommen und deren Beschaffenheit und so wahrscheinliche als mögliche Folgerungen sorgfältig bei uns erwogen. Wir vermögen die letzteren nicht zu misskennen, je wichtiger aber selbige

---

[1] Les Hollandais refusèrent d'accéder à l'union maritime, Schäffer l. c. L pag. 171.

und oder zu erwarten stehen, je mehr müssen wir mit erst-
genanntem Collegio dahin übereinstimmen, dass es nothwendig und billig sei den auf Ewr. Kgl. Maj. Wachtschiffe
commandirenden Officier mit praecisen und Allerhöchst-
Deroselben Gerechtsamen und Interesse gemässen Instructionen dergestalt zu versehen, dass er in deren Befolgung
aus Furcht einer Verantwortung nicht wanken dürfe und
aus Sorge oder Irrthum keinen Ewr. Kgl. Majestät nachtheiligen Fehltritt thun könne. Die von Ewr. Kgl. Maj.
glorwürdigsten Vorfahren am Reiche vielfältig exercirte Ober-
Herrschaft im Sunde ist von den in der Ostsee handelnden
Nationen allezeit mit Widerwillen bemerkt worden und vielleicht ist es keiner anderen Ursache als der Begierde selbige zwischen Dänemark und Schweden zu theilen zuzu-
schreiben, dass in dem nunmehr fast vor 100 Jahren vorgefallenen Kriege Königs Friederichs des 3ten Maj. die
Parteilichkeit Englands gegen Sich und nach der Befreiung
von Copenhagen nur eine so kaltsinnige Hülfe von der Ihnen
alliirten Republique Holland erfuhren müssen, jedoch hat
unter der Schickung des Allmächtigen die Standhaftigkeit
Hochgedachten Königs es dahin gebracht, dass ungeachtet
der damaligen so unglücklichen Zeiten selbst in den Ihm
abgedrungenen Friedens-Schlüssen von einem Abtritt oder
nur von einer Theilung dieses Rechts nichts erwähnt und
dass zwar das gegenseitige Ufer des Sandes, nämlich die
Provinz Schouen, an Schweden überlassen, dennoch aber
alle der Kgl. Dänischen Flagge in dieser Meerenge von Alters her erwiesenen Ehresbezeugungen nebst dem Zolle, von
welchem die ersteren als ein allgemeines Geständniss mehrerwähnter dem Reiche Dänemark zukommenden Oberherrschaft,
der letztere aber als eine Vergeltung für die Erlaubniss durch
besagtes Meer zu schiffen und für eine Erstattung der Unkosten,
so die Erhaltung der Sicherheit, Ruhe und Ordnung in selbigem
der Krone kosten möchten, anzusehen sind, conservirt und behauptet worden. Verschiedene in den folgenden Jahren errichtete Denkmale, unter Kgl. Erlaubniss und Protection gedruckte
Schriften, auf Kgl. Befehl publicirte Verordnungen, unter
welchen sonderlich eine, so a. 1700 ergangen und welche
auf Anhalten der Schwedischen und Holländischen Ministris
den fremden Capers den Eingang in der Ostsee in nach-

drücklichen terminis untersagt, merkwürdig ist, ja die beständig fortgesetzte Unterhaltung eines armirten und Wacht haltenden Fahrzeugs im Sunde haben das Andenken und den Gebrauch dieses Rechts seitdem stets erhalten, und die endlich durch den Friederichsburger Frieden von a. 1720 die Schweden selbst sich wiederum der Erlegung·des Zolls unterworfen und dadurch den Prätentionen, so sie aus ihrer Befreiung von selbigem etwa folgern könnten, outsagt haben, so scheint selbiges nun allem Widerspruch entzogen und so gut wie jemalen festgesetzt zu sein. Wir können nun nicht mehr zweifeln, dass Ewr. Kgl. Maj. Ober-Herrschaft im Oeresund in Rechten gegründet sei, und, weil selbige als ein eminentes und vortreffliches Regale als auch wegen des damit für Dero Zollintraden verknüpften Nutzens für eines der vornehmsten Klenodien in Dero Krone geachtet zu werden verdient, so müssen wir auch in Unterthänigkeit und Treue wünschen, dass sothanes hohe jus sorgfältig und standhaft exercirt und nach der damit verbundenen Obliegenheit zu Aufrechterhaltung der sichoren, ruhigen und freien Schiffahrt in diesem Ihro unterworfenen Meere angewendet, mithin der Officier, dem Ewr. Kgl. Maj. die Beobachtung und Ausübung desselben anvertrauen, zwar in der ihm aufgetragenen Function allen möglichen Glimpf, Klugheit und Moderation zu gebrauchen angewiesen, wenn aber solche bei sich ereignender Unordnung zu Erhaltung und Wiederherstellung der Ruhe und des Ewr. Kgl. Maj. gebührenden Respect nicht hinreichen wollen, auch allen Muth zu bezeigen und zu dessen Maintenirung nichts zu scheuen und alles zu wagen bevollmächtiget und befehliget werden möge.

Nach diesen Principiis sind wir demnach in Erörterung der von Ewr. Kgl. Majestät combinirten Collegio vorgelegten

1sten Frage des allerunterthänigsten Dafürhaltens, dass alle im Sunde vorgehenden Hostilitäten, sie mögen auf Dänischen oder Schwedischen Küsten vorfallen, ohne Unterschied der Fürsorge und Erkenntniss Dero daselbst commandirenden Officiers unterworfen sein und von selbigem gesteuert und dem Befinden nach geahndet werden müssen. Es ist diese unsere ganz unvorgreifliche Meinung eine unseres Bedünkens nicht zu trennende Folge unseres ersteren Satzes, weil soweit Ewr. Kgl. Maj. Jurisdiction und Gewalt

geht, auch Dero Fürsorge gehen muss. Wir verstehen aber
uüter dem Namen des Sundes nur das in dieser Meerenge
zur Schifffahrt bequeme Gewässer und vermeinen also nicht
die zu dessen Sicherheit anzuwendende Wachsamkeit auch
auf ganz entfernte uud zwar mit Wasser überflossene aber
doch den Schiffen und Fahrzeugen inaccessible seichte Orte,
so mehr zum Lande als zu der See gehören, zu extendiren,
wie wir denn auch Ewr. Kgl. Maj. allergnädigsten Entscheidung in tiefster Unterthänigkeit anheimgeben, ob es nicht
Allerhöchst-Deroselben gefallen möchte, die Gegenden, welche
von den Stücken der Schwedischen Festungen uud Batterien
bestrichen werden können, aus einer für fremde Festungen
gewöhnlichen Consideration und zu Vermeidung etwaiger
Verdriesslichkeiten gleichfalls von der Inspection des Commandanten Dero Wachtschiffes auszunehmen. Was die
2te Frage mehrbelobten Collegii betrifft, so dünket
Uns, dass weil Ewr. Kgl. Maj. Gerechtsame im Oeresunde
die Gewalt anderer Mächte über ihre eigenen Unterthanen
daselbst nicht aufheben sondern nur deren Missbrauch, in
so weit solcher die Ruhe und Sicherheit in diesen Gewäs-
sern stört, Schranken zu setzen Befugniss geben, so habe
der Commandant Dero Wachtschiffes nur alsdann Ursache
und Recht, sich in dem Betragen der Commandanten fremder Kriegsschiffe gegen Kauffarteischiffe ihrer Nation zu
mischen, wenn solcher öffentlichen Tumult und die Ruhe
störendes Gefechte verursacht oder der nothleidenden und
seine Protection reclamirenden Schiffe Klagen und Bitten
an ihn gebracht würden. In beiden Fällen würde er Hülfe
zu leisten und Ruhe zu verschaffen haben, sonst aber und
so lange das Verfahren der Capitains der Kriegsschiffe
nicht, wie schon bemerkt, einen Tumult und Gefechte erregt oder Klage veranlasst, würde er deren Vornehmen zu
dissimuliren und zu übersehen angewiesen werden müssen.
Gleichwie wir aber Ewr. Kgl. Maj. Wachtschiff als ein
in dem Oeresunde zu dessen Sicherheit und zu der Erhaltung der Ruhe und Ordnung daselbst ausgestelltes und
postirtes Commando, welches sein Ansehen und Autorität
nicht auf seine eigenen Kräfte oder Anzahl sondern auf
Ewr. Kgl. Maj. Gerechtsame und auf Dero Macht solchen

Nachdruck zu geben gründet, ansehen, also vermeinen wir
allerunterthänigst bei der

3ten Frage, dass der Officier, so selbiges commandirt,
so oft die Umstände seine Hülfe und Interposition erfordern,
solche ohne seine eigene Stärke zu untersuchen oder zu
bedenken verleihen solle. Er wird sich wohl in Acht zu
nehmen haben die ihm anvertraute Autorität ohne gegründete Ursache anzuwenden, sobald solche aber vorhanden,
so glauben wir, dass so wenig auf dem Lande die Anzahl
der Tumultuanten oder Friedensstörer einen die Wacht habenden Officier von der Pflicht ihnen Einhalt zu thun befreien kann, so wenig vermöge auch die grössere Stärke
eines oder mehrerer fremden Kriegsschiffe oder deren Wider-
stand den im Oeresunde commandirenden Officier von Beobachtung eben dieser Obliegenheit zu dispensiren. Ewr.
Kgl. Maj. werden jedoch nach Dero Weisheit zu beurtheilen
geruhen, ob nicht während dieser Kriegsläuften und beson-
derlichen Umstände etwa eine stärkere Fregatte zur Wache
bestimmt und dem auf der Copenhagener Rhede liegenden
Wachtschiffe der Befehl selbiger erfordernden Falles zu
Hülfe zu kommen und sie zu secondiren beigelegt werden
solle.

In allen diesen Fällen erachten wir also, dass der auf
dem so oft genannten Wachtschiffe das Commando führende
Officier deutlich und präcise zu Ewr. Kgl. Maj. Ober-Herrschaft im Oeresunde und daraus fliessenden Jurisdiction
und Obliegenheiten angewiesen und von aller Sorge einer
Verantwortung für das, so aus vernünftiger und herzhafter
Beobachtung seiner Pflichten folgen kann, befreiet werden
müsse. Wenn aber endlich

4. Dero combinirtes Collegium Ewr. Kgl. Maj. Befehl
über das Verhalten besagten Officiers auf den Fall, da derselbe von der vorgefallenen Unordnung oder Hostilität nur,
nachdem solche bereits geendigt gewesen, Nachricht erhalten,
sich erbittet, so sind wir des unvorgreiflichen Ermessens,
dass in solchem casu, weil sodann kein periculum in mora
vorhanden und keine schleunige Hülfe erfordert wird, selbiger nicht eigenmächtig darin zu verfahren sondern zuvörderst von dem Vorgang an Ewr. Kgl. Maj. oder das ihm
von Allerhöchst-Deroselben vorgesetzte Admiralitäts-Colle-

referiren instruiret werden könne. Es wäre denn, ... das Schiff, ... die Unordnung begangen, im Begriff ... unter Segel zu gehen und also sich der verwirkten Ahndung zu entziehen, da denn auf Begehren des misshandelten Theils selbiges wohl angesprochen und bis zur Einlaufung der inzwischen begehrten Verhaltungs-Ordres von ihm angehalten werden müsste.

Wir unterwerfen diese unsere Gedanken Ewr. Kgl. Maj. allerweisesten Beurtheilung und verharren in vollkommenster Treue und tiefster Submission.

54.

Dépêche à Mr d'Assebourg à Stockholm.

Copenhague 26 septembre 1755.

(Extrait.)

Sa majesté, qui regarde comme ses amis tous ceux qui voudront que le pouvoir du sénat ne soit point abattu, mais que la balance entre lui et l'autorité royale soit maintenue ainsi qu'elle est prescrite par la forme du gouvernement, vous commande de vous tenir étroitement lié à eux, et d'avancer et d'appuyer leur cause par tous les moyens légitimes qui se présenteront à vous. Et c'est par une suite de ces mêmes principes que sa maj., voulant leur donner et particulièrement au baron de Scheffer, qu'elle considère comme le chef de son parti en Suède et qu'elle honore de sa confiance supérieurement à tout autre Suédois, des preuves de sa protection et de son assistance, consent à la demande et aux souhaits de ce sénateur et vous autorise à déclarer verbalement, lorsqu'il vous en requerra, à ceux qu'il aura soin de vous indiquer: que sa maj. ne pourrait voir avec indifférence qu'un parti portât atteinte à la liberté de la Suède et que l'on touchât à la forme du gouvernement, établie loi fondamentale de l'état par le consentement unanime de tous les ordres du royaume. Le roi ne se cache pas combien cette déclaration sera désagréable aux sectateurs de la cour et à leurs adhérens, il prévoit qu'on lui prêtera toutes

s.rtes de couleurs et de motifs peu vrais et peu mérités,
et il sera bien aise par cette raison qu'on ne la hasarde
pas légèrement et qu'on ne la fasse que lorsqu'elle pourra en
effet être utile au sénat. Il vous charge en conséquence de concerter mûrement avec le baron Scheffler le moment où vous
la ferez, et de prendre vos mesures avec lui pour qu'elle soit
aussi peu désagréable et aussi efficace qu'elle pourra l'être; mais
puisqu'enfin sa gloire et son intérêt le décident à ne point refuser son appui réel à ceux qui s'attachent à lui et qui forment le
parti qu'il affectionne, et qu'après tout c'est à eux, du salut desquels il s'agit, de savoir combien et quand une pareille démarche
leur est nécessaire, il vous ordonne de ne point la leur
refuser, dans quelque moment qu'ils vous la demandent,
mais de vous y prêter, lors même que vous souhaiteriez
qu'elle fût remise à une autre époque que vous jugerez
être plus favorable. Vous ferez part de cette partie de
vos instructions au baron de Scheffer, et vous ajouterez que
le reproche d'avoir abandonné ou de n'avoir appuyé que
faiblement ses amis, serait de tous les malheurs de la
diète celui que le roi redouterait le plus.

55.

Königliches Cabinets-Schreiben an die Römische Kaiserin und Königin zu Ungarn und Böhmen.

Christiansburg 14 Novbr. 1755. [1]

Durchlauchtigste Grossmächtigste Kaiserin, besonders
freundlich liebe Frau Muhme und Schwester!

Ew. Kaiserl. Majest. und Liebden werden Sich zu erinnern geruhen, wasmaassen der Evangelischen Churfürsten,
Fürsten und Stände, zur allgemeinen Reichsversammlung
bevollmächtigte Räthe, Botschaften und Gesandte auf special
Befehl ihrer Obern und Committenten wiederholte Interces-
sionsschreiben für die das Augsburg'sche Glaubensbekenntniss
annehmenden Einwohner in Steyermark, Kärnthen und dem
Lande ob der Ens an Deroselben ehrerbietigst gelangen zu

---

[1] Cette intercession eut lieu de concert et conjointement avec la Prusse.

innen, bemüssiget worden. Es haben auch Ewr. Kaiserl.
Maj. und Liebden darauf so klare Merkmale huldreicher Gesinnung in den über diese Materie durch Dero Oesterr.
Comitial-Gesandtschaft bekannt gemachten Rescripten zu
äussern beliebet, dass eine unfehlbare Abstellung der men-
tionnirten Beschwerden gewisser Weise zu hoffen und zu
erwarten geschienen. Nichts desto weniger aber bezeuget
ein von obgedachter Evangel. Chur-Fürsten und Stände zu
Regensburg subsistirenden Räthen, Botschaften und Gesandten
an Mich den 7 Mai anni curr. erlassenes Schreiben sammt
dessen Postscr. vom 18 Juni, dass Ewr. Kaiserl. Maj. und
Lbden an sich höchst ruhmwürdige und billigmässige Absichten in Betracht der Religions- und Gewissens-Freiheit
Dero Evang. Unterthanen keineswegs von den Beikommen-
den gebührlich erfüllet, sondern vielmehr zu vereiteln gesucht und mit herbem Gewissenszwang nebst anderen Be-
drückungen gegen ermeldte Evang. Unterthanen continuiret,
ja auch selbst die, in Platz der ansonsten durch notorische
Reichs-Grundgesetze und Friedensschlüsse festgestellten Emigration, veranstaltete Translocirung nach Hungarn oder Sie-
benbürgen diesen armen Leuten, wegen Abgang nöthiger
Lebensmittel, Entsonderung von ihren Weib- und Kindern
und mehrerer harten Begegnungen, ganz trostlos und schier
unverträglich gemachet werde.

Gleichwie nun derlei Verfahren, in so ferne es nämlich
Grund hat, natürlicher Billigkeit, Deutscher Reichsverfassung
und besonders Ewr. Kaiserl. Maj. und Liebden löblich er-
klärter eigener Willensmeinung und nicht minder Dero Interessen offenbar entgegen läuft, als kann Ich, ohne jedoch in Deroselben Landesangelegenheiten sonst irgends
abgezweckte Einmischung, auf vorbemeldte des gesammten
Evangelischen Corporis an Mich geschehene inständige Re-
quisition, und da Ich denen, so Meines Glaubens wegen
leiden, Meine Fürsprache und Mitleiden nicht entziehen mag,
keinen Umgang nehmen, Ewr. Kaiserl. Maj. und Lbden
hiedurch freund- Oheim- und Brüderlich zu ersuchen, Sie
wollen nach Dero bekannten Æquanimität und rühmlichsten
Justizliebe oberwähnten wider Dero eigenen Befehle und
Willen vorgehenden Religions-Pressuren hinlänglichen Einhalt zu thun geruhen und folglich mehrgedachten Dero

zur Evangelischen Kirche sich bekennenden Unterthanen, wo
nicht die auf gleiche Fälle reichsconstitutionsmässig verse-
hene Emigration, wenigstens eine zu derer convenablem
surrogato diensame, mit erträglichen Umständen verknüpfte
und schon huldreichst zugesagte inländische Translocation
effective angedeihen lassen.

Es werden Ewr. Kaiserl. Maj. und Lbden damit ein
grosses zu Befestigung des so heilsamen guten Vernehmens
zwischen beiderseits Religionsverwandten im Deutschen Reich
contribuiren, wie auch die Evang. Mächte, die guten Theils
freiwillig ihren der Römisch-Catholischen Kirche anhangen-
den Unterthanen ganz unbedrängte Religionsübung verstatten,
höchlich erfreuen, insbesondere aber Mich, der für Dieselben ohnehin tragenden distinguirten Hochachtung und
aufrichtigen Freundschaft nach; zu vieler Danks-Erkenntlich-
keit verbinden.

56.

Dépêche à Mr. de Rantzau à Londres.

Copenhague 31 janvier 1756.

(Extrait.)

— Expliquez-vous donc, monsieur, avec les ministres
anglais et allemands de sa maj. britann. sur ce sujet, le
roi vous l'ordonne. Représentez-leur ce que je viens de vous
exposer, la fidèle amitié du roi, son amour pour la paix,
leur propre intérêt qui les presse de détourner de lui tout
ce qui peut la troubler, rappelez-leur la conséquence du
dessein contre lequel nous nous élevons, assurez-les bien
que le roi n'a aucun dessein de gêner le roi de la Gr.-
Bretagne dans aucune de ses autres mesures, qu'au contraire il applaudit sincèrement à tout ce qui peut contribuer
à la sûreté et à la défense des états de Hanovre, dont il
aime et désire la conservation et la prospérité sous leur
légitime souverain, faites-leur bien comprendre que ce n'est
que contre le seul transport des Russes par mer vers le
Holstein ou le Mecklenbourg, qui lui est si voisin, que nous
réclamons, mais ne leur dissimulez pas que nous ne pour-

regarder cette démarche, tant que subsisteront les différends entre le roi et le grand-duc, que comme directement opposée à la paix du royaume et au salut de l'état. [1])

Sa majesté se promet de vous que vous ferez cette représentation avec toute la douceur et toute la prudence possible. Le roi ne désire que d'être toujours, comme il l'a toujours été, l'ami vrai et fidèle du roi de la Gr. Bret., il ne forme point de pensée qui ne soit en faveur de sa conservation et de sa gloire, il souhaite la paix au pays de Hanovre presqu'aussi vivement qu'à ses propres sujets. Assurez-en les ministres et dites-leur que tout ce que vous leur demandez c'est qu'ils ne forcent pas, par une démarche si dangereuse pour les provinces qu'ils veulent sauver, un prince qui pense ainsi à se prêter enfin aux sollicitations auxquelles il s'est toujours refusé, et à former des liaisons qui coûteraient à son cœur, mais qui, dans le cas malheureux qu'ils feraient naître, deviendraient nécessaires au bien et à la sûreté de ses sujets, sa suprême loi. —

57.

Königliche Versicherungs-Acte für den Prinzen Peter August Friedrich von Holstein-Beck in puncto seiner gethanen Cession und Verzicht auf die Plönische und Glücksburgische Succession.

Christiansburg 10 Februar 1756.

58.

Königliche Versicherungs-Acte für den Prinzen Carl Ludvig von Holstein-Beck in puncto seiner gethanen Cession etc.

Christiansburg 12 Februar 1756.

---

[1]) D'après le traité conclu entre l'Angleterre et la Russie le 19/30 septbre 1755, un corps d'armée russe devait se tenir prêt à traverser la Baltique afin de couvrir le Hanovre. B. craignait que ces troupes, une fois débarquées soit dans le Holstein ducal soit aux frontières danoises, ne fussent employées contre le Danemark si le grand-duc venait à monter sur le trône russe. L'Angleterre s'em-

59.

Königliche Versicherungs-Acte über den mit dem Hause

und Glücksburgischen Lande und Feudal-Possessiones habenden eventuellen Anfall-Rechts.

Christiansburg 13 Februar 1756

60.

Traité d'amitié de commerce et de navigation avec la république de Gênes,

signé à Paris le 13 mars,
ratifié à Copenhague le 7 mai 1756.

61.

Dépêche à Mr. d'Assebourg à Stockholm.

Copenhague 10 avril 1756.

(Extrait.)

— J'ai renfermé toutes nos propositions ou tous nos souhaits dans le projet[1]) que je vous envoie et dans lequel j'ai conservé en entier celui de la Suède. Vous savez, et vous aurez trouvé dans les papiers de vos prédécesseurs, que l'usage constant entre les deux cours porte que, dans tout traité à faire entre elles. chacune parle sa langue; c'est cet usage que je suis en vous adressant notre projet en danois (auquel. pour votre propre commodité, je joindrai la minute de la pièce en allemand). Vous le présenterez ainsi à son exc. le baron de Höpken, mais vous ne ferez aucune difficulté de recevoir la réponse en suédois et

---

pressa de donner des explications satisfaisantes, et bientôt le traité anglo-russe tomba par suite de l'alliance entre l'Angleterre et la Prusse. Schäffer, l. c. 141—146, 164.

[1]) Projet de l'union maritime, signée le 12 juillet 1756.

qu'il s'agira de dresser le traité même, on en fera, à
l'exemple de nos pères, deux exemplaires, l'un en danois et
l'autre en suédois; vous signerez le nôtre, mrs les ministres
de Suède, munis du pouvoir de conclure la négociation, signe-
ront le leur et l'échange des deux se fera ensuite. —

62.

Königliche Versicherungs-Acte für den Prinzen Carl August
Anton zu Holstein-Beck, betreffend dessen Renunciation und
Cession der auf die Plönischen und Glücksburgischen Lande
habenden eventuellen Erb-Rechte.

Cottorp 25 Mai 1756.

63.

Dépêche à Mr. d'Assebourg à Stockholm.

Fredensborg 1 juillet 1756.

Je n'ai pas si tôt reçu votre dépêche du 25 juin, au sujet
de la conspiration tramée et découverte à Stockholm, que je l'ai
faite parvenir au roi.[1] Sa majesté n'a pas été moins touchée
que frappée d'apprendre un plan dont, en ce siècle, quelque
riche qu'il soit en événements extraordinaires, on n'en a
pas' encore vu former dans la chrétienté de si horrible, et
elle m'ordonne de vous marquer qu'elle n'approuve pas
seulement la conduite que vous avez tenue dans cette conjoncture et la façon dont vous vous êtes expliqué vis-à-vis
mrs de Höpken et de Scheffer, mais elle veut que vous
réitiriez à ces deux sénateurs, aussi bien qu'au maréchal de
la diète et aux personnes où vous jugerez que cela peut
convenir, les assurances les plus fortes et les plus formelles
que sa maj., bien loin de voir avec indifférence que la
liberté de la Suède et ceux qui la défendent soient opprimés, sera toujours disposée et prête à la soutenir par
toutes ses forces, du moment que l'on demandera son assi-

---

[1]) La conspiration des comtes de Horn et de Brahe. Voir Malmström l. c. IV, 192 seqq., Assebourg l. c. 83—91, Moltke l. c.,
180—90.

stance. C'est par ordre du roi, qui n'a pas voulu que je
perde de temps pour vous instruire de ses intentions, que
je vous dépêche ce courrier. J'espère que nos amis jugeront, par l'empressement qu'on a de vous les faire parvenir,
de la part que nous prenons à leur situation et au soutien
de la bonne cause. [1]

64.

Convention med Sverige til Sikkerhed for Handelen. (Union
maritime).

Afsluttet i Stockholm 12 Juli.
ratificeret i Kjøbenhavn 30 Juli 1756. [2]

65.

Dépêche à Mr. d'Assebourg à Stockholm.

Copenhague 31 juillet 1756.

(Extrait.)

— Vous voilà, je l'espère, instruit de la volonté du roi
sur tout ce qui fait l'objet de vos dernières conférences.
Il me reste à toucher encore deux articles importants dont
vous nous avez parlé dans vos rapports, et sur lesquels je
suis bien aise de raisonner avec vous avec la liberté et la
sécurité que me donne l'occasion qui vous fera parvenir
cette lettre.

Le premier regarde les dangers qui menacent le roi et
la famille royale ou au moins la reine de Suède. Le roi
agrée parfaitement la fidélité et l'exactitude avec lesquelles
vous lui rendez compte de cette fatale position, et sa maj.
m'ordonne de vous dire que, sur ce point comme sur tout

---

[1] A la communication de cette instruction, les sénateurs répondirent
„qu'ils reconnaîtront toujours dans la personne du roi le premier
et le plus respectable des amis de la Suède“, et Assebourg ajoute:
„il serait difficile d'exprimer les impressions que font sur eux et
sur la totalité de la nation les bontés et l'intérêt généreux du
roi.“ Dépêche d'Assebourg 6 juillet.
[2] Voir Schäffer I, 111, 171, Assebourg l. c. 75—79, Moltke l. c. 194.

autre, elle est entièrement satisfaite de vous. Vous vous
attendez sans doute à ce que je vais vous marquer par son
commandement sur cet article: l'extrême délicatesse de
l'affaire détermine le roi à ne s'en point mêler et il veut
que dans toutes les occasions vous témoigniez, avec quelque
vivacité que l'on vous presse de vous expliquer plus clairement, que sa maj. sentait dans toute leur étendue le malheur de ces circonstances et la douleur que tout Suédois
et tout ami de la Suède devait en ressentir, mais qu'il
n'avait point de conseil à donner dans une rencontre de
cette nature, où l'expérience et la connaissance de mille
faits et de mille appréhensions ou espérances fondées sur
le caractère de ceux dont il s'agissait, mais dont aucune
n'était suffisamment connue à sa maj., pouvaient seules décider entre des devoirs de tous côtés si sacrés et si pressants. Vous tiendrez constamment ce langage; mais je dois
néanmoins ajouter, pour votre propre information, que le
roi verrait avec peine que l'on poussât les choses jusqu'à
la déposition du roi de Suède, extrémité qu'il estimerait
dangereuse pour le parti de la liberté, puisqu'elle exciterait
et porterait peut-être au-delà de ses bornes la compassion
de la nation pour ce prince et pour son sang, destiné pourtant à n'en régner pas moins sur la Suède, et désavantageuse à ses propres intérêts puisqu'il n'est pas contraire à
ce que le trône de ce royaume soit occupé par un roi qui
n'ait pas toute la confiance de sa nation. Je n'en dirai pas
davantage. Ces peu de mots suffiront pour vous faire connaître les sentiments de sa maj., qui après tout ne peut pas
souhaiter la dégradation personnelle d'un prince de son
sang, et je dois croire superflu de combattre par plus d'arguments une résolution si périlleuse à tous égards, dont
ceux qui la hasarderaient ne tireraient que si peu de profit
et qui, dans un petit nombre d'années, pourrait être ven-
gée par devoir par le même prince auquel cette déposition
ferait tomber de si bonne heure la couronne. S'il s'agissait
de priver toute la famille royale de son droit au trône, le
raisonnement pourrait être différent; mais dans quels abimes
cette résolution ne jetterait-elle pas la nation, et qui dans
ce cas pourrait espérer ses suffrages? C'est un point sur
lequel vous voudrez bien ne montrer nulle curiosité mais

me dire cependant par le retour de ce courrier votre propre
opinion. [1])

Je passe au second article dont je dois vous entretenir,
et c'est la division qui règne dans le sénat et particulièrement entre les barons de Höpken et de Scheffer. Il y a bien
des années que j'ai craint et prévu ce malheur qui peut
être si funeste au bon parti, et que j'en ai prévenu le baron de Scheffer, qui alors se croyait très-assuré qu'il n'urri
vorait pas. Je ne saurais assez vous exprimer combien je
le déplore, et combien j'en crains les fatales suites pour
tout le sénat et surtout pour les deux rivaux; mais je ne
puis pas vous déguiser non plus combien je crois que le
baron de H. en est principalement coupable, et à quel point
je trouve que nous avons sujet d'être peu contents de ce
ministre.[2]) Autant le baron Scheffer est constant dans son
système, fondé sur l'union entre les deux cours, et dans son
empressement à la cultiver, autant le baron de Höpken Pest
(sans doute par haine pour son concurrent) à nous marquer
son peu de confiance et peut-être aussi à inspirer les mêmes
sentiments à ses adhérents. Nous en avons mille preuves
— qui est-ce qui le sait mieux que vous? — et quand il
n'y aurait que son tableau des affaires générales présenté
au comité secret à l'ouverture de la diète, que vous nous
avez envoyé, et puis sa conduite dans l'affaire du flottage,

---

[1]) Assebourg répond dans sa dépêche du 11 août, qu'il craint que la
diète suivante ne pût devenir le moment fatal, où l'on ôterait la
couronne au roi et la succession au prince royal, mais il espère que,
dans ce cas, le trône passerait à l'un des deux autres princes, „doux,
aimables et sans préjugés contre la liberté de la nation.“ En cas
contraire, il redoute fort les compétitions et les divisions, mais il
ajoute: „la nation est extrêmement attachée à notre roi; sa justice, sa bonté, sa popularité, son attachement à sa parole, sa
générosité, enfin tout ce que nous lui connaissons de grandes qualités, lui gagnent tous les jours davantage les cœurs des Suédois, et les suffrages se réuniraient bientôt sur sa majesté, si ses
intérêts étaient soutenus par les moyens qui peuvent tout sur un
peuple qui vit dans la misère et qui se laisse éblouir par un gain
médiocre.“

[2]) Malmström l. c. IV, 370 Note. Les véritables sentiments du ministre suédois envers le Danemark ressortent clairement de sa
lettre au baron Ulrik Scheffer du 28 novbr 1757, citée dans
cette note.

il serait impossible de cacher son inimitié envers nous.
Cette disposition dans celui qui est la bouche de la Suède
dans les affaires étrangères et, par conséquent, aussi dans
toutes celles que nous avons emsemble, et du zèle duquel
les expéditions dépendent, est de trop grande conséquence,
et il est trop injuste que, pendant que nous sacrifions tout
pour le sénat et que nous sommes décidés à soutenir ses
droits même par les armes, l'homme que, par sa charge et
surtout par le nombre de ses partisans, nous pouvons considérer comme le chef de ce corps, nous suscite des travers
et en agisse malignement avec nous, pour que je croie que
le roi le dissimule longtemps. Il pourra très-bien arriver
que sa maj. vous ordonne de vous expliquer avec lui et de
lui demander s'il veut être notre ami ou s'il veut ne l'être
pas. Il sera important de savoir à quoi s'en tenir; mais,
avant que d'en venir à cette démarche, je vous demande de
me dire ce que vous en pensez. Je sens très-bien que mr
de H. fera fort le surpris et peut-être même le fâché de
cette question, et qu'elle pourra très-bien blesser la délicatesse et la fierté suédoises, de quelque politesse que vous
l'accompagniez; mais, faisant pour le sénat ce que nous
faisons et nous trouvant dans ces troubles dans la position
où nous sommes, il doit nous être permis de demander à
ceux dont le roi est l'appai quelque chose de plus que
de la froideur, et il ne sera peut-être pas mal de leur faire
sentir que nous nous entendons en procédés, et que nous
savons connaître également nos amis et ceux qui ne le
sont point.

66.

Dépêche à Mr. de Rantzau à Londres.

Copenhague 7 août 1756.

Depuis longtemps je n'ai pas eu l'honneur de m'entretenir avec vous. Une multitude d'affaires et d'occupations
m'en ont ôté les moyens, et ce n'est encore aujourd'hui
qu'avec peine que j'en puis trouver le moment.

Vos rapports au roi et les lettres que vous avez bien
voulu m'écrire me sont toutes bien parvenues jusqu'à celle

du 16 juillet que j'ai reçue il y a huit jours. Je les ai mises toutes sur le champ devant le roi.

Il est si ordinaire aux hommes de juger par les événements et cependant si peu juste d'attribuer si indistinctement à de fausses mesures ce qui peut n'être que l'effet du malheur ou, pour parler plus vrai, des décrets de la Providence, que je me représente vivement tout ce que le ministère de la Grande-Bretagne doit avoir à souffrir dans ces conjonctures de la part du public, et que je partage sa peine bien loin de condamner ses opérations dont je puis ignorer les causes et les motifs secrets. Je ne me permettrai pas de m'étonner que, malgré ces nombreuses flottes qui, depuis tant d'années, rendent la Gr. Bret. la première puissance maritime du monde, elle n'ait pu comme autrefois envoyer dans la Méditerranée une escadre assez forte pour y empêcher les entreprises de la marine renaissante des Français, ni mettre ses amiraux en état de donner des secours efficaces à une place qui a tenu plus de deux mois contre les efforts de ses ennemis, et j'attendrai le temps où le gouvernement jugera à propos d'expliquer les raisons qui l'ont porté à cette conduite ou la nécessité qui l'y a forcé. Mais je ne puis pas différer jusque-là le sentiment que je donne à la perte de Port Mahon. Elle est d'une conséquence et d'une importance extrême et, selon les apparences humaines, irréparable. Selon ce que j'en puis juger, une invasion en Irlande ou en Ecosse et même, si on le veut, en Angleterre, aurait été bien moins à craindre et aurait eu des suites bien moins funestes. Depuis la révolution il n'y a point eu d'époque aussi triste pour l'Angleterre. On n'entend parler de toutes parts que de ses pertes et des succès de ses ennemis, et ceux qui commandent pour elle soit sur terre soit sur mer ne font rien et ne remportent pas les moindres succès qui puissent balancer l'impression de tant de malheurs. Vous voudrez bien m'informer de ce que l'on pense de tout ceia à la cour britan., et si ce temps d'infortune fait au moins sur la nation l'effet qu'il fait communément et qu'il doit faire, s'il réunit les esprits et ranime le génie patriotique, s'il abat la présomption et l'injuste mépris de ses ennemis et de ceux qui ne le sont pas, s'il rend plus vigilant et plus circonspect à

au point augmenter des haines et des revers, que peut-être
on n'a voulu autrefois ni éviter ni prévoir. La crise est
violente et tout bon Anglais ne doit pas se le dissimuler.
Encore une ou deux campagnes semblables à celle-ci et la
face de l'Europe sera changée.

Je me hâte de tirer le rideau sur des présages si
tristes, pour vous parler d'un sujet qui y a rapport mais
que je ne crois pas désespéré. C'est sur l'affaire de Hosse
et sur les desseins que l'on attribue peut-être avec raison
à la cour de Vienne de vouloir en tirer un prétexte pour
allumer une guerre contre les protestants et surtout contre
le roi de Prusse. Dès le moment que l'on a pu avoir ces
appréhensions, le roi a travaillé sans relâche à les détourner, et sa maj. brit. est déjà informée depuis plusieurs mois
des efforts généreux que sa maj. a faits et qu'elle est
prête de faire pour écarter, autant qu'il dépendra d'elle, cet
orage et pour faire abandonner à la cour impériale de si
funestes projets. Je m'en suis ouvert confidemment par
ordre du roi à mr le président de Münchhausen et, si plus
d'une raison m'empêche de vous envoyer par la poste les
copies des lettres volumineuses écrites sur ce sujet, vous
pourrez facilement être informé de leur contenu par le
frère de ce ministre, auquel je ne puis douter qu'elles ne
soient parvenues. On n'ignore donc point à Londres, et je
n'imagine pas que le ministère allemand du roi de la
Gr.-Bret. en fasse un mystère au ministère anglais de
ce monarque, avec quelle fermeté et quel zèle le roi pense
et agit pour le maintien de la paix et de la religion
dans l'empire germanique, et combien sa maj. est disposée
à se concerter sur cet important objet avec sa maj. britannique.

Il est bien vrai cependant, et je ne veux pas vous dissimuler que, si le roi permettait à de moindres causes de le
détourner de ses grands buts et de ces principes qu'il a établis pour base de son règne, il aurait bien des sujets à se
refuser à une liaison à laquelle, en toute autre occasion, on
met si peu d'agréments pour lui. Que de froideurs n'es-
suyons-nous pas des Anglais lorsque par hasard il s'agit de
quelqu'un de nos intérêts, que de vivacité au contraire,
quand ils croient les leurs blessés, que de hauteur dans leur

langage au sujet de notre navigation et dans leurs procédés
vis-à-vis de nos commerçants et, ce qui m'étonne plus que
tout le reste, que d'opposition dans leur politique d'aujourd'hui à la nôtre et même à leurs propres maximes! Vous
sentirez aisément que c'est leurs manœuvres relativement à
la Suède que j'ai en vue. De tout temps il a été posé
pour principe que la liberté de la Suède était avantageuse
à ses voisins, à tout le nord, et particulièrement aux puissances dites maritimes, qui par mille raisons doivent désirer
que cette partie de l'Europe, si importante pour leur commerce
et pour la sûreté de leurs états, reste tranquille. De tout
temps l'Angleterre a regardé comme un bien pour elle que
la Suède fût indépendante et calme, et de tout temps ses
politiques et ses docteurs ont pratiqué et soutenu les principes anti-despotiques, et cependant aujourd'hui, qu'une conspiration formée pour rétablir le pouvoir royal illimité dans
le royaume vient d'éclater, et que ce n'est qu'avec peine que le
parti du sénat maintient la forme du gouvernement établie
par les lois, nous savons que le ministre anglais travaille
à exciter la Russie contre ce parti et qu'il cherche à procurer ce puissant appui à la faction despotique. La haine
contre la France, que l'on sait déclarée en faveur du sénat,
est la cause de cette manœuvre; nous le savons bien, mais
faut-il donc que cette haine l'emporte sur toute autre considération, et un bien que la France favorise cesse-t-il d'être un
bien, une maxime cesse-t-elle d'être bonne et vraie dès
qu'elle l'appuie? Une grande cour comme celle d'Angleterre,
un ministère si éclairé peuvent-ils ainsi abandonner des
principes assurés et agir contre leur propre système parce que
la France pense dans ce moment comme ils ont toujours
pensé eux-mêmes? Nous ne sommes pas si variables. Constant dans ses principes, le roi raisonne par lui-même et
non d'après ceux qu'il aime ou qu'il n'aime pas. Il est et
il sera le ferme appui de la liberté suédoise et, s'il se
trouve sur ce point en contradiction avec l'Angleterre, il la
laisse juger elle-même, si c'est à lui ou à elle que la faute
doit en être attribuée. Vous pouvez, monsieur, l'insinuer,
mais avec toute la modération et tous les égards requis,
au ministère britan., lorsque vous en trouverez l'occasion
favorable; vous pouvez lui marquer votre surprise de le

~~••~~ en cherchant de relever la puissance royale en
Suède contre ses propres actions et celles de tous les ministres précédents en Angleterre et, s'il semble qu'on vous
écoute, ajoutez que tous les vrais amis de la Gr.-Bret.
désirent que la chaleur des conjonctures présentes ne mèue
pas trop loin ceux qui la gouvernent. La paix se fera
quelque jour, cette guerre finira et avec elle la vivacité de
ses haines; mais le vrai système de l'Angleterre sera toujours le même, ses anciennes affections et ses anciennes
maximes reviendront et, s'il était possible qu'elle réussit
aujourd'hui dans ses vues momentanées, il ne lui en resterait assurément dans peu que de longs regrets.

Bientôt je compte pouvoir vous envoyer les ordres du
roi de communiquer au ministère le traité qu'après une
assez longue négociation nous venons de conclure avec la
Suède pour la défense de notre navigation et de notre
commerce. La ratification en a été expédiée ces jours-ci.
Vous le trouverez dressé avec la plus grande attention pour
ne défendre que nos droits et pour ne donner offense à
personne. Plaise au ciel qu'il paraisse tel aux puissances
en guerre et que, par leurs complaisances outrées pour
leurs armateurs ou par l'effet d'une politique aussi dangereuse par ses conséquences qu'injuste dans ses principes,
elles ne nous forcent pas à réaliser en effet ces mesures
que nous voudrions bien n'avoir à employer jamais.

67.

Dépêche à Mr. d'Assebourg à Stockholm.
Copenhague 11 septbre 1756.

La grande nouvelle que vous venez de nous mander du
raccommodement du roi de Suède avec le sénat et les états
de son royaume a été très-agréable au roi. Sa maj., qui
regarde les maux d'une nation voisine et alliée avec cet
intérêt vif et sincère que la véritable amitié inspire, voit
avec plaisir ses inquiétudes pour la tranquillité de cet état
calmées par un événement si heureux, et elle applaudit de
bon cœur à la sagesse et à la modération qui ont pré-
sidé aux conseils de la Suède pendant cette dangereuse

crise, et qui sont parvenues à détourner de ce royaume cette
foule de malheurs qui le menaçaient et qui paraissaient lui
être inévitables. Vous pouvez faire connaître ces sentiments
de sa maj. où vous le jugerez convenable et, quelque positives que soient les assurances que vous en donnerez, soyez
certain que vous ne passerez jamais les intentions du roi
et son désir d'en convaincre la Suède.

Mais il s'en faut bien que sa maj. ait appris avec la
même satisfaction ce que vous me mandez dans votre apostille. C'est un malheur pour le maintien de la bonne et
intime intelligence entre les deux couronnes que dans des
conjonctures où notre alliance et nos intérêts communs
exigeraient plus que jamais une confiance entière et un
concert vif et animé entre nous, il préside aux affaires de
la Suède un ministre qui ne nous affectionne pas et qui ne
porte point aux arrangements que nous avons à prendre
ensemble cette activité, ce zèle et ce désir de nous faire
plaisir qui seuls lient les cours et les nations, comme
seuls ils lient les particuliers; mais c'est un plus grand
malheur encore que ce ministre oblige nos amis éprouvés
à abandonner leur commerce avec nous et à nous refuser
désormais leurs conseils et leurs avis, souvent si nécessaires
pour le bien mutuel et commun des deux royaumes. La Suède
nous redevient donc en quelque sorte une terre étrangère,
nous n'y trouverons plus ce secours qui, surtout dans des
gouvernements de la nature du sien, prévient et abrège les
doutes, les erreurs et les difficultés, et nous serons donc
réduits à n'avoir, pour nous concerter sur cette multitude
d'affaires et d'intérêts que le voisinage, l'alliance et ce système de notre union, destiné à augmenter si fort notre
considération en Europe, nous suscitent tous les jours.
qu'un organe, je ne dirai pas qui nous est suspect, mais
dont nous connaissons par expérience le peu d'inclination
pour nous. En vain nous flatterions-nous que notre union puisse
être ou intime ou durable sur ce pied; les difficultés, les objections naîtront partout sous nos pas, les défiances vont
remplir nos conversations et nos conférences, et il ne restera
bientôt de cette intimité que nous cherchions à établir et
sans laquelle tout notre but est manqué que des compliments
et des protestations vides d'effet, et peu après des reproches

Je le prévois et je vous prie de le représenter à notre ami, non pas dans une visite particulière, qu'il ne veut plus recevoir de votre part, mais dans quelque moment où vous le rencontrerez en lieu tiers et où, moins observé, il ne refusera pas de vous écouter. Dites-lui que nous ne voulons pas le jeter dans des embarras ni le presser de continuer malgré lui à prendre à nos démarches une part dont il a estimé nécessaire de faire un sacrifice à son confrère, assurez-le que nous sentons tout ce qu'il y a de vertueux et de noble dans ce procédé; mais ajoutez que vous avez ordre de le prier de faire ses réflexions sur les conséquences et les suites de ce sacrifice et ne lui cachez pas que, la confiance ne se prescrivant et ne s'ordonnant point mais naissant des faits et des procédés, l'union des deux cours et des deux nations, tant souhaitée par tous les bons citoyens de l'une et de l'autre et objet de nos soins et de nos travaux depuis tant d'années, ne pourrait qu'en souffrir et que, si le baron de Höpken ne changeait sa politique et ne faisait autant de pas pour se rapprocher de nous qu'il en avait fait depuis trois ans pour s'en éloigner, tout au moins cette partie de notre plan qui excluait l'entremise des cours étrangères de nos délibérations et de nos concerts en deviendrait impraticable. Vous comprenez sans doute si bien le sens de ces paroles qu'il serait inutile de les expliquer davantage, et je ne dois pas m'étendre plus au long sur une conversation qui, lorsque vous parviendrez à l'avoir, ne pourra être que bien courte.

Le roi approuve cependant entièrement la conduite que vous vous proposez de tenir à l'égard du baron de Höpken. Ménagez-le de votre mieux, marquez-lui les égards que sa fierté exige, cherchez à dissiper ces ombrages qui l'environnent et qui le séparent de nous, et faites-lui sentir qu'il ne tiendra qu'à lui d'obtenir l'estime et les bonnes grâces du roi, notre vénération et notre amitié, mais laissez-lui entrevoir aussi qu'il faut des effets et non des paroles. Ce ne sera qu'à l'extrémité et avec un regret infini que nous en viendrons à des explications plus fortes. Puisse-t-il nous les épargner!

68.

Dépêche à Mr. d'Assebourg à Stockholm.

Copenhague 11 septbre 1756.

Les affaires s'échauffent et s'aigrissent de plus en plus à Ratisbonne ainsi que dans tout le reste de l'Allemagne. Le roi estime qu'il est de l'amitié sincère qui subsiste si heureusement entre lui et sa maj. le roi de Suède de concerter avec ce prince la conduite qu'auront à tenir dans ces fâcheuses conjonctures les ministres des deux couronnes, résidant à la diète de l'empire, et c'est dans ce but que le roi vous charge de conférer sur ce sujet avec mr le baron de Höpken.

L'heureuse neutralité dont nous jouissons et la bonne intelligence dans laquelle nous sommes avec toutes les puissances et tous les princes et états qui composent le corps germanique nous prescrivent déjà un esprit de douceur au milieu de leurs querelles, et l'intérêt pressant, tant religieux que politique, que nous avons à ce que ces querelles n'éclatent pas en hostilités, capables de renverser ce qui reste de lois et de système dans ce pays agité, doit nous inspirer sans doute un esprit de conciliation, tourné à calmer les inquiétudes et à apaiser les haines des deux partis. La base des instructions à donner à nos ministres, et j'ose me flatter que mr le baron de H. ne m'en dédira point, serait donc: concert intime entre eux, impartialité entière entre les différentes factions qui déchirent la diète, modération et douceur envers toutes, attachement inébranlable aux lois, tant à celles qui sont favorables à l'empereur qu'à celles qui bornent son pouvoir et qui assurent les droits et libertés des princes et des états, et attention sincère à prévenir autant que possible tout ce qui peut mener aux scissions et aux séparations, qui seraient mortelles au système de l'empire et à sa tranquillité. Jusque-là il n'y a point de difficulté, je crois, et il ne serait guère possible d'être d'un sentiment différent.

Mais dans le nombre des fonctions des ministres de la diète il y en a quelques-unes sur lesquelles il n'est pas également aisé de déterminer leur conduite. Ce sont celles

qui regardent les affaires de religion et qui occupent le
corps évangélique. Vous savez que, par un arrangement
très-sage et que la nécessité a inspiré à nos pères, les ministres qui composent ce corps ont l'ordre et le pouvoir d'agir
et de conclure pour le soulagement et le salut des persécutés et pour le maintien légal de la religion, sans attendre les résolutions de leurs cours, et cet arrangement est
si salutaire et si indispensable que c'en serait fait de la
liberté des consciences des petits états ou bien des lieux
environnés par les catholiques, si l'on y portait le moindre
changement. Mais nous ne devons pas nous le dissimuler,
les infirmités et les passions humaines ne sont pas étrangères à ce corps, et on y agit quelquefois par des mouvements et des vues qui ne devraient pas entrer dans des
délibérations dont l'objet est sacré. La question est donc si
nos ministres, après avoir représenté ce qu'ils estiment prudent, doivent, lorsque la majorité va plus loin et porte le
soutien de la cause peut-être au delà de la modération désirée, lui adhérer ou s'en séparer? Elle n'est pas bien facile
à résoudre et il y a des inconvénients attachés à l'un et à
l'autre de ces deux partis, mais, après y avoir mûrement
réfléchi et après avoir pesé le pour et le contre, le roi s'est
déterminé à ordonner à son ministre de continuer comme
ses prédécesseurs et lui l'ont toujours fait jusqu'ici, et de ne
jamais refuser sa signature aux conclusions du corps. L'intérêt de la religion seul a décidé sa maj., et il est en
effet si pressant et il serait si dangereux d'admettre des
divisions dans le corps évangélique, qui, lors même qu'il est
réuni, ne peut qu'à peine parer les coups que l'esprit d'in-
tolérance, particulier à l'église romaine, porte sans cesse
aux plus faibles de ses membres, qu'elle a résolu de céder
aux sentiments d'autrui, qui, dans des causes de la nature
de celles qui font l'objet de conclusions des évangéliques,
peuvent bien, il est vrai, excéder la mesure dans la forme,
mais jamais dans le fond, qui est toujours juste, plutôt que
d'occasionner un si grand mal et dont les suites pourraient
être si funestes à toute la religion.

Je vous prie de vous en ouvrir à mr de Höpken et de
lui dire que, le roi m'ayant permis, par des raisons déjà
alléguées, de lui confier sans réserve les règles selon les-

quelles le ministre de sa maj. se conduirait à la diète de
l'empire, je souhaiterais fort qu'elles fussent assez goûtées
par son exe. pour que mr de Greiffenheim pût recevoir les
mêmes instructions et qu'ainsi les deux couronnes, unies
dans leur système pour les affaires générales, le fussent
aussi pour celles de l'Allemagne et surtout de la religion,
et donnassent l'exemple aux états de cet empire d'une véritable fermeté pour le soutien des lois et des libertés, d'un
juste ménagement pour la cour impériale et d'un attachement à la foi, capable de leur faire préférer ses intérêts à
toute autre considération et à toute autre vue.

69.

Traité d'amitié, de commerce et de navigation avec la Turquie,

signé à Constantinople le 14 octobre 1756,
ratifié à Copenhague le 25 février 1757.

70.

Nota an den hiesigen Königlich Polnischen und Churfürstlich Sächsischen Minister von Spenner.

Copenhagen 16 October 1756.

Auf dasjenige, so der Kgl. Polnische und Churf. Säch-
sische Geheime-Kriegs-Rath und Minister, Herr von Spen-
ner, in Seinem d. 26sten abgewichenen Monaths übergebenen
Pro Memoria vorgestellt und verlangt hat,[1] haben Ihro
Kgl. Majestät Demselben in Antwort zu erwiedern befohlen:
Dass, gleichwie Ihro Maj. nach Dero für den König
in Polen Maj. hegenden ganz besonderen freundschaftlichen und vetterlichen Gesinnung die unangenehmen Umstände, in welchen Sich Hochdieselben befänden, mit vieler
Bekümmerniss vernommen hätten, also würden Sie bei der
Reichsversammlung das Ihrige nach Maassgabe der Gesetze

[1] L'électeur de Saxe avait demandé l'intervention du Danemark
contre l'envahissement de ses états par Frédéric II.

und damaliger Verfassung des Reichs beizutragen, Sich ein
wahres Vergnügen machen. Welches man also vorgedachtem
Herrn Minister zu erkennen zu geben und zu versichern
nicht ermangeln sollen.

72.

Instruction für den Herrn Geheimen-Rath und Comitial-
Gesandten von Moltke.

Christiansburg 23 October 1756.

Friederich Vte etc.
— Wir haben mit vieler Bekümmerniss den schnellen
und heftigen Ausbruch des Krieges, welcher Teutschland
eine Zeitlang schon bedroht hatte und welchen abzuwenden
Wir nebst anderen Potentaten und Mächten bereits in Berathschlagung getreten waren, erfahren und weil Wir ihn wegen
seiner ganz besonderen Umstände für den gefährlichsten
und verderblichsten, so seit mehr wie 100 Jahren besagtes
Reich gedrückt hat, halten, so werden Wir Unsere Wünsche
und Bemühungen auf nichts anders als dessen Ausbreitung
und dessen Dauer zu verkürzen, richten. Wir werden Uns
dennoch nicht mit der Entscheidung, welcher von beiden
Theilen Recht oder Unrecht habe, und wer des Krieges und
dahin anzielender Bündnisse und Rüstungen erster Urheber
gewesen oder aber nur aus Nothwehr die Waffen ergriffen
habe, beschäftigen, noch weniger aber solche Maassregeln,
welche dem Uebel nicht abhelfen, den Hass aber und die
Erbitterung zu vermehren fähig sind, veranlassen oder unterstützen und am allerwenigsten Unsers Orts bewilligen, dass Dinge,
die der Ursache und dem Zweck dieses Krieges fremd sind,
zur unendlichen Vermehrung der allgemeinen Gefahr und des
allgemeinen Unglücks mit in selbigen eingeflochten werden, sondern Wir wollen Uns nur solche Anschläge, die den Bedrückten
Hülfe oder doch Linderung in der That verschaffen und in dem
noch ruhigen Theile Teutschlands wo möglich solche Ruhe
erhalten können, gefallen lassen. Aus diesen wenigen Worten wirst du den ganzen Plan der Aufführung, die Wir in
Gnaden von dir verlangen, erkennen. Heftige Vorwürfe,

drohende Reichs-Gutachten oder Schlüsse, ja wohl gar Achts-Erklärungen, welche man dem Könige von Preussen, wie es scheint, in Wien zudenket und auch vermuthlich in Regensburg durch die dem Kaiserl. Hofe nicht leicht entstehende Mehrheit der Stimmen durchsetzen wird, sind Unserm Endzweck und Absichten ganz zuwider und so wenig fähig das Kriegsfeuer zu dämpfen, dass sie viel mehr allen Theilen nur neue Ursachen, ihre Feindschaft gegen einander fortzusetzen, geben würden. Wir wollen also nicht, dass du selbigen beistimmest. Wenn man aber auf der anderen Seite alle Protestantischen Fürsten und Stände an sich ziehen, sie in einer Vereinigung gegen den Wienischen Hof bringen und diesen, unzweifentlich aus weltlichen und politischen Bewegungen und Ansichten entstandenen, Streit zu einem geistlichen und Religionskrieg machen will[1]), so wollen Wir ebensowenig, dass Du solchen Anschlägen beitreten und dergleichen Vorbildungen Gewicht geben solltest. Unparteilichkeit, Liebe zur Gerechtigkeit und zum Frieden und Sorgfalt für die Aufrechthaltung der Gesetze und der Verfassung des Reichs leiten alle Unsere Entschliessungen und müssen auch alle deine Tritte leiten.

In der bereits angesagten Reichsberathschlagung wirst du demnach Unsere dir anvertraute Stimme nicht nach dem Wunsch eines der streitenden Theile zu führen haben. Gerne würden Wir zwar dem König von Polen in seinem erleidenden äussersten Bedruck eine Rettung verschaffen und wenn solche durch Reichsconclusa bewährt werden könnte, so würden Wir keinen Augenblick versäumen, solche ihm, so viel an Uns wäre, angedeihen zu lassen; da ihm aber Worte und zumalen solche Worte, die dem Fürsten, dessen Uebermacht er empfindet, bitter sein würden, nur wenig helfen mögen, so können Wir dich nicht bevollmächtigen auf ein mehreres in seiner faveur, als auf Ablassung eines in geziemenden jedoch glimpflichen terminis gefassten Schreibens des Reichs oder höchstens Kaiserl. Dehortatorii anzutragen und zu stimmen. Wir wissen wohl, dass dieses Betragen

---

[1]) L'Angleterre et la Prusse tâchaient de donner ce caractère à la guerre, Schäfer I, 233—235, et au commencement non sans raison. Boutaric: correspondance secrète de Louis XV, I, 73; no. 66 pag. 155, cfr. Arneth, V, 154, Filon, 10, 91.

das Schicksal, so der Billigkeit und Moderation gemeiniglich begegnet, haben und aller Theile Unzufriedenheit, Klagen und Vorwürfe erregen wird; dadurch aber werden Wir Uns von den Principiis, so Wir heilsam und gerecht erkennen, nicht abwenden, noch Uns jemals zu einer selbigen widrigen Gefälligkeit bewegen lassen.

Jedoch versehen Wir Uns zu dir allergnädigst, dass du das Missvergnügen aller derer, denen die Befolgung dieser Unseren Befehle zum Verdruss gereichen möchte, durch Klugheit und Vorsicht soviel möglich zu lindern, beflissen sein werdest. So wenig Wir Uns durch den Hass und die Heftigkeit anderer in übertriebene Maassregeln fortreissen lassen wollen, so sehr wünschen Wir jedermann von der Reinigkeit Unserer Absichten zu überzeugen und die Zahl derer, so mit Uns nichts anders wie Billigkeit und die Erhaltung der Religion und des Friedens vor Auge haben, vermehrt zu sehen und zu dem Ende wollen Wir, dass du, sobald du in Regensburg, als wohin du nunmehr nach Anleitung Unserer dir unter dem 8ten dieses bekanntgemachten Willensmeinung dich zu begeben hast, angekommen sein wirst, Unsere Entschliessung den Ministris der in engerem Vertrauen mit Uns stehenden Höfe, unter welchen Wir vor allen andern den Kgl. Schwedischen, sodann aber vorzüglich die Sachsen Gotha- und Weimarischen, Braunschweig-Wolfenhättel, Mecklenburg, Hessen-Cassel und Darmstädtischen, auch Nassau-Siegen und Dillenburgischen, sodann aber die übrigen dir bekannten und bereits angezeigten Gesandtschaften Altfürstlich Protestirender Häuser, ja auch Catholischer, billig und friedlich gesinnter Fürsten, wo sich derselben einige finden, rechnen wollen, eröffnest und dir, jedoch ohne dem Kaiserl. Hofe den Argwohn, als wolltest du gegen dessen Absichten Parteien und factiones formiren, zu geben, angelegen sein lassest, solche zu gleicher Gesinnung und, wo es möglich, zu gleichförmigen votis zu bewegen. Es wird dir nicht schwer fallen, sie sämmtlich zu überzeugen, wie es einestheils ohne allen wahren Nutzen sein würde, durch heftigere consilia das Unglück des Krieges zu vermehren und zu verbreiten, und wie es anderentheils aller derer, die die Verfassung des Teutschen Reichs, so mangelhaft wie sie auch ist, erhalten möchten und deren gänzlichen Umsturz un-

gerne sehen würden, grösste Sorgfalt sein, inname, die vor
der Thür seiende Soission und völlige Trennung des corporis germanici durch ihre Vereinigung und Klugheit abzuwenden und abzuhalten. Wir vermuthen nicht, dass diesen
beiden Wahrheiten nach angestellter reifer Ueberlegung etwas mit Grunde entgegengesetzt werden möge. Den kriegenden Parteien aber Unsere, von ihrer Hitze und gegenwärtigem Interesse so weit entfernte, Mässigung gefällig zu
machen, sehen Wir für fast unmöglich an. Jedoch hast du
auch ihnen Unsere, auf Gerechtigkeit und Gesetze gegründeten und nur auf die Erhaltung des Reichs abzielenden,
Resolutiones nicht zu verbergen. Du kannst den Kaiserl.
Ministris, deren Vertrauen und Freundschaft du, in so weit
es mit Unsern dir hiemit gegebenen Instructionen vereinbar
ist, sorgfältig zu suchen und zu erhalten hast, vorstellen,
dass Wir, als ein wahrer und standhafter Freund des Kaisers und der Kaiserin-Königin, Unsere Gesinnung gegen Selbige und zugleich die Uns als einem Fürsten des Reichs
zukommenden Obliegenheiten nicht besser beweisen und erfüllen zu können vermeinten. als wenn Wir alle Unsere
Bemühungen und das Vertrauen, so andere Fürsten und
Stände des Reichs in Uns setzten, zu Verhütung der so
sehr zu besorgenden Scissionen anwendeten. Dahin wären
vornemlich Unsere Gedanken gerichtet und, wenn Wir den
angesagten Achts-Erklärungen nicht beistimmeten, so würden die Kaiserlichen auch Königlichen Ministri leicht einsehen,
dass der von Uns bewiesene Glimpf und eingeschlagene
Mittelweg, woferne er von mehreren gefolget werden sollte.
ihnen in der That mehr wahren Nutzen bringen dürfte als
wenn die Zahl der ihnen beistimmenden zwar vermehret,
dagegen aber viele andere Reichs-Fürsten nach der Verbindung und Neigung, in welcher sie bekanntlich mit dem
Kgl. Preuss. Churbrandenb. Hause stehen, eben dadurch
und durch die selbigem angedrohten äussersten Uebel bewogen würden, dessen Partei öffentlich zu ergreifen und
also die etwa noch übrige Teutsche Union würklich zu zer-
reissen. Du wirst dem Chursächsischen Minister versichern,
dass Wir aufrichtigst wünschen des Königs, seines Herrn.
Unfall glücklich geendiget zu sehen, und dass Wir, in so
weit es die von Uns aus den wichtigsten Ursachen ergriffene

Neutralität zulassen könnte, das Unsrige dazu beizutragen
stets bereit wären; dass Wir aber dafür halten, es würde
ihm durch Erlassung eines Kaiserl. vom Reiche erbetenen
Dehortatorii, zu der Wir dich angewiesen hätten, mehr
als durch hitzigere aber den Umständen nach nicht ins Werk
zu setzende conclusa gedienet sein,

und dem Churbrandenburgischen hast du gelten zu
machen, dass Wir den von den Feinden seines Königes vorgeschlagenen strengen Schlüssen Unsern Beifall nicht gehen
würden,

mit dem Churbraunschweigischen aber kannst du dich
noch näher äussern und, da seine geheimen Instructiones
von denen, die Wir dir mittheilen, vielleicht nicht sehr entfernt sein werden, so wirst du dich auf sothanen Fall noch
deutlicher mit ihm expliciren können.

Und nach solcher Vorschrift hast du demnach dein Betragen auf der Reichsversammlung einzurichten. Ist das
Chursächsische Begehren nebst den Kaiserl. Hof-Decreten
bereits vor deiner Ankunft zur Umfrage gediehen, so hast
du, wenn auch schon das Protocoll des Fürstl. Collegii
noch offen gelassen wäre, dich des Votirens zu enthalten
und zuvörderst über diesen Vorfall an Uns zu berichten;
geschieht die Umfrage aber erst nach deiner Ankunft, so hast
du selbiger beizuwohnen und, nach genommenem Concert mit
den obengenannten Ministris, Unser votum, wenn auch schon die
mehresten derselben defectum instructionis alleguiren sollten,
auf die dir bestimmte Weise, in ganz glimpflichen und dem
ministro eines neutralen Königs geziemenden Ausdrückungen
zu fassen, Uns aber von allem, was sowohl vor als bei dem
Ablegen der Stimmen vorgefallen sein wird, deinen genauen
allerunterthänigsten Bericht zu erstatten. Und weil dein
Weg nach Regensburg dich ohnehin über Gotha oder doch
in der Nachbarschaft solcher Stadt führen wird, so finden
Wir für gut, dass du daselbst (woferne dieser Unser aller-
gnädigste Befehl dich nicht, wenn du schon dortige Gegend
passieret, antreffen sollte, als in welchem Fall du nicht
nach Gotha zurückkehren sondern nur schriftlich diesen Unsern Auftrag allda, jedoch mit der Vorsichtigkeit, dass
deine Briefe nicht in unsichere Hände fallen mögen, auszurichten haben wirst) über das Object dieser Instruction und

die gegenwärtigen Läufte mit den dortigen ▪▪▪▪▪▪▪▪▪▪, doch ohne alle Formalität und gleichsam ▪▪▪ ▪▪ ▪▪ selbst, conferirst. Du kannst, weil Wir in die ▪▪▪▪▪▪▪ otische Gesinnung des Herzogs Lbden ein ganz besonderes Vertrauen setzen, demselben Unsere ganze Gesinnung offenbaren und Wir glauben zuversichtlich, dass er geneigt sein werde, seinen Comitial-Minister auf gleiche Weise zu instruiren und zu einem genauen Concert und Einverständniss mit dir anzuweisen. Nur könnte es sein, dass das Herzogl. Ministerium auf eine besondere Union und Vereinigung unter den Protestanten antrüge, [1]) und da Wir solche nach den vorliegenden Umständen noch nicht rathsam erachten, so haben Wir dich in Gnaden befehligen wollen, einen solchen Antrag, wenn er dir gemacht würde, auf die beste und freundlichste Weise abzulehnen und zu widerrathen; du kannst versichern, dass die Erhaltung der Protestantischen Religion im Teutschen Reiche keinem Könige angelegener, wie Uns, sein könne, dass aber, da eine Protestantische Union alsofort eine Catholische Gegen-Union und Ligam nach sich ziehen würde, Wir eine solche Verbindung viel ebender der gemeinen Sache gefährlich als nützlich ansehen müssten, und daher des Dafürhaltens wären, dass es noch zur Zeit und bis etwa die Unternehmungen der Römischgesinnten Uns zu kräftigern Gegenmitteln nöthigten, genug sein würde, wenn Wir nicht durch Formalitäten und nur Aufsehen verursachende und Vorwürfe nach sich ziehende Versprechungen, sondern durch wahres aufrichtiges Vertrauen und Einverständniss mit einander in der That vereiniget wären und nach einem Zweck, nämlich der Aufrechthaltung der Geistlichen und Weltlichen Verfassung des Teutschen Reichs zieleten. Wir verhoffen, es werde diese Vorstellung den Eindruck, den sie verdienet, machen, und erwarten also auch von der Befolgung dieses Unsers Befehls deinen umständlichen Bericht.

---

[1]) Ce projet avait déjà été communiqué à Bernstorff par lettre confidentielle de mr de Keller; mais B. le combat de toutes ses forces dans une lettre du 23 octobre comme devant nécessairement amener une guerre de religion.

73.

Königliche Ratification der von dem Herrn Geheimen-Rath
C. von Reventlow unter dem 2 October unterzeichneten Capi-
tulation Ihrer Kgl. Hoheit des Erbprinzen Friederich als
Coadjutors und künftigen Bischoffs der Hochstift Lübeck. [1]

Christiansburg 1 Novbr. 1756.

74.

Dépêche à Mr. d'Ahlefeldt à Berlin.

Copenhague 20 novbre 1756.

(Extrait.)

— Vous continuerez cependant de vous conduire à
Berlin de la manière qui pourra vous rendre le plus agréable à la cour et au ministère, et vous répondrez toujours
avec politesse aux insinuations que l'on pourra vous faire,
pareilles à celles dont vous faites mention dans une de vos
dernières dépêches. Vous assurerez en toutes occasions,
que le roi sera constamment très-attentif à conserver et à
cultiver une amitié qui lui est aussi précieuse que celle
de sa majesté prussienne, et que sa majesté sent dans
toute son étendue, combien la puissance de ce prince importe à l'Allemagne, au Nord et à l'Europe, mais vous
laisserez cependant entrevoir, lorsque l'on vous en pressera,
que, dans des conjonctures pareilles à celles-ci, une liaison
plus étroite ne serait pas trop compatible avec la neutralité que le roi avait déclaré embrasser, et que vous ne
voyez guère d'apparence que, dans un temps où sa maj.
prussienne est actuellement engagée dans une vive guerre
allumée précisément à cause de ses conquêtes, sa maj. puisse
goûter la proposition d'une garantie réciproque, mais dont
les dangers, les obligations et les avantages auraient si peu
d'égalité. Ce raisonnement est si fort et si vrai que je ne
crois pas que l'on y puisse rien opposer, et que je suis sûr
que l'on ne vous en regardera pas de plus mauvais œil, si

---

[1] Voir Moltke l. c., 190—94.

en le tenant vous évitez de vous engager plus avant dans
une proposition que ceux mêmes qui vous la font sentent
sans doute ne pouvoir être acceptée.[1]

75.

Haupt- und Neben-Recess die Königliche Erbfolge in die
Fürstlich-Plön'schen Lande und Güter betreffend.[2]

Unterzeichnet in Plön d. 29 Nov. 1756,

ratificirt in Copenhagen d. 7 Januar 1757.

76.

Instruction für den Geheimen-Rath und Comitial-Gesandten
von Moltke in Regensburg.

Christiansburg d. 20sten December 1756.

Friederich V etc.

Nachdem Wir aus deinen verschiedenen sowohl an Uns
erstatteten alleruntertänigsten Berichten als auch an Unseren Geh.-Rath Baron von Bernstorff erlassenen Schreiben
in Gnaden gesehen haben, wie heftig in dich von allen an
den gegenwärtigen Verwirrungen im Teutschen Reiche Theil
habenden oder Theil nehmenden Höfen, um ihnen und ihren
Absichten vermittelst Unsers dir anvertrauten voti beizu-
stimmen, gedrungen werde, in was für einer Unruhe und
Spaltung die Reichs-Versammlung sich befinde und wie du
in solchem Zustande mit Unseren auf selbigen gerichteten
Verhaltungs-Befehlen näher versehen zu werden sehnlich
wünschtest, so haben Wir dir solche hiedurch, in so ferne
es die Beschaffenheit der Dinge leidet, abermals allergnädigst
mittheilen wollen. Aus Unserem, dir unter dem 23 Octob.
zugefertigten, Rescript und aus dem, so dir nachdero und
insbesondere d. 4ten jetztlaufenden Monaths, Unserm Willen

---

[1] La Prusse avait, dans le courant des années 1753—1756, fait plu-
sieurs tentatives pour s'assurer l'alliance du Danemark. Voir Schäfer
I, 111, cfr. 337, 339, Frédéric II, l. c., 68, Moltke l. c., 139, 179, 187.
Cfr. Frédéric II, l. c., 179.

[2] Cfr. F. v. Krogh: Der Plön'sche Successions-Vertrag.

gemäss, von Unserm Geh. Rath Baron v. Bernstorff zugeschrieben worden ist, wirst du bereits erkannt haben, dass Wir nach dem gegenwärtigen Zustande der Sachen nicht dafür halten, dass zu Beruhigung des Reichs und Abwendung der demselben drohenden Uebel etwas fruchtbarlich wirkendes auf dem Reichstage geschehen könne. Zu einer Zeit, wo so viele mächtige Potentaten die Waffen wirklich ergriffen haben und das Teutsche Reich mit zahlreichen Kriegsheeren bereits angefüllt ist und noch mehr überschwemmt werden wird, mögen Conclusa, Suffragia und alles, was nur entweder gar nicht oder nur schwach unterstützte Worte sind, nichts ausrichten und es können demnach durch die Bewegungen und Eifer, so die Reichsversammlung in Feuer setzen, wohl gewaltsame Absichten ein scheinbares Recht erhalten und die Verbitterungen und Feindseligkeiten vermehrt, keines der Uebel aber abgewandt oder vermindert werden.

In dieser Betrachtung würden Wir, welche weder den Leidenschaften Anderer dienen und willfahren, noch Unrecht Recht nennen wollen und nicht gewohnt sind, etwas ohne einige Hoffnung des Successes zu unternehmen, Unsere Stimme, bis sie den ihr gebührenden Nachdruck haben könnte, ganz ruhig lassen, wenn Wir nicht der Uns als einem Fürsten des Reiches zukommenden Obliegenheit erachteten, Uns über die Klagen und Beschwerden, so an das gesammte Reich und also auch an Uns gebracht werden, der Wahrheit und den Gesetzen gemäss zu erklären.

Wir haben dir demnach befohlen und befehlen dir noch in Kgl. Gnaden, dass du dich den Rathsversammlungen und Berathschlagungen nicht entziehen sondern solchen beiwohnen und, sonderlich wenn es zur Umfrage kommen sollte, dich bei der Session einfinden und in selbiger Unser Suffragium mit dem dir allergnäd. vorgeschriebenen Glimpf, Moderation und Standhaftigkeit ablegen sollst.

Grosse und wichtige Ursachen, welche nicht nur Unsere Freundschaft für des Königs von Preussen Majestät, Unsere Hochachtung für Dero Person sondern vornemlich die Liebe für die Religion und das Teutsche Reich und die Begierde dessen gänzliche Zerrüttung, so viel an Uns ist, zu entfernen, zum Bewegungsgrunde haben, halten Uns ab in die gewaltsamen Anschläge einer Achts- oder Kriegs-Erklärung gegen nur erwähnten König zu willigen und Wir bestätigen dir also den Befehl, den dazu abzielenden Consiliis nicht beizutreten.

Wir können aber auf der anderen Seite, des Königs von Polen Majestät das Recht, so Deroselben nach den Grundgesetzen des Reichs und in Folge des Bandes, so die Stände desselben unter sich verknüpft, gebührt, dahin nicht versagen, dass Wir über die unerhörte Unterdrückung und Beraubung aller Ihrer Erblande, so Sie ohne vorhergegangenen Krieg erleiden müssen, ganz gleichgültig sein und scheinen könnten, und daher mag Uns das von vielen Fürsten beliebte und vorgeschlagene Expedient einer Reichsdeputation und Mediation, welches beider Theile bisheriges Verfahren, ob es wohl nicht gleich ist, dennoch vergleichen und überdem von den Höfen von Wien und Dresden, auch von allen übrigen dem Königlich Preussischen Interesse nicht besonders ergebenen Ständen verworfen werden würde, nicht gefallen. [1]) Wir wollen folglich nicht, dass du diesem Antrage die Hände bietest, sondern finden für gut, dass du bis auf anderweitige Ordre, auf das bereits von Uns allergnädigst beliebte Mittel eines Schreibens und allenfalls Debortatorii des Reichs an des Königs von Preussen Majestät zu Behuf Chur-Sachsens bestehest, wie Wir denn den, nach Maassgabe dessen von dir allerunterthänigst eingesandten, Entwurf Voti mit dem Zusatze einiger Worte, so Wir selbigem zuzufügen für gut gefunden haben, in Königlichen Gnaden hiedurch approbirt haben wollen.

Jedoch gedenken Wir nicht diesem Temperament dergestalt zu inhäriren, dass Wir nicht auch ein anderes, wofern es nur ebenso gerecht, gestatten sollten. Du hast also alle Vorschläge, die an dich kommen werden, gerne anzuhören und von denen, die dir billig und Unseren Principiis gemäss dünken, allergehorsamst an Uns zu referiren.

Wir finden aber nicht mehr, nothwendig dir aufzutragen, dass du andere Fürsten und Stände zu einer Gleichförmigkeit mit Unserem Voto zu bringen dir sonderbar angelegen sein lassest. Die Liebe zu ihrem Wohl hatte Uns bewogen,

---

[1]) Voir Schäfer l. c. I, 254.

dir ein solches anzubefehlen, allein weil Wir nachhero aus
deinen Berichten vernommen, dass sie und sonderlich unter
ihnen diejenigen, denen Wir mit der mehresten Affection
zugethan sind, bereits unter sich und ehe sie Unsere Resolutionen erfahren, ein Concert beschlossen, mithin Unseren
Beistand und Unterstützung nicht zuvörderst gesucht und
erwartet haben, so begehren Wir nicht sie zu uns zu
rufen sondern finden genug zu sein, dass du zwar denen,
die deine Accession verlangen und sonst dein Zutrauen
verdienen, alle Freundschaft erweisest, und ihnen Unsere
Principia und Gesinnungen nicht verbergest, ihnen aber ge-
stattest ihren eigenen Gedanken zu folgen, jedoch deines
Orts nur mit denen, die dir beitreten wollen, eine wahre
und genaue Vereinigung der Rathschläge und Aeusserungen
stiftest. Ueberhaupt kannst du allen Ministris der nicht
im Kriege verwickelten und vornehmlich Protestantischen
Höfe mit erforderlicher Behutsamkeit zu erkennen geben,
dass die Klugheit deren Fürsten und Stände gegenwärtig,
weil sie dem Kriege den Abschluss zu geben nicht vermögen, nicht in Ablegung muthiger und scharfer Votorum
noch im Bedrohen und Beschliessen sondern in der Vorsichtigkeit bestehe und dass dormalen ihr eigenes Interesse
und das Interesse der Religion und des Reichs nichts anderes von ihnen verlange, als dass sie nur sich aus dem
Handel halten und das bereits so grosse Uebel durch ihre
Einmischung und durch Reizung der schon so erbitterten
kriegenden Mächte nicht noch grösser und für das ganze
Reich allgemein machen mögen.

Wir rathen ihnen darinnen nichts als worinnen Wir,
ob Wir gleich vor die Uns von Gott anvertrauten Teutschen
Lande unter Seinem Schutze dasjenige, so die meisten unter
ihnen für die ihrigen befürchten müssen, wohl nicht zu
besorgen haben, ihnen mit Unserm eigenen Exempel vor-
gehen. Zeit zu gewinnen, die Gemüther zu besänftigen und
alles, was ohne einigen Nutzen nur Verbitterung vermehren
und eine Versöhnung schwer machen kann, so viel an dir
ist, abzuwenden und zu verhüten, ist daher, was Wir dir
zum Zweck vorsetzen, und eben deswegen wollen Wir nicht,
weder dass du gegen die nicht mehr zu verhindernde Ein-
rückung fremder Völker im Reiche dich erklärest, noch dass

du in einige Heftigkeit gegen den Reichs-Hofrath und dessen
Verfahren ausbrechest. Beides würde vergeblich sein, beides würde nur böse und nachtheilige Würkung haben und,
ob Wir zwar wohl können geschehen lassen, auch in seiner
Maasse billigen, dass gegen das letztere, in so weit es den
Gesetzen des Reichs und sonderlich den letzteren Wahl-
Capitulationen offenbar zuwider läuft, eine in sehr glimpflichen und moderaten Terminis gefassete Reservation der
Gerechtsame der Churfürsten und Stände etwa angebracht
werde, so können Wir doch nicht genehmigen, dass du einer
solchen, wenn sie von Braunschw.-Lüneburg vorgebracht
und allein oder doch von den, dem Preussischen Interesse
zugethanen Fürsten unterstützt würde, mit adhärirest, weil
du dich dadurch in den Augen des ganzen Reichs zu sehr
zu einer Parthei schlagen und von der anderen abwenden
würdest.

Und dieses ist es, was Wir dir vorjetzo von Unserer
Willens-Meinung auf deine Uns allerunterth. vorgelegte
Anfrage zu offenbaren vor dienlich erachten. Die in dem
von dir abzulegenden voto eingerückten Worte können einigermaassen für eine Beantwortung und Würkung des von der
Keiserin-Königin Majestät an sämmtliche Reichstags-Ge-
sandten erlassenen Schreibens angenommen und gedeutet
werden, und Uns über dessen Einheit deutlich auszulassen
finden Wir dermalen bedenklich. Die Zeit wird kommen,
da Wir die von Gott Uns verliehenen Kräfte und Ansehen
zum gemeinen Besten anzuwenden Gelegenheit haben werden. Alsdann werden Wir dem gesammten Teutschen Reiche,
wie Unser Herz gegen dessen Haupt und Glieder gesinnt
seien, beweisen; bis dahin aber geziemt es Uns und erfordert ihr Wohl, dass Wir beide nicht unnöthig verspenden.
Wir vergessen deshalb dennoch auch jetzt nicht, für die
Religion, die Verfassung und die Sicherheit des Reichs zu
wachen und zu sorgen, und in eben den Tagen, da Wir
vielleicht von vielen einer Uns unbekannten Kaltsinnigkeit
beschuldigt werden, arbeiten Wir unermüdet für sie und
um die ihnen drohende Gefahr unter dem Segen des Allmächtigen abzuwenden und zu vermindern. Von dieser Arbeit
werden Wir Uns auch, sie mag erkannt oder nicht erkannt
werden, durch nichts abwenden lassen.

In allem übrigen wiederholen Wir dir Unsere und vorzüglich unterm 23 October allergnädigst ertheilten Befehle. Du wirst solche, sonderlich in Ansehung des Kgl. Schwed. Gesandten, mit welchem, obwohl seine Instructiones mit den deinigen nicht mehr gleichförmig sein werden, du allezeit die genaueste Freundschaft und das vertraulichste Vernehmen, jedoch nur auf den Fall der Reciprocität, zu unterhalten hast, genau befolgen und Uns mit deinem gewöhnlichen Fleiss und Wachsamkeit von allem, was auf der Reichs-Versammlung vorfallen wird, fleissigen Bericht erstatten.

Votum.

Ihro Königliche Majestät zu Dänemark, Norwegen etc. haben mit grosser Bekümmerniss den Ausbruch des Kriegesfeuers im Reiche, sonderlich aber die unglückseligen Umstände, worinnen Sich des Königs von Polen Majestät als Churfürst von Sachsen befinden, vernommen, und Sie wünschen mit aufrichtigster Begierde solche bald vergnüglich geendiget und die Ruhe allenthalben wieder hergestellt zu sehen. Gleichwie nun die Obliegenheit eines jeden, das Recht und den Frieden liebenden Fürsten des Reichs erfordert, auf solche Mittel und Wege, durch welche dem schon angefangenen Kriege und dessen besorglichen Folgen gesteuert und die Verfassung des Reichs gerettet und erhalten werden möge, zu gedenken, Solches aber durch drohende und nicht, ohne das ganze Reich in die grösste Gefahr zu versetzen, zum Effect zu bringende Conclusa nicht zu bewürken sein wird, auch überdem von allen, so für Teutschland wohlgesinnt sind, gewünscht werden muss, dass ein zwischen drei dem ganzen Reiche so werthe hohe Mächte und Churfürsten des Reichs betrüblich entstandener Krieg nicht durch gewaltsame Unterdrückung sondern wo möglich durch Friede und Versöhnung gehoben und geendiget werde, so haben Allerhöchstgedachte Ihro Königliche Majestät Dero treugehorsamster Gesandtschaft befohlen, in materia proposita auf den Versuch eines an des Königs von Preussen Majestät von gesammtem Reich in geziemenden und glimpflichen

Terminis abzulassenden Schreibens anzutragen und zu stimmen. [1]

77.

Der mit dem Landgrafen zu Hessen-Cassel verabredete Ehe-pact zwischen der Prinzessin Wilhelmine Caroline und dem Erbprinzen Wilhelm zu Hessen-Cassel.

Unterzeichnet in Copenhagen 25 Januar 1757,
ratificirt 18 März d. J.
(Begleitet von der Formula renunciationis der Prinzessin.)

78.

Dépêche à Mr. de Rantzau à Londres.

Copenhague 31 mars 1757.

(Extrait.)

Le courrier que j'avais dépêché par ordre du roi au baron de Bachoff est revenu, et sa majesté a vu par les rapports de son ministre dont il a été le porteur que la négociation de la neutralité du Hanovre languit à Vienne,[2] que l'on s'y plaint, d'une part du silence du roi de la Grande-Bretagne sur les offres que l'on avait imaginées devoir lui paraître aussi favorables qu'agréables, et de l'autre de la déclaration de ses intentions contraires à leur objet, dont on prétend trouver la preuve dans son message adressé au parlement[3], pour en obtenir des subsides capables de le mettre en état d'assister le roi de Prusse, et que l'on con-clut de sa lenteur à s'expliquer à Vienne et de la vivacité de ses démarches à Londres, que penser davantage à la neutralité du Hanovre et la poursuivre ne serait plus que perdre du temps et arrêter inutilement les succès de ses armes. Le baron de Bachoff marque au roi, que, par un

---

[1] Cfr. Schäfer l. c. I, 255, qui par erreur fait voter Holstein-Glückstadt en faveur du projet d'une médiation.

[2] Voir Schäfer l. c. I, 240 cfr. 265—67.

[3] Message du 17 février 1757, Schäfer l. c., 345; Arneth: Maria Thérésia, V, 84—85.

██████████ de ce raisonnement, le ministère impérial ne ████████ presque ████ de ce projet lorsque le courrier arriva, mais il rend cependant au comte de Kaunitz la justice de dire que ce ministre impérial ne s'était point refusé à ses représentations, qu'il les avait écoutées avec attention et que, frappé de leur valeur, il lui avait enfin déclaré le 14 au soir:

„qu'ayant informé l'impératrice de l'essentiel de sa commission, il pouvait l'assurer au nom de sa majesté, que, principalement par égard pour le roi et en considération du repos de la Basse-Allemagne, l'impératrice voulait bien, malgré les nouveaux procédés offensants de l'autre partie, travailler de son mieux à assurer encore le succès de la neutralité dont il s'agissait, et tâcher d'obtenir surtout que la France renonçat à faire passer ses troupes par les états hanovriens, quoiqu'il fût aisé d'entrevoir que cela dérangerait beaucoup le plan des opérations concertées, et serait ainsi contraire aux intérêts directs de la maison d'Autriche.“

Et il ajoute, que ce même ministre avait promis de dépêcher pour cet effet sans délai un courrier au comte de Stahremberg, ambassadeur d'Autriche en France, avec ordre de faire des représentations conformes à cette déclaration.[)]

79.

Dépêche à Mr. de Rantzau à Loudres.

Copenhague 31 mars 1757.

Je n'ai point touché dans ma dépêche ce que mr de Münchhausen vous a dit sur la déclaration en faveur de la

---

[)] En même temps que cette ouverture était faite à Londres par Mr. de Rantzau, l'ordre fut donné à Mr. de Wedel-Frijs d'insister auprès du gouvernement français pour qu'il adoptât la base suivante pour les négociations: „d'une part, le roi d'Angleterre promet qu'il embrassera comme électeur la neutralité et que, dans cette qualité, il n'assistera ni directement ni indirectement le roi de Prusse, ses alliés et ses adhérents; de l'autre, leurs majestés impériale et très-chrétienne déclarent qu'elles reconnaissent la neutralité des états que sa majesté britannique possède en Allemagne, garantie de Brême et de Verden[1]) qu'il désire. Il m'a paru qu'il n'était pas opportun de s'expliquer sur ce point dans un moment tel que celui-ci, mais si vous êtes forcé de le faire, ne dissimulez pas à mr de Münchhausen que, si le refus de la neutralité qui leur est offerte venait de leur part, il ne serait pas en notre pouvoir de les assister puisque, ne tenant qu'à eux de se délivrer de l'invasion, le cas de l'alliance défensive n'existerait plus et que nous manquerions à nos autres engagements si, hors de ce cas, nous nous mêlions d'une querelle dans laquelle nous avions déclaré vouloir être neutres, et si nous prenions ainsi sans nécessité les armes pour nos amis contre nos alliés. La déclaration, quelque très juste et très naturelle, ne sera pas agréable, de sorte que vous ferez bien de la différer tant qu'il vous sera possible, mais sans cependant donner des espérances que nous ne pourrons pas soutenir. —

80.

Rescript an den General-Major und Env. extr., Herrn Grafen Wedel-Frijs zu Paris.

Friedensburg 17 Mai 1757.

Fr. V etc. Wir haben zwar in verschiedenen auf Unsern Befehl dir zugefertigten Schreiben und Anweisungen, sonderlich aber in denen, so dir unter dem 2ten nur ab-

qu'elles ne demandent pas de faire passer leurs armées par ses terres, et qu'elles comprendront dans cette neutralité (mais non pas dans l'exemption du passage de leurs armées) les états des princes dont les troupes sont à la solde de sa dite majesté britannique ou censées y être, c'est-à-dire les ducs de Saxe de la branche Ernestine, de Brunsvic et le landgrave du Hesse-Cassel." — Par suite de cette initiative du Danemark, les négociations furent reprises; mais, d'un côté, la France refusa d'abandonner sa demande de faire passer ses troupes par le Hanovre, de l'autre le roi George, à la nouvelle de l'entrée victorieuse en Bohême des Prussiens, repoussa au commencement du mois de mai toute proposition. Schäfer l. c. I, 277—278, 322, Arneth l. c. V, 86, cfr. no. 80.

[1]) Par le traité d'alliance du 26 juin 1715 art. IV, le Danemark avait garanti à l'électeur de Hanovre la possession des duchés

gewichenen Monaths April zugesandt worden sind, dir neben
dem, so Wir dir wegen der Neutralität der Chur-Braun-
schweigschen Lande überhaupt aufgetragen, auch Unsere die
besondere Sicherstellung der Herzogthümer Bremen und
Verden betreffenden Wünsche und Verlangen und die Ursachen, so Uns vorzüglich diese letztere zu suchen bewegen
und nöthigen, hinlänglich eröffnet und Wir haben auch aus
deinen Berichten und Antworten, dass und welchergestalt du
sothane Unsere Ordres mit deinem gewöhnlichen Eifer und
Aufmerksamkeit befolget und zu solchem Ende das nöthige
den Königlich Französischen Ministris vorgeschriebener
Maassen treulich vorgestellt habest, in Gnaden ersehen.
Weilen Wir aber dennoch die gehoffte günstige Antwort
und Erklärung des A. Chr. Königs bishero nicht erhalten
haben, sondern vielmehr bemerken müssen, dass, sonderlich
nachdem deine bereits berührte Haupt-Negociation zu Unserer gewiss grossen Bekümmerniss sich fruchtlos erschlagen
hat,[1] auch dieser Unser zweite Antrag neue Schwierigkeiten
findet und Wir inzwischen vernehmen, dass die Französischen Völker immer tiefer in Westphalen eindringen und
sich den Gränzen besagter Herzogthümer Bremen und Verden dergestalt nähern, dass der Vorfall ihrer feindlichen
Ueberziehung, den Wir abzuwenden so' ernstlich wünschen,
vielleicht in einigen Wochen vorhanden sein möchte, so
sehen Wir Uns gemüssiget, dich durch diesen expresse an
dich abgeschickten Courier aufs neue zu befehligen, deine
vorhin auf die Neutralität oder doch auf die Securität sothaner Herzogthümer gerichteten Vorstellungen zu wiederholen und zu verdoppeln und nichts zu unterlassen um
solche nach Anleitung und Maassgabe Unsers Begehrens
und Antrages, welches du aus dem hier angeschlossenen von
Uns allergnädigst befohlenen und genehmigten Schreiben
Unsers Geh. Raths v. Bernstorff des mehreren ersehen
wirst, zu bewürken.[2]

---

de Brême et de Verden et s'était engagé au besoin à fournir
8000 hommes pour leur défense.

[1] La négociation relative à la neutralité générale du Hanovre.

[2] La dépêche annexée contient le projet de la déclaration et les
raisons qui la recommandaient. Voir no. 83.

Es ist dem A. Chr. Könige und dessen Ministris bekannt, dass Wir zu diesen abermaligen Instanzien durch keine Absichten oder Gründe, so demselben unangenehm sein oder dessen Interesse widrig erachtet werden könnten, vermocht werden, sondern dass Wir Uns dabei nichts anderes als nur die Erfüllung einer von Unsern Vorfahren getroffenen und der Krone Frankreich bei Erneuerung Unserer mit ihr geschlossenen Traktaten mehr wie einmal und noch letzthin angezeigten Verbindung vorsetzen und, ob Wir gleich wohl wissen, dass durch triftige Argumenta eingewandt werden könnte, es sei gegenwärtig der casus dieser Verbindung nicht vorhanden, Wir auch, dass selbiger vorhanden sei, zu declariren oder zu behaupten und Uns darüber in eine Untersuchung einzulassen nicht gewillet sind, so fällt es Uns jedoch, nach Unserer Art zu gedenken und da Wir gewohnt sind auch den Schein einer Versäumniss Unserer Zusagen zu fliehen, so schwer ein Land, dessen Erhaltung und Garantie Unsere Vorfahren und Wir nach ihnen übernommen haben, den Gefährlichkeiten und betrübten Folgen des Krieges exponirt zu sehen, und es würde Uns so unerträglich sein, auch den nicht gerechten Vorwurf, als hätten Wir nicht alle Unsere Verbindungen genau und treulich erfüllst, leiden zu müssen, dass Wir Uns nicht entziehen können, von dem A. Chr. Könige als einen Uns besonders angenehmen Beweis seiner Freundschaft die Gefälligkeit, dass er durch die von Uns erbetene Declaration Uns dieser Sorge entladen wolle, zu verlangen und zu erwarten. Keinem Unserer Bundesgenossen und also am wenigsten dem A. Chr. Könige, den Wir für den ersten und werthesten unter ihnen halten, kann es misfällig sein, Uns so sorgfältig in der Beobachtung Unserer Verheissungen zu finden, und sie werden daraus alle, wie sehr auch sie auf Unsere Freundschaft und die Erfüllung Unsers ihnen gegebenen Worts rechnen mögen, abnehmen und schliessen können. Und in diesem Gesichts-Punkt hast du vornehmlich Unser gegenwärtiges abermaliges Ansinnen dem Französischen Ministerio vorzustellen und zugleich aus dessen Beschaffenheit ihm darzuthun, wie sehr Wir Uns vorsehen etwas von dem A. Chr. Könige, so dessen Interesse nachtheilig oder dessen Absichten hinderlich sein möchte, zu begehren. Wir wünschen nichts als die Verschonung zweier ausserhalb des seinen Armeen vorgeschriebenen Marches gelegenen Provinzien, und da Wir dabei mit grösster Behutsamkeit alle in die Hauptsache und deren Erleichterung einschlagende casus von Unserm Begehren absondern und aus der gewünschten Concession ausschliessen, so mögen Wir wohl hoffen, gedachter König werde Uns und Unserer standhaften Freundschaft für ihn die ihm unschädliche, Uns aber so sehr angelegene Gefälligkeit, um welche Wir ihn ansprechen und deren Gewährung Wir allezeit mit ganz besonderer Danknehmigkeit erkennen werden, nicht versagen.

Wir verlassen Uns zu deinem Eifer für Unsern Dienst und Zufriedenheit, du werdest die Handlung, die Wir dir hiedurch in Kgl. Gnaden wiederholt auftragen, mit aller Sorgfalt und Application aber auch mit dem nöthigen und erforderlichen Glimpf und Klugheit betreiben und fortsetzen, und wie Wir dann sobald thunlich deine Berichte von der Aufnahme und dem Erfolg deiner Vorstellungen erwarten, also bleiben Wir dir etc.

81.

Mémoire à remettre par les Ministres de Danemark et de Suède aux cours de Londres et de Versailles.

Copenhague 21 juin 1757. [*)]

La flotte combinée de Danemark et de Suède ayant remis en mer et allant reprendre les croisières et les stations propres à faciliter le but de sa destination,

Le soussigné envoyé extraordinaire du roi de Danemark-Norwége remarquant avec peine que, quoique, par un effet des sévères ordonnances données par le roi, son maître, et par sa majesté le roi de Suède, son allié, et des justes mesures prises par leurs majestés en conformité du traité de Stockholm, leurs sujets aient observé si scrupuleusement la

---

*) Le gouvernement français s'étant engagé spontanément à écarter tout motif de plaintes à l'avenir, le ministre danois à Versailles reçut l'ordre de surseoir à la présentation de ce mémoire.

plus exacte neutralité entre les nations belligérantes, et
évité avec tant de soin tout ce qui pourrait blesser ou
l'une ou l'autre, qu'il n'a point existé de cas de plaintes
reconnues légitimes par la cour britannique (française) contre
aucun des dits sujets des deux couronnes, les violences des
armateurs anglais (français) à leur égard ne s'en multi-
plient pas moins et qu'il n'en arrive pas moins souvent que
les navires danois ou suédois se trouvent, au mépris du
droit des nations et au préjudice notable de leur commerce,
maltraités en pleine mer par les dits armateurs, détournés
de leur navigation, saisis et conduits par eux dans les ports
de la domination de la Gr. Bret. (de la France), arrêtés
ensuite par de longues procédures dans les dits ports, et
enfin, quoique reconnus exempts de tout ce dont ils étaient
accusés ou soupçonnés, condamnés à des frais exorbitants
et qui égalent ou dépassent quelquefois la valeur du navire
ou celle de sa charge, se voit obligé de représenter par
ordre exprès du roi, son maitre, tous ces excès à sa maj.
le roi de la Grande-Bretagne (de France), de réclamer à
cet égard sa justice et de lui demander qu'il plaise à sa
majesté de réprimer ces vexations contraires au droit des gens
et à l'amitié heureusement subsistante entre les trois nations, de faire restituer les navires danois et suédois, actuellement détenus dans les ports de la domination brit.
(française) et de donner aux capitaines des vaisseaux munis de
lettres de marque ou de commission pour les vaisseaux des
particuliers, les mêmes ordres en faveur des sujets des
couronnes de Danemark et de Suède qu'elle leur a donnés, par
une instruction additionnelle du 5 oct. dernier, en faveur
des sujets d'une autre puissance, également neutre et également commerçante. [1])

Le soussigné se promet de la haute sagesse de sa
maj. brit. (très-chrét.), qu'elle ne refusera pas de se prêter
à une demande si .équitable et si propre à prévenir les
embarras et les maux que la continuation des violences
des armateurs anglais (français) contre les sujets des deux
couronnes pourrait occasionner, et il ose affirmer que rien
n'affermira davantage cette bonne intelligence et cette étroite

---

[1]) L'Espagne.

amitié, que le roi, son maître, désire si sincèrement conserver avec la Grande-Bretagne (la France.) —

82.

Dépêche à Mr d'Osten, Envoyé à St. Pétersbourg. [1])

Copenhague 2 juillet 1757.

(Extrait.)

J'ai différé jusqu'ici de vous écrire sur la note que la
cour de Russie vous a remise le 7 mai—26 avril et par laquelle elle déclare les places de Prusse bloquées, et je me
suis contenté d'expliquer préliminairement par ordre du roi
au baron de Korff les sentiments de sa majesté sur cet objet. Curieux de voir l'impression que ferait cette déclaration sur la Suède, j'ai cru devoir attendre comment elle
s'en expliquerait, mais comme je vois qu'elle garde le silence
et comme ce silence exprime tout ce que le roi a voulu savoir et lui apprend tout ce qu'il a voulu pénétrer,[2]) sa maj.
me commande de vous marquer sans délai ultérieur que vous
ayez à exposer à mons. le chancelier:

Que le roi, persuadé que sa maj. impér. ne voulait
point gêner les nations neutres et moins encore celles qui
étaient ses amies et ses alliées dans leur navigation, ni limiter leur commerce, et qu'elle ne prétendait point étendre
le droit de la guerre au delà des bornes qui lui avaient été
assignées jusqu'ici du consentement de tous les peuples,
comptait que les places dont parlait la déclaration de sa
maj. imp. n'étaient que celles que les escadres de Russie
bloqueraient effectivement, et que le commerce qu'elle inter-
disait indistinctement à tous les navigateurs avec ces places
n'était que celui de contrebande, c'est à dire de munitions,

---

[1]) Ministre à Pétersbourg de ¹²/₁ 1757 à ³⁰/₁₁ 1760. Cfr. (Vedel:) Ostens
Gesandtskaber i Hist. Tidsskr. IV R. 1; Holm: Styrelsen af Dan-
mark-Norges Udenrigspolitik under Struensee, i Hist. Tidsskr. IV
R. 2; Schiern: Bidrag om 17 Jan. 1772 i Hist. Tidsskr. IV R. 2,
767—69.

[2]) Le silence de la Suède prouvait qu'on y était déjà déterminé à déclarer la guerre à la Prusse.

armes ou autres choses servant directement à la guerre,[2] et qu'en conséquence sa maj. assurait sa maj. imp. qu'elle ferait observer à ses sujets, dans la Baltique et à l'égard des pays et états de sa maj. prussienne, la même neutralité et les mêmes précautions qu'elle leur avait prescrites à l'égard de la France et de l'Angleterre, dans la mer du Nord et autres mers de l'Europe, et qu'ainsi elle né permettrait à aucun d'eux de faire la moindre entreprise ou le moindre trafic qui fût contraire à ces règles et opposé aux justes demandes de sa maj. impériale. —

83.

Convention avec la France sur la neutralité de Brême et de Verden.

Signée à Copenhague le 11 juillet 1757.[2]

84.

Note à Mr le baron d'Ungern-Sternberg, Envoyé extraord. de Suède.

Copenhague 23 juillet 1757,

Sur le compte rendu au roi du mémoire présenté le 11 de ce mois par mons. le baron d'Ungern-Sternberg, sa maj. a ordonné de répondre à ce ministre:

Que constamment animée du désir le plus sincère de cultiver et de perpétuer l'amitié qui subsiste entre elle et sa maj. le roi de Suède, elle serait toujours disposée à concourir aux mesures jugées utiles et avantageuses au bien et à la gloire des deux couronnes et des deux nations, mais que la proposition „de donner des ordres communs aux chefs des deux escadres, de réunir leurs efforts pour

---

[1] Cette restriction des effets d'un blocus se trouve plus amplement développée dans d'autres dépêches.

[2] Cette convention ne fut pas ratifiée par la France, comme le prétend Flassan: histoire de la diplomatie, VI, 89—90, et elle tomba par suite de la retraite opérée peu après par l'armée du duc de Cumberland dans ces deux contrées. Voir Lynars Staatsschriften II, 426, 428—32, Schäfer l. c. 367 cfr. 589.

empêcher toute escadre étrangère d'entrer dans la mer Baltique, étant de nature à pouvoir avoir les suites les plus considérables et les plus opposées au système adopté jusqu'ici par les deux cours, elle estimait convenable d'employer plutôt la voie de la négociation pour rétablir par elle la tranquillité de la mer Baltique et pour faire goûter par son moyen à toutes les nations, en leur assurant la liberté d'y naviguer et d'y trafiquer avec sûreté, les fruits de la paix que, de concert avec sa maj. suédoise, elle désirait conserver à cette mer. Sa majesté juge nécessaire d'observer en même temps que le traité conclu entre les deux couronnes le 12 juillet de l'année dernière, étant fondé sur la neutralité exacte qu'elle aussi bien que sa majesté le roi de Suède s'était proposé de garder dans la guerre allumée dès lors entre la France et la Gr.-Br., et ayant pour objet le maintien de la navigation et du commerce légitime des deux nations contre ceux qui, malgré leur neutralité, voudraient y porter atteinte, obligeait sans doute les hauts contractans à unir de la manière stipulée leurs représentations et leurs forces, pour soutenir les droits propres aux puissances indépendantes et neutres et pour détourner toute entreprise qui y serait contraire, mais ne pouvait être appliqué aux troubles excités depuis en Allemagne et aux mesures d'une nature toute différente prises en conséquence, ni à la guerre actuellement déclarée entre sa maj. impér. de toutes les Russies et sa maj. prussienne, événements dont, au jour de la conclusion du traité, ni l'une ni l'autre cour ne pouvait avoir encore ni idée ni soupçon. Sa maj. se promet de l'équité et des lumières de sa maj. suédoise qu'elle conviendra d'un principe qui lui paraît aussi évident que juste, et elle comptera toujours entre ses premiers soins de prévenir et d'écarter tout mésentendu capable d'embarrasser l'exécution de ses engagements, dont elle s'acquittera constamment avec l'exactitude et la fidélité la plus scrupuleuse.

85.

Dépêche à Mr de Cheusses, Envoyé à la Haye. [1])
Copenhague 26 juillet 1757.
(Extrait.)

— A Londres tout est hauteur, violence, prétention.
Nous avons, j'ose le croire, sauvé les pays de Brême et de
Verden par une convention signée le 11 de ce mois avec la
France, qui assure, quels que soient au reste les événements
de la guerre, la propriété, la possession et la jouissance
de ces provinces au roi d'Angleterre. Nous aurions pu et
voulu faire beaucoup pour le reste des états de ce prince
et pour ceux des maisons infortunées de Saxe et de Hesse,
si l'on avait voulu mettre à profit nos bonnes intentions et
les circonstances qui leur donnaient du poids, mais c'est
ce que l'on n'a pas voulu faire en Angleterre; on n'y sait
qu'offrir des subsides et se fâcher de les voir refuser,
tout comme si l'argent devait faire sur les princes l'effet
qu'il ne fait malheureusement que trop souvent sur les
particuliers de cette île, que nous avons vue si florissante
et si respectée mais qui aujourd'hui semble courir à sa décadence. Occupés de leurs divisions intestines, ses ministres
ne connaissent pas le reste de l'Europe, que cependant ils
veulent gouverner; ils n'ont pas le temps d'étudier une matière si vaste et qui exige tant d'application et on dirait,
en les voyant agir, qu'ils croient n'avoir que faire de s'y
donner et qu'ils pensent que quelques mille livres accordées
de plus aplaniront les difficultés et travailleront pour eux.
Je crains bien que le moment ne soit arrivé où ils s'apercé-
vront combien grande et déplorable est leur erreur.

86.

Dépêche à Mr. d'Assebourg à Stockholm.
Copenhague 30 juillet 1757

Je dégage enfin la parole que j'ai eu l'honneur de
vous donner, il y a quelques jours, et je vais avoir celui de

---

[1]) Ministre à la Haye de ⁹/₄ 1753 à ²⁶/₅ 1769.

répondre aux lettres que vous m'avez écrites le 1, 5, 8, 12, 19 et 22 de ce mois. Elles roulent sur des sujets de si grande importance que je crois devoir les toucher l'un après l'autre et en séparer les articles.

Je commence par celui de la résolution prise en Suède de prendre une part directe et principale à la guerre de l'Allemagne et d'attaquer le roi de Prusse en Poméranie. Je dis attaquer, car, bien que mons. le baron d'Ungern Sternberg, dans ce qu'il m'a dit de cette résolution de sa cour, ait voulu la faire passer pour une mesure défensive, je ne pense pas que ni ce ministre ni ses supérieurs s'imaginent qu'elle sera regardée comme telle dans aucun pays de la terre. Le roi l'a apprise sans étonnement presque, quoique la cour de Suède ne s'en soit ouverte que si tard à lui; il était informé du projet depuis bien des mois, et sa maj. n'a pas jugé à propos d'ordonner ni à vous ni à moi de donner sur ce point des réponses ministérielles à ceux qui nous en ont parlé.

Un ami ne refuse point à son ami de lui confier sa pensée, lorsqu'il est consulté par lui et que son avis est attendu et désiré, mais l'annonce d'un parti déjà pris et décidé n'exige rien. C'est le cas du roi, et rien n'engage sa maj. à déclarer ses sentiments sur une chose faite et dans une occasion où toute explication est difficile à un prince neutre. Vous éviterez donc, tant que vous le pourrez avec décence, de vous énoncer sur cette matière et, lorsque vous ne pourrez plus vous en dispenser, vous vous contenterez de dire que le roi, jugeant déplacé tout avis qui n'avait pas été demandé, ne vous avait point donné d'ordre sur ce sujet, et que toutes vos connaissances à cet égard se bornaient à savoir que sa maj. désirait bien sincèrement que la prise d'armes de la Suède tournât à son vrai bien et à celui des amis de sa constitution et de son gouvernement.

Vous en userez à peu près de même au sujet du rappel de l'escadre suédoise.[1] Vous jugerez facilement qu'une démarche aussi précipitée, décidée sur une alarme prise sans

---

[1] L'escadre suédoise, destinée à se joindre à l'escadre danoise, avait été soudainement rappelée à cause d'une rumeur d'après laquelle l'Angleterre se proposait d'envoyer une flotte dans la Baltique.

autre fondement que celui du rapport peu exact de mr le
secrétaire Wynantz[1]) et exécutée sans avoir pris aucun concert avec nous, nous a paru aussi peu amicale qu'elle l'est
en effet et que, sans que les compliments et démonstrations
peu sérieuses faites depuis nous aient éblouis, elle nous a
été une nouvelle preuve de ce que nous avons à attendre
de notre allié pour l'exécution du traité conclu avec lui;
mais les plaintes n'étant pas du goût du roi et sa maj.
donnant bien des choses à l'amitié qu'elle a pour la Suède,
et qu'elle lui conserve malgré le peu de retour qu'elle en
éprouve, elle veut que vous n'en marquiez point de mécontentement. Tout ce qu'il lui a plu de résoudre en conséquence,
c'est que, comme il ne serait ni naturel ni convenable que
son escadre passât cette seconde campagne, comme elle a
fait la première, à attendre une jonction qu'une cause ou
l'autre retarde toujours, elle lui a envoyé ordre de quitter
sa station de Flekkers et de croiser dans la mer du Nord
pour y protéger la navigation de ses sujets et remplir ainsi
l'objet de son armement et de sa destination. Je ne ferai
au reste nulle réflexion sur tout ceci. Vous vous souvenez
de ce que j'ai eu l'honneur de vous écrire pendant la négociation du traité de Stockholm. Rien de ce qui arrive
ne nous étonne, nous l'avons assez prévu.

Sur ces deux points, un silence calme et tranquille est
donc toute l'instruction que j'ai l'ordre de vous donner;
mais, comme mons. le baron d'Ungern m'a remis un mémoire pour proposer au roi, de la part de sa maj. suédoise,
de réunir les escadres des deux couronnes pour les opposer
à l'entrée de toute flotte étrangère dans la Baltique, et
qu'il a fondé cette proposition sur l'art. III du traité déjà
souvent cité, je ne dois pas manquer de vous envoyer copie
de la réponse que, par le commandement de sa maj., j'ai
faite à ce ministre.[2]) Vous y connaîtrez les principes et le
système du roi. Sa maj. est toujours disposée à exécuter
fidèlement et scrupuleusement ses engagements avec la Suède,
et à veiller avec sollicitude au maintien de la paix et du
repos dans la Baltique; mais elle n'a plus la consolation de

---

[1]) Agent de la Suède à Londres.
[2]) Voir no. 84.

pouvoir être que cette mer soit en paix, et elle ne voit pas qu'il soit de la justice et de la neutralité de n'être susceptible qu'aux troubles que les Anglais pourraient y exciter et de ne songer qu'à leur en fermer l'entrée, sans faire aucune attention aux entreprises que les Russes y font et au besoin que les sujets de l'Angleterre et ses alliés peuvent avoir de son secours. Le roi sait très-bien qu'on appellera encore cette impartialité partialité, mais des reproches peu fondés ne doivent pas altérer l'équité et la fermeté de sa conduite. Il ne peut donc pas donner les mains à des mesures qu'une des puissances avec lesquelles il est en paix pourrait avec fondement regarder comme une violation de la neutralité qu'il lui a promise, et il peut moins encore consentir à ce que l'on donne les dites mesures pour des conséquences du traité conclu entre les deux couronnes. Il déclare donc positivement ne pas admettre cette interprétation, et ne pas pouvoir permettre que le traité de Stockholm soit allégué à l'occasion des troubles excités après sa conclusion; mais, comme il n'en désire pas moins que le feu de la guerre n'augmente point mais qu'il s'éteigne plutôt dans la Baltique, et qu'il est toujours disposé à faire à la Suède tous les plaisirs compatibles avec son système et ses principes, il va faire tous ses efforts pour détourner la Gr.-Br. d'y envoyer une flotte, et c'est dans cette vue qu'il m'a commandé de dépêcher un courrier à mr de Rantzau et de faire au ministère brit. les plus fortes représentations contre cette démarche. J'ai tout lieu de croire que ces remontrances feront l'effet que le roi s'en propose, et qu'ainsi sa maj. dissipera ce danger sans renverser le système qu'il a adopté et qui fait la félicité de ses états comme il pourrait faire celle du nord entier. Mais, quoique nous travaillions ainsi en Angleterre à y retenir les flottes qu'elle pourrait envoyer ici, nous ne pouvons cependant penser que comme elle sur la déclaration par laquelle la cour de Russie a entrepris de gêner la liberté de la navigation et du commerce dans la Baltique, et sur les saisies de navires

---

¹) En effet, la demande de la Prusse, que l'Angleterre envoyât une flotte dans la Baltique, fut repoussée à Londres. Voir Schäfer l. c I, 355 cfr. 551, 58, 63.

neutres que font en conséquence les commandants de ses
vaisseaux. Nous ne pouvons pas abandonner vis-à-vis des
Russes des principes que nous avons établis et soutenus si
hautement à la face de toute la terre par notre traité
d'union, et que nous avons déclaré à la France et à la
Gr. Br. vouloir soutenir. Nous nous en sommes déjà expliqués avec la modération et l'amitié convenables à Pétersbourg même[1]); mais si cela n'opérait rien, nous ne souffri-
rions certainement pas en silence que les Russes nous
donnent, sous nos yeux et sur nos côtes, des lois que nous
avons refusé de recevoir des Français et des Anglais. J'admire la docilité avec laquelle les Suédois s'Y sont soumis,
et le silence qu'ils gardent à notre égard sur des prétentions et des procédés bien plus révoltants et bien plus contraires à l'objet de notre union que ceux dont ils font tant
de bruit. Mais qu'est-ce que la passion et un intérêt présent ne font pas faire? Vous ne ferez cependant sur cet
article ni déclaration ni insinuation et vous laisserez seulement entrevoir de temps en temps, lorsque vous en jugerez
l'occasion favorable, que le roi était tout aussi décidé pour
le moins à maintenir la liberté et les droits de ses peuples
dans la Baltique que dans l'océan ou dans la Méditerranée. Il
sera difficile à mrs les Suédois de condamner cette façon de penser, mais je crains bien qu'elle ne leur en soit pas plus agréable.

Je me réserve de vous parler de l'article qui me reste
à traiter avec vous dans une apostille[2]), et je me contenterai
de vous marquer encore dans celle-ci que le roi désirait
savoir comment les Suédois comptent subvenir aux frais
d'une guerre qui, quelque heureuse qu'elle soit, est toujours un gouffre de dépense. Les 800 mille écus que les
Français fourniront, dit-on, sont bien peu de chose et ils
doivent savoir par expérience que, bien que la France paye
mieux qu'aucune autre puissance, c'est toujours une chose cruelle
que de dépendre d'une cour étrangère et éloignée pour des

---

[1]) Voir no. 82.
[2]) Dans deux autres dépêches de la même date, B. se plaint du retard apporté à la présentation du mémoire nr. 81 par suite de la
négligence du gouvernement suédois, et de la nouvelle politique
imprudente adoptée par lui, qui fait, „que nous ne devons attendre d'autre fruit de notre union que des embarras."

opérations qui souvent ne permettent pas un moment de
délai. Il me semble qu'il ne doit pas être impossible de
percer ce système, et je vous prie de continuer à y donner
tous vos soins. Il sera sans doute nécessaire de recourir
à quelque opération de finances extraordinaire, et il n'y a
pas un pas qui dans cette occurence ne mérite toute votre
attention.

87.

Note verbale remise à Mr Titley, ministre d'Angleterre.

Copenhague 8 août 1757.

Le roi s'étant fait rendre compte de la note présentée
par mr. Titley, envoyé extr. de sa maj. le roi de la Gr.-
Br., et ayant donné l'attention la plus sérieuse à son contenu, a ordonné de répondre à ce ministre:

Que sa majesté, vivement touchée des malheurs qui affligent l'Europe et particulièrement de ceux qui troublent
le repos du nord, s'était appliquée jusqu'ici sans relâche à
les diminuer et à les détourner, et qu'elle n'avait épargné
pour cet effet ni ses soins ni ses peines sans se laisser rebuter par les difficultés et les dégoûts de ce travail toujours ingrat et souvent peu heureux, qu'elle continuait dans
ces mêmes dispositions et qu'elle serait toujours prête à
concourir avec sa maj. brit. à la poursuite de ce même but,
et surtout à s'entendre avec elle, ainsi qu'elle le lui avait
fait proposer depuis peu par le sieur de Rantzau, son ministre à Londres, pour le maintien de la navigation libre
dans la mer Baltique, objet principal de sa sollicitude et
de sa vigilance, mais que la neutralité qu'elle avait em-
brassée pour épargner à ses peuples les maux qui en accablent tant d'autres et qu'elle avait déclaré à l'Europe
entière vouloir maintenir inviolable, ne lui permettait pas
de contracter au milieu de la guerre une alliance défensive
avec une puissance, partie principale dans cette guerre, et
qu'elle se voyait ainsi par cette considération et par un

effet de ses engagements hors d'état d'entrer dans toute Proposition de cette nature. [1] —

88.

Lettre particulière à Mr d'Assebourg à Stockholm.

Copenhague 15 août 1757. [2]

(Extrait.)

Ne pensez pas que je m'aveugle, monsieur, sur les jugemens du public. Je n'ignore point que l'on taxe et que l'on taxera de défaut de lumières et de génie cette même conduite, qui met le Roi hors du cas de se promettre des conquêtes dont ceux qui entrent totalement dans les vues des maisons de Bourbon et d'Autriche et qui partagent leurs efforts, peuvent se flatter avec quelque apparence, et je me représente très-vivement tout ce qui se dit et se dira par les critiques du siècle futur; mais qu'il soit loin de moi de me laisser détourner, par ces censures et par les risques que je pourrai courir personnellement à cet égard quelque jour, de la poursuite de ce que j'estime être juste. Personne ne peut souhaiter plus passionnément que moi la gloire et l'aggrandissement de son maitre, personne ne peut être plus convaincu que mon honneur et ma fortune y sont attachés, mais je ne rougis point d'avouer à vous et au baron de Scheffer, ce que je déclarerais à la terre entière s'il le fallait. La crainte de l'arbitre suprême des événements l'emporte et m'arrête; je rejette la pensée de former des projets qui pourraient lui déplaire, et j'aime trop mon roi, pour lui conseiller de s'exposer à encourir sa vengeance. Une guerre entreprise sans juste cause, je dis plus sans nécessité, me parait la plus redoutable de toutes les résolutions que les hommes puissent prendre; et quoiqu'il ne m'échappe pas, combien cette façon de penser pourra être taxée de ridicule et d'absurde, je me livre sans balancer à la honte qui pourra m'en revenir. La querelle de l'Amérique nous est

---

[1] Voir Schäfer l. c. I. 367, cfr. 236—37.
[2] Voir „Denkwürdigkeiten des Freiherrn v d. Asseburg," pag. 79—81.

totalement étrangère, le roi de Prusse n'a rien fait contre
le Danemark; de quei droit participerions-nous donc à une
guerre qui ne nous regarde pas, et pourquoi prendrions-
nous les armes contre un prince qui ne nous a point attaqués, ou pour un souverain, opprimé il est vrai, mais qui
n'est point l'allié de notre couronne, et qui sans nous
trouve assez de vengeurs? La Suède est dans un cas différent, peut-être est-elle autorisée et appelée à achever d'accabler le conquérant contre lequel une grande partie de
l'Allemagne réclame son secours; je ne prétends point censurer sa résolution, c'est à elle de peser ses motifs, ses
vues, ses dangers et ses espérances, mais ce qui peut être
juste pour elle, ne le serait pas pour nous. Je me crois
permis, et je ne vous cacherai pas que j'y travaille avec
toute l'application dont je suis capable, de tirer un parti
légitime des troubles qui affligent l'Allemagne; je travaille
à y faire trouver, à force de peines et de soins, quelque
avantage au roi, et à lui faire recueillir quelque fruit d'une
manoeuvre attentive et (puisse-t-elle l'être) habile; mais de
répandre un sang innocent, au moins à notre égard, pour
acquérir peut-être quelques pays de plus, de charger
mon roi des gémissements et des pleurs de son peuple et
de celui auquel il ferait la guerre, d'irriter ce Dieu, source
unique de toute prospérité et de toute bénédiction, dont la
puissance peut nous accabler tous au premier instant de
sa colère, et faire disparaître dans un moment les avantages
que nous croyons infaillibles et déjà acquis, — m'en préserve le ciel! C'est là, monsieur, ce qui décide mes conseils,
et non l'espoir de la médiation, cet honneur ne me touche
pas; il est passager et peu utile, et je ne m'y attends pas
dans une occasion, où, selon toutes apparences, la paix se
fera par les généraux à la tête des armées, et où on ne
laissera aux ambassadeurs que tout au plus le soin d'arranger les paroles. Mais si, après le grand motif que je
vous ai allégué, je désire encore de procurer quelque avantage, quelque gloire à mon roi, c'est la gloire souvent obscure et méprisée, mais brillante à mes yeux, de n'avoir
pas fait un malheureux dans le cours de son règne.

88.

Lettre particulière à Mr le Maréchal Duc de Belle-Isle.[¹]

Copenhague 27 août 1757.

Quoique le but apparent de l'expédition du courrier que
j'envoie aujourd'hui au comte de Wedel-Prijs, soit de porter
à ce ministre l'ordre du roi de tâcher d'obtenir du roi
très-chrétien une résolution plus favorable au sujet du traité
dernièrement conclu pour la neutralité des duchés de Brême
et de Verden, et puis d'exposer au ministère de France le désir de mgr le duc de Brunsvic de quitter entièrement le
parti des rois de la Gr.-Br. et de Prusse pour s'attacher
à celui de sa maj. très-chrétienne, si elle veut bien lui accorder quelques adoucissements en faveur de ses troupes
et de ses peuples[²]), j'avoue néanmoins que le plus grand
avantage que j'espère en tirer est de profiter de son occasion pour vous ouvrir entièrement mon coeur et pour vous
supplier de protéger et de faire réussir, si vous les trouvez
possibles et justes, des idées auxquelles j'ai donné toute
mon affection. Je ne les aurais peut-être jamais formées,
si je ne comptais pas sur vos bontés et si ma confiance
en votre équité, en vos lumières et votre autorité et en
votre bienveillance n'égalaient pas mon respect, ma vénération et, permettez-moi de le dire, ma tendresse · pour vous,
et n'étaient par conséquent pas au-dessus de toute expression.

J'espère que vous êtes content de nous, non pas par
les services que nous vous ayons rendus, — le ciel, en nous donnant moins de puissance, nous a refusé le plaisir de vous être
fort utiles — mais par la probité et l'uniformité de notre conduite. Nous n'avons point pris part à la guerre, parce que
nous n'avions ni cause ni titre pour le faire, mais nous
avons prévenu une scission dans l'empire. Comptant sur
votre parole, nous avons empêché que cette guerre ne de-

[¹] Sur les rapports intimes entre Bernstorff et Belle-Isle, voir Hous-
set: le comte de Gisors.

[²] La convention entre le Brunsvic et la France fut signée à Vienne
le 20 septbre 1757, Schäfer I, 386—87, 486 sqq.

vint mal à propos une guerre de religion ; nous avons refusé d'écouter ou nous avons rejeté toutes les propositions qui nous ont été faites pour nous détacher de vous ; nous avons préféré le plaisir d'être amis de vos amis à bien des préjugés nationaux et à bien des jalousies et nous avons tâché de ne vous être, même dans ces conjonctures, ni importuns ni à charge. Tout cela n'était que raisonnable et que juste, j'en conviens, aussi je ne prétends pas nous en faire un mérite, je ne l'allègue que pour fonder mon espérance que nous avons rempli les devoirs de l'amitié et de l'alliance et que vous êtes satisfait de nous. Mais si vous l'êtes, j'ose donc me flatter que vous voudrez bien nous faire plaisir, nous fortifier et nous donner de nouveaux sujets de reconaissance. Vous êtes dans un temps où la monarchie française, parvenue au plus haut point de la gloire et de la puissance, arbitre future d'une paix qui va donner une nouvelle face à l'Europe ou au moins à l'Allemagne, peut procurer des biens essentiels, sans qu'il lui en coûte, à ceux qu'elle aime. Serait-ce présomption, si j'espérais que vous voudrez bien nous faire sentir ce doux effet de votre pouvoir? Nous n'avons point fait la guerre, ainsi nous ne demandons point de part aux conquêtes, mais vous ne garderez pas pour vous celles que vous aurez faites, vous les distribuerez. Me désapprouverez-vous si je vous demande d'en distribuer une partie de manière qu'il nous en revienne un avantage important et qui, en même temps, j'ose le dire, en sera un pour l'Europe entière et surtout pour le nord? Le roi ne tend, depuis qu'il est sur le trône, qu'à réparer les erreurs de ses ancêtres, sources de tant de guerres et de tant de maux, en mettant fin aux querelles et divisions intestines de sa maison et au partage du duché de Holstein, qui les ont occasionnés. Dans cette vue, il a travaillé à en réunir les différentes parties. Ces soins ont réussi à plusieurs égards, et il vous est connu qu'en 1750 il est parvenu par la médiation de la France à convenir avec le roi de Suède, alors prince héritier de la couronne, que, lorsque la succession du duché de Kiel lui écherrait, il l'échangerait contre les comtés d'Oldenbourg et de Delmenhorst, provinces qui, comme le roi s'est engagé à le prouver, sont d'un revenu égal à celui du duché de Kiel ; mais ces mêmes soins, quoique portés la même année à Pétersbourg, et poursuivis depuis avec une application et une patience invincibles, ont échoué jusqu'ici contre l'opiniâtreté du grand-duc et contre la haine mortelle que ce prince nous porte. Le roi ne s'est cependant pas lassé de tout employer, par amour pour ses peuples et pour assurer leur tranquillité, pour gagner l'esprit de son alt. imp. et cette considération l'emportant sur toute autre, il s'est porté à des offres exorbitantes et dépassant absolument la valeur naturelle de l'objet. Sa majesté a proposé au grand-duc non-seulement de lui donner les comtés d'Oldenbourg et de Delmenhorst en échange de son duché de Kiel, troc auquel, quand il serait tout seul, ce prince gagnerait en ce que les comtés sont en aussi bon état que le duché l'est peu, mais encore de se charger de 1500 mille écus de dettes hypothéquées sur le dit duché et de résigner au nom du prince Frédéric, son fils, la coadjutorerie de l'évêché de Lübeck, en faveur du prince Pierre, cousin de son alt. imp. Ces offres, que j'ose nommer encore une fois exorbitantes, n'ont cependant pas produit d'effet et le grand-duc, bien que noyé de dettes, aime mieux se conserver le plaisir de délibérer avec quelques misérables, ses favoris, dans les parties de débauche auxquelles il se livre avec eux, de la guerre qu'il compte nous faire quelque jour, que de les accepter. [1]

Voilà où nous en sommes. Ce n'est pas à vous, que je regarde comme mon supérieur et mon maitre en fait de politique, et aux lumières et aux instructions duquel je me glorifie de tant devoir, ce n'est pas à vous que j'entreprendrai d'exposer combien il importe au nord et à la France même qu'un czar de Russie, et surtout un czar qui ne cache pas ses préventions et son animosité contre elle et qui est entièrement livré à ses ennemis présents et futurs, n'ait pas le duché de Holstein, combien il lui importe que le Danemark ne soit point affaibli ni constamment alarmé par des appréhensions d'une invasion qui porterait le fer dans ses entrailles.

---

[1] Voir pour les négociations à Pétersbourg depuis la mission du Lynar: Ostens Gesandtskaber, Hist. Tidsskr. IV, 1, 488—91.

Vous voyez, vous savez tout cela encore mieux que
moi, et j'ose croire que l'amitié que vous avez pour mon roi,
vous dispose à saisir l'occasion unique qui se présente aujourd'hui de lui faire le plaisir le plus considérable qu'il
puisse recevoir, de détourner une occasion de guerre dans
le nord dont les suites seraient si funestes, de remplir sans
coup férir et à jamais la garantie du duché de Sleswic, promise par la France, et d'affermir d'une manière inébranlable (autant que les arrangements humains peuvent l'être)
le système établi aujourd'hui entre la France et les anciennes couronnes du nord.

Les moyens sont entre vos mains. Vous avez conquis
nombre de provinces en Westphalie et nommément l'Ost-
frise¹) et, bien que ce soit au nom de l'impératrice-reine,
vous ne pouvez manquer d'avoir sur le sort et la distribution de ces provinces, acquises par la puissance et les
armes de la France, des droits supérieurs. Si vous voulez
les rendre toutes au roi de Prusse, nous n'avons rien à y
opposer. Il ne conviendrait pas à la façon de penser du
roi de vous solliciter contre les intérêts d'un prince avec
lequel il n'est pas en guerre, mais si vous voulez en disposer autrement, si, comme on le dit avec vraisemblance, vous
inclinez, de concert avec l'impératrice-reine, à faire don de
l'Ostfrise au grand-duc, veuillez ne lui faire ce grand présent que d'une manière et sous des conditions auxquelles
nous trouvions aussi notre compte.

L'Ostfrise vaut mieux, de près de 100 mille écus de
rente, que le duché de Kiel ou que les comtés d'Oldenbourg et de Delmenhorst. Si donc il pouvait se faire que
le grand-duc la reçût d'abord sous condition de s'arranger
avec le roi, et puis comme un équivalent de son duché, et qu'ainsi
le roi, en obtenant ce duché, conservât les deux comtés, ce serait
le comble de l'obligation de sa majesté et une obligation dont
la mémoire ne s'effacerait pas tant que la maison royale sub-
sisterait. Je ne saurais trop insister sur ce point ni vous demander avec trop d'insistance de l'agréer. Mais si cela ne se
pouvait pas en entier, si au moins il se pouvait que l'Ost-

¹) Occupée par les troupes françaises au mois de juillet 1757, évacuée
en mars 1758.

frise entrât en ligne de compte pour quelque chose, que le
roi pût conserver la moitié ou le quart des deux comtés
ou enfin le comté de Delmenhorst qui fait à peu près un
cinquième du tout, ou bien que sa majesté pût conserver
le coadjutorerie de l'évêché de Lübeck et être déchargée en
tout ou en partie du payement des dettes du grand-duc
dont j'ai fait mention plus haut. Qu'en un mot la libéralité de la France et celle de la cour impériale ne tombent pas uniquement sur le grand-duc, mais que le roi
en profite indirectement! Serait-il contre la justice qu'elle
tournât au bien, non-seulement d'un prince qui n'a encore
rien fait pour être estimé ami de la France, mais encore
d'un roi qui en est l'allié le plus fidèle, et serait-il contre
la politique que d'un même coup et aux mêmes frais la
France obligeât deux puissances?

Telle est l'idée sur laquelle je vous demande votre
approbation et que, dans ce cas, je vous supplie de protéger
et de faire réussir. Vous voyez, par la franchise et la confiance avec laquelle je prends la liberté de m'ouvrir à vous
et de remettre mes vœux entre vos mains, que je vous
parle moins en ministre que comme un fils parlerait à son
père, dont il connaîtrait les bontés et la tendresse. Ne
dédaignez pas cette comparaison que je sens bien m'être
trop glorieuse, mais à laquelle vous m'avez autorisé pendant
tant d'années.

Et souffrez que dans cette même douce illusion je
poursuive avec une confiance égale cette idée soumise à
votre approbation. Si vous l'agréez en tout ou en partie,
il serait selon moi à propos qu'il fût dressé, pour en fixer
et arrêter l'effet, dans les termes et dans la forme que
vous trouveriez convenables, une convention secrète entre
les cours de France et de Vienne d'une part, et la mienne
de l'autre, par laquelle les deux premières promettraient
d'engager le grand-duc de Russie à s'accommoder avec le roi
sous celle des conditions que j'ai alléguées, que vous juge-
riez équitable, et où nous promettrions de notre côté de
nous lier plus étroitement (si vous le voulez) avec la cour
impériale, de favoriser, sans cependant rompre notre neutralité et sans nous dédire, par l'envoi de notre contingent,
du langage que nous avons tenu jusqu'à présent à la

▓▓▓ ¹), et qu'il ne nous serait pas possible de changer
sans nous porter un préjudice infini, ses intérêts dans l'empire et de travailler de bonne foi à faire embrasser aux
ducs de Saxe et de Brunsvic et au landgrave de Hesse le
parti de retirer leurs troupes de l'armée de Hanovre et de
se soumettre aux décrets de la diète du 17 janvier. Nous
promettrions en outre d'oublier tous nos griefs contre les
derniers procédés de la Suède, de continuer avec elle notre
union maritime, bien qu'anéantie de droit depuis que cette
couronne a abandonné la neutralité sur laquelle cette union
était fondée, pour devenir partie principale dans cette
guerre, de faire fidèlement cause commune avec elle pour
le soutien de la navigation et de pousser même, s'il le
fallait, les choses jusqu'aux représailles contre l'Angleterre,
de ne point la troubler dans ses entreprises contre le roi
de Prusse mais de lui fournir amicalement tous les secours
compatibles avec la neutralité, pourvu toutefois, qu'en cas
que cette couronne fît l'acquisition de Stettin, elle s'engageât
solennellement et sous la garantie de la France à ne jamais nous interdire, sous quelque prétexte que ce pût être, le
commerce de bois de construction et autres dont Stettin est
l'entrepôt, et à ne jamais hausser à notre égard les droits
sur les dits bois. Cette convention pourrait rester entièrement secrète jusqu'à le paix; mais elle aurait force et valeur
du jour de la signature, et on travaillerait et agirait en conséquence de toute part depuis ce jour.

Je sens que peut-être plusieurs des choses que je viens
de toucher auraient besoin d'un plus grand éclaircissement;
mais votre pénétration et vos connaissances suppléeront à
tout et me dispensent de faire un volume de cette lettre
déjà si longue.

Je n'ajouterai donc plus qu'un mot, qui me sera personnel et qui ne mérite pas que vous y jetiez les yeux, à
moins que vos bontés pour moi ne vous déterminent à
donner encore un instant à la considération des intérêts de
l'homme de la terre qui vous est le plus passionnément et
le plus fidèlement attaché. Jamais moment n'a été plus

---

¹) Le cardinal de Bernis n'est pas exact à ce sujet dans sa dépêche
à Stainville, Schäfer I, 662.

dangereux pour un ministre de Danemark. Je travaille, il
est vrai, dans une concorde parfaite avec mes confrères,
mais contre les préjugés de toute la nation, et quoique cela
n'effraie ni eux ni moi, et que nous n'en soyons pas moins
décidés à continuer toujours à n'avoir que notre devoir devant les yeux au hasard de tout ce qui pourra nous en
arriver, il n'en est pas moins vrai qu'il est triste pour des
gens qui immolent leurs vies et leurs forces au service
d'un peuple, de n'avoir à attendre que les reproches de
ceux pour lesquels ils travaillent et ceux de leur postérité. Si
cette guerre, où la France est en état de disposer de tout,
se termine sans que l'amitié de cette couronne nous ait
valu quelque avantage, l'époque pendant laquelle j'aurai
eu le département des affaires étrangères passera dans l'histoire pour une époque de léthargie et de stupidité. La
Russie y aura gagné, car elle ne sera pas la conquête de
la Prusse gratis, la Suède y sera devenue plus puissante, le
grand-duc, duc de Holstein, lui-même y aura considérablement
profité, et nous seuls, nous n'aurons rien obtenu, nous
n'aurons fait que nous affaiblir, en contribuant par nos
liaisons et notre manœuvre à augmenter le pouvoir des
puissances qui nous sont les plus redoutables, et qui ont
toujours fait les objets de la jalousie et de la crainte de
nos · prédécesseurs. Que ne dira, que n'écrira-t-on pas de
moi, de quel opprobre ne serai-je pas chargé? Le voulez-
vous, vous qui connaissez mon cœur et que j'ai vu mille
fois s'intéresser avec une bonté si vive et si agissante à
mon bonheur? Faites-moi la grâce de me répondre par ce
même courrier, porteur de celle-ci. Le comte de Wedel-
Frijs ne sait rien du contenu de cette dépêche. Je le lui
cache, non par défiance, mais parce qu'avant que de savoir
ce que vous en pensez, je ne regarde pas l'affaire comme
mûre pour la négociation. Je m'en suis pourtant ouvert à
mr. le président Ogier, qui en a rendu compte à mr. l'abbé
de Bernis le 19 de ce mois. Je ne prévoyais point encore
alors que j'aurais une occasion d'envoyer un courrier à
Paris sans qu'il parût que ce fût pour cet objet. Pourvu que
vous approuviez en gros ma proposition, j'en dirigerai ensuite toutes les parties selon que vous l'estimerez convenable.

Qu'il me serait doux de vous devoir une affaire qui me
tient si fort à cœur. [1] —

90.

Convention entre le duc de Cumberland et le duc de Richelieu.

Conclue à Closter-Zeven le 8 septbre. 1758. [2]

91.

Dépêche à Mr d'Assebourg à Stockholm.

Copenhague 10 septembre 1757.

Le baron d'Ungern-Sternberg m'ayant déclaré ces jours-ci
de la part de sa cour que, quelque juste que pût être le
désir du roi, son maître, de rentrer à l'occasion de la
guerre présente dans la possession des duchés de Brême et
de Verden, autrefois attachés à sa couronne, [3] sa maj. suédoise voulait néanmoins ne point porter ses vues de ce

---

[1] Le résultat de cette correspondance fut que, le 13 novbre, un mémoire, formulant les propositions exposées dans la lettre à Mr
de Belle-Isle, fut remis à Mr. l'ambassadeur Ogier. Voir Schäfer
I, 661 et 662, cfr. Moltke l. c. 197—98. Voir nos 94, 97, 107.

[2] Sur les négociations de paix pour le Hanovre entamées sous la
médiation du Danemark, à Vienne, au mois d'août, et sur la convention de Closter-Zeven voir: Schäfer I, 368—86, 468—76, Lynar Staatschr. II, Frédéric II l. c., 143—144, Filon: Ambassade
de Choiseul à Vienne en 1757 et 1758, pag. 93—97, Moltke l. c.
194—197, Vedel: Grev Lynar l. c., 604—617.

[3] L'art. XXIX des préliminaires du traité de Versailles du 1 mai
1757 avait stipulé que les duchés de Brême et de Verden seraient
restitués „à leurs anciens possesseurs ou même cédés à sa maj.
danoise, si elle accède à la présente convention". Mais, dans le
traité lui-même ainsi que dans les conventions avec la Suède du
21 mars et du 22 septbre 1757, il n'est question que de la cession de la Poméranie à la Suède. Par la déclaration de la
Suède ainsi que par la convention du 11 juillet avec la France, le
Danemark avait donc assuré au Hanovre la possession tranquille
de Brême et de Verden, conformément à l'engagement pris par
lui dans le traité du 26 juillet 1715.

côté là, mais s'en désister par considération pour le roi et
par égard pour la garantie à laquelle elle savait que sa
majesté était engagée relativement à ces provinces. Le roi
m'ordonne de vous charger de témoigner à mr. le baron
de Höpken combien il est sensible à un procédé si amical
et à une déclaration si obligeante. Vous en remer-
cierez ce ministre dans les termes les plus forts, et vous
lui témoignerez que comme rien n'aurait pu peiner davantage sa maj. que de se voir dans la nécessité de contrarier
les vues de la Suède, rien aussi ne lui a fait un plaisir
plus vrai que de se voir aujourd'hui hors d'une obligation
aussi opposée à son système et aux sentiments qui l'animent pour une cour avec laquelle elle désire si sincèrement entretenir l'amitié la plus constante et la plus intime.
Vous ne sauriez trop marquer dans cette rencontre combien
le roi est touché de tout ce qui peut lui faire espérer que
l'on pense en Suède pour lui comme il pense pour la Suède.

Nous n'avons pas encore de nouvelles de la jonction
des deux escadres, mais nous l'attendons à tout moment.
La saison est déjà si avancée que je vois bien qu'elles ne
pourront pas rester longtemps ensemble; mais j'espère qu'au
moins, pendant ce temps, il y aura aussi peu de division et
de mésintelligence entre elles qu'il y en a eu l'année dernière.

Je ne vous ai que peu ou point entretenu des bruits de
l'approche d'une escadre anglaise, qui d'abord ont fait tant
d'impression, et je crois m'être contenté de vous dire que je
doutais de leur vérité, mais que le roi n'en ordonnerait pas
moins à son ministre à Londres de faire contre ce dessein
les plus fortes représentations à la cour britannique, sentiments que j'ai exprimés de même au baron d'Ungern en lui
remettant le mémoire qui sert de réponse au sien sur ce
sujet, et dont je vous ai envoyé copie.[1]) L'événement a
vérifié nos conjectures et, quoique la fierté anglaise n'ait
accordé qu'une réponse assez vague à nos remontrances,
nous pouvons cependant en conclure que cette cour ne précipitera rien, et qu'elle ne prendra à cet égard aucune résolution dont nous ne soyons avertis à temps. Depuis lors,

---

[1]) Voir no. 84.

le ministre de Russie, appuyé de celui de Suède et de l'ambassadeur de France, a invité le roi à joindre ses forces à celles de l'impératrice et de sa maj. suédoise, pour s'opposer conjointement à l'entrée de la flotte anglaise dans la Baltique; mais vous jugez bien que sa maj., ayant déjà employé non sans succès la voie de la négociation et étant convaincue que les mesures violentes, sujettes à bien des inconvénients, n'étaient pas nécessaires, a pris le parti de les décliner. Je ne doute pas que le baron de Höpken n'approuve lui-même cette résolution.

92.

Convention secrète de renouvellement d'amitié et de commerce entre le Danemark et l'Espagne,

signée à la Haye 22 septembre 1757,
ratifiée à Copenhague 7 octobre 1757.

93.

Dépêche à Mr d'Ahlefeldt à Berlin.

Copenhague 24 septembre 1757.

Ayant rendu compte au roi de l'apostille de votre lettre du 10 de ce mois, sa majesté m'a ordonné de vous dire que vous ayez à assurer monsieur le comte de Podewills que, toujours empressée à diminuer et à borner les calamités de l'Allemagne et à donner des marques de son amitié à sa maj. prussienne, sa maj. ne demandait pas mieux que de pouvoir contribuer à terminer la guerre allumée entre ce monarque et les puissances armées contre lui. Que pour cet effet, quelque pénibles que fussent dans ces circonstances les fonctions qu'on lui destinait, elle ne refuserait pas de s'en charger, et qu'elle serait prête d'entamer une négociation qui tendrait à établir la paix dans l'Europe, aussitôt que sa maj. prussienne lui ferait savoir ses intentions et ses souhaits à cet égard. [1])

---

[1]) Voir no. 96.

Vous pouvez assurer en même temps ce ministre que
sa maj. avait toujours pensé de même et que, si elle avait
été instruite des souhaits de sa maj. le roi de Prusse relativement à cet objet, elle aurait fait dans tous les temps,
pour la tranquillité de ses états, les mêmes efforts qu'elle
avait faits pour celle des pays des autres princes qui
s'étaient adressés à elle, et qui avaient requis ses bons
offices.

Mons. de Haeseler vient de m'apprendre son rappel et
la nomination de mons. de Vieregg pour le relever. Nous
regrettons fort le premier qui s'est conduit avec une sagesse et une prudence qui lui ont valu les bontés du roi
et l'estime de toute sa cour. —

94.

Dépéche à Mr d'Osten à St. Pétersbourg.

Copenhague 14 octobre 1757.

(Extrait.)

On ne sait rien en France du dessein de donner l'Ostfrise au grand-duc et je vous confierai, mais à vous seul,
que ce prince n'y est pas assez aimé ni considéré pour
qu'on ait envie de lui faire un si beau présent. Et quant
à Vienne, ce même projet, si jamais il y a été sincèrement
conçu, me parait se refroidir. Vous n'ignorez pas que le
comte de Kaunitz, conjointement avec la maison de Lichtenstein,
a des prétentions sur les biens allodiaux de la maison d'Ostfrise, et je soupçonne ce ministre de travailler sourdement
à faire valoir ces droits en sa propre faveur s'il y trouve
le moindre tour. Comment croire qu'il sacrifierait ces vues,
à moins d'un bon dédommagement, au plaisir d'augmenter,
sans aucune nécessité, les domaines du grand-duc, qui peut-
être n'est guère plus aimé ni estimé à Vienne qu'à Versailles. Je vous confesse que je conclus de tout cela que
cette idée n'est venue qu'à mr. le comte d'Esterhazy [1]) ou à
quelqu'un de ses amis, que, sans trop l'examiner, ce ministre l'a trouvée bonne pour détacher le grand-duc des inté-

---

[1]) Ambassadeur d'Autriche à St. Pétersbourg

rêts du roi de Prusse aux dépens de ce même monarque,
qu'elle a été ensuite très goûtée par madame la gr.-duchesse
et ses sectateurs,[1] mais qu'elle ne fera que difficilement
fortune aux deux cours qui seules peuvent la faire réussir.

Ce n'est qu'à regret que je fais ce raisonnement. Le
roi aurait vu avec plaisir augmenter le patrimoine de sa
maison et, quoique sa maj. ne veuille pas concourir au dé-
pouillement d'un prince avec lequel elle n'est pas en guerre,
elle aurait regardé comme un avantage que, le roi de
Prusse devant perdre l'Ostfrise, cette province fût tombée
à son altesse ducale. Elle avait fondé sur cela un arrangement dont je vous ai laissé entrevoir quelque chose dans
mes précédentes dépêches, et que je vous expliquerais davantage s'il en était question encore. Mais il serait inutile
de s'y arrêter aujourd'hui que l'affaire à laquelle il se rapporte est devenue si incertaine.

Il n'y a que le projet du comte de Kaiserlingk, ambassadeur de Russie à Vienne, qui, réunissant les intérêts
du comte de Kaunitz[2] à ceux du grand-duc, pourrait trouver quelque faveur. Il propose que son alt. imp., ayant du
chef d'une de ses aïeules des prétentions connues sur la
succession de la maison de Juliers, de Clèves et de Bergues,
prétentions qui en effet ont été produites autrefois à la
diète de l'empire, on lui fasse droit à cet égard et qu'on
lui donne pour sa part de la dite succession le comté de
Ravensberg, faisant partie des états enlevés au roi de
Prusse, que son alt. imp. céderait au comte de Kaunitz
contre la principauté d'Ostfrise. Tâchez, je vous prie, de
découvrir si ce projet, que j'ai lieu de croire être parvenu
au comte de Bestucheff, a fait quelque impression sur
l'esprit de ce ministre et si le comte d'Esterhazy en a connaissance. Il tendrait à dépouiller encore davantage le roi
de Prusse et, par cette raison, rencontrera sans doute de
grandes difficultés en France; mais il n'est pas impossible
que l'influence tout extraordinaire que la cour imp. y a
aujourd'hui, et le désir de récompenser et d'obliger l'auteur

---

[1] Voir Ostens Gesandtskaber, i Hist. Tidsskr. IV, 1, 490.
[2] Relativement aux prétentions du comte de Kaunitz sur l'Ostfrise, voir
Schäfer I, 293, II, 237.

de la bonne intelligence qui règne entre les deux puissances, n'y fassent agréer ce qui serait rejeté en toute autre conjoncture. Vous n'y travaillerez point, monsieur, vous
vous appliquerez seulement à découvrir si l'on y travaille.

95.

Dépêche à Mr de Cheusses à la Haye.

Copenhague 15 octobre 1757.

(Extrait.)

Je viens d'avoir avec mons. de Thott[1]) une conversation qui m'a fait une peine extrême. Il m'a dit que, les
dépenses extraordinaires que le roi avait faites en achetant
l'île d'Ærö au duc de Glücksburg;[2]) en acquérant à sa couronne la propriété des îles danoises en Amérique[3]); en
s'assurant la succession du duché de Ploen;[4]) en faisant
tomber au prince, son fils puiné, la coadjutorerie de l'évêché
de Lübeck;[5]) en étendant et assurant le commerce aux
Indes orientales,[6]) en Afrique et au Levant; en protégeant
leur navigation par des escadres considérables et en em-
ployant de très grosses sommes à se ménager pour leur
sûreté des alliances avec la Forte, l'empereur de Maroc
et les régences barbaresques;[7]) en créant une quatrième
division des troupes de la marine; en augmentant son
armée de Norwége de trois régiments de dragons, son in-
fanterie en Danemark de dix hommes par compagnie et sa
cavalerie, et ses dragons dans le même royaume de 1200 maîtres et d'autant de chevaux, et en répandant enfin l'argent
dans tous les pays de sa domination, depuis les terres
grasses du Holstein jusqu'en Islande, pour consoler et soulager les affligés et réparer les maux que la contagion, les

---

[1]) Ministre des finances.
[2]) Achât de l'île d'Ærø en 1749.
[3]) Voir Moltke l. c. 182—184.
[4]) Voir no. 73.
[5]) Voir no. 75.
[6]) Cfr. Moltke l. c., 185—87.
[7]) Voir nos 14, 19, 35, 69.

incendies, les inondations, les années de stérilité y avaient causés,
ayant arriéré sa maj. dans ses finances [1]) et tous les efforts
faits depuis près d'une année pour trouver de l'argent chez
l'étranger n'ayant presque rien produit, il se verrait obligé
de conseiller au roi d'imposer vers la fin de cette année
une taxe extraordinaire sur le peuple, pour se retrouver par
là en état de faire face aux besoins publics et pour pouvoir
libérer le trésor des arrérages qui commençaient à se multiplier. Je vous avoue que cette déclaration, à laquelle je
ne m'attendais pas, m'a fait une peine extrême ainsi qu'à
tout le ministère et que, de concert avec mes collègues, je
me suis déterminé à vous en faire confidence, en vous priant de me dire s'il ne vous reste plus aucune espérance
fondée de faire réussir votre négociation, et s'il n'y aurait
absolument plus d'expédient pour trouver en Hollande la
somme d'un million d'écus environ qu'il nous faut. Vous jugez
bien, monsieur, que nous ferons bien des choses pour éviter
la nécessité d'en venir à un remède aussi désagréable au roi
que l'est une taxe extraordinaire et que, quand il devrait
en coûter vingt ou trente mille écus d'extraordinaire au-
delà des rentes et avantages déjà accordés pour avoir ce
million avant la fin de l'année, sa maj. ne s'y refuserait pas.

Informez-moi le plus tôt que vous pourrez parce qu'il
est indispensable que, de façon ou d'autre, il soit remédié
vers l'époque que je viens de vous citer à l'état où les
finances se trouvent à présent. Si vous pouviez nous tirer
de la peine où nous nous trouvons, ce serait un service que
le roi n'oublierait jamais et dont, si j'ose me citer dans
une telle occasion, je vous servirais en toute ma vie. [2])

96.

Dépêche à Mr d'Ahlefeldt à Berlin.

Copenhague 22 octobre 1757.

(Extrait.)

— Nous attendrons patiemment ce que le comte de
Podewils vous dira sur les assurances que vous lui avez

---

[1]) Cfr. Moltke l. c., 133.

.[2]) On se vit pourtant obligé de recourir à l'impôt par une ordonnance du 31 octobre 1757.

données que le roi serait toujours prêt à employer ses
bons offices pour les intérêts du roi, son maître, si ce
prince le désirait, comme il les avait employés pour les intérêts du roi de la Grande-Bretagne. Vous avez bien fait de
ne pas vous refuser au mot de médiateur dont ce ministre
s'est servi, mais vous lui ferez cependant remarquer, s'il venait à vous en reparler, qu'une médiation supposant le consentement des deux parties, le roi ne pourrait s'en charger
que lorsqu'il en aurait été requis de l'une et de l'autre
part et que, jusque-là, il ne pourrait offrir que ses bons offices.
Vous voyez bien qu'il n'est question ici que d'un mot, et
qu'au fond l'intention du roi est de travailler à la paix
dès que le roi de Prusse l'en requerra; mais il importe à la
dignité de sa maj. de ne pas prendre légèrement une qualité qu'elle ne prétend pas refuser, mais que cependant elle
ne saurait accepter que lorsqu'elle lui sera déférée d'un
commun accord de toutes les puissances belligérantes. [1])

97.

Lettre particulière à Mr le Maréchal Duc de Belle-Isle.

Copenhague 15 novembre 1757.

Les occasions de faire passer une lettre à Paris avec
sûreté et sans bruit sont si rares, que je vois bien que j'aurais tort de les attendre, et qu'il vaut mieux que je rende
mes lettres plus courtes et plus sèches que de me priver
de la douceur de vous rendre mes hommages et de l'bon-
neur d'entretenir un commerce qui fait une des consola-
tions de ma vie.

Je vous dois mille et mille remerciments très-humbles
de celle qu'il vous a plu m'écrire le 20 du passé. Je sens
tout ce que vous daignez m'y dire. Jamais je ne douterai
de vos bontés, non plus que de l'équité et de la solidité de
vos vues et de l'élévation et de la générosité de votre âme.

---

[1]) L'ouverture faite par le gouvernement prussien n'eut pas de suite,
probablement à cause des succès importans remportés peu après
par Frédéric II. Cfr. Arneth l. c. V, 271—77, Filon l. c., 49.

Qui 'est-ce qui connaît mieux, qui est-ce qui aime et admire, plus vos vertus que moi. Si j'ai été affligé de votre
réponse du 13 sept., ce n'était que parce que j'y ai trouvé
qu'une affaire que je croyais déjà entamée par la cour imp.
avec celle de France n'y était pas encore connue. J'en ai
conclu avec douleur qu'elle serait plus difficile que les lettres de Pétersbourg, qui les premières m'en avaient donné
l'idée, ne me l'avaient annoncé et je l'éprouve; je ne me
laisserai cependant pas décourager. Quelques paroles de votre
lettre du 20 octobre et ce que mons. le président Ogier
m'a dit, il y a quelques jours, de la part du comte de Bernis me rendent l'espérance, et j'ai pris le parti de remettre
à mons. l'ambassadeur une espèce de mémoire qui contient
une partie de ce que j'avais l'honneur de vous écrire le 29
août. Mon intention est d'exposer dans cette pièce l'objet
tel que je l'envisage, et de le soumettre ainsi à l'examen
du ministère de France. Daignez, je vous supplie, y jeter
un regard.

Mais, pendant que j'ose vous demander de donner quelque
attention à cette idée, et de la protéger si vous la trouvez
juste et convenable aux vues du roi très-chrétien et à l'intérêt général de l'Europe, je ne dois pas vous cacher que
j'ai eu depuis quelques semaines une sensible peine. Mille
et mille traits m'avaient déjà fait sentir qu'on avait trouvé
moyen de rendre ma cour suspecte à celle de France, et de
donner une interprétation odieuse aux démarches les plus
pures et, permettez-moi d'ajouter, aux démarches les plus
amicales; mais une longue conversation que j'ai eue avec
mons. l'ambassadeur a achevé de m'en convaincre, quelque
soin qu'il ait pris d'adoucir et d'envelopper ses propos.
J'en ai été, j'en suis vraiment touché; mais je veux espérer
que la vérité percera et dissipera ces nuages, et qu'après
m'être expliqué à fond sur tous les chefs dont il m'a
parlé, ce ministre, dont je connais l'habileté et l'exactitude,
aura saisi et rendu d'une manière convaincante les preuves
que je lui ai alléguées de notre façon de penser, et de
notre fidélité à une alliance qu'il sait lui-même nous
être infiniment chère. Son rapport est parti ou partira
ces jours-ci, et je vous demande en grâce d'en prendre connaissance. Je m'en fie à sa pénétration et à sa candeur;

14

mais si néanmoins il vous en restait encore la moindre obscurité ou le moindre doute, je vous supplie de me donner les moyens de l'éclaircir. Rien n'abat ni ne tue l'amitié comme la défiance. Ne permettez pas qu'elle soit notre récompense, ne souffrez point que des gens jaloux de la bonne intelligence qui règne entre les deux couronnes, et craignant peut-être que vous ne vous habituiez à nous et à la simplicité et à la franchise de notre conduite, que cette espèce de politiques qui pensent que l'habileté ne consiste qu'à s'imaginer le contraire de tout ce qu'ils voient et de tout ce qu'on leur dit, ne préviennent contre nous l'esprit de mons. de Bernis. Armez-le, je vous prie, contre ces insinuations. Qu'il se méfie de nous si jamais il trouve de la duplicité dans nos procédés, de la malignité dans nos représentations, s'il trouve jamais que nous travaillons à diminuer, non le nombre des ennemis mais celui des amis de la France. Mais que jusque-là il nous épargne une peine aussi dure pour des cœurs droits et généreux, et qu'il n'écoute point des conseils opposés à son but et au nôtre. Vous êtes juste, vous ne me refuserez pas ma demande.

Je ne vous dirai au reste que bien peu de chose aujourd'hui sur les affaires de l'Allemagne. Elles sont redevenues si embrouillées que je ne puis me faire une idée nette de leur situation actuelle. Depuis le départ du duc de Cumberland, je n'ai pas eu une syllabe du ministère de Hanovre et ce silence, joint au voyage de mons. de Münchhausen et à des délibérations qui ne finissent pas à Stade, m'inquiète fort. Je l'ai déjà écrit plus d'une fois au comte de Lynar, et j'avoue que je crains extrêmement les menées du roi de Prusse, et l'art avec lequel il sait faire valoir ses avantages et tirer parti du moindre succès de ses armes. Que ne fera-t-il pas croire à des gens déjà accablés et désespérés? Vous êtes trop éclairé pour ne pas sentir tout ce que je pourrais vous dire sur ce sujet. Rien n'est au-dessus de mon respect, de ma vénération et du tendre attachement de mon cœur pour vous.

98.

Dépêche à Mr le comte de Wedel-Frijs à Paris.

Copenhague 26 novembre 1757.

Plus vos dernières conversations avec mons. le comte de Bernis ont été satisfaisantes, et plus le roi est affligé de voir que les généreuses et justes résolutions de la France n'empêcheront plus le mal que sa maj. a craint depuis si longtemps, et que les passions et la violence du ministère britannique, animées et soutenues par les plaintes, les reproches et les promesses du roi de Prusse, vont l'emporter dans l'esprit du roi de la Gr.-Bretagne sur ce que l'honneur du prince son fils, le salut de ses états en Allemagne et tant d'autres considérations devraient lui inspirer. Nous ne sommes point avertis par ce monarque ni par aucune déclaration formelle de son ministère de ses desseins, mais nous ne voyons que trop par les mouvements qui se font dans les environs de Stade, par les réponses douteuses et obscures du landgrave de Hesse à toutes les représentations qu'on lui fait et surtout par le bruit qui commence à se répandre avec vraisemblance de la marche d'un corps de Prussiens vers Lunebourg, que le fatal parti de désavouer la convention du 10 septembre est pris à Londres, et que la guerre la plus sanglante et la plus cruelle va renaitre dans ces provinces où le roi avait espéré avoir contribué à l'éteindre. Peu de choses dans le monde pouvaient toucher aussi vivement sa majesté, et elle ne peut penser qu'avec douleur aux maux que cette malheureuse résolution va occasionner.

Elle · n'est pas moins sensible aux procédés de mgr. le landgrave de Hesse qui, en écoutant si peu les remontrances du comte de Lynar, la paye mal des peines immenses qu'elle s'est données en sa faveur, et elle ne se rappelle qu'avec une véritable affliction toutes ces représentations, tous ces avis fidèles qu'elle a fait donner avec tant d'application et si peu de succès à toutes les cours intéressées, pour détourner un renouvellement et une augmentation de calamités qu'il aurait été si aisé de prévenir, si on avait bien voulu envisager les choses sous leur véritable

point de vue, et non pas avec les trompeuses lunettes des
soupçons et de la défiance. De tous côtés, ses travaux se
trouvent infructueux et ne lui donnent que la consolation
de les avoir entrepris, et de n'avoir rien négligé pour le
service de ses amis et pour l'anéantissement de ces projets
sanguinaires qui prévalent aujourd'hui malgré tous ses soins.
Dans cette triste révolution des affaires il ne reste plus,
monsieur, que d'attendre en silence des temps plus favorables et de redoubler, s'il était possible, de fermeté dans
ses engagements et d'affection et d'attention pour ses alliés;
c'est la résolution du roi, et c'est en conséquence que vous
aurez à vous expliquer et à vous conduire à la cour où
vous êtes. Vous ne direz plus un mot en faveur des Hanovriens ni en faveur de mgr. le landgrave. Vous ferez sentir partout à quel point leurs démarches peinent le roi,
mais vous éviterez de rappeler les prédictions que vous
avez faites tant de fois sur ce sujet par ordre de sa maj.
Vous ne rappellerez point au ministère que, si mons. de
Richelieu n'avait pas exigé le désarmement des troupes de
Brunsvic et de Hesse, la convention aurait été exécutée
pendant que le duc de Cumberland avait encore le pouvoir
de tenir sa parole; vous ne lui direz pas qu'un peu plus
de condescendance et de ménagement aurait attaché les
Hessois à la France; vous ne lui ferez pas sentir que, s'il
avait consenti à l'expédient proposé par le maréchal de
Richelieu et accepté par le roi, ces troupes ne seraient
plus dans le cas de s'opposer à ses armées, ni les Hanovriens
seuls dans la possibilité de reprendre les armes. Ces souvenirs ne font que blesser. Qu'aucun reproche, qu'aucune
critique ne nous échappe ni à Versailles ni à Paris, et ne
vous servez du passé avec la plus grande circonspection et la
plus grande modestie que pour fonder désormais un peu plus de
confiance et de crédit pour l'avenir. Peut-être ne s'y trom-
pera-t-on plus à présent, peut-être sentira-t-on à présent que
tout ce qui a été appelé tant de fois partialité pour les ennemis
de la France était dans le fond désir de servir la France
elle-même.[1] Mais c'est à son ministère, que nous avons si sin-

[1] Bernstorff ne se trompait pas. Dans une dépêche du 12 décembre
1757, Wedel-Frijs écrit que le maréchal de Belle-Isle lui avait

~~grement~~ cherché d'obliger, à faire cette réflexion, c'est à
lui à se dire si nous avons mérité le peu d'attention que
l'on a donné à nos représentations et la récompense dont
on a payé notre zèle. Pour nous, nous ne nous plaindrons
de rien, et tout ce qui vient d'arriver ne rendra le roi
que plus empressé à témoigner à la France la sincérité de
son amitié et sa constance dans les liaisons qui l'unissent
à elle.

99.

Lettre à Mr le baron de Schwicheld, Ministre de Hanovre.

Copenhague 26 novbre 1757.

Je ne dissimulerai point à votre exc. que le long silence qu'elle a gardé envers moi dans un temps aussi critique que celui où nous nous trouvons m'a vivement affligé.
Ce n'est pas que j'aie soupçonné aucun refroidissement de
sa part, je connais trop son cœur noble, juste et fidèle à
l'amitié, et je savais bien n'avoir pas mérité de perdre ses
bontés; mais la cessation de sa correspondance au moment
que mille motifs devaient naturellement la rendre plus vive
que jamais, m'a été un présage aussi sûr que triste de cette
résolution qu'elle vient de m'annoncer et qui, je ne le lui
cacherai pas, me perce le cœur.

Il serait désormais inutile de la combattre, et je respecte trop le pouvoir dont elle émane pour me permettre
des représentations peu agréables et infructueuses sans
doute, mais rien ne me défend de vous laisser entrevoir
ma douleur. Elle est celle d'un citoyen et d'un ami; je
m'en fais un devoir, et sa vivacité me rappelle à tous mo-

---

avoué „qu'il avait été opposé à la convention de Closter-Zeven,
mais à présent il reconnaissait que le meilleur et seul parti pour
la France aurait été de l'exécuter vite et conformément à la
lettre." Et, dans une dépêche du 7 janvier 1758, B. écrit à Osten
que l'union entre le Danemark et la France „est plus solidement
établie que jamais."

ments le sang qui m'anime et les liens qui m'attachent au pays dont je déplore le sort.[1])

Nous voilà donc parvenus avec rapidité à ce point dont vous avez tant de fois déclaré à la face de l'empire que vous vous éloigneriez toujours! Vous voilà irrévocablement attachés à une cause que vous n'avez jamais appelée la vôtre et qui en effet ne l'est pas. Vous voilà absolument dépendants du sort d'un prince le plus grand et le plus heureux guerrier de son siècle, il est vrai, mais dont vous ne pouvez pas méconnaitre les dangers, et dont vous connaissez peut-être les inclinations et les ressources, qui ne sont pas les vôtres. Livrés désormais à son pouvoir, commandés par le général qu'il vous donne et qui ne respire que par lui et pour lui,[2]) vos forces seront dirigées sans doute avec cette supériorité de génie qui anime ses actions et ses mesures; mais pourrez-vous désapprouver qu'elles soient employées surtout à son avantage, et que ferez-vous si vos souhaits, vos projets n'étaient pas les siens? Que ferez-vous si la victoire, que la Providence, unique arbitre des événements, n'a assurée à aucun homme, quelque grand qu'il soit, l'abandonne? Vous venez de fermer la porte à tout accommodement avec ses ennemis. Le désaveu de la parole d'honneur donnée par le général le plus considérable qui puisse jamais être à la tête des armées de votre roi, la rupture d'un accord qui, permettez-moi de vous le dire, a sauvé alors vos troupes d'une ruine presque certaine, la révocation d'engagements revêtus des formes les plus respectables dont le cas dans lequel ils ont été contractés pouvait être susceptible, et du bénéfice desquels vous jouissez actuellement parce qu'ils vous ont donné le temps de respirer, rendent toute négociation future pour vous impossible, à moins qu'elle ne soit générale, et cette rupture, accompagnée de tant de circonstances qui la rendent la plus grave dont l'histoire fasse mention, vous la décidez contre la puissance qui possède vos états. Vous offensez de la manière la plus vive le prince qui remplit et accable l'électorat de ses troupes, vous blessez le général qui en dispose

---

[1]) La famille de Bernstorff était d'origine hanovrienne.
[2]) Le prince Ferdinand de Brunsvic.

dans la partie la plus sensible de son cœur; c'est cependant
à eux, c'est à leur vengeance et à leur ressentiment que
ces mêmes pays, du salut desquels il s'agit, sont abandonnés.
S'ils poussent la fureur aussi loin que va leur pouvoir, que
restera-t-il à sauver et à défendre, et la grandeur de la
monarchie prussienne, la conservation de la Silésie vous
dédommagera-t-elle de votre rúine?

Ce n'est pas le ministre qui parle au ministre dans
cette lettre, monsieur, vous le voyez à mon langage, c'est
l'ami, c'est le compatriote qui répand ses pleurs dans le
sein d'un ami auquel il se fie. L'Europe va retentir de
reproches contre vous. Vous aurez de bonnes choses à répondre, des reproches à rendre, je le veux, je le sais, mais
vous profitez du désaveu que vous faites, vous reprenez les
armes contre ceux qui, supérieurs alors, avaient écouté la
voix de vos amis, vous saisissez, après deux mois d'hésitation, le moment d'un revers de fortune qui leur arrive,
vous déclarez que le fils de votre roi, ce prince chargé tant
de fois du commandement de ses armées, qui décidait de
tout avec une autorité absolue et à laquelle tout était
obligé de se soumettre, avait outre-passé ses pouvoirs. Les
Français pouvaient-ils s'en douter, qui est-ce que l'on croira
désormais informé des volontés de sa maj. britann., avec
qui pourra-t-on négocier avec sûreté? Ah, monsieur, j'étouffe
les mouvements de ma douleur. Le nom hanovrien sera
accusé, quel désespoir pour moi!

Et ne devrai-je pas ajouter encore un mot au sujet de
vos procédés envers nous? Votre armée, obligée de céder
au nombre, recule, vos auxiliaires chancellent, encore un
revers et il ne vous restait plus que la mer pour refuge.
Vous nous donnez un signe, nous accourons, nous vous
sauvons l'embarras d'une négociation fâcheuse, par notre
interposition il se conclut un accord, non tel que nous l'au
rions souhaité mais tel que votre prince, votre général, l'avait
projeté et proposé. C'est entre les mains du ministre de
mon roi que sont déposées les paroles d'honneur données
de l'une et de l'autre part; pleins de zèle, nous continu-
ons d'agir pour vous, ce même ministre vole vers le camp
français, au premier mot que mgr. le duc de Cumberland
lui en dit, le roi l'y laisse, il y est votre homme d'affaires,

jusqu'à ce moment il y joue le rôle, si odieux à ceux aux
quels il a à faire, de sollicitant pour des peuples ennemis
de la France, ses confrères à Vienne et à Versailles n'ont
guère d'autres occupations, cependant on ne nous dit mot,
le plus parfait silence succède à la correspondance jusque-
là soutenue, l'Angleterre, la Hollande retentissent de cris
contre nous, on ferme de nouvelles liaisons, opposées à
celles dont on nous avait rendus les dépositaires, et ce
n'est enfin qu'à votre amitié que je dois de recevoir encore
un signe de vie de la part d'une cour au service de laquelle nous avions consacré, j'ose le dire, les travaux les
plus soutenus et les plus infatigables. Ce traitement suppose une grande confiance et c'est par cet endroit là qu'il
me flatte. Elle ne vous trompera pas, mais si mon roi
laisse toujours prévaloir dans son cœur les sentiments qu'il
conserve pour sa maj. britann. et pour un pays qui lui est
cher, je vous avouerai cependant qu'il y est sensible et
qu'il ne s'attendait pas à cette récompense de son amitié
et de ses peines.

Que ma franchise ne vous offense pas, monsieur! Il y
a des moments dans la vie où il faut parler sans déguisement à ceux que l'on aime. La triste époque dans laquelle
nous sommes est de ce nombre. Et puis, vous le sentez bien
par l'épanchement avec lequel je vous parle, ce n'est ni
à vous ni à aucun des ministres électoraux du roi, votre
maitre, que j'attribue ce que je déplore et ce qui me peine.
Je connais votre sagesse et la leur, je sais que vous aimez
tous paternellement le pays dont le sort me fait frémir, et
peut-être ne suis-je pas le seul qui gémisse d'une résolution
que leur devoir les oblige désormais d'exécuter et de défendre.

Je finis. Heureux ou malheureux, je serai toujours
tendrement attaché à votre excellence, plein de vénération
et d'estime pour elle. Dites-en autant à mons. le président
de la chambre.[1] Conservez-moi vos bontés, conservez-moi
les siennes. Mon cœur, quoique flétri et pénétré de douleur, les méritera toujours.

---

[1] Mr. de Münchhausen. Voir no. 101.

Après avoir fini cette lettre, je reçois celle que son exc. mr. de Münchhausen m'a fait l'honneur de m'écrire. Je supplie votre exc. de l'en remercier humblement et de lui dire que j'y répondrai au premier jour.

100.

Dépêche à Mr d'Assebourg à Stockholm.
Copenhague 3 décembre 1757.

Je me propose aujourd'hui de raisonner avec vous sur un des articles les plus importans de vos lettres, sur la disposition des esprits en Suède à notre égard, disposition qui n'est ni juste ni méritée et qu'assurément je ne crois pas politique dans les conjonctures présentes. Je sais qu'il y a une façon de penser qui, pour le public, est une suite presque nécessaire du voisinage, de l'égalité des forces et de la concurrence des vues; je ne suis donc pas étonné que le vulgaire en Suède conçoive de la jalousie de la prospérité qu'il a plu à Dieu de répandre jusqu'ici sur le règne du roi, et qu'il voit avec peine l'augmentation de l'influence de sa maj. sur les affaires de l'Europe et celle de sa réputation, le bonheur et la tranquillité dont jouissent ses sujets, les accroissements que prennent leur commerce et leur navigation. Ce serait trop prétendre sans doute d'un peuple, quel qu'il puisse être, de vouloir qu'il soit équitable et généreux, et c'est par cette raison que je n'ai point été surpris de la froideur que vous avez remarquée à la nouvelle de notre raccommodement avec l'Espagne. Je m'y suis attendu et je me rappelle trop les espérances que l'on avait conçues à Stockholm de notre rupture avec cette couronne[1]) et la manœuvre du ministre à cette occasion, pour avoir compté sur autre chose. Et si j'apprenais aujourd'hui que les consuls et les navigateurs suédois travaillaient partout où ils pourraient à animer les barbares contre nous, et à leur rendre notre réconciliation avec l'Espagne suspecte, il n'y aurait rien que je ne me fusse dit d'avance.

---

[1]) On s'était flatté, en Suède, de l'espoir de s'emparer du grand commerce que le Danemark avait dans la Méditerranée.

Mais de voir les premières têtes de l'état s'occuper, non à écouter, je le répète, une jalousie malheureusement naturelle contre des avantages obtenus, mais à se livrer simplement à l'envie, de les voir se forger des motifs vagues de défiance et d'inquiétude, et semer partout des soupçons contre un roi qui ne trouble ni leurs vues ni leur tranquillité, et qui ne les blesse que par la gloire qu'il acquiert par sa sagesse et son humanité et par son application à rendre ses sujets heureux, de voir, en un mot, des politiques d'ailleurs éclairés se nuire à eux-mêmes, seulement pour contrecarrer les desseins de ce prince, avantageux à leur propre cause, c'est ce que je ne me serais pas permis de croire et c'est ce qui, je l'avoue, a droit de me frapper. Cependant nous l'éprouvons. Vous le voyez par les discours que l'on vous tient et par ces sentimens qui échappent à ceux qui en sont dévorés, et moi, je ne l'apprends que trop par leur contre-coup et par les effets de ce poison qui se répand au dehors, et qui se manifeste plus ou moins dans toutes les cours de l'Europe, à proportion que ces cours sont plus ou moins liées avec celle de Suède.

C'est ainsi que, dans un temps où la fidèle amitié du roi, où son généreux silence procurent et assurent à la Suède cette sécurité et cette tranquillité intérieure qui lui facilitent les moyens de porter ses armes au dehors et de se rendre plus utile ou au moins plus agréable à ses alliés, dans ce même temps où elle éprouve d'une manière si sensible la candeur et la noblesse des procédés de sa maj., elle ne s'applique qu'à leur prêter de sombres couleurs et qu'à imaginer des vues doubles et cachées pour les leur supposer. Depuis trois mois je n'entends parler que de plaintes, de soupçons et de reproches, et je me vois toujours obligé de défendre ces démarches du roi qui, n'ayant pour but que le bien des hommes, la diminution des calamités de la guerre et l'avantage de ses alliés, ne devraient lui valoir que des remercîmens de toutes parts. Depuis trois mois toutes les offres, tous les expédients proposés par ce prince bienfaisant sont refusés, et il ne trouve que la froide défiance là où il devrait trouver la vive gratitude. Je ne puis me tromper sur la source du mal; mille circonstances la décèlent et quand j'aurais pu me la dissimuler jusqu'à présent, le langage que l'on vient de vous tenir achèverait de me le découvrir. On ose saisir le prétexte de la légère imposition que le roi a mise sur ses sujets, imposition dont il est impossible que des gens si ombrageux et si inquisitifs ignorent la médiocrité, pour accuser sa maj. d'avoir pris des engagemens très étroits avec l'Angleterre, et de n'avoir augmenté les taxes que pour mettre sa flotte et ses troupes en état de pouvoir agir en faveur de cette puissance. Cela est trop fort, monsieur. Je permets qu'à chaque bien que fait le roi, on lui suppose le projet d'augmenter par là sa gloire et sa considération, je permets qu'on l'accuse d'être trop disposé à accorder sa protection et ses bons offices aux princes et aux peuples qui la réclament, quand même ils seraient ou auraient été dans des intérêts opposés à ceux de la France; ce sont de beaux reproches pour un roi humain et indépendant, mais de dire — et de le dire à vous-même —'que, pendant qu'il se déclare l'allié de la France et que son traité avec elle subsiste, il arme pour l'Angleterre, attribuer une si rare duplicité au prince de la terre qui a le moins donné lieu à de pareilles idées et qui a toujours été l'observateur le plus religieux de sa parole, c'est pousser la calomnie et l'indignité à un excès qui ne peut plus se tolérer!

Il est donc temps, monsieur, que vous vous en expliquiez avec nos amis ou avec ceux qui en prennent et en portent. le titre, et qui cependant ont pu vous faire un si étrange aveu; il est temps que vous leur représentiez le tort que la Suède se fait par cette manœuvre. Vous ne leur marquerez ni vivacité ni ressentiment; vous ne paraitrez pas croire qu'ils ont la moindre part au crime des calomniateurs, et vous ne ferez que raisonner avec eux d'une manière calme et tranquille sur ses effets et sur ses conséquences. Demandez-leur, quel peut être le but de ceux qui répandent des bruits si faux et si offensans. Serait-ce d'irriter le roi? Mais qu'y gagneraient-ils? La Suède n'a-t-elle pas déjà assez d'ennemis, et dans ses entrailles et hors de ses limites? Serait-ce de le brouiller avec la France et de le contraindre, à force de lui faire essuyer des dégoûts de la part de cette couronne, à rompre avec elle et à embrasser le parti opposé? Mais, je le demande encore une fois, quand cette difficile entreprise réussirait, quel en serait l'avantage pour la Suède? Les amis de la France agissent-ils sensément lorsqu'ils travaillent à affaiblir son alliance? Rappelez-leur ce que cette fatale méfiance a déjà effectué et ce qu'elle va coûter à cette couronne et à ceux qui partagent sa querelle. C'est elle qui a fait naître les difficultés qui ont retardé si malheureusement l'exécution de la convention de Closter-Zeven, de cette même convention que l'on s'est tant pressé de blâmer à Stockholm et que je pense qu'on y regrette aujourd'hui avec plus de raison; c'est encore elle qui a porté la France à rejeter l'expédient de la réception des troupes de Brunsvic et de Hesse dans les états du roi, réception qui aurait mis les Hanovriens hors d'état de reprendre les armes et qui aurait tiré ces braves gens du nombre de ses ennemis. Demandez-leur si les plus cruels adversaires de la Suède auraient pu lui faire un tort plus considérable que ne l'ont fait ceux de ses citoyens coupables et imprudents qui, n'écoutant que l'envie et la jalousie contre un roi, l'ami le plus fidèle et le plus solide de leur liberté et de leur repos, ont cherché à le traverser, et n'ont fait que nuire à leur propre patrie. Développez bien clairement cette vérité, monsieur, et employez, pour la faire mieux sentir, cette prudence et cette douceur qui vous sont naturelles. Qu'aucune parole trop forte ne vous échappe, et qu'aucun de vos propos n'aigrisse une démonstration déjà en elle-même bien amère à ceux qui l'écouteront. Et représentez-leur enfin qu'il n'est pas possible que la confiance subsiste entre deux cours dont l'une sait que l'autre la soupçonne sans cesse, et qu'elle travaille sans relâche à inspirer ces mêmes soupçons à des amis communs — le feu et l'eau sont moins compatibles que de tels procédés. Ne le dissimulez pas et avertissez-en ceux auxquels vous parlerez. Les machinations ne restent jamais si secrètes qu'il n'en transpire quelque chose, ou que des gens attentifs n'en développent l'origine. Priez-les d'employer tout leur crédit pour en arrêter désormais le cours, et assurez-les que le roi ne demande pas mieux que d'oublier tout le passé et de continuer avec la Suède une amitié sincère, utile aux deux couronnes, et dont il a fait un article principal du système de son règne, mais qu'il exige

un retour d'amitié, de candeur et de droiture. Ils doivent
sentir eux-mêmes que de lui susciter d'une part toutes
sortes de tracasseries et de chagrins, de se conduire en un
mot à son égard en ennemis secrets, et de vouloir de l'autre qu'il ne voie rien de tout cela, mais que, les regardant toujours comme ses amis les plus sûrs, il fasse cause commune
avec eux et, par confiance dans leur assistance, se livre
aux entreprises les plus dangereuses pour les soutenir,
c'est un plan insoutenable, et qu'il est ainsi de leur honneur et de leur sagesse d'arrêter les intrigues et les accusations de leurs compatriotes, ou, s'il ne le peuvent pas, de
ne point prétendre du roi un concert et une union que, dans
de telles circonstances ou de telles dispositions, ils devraient
être assez généreux et assez vrais pour ne pas lui demander. [1])

---

[1]) Il ressort particulièrement de la lettre du 20 décembre 1757 comment Assebourg jugeait les sentiments de la cour de Suède.
Il écrit:

„Malgré tout ce que mons. le baron de Scheffer dit, il s'en
faut bien que les choses aient l'air d'une amitié sincère, et lui-
même doit le sentir mieux que personne. Je le crois assez disposé à soutenir le système; mais il n'y suffira jamais. Brouillé
avec la plupart de ses collègues, détesté de la cour et nullement
considéré du reste de sa nation, il aura assez à faire à se soutenir
lui-même. Mr. de Höpken le contrarie plus que jamais et lui
porte tous les jours des coups fourrés. Je crains qu'il n'en reste pas là. D'ailleurs mons. de Scheffer est tout absorbé par la
guerre d'Allemagne. Timide et abattu au moindre revers et fier
au plus petit succès, il a toujours ou l'animosité de sa nation ou
la jalousie de mons. de H. à craindre. Enfin il faut que je
tranche le mot: à moins qu'il n'arrive un changement dans le
ministère ou que Dieu ne corrige les Suédois, nous nous flatte-
rons en vain de trouver des amis parmi eux. L'expérience que
je fais journellement de leur façon de penser et d'agir me le
prouve. Votre exc. a vu de quelle manière les affaires du roi
ont été traitées; celles de ses sujets souffrent encore plus de la
haine de cette nation pour la nôtre. De dix mémoires que je
présente pour des causes particulières, il n'y en a pas un auquel on
me réponde, et si on le fait après une année et plus de silence,
je m'en trouve ordinairement plus reculé qu'auparavant. Je ne
citerai qu'un exemple, pour démontrer jusqu'où on porte ici la
jalousie; c'est le plus récent. Mr. le feld-maréchal d'Arnold demande deux assesseurs au collège des mines de Stockholm pour

101.

Lettre à Mr le Président de Münchhausen à Hanovre.[1]

Copenhague 24 décembre 1757.

Wenn in einer so betrübten und bekümmernissvollen
Zeit mich etwas aufrichten und vergnügen können, so ist es
gewiss das gütige und, ich darf es sagen, gerechte Zeugniss, welches Ewr. Exc. in Dero sehr geehrten Schreiben
vom 6ten d. M. meinen Absichten und Bemühungen beizu-

examiner celles de Jarlsberg. Les personnes demandées consentent
avec politesse à la proposition, les affaires du royaume n'y mettent
aucun obstacle. Que pouvais-je attendre après cela de plus aisé
que le succès de la commission dont mons. d'Arnold m'avait
chargé? Point du tout. L'esprit de parti s'en mêle. On con-
voque le collège, on délibère à portes closes, et on résout à la
pluralité qu'il faut empêcher le départ de ces messieurs, non pas
que leur présence soit nécessaire ici, mais parce qu'il s'agit
du Danemark et de ses intérêts. Je pourrais citer plusieurs exemples de cette nature, et assurément les choses sont encore plus
noires de près que de loin.

Mr. le marquis d'Havrincourt n'est pas de nos amis. La
chose n'est nullement douteuse. C'est un homme sans mesure
dans toutes ses passions. La jalousie de métier et de dépenses
l'a gagné contre Mr Ogier, et, sachant que cet ambassadeur est
aimé et estimé à Copenhague, cela lui suffit pour le contrecarrer
en toute chose. Il commande ici souverainement et mons. le baron de Sch., qui me dit dernièrement qu'il était le plus pauvre
homme du monde quant aux affaires, est le premier à plier pour lui.
Ses façons envers moi prouvent assez combien il fait peu de cas
de ma cour.

On souhaite plus que jamais ici de nous engager dans une
rupture ouverte avec l'Angleterre. C'est, je crois, l'unique raison
pour qu'on nous ménage encore tant soit peu. Mais à considérer
les finances de la Suède, la désunion des chefs du gouvernement,
le mauvais état de leur marine, leur peu de sincérité pour nous
et le changement que peuvent souffrir les affaires d'Allemagne, il
me parait que l'affaire mérite bien de l'attention. Je souhaite de
pouvoir me conduire toujours dans ce pays difficile au gré de sa
maj. et de votre exc., et de mériter, quand il plaira au roi, la
grâce d'être transporté ailleurs."

[1] Gerlach Adolf von M. était à la tête de la régence de Hanovre tandis que son frère Philip Adolf résidait à Londres comme ministre
de Hanovre auprès le roi.

legen geneigen wollen. Zwar habe ich dasselbe stets von meinem eigenen Herzen gehabt, und es ist solchem, es ist der Ueberzeugung, dass ich die nur auf das Wohl Seiner Freunde und deren Lande und Unterthanen abzielenden Anschläge und Befehle des Königs, meines Herrn, mit unverdrossenem und reinem Eifer zu befolgen und auszuführen bedacht gewesen, dass ich die Beruhigung, deren ich mitten unter so vielen Sorgen und so vielen Widerwärtigkeiten geniessen können, zu danken habe; allein es gereicht mir nicht minder zu einer empfindlichen Zufriedenheit auch von Ewr. Exc., Deren Beurtheilung mir sowohl wegen Ihrer persönlichen tiefen Einsichten als weil Sie von allem, was geschehen ist, die genaueste und zuverlässigste Nachricht einziehen können, höchstschätzbar ist, gerechtfertigt zu werden und ich erachte meine Arbeit, wie fruchtlos sie auch gewesen sein mag, nicht mehr für verloren sondern genugsam belohnt, wenn sie nur die Lauterkeit der Absichten des Königs meines Herrn bewiesen und, wie Er für Seine Freunde gedenkt, dargethan hat. Mit stets gleichem Muthe werde ich demnach fortfahren nach den von Ihro Maj. zum Grunde Ihro Systematis gelegten und mir vorgeschriebenen principiis zu handeln, und es wird mir infolglich allezeit sehr erfreulich sein die mit Ewr. Exc. gepflogene und nur durch das Unglück der Zeiten unterbrochene Correspondenz wieder zu erneuern. Viele Betrübniss, viele Sorgen über den gegenwärtigen Zustand der Dinge, aber auch zugleich eben das Vertrauen und eben die Aufrichtigkeit, mit welcher ich Ihnen bereits seit so vielen Jahren zugethan gewesen bin, werden Sie in selbiger meiner Seits bemerken und Sie werden mir dagegen, ich verspreche es mir, die Güte und Freundschaft, mit welcher Sie mich jederzeit beehrt haben, unvermindert empfinden lassen.

Ich trage dannenhero kein Bedenken Ewr. Exc. unverweilt die Gesinnung meines Königs über das vermuthete Vorhaben des Kaiserl. Hofes, den gegen den König von Preussen Majest. intentirten Achts-Process nicht auf die in den neuesten Reichsgesetzen festgestellte Weise sondern durch die Majora in den Collegiis entscheiden zu lassen, vertraulich zu eröffnen. Ewr. Exc. wollen Sich versichert halten, dass solches von Ihro Majest. in reifer Erwägung genommen worden und dass Sie weit entfernt sind dergleichen, wie Ewr. Exc. angeführt haben, in der That nichts bewirkenden aber doch gewaltsamen und sehr verhasseten Proceduren gegen einen so grossen Fürsten des Reichs Ihren Beifall zu geben. Wäre das Gehör, so Sie ehedem bei dem Kaiserl. und Franz. Hofe gefunden haben, nicht durch die letzteren Begebenheiten dergestalt geschwächet worden, dass Sie bei beiden Sich der Teutschen Sachen ferner anzunehmen, wenigstens für einige Zeit, vielleicht Bedenken tragen werden, so würden Sie keine Mühe gespart haben, um Anschläge dieser Gattung und die daraus folgende Verbitterung und neue Hinderniss des Friedens und der Versöhnung 'abzuwenden; wie Sie Sich aber nunmehro dabei betragen und was für Weise Sie Ihren Dissensum' auf dem Reichs-Tage zu erkennen geben werden, ist von Ihnen noch nicht beschlossen worden. So vieles wird dabei auf die Umstände der Zeit ankommen, dass Ihro Majest. es gegenwärtig, da fast eine jede Woche eine wichtige Veränderung hervorgebracht und die noch bevorstehenden Zeiten allem Ansehen nach noch andere wichtige Aenderungen hervorbringen werden, zu frühe erachten etwas festzustellen und, absonderlich in Betrachtung dass in diesen Läuften, wo das Glück der Waffen alles entscheidet, die Anführung der Gesetze und friedsame Vota zwar demjenigen, der sie führt, geziemen, sonst aber nichts ausrichten werden, gerathener finden, Ihro Resolution bis auf die Zeit, dass es nöthig sein wird sie zu fassen, auszusetzen.[1] Ich will also Ewr. Exc. nicht verbergen, dass der Königl. zur Führung des Holstein-Glückstädtschen Voti bevollmächtigte Gesandte noch mit keiner Instruction auf den Fall des Achts-Processes versehen ist, auch dazu im voraus nicht versehen werden wird, sondern dass, woferne solcher Process, woran doch noch mit Wahrscheinlichkeit, sonderlich bei den ahermaligen grossen Progressen der Preussischen Waffen und in Erwägung anderer Ewr. Exc. nicht unbekannten Umstände, gezweifelt werden kann, wirklich an die Reichs-Versammlung gebracht werden sollte, Ihro Majest. zuvörderst den Bericht dieses Ministers darüber einziehen und sodann nach der-

---

[1] Cfr. no. 120.

zeitigen Beschaffenheit der Umstände Ihro Entschliessung
und Befehle demselben zufertigen werden. Vielleicht wird
daraus entstehen, ich will es nicht läugnen, dass das Hol-
stein-Glückstädtsche Votum wiederum, wie es am 10ten Januar dieses Jahres gewesen, allein seiner Meinung sein
werde; diese Einsamkeit misfällt dem Könige aber nicht,
weil, nachdem seine bessten und zuverlässigsten Freunde,
mit denen Er sonst einig zu stimmen gewohnt war, in dem
Unglücke des Krieges verwickelt und in der Theilnehmung
an dem Streit, von welchem die Güte des Allerhöchsten
Gottes Ihn noch bishero befreit hat, hineingezogen worden,
Er nichts anderes vermuthen und von denen, die hin und
wieder gegen einander in Ausübung offenbarer Feindselig-
seligkeiten begriffen sind, keine Unterstützung Seiner alle
Zeit moderaten und unpartheiischen Rathschläge begehren
noch erwarten kann.

Ich kann also Ewr. Exc. nur der Achtsamkeit des Königs, meines Herrn, auf alles, was gegen des Königs von
Preussen Majest. auf dem Reichs-Tage vorgenommen werden
wird, und der Sorgfalt, mit welcher Sich Ihro Majest., der
Billigkeit und den Gesetzen gemäss, in allen Fällen erklären
werden, versichern und mir übrigens vorbehalten, die genauere
Benachrichtigung von Dero Entschliessung bis auf die Zeit,
da sie gefasst sein wird, auszusetzen.

162.

Lettre à Mr le Comte de Stainville, Ambassadeur de France
à Vienne.[1]

Copenhague 31 décembre 1757.

Je n'ai reçu que mardi dernier le 27 la lettre qu'il vous
a plu m'écrire le 3. Jugez, monsieur, par la longueur de

---

[1] Depuis sa mission en France, Bernstorff connaissait intimement le
comte de Stainville, plus tard duc de Choiseul. Cet ambassadeur
partageait la méfiance que l'Autriche et la France avaient conçue
contre le Danemark à cause de sa neutralité. Filon l. c, 83, 95,
113, 148, 154, Arneth l. c. 322. Mais ces soupçons s'évanouirent
complètement dans la suite, et, comme ministre des affaires étrangères, le duc de Choiseul entretenait une correspondance privée
très-importante avec Bernstorff. Cfr. (Vedel:) Correspondance entre le comte J. H. E. Bernstorff et le duc de Choiseul.

cet intervalle, du désordre où toutes choses sont sur la route. C'est cependant par ces mêmes chemins que le courrier de mr. de Dietrichstein va passer pour vous porter nos remercîments et cette réflexion me fait craindre que vous ne soyez encore un mois avant que de les recevoir. Mais n'importe! Vous verrez toujours, quand ce ne serait qu'alors, que je me suis hâté de vous assurer que je suis pénétré et enchanté de votre souvenir et de vos bontés. Comptez que l'empressement et la confiance conduisent ma plume aussi souvent que je vous écris, et que je désire avec une ardeur toujours égale de vous plaire, de vous justifier mes principes et ma conduite, de mériter et de conserver votre approbation.

Si vous ne pouviez juger dans ce moment qu'en ambassadeur occupé et chargé d'augmenter le nombre des ennemis de la Grunde-Bretagne, je crains bien que je n'obtiendrais point aujourd'hui mon but car nous ne respirons dans ce pays-ci que paix et neutralité. Mais si vous voulez bien vous rappeler que la différence de la situation, de la puissance et des engagements des royaumes et des nations décide des devoirs de ceux qui sont chargés de conduire leurs intérêts, si vous daignez écouter et peser, avec impartialité et avec le discernement qui vous est propre et qui convient à un homme tel que vous, les raisons et les motifs qui nous décident, vous conclurez plus favorablement, je me flatte, et vous ne condamnerez point une médiation fondée sur des principes que vous aurez reconnus justes.

Nous avons été sensiblement blessés par l'annulation de la convention de Closter-Zeven, qui m'a paru si peu probable que j'ai été bien du temps sans pouvoir la croire possible. Il nous est, et particulièrement à moi, infiniment amer de voir enlever au roi, par une résolution si extraordinaire, le fruit et le mérite de tous ses soins et de tous ses efforts, et nous déplorons vivement le sort des peuples et des armées, replongés par elle dans cet abime de manx et de souffrances dont je les croyais en quelque sorte tirés. On ne peut donc guère être plus éloigné que je ne le suis de vouloir excuser vis-à-vis de vous une rupture qui excite votre ressentiment, et de laquelle il est naturel que vous cherchiez à tirer une sévère vengeance; mais, monsieur, malgré

██████ douleur, je ne puis l'envisager comme un titre qui ████████ mon roi à prendre part à une querelle qui d'ailleurs lui est étrangère. C'est sur ce point que je crains de ne point penser comme vous. Vous nous croyez garant de cette fameuse et malheureuse convention et, quoique prêts à le devenir, si les parties contractantes l'eussent désiré, nous ne l'avons pas été, puisqu'elles ne l'ont pas voulu.[1]) Pour établir gratuitement un droit aussi considérable et aussi onéreux que celui de la garantie, il faut le consentement de tous ceux sur lesquels il doit s'exercer. C'est un principe dont personne, je crois, n'a jamais douté.

Votre cour l'a reconnu elle-même par ses premières démarches, et nous avons toujours parlé et agi en conséquence. Le roi a déclaré sur le champ aux deux cours qu'il acceptait la qualité qui lui avait été déférée par les chefs des deux armées, lorsqu'il en surait été requis par leurs souverains. Jamais vous n'accorderez à un général, qu'il soit fils de roi ou qu'il ne le soit pas, le pouvoir de soumettre son maître à la nécessité d'approuver ses accords, sous peine d'avoir un ennemi de plus, et une convention ou capitulation militaire peut être valide pour tout le reste, sans qu'elle le soit pour l'article qui regarde un roi antre que les contractans, à l'égard duquel le général qui la conclut n'avait ni commission ni pouvoir du prince dont il tient toute son autorité.

La réquisition de la garantie du roi, faite par le duc de Cumberland, n'était donc rien sans l'aveu du roi son père, tout comme celle du maréchal de Richelieu aurait été nulle sans l'approbation de sa majesté très-chrétienne, et le droit ou les engagements du roi ne pouvaient commencer que du moment où les actes des deux généraux seraient devenus valides et obligatoires par la ratification, ou, si vous voulez, par la confirmation de leurs souverains.

Mais ce moment n'est pas venu. Votre cour, vous ne l'ignorez pas, a hésité pendant quelque temps avant que d'agréer la conduite de son général, et le roi d'Angleterre a entièrement désavoué le sien. Voudriez-vous que nous fis-

---

[1]) Sur cette singulière prétention du gouvernement français, voir Lynar's Staatsschr. II, 155—166, et Hist. Tidsakr. IV R. IV, 611.

sions de l'affaire du duc de Cumberland la nôtre, exigeriez-vous
que nous, qui n'avons agi dans cette rencontre que comme
médiateur et comme ami commun, nous changeassions cette
qualité, que nous avons prise du gré de la France, contre celle
d'une des parties, et que, sous le prétexte que le roi d'Angleterre aurait manqué d'égards pour le roi, nous entrepris-
sions de forcer ce prince à consentir à un accommodement
conclu, à ce qu'il assure, à son insu et contre ses ordres?
Vous êtes trop juste pour porter jusque là vos demandes,
et vous ne voudrez pas que, pour avoir obérebé, quoique
peu heureusement, à rendre service à la France, pour nous
être prétés avec promptitude et zèle aux insinuations de
son général, nous soyons entrainés, sans l'avoir voulu et
sans avoir ni vues ni but, dans une guerre qui est une
source de calamités pour tous ceux qui la font, et qui, vu
notre situation, serait plus dangereuse, pour nous que pour
aucun autre de ceux qui y ont pris part.

Laissez-nous dans notre système, peu brillant peut-être,
mais tel qu'il nous le faut dans les conjonctures présentes.
Nous n'en serons pas moins fidèles amis de la France. Nous
l'avons prouvé, nous le prouverons, et il n'est pas dit que,
même sans prendre les armes. nous lui soyons toujours inutiles.

Souffrez que, pour ne pas prolonger à l'infini ma lettre,
qui n'est déjà que trop longue, je m'en rapporte pour tout
le reste à ce que le baron de Bachoff vous a dit et
vous dira.

103.

Dépêche à Mr. le comte de Bothmer à Londres.[1]

Copenhague 21 janvier 1758.

La noblesse de Mecklenbourg ayant réclamé la protection du roi et son intercession pour obtenir pour elle
quelque adoucissement au sort rigoureux qu'elle éprouve de
la part de l'armée prussienne, sa majesté, toujours portée à

---

[1] Le comte de Bothmer remplaça Rantzau comme ministre à Londres; où il resta depuis septbre 1757 jusqu'à novbre 1766.

tendre une main secourable aux infortunés et à n'employer
sa grandeur qu'à des bienfaits, la lui a accordée. Elle m'a
commandé pour cet effet de prier mons. de Viereck, ministre de Prusse en cette cour, et de charger mons. le chambellan d'Ahlefeldt, son envoyé à Berlin, de faire parvenir à
sa maj. prussienne ses instances en sa faveur, et elle vent
que vous représentiez de même an roi de la Gr.-Bretagne, dont
l'équité lui est si connue et dont l'influence sur l'esprit et
les actions du roi de Prusse, son allié, ne saurait être dou-
tense, les conséquences d'une démarche qui ne peut qu'étonner
et alarmer l'Allemagne entière.

Il serait inutile de vous détailler ce qu'elle a de violent et de sévère, vous n'en êtes sans dente que trop informé et le ministère allemand de sa maj. britannique ne peut
l'ignorer. Si le général de l'armée de Prusse s'était contenté de demander le passage et les vivres et fourrages nécessaires pour l'armée pendant qu'elle passerait, il faudrait
dissimuler cet effet du droit injuste de la guerre; mais de
prendre des quartiers d'hiver dans un pays entièrement neutre et paisible, d'y commander comme dans une province
conquise et d'exiger, sous les peines les plus rigoureuses,
de ce duché peu opulent et peu habité des livrances et des
corvées qui l'épuiseraient, et deux millions et demi d'écus
en argent comptant dont sûrement il n'y a pas la sixième
partie dans tout le pays — c'est là un procédé de l'équité
duquel le roi prie le roi de la Gr.-Bretagne de juger lui-
même. Sa maj. sait bien que, pour le colorer, on alléguera
de prétendus traités secrets du duc avec la France et la
Suède,[1] des lettres interceptées et tout ce fatras de découg-
vertes dont on berce et éblouit le public et abuse ceux qui
veulent être abusés. Elle prévoit que l'on tentera de l'excuser en le donnant pour un effet de la vengeance du roi
de Prusse contre les sentiments marqués par le duc à la
diète de Ratisbonne; mais des raisons de cette espèce ne
justifient pas l'entreprise dans son esprit ni, elle en est
persuadée, dans celui de la Gr.-Bretagne et ne lui en dé-
robent pas les suites. Quel est le prince à portée des

---

[1] Bernstorff ignorait alors l'existence des traités du 1 avril et du 1
décembre 1757, voir Schäfer l. c. I, 595—600.

armées prussiennes qui sera désormais à l'abri de leurs ir-
ruptions? Quel prince y a-t-il contre lequel on ne pourra pas
répandre des soupçons semblables à ceux que l'on sème contre
le duc de Mecklenbourg, et, bien que, grâce à la bonté divine, le roi ne craigne point d'invasion dans ses états mais
que, sous la bénédiction du Tout-Puissant, il soit bien en état
de les défendre contre qui voudrait y entrer malgré lui, il n'en
sent pas moins que l'amitié qu'il a témoignée à sa maj.
britann., en secondant, à sa réquisition, ses vues pour une
paix et une convention particulière, peu· conforme, il faut
l'avouer, aux intérêts de son allié d'aujourd'hui, pourrait
servir de prétexte également légitime à tomber sur ses provinces, si sa maj. prussienne pouvait le faire avec la même
facilité, et que le traité de Sibriels.[1] fait, quoique sans aucun effet, par le grand-duc de Russie avec l'impératrice-
reine, n'en formerait pas moins un à entrer dans le pays
de ce prince, que par mille raisons sa maj. doit chérir et
conserver comme le sien. Et à quoi la liberté des princes
de l'Allemagne serait-elle réduite, si d'opiner à la diète selon ses lumières mais contre le gré de l'un d'eux était lui
donner un juste sujet d'oppression violente et militaire?
Que répondre · au duc de Mecklenbourg lorsqu'il réclamera l'assistance du corps germanique. si clairement fondée dans les lois? Et que répliquer enfin à la cour impériale, lorsqu'elle fera de ce qui arrive à ce prince infortuné
un nouveau motif de ce ban qu'elle médite depuis si long
temps contre son oppresseur?

Le roi prie sa maj. britann. de peser toutes ces considérations. Elles ne sauraient être indifférentes à aucun
prince de l'Allemagne et moins encore à l'électeur de Brunsvic. Il la prie d'en faire usage pour redresser ou, si cela
est impossible, pour adoucir au moins un grief qui, je ne
puis en disconvenir, rend la cause des ennemis de sa maj.
prussienne bien bonne, et qui rappellera et renouvellera
dans tous les esprits le souvenir presque déjà effacé du
sort de la Saxe. L'intention de sa maj. n'est pas de faire

---

[1] Convention, conclue le 4 juin 1757, par laquelle le grand-duc céda
à l'Autriche ses 900 soldats holsteinois moyennant 40,000 roubles
par an. Voir Arneth l. c. I, 213.

~~point faisant du Mecklenbourg~~ la sienne, vous le direz bien ~~expressément au ministère~~ du roi de la Gr.-Bretagne, mais ~~elle ne peut pas être insensible~~ au malheur d'une province voisine de ses états, ni voir sans peine le feu de la guerre s'approcher de plus en plus de ses frontières. C'est par un effet de sa confiance et de sa haute estime pour sa maj. britann. que le roi s'ouvre à ce prince de ses pensées. Leurs intérêts sont les mêmes dans cette occasion et sans doute que leurs sentiments le sont aussi. Le roi se promet, il s'attend que ses représentations seront reçues avec amitié, et que le roi de la Gr.-Bretagne se portera avec plaisir à calmer un pays qu'il a toujours protégé, et à délivrer d'un reproche aussi grave une cour à laquelle il s'est allié.

Il serait sans donte superflu de vous dire que ce sera avec beaucoup de ménagement et de circonspection que vous avez à vous expliquer et à vous acquitter de cette commission. Le roi ne veut aigrir ni offenser personne. Il ne veut que marquer ses bontés à un corps de noblesse habitué à user sa vie et à verser son sang pour son service et celui des rois ses aïeux, et surtout, s'il est possible d'y réussir par les moyens de douceur, tranquilliser son voisinage et ses frontières. Il a à ce dernier objet un intérêt très-pressant, et si le roi de la Gr. Bret. se rappelle le sien propre et tout ce que sa maj. a fait dans ce même sens et dans les mêmes principes pendant tout le cours de cette guerre, il n'est pas possible qu'il n'entre dans ces inquiétudes et ne se porte de bonne foi et avec ardeur à en écarter le sujet.

104.]

Dépêche à Mr le comte de Wedel-Frijs à Paris.

Copenhague 4 février 1758.

(Extrait.)

J'ai eu l'honneur de vous marquer samedi, le 28 du ~~passé~~, l'arrivée de votre courrier et la résolution préliminaire que le roi avait prise de complaire à la France et de se charger, malgré bien des motifs qui pourraient l'en détourner, de la commission qu'elle désire lui confier.[1]) Aujourd'hui, je vais vous exposer un peu plus amplement ces sentiments de sa maj. et ce à quoi elle s'est déterminée en conséquence.

Le roi voit avec un plaisir sensible que le roi très-chrétien rend justice à sa sincère et fidèle amitié, et c'est dans ce sens que l'ouverture que ce monarque lui a fait faire et qu'il regarde comme une preuve de cette justice, lui est très agréable; mais, à tout autre égard, il ne peut l'envisager que comme remplie pour lui d'embarras et d'inconvénients. On veut qu'au moment où les liaisons entre les rois de la Gr.-Bretagne et de Prusse sont les plus fortes et les plus étroites, et le souvenir de leur raccommodement, de leurs explications et de leurs engagements mutuels est le plus récent, au moment où les succès prodigieux que le dernier a eus vers la fin de l'année ont excité le plus d'admiration pour lui en Allemagne et surtout en Angleterre, et ont porté jusqu'à l'enthousiasme l'opinion de son génie et de sa puissance, et l'amour pour sa personne chez un peuple toujours outré et dangereux dans ses passions; on veut, dis-je, que dans ce moment où tous les esprits sont remplis de l'idée qu'il ne coûtera à ce prince que quelques mois pour se tirer de tous ses embarras, et au général, compagnon de sa gloire et de ses travaux, qu'il a prêté aux Hanovriens, que quelques marches pour reconquérir l'électorat et pour obliger l'armée française, que l'on s'imagine diminuée par les fatigues et les maladies et abattue par le dégoût et les revers, à l'évacuer, le roi propose au roi de la Gr.-Bret. de se détacher de cet allié heureux, idole de l'Angleterre entière et de tous ses ministres, de se couvrir par cette démarche d'opprobre aux yeux de ses sujets et de s'exposer, pour récupérer un peu plus tôt la possession précaire et très imparfaite de ses états de l'Allemagne, au ressentiment de l'ami abandonné et à la perte de tout le pouvoir qu'il

---

[1]) En janvier 1758, Bernis était revenu à l'idée de la neutralité du Hanovre et demanda à cet effet les bons offices du Danemark. Dépêches de Bernis à Stainville du 14 janv., à Ogier du 15 janvier 1758, Schäfer l. c. II, 22, 27 cfr. 239—40, Filon l. c., 49, Arneth V, 113, cfr. 294 sqq., 326, 355.

a eu jusqu'ici dans ses royaumes. J'ajoute que l'on demande au roi d'insinuer cette proposition, dont on se flatterait en vain de dérober la connaissance à la vigilance du roi de Prusse et à celle de ses espions, qui couvrent la terre comme sa propre idée, et d'offenser ainsi dans ses intérêts les plus sensibles ce prince, dans le temps que son armée a forcé celle de Suède de se renfermer dans Stralsund ou de quitter le continent de l'Allemagne, inonde le Mecklenbourg et n'est qu'à très peu de marches des frontières du Holstein, et je prie ensuite mons. l'abbé comte de Bernis de juger lui-même si jamais époque et tournure de négociation pouvaient être plus dangereuses pour le négociateur, et si jamais il y en a eu qui offrît des espérances moins flatteuses à celui qui s'en chargerait.

Le roi est néanmoins décidé à l'entreprendre. Son désir de marquer dans tous les temps à la France son amitié vraie et fidèle l'emporte sur tant de considérations, et, en ami du genre humain, il ne refusera pas de travailler au bien et au soulagement des armées et des peuples.

Vous déclarerez donc à mons. le comte de Bernis que sa maj. proposera au roi de la Gr.-Bret. l'accommodement que la France lui offre, et vous l'assurerez qu'elle fera cette proposition exactement dans les termes que le roi très-chrét. souhaite.

Mais les motifs qui engagent sa maj. à donner à ce monarque une preuve si décisive de son amitié l'obligent aussi à lui en donner encore une autre de son zèle pour ses intérêts, en lui exposant avec vérité et candeur ce qu'elle pense des moyens de réussir dans la négociation qu'il s'agit d'entamer. Elle croirait manquer au premier devoir de l'intimité et de la confiance si elle lui dissimulait ce qu'elle ne peut se cacher à elle-même.

La restitution du Hanovre, sous les conditions exprimées dans le précis de la convention de neutralité que mons. le président Ogier m'a communiqué, ne tentera pas même le roi de la Gr.-Bretagne, parce qu'il n'y gagnerait ni des avantages pour lui ni des soulagements pour ses sujets et parce que, dans le préjugé et l'opinion peut-être erronée dans laquelle ce prince se trouve aujourd'hui, la poursuite de la guerre lui assure des ressources plus promptes et plus considérables qu'un tel accommodement. Il sait que

l'électorat est épuisé d'argent, de vivres et de subsistances,
au point qu'il ne sera possible dans la première année au
moins d'en tirer aucun revenu, ni de fournir par son produit à l'entretien de ses troupes qu'il aime, et auquel, dans
la position où sont les choses aujourd'hui et tant que dure
la guerre, les subsides de l'Angleterre qu'il perdrait par la
neutralité suppléent. Loin donc de croire profiter dans
ses finances par le parti qu'on lui offre, il estimera y perdre. Il pensera de même à l'égard de ses sujets tant que
la France et ses alliés se réserveront le droit de transitus
innoxius, stipulé dans l'art. V du précis, parce que le passage des troupes, quelque discipline qu'elles puissent observer, ruine toujours les pays, surtout déjà énervés et
accablés, sur lesquels elles tombent, et il croira enfin ne
pas gagner non plus par ces propositions pour le rétablissement de son pouvoir dans les dites provinces ni pour leur
tranquillité, parce qu'il sentira bien qu'il ne sera guère le
maitre chez lui tant que des troupes, ennemies de l'Angleterre, auront le droit d'y passer et d'y repasser, et parce
qu'il ne lui échappera pas que le roi de Prusse, animé du
désir de lui faire regretter son arrangement, n'aura rien de
plus pressé que de percer par ce même pays, comme il l'a fait,
il y a quelques mois, par la Saxe, pour aller au-devant des
troupes françaises et pour porter ainsi le théâtre de la guerre
dans ces provinces que l'on aurait voulu pacifier. Mr. le
comte de Bernis se rappellera que le roi de la Gr.-Brot. a
déjà fait cette même réflexion à la première proposition de
cette même neutralité, au mois d'avril dernier, et que c'est
elle qui a fait échouer cette négociation dont le mauvais
succès a été la source de tous les malheurs arrivés depuis.
Si donc la France veut sérieusement l'accommodement dont
il y a question aujourd'hui, si elle juge convenable et important à ses intérêts de priver le roi de Prusse de ses
alliés en Allemagne, il est nécessaire, le roi ne peut le lui
cacher, qu'elle rende ses propositions plus capables de faire
impression sur le prince qu'elle doivent persuader.[1]

---

[1] En attendant que le gouvernement français soumette la question
des conditions à offrir à un nouvel examen, Bernstorff s'engage
dans la suite de la dépêche à sonder à Londres, comme de sa

105.

Dépêche à Mr le comte de Bothmer à Londres.

Copenhague 4 février 1758.

Quoique, par bien des raisons, le roi pût être très las de se donner des soins pour les intérêts d'autrui, et que l'expérience qu'il a faite pût suffire pour le dégoûter de travailler désormais à la pacification de pays qui ne sont pas les siens, il ne peut cependant pas refuser à l'amitié fidèle et constante qui l'anime pour le roi de la Gr.-Br. et à l'impression que font sur lui les maux de ses sujets, de s'expliquer avec ce monarque sur l'état des affaires en Allemagne et de lui offrir, peut-être pour la dernière fois, ses bons offices pour en diminuer les calamités. Cette résolution lui coûte. Il sait que probablement ses offices seront peu écoutés dans un moment où on se livre aux espérances les plus flatteuses et où l'on ne respire que vengeance et que guerre, et il ne se dissimule point que, si cette démarche n'est pas reçue par le roi de la Gr.-Br. dans le sens et avec la même amitié avec laquelle elle est faite, elle pourra lui devenir une source de peine et animer contre lui un prince qu'il ne cherche pas d'aigrir. Mais le désir de ne rien négliger pour arrêter le mal et pour procurer le bien, le souvenir toujours récent de ces liens si tendres qui l'ont attaché à sa maj. brit., l'affection pour un peuple voisin et ami, et l'envie enfin de calmer ses propres frontières et d'en éloigner un embrasement qui ne les approche et ne les menace que trop, l'emportent et le déterminent à une tentative qui pourra ne pas avoir de succès, mais que la pureté de ses motifs et de ses vues rendra toujours généreuse.

Le roi connaît l'état dans lequel se trouve l'électorat de Hanovre et les troupes qui l'occupent. Il n'ignore pas que la rigueur du froid, les maladies et peut-être aussi les désertions ont fort affaibli l'armée française, qu'elle ne paraît pas fort contente ni fort sûre de son chef actuel,

propre initiative, si l'on y est disposé à entrer dans une pareille négociation. Cfr no. 105.

et qu'elle semble souhaiter l'ordre de se rapprocher du Rhin.
Il ne lui échappe point que, dans cette disposition et dans cette
situation, il sera difficile à cette armée de soutenir la vaste étendue de pays qu'elle doit défendre, et qu'ainsi il sera très possible
au prince de Brunsvic, à la tête des Hanovriens et de leurs
alliés, de les forcer à abandonner le pays et à repasser le
Weser. Mais il sait aussi que ces succès, quoique assez
vraisemblables, peuvent manquer, que le sort des armes est
journalier et incertain, que le retour de la belle saison rendra aux Français leur ardeur et leurs forces, qu'il va leur
venir un nouveau général, prince du sang royal, très
brave et fort aimé des troupes,[1] qu'ils feront les plus
grands efforts pour soutenir l'honneur de leurs armes, que
quelques avantages remportés par eux plongeraient le pays
dans un abime de maux, tandis qu'étant en possession de
toutes les places ils sont en état de soutenir plus d'un revers, de s'en relever après les avoir essuyés et de disputer
pas à pas le terrain et la victoire. Et il sait enfin qu'ils
sont maitres du pays, et qu'ils peuvent par là faire regretter
à leurs vainqueurs même leur défaite. Il se représente,
avec une vivacité dont les cœurs compatissans sont seuls
susceptibles, le malheur d'une armée obligée de reconquérir
sa patrie et de ces citoyens infortunés, forcés de défendre
leurs villes contre leurs libérateurs. Il est informé des
maladies et de la disette qui déjà se manifestent partout,
et qu'une plus longue continuation de la guerre rendra de
nouveaux fléaux destructeurs de ces provinces, et il ne peut
se dissimuler que, si l'on ne parvient pas à prévenir la
prochaine campagne, son issue sera douteuse mais la ruine
du pays certaine, puisque déjà tout y manque, et puisque
ce pays est assez infortuné pour avoir également à craindre
les succès et les malheurs, la joie et le désespoir de ceux
qui y dominent aujourd'hui.

Un si triste tableau frappe le roi, et il en est encore
plus vivement ému lorsqu'il se représente combien le roi
de la Gr.-Br., ce prince qui aime et qui est si tendrement
chéri de son peuple, doit en être affecté. Sa maj. ne saurait s'en tenir tranquillement à cette idée et comme mille

---

[1] Le comte de Clermont.

motifs, très dignes de son cœur et de ses principes, ne lui
permettent pas de prendre une part directe à la querelle,
elle est prête au moins à faire tout ce qui peut dépendre
d'elle pour la pacifier. Elle offre au roi de la Gr.-Br. de
faire, si ce monarque y consent et le souhaite, les derniers
efforts en France pour lui moyenner, sans le commettre,
pour son électorat et pour les princes dont les troupes sont
avec les siennes, un accommodement, non tel que les circonstances ont obligé mgr. le duc de Cumberland à le proposer
mais tel que son alt. royale le souhaitait, en un mot une
paix particulière. Le roi ne peut pas répondre qu'il y
réussisse; mais il le tentera, et, vu les conjonctures, il se
flatte avec vraisemblance de pouvoir y déterminer le roi
très-chrétien.

C'est pour vous faire parvenir, avec le profond secret
qu'elle exige, cette résolution du roi, et pour vous autoriser
de sa part à faire cette offre importante à sa maj. britann.,
que je vous fais tenir cette lettre, non par courrier — son
envoi ferait trop d'éclat — mais par un homme exprès,
que vous garderez chez vous jusqu'à ce que vous puissiez
m'informer par son moyen, avec la même sûreté et le même
secret, de l'effet qu'elle aura fait sur l'esprit et sur la volonté de ce monarque. La commission que le roi vous
donne est la plus considérable dont vous puissiez être
chargé, et elle doit vous être bien agréable, puisqu'elle ne
respire que la candeur et l'amitié dont le cœur de sa maj.
est rempli pour le prince auprès duquel vous résidez. Mais
elle est délicate, et, si elle demande d'une part que vous
vous en acquittiez avec zèle et avec franchise, conséquences naturelles de ces sentimens, elle exige de l'autre
que vous mettiez à son exécution toute la prudence et toute
la circonspection possible. Vous vous en ouvrirez au baron
de Münchhausen seul, comme au ministre de l'électorat de
la cause duquel il s'agit, et vous concerterez avec lui le
reste de vos démarches, mais vous observerez de ne point
admettre d'autre dans la confidence, à moins qu'il ne l'exige
absolument et que vous croyiez pouvoir le faire avec sûreté.
C'est ce que je suis forcé, et à regret, de vous recommander
particulièrement à l'égard des ministres anglais, qui, peu
touchés de la conservation et du salut du pays de Hanovre,

unique but de votre négociation, et contents que l'Allemagne
périsse, pourvu qu'elle use les forces de la France, feront
sans hésiter tous leurs efforts pour faire rejeter votre proposition. Il est donc nécessaire qu'évitant avec soin de
leur donner des soupçons, vous tâchiez d'obtenir que le
ministre allemand soit seul écouté sur un objet qui ne regarde proprement que l'Allemagne. Mais si, malgré toutes
vos représentations, sa maj. brit. trouvait indispensable que
quelqu'autre que mons. de Münchhausen fût encore de la
confidence, vous demanderez au moins que cette confidence en
reste à ce troisième, et que l'affaire ne devienne pas l'objet
d'une délibération sujette à s'ébruiter. Le secret en est
l'âme, et rien n'offenserait plus vivement le roi que s'il
n'était scrupuleusement ménagé.

Dans la poursuite de la négociation vous ne marquerez
ni chaleur ni vivacité. Vous vous souviendrez toujours que
le roi n'offre ses bons offices au roi de la Gr.-Br. que par
pure et vraie amitié, et que c'est ainsi l'affaire de sa maj.
brit. et non pas la sienne. Tout ce que sa maj. désire,
c'est que ce prince, après avoir mûrement pesé le pour et
le contre, lui fasse savoir avec le plus de promptitude et
le plus de précision qu'il sera possible, s'il souhaite encore
qu'elle travaille à cet accommodement auquel il l'avait priée
de s'employer l'été dernier ou s'il ne le souhaite plus, et
dans le premier de ces cas, qu'il lui marque l'ultimatum
des conditions sous lesquelles il désire cet accommodement.

Sa maj. n'en proposera aujourd'hui aucune, et elle ne
prétend donner aucun conseil au roi de la Gr.-Br. Elle
laisse à ce sage prince, qui sait si bien ce qui convient à
ses intérêts et au salut de ses pauvres peuples, le soin de
se déterminer; il suffit à son cœur de lui donner une nouvelle preuve de son affection supérieure à tout ce qui aurait pu la refroidir. Mais ce que je ne saurais assez répéter et ce que vous ne sauriez trop faire sentir, c'est que
si le roi de la Gr.-Br. consent à la tentative d'un nouvel accord, il est indispensable de ne pas perdre un moment à la
faire. La saison des opérations militaires approche, et nous
ne savons que trop que le moindre événement alors dérange
toutes les négociations.

Il ne me reste qu'à vous faire quatre observations nécessaires pour achever de vous éclaircir les intentions du roi, et pour vous mettre en état de les expliquer avec certitude à ceux auxquels vous aurez à les exposer.

1. Que les offres du roi ne regardent que les états de sa maj. brit. situés en Allemagne et ceux des princes dont les troupes sont à sa solde. Elles ne se rapportent donc pas à l'Angleterre, et l'accord projeté, quand même il réussirait, ne gênerait point ce monarque de soutenir la cause des ennemis de la France. Les forces de cette dernière pourront donc continuer d'être attirées et occupées en Allemagne, et le roi ne se propose que d'empêcher que ce soit aux dépens des pays de Hanovre.

2. Que, bien que le roi ne soit pas sûr de faire entrer la France dans ses vues, il a cependant de fortes raisons pour le croire, de sorte que l'offre qu'il fait à sa maj. brit. n'est pas illusoire. J'ajoute qu'il tend mille fois moins encore à amuser ou à endormir ce prince, et que sa maj. ne lui demande pas de négliger un moment, en faveur de cette négociation, les mesures que sa maj. brit. pourrait juger nécessaires à son service. Les intentions du roi sont les plus pures du monde, on peut s'y prêter, on peut les récuser, mais il est impossible de ne les estimer pas.

3. Que, selon le plan de sa maj., la paix de l'électorat de Hanovre se ferait en même temps avec la France et la cour imp. moyennant quoi toutes les vexations de cette dernière, tous ces décrets du conseil aulique dont le public est inondé depuis six mois tomberaient d'eux-mêmes. Cet objet paraîtra peut-être médiocre dans ce moment, mais il pourrait bien ne l'être pas.

4. Que le roi ne veut pour prix de toutes ses peines et de cette affection sincère dont il donne aujourd'hui une preuve non équivoque au roi de la Gr.-Br. qu'une seule chose, que la probité réclame encore plus hautement que lui. C'est que, dans aucun cas et dans aucun temps, sa proposition ne soit communiquée au roi de Prusse. Sa maj. le demande avec toute l'instance et tout le sérieux d'un ami et d'un roi. Elle ne sera point offensée du tout, si sa maj. brit. refuse ses offres, mais elle le sera au-delà de l'expression, si ce qu'elle fait par tendre amitié pour ce

monarque devenait par son moyen une source de brouilleries, de reproches et de haines entre elle et un autre
prince avec lequel elle n'a pas les mêmes liaisons, et dont
il est vrai que l'extrême puissance, si bien prouvée aujourd'hui à toute l'Europe étonnée, et la nouvelle monarchie
toute militaire, encore avide et érigée au milieu des provinces avant son règne les plus paisibles de l'Allemagne, lui
paraissent plus redoutables pour ses voisins que la fameuse
ligue dont on semble tant appréhender la durée peu probable, mais que néanmoins elle n'a aucun dessein d'irriter
et qu'elle a toujours cherché à ménager. Ce point est si
important, que vous vous en expliquerez avec mr de M. et
que vous lui déclarerez que s'il hésitait à vous donner sa
parole à cet égard, vous regarderiez votre négociation comme
rompue et vous estimeriez dès ce moment vos propositions
comme rejetées. Je ne saurais craindre qu'un ministre aussi
éclairé et aussi droit vous réduise à cette extrémité.

Je n'en dirai pas davantage. Vous voilà aussi instruit
des volontés du roi que je puis l'être. Exécutez-les, monsieur, avec zèle, avec prudence et avec succès. Tous mes
vœux sont pour vous. [1]

106.
Lettre particulière à Mr de Cheusses à la Haye.
Copenhague 25 février 1758.

Les calamités de l'Allemagne et de l'Europe, j'en conviens avec vous, augmentent tous les jours et j'ajoute que
tous les jours j'éprouve davantage ce que j'avais appréhendé

---

[1] La réponse du roi Georges fut rendue le 4 mars en ces termes:
„que c'était avec regret que sa maj. britannique ne pouvait pas
profiter cette fois-ci des propositions avantageuses du roi, et se
voyait obligée de refuser ses bons offices, qui en tout autre temps
lui seraient aussi précieux que son amitié lui était chère, mais que,
pour le présent, quoique très convaincue des dangers dans lesquels son électorat se trouvait ou pourrait retomber, elle se
voyait liée par les traités avec son allié et le système de la Gr.
Bret. à un point qu'elle ne pouvait en séparer ses intérêts particuliers, sans agir contre la bonne foi et sans perdre son honneur
et sa gloire." Cette déclaration était suivie de quelques paroles

le commencement de ces troubles. Les passions, l'animosité, la haine, pardonnez-moi ma franchise, mes plaintes
ne vous regardent pas, aveuglent de plus en plus les
hommes et achèvent de leur faire perdre de vue, de part et
d'autre, leurs intérêts et le véritable état des choses. Bientôt il ne restera plus de traces dans leur esprit du système,
fondé sur la nature, qui a assuré pendant tant d'années leur
prospérité et leur indépendance aussi bien que celles de leurs
pères. Quel sera leur étonnement lorsqu'enfin ils sortiront
un jour de cette ivresse!

Mon très-cher ami, je ne vous répéterai pas ce que je
vous ai dit si souvent. L'expérience m'a appris combien,
dans certaines époques, les paroles produisent peu. Je ne
ferai que quelques observations.

Faire d'une guerre, dont l'unique et véritable objet est de
maintenir ou de renverser la conquête que le roi de Prusse a
faite de la Silésie, il y a dix-sept ans, une guerre de religion,
exposer cette religion au sort incertain des armes et à l'oppression, pour lui conserver une acquisition que, dans le temps
qu'elle a été faite, peu de protestans ont approuvée, ce serait
abuser Dieu et les hommes. L'itio in partes aurait cependant
cet effet, cela a été dit et démontré plus d'une fois. J'espère
donc que le Danemark ne s'y résoudra jamais. Mais, me
dira-t-on, quelle que soit l'origine de cette guerre, le salut
du protestantisme dépend de son issue: si les catholiques
l'emportent, la religion est perdue, il faut donc se réunir
pour s'opposer à eux! Je ne le crois pas. Il ne s'agit pas
et ne peut s'agir, de la part des ennemis du roi de Prusse, que
de le mettre, si cela est possible, dans l'état où il était à
son avénement à la couronne. Les protestans n'étaient pas
plus malheureux avant 1740 qu'ils ne l'ont été depuis. Peut-
être l'étaient-ils moins, et je ne vois rien de plus déplorable
que d'aigrir et d'envenimer encore davantage les divisions
de la religion, en fondant sur la diversité des opinions théo-
logiques le partage de l'Europe et des opérations politiques.
C'est bien assez de celles que cette diversité rend néces-

---

tendantes à attirer le Danemark dans l'alliance anglo-prussienne.
Cette invitation fut promptement déclinée et la cour de France informée du refus anglais.

saires et inévitables, y en ajouter d'autres, ce serait faire des
pas rapides pour retomber dans la barbarie et dans les fu-
reurs des siècles passés.

En voilà assez sur la religion, disons encore un mot de
la politique.

Si les intérêts du protestantisme exigeaient que l'on
sacrifiât et risquât tout pour la grandeur du roi de Prusse,
pour maintenir ses conquêtes, et pour empêcher qu'il n'ait
le dessous dans les guerres qu'il entreprend, n'importe à
quel titre, les puissances protestantes ne seraient donc plus
que dépendantes de lui ou de son ambition, et il ne resterait
plus à nos rois ou à nos souverains que l'honneur d'être ses
vassaux, obligés de marcher lorsqu'il a besoin de leur secours. Les Anglais trouvent cela très bon. Contents de
dominer sur mer, ils veulent bien que le roi de Prusse domine sur terre, et ils lui souhaitent cette domination plus
qu'à tout autre, puisque c'est le seul grand prince qui n'a
pas de marine et qui par conséquent ne leur fait point ombrage. Mais je doute que ce soit l'intérêt des autres rois
ou républiques, et l'enthousiasme des Anglais, qui (si un
enthousiasme peut l'être) est sage et raisonnable pour eux,
ne l'est certainement pas pour nous et ne doit ni nous en
imposer ni nous entrainer.

Encore deux mots! Cette guerre se fait pour décider,
si la monarchie prussienne doit, conjointement avec l'Angleterre, servir désormais de balance à la puissance des maisons d'Autriche et de Bourbon. Est-il, je vous le demande,
de l'intérêt de l'Europe, ou au moins des pays auxquels
le devoir nous lie, que cette balance soit placée ainsi qu'il
y ait une union perpétuelle et réelle entre les cours de
Vienne et de Versailles, union que la crainte du roi de
Prusse seule peut effectuer, et une division perpétuelle entre
l'Autriche et l'Angleterre? Si cela arrive, les Pays-Bas ne
seront plus barrière des Provinces-Unies, ni tenus par elles
dans l'état d'assujettissement où ils se trouvent depuis
120 ans. L'alliance intime du souverain du Brabant et de
la Flandre avec les puissances maritimes était seule capable
de le persuader à sacrifier les intérêts de ces provinces à
celui des dites puissances. Ce nœud rompu, que deviendra
son effet? Si la république reste unie à l'Angleterre, la

...cour de Vienne sera obligée en politique ou d'enlever les
Pays-Bas ou de les céder à la France: si les puissances
maritimes se divisent et se brouillent, tout est renversé sur
terre et sur mer. Il vous sera bien, difficile de faire un
bon choix entre ces deux malheurs.

Le nord est un théâtre de maux et d'infortunes, dès
qu'un de ses rois parvient à une certaine supériorité de
pouvoir et de puissance. Nous l'avons éprouvé, tant que
la Suède a brillé. Nous l'éprouvons aujourd'hui depuis que
le roi de Prusse est devenu conquérant. Dans les querelles
de la maison de Bourbon et d'Autriche c'est l'Italie, c'est
le cours du Rhin, ce sont les Pays-Bas, pays abondans et
riches, faits pour l'entretien et la subsistance des armées
qui sont le théâtre de leurs contestations: il est encore douteux, si la guerre est un mal pour eux. Mais lorsqu'un
prince du nord est partie principale belligérante, ce sont
les pays qui l'environnent qui n'en sont pas l'objet mais la
victime. Voyez le Hanovre, voyez le Mecklenbourg! On n'y
fait pas la guerre, on y détruit, parce qu'on ne peut y subsister. Les guerres des anciens Scythes n'ont pas été plus funestes aux provinces qu'ils ont dévastées. Je ne sais si
cette réflexion fera impression sur vous, mais il est naturel
qu'elle en fasse sur un homme qui ne voit que pleurs et que
ruine autour de lui, et qui ne peut pas ne pas sentir que
la source de ces calamités et de celles de tant de peuples
innocents n'est autre que ces mêmes conquêtes, ces mêmes
résolutions violentes que la passion admire et qu'elle voudrait faire admirer même à ceux qui en sont les victimes.

Je finis. Souvenez-vous que cette monarchie prussienne
dont vous souhaitez aujourd'hui si ardemment la grandeur,
a encore besoin d'accroissemens pour subsister. L'Autriche,
la France, déjà arrêtées par leur propre poids, ne s'émeuvent
plus avec tant de vivacité ni d'audace. Je les compare à
des corps gras et pesants qui n'ont plus ni l'inquiétude ni
la convoitise bien allumées. Leur estomac est rempli jusqu'à
satiété et tranquille. La monarchie prussienne au contraire est un corps encore jeune et nerveux, son appétit
est toujours allumé, ses mouvemens sont vifs et violens, il
cherche à acquérir cet embonpoint dont ses rivaux jouissent. De qui le prendra-t-il, monsieur?

16*

Dernière question. Aimez-vous les gouvernements militaires et leur despotisme, qui, plus sévère que celui des cours de l'Asie, supprime toute liberté naturelle et civile? Trouvez-vous heureux que tout soit guerrier, ou que tout s'efface devant cet intérêt, qu'il n'y ait point d'autre gloire ni fortune que celles des armes; aimez-vous qu'un état soit un camp et que ses voisins soient forcés à le devenir eux-mêmes?

Voilà bien des considérations, mon très-cher ami, exposées rapidement et négligemment, mais n'en contenant pas moins bien des vérités. Ne les rejetez et ne les méprisez pas. Mon estime et ma tendresse pour vous m'out forcé de vous ouvrir encore une fois mon cœur. Me voilà tranquille, je sais que vous ne me trahirez pas. Et après avoir dit à mon ami ce que j'ai cru ne pas devoir lui cacher, je ne l'importunerai plus. Et content d'agir dans ma sphère selon les lumières de ma conscience et avec la fidélité que je dois à mon roi, je verrai avec soumission et résignation ce que la Providence décidera. Je l'implore de m'éclairer et de ne bénir mes conseils qu'autant qu'ils seront justes. —

107.

Dépêche à Mr. le baron de Bachoff à Vienne.

Copenhague 4 mars 1756.

(Extrait.)

J'ai eu l'honneur de vous marquer l'arrivée de vos dépêches du 6 et 11 du passé, aujourd'hui je vais avoir celui de répondre à leur contenu.

Il serait superflu de vous dire que le roi y a donné l'attention la plus sérieuse. L'importance de l'objet et la sollicitude aussi vigilante que paternelle avec laquelle sa majesté décide tout ce qui regarde l'avantage de sa couronne et le bien de ses peuples, vous en répondent plus que ne pourraient le faire nos assurances. Le roi a tout examiné, tout pesé, et ce n'est qu'après avoir écouté le pour et le contre et tout ce que ses engagements, son honneur et ses intérêts pouvaient lui représenter, qu'il a pris son parti et la résolution dont par ses ordres je vais vous informer.

Sa majesté reconnaît et sent dans toute son étendue le prix de ce que la France veut faire pour elle et celui du consentement que la cour impériale y a donné. On ne pouvait, elle le déclare, lui rien offrir et ne lui rien destiner qui lui fût plus agréable ni plus à sa bienséance, et elle n'a pu être que vivement touchée de cette preuve des intentions favorables et amicales de leurs majestés imp. et très-chrét. Après une telle démarche, leurs dites majestés peuvent être à leur tour assurées de la plus sincère amitié du roi et de sa disposition à concourir avec empressement à ce qui peut leur être agréable et utile. Mais sa maj. ne se voit néanmoins pas dans le cas de profiter pour le présent en entier de. leurs offres ni d'entrer en plein dans le traité projeté. [1] Prendre les armes et faire agir son armée contre le roi de Prusse, sans avoir été encore lésée par ce prince, serait contre ses principes et contre le système, aussi glorieux pour la personne qu'heureux pour ses peuples, qu'elle a embrassé à la face de l'Europe entière, et il en coûterait trop à sa tendresse pour ses sujets de les exposer, par une telle démarche, aux charges et aux maux qui, au moins dans les commencements, seraient fort grands pour eux. Je n'ai que faire de vous prouver ce que vous sentirez parfaitement vous-même, en vous rappelant ce que je vous ai mandé plus d'une fois et en considérant la situation des pays, et je vous observerai seulement que les armées commandées par le prince Ferdinand de Brunsvic et par le maréchal de Lehwald ne sont qu'à très peu de marches des frontières du Holstein, qu'elles n'ont peut-être que trop d'envie de profiter des dépouilles de cette riche province, et que le roi est trop éclairé et trop sage pour avoir oublié ce qui est arrivé deux fois dans le siècle passé à ces mêmes états et pour en occasionner le renouvellement.

Le roi ne se résoudra donc pas à entrer directement dans la querelle; mais, pour marquer néanmoins sa gratitude à l'impératrice-reine et au roi tr.-chrét. et son désir de leur être utile, il est prêt à conclure avec eux un traité dont vous trouverez ci-joint les principaux articles, et dans lequel

[1] La France proposait au Danemark d'entrer dans la ligue contre la Prusse à la condition d'obtenir à la paix future l'Ostfriese. Cfr. Schäfer II, 30—31. B. déclina cette proposition, mais présenta un projet qui devint la base du traité du 4 mai.

vous remarquerez que, si sa maj. ne fait pas tout ce que
l'on aurait désiré d'elle, elle ne demande non plus tous les
avantages qu'on lui avait offerts. Ce qu'elle projette de
faire sera toujours beaucoup plus avantageux aux puissances alliées que ce qu'elle leur demande en retour ne leur
sera onéreux, et ce sera toujours un très grand pas de fait
vers une union plus intime et plus agissante, si jamais le
cas y échoit.

Comme le ministère imp. ne s'est point encore ouvert à
vous sur cette affaire, et qu'il vous marque par cette réserve
qu'il souhaite que la négociation passe uniquement par les
mains de la cour de Versailles, le roi s'y prête très volontiers, nulle entremise ne pouvant lui être plus agréable que
celle de la dite cour, et vous ne vous ouvrirez par conséquent non plus au comte de Kaunitz de ce que je
vous confie, à moins qu'il ne vous en parle le premier. Mais
vous n'aurez rien de secret pour le comte de Stainville, et
c'est surtout pour que vous soyez en état de l'informer en
droiture des sentiments du roi, que sa maj. m'a commandé
de vous faire cette communication. Elle vous servira encore à
diriger votre conduite et votre langage, et elle vous sera
une preuve agréable de la confiance dont le roi vous honore. Je ne vous dirai rien du profond secret que cette
affaire exige, vous êtes trop habile pour n'en pas sentir la
nécessité.

Le courrier chargé de porter la résolution de sa maj.
et le projet de traité à conclure à Versailles est parti
avant-hier, et je lui ai laissé prendre cette avance pour que
celui que le comte de Bernis va dépêcher sans doute au
comte de Stainville, avec les instructions qu'il jugera à propos de lui adresser en conséquence, puisse arriver à cet
ambassadeur 8 ou 10 jours après que vous aurez reçu le
vôtre. Vous employerez cet intervalle à le prévenir sur le
parti pris par sa maj. et à lui en faire sentir la justice,
la justesse et les conséquences. Eclairé et pénétrant comme
il est, il les démêlera promptement et quoique, par zèle
pour la cause qu'il sert avec tant d'habileté et de succès,
il souhaiterait peut-être plus que le roi n'accorde, je suis
néanmoins bien persuadé qu'il conviendra de la prudence,
de l'équité et même de l'importance des mesures de sa majesté.

Une armée, ~~assemblée, dans~~ le ~~Holstein~~ sera toujours une gêne ~~extrême~~ à ~~celle de~~ Prusse et de Hanovre, et un objet de confiance, d'encouragement et d'appui aux alliés des maisons d'Autriche et de Bourbon, et la consommation qu'elle fera des ~~vivres et des~~ fourrages des états du roi empêchera tout naturellement les armées de leurs ennemis d'en tirer des subsistances. Je ne vous fais ces reflexions que pour vous donner occasion d'en faire de plus étendues. Je m'en fie à votre capacité.

108.

Dépêche à Mr. le Comte de Wedel-Frijs à Paris.

Copenhague 5 avril 1758.

(Extrait.)

Un seul article proposé par ce même ministre[1]) n'a pu être admis. Il contient en substance que le roi s'engagerait à faire agir son armée de concert avec le roi très chrét. et l'impératrice-reine, aussitôt que les opérations de l'armée du roi très-chrét. en Allemagne le mettront à l'abri des dangers des entreprises du roi de Prusse et du roi d'Angleterre, soit comme roi soit comme électeur. Vous voyez qu'il était dressé de manière à tenter et à ébranler une fermeté moindre que celle du roi, et je dois convenir que mons. l'ambassadeur en a expliqué et fait valoir la sûreté et les avantages avec ce zèle. cette habileté et cette éloquence que nous lui connaissons; mais comme une promesse de cette nature, contradictoire à l'art. 1 de ce même traité, anéantirait tout le système du roi, ce système qui a été jusqu'ici une source de gloire et de bénédictions pour sa personne et de tranquillité et de bonheur pour ses peuples, qu'elle violerait les déclarations de neutralité que sa maj. a données si fréquemment à l'Europe entière, qu'elle prouverait à l'univers que ce n'était pas la délicatesse des sentiments et l'amour pour ses sujets mais la crainte des dangers, qui avaient retenu jusqu'ici le roi de se mêler d'une querelle qu'il avait si souvent nommée étran-

[1]) La France avait présenté un contre-projet, modifiant le projet de Bernstorff.

gère mais qu'il cessait de regarder telle ou d'appeler ainsi, aussitôt qu'il pouvait le faire sans risque, et qu'enfin elle serait une occasion presqu'inévitable de dissension et de mécontentement avec la France même, qui pourrait croire le moment indiqué dans l'article pour le commencement des opérations de l'armée du roi arrivé dans un temps où sa maj. ne le regarderait peut-être pas comme venu encore, sa maj. n'a pu que la décliner et désirer que le dit article ne fît pas partie du traité.

Vous vous expliquerez en conséquence lorsqu'on vous en parlera, et, après vous être arrêté aux premières raisons que je viens de vous alléguer, autant qu'il sera nécessaire, vous ferez valoir particulièrement la dernière. Nous n'avons que trop d'exemples, anciens et modernes, que les engagements, lorsqu'ils se rapportent à des paroles et à des faits dont le sens et le moment ne sont pas absolument fixés et déterminés, divisent les amis et les alliés au lieu de les unir, et le roi, qui se propose pour premier fruit de cette nouvelle convention une liaison encore plus étroite et plus intime avec le roi très-chrét., ne saurait se résoudre à jeter ainsi les fondements d'une froideur et d'un mécontentement entre les deux couronnes. Tout autre prince que lui ne serait peut-être pas si scrupuleux. Il n'hésiterait peut-être pas de contracter une obligation dont l'avantage, contentant pour ce moment la France, lui serait présent et assuré, et qu'il trouverait plus tard mille moyens et mille raisons de ne remplir que lorsqu'il le voudrait bien, mais ce n'est pas ainsi que pense le roi. Sa probité et sa noble candeur ne l'abandonnent jamais. Il ne veut rien devoir à l'équivoque, et il se ferait un reproche de donner occasion, quelque profit qui pût lui en revenir, à des plans qui pourraient manquer et à des espérances que peut-être il ne remplirait pas. Si, dans cet instant, la France trouve sa délicatesse outrée ou sa circonspection trop grande, elle ne pourra au moins pas en condamner le principe. Elle sentira combien il rend la bonne intelligence entre les deux cours plus sûre et plus durable, et elle ne pourra guère refuser sa confiance à un prince si attentif à toutes ses paroles et si soigneux de ne rien promettre que ce qu'il veut exécuter.

109.

Traité entre le Danemark et la France,

signé à Copenhague le 4 mai 1758,
ratifié à Fredensborg le 12 juin 1758,
garanti par l'Autriche par acte de 20 octobre 1758.[1]

110.

Dépêche à Mr d'Assebourg à Stockholm.

Copenhague 20 mai 1758.

(Extrait.)

— Vous trouverez la réponse, ainsi que je vous l'ai annoncé, conforme aux principes du roi et à son amitié pour sa maj. suédoise, et je dois me flatter que, pourvu que l'on veuille bien juger avec équité et avec réflexion, on n'en sera mécontent ni à Stockholm ni à Pétersbourg. Elle est, il est vrai, conçue en termes généraux et on n'y parait pas animé contre le prince avec lequel les deux couronnes sont en guerre ni contre celui auquel elles semblent déterminées à la faire; mais un roi neutre peut-il tenir un autre langage, et n'est-ce pas témoigner une amitié bien vraie à la Suède que de l'assurer, comme le fait sa majesté, qu'elle continuera d'employer ses bons offices de la manière la plus pressante et la plus sérieuse, pour détourner ce que la Suède témoigne vouloir éviter et pour avancer ce qu'elle marque désirer. Pourrait-on en exiger ou en avoir espéré davantage à Stockholm?[2]

---

[1]) Un second article séparé et secret fut ajouté au traité par acte du 12 juillet 1758, et le traité fut expliqué par une déclaration de la cour de Versailles du 13 août et par une autre de la cour de Vienne du 20 octobre 1758. Par une convention du 20 mars 1759 avec la France, l'art. IV du traité fut changé. Cfr. Schäfer II, 31—33.

[2]) Les ministres de Suède et de Russie avaient donné conjointement communication à Copenhague de la convention conclue le 26

Je veux croire que non, et j'aime à penser qu'une cour
aussi éclairée que l'est celle près de laquelle vous résidez
rendra aux résolutions du roi la justice que j'ose dire lui
être dûe, et qu'elle sentira combien la sage manœuvre de
sa maj., qui dans ces temps difficiles est assurément fort
pénible, est et peut être utile à ses amis et combien ces
amis, bien loin de critiquer la neutralité du roi et son
application à conserver et maintenir son influence dans toutes
les cours, doivent désirer que sa maj. ne s'en lasse pas, et
qu'elle se tienne toujours à portée d'abattre en faveur de
ceux qu'elle aime et de détourner d'eux une partie de ces effets
de la haine et de cet esprit de vengeance et de destruction
dont tant de nations paraissent s'occuper uniquement aujourd'hui.

Mais, monsieur, si ces réflexions me font estimer que
la Suède a sujet d'être satisfaite de la réponse du roi, je
ne puis dissimuler que sa maj. n'en a pas tant d'être contente des démarches de la Suède. Le traité de Stockholm,
conclu il y a deux ans[1]), liait cette couronne à des engagements dont ces nouvelles mesures l'écartent. Le roi serait
fort en droit de s'en plaindre et d'être étonné que la Suède
puisse croire qu'une communication, telle qu'elle vient de
faire à sa maj., de concert avec la Russie, et les compliments dont le baron d'Ungern a été chargé et qui vous ont
été faits, l'acquittent de ses engagements et puissent satisfaire un prince qui, si la prudence et la prévoyance n'avaient
pas guidé ses démarches, pourrait se trouver embarrassé
d'un abandon auquel il n'avait eu aucun lieu de s'attendre.
Mais sa maj. a bien voulu ne pas seulement paraître sensible à un procédé dont il est impossible que ceux qui·en
sont les auteurs se déguisent l'irrégularité,· et son grand
cœur a refusé d'augmenter les embarras d'une nation amie.
Vous garderez donc, comme j'ai l'honneur de le faire ici,

avril 1758 à Stockholm, par laquelle leurs cours étaient convenues
de joindre leurs flottes pour s'opposer à l'entrée d'une flotte anglaise dans la Baltique. Le gouvernement danois remercia de cette
communication, en émettant l'espoir que les commandants des
flottes éviteraient de porter aucune atteinte à la neutralité du roi.
Cfr. Schäfer I, 551.

[1]) L'union maritime.

un profond silence sur ce point, mais n'en ferez pas autant sur un autre dont le roi n'a pas été moins surpris.

C'est sur l'article XI de la convention du 26 avril, dans lequel les deux puissances contractantes conviennent d'occuper le passage étroit entre „la Sélande et l'île de Dragoe." Ce passage, quoique peu distinctement et peu exactement exprimé, ne peut être que le canal qui est entre la Sélande et la petite ile de Saltholm ou la côte d'Amac, c'est-à-dire, la rade de Copenhague ou au moins ce qui y touche immédiatement et qui, selon les règles établies et reconnues par toutes les nations, est incontestablement sous la souveraineté du roi. Je ne vois pas comment les deux couronnes ont pu assigner une station pareille à leurs escadres sans son aveu, et comment elles peuvent penser que sa majesté, neutre qu'elle l'est, puisse y consentir.

Insinuez-le, monsieur, mais de la manière la plus amicale et avec tous les ménagements que votre prudence vous suggérera, et faites sentir au baron de Höpken que, quelque naturel qu'il eût été que le roi eût fait mention, dans sa réponse destinée au baron d'Ungern, d'un article aussi contraire à ses droits et à sa neutralité, sa maj. avait néanmoins mieux aimé ne toucher qu'en termes généraux ce point sensible et vous charger de vous en expliquer verbalement avec lui. Sa majesté ne peut douter que ce ministre ne convienne de la justice de ce grief et qu'il ne travaille à le redresser. La flotte combinée de Suède et de Russie a des positions bien plus avantageuses à prendre sur les côtes de la Scanie. Tous les marins les connaissent et le roi l'y verra avec des yeux d'ami. Mais les rades et les côtes d'un royaume qui est neutre et en paix ne sont point faites pour être occupées par les escadres des parties beiligérantes, et le roi ne saurait permettre que sous ses yeux elles servent de lieux de combat et de théâtre aux tristes scènes de la guerre. [1])

---

[1]) A la fin du mois de juillet, l'escadre russe, composée de 29 vaisseaux et commandée par l'amiral Mitschikow, se joignait à celle de Suède, comptant 6 vaisseaux et deux frégates, sous les ordres du vice-amiral Lagerbjelke, et la flotte combinée prit station entre Dragö et Falsterbo. Le gouvernement danois protesta à

Je dois par ordre exprès du roi vous marquer, monsieur, d'éviter, autant que vous le pourrez, toute explication sur une jonction future de l'escadre de sa majesté et de celle de Suède. Je sens que l'on compte à Stockholm se réserver cette jonction, lorsque celle qui vient d'être résolue avec les Russes sera finie ou que le cas n'existera plus; mais je doute que le roi y consente désormais.[1]) Outre que les nouvelles liaisons des Suédois ont entièrement altéré la situation où les choses étaient lors de la conclusion du traité du 12 juillet 1756, le roi est las de ne donner d'autre occupation à ses escadres que celle d'attendre un allié qui n'arrive qu'au moment de la séparation. Il suffit que sa maj. ait eu cette complaisance pendant deux années, l'avoir davantage ce serait trop. Le roi fera donc de son escadre l'usage qu'il jugera à propos, et trouvera très bon que la Suède fasse de même de la sienne ce qui lui convient, mais il ne sera plus question, je crois, d'une union à laquelle les Suédois n'ont jamais pensé que lorsqu'ils n'avaient plus d'autre chose à faire, et qui, de la manière qu'ils en agissent, deviendrait bientôt un objet de risée et de plaisanterie pour les autres nations.

III.

Allerunterthänigster Bericht des Geheimen-Conseils.

Copenhagen 26 Juli 1758.

Allerdurchlauchtigster!

Demnach Ewr. Kgl. Maj. uns Allergnädigst anbefohlen, Allerhöchst-Deroselben die Gründe, so Sie zu Behebung der von Ihnen in den gefährlichen and verwirrten Zeitläuften, so einen grossen Theil Europas und sonderlich des benachbarten Teutschen Reichs nunmehr seit fast 2 Jahren betrüben,

---

Stockholm et a Pétersbourg, et la flotte fut obligée de changer sa position et de s'éloigner de deux milles danois des côtes danoises.

[1]) En effet, lorsque en septembre, après la rentrée de la flotte russe dans les ports de Russie, la Suède proposa que l'escadre suédoise se joignît à l'escadre danoise, il lui fut répondu que la saison était trop avancée pour une croisière.

getroffenen Maassregeln bewogen haben, damit solche, weder
in nahen noch entfernten Jahren, in Ungewissheit oder Vergessenheit gerathen, sondern auch der Nachkommenschaft
bekannt werden mögen, schriftlich vorzutragen, so haben
wir, die nach der Treue und Unterthänigkeit, die wir Ewr.
Kgl. Maj. vor allen Dero Unterthanen schuldig sind, mit
Hertzen und Munde sothanen Maassregeln beipflichten, deren
Beweg-Ursachen nach unserer bessten Kenntniss und Erinnerung zusammen gefasset, und erbitten uns anjetzo die
Erlaubniss, dieselben Ewr. Kgl. Maj. ehrerbietigst zu über-
reichen. Wir hoffen zuverlässig, die Weisheit, Unschuld und
Berechtigkeit, die alle Ewr. Kgl. Maj. Entschliessungen veranlasst und belebt haben, werden Allerhöchst-Deroselben zu
allen Zeiten und auch in den ernsthaftesten Stunden des
menschlichen Lebens, zum Wohlgefallen, Freude und Beruhigung gereichen, und wir dürfen uns mit Gewissheit versprechen, dass solche, gleichwie sie schon jetzt Ewr. Kgl.
Maj. die frohe Dankbarkeit Dero fast vor allen Völkern Europas glückseligen und von ihnen allen beneideten Unterthanen und das Zutrauen und die Hochachtung der auswärtigen Höfe erworben haben, also auch bei der spätesten
Nachkommenschaft Dero Namen gross, gesegnet und ehr-
würdig machen werden. Ewr. Kgl. Maj. haben zu allen
Zeiten eingesehen, dass Dero Ansehen, die unumschränkte
Freiheit und Unabhängigkeit Dero Entschliessungen und Absichten, Dero Influenz über die Geschäfte anderer Nationen,
die Ruhe und Wohlstand Dero Reiche und die Zunahme
der Handlung und Schiffahrt Dero Unterthanen auf die Erhaltung des Gleichgewichts in Europa überhaupt und sender-
lich im Norden gegründet wären. Sie haben gleich seit
Anfang Dero Regierung erkannt, dass dieses Gleichgewicht
nicht standhafter, als wenn solches so wohl in Religions-
als in politischen Sachen Platz griffe, festgesetzt werden
könnte, und Sie haben daraus geschlossen, dass kein glück-
licheres systema in Europa sein könne, als wenn die vor
anderen durch die Lage, Weitläufigkeit und Reichthum ihrer Länder mächtigen Oesterreichische und Französische
Monarchien gegen einander das Gleichgewicht formirten, wenn
eine jede derselben sowohl catholische als protestantische
Bundes-Genossen hätte und wenn im Norden kein Fürst

eine solche Macht erwürbe, die ihn, wie etwa Schweden bis
1709 gewesen, zur Furcht und Last seiner Nachbarn machte,
und die anderen europäischen Potenzen bewegte, auf ihn alle
ihre Aufmerksamkeit zu richten, gegen ihn ihre Waffen zu
gebrauchen und sie also das verderbliche Uebel des Krieges aus den dazu von der Natur gleichsam zubereiteten
Gegenden, in welchen die Streitigkeiten zwischen den Häusern Oesterreich und Bourbon solches Jahrhunderte lang
unterhalten haben, zu ziehen und in das, das verzehrende
Kriegs-Feuer auszustehen und zu ernähren, weniger fähige
Norden zu bringen nöthigte.

Nach diesen nicht zu bestreitenden Grund-Regeln haben Ewr. Kgl. Maj. die noch fortwährenden Unruhen gleich
bei deren Anfang beurtheilet. So bald das dem zu White-
hall zwischen die Könige von Gross-Britannien und Preussen
geschlossenen Traktat entgegengesetzte Bündniss des Kaiserlichen und des Kgl. Franz. Hofes den 1 Mai 1756 zu Stande
gekommen und kurz darauf bekannt geworden war, liessen
Sie Sich alsofort angelegen sein, die gefährlichen Wirkungen dieser ausserordentlichen und kaum wahrscheinlichen Verbindung zu lindern. Auf Ihrem Befehl ward bereits den 3
Junii dem Chur-Hanoverschen Ministerio ernstlich vorgestellt,
wie nothwendig es sei, dass Ihro Gross-Britannische Maj.
dero Empfindlichkeit darüber ihrem eigenen und dem allgemeinen Interesse aufopferte und alle mehrere Verbitterung
des Kaiserlichen Hofes vermiede; auf Dero Ordre ward
nach gleichen principiis mit dem Präsidenten des gecommi-
tirten Raths von Holland, Grafen v. Bentinck, der, um Ewr.
Kgl. Maj. für Dero ihm verliehenen kräftigen Schutz und
Beistand zu danken, nach Altona gekommen war, gehandelt
und mit ihm das Nothwendige zu Vorbereitung einer Wieder-
aussöhnung der Englischen und Holländischen Ministerii mit
dem Kaiserl. Kgl. Ober-Hof-Cantzler, Grafen von Kaunitz,
verabredet und Allerhöchst-Dieselbe hatten sich sogar, auf
Ansuchen und Begehren des Königs von Gross-Britannien bereits entschlossen, bei Gelegenheit der Hessen-Casselschen
Religions-Angelegenheiten, eine auf die Wieder-Gewinnung
des Kaiserl. Hofes und Wiederherstellung des ehemaligen
systematis in der That abzielende Handlung anzufangen,
als die von dem Könige von Preussen und darauf auch von

⬛ Kaiserin-Königin gegen einander gemachten Kriegs-
Rüstungen, der daraus von beiden Theilen gefassete Argwohn
und die von dem erstern der andern abgeforderten Erklä-
rungen die Gelegenheit des noch fortwährenden unglück-
lichen Krieges wurden, und die von Seiner Preussischen
Maj. gleich bei dessen Ausbruch geschehene gewaltsame
Occupation der Sächsischen Chur-Lande, die Zahl und das
Recht seiner Feinde vermehrte und sonderlich das ganze
Teutsche Reich in Bewegung brachte.

Ewr. Kgl. Maj. wurden gleich von der Schädlichkeit
dieses Krieges empfindlich gerührt, Sie erkannten, wie gefährlich es sein würde, wenn der König von Preussen siegte
und dadurch die furchtbarste Monarchie in Europa formirte
und wie nachtheilig es auf der andern Seite dem ganzen
mit Ihro auf mehr wie eine Weise verknüpften protestantischen Interesse in Teutschland sein könnte, wenn dieser
König, welchem anzuhangen viele Teutschen Fürsten durch
Vorurtheile oder durch ihren Hass und Missvergnügen
gegen den Kaiserl. Hof sich hatten verleiten lassen, von
dem Hause Oesterreich unterdrückt werden sollte, und Sie
beschlossen daher, ein so grosses Uebel, aus welchem nichts
Gutes entstehen könnte, so viel möglich zu kürzen und
alle Dero Absichten auf dessen Endigung oder Einschränkung zu richten.

Weil aber dieser Endzweck auf zweierlei Weise, nämlich entweder durch Theilnehmung an dem Kriege selbst
oder durch klügliche, unter den Auspiciis einer genauen
Neutralität anzustellende Handlungen, befolgt werden könnte,
so fanden Ewr. Kgl. Maj. vor nöthig reichlich zu überlegen,
welcher von diesen Wegen dem andern vorzuziehen sei, und
Sie geruhten, die Consequenzien, so bei dem einen wie dem
andern Dero Wahl folgen würden, so viel möglich vorauszusehen und gegen einander abzuwägen.

Die Ergreifung der Waffen könnte bei dem ersten An-
blick etwas reizendes haben. Die Vorstellung, die angebliche
Ehre und den gehofften Vortheil des Krieges zu theilen,
rührt gemeiniglich die erhabensten Gemüther. Ewr. Kgl.
Maj. liessen aber Dero Weisheit und Dero väterliche Liebe
gegen Dero Unterthanen vordringen, und da wir uns nicht
unternehmen zu penetriren, was der Zustand Ewr. Kgl. Maj.

Finanzien und die Beschaffenheit Dero Armee Allerhöchst-Deroselben vielleicht angerathen haben mögen, so wollen wir uns begnügen, nur drei uns besonders bekannt gewordene Gründe, so Ewr. Kgl. Maj. zu Beobachtung der Neutralität vorzüglich bewogen haben, anzuführen.

Der erste war, dass Ewr. Kgl. Maj. von keinem der kriegenden Theile beleidigt worden waren. Frankreich hatte ein bereits vieljähriges Bündniss mit Allerhöchst-Deroselben sorgfältig und genau gehalten und es an keinem Beweis der Freundschaft fehlen lassen; der Kaiserliche Hof war nicht säumseliger gewesen, Ewr. Kgl. Maj. alle Hochachtung und Gefälligkeiten zu beweisen; der König von Grossbritannien hatte, in so weit es seine über die englische Nation eingeschränkte Gewalt erlaubt, in wahrem Vertrauen mit Deroselben gelebet, und als Churfürst von Braunschweig-Lüneburg, in welcher Qualität noch überdem besondere Garantie-Bündnisse mit ihm vorhanden waren, die ganze Zeit der Regierung eine gute Nachbarschaft unterhalten, und obgleich der König von Preussen nichts jemalen vor Ewr. Maj. gethan, so hatte er sich doch fast allezeit gehütet, Sie misszuvergnügen, öfters Dero Allianz gesucht, und noch ganz neulich, um Dero Freundschaft zu erlangen, in der Gräflichen Bentinckischen Sache nachgegeben und die ersten Schritte zu deren Beilegung gethan. Ewr. Kgl. Maj. fanden demnach nicht gerecht, Bundesgenossen oder doch Freunde feindlich zu überziehen, noch einen Streit, der Sie auf keine Weise verletzte, Sich eigen zu machen. Sie wussten, wieviel Gefahr ein Krieg allezeit nach sich zieht und dass er abgenöthigt sein muss, um von einem Herrn, der seine Unterthanen liebt, mit Freudigkeit geführt werden zu können, und Sie gedachten zu edel, um bei einer sehr ungewissen Hoffnung einiges Vortheils gewisse Thränen und Seufzer auf Sich laden zu wollen.

Der zweite Grund, welcher Ewr. Kgl. Maj. von Ergreifung der Waffen abgehalten, war die Gefahr, in welche Sie dadurch den Ruhm Dero Namens gesetzt haben würden. Ewr. Kgl. Maj. werden allenthalben, wir haben das Glück es ohne Schmeichelei sagen zu können, für den weisesten und liebreichsten Regenten dieser Zeit angesehen, und Dero ganze Regierung hat bewiesen, dass Sie nur die Glückseligheit und Wohlfahrt Dero Unterthanen zum Ziel Ihrer Absichten setzen. Ein ohne Anlass, ohne Beleidigung angefangener Krieg würde ganz Europa in Erstaunen und aller ihrer Höfe Urtheile und Begriffe in Verwirrung gebracht haben. Ewr. Kgl. Maj. sehen ein, dass dadurch Dero Vorsichtigkeit würde zweifelhaft werden, und dass diejenigen Mächte, gegen welche Sie Sich erklären wollten, auch Dero Billigkeit und die Beobachtung Dero Wortes anfechten würden, und Sie verbergen Sich nicht, dass der Sieg selbst und der daraus zu ziehende Gewinn, wenn man sich auch beide bereits als gewiss vorstellen wollte, den Verlust dieser grossen und so wohl erworbenen Ehre und des Zutrauens der Nationen, als einer Quelle aller Hochachtung, Credits und Ansehens, nicht ersetzen würden.

Und die dritte Ursache, welche Ewr. Kgl. Maj. zu Dero so gesegneten Entschliessung vermocht hat, war endlich das Interesse Dero Krone und die Wohlfahrt Dero Unterthanen. Allerhöchst-Deroselben war die Beschaffenheit Dero eigener Lande und die Wuth, mit welcher dieser Krieg von allen Seiten angefangen wurde, zu wohl bekannt, um nicht voraus zu sehen, dass Sie durch Theilnehmung an demselben wenig gewinnen, aber unendlichen Schaden und Verdruss auf Sich ziehen könnten, eine Wahrheit, welche selbst von den kriegenden Potentaten so wohl erkannt wurde, dass mehr wie ein Jahr verstrichen ist, ehe einer von ihnen es gewaget hat, Ewr. Kgl. Maj. um Dero Beitritt zu seiner Sache anzusprechen. Der Gewinn war kaum in der Hoffnung zu bestimmen, der Schaden augenscheinlich und fast nicht zu vermeiden. Hätten Ewr. Kgl. Maj. Sich vor den König von Preussen declariren wollen, so hätten Sie gar keinen Vortheil Sich vorsetzen können, sowohl weil dieser Monarch von dem, was er erobert oder zu erobern gedenkt, niemals etwas abgiebt und seinen Bundesgenossen nicht einmal die geringste Hoffnung dazu zu geben pflegt, als auch, weil von den Oesterreichischen Landen nichts Ewr. Kgl. Maj. gelegen noch nützlich zu besitzen sein kann; Sie hätten aber, wenn Sie diese Parthei genommen hätten, auch bei den glücklichsten Successen, gegen Sich Selbst gesiegt und nichts anders erhalten, als die Ihnen furchtbarste und nachtheiligste Macht zu befestigen, zugleich aber

17

alle die Vortheile der Französischen Allianz, so Allerhöchst-Deroselben doch in so vielen Betrachtungen angenehm und nutzbar ist, verloren. Hätten Sie aber Dero Waffen gegen Ihro Preuss. Maj. gewendet, so würde der Krieg gleich in Dero Provinzen gebracht worden sein, und dessen Plagen würden, wenn etwa das Glück, wie würklich gegen Oesterreich und Frankreich erfolgt, den durch so viele Feldzüge geübten und verhärteten Preussen günstig gewesen wäre, dem gesegneten Zustande Dero Unterthanen ein dem landesväterlichen Herzen Ewr. Kgl. Maj. höchst schmerzhaftes schleuniges Ende. gemacht haben. Die blühende Schiffahrt in Dänemark und Norwegen würde durch den mit England sodann nicht zu vermeidenden Krieg gehemmt worden sein, der ansehnliche Gewinn, der sich Dero Unterthanen aus den Unruhen und daher entstehenden Bedürfnissen anderer Völker darbote, würde sich in Verlust verwandelt haben, Ewr. Kgl. Maj. würden durch die allezeit übergrossen Unkosten eines unglücklichen Krieges genöthigt worden sein, schwere, Dero grossmüthigem und edlem Herzen so unangenehme Schatzungen aufzulegen, und alle diese weisen Anstalten, durch welche Sie die Glückseligkeit und den Flor Dero Reiche auf künftige Zeiten vorbereiten und gleichsam den Saamen zu dem Reichthum Dero Staaten ausstreuen, zu unterbrechen und also die sich schon zeigende und nährende Frucht alles dessen, was Sie bisher gethan, selbst zu ersticken und zu vernichten, Sich gemässigt gesehen haben, und endlich würde dadurch ein solcher Hass, Rachbegierde und Misstrauen Ihrer mächtigsten Nachbarn gegen Allerhöchst-Dieselben erregt worden. sein, dass Sie dadurch bis auf die entferntesten Zeiten beunruhigt worden wären, und auch nach wiederhergestelltem Frieden Sich in stete sorgenvolle Verfassung gegen selbige, zu Dero nicht geringem Ungemach, würden haben setzen und erhalten müssen.

Ewr. Kgl. Maj. Aufmerksamkeit entging keine einzige von diesen Betrachtungen, Sie erinnerten Sich, wie es im vorigen seculo zwei Dero Allerdurchlauchtigsten Ahnherren und Vorfahren die Glückseligkeiten Ihres Lebens und Ihrer Regierung dadurch, dass Sie Sich durch die lockenden Einladungen und jedoch nur schlecht erfüllten Verheissungen anderer Potenzen bewegen liessen, Sich in auswärtige Fehden

~~sprächen~~, theils verloren, theils der äussersten Gefahr ex-
~~ponirt~~ und den Kummer erlebt hatten, nachdem Sie von
Ihren Bundesgenossen verlassen worden, durch Ihnen abgedrungene betrübte Friedensschlüsse, Ihre Macht und Ihrer
Krone Eigenthum vermindert zu sehen, und da Sie noch
dazu erwogen, wie viel der jetzige Krieg gefährlicher sei, wie
die damaligen wären, und wie viel weniger anjetzo mit mäs-
sigen Armeen ausgerichtet werden könne, so beschlossen Sie
zu Dero unsterblichem Ruhm alle Reizungen die Waffen zu
ergreifen, so lange nicht eine gerechte Ursache Sie dazu nöthigen würde, zu verwerfen, bis dahin eine genaue Neutralität zu beobachten und inzwischen unablässig auf Verminde-
rung oder Endigung des so vielen Nationen gemeinen Unglücks
zu arbeiten, auch von dieser, einem christlichen und die
Menschlichkeit liebenden König so anständigen, Bemühung
Sich weder durch die oft fruchtlosen Versuche und die Un-
dankbarkeit, mit welcher sie vergolten zu werden pflegen,
noch auch selbst durch das Missvergnügen, so der König
von Preussen, als dessen Interesse erforderte, den Krieg so
allgemein wie nur möglich zu machen, vielleicht daraus
schöpfen könnte, abhalten zu lassen. Diesen Dero Entschluss
machten uns Ewr. Kgl. Maj. in den Monaten September und
October nur besagten Jahres 1756 bekannt und befohlen
uns zugleich, unsere treugehorsamsten Rathschläge und Arbeiten nach diesem Jhro Willen einzurichten.

In dessen pflichtmässiger Folge ward alsobald aller benöthigten Orten nachdrücklich gehandelt. Ewr. Kgl. Maj.
hielten durch Dero Autorität und durch Dero Vorstellungen
den fast nicht begreiflichen Eifer der mehrsten Protestantischen Fürsten, welche aus der Sache des Königs von
Preussen die Sache der evangelischen Kirche machen wollten, zurück. Sie allein hinderten die itionem in partes und
deren Wirkung, und nur Ihrer Standhaftigkeit hat es
Deutschland zu danken, dass es nicht in das grösste aller
Unglücke, in einen Religions-Krieg gestürzt worden ist.
Dero auf der Reichsversammlung abgelegtes votum, dessen
Folgen so gesegnet und so glückselig vor Dero Provinzen
gewesen sind, war das einzige, so den Kaiserlichen Hof
~~nicht~~ ~~erhitzte~~ und dennoch den König von Preussen zu
~~einer~~ wenigstens angeblichen Dankbarkeit bewog. Sie als

17*

ein König, der Sich aller Theile Hochachtung und Vertrauen
erworben hatte, wurden ersucht, die Neutralität-Handlung
vor Hanover zu führen. Um Sie zu beruhigen, declarirte
Schweden, dass es gegen Bremen und Verden keine Preten-
tion formirte, noch etwas unternehmen würde; um Ihnen zu
gefallen, schloss Frankreich mit Allerhöchst-Deroselben den
Neutralitäts-Tractat vor eben diese Lande, welcher, wenn
nicht der Herzog von Cumberland selbige zur Retirade seiner Armee gewählt hätte, unfehlbar ratificirt worden und in
die Würklichkeit getreten sein würde, und als bald darauf
nur besagter Herzog einen Particulier-Frieden oder Accord
zu schliessen wünschte, so wurden Sie von beiden Theilen
als Mediateur der Handlung erbeten; unter Ihren Auspiciis
kam die berühmte Convention zu Closter-Zeven zu Stande,
durch welche die hanoversche Armee und deren General
alsofort gerettet worden, und der allgemeine Friede selbst
unfehlbar beschleunigt worden sein würde, wenn die Franzosen,
deren Gewalt und Sieg sie sicherte, nicht deren Früchte sich
selbst beraubt hätten. Ewr. Kgl. Maj. wurden darauf die
Zuflucht, der Schutz and die Fürsprache der bedrängten
und unglückseeligen Fürsten, so mit dem Könige von Gross-
Britannien verbunden gewesen waren,[1] und obgleich seitdem, durch viele von dem Französischen Hofe begangenen
Fehler und durch fast unglaubliche, dessen und seiner Alliirten Armeen betroffene, Unglücksfälle sich die Gestalt der
Sachen gänzlich geändert und alles, was der Krone Frankreich günstig gewesen war, zu ihrem Verlust ausgeschlagen
ist, so hat doch die Gerechtigkeit und Reinigkeit Ewr. Kgl.
Maj. Betragens dergestallt alle widrige Würkungen des Wech-
sels des Glücks überwogen, dass Allerhöchst-Dieselben noch
in dem Besitz des völligen Vertrauens aller streitenden

---

[1] Effectivement, le territoire danois était devenu l'asile universel des
princes chassés de leurs pays par la guerre (Hesse-Cassel, Brunsvic-
Lünebourg et Brunsvic-Wolfenbüttel, Mecklenbourg etc.); de tous
côtés on demandait, et non en vain, la protection et l'intercession
du Danemark (la ville libre de Brême, l'université de Göttingue,
Francfort etc.), et, après la bataille de Hastenbek, le trésor et les
archives, l'artillerie et les haras hanovriens n'évitaient de tomber
entre les mains de l'ennemi que grâce à la connivence hardie du
gouvernement danois qui leur ouvrit son territoire.

Mächte (nur vielleicht den König von Preussen, der solches
niemand verleiht, ausgenommen) sind und noch von allen
als ihr sicherster und zuverlässigster Freund angesehen
werden.

So glorreich aber · auch diese Früchte der gerechten,
weisen und friedsamen Entschliessung Ewr. Kgl. Maj., welche
wir nur mit kurzen Worten, aber mit frohem Herzen an-
führen, gewesen sind, so haben dennoch Allerhöchst-Dieselben deswegen nicht versäumt oder vergessen, auch auf
Dero Interesse zu sehen und aus der Verwirrung der Zeiten
einen billigen Vortheil zu suchen, nur dass Sie nach selbigem nicht durch unrechtmässige und gewaltsame Mittel
und durch Aufopferung der Wohlfahrt und Ruhe Dero Unterthanen mit vielem Vorwurf und nicht minderer Gefahr und
Ungewisheit streben, sondern solches durch ein weises Betragen als eine Belohnung Ihrer standhaften Freundschaft
und Ihrer auf das Wohl der Völker stets gerichteten Bearbeitung, erlangen wollen. Ewr. Kgl. Maj. wussten wohl, dass
Sich zu Theilung einer noch ungewissen Beute nur zu mel-
den, das Mittel nicht wäre, diesen Zweck zu erreichen. Sie
warteten also auf eine Ihrer Absicht bequeme und geziemende Gelegenheit; so bald solche aber durch die Kriegs-
erklärung der Krone Schweden sich ereignete, so bedienten Sie
Sich derselben, um in einem auf Dero Befehl den 27 Aug.
1757 an den Marschall von Belle-Isle abgelassenen Schreiben der Krone Frankreich, die zu der Zeit auf dem Gipfel
des Glücks war und den Frieden nach ihrem Willen machen und die von ihr eroberten Preussischen Provinzien
nach ihrem Gutbefinden austheilen zu können schien, eines
Theils alles, was Sie bishero aus Freundschaft vor sie gethan und ausgeschlagen, und wie nachtheilig es Ihro und
dem Gleichgewicht im Norden sein würde, wenn nur Schweden, nicht aber Sie, an Macht zunähme, vorzustellen, anderen Theils aber ihr den Nutzen, so ganz Europa aus der
endlichen Beilegung Dero mit dem Grossfürsten von Russland noch fortdauernden Streitigkeiten ziehen würde, vor-
stellig zu machen und sie durch beide Gründe zu bewegen,
Ost-Friesland (auf den Fall, dass sie ohnehin entschlossen
wäre, diese Provinz dem Könige von Preussen vorzuent-
halten, indem Sie es sonst nicht begehrten) entweder nur

besagtem Gross-Fürsten gegen die Cession oder den Um-
tausch des Herzogthums Kiel an Ewr. Kgl. Maj. abzutreten
oder aber, wenn dieser Prinz sich dadurch zu dem veriang-
ten Tractat nicht vermögen lassen wollte, solches Fürstenthum Ewr. Kgl. Maj. Selbst zu überlassen. Die Insinuation,
welche auf die Weise, die den Französischen Hof am meisten rühren könnte, abgefasst war, fand anfänglich Schwierigkeiten, da sie aber auf Ewr. Kgl. Maj. Ordre d. 18
Nov. desselben Jahres wiederholet ward, so machte sie Eindruck, und obgleich sie durch die bald darauf erfolgten
nicht leicht vorauszusehenden Schicksale der Französischen
Waffen einen grossen Theil ihres Werths und nahen Hoffnung verlor, so gab sie doch die Gelegenheit und Facilität
zu dem Tractat, zu welchem Ewr. Kgl. Maj. in den nächst
verstrichenen Monaten durch die Veränderung der Umstände
vermocht wurden, zu gelangen. Bishero hatten Ewr. Kgl.
Maj. Provinzien keiner sonderbaren Gefahr exponirt zu sein
geschienen und in der letzteren Hälfte des vergangenen
Jahres hatte es das Ansehen, dass selbige wohl das Asylum
vieler auswärtigen Truppen, nicht aber das theatrum ihrer
Unternehmungen werden würden. Ewr. Kgl. Maj. hatten also
bis dahin keine Ursache auf ausserordentliche Mittel, solche
gegen feindliche Einfälle zu sichern, zu gedenken. Seitdem
aber die hanoversche Armee wiederum die niedergelegten
Waffen ergriffen und einfolglich ihr Vaterland und mit solchem die Holsteinischen Grenzen einer neuen Kriegsgefahr
blos gestellt und sonderlich, seitdem eines Theils der König
von Preussen eine Armee in Pommern formirt, die, um sich
vergangenen Winter und dieses Frühjahr zu nähren, Mecklenburg erschöpft, anderntheils aber die Russen und Schweden zahlreiche Völker gegen eben besagtes Pommern zusam-
mengezogen, so besorgten billig Ewr. Kgl. Maj., dass die
Hanoverschen Truppen, woferne sie von den Franzosen pous-
siret würden, sich in Ermangelung einer anderen Retirade in
das Holsteinische ziehen mögten, oder dass, wenn der König
von Preussen sich noch diesen Feldzug über soutenirte, er den
Unterhalt, den er vielleicht seiner Armee nicht mehr aus seinen
Erb-Landen schaffen noch aus Mecklenburg erpressen könnte,
im bevorstehenden Winter in Holstein und wenigstens in
dessen herzoglichem Antheil, wozu ein Vorwand leicht ge-

~~funden~~ worden wäre, oder in den Städten Lübeck und
~~Hamburg~~ suchen, oder endlich die Russen, woferne selbige
siegten und etwa inzwischen durch den stets zu befürchtenden Tod ihrer Kaiserin in die Gewalt des einzigen Fürsten,
der Ewr. Kgl. Maj. Feind ist, geriethen, auf die Gedanken
verfallen mögten, die Ansprüche nur benanntes Fürsten
geltend .zu machen, und Sie hielten es dannenhero für nothwendig, da Sie weder die Erschöpfung Dero eigener Provinzien noch die Verheerung des patrimonii Dero Hauses, noch
endlich die Unterdrückung zweier der Wohlfahrt Dero Lande
so wichtigen Städte zugeben konnten, so vielen Besorg-
nissen durch Sammlung eines Theils Dero Armee zwischen
der Eyder und der Elbe und der Trave, vorzukommen. Sie
suchten aber weislich diesen, wir dürfen es sagen, unum-
gänglichen Schritt noch auf andere Weise Sich nützlich zu
machen und verknüpften also dessen Erbieten mit dem nur
vorhin berührten Antrag mit solchem Succes, dass die
Krone Frankreich, ohne zu begehren, dass Sie von Ihrer
Neutralität abweichen mögten, in Ihre Absichten eingegan-
gen ist, sich zu der Bewürkung des von Ewr. Kgl. Maj. gewünschten Tractats mit dem Grossfürsten verbunden oder
auf den Fall, da Ihro Kaiserl. Hoheit nicht dazu vermogt
werden könnte, Allerhöchst-Deroselben ein Æquivalent bei
dem Friedens-Schluss (doch nicht von ihren eigenen Landen)
zuzuwenden, versprochen, die Sammlung Dero Armee durch
ein Anlehen von 6 Mill. Livres, welches in gegenwärtigen
Zeiten, da die Gewinnsucht geldgieriger Leute fast alle
Münze aus Dero Reichen gezogen hat, ein in mehr denn
einer Betrachtung wichtiger Vortheil ist, facilitirt und endlich auf sich genommen hat, die Accession der Kaiserinn-
Königin zu eben diesem Tractat zu verschaffen, wovon die
Ratification und Erfüllung respect. in diesen Tagen und zur
verabredeten Zeit mit Zuversicht zu erwarten steht.

Dahin haben es also Ewr. Kgl. Maj. durch die Gerechtigkeit, Glimpf und Vorsichtigkeit gegenwärtig gebracht,
dass zu einer Zeit, da alle Völker um Ihnen her leiden und
unglückseelig sind, auch einige an ihrer Achtung und Credit in der Welt grossen Schaden leiden, Dero Unterthanen
nichts wie Friede, Ruhe und Gewinn gesehen haben, dass
~~der~~ Ruhm Dero Namens und das Zutrauen in Dero Person

allenthalben zugenommen hat und dass fremde Potentaten
Ihnen für dasjenige, was Sie zu der Sicherheit Dero Lande
zu beschliessen Sich fast nicht entziehen können, Dank und
Vergeltungen zugesagt haben. Zwar wird dieses letztere
von dem Fortgange der Waffen dependiren und von erwähnten Potentaten, wenn der Verfolg dieses Feldzugs so un-
glücklich vor sie bleibt, wie dessen Anfang gewesen ist,
nicht wohl bewerkstelligt werden können. Allein auch auf
solchen gewiss nicht vorauszusehen gewosenen Fall wird
Ewr. Kgl. Maj. Klugheit, dass Sie Sich in dem Stande erhalten, Oesterreichs und Frankreichs Glück zu theilen ohne
durch deren Unglück zu leiden, in jetzigen und künftigen
Zeiten Ruhm und Beifall erhalten und verdienen, und glauben wir uns demnach verpflichtet, mit freudigen und innigst
gerührten Herzen den allmächtigen Gott vor diesen grossen
Segen, den Er Ewr. Kgl. Maj. Anschlägen verliehen, zu lo-
ben und zu preisen, und Ihn aufleben zu müssen, dass Er
Ewr. Kgl. Maj. bei dem so ruhmvollen und glückseeligen
Systemate, so Sie gewählt, erhalten und alle Dero Ent-
schliess- und Unternehmungen gedeihen zu lassen, fortfahren wolle.

112.

Dépêche à Mr. le baron de Bachoff à Vienne.

Copenhague 25 août 1758.

(Extrait.)

— Le roi ne se laissera ébranler dans son système et
entraîner hors de sa route ni par les reproches qu'on lui
témoigne, ni par les espérances si vagues et si incertaines
qu'on lui présente et par lesquelles il est trop sage pour se
laisser leurrer. Ce ne sont pas les menaces du roi de Prusse,
comme mons. de Stainville le suppose, qui l'ont déterminé
à sa neutralité et qui l'y retiennent. Jamais ce monarque,
quelque fier et quelque puissant qu'il ait été et qu'il soit,
ne s'est servi de ce moyen vis-à-vis du roi, et il est trop
habile pour s'en servir. Il n'ignore point que, comme sa
majesté ne se permet pas de menacer quelque prince que

elle ne souffrira pas non plus d'être menacée par quel mortel que ce puisse être; mais c'est la justice, c'est l'amour de ses peuples, c'est la résolution de ne pas sacrifier leur sang à des vues et des querelles étrangères qui fondent son système, et ces motifs, qui est-ce qui les peut condamner? Si la cour impériale, je vous l'ai déjà dit autrefois, n'en est pas contente, si elle ne reconnaît pour ses amis que des sectateurs, le roi, quelque agréable que lui eût été cette qualité de son ami, dont il a toujours rempli toutes les obligations, sent bien qu'elle n'est pas faite pour lui. Et quoique mons. le comte de Stainvillle pense que cette conduite diminuera sa considération parmi les alliés de Versailles, il est bien sûr du contraire et attendra très-tranquillement le moment où l'on croira à Vienne que l'aliance du roi, qui ne demande rien à leurs majestés impériales qu'il ne leur ait déjà rendu et ne soit prêt à leur rendre encore avec usure, mérite de ne pas être regardée avec tant d'indifférence. Vous ne marquerez donc aucune inquiétude quand même le traité en question[1]) ne serait pas garanti. —

113.

Dépêche à Mr le baron de Bachoff à Vienne.

Copenhague 26 septembre 1758.

(Extrait.)

J'ai eu bien des fois l'honneur de vous expliquer les motifs qui ont déterminé le roi à persister dans ses premières déclarations à la diète de l'empire et à ne point adhérer au conclusum du 17 janvier 1757, et je me suis particulièrement étendu sur ce sujet dans mes dépêches du 25 août et 2 septembre; mais, comme je vois par vos rapports, que votre zèle pour le service de sa majesté vous anime à désirer toujours également qu'elle voulût bien s'approcher davantage, en sa qualité de prince de l'empire, de la façon de penser et des intentions de la cour impér., je

---

[1]) Il s'agit du traité du 4 mai 1758 que l'Autriche devait garantir

crois devoir à un zèle dont la cause est aussi louable de
m'en entretenir encore une fois avec vous, et d'ailleurs qui
là de vous mettre au fait de la manière dont le roi envisage cette partie de son système.

Sa maj. s'est résolue à la neutralité par amour pour
la justice et par amour pour ses peuples. Il serait très-
superflu de faire un commentaire sur ces paroles, dont tout
le sens se présentera aisément à votre esprit. Ce parti
pris comme roi, il était naturel que sa maj. le suivît encore comme duc de Holstein, tant parce que les mêmes
motifs subsistaient à l'un comme à l'autre égard, et qu'ils
étaient plus pressants encore pour ses états situés en Allemagne que pour ses autres provinces, plus éloignées du
théâtre de la guerre, que parce que ces distinctions de
qualité dans un même prince ont toujours paru au roi,
lorsqu'elles ne sont pas nécessaires et que le sujet ne l'exige
pas absolument, des subtilités peu convenables à la maj.
royale et peu suffisantes pour autoriser une duplicité de
langage et une contrariété de conduite dans une même
cour. Sa maj. sait très-bien que, dans le cours ordinaire
des affaires intérieures de l'empire, cette distinction est inévitable, car le duc de Holstein les partage pendant qu'elles sont
étrangères au roi de Danemark; mais ce qui est très simple
dans ces cas, cesse de l'être dans un mouvement aussi violent que celui qui agite l'empire depuis deux ans et au delà.
Dans ces temps affreux de troubles et de désordres, où
chaque pas en entraîne d'autres, où aucune parole n'est
sans conséquence, le duc de Holstein est encore, il est vrai,
obligé à remplir les obligations comme prince de l'empire,
il doit, à la diète, conseiller et soutenir ce qu'il croit juste,
hors de la diète avancer le bien, diminuer les maux du
corps dont il fait partie; mais, ce devoir observé selon la
possibilité, il est naturel qu'il ne connaisse et n'embrasse
point d'autres intérêts que ceux des deux couronnes qu'il porte
et qu'il ne sépare pas sa politique de celle qu'il suit comme
roi de Danemark. [1]) Voilà ce que le roi a fait. Il a opiné

---

[1]) Dans une dépêche de février 1757 B. s'exprime dans ces termes:
„sa majesté n'a point de troupes comme duc mais elle a des armées comme roi.“

à la diète selon les règles de la sagesse et de la justice, il ~~a ouvert un avis qui aurait,~~ je ne dis pas remédié, le mal était trop grand pour céder à des conseils et à des procédures, ~~mais pourvu d'une manière décente~~ et conforme aux lois aux calamités de l'empire. On ne l'a pas suivi, un avis plus violent a prévalu. Le roi ne condamne personne pour l'avoir embrassé, il trouve juste que chaque membre de la diète ait la liberté de se déclarer pour ce qu'il croit bon; mais il prétend jouir de cette même liberté et de ce même droit qu'il laisse aux autres, et, ne voyant aucune raison à favoriser des sentiments qui ne sont pas les siens et à se laisser entrainer par d'autres, dans un cas où la pluralité ne décide pas, il s'est tenu tranquille, sans cependant épargner ni peines ni travaux pour soulager les maux de l'empire et pour hâter et faciliter le retour de sa tranquillité.

Vous savez, monsieur, que dans cet exposé succint de la conduite du roi je n'avance rien qui ne soit conforme à la plus exacte vérité. A moins donc que de soutenir que tout prince de l'empire est obligé de se soumettre à la pluralité des voix, thèse que vous n'ignorez pas être absolument contraire à la jurisprudence reçue chez les princes d'Allemagne et n'être point décidée par la première des lois de l'empire, par la paix de Westphalie, on ne saurait accuser sa maj. d'avoir, par son silence, par sa neutralité et par son refus d'adhérer à un conclusum auquel elle n'a jamais consenti, blessé le moins du monde les lois et ses obligations.

Reste à voir si par cette conduite elle a blessé ou blesse encore ses intérêts. Libre d'adopter le conclusum ou de ne l'adopter pas, pouvant aux termes où les choses sont aujourd'hui faire avec justice l'un et l'autre, c'est à sa prudence à faire son choix et c'est la prudence qu'elle consulte.

En adhérant au conclusum elle aurait d'abord au moins paru abandonner ce grand principe, si important pour tous les princes de l'empire, que la pluralité n'est pas une loi pour eux dans des cas de la nature dont il s'agit. Elle aurait ensuite perdu l'affection et la confiance de tant de princes opprimés, que leur haute naissance, leurs fréquentes alliances avec la maison royale et sur tout leur religion lui

rendent chers et considérables, quoique leurs forces soient
médiocres. Elle aurait irrité les états voisins les plus
puissants et qui resteront ses voisins, lors même qu'après
la paix les présentes querelles seront oubliées et peut-être
changées en liaisons avec la maison d'Autriche. Et elle aurait donné au roi de Prusse, prince dont la cour imp. elle-
même ne méconnaît assurément ni le génie ni la puissance,
et dont il est par conséquent très-juste de compter le ressentiment pour quelque chose, le sujet ou le prétexte de
traiter, lorsqu'il en aurait trouvé l'occasion favorable, le
Holstein en pays ennemi.

C'étaient là des désavantages — auxquels je pourrais
bien en ajouter encore quelques autres s'il s'agissait d'un
plus grand détail — de l'adhésion au conclusum. Les
avantages qui auraient suivi ce parti n'étaient pas si
nombreux.

Le roi y aurait gagné d'être compté à Vienne, non
parmi les alliés ni parmi les membres utiles, car le contingent du Holstein n'aurait paru au ministère impér. que
ce qu'il est en effet, c'est-à-dire très peu de chose,[1] mais
parmi les membres obéissants et fidèles de l'empire, dont
la cour impér. peut être contente, mais auxquels après tout
elle n'est pas obligée de savoir gré de ce qu'ils font leur
devoir. D'antres avantages je ne les connais pas, monsieur,
et vous voudrez bien que je vous réitère à cette occasion
l'observation que je vous ai déjà faite, que pendant tout le
cours de ces troubles la cour impériale n'a pas négocié
avec nous une seule fois, qu'elle s'est contentée de demander du roi comme un droit ce que sa maj. ne croit pas
lui devoir, et qu'elle n'a employé pour l'y persuader tout
au plus que des compliments et des paroles vagues qui ne
font impression sur personne, parce qu'elles ne disent ni
n'assurent rien.

Je ne veux pas disconvenir néanmoins que la déclaration du roi pour la pluralité aurait pu produire les con-
firmations impériales de la coadjutorie de Lübeck[2] et de

---

[1] Le contingent du Holstein s'élevait à 1000—1500 hommes.
[2] Voir no. 73.

fin[^1]), et je n'attribue uniquement qu'à sa neutralité le peu
de succès que vos efforts intelligents ont eu jusqu'ici relativement à ces objets; mais, monsieur, ces faveurs, qui n'en
sont point mais des actes de justice dont, si on les refuse,
sa maj. se passera bien, n'ont aucune proportion avec ce
que l'on demandait en retour, et il faudrait que la cour
impér. pensât que le roi connût peu la valeur des choses, si
elle croyait que sa maj. peut être déterminée à acheter à
ce prix ce qui est de l'office et de l'intérêt impér. de lui
accorder.

Je crois vous avoir à présent expliqué suffisamment ce
qui a décidé le roi à prendre et à soutenir les mesures
dont je vous ai entretenu jusqu'ici et qui ont fait un tout
avec le système qu'il a adopté, qui a conservé le plus profond repos à ses sujets et qui lui a valu les applaudissements de l'Europe entière. Je vous ai détaillé ces motifs
avec la confiance entière que vous méritez par vous-même
et par le poste que vous occupez. Il n'est que juste qu'employé à exécuter les ordres du roi, vous soyez instruit des
raisons qui portent sa maj. à vous les donner, et que vous
partagiez avec ceux qui ont l'honneur de l'approcher la
satisfaction de savoir que la justice et la sagesse seules
animent ses volontés, mais j'ai encore un motif particulier
à entrer dans cette explication avec vous. C'est pour vous
donner l'occasion de m'apprendre si la cour impér. ferait
en effet quelque chose d'essentiel pour le roi, en cas que
sa maj. voulût avoir pour elle ces complaisances comitiales
dont elle ne cesse de vous parler, et en quoi cela pourrait
consister? Je vous l'ai déjà dit: le roi croit que la justice
et son droit lui permettent d'adhérer au conclusum ou de
n'y adhérer pas; ainsi il n'y a que l'honnête et l'utile qui
le déterminent et puissent le déterminer à l'un ou à l'autre.
Jusqu'ici la balance, comme vous l'avez vu, l'a emporté
pour la négation, mais sa majesté ne refuse pas d'écouter
ce qui pourrait faire pencher cette même balance de l'autre
côté. Vous me ferez donc plaisir de vous en ouvrir à moi.
Le roi ne fait rien par entêtement ou préjugé, la raison
seule décide, il examinera tout, mais il ne lui faut point

[^1]: Voir no. 75

des propositions ni des espérances vagues, il lui faut du
fixe et du précis. Si vous le jugez à propos, vous pouvez
sur cela sonder vos amis à Vienne, mais seulement comme
de vous-même et sans y faire intervenir le nom du roi, le
dessein de sa maj. n'étant point du tout de s'offrir, mais
seulement de vous mettre à portée de lui rendre compte
des véritables intentions de la cour impériale, et de donner
cette nouvelle preuve qu'elle n'est point du ·tout éloignée
de se lier sincèrement et intimément avec cette cour, pourvu
que ce ne soit pas d'une manière contraire à la religion et
à la justice et pourvu que ce soit à bonnes enseignes.

Je suis bien persuadé que vous n'abuserez pas de
cette dernière parole dont vous sentez toute la délicatesse,
et que vous n'en ferez plutôt aucun usage que de permettre
ou occasionner qu'elle soit citée jamais.

Je finis par un seul mot. N'oubliez pas qu'au point
où les affaires sont parvenues, dans cette extrémité où la
haine, l'aigreur et l'animosité ont porté toutes choses, il
n'y a point de petite complaisance. Adhésion verbale ou
réelle, déclaration enveloppée ou formelle, tout cela est égal,
si non pour la reconnaissance au moins pour le ressentiment. Le roi ne peut s'écarter d'un pas de la route qu'il
a suivie jusqu'ici, sans s'exposer à tous les reproches, à
tous les inconvénients d'un changement total. Ne souffrez
donc pas que l'on vous parle de petites condescendances à
avoir pour la cour impériale; de petits plaisirs, estimés
bagatelles pour elle, peu sentis et promptement oubliés en
conséquence, seraient regardés et rappelés comme des offenses mortelles par le parti qui lui est opposé. Il faut en
donner au roi de justes raisons ou de justes motifs pour
entrer dans un nouveau système, ou lui laisser remplir le
sien avec la gloire et la sûreté qui ont accompagné jusqu'ici
toutes ses démarches.

114.

Dépêche à Mr. le Comte de Bothmer à Londres.

Copenhague 21 octobre 1758.

(Extrait.)

En recevant cet exprès, vous vous douterez peut-être du contenu des dépêches qu'il est chargé de vous remettre. Vous vous douterez qu'il s'agit d'une nouvelle proposition de paix à faire au roi de la Grande-Bretagne avec autant d'amitié et de candeur et peut-être aussi avec aussi peu de succès qu'autrefois.

Le roi est trop ami de ce monarque, trep ami de la nation anglaise et en particulier de l'électorat de Hanovre, trop ami enfin du genre humain pour avoir voulu se refuser à la prière que la France vient de lui faire:

„de demander de sa part à sa maj. britannique, avec „autant de secret que de célérité, si aujourd'hui que la „campagne était juste à finir, elle inclinait à faire la paix „tant pour ses royaumes que pour son électorat, à des con- „ditions justes et raisonnables, sur lesquelles on s'explique- „rait plus particulièrement lorsque l'on saurait si susdite „maj. britann. voulait entendre à la paix."

Voilà, monsieur, le précis du bon office que le roi très-chr. requiert le roi de lui rendre, et c'est là toute la question que vous aurez à faire et sur laquelle vous tâcherez de vous procurer, aussitôt que vous le pourrez, une réponse que nous puissions rendre à la France. [1]

---

[1] La cour britannique répondit à cette ouverture par une note verbale du 13 novembre ainsi conçue: Le roi de la Gr.-Bret. a reçu l'ouverture faite en dernier lieu par la France, tendante au rétablissement de la paix. Sa maj. n'est point éloignée d'écouter des propositions justes et équitables et dans lesquelles elle trouvera les intérêts de ses royaumes et états avec ceux de ses alliés et nommément du roi de Prusse; mais que ses engagements ne lui permettent point de donner les mains à aucun accord ou négociation particulière. Cfr. Schäfer II, 226—27.

115

A¹lerunterthänigstes Bedenken des Geheimen-Conseils.

Copenhagen 26 October 1758.

Ewr. Kgl. Maj. Allergnädigstem Befehl zufolge haben
wir, seitdem uns solcher ertheilt worden, fast unablässig
dem durch das Kaiserliche Protectorium veranlasseten und
durch den Französischen Ambassadeur eifrigst unterstützten
Antrag des Herzogs von Mecklenburg¹):

> Dass er, um Ewr. Kgl. Maj. nicht in einige Ver-
> legenheit zu setzen, von gedachtem Kaiserlichen Pro-
> tectorium ganz keinen Gebrauch machen, auch solches
> nicht einmal übergeben wollte, dennoch aber, auf sein
> inständiges, geziemendes Ansuchen, von Ewr. Kgl. Maj.·
> in Dero Schutz genommen und zu dessen öffentlicher
> Bezeugung und Sicherstellung seiner Lande eine ge-
> wisse, demnächst zu bestimmende Anzahl Kgl. Truppen,
> gegen deren hinreichende Verpflegung in besagte seine
> Lande verlegt werden möchte,   ·

nachgesonnen und wir haben in Treue und Gehorsam uns
ernstlich angelegen sein lassen, uns die Sache, sowohl in
ihrer wahren Beschaffenheit und ganzen Umfang als auch in

---

¹) Sans s'être concerté d'avance avec le roi de Danemark, le conseil impérial aulique annonça le 28 août à la diète de Ratisbonne
que „l'empereur avait chargé le roi de Danemark, comme duc de
Holstein, autoritate Caesarea d'expulser les troupes prussiennes du
Mecklenbourg.“ Aussitôt que le comte de Diedrichstein notifia
cette décision à la cour de Copenhague, B. écrivit à Mr de Bachoff que le roi ne pouvait ni ne voulait accepter cette charge, car
„chasser les Prussiens du Mecklenbourg et leur faire restituer ce
qu'ils ont enlevé à cette malheureuse province et les empêcher
d'y rentrer: ce sont des opérations qui demandent une armée
royale et non pas le contingent que le duc de Holstein-Glückstadt
est supposé d'avoir sur pied:“ (Dépêche du 10 octobre). Cfr.
Schäfer II, 34, 57. En présence de ce refus péremptoire, on s'at-
tacha à donner à l'affaire une tournure plus acceptable pour le
Danemark. Au lieu d'insister sur l'exécution d'un décret impérial exclusivement et nominativement dirigé contre la Prusse, le
duc de Mecklenbourg, qui n'était pas formellement en guerre,
implorait spontanément le roi de Danemark de prendre un pays
voisin sous sa protection contre tous et chacun.

ihren wahrscheinlichen und endlich auch in ihren möglichen Folgerungen nach unserer bessten Fähigkeit und Vermögen vorzustellen.

An der Rechtmässigkeit dieses Antrags und dass Ewr. Kgl. Maj. denselben, ohne die Gerechtigkeit zu verletzen, bewilligen können, mögen wir nicht zweifeln. Ein jeder Teutscher Fürst kann, kraft der Reichs-Gesetze, zu seiner Vertheidigung sich den Beistand eines andern Fürsten oder eines auswärtigen Potentaten erbitten, und nichts kann weniger einigen billigen Vorwurf verdienen als die einem Könige so geziemende Entschliessung, bedrängten und unglückseeligen, die seinen Schutz begehren, seinen Schutz zu ertheilen. Ebenso wenig können wir sagen, dass Ewr. Kgl. Maj., durch Gewährung der Herzoglich Mecklenburgischen Bitte, das von Ihnen so weislich gewählte und bisher so standhaft behauptete glückseelige Systema des Friedens und der Neutralität verlassen würden. Der Herzog von Mecklenburg ist mit niemand im Kriege, er ist von keinem Theile für Feind erklärt werden, und wenn er durch seine Beistimmung zu den in Regensburg von den mehresten Ständen des Reichs d. 17 Jan. vorigen Jahres beliebten conclusa das Missfallen des Königs von Preussen verdient hat, so scheint er dieses Versehen, woferne es eines ist, durch den Verlust einiger Tausend seiner Unterthanen und durch die aus seinen Landen erpressten Lieferungen, so an Geld und Naturalien auch Pubren und Diensten auf die 1800 Tausend Rbth. gerechnet werden, dergestalt gebüsset zu haben, dass auch der König von Preussen selbst unter diesem Vorwand ihm mehreres Leid zuzufügen sich nicht berechtigt halten mag. Ewr. Kgl. Maj. überschreiten demnach die Gesetze der Neutralität nicht, wenn Sie einem Fürsten, der Sie darum bittet, und an welchem keiner der kriegenden Theile einigen Anspruch hat noch gegenwärtig zu haben äussert, Hülfsvölker, die ihn, nicht nur gegen einen sondern gegen alle, die ihn zu unterdrücken sich ermächtigen wollten, vertheidigen sollten, zusenden, und Sie können demselben, wo es Ihnen gefällig ist, diese Gunst, ohne von den principiis und Grundregeln, die Sie Sich selbst gesetzt und welche Sie den übrigen Europäischen Höfen mehr wie einmal bekannt gemacht haben, im geringsten abzuweichen, erweisen. Viel-

mehr setzen Sie dadurch die ruhmwürdige Arbeit, so Sie
gleich seit Anfang dieser Unruhe übernommen haben, fort.
Sie sind stets bemüht gewesen, der Unglückseeligen Unglück
zu vermindern und den Unterdrückten zu helfen. Eben dieses würden Sie auch bei dieser Gelegenheit nur auf eine
andere Weise thun und der Marsch eines Theils Ihrer Völker in das Mecklenburgische würde eben den Zweck und
eben die Wirkung haben, welche die zu Behuf der Herren
Herzoge zu Sachsen und Braunschweig und des Herrn Landgrafen von Hessen in Wien und Paris angestellten viel-
fältigen Handlungen Dero Minister haben sollen.

In diesen Betrachtungen können wir also den so oft
erwähnten Vorschlag weder der Gerechtigkeit noch Ewr.
Kgl. Maj. Ruhm widrig oder nachtheilig nennen, und wir
müssen vielmehr bekennen, dass dessen Ausführung Allerhöchst-Deroselben die Ehre, so grossmüthigen Thaten zu
folgen pflegt, bringen und Dero Ansehen im Teutschen Reiche,
ja in ganz Europa, vermehren würde. Alle Unparteiischen
würden solche eine edle Anwendung Ihrer Macht heissen,
und viele würden Dero Namen segnen, dass Sie solche nicht
zur Unterdrückung sondern zur Rettung der Unschuldigen
brauchen wollen.

Wir verbergen uns auch nicht, dass eben dieser Schritt
Ewr. Kgl. Maj. Interesse gemäss zu sein erachtet werden·
und Dero Nutzen und Absichten befördern könne; denn,
ohne zu erwähnen, dass Sie durch diese Wohlthat einen ansehnlichen Fürsten des Reichs, dessen Haus und Lande Sich
kräftig verbinden würden, so mag es Allerhöchst-Deroselben
wohl nicht gleichgültig sein, eine Provinz, so in gewisser
Maasse eine Vormauer vor Dero Herzogthum Holstein ist,
ruhig und nicht nur von den Preussen, sondern auch von
den Russen und Schweden (indem Dero Schutz sich nicht
nur gegen einen, sondern gegen alle Oppressores derselben
erstrecken müsste) befreit oder aber erschöpft und von
allen diesen Ihnen gewiss gefährlichen Nationen angefüllt
zu sehen.

Ewr. Kgl. Maj. werden vielleicht nicht minder für einen
Vortheil rechnen, durch dieses Mittel der unangenehmen und
bedenklichen, sonst aber nicht abzuwendenden Nothwendigkeit, das Kaiserl. Protectorium zu empfangen und zu ver-

werfen und dadurch in neue Widerwärtig- und Kaltsinnig-
keiten mit dem nun einigermaassen gewonnenen Kaiserl.
Ilofe zu gerathen, entgehen zu können, und wir sehen endlich mehr wie zu viel zum voraus, dass, woferne Allerhöchst-
Dieselben auch diesen Antrag ausschlagen sollten, die Ihnen
in dem allhier den 4 Mai unterzeichneten Tractat zugesagten
officia nur schläfrig erwiesen, und das Ihnen verheissene
Aequivalent, unter Wiederholung des schon mehrmalen an-
gebrachten Vorwurfs, dass Ewr. Kgl. Maj. Dero eigenes,
aber nicht das Interesse der Alliirten vor Auge gehabt und
besorgt, mithin auch von ihnen nichts verdient hätten,
nur kaltsinnig gesucht und wohl gar nicht gefunden werden
würde.

Unserer allerunterthänigsten Pflicht nach können wir
diese vor die Bewilligung des Mecklenburgischen Gesuchs
streitenden Gründe und mit selbiger verknüpften Vortheile
nicht verschweigen.

Mit eben der Treue, mit welcher wir solche angeführt
haben, müssen wir aber auch Ewr. Kgl. Maj. die Folgerungen, so aus solcher, wo nicht wahrscheinlicher doch
möglicher Weise folgen können, in tiefster · Unterthänigkeit
vorstellen.

Es ist sehr möglich, dass die blosse Verlegung einiger
Regimenter in das Mecklenburgische den Endzweck, den
Ewr. Kgl. Maj. Sich dabei vorsetzen, nämlich die Befriedigung und Sicherstellung sothanen Landes, nicht erreichen
und bewürken werde. Der König von Preussen lässt sich
nicht allezeit durch dasjenige, was andere Herren abhalten
würde, in seinen Absichten stören, und die Heftigkeit seines Gemüths nebst der Zuversicht, so er in seine, lange
Jahre beständig angewachsene Macht, und in die Vortrefflich-
keit seiner durch so viele Siege und Schlachten versuchten
Truppen zu setzen gewohnt ist, reizt ihn öfters an, sich an
die obstacula, so ihm entgegen gesetzt werden, gar nicht zu
kehren, sondern solche sofort mit Gewalt zu heben. Es
kann also gar wohl sein, ja die Noth, in welcher er sich
gegenwärtig befindet und die ihm Geld, Nahrungsmittel, und
Mannschaft allenthalben zu suchen und, wo er sie findet,
sich zuzueignen zwinget, macht es fast glaublich, dass
er, ungeachtet der Gegenwart Ewr. Kgl. Maj. Truppen,

dennoch einen neuen Einfall in Mecklenburg, so ungerecht
und ohne allen nur scheinbaren Vorwand er auch sein
würde, wagen und daselbst neue Menschen- Geld- und Ge-
treide-Lieferungen ausschreiben werde. Alsdann würden Ewr.
Kgl. Maj. entweder Dero, dem Herzog von Mecklenburg
schon verliehenen, Schutz auf eine Dero, unter dem Segen
des Allerhöchsten noch unverletzt gebliebenem Ruhm und
Ansehen verkleinerliche Weise zurückziehen, oder nicht geachtet und fruchtlos sehen, oder aber selbigen mit Ihrer
ganzen Macht unterstützen müssen und Sich also in einem,
zwar nicht ungerechten doch aber allezeit betrübten und in
unzählichen Betrachtungen gefährlichen Krieg, den Sie bishero mit so vieler Weisheit vermieden haben und der, wie
sehr auch der König von Preussen jetzo geschwächt zu sein
scheint, dennoch nach der Wanderbarkeit des Glücks noch
eine andere Gestalt wieder gewinnen und noch länger fortdauern kann, verwickelt finden.

Die Möglichkeit eines solchen Ausfalls giebt den zuvor
allerunterthänigst angeführten Bewegungs-Gründen ein solches Gegengewicht, dass wir uns nicht unterstehen dürften,
für oder gegen· den zu fassenden Schluss etwas anzurathen.
Ewr. Kgl. Maj. allein können unter den wider einander streitenden Motiven dasjenige, was Sie Dero Weisheit, der Gerechtigkeit und der Wohlfahrt Dero Reiche und Lande am
verträglichsten erachten werden, erwählen. Dero Befehlen
unterwerfen wir lediglich eine Entscheidung, die Allerhöchst-
dieselben allein geben können, und welche wir uns nicht zu
veranlassen, sondern nur, wenn sie gegeben sein wird, in
pflichtmässigem Gehorsam zu befolgen, gestatten. Wannen-
hero wir uns nur noch die Erlaubniss mit einem Worte anzumerken erbitten, dass diejenige Entscheidung, die Ewr.
Kgl. Maj. zu fassen geruhen werden, sie mag für oder gegen
den Herzoglich Mecklenburgischen Antrag ausfallen, in ihrer Ausführung nebst einiger Geschwindigkeit auch viele
Vorsichtigkeit, um ihren Nutzen zu vermehren und ihre Gefahr oder Schaden zu vermindern, erfordern werde.

Von dem Gebrauch des jetzigen Zeitpunkts werden die
von Ewr. Kgl. Maj. künftig, so lange der Krieg noch fort-
dauert, und auch bei der bevorstehenden' Friedenshandlung,
zu nehmenden Maassregeln grössten Theils abhangen, und

⚓⚓ wünschen nichts sehnlicher und nichts eifriger, als dass ⚓⚓ einen baldigen, für Ewr. Kgl. Maj. glorreichen und gesegneten Ausgang dieser gefährlichen Unruhen befördern möge. [1])

116.

Dépêche à Mr. le comte de Wedel-Frijs à Paris.

Copenhague 4 novembre 1758.

(Extrait.)

Je finirais ici ma lettre si je ne croyais pas devoir vous faire part d'une proposition que je suis averti que l'on fera au roi. Le duc de Mecklenbourg, qui sent bien que le protectorium impérial n'est pas une pièce dont il puisse faire usage, a le dessein, à ce que l'on m'assure, de le supprimer, mais de se jeter entre les bras de sa majesté et de la prier de lui accorder quelques troupes pour la sûreté de ses états. Cette idée a des côtés brillants parce qu'elle ne tend qu'à engager le roi à la protection d'un prince innocent et qui n'est en guerre avec personne, mais je prévois cependant que sa maj. n'y entendra pas, à moins que la France et la cour impér. ne le désirent et ne se portent non-seulement à lui assurer tout l'appui qu'une entreprise de cette nature pourrait exiger, mais encore à lui déclarer formellement qu'elles regarderont cette faveur accordée au duc de Mecklenbourg comme un service essentiel rendu à elles-mêmes et à leur cause, et dont elles lui tiendront compte dans l'exécution sincère et fidèle du traité du 4 mai et de ses articles III et VIII.

Il m'a paru convenable de vous faire cette confidence, dont vous ne ferez néanmoins usage à moins qu'on ne vous en parle, et, même alors, vous ne témoignerez aucun empressement pour cette affaire, et vous vous contenterez sim-

---

[1]) Conformément à la décision prise par le roi, il fut écrit à Mr. le comte de Wedel-Frijs, voir no 116, et dans le même sens à Mr. de Bachoff.

dlement de faire entendre que vous ignorez si le roi se
porterait à une démarche de cette nature, mais que si sa
maj. le faisait jamais, vous étiez bien sûr que rien ne
pourrait l'y déterminer que son amour pour le bien de
l'humanité en général, et surtout son amitié fidèle et ardent,
pour le roi très-chr. et pour tous ceux dont ce monarque
affectionnait fortement la conservation. [1])

117.

Dépêche à Mr. le baron de Bachoff à Vienne.

Copenhague 18 novembre 1758.

à Mr. le comte de Wedel-Frijs à Paris.

Copenhague 21 novembre 1758.

Son altesse impériale, conservant ses prétentions et ses
possessions présentes, ne sera pas plus tôt sur le trône
qu'elle cherchera à porter la guerre dans le Slesvic et le
Holstein pour les faire valoir et les augmenter. Dès lors
la Russie n'aura plus de forces pour seconder la maison
d'Autriche (la France). Elle n'en aura que pour combattre
un prince ami et allié de cette maison. Ce changement
de vues et de politique engagera le nouvel empereur moscovite
à satisfaire l'ancien penchant de son cœur en se li-
guant avec les rois de Prusse et d'Angleterre, de l'aveu desquels il aura besoin pour pouvoir faire passer ses troupes
par leurs états et pour faire hiverner des flottes dans les
ports et sur les côtes du premier, et si la victoire se déclarait pour lui, quel ne serait pas le renversement de tout
le système du nord? Que deviendraient son indépendance
et le repos de l'Allemagne, si le souverain de la Russie parvenait à posséder un établissement considérable sur la côte

---

[1]) Les ouvertures faites ainsi à Versailles et à Vienne n'aboutirent
à rien, ces deux cours ne s'intéressant plus à l'affaire de Mecklenbourg. Les grands succès par lesquels Frédéric II se releva,
vers la fin de l'année, de sa position critique leur donnèrent bien
autre chose à faire, et le Danemark put se féciliter d'avoir
échappé à un grand danger. Voir no. 122.

occidentale de la Baltique et dans l'empire. (à Bachoff) La cour
de Vienne a toujours eu pour maxime fondamentale d'empêcher
que les maitres d'une aussi vaste monarchie ne fussent
membres du corps germanique et n'eussent une part directe
aux affaires de ce corps, si souvent opposé à l'autorité impériale. On sait combien elle a été attentive à contrarier
à cet égard les desseins de Pierre I, et si elle a senti dans
ces temps où son ministère était assurément bien moins
éclairé qu'il ne l'est aujourd'hui, qu'il n'en faudrait pas
davantage pour que ces monarques, à présent ses alliés naturels, fussent désormais ses ennemis et peut-être ses rivaux, comment cette vérité si évidente serait-elle méconnue
par le comte de Kaunitz? Je ne crains donc point de le
dire, je compte sur ce ministre et sa pénétration; il n'est
pas possible qu'il ne sente que pour cet objet les intérêts
de sa souveraine et ceux de l'Allemagne sont réunis à ceux
du roi, et il n'est par conséquent pas possible non plus qu'il
ne vous accorde (à Wedel-Frijs) Que deviendrait la liberté de
la Suède? Je suis trop sûr de la façon de penser du roi
très-chr. pour le roi, trop sûr de sa sagesse et des lumières
de son ministre pour en dire davantage. Je ne me permettrai
pas même de rappeler à monseigneur le cardinal, qu'une
guerre entreprise pour faire changer le Sleavic de maître
n'est pas une guerre pour le roi seul, que c'en est aussi
une pour la France et que, si son éminence juge l'amitié
de la Russie bonne à ménager, le seul moyen de la conserver est d'accommoder une querelle qui rendrait infailliblement dans peu cette amitié impossible et la tournerait
en guerre ouverte. De toutes ces vérités aucune n'est voi-
lée à monseigneur le cardinal, j'en suis très convaincu, et je
ne puis appréhender par conséquent qu'elle vous refuse (à
tous les deux) de travailler avec vigueur et constance à
l'avancement d'un but que la politique, les paroles données
et l'humanité lui recommandent également. [1]

---

[1] La Russie ayant pris ombrage de la réunion de troupes danoises
dans le Holstein avait demandé des explications à ce sujet à Copenhague. Bernstorff crut l'occasion favorable de reprendre
la négociation sur l'échange et demanda l'appui des cours de
France et d'Autriche, conformément au traité du 4 mai. Mais
Choiseul proposa de gagner un point de départ des négociations

118.

Dépêche à Mr le comte de Wedel-Frijs à Paris.

Copenhague 29 novembre 1758.

Je ne dois pas vous laisser ignorer que, depuis quelque
peu de jours, le ministère de Prusse a tenu vis-à-vis de
mons. d'Ahlefeldt des propos qui pourraient indiquer que,
même à Berlin, on songe également d'entamer par le moyen
du roi une négociation de paix, mais l'insinuation n'a encore été que très-vague et mons. d'Ahlefeldt ayant désiré
que l'on s'expliquât un peu plus clairement sur le sens et
le but de ces propos, mrs de Podewils et de Finkenstein se
sont retranchés à dire qu'ils attendaient préalablement les
ordres de leur roi, et que, jusqu'à leur arrivée, ils se bornaient à désirer d'être informés si d'autres puissances n'a-
vaient pas encore fait parvenir à notre cour des propositions d'accommodement. Nous répondrons simplement non;
mais si cette ouverture était suivie de quelqu'autre, je ne
doute pas que le roi ne me commande de vous en instruire
sur le champ. [1])

Vous saurez au reste que les menaces des Prussiens de
s'ensevelir sous les ruines de Dresde et de Leipsic, la manœuvre peut-être nécessaire mais toujours très faible des
Suédois et des Russes et la célérité incroyable avec laquelle
le roi de Prusse en a profité pour porter toutes ses forces
en Saxe, ont produit un changement si favorable dans ses
affaires que ce monarque paraît raffermi dans la possession
de toutes ses conquêtes et n'avoir plus rien à craindre pour
cet hiver. Cette position pourra le mettre en état de tomber de nouveau avec facilité sur le Mecklenbourg et vous

---

en invitant la Russie à accéder à ce traité. Cfr. Ostens Gesandt-
shaber l. c., 508 sqq.

[1]) Les ministres prussiens ne revinrent pas plus tard sur leur question. — Il paraît au reste que, dans le courant de l'année 1758,
une proposition d'alliance sérieuse avait été faite par la Prusse à
Copenhague mais déclinée par le gouvernement. Voir Moltke
l. c. 202—4. Les archives du ministère des affaires étrangères ne
contiennent rien sur cette tentative, dont Frédéric II dans l'histoire de la guerre de sept ans ne fait pas non plus mention.

juges bien qu'elle fait faire au roi des réflexions dignes de sa sagesse et de son amour pour ses peuples. Je ne touche ce sujet que parce que je suppose que l'on vous en parlera beaucoup. Lorsqu'après l'arrivée des réponses attendues de Versailles et de Vienne sa majesté aura pris son parti décisif, j'aurai l'honneur de vous en dire davantage.

119.

Dépêche à Mr. le comte de Wedel-Frijs à Paris.

Copenhague 16 décembre 1758.

(Extrait.)

— Sa majesté ne demande rien aux Suédois que ce qu'elle et la Suède demandent sans cesse conjointement aux autres nations belligérantes. Elle déclare qu'elle n'entend favoriser ni permettre à aucun de ses sujets de porter aux Prussiens des marchandises de contrebande; que, pour fixer le sens de ce mot, elle continue d'adopter sans aucun changement ce qui a été réglé à cet égard entre elle et la Suède dans la convention signée à Stockholm le 12 juillet 1756, et qu'à l'égard des places bloquées elle répète, accepte et agrée sans la moindre variation tout ce qui a été opposé de sa part et de celle des Suédois, ainsi que de la part de la France, à la prétention, assurément très-injuste mais, il faut en convenir, moins étonnante que formèrent les Anglais l'année dernière lorsqu'ils tentèrent de déclarer bloqués les ports de Rochefort et de Brest. Une place est estimée bloquée lorsqu'elle est enfermée, c'est-à-dire, lorsque, investie par terre, elle l'est encore par mer de manière que des batteries établies d'un côté du port et de l'autre se croisent en tirant, ou que des vaisseaux en nombre suffisant stationnés exprès pour cet effet en interdisent absolument l'entrée. La croisière de quelques navires ne suffit point pour former un blocus, et bien moins encore lorsque la place n'est point investie par terre, parce qu'alors la dite place pouvant être pourvue de tout ce qu'il faut, sans que les navires puissent y porter empêchement, il n'est ni utile d'interdire aux nations neutres un commerce qui devient

indifférent, ni juste de s'arroger sur elles un pouvoir que la
seule nécessité de la guerre peut colorer. Ces règles, que
vous trouverez dans tous les traités, que toutes les nations
reconnaissent et que la France elle-même soutient et a
toujours soutenues, ces règles, dis-je, sont celles que le
roi réclame et il ne craint point qu'elles lui soient con-
testées. [1])

120.

Instruction an den Herrn Geheimen-Rath Comitial-Gesandten
v. Moltke.

Kopenhagen d. 22 December 1758.

Friederich V

Uns ist aus verschiedenen deiner allerunterthänigsten
Berichten, sonderlich aber aus dem vom 30 abgewichenen
Monats, wie auch aus deinem an Unsern Geheimenrath, Freiherrn von Bernstorff gerichteten Schreiben vom 4 fortlaufenden Monats Decembris allergehorsamst vorgetragen
worden, welchergestalt einige Churfürsten und Stände des
Reichs, nach einer unter ihnen genommenen Abrede und
Verbindung, die Sache der gegen die Churfürsten von Brandenburg und Braunschweig und deren Bundesgenossen intentirten Acht oder der dahin zielenden Proceduren des
Kaiserl. Reichs-Hofraths in die Evangelische Conferenz gebracht und in selbiger alsofort, ohne den mit keinerlei Instructionen darüber versehenen Ministris Zeit zu Einholung
der Befehle ihrer Herren zu lassen, einen Schluss durch die

---

[1]) Contrairement à l'union maritime et à la convention russo-suédoise
du 26 avril, qui avaient pour but d'assurer la tranquillité dans la
Baltique, la Suède résolut, par une proclamation du 23 juin, de
capturer les navires prussiens dans la Baltique et même des navires neutres en destination pour des ports prussiens. Au mois
de septembre, un navire danois chargé de morue et destiné à
Stettin fut capturé par un croiseur suédois. Le gouvernement
protesta parce que Stettin n'était pas effectivement bloqué et
parce que la morue n'était pas contrebande. Force fut à la Suède
de relâcher le navire. — Cfr. sur les principes énoncés dans la
dépêche no 82.

Mehrheit der Stimmen gefasst; wesmaassen du aber an
dessen Unternehmen keinen Theil genommen, sondern eben
desswegen nur gedachter Conferenz beizuwohnen Bedenken
getragen habest.[1]) Wie weit Wir von allen Gewaltsamkeiten
und derer Unterstützung entfernt sein und wie wenig Wir
also dem Vorhaben, durch den Achts-Proces grosse und ansehnliche, mit Uns und Unserem Königl. Hause durch das
Band der Religion, der Freundschaft, der Nachbarschaft und
der Verwandtschaft von Jahrhunderten her verknüpfte Häuser und deren gegenwärtige Häupter, wo nicht zu unterdrücken, als wozu nach derzeitigen Umständen solche Maassregeln nicht mehr Kraft genug haben, doch auf das äusserste
zu beleidigen und zu erbittern, geneigt sein mögen, solches
haben Wir durch Unser bisheriges Betragen nicht nur dem
Teuschen Reiche sondern auch dem ganzen Europa bekannt
gemacht und bewiesen. Beide kriegenden Theile wissen,
dass Wir den Frieden und Versöhnung wieder herzustellen
unablässig trachten und in solcher Arbeit selbst durch deren
bisherige Vergeblichkeit nicht ermüden, Uns so heftigen Anschlägen allezeit widersetzt und den Kaiserl. Hof davon
treulich abgemahnt haben, auch noch immer abmahnen werden. Allein so ernstlich und standhaft Wir in dieser Unserer Gedenkungs-Art sind, so wenig können Wir billigen,
dass man auf der anderen Seite ohne Noth und eben zu
der Zeit, da der durch Unsere und anderer Vorstellungen,
auch vielleicht mehrere miteinschlagende Betrachtungen ge-
rührte Kaiserl. Hof nurerwähnten Achts-Process weniger zu
betreiben und gleichsam fallen zu lassen anfinge, einen
Schritt, der diese einigermaassen schlafende Sache wieder
erwecken und in Bewegung bringen, auch andere in dieser
Unruhe gefährlichen Fragen und Streitigkeiten erregen kann,
thun und einen zwar an sich deren Gesetzen gemässen, aber
eben desswegen und, weil er sich auch ohne diesen Auftritt
von selbst verstanden haben würde, nicht nothwendigen und
zu der Erreichung der Absicht derer, so solche vorgeschlagen haben, nicht zureichenden Schluss fassen wollen. Wir
werden nie zugeben, dass man aus den gegenwärtigen offenbar politischen Händel wider besseres Wissen und der gan-

---

[1]) Voir Schäfer II, 195 sqq.

zen Welt bekannten Wahrheit eine Religions-Sache machen, noch gestatten, dass man ohne und wider Unsere und mehrerer Evangelischen Fürsten Beistimmung und Willen das Evangelische Wesen qua tale in die Gefahr und Verantwortung dieses unseeligen Krieges hineinziehe und verwickle und diejenigen, die ein solches durch ihre vermeinte Geschicklichkeit dahinzubringen und zu bewürken gedenken, werden nicht nur Unser Stillschweigen, sondern, woferne sie Uns durch die Hitze ihrer Maassregeln dazu nöthigen, Unsern Widerspruch erfahren.

Du hast demnach Unseren dir bishero Allergnädigst ertheilten Instructionen und Unserer standhaften Willensmeinung gemäss gehandelt, dich, wie du gethan, bei diesem Vorfall zu betragen und Wir genehmigen hiedurch deine dabei bewiesene Aufführung in Königl. Gnaden völlig, und gleichwie Wir dir nunmehro Unsere, von allen Extremitäten, Bitterkeiten und Spaltungen, sie mögen von der einen oder von der anderen Parthei veranlasst werden, gleich entfernten Gesinnungen abermahlen, jedoch nur zu deiner eigenen Nachachtung und Gebrauch, eröffnen, also verlassen Wir Uns zu deiner Treue, Dexterität und Eifer für Unseren Dienst und der Erreichung Unserer friedsamen und gesetzmässigen Absichten, dass du solchen, wie bishero also auch noch forthin, nachkommen und dich in allen Fällen mit dem dazu erforderlichen Glimpf und Klugheit bestrehen werdest, in so weit es dir möglich, Friede, Ordnung und Einigkeit zu befördern, Hass und Streit aber abzuwenden und zu mindern.

121.

Dépêche à Mr. de Cheusses à la Haye.

Copenhague 30 décembre 1758.

(Extrait.)

Je ne crois pas vous avoir jamais écrit de lettre dont l'objet ait été plus fâcheux et dont l'exécution sage, zélée et habile ait été plus importante au service du roi et à celui de la nation.

Depuis plus de deux ans, le pavillon du roi se trouve exposé aux insultes et aux vexations les plus dures de la part des Anglais. Ni la neutralité de sa majesté et sa fermeté à la soutenir, malgré les instances de ceux qui désiraient lui faire partager leurs vues et leur ressentiment, ni sa fidèle amitié, que je crois n'avoir pas été inutile pour épargner à la Gr.-Bretagne bien des embarras et par mer et par terre, n'ont pu toucher cette fière nation ni la porter à laisser jouir les sujets du roi de leurs droits et de la liberté de commerce et de navigation due à tout peuple libre et indépendant. Le principe orgueilleux et tyrannique de ne consulter que ses propres intérêts et de ruiner le commerce de tout le reste de l'Europe, soit par des visites et des enlèvements illégitimes exercés par ses armateurs, soit par les sentences plus injustes encore, prononcées par ses iniques tribunaux, l'a emporté. Toutes les nations de la chrétienté qui naviguent et trafiquent dans cette partie du monde Pont éprouvé, il n'y en a point qui n'ait reçu des injures et des offenses atroces de la part de l'Angleterre et qui ne soit pénétrée de douleur et de ressentiment contre elle, et ce qui sera un monument d'opprobre et de reproche éternel pour les hommes corrompus et pervers auxquels elle confie en apparence l'administration de la justice, c'est qu'aucun navigateur, de quelque pays qu'il soit et quelqu'innocent qu'ait pu être son négoce, n'a jamais obtenu une sentence équitable devant ces Doctors Commons dont le nom va descendre en horreur à la postérité. Pas un seul, monsieur! La sentence la plus favorable est toujours accompagnée d'une condamnation aux frais et dépens, qui, par un nouveau trait d'injustice, montent si haut qu'ils absorbent presque ordinairement la valeur de la charge du navire. Le commerçant le plus exact, le plus scrupuleux et le plus paisible est donc sûr de sa perte au moment que le vaisseau auquel il a confié sa fortune rencontre un Anglais, et cette même nation britannique, qui se dit armée pour la liberté de l'Europe et qui n'a que ce mot sacré à la bouche, ne répand ainsi partout que ruine et s'arroge un despotisme mille fois plus dur que celui auquel elle prétend s'opposer. Mon cœur agité et ému des pertes, des dangers et de l'affliction de mes compatriotes anime, il est vrai, mes paroles, mais je n'excède pas les bornes de l'exacte vérité, et pourvu que vous écoutiez ceux

parmi lesquels vous vivez ils vous en diront encore plus
que je ne fais. —

Douze navires revenant des iles danoises d'Amérique
sont devenus la proie dans cet automne, tous, quoique munis des papiers les plus authentiques faisant foi qu'ils appar-
tiennent à des Danois et qu'ils ont été chargés à St. Thomas et à St. Croix[1]), ont été trainés dans les ports anglais, tous y éprouvent les lenteurs et les chicanes les plus
odieuses, et lorsque le comte de Bothmer a fait contre un
procédé si cruel qui porte un préjudice mortel au commere
national du Danmark, par ordre exprès du roi et en son
nom, des remontrances aussi mesurées que sérieuses, il n'a rien
reçu du comte de Holdernesse qu'une réponse dont la dureté
et la hauteur ajoutent encore à l'injustice et à la vexation.

C'en serait trop, monsieur, pour tout autre prince que
le roi; mais sa majesté, qui sait que la véritable gloire d'un
souverain consiste bien plutôt à employer toutes les voies
possibles pour arrêter et apaiser le mal que souffrent ses
sujets qu'à ressentir et venger leurs injures, va faire encore
une tentative de douceur et de paix. Elle en a déjà envoyé l'ordre au comte de Bothmer, et la cour britannique
elle-même avouera que rien n'a été négligé de la part de
sa maj. pour maintenir une amitié qui, pendant si long
temps, a été crue naturelle à l'une et à l'autre nation et indissoluble entre elles. Mais, comme une triste expérience
lui a appris de ne plus espérer de l'effet de la justice de
ses demandes, ni de sa prudence, et que cependant les pertes
de ses sujets et leurs cris sont venus à un point que la
sollicitude paternelle de sa maj. va la déterminer à prendre pour leur protection les mesures auxquelles l'Angleterre
la force, elle vous ordonne, monsieur, de préparer toutes
choses pour pouvoir avec succès, au premier commandement
qu'elle vous en donnera, proposer à la république ou à la
province de Hollande, ou enfin à [la ville d'Amsterdam et
aux corps de négociants résolus à soutenir leur commerce,

---

[1]) Le Danemark ne s'opposa pas au principe établi par l'Angleterre
au sujet du commerce des neutres avec les colonies françaises,
(„rule of 1756") cfr. Heffter: das europäische Völkerrecht der
Gegenwart § 165, Gessner: le droit des neutres sur mer, 36, 266 sqq.

que alliance ou des engagements pris pour la protection
réciproque de la navigation et du trafic des contractans.
Les ordres ont déjà été donnés à l'amirauté pour l'équipement de 20 vaisseaux de ligne et frégates et vous pouvez
compter que, s'il le faut, cette flotte sera infailliblement
prête à mettre en mer à la fin d'avril. Vous sonderez dans
cette vue les esprits du gouvernement, et vous vous adres-
serez non-seulement à ceux du parti anglais mais encore à
ceux de la faction qui leur est opposée, et vous irez vous-
même ou vous enverrez, si vous l'aimez mieux, mons. de
Flotow[1]) à Amsterdam et à Rotterdam pour vous mettre
au fait également de la disposition des chefs de la magi-
strature et des négociants de ces deux puissantes villes.
Le temps est si précieux que vous ne perdrez pas un
moment à acquérir les informations que le roi vous demande, mais vous n'entamerez cependant pas encore de négociation formelle et vous ne conclurez rien jusqu'à nouvel
ordre.[2])

122.

Dépêche à Mr. le comte de Wedel-Frijs à Paris.

Copenhague 13 janvier 1759.

(Extrait.)

— Je commencerai par la sensibilité qui vous a été
marquée, à l'occasion des prétendues propositions de paix
faites par le roi au nom de la France à la cour britannique,
et sur laquelle mons. le président Ogier s'est de même expliqué amplement, par ordre de sa cour, en me remettant
la teneur de la réponse du roi tr.-chr. à celle faite au comte
de Bothmer par le ministère de Londres[3]), et en me re-
quérant de la faire passer en Angleterre. Je ne répli-
querai à cette réquisition que par l'envoi de la copie exacte
des ordres donnés par sa maj. au comte de Bothmer. Vous
la présenterez à mons. le duc de Choiseul. Demandez à ce

---

[1]) Secrétaire à légation danoise.
[2]) Voir no 125.
[3]) Cfr. no. 114.

ministre, s'il y trouve une ombre de propositions faites au
nom de la France, s'il découvre dans ces ordres autre
chose qu'une simple suggestion faite en secret, par le moyen
d'un prince neutre, au roi de la Gr.-Br. pour sonder les
dispositions personnelles de ce monarque, et s'il était possible de ménager davantage les termes et l'honneur de toutes
les parties dans cette occasion. Le roi n'a aucune envie ni
d'excuser ni de justifier la réponse de la cour britannique.
Celle de la France en jugera comme il lui plaira; mais sa
maj. ne saurait consentir au désaveu de la conduite de son
propre ministre, qui n'a fait que suivre exactement ses instructions, ni se prêter à publier ce désaveu, comme elle le
ferait en le faisant parvenir elle-même à la cour brit. Elle
n'abandonne pas ainsi ceux qui la servent et lui obéissent,
et elle a trop haute opinion de l'équité du roi tr. chr. pour
croire qu'il l'exige. Tout ce à quoi, par un effet de sa tendre et sincère amitié pour ce monarque, elle pourra se résoudre, c'est d'envoyer en Angleterre la pièce que la France
désire qui y arrive, dressée comme elle est ci-joint. Mr le
duc de Choiseul y verra tous les termes dont il s'est servi
scrupuleusement conservés, moins le reproche qui était adressé
au ministre de Danemark, que nous avons fait retomber sur
ceux de la Gr.-Bretagne. C'est à quoi le roi ne prétend pas
s'opposer et c'est ce qu'il peut faire passer par ses mains; mais
se donner à lui-même ou à ceux qui ont exécuté ses ordres
un tort qu'il n'a pas eu, ni eux non plus, c'est ce que j'ose
croire n'être pas l'intention de mr le duc de Choiseul. [1])

Jusqu'à ce que le roi voie plus clair dans les nouvelles
mesures et dans le nouveau plan de la France, il sera impossible à sa maj. de s'engager plus avant dans les funestes
querelles qui divisent l'Europe. Trop attaché à sa parole
pour promettre ce qu'il ne pourrait tenir, trop ami du roi
tr. chr. pour l'engager à compter sur des secours qu'il serait hors d'état de lui fournir, et trop sage pour exposer,
sans un but fixe et une espérance raisonnable de succès,
ses peuples à des maux certains, le roi ne saurait prendre
à cet égard des résolutions à moins que la confiance la

---

[1]) Cfr. Correspondance entre Bernstorff et Choiseul, 4, 6—7, 9, 19,
21, 24, 25.

parfaite ne soit rétablie entre lui et la France et qu'il ne soit informé de ce que dans ce cas cette couronne pourra et voudra faire en sa faveur. Jusqu'ici, j'en appelle à mons. le duc de Choiseul lui-même, le roi a, sans biaiser, sans différer, rempli tout ce à quoi il s'est engagé. Je sais bien que, dans la vivacité de la guerre et au milieu des embarras qu'elle cause, tout cela est compté pour peu de chose à Versailles. Mais lorsqu'on veut considérer ce que c'est pour un prince dont les états sont environnés par mer et par terre par des puissances ennemies des maisons d'Autriche et de Bourbon, de se déclarer ouvertement leur ami et se refuser à toutes les offres et à toutes les sollicitations de ces puissances, de leur fermer ses états et de se priver lui-même de tous les avantages que la vente des blés, des denrées et des chevaux aurait procurés à ses provinces, de se tenir armé sur mer et sur terre pour leur faire ombrage, de donner, par son amitié, à la Suède les moyens de faire ce qu'elle fait et ce qu'un seul mot du roi pourrait rendre impossible pour elle à exécuter — lors, dis-je, que l'on voudra considérer et peser tout cela avec quelque sang-froid et quelque équité, on trouvera que c'est assez pour le but que l'on s'était proposé de part et d'autre jusqu'à présent. Si la France désire que sa majesté aille plus loin, il est naturel qu'elle lui en fournisse de nouveaux motifs. Et ces motifs ne doivent pas être médiocres, je le dois dire d'avance, parce que, quoique les malheurs de l'Europe puissent peut-être fournir à sa majesté un sujet légitime d'y prendre part pour contribuer à en hâter la fin, il est néanmoins de sa sagesse de ne point abandonner le système de neutralité dont elle s'est trouvée si bien jusqu'ici, sans en avoir de fortes raisons et sans y trouver, au moins probablement, pour sa couronne et pour ses peuples des avantages capables de lui faire préférer les risques de la guerre aux charmes et à la félicité de la paix. Voilà, monsieur, ce que vous pourrez insinuer à mons. le duc de Choiseul dans les conversations que vous pourrez avoir avec lui sur ce sujet, mais vous vous donnerez bien de garde de lui en parler, sans qu'il vous y invite, ou de paraître en faire l'objet d'une négociation empressée. Le roi, je le répète, n'est point las du

bonheur qu'il procure à ses états, ni des bénédictions que
ses peuples reconnaissants et pénétrés d'un si grand bienfait lui donnent sans cesse. Il n'a aucune envie de sortir
d'une situation si fortunée, et s'il vous permet de vous expliquer comme je viens de vous le marquer, c'est qu'il ne
trouve pas juste de donner pour immuable une résolution
dont le changement des conjonctures peut le faire changer,
et qu'il estime convenable à son amitié pour la France
d'écouter et de peser toutes les propositions qu'elle pourrait vouloir lui faire pour lier encore plus étroitement les
deux couronnes. Vous éviterez également les deux extrémités du trop ou trop peu d'attachement à la neutralité.

— L'affaire de Mecklenbourg est totalement finie. Il
n'en faut plus parler, Elle a eu un sort étonnant tant à
Vienne qu'à Versailles et mons. le duc de Choiseul, qui
le premier s'était si habilement imaginé de nous y engager,
a eu sans doute de puissantes raisons, que je devine peut-
être, pour la laisser tomber. Pour nous, nous sommes très
charmés de cette issue et elle nous sera une bonne leçon
pour l'avenir.[1] —

123.

Dépêche à Mr de Wedel-Frijs à Paris.

Copenhague 13 janvier 1759.

(Extrait.)

Ce n'est pas seulement la copie du traité de 1754, que
vous m'avez demandée, mais celles de tous les autres traités
faits avec la France depuis le rétablissement de l'alliance
entre les deux couronnes, que je vous envoie. Vous en
ferez l'usage qui convient, et vous vous en servirez surtout
pour prouver à mons. le duc de Choiseul que l'esprit de
cette alliance a toujours été une union d'amitié, mais non
pas une union d'armés ni d'entreprise entre les deux cours

---

[1] Cfr. Correspondance, 49 cfr. 59, 80—85. Voir le mémoire du baron Ungern-Sternberg, imprimé dans: Danske Samlinger for Historie etc., VI, pag. 9—10. Ce mémoire, étant écrit avec beaucoup de partialité, ne mérite du reste qu'une confiance très limitée.

et qu'il a été rempli constamment avec la dernière exactitude par nos rois. Une défense mutuelle est sans doute
la base de cette liaison, comme elle l'est de toutes celles de
la même nature qui se contractent entre les souverains,
mais le cas en a si peu existé que, dans la seule occasion
où la France aurait pu demander l'assistance de sa maj.,
lorsque les Anglais saisirent en 1755 les vaisseaux commerçants français et commencèrent ainsi la guerre au moins
en Europe, menaçant en même temps les côtes de la
France, le roi très-chr. fit déclarer à sa maj., qu'il ne la
demandait pas. Mr. le duc de Choiseul trouvera la confirmation de ce que j'avance dans les dépêches de mons. de
Rouillé, et si ce ministre avait le temps et la patience de
se remettre sous les yeux les papiers de ses prédécesseurs
il n'y verrait, sans aucune exception, que les témoignages
favorables rendus à la constance de nos maitres et à leur
fidélité inébranlable dans l'observation de leurs engagements. Faites-le lui observer, monsieur, dites-lui, mais
avec toute la circonspection et tous les ménagements dus à
sa dignité et au feu qui l'anime, que par un sort incompréhensible, nous avons souvent été en butte à l'écueil le plus
redoutable de toutes les liaisons, aux soupçons et à la défiance, que nous avons surtout depuis quelques années
éprouvé la douleur et le malheur de voir commencer tous
les ministères en France dans cette fatale disposition, laquelle je ne crains point de dire avoir été dans les mois de
septembre et d'octobre de l'année 1757 la source de toutes
les erreurs qui ont coûté depuis et qui coûtent encore si
cher à la France et à l'Europe, mais que nous les avons
toujours surmontés et que la vérité, la candeur des procédés du roi ont toujours percé à travers des nuages
formés par la jalousie et la malignité et les ont dissipés.
Dites-lui que j'espère que ce succès, fondement de toutes
les opérations futures entre les deux couronnes et avant
l'établissement solide duquel il ne faut songer à rien arranger d'utile entre elles, sera plus prompt sous un ministre
d'un esprit aussi vrai et perçant et d'un génie aussi élevé
que le sien, qu'il ne l'a été sous aucun de ses prédécesseurs et que d'en hâter le moment sera le premier objet
de votre travail et du mien. Ajoutez-y qu'après cela nous

ne lui dirons rien, ni vous ni moi, sur l'utilité dont Palliance de Danemark peut être où n'être pas à la France, que nous sentons très-bien que c'est à lui et non pas à nous d'en juger et que, contents de lui avoir démontré combien la conduite du roi a toujours été au-dessus de tout reproche et au-dessus de tout juste soupçon, contents d'avoir établi cette vérité, nous attendrons sans impatience les conclusions qu'il trouvera bon d'en faire.[1])

Et vous vous servirez encore de ces mêmes traités pour faire voir que l'augmentation des subsides, à laquelle le roi borne aujourd'hui ses demandes en vérité bien modérées, ne ferait que remettre les choses à cet égard sur le pied où elles ont été entre les deux couronnes pendant tant d'années et surtout pendant toute la dernière guerre, sans qu'alors la France ait cru un moment que ces subsides fussent trop forts et sans qu'elle ait pensé à demander au roi ce que sa maj. fait aujourd'hui pour sa cause.

Nous ne nous proposons pas de décider si le traité du 4 mai est bien ou mal fait relativement à la France, s'il est avantageux pour elle ou s'il ne l'est pas, puisque, comme je viens de le dire plus haut. il ne nous appartient pas de prononcer sur les intérêts d'une autre puissance; mais ce qui est indubitablement et notoirement vrai, c'est que ce traité. tel qu'il est, a été conclu. signé, ratifié et garanti. Tout autre prince que le roi ne s'embarrasserait plus du reste et très sûr que la France ne s'exposerait point au juste et cruel reproche de manquer à ses engagements si solennels, très certain qu'elle ne voudrait pas sacrifier ainsi tout son crédit, s'ôter à elle-même tous les moyens de rassurer désormais ceux auxquels elle voudrait inspirer de la confiance dans ses promesses, il lui laisserait le soin de trouver les moyens de les remplir. Mais sa maj. ne pense pas ainsi et, quoique jetée elle-même par la longue inexécution de ces engagements dans des embarras extrêmes, elle consent à une demande que la France n'a jamais faite qu'à elle, et se borne à ne désirer de cette couronne, dans un temps où, en grande

---

[1]) Cfr. Correspondance, 10—15.

▀▀▀▀ ▀▀▀ ▀▀▀ instances, elle fait des dépenses si extra-
▀▀▀▀▀▀▀ et se prive elle-même des ressources que la neu-
▀▀▀▀▀ lui offrirait si elle permettait à ses sujets de fournir
aux besoins de toutes les armées, que ce que cette même
couronne lui a offert et fourni dans une guerre semblable
mais où elle ne lui demandait ni armement ni sacrifices.
Je me flatte que mons. le duc de Choiseul voudra bien
faire cette réflexion si simple et si naturelle et qu'il donnera quelque attention aux soins avec lesquels le roi
cherche à éviter, autant que cela lui est possible, d'être à
charge à la France et que par ce trait il jugera du caractère de sa maj. et de ses sentiments. J'avoue que je
serais aussi surpris qu'affligé si cette proposition trouvait
des difficultés ou si l'on voulait soumettre son exécution à
de nouveaux délais. Que mons. le duc de Choiseul juge
désormais le payement des subsides désavantageux à la
France, à la bonne heure, nous ne combattrons point ce
principe, des conséquences duquel il s'apercevra bientôt
lui-même, mais qu'il veuille au moins n'établir cette
politique nouvelle, si contraire à celle des temps passés,
que lorsque les engagements actuels et déjà formés seront
expirés. Je croirais lui faire tort, si je l'en croyais capable, et je ne vous dirai plus sur cet article qu'un seul
mot, c'est qu'il est bien plus doux et plus heureux de
donner des subsides que d'en recevoir et que l'Angleterre a
bien des fois amèrement regretté d'avoir, pour plaire aux
factions opposées au ministère, adopté, dans des temps qui
lui paraissaient tranquilles, cette économie si fausse et si
contraire aux intérêts de toute puissance qui veut avoir un
crédit supérieur en Europe et influer sur son sort.[1]

---

[1] Choiseul trouvait l'engagement pris par la France, dans le traité
du 4 mai 1758, de fournir au Danemark un emprunt de six millions de livres trop onéreux, et proposa de remplacer cette
promesse par une augmentation des subsides. Bien que, par cette
modification du traité, le gouvernement fût mis dans la nécessité
de chercher des emprunts en Hollande, ainsi qu'à Hambourg,
Lübeck, Francfort et en Suisse, Bernstorff se décida pourtant à
accepter cette proposition et les subsides furent augmentés de
500,000 livres par an. Cfr. Correspondance, 15, 17, 23, 25.

J'applaudis au reste bien sincèrement à ce que vous me dites de la circonspection avec laquelle il faut en agir à l'égard de ce ministre. Rien n'est plus vrai ni plus nécessaire. Je le connais depuis bien des années et notre liaison, qui alors n'avait point d'autre motif que l'inclination et le plaisir de la société, a été constante et intime. C'est un homme de beaucoup d'esprit, qui a le cœur haut et qui aura de grandes vues, mais qui, plein de feu et de vivacité et non pas sans quelque léger penchant à la défiance, pourra être aisément irrité et aliéné. Mais il a trop d'honneur lui-même pour ne pas être touché d'un procédé franc et sincère et d'un véritable désir de lui plaire. C'est à le convaincre de ces sentiments que vous vous appliquerez uniquement, monsieur. Vous éviterez toute dispute avec lui et s'il lui arrivait de s'échauffer dans la conversation, vous n'opposerez à sa vivacité que la plus grande douceur. Surtout vous vous garderez, quelque part que vous soyez, de toute critique contre ses paroles ou contre ses actions. Tout ce qui se dit à Paris se sait à Versailles. Il ne le pardonnerait et ne l'oublierait jamais, et vous cultiverez aussi peu des liaisons particulières avec des gens que vous saurez qu'il n'aime pas, que vous paraîtrez regretter ou citer encore son prédécesseur. Je sais sais combien il est sensible et délicat sur toutes ces choses et il importe plus que je ne puis vous le dire au service du roi que vous vous observiez à cet égard.

124.

Depêche à Mr. le comte de Bothmer à Londres.

Copenhague 23 janvier 1759.

(Extrait)

— Je puis et je dois donc vous autoriser, monsieur, par le commandement exprès de sa maj., à déclarer à la cour de la Gr. Bret. que, vu les extrémités où les choses sont réduites, il est d'une nécessité absolue de s'entendre ou de savoir que l'on ne s'entendra pas, et que par conséquent vous avez l'ordre de lui demander:

1. que l'on admette tous les navires des sujets du roi
~~qui se~~ trouvent enlevés par les armateurs anglais et conduits dans quelque port de la domination britannique, à
caution pour la partie sur laquelle les dits armateurs
forment quelque prétention ainsi que pour les frais de la
procédure;

2. que l'on fixe un terme d'aussi peu de jours qu'il
sera possible après l'arrivée du navire dans le port où
l'armateur l'aura conduit, pour recevoir la dite caution et
relâcher en conséquence le navire, et

3. qu'en le relâchant on le munisse d'un certificat en
bonne forme à la faveur duquel ce navire puisse poursuivre
sa course sans crainte d'une nouvelle rencontre de corsaire
et achever ainsi son voyage.

Vous demanderez sur ces trois points une réponse
claire et précise. Si on vous l'accorde et qu'elle soit
favorable, vous en rendrez compte sur le champ au roi et
vous en ferez part aux correspondants de nos négociants
établis à Londres et aux maitres des navires détenus, et
alors nous aurons le temps de nous arranger sur le fond
de nos contestations avec plus de tranquillité, ce que nous
ferons avec tout le désir imaginable de maintenir l'amitié
entre les deux nations, mais si l'on refuse ou si on ne vous
donne que des réponses vagues et dilatoires, vous regarderez
ces réponses comme un déni de la demande la plus équitable que jamais cour ait faite à une autre et vous en informerez sans perte d'un moment monsieur de Cheusses, qui
va recevoir pour ce triste cas les ordres de sa majesté.[1]

125.
Dépêche à Mr. de Cheusses à la Haye.
Copenhague 27 janvier 1759.
(Extrait.)

Sa maj. agrée que, conformément à ses commandements dont je vous ai fait part le 30 du passé,[2] vous vous

---

[1] Cfr. no 125 et 133. Sur cette tentative d'en arriver à un modus
vivendi avec l'Angleterre cfr. le mémoire d'Ungern-Sternberg,
Danske Samlinger l. c., 37—39.

[2] Voir no. 121.

soyez ouvert à mons. de York de la situation unique et
dangereuse dans laquelle les violences que les corsaires
anglais exercent tous les jours contre les sujets de sa
maj., et le déni de justice que ces derniers éprouvent
continuellement de la part des tribunaux de la Gr. Bret.
mettent les affaires entre les deux couronnes, et que vous
ayez fait confidence à mgr. le duc, [1]) à mr. le comte de Bentinck
et à mr. de Larrey [2]) de la commission dont vous étiez chargé,
de préparer les mesures auxquelles le roi se verrait obligé
d'avoir recours si la Gr. Bret. ne mettait des bornes et un
terme à ces vexations et à ces injustices, et sa maj.
veut ne pas désapprouver le parti que vous avez pris, sur
l'avis de son alt. et de ces seigneurs, de suspendre l'exécution ultérieure de ses ordres. Mais elle n'a pu s'empêcher
d'observer que vous n'avez consulté que ceux dont les liaisons intimes avec l'Angleterre vous sont si bien connues
que vous ne sauriez regarder, dans cette occasion fatale,
leurs sentiments, quelque cas distingué que le roi en fasse
en tout autre rencontre, comme fondés sur cette impartialité
exacte qui fait le premier mérite des conseils que l'on
cherche et la première raison de les suivre, et elle aurait
souhaité je ne dois pas vous le dissimuler, que, ces seigneurs convenant eux-mêmes de l'effet que produiraient les
propositions que vous étiez chargé éventuellement de faire
au parti déclaré en Hollande pour le soutien du commerce
de la nation, et de l'embarras où elles jetteraient la
Gr. Bret. et ses amis, vous eussiez pu tirer plus de parti
de cette conjoncture favorable et de ce moment précieux
pour les engager à faire à Londres des efforts sérieux
en faveur de notre cause et à y employer leur crédit pour
nous faire obtenir justice, et que ce n'eût été que sous cette
condition que vous eussiez dû céder à leurs raisonnements,
très bons pour eux et concluants dans leur système mais
entièrement insuffisants pour faire impression sur le roi
dans ce funeste moment. Vous êtes trop judicieux, mon-

---

[1]) Le duc Louis de Brunsvic, tuteur du stathouder, Schäfer II, 263.
[2]) Très lié avec Bernstorff, il avait un fils au service diplomatique
danois. Il se trouve dans les archives à la Haye une correspondance privée entre lui et le comte Bernstorff.

▓▓▓, ▓▓▓ ▓▓ pas sentir que la crainte de brouiller la
▓▓▓▓▓▓ avec la Gr. Bret. est si peu faite pour frapper
sa majesté dans les termes auxquels la dureté anglaise
la réduit, qu'elle sera plutôt obligée à souhaiter cette brouil-
lerie et à travailler à la produire, si cette couronne la
force à protéger ses sujets par les armes contre son orgueil
et contre sa tyrannie.

Le roi a aimé l'Angleterre, et il l'aime encore; longtemps il l'a considérée comme son alliée la plus sûre. il a
chéri et chérit encore toujours ces liens respectables et
tendres qui ont depuis si longtemps et si souvent réuni
les deux maisons royales et les deux nations, il ne demande
pas mieux que de conserver son amitié naturelle et précieuse à son cœur, mais il ne pousse pas ses sentiments
jusqu'à la faiblesse ou jusqu'à l'oubli des obligations qui
lui sont plus sacrées encore, et lorsque cette même nation
autrefois si amie rompt ces liens par l'oppression et l'outrage, lorsqu'après avoir si longtemps et si glorieusement
combattu pour la liberté publique. elle ne combat plus que
pour s'arroger l'empire despotique de la mer, lorsque, insensible aux offices les plus essentiels et aux représentations
les plus touchantes, les plus ménagées et les plus réitérées,
elle rejette toute proposition et toute demande pour n'écouter que son seul intérêt, lorsqu'elle s'établit seul juge mais
juge inique et partial de la cause et de la fortune de tous
les peuples commerçants et navigants et lorsqu'enfin son
pavillon leur porte à tous, dès qu'il paraît, perte et destruction, alors, monsieur, le roi ne se souvient que de la
première de ses vocations. Établi par le ciel roi et père
des Danois, il sait que c'est à les protéger, à soutenir
leurs droits et leur fortune qu'il est appelé, il sait que
ceux qui les oppriment sont ses ennemis, n'importe quel nom
ils portent et ce qu'ils ont été, et le souvenir des unions
anciennes, vidées aujourd'hui par les vexations et les insultes et surtout par le refus de les réparer, ne lui est
qu'une preuve de plus qu'une liaison étrangère, de quelque
nature qu'elle soit, ne saurait être estimée indissoluble ni
faire base du système d'une nation libre sous son roi et
qui, à l'égard de toute puissance étrangère, veut conserver
son indépendance. Voilà, monsieur, ce que je suis très sûr

que, Danois vous-même et de naissance et de cœur, vous
sentez aussi vivement que moi, et c'est en conséquence de
ce principe que le roi se persuade que vous travaillerez
toujours.

126.

Dépêche à Mr. le comte de Wedel-Frijs à Paris.

Copenhague 4 mars 1759.

(Extrait.)

Mr. le président Ogier aura déjà rendu compte de la
manière dont le roi m'a ordonné de m'expliquer au sujet
des insinuations faites par lui relativement à l'occupation
de Francfort[1]) et des desseins des Prussiens sur Hambourg
et Lübeck.[2]) Les ordres de sa maj. ont été déjà expédiés
en conséquence à son ministre à la diète de l'empire, pour
lui enjoindre de calmer, autant qu'il le pourrait, les esprits
alarmés sur le premier de ces événements, et la France
peut être sûre que, si les troupes de Prusse attentaient contre
la liberté des deux dernières villes, sa maj. exécuterait à
la lettre les engagements qu'elle a pris à cet égard par le
traité du 4 mai. Il faut ensevelir dans un profond oubli
tout ce qui peut avoir été dit sur la prétendue inutilité
de ce traité; mais si jamais pareille idée revenait ou
échappait encore à quelqu'un des ministres de France,
vous auriez, je pense, beau jeu à en faire voir l'injustice,
quand ce ne serait qu'en lui répétant ce que je viens de
vous dire.

127.

Dépêche à Mr. le comte de Wedel-Frijs à Baris.

Copenhague 4 mars 1759.

(Extrait.)

Me voici arrivé enfin au troisième et dernier objet de
cette dépêche[3]), à la proposition que mr de Choiseul vous a

---

[1]) Cfr. Schäfer II, 183.

[2]) Cfr. Moltke l. c., 188, 208.

[3]) Dans une dépêche du 21 janvier 1759 mons. de Wedel-Frijs avait
rendu compte de deux propositions faites par le duc de Choiseul,

faite 'et qu'il a donné ordre a mr le président Ogier
d'appuyer ici, qu'il plût au roi de joindre une escadre à la
flotte de Brest. La proposition est brillante, je ne peux
pas le nier, mais je connais trop les lumières et l'équité
de ce ministre pour ne pas être très sûr qu'il a prévu
d'avance que dans ce moment elle ne pourrait être acceptée. Sa maj. sent assurément avec une vivacité extrême les procédés des Anglais envers ses sujets et elle
fait l'attention la plus sérieuse aux dessins ambitieux de
cette nation, qui aspire à la domination de la mer et qui
déjà l'exerce avec tant de dureté, mais elle vous ordonne de représenter à mr de Choiseul que ni la prudence
ni la justice ne lui permettent encore d'écouter son ressentiment et de le faire éclater de la manière projetée.
La réunion de son escadre avec la flotte française, quand
même elle ne serait pas rendue impossible par ceux qui
auraient intérêt à s'y opposer, ne ferait pas encore pencher la balance en faveur de la dernière. Les Anglais
n'en seraient pas moins supérieurs et cependant elle ferait
perdre au roi sa neutralité et le fruit de tant de soins
et de tant de peines, elle l'engagerait à la plus coûteuse
et la plus dangereuse de toutes les guerres, à la guerre
maritime, et elle le précipiterait dans des dépenses énormes
auxquelles, dans les conjonctures présentes et après ce qui
vient de lui arriver, sa maj. ne fait aucune difficulté
d'avouer qu'elle ne saurait suffire. Dès le moment de la
jonction des flottes, les Anglais lui déclareraient la guerre
ou formellement ou au moins de fait, dès ce moment les
vaisseaux appartenant aux sujets de la couronne qui se

---

que le Danemark joindrait sa flotte à celle de la France, ou bien
qu'il conviendrait au moins avec l'Espagne et la Hollande
d'une neutralité armée contre les vexations anglaises. Le premier de ces projets se rattachait au plan conçu par le gouvernement français d'opérer une descente sur les côtes de l'Ecosse ou
de l'Angleterre, cfr. Flassan VI, 146 sqq., Malmstrøm IV, 348—51,
Correspondance, 46, Schäfer, II, 261—62 cfr. Filon l. c., 153;
le second coïncidait assez avec les idées éventuelles de mons. de
Bernstorff, mais l'Espagne n'était que peu disposée à prendre un
pareil engagement, cfr. Flassan VI, 266 cfr. 269, 279, et les Provinces-
Unies furent bientôt apaisées par quelques concessions de l'Angleterre, Schäfer II, 264—65.

trouvent en si grand nombre détenus dans les ports britanniques seraient confisqués, et ceux qui tiennent encore
la mer pris par les armateurs dont la rage n'aurait plus
de bornes. Toute navigation et tout trafic seraient alors
interrompus et la France, qui sans doute ne voudrait pas
que son allié souffrît pour l'amour d'elle tant de pertes,
se verrait un engagement trop onéreux de plus et paierait
l'avantage qu'elle pourrait tirer de l'addition de huit vaisseaux de ligne et de quatre frégates à ses forces navales
par la perte du commerce que les sujets du roi font actuellement avec elle, objet qui je pense mérite bien davantage son attention. Ne craignez pas d'exposer toutes ces
considérations à mr le duc de Choiseul — ce ministre est
trop éclairé pour ne pas en sentir la vérité et l'importance —
et tirez-en la conclusion que le roi se promettait que sa
maj. tr-chr. ne trouverait pas mauvais et n'attribuerait pas
à de l'insensibilité de sa part, si, persuadé par des motifs
si puissants, il se voyait obligé de décliner une proposition
d'ailleurs si conforme à son amitié pour la France. Mais
vous ajouterez que le roi ne comptait pas décliner de
même la seconde proposition qui vous a été faite, celle de
former avec les Espagnols et les Hollandais une flotte
protective pour la navigation des nations neutres. Il y a
déjà longtemps que sa maj. est fort disposée à prendre
une résolution pareille, et si les Anglais n'avaient pas relâché quelque chose de l'injustice de leurs procédés envers
ses sujets, elle m'aurait déjà donné ordre d'y travailler.
Mais pourquoi le dissimuler à un ministre des lumières et
de la probité duquel le roi a la plus haute opinion? Quel
secours peut-on espérer dans ce moment de ces deux nations, la première retenue dans la langueur et l'inaction
par l'état déplorable de son roi, l'autre divisée entre elle
et arrêtée dans toutes ses opérations par la puissance de
la faction anglaise, prépondérante dans son gouvernement?
Mr de Choiseul voudrait-il que le roi fermât les yeux sur
cette situation des choses, et qu'il s'engageât sans la dernière nécessité et au hasard d'être bientôt abandonné et
laissé seul dans une entreprise dont dès lors il ne pourrait attendre que des pertes et du préjudice? Sa maj.
a donc préféré par un effet bien naturel de sa sagesse et

de son amour pour ses peuples de proposer au gouvernement britan. un tempérament qui pût diminuer les maux
et les pertes de ses sujets, et c'est que leurs navires enlevés par les corsaires fussent, au bout d'un terme dont il
faudrait convenir, relâchés moyennant bonne et sûre caution
pour la valeur de l'objet en litige et munis d'un certificat
qui assurât la tranquillité du reste de leur voyage. Si les
Anglais acceptent cet arrangement préliminaire et intéri-
maire, le roi aura gagné un point dont les nations trafiquant
avec ses sujets tireront un avantage réel, mais s'ils le refusent, sa maj. se trouvera plus en droit et en disposition
que jamais de tenter l'impossible pour former avec l'Espagne
et avec les Provinces-Unies la ligue dont je viens de vous
parler. Nous le saurons en très peu de semaines et nous
agirons ensuite en conséquence. Mr de Choiseul verra,
par cette confidence que le roi vous commande de lui faire
et sur laquelle vous lui demanderez au nom de sa maj.
le plus profond secret, où nous en sommes et il ne désapprouvera pas, je m'en fie à lui, des mesures aussi conformes à la situation des choses. Les Anglais ne nous
donneront probablement que trop de sujet de plaintes et
il n'est ainsi que trop vraisemblable que le projet de la
ligue entre les trois puissances pourra de notre part être
repris plus tôt que l'Espagne ou les Provinces-Unies ne
seront en état de s'y résoudre ou au moins d'y coopérer
efficacement.

128.

Dépêche à Mr d'Osten à St. Pétersbourg.

Copenhague 10 mars 1759.

(Extrait.)

Vous avez très bien saisi le sens du mot gratuit dans
le 3ième article du traité. [1] Sans doute qu'il désigne que
l'échange du duché de Kiel contre les comtés d'Oldenbourg
et de Delmenhorst se fera de pair à pair et sans qu'il en
coûte rien au roi au delà des dits comtés, mais l'intention

---

[1] Traité du 4 mai 1758.

de sa majesté n'est néanmoins pas que ni la cour impér,
ni celle de France payent les dettes du grand-duc ou la
somme autrefois offerte à ce prince pour le déterminer à
l'accord; c'est à la guerre actuellement allumée à se charger du dédommagement et, comme selon toutes les apparences humaines, il s'agira d'indemniser la Russie de ses
frais et de ses efforts, cet article y trouvera aisément sa
place, sans rendre la paix beaucoup plus difficile, et de
manière non-seulement qu'il ne coûte rien à l'impératrice-
reine et au roi très-chrétien mais qu'il avance encore le
grand but de ces deux puissances, qui est d'affaiblir
le roi de Prusse et de détacher son alt. imp. des intérêts
de ce monarque.   Mrs les ambassadeurs auraient donc
bien tort s'ils regardaient cette négociation comme indifférente ou désavantageuse à leurs maîtres, j'ose dire
qu'ils ne sauraient guère être chargés d'aucune qui convienne davantage au système général de l'Europe et particulier de leurs majestés impér. et très-chr., et que ce
système et le repos public ne sauraient être affermis s'ils
n'y réussissent pas.   Je suis convaincu que vous employerez tout le crédit que vous avez sur leur esprit pour
les convaincre de cette vérité.

129.

Dépêche à Mr d'Ahlefeldt à Berlin.

Copenhague 18 mars 1759.

(Extrait.)

Au moment même que le roi s'est porté à représenter
au roi de Prusse d'une manière si touchante et si amicale
l'intérêt qu'il prend et que les motifs les plus naturels
l'obligent de prendre au sort du pays de Mecklenbourg,
nous apprenons que ce monarque, bien loin de se montrer
plus favorable envers ce pays infortuné, aggrave ses calamités d'une manière absolument inouie. Outre les livrances
et les contributions exorbitantes qui faisaient l'objet des
gémissements des Mecklenbourgeois, le général de Kleist
vient de leur ordonner de fournir „ohne alle Einwendungen

und Raisonniren" 8000 recrues, et l'on a sujet de craindre
que bientôt on exigera aussi un nombre également introu-
vable de chevaux. Il n'y a point d'exemple d'un traitement
pareil.[1] La Saxe, la Bohême, quoique pays ennemis, n'ont
jamais souffert rien de pareil, et depuis dix siècles on ne
connaît pas de prince en Europe qui ait fait un tel usage du
pouvoir que la supériorité des forces donne sur une province voisine et habitée par des gens qui ont fréquemment
versé et versent encore tous les jours en grand nombre
leur sang pour sa querelle, et qui ont toujours soigneusement évité de lui déplaire. Exiger 8000 recrues d'un petit
pays qui n'a point autant de „besetzte Hufe" — c'est en
faire un désert!

Le roi ne trouve pas convenable qu'après le peu de
succès que vos représentations ont eu, vous les réitériez,
mais il veut que vous ne dissimuliez pas au ministère prussien combien ce procédé lui est sensible, et combien il pensait avoir lieu de s'en promettre un différent de la part d'un
prince pour lequel lui de son côté avait toujours marqué,
et surtout dans ces troubles, des égards si attentifs et si
scrupuleux. Vous aurez soin de ne rien mêler à ces plaintes
qui puisse offenser ni qui ait l'air de la menace. Il suffit
que vous exprimiez modestement les sentiments de sa
majesté.

130.

Dépêche à Mr. d'Assebourg à Stockholm.

Copenhague 7 avril 1759.

(Extrait.)

Si mons. de Höpken continue de se livrer à la jalousie
contre les prospérités du règne du roi comme à une passion

---

[1] D'après Ono Klopp: der König Friederich II von Preussen und
seine Politik, 298, les contributions exigées du Mecklenbourg
s'élevaient en tout à 17 millions de thalers. — Conformément à
l'usage, Frédéric II avait exempté des contributions les propriétés
que le ministre des affaires étrangères de Danemark possédait en
Mecklenbourg. Ayant appris que la quote-part afférente à ses
propriétés serait imposée aux autres propriétaires du pays, Bern-

dominante, j'espère dans la bénédiction divine qu'il en
aura de jour en jour plus de sujet. Grâce à Dieu les
affaires de sa majesté sont en bon état et sa considération
en dehors augmente à un point que le baron de Hopken
pourrait bien se voir réduit malgré lui à recourir à son
appui. Je vois beaucoup de probabilité, ce que toutefois
je ne vous dis que dans la plus étroite confidence, que la
France jugera nécessaire de requérir le roi d'entrer dans
le concert et dans les arrangements à prendre pour le
soutien du gouvernement de la Suède[1]) et je sens que,
quelque attention que sa majesté donne à mériter toute la
reconnaissance de ce gouvernement, il sera très-amer à
plusieurs de ceux qui le composent de lui devoir, au moins
en partie, leur conservation. Il n'est peut-être pas inutile
que vous soyez informé de cet état des affaires. Vous
ménagerez en conséquence tous vos propos et toutes vos
démarches et vous vous mettrez par-là en état de pouvoir
exécuter utilement les vues du roi lorsque le moment s'en
présentera.

J'écris à Pétersbourg, pour y faire observer les manœuvres du comte de Liewen.[2]) Sa mission dans ce pays-là
m'inquiète comme vous. Comme on n'y fait et n'y finit rien,
je ne suis pas étonné que mons. de Panin n'ait pas encore
reçu ses ordres ni le baron de Posse la réponse qu'il solli-
cite au sujet du commerce dans la Baltique et de l'abolition de la résolution du sénat du 28 juin,[3]) mais la
cour de Russie .pense sur ce sujet comme nous et il ne
saurait être douteux qu'elle ne désire également ce que
nous demandons. Nous pouvons donc, je pense, encore
prendre patience pendant quelque temps sur ce point, d'autant plus que je me flatte que les démarches qui ont été
faites à cet égard par ordre du roi suffiront pour empêcher

storff refusa d'accepter la politesse du roi de Prusse, qui alors
se décida à faire abandon de cette partie de la contribution.
Bernstorff accepta à cette condition mais en même temps il fit
cadeau de 2000 écus à la caisse des recrues du pays. Voir: Ma-
terialien zur Statistik der dänischen Staaten III, 286.

[1]) Voir Correspondance, 23—24, 29, 42—47, 52—56, 70—72. Cfr no 139.
[2]) Cfr. Schäfer II, 262.
[3]) Cfr. no 119.

les Suédois n'insistent sur leurs idées et ne troublent
davantage les sujets du roi quand même ils ne feraient
pas de déclaration expresse à ce sujet. [1]

131.

Dépêche à Mr de Johnn à Hambourg. [2]

Copenhague 5 mai 1759.

Sur le compte que j'ai rendu au roi de l'offre que ces
mrs de la ville de Hambourg ont faite à votre exc. de prêter sous les conditions proposées une somme de deux cent
mille écus de banque à sa maj., elle m'a ordonné de vous
dire qu'elle ne serait point surprise de la médiocrité de
cette offre si c'était un don gratuit ou une subvention, comme
cela s'est peut-être pratiqué autrefois, qu'elle eut demandée
à la ville, mais n'ayant souhaité d'elle qu'une avance à des
intérêts usités et raisonnables et contre des sûretés au-
dessus de tout doute, et ayant déclaré qu'elle destinait cette somme au soutien des mesures qu'elle avait
prises pour la sûreté du Holstein et nommément de la
ville de Hambourg, dont elle était disposée à garantir la
neutralité et le repos, elle ne pouvait qu'être étonnée qu'un
gouvernement aussi sage que l'est celui de la dite ville
répondit si peu à des vues dont le succès et la réussite lui
importaient aussi essentiellement, sans l'exposer au moindre
inconvénient. Sa maj. n'attribue cette façon d'agir peu
politique qu'au grand nombre et non aux personnages éclairés dont elle connaît la prudence et les bonnes intentions.
Aussi charge-t-elle votre excellence de témoigner à ceux-ci
le gré qu'elle leur sait de leurs sentiments et des peines
qu'ils se sont données dans cette affaire, mais elle ordonne
en même temps de donner à connaître à la ville, de la
manière qu'elle jugera le plus convenable, que la somme de
deux cent mille écus ne répondant en rien à la grandeur

---

[1] En effet au mois de mai la résolution du sénat du 28 juin 1758
fut formellement révoquée.

[2] Chr. A. de Johnn ministre à Hambourg depuis ⁴/₁ 1737 jusqu'à sa
mort ²⁸/₂ 1764.

de l'objet, sa majesté ne peut l'accepter sous les conditions proposées ni s'engager à la garantie de la neutralité et du repos de la ville pour un si médiocre secours. Ces messieurs feront bien de faire des réflexions sérieuses sur le parti qu'ils vont prendre. Jamais proposition n'a été plus avantageuse ni moins embarrassante que celle du roi. S'ils la refusent, ils seront responsables de ce qui pourra en arriver à leur patrie, et leur postérité sera un jour bien étonnée, je ne dis pas d'une économie, car il n'y en a point dans une occasion où il ne s'agit pour eux d'aucune dépense et où il n'est question que de placer bien et sûrement leur argent, mais d'une hésitation dont elle aura de la peine à comprendre le motif.

Apost. Après avoir marqué à votre excellence les volontés du roi et mes sentiments, je dois ajouter par ordre de sa maj. qu'elle désire que votre excellence ne rompe néanmoins pas entièrement la négociation, mais qu'elle laisse une porte ouverte pour la poursuivre et pour se contenter, s'il le faut absolument, des deux cent mille écus et de ce que mrs de Hambourg voudront y ajouter. J'avoue cependant que moins de 400,000 écus ne nous feront qu'un plaisir et une ressource bien médiocres.[1])

132.
Dépêche à Mr d'Osten à St. Pétersbourg.
Rendsbourg[2]) 13 juin 1759.

Le roi a donné une attention si sérieuse à ce que vous me mandez dans votre lettre du $^4/_{15}$ mars, que sa maj. m'ordonne de vous dépêcher ce courrier exprès pour vous instruire de ses intentions à cet égard et pour vous mettre en état d'agir dans ce moment important conformément à ses volontés.

Mille raisons pourraient porter sa maj. à ne point accéder à la convention qui vient d'être conclue entre la

---

[1]) Cfr. no 134.
[2]) Bernstorff accompagna le roi dans un voyage dans le Holstein afin d'inspecter les troupes réunies dans cette province cfr. Molbra, l. c. 207—8.

Russie et la Suède pour le maintien ou le rétablissement de la tranquillité dans la Baltique. [1]) Il serait bien superflu de vous les détailler, elles ne sauraient vous échapper et il me suffira de vous assurer que le roi les a mûrement pesées et qu'il prévoit toutes les incommodités auxquelles il s'expose en entrant dans des mesures justes et favorables à la paix, il est vrai, mais prises par deux puissances actuellement impliquées dans la guerre et tendantes à enlever au roi de Prusse les secours qui pourraient lui venir par mer.

Mais son plaisir de diminuer les maux de l'Europe, d'avancer la paix et surtout de faire plaisir à ses alliés et à la Russie l'emportent néanmoins dans son esprit sur toutes ces considérations et l'engagent à vous ordonner de déclarer ou d'insinuer, selon que vous le trouverez à propos, à mons. le comte de Woronzoff et à mrs d'Esterhazy et de l'Hopital:

Que le roi est prêt à accepter l'invitation qui lui a été faite par les cours de Russie et de Suède et de s'engager à fermer conjointement avec elles l'entrée de la Baltique à tous les vaisseaux de guerre ou armateurs des puissances étrangères sous les restrictions et conditions suivantes:

1. que l'escadre du roi ne se joindra point à celle de Russie et de Suède mais prendra en haute mer ou dans les ports, rades et côtes de sa maj. telle station qui lui conviendra, excepté lorsque l'on aurait sujet d'appréhender l'arrivée d'une flotte étrangère voulant entrer dans la Baltique, dans lequel cas elle se tiendra à portée de s'unir à la flotte alliée pour résister à la flotte étrangère et lui défendre l'entrée de la dite mer Baltique à forces combinées;

II. que cet engagement du roi ne durera qu'autant que les escadres de Russie et de Suède seront en mer et en état et volonté de soutenir la sienne;

III. que ce même engagement ne portera que sur les vaisseaux de guerre et armateurs étrangers voulant infester et troubler la Baltique, - et ne sera par conséquent pas interprété ni entendu contre les vaisseaux de guerre servant

---

[1]) La convention du ⁹/₂₀ mars 1759 cfr. no. 152.

uniquement de convoi aux navires marchands de leur nation et en trop petit nombre pour pouvoir avoir d'autre
destination, ni contre les bâtiments équipés et armés dans
la Baltique même, contre lesquels sa majesté, n'ayant point
de guerre avec le roi de Prusse et n'ayant aucun titre pour
contester à ce prince le droit de construire et d'armer des
navires chez lui, ne saurait agir légitimement; et enfin
surtout

IV. que sa maj. imp. de Russie accède, ainsi qu'elle y
a été invitée depuis long temps, au traité conclu entre le
roi et le roi très-chrét. le 4 mai de l'année dernière et
garanti par l'impératrice-reine.

Ces conditions et restrictions sont, j'ose le dire, si
simples et si naturelles que je vous épargne la peine de
m'entendre prouver leur équité, mais je ne puis me dispenser de vous dire de la part du roi que le no IV, c'est-
à-dire l'accession pure et simple de sa maj. imp. de Russie
au traité du 4 mai, est une condition sine qua non et
que sans elle le roi ne se résoudra jamais à exposer sa
neutralité, ce système heureux qui a été jusqu'ici une
source de bonheur pour ses peuples, aux risques qu'elle
courra après cette démarche.

Vous consulterez sur tout ceci les ambassadeurs des
deux couronnes alliées et vous concerterez avec eux la
manière. la forme et le temps de l'ouverture que vous en
ferez de la manière la plus amicale et la plus polie à
mons. le grand-chancelier. Le roi vous laisse le maitre
du tout, pourvu que vous suiviez l'essentiel de ses ordres
et de ses commandements. Dès que vous aurez reçu la
réponse, ou affirmative ou négative, de l'impératrice, vous
me renverrez le courrier pour me l'apprendre et vous pouvez être sûr que, dans le premier cas, je vous ferai tenir
sans délai les pouvoirs dont vous pourrez avoir besoin
pour conclure l'affaire en forme.

J'ai fait part au baron de Korff de ce que je vous
mande et voici sa lettre à mons. le comte de Woronzoff,
que vous aurez soin cependant de ne remettre à ce ministre qu'avec les précautions nécessaires pour qu'elle ne
tombe point, malgré lui, comme la précédente, entre les

mains de la conférence.[1]) Mais je n'ai rien dit au ministre
de Suède, et vous voudrez bien en conséquence faire en
sorte que le baron de Posse n'apprenne rien de nos offres
et de nos demandes avant que le tout ne soit arrangé et
conclu. Ce point est important.[2])

133.

Note à Mr Titley, ministre d'Angleterre.
Rantzau 22 juin 1759.

. J'ai rendu compte au roi des deux lettres que vous
m'avez fait l'honneur de m'écrire le 16 de ce mois avant
et après l'arrivée du courrier que vous avez reçu de votre
cour. Sa majesté a vu dans la première avec beaucoup
de satisfaction de nouvelles preuves de votre prudence et
du zèle que vous avez toujours marqué pour le maintien
de la bonne intelligence entre les deux couronnes, et comme
elle trouve beaucoup de sagesse dans la proposition que
vous voulez bien me faire, d'envoyer à Londres un homme
entendu dans les lois pour y travailler à ces affaires de
procédure et de jurisprudence sous la direction de son ministre, elle y fera, dès ce qu'elle sera de retour à Copenhague, une attention sincère. Mais elle m'ordonne de vous
marquer son extrême surprise de ce que, dans la seconde,
vous me demandez un état distinct et précis de ce
que ma cour demande de la vôtre.

Rien ne pouvait être plus imprévu au roi que d'apprendre qu'après tout ce que son ministère a négocié par ses
ordres avec vous, monsieur, et par le comte de B. à Londres, après tant de représentations, faites tant verbalement
que par écrit pour exposer les vexations de vos armateurs

---

[1]) Récemment le cas s'était présenté que des documents secrets
avaient été remis par mégarde à la conférence ministérielle
russe. Woronzoff s'excusa en disant qu'il n'avait pas l'habitude
d'examiner les notes qui lui étaient adressées mais qu'il les envoyait
directement à la conférence.

[2]) Voir pour la négociation sur l'accession à la convention de 1759:
Ostens Gesandtskaber, Hist. Tidsskr. IV, 1, 510 sqq. cfr. Ungern
Sternberg: Danske Saml. l. c., 11—14.

et les griefs de la nation contre eux et leurs juges, après
un travail assidu de près d'une année que vous avez partagé avec moi ou dont vous avez été le témoin, le ministre
brit. croit ignorer encore ce que sa maj. désire. Le roi ne
pensait pas s'être si peu expliqué et vous sentez bien,
monsieur, tout ce que je pourrais dire sur une question si
singulière dans les circonstances où l'affaire se trouve et
où nous sommes, mais l'amitié du roi pour sa maj. brit. et
sa résolution de sacrifier même la plus juste sensibilité à
la conservation de la paix entre les deux nations m'imposent silence, et ont déterminé sa majesté à m'ordonner
de répondre à la question dont vous êtes chargé au lieu
de la relever.

J'ai donc l'honneur de vous déclarer de la part du
roi, monsieur, que ce que sa majesté désire de sa maj.
britan. est:

1. Une réponse claire et précise au mémoire
que le comte de B. a présenté, en vertu de ses
commandemens, le 11 avril à milord comte de
Holderness. [1]) Lorsque vous vous rappellerez, monsieur,
les termes dans lesquels la négociation était dans le temps
que ce mémoire fut présenté, vous ne pourrez qu'être
étonné vous même qu'on l'ait laissé sans réponse, et peut-
être jamais cour pour laquelle on prétend avoir de l'amitié
n'a essuyé un traitement plus offensant que celui de voir
ses propositions négligées et puis oubliées au point que
l'on semble n'en avoir pas même conservé le souvenir.

2. Justice bonne et prompte dans tous les cas
où les sujets de sa maj. se trouvent obligés de recourir
aux magistrats ou tribunaux de l'Angleterre. Le roi n'a
jamais prétendu et ne prétend point que le roi de la
Gr. Br. décide les causes des Danois extra-judiciairement
par une autorité suprême ni que ce monarque se mêle des
accords faits entre les parties intéressées. Il connaît trop
la constitution de l'Angleterre et la grandeur des rois pour
exiger l'un ou l'autre, mais il demande que le point du
cautionnement soit réglé et exécuté selon que son ministre
l'a proposé par ses ordres dans le mémoire présenté le 11

---

[1]) Cfr. no 124.

avril aussi souvent que ses sujets s'offriront au dit cautionnement, et que, dans tous les autres cas, il leur soit rendu une justice assez impartiale pour que leur bien, le produit de leurs terres, ne leur soit point enlevé par les armateurs d'une nation avec laquelle ils ne. sont point en guerre, assez désinteressée pour que les frais de la procédure ne passent point l'objet en litige, et assez prompte pour que les vaisseaux saisis ne périssent pas avec leur charge avant qu'il ait plu aux juges de prononcer sur la légalité de leur saisie.

Voilà, monsieur, ce que le roi demande. C'est cette justice qu'il réclame comme lui étant due ainsi qu'à tout autre roi et nation de l'Europe et c'est de ce qu'on ne la lui rend pas, c'est de ce que l'on moleste, pille et enlève les vaisseaux de ses sujets en pleine mer, de ce qu'on les laisse ou languir et périr, sans les juger, dans les ports de la domination brit. lorsqu'ils y ont été conduits, ou les condamne toujours et dans tous les cas, lorsqu'enfin on les juge, à des irais exorbitants et au-dessus de toute proportion à l'égard de l'objet en contestation, et de ce qu'enfin la voie de l'appel, lorsqu'elle est tentée par ses sujets, ne leur est pas plus favorable ni plus fructueuse, ainsi que nous venons de l'éprouver, de manière que, malgré toutes ses représentatinns si longues, si sérieuses et si touchantes, pas un seul des navires de ses dits sujets n'a encore été relâché par arrêt avec sa charge, et pas un seul des armateurs qui les ont enlevés, condamné à le rendre et à dédommager les propriétaires de leurs dommages et de leurs pertes, c'est, dis-je, de ce traitemeut si dur, de ce déni ou délai de justice qu'il se plaint. Entrer dans le détail des procédures des cours de justice et se faire rendre compte des examinations est aussi peu l'affaire du roi et de son ministère qu'elle est celle du roi de la Gr. Br. et du ministère de ce monarque, mais il ne peut y avoir dans aucun royaume ni loi ni usage qui autorise des armateurs, de quelque nation qu'ils soient, à prendre les produits des colonies danoises et leur donne le droit de ne les rendre pas, et si la subtilité de ces lois ou l'artifice de ceux qui les manient pouvaient leur donner une telle interprétation, ce serait contre elles que le roi, souverain protecteur de ses sujets, leur devrait son appui. Il le leur accorde, en s'adressant pour cet effet au seul pouvoir qu'il connaisse en Angleterre et auquel il lui convienne de s'adresser, au pouvoir royal, et vous voudrez bien vous souvenir toujours, monsieur, que, lorsque sa majesté demande justice pour ses sujets, c'est-à-dire la restitution et main-levée de leurs vaisseaux, lorsque leur propriété est reconnue, et expédition de leurs causes, il la demande non en solliciteur mais en roi.

134.

Königliche Ratification der am 6 Juli 1759 mit der Stadt Hamburg wegen einer Geld-Anleihe getroffenen Verabredung.[1])

Fredensborg 20 Juli 1759.

135.

Dépêche à Mr de Cheusses à la Haye.

Copenhague 4 août 1759.

Vous avez donné et vous donnez sans cesse de si fortes preuves au roi de votre zèle et de votre fidélité et vous jouissez d'une réputation si entière à tous égards et si justement acquise, que l'opposition de vos sentiments à ceux de la cour dans nos contestations avec les Anglais ne vous porte aucun préjudice, et que le roi et son ministère n'en sont que plus persuadés de votre probité et de cette droiture qui vous a engagé à soutenir ce que vous jugez être juste et tout vrai, malgré ce qui pourrait arrêter un homme moins ami de la vérité. Mais je vous honore et

---

[1]) Schäfer II, 347. Les négociateurs de la ville reçurent 2000 ducats comme une marque de la bienveillance royale. — Sur la supplique de la ville, le roi permit que dans la convention les Hambourgeois ne s'intitulassent plus „Erb-Unterthanen des Königs", cfr. dépêche à Mr de Johnn du 4 juin 1759.

vous aime trop pour vous dissimuler que, de la part de tout autre dont le caractère personnel aurait été moins connu et moins estimé, le ministère aurait vu avec peine des dépêches pareilles aux vôtres et qu'il aurait été très touché de voir un de ses confrères, destiné à exprimer dans un pays étranger les sensations de la nation et à y porter le feu de nos plaintes, entrer si peu dans nos sentiments et partager si faiblement nos douleurs. C'est là ce qui m'a décidé à vous écrire dans le sens que je l'ai fait plus d'une fois mais surtout le 18 et 22 de juin. J'ai cru du devoir d'un ami véritable de ne pas vous laisser ignorer ce qu'il pourrait vous être important de savoir. Si c'était pour moi une chose faisable d'entrer dans tous les détails d'une affaire de procédures aussi étendue et aussi odieuse que l'est celle-ci, vous trouveriez que les Anglais ne sont pas aussi justes ni aussi innocents qu'eux et leurs amis jurés vous assurent qu'ils le sont, et que nous ne sommes pas aussi déraisonnables qu'il faudrait que nous le fussions, si nous nous plaignions d'eux à tort et si nous faisions le bruit que nous faisons de leurs violences contre nous, sans en avoir sujet. Vous seriez, j'en suis très certain, ému des insultes qui se font sur mer et sur terre à votre nation et, vous sentant le cœur danois, vous partageriez le désespoir de vos compatriotes et vous seriez plus étonné de la modération de notre langage que vous n'avez jamais pu l'être de sa vivacité.

Nous sommes au reste de cour à cour dans les mêmes termes où nous avons été. Milord Holderness n'a encore rien dit, ni de bouche ni par écrit, au comte de Bothmer et le ministère brit. n'a pas fait une démarche ni lâché une parole qui puisse nous consoler du passé ni nous rassurer sur l'avenir. Les navires de nos négociants sont, il est vrai, pour la plupart relâchés et revenus, et je conviens avec plaisir que leur retour adoucit nos maux et dispense le roi d'en venir aux extrémités qui sans cela auraient pu être indispensables. Mais, monsieur, ces retours ne sont l'effet, ni de la justice ni de l'amitié de la cour britannique, ils sont achetés par nos négociants.[1])

---

[1]) Cfr. Correspondance etc, 60—63, 68—69.

Ils leur ont coûté cher et ces mêmes gens, qui avaient des dédommagements à prétendre et tant de raisons à se les promettre, ont été obligés de multiplier leurs dépenses et de se résoudre à de nouveaux frais pour ravoir leur propre bien des mains de leurs prétendus amis. Toutes nos représentations sont négligées ou oubliées, nulle réponse à nos ministres — mais pourquoi rentrer dans le détail que je vous ai déjà fait et que je ne pourrais que répéter? J'écris ce soir au comte de Bothmer qu'il peut suspendre ses sollicitations et ses représentations sur cette affaire jusqu'à nouvel ordre, pour laisser le loisir à Milord Holderness, débarrassé aujourd'hui des soins que l'assemblée du parlement exige, de prendre les mesures qu'il jugera convenables pour prévenir des maux ultérieurs, mais si ce ministre continue d'en agir comme il a fait jusqu'à présent et si les violences des armateurs venaient à se renouveler, nous ne pourrions assurément nous dispenser de revenir à la charge avec tout le sérieux qu'exigent la dignité de la couronne et la justice de notre cause, que nos offres ont mis, de l'aveu même des Anglais, au-dessus de toute contestation. Soyez bien sûr, monsieur, que je souhaite autant que vous de ne pas nous y voir réduits.

136.

Dépêche à Mr le comte de Wedel-Frijs à Paris.

Copenhague 21 août 1759.

(Extrait.)

Le public[1] va ne plus demander que la paix mais je connais mal le ministère ou il pensera différemment. Il la souhaitera sans doute avec une ardeur au moins égale, mais il cherchera à cacher cette disposition et il fait sagement comprendre ce que mons. de Choiseul se propose, lorsqu'il vous entretient si souvent des sentiments du roi très-chrétien à cet égard. Il voudrait que le roi se

---

[1] La bataille de Minden, le 1 août 1759, avait complétement dé-couragé le public en France.

chargeât des premières démarches et fît s'expliquer les Anglais, sans en être prié. Le rôle a sans doute un côté brillant et séduisant pour le cœur généreux et amical de sa majesté, mais il est actuellement trop délicat et vous le savez, monsieur. Le roi n'a que trop éprouvé déjà, combien cette noble facilité, qui l'a si souvent engagé à travailler pour le bien des autres, est mal reconnue. L'époque ne parait pas arrivée encore où les parties belligérantes pourront être portées à un accommodement équitable pour les unes et pour les autres. Lorsqu'elle sera venue, lorsqu'on pourra croire avec raison que les tentatives seront écoutées et avouées, le roi ne s'y refusera non-seulement pas, mais il s'y prêtera même avec une ardeur digne de son amitié pour la France et digne de son amour pour le genre humain. Mais jusque-là il aura grand soin de ne pas multiplier les propositions infructueuses et de ne point s'exposer à de nouveaux refus et à de nouveaux désaveux. [1])

137.

Note à Mr Titley, Ministre d'Angleterre.

Copenhague 8 septembre 1759.

J'ai rendu compte au roi du mémoire que vous m'avez fait l'honneur de me remettre de la part de Milord Holder-

---

[1]) B. ne se trompait pas. Choiseul comptait en réalité sur les bons offices du Danemark pour en arriver à la paix. Cfr. (Vedel) Smaa Bidrag til Personalhistorien i: Danske Samlinger til Historie etc. IV, 303—304. 303. 305, Correspondance, 73—78, 84—88, 91—95, 96, 97—98. B. se prêta à la fin à sonder le terrain à Londres pour une paix avec l'Angleterre, mais refusa de renouveler la tentative pour une paix séparée du Hanovre et il écrivit aux ministres danois: „sa maj. est si éloignée de rechercher l'office pénible et ingrat de médiateur qu'elle ne permet à aucun de ses ministres de faire un pas ni de lâcher une parole qui puisse être interprétée comme tendante à ce but," voir dépêches à Bachoff du 15 décbre 1759, à Osten du 25 février 1760. Aussi se tint-il complètement en dehors des pourparlers qui s'engagèrent par suite de la déclaration de Ryswick, Correspondance, 104 sqq, bien qu'il parût qu'on voulût demander la médiation du Danemark. — En présence de ces dates authentiques il est facile de voir combien

ness. Sa majesté est extrêmement·touchée des assurances
de l'amitié du roi de la Grande-Bretagne qu'il renferme, et
elle m'ordonne de vous dire qu'elle les paye du plus parfait retour et qu'elle ne désire rien avec plus d'ardeur
que de concourir avec ce monarque au maintien de la
bonne intelligence qui subsiste si heureusement entre les
deux couronnes. Mais, monsieur, plus ces sentiments sont
vifs et sincères, et plus sa maj. regrette de se voir dans
le cas d'observer que ce mémoire ne répond point dans le
détail, ni avec la précision désirée aux articles de celui
que le comte de Bothmer a eu l'honneur de présenter à
Milord Holderness le 11 avril. L'ajustement de ces articles parait si indispensable pour fixer l'arrangement projeté et pour éviter tout malentendu dans son observation, et
il est si nécessaire que les deux cours s'entendent parfaitement pour régler en conséquence la conduite de leurs sujets et prévenir leurs erreurs, que le roi ne saurait renoncer
à sa juste demande qu'il plaise à sa maj. britannique accorder
au comte de Bothmer une réponse qui explique ses intentions sur chacun des points proposés et qui, en déclarant
admis ceux qu'elle agrée, mette les deux ministères en
état de discuter et de surmonter les difficultés qui pourraient arrêter l'admission des autres. C'est, monsieur, ce
que je dois vous prier de vouloir bien représenter à votre
cour et ce sur quoi le comte de Bothmer aura ordre de
renouveler ses instances près d'elle dans le temps même
qu'il lui exposera les griefs qui restent aux négociants de
la nation.

Mais comme le roi est trop équitable pour rien prétendre qui ne soit fondé en justice et pour rien exiger de
l'amitié de sa maj. britan. qui fût contraire à la constitution du gouvernement de l'Angleterre, il est prêt à
entrer sur cette matière dans tous les éclaircissements qui
pourront être nécessaires et désirés, et c'est dans cette vue
qu'il a résolu d'envoyer incessamment à Londres un homme
de confiance entendu dans les lois, qui sera chargé de
travailler sous la direction du comte de Bothmer à dé-

l'exposition de mons. d'Ungern Sternberg dans: Danske Saml.
l. c., 26. 28, est entachée de partialité.

velopper et à approfondir les points du différend et les
faits qui y ont donné lieu. [1]) Je me réserve de vous parler
de ses rapports à mesure qu'ils me parviendront.

138.

Depeche an den Herrn Geheimenrath uud Comitial-Gesandten von Moltke zu Regensburg.

Copenhagen 29 September 1759.

Da die Unruhen und Verbitterungen im Würtembergschen Lande stets zunehmen sollen und der mit dem Cha-
rakter eines Kgl. Etatsraths unlängst begnadigte redliche
Landschafts-Consulent von Moser noch immer auf der Festung
Hohentwiel[2]) in einer schweren Gefangenschaft sitzt, so
befiehlt mir aer König Ewr. Hochwohlg. aufzutragen dem
bei der Reichsversammlung bevollmächtigten Würtembergischen Herrn Gesandten die triftigsten Vorstellungen, jedoch mit allem Glimpf, dahin zu thun, dass des Herzogs
Hochfürstl. Durchlaucht mit Dero Landschaft gnädig und
milde und nach den Reichs- und Landes-Gesetzen und
Verträgen, den von Moser aber wieder auf freien Fuss
stellen zu lassen geruhen mögen. Ewr. Hochw. werden
diesen Kgl. Auftrag mit der Ihnen beiwohnenden Klugheit
dergestalt erfüllen, dass Ihre freundschaftlichen Vorstellungen
zwar Eindruck machen, doch aber nicht verbittern und

---

[1]) L'homme désigné pour cette mission était André Roger, voir
N. M. Petersen: Den danske Literatura Historie V, 1, 112—113.
Mais comme il périt à Hambourg par suite d'un accident, Bernstorff se décida à envoyer à sa place Martin Hübner, professeur
de droit à l'université de Copenhague, auteur du célèbre ouvrage
„de la saisie des bâtimens neutres", publié à la Haye 1759 cfr
Danske Samlinger osv., IV, 297—309. Le gouvernement anglais
fit d'abord des difficultés pour le recevoir, puisqu'on lui attribuait généralement une brochure intitulée: le politique danois
ou l'ambition des Anglais démasquée par leurs pirateries, 1756.
Mais Hübner convainquit Bernstorff de son innocence et des raisons
importantes confirment la vérité de ce démenti, cfr Danske Samlinger l. c. 305. Pendant les trois ans qu'il passa en Angleterre,
il rendit de grands services au gouvernement danois.

[2]) Schäfer II, 269.

eine widrige Würkung haben können und Sie werden insonderlich alles vermeiden, was etwa zu einigen Weitläuftigkeiten mit dem Würtembergischen Hofe Anlass geben dürfte. Ich weiss, dass ich mich aller in solcher Gelegenheit erforderlichen Vorsicht und Behutsamkeit zu Ewr. Hochw. zuverlässig versehen kann und füge also nichts hinzu als dass ich mit besonderer Hochachtung die Ehre habe zu sein etc.

129.

Dépêche à Mr le comte de Wedel-Frijs à Paris.

Copenhague 22 octobre 1759.

(Extrait.)

Le roi ne veut dans ce moment ni se plaindre de la Suède ni lui faire des reproches. Il aime mieux se souvenir que, malgré tous ses torts, elle a les mêmes intérêts que lui, et par cette raison porter constamment de son côté toutes les facilités possibles à une liaison sincère avec elle. Mons. de Choiseul va l'éprouver, s'il parvient à persuader au sénat à entrer dans ses vues.[1] Le roi attendra sans impatience ses succès, dites-lui que sa maj. ne peut donner que les plus justes éloges à son plan et qu'elle est invariablement résolue à y entrer avec la droiture et la constance qui caractérisent toutes ses actions. S'il y a eu jamais une espérance fondée de réussir dans cet objet, c'est aujourd'hui, que mons. de Choiseul y met des lumières, une activité et un zèle supérieurs à tout ce qui s'est jamais fait de la part de la France, mais je ne vous en avouerai pas moins, de vous à moi, que je ne croirai pas les Suédois convertis et revenus de bonne foi de leurs préjugés et de leurs passions que lorsque j'en aurai vu des preuves.[2]

---

[1] Il s'agit du projet que le duc de Choiseul avait formé d'établir une alliance permanente entre les trois royaumes scandinaves et la France, cfr Correspondance, 83, 90—91. 100 et no 142.

[2] L'expérience donna raison aux prévisions de Bernstorff. Höpken répondit aux propositions du duc de Choiseul d'une manière évasive et remit l'affaire jusqu'après la conclusion de la paix,

140.

Dépêche à Mr d'Assebourg.

Copenhague 10 novembre 1759.

L'époque fixée par le roi pour votre retour à Stockholm étant arrivée et sa maj. ayant daigné de vous marquer elle-même sa satisfaction parfaite de votre conduite et de vos rapports aussi bien que de ses volontés à l'égard du temps que vous aurez encore à être dans le poste que vous avez si bien rempli jusqu'ici,[1]) il ne me reste que de vous expliquer en très peu de mots ses intentions sur une affaire de la dernière importance qui va bientôt être l'objet d'un nouveau concert entre elle et le roi de Suède.

C'est celle du maintien des arrangements pris en Hesse, à la fin de l'année 1754, pour conserver la religion protestante dans la maison régnante et dans le pays et pour faire passer après la mort du landgrave non pas au prince héréditaire mais à son fils aîné, le prince Guillaume, le comté de Hanau pour servir d'établissement et d'appanage à ce jeune prince ainsi qu'aux princes ses frères et de douaire à la princesse leur mère.[2]) Le grand âge du landgrave, ses infirmités fréquentes et les symptômes dangereux qui annoncent sa fin comme très prochaine ne permettent plus de différer l'attention extrême que cette affaire mérite et le règlement qu'elle exige pour obvier, s'il est possible, aux difficultés et oppositions violentes qu'elle va rencontrer.

Vous êtes si parfaitement instruit de tout ce qui la regarde et vous en connaissez si bien les conséquences, que je puis me dispenser de vous en entretenir et qu'il me suffira de vous dire que le roi, dans l'esprit et dans le cœur duquel l'amour pour la religion et l'exactitude à ob-

---

cfr dépêches de Wedel-Friis du 11 janvier, et de Schach du 1 avril 1760.

[1]) La cour de France avait demandé le rappel d'Assebourg auquel on soupçonnait des sympathies prussiennes. Cfr Correspondance 40, 54, 72, 83, 99, et no 142.

[2]) Cfr no 48.

server ses engagements l'emportent sur toute autre considération, est résolu de faire tout ce qui se pourra, en faveur des jeunes princes et du pays de Hesse, et que pour cet effet il a déjà donné ses ordres pour que de toutes parts on travaille à animer les amis et à désarmer le ressentiment des ennemis de leur cause. Je vous en ai fait par le commandement de sa maj. un détail si exact et si ample que je puis m'y rapporter sans en répéter les particularités dans cette lettre.

Et c'est en conformité de cette résolution et de ce plan que vous agirez à Stockholm. Vous représenterez au ministère de Suède l'importance extrême de la chose et ses difficultés qui, rendant un concert entre les puissances garantes et neutres absolument nécessaire et n'exigeant pas moins qu'elles profitent de ce petit nombre de jours précieux qui peuvent rester encore à vivre au landgrave, engagent le roi à offrir ce concert à sa maj. suédoise et l'ont porté à vous autoriser à entrer sans délai dans la délibération la plus intime sur ce sujet avec son ministère. Vous ajouterez que sa majesté, qui m'a commandé de m'en ouvrir de même au baron d'Ungern, juge dangereux et, vu les circonstances, impossible d'étendre cette union de conseils et de mesures à celles des autres puissances garantes qui se trouvent actuellement en armes contre les cours de Vienne et de Versailles, c'est-à-dire aux rois de la Gr.-Bretagne et de Prusse, et qu'elle estime par les mêmes raisons fort inutile d'y attirer le corps évangelique de l'empire, mais qu'elle croit devoir la borner uniquement aux couronnes de Danemark et de Suède et à la république des Provinces-Unies, et vous observerez avec le soin le plus scrupuleux de n'employer dans toutes les conversations et conférences que vous aurez sur cette matière que des paroles assez ménagées pour ne pas donner le moindre lieu ni prétexte à ceux auxquels vous les tiendrez et que vous savez ne nourrir sous le voile de l'amitié que de la haine et de la jalousie contre nous, d'intervertir le sens de vos discours et de semer de nouveau contre les intentions du roi ces soupçons dont ils voudraient bien que son service fût perpétuellement embarrassé. Le roi prévoit que ce sera là l'usage qu'ils feront

de sa confidence, mais comme le but de sa maj. est juste,
noble et religieux, elle n'hésite pas de s'y exposer en sa
faveur et elle se tranquillise d'avance sur toutes les suites
de ses démarches, pourvu qu'elles scient exécutées avec la
circonspection que les circonstances exigent.

Voilà, monsieur, tout ce que j'avais à vous dire par
le commandement du roi avant votre départ. Sur tout
autre objet vous êtes informé des volontés de sa maj., et
toute instruction ultérieure serait superflue. Achevez votre
ministère avec la même sagesse et la même habileté que
vous l'avez conduit, continuez de soutenir en Suède la
gloire et le crédit du roi, continuez de pénétrer les intrigues et les vues des différents partis et d'en rendre
compte à sa maj., ne vous lassez pas de travailler pour le
maintien de la bonne intelligence entre les deux couronnes,
quelque peu de fidélité et de retour que vous trouviez dans
ceux qui devraient la chercher et la désirer plus que nous,
et ne vous rebutez point d'agir pour un sénat dont, quelque
ingrat qu'il soit, la conservation importe à sa maj. et lui
est toujours chère. Ménagez constamment l'ambassadeur
de France sans vous brouiller avec celui de Russie, et
soyez bien persuadé que vos soins et vos services sont
honorés de l'approbation très-distinguée du roi. J'ai la
permission de vous le dire et j'exécute cet ordre avec une
joie sensible, moi qui sais que cette approbation de sa
majesté est la récompense la plus flatteuse pour vous et
le bonheur auquel vous aspirez avec le plus d'ardeur.

141.

Königliche Versicherungs-Acte über die dem Dom-Capitel
zu Lübeck in den Separat-Artikeln der Wahl-Capitulation
Ihr. Kgl. Hoheit des Prinzen Friederichs versprochene Abtretung dreier Plön'schen Hufen.

Christiansburg 12 November 1759.

142.

Dépêche à Mr le comte de Wedel-Prijs à Paris.

Copenhague 8 decembre 1759.

(Extrait.)

Conduisez-vous avec les mêmes ménagements et avec la même tranquillité relativement à la Suède. Ce que mons. le duc de Choiseul vous a dit des dispositions du baron de Höpken ne nous étonne pas. Il y a longtemps que sa politique et son système sont connus au roi et c'est ainsi que je les ai toujours dépeints au ministère de France. Grâce au Tout-Puissant, le roi peut se passer de l'amitié de la Suède, si elle la lui refuse, et parfaitement instruit de la haine que ceux qui la gouvernent lui portent malgré tout ce qu'il a fait et ce qu'il fait encore tous les jours pour mériter d'autres sentiments de leur part, il ne cherchcrait plus à former des liaisons avec des gens dans les cœurs desquels l'envie et les préjugés régneront probablement toujours, quelles que soient leurs promesses et leurs engagements, si son amitié pour la France et sa confiance en elle ne l'emportaient sur ses craintes et sur son ressentiment, et ne le décidaient à se porter aux souhaits et aux vues du roi très-chr., évidemment salutaires au Nord et à son repos.

Dans cette situation des choses, vous voyez bien, monsieur, que ce n'est pas au roi de presser la négociation. Il attendra sans impatience ce que les soins de mons. de Choiseul pourront effectuer et tout ce que vous aurez à dire sur ce point à ce ministre, c'est que sa maj. persiste dans sa résolution d'entrer dans les vues de la France et de les seconder pour appuyer et maintenir le pouvoir de ces mêmes sénateurs qui ne cherchent qu'à lui nuire, et dont les penchants, jusqu'ici faiblement cachés, viennent enfin de se développer. Vous ajouterez que le roi ne prend ce parti que parce qu'il se fie à l'amitié, à la sagesse et l'habileté de mons. de Choiseul et parce qu'il aura soin d'empêcher que l'alliance qu'il projette ne devienne pas, si le poids de son crédit y entraîne la Suède, une liaison fallacieuse et captieuse. Jamais des ennemis ne sont plus

~~dangereux~~ que lorsqu'ils prennent le titre et le masque
d'amis et si, sous cette apparence, les Suédois parviennent
à gagner les moyens de nuire plus facilement à sa maj.,
d'exiger d'elle des complaisances onéreuses ou préjudiciables,
et de dénigrer plus aisément toutes ses démarches, elle
ferait sans doute beaucoup mieux de ne point s'approcher
d'eux, mais de les laisser jouir du plaisir si doux pour
eux de lui être même ouvertement opposés. Cette réflexion
n'échappe point à sa maj., et si elle sacrifie des appréhensions si justes au plaisir de s'unir de plus en plus à la
France, elle compte que cette couronne et le ministre
éclairé qui est à la tête de ses conseils prendront les mesures nécessaires pour prévenir qu'elle n'ait raison de le
regretter. De la part du roi rien n'est et ne sera négligé.
Voilà déjà mons. d'Assebourg rappelé et mons. le chambellan de Schack, votre neveu, l'homme de la cour que
mons. le président Ogier a le plus désiré lui voir sub-
stitué, nommé à sa place. Le roi fait, vous le voyez, tout
ce que l'amitié la plus fidèle et la plus délicate peut inspirer. Il ne serait en vérité pas juste que ses intérêts
fussent victime d'une confiance que je pourrais craindre
excessive si je ne connaissais le caractère du roi très
chrét. et de son ministre.

148.

Instruction additionnelle pour Mr de Schack comme ministre
à Stockholm. [1]

Copenhague 1 février 1760.

(Extrait.)

— La marche du roi a toujours été uniforme. Les
amis de la liberté de la Suède, quelque titre qu'ils portassent d'ailleurs, ont toujours été les siens et en se liant
avec la France, il n'a point adopté le système de cette
couronne mais c'est elle qui, par un heureux changement

[1] Ministre à Stockholm du 1/2 1760 au 2/2 1767. Depuis 1771 nommé
Schack-Rathlau.

de ses intérêts et de sa politique, est entrée dans le sien.
La France, mortellement brouillée avec le roi et plus encore avec la reine de Suède, entièrement liée avec le sénat et
avec tous ses chefs, quelque divisés qu'ils soient entre eux,
ses trésors employés, même au milieu de la détresse extrême de ses propres finances, à acheter des défenseurs à
l'autorité de ce corps, et son ambassadeur uniquement et
ouvertement occupé à régler, à appuyer, à justifier ou à
excuser ses démarches, offre un allié si sûr au roi pour
l'objet qu'il se propose, il est si certain qu'elle veut
sérieusement ce que sa maj. veut dans cette occurrence, et
les divisions intérieures du sénat, ses brouilleries avec les
généraux et les officiers de l'armée, autrefois ses amis de
confiance, les reproches qu'il s'est attirés de la part de la
nation par la précipitation de l'entreprise et la mollesse de
la conduite d'une guerre injuste ou au moins malheureuse
et dont les tristes succès, preuves manifestes de la faiblesse
de la Suède, impatientent, révoltent et blessent à l'excès
l'orgueil d'une nation qui aime à se croire ce qu'elle était
autrefois et qui refuse de revenir de cette illusion favorite,
rendent un concert intime si nécessaire entre les puissances
protectrices de ce corps, qui, quelque imprudent dans ses
démarches et quelque coupable dans ses intentions qu'il
puisse être souvent, n'en est pas moins toujours le gardien
de la liberté du peuple et le contre-poids du pouvoir royal,
et exigent si indispensablement qu'elles combinent leurs
vues et leurs mesures pour son maintien que le roi, n'ayant
point de choix à faire, ne peut que s'unir à elle plus étroitement qu'il n'a fait encore. —

144.

Dépêche à Mr d'Osten à St. Pétersbourg.

Copenhague 22 février 1760.

(Extrait.)

Le roi, sous les yeux duquel j'ai eu l'honneur de soumettre vos dépêches, y a d'abord vu que toutes les choses
sont encore sur le même pied à Pétersbourg: même in-

différence pour ses intérêts, même longueur et inactivité
dans les autres affaires qui ne regardent pas directement la
guerre, même variation et mêmes intrigues à la cour et dans
ses résolutions, même haine et opiniâtreté dans le cœur
du grand-duc. Sa maj. n'en est point étonnée, elle le serait
s'il y avait eu du changement et un changement favorable,
mais plus elle voit clair dans les dispositions dont elle n'a
que du mal et jamais du bien à attendre, et plus elle se
confirme dans son système et dans sa façon de penser à
son sujet dont je vous ai si souvent fait la confidence.

Je n'ai donc rien de bien nouveau à vous mander aujourd'hui et je pourrais me borner à vous réitérer simplement tout ce que par les ordres du roi j'ai eu l'honneur
de vous marquer dans mes dépêches précédentes, si sa
maj. ne me commandait de vous dire de sa part que,
quoiqu'elle persiste dans son sentiment du peu d'avantage
que lui portera l'accession réciproque au traité du 4 mai
1758 et à la convention du 9 mars 1759, elle veut bien
néanmoins, pour porter la complaisance jusqu'à son dernier
terme, continuer de l'offrir à la Russie jusqu'au 1 mai prochain; mais, ce jour-là arrivé sans que l'affaire soit conclue, elle estimera la négociation échouée et rompue et ne
se croira plus tenue à ce qu'elle a déclaré ci-devant sur
ce sujet. Vos pouvoirs de signer la dite accession réciproque subsisteront donc jusqu'au dit jour, le 1 mai de l'année
présente, mais seront expirés ipso facto ce jour-là, si vous
n'êtes pas parvenu à en faire usage plus tôt. Vous ne
ferez cependant à cet égard aucune déclaration au ministère
de l'impératrice, et vous continuerez à vous conduire passivement sur ce sujet sans vous donner des mouvements pour
faire réussir une négociation dont sa maj. se promet si peu
de chose, mais vous ferez confidence de cette résolution
du roi aux deux ambassadeurs et vous continuerez au
reste d'en agir avec toute la modestie, toute la patience
et toute la prudence possibles, sans paraître d'une part inquiet du peu de soin avec lequel on recherche à Pétersbourg l'amitié de sa maj. et sans blesser de l'autre la
fierté moscovite et lui donner le moindre prétexte de se
croire lésée. De façon ou d'autre il faut aller jusqu'au
bout sans avoir rien à se reprocher.

Le roi, qui ne cesse d'honorer vos rapports de son attention, en a donné une toute particulière à ce que vous m'avez réitéré au sujet de votre rappel.[1]) Sa maj. sent vivement la vérité et l'importance de ce que vous avez représenté pour cet effet. Mais, monsieur, comment voulez-vous qu'elle y consente, sans se brouiller avec madame la grande-duchesse et sans renoncer à tout le bien que votre crédit sur l'esprit de cette princesse pourra produire? Si son alt. imp. et l'homme du monde dont elle paraît faire le plus de cas ont si vivement souhaité que le sieur Kuur restât en Pologne pour l'entretien de leur correspondance, comment agréera-t-elle jamais que vous la quittiez, vous qui êtes bien autrement nécessaire à leur objet? Je sens, on ne peut plus fortement, les dangers de toute cette intelligence et je ne saurai vous en dissimuler mes inquiétudes; mais, puisque les choses sont une fois parvenues à ce point, je n'y vois point de remède et j'appréhende encore plus d'inconvénients pour le service du roi et pour vous même à les changer qu'à les poursuivre. Pénétrer dans certains secrets, parvenir à un degré de confiance extraordinaire, c'est toujours risquer, mais, lorsqu'on l'a fait, il y a plus de sûreté souvent à soutenir la partie avec prudence qu'à l'abandonner. —

145.

Dépêche à Mr. le comte de Wedel-Frijs à Paris.

Copenhague 15 mars 1760.

(Extrait.)

Je vous avoue au reste, monsieur, que je ne comprends pas bien ce que vous me mandez vous avoir été dit par mons. de Choiseul sur l'entrée de la flotte anglaise dans la

---

[1]) La position de Mr Osten était devenue très difficile à cause du rôle de confident qu'il remplissait auprès de la grande-duchesse et de Poniatowsky. Toute la correspondance entre eux se faisait par son intermédiaire au moyen de Mr. Kuur, résident de Danemark à Varsovie. Cfr. Ostens Gesandtskaber l. c., 501 sqq, 529—32.

Baltique. [1]) Pour s'y opposer, il faut avoir des forces et un but. Le roí a prouvé et prouve encore qu'il est très-disposé à donner cette marque de son amitié à la France et à ses alliés. Mais il n'est que juste de lui fournir les motifs que je viens d'indiquer et ce qui alors serait sagesse et amitié ne serait plus qu'imprudence et oubli de sa gloire et du salut de son propre peuple, si l'on ne faisait qu'exiger de lui des efforts sans vouloir les lui rendre possibles et utiles. Et quels sont les vaisseaux français que les Anglais prendront dans la Baltique? Je n'en connais pas dans cette mer ou au moins si peu qu'il leur sera très aisé de se mettre à couvert des recherches de leurs ennemis. Tout le monde sait que ce n'est pas cette capture ni le désir de troubler la navigation française dans ces parages qui ferait l'objet de l'apparition de l'escadre britannique. Mais elle aurait pour but de défendre les côtes des états de son allié. Le roi n'a jusqu'ici aucun engagement pour s'y opposer et la France agirait très injustement, si elle cessait de le regarder comme son ami dès qu'il ne se plongerait pas gratuitement dans une guerre qui ne le regarde pas. —

146.

Dépêche à Mr d'Osten à St. Pétersbourg.

Copenhague 29 mars 1760.

(Extrait.)

Il me revient de tous côtés et je ne puis qu'en être persuadé par tout ce que je vois faire à la Russie, que l'intention de l'impératrice est de réunir le royaume de Prusse au reste de son empire, ou, ce qui reviendrait presque au même, d'en disposer comme de la Courlande en faveur d'un prince qui, quelque titre qu'il portât, ne serait au fond qu'un de ses vassaux. Approfondissez, autant que vous le pourrez, ce dessein et tâchez de découvrir les mesures qui peuvent déjà avoir été prises pour le faire réussir. Je ne doute pas que la cour de Vienne n'y soit entrée de

[1]) Cfr Schäfer l. c., III, 5—6.

très bonne grâce, mais je ne sais jusqu'où la France et la
Suède peuvent y avoir pris part. Il importe au service du
roi d'en être éclairci s'il est possible. [1]

147.

Dépêche à Mr le comte de Wedel-Prijs à Paris.

Copenhague 28 avril 1760.

L'impératrice de Russie vient d'accéder au traité du
4 mai 1758. L'acte en a été signé le 23 du mars et, comme
c'était là la condition de l'accession du roi à la convention
conclue le 9 mars entre cette princesse et le roi de Suède
pour la tranquillité de la Baltique et la sûreté de son
commerce et de sa navigation, cette accession de sa maj.
a été également signée le 20 du même mois. La nouvelle
nous en est arrivée, il y a quelques jours, et cette affaire,
qui pendant plus de huit mois, paraissait absolument
oubliée et tombée, se trouve ainsi consommée dans le moment où le roi ne s'y attendait presque plus. Les soins
de mons. le duc de Choiseul ont sans doute le plus contribué à sa réussite et sa maj. vous ordonne de lui en
faire ses remercîments les plus distingués. Mais, monsieur,
je ne dois pas vous dissimuler que, pendant l'intervalle du
temps que cette négociation a duré ou langui, l'état des
affaires s'est changé à un point que le roi ne peut plus
regarder la démarche que la Russie vient de faire, avec les
mêmes yeux que lorsqu'il la souhaitait, il y a dix mois,
et qu'il ne saurait s'en promettre un effet capable de le
tranquilliser sur les justes inquiétudes que les vastes desseins de cette formidable puissance et plus encore les dispositions du prince qui en est l'héritier présomptif lui inspirent. D'abord le premier but de cette négociation et
de toutes celles que, depuis dix ans, le roi a fait suivre à
la même cour avec une application infatigable n'a point été
avancé par elle. Le grand-duc a déclaré à cette occasion

---

[1]) Traité entre l'Autriche et la Russie du 21 mars — 1 avril 1760.
cfr. Schäfer l. c., 493—505, Arneth l. c, IV 78—93. Voir Correspondance 116, 129, 131, Ostens Gesandtskaber, l. c., 518—519.

même par écrit qu'il ne pouvait pas se résoudre à consentir
à un accommodement avec le roi, [1]) et il a, dans cette rencontre et en plusieurs autres, donné des marques si fortes
et si peu ménagées de sa haine mortelle contre le roi et de
sa détermination à tourner ses armes contre lui dès qu'il
le pourra, que sa maj. a plus de sujet que jamais de le
croire son ennemi implacable et le plus dangereux qui
puisse exister contre elle et sa couronne.

Et puis, monsieur, le roi ne peut plus douter que la
Russie n'ait formé le projet de réunir la Prusse à son empire et de garder ce royaume, si considérable et si important par son commerce et par sa situation, pour sa
part des dépouilles de la guerre. Jugez de ce que le roi
doit penser de ce dessein, et s'il peut voir sans les plus
justes alarmes qu'une nation déjà si puissante et si redoutable par mille raisons et qui va bientôt être soumise au
despotisme de son ennemi mortel, se fortifie et s'approche
à ce point. Il n'y a que deux jours de navigation du Danzig (qui suivrait d'abord le sort de la Prusse) aux côtes
du royaume, et l'armée russe, qui serait désormais composée, nourrie, disciplinée et montée à l'allemande, n'aurait
plus que les duchés de Poméranie et de Mecklenbourg à
traverser pour être en Holstein. L'idée seule en révolte,
monsieur, et je suis très sûr que le simple exposé que je
viens de vous en faire, suffit pour vous en faire frémir
avec moi.

Le roi ne peut donc absolument pas être indifférent
à la vue d'un si cruel danger et les mêmes principes, ce
même amour pour ses peuples, mobile de toutes ses actions,
qui l'ont engagé à se tenir jusqu'ici calme et tranquille au
milieu des tentations, le forcent aujourd'hui à faire les derniers efforts pour éviter ou, si cela est impossible, pour
diminuer au moins un péril et un malheur auquel rien
n'est comparable.

Après mille et mille réflexions il ne voit, pour parvenir à l'un ou à l'autre de ces buts, que deux moyens.
Le premier est d'engager à force d'argent la Russie à abandonner ses vues sur le royaume de Prusse et à accepter à

---

[1]) Voir Ostens Gesandtskaber, l. c., 515—16.

sa place un dédommagement pécuniaire. Le roi est prêt à concourir pour sa part selon une juste proportion à une dépense si salutaire et si nécessaire à la liberté du Nord et de l'Europe. Le second, qui vaut beaucoup moins et qui ne doit être envisagé que comme un expédient de la dernière ressource qui ne se propose qu'à l'extrémité, c'est d'engager le grand-duc à renoncer, en faveur de la future grande augmentation de sa puissance, à ses prétentions sur le Slesvic et à céder, sans autre récompense et sous la garantie de toutes les puissances intéressées à la guerre, le Holstein au roi. Ce serait un événement si effrayant pour toute l'Europe que de voir un empereur de Russie maitre de la Prusse et ensuite encore du Holstein et du Slesvic et sans doute aussi peu après du Danemark entier. que cette proposition, quelque forte qu'elle puisse paraître d'abord, se trouvera à la seconde réflexion presque aussi nécessaire à l'Allemagne et à la Suède et même à la France qu'au roi. Sa maj. ne voit, je le répète, point d'autres moyens pour sauver le Nord et s'ils manquent ou si on les rejette, il ne lui restera plus que de prendre conseil de la nécessité.

C'est là, monsieur, le précis de ce que par ses ordres je mande à mons. le duc de Choiseul dans la lettre ci-jointe que vous aurez soin de lui faire remettre sûrement.[1]) Je vous en fais part pour que vous en soyez informé et que vous soyez en état de lui en parler dans le même sens, lorsque vous en trouverez l'occasion favorable. Mais la matière est si délicate que vous ne vous en expliquerez envers lui qu'avec une extrême modestie et les plus grands ménagements. Vous ne ferez pas mention de ce que je vous ai dit sur le peu de plaisir que les accessions signées à Pétersbourg ont fait au roi. Mons. de Choiseul le regarde peut-être comme son ouvrage et serait piqué si nous ne paraissions pas y être sensibles. Mais attachez-vous, quoique sans chaleur et sans affectation, à prouver à ce seigneur, combien l'intérêt de la France est uni dans cette rencontre

---

[1]) Voir Correspondance, 137—153. — Le 30 avril il fut écrit dans le même sens à Vienne, cfr les instructions pour mr de Bachoff, publiées dans: Zeitschrift für preussische Geschichte, 1865, II, 674.

à celui du roi et à quel point le système du Nord et conséquemment toute la face de l'Europe serait changée, si la
Russie restait maitresse de la Prusse et si les projets et
les prétentions du grand-duc ne prenaient pas fin.

Je n'ai que faire de vous recommander le plus profond
secret sur tout ce que je viens de vous confier, à l'égard
de tout autre que du duc de Choiseul. Vous en sentez
suffisamment l'importance et la nécessité.[1])

148.

Dépêche à Mr le comte de Bothmer à Londres.

Copenhague 29 avril 1760.

Il vient d'arriver un événement dont, par ordre du
roi, je dois vous faire part, mais que sa maj. ne commande
de vous apprendre que pour votre propre information et
pour vous mettre en état de vous en expliquer si l'occasion
l'exige, ou lorsqu'on vous fera des questions qui y soient
relatives.

Le 9 mars de l'année dernière les cours de Suède et
de Russie ont signé une convention pour assurer la tranquillité de la Baltique et pour s'opposer à l'entrée de toute
flotte étrangère dans cette mer, et peu après elles ont invité le roi d'accéder à cette convention. Sa maj. ne s'y
est pas déterminée d'abord, elle a très bien senti les défectuosités de l'arrangement pris par les deux puissances
et ses inconvénients, mais comme il lui importait de ne
pas habituer la Russie et la Suède à pourvoir sans elle à
la sûreté d'une mer sur laquelle vous connaissez les droits
de sa couronne, qu'il lui aurait été très désagréable de
voir tous les ans, tant que durerait la guerre, la flotte
combinée de Russie et de Suède stationner comme à la
vue de sa capitale sous prétexte de défendre la sortie du
Sund, et qu'elle avait toute sorte de motifs de croire que

---

[1]) Cfr Ostens Gesandtskaber l. c, 519—522. — La seconde alternative, proposée par Bernstorff, coincidait avec l'idée originaire de
Woronzoff et fut en effet adoptée par l'Autriche, mais si mollement qu'elle n'eut point de suites, cfr Arneth L c., VI, 78, 92—93.

ni l'Angleterre ni la France, assez occupées à couvrir les autres mers de l'Europe et du monde de leurs flottes, ne songeraient à en envoyer dans celle-ci, elle s'est décidée à se prêter à la dite invitation et elle a donné au mois de juin 1759, précisément dans le temps que ses sujets étaient le plus vexés par les armateurs et les tribunaux de l'Angleterre, ordre à son ministre à Pétersbourg d'y accéder, mais sous certaines conditions que je me réserve de vous détailler une autre fois. La négociation a langui très longtemps et le roi, ayant lieu de croire que, ne la pressant pas de son côté, la lenteur que la cour de Russie met assez souvent à ses affaires la ferait tomber entièrement, n'y pensait presque plus lorsque tout d'un coup elle s'est vue achevée et que sa maj. a reçu un courrier avec la nouvelle que l'acte de son accession à la dite convention avait été signé le 29 du mois dernier.

Je ne vous dirai pas que le roi ait été fort aise d'apprendre ce succès. Sa majesté ne saurait estimer bien utiles et bien nécessaires les mesures qui se prennent contre un danger qui n'existe pas; mais, comme dans les conjonctures où nous nous trouvons, tout fait ombrage et tout s'intreprète sinistrement et désavantageusement, le roi a voulu que, pour que vous puissiez obvier à ces interprétations et à leurs effets, je vous exposasse encore que, lorsque sa maj. ordonna à mons. d'Osten de signer la dite accession, elle n'avait pas la moindre idée ni le moindre soupçon que la cour de France voudrait y accéder aussi, démarche que cette couronne a faite effectivement au mois d'octobre suivant[1]) mais sans que sa maj. en eût pris connaissance, et que je conviens être singulière et point du tout analogue au sens et à l'esprit de la convention, qui par sa nature ne saurait regarder que les puissances non étrangères à la Baltique.

Vous ne vous expliquerez point sur ce sujet tant que l'on ne vous y obligera pas. Le roi a tout sujet de croire que le fait est très indifférent à l'Angleterre, qui, si elle avait voulu faire la guerre à la Suède et à la Russie et si elle avait jugé pouvoir par cette voie donner des secours utiles

---

[1]) Voir Schäfer II, 499.

à son allié, l'aurait fait sans doute depuis longtemps et
dans les temps où ces secours auraient pu avoir tout un
autre effet qu'ils ne pourront l'avoir aujourd'hui; mais il
n'en est pas moins possible que l'on vous en témoignera
du mécontentement. Dans ce cas faites usage modestement
de ce que je viens de vous écrire. Le roi est très éloigné
de chercher à faire de la peine à la cour britannique, il
désire fort son approbation; mais ce qu'il doit à sa couronne et à ses peuples fait sa première loi et, sur de tels
objets, il ne peut prendre conseil que de lui-même.

149.

Dépêche à Mr d'Osten à St. Pétersbourg.

Travendahl 26 juin 1760.[1]

Le courrier que j'ai envoyé par ordre du roi à Vienne
le 30 avril et dont je crois vous avoir entretenu depuis
plus d'une fois, et surtout le 26 du même mois, n'est pas
encore revenu; mais mons. le baron de Bachoff ayant rendu
un compte préliminaire de la façon dont on pensait à la
cour impériale sur l'objet de ses dépêches, sa maj. s'est
vue en état de prendre une résolution définitive sur les
affaires de la Russie et m'a commandé de faire partir ce
courrier pour vous en faire part.

Toujours également frappé du danger dont son royaume
et ses provinces les plus importantes se voient menacées
par le dessein formé par la Russie d'unir le royaume de
Prusse au reste de ses vastes états et surtout par l'animosité toujours renaissante, toujours enflammée du grand-duc
contre elle, animosité dont, comme vous le savez si bien,
ce prince lui multiplie les marques dans toutes les occasions, grandes ou petites, qui s'offrent à lui, et dont surtout
il vient de lui donner une preuve décisive mettant le
comble à toutes les autres, par ce refus qu'il fait de se
prêter aux insinuations de l'impératrice tendantes à le porter à un accommodement avec le Danemark et par les

---

[1] Pendant le mois de juin le roi visita l'armée cantonnée dans le
Holstein.

paroles préjudiciables qu'il a eu le crédit de faire insérer
dans l'acte d'accession de sa maj. imp. au traité du 4 mai
1758,[1]) elle se croit obligée par tout ce qu'elle doit à sa
maison royale, à sa couronne et à ses peuples à tout
tenter et à tout faire, pour éviter ou prévenir, autant qu'il
dépendra d'elle, au moins un de ces dangers et c'est en
conséquence qu'elle vous ordonne de dire à mons le grand-
chancelier comte de Woronzoff: Que sa maj. ayant, à l'exemple des rois ses aïeux, toujours cru et estimé la Russie
son alliée naturelle, et étant en particulier pénétrée de la
plus haute considération et de l'amitié la plus sincère pour
l'auguste princesse qui y règne aujourd'hui, avait appris
avec autant de satisfaction que de reconnaissance la résolution prise par sa maj. imp. de multiplier les liens qui
unissaient les deux cours en terminant l'affaire des accessions réciproques aux traités de 4 mai 1758 et 9 mars
1759, et que sa maj. ne demandait pas mieux que de
donner la dernière forme et perfection à cet ouvrage.
Mais qu'ayant à cette même occasion reçu de nouvelles
preuves de la haine implacable de monseigneur le grand-
duc et de ses desseins entre elle, haine et desseins de la
vérité et de l'excès desquels elle en appelait à la connaissance de l'impératrice elle-même, sa majesté croyait
qu'il convenait à la probité et à la droiture dont elle faisait profession, ainsi qu'à ses sentiments pour sa maj.
imp. de ne point lui dissimuler qu'il était absolument
impossible à sa maj. de penser pour la Russie comme
elle l'avait fait et comme elle désirait le faire toujours,
et de contribuer et acquiescer à l'agrandissement de sa
puissance, tant que l'héritier de l'empire se déclarerait
son ennemi et conserverait le prétexte et la résolution de
tourner contre elle, au moment qu'il le pourrait, les forces
de ce même empire.

Vous ajouterez que le roi s'en rapporte sans difficulté
à la justice de cette façon de penser, aux lumières et à
l'équité de l'impératrice et qu'il ne craint point, quels
qu'en soient les effets, d'être jamais désapprouvé par
une princesse si sage et si judicieuse qui ne pourra

---

[1]) Cfr Ostens Gesandtskaber l. c., 517.

pas ne pas sentir que la nécessité et les obligations les plus
indispensables détermineront seules dans cette rencontre
ses résolutions et ses mesures. Et que c'est dans cette
confiance que sa maj. s'adresse directement à sa maj.
imp. pour lui exposer, par la voie de son grand-chancelier,
sans aucun déguisement, le véritable état des choses, et
pour lui demander de vouloir bien porter le seul remède
efficace aux maux d'ailleurs inévitables qui résulteraient de
cette haine en en tarissant la source, c'est-à-dire engager
mgr. le grand-duc, par le crédit qu'elle a et par la
juste autorité qu'il lui convient d'avoir sur son esprit, à
se rencontrer de bonne foi et à s'arranger avec le roi, en
se désistant de ses prétentions sur le Slesvic et en lui
cédant sa part du Holstein, objets bien peu considérables
pour un prince appelé à tant de puissance et réellement
incompatibles avec sa grandeur future et avec le système
et le repos du Nord.

Vous poursuivrez que le roi n'hésite pas d'avancer
comme une vérité démontrée que cette demande est aussi
convenable aux vrais intérêts de la Russie — pour laquelle ce petit pays de Holstein ne serait qu'une occasion
perpétuelle de dépenses, de querelles et de tracasseries et
une pomme de discorde avec tous ses plus fidèles alliés et
amis, — qu'à ceux du Danemark même.

Vous déclarerez enfin que si l'impératrice procurait
une résolution si salutaire du grand-duc, ouvrage qui lui
assurerait l'immortalité et la gloire la plus brillante et la
plus pure ainsi que la bénédiction non-seulement du siècle
présent mais encore de la postérité la plus reculée, qui lui
devrait son repos, sa maj. lui en aurait une reconnaissance
qui durerait autant que sa vie, qu'elle ne balancerait plus
d'entrer dans toutes les vues de sa maj. imp. pour la
conservation du repos de la Baltique, pour le maintien duquel elle armerait 12 ou, s'il le fallait, 20 vaisseaux, si 6
ne suffisaient point, et que pour contenter sa maj. imp., à
laquelle elle ne peut plus offrir des provinces en échange,
toute idée d'affaiblissement dans les conjonctures présentes étant incompatible avec l'existence de sa monarchie, elle se chargerait non-seulement de toutes les dettes
hypothéquées sur le Holstein jusqu'aujourd'hui (article dont

vous n'ignorez pas l'étendue et qui, selon les notions que
nous en avons ici, pourrait bien aller à 1,500000 écus), mais
s'offre encore de lui payer, dans telle ville que sa dite
altesse imp. choisira, sans faute et sans s'en dispenser
jamais, sous quelque prétexte que ce pût être, la somme de
100,000 roubles par an, somme qui, comme son alt. imp.
ne l'ignore pas, excède de beaucoup tout ce qu'elle a
jamais tiré de ce pays-là et tout ce qu'elle en pourrait
tirer jamais, jusqu'à ce que sa dite alt. imp. soit mise en
possession par la paix d'un équivalent convenable, ou jusqu'à
ce qu'elle parvienne à la jouissance des avantages qui par la
même paix seront attribués à l'empire dont elle doit hériter un jour et dont tous les intérêts sont déjà les siens.

C'est là, monsieur, ce qu'après les réflexions les plus
mûres et les délibérations les plus souvent répétées, le roi
se voit obligé de proposer et de demander, et c'est là ce
que de sa part vous insinuerez et déclarerez à mons. le
grand-chancelier.

Sa maj. veut que vous en communiquiez préalablement
avec mrs. d'Esterhazy et de L'Hopital, et elle vous permet
d'écouter et de suivre leurs avis, pourvu qu'ils ne tendent
pas à vous détourner entièrement d'une démarche qu'elle
a résolue, quoique non sans en connaître tous les inconvéniens et toutes les conséquences, comme indispensablement nécessaire au bien de sa couronne et à celui de ses
peuples dans la crise cruelle où se trouvent aujourd'hui
les intérêts de l'une et des autres, et elle désire que, pour
l'appuyer, vous vous appliquiez principalement à exposer
et à prouver à ces ministres et même au comte Woronzoff
les deux vérités que j'ai déjà touchées mais que je ne puis
me refuser de vous répéter. La première, qu'il est du
service de l'impératrice et de l'avantage de la Russie de
faire oublier au grand-duc une province qui l'empêche à
présent de penser et qui le détournera un jour d'agir en
prince des Russes, et qu'il importe à sa maj. imp. de faciliter et d'assurer par cet acte de sagesse et de modération ses
propres vues et ses propres conquêtes, plutôt que d'alarmer
l'Europe entière et d'en armer tôt ou tard une partie contre
elle. Et la seconde, que, si sa maj. imp. manque ce moment important et cette occasion peut-être unique de faire

un si grand bien, il ne sera plus possible au roi de se dispenser de prendre conseil de la nécessité et de tout sacrifier à la seule vue de diminuer les périls que les desseins du grand-duc lui préparent.

Appuyez, monsieur, avec autant de force que de prudence sur ces deux considérations que je ne fais que vous indiquer, mais que vous saurez mettre dans leur jour, et ne négligez rien pour convaincre ces ministres que c'est le bien général du Nord et de toutes les puissances intéressées à le maintenir et non pas celui du roi seul que vos soins cherchent à établir.

Je sais fort bien que votre raisonnement paraîtra d'abord étrange et qu'il sera vivement combattu et probablemen rejeté, mais que cela ne vous rebute pas, monsieur; la vérité a ses droits que l'on ne saurait méconnaître, et tout ce que je viens de vous dire, par le commandement de sa majesté, est si évident que pour convaincre vous n'aurez besoin que d'être écouté. Mais vos succès ne m'en paraissent pas plus certains, ils ne tiennent pas toujours à la conviction ni à ce qui devrait les produire, et je ne me promets que des contradictions et des difficultés de toutes parts. On tentera d'abord de. vous contenter par des réponses vagues ou de vous amuser par l'espérance d'une possibilité de réussite dans un autre tems, comme si des possibilités pouvaient tranquilliser lorsqu'il s'agit du salut du royaume, ou bien l'on vous dira que votre demande est hors de saison et qu'elle pourra déplaire; on y ajoutera peut-être des menaces, je m'y attends et ne m'en effraie pas, et je suis surtout très-certain que l'on vous objectera qu'il ne serait pas juste que le roi gagnât à une guerre à laquelle il n'avait pas pris part, objection qui serait très considérable, si la Russie avait fini la guerre en débellant son ennemi et si elle n'était plus occupée qu'à en distribuer à son gré les dépouilles à ceux dont elle voudrait bien récompenser la fidélité et le zèle, mais qui ne paraît pas bien forte au moment où nous sommes, où ce cas n'existe pas, et à l'égard d'un prince qui ne demande de récompense à personne et qui n'est point susceptible d'en recevoir de quelque mortel que ce soit, mais qui, forcé par les conjonctures et surtout par le grand-duc à ne plus

regarder comme étrangère la guerre allumée dans le Nord
mais à pourvoir à la sûreté de ses états, propose le seul
moyen qui lui permette de se tenir tranquille et cherche
à en faciliter, autant qu'il dépend de lui, les moyens. On
fera en un mot tout, ou pour vous intimider ou pour vous
endormir; mais que ni l'un ni l'autre ne vous arrive, monsieur, armez-vous de toute la sagesse et de toute la fermeté
possible et que rien ne vous détourne d'exécuter les ordres
du roi. Qu'aucune parole ne vous échappe qui puisse
blesser la fierté de la cour ou du ministre auquel vous
parlerez. Ne tarissez point sur le désir de sa maj. de
conserver l'amitié de l'impératrice et de rendre cette amitié,
qui lui est si précieuse et si chère, plus étroite et plus indissoluble que jamais, exprimez ses regrets de se voir
arrêtée malgré elle dans la poursuite de cet objet, exposez
la nécessité qui l'y force et tâchez sur toutes choses d'obtenir promptement et, s'il se peut, avant le 1 septbre au
plus tard une réponse qui puisse mettre sa maj. au fait
de ce qu'elle aura à attendre de cette dernière tentative.
Les momens, comme vous le jugez bien, sont précieux.

N'oubliez en même temps aucun des secours qui pourraient appuyer et seconder .vos soins. Dans cette crise le
roi consent à faire de grands efforts. Mrs de Woronzoff,
Schuwaloff, Brockdorff, Schilden, tous ceux qui pourront
vous être utiles, trouveront leur compte dans vos succès.
Sa maj. vous autorise à leur assurer des marques de la
reconnaissance royale à proportion de leur rang, de leur
fortune et de leur zèle, et elle vous permet d'aller jusqu'à
200,000 écus pour eux tous, le tout pourvu que l'accommodement réussisse de la manière qu'elle vient de le proposer,
et que rien ne soit payé avant son exécution. Plût au ciel
que nous en fussions là!

Les ratifications des deux accessions sont toutes prêtes.
Je vous les enverrais avec joie, si je voyais la bonne intelligence assurée, mais le moyen de contracter de nouvelles
liaisons avec la Russie dans cette cause! Mr. de Woronzoff
est trop éclairé et trop équitable sans doute pour l'exiger. [1]

---

[1] Voir Ostens Gesandtskaber, l. c., 522—524, Correspondance, 164—177.

150.

Dépêche à Mr d'Osten à St. Pétersbourg.

En vous envoyant les ordres du roi que sa maj. me commande de vous adresser et que je vous ai annoncés le 26 avril, je ne me dissimule pas la difficulté de leur exécution et l'orage qu'ils vont exciter contre nous. Nos meilleurs amis seront les premiers et les plus vifs peut-être à les condamner, ou au moins à en faire semblant, mais le roi n'en veut pas moins que vous les exécutiez. Sa majesté a tout prévu, tout pesé, et c'est après cet examen qu'elle a jugé que le bien de ses affaires rendait nécessaire cette tentative ou cette démarche, malgré tous les inconvénients qui pourront en résulter.

Des deux propositions faites par elle aux cours de Vienne et de Versailles que je vous ai confiées dans ma dépêche déjà citée du 26 avril, la première, c'est-à-dire celle de disposer la Russie à force d'argent à quitter son dessein de garder pour elle le royaume de Prusse, a paru d'une exécution trop difficile à la France[1]) et n'a pas été goûtée non plus par la cour impériale et dès lors elle est devenue impossible, le roi ne s'en pouvant charger ni y réussir seul, ainsi qu'il ne lui est resté que de tenter la seconde, et c'est ce que sa maj. fait comme vous le voyez. Le parti est forcé et dès lors les difficultés ne doivent plus arrêter.

Il faudrait avoir oublié la fierté ordinaire de la cour de Russie, rehaussée encore sans doute par les victoires remportées l'année passée et par la possession de la Prusse, et ne plus se rappeler l'opiniâtreté du grand-duc, pour s'en promettre grand effet, mais il n'est néanmoins pas impossible que l'impératrice ne veuille pas donner un allié de plus au roi de Prusse, ni exposer par là sa conquête, tout le fruit de la guerre, au hasard et aux revers; il ne l'est pas non plus que les cours de Vienne et de Versailles, qui redoutent également une augmentation des forces de leur ennemi, s'emploient, quand ce serait même à regret, à déterminer

---

[1]) Cfr. Correspondance, 153—164.

l'impératrice à parer ce coup par un moyen qui ne coûte rien à aucune d'elles et qui leur est incontestablement avantageux à toutes, et il suffit de cette possibilité de réussite pour en rendre, dans la situation où sont les affaires, la tentative indispensable.

Tout votre art doit donc consister, monsieur, à exposer l'équité de la demande du roi, la nécessité qui oblige sa maj. de la faire et d'y insister, son utilité pour le bien de toutes les puissances et enfin les conséquences qui suivront son refus, et de l'exposer d'une manière qui persuade, frappe et inquiète mais qui ne blesse pas. Il ne faut rien qui sente la menace, rien qui offense l'amour-propre et la délicatesse de ceux auxquels vous aurez à parler, mais vous pourrez très bien faire entrevoir ce que vous redoutez que la nécessité ferait faire au roi s'il était refusé, et il sera très bien que vous marquiez sur ce sujet toutes les inquiétudes et toute la douleur qui conviennent si bien à un homme employé à conserver et à augmenter l'union entre les deux cours. Ne dites rien qui puisse être appelé une déclaration de guerre, mais confiez vos alarmes sur ce sujet à qui vous le jugerez à propos, et tâchez de les faire partager amicalement aux deux ambassadeurs. Trente mille hommes de terre et une flotte de vingt vaisseaux de ligne et de dix ou douze frégates relèveront bien les affaires du roi de Prusse et changeront peut-être la face de cette guerre. Faites naître cette pensée à ceux qui peuvent quelque chose en Russie, engagez-les à en tirer la conséquence qu'il ne faut donc point rebuter le prince qui peut donner cet avantage à l'ennemi, mais prenez-vous y avec tant d'habileté et de modestie que toutes ces réflexions paraissent venir plutôt d'eux que de vous. Elles en feront plus d'impression et révolteront moins. La somme dont le roi vous permet d'appuyer vos soins est forte. Dans toute autre affaire j'en espérerais de l'effet, mais pour celle-ci je suis habitué à n'en attendre rien. Faites cependant pour le mieux. Voici le moment critique et décisif, voyez le parti que vous en pourrez tirer et s'il ne fallait qu'augmenter la somme annuelle promise au grand-duc, faites-le sans crainte d'être désavoué.

Examinez bien particulièrement la conduite des deux
ambassadeurs et n'oubliez rien pour pénétrer leurs instructions. Il importe fort au roi de savoir jusqu'à quel point
leurs maitres partagent ses peines et veulent travailler
pour le bien du Nord. Donnez à cet examen toute votre
application.

Dès que vous aurez fait à cet égard quelque découverte ou que vous pourrez prévoir la résolution de la
Russie, ou enfin que vous aurez quelques autres avis importants à donner au roi, renvoyez-moi le courrier. Je le
répète, le temps est précieux. Si cependant vous voyez que
l'impératrice prend feu à un certain point et qu'elle veut
peut-être faire agir contre le roi encore cette année sa
flotte ou ses armées,[1] alors tâchez de gagner du temps et
de rompre ou de reculer le coup, sans néanmoins témoigner
la moindre frayeur. Je ne touche ce cas que pour ne rien
oublier, mais je me crois certain qu'il n'arrivera pas.

Il serait bien superflu de vous dire que cette dernière
lettre surtout n'est que pour vous seul.

151.

Ratification des zu Petersburg den 19/31 Marts 1760 geschlossenen und unterschriebenen Accessions-Acte der Russischen Kaiserin zu dem zwischen dem Könige von Dänemark und dem Könige von Frankreich unterm 4ten Mai
1758 zu Copenhagen geschlossenen Tractat. Signée à Fredensborg 15 août 1760.

152.

Ratification der zu Petersburg verabredeten und geschlosse-
nen Accession des Königs von Dänemark zu der unterm 9
Marts 1759 zwischen Russland und Schweden geschlossenen
Convention, die Sicherheit des commercii und der Schiff-
fahrt in der Ostsee betreffend.
Signée à Fredensborg 15 août 1760.

---

[1] Cfr Ostens Gesandtskaber l. c., 524.

153.

Dépêche à Mr le comte de Wedel-Frijs à Paris.

Copenhague 17 août 1760.

Le courrier que je vous dépêche et que je vous ai annoncé, il y a quelques jours, n'est chargé que de vous instruire et de vous mettre en état d'informer mons. le duc de Choiseul de l'ouverture de la négociation en Russie. Mr. d'Osten l'a entamée le 19 du passé, en faisant à mons. le comte de Woronzoff d'abord de bouche et puis, parce qu'on le désirait de lui, par écrit, la déclaration que le roi lui avait dictée[1]) et dont je vous ai fait part dans ma lettre du 26 juin. Elle a été écoutée avec modération et politesse; mais mons. le grand-chancelier. ayant marqué que l'impératrice serait très-sensible au retardement des ratifications et ayant témoigné que, si le roi voulait que cette princesse s'employât à l'accommodement avec le grand-duc, il fallait avant toutes choses couronner l'affaire des accessions, mons. d'Osten m'a envoyé une estafette pour supplier sa maj. de s'y déterminer, et cette demande ayant été fortement appuyée par mrs de l'Hôpital et d'Esterhazy, sa maj. s'y est résolue sous quelques restrictions et moyennant la déclaration de quelques paroles préjudiciables, insérées dans l'acte d'accession de l'impératrice de Russie au traité du 4 mai 1758, et elle m'a commandé d'envoyer à mons. d'Osten les instructions dont vous trouverez des copies dans ce paquet.

Ces copies ne sont que pour votre propre usage parce que j'en envoie le double à mons. le duc de Choiseul dans la lettre ci-jointe[2]), que vous aurez la bonté de lui faire tenir, mais vous vous en servirez pour vous entretenir avec ce seigneur lorsque vous en aurez l'occasion, et vous vous appliquerez à lui faire envisager cette résolution du roi telle qu'elle est, c'est-à-dire comme une nouvelle preuve de la disposition de sa maj. à écouter et à suivre les avis des ministres de France et de sa facilité à se prêter à tout

---

[1]) Voir no 149.
[2]) Cfr Correspondance, 200—203.

ce qu'ils jugent pouvoir porter la cour de Russie à une résolution que le roi souhaite vivement, parce qu'elle le dispenserait de la nécessité de prendre un parti entièrement opposé à ses inclinations et au penchant de son cœur. Si, après cela, mons. de Choiseul nous soupçonne encore d'engagements secrets avec l'Angleterre, il faut convenir que nous sommes bien malheureux et que nous ne devons plus espérer de pouvoir le guérir de la défiance dont la conduite du roi la plus attentive, la plus constante et la plus décidée ne nous sauve pas.[1]

Ne dissimulez point à mons. de Choiseul que le roi sent bien tout ce qu'il perd en perdant ainsi du temps, sans avancer ou décider ses affaires ni avec la Russie ni contre elle. Mais sa maj. sacrifie tout cela à la possibilité de pouvoir éviter le parti qui déplait à la France et, quoiqu'elle prévoie très-bien que, si dans ces entrefaites les Russes triomphent et accablent le roi de Prusse, elle n'aura plus que des refus bien fiers et bien secs à attendre de leur part, elle aime mieux s'y exposer que d'avoir à se reprocher la moindre précipitation dans ses démarches et d'avoir pris un parti extrême, avant que la nécessité qui l'y oblige fût incontestable. Le roi peut échouer dans ses entreprises et dans ses mesures, elles peuvent même tourner contre lui; mais il aura toujours la consolation d'avoir tendu à un but juste et nécessaire par des moyens légitimes et d'avoir marqué jusqu'au bout à ses amis une constance et une fidélité à laquelle il est impossible qu'ils ne rendent justice un jour.

[1] Frédéric II, l. c., V, 42 et Schäfer, l. c. III, 7—10 mentionnent, le second avec des détails, les pourparlers qui eurent lieu avec l'Angleterre et la Prusse pendant les mois d'avril—juin; mais les archives danoises ne contiennent rien à ce sujet, excepté dans une lettre de Bernstorff à de Cheusses du 4 avril 1761, dans laquelle le ministre paraît avouer qu'il y eut un temps, „où cette prospérité et cette fin brillante de la guerre qu'il semble que Dieu veut accorder à sa maj. prussienne n'était pas encore assurée, et où il était par conséquent généreux d'offrir un puissant secours à ce prince et très-raisonnable de ne le faire qu'à des conditions qui en auraient en quelque sorte partagé le bénéfice." — Cfr Ostens Gesandtskaber l. c., 527. Sur la manière de voir de l'Angleterre au sujet de la cession de la Prusse à la Russie voir: La cour de Russie 1725—1783, pag. 164.

Pour les subsides n'en parlez, monsieur, qu'autant que vous serez sûr de le pouvoir faire avec effet et sans vous attirer des reproches désagréables. Ce n'est, vous le savez mieux que moi, pas le temps de les presser et, quelque fâcheux qu'il soit pour le roi d'en être privé, il aime mieux essuyer leur retardement que de les devoir à des sollicitations qui seraient mal reçues et qui ne seraient pas dignes de lui.

154.

Dépêche à Mr d'Osten à St. Pétersbourg.

Copenhague 28 août 1760.

(Extrait.)

Veuillez dire, monsieur, que le roi, qui n'a jamais usé de menaces envers qui que ce fût, est très éloigné de se permettre des insinuations menaçantes envers une cour aussi puissante que l'est celle de Russie, et dont il désire aussi sincèrement l'amitié, et qu'ainsi il n'a fait représenter à sa maj. impér. la czarine les suites de l'animosité de monseign. le grand-duc, et les mesures auxquelles cette animosité le forcerait malgré lui, que comme des conséquences inévitables de ces sentimens de son alt. imp. qu'il ne pouvait cacher et déguiser à cette princesse, sans manquer à la haute estime et à l'amitié qu'il avait pour elle.

Qu'il n'a jamais eu le dessein de demander à sa maj. imp. de forcer mgr. le grand-duc à un accommodement avec lui. Qu'indépendamment de l'injustice d'une pareille demande, très opposée aux principes d'équité et de raison dont le roi s'est fait une sévère loi et dont il ne s'est point écarté d'un moment pendant tout le cours de son règne, il a, malgré la haine que son alt. imp. lui porte, trop d'estime pour un prince de sa maison et de son sang pour le désirer ou l'imaginer susceptible d'être forcé à quelque résolution que ce puisse être, mais que cette même estime lui fait croire que, quoique inébranlable à la violence, il ne le sera point à la raison, aux intérêts de l'empire dont il doit hériter un jour et aux siens propres, et que c'est l'emploi de ces moyens, appuyés par l'au-

torité, non pas souveraine mais persuasive de sa maj. imp.,
que le roi a demandé à cette princesse, et de laquelle seule
il attend la dissipation de ces préventions dont depuis
dix ans il sentait les effets et qui subsisteront toujours
et produiront les plus grands maux, si elles ne sont pas
surmontées par les conseils, les exhortations et les arguments
de sa maj. imp., dont la vérité, la sagesse et la tendresse
l'emporteront sans doute, dans l'esprit et dans le cœur
d'un prince, son neveu, comblé de ses bienfaits et appelé
par elle à la succession de son vaste empire, sur toutes
les insinuations opposées et sur tous les anciens préjugés.
Et que, si dans le moment de cette demande, dont le motif
et le but ne peuvent être désagréables à sa maj. imp.,
le roi a suspendu l'expédition des ratifications des actes
d'accession aux traités du 4 mai 1758 et du 9 mars 1759, ce
n'a point été faute de désirer la consommation de ces
actes, ni par insensibilité pour la preuve d'amitié que sa
maj. impériale lui a donnée par elles mais uniquement
parce que, posant la droiture et l'observation fidèle de sa
parole pour première base et règle inviolable de sa politique, il n'a point voulu dissimuler à l'impératrice le
cas dans lequel il se trouve, et l'extrémité à laquelle la
façon de penser de mgr. le grand-duc, si elle ne changeait
pas, le réduirait, et a estimé devoir éviter le reproche
d'une duplicité absolument au-dessous de lui et de son
cœur. Mais qu'aussitôt qu'il pourrait concevoir l'espérance
que ses différends avec son alt. imp., sources de tant de
maux, pourraient, comme il le désire sincèrement et comme
il est prêt à y porter toutes les facilités possibles, être
aplanis et radicalement terminés, il se ferait une joie de
hâter la consommation de ces actes et que, pour cet effet,
il vous a envoyé ses ratifications avec ordre et pouvoir
de les échanger contre les ratifications de sa maj. imp.,
aussitôt que vous aurez une lueur de cette espérance et
aussitôt que l'ambassadeur du roi très-chr. son allié aura
reçu l'acte de ratification de sa cour et se trouvera ainsi
en état de porter, de concert avec vous, toute cette affaire
à sa perfection. [1])

---

[1]) Cfr Correspondance, 177—205. Ostens Gesandtskaber l. c., 524—29.
Osten reçut l'ordre de faire la déclaration: que sa maj., infiniment

155.

Note à Mr Titley, ministre d'Angleterre.

Copenhague 30 août 1760.

Le roi vient de recevoir d'Eggersund en Norvége le rapport dont j'ai l'honneur de joindre ici la copie. C'est depuis un an la cinquième violence de cette espèce commise dans ses ports et dans ses rades, non par des corsaires ou gens sans nom et sans aveu mais par des officiers de la flotte britan., sans que sa maj. ait pu jusqu'à présent, malgré les instances vives et réitérées de son ministre, recevoir la moindre satisfaction sur aucune d'elles. Celle-ci passe toutes les autres, monsieur, et les circonstances en sont si graves et si offensantes que leur simple exposé suffira à un ministre aussi éclairé que vous l'êtes, pour en comprendre toutes les conséquences. Le roi, il me commande de vous le dire, sent ces procédés en prince convaincu qu'il doit protection à ses peuples et qu'il lui convient de l'accorder à ceux qui, sans être ses sujets et de quelque nation qu'ils soient, cherchent un asile dans ses royaumes et réclament le bénéfice de la paix et de la neutralité qu'il a su y conserver, et il m'ordonne de vous prier, monsieur, de rendre compte à votre cour de cet événement, et d'appuyer près d'elle la demande qu'après tant et de si longues représentations il lui réitère aujourd'hui, d'une satisfaction prompte, éclatante et proportionnée à l'excès de l'offense. Il se la promet indubitablement de l'amitié et surtout de la justice et de l'équité du roi de la Grande-Bretagne, qui connaît trop bien les lois des nations et les

---

sensible à la continuation des bonnes intentions de sa maj. imp. annoncées et exprimées dans l'acte d'accession au traité du 4 mai 1758, donne avec confiance ses ratifications à cet acte, sans toutefois que la réserve des droits et prétentions de son alt. imp. le grand-duc, insérée dans l'acte d'accession de sa maj. imp., puisse nuire ou préjudicier aux droits et possessions dont le roi jouit, qui lui sont garantis par plusieurs puissances et dont sa maj. ne peut se dispenser de faire la réserve expresse. Et elle n'en compte pas moins sur l'exécution exacte et fidèle des engagements pris par sa maj. imp. dans l'art IV et le premier article séparé et secret de l'alliance conclue le 10 juin 1746.

droits des souverains pour soutenir des officiers lorsqu'ils violent les unes et les autres d'une manière sans exemple, et pour vouloir les soustraire alors au châtiment qu'ils méritent. Mais si contre toute son attente sa maj. se voyait déçue de cette espérance, elle m'ordonne très expressément de vous déclarer, monsieur, qu'il n'y a point d'extrémité à laquelle elle ne s'exposera plutôt qu'à la honte d'acquiescer à des insultes et à des attentats, si fort multipliés et directement opposés à ses droits et à ceux de la neutralité, à la sûreté et au repos de ses peuples et à l'honneur de sa couronne. —

156.

Dépêche à Mr de Schack à Stockholm.

Copenhague 1 novembre 1760.

(Extrait).

J'ai à vous marquer l'approbation que le roi donne à la manière dont vous vous êtes expliqué envers notre ami sur les soupçons que bien des gens conçoivent, en Suède comme autre part, des intentions et des inclinations de sa majesté dans les conjonctures présentes. Vous avez sagement fait de le rassurer et il est très vrai, comme vous l'avez dit, que le roi est ferme et inébranlable dans son système et dans ses principes et que jamais prince n'a été plus constant et plus décidé dans ses amitiés et dans l'observation de ses engagements; mais il faut néanmoins, monsieur, que je vous observe que cette constance se rapporte toujours à la première de ses obligations et à la base invariable de son système et de ses actions, au salut de ses peuples, et qu'elle suppose que ses amis n'exigeront et ne demanderont rien qui y soit opposé. C'est ainsi que le prodigieux accroissement et l'approche de la puissance moscovite lui donne de justes inquiétudes, et qu'elle ne compte point aller ni contre les traités qui subsistent d'ailleurs entre les deux nations ni contre l'amitié qui l'unit avec les alliés présents de la Russie, en s'opposant de toutes ses forces à ses vues sur la Prusse aussi longtemps que ses différends avec le grand-duc lui feront voir dans l'héritier de cet empire son ennemi certain et implacable. Un roi, père de son peuple, comme Pest, grâces immortelles en scient rendues à Dieu qui nous l'a donné, le nôtre, ne peut balancer à préférer la conservation, la liberté et la tranquillité de la nation sur laquelle il règne à tout autre objet, et ce serait avoir une idée bien injuste de son génie, de son cœur et de ses connaissances, si l'on croyait qu'il pourrait sacrifier le devoir le plus sacré des monarques à la complaisance pour des intérêts et des vues étrangères, et à des liaisons contractées dans d'autres temps et dont la première condition, exprimée ou faite, est toujours ou doit toujours être qu'elles ne lèsent point le salut de l'ètat en faveur duquel elles sont toujours censées contractées. Les intérêts passagers, le désir même des acquisitions doivent se régler sur les traités et les engagements, et il n'est sans doute pas permis de violer ces derniers, quelque avantage ou profit qu'on pourrait y trouver; mais tout cède au soin de sauver l'état contre une oppression étrangère, et rien ne peut engager le roi à acquiescer à ce que le prince qui aspire à lui arracher une de ses plus belles provinces et dont les prétentions, si elles étaient heureuses, engloutiraient bientôt tout le reste, obtienne les moyens d'exécuter avec facilité ce dessein et ceux de tenir ses états dans une gène et une alarme perpétuelles avant même qu'il les exécute. La Suède, la France et s'il y a encore d'autres cours sur la terre qui y prennent intérêt ne peuvent donc pas condamner le roi, si, au cas que les efforts qu'il fait avec tant d'application, de constance et d'ardeur pour s'accommoder avec le grand-duc et pour diminuer ainsi les dangers de ses peuples échouent, il prend les mesures que la suprême loi des princes et des nations exigent de lui et, si par une fatalité à laquelle je ne veux pas donner une qualité plus forte, elles sont assez insensibles au malheur commun pour vouloir, en faveur de quelque acquisition ou de quelque commodité momentanée, travailler elles-mêmes à forger et à imposer les fers que la Russie prépare au Nord, elles ne doivent pas au moins trouver mauvais que le roi ne partage point une si malheureuse et si inconcevable poli-

tique mais que, réduit à la nécessité d'opter et de se déclarer, il agisse pour la faire échouer.

Il n'est pas encore nécessaire, monsieur, de s'expliquer
sur ce point avec les amis du roi ou avec le ministère de
Suède, et comptez, j'en atteste la Russie elle-même de rendre témoignage à cette vérité, que sa maj. fait tout au
monde et ne néglige ni soins ni travaux ni offres ni dépenses pour éviter la nécessité de recourir aux extrémités,
nécessité dont elle connaît et sent vivement toutes les conséquences et tout le danger. Mais elle a toujours estimé
nécessaire de me commander de vous exposer ainsi sa façon
de penser et d'entrer avec vous dans ce détail confidentiel
pour que vous soyez en état d'y ajuster vos propos et de
régler en conformité vos assurances. [1])

---

[1]) La Suède, aussi intéressée que le Danemark à empêcher que la
Russie ne s'établit dans la Prusse, ne fit pourtant rien pour
appuyer les efforts de Bernstorff. La haine contre le roi de
Prusse l'emportait sur toute autre considération politique. Déjà
dans une lettre du 11 avril 1760, mons. d'Assebourg rend compte
à Bernstorff de cet aveuglement des hommes d'état suédois. Pour
donner une preuve de la politique de Höpken vis-à-vis du Danemark, nous citerons un mémoire adressé à l'ambassadeur de France
à Stockholm au moment même où Bernstorff tâchait d'amener
un arrangement à l'amiable avec le grand-duc. Au mois d'août
mons. Höpken écrit:

J'ai fait rapport au roi de ce qui s'est passé dans la conférence du 23 juillet entre mons. l'ambassadeur et moi. J'ai détaillé les considérations répandues dans les différentes pièces qui
m'ont été lues, mais comme il était impossible que ma mémoire
pût retenir exactement ce qu'un volume contenait, je n'ai été
attentif qu'à rassembler ce qui m'a paru le plus frappant et le
plus essentiel, et j'ai omis les articles sur lesquels je pouvais
avoir quelque doute et principalement ceux dont la force con-
sistait ou dans l'ambiguïté ou dans l'art de l'expression.

Sa maj m'a ordonné de témoigner de sa part à mons. le duc
de Choiseul combien elle est sensible à la confiance que ce ministre lui a témoignée et, pour y répondre, le roi veut que mons.
le duc de Choiseul soit le dépositaire de ses vrais sentimens à
l'égard de l'affaire qui lui a été proposée et que je les développe
avec sincérité et sans déguisement, sa maj. n'ayant rien de secret
pour un ministre dont elle considère et estime infiniment les intentions et les lumières.

Il est aisé de concevoir que la Suède ne saurait que se trouver extrêmement embarrassée, si le Danemark entrait en jeu en

157

Dépêche à Mr. de Wedel-Frijs à Paris.

Copenhague le 20 décembre 1760.

Patience et sagesse! voilà assurément de belles paroles, et un très bon conseil que mons. le duc de Choiseul vous a donné en finissant la conversation dont vous m'avez fait part dans votre lettre du 21 du passé. Aussi le roi est-il très résolu de le suivre et se flatte-il même de l'avoir prévenu en réglant scrupuleusement sa conduite sur ce principe pendant tout le cours de l'affaire qu'il s'agit aujour-

faveur du roi de Prusse, mais il est difficile d'apprécier la réalité des menaces de cette cour et la grandeur de ce péril sur les propos que tiennent ses ministres; c'est le caractère des personnes qui président aux affaires, et la Constitution des forces et des finances qui pourront, plus sûrement que toute autre chose, déterminer jusqu'à quel point l'art ou la sincérité a pu avoir réglé les démarches des ministres danois vis-à-vis de l'ambassadeur de France à Copenhague.

C'est encore un point qui mérite un examen et des recherches bien précises de savoir, si en effet l'Angleterre a fait des propositions au Danemark dans le sens qu'elles sont annoncées.

En rassemblant tous les événemens de cette guerre, serait-il permis de ne point imaginer que l'Angleterre trouve son intérêt à la neutralité sur le pied que le Danemark l'observe? N'est-on pas pareillement en droit de douter que l'Angleterre veuille prendre avec le Danemark des engagemens qui révolteraient le grandduc, et détacheraient ce prince de cette prédilection secrète et utile qu'il conserve pour la cour de Londres? On ne disconvient pas que l'intérêt de cette cour n'exige que toute discorde entre le successeur au trône de Russie et le Danemark soit pour toujours anéantie, puisque, par une réunion de ces deux puissances, l'Angleterre pourrait gouverner l'une et l'autre avec plus d'aisance et de supériorité; mais il est probable que l'Angleterre ne trouvera pas sa convenance à traiter elle-même cette affaire, et que cette cour préférera plutôt que la France entame et achève une négociation où elle gagnera tout l'odieux et l'Angleterre tout l'avantage. La Suède se croit au contraire fondée de croire que l'intérêt de la France et son influence dans le Nord ne s'accordent point avec une union permanente entre ces deux puissances: ce qui a fait une vérité constante en 1749 peut, suivant les conjonctures, être susceptible de quelque tempérament mais ne saurait subir une révolution totale, et devenir erreur aujourd'hui. Que la France se rappelle les motifs dont elle s'est servie pour ménager un accommodement avec le Danemark, motifs qui ont déterminé sa maj. à consentir à la renonciation du Slesvic et à 'hui de finir. Plus de dix années révolues de sollicitations les plus pressantes et accompagnées de toutes les offres que le roi de Danemark peut faire à l'héritier de Russie, ne prouveraient-elles pas sa patience, et peut-il marquer plus de sagesse qu'en envisageant, comme il le fait, toute l'étendue du danger qui le menace, qu'en le réprésentant vivement et exactement à ses amis, et pour son intérêt et le leur, qu'en tentant et épuisant d'abord tous les moyens de négociation et de paix qui peuvent le détourner ou au moins le diminuer, et qu'en prenant enfin, sans précipitation, sans déguisement, sans duplicité et sans troubles, les mesures nécessaires pour écarter ce danger, autant que cela peut dépendre de lui, et le parti auquel les dispositions du grand-duc, la faiblesse de l'impératrice de Russie et le

---

l'échange du Holstein. Il était dit alors qu'en accordant au Danemark ce que cette puissance désirait avec tant d'ardeur, on obtiendrait deux avantages réels, le premier une réunion étroite et permanente entre la Suède et le Danemark, et le second d'entretenir des méfiances continuelles et vives entre cette dernière puissance et la Russie, dès que le grand-duc serait monté sur le trône de cet empire. On était bien persuadé alors, comme l'événement le prouve encore aujourd'hui, que ce prince n'accorderait rien au Danemark par ce sentiment de haine qu'il a conçu contre cette cour depuis son enfance.

Mais, pour revenir au Danemark, c'est un calcul à faire si les troupes danoises pourront être de quelque secours pour le roi de Prusse au terme assigné pour la dernière résolution que le Danemark compte de prendre. Il faut que cette campagne se termine par une paix, quel qu'en soit le succès, et dès lors le concours du Danemark embarrassera plutôt les négociations du congrès que ce même concours ne pourra balancer la fortune d'une campagne qui tire à sa fin.

Cette réflexion en amène une autre, c'est qu'il ne parait pas bien convenable de multiplier les engagemens onéreux, pour s'en rendre garant à la paix générale. Qu'on considère le tems infini qu'on a mis à la conclusion des traités de Westphalie par ces mêmes causes et ce serait se mettre aujourd'hui dans la nécessité de prolonger la guerre que de rendre par de nouvelles prétentions la paix difficile et longue.

Au reste, on pourra être en droit de douter que l'instant des plus grands embarras du roi de Prusse soit celui que le Danemark choisisse pour se mettre sur les rangs en faveur de ce prince. Cette entreprise supposerait le plus grand courage et de très grandes ressources.

peu d'effet des offices des puissances amies le forcent. Si
ce n'est pas là marquer de la patience et de la sagesse,
j'avoue n'avoir point l'idée de ces vertus, car de poursuivre toujours une négociation, après que son inutilité est
devenue certaine, serait simplicité et illusion, et s'abandonner soi-même à la vue du péril le plus pressant, ne lui
opposer que l'inaction, remettre le sort de son peuple et de
sa couronne à des espérances vagues et aux soins incertains
d'autrui serait mollesse et imprudence. Mr. de Choiseul
pense trop juste pour s'y tromper, et je le crois trop généreux pour exiger d'un roi, ami du sien, qu'il prenne un
change si funeste, et qu'avec la perte certaine de sa gloire
et de la considération qu'il s'est acquise en Europe, il
risque encore la perte de tout ce dont Dieu et son peuple
lui ont confié la conservation.

Mr de Choiseul sait et il voit que le roi fait tout ce
qu'il est en son pouvoir pour éviter la nécessité de prendre
les armes en opposition aux vues des Russes. Jamais nous
lui avons caché que sa maj. connaît tous les inconvéniens
de cette démarche, nous lui prouvons par tout ce que nous
faisons tous les jours le regret avec lequel elle s'y détermine; mais il voit aussi que tout ce que nous tentons,
tout ce que nous faisons pour en éviter la nécessité, échoue,
que la Russie ne fait pas même attention à nos offres et à
nos déclarations, que nos plus fortes instances, soutenues
de celles de mrs. de l'Hôpital et d'Esterhazy, n'ont pas pu
déterminer seulement jusqu'à présent la faible et frivole
démarche de l'envoi de Mrs de Woronzoff et de Schuwaloff
au grand-duc, que le tems précieux de cette crise décisive
s'écoule ainsi; il sait que, quelque peu de forces qu'il
puisse nous attribuer, une partie du Nord (je parle en
homme, mais en comprenant en même tems que les efforts
des hommes ne sont rien et en avouant avec adoration et
soumission que tous les événemens dépendent uniquement
de l'arbitre et de la volonté de l'Eternel) est entre nos mains,
que, dans l'état où sont les choses en Suède, une seule de
nos paroles débarrasserait le roi de Prusse de cet ennemi,
qu'à la vue de notre flotte celle de Russie ne pourrait et
ne voudrait plus rien entreprendre dans la Baltique; il
n'ignore pas combien ce secours maritime et celui de 30

mille hommes de terre que le roi aura au printemps prochain à 3 lieues de l'Elbe, faciliterait les opérations du roi
de Prusse et donnerait de l'aisance à ses manœuvres, et il
veut cependant que nous fermions les yeux sur tout cela,
que nous ne voyions ni nos périls, ni nos ressources; il
veut, qu'insensibles à l'indifférence et — pourquoi ne le
dirai-je pas, puisque nous ne le méritons point — au mépris de la présente souveraine de Russie, noûs nous ex-
posions imbécillement à la haine et au pouvoir de son successeur; il veut que des espérances de succès futurs, mais
qui ne sont soutenues par rien et que l'expérience détruit
ou affaiblit tous les jours, nous tiennent lieu de réalités, et
que, sur les bords du précipice, sur le point de voir un
ennemi dont la fureur et les prétentions contre nous
sont connues à toute la terre, renverser les barrières qui
se trouvaient entre lui et nous, et se mettre à portée de
nous écraser au moment de son bon plaisir avant que qui
que ce soit puisse venir à notre secours, nous nous endor-
mions au son flatteur de promesses, de l'effet desquelles
nous pouvons juger par celui qu'elles ont à présent. La
demande est-elle juste? Que tout l'univers en juge.[1])

Je ne vous dissimule donc point, monsieur, et ne le
dissimulez pas non plus à mons. de Choiseul, que le roi ne
peut dans cette extrémité se refuser d'agir pour lui même,
aussitôt que le grand-duc ne veut et que tous les autres
amis ne peuvent le soustraire au péril toujours crois-
sant qui s'approche de lui. Pendant que toutes les autres
puissances s'épuisent et s'affaiblissent, la Russie seule se
fortifie, elle affermit tous les jours davantage son pouvoir
en Prusse, ses armées ne s'exposent à rien et ne font que
s'enrichir des dépouilles des malheureuses provinces dans
lesquelles elles entrent; pendant que les Autrichiens et les
Prussiens se combattent et que sous leurs drapeaux les
Allemands s'exterminent, les Russes s'habituent au climat
et à la vie militaire, et que ne seront-ils pas en état d'exécuter, si, n'ayant plus de voisin capable de les arrêter, ils
se trouvent un jour sous un souverain qui ait des volontés
fixes et un général qui ait une habileté commune? Qui

---

[1]) Cfr Correspondance, 205—212.

est-ce qui alors, qui est-ce qui dès à présent leur arrachera
leurs conquêtes, si on leur laisse faire encore une campagne destructive pour les autres, non sanglante pour eux?
Je connais et je respecte assez mons. de Choiseul pour
m'en fier à sa parole; puisqu'il le dit, je suis sûr que la
France n'a point garanti la Prusse à la Russie; mais qu'il
me permette de le lui dire, qu'il reçoive avec bonté cette
vérité de la bouche de l'homme du monde le plus convaincu et le plus pénétré de la grandeur de la France, la
Russie, sans cette garantie, gardera bien sa conquête, si on
ne la lui arrache, et quoique le refus de l'accorder soit
sans doute glorieux à la France et une preuve de la sagesse
de son ministère, il ne suffit point pour tranquilliser ceux
qui regardent cet excès d'aggrandissement de la puissance
moscovite comme un de leurs plus grands malheurs.

Je sais très bien l'embarras où tant d'événements funestes, tant de contradictions, une complication de tant de
maux jettent un ministre aussi éclairé et aussi bien intentionné que l'est mons. de Choiseul, et je respecte cet embarras dont je révère les sources. Plût au ciel que je
pusse imaginer un expédient de le diminuer ou de le prévenir, mais, ne le pouvant pas, il ne reste que de choisir
entre les malheurs et de ne consulter que son devoir dans
ce choix.

Mr. de Choiseul voudra cependant bien être persuadé
que ni ces agitations ni les chagrins qui dans une si triste
crise environnent le roi, ni les facilités que lui offrent ou
plutôt que lui laissent entrevoir les puissances intéressées
à sa déclaration, ne feront rien oublier à sa maj. de ce
qu'elle lui a promis. Elle donnera encore tout le temps
que la saison pourra permettre, aux résolutions de la Russie,
et je compte dans peu de semaines ou de jours peut-être
vous dépêcher un courrier pour m'expliquer plus positivement avec vous sur ce terme, et elle évitera jusqu'au bout
toute fausse démarche, toute mesure contraire à ses principes et à son système. Que ce seigneur ne la soupçonne
donc pas de penser à s'emparer préliminairement de la partie ducale du Holstein! Rien ne serait plus opposé à sa
façon de penser que cette occupation, point juste et peu
utile, et on ne peut l'en croire capable qu'en ne la con-

naissant point. Elle est en droit de s'opposer à l'agrandissement de la Russie; elle est en droit d'y acquiescer si cette cour la tranquillise sur un des premiers motifs de son opposition; elle peut donc faire l'un et l'autre sans qu'aucune puissance sur la terre puisse lui en faire de justes reproches. Mais saisir avant la guerre quelques bailliages, le patrimoine médiocre de son cousin, de l'inimitié et des desseins duquel elle ne se souvient qu'autant qu'il est prince et héritier de Russie, ce n'est pas là un projet qui lui tombe dans l'esprit.

Assurez-en mons. de Choiseul, assurez-le que, quelque parti que les conjonctures obligent sa maj. de prendre, elle le prendra toujours en prince juste et en roi. —

158.

Dépêche à Mr de Schack à Stockholm.
Copenhague le 21 décembre 1760.
(Extrait).

Les derniers événements de la diète dont vous avez rendu dans vos dépêches un compte si juste et si détaillé au roi; et ce que sa maj. a appris d'autre part des desseins des puissances mécontentes du gouvernement présent de la Suède, lui font sentir si vivement les dangers auxquels le bon parti et la liberté du royaume se voient exposés que, résolue à faire les plus grands efforts pour maintenir l'un et l'autre, elle m'a commandé de vous dépêcher ce courrier pour vous informer de ses résolutions à cet égard et pour vous mettre en état de les faire connaître à ses amis. Sa maj. vous ordonne que, dès que vous pourrez le faire, vous cherchiez les moyens de voir sans bruit le baron de Schäffer et que vous lui disiez: que le roi, instruit de la haine de ses adversaires et des desseins de la cour, et averti de très bonne part que les ennemis du sénat et de la liberté suédoise recevront incessamment quelque peu d'argent de la part du roi de Prusse et en espèrent davantage du jeune roi de la Grande Bretagne, [1]) s'est déterminé à ne pas abandonner la bonne cause dans une si

---

[1]) Malmström l. c. V, 26—27.

dangereuse crise mais d'opposer à ceux qui veulent l'opprimer les mêmes moyens dont ils se servent, et que, pour cet effet, elle a destiné jusqu'à cent mille écus, s'il le fallait, à balancer les mauvais effets que l'argent anglais et prussien pourrait produire. Que sa maj. l'estimant, lui baron de Schäffer, le premier de ses amis en Suède et pensant pour lui conséquemment, vous a commandé de lui faire avant tout autre non seulement confidence de cette résolution, mais vous a autorisé encore à concerter avec lui l'emploi et la distribution de cette somme ou de la partie qui en serait nécessaire. Que vous avez ordre de faire à l'ambassadeur de France confidence de cette démarche de sa maj.; mais que le roi, qui destine ce secours uniquement au maintien du sénat et de la liberté et à la conservation de ses amis et à aucun autre objet, quel qu'il puisse être, ne veut point que la distribution en soit confiée à celui qui est chargé de celle de l'argent de France, mais qu'il entend la confier à un homme qui soit fidèle à cette restriction, à laquelle l'amour de la paix et la neutralité obligent indispensablement sa majesté, et que la haute opinion qu'elle a de lui, baron de Schäffer, de ses lumières et de sa probité vous met dans le cas de le consulter particulièrement sur ce choix si délicat et important et qui, pour être utile et heureux, ne doit tomber que sur un sujet également rempli de discernement et de droiture. Vous entrerez ensuite avec lui dans le plus grand détail au sujet de l'emploi habile et utile de cet argent, qui équivaudra en partie aux sommes que nous savons être accordées par la Prusse et demandées à l'Angleterre, et vous le consulterez sur ce qu'il conviendra de dire à l'ambassadeur de France et sur la part qu'il faudra en faire au baron de Høpken ou à quelque autre du sénat et de la diète. —

159.

Dépêche à Mr le comte Wedel-Frijs à Paris.

Copenhague le 10 janvier 1761.

Je conçois très bien que la situation fâcheuse des affaires donne de l'humeur aux ministres de France et il

n'y a aucune de vos relations, monsieur, qui n'en porte les
marques et les preuves; mais ce que je ne conçois pas,
c'est que cette humeur ne s'adoucisse jamais, qu'elle porte
à donner à toutes nos paroles et à toutes nos démarches
un sens qui n'est pas le nôtre, et qu'elle dicte toujours des
conseils qu'il est évident que nous ne saurions suivre. Je
ne jugerai pas les rapports que mons. le président Ogier
fait de mes conversations avec lui, quoique la connaissance
que j'ai des talents de son esprit et de son cœur ne me permette pas de douter de leur justesse et de leur exactitude;
mais je sais que je ne lui parle que dans le sens que je
vous écris, les mêmes ordres du roi inspirent mes paroles
et mes dépêches et, comme rien n'est plus éloigné de ces
ordres de sa maj. que les menaces, je suis absolument sûr
de n'avoir jamais pris ce ton que je déteste; mais si le
le conseil de France appelle menacer lorsqu'on s'ouvre confidemment à lui par son ambassadeur de ses peines, de ses
inquiétudes, des dangers que l'on prévoit et des mesures
que l'on se verra obligé d'y opposer, alors il est vrai que
je menace souvent, parce que le roi veut que je ne cache
point à la France ses périls et ses résolutions, et parce qu'il
me commande de fonder sa politique sur la franchise, la
candeur et la probité les plus exactes. Il n'y a pas de
milieu, monsieur, il faut ou que la confiance cesse entre
les deux cours ou que celle de France regarde, non pas
comme des menaces qui l'irritent, mais comme une marque
d'estime et d'amitié qui lui plaise, la confiance avec laquelle le roi s'ouvre à elle de sa situation et de ses
desseins.

Pour les nouveaux soupçons dont on vous a entretenu, [1])
je n'y répondrai rien, je suis las de combattre des fantômes.
Si le roi avait envie de se liguer avec l'Angleterre, si sa
fidélité dans ses engagements et son inclination prépondérante pour la France ne l'en détournaient pas autant qu'il
lui sera possible de l'éviter, il l'aurait fait et le ferait sans
s'en cacher. La situation des affaires ne le justifierait que
trop. Son cœur est tout à fait au-dessus de toute petite et
basse dissimulation et s'il avait changé d'amis, il n'hési-

[1]) Cfr Correspondance, 207.

terait pas de le déclarer. Mais sa façon d'agir démontre
clairement le contraire, et il donne tant de preuves de sa
constance que l'on peut bien l'accuser mais non pas croire
qu'il en manque. Bien entendu, que cette constance n'est
et ne sera jamais un vasselage et qu'il se souviendra toujours que le premier et le plus irrévocable de ses engagements est celui de défendre et de sauver sa couronne et
ses peuples.

Quant à la patience qu'on continue de nous recommander,
je m'en suis expliqué dans une de mes dernières[1]) et je m'y
rapporte Je veux croire et je suis très persuadé que la
France désire la réussite de notre négociation en Russie et
qu'elle y travaille de bonne foi, à cet égard nous lui devons
et nous lui portons de la reconnaissance,[2]) mais je vois en même
temps que ces offres ne font pas le plus petit effet et
qu'elles ne produisent pas même cette misérable exhortation
de l'impératrice au grand-duc qui devait être la récompense
de l'accession du roi à la convention du 4 mars 1759.
Nous ne sommes pas assez injustes pour reprocher ce peu
de succès à la France, ce n'est pas sa faute, mais puisqu'elle
n'a pas assez de pouvoir en Russie pour aider le roi dans
le péril pressant qu'il court, il faut que le roi s'aide lui-
même. C'est une conséquence naturelle et il est en vérité
injuste que la France s'en fâche. Il l'est de même qu'elle
veuille que sa maj. expose les intérêts les plus importants
et les plus pressants de sa couronne pour se tenir faiblement à ce petit filet d'espérance qu'elle lui présente. Peut-
elle exiger sérieusement, peut-elle croire ou vouloir persuader le roi qu'une époque où l'orgueilleuse Russie n'aura
absolument rien à craindre de sa part, soit plus propre à
lui inspirer de la complaisance que ce moment, où, toute
vaniteuse que soit cette impérieuse cour, elle ne peut
se dissimuler ce que la déclaration du roi accomplirait dans
le Nord? La France peut-elle être et se dire l'amie du roi
et employer le crédit que ce titre lui donne sur son esprit
et sur son cœur, pour lui tenir un tel langage et pour lui

---

[1]) Cfr no 157.
[2]) Cfr Correspondance, 211.

faire perdre ainsi le seul moment favorable, la seule possibilité de réussir qui lui reste?

160.

Dépêche à Mr le baron de Bachoff à Vienne.

Copenhague le 24 janvier 1761.

Mrs de Woronzow et de Schuwalow ont enfin été le 17 du passé chez le grand-duc et lui ont exposé verbalement la commission dont ils étaient chargés; mais ce prince ne s'est point ouvert à eux de ses sentiments et s'est contenté de leur dire qu'il porterait sa réponse à l'impératrice même, et qu'ils n'avaient qu'à lui laisser tous les papiers et toutes les pièces relatives à la négociation, ce qu'ils ont fait. Nous approchons donc du dénoûment de cette affaire si pénible et j'attends tous les jours le courrier qui doit porter au roi la résolution de son alt. impériale. Peut-être ne sera-t-elle pas décisive; mais, de quelque façon qu'elle soit tournée, elle marquera à sa maj. la route qu'elle aura à suivre et les mesures qu'elle aura à prendre. Aussi me hâterai-je de vous en faire part. Mr d'Osten a demandé ses audiences de congé, mais il ne partira qu'après que le grand-duc se sera expliqué et il restera même alors, si le ministère de Russie le désire et si les ambassadeurs alliés le lui conseillent, et surtout si cette explication laisse quelque espoir de succès, jusqu'à l'arrivée de son successeur.[1]) Et dans ce cas aussi mr le comte de Haxthausen recevra l'ordre de presser son départ le plus qu'il lui sera possible; mais si le grand-duc ne veut entendre à rien et si la connivence et la mollesse de l'impératrice lui font partager ses refus, pourquoi envoyer vers elle un ministre qui ne pourrait y rien faire que lui annoncer par son départ les suites

---

[1]) A la fin de janvier 1761, Osten quitta Pétersbourg pour prendre possession de son nouveau poste comme ministre à Varsovie, dont l'ancien titulaire, le comte Haxthausen, devint son successeur en Russie. Mr d'Osten resta à Varsovie jusqu'à 1763 lorsqu'il retourna à St. Pétersbourg.

du parti qu'elle aurait pris elle-même et de celui auquel elle aurait forcé le roi? Il est très juste et très raisonnable de ménager une cour aussi puissante que l'est celle de Russie et de lui marquer des égards et des complaisances, et le roi, j'oserais presque le dire, ne fait autre chose depuis qu'il est sur le trône; mais ces égards et ces complaisances doivent conduire au but et non pas en éloigner, et un prince tel que le roi, qui ne chancelle point dans son gouvernement mais qui agit en tout par système adopté après mûre réflexion, ne se résoudra jamais à des démarches qui se contredisent. Mr le comte de Kaunitz est trop grand homme et trop savant dans l'art de gouverner pour condamner ces principes, et comme il sent et qu'il convient que la voie que sa maj. a choisie pour parvenir au but nécessaire qu'elle se propose, est la seule qui puisse, humainement parlant, l'y conduire, il est sans doute aussi trop généreux pour lui conseiller de s'en écarter. La décision de l'affaire n'est plus éloignée; le roi sera charmé, si elle est telle que son cœur la désire et que son amitié, toujours constante pour les maisons d'Autriche et de Bourbon, la lui fait souhaiter, mais si elle y est opposée, ce sera à ceux qui l'ont déterminée telle, ou qui, pouvant la détourner, ne l'ont point fait et ont préféré la convenance du moment à l'intérêt stable du Nord et de l'Europe entière, à répondre de ses suites. Le roi continue cependant avec calme et tranquillité à tout préparer pour faire ce que le salut de sa couronne et celui de son peuple exigeront. Les troupes de Norwége ont ordre de marcher et vont être transportées dans le Holstein dès que la mer sera censée libre et n'avoir plus de glaces à craindre, et toutes choses seront prêtes, s'il le faut, avant que l'armée de Russie songe à quitter les bords de la Vistule et sa flotte ses ports. On ne peut ignorer à Vienne l'état dans lequel le roi de Prusse se retrouve. Faudra-t-il que l'esprit inexorable du grand-duc et la timidité de ceux qui le persuaderaient, s'ils le voulaient et s'ils en avaient le courage, prévalent sur toute l'habileté et sur toute la fermeté des cours de Vienne et de Versailles, et fournissent à leur ennemi des ressources et des moyens effi-

..., d'éluder toute leur puissance? Quel événement dans ... et comme il paraîtra peu croyable à la postérité. [1]

161.

Dépêche à Mr le baron de Gleichen à Madrid. [2]

Copenhague le 7 février 1761.

(Extrait.)

Sa majesté trouve bon que vous fassiez part de ses sentiments et de ses dispositions au ministère d'Espagne dans les termes et de la manière que vous jugerez convenir le mieux, et elle veut surtout que vous l'assuriez que, pénétrée d'une estime toute particulière pour la personne du roi catholique, elle se fait un vrai plaisir et a un véritable désir de contracter des liaisons plus intimes avec un monarque aussi sage, aussi éclairé et aussi appliqué à augmenter le bonheur de ses peuples et la considération due à sa couronne. Vous pouvez ajouter, monsieur, si vous le trouvez à propos que, dans l'état, où se trouve aujourd'hui l'Europe, une union de vues et de mesures entre deux couronnes, attentives l'une et l'autre au bien général et puissantes l'une dans le Sud et l'autre dans le Nord, pour-

---

[1] Les représentations de mons. de Bachoff à Vienne n'étaient pas inutiles. En effet, le comte de Kaunitz s'était décidé à supporter que la Prusse restât entre les mains de la Russie plutôt que de voir le grand-duc établi dans le Holstein. Par conséquent il conclut, dans son rapport à l'impératrice du 30 décembre 1760, à la nécessité que la partie ducale du Holstein fût cédée au Danemark en même temps que la Russie gardât la Prusse. A ce prix il espérait amener le Danemark à prendre part à la guerre contre la Prusse, ou bien à céder en échange les comtés d'Oldenbourg et de Delmenhorst, par lesquels il tâcherait de gagner l'électeur de Hanovre. Voir Arneth l. c. VI, 208—11 cfr 278—79, Schäfer l. c. III, 186—88.

[2] Gleichen, ministre du margrave de Baireuth à Paris, passa, sur la recommandation du duc de Choiseul, au service du Danemark. Il fut nommé ministre à Madrid 12/7 1760 en remplacement du baron Bachoff et resta à ce poste jusqu'au 9/10 1762. Cfr Correspondance, 32, 131, 228, 237, et: Souvenirs du baron de Gleichen par P. Grimblot.

rait avoir des conséquences plus importantes et plus heureuses qu'on ne s'imagine peut-être, et vous ne ferez que suivre et exprimer les sentiments les plus intimes de sa maj., en marquant en toutes rencontres l'empressement avec lequel elle se prêtera toujours à tous les concerts que le roi catholique pourrait désirer prendre avec elle pour assurer le repos de l'Europe et l'indépendance des nations qui l'habitent. [1])

162.

Dépêche à Mr le comte de Wedel-Frijs à Paris.

Copenhague le 14 février 1761.

Mr l'ambassadeur de France m'a fait part de ce que mons. le duc de Choiseul lui a mandé de me dire et j'ai reçu la lettre de votre exc. du 26 du passé dans laquelle elle me marque le discours que ce même seigneur lui a tenu.

J'ai rendu compte au roi de l'un et de l'autre rapport et sa majesté, après avoir mûrement réfléchi à leur contenu et au sens des paroles de mons. de Choiseul, me commande de répondre et par mons. l'ambassadeur et par votre exc. à ce ministre: „qu'elle voit avec une véritable douleur sa façon de penser sur la négociation entamée par elle en Russie et sur son succès. Que jamais elle n'a demandé ni à la France ni à aucune autre puissance ni à l'impératrice de Russie elle-même de forcer le grand-duc à consentir à l'échange proposé; qu'ayant, depuis qu'elle est sur le trône, cherché à conformer toutes ses actions et tous ses désirs aux règles de la justice et de l'équité, elle n'avait jamais eu le dessein de s'en écarter dans cette rencontre et qu'elle s'en était expliquée si clairement et si positivement à toutes les cours intéressées et nommément à celle de France, qu'elle ne s'était point crue exposée à l'imputation du contraire; mais qu'elle n'avait point estimé force ni violence, et ne pensait pas devoir appeler de ce

---

[1]) Cette ouverture ne trouva pas un accueil favorable auprès du ministre de Wall en Espagne, et lorsque plus tard il changea d'avis, Bernstorff de son côté refusa d'entrer en rapport avec ce ministre.

nom les exhortations sérieuses et pressantes qu'elle avait
désiré que l'impératrice de Russie fît à son neveu pour le
déterminer à un accord, moins favorable au Danemark,
qui n'y gagnerait ni agrandissement ni augmentation de
puissance, que nécessaire à son repos et à celui de l'Europe
ainsi qu'à la liberté du Nord, et auxquelles elle avait prié
les cours de Versailles et de Vienne, ses alliés et assurément intéressées à son objet et à sa cause, de porter sa
maj. impériale. Qu'elle avait été fondée de croire que ces
puissances, qui après tout parvenaient tous les jours à engager la Russie à des résolutions et à des démarches qui
devaient être plus difficiles à obtenir que celles dont
il était question, réuniraient leurs efforts et leur crédit et,
prenant occasion des déclarations et des mesures que sa
maj. s'était vue obligée de faire et de prendre, pourraient
réussir à persuader l'impératrice de Russie et par elle le
grand-duc, à favoriser un accommodement dont l'omission
ne ferait de la paix, aujourd'hui si vivement et si justement
désirée, qu'une trêve, et sans lequel cette paix, bien loin
d'assurer le repos futur de l'Europe, ne lui préparerait que
de nouveaux maux par la plaie qu'elle porterait à l'équilibre du Nord, et par la vive impression qu'elle laisserait
à ses princes du pouvoir prépondérant de la Russie et du
peu de moyens et de volonté qu'avaient les cours de Versailles et de Vienne de modérer ses désirs et d'appuyer
contre ses vues les intérêts des autres rois du Nord.
Qu'il lui avait paru naturel et conforme à ce qu'il devait à
sa couronne et à ses peuples que, dans un temps où les
dites cours étaient occupées à changer par la force de
leurs armes l'état d'une grande partie de l'Allemagne, en
abattant ou affaiblissant, ainsi qu'elles avaient hautement
déclaré en avoir le dessein, la nouvelle monarchie qui s'y
était élevée, elle leur rappelât un objet tout aussi important au repos général et qui, pour être directement le sien,
n'en était pas moins le leur, pour peu qu'elles se souvinssent
de leurs engagements, de leurs garanties et de ce que
serait pour l'Europe entière un empereur de Russie, maitre
d'une partie du Holstein et n'ayant point d'autre passion
que celle de reprendre le Slesvic et sans doute le Danemark entier, et qu'elle avait regardé l'époque de cette

guerre et des arrangements qui la termineraient comme la plus
favorable pour arranger encore cette longue et dangereuse
querelle. Que, pour faciliter ce succès, elle s'était d'une
part mise, sans être à charge à personne, dans le cas et
en état d'attirer en quelque sorte l'attention de la Russie et
de la disposer à faire réflexion sur les suites de son indifférence
à son égard et de ses refus, et que de l'autre elle avait
donné à son ministre à Pétersbourg le pouvoir de conclure,
s'il était impossible d'obtenir des conditions plus avantageuses,
le dit accord sous condition de l'échange des comtés
d'Oldenbourg et de Delmenhorst contre la partie ducale
du Holstein, échange évidemment avantageux pour le grand-
duc en ce que ces comtés étaient sans comparaison plus
opulents et plus ménagés que ne l'étaient ses domaines
en Holstein, et auquel sa maj. n'entendrait certainement
point, si l'avantage de leur situation, celui d'éloigner la Russie
de la côte occidentale de la Baltique, et le bien de calmer
enfin l'animosité et la haine de son alt. imp. contre sa
personne et sa maison royale ne l'emportaient sur toute
autre considération dans l'esprit d'un prince qui met sa
gloire et sa joie dans le bonheur de ses peuples. Que, en
combinant tout ce qu'elle pouvait attendre de la conjoncture, de ces motifs de ses procédés et de ces offres, elle
s'était crue en droit d'espérer l'appui sincère, sérieux et
heureux des cours de Versailles et de Vienne, et surtout de
la première. et qu'elle avait été confirmée dans cet espoir
par les premières démarches de mons. de Breteuil, dont sa
majesté m'avait commandé de faire encore depuis peu de
jours ses remercîments les plus distingués à mons. de Choiseul, mais qu'elle n'en était que plus touchée d'apprendre,
par ce que ce seigneur vous avait dit et qu'il vous avait si
fortemement recommandé de bien saisir, que cette attente
n'était point fondée et qu'il n'y avait que peu ou point
d'apparence de la voir remplie. Que sa maj., éclairée par
cet avis qui, venant d'un ministre plus instruit que personne du véritable état des choses, méritait toute sa créance, se préparait donc au refus du grand-duc et à celui
de la Russie et que, se retrouvant ainsi dans le cas où elle
avait été avant cette dernière lueur momentanée de quelque
espérance, elle allait prendre ses dernières résolutions et

les communiquerait à la France au moment que le courrier
que mons. d'Osten devait lui expédier en partant, lui
serait arrivé.

Vous poursuivrez, monsieur:

Qu'autant que le roi était affligé de voir les affaires
dans un état aussi dangereux et aussi fâcheux relativement
à ce premier point, autant il était satisfait de l'assurance
que lui donnait mons. le duc de Choiseul du parti pris en
Russie de se désister du dessein de garder la Prusse.[1])
Que sa maj. sentait toute l'importance de cette grande résolution, qu'elle remerciait mons. le duc d'avoir rendu un
service si essentiel à l'Europe entière, qu'elle le félicitait
d'une manière toute particulière de la gloire qui lui en reviendrait à si juste titre et qu'elle convenait que cette
résolution de la Russie changeait, pourvu qu'elle fût solide
et certaine, en très grande partie la face des affaires et
pouvait l'exempter elle-même de la nécessité de prendre les
armes contre cet empire; mais que sa maj. comptait que,
comme la dite résolution était si importante et si décisive,
surtout pour elle, et que rien ne serait plus funeste à sa
sûreté, à sa couronne et à son honneur personnel, que si
elle s'y fiait et agissait en conséquence, sans que dans la
suite la Russie s'y crût tenue, sa maj. imp. le czar ne
refuserait pas de lui faire, aussi à elle, une déclaration
formelle qui, garantie par le roi très-chrétien et l'impératrice-reine, pût la rassurer et la justifier aux yeux de toute
la terre et à ceux de la postérité, si, se fondant sur la
parole de sa dite maj. imp. et celle de ses alliés, elle
cesse de craindre et de vouloir détourner ce que toutes les

---

[1]) Il paraît que au fond la Russie n'avait jamais donné une pareille
promesse. Dans les discussions entre Vienne et Versailles au sujet du congrès d'Augsbourg, l'impératrice avait été amenée à déclarer par un rescrit du 1 janv. 1761 au comte Stahrenberg qu'elle renoncerait à la restitution de la Silésie, en se contentant de celle de
Glatz; or, puisque la promesse de l'Autriche d'assurer à la Russie la
possession de la Prusse était subordonnée à l'acquisition de la Silésie
entière, Choiseul faisait semblant de regarder la question de la Prusse
comme résolue du même coup, cfr Schäfer III, 192. Arneth IV, 217, 218.
Cette conclusion était un peu trop optimiste; aussi la question de la
Prusse revient-elle continuellement sur le tapis dans les rapports du
comte de Mercy dans le courant de son ambassade à Pétersbourg en 1762.

démarches de la cour de Pétersbourg et sa possession actuelle du royaume de Prusse semblent indiquer et ne rendent
d'ailleurs que trop vraisemblable. Sa maj. espère de l'équité
de mons. le duc de Choiseul qu'il ne désapprouvera pas
une si juste demande et que, trop éclairé pour ne pas
sentir combien il est dangereux de se reposer sur des assurances verbales d'une puissance telle que la Russie, assez
considérable pour pouvoir un jour interpréter à son gré
ses paroles, il portera le roi, son maître, à la faire appuyer
par son ministre. Vous l'en requerrez expressément au
nom du roi, vous le prierez de vous dire de quelle manière
il juge qu'il conviendra d'insinuer cette démarche à Pétersbourg, sans blesser le secret qu'il vous a recommandé sur
cet objet, et dès que vous aurez la réponse et son avis,
vous m'enverrez, s'il veut bien me les accorder dans des
termes qui puissent me guider et m'éclairer, un courrier
pour me les faire parvenir et pour me mettre en état de
donner en conséquence les instructions nécessaires et les
ordres du roi à celui qui est chargé aujourd'hui des affaires
de sa maj. à Pétersbourg. Vous sentez combien il nous
importe dans cette crise de nous assurer sans perte de
temps des intentions de la Russie et de n'en être pas
la dupe. [1])

Vous ajouterez: que le roi, qui ne s'était encore précipité en rien et n'avait opposé aux lenteurs intolérables de
la cour de Pétersbourg qu'une patience jusqu'ici invincible,
qu'il ne regrettait point, toute infructueuse qu'elle eût été,
ne prendrait jamais de parti extrême que lorsque la nécessité l'y forcerait.

Et vous concluerez enfin: que sa maj. ne se cachait
point le risque qu'elle courait, qu'elle voyait très-bien que,
selon toutes les apparences, la paix se ferait sans que ni
les cours qui lui étaient alliées, ni à plus forte raison celles
avec lesquelles, par amitié pour les premières, elle avait
évité et négligé toute liaison et toute négociation, se
souvinssent et se souciassent de ses intérêts, qu'elle n'aurait

---

[1]) Par suite des représentations du duc de Choiseul, le gouvernement
danois renonça à cette déclaration et se contenta de l'assurance
formelle du ministère français, voir Correspondance, 212, 216—17.

ainsi pour prix de sa constance et de son exactitude à
remplir ses engagements et de la candeur de ses procédés
au milieu de tant de troubles, dont il ne lui aurait peut-être pas
été difficile de profiter, si elle avait voulu agir avec plus d'art
et moins de probité, que le ressentiment de ses voisins,
les soupçons et les reproches peu mérités de ses alliés et
la triste expérience de ce que sont et de ce que produiront
les alliances dans les temps difficiles, lorsqu'elles sont les
plus nécessaires. Qu'elle savait qu'elle était encore à même
de remédier à une partie de ces dangers et de ces
maux et qu'elle se connaissait en état de ne pas se faire
oublier, si elle voulait faire les démarches nécessaires pour
cet effet; mais que, préférant toujours l'innocence et la justice aux gains et aux avantages, elle ne ferait aucun pas
et ne dirait aucune parole pour traverser ou embarrasser
l'ouvrage de la paix, si salutaire à tant de peuples et si
convenable au bien général, quoique contraire au sien, et
attendrait avec fermeté et tranquillité ce qu'il plairait à la
Providence d'en ordonner. Que si la paix se faisait avant
que rien fût fini à Pétersbourg, tout serait dit, mais que
si, sans qu'elle y mit le moindre obstacle, elle ne se faisait
pas et si la Russie refusait ou n'accordait point l'accommodement proposé au grand-duc ou, à son défaut, la déclaration
demandée au sujet de la conservation du royaume de
Prusse, sa maj. estimerait avoir rempli toute justice et se
croirait, non-seulement en droit mais en obligation et nécessité de sauver ses intérêts les plus précieux, sacrifiés
jusque-là à la délicatesse la plus exacte et la plus scrupuleuse. Et elle ne craindra point alors, soyez en sûr, d'être
accusée de ne pas remplir ses engagements. Jamais prince
n'a observé plus constamment les siens à l'approche d'un
danger qui, comme personne ne l'ignore, menace non-seulement une de ses provinces mais toute sa puissance. Et
puis les traités renferment des obligations réciproques, et
si le prince avec lequel elle les a contractés ne les viole
point en formant des liaisons directement opposées à ce
qui faisait le but et l'âme de ces traités et en suspendant
l'exécution de tous ces articles, le roi les blessera bien
moins encore en prenant les armes après avoir épuisé tous
les autres moyens, non pour acquérir des états ou de l'ar-

gent, motifs qui sans doute ne suffiraient pas pour justifier cette démarche, mais pour la plus indispensable de toutes les causes, pour celle à qui toute autre considération cède et doit céder, pour son propre salut et celui de ses peuples.

Voilà, monsieur, ce que votre exc. dira à mons. de Choiseul ou ce qu'elle lui lira, si elle l'aime mieux et si ce seigneur y consent, et ce dont mons. le président Ogier, auquel j'en ai fait lecture, lui fera rapport à peu prés dans les mêmes termes. Je désire qu'il en soit content et qu'il y démêle cette constance et cette fermeté de la marche du roi que tant de gens cherchent à noircir, mais qu'il ne noircira pas; je désire qu'il juge notre réponse non par la facilité ou l'embarras qu'elle peut donner aux négociations de ce moment, mais par notre situation et par le devoir de celui qui la lui fait, et qu'il s'attache à y voir non pas seulement la possibilité d'une résolution, peut-être moins agréable aujourd'hui à la France, mais bien plutôt les efforts et le désir extrême du roi de s'en dispenser et sa volonté à ne s'y déterminer que dans la dernière extrémité. Est-ce trop prétendre, monsieur? Je me flatte que non, et j'espère toujours de mons. de Choiseul, dont je connais les lumières, que j'aime et j'honore depuis long temps et dont l'esprit généreux n'est point fait pour être abusé et séduit par ces délateurs, gens qui font consister toute la politique à supposer le contraire de ce qu'on leur dit et qui en répondront un jour à mons. de Choiseul, lorsque l'événement lui aura prouvé la vérité de nos paroles et que, plus calme, il réfléchira, j'ose le croire, avec regret aux soupçons dont il a payé notre amitié, notre sincérité et notre confiance.

Mes dernières lettres de Petersbourg sont du 16. Mons. d'Osten avait eu ses audiences de congé de l'impératrice et n'attendait plus que celle du grand-duc pour partir, sans que ce prince se fût expliqué encore. Votre exc. voit que cela ne repond que trop à ce que mons. de Choiseul lui a dit. Mais comment croire que des cours qui peuvent déterminer l'impératrice à rendre un royaume et à renoncer à sa conquête ne puissent pas, si elles le veulent bien, déterminer cette princesse à dire une seule parole, non pas de violence et de commandement, mais sérieuse et pressante à son neveu? Il n'en faudrait probablement pas davantage pour tout finir et pour prévenir la ruine et peut-être l'esclavage du Nord. Je me perds, monsieur, au peu de zèle que l'on met et aux difficultés que l'on suppose à une affaire si importante et si facile, mais c'est en avoir dit assez pour aujourd'hui. Je crois que je vous enverrai un courrier lorsque j'aurai reçu celui que j'attends tous les jours de Pétersbourg.

163.

Dépêche à Mr André Schumacher à St. Pétersbourg.[1]
Copenhague le 7 mars 1761.

Nous ne savons rien de vous, monsieur, ni du départ de mons. d'Osten; tout nous est contraire, les vents d'ouest qui règnent avec violence depuis plusieurs mois ont interrompu entièrement la correspondance. La dernière lettre que j'ai reçue de mons. d'Osten était du 20 janvier, et ce qui me surprend encore davantage c'est qu'il est arrivé depuis une poste de Pétersbourg par le nord, sans qu'elle m'ait rien apporté de sa part. Jugez du déplaisir où nous met cette privation de nouvelles dans une crise si importante et si décisive et dans un moment où nous voudrions, s'il était possible, multiplier vos rapports et doubler la célérité de leur arrivée!

Vous sentez bien, monsieur, qu'ignorant la situation où se trouve l'affaire, je n'ai rien à vous dire pour vous aider à la diriger, et que je ne puis que m'en rapporter à mes dernières lettres. Mais comme mons. d'Osten ou vous pourriez m'avoir écrit depuis et être inquiets de ne point voir de mes réponses, je crois devoir vous informer qu'il n'y en a point d'autres que celle que je viens de vous marquer. Mais plus ces inconvénients ont duré, plus les vents ont été constants à s'opposer au passage du golfe qui sépare la Russie de la Suède, plus nous pouvons espérer qu'ils changeront bientôt et que nous allons recevoir de vos nouvelles. J'attends surtout impatiemment l'arrivée du courrier

---

[1] Andr. Schumacher était chargé des affaires pendant l'intervalle entre le départ d'Osten et l'arrivée de Haxthausen. Il fut plus tard nommé secrétaire du cabinet du roi Christian VII.

que mons. d'Osten devait me renvoyer avant son départ **·**
quelque désagréables que puissent être les dépêches dont il **··**
chargé, je désire les recevoir parce que toutes les résolutions
du roi se rapportant à la réponse du grand-duc à l'impératrice, il importe au service de sa maj. d'en être informée,
quelles qu'elles soient, le plus tôt possible.

Ne pensez pas cependant, monsieur, que nous soyons
oisifs. Nous employons soigneusement et diligemment le
temps à préparer toutes choses, et vous pouvez compter que
le roi aura une belle armée à l'ouverture de la campagne.
Nous n'attendons plus que quelques bataillons de grena-
diers qui viendront des différentes parties de la monarchie,
aussitôt que la navigation sera plus assurée, c'est-à-dire à
la fin de ce mois, et vers celle de mai l'armée se formera
et campera dans la plaine de Kellinghusen. Veuille le ciel
qu'une résolution sage du grand-duc et conforme à ses vrais
intérêts et à ce qu'il doit à l'impératrice et à l'empire de
Russie, dispense sa maj. de la faire avancer.

On parle beaucoup de paix et il parait que surtout la
France y songe plus sérieusement que jamais. Tâchez de
pénétrer ce que l'on en pense en Russie et s'il est vrai que
l'impératrice est disposée, comme on le débite, à renoncer
généreusement, en faveur d'un si grand bien, à toute conquête et à tout dédommagement. Vous sentez de quelle
importance il est au roi d'être bien certain de ce point
important.

Je vous prie d'assurer de mes respects mrs d'Esterhazy
et de Breteuil (je suppose mons. de l'Hôpital parti) et de
leur dire que je ne désespère point de la réussite de l'affaire
dont dépendent le repos et l'indépendance du Nord et la
tranquillité de l'Europe, tant qu'elle sera en leurs mains.
Je ne peux me résoudre à croire qu'ils échoueront dans
une négociation avantageuse à la Russie et à toute l'Europe,
et qui n'a point d'autre obstacle sur la terre que la prévention d'un jeune prince, qui après tout ne saurait être
insurmontable au crédit des cours de Vienne et de Versailles et à l'habileté de leurs ministres.

Apost. Je ne sais ce que le conseil de Kiel veut dire
avec ses plaintes contre le nouveau port qu'il prétend que
le roi fait construire près de Frederiksort ou de Kiel. Ce

prétendu port n'est qu'une espèce de chantier dans lequel un particulier projette, sans que le roi, autant que je sache, l'ait approuvé encore, de construire des navires de différentes grandeurs, et il faut être bien timide ou bien enclin à grossir et à aigrir les objets, pour faire un sujet de plaintes et de crainte politique d'un établissement si simple, si légitime et si peu effrayant.

164.

Dépêche à Mr le comte de Wedel-Frijs à Paris.

Copenhague le 4 avril 1761.

(Extrait.)

Après avoir été pendant si longtemps dans le cas de ne m'entretenir avec votre exc. que de mes peines et de mes inquiétudes, j'ai enfin la consolation de pouvoir lui apprendre que les affaires semblent prendre une meilleure tournure en Russie. Le grand-duc vient de déclarer qu'il est disposé à entrer en accommodement avec le roi et il a donné ses pouvoirs a mons. de Brockdorff, son ministre favori, pour entrer sur ce sujet en négociation et conférence avec celui qui serait chargé pareillement des pouvoirs de sa maj. pour cet effet. La nouvelle m'en est venue mardi par un courrier que le sieur Schumacher m'a expédié, et elle m'a été confirmée le lendemain par mons. le baron de Korff au nom de son souverain.[1]

Voilà donc un rayon d'espérance qui nous luit et un moment qui paraît heureux et dont il est nécessaire de profiter. Votre exc. sait par les dépêches que je lui ai expédiées le 25 du passé, que le roi y a fait de sa part tout ce qui dépendait de lui, et je puis avancer ou plutôt répéter hardiment qu'il n'est pas dans son pouvoir d'en faire davantage; mais c'est dans ce moment que l'assistance de ses amis lui est importante et que leur appui peut enfin avoir

[1] Le démarche que mrs de Woronzow et Schuwalow avaient faite auprès du grand-duc au mois de décembre, voir no 160, avait enfin le 2 mars eu pour résultat qu'il se déclara disposé à ouvrir des négociations.

24*

un effet heureux. C'est ce que votre exc. représentera à mons. de Choiseul en lui faisant les remercîments du roi les plus distingués de ce commencement de succès que sa maj. sait lui devoir en très grande partie et dont elle se fait un vrai plaisir de lui avoir l'obligation. Priez-le de ne pas permettre que cet ouvrage si important au repos du Nord échoue après que, par mille peines, il est enfin parvenu à être possible, et dites-lui que ma joie de sa réussite serait encore augmentée par l'idée de la gloire qui lui en reviendrait personnellement. —

165.

Dépêche à Mr Schumacher à St Pétersbourg.

Copenhague le 30 mai 1761.

(Extrait.)

Quelque peu d'apparence que je voie aujourd'hui à nous trouver dans ce cas, je ne dois pas oublier de vous dire que le roi approuve fort votre idée au sujet de la manière de s'y prendre pour porter le grand-duc à céder le Holstein, non contre les comtés d'Oldenbourg et de Delmenhorst, mais contre une somme d'argent ou une augmentation de revenus. Sa maj. l'agrée tout à fait selon que vous l'avez projetée dans votre lettre du 1 mai et vous autorise à agir en conséquence.[1]) Avant que de fermer cette lettre je reçois la vôtre du 8. Vous jugerez vous-même de l'impression qu'elle a faite sur moi. Ne parlez jamais ni à mons. de Breteuil ni à mons. d'Esterhazy du renvoi de notre affaire au congrès.[2]) Vos instructions, auxquelles je vous

---

[1]) Le gouverneur danois maintenait toujours les conditions proposées par Lynar dans la négociation de 1751 cfr. Hist. Tidsskr. IV R IV, 582. Les comtés d'Oldenbourg et de Delmenhorst seraient donc échangés contre la partie ducale du Holstein et le Danemark payerait en outre une somme de 1,500,000 écus. Mais Schumacher fut autorisé à tâcher de substituer à la cession territoriale des comtés une rente annuelle de jusqu'à 300000 écus, c'est-à-dire d'un tiers de plus que ce que rapportaient les deux comtés par an. Cfr Correspondance, 217—221.

[2]) Au mois d'avril toutes les puissances avaient accepté la proposition d'ouvrir un congrès de paix à Augsbourg. — Bernstorff ne vou-

prie de vous tenir exactement, n'en disent pas un mot. Rien
ne serait plus opposé aux vues et aux volontés du roi que
si, au lieu d'exécuter de votre mieux la commission dont
vous êtes chargé et d'animer avec fermeté et courage les
ministres alliés à ne point se lasser de vous seconder, vous
leur fournissiez le prétexte de se débarrasser d'une négociation fâcheuse et pénible et de lui assigner un théâtre et
des ouvriers auxquels sa maj. n'a point consenti de confier
ses intérêts. Je suis persuadé que vous éviterez désormais
avec soin cet écueil. —

166.

Dépêche à Mr. le comte de Wedel-Frijs à Paris.

Copenhague 7 juillet 1761.

(Extrait.)

— Je vois avec douleur que le grand-duc réussira seul
dans ses desseins ou plutôt dans ses volontés et que ce
même prince, que sur toutes autres choses on traite en
mineur, va être, dans ce moment important, l'arbitre du
Nord, parviendra à en changer, malgré les souverains qui
y règnent et malgré les premières puissances de l'Europe,
le système, donnera un ennemi à la Russie et procurera
quelque jour au roi de Prusse un ami de plus et, par lui,
la seule chose qui ait manqué à ce monarque dans la
présente guerre, un appui maritime dans la Baltique. Que
restera-t-il en effet à faire au roi après que la négociation
avec le grand-duc sera rompue ou délaissée? Sa majesté
pourra-t-elle après cela se dispenser de songer à sa sûreté
contre la puissance dont les forces sont si visiblement
destinées contre elle, et quel autre appui pourra-t-elle se
donner que celui des ennemis de cette puissance, que leur
haine et leur jalousie contre elle mettent à l'abri de la
tentation de préférer l'amitié moscovite à la sienne et de

---

lut prendre part ni au congrès ni même aux discussions qui eurent
lieu à ce sujet à Ratisbonne, puisqu'il ne reconnaissait pas la guerre
comme „Reichskrieg." Voir dépêches à de Cheusses du 25 juillet
et à Moltke du 25 septembre 1761. Cfr. Schäfer l. c., III, 394, 96, 98.

sacrifier le salut du Danemark à des ménagements et à de
la complaisance pour la Russie.

Je vous avoue, monsieur, que ces réflexions me jettent
dans une tristesse profonde, et que j'admire souvent combien
peu les hommes sont les maitres même de leurs propres
volontés, combien ils sont assujettis aux passions d'autrui et
à quel point le sort des royaumes dépend quelquefois de
causes auxquelles on n'attribuait presque point d'effet. Mais
que tout ce raisonnement, monsieur, ne soit que pour vous
et pour moi. Il serait inutile d'en fatiguer monsieur de
Choiseul. Le roi ne fera rien qu'après l'avoir consulté encore une fois, et ce sera lorsqu'il aura reçu de Pétersbourg
les nouvelles qu'il en attend et qui probablement achèveront
de dissiper le peu d'illusion agréable qui pourrait nous
rester encore. [1])

167.

Dépêche à Mr de Schack à Stockholm.

Copenhague le 11 août 1761.

De tout ce qui est arrivé pendant l'assemblée des états
de la Suède, rien, je ne puis vous le dissimuler, ne m'a autant
peiné et frappé que l'invitation que ces états viennent de
faire au baron de Høpken, pour le prier de reprendre sa
place au sénat, et les éloges qu'ils lui prodiguent sans
mesure à cette occasion. Par quel charme, monsieur, cet
homme, qui était, il n'y a pas longtemps, justement odieux
et suspect aux deux partis qui divisent toute la nation et
qui, après avoir donné au commencement de la diète des
preuves de sa pusillanimité, n'a cessé depuis d'en donner
de sa duplicité et des excès auxquels la vengeance l'entraine,
a-t-il pu réunir tous les ordres en sa faveur et les forcer

---

[1]) La négociation avec le grand-duc avait été ouverte avec l'assistance de mrs de Breteuil et d'Esterhazy qui avaient communiqué
nos propositions à mr de Woronzoff le 9 avril, et le comte de
Haxthausen avait été autorisé en juillet à augmenter au besoin
nos offres d'argent au de-là de $1^1/_2$ millions d'écus. Mais toutes
ces propositions ne reçurent aucune réponse.

de le combler de gloire, par quel art a-t-il su dérober la
connaissance d'une intrigue qui devait être si difficile et
pour la conduite de laquelle il avait besoin de tant d'ouvriers
et de tant de confidents, à ceux qui ont prétendu au moins
lui être contraires et qui se croyaient les maîtres de l'assemblée? Je vous avoue que je n'y comprends rien et que je
suis violemment tenté de croire que le marquis d'Havrincourt a trempé dans cette funeste manœuvre, contre sa
propre volonté peut-être mais par ordre de sa cour qui,
habituée qu'elle est par ses anciens rapports à ne voir et à
n'estimer en Suède que le baron de Høpken, a voulu qu'il
prêtât les mains à son rétablissement, ou plutôt que ce fût
lui qui le rétablit.[1]) Je ne puis me faire une autre idée
de cet événement qui m'afflige et dont le baron de Scheffer
même (car celui de mons. de Palmstjerna importe et intéresse peu et ne m'occupe pas du tout) ne me consolera
pas parfaitement, parce qu'il ne sera jamais aussi glorieux que
celui de son ennemi, et que je serai toujours affecté de la
préférence que la nation entière donne si publiquement au
vice sur la vertu. N'épargnez rien, monsieur, pour approfondir ce mystère; il est digne de vous et de votre attention, et il ne faut pas, surtout après les moyens que vous
avez eus de vous procurer des amis, que l'on puisse vous
cacher le vrai d'une opération si singulière et si éclatante.
Dites-le, avec amitié et politesse mais avec fermeté, à tous
ceux auxquels vous êtes en liaison, et ne souffrez pas
qu'après avoir joui si efficacement des bienfaits du roi
pendant leur détresse, ils vous traitent avec tant d'indifférence au premier moment où ils les croient finis ou pensent
pouvoir s'en passer. Mons. d'Havrincourt, auquel nous
avons toujours à reprocher ou ses actions ou son silence,
achève de perdre par ce trait ce que je pouvais avoir encore de confiance en lui, et je ne puis plus douter qu'il est
peu utile et absolument impossible de se lier véritablement
avec lui.

Donnez de même tous vos soins, monsieur, à découvrir
de quel parti va être le baron de Høpken et si l'on veut

---

[1]) Ce soupçon ne paraît pas avoir été fondé, Malmström l. c. V, 27,
87, 88, 93, 108.

rendre à ce favori du public la présidence de la chancellerie.
Si vous pouvez l'empêcher, faites-le, et n'hésitez point d'y
employer ce qui vous reste de l'argent du roi. Sa majesté
ne peut avoir aujourd'hui d'intérêt plus pressant que celui
d'écarter de la direction des affaires un homme livré de
tout temps à la haine et aux préventions que se fait un
homme faux et artificieux et que rien n'a pu adoucir. Mais
ne découvrez rien de ces sentiments sans espérance de succès et ne permettez pas que le baron de Høpken triomphe
encore de nos efforts. Il vaut mieux laisser faire ce qu'on
ne peut pas empêcher que de s'y opposer vainement.[1])

166.

Dépêche à Mr le comte de Haxthausen à St. Pétersbourg.

Copenhague le 15 août 1761.

(Extrait.)

Le baron de Korff vient d'avoir une explication avec
moi et de me montrer le précis d'une déclaration que vous
auriez faite à mons. le grand-chancelier et que sa cour qualifie
de titre d'une déclaration de guerre.[2]) Je lui ai répondu
qu'il fallait qu'on ne vous eût pas bien compris puisque
vous n'aviez pas mandé avoir fait aucune déclaration, mais

---

[1]) Cfr no 171.

[2]) L'imprudence du comte de Haxthausen vint très à propos pour le
gouvernement russe. Celui-ci le prit sur un très haut ton et parla
de demander des subsides à l'Autriche et de l'assistance armée
à la Suède, „résolu qu'il était à faire la guerre pendant dix ans
au Danemark plutôt que de céder à ses menaces.“ La France et
l'Autriche furent également bien contentes de pouvoir rejeter sur
le Danemark le mauvais succès des négociations, et ne manquèrent
pas de se prononcer très fortement vis-à-vis du gouvernement danois.
La Suède ne se fit pas faute de suivre l'exemple, voire même
d'exciter les alliés contre nous, et les instructions que le nouveau
président de la chancellerie, le comte d'Ekeblad, adressa le 6
septbre aux ministres de Suède à Versailles et à Vienne, mrs de
Scheffer et de Barck, portent témoignage des sentiments dont leur
auteur était animé envers le gouvernement danois, qui encore
tout récemment n'avait rien épargné pour le sauver, lui et ses
collègues, des attaques de l'opposition pendant la diète.

que je savais et ne pouvais désapprouver que vous eussiez, conformément à vos ordres, exposé à mons. le comte de Woronzow, non des menaces, que le roi ne faisait jamais, mais une vérité, suite naturelle et nécessaire des sentiments de msgr. le grand-duc contre sa majesté et qui, étant l'effet d'une cause qui ne dépendait pas du roi, ne pouvait pas non plus être changée par lui. Je l'ai prié de décider lui-même s'il était possible que le roi estimât, comme il l'avait fait autrefois à l'exemple de ses pères, la Russie son amie et alliée naturelle, lorsqu'il savait que l'héritier de cet empire était son ennemi, et si sa majesté pouvait souhaiter l'augmentation d'une puissance destinée à être employée contre elle; et j'ai ajouté que toute la terre savait et que lui-même était témoin que le roi avait négocié depuis onze ans pour éviter cette nécessité, mais que, le grand-duc ne pouvant être porté, pas même par la médiation de l'impératrice, à dire une seule parole depuis le 2 mars, je ne pouvais pas croire subsistante une négociation dans laquelle il ne se disait ni ne se faisait rien, et que nous étions ainsi réduits, vous et moi, à dire, non pas ce que nous souhaitions pouvoir dire, mais ce qui était et le cas qui existait malgré nous. —

169.

Dépêche à Mr le comte de Haxthausen à St. Pétersbourg.

Copenhague le 7 septembre 1761.

Quoique le mémoire qui, après un si long silence, a été remis par ordre de msgr. le grand-duc à mons. le comte de Woronzow et que vous m'avez envoyé par le courrier — mémoire qui n'est point une réponse aux propositions et aux offres du roi, mais un refus amer de toutes ces propositions et de toutes ces offres, et une déclaration positive des vues et des intentions de son alt. imp. — ait terminé la négociation de la manière la plus sensible pour sa majesté, et qu'ainsi ce qui me reste à vous faire savoir à cet égard n'exigerait ni grande diligence ni voie extra-ordinaire, le roi a pourtant bien voulu, par bonté pour vous, que, pour vous tirer d'autant plus promptement des

peines où vous êtes sans doute, je vous dépêchasse ce courrier et que je vous mandasse ses volontés qui sont, qu'à la
la première occasion ordinaire que vous aurez de voir mons. le
grand-chancelier, vous fassiez connaître à ce premier-ministre,
non en termes de déclaration ni par écrit, mais de vive voix:

Qu'ayant plu à msgr le grand-duc de ne s'expliquer
sur le mémoire présenté le 9 avril de l'année courante au
ministère de sa maj. impériale par le sieur Schumacher,
alors chargé des affaires du roi à Pétersbourg, que dans
des termes qui rejettent toutes les offres et propositions
contenues ou indiquées dans le dit mémoire, et son alt.
impèr. n'ayant pas même jugé à propos de leur en substituer d'autres, de sorte que l'écrit remis par ses ordres à
mons. le comte de Woronzow ne renfermait qu'une critique
et un refus de toutes les dites offres et propositions du roi
et un aveu et déclaration positive et publique du système
et des principes de msgr le grand-duc contre sa majesté et
sa couronne, il ne restait à sa majesté, après que la négociation entamée et continuée si longtemps par elle dans
les intentions les plus pures, et dans le désir le plus sincère
de parvenir par son moyen à couper jusqu'à la racine les
dissensions funestes qui, depuis un siècle, avaient divisé son
auguste maison, et à fonder une amitié et une union stables et
permanentes entre ses deux premières branches, eut ainsi été
rompue par ce prince, que de regarder comme désormais
inévitables ces mêmes maux qu'elle avait tant cherché à
écarter, et dont le remède avait fait jusqu'à présent l'occupation la plus sérieuse et la plus vive sollicitude de son
règne. —

Faire revivre en détail les prétentions de msgr. le
grand-duc sur le Slesvic était rendre tout accord impossible
et prouver qu'on n'en voulait point, étant connu de toute
l'Europe que le roi n'était dans la possibilité de se prêter
ni à des discussions ni à des calculs à l'égard d'une conquête
à laquelle il avait été forcé, lorsqu'il il y songeait le moins,
par le pouvoir et les pratiques de ses ennemis d'alors, qui
étaient en même temps ceux de la Russie, qui était garantie
par tant de grandes puissances, et qu'il devait à sa couronne de maintenir tant qu'il y avait une épée dans ses
royaumes et une goutte de sang dans les veines des Danois.

Vous pourrez dire que le roi a vu avec étonnement que l'héritier de Russie pouvait par la voie du ministère de cette monarchie s'expliquer ainsi sur une acquisition faite en partie par l'assistance et sous les yeux mêmes de Pierre le Grand, et qui avait été pour le Danemark le seul fruit de cette longue et intime alliance dans laquelle le Danemark avait si fidèlement secondé ce monarque, et dont la Russie avait retiré et retirait encore actuellement des avantages supérieurs pour sa part. [1])

170.

Dépêche de Mr de Schack à Stockholm.

Copenhague le 7 septembre 1761.

— Je ne puis cependant m'empêcher de faire avec vous à regret la réflexion que les Suédois nous refusent tout et jusqu'aux plus grandes bagatelles, et que la plus petite ombre d'intérêt et d'avantage qu'ils croient trouver à une affaire suffit pour l'emporter sur notre droit et nos demandes. Vous sentez l'effet que ces procédés toujours répétés ne sauraient manquer de faire sur l'esprit du roi et celui de la nation, et à quel point ils rendront impossible le système de l'union intime et amicale entre les deux couronnes que j'ai tant affectionnée et que je crois si utile à l'une et à l'autre. Expliquez-vous en, je vous prie, sans aigreur et sans reproche confidemment avec notre ami. Je sens bien que l'on allègue la forme du gouvernement de la Suède, la difficulté de vaincre des esprits prévenus et opiniâtres et tant d'autres lieux communs, toujours durs à en-

---

[1]) La réponse donnée par le grand-duc le 27 juillet rendait toute négociation directe entre lui et le Danemark impossible. Au lieu d'entrer dans la discussion sur l'échange du Holstein, il éleva des prétentions sur l'ancienne partie ducale de Slesvic. Néanmoins le roi se décida à ne rappeler le comte Haxthausen et à recourir aux armes qu'après avoir épuisé tous les moyens. Par conséquent la question fut adressée à Paris et à Vienne: „si, après cette réponse du grand-duc, il restait encore quelque espérance, moyen ou volonté de remplir la condition de Part. III du traité du 4 mai 1758.“ — Cfr Correspondance, 221—25.

tendre lorsque leur but n'est que de nous endormir ou de nous faire souffrir. Mais comme après tout ces mêmes lieux communs ne prouvent autre chose que l'impossibilité de notre union, puisqu'ils ne sauraient nous prouver que nous devons aimer et servir ceux qui ne veulent ni nous aimer ni nous faire plaisir, je ne vois pas qu'ils puissent être allégués sérieusement par des gens assez éclairés et assez bien intentionnés pour désirer la conservation du système. Je vous prie d'en délibérer sérieusement avec le baron de Scheffer. Nous ne demanderons jamais que l'égalité et la réciprocité et elles sont si nécessaires qu'il est impossible que la bonne intelligence se soutienne si l'on nous les refuse. Nous avons, vous le savez, à lutter contre les inclinations de notre propre nation, en recherchant, comme nous le faisons, l'amitié des Suédois, et comment obtiendrons-nous son suffrage, dont nous avons besoin pour donner de la stabilité à notre système, si elle voit dans toutes les rencontres, que notre recherche est vaine et qu'on ne paye nos avances que par des refus et des déplaisirs?[1]) Le baron de Scheffer est trop grand homme pour ne pas sentir la vérité et les conséquences de ce que je vous dis. Je le prie instamment d'y porter remède, s'il le peut, et je vous prie de lui dire que j'attends ses conseils. Je le connais trop généreux pour désirer que son ami porte seul les peines et les reproches d'un plan trouvé salutaire par l'un et par l'autre, et pour vouloir qu'il mérite et subisse les reproches de son pays pour être fidèle à des principes et à des vues concertées que le zèle le plus pur et l'amour de la patrie ont inspiré à tous les deux.

171.

Dépêche à Mr de Schack à Stockholm.

Copenhague le 6 octobre 1761.

(Extrait.)

Sa majesté trouvera la somme bien employée, pourvu qu'elle écarte de lui (le baron Scheffer) et des deux autres

---

[1]) Sur les difficultés du ministère danois, voir Ungern Sternberg, Danske Saml., l. c., 28—29.

seigneurs pour lesquels elle a une vraie considération —
vous jugerez facilement que c'est des comtes d'Ekeblad et
de Fersen que je parle [1]) — les embarras que les ennemis
du bonheur de leur patrie cherchent à leur susciter, et
pourvu qu'elle contribue à éloigner de la direction des
affaires ces esprits artificieux et infidèles qui sont toujours
prêts à tout sacrifier pour contenter leurs passions, et qui
cependant ont un crédit si étonnant et si incompréhensible
dans le public. [2]) Je pense comme vous sur ce que vous
me dites au sujet de mons. de Pechlin mais, quel qu'il soit,
il aura de la peine à faire autant de mal dans la suite
qu'il ferait du bien dans ce moment, si la crainte de son
nom obligeait le baron de Høpken à la retraite et arrêtait
les vues et les desseins de ceux qui, guidés par les conseils
de ce pernicieux ministre, ont pu parvenir une seconde fois
à prendre le dessus dans la maison des nobles et à exposer
la liberté de la Suède à de si grands dangers. —

172.

Dépêche à Mr de Schack à Stockholm.

Copenhague le 7 novembre 1761.

Il me parait si nécessaire et il importe surtout tant à
mon cœur que le chef des vrais et bons Suédois et l'ami
que j'aime et que je respecte, celui que je regarde depuis
bien des années comme un des plus beaux génies et des
politiques les plus éclairés, non-seulement du Nord mais de
l'Europe entière, soit bien au fait des résolutions et des
démarches du roi et de leurs motifs, que je me hâte de
répondre à ce que vous m'avez dit de ses sentiments sur
l'affaire qui menace aujourd'hui le Nord d'un nouveau feu
et d'un éclat désagréable à toutes ses parties, et que je
m'empresse de lui exposer par vous cette affaire dans son
véritable point de vue et exactement dans la situation où
elle est par rapport à nous.

---

[1]) Mr Schack fut muni de nouvelles sommes d'argent dans ce but.
[2]) Il est connu que le baron de Høpken ne rentra pas au sénat, voir
Malmstrøm l. c., V, 90, 103—4.

Si elle ne touchait qu'un intérêt médiocre, que quelques possessions ou quelques revenus de plus ou de moins, je dis plus, si elle n'avait pour objet que la valeur du Holstein, le roi, quoique justement attentif à ses intérêts, quoique appliqué, comme tout prince bon et sage doit l'être, à affermir son état, et quoique très éloigné d'être indifférent à cet objet considérable pour lui, vu la mesure de puissance que Dieu lui a confiée, serait cependant trop amateur du genre humain et du bien public, trop père de son peuple et trop attaché à ses amis pour la pousser à l'extrémité dans un temps où, par l'opiniâtreté que le grand-duc y oppose, par les encouragements que l'impératrice de Russie donne à cette opiniâtreté et par la complaisance sans bornes avec laquelle les premières et les plus respectables puissances de l'Europe flattent aujourd'hui toutes les volontés, passions ou faiblesses de cette princesse, elle peut, j'en conviens, étendre l'incendie dans le Nord et forcer sa majesté à joindre des menaces désagréables aux cours avec lesquelles elle a été liée jusqu'à présent et qui, quoiqu'elles ne se fassent aucun scrupule de sacrifier le Danemark à la Russie, voudraient bien cependant, et n'hésitent pas même de le prétendre, que le Danemark fût insensible à cette amertume et leur restât attaché.

Mais il s'agit du tout pour le roi. Il s'agit de la conservation de ses plus belles provinces et de ce qui lui est plus cher encore, de l'indépendance de sa couronne, et je ne balance par de l'ajouter, de celle du Nord. Et il s'agit de profiter du seul moment qui, humainement parlant, reste à sa maj. pour sauver ces biens si précieux et qui une fois perdus ne se recouvrent plus. Personne et en particulier nul Suédois ne peut ignorer quelle est la puissance de la Russie, quel est le génie de son gouvernement et l'esprit de sa politique, personne ne peut ni ne doit avoir oublié encore que le but de toute l'ambition et de tous les travaux de Pierre I, de ce prince, l'idole de sa nation en même temps que le fléau et le tyran du Nord, et dont toutes les vues et toutes les actions sont aujourd'hui encensées, adorées et suivies comme des règles infaillibles et inaltérables par ce même peuple qui gémissait sous lui pendant sa vie, était de s'asservir les côtes de la Baltique et d'imposer ainsi son joug de fer à tout le Nord. Qui est-ce qui peut ne pas voir l'usage que Pierre III, moins habile peut-être mais assurément non moins violent et fougueux et plus puissant que son aïeul, ferait de cet état? Qui est-ce qui peut fermer les yeux sur les conséquences qui suivraient immédiatement à cet égard son élévation sur le trône? Peut-on penser du sang-froid que ce prince, maitre absolu de la Russie et encore possesseur du port de Kiel et de la partie du Holstein qui l'environne, laisserait languir ses prétentions sur le duché de Slesvic et que lui, qui n'a encore jamais contenu sa haine, sucée avec le lait, contre le roi ni son désir d'avoir le Slesvic, que de vils flatteurs ont toujours représenté à ses yeux bien plus considérable qu'il ne l'est, voudrait ou pourrait surmonter ces passions qui ont fait la nourriture de sa vie, dans le moment même où, libre de toute contrainte, il ne chercherait et ne trouverait point d'autres conseils que des applaudissements et où, ébloui de sa nouvelle puissance, il croirait que rien ne lui est impossible, et peut-on exiger du roi de ne pas prévoir un danger si imminent et si prochain et de s'endormir au bord du précipice?

Je sais bien qu'on peut dire que le grand-duc n'est pas encore sur le trône de Russie, qu'il se peut qu'il n'y monte pas et que, quand il y monterait et voudrait exécuter ses desseins contre le roi, les autres puissances de l'Europe ne le souffriraient point. Mais, monsieur, une simple possibilité de ne pas périr suffit-elle pour tranquilliser dans le plus cruel péril? Ce même péril ne renaîtrait-il pas avec son fils et tout prince qui réunirait la Russie avec le Holstein, aussitôt que ce prince ou quelqu'un de ses ministres se trouverait assez d'ambition pour vouloir tirer parti d'une situation aussi avantageuse, et est-il permis, dans le siècle où nous sommes, de compter sur des amis? Il est étonnant combien on allie de contradictions, seulement pour s'épargner des embarras, et combien on est calme et crédule lorsqu'il ne s'agit que de maux éloignés, et surtout des maux d'autrui. On flatte la Russie de la manière la plus indécente, on l'habitue à se croire l'arbitre de l'Europe, ou au moins du Nord, les puissances, les plus anciennes alliées du Danemark, garantes de ses possessions dont il s'agit, engagées à

les maintenir, n'hésitent pas de l'abandonner dans la seule
crainte de déplaire pour un moment à l'indolente princesse
qui gouverne aujourd'hui cet empire, cette princesse qui
méprise l'objet de la contestation, [1]) à laquelle le Holstein
n'est et ne parait rien, et que l'on ne blesserait que médiocre-
ment en lui arrachant la parole qu'il suffirait qu'elle pro-
nonçât pour pacifier toutes choses. Ce petit effort parait
trop fort, trop dangereux à tous ces prétendus amis, et on
veut que le roi croie qu'ils se déclareraient plus efficacement pour lui contre un czar agissant et se croyant guerrier, qui fera son tout de cet objet et qui ne balancera pas
de déclarer son ennemi quiconque s'opposera à l'exécution de
ses projets de convoitise, de haine et de vengeance. On
veut que sa majesté se repose sur des secours qui, quand
ils seraient accordés contre toute vraisemblance, n'arriveraient
que longtemps après que son royaume aurait été exposé
aux plus grands maux, et on lui propose de s'en fier, dans
cet excès de danger, précisément à ces puissances qui se
sont fait un système de l'alliance de la Russie, et qui lui
prouvent aujourd'hui combien ils la jugent nécessaire?
C'est trop exiger du roi, monsieur, et c'est offenser un prince
sage que de croire qu'il puisse se livrer à de telles illusions!

Notre ami voudra donc bien rendre la justice au roi
de ne point attribuer les mouvements que sa maj. s'est
donnés pour accommoder sa querelle avec le grand-duc, et
les résolutions qu'après avoir échoué dans cette tentative
pacifique, elle pourra prendre à présent pour la dévider, au
seul désir de réunir la partie ducale du Holstein au reste
de son domaine, ou à une inquiétude arbitraire. Des vues
et des motifs d'une nécessité absolue et d'une toute autre
étendue la déterminent et l'inspirent. Sauver sa couronne
et la liberté du Nord, c'est là son but, et ce but a seul pû
la porter à offrir au grand-duc des conditions qui, s'il n'était
question que d'acquérir ce que possède aujourd'hui ce prince,
seraient évidemment trop onéreuses et ne peuvent être justi-
fiées que par le bien qui résulterait de leur acceptation —
sans ce bien la négociation entière serait une erreur. Le

---

[1]) Voir Lynar's Staatsschriften I, 273, 393 etc.

roi n'y gagne que la sûreté générale et celle de son peuple, tous les autres avantages sont pour le grand-duc!

Je prie le ministre sage et éclairé auquel je m'adresse de faire quelque attention à cette vérité et d'en accorder autant à une seconde qui n'en mérite pas moins. C'est que tout accommodement qui laisserait au grand-duc la possession du Holstein, quand même il terminerait ou paraîtrait terminer la contestation sur le Slesvic, serait dangereux et inutile: dangereux parce qu'en laissant le Danemark et tout le Nord exposé à tous les inconvénients dont je viens de vous faire le tableau, il ne ferait qu'endormir le reste de l'Europe sur ce péril et affaiblir les obligations des puissances engagées à conserver le Slesvic au roi, et inutile parce que, par la nature du partage et du gouvernement du Holstein, source de différends et de collisions perpétuels, et par l'incompatibilité de l'orgueil et de la puissance moscovites avec la concurrence et l'égalité d'un autre pouvoir, il ne pourrait pas subsister, et parce que le grand-duc, encore maître de cette province, se voyant la facilité de la remplir de ses troupes et de faire valoir ainsi, au moment qui lui paraîtrait favorable, ses prétentions chéries, romprait, sous le premier prétexte qui s'offrirait à lui et avec la férocité dont il se fait gloire, les faibles liens que l'accord lui aurait imposés. Cette vérité est si évidente, il est si clair qu'un tel accommodement, que l'on ferait encore valoir et acheter bien cher au roi, ne donnerait à sa majesté ni sûreté ni tranquillité et ne lui serait ainsi d'aucun usage, que je crois suffisant de l'avoir indiqué et très inutile de m'y arrêter davantage. Mais il me reste encore à vous représenter, et par vous à notre illustre ami, que pour éviter les maux qui attirent la sollicitude du roi, qui m'effraient et qui devraient effrayer l'Europe entière, il n'y a plus de moment que celui où nous sommes, et que renvoyer les travaux et les mesures que cet objet exige à tout autre temps, c'est trahir la cause du Danemark, c'est trahir celle de tout le Nord.

Entre l'instant que la Providence nous accorde et l'événement fatal de la réunion du Holstein à la Russie, il n'y a que la vie de l'impératrice, ce filet de vie, usé par les plaisirs, les inquiétudes et les infirmités; il peut se rompre tous les jours, il ne peut pas, humainement parlant, durer

des années. C'est cependant cette princesse seule qui nous
sépare des maux que nous avons à attendre, c'est elle seule
qui peut les détourner pacifiquement. Il n'appartient plus
qu'à elle de faire parvenir au grand-duc des vérités qu'il
rebute et qu'il écarte, elle seule peut l'y rendre attentif, et
si l'accommodement est encore praticable, ce n'est que par
elle qu'il peut réussir. Tous les moments de cette précieuse
vie perdus sont donc ou peuvent être irréparables; mais,
pour en tirer quelque parti, pour réveiller cette princesse
de la léthargie dans laquelle elle se plait et au gré de laquelle elle aime à laisser flotter les rênes de son empire, il
faut saisir l'occasion extraordinaire qui seule dissipe quelquefois son sommeil, et cette occasion c'est la guerre présente.
Dans cette crise, dans cette unique époque, l'impératrice et
ses ministres, guère moins tranquilles qu'elle, peuvent croire
par moments que ce n'est pas trop faire que de se donner la peine de chercher à ménager et à calmer le roi;
cette époque passée, nos propositions et nos offres ne
seront plus regardées que comme autant de sollicitations et autant de requêtes que l'on n'a pas le loisir
d'écouter et bien moins encore d'examiner et d'appuyer, au
hasard de déplaire à l'héritier de l'empire, que l'impératrice,
par des contradictions qu'il parait impossible de concilier
mais qui cependant ne se concilient que trop, souvent hait,
méprise et redoute et devant lequel déjà tous ses ministres
tremblent. Renvoyer l'affaire à la paix ou remettre la discussion au congrès, c'est donc l'anéantir, c'est, dans des
termes plus doux et qui peuvent éblouir ceux auxquels tout
est bon, quand il s'agit des intérêts et des maux d'autrui,
mais qui n'éblouiront certainement pas le roi, la refuser et
la rompre.

J'ajoute, monsieur, et avec regret, mais il ne m'est pas
permis de ne pas l'ajouter, que si cette époque est la seule
dans laquelle l'accommodement puisse réussir, c'est aussi la
seule où, cet accommodement rejeté, le roi puisse pourvoir
à sa sûreté par les moyens réservés aux souverains et que
l'extrême nécessité rend légitimes et nécessaires. Ce sujet
est si triste, il agite et peine si fort mon cœur que je ne
ferai que le toucher rapidement. Du moment que le grand-duc,
qui est ennemi du roi parce qu'il forme et qu'il est résolu

de poursuivre des prétentions mortelles à l'existence même de sa monarchie, ne veut pas cesser de l'être en s'arrangeant sur ces prétentions, du moment que les alliés de sa majesté, quoique informés de ces dispositions et de leurs conséquences, ne peuvent ou ne veulent pas y porter remède et déclarent ne pas vouloir assister le roi mais préférer, ou par politique ou par goût, l'amitié de la Russie à la sienne, il ne reste plus à sa majesté que de prendre avec eux qui ne sont pas les amis mais les ennemis, les mesures que leur sûreté commune exige. Cette conséquence est amère, mais je ne la crois pas contestable. Le danger est trop grand pour permettre que le roi se le cache, et trop pressant pour qu'un prince aussi sage que lui puisse remettre à la possibilité des accidents le soin de le diminuer. Il n'y a pas en Europe de pouvoir plus redoutable ni de joug plus dur, plus insupportable que celui de la Russie: ton, principes, langage, mœurs, — tout est révoltant, tout est encore oriental ou barbare — des armées dont le poids accable et dont une partie n'a de l'humanité que la forme et ne connaît de la guerre que la destruction, un despotisme, un orgueil, des vues! — mais pourquoi entrer dans le détail, tout est affreux dans cette puissance. Gouverné mollement depuis 36 ans, grâces en soient rendues à la Providence et à la miséricorde divine, par trois femmes et un enfant, on paraît avoir oublié ce que c'est que cet empire scythe, on imagine qu'il sera toujours conduit par l'indifférence et la volupté, que cette dure et superbe nation sera tranquille, comme elle l'a été dans ces heureuses années, à moins que d'autres cours ne l'animent et ne la guident. Mais cet enchantement se dissipera dès que le prince passionné et violent, qui déjà ne s'occupe et ne s'amuse que de projets peut-être insensés mais toujours guerriers et sanguinaires, sera monté sur le trône, dont il est déjà si près, et qu'il rappellera à son peuple et à l'Europe la cruelle cupidité de son aïeul. Il n'est pas de la sagesse du roi d'attendre ce dangereux moment, il n'est point de sa prudence d'attendre qu'une paix générale ait débarrassé ce prince de tout autre ennemi pour pouvoir tomber sur lui seul. Si sa majesté ne peut éviter le malheur d'avoir à combattre la Russie, peut-elle balancer à le

faire tant que cet empire, actuellement fatigué, a encore des
adversaires puissants et capables de partager avec elle les
événements et la fortune de la guerre, et ne serait-ce pas
le comble de la nonchalance et de la sécurité, si elle laissait passer, sans en faire usage, une époque, la seule qui
puisse diminuer et terminer ses maux?

Voilà, monsieur, une partie de ce que j'avais à vous
dire et par vous au respectable ami auquel mon discours
s'adresse. Son génie, ses lumières, la droiture et la probité
de son cœur suppléeront au reste. Nous n'avons plus de
traité avec la Russie. Celui qui subsistait entre les deux
couronnes est expiré, il y a quelques mois.[1]) Dans les
termes où nous sommes nous ne le regrettons pas. Il garan-
tissait le Slesvic au roi contre tout autre que contre le
grand-duc, c'est-à-dire qu'il nous promettait du secours dans
tous les temps où nous n'en avions pas besoin. C'était une
mesure sage en 1746 lors de sa conclusion, lorsque l'impératrice était jeune encore et le grand-duc un enfant que l'on
croyait pouvoir gagner et fléchir par elle; mais aujourd'hui
ce ne serait rien. L'accommodement avec le grand-duc est
la base et l'essence de tout, sans lui tout traité avec l'impératrice serait une illusion; ce n'est point elle, c'est son
successeur que nous craignons. Sa promesse nous assu-
rerait-elle contre une époque où son pouvoir ne sera plus
rien, et à quoi nous servirait une garantie dont l'ennemi
du roi serait l'exécuteur? Peu de semaines, peu de jours
peut-être décideront de cette importante question. L'accommodement que le roi désire toujours par préférence, ne peut
plus, vous le savez, être négocié par sa majesté. Si les
cours alliées s'en chargent, elle s'y prêtera de son côté avec
candeur et avec joie et elle attendra le temps nécessaire
pour voir le fruit de leurs opérations et de leurs efforts. Si
elles ne s'en chargent pas ou n'y réussissent pas, tout est
dit. Ce qui suivra ne sera pas la volonté, la résolution, le
choix du roi, ce sera l'effet du grand-duc.

Je pourrais à présent toucher un mot des intérêts de
la Suède, en réalité les mêmes que les nôtres. Mais je ne
me le permettrai pas, je respecte trop notre ami, c'est à

---

[1]) Traité du 10 juin 1746.

lui, non pas à moi, qu'il appartient d'en juger. Tout ce que
je le conjure de considérer c'est ce que le grand-duc, em-
percur de Russie et duc de Holstein, sera pour la Suède,
soit qu'il fasse revivre aussi envers elle son droit héréditaire,
autre prétention de son père dont il s'est si longtemps
flatté lui-même, soit que, content de la voir gouvernée par
un prince de sa branche, il ne soit l'ennemi que de sa
liberté, ce qu'il sera à son égard si ses desseins réussissent
contre le roi. Dites-lui que dans ce danger commun, dont
il est impossible que la réalité lui échappe, je compte sur
sa vigilance et sur son cœur, et que, quels que puissent
être les sentiments que les embarras présents lui inspirent
ou lui arrachent, je sais et saurai qu'une âme pure et généreuse l'animera toujours.

173.

Dépêche à Mr le comte de Bothmer à Londres.

Copenhague 21 novbre 1761.

Si, pendant le cours de cette malheureuse guerre, je me
suis trouvé quelquefois dans le cas fâcheux et désagréable
de vous charger, de la part du roi, de faire des plaintes à
la cour de la Grande-Bretagne contre les violences et les
excès des capitaines des vaisseaux de guerre anglais, le
chagrin que j'en ai conçu ne pouvait ressembler à celui
avec lequel j'ai à vous faire part aujourd'hui de l'attentat
du capitaine Palisser, commandant le Shewsbury, vaisseau
de guerre de 74 canons, stationné dans la Méditerrannée,
lequel, abusant de la supériorité de ses forces, a osé enlever
au commandeur-capitaine Fischer, commandant le Groenland,
vaisseau de guerre du roi de 50 pièces de canon, un snaw
danois qui était sous son convoi. Ce fait, que je puis et
dois appeler une insulte hostile, est si atroce qu'il suffit de
l'indiquer pour en faire connaître l'iniquité et les conséquences, et je crois presque superflu de vous dire que le
roi, surpris et justement irrité de ce que le commandeur-
capitaine Fischer ne se soit pas opposé, au hasard de tout
ce qui en pouvait arriver, à cet enlèvement, a fait partir

sur le champ le commandeur-capitaine Hoogland avec ordre de prendre le commandement du Groenland, de faire arrêter le sieur Fischer et de le renvoyer prisonnier ici pour y rendre compte de sa conduite.

Sa majesté se fie trop à l'équité du roi de la Grande-Bretagne pour croire possible qu'il approuve le procédé du capitaine Palisser, et qu'il veuille soutenir une prétention qui blesse directement les droits de tout pavillon indépendant et souverain et la paix qui subsiste entre les deux couronnes, et c'est dans cette confiance et dans l'espérance indubitable de la prompte restitution du bâtiment pris et d'une réparation éclatante, qu'elle se contente de vous ordonner d'exposer le fait à ce monarque ou, si vous le jugez plus convenable, à son ministère, de lui en représenter l'injustice et les suites et d'en demander satisfaction.

Je prévois, monsieur, que. de la part du capitaine coupable, on tâchera de justifier ou au moins de colorer le fait, en avançant qu'il y avait eu des marchandises appartenant à des Français à bord, mais, outre que la vérité de cette allégation n'est point prouvée, il est, je pense, évident que, quand même le maitre du dit navire se la serait attirée en effet, cette faute, que j'appelle telle, non que je croie que la guerre allumée entre les Anglais et les Français ôte aux sujets d'un souverain neutre le droit de se charger des biens des uns ou des autres, mais parce que ces collusions sont contraires aux ordonnances du roi, qui, pour éviter toute discussion et toute querelle avec la nation britannique, a expressément défendu à ses sujets de favoriser les Français, surtout lorsqu'ils naviguent sous la protection de son pavillon,[1]) ne saurait autoriser les officiers des nations belligérantes à s'arroger un droit de visite sur des bâtiments allant sous convoi d'une puissance neutre,

---

[1]) Dans la guerre coloniale entre l'Angleterre et la France, le Danemark évita toute discussion sur la question internationale de savoir si le pavillon couvre la marchandise, car il défendit, par des dispositions intérieures, à ses sujets de prendre à bord de leurs bâtiments des marchandises appartenant à des sujets des belligérants. Une pareille mesure, motivée par des considérations d'un ordre intérieur, ne prouvait pas que le gouvernement danois reconnût aux belligérants le droit de défendre un pareil commerce.

ni leur donner le prétexte de s'établir juges de la qualité de
leurs chargements. L'Angleterre doit avoir vu pendant toute
cette guerre que, quelles qu'aient été les clameurs excitées
par l'avarice et la cupidité des armateurs et peut-être aussi
de quelques négociants anglais, les sujets du roi (je parle
en gros et en général, car il est impossible que dans une
nation entière il ne se trouve toujours quelqu'un qui, tenté
par le gain, ne s'écarte des règles) n'ont point prêté leur
nom aux Français, et n'ont point cherché à faire leur
commerce; cette vérité, que l'état de notre navigation tant
en Europe qu'en Amérique prouve invinciblement, ne saurait
être contestée de bonne foi, et quel motif pourrait donc induire le roi de la Grande-Bretagne, ce monarque dont
toutes les paroles et toutes les actions ne respirent que la
sagesse, l'équité et la modération, à s'attribuer de fait un
pouvoir sur des nations indépendantes et souveraines, et
l'avantage qui pourrait lui revenir d'un bâtiment est-il à
comparer aux conséquences d'une violence que le prince auquel elle est faite ne peut ni dissimuler ni oublier? Appuyez
sur ce raisonnement qui n'est pas à contester, et faites
sentir au ministère de la Grande-Bretagne que la haute
opinion que le roi a de son équité et de ses lumières est
le motif qui engage sa majesté à ne lui parler dans cette
occasion, quelque vivement offensée qu'elle soit, que le langage de l'amitié et de la confiance, et qu'elle s'assure que
la réponse de sa majesté britannique et ses résolutions ne
feront que la confirmer dans cette haute opinion et dans
cette confiance.

Si, dans la poursuite de cette affaire, vous croyez avoir
besoin de justifier notre thèse par des mémoires dont la
composition vous enlèverait une trop grande partie de votre
temps, vous pourriez les faire dresser par mons. le professeur Hubner, très-habile et très-versé dans cette partie
du droit naturel et de celui des nations, mais vous aurez
toujours l'attention de les soumettre à l'approbation du roi
avant que de les présenter au ministère britannique. [1])

---

[1]) L'affaire ne paraît d'ailleurs pas avoir été bien en règle. C'est
probablement de cette capture que le ministre écrit plus tard
(dépêche du 8 mai 1762) que „mons. Fabritius ne veut ni ne peut

174.

Note à Mr Titley, ministre d'Angleterre.

Copenhague 12 décembre 1761.

J'ai mis sous les yeux du roi la lettre que vous m'avez
fait l'honneur de m'écrire le 3 du cour. et sa majesté,
après avoir donné une attention très-sérieuse à son contenu,
m'a ordonné de la communiquer au département des affaires
intérieures du royaume, pour que le fait arrivé à Bergen y
soit examiné et justice rendue à qui elle appartient.[1]) Sa
maj. me commande en même temps de vous assurer que,
désirant toujours avec la même ardeur et la même constance
de vivre dans l'amitié la plus vraie et la plus étroite avec
sa maj. le roi de la Gr.-Bretagne et de maintenir celle qui
a subsisté depuis si longtemps entre les deux nations, elle
ne permettra jamais à ses officiers, commandant dans les
différents ports de ses royaumes et provinces, de marquer
la moindre partialité contre la nation britannique ou en
faveur de ses ennemis, et continuera de leur enjoindre de
s'en tenir aux règles sévères de la plus exacte neutralité,
adoptée par sa maj. et si scrupuleusement observée jusqu'ici
par elle.

Mais je ne saurai vous dissimuler en même temps,
monsieur, que le roi s'attend que ces sentiments seront
payés de la part de sa maj. britannique du retour qu'ils
méritent; qu'il est et ne peut qu'être infiniment sensible
au peu d'effet qu'ont produit jusqu'ici les représentations

---

prêter serment, que la cargaison était uniquement à lui et à
d'autres sujets du roi." En conséquence, le comte de Bothmer
reçoit l'ordre de tâcher „d'obtenir qu'on juge la cargaison sur
pièces trouvées à bord, sans prétendre à d'autres preuves et à
d'autres titres quelconques, et d'appuyer sa demande sur les circonstances de l'enlèvement odieux de ce navire."

[1]) Il s'agissait d'un bâtiment anglais, que le commandant danois à
Bergen, Cicignon, avait séquestré à titre de représailles parce
qu'un navire de guerre anglais avait capturé un bâtiment français dans les eaux territoriales de Norwége. L'affaire fut accom-
modée plus tard.

[2]) Satisfaction fut pourtant donnée dans plusieurs de ces cas, voir
note à Mr Ogier, 24 mai 1762 etc.

les plus pressantes, les plus justes et les plus sérieuses, faites par ses ordres et par ses ministres contre les excès et les violences publiquement commis même par les officiers de la flotte britannique, et nommément par les capitaines Webbs en Norwége, le 26 juillet 1759, Gough à Elseneur, sur la fin de la même année, Lockhard dans le Fahrsund, en 1760, Tonyn, commandant le Fowey, à la rade de Helgoland, Goodall dans le port d'Egersund, à trois différentes reprises, Elliot dans celui d'Ulesund, dans la même année, et plus récemment encore, le 11 juillet de l'année courante, par le capitaine Elphingstone, sous le canon de la forteresse de Frederichsholm, contre les égards dus à la souveraineté, à la neutralité et à l'indépendance de ses côtes, de ses ports et de son pavillon, et que sa majesté ne saurait blâmer la douleur dont ses officiers sont pénétrés, lorsqu'ils voient l'honneur et les droits de leur souverain si fréquemment blessés et si impunément violés, ni réprimer les vivacités qui peuvent leur échapper dans ces rencontres aussi sévèrement qu'elle le ferait, si les attentats et les insultes dont ils sont témoins mais dont ils ne voient jamais la réparation, étaient moins fréquents et moins autorisés par l'impunité de leurs auteurs, qui osent se dire munis d'ordres exprès pour les commettre et qui en conséquence ne craignent et n'essuyent jamais l'examen et le châtiment que leurs déportements mériteraient.

Vous êtes trop éclairé et trop équitable, monsieur, pour ne pas sentir que la justice réciproque est la base de l'amitié entre les nations, et que, quels que soient le désir et l'intention de sa maj. d'arrêter tous les effets de la sensibilité de ses peuples offensés et lésés, elle n'y réussira jamais parfaitement, si la cour de la Gr.-Bret. n'impose à ses sujets et surtout à ses officiers la loi de ménager un pays et une nation amis, de se rappeler ses droits et sa neutralité, et de ne pas oublier si souvent, que conserver un ami est un devoir bien plus sacré encore que celui de poursuivre sa proie et faire de mal à son ennemi.

175.

Mémoire à présenter à Mr le comte de Choiseul, ministre
des affaires étrangères de France.

Copenhague 31 décembre 1761. [1]

Le grand-duc possède environ le tiers de ce que l'on
appelle communément le Holstein, et les domaines qui composent ce tiers forment trois provinces séparées entre elles,
mais qui touchent partout à celles du roi. Il tient, en
communauté avec sa maj., la souveraineté sur les prélats
et la noblesse du pays. Il réclame comme son héritage
la plus belle moitié du duché de Slesvic, il prétend des
sommes immenses [2] du roi sous le titre de dédommagements et de revenus injustement perçus pendant la guerre
et depuis la paix du Nord, et il est héritier présomptif de
l'empire de Russie. Ce peu de paroles suffisent pour exposer l'importance de la querelle qu'il refuse d'accommoder, ainsi que le danger dont ses desseins et ses vues
menacent le roi, l'équilibre et l'indépendance du Nord et le
repos de l'Europe entière, et pour prouver la nécessité absolue de terminer et de détourner tout ce qui les fonde, les
occasionne et les facilite, si l'on veut que l'Europe, après
de si cruelles agitations, jouisse enfin d'un paix solide et
durable.

---

[1] Les représentations pressantes du gouvernement danois n'avaient
pas réussi à faire sortir la France et l'Autriche de leur indifférence.
Mrs de Choiseul et de Kaunitz s'étaient bornés à donner l'ordre
à leurs ambassadeurs à Pétersbourg d'aviser entre eux aux moyens
d'amener un accord entre le Danemark et le grand-duc et d'engager le gouvernement russe dans ce sens. Dans ces circonstances, le comte Bernstorff se décida à envoyer son neveu, le
comte A. P. Bernstorff, le futur ministre des affaires étrangères
de Danemark, à Paris, pour qu'il tachât d'éclairer le duc de Choiseul sur l'imminence du danger qui menaçait la paix dans le Nord.
A cet effet, il fut muni de ce mémoire qui résume les points capitaux du différend, et qui était également destiné à être remis par
mr. de Bachoff au comte de Kaunitz.

[2] Le grand-duc prétendait que l'ancienne partie ducale du Slesvic
lui fût rendue, et en même temps que le Danemark lui payât
30 millions de rigsdalers à titre de dommages-intérêts qu'il réclamait comme indemnité pour la privation de cette partie du
Slesvic depuis 1713.

Le partage du Holstein a été fait après la mort du roi
Frédéric I avec la simplicité et la bonne foi, mais aussi
avec le peu de prévoyance et de politique propre à son siècle.
Il se fonde sur la supposition, quoique si souvent démentie
par l'expérience, que des princes d'un même sang resteraient
toujours unis et auraient constamment les mêmes intérêts,
et sur l'idée que la maison commune de ces princes demeu-
rerait dans l'état où elle était alors et que la prééminence
de l'aîné, le roi de Danemark et de Norvége, presque certain de conserver ces couronnes, quoique alors électives,
dans sa branche, suffirait pour obvier à tous les inconvénients d'une égalité trop parfaite, et donnerait le poids
décisif lorsqu'il faudrait le donner. La base de toute l'édi-
fice est détruite aujourd'hui. Quoique des querelles sans
nombre, plus d'une fois éclatées en guerre ouverte, aient
été dès son origine l'effet de cet arrangement et que le
Danemark lui doive les malheurs dont il a été accablé, il
y a un siècle, il pouvait subsister, tant que les ducs de
Holstein, bien qu'entraînés momentanément par des intérêts
étrangers et par des vues contraires au bien de leur maison
en général et de son chef en particulier, n'en avaient point
de permanents qui fussent toujours étrangers et quelquefois
opposés aux siens, et tant que leur union avec les rois de Danemark, gouvernant avec eux la province, pouvait ainsi et devait
même être sincère et entière; mais on ne craint point de le
dire, depuis qu'il a plu à la Providence d'appeler les princes
de la branche ducale aux trônes de Russie et de Suède, le
maintien de ce partage et de cette communauté de pouvoir
est devenu impossible de sa nature, ou au moins incompatible avec le repos de l'Allemagne et du Nord, et cette
vérité est si évidente et si peu contestable que ce serait lasser
inutilement la patience des ministres éclairés, aux yeux desquels ce mémoire est destiné à paraître, si l'on voulait
s'arrêter à le prouver. Il n'y a plus un seul état de
quelque considération en Europe où cette forme de gouvernement, si chère et ordinaire à nos pères, ait pu être
conservée. Les princes les plus médiocres, même ceux dont
les querelles ne pourraient produire que des procès et ne
fatiguer que leurs juges, se sont vus forcés de l'abroger. Et
on la conserverait entre des rois, nécessairement jaloux de

leurs droits, et le souverain d'un empire redoutable et
entièrement étranger à la religion, aux lois et aux mœurs
de l'état dont il tiendrait conjointement avec eux la régence,
qui, ne connaissant point de contradiction à ses volontés et
n'ayant pour organes et interprètes de ses résolutions que
des ministres habitués et dévoués au pouvoir absolu, regarderait toute discussion et opposition à ses décrets,
quoique inséparables de l'égalité du pouvoir, comme autant d'entreprises contre son autorité et recourrait tout
naturellement à la voie des armes pour la venger! Quel est
l'homme assez ennemi du genre humain, pour ne pas être
alarmé et touché de ces conséquences et pour vouloir laisser
aux monarques du Nord une pomme de discorde, un sujet
de division perpétuelle, qui, par une suite nécessaire et inévitable, serait pour toute l'Europe une source toujours
amère, toujours abondante de guerres, de destructions et
de maux?

Mais si la forme du partage et de la communauté du
Holstein est déjà par elle-même si contraire au bonheur et
à la tranquillité publique, le danger est encore incomparablement augmenté par les prétentions que le grand-duc
forme sur le Slesvic et contre le Danemark. L'Europe entière et plus particulièrement les cours de Versailles et de
Vienne connaissent leur origine, et dans un mémoire dont
le vœu et le but sont bien plutôt de chercher les moyens de
pacifier la querelle que de l'aigrir et de la renouveler, on
ne s'attachera pas à en détailler toute l'injustice, on se contentera d'indiquer simplement que les ducs de Holstein,
alliés secrets d'une puissance respectable mais alors ennemie du Danemark, ayant contre l'esprit et la teneur de
l'union, loi fondamentale de la maison, et contre les assurances les plus solennelles et les plus fréquemment répétées,
favorisé, dans le moment le plus cruel et le plus funeste,
les entreprises et assuré la retraite d'une armée qui allait
porter le feu et le fer dans les entrailles du royaume et
conquérir des provinces pour eux, lui ayant ouvert leur
forteresse et donné ainsi toute l'assistance qu'il était en leur
pouvoir de lui donner, éprouvèrent enfin le sort et le revers
des armes et perdirent, soit par les lois de la guerre soit
par celle du vasselage, la part de Slesvic qu'ils possédaient,

qu'ils avait reçue, et tenue en fief de la couronne de Danemark mais dont ils avaient forcé le roi Frédéric III de leur
accorder la souveraineté en 1660, et l'on se bornera à
ajouter à cet exposé succinct mais simple et fidèle, que la
réunion de ce fief ou de cette province à la couronne,
garantie par les plus grandes puissances, et surtout par la
France,[1] est d'une nécessité si essentielle à l'existence de
la monarchie danoise qu'il ne peut y avoir sur cet objet
d'autre négociation que pour l'affermir, et qu'il n'y a point
de Danois qui ne doive et ne soit résolu à verser la dernière goutte de son sang plutôt que d'en admettre la restitution.

Les cours que leur puissance rend les gardiennes de
la félicité publique, et celles particulièrement qui sont amies
et alliées du Danemark jugeront de là ce que c'est et ce que
ce doit être pour le roi de voir que le prince qui, par la nature de ses possessions et de ses prétentions, est son ennemi
actuel et futur — et que l'on ne s'élève point contre cette
expression, qu'est ce qui constitue la qualité d'ennemi, si ce
n'est la poursuite de la querelle la plus dangereuse et la
plus mortelle, la haine la moins dissimulée et la résolution
la plus décidée de nuire? — se trouve appelé à la succession immédiate de l'empire de Russie, et elles se représenteront les devoirs que la conservation de sa couronne
et le salut de son peuple, loi suprême des rois, imposent à
sa majesté. Elles sentiront qu'il n'y a point de milieu,
point de paliatif à employer, qu'il faut, en séparant les deux
princes, couper jusqu'à la racine des funestes dissensions
qui les divisent et qu'il ne peut y avoir de repos pour le
Nord qu'en les mettant hors du cas, hors de l'occasion et
de la nécessité de les renouveler.

Le roi a toujours désiré et désirerait encore avec autant de bonne foi que d'ardeur, que cet objet, but de ses
longs travaux, pût être obtenu paisiblement et par la voie
d'une heureuse négociation. Il a fait pour cet effet tout ce
qu'il était dans son pouvoir de faire; fidèle à la voix du
sang, il a cherché dès les premières années de son règne,
de faire succéder l'amitié et l'union aux haines et aux con-

---

[1] L'acte de garantie de la France du 18 août 1720.

testations qui avaient déchiré pendant si longtemps sa maison.

Ses premiers soins ont été heureux. Il a conclu en 1750, par la médiation et sous la garantie de la France, un traité avec le roi, alors prince héritier du trône de Suède, qui termine leurs différends et prévient tous les maux qui pouvaient en arriver, et il n'a rien eu de plus pressé que de tourner dès la même année tous ses soins vers le grand-duc pour porter ce prince à prendre le même esprit et à entrer dans des arrangements pareils. Pendant douze années entières il ne s'est point lassé de travailler à fléchir l'esprit de ce prince et à l'adoucir; content de perdre avec lui et d'oublier le prix de ce qu'il lui demandait, il lui a offert tout ce qu'il a pu lui offrir, des provinces, premier patrimoine de leur maison commune, d'un revenu égal à la partie ducale du Holstein mais notoirement plus opulentes et plus ménagées qu'elle et dont ce prince, que les droits du roi sur les états qu'il possède aujourd'hui doivent gêner au moins autant que les siens gênent sa majesté, serait seul le maitre, des sommes d'argent très considérables et que l'on peut dire immenses pour l'objet et à proportion des facultés du Nord, des complaisances et des sacrifices sans fin sur tous les autres points qui peuvent lui faire plaisir. Mais rien n'a fait effet, rien n'a pu faire impression sur l'esprit de son alt. imp. Un profond silence a été pendant tant d'années la seule réponse de ce prince, et lorsqu'enfin les vives instances de sa maj., appuyées puissamment par leurs majestés très-chrét. et imp., lui en ont arraché une plus précise, elle n'a manifesté que les sentiments de son cœur et n'a servi qu'a prouver à l'Europe entière, par l'amertume de ses paroles, l'excès de ses prétentions et le refus de toutes les propositions du roi, auxquelles il n'a pas même voulu en substituer d'autres, qu'il n'attend que le moment où, maître de la Russie, il pourra employer les forces de ce vaste empire, pour assouvir la haine dont il est possédé et pour renverser le trône d'un roi dans lequel il ne veut voir qu'un ennemi, et de la destruction duquel il s'occupe et s'amuse uniquement dans ses conversations les plus chères et les plus secrètes et dans ses projets les plus sérieux. Tous les efforts du roi ont donc été et sont donc inutiles et vouloir les poursuivre et les renouveler ne serait que s'abuser volontairement, perdre un temps précieux et augmenter le triomphe d'un prince qui s'en fait un de se jouer des dispositions amicales et des démarches pacifiques de sa majesté.

C'est ce qui a déjà été représenté aux puissances qui ont bien voulu s'intéresser jusqu'ici à une cause qui n'est pas seulement celle du Danemark, mais encore celle de tout le Nord et de tous les princes qui aiment le repos de l'Europe et qui, en vertu de leurs engagements et par la considération de leurs propres intérêts, ne sauraient y être indifférents, on ne peut que le leur répéter. Les refus du grand-duc et l'approbation que l'impératrice de Russie a donnée à ces refus ont rompu et terminé la longue négociation du Danmark; cette négociation ne peut se relever du coup mortel qu'elle a reçu, mais des puissances amies communes peuvent, si elles le jugent à propos, en proposant aux deux parties un plan d'accommodement possible et équitable, en former une nouvelle qui ne soit point celle du roi, mais la leur. Quelque rebutée que soit justement sa maj. après tant de longs essais infructueux, elle se prêtera encore à celui-ci et y concourra, lorsqu'il sera entamé, avec la même candeur, la même bonne foi et la même facilité qu'elle a marquée jusqu'à présent, et si les deux puissances se déterminent à l'entreprendre, point sur lequel elle demande, avec toute l'instance dont elle est capable, une déclaration prompte et positive, elle en attendra l'effet pendant cinq mois entiers; mais elle ne peut que représenter en même temps à ces puissances, avec la confiance parfaite avec laquelle elle s'adresse à elles et qui est fondée sur ses sentiments pour elles, sur leurs engagements réciproques et sur la base immuable de leurs intérêts communs, que les conditions que l'on voudra lui proposer doivent être de nature à pouvoir être acceptées et remplies par elle, que la négociation ne saurait jamais réussir, si on continue de la traiter sur le pied d'une sollicitation et tant qu'on ne la donnera pas pour ce qu'elle est, pour une affaire d'état nécessaire à arranger et dont l'intérêt de la Russie, de même que le bien général de l'Europe, demande l'accommodement, et enfin, qu'autant que la pru-

dence humaine peut prévoir l'avenir, il n'y a point d'autre
moment que le présent pour la terminer heureusement.

Le roi est bien sûr que la vérité et la justice de ces
propositions n'échapperont point aux lumières des ministères
sages et éclairés auquel ce mémoire sera remis.

Sa maj. n'a point d'autres provinces à céder au grand-
duc que celles qu'elle lui a offertes, il n'est pas dans son
pouvoir de multiplier les sommes d'argent que, sans les lui
devoir, elle consent à lui sacrifier, aussi facilement qu'il
multiplie ses prétentions, et comme ce n'est pas la cupidité
de réunir à ses états la partie du Holstein que son alt.
imp. possède et qui, quand elle serait libre des dettes dont
elle est surchargée, ne vaudrait que 200 mille écus par an,
mais le désir d'assurer le repos public et celui de ses
peuples qui l'anime et qui l'a déterminée à des offres infiniment supérieures à la valeur de l'objet, elle ne peut se
prêter à d'autres sacrifices qui, en énervant les forces de son
royaume, détruiraient le seul but qu'elle se propose.

Les cours, ses amies, et auxquelles il importe qu'une
puissance leur alliée continue d'exister et d'aider à former
et à maintenir l'équilibre du Nord, ne lui feront donc point
de propositions qu'elle ne pourrait agréer, et elles agiront
dans la négociation, si elles s'en chargent et si elles désirent
que le roi par confiance en elles suspende toutes les autres
mesures qu'à leur défaut sa sûreté exigerait, avec la vigueur
et le sérieux qui seuls peuvent vaincre les difficultés qui
s'y opposent. Le roi ne se dissimule pas qu'au point où
les affaires sont parvenues, elles ont de fortes et justes
raisons de ménager la cour de Russie, et il sent que ce
serait peut-être trop fort et sûrement très inutile de leur
demander des démarches qui pourraient les brouiller avec
elle, mais sa majesté est convaincue que représenter à l'impératrice de Russie les conséquences naturelles et par là
même inévitables des refus du grand-duc, et les lui représenter avec la force et la vérité qui conviennent aux remontrances et aux conseils de deux puissances principales
de l'Europe, ne déplairait que pour un moment peut-être
à cette princesse qui, se souciant au fond très peu du Holstein, ne voulant pas que les intérêts de ce petit pays
règlent et décident ceux de son empire, et ne pouvant être

entièrement insensible à l'effet que ferait dans la Baltique
et dans le Nord la déclaration du roi si sa majesté était
forcée de se joindre à son ennemi, saurait bientôt gré à
leurs majestés imp. et très-chrét. de lui avoir parlé vrai et
fourni une cause et un moyen de prévenir tant de maux,
en terminant à des conditions équitables un accord auquel
rien au monde ne s'oppose que l'entêtement et la haine d'un
prince qui est sous son pouvoir et sous sa domination et
auquel elle a fait assez de bien en le nommant héritier
d'un empire immense, pour pouvoir exiger de lui qu'il lui
sacrifie, non ses intérêts — on se flatte d'avoir prouvé qu'ils
lui conseilleraient d'accepter les avantages que le roi lui
offre — mais ses passions. Sa maj. n'a jamais demandé
qu'on violentât les volontés du grand-duc, mais tous ceux
qui connaissent ce prince et qui savent, quelle est la direction
et la force de son génie et de son cœur, conviennent unanimement qu'un mot de l'impératrice, dit à propos, un
plaisir peu signifiant, qu'elle lui ferait au moment qu'il le
désirerait avec la violence qui lui est naturelle, le porteraient
à tout, et on ne pense pas que gouverner, par la voie de
la persuasion et d'une autorité si légitime, ses fantaisies si
dangereuses et dont tant de peuples seraient les victimes
puisse s'appeler forcer sa liberté. Ce que les compliments,
les insinuations flatteuses et les remontrances vagues peuvent
effectuer sur lui s'est déjà manifesté. Elles n'ont fait
qu'enfler son cœur et animer son caprice en même temps
qu'elles ont nourri et entretenu l'indifférence et la léthargie
de l'impératrice et augmenté l'indécision de ses ministres.
Il est prouvé par l'expérience que poursuivre cette voie,
c'est ne rien faire, et le roi est fondé à croire que des
puissances ses alliées, sérieusement résolues à produire le
bien que le Nord et l'Europe attendent d'elles, ne voudront
pas le manquer elles-mêmes et n'hésiteront plus de prendre
le ton d'amitié mais de force qui seul peut faire impression
et qui, dans les circonstances présentes, convient seul à leur
propre dignité et à l'importance de l'objet auquel elles
s'intéressent.

Et c'est par la même raison qu'il espère qu'elles ne
différeront point de former le plan de leur négociation et de
travailler à l'exécution. Le but commun ne peut être ob-

tenu que par l'entremise de l'impératrice de Russie, seule en état de se faire écouter par un prince fougueux qui ne connaît que la force de ses passions, qu'elle seule est à portée d'arrêter, de modérer et de satisfaire. Entre l'instant que la Providence nous accorde et l'événement fatal de la réunion du Holstein à la Russie, événement qui, dès qu'il sera arrivé, ne sera plus réparable qu'après des flots de sang versés, il n'y a que sa vie, cette vie qui peut finir tous les jours et qui ne peut pas, humainement parlant, durer des années. C'est cette princesse seule qui nous sépare des maux que nous avons à attendre, c'est elle seule qui peut les déterminer pacifiquement. Tous les moments de sa précieuse vie perdus sont donc ou peuvent être perdus sans retour. Mais pour en tirer quelque parti, pour l'engager à sortir du repos dans lequel elle se plaît, il faut saisir l'occasion extraordinaire qui seule le trouble quelquefois, et cette occasion est la guerre présente. Dans cette crise, dans cette unique époque l'impératrice pourra peut-être vouloir calmer et ménager le roi. Cette époque passée, les propositions et les offres de sa majesté ne seront plus regardées par elle et par ses ministres que comme autant de requêtes qu'on n'a pas le loisir d'écouter et bien moins encore d'examiner et d'appuyer, au hasard d'indisposer l'héritier de l'empire et de lui déplaire. Renvoyer l'affaire à un autre temps, en remettre la discussion à des conjonctures plus favorables, c'est donc l'anéantir, c'est, dans des termes plus doux mais qui ne peuvent éblouir que ceux auxquels tout est bon quand il s'agit des intérêts et des maux d'autrui, la refuser et la rompre.

Il serait superflu sans doute d'en dire davantage pour prouver des vérités dont l'évidence n'est pas douteuse, et téméraire d'ajouter des réflexions sur ce que l'intérêt particulier des deux monarchies d'Autriche et de France pourrait exiger. Il n'appartient d'en juger qu'aux ministres auxquels le gouvernement de ces pays est confié, et c'est à eux à décider s'il leur conviendrait que la Russie devint maitresse du bord occidental de la Baltique comme elle l'est de sa côte orientale, que par cette position elle tint le Nord entier sous ses lois ou au moins dans sa dépendance, et qu'elle se trouvât dans le cas de prendre désormais une part directe aux affaires de l'Allemagne et à portée d'y soutenir tous les princes et états qui s'attacheraient à elle. D'aussi grands hommes n'ignorent pas que l'amitié expire là où la rivalité commence et que la Russie, depuis 35 ans fidèle alliée de la cour impériale, cessera de l'être dès le moment que, la conduisant sur un théâtre différent de celui où elle a agi jusqu'ici, on lui fournira d'autres vues politiques que celles de s'opposer, conjointement avec elle, au roi de Prusse et à la Porte Ottomane. Ils sont seuls en droit de prononcer sur des combinaisons et sur des conséquences que ceux qui ne sont pas à leur place ne peuvent que deviner ou qu'entrevoir. On ne portera pas la présomption jusqu'à leur en parler et le but de ce mémoire sera rempli pourvu qu'il puisse servir à leur rappeler:

Qu'il ne peut y avoir de paix solide dans le Nord ni par conséquent en Europe, tant que le grand-duc possèdera une partie du Holstein et qu'il continuera de nourrir une querelle et des prétentions fatales à l'indépendance du Nord, et mortelles en particulier à la couronne de Danemark;

Que le roi a employé et épuisé tous les moyens qui étaient dans son pouvoir pour persuader ce prince à les terminer et que, bien loin de chercher à gagner avec son alt. imp., il lui a offert des avantages excédant notoirement la valeur de l'objet;

Que n'ayant été payé que par des refus, il n'y peut plus rien, et que l'affaire, qui ne doit en vérité pas être regardée uniquement comme la sienne, mais encore comme celle de toutes les puissances qui affectionnent la liberté et la tranquillité du Nord et la paix de l'Europe, et que particulièrement les princes engagés à la garantie du Slesvic ne sauraient leur croire étrangère, est manquée pour jamais, à moins que leurs majestés impér. et très-chrét. ne s'en saisissent en qualité d'amies et d'alliées communes, et en vertu de leurs engagements pris avec le roi par le traité de 1758, ne rendent la négociation la leur, ne forment elles-mêmes un plan d'accommodement équitable et possible et ne s'emploient avec la vigueur et le sérieux qui leur conviennent à le faire agréer aux parties, et

Qu'il n'y a enfin que le moment présent pour faire réussir cette négociation, dont toute la difficulté consiste, non à forcer mais à obtenir le consentement d'un prince que mille motifs et mille appas peuvent fléchir et persuader.

On ose croire d'avoir porté ces vérités jusqu'à la démonstration et on se flatte que les deux augustes cours auxquelles on les représente et qui paraissent seules aujourd'hui dans le cas de pouvoir prévenir et étouffer les maux cruels dont tant de peuples sont menacés, y feront attention, qu'elles ne voudront pas que la paix qu'elles désirent et se proposent de rendre à l'univers, ne soit qu'une trêve, ni que l'Europe en pleurs leur demande un jour pourquoi elles ne la lui ont pas donnée parfaite, et qu'elles estimeront au-dessous de leur grandeur et au-dessous de leur politique de perdre un ami, pour éviter de contrarier pendant un moment les passions d'un prince dont elles connaissent trop les sentiments et les liaisons pour ne pas savoir ce qu'elles ont à attendre de lui.

176.

Plan d'une convention à faire avec le Grand-Duc.

Copenhague 31 décembre 1761. [1])

Art. 1. Le roi donnera au grand-duc, en échange de ce qu'il possède en Holstein et moyennant la renonciation à toutes prétentions quelconques formées de sa part contre lui, les comtés d'Oldenbourg et de Delmenhorst devenus duché par l'érection que la cour impériale veut bien promettre d'en faire, libres de toutes dettes, et sa majesté déclare et consent, que le suffrage que ce prince a présentement à la diète de l'empire, lui restera, et qu'ainsi son alt. imp., duc d'Oldenbourg, ne conservera pas seulement le dit suffrage mais acquerra encore les deux voix que le dit duché d'Oldenbourg a comme comtés sur le banc des comtes et aux assemblées du cercle.

---

[1]) Pour le cas où la France et l'Autriche se fussent enfin décidées à reprendre la négociation avec le grand-duc en leur propre nom, le comte A. P. Bernstorff devait communiquer à mr de Choiseul le projet suivant pour servir de base à un accommodement.

Art. 2. L'offre de sa maj. de se charger des dettes
de son alt. imp. hypothéquées et assurées sur ses domaines
de Holstein, n'ayant point paru faire sur l'esprit de mgr.
le grand-duc l'impression que le roi s'en promettait, sa
maj. se déterminera, pour marquer à ce prince combien son
amitié lui est précieuse et à quel point elle la désire, à
substituer à cette offre, et moyennant que les dits domaines
de son alt. imp. soient libérés par son alt. imp. elle-même
de toutes dettes, celle de lui payer, ou bien une fois pour
toute la somme de deux millions d'écus en   termes,
ou bien, si elle l'aime mieux, cette alternative étant laissée
à son choix, à la place des dits 2 millions, 150 mille écus
par an, pendant sa vie et celle de mgr le grand-prince son
fils, obligation dont rien ne doit décharger sa maj. que son
acquit et dont elle consentira que les puissances communes
prennent la garantie.

Art. 3. Puisque mgr. le grand-duc paraît ne pas
vouloir du Stadt et Budjadinger Land enclavé dans le
pays d'Oldenbourg, à cause de sa féodalité envers la maison de Brunsvic-Lunebourg, sa majesté consentira à garder
cette petite province et de donner annuellement à son alt.
imp. le double de son revenu.

Ces points principaux convenus, on arrangera facilement
les articles qui ne regardent que les formalités et sur lesquels il serait aussi tédieux que prématuré de s'étendre dès
à présent, et l'on se contentera simplement d'observer que
les sommes d'argent au sacrifice desquelles¹ le roi se détermine, doivent paraître d'autant plus considérables que,
au cas, que l'on ne se permet pas de désirer mais qui est
néanmoins possible, du décés de mgr. le grand duc et de
l'extinction de sa postérité masculine, elles seraient entièrement perdues pour sa majesté, le traité conclu par elle avec
le roi de Suède en 1750 étant alors le seul à suivre.

Table du premier volume.

		Rel et Maison royale.	Num.	Page.
		1. *Lettres de cabinet.*		
1755.	14 novbre.	à l'impératrice romaine en faveur des protestants en Styrie..............	55.	144.
		2. *Traités et conventions concernant la maison royale.*		
1754.	19 juin.	Convention avec le duc de Holstein-Glücksbourg au sujet de la succession éventuelle dans le duché de Ploen	42.	98.
—	10 février.	Convention avec le prince P. A. F. de Holstein-Beck au sujet de la succession de Ploen et de Glücksbourg ..	57.	147.
—	12 février.	Convention avec le prince C. L. de Holstein-Beck sur le même sujet ...	58.	147.
1756.	13 février.	Convention avec la maison de Holstein-Augustenbourg sur le même sujet..	59.	148.
—	25 mai.	Convention avec le prince E. A A. de Holstein-Beck sur le même sujet...	62.	149.
—	1 novbre.	Ratification de la capitulation signée par le prince Frederik comme évêque futur de Lübeck	73.	169.
—	29 novbre.	Recès principal et supplémentaire sur la succession royale dans les possessions de la maison de Ploen.......	75.	170.
1757.	25 janvier.	Pacte de mariage entre la princesse Wilhelmine Caroline et le prince Wilhelm de Hesse-Cassel	77.	176.
1759.	12 novbre.	Acte de garantie relatif à la cession de quelques fermes au chapitre de Lübeck, stipulée dans la capitulation d'élection du prince Frederik......	141.	321.

3. *Rapports du conseil au Roi.*

			Num.
1751.	21 mai.	sur la proposition confidentielle [du chancelier russe que le Danemark procédât à l'occupation de la partie ducale du Holstein................	1.
1752.	18 février.	sur la fortification de la ville de Landskrone	20.
1753.	21 juin.	sur la fermeture des ports espagnols à la navigation danoise	36.
1755.	1 septbre.	sur la neutralité à garder dans la guerre entre la France et la Grande-Bretagne	52.
—	18 septbre.	sur l'instruction à donner au chef de la frégate de garde dans le Sund	53.
1758.	26 juillet.	Exposition de la politique danoise dans la guerre de Sept ans............	111.
—	26 octbre.	sur la demande du duc de Mecklenbourg d'être pris dans la protection du Danemark...................	115.

Circulaires aux ministres du Roi à l'étranger.

1753.	1 septbre.	Explication du différend survenu avec l'Espagne........................	37.

Empire Germanique et Autriche.
1. *Traités et conventions.*

1758.	20 octobre.	Garantie de l'Autriche du traité du 4 mai 1758 entre la France et le Danemark	109.

2. *Instructions*
pour les ministres du Roi à Ratisbonne.
Mr. Cay de Rantzau.

1752.	18 novbre.	Démarche à faire en faveur des protestants persécutés dans les Etats autrichiens......................	29.

Mr. de Moltke.

1756.	23 octobre.	Ligne à suivre dans les délibérations de la diète au sujet de la guerre ..	72.
—	20 décbre.	Instruction et vote sur la proposition de mettre le roi de Prusse au ban de l'empire	76.
1758.	22 décbre	Instruction tendante à empêcher le corps évangélique de s'immiscer dans la question si le roi de Prusse devait être mis au ban de l'empire	120.

			Num.	Page.
	29 septbre.	Intercession auprès du gouvernement de Würtemberg en faveur de J. J. Moser.	138.	817.
		3. *Instructions pour les ministres du Roi à Vienne.*		
		Mr. le baron (comte) de Bachoff v. Echt.		
1751.	26 octobre.	Dépêche sur l'investiture pour le Holstein ainsi que pour les comtés d'Oldenbourg et de Delmenhorst. Titre de majesté	10.	29.
1752.	11 janvier.	Protestations d'amitié pour l'Autriche, refus d'alliance formelle	15.	37.
—	22 janvier.	Intervention en faveur de la noblesse de Mecklenbourg	16.	41.
—	28 mars.	Affaires du corps évangélique	22.	51.
1758.	4 mars.	Refus d'entrer dans la coalition contre la Prusse, mais offre d'un traité basé sur la neutralité du Danemark	107.	244.
—	25 août.	Refus réitéré de sortir de la neutralité	112.	264.
—	26 septbre.	Par suite de sa résolution de conserver la neutralité pour le Danemark, le Roi refuse également de faire marcher le contingent du Holstein	113.	265.
—	18 novbre.	Dépêche sur la nécessité pour la politique impériale que la question des duchés fût promptement résolue...	117.	278.
1761.	24 janvier.	L'état des négociations en Russie et les préparatifs du gouvernement danois.........................	160.	359.
		France.		
		1. *Traités et conventions.*		
1754.	30 janvier.	Traité d'alliance et de subsides	40.	95
1757.	11 juillet.	Convention sur la neutralité de Brême et de Verden	83.	184.
—	8 septbre.	Convention de Closter-Zeven	90.	201.
1758.	4 mai.	Traité............................	109.	249.
		2. *Instructions pour les ministres du Roi en France.*		
		Mr. le comte de Reventlow.		
1754.	9 octobre.	Dépêche sur les affaires intérieures de la Suède	8.	22.
—	16 octobre.	L'affaire de Knyphausen.............	9.	24.
—	30 novbre.	Rapports entre la France et la Prusse et entre la France et l'Autriche ...	13.	36.

			Num.	page.
1752.	29 mai.	L'affaire de Landskrone. Mariage du Roi. Engagement entre la princesse Sophie Magdalene et le prince royal de Suède	24.	53.
—	1 juillet.	Affaire de Landskrone. Le baron C. F. Scheffer	25.	55.
—	25 juillet.	Demande que Mr. Lemaire, ministre de France, soit rappelé	26.	61.
—	23 septbre.	Affaire de Landskrone	27.	66.
		Mr. le comte de Wedel-Frijs.		
1725.	31 janvier.	Instruction générale	49.	108.
—	—	Dépêche sur l'état politique de la France. Affaires à traiter avec le gouvernement français	50.	111.
1757.	17 mai.	Demande d'une déclaration par laquelle la France s'engage à ne pas attaquer Brême et Verden	80.	173.
—	21 juin.	Mémoire protestant contre les vexations des croiseurs	81.	181.
—	26 novbre.	Dépêche sur la rupture de la convention de Closter-Zeven	98.	211.
1758.	4 février.	Le gouvernement accepte l'invitation d'interposer ses bons offices pour la neutralité du Hanovre	104.	231.
—	5 avril.	Dépêche sur la négociation du traité du 4 mai	106.	247.
—	4 novbre.	Sur la demande du duc de Mecklenbourg d'être pris sous la protection du Danemark	116.	277.
—	21 novbre.	Dépêche sur la nécessité pour la politique française que la question des duchés soit promptement résolue	117.	278.
—	29 novbre.	Probabilité que la Prusse se propose d'entamer des négociations de paix par l'intermédiaire du Danemark	118.	280.
—	16 décembre.	Sur le blocus des ports prussiens par la Suède		281.
1759.	13 janvier.	Reproches de Mr. de Choiseul (au sujet des démarches que le Danemark avait faites à Londres relativement au Hanovre. Maintien de la neutralité du Danemark. L'affaire de Mecklenbourg	122.	297.
—	—	Négociations sur la modification de l'art. IV du traité du 4 mai 1758, qui aboutirent à l'acte du 20 mars 1759	123.	300.

			Num.	Page.
1759.	4 mars.	**Le Danemark ne souffrira pas que** Hambourg et Lübeck soient occupés par la Prusse	126.	298.
—	—	Dépêche qui décline la proposition de joindre une escadre danoise à la flotte de Brest, mais adopte celle de former avec l'Espagne et la Hollande une flotte afin de protéger la navigation neutre	127.	298.
—	21 août.	Le gouvernement danois n'est pas disposé à se charger de nouvelles ouvertures de paix à faire à l'Angleterre	136.	314.
—	22 octobre.	Le projet du duc de Choiseul d'établir une alliance permanente entre le Danemark, la France et la Suède ..	139.	318.
—	8 décbre.	Disposition du gouvernement suédois au sujet du projet du duc de Choiseul	142.	322.
1760.	15 mars.	Dans les circonstances actuelles le Danemark ne peut pas s'engager à s'opposer à l'entrée d'une flotte anglaise dans la Baltique	145.	326
—	23 avril.	L'accession de la Russie au traité du 4 mai 1758. Impossibilité pour le Danemark de permettre que la Russie conserve la possession du royaume de Prusse	147.	328.
—	17 août	Les motifs qui ont amené le Roi à ratifier les accessions aux traités du 4 mai 1758 et du 9 mars 1759.....	153.	342.
1761.	10 janvier.	Mécontentement du peu d'intérêt que le gouvernement français montre pour le Danemark	159.	356.
—	14 février.	Dépêche qui, en prenant acte de l'assurance du duc de Choiseul que la Russie se désiste de son dessein de garder la Prusse, demande que cette résolution soit formellement déclarée au gouvernement danois par la Russie et garantie par la France et l'Autriche Si la Russie refuse l'accommodement proposé au sujet des duchés ou, à son défaut, la déclaration susmentionnée, le Danemark aura recours aux armes	162.	363
—	4 avril.	Le grand-duc s'est déclaré prêt à entrer en accommodement avec le Danemark. Besoin de l'appui de la France dans les négociations	164.	371

			Num.
1761.	7 juillet	La négociation avec le grand-duc ne marchait pas. Nécessité pour le Danemark de chercher son appui ailleurs que chez ses anciens alliés	166.
—	31 décbre.	Mémoire à présenter au ministre des affaires étrangères sur la question des duchés. Demande que la France et l'Autriche reprennent en leur propre nom les négociations d'un accommodement avec le grand-duc.	175. 394.
—		Plan d'une convention à faire avec le grand-duc	176. 404.

3. *Lettres diverses.*

à Mr. le Maréchal duc de Belle-Isle.

| 1757. | 27 août. | Lettre particulière sur la cession éventuelle de l'Ostfrise au grand-duc, en échange du Holstein qui serait rendu au Danemark........ | 89. 194 |
| — | 15 novbre. | Lettre sur le même objet. Méfiance injuste du gouvernement français contre le Danemark.............. | 97. 206. |

à Mr. le comte de Stainville (Choiseul), ambassadeur de France à Vienne.

| — | 31 décbre. | Lettre sur la rupture de la convention de Closter-Zeven et sur la situation du Danemark par suite de cette circonstance .... | 102. 225. |

Suède.

1. *Traités et conventions.*

1751.	17 septbre.	Convention de poste	4. 17.
—	21 septbre.	Traité pour le réglement des frontières entre la Norwége et la Suède	5. 17.
1756.	12 juillet.	Union maritime.....................	64. 150.
1760.	15 août.	Accession à la convention du 9—20 mars 1759 entre la Suède et la Russie	152.

2. *Notes aux ministres de Suède à Copenhague.*

à Mr. le baron d'Ungern-Sternberg.

| 1757. | 23 juillet. | Le gouvernement n'entend pas s'opposer par la force à l'entrée de la flotte anglaise dans la Baltique. L'union maritime a été conclue en vue de la guerre entre la France et l'Angleterre et n'est pas applicable à la guerre entre la Russie et la Prusse | 84. |

			Num.	Page.
		3. *Instructions pour les ministres du Roi en Suède.*		
		Mrs. de Juel et de Vind.		
1751.	18 août.	Instruction générale pour Mr. de Juel.	3.	12.
—	26 septbre.	Affaires intérieures de la Suède......	6.	18.
—	11 novbre.	Echange de décorations entre les Rois.		
		Engagement entre le prince Gustave et la princesse Sophie Magdalene ..	12.	34.
1752.	22 janvier.	Les véritables sentiments du roi de Suède vis-à-vis du Danemark	17.	40.
—	28 février.	Mémoire sur l'affaire de Landskrone.	21.	49.
—	28 mai.	Affaire de Landskrone...............	23.	52.
1753.	21 février.	Les tentatives de la Prusse de soulever les soupçons de la Suède contre le Danemark	32.	72.
		Mr. le comte de Wedel-Frijs.		
—	9 mars.	Instruction générale.................	33.	73.
—	—	Dépêche: éclaircissements détaillés sur les relations entre le Danemark et la Suède......................	34.	74.
		Mr. le baron d'Assebourg.		
1754.	janvier.	Dépêche sur la conduite à tenir dans les affaires intérieures de la Suède.	47.	108.
1755.	26 septbre.	Déclaration à faire en faveur de la constitution suédoise...............	54.	143.
1756.	10 avril.	Union maritime. Langue diplomatique dans les traités entre les deux couronnes	61.	148.
—	1 juillet.	An sujet de la conspiration des comtes de Horn et de Brahe	63.	149.
—	31 juillet.	Sur le même sujet. Mauvais sentiments du baron de Hoepken	65.	150.
—	11 septbre.	Sur le même sujet. Effet désastreux de la malveillance de Mr. de Hoepken	67.	157.
—	—	Politique à suivre par les deux gouvernements à la diète de Ratisbonne	68.	160.
1757.	30 juillet.	Mécontentement de la participation de la Suède à la guerre en Allemagne. Refus de s'opposer par la force à l'entrée d'une flotte anglaise dans la Méditerranée. Sens de l'union maritime. Déclaration russe entravant la navigation dans la Baltique.	86.	186.
—	15 août.	Lettre particulière pour expliquer la politique que le comte Bernstorff conseille au Roi	88.	192.

1757.	10 septbre.	Promesse de la Suède de ne pas attaquer Brème et Verden. Refus de s'unir avec la Suède et la Russie pour s'opposer à l'entrée d'une flotte anglaise dans la Baltique..........	91. 201.
—	3 décembre.	Disposition des esprits en Suède envers le Danemark. Intrigues contre le gouvernement danois et contre la convention de Closter-Zeven..........	100. 217.
1758.	20 mai.	L'attitude du gouvernement danois vis-à-vis de la convention du 26 avril 1758 entre la Suède et la Russie	110.
1759.	7 avril.	Mécontentement de la conduite de Mr. de Hoepken. La résolution du sénat suédois sur le blocus des ports prussiens......................	120.
—	10 novbre.	Sur les affaires de la religion dans la Hesse	140. 319.

Mr. de Schack (Rathlau).

1760.	1 février.	Instruction additionnelle..........	143. 322.
—	1 novbre.	Explication à donner à Mr. de Scheffer sur l'attitude prise par le gouvernement danois, en présence des vues de la Russie sur la Prusse et du refus du grand-duc de résoudre la question du Holstein..........	156. 347.
1761.	21 décembre.	Efforts afin de soutenir le parti du sénat......................	158.
—	11 août.	Affaires intérieures de la Suède. Hoepken et Scheffer	167. 474.
—	7 septbre.	Impossibilité d'avoir des rapports d'amitié intime avec la Suède	170.
—	6 octobre.	Démarches pour soutenir Scheffer, Ekeblad et Fersen..................	171.
—	7 novbre.	Explication à donner à Mr. de Scheffer, pourquoi le Danemark regarde la solution de la question du Holstein comme importante et pressante....	172.

Russie.
1. *Traités et conventions.*

1760.	15 août.	Ratification de l'acte d'acceptation de l'accession de la Russie au traité du 4 mai 1758 entre le Danemark et la France..................	151. 341.
—	—	Ratification de l'acte d'accession du Danemark à la convention entre la Russie et la Suède du 9—20 mars 1759	152.

		2. *Instructions pour les ministres du Roi en Russie.*	Num.	Page.
		Mr. de Molzahn.		
1751.	18 juin	Instruction générale.................	2.	7.
1752.	22 janvier.	Dépêche qui porte plainte sur le ministre de Russie à Stockholm........	16.	39.
—	17 octobre.	Sur les coupes de bois que le grand-duc fait faire dans la partie ducale du Holstein.................	28.	66.
—	23 décembre.	Union de la maison d'Oldenbourg...	31.	70.
1753.	13 juin.	Acquisition faite par le roi de la créance Meelen.................	41.	95.
1754.	17 août.	L'idée du comte de Woronzow que le grand-duc cédât la partie ducale du Holstein à la Russie..............	43.	98.
—	14 septbre.	Sur le même objet.................	44.	102.
		Mr. d'Osten.		
1757.	2 juillet.	Dépêche sur le blocus établi par la Russie devant les ports prussiens..	82.	183.
—	14 octobre.	Le projet de la cession d'Ost-Friese au grand-duc.................	94.	204.
1759.	10 mars.	Le sens de l'art 3 du traité du 4 mai 1758	123.	301.
—	13 juin.	Les conditions sous lesquelles le Danemark est prêt à accéder au traité du 9—20 mars 1759 entre la Suède et la Russie.................	132.	306.
1760.	22 février.	Si l'accession réciproque aux deux traités de 1758 et de 1759 n'a pas été faite avant le 1 mai, les pouvoirs de Mr. d'Osten pour la signer seront expirés.................	144.	324.
—	29 mars.	L'intention de l'impératrice de réunir le royaume de Prusse à la Russie.	146.	327.
—	26 juin.	Déclaration à faire au chancelier sur la manière de voir du Danemark à l'égard d'un agrandissement de la Russie, aussi longtemps que la question du Holstein n'a pas été résolue.................	149.	333.
—	—	Explication confidentielle de la dépêche précédente.................	150.	339.
—	26 août.	Déclaration à faire au chancelier que le gouvernement danois est prêt à ratifier les actes d'accession aussitôt qu'il aura l'espoir que le grand-duc voudra aplanir le différend sur le Holstein.................	154.	344.

		Mr. Schumacher.	Num.
1761.	7 mars.	En attendant la réponse du ~~duc, le Danemark continue ses arme-ments. L'impératrice est-elle dis-posée à renoncer à toute conquête?~~	163.
—	30 mai.	L'idée d'obtenir la cession du Holstein ducal moyennant une somme d'ar-gent, sans donner les comtés en échange. — La question du Holstein ne doit pas être portée devant le congrès	165.
		Mr. le comte de Haxthausen.	
—	15 août.	Sur la soi-disant déclaration de guerre que Mr. de Haxthausen aurait faite à la Russie	168.
—	7 septbre.	Déclaration à faire au chancelier au sujet du mémoire présenté au nom du grand-duc. Le Roi ne peut entrer dans aucune discussion sur le Slesvic........................	169.
		Grande-Bretagne.	
		1. *Traités et conventions.*	
1757.	8 septbre.	Convention de Closter-Zeven	201.
		2. *Notes aux ministres d'Angleterre à Copenhague.*	
		à Mr. Titley.	
1755.	17 mai.	Note qui décline la proposition d'une alliance	
1757.	8 août.	Même objet	
1759.	22 janvier.	Spécification des demandes danoises relativement à la navigation.......	
—	8 septbre.	L'envoi d'un homme spécial à Londres pour le règlement des questions de la navigation danoise.............	
1760.	30 août.	Sur la violation du territoire maritime danois à Eggersund par un bâtiment de guerre anglais	
1761.	12 décembre.	Représailles exercées par le comman-dant à Bergen contre un bâtiment anglais	

			Num.	Page.
		3. *Instructions pour les ministres du Roi en Angleterre.*		
		Mr. de Rosenkrantz.		
1751.	2 novbre.	Promesse que les ministres danois instruisent la cour britannique de ce qui se passe d'important à Stockholm. L'élection d'un roi des Romains. Refus de conclure un arrangement formel avec l'Angleterre pour le cas de tentatives éventuelles du prétendant.....................	11.	31.
		Mr. de Rantzau.		
1754.	4 octobre.	Instruction générale.................	45.	104.
—	—	Dépêche sur les rapports entre les deux cours	46.	105.
1756.	31 janvier.	Protestation contre le transport de troupes russes dans le Hanovre à travers le Holstein ou le Mecklenbourg	56.	146.
—	7 août.	Réflexions sur l'état malheureux de l'Angleterre. Les efforts du Danemark d'empêcher une guerre religieuse en Allemagne. Mécontentement de la conduite de l'Angleterre envers le Danemark et de sa politique en Suède	66.	153.
1757.	31 mars.	Efforts faits à Vienne afin d'assurer la neutralité du Hanovre	78.	176.
—	—	L'obligation du Danemark à garantir Brême et Verden	79.	177.
—	21 juin.	Mémoire pour protester contre les vexations des croiseurs	81.	181.
		Mr. le comte de Bothmer.		
1758.	21 janvier.	Dépêche sur le sort malheureux du Mecklenbourg	103.	228.
—	4 février.	Offre des bons offices du Danemark pour assurer la neutralité du Hanovre	105.	235.
—	21 octobre.	Demande de la part de la France si le roi d'Angleterre est disposé à faire la paix tant pour les royaumes que pour l'électorat...............	114.	271.
1759.	23 janvier	Proposition de relâcher les navires capturés contre cautionnement.....	124.	294.
1760.	29 avril.	Explication des motifs qui ont déterminé le Danemark à accéder à la convention du 9 mars 1759 entre la Suède et la Russie................	128.	331.

			Num.
1761.	21 novbre.	Enlèvement par un bâtiment de guerre anglais d'un navire marchand danois naviguant sous convoi danois	173.

Hollande.

Instructions pour les ministres du Roi en Hollande.

Mr. de Cheusses.

1757.	26 juillet.	Dépêche contenant des plaintes sur le gouvernement anglais	85.
—	15 octobre.	L'état des finances en Danemark	93.
1758.	25 février.	Lettre particulière sur le caractère de la guerre. Effets malheureux de l'union entre les cours de Vienne et de Versailles	106.
—	30 décembre.	Plaintes sur les vexations des croiseurs anglais, et ouvertures à faire en vue d'une alliance éventuelle avec la Hollande pour la protection réciproque de la navigation neutre	121.
1759.	27 janvier.	Dépêche sur la manière dont il avait exécuté l'ordre donné dans la dépêche du 30 décembre 1758	125.
—	4 août.	Sur les vexations des croiseurs anglais	135.

Prusse.

Instructions pour les ministres du Roi en Prusse.

Mr. de Thienen.

| 1752. | 9 décembre. | Réclamation du gouvernement prussien que les villes maritimes de la Poméranie soient exemptées de payer le péage du Sund | |

Mr. d'Ahlefeldt.

1753.	22 décembre.	Sur les relations entre le Danemark et la Prusse	
1756.	20 novbre.	Impossibilité pour le Danemark de faire avec la Prusse une alliance de garantie réciproque	
1757.	24 septbre.	Le gouvernement danois est disposé, sur la demande de la Prusse, à interposer ses bons offices pour amener la paix	
—	22 octobre.	Même objet	
1759.	13 mars.	Vexations du Mecklenbourg par les Prussiens	

			Num.	Page.
	Hanovre.			
	Correspondance avec des ministres d'Etat de Hanovre.			
15 septbre.	Note à Mr. G. A. de Münchhausen sur l'attitude prise par la Prusse dans l'affaire d'Ost-Friese		38.	91.
26 novbre.	Lettre à Mr. de Schwicheld sur la rupture de la convention de Closter-Zeven		99.	213.
24 décembre.	Lettre à Mr. G. A. de Münchhausen que le Roi désapprouve des procédés violents de la diète de Ratisbonne à l'égard du roi de Prusse		101.	222.
	Petits Etats allemands.			
	Saxe-Gotha.			
1751. 9 octobre.	Note au baron de Keller, ministre de Saxe, sur l'élection d'un roi des Romains......................		7.	19.
	Saxe-Electorale.			
16 octobre.	Note à Mr. de Spenner, ministre à Copenhague, relative à la demande de l'électeur que le Danemark intervînt en sa faveur contre Frédéric II.		70.	162.
	Hesse-Cassel.			
1755. 24 janvier.	Garantie du Roi relative au règlement des affaires religieuses en Hesse par le prince-héritier Friedrich de Hesse		48.	108.
	Hambourg.			
	1. *Traités et conventions.*			
6 juillet.	Convention sur un emprunt		134.	312.
	2. *Instructions pour les ministres du Roi à Hambourg.*			
	Mr. de Johnn.			
5 mai.	Dépêche sur la négociation d'un emprunt		131.	305.
	Etats Italiens.			
	Gênes.			
1750. 13 mars.	Traité d'amitié, de commerce et de navigation......................		60.	148.

			Num.	Page.
	Espagne.			
	1. Traités et conventions.			
1757.	22 septbre.	Convention secrète de renouvellement d'amitié et de commerce.......	92.	
	2. Instructions pour les ministres du Roi en Espagne.			
	Mr. de Gleichen.			
1761.	7 février.	Le gouvernement danois fait des ouvertures pour un rapprochement politique entre les deux cours	161.	
	Porte Ottomane et États Barbaresques.			
	Traités et Conventions.			
1751.	8 décembre.	Traité d'amitié et de commerce avec Tunis	14.	
1752.	22 janvier.	Traité de paix, de commerce et de navigation avec Tripoli	18.	
1753.	18 juin.	Traité de paix et de commerce avec le Maroc		
1756.	14 octobre.	Traité d'amitié, de commerce et de navigation avec la Turquie		

CORRESPONDANCE MINISTÉRIELLE

DU

COMTE J. H. E. BERNSTORFF

1751—1770.

CORRESPONDANCE MINISTÉRIELLE

DU

COMTE J. H. E. BERNSTORFF

1751—1770

PUBLIÉE

PAR

P. VEDEL

TOME SECOND.

AUX FRAIS DE LA FONDATION CARLSBERG.

COPENHAGUE

IMPRIMERIE DE JØRGENSEN & CIE

1882.

$$\frac{20209}{7/1/92}$$

177.

Lettre de cabinet à l'empereur Pierre III.[1]

Christiansbourg le 1 février 1762.

Monsieur mon frère! C'est un événement si glorieux pour la maison qui nous est commune de voir votre majesté impériale monter sur le trône de Russie, que je me hâte de l'en féliciter et de lui marquer les sentiments qui m'animent dans cette grande occasion. Je fais les vœux les plus sincères pour le bonheur et la prospérité de son règne, et comme je n'ai rien désiré jusqu'ici avec plus d'empressement que son amitié, et que mes sollicitudes les plus constantes et les plus vives, depuis que je porte la couronne de nos aïeux, n'ont point eu d'autre but que celui de terminer et d'écarter tout ce qui pouvait troubler notre concorde et notre intelligence, je continuerai à penser de même et à faire de l'affermissement de l'union et de l'alliance déjà si anciennes et si naturelles entre nos monarchies le premier et le plus constant objet de mes vœux et de mes soins. Je souhaite avec ardeur que votre majesté impériale soit dans les mêmes dispositions et je la prie de croire que, si votre majesté impériale le veut, elle n'aura point d'ami et d'allié plus constant et plus fidèle que moi.

---

[1] La nouvelle de la mort de l'impératrice Elisabeth arriva à Copenhague le 23 janvier. De nouvelles lettres de créance furent expédiées sans délai à mons. de Haxthausen, accompagnées de la lettre de cabinet ci-dessus dont la remise devait dépendre des circonstances. En même temps le ministre reçut l'ordre de se rapprocher de mr. Keith, l'envoyé d'Angleterre, qui jouissait de la faveur du nouvel empereur.

2

178.**178.**

Dépêche à Mr de Schack à Stockholm.

Copenhague 1 février 1762.Copenhague 1 février 1762.

La révolution arrivée en Russie a tout changé et par
rapport aux affaires générales et par rapport à nous. Vous
savez ce que cette époque m'a paru être, avant qu'elle
n'arrivât. Elle n'a pas changé de face pour moi depuis
qu'elle est arrivée, et les premières démarches du nouvel
empereur, quoique jusqu'ici très décentes vis-à-vis du roi,
me donnent plus d'un sujet de me confirmer dans mon
opinion. L'Autriche, la France et la Suède vont voir et
sentir si ce que le roi leur a fait représenter si vivement
au sujet de la Russie était fondé, et les deux premières
puissances auront tout le temps de connaître si leur politique a été bonne et à qui elles ont sacrifié et en faveur
de quel prince elles ont négligé et abandonné la cause du
Nord et les intérêts du roi.

Il ne peut plus être question de la médiation ni de l'assistance de ces mêmes puissances en Russie; elles n'y ont
plus de crédit elles-mêmes. Le mémoire envoyé à Vienne
et à Versailles[1]) n'est donc plus bon à rien et n'aura probablement pas même été présenté, si la nouvelle de la
mort de l'impératrice et de l'avénement au trône de Pierre
III ainsi que de ses premières démarches, les plus vives et
les plus fortes que dans de pareilles circonstances on ait
jamais vues à un commencement de règne, a été sue de
mrs de Bachoff et de Wedel-Frijs avant qu'ils eussent
exécuté cette partie de leur commission. Nous n'avons
par conséquent plus besoin de la concurrence des ministres
de Suède ni qu'ils secondent les représentations de ceux
du roi. Tout cela est fini.

Toute idée d'une continuation de la guerre contre le
roi de Prusse doit, je crois, être finie de même en Suède.
Soit que la suspension d'armes entre les Russes et les Prussiens, première résolution du nouveau czar, soit d'abord
suivie d'une paix ou même d'une alliance, soit qu'elle n'ait

---

[1]) Voir no. 175.

pas d'abord une conséquence si considérable, elle suffit pour arrêter tous les progrès des Suédois et même pour leur en faire perdre la pensée, et il ne s'agira plus sans doute que des moyens d'apaiser le ressentiment du prince, jusquè là l'ennemi, et d'obtenir une paix tolérable. Tout ce que j'ai eu l'honneur de vous marquer sur ce sujet, les ménagements et les circonspections estimés nécessaires et l'étant en effet alors, sont donc superflus aujourd'hui; il ne peut plus y avoir de contestation et, les partisans les plus zélés de la France ne pouvant sans doute plus faire de résistance sur ce point, la continuation de cette guerre ne saurait plus donner de l'inquiétude au roi. Les deux objets de votre concert à prendre avec nos amis ont donc disparu et, avec eux, votre négociation qui s'y rapportait.[1]

Mais une autre sollicitude bien plus vive et bien plus considérable se présente à leur place.

Le roi a de très-justes sujets de croire que le nouvel empereur de Russie, montant sur le trône le cœur rempli de préjugés, de principes se ressentant de son ancienne situation et de celle de ses pères, de ressentiments et de haines, commencera par contenter toutes ses malheureuses passions et que, sans faire réflexion aux intérêts les plus décidés et les moins douteux de son empire, il favorisera les vues du roi de Suède, son cousin, et du roi de Prusse, son ami, et que, se réunissant avec eux et profitant dans ces premiers moments de la complaisance que la Grande-Bretagne aura pour lui et de ce qu'elle doit sans doute à l'amitié et à la confiance de ces trois princes, tous les trois ennemis de la France son ennemie, il donnera un si grand poids à la balance en faveur des Suédois royalistes et de la reine amie de ce parti, que cette princesse pourra parvenir à ce but depuis si longtemps désiré, d'écraser ses

---

[1] En réponse à la lettre no. 172, le baron de Scheffer avait proposé à Bernstorff „de lier davantage et de combiner plus étroitement les intérêts réciproques des deux royaumes et de se prêter mutuellement la main pour sauver les objets précieux pour lesquels ils étaient alarmés l'un et l'autre." En outre il avait suggéré de conclure une alliance intime entre le Danemark, la Suède et la France.

adversaires et avec eux la liberté de la Suède. Ce serait, il est vrai, un prodige dans la politique de voir un roi de la Grande-Bretagne, électeur de Hanovre, un roi de Prusse et un empereur de Russie contribuer à rétablir en Suède le pouvoir souverain dont ils ont tous si souvent et si longtemps ressenti les funestes effets, mais l'époque présente est si triste et si malheureuse que rien n'y est impossible et que l'on doit y craindre tout.

C'est ce danger qui, vous faisant oublier tout le reste, doit seul vous occuper aujourd'hui même. Le roi, quoique directement menacé d'une guerre, qu'il a tant cherché, tant travaillé à prévenir et à écarter, quoique donnant actuellement tout son temps à prendre les mesures et à donner les ordres nécessaires pour la soutenir, n'en fait pas moins un des premiers objets de son attention et, sans parler des soins au dehors pour le détourner ou le diminuer et pour ouvrir les yeux aux cours peut-être éblouies par l'illusion du moment, il s'est déterminé à ne point retirer à ses amis son secours, dont ils peuvent avoir un besoin si pressant dans cette périlleuse crise.

Dites-le leur, monsieur, de la part du roi, dites-leur que vous n'avez plus d'argent pour soutenir le parti dans les combats ordinaires, les circonstances ne le souffrent plus, mais que lorsqu'il s'agira de parer le coup décisif ou de sauver la forme du gouvernement et eux-mêmes, vous aurez encore toute la somme que le roi vous avait confiée. La cause de la France doit être maintenue désormais par la France seule, parce que le moment ne permet pas au roi de donner aux intérêts de ses amis ce que le salut de son propre peuple lui demande, mais la liberté de la Suède est la propre affaire de sa majesté et c'est ainsi qu'elle la considère. Ne vous laissez pas écarter de ce principe ni par des représentations, ni par des instances, ni par des menaces. Le roi a pris cette résolution et ne saurait en prendre d'autres.

Dans ce funeste moment il importe moins au roi, qui domine en Suède, si ce royaume est en paix ou en guerre, si les Français ou les Anglais y ont la pluralité des suffrages; il lui importe seulement que la Suède reste libre, et pour vous dire tout en un mot, que la reine ne puisse

pas joindre les forces de ce royaume à celles de la Russie
pour l'attaquer lui-même.

" Voilà, monsieur, tout ce que je puis vous dire pour le
présent, et c'est en dire assez à un homme aussi sage et
aussi éclairé que vous l'êtes. Lorsque les affaires se seront
un peu débrouillées, lorsque l'on saura un peu mieux
quelles puissances en Europe seront amies, quelles seront
ennemies, ce qu'il y aura à craindre ou à espérer, nous
pourrons nous concerter plus particulièrement. Tâchez de
conserver au roi les amis qu'il a, et faites ce qu'il vous
sera possible pour prévenir qu'ils ne se livrent pas au désespoir. Tant change dans le monde, le mal comme le bien,
il ne s'agit que de tenir ferme dans son devoir. —

179.

Dépêche à Mr de Schack à Stockholm.

Copenhague 19 février 1762.

Dimanche au matin 14 d. c. je reçus des mains du
courrier que vous m'avez dépêché le 10, les paquets que vous
lui aviez confiés et le même jour sur le soir on me remit
votre lettre du 9 envoyée par la poste. Je les ai mis sur
le champ sous les yeux du roi et sa maj., qui est toujours
très contente de votre conduite et de vos rapports, me commande de vous dire qu'elle l'est particulièrement du parti
que vous avez pris de me faire passer par courrier les avis
importants qui vous étaient venus. Vous satisferez à ses
volontés en agissant toujours de même en pareilles occasions.

En vain vous cacherais-je cependant, monsieur, que si
le roi approuve fort tout ce que vous avez dit et fait, il
n'est pas content de même des propos que notre ami vous
a tenus et qu'il voit avec quelque surprise que, dans un
temps où le changement des conjonctures et l'extrême danger
qui menace pour le moins autant la Suède que le Danemark
exigeraient l'ouverture la plus cordiale et la disposition la
plus sincère et la plus décidée de résister de concert et
par des mesures réunies au péril commun, il ne s'explique
toujours que sur l'ancien ton, désire toujours des secours

pécuniaires, quoiqu'il ne puisse se déguiser qu'ils deviennent
excessivement onéreux au roi dans de telles circonstances,
et qu'à la moindre difficulté que vous lui faites, il parle
d'abord de se retirer et de tout abandonner. Je connais
trop cet homme éclairé, vertueux et plein des sentiments
d'honneur les plus délicats, pour ne pas me dire ce qu'il
doit lui en coûter pour jouer un rôle si contraire sans
doute aux sentiments de son propre cœur. Mais comme
dans les affaires il ne s'agit point des sentiments mais des
faits, je vous avoue que je ne connais point de liaison
moins agréable que celle qui se forme avec des gens qui,
quelque chose que vous fassiez pour eux, ne vous aiment jamais,
ne se fient point à vous, ont toujours des raisons et des
excuses pour ne rien faire lorsqu'on leur demande quelque
acte d'amitié, ne vous reconnaissent pour leurs amis qu'au
moment que vous entrez dans leurs passions et leur four-
nissez les moyens de contenter leurs animosités particulières,
et sont constamment plus attachés à la puissance dont ils
s'avouent abandonnés qu'à celle qui les soutient.

Si le roi se permettait d'avoir de l'humeur dans les
affaires, il n'en faudrait pas davantage pour le déterminer
à laisser à eux-mêmes des alliés si injustes et si peu utiles.
Mais comme il s'est fait une règle de veiller au bien de l'Etat
et du Nord, sans s'en laisser détourner par ce qui rebuterait
tout autre prince que lui, il ne me permet que de vous dire
à vous ce qu'il pense de ces soi-disant amis, du nombre
desquels il excepte le baron de Scheffer comme particulier
mais non comme sénateur et chef de parti, qualité dans laquelle il le voit aussi faible que les autres, et il veut que
vous teniez à leur égard la même contenance que jusqu'à
présent, et que, sans leur faire rien remarquer du juste
mécontentement de sa maj., vous vous appliquiez uniquement à relever leur courage abattu et à tirer d'eux le
meilleur parti qu'il sera possible dans cette dangereuse et
accablante conjoncture.

Pour cet effet vous direz à notre ami que, dans cette
crise, il ne s'agit point de songer à soi-même et de se
soustraire aux dangers dont on pourrait être menacé, mais
qu'il faut être ferme et s'ensevelir, si telle est la volonté
de la Providence, sous les ruines de sa patrie et de sa li-

~~Sorte que~~ nous avons tous pris cette résolution ici et que
nous ne doutons pas un moment que lui et ses amis ne
pensent de même. Que de tous les projets qui peuvent
se former contre le bonheur des deux nations, celui que
le nouveau czar paraît avoir concerté avec la reine de
Suède[1]) est le plus funeste, mais qu'il n'est pas encore
exécuté et que c'est là le moment où ceux qui aiment
leur patrie, animés par le péril même, doivent redoubler
de courage et d'activité pour le sauver. Que le roi va
faire les derniers efforts, et par terre et par mer, pour opposer au czar une résistance à laquelle ce prince ne s'attend peut-être pas, et que, donnant une sollicitude égale
aux intérêts de ses amis en Suède, il fera encore, pour
les soutenir, tout ce qui lui sera possible. Qu'il faut
s'unir plus étroitement que jamais, concerter de bonne
foi ses mesures, marquer partout une fermeté invincible
pour la conservation de ses possessions légitimes d'une part
et de ses lois de l'autre, et donner par cette constance le
temps aux alliés et particulièrement à la France, si fortement intéressée à la conservation de l'indépendance du
Nord, de revenir de son étourdissement et de sortir de la
léthargie où ses malheurs et l'amour d'un nouveau système
l'ont plongée. Vous ajouterez que, pour joindre les effets
aux paroles, sa maj. vous a laissé la disposition des
cent mille écus qui vous avaient été remis avant la malheureuse révolution arrivée en Russie, et vous a permis
et ordonné de les employer à sa réquisition et de concert
avec lui toutes les fois qu'il s'agira d'empêcher le ronverse-
ment du comité secret actuel, le déplacement du maréchal
de la diète, du comte d'Ekeblad ou de quelque autre sénateur
principal et nécessaire à la bonne cause, ou pour obtenir quelque autre avantage considérable, ou pour combattre une augmentation de pouvoir à accorder au roi ou d'autres manœuvres
tendantes à rétablir la souveraineté, de même que lorsque
vous trouverez jour de hâter par là la clôture de la diète,

---

[1]) Cfr. Malmstrøm l. c., V, 171, Fersen: historiska Skrifter, III, 325,
327, VIII, 296, Mercy: Dépêches à Mr le comte de Kaunitz, dans
Recueil de la société historique russe 93, 159, 195.

dont la prolongation est si dangereuse dans les conjonctures présentes. [1]) Et vous l'assurerez que le roi joindra à ses secours l'assistance la plus décidée et la plus vigoureuse en tous lieux, en cas qu'elle fût nécessaire, et qu'il vous chargera surtout de lui faire part confidentiellement de tout ce qu'il apprendra des desseins du czar et de la reine contre la liberté de la Suède et ses défenseurs, mais que sa maj. attend et demande le retour d'une confiance égale et qu'elle s'en fie à lui, que, les conjonctures rendant un concert entre les deux gouvernements contre les adversaires communs absolument indispensable, il ne souffrira point que l'on y manque de son côté et que l'on oblige par-là le roi à se détacher de gens qui veulent bien qu'on les aime mais qui ne veulent pas aimer à leur tour.

Vous lui ferez, monsieur, cette déclaration avec tous les égards, toute la candeur et toute la franchise, mais aussi avec toute la fermeté possibles. Il me semble qu'il aura lieu d'en être content, et s'il ne l'est pas, ce ne sera assurément pas notre faute. Je sais bien qu'il vous reparlera de la nécessité d'avoir la faction assemblée et de nourrir cet amas de gens dont on a besoin pour former la majorité, et je conviens qu'il a raison de désirer qu'on en trouve les moyens, mais je ne vois pas qu'il soit fondé à demander que ce soit le roi qui fournisse à cette dépense obscure, et cela dans un moment où cent mille écus coûtent plus à sa maj. que ne le feraient peut-être cinq cent mille en d'autres temps. Dans les cas extrêmes comme celui-ci, il n'est pas juste que le roi seul porte le fardeau et que sa maj. épuisée, car enfin toutes choses ont leurs bornes, par ces petits frais journaliers, ne puisse plus fournir aux occasions qui l'intéressent elle-même. Je pense comme vous, monsieur, que mons. d'Havrincourt ne laissera pas périr le parti pour cela, [2]) lorsqu'il verra que sa politique, dans laquelle je crains que nos amis ne trempent que trop, de nous donner les embarras et de se réserver la gloire, est éventée et qu'elle ne réussira plus. Le roi ne veut cependant pas vous gêner ni vous restreindre absolument à

---

[1]) La diète ne fut close que le 21 juin 1762.
[2]) Cfr Malmstrøm, l. c. V, 160, Correspondance, 227.

cet emploi de ses deniers et si vous voyiez qu'il serait d'une
véritable utilité de donner quelque argent pour retenir à la
diète des gens qui la quitteraient d'ailleurs au détriment de
la bonne cause, vous pourrez leur donner ce que vous jugerez convenable. Sa maj. s'en fie à votre prudence et à
votre zèle et soyez bien sûr que cette liberté qu'elle vous
accorde, ne vous sera pas un piège mais que vous serez
approuvé en agissant avec votre intelligence et votre fidélité
accoutumées, lors même que le succès ne serait pas heureux. Il est impossible que le roi et son ministère pré-
voient tous les cas, vous savez les intentions et le système
de sa maj., vous êtes sur les lieux, faites pour le mieux et
soyez certain que le roi sera content.

Je vous recommande surtout de faire clore la diète, si
vous le pouvez effectuer, sans avoir une nouvelle convocation plus dangereuse encore à craindre. Nous aurons une
grande inquiétude de moins lorsque cette assemblée si mal
disposée sera séparée. Délibérez-en avec notre ami.

Le délai de l'arrivée du sieur Stachief[1]) me paraît une
nouvelle preuve des desseins hostiles du nouvel empereur.
Tâchez de pénétrer ce qui l'arrête et apprenez-moi aussi
si et quand vous croyez que le baron de Lutzow[2]) viendra ici.

•

180.

Dépêche à Mr le comte de Wedel-Frijs à Paris.

Copenhague le 27 février 1762.

(Extrait.)

— Elle (sa majesté) prend ses mesures en conséquence.
Elle a d'abord, pour n'avoir rien à se reprocher, répondu
dans les termes les plus amicals et les plus décents aux
lettres de notification que le nouvel empereur lui a adressées, elle a ordonné au comte de Haxthausen de sonder ce
prince ou plutôt son ministère si l'envoi d'un ambassadeur
pour le complimenter d'une manière solennelle sur son avéne-

---

[1]) L'envoyé de Pierre III à Stockholm.
[2]) Ministre de Mecklenbourg.

ment à l'empire pourrait lui être agréable, dans quel cas
sa maj. nommerait sur le champ un des premiers seigneurs
de sa cour pour s'acquitter de cet office ainsi qu'elle l'avait
fait lorsqu'un autre prince de sa maison était monté, il y
11 ans, sur ·le trône de Suède, et elle a autorisé ce ministre
à assuror sa maj. imp. de son désir de vivre en amitié et
en paix avec elle et de s'arranger sur leurs différends. Mais
comme elle ne se promet de ces démarches d'autre avantage et d'autre satisfaction que celle de les avoir faites, et
qu'elle s'attend à éprouver bientôt et peut-être sans délai
les effets du nouveau pouvoir et de l'ancienne haine du
czar, elle se prépare à los soutenir avec fermeté. Quoique
épuisée par de longs armements et de torro et de mer,
laissée sans la moindre assistance par ses amis, qui lui retiennent jusqu'aux petits secours qu'ils lui devraient, en
vertu des traités, même en temps de paix, elle trouve dans
l'amour de ses peuples les moyens d'opposer aux Russos
une armée et une flotte capables, à ce qu'ello espère,
d'arrêter leurs premiers efforts, et par ses ordres tout se
rassemble, tout se prépare à garnir ses ports et ses côtes,
ses frontières et ses places. Au premier avril tous les corps
seront complets et tout sera en mouvement, et la France
peut compter que Je roi combattra jusqu'à l'extrémité pour
maintenir ses droits et ses états et pour empêcher que la
Russie en l'abattant n'achève pas d'asservir le Nord.

Voilà, monsieur, ce que le roi veut que vous disiez en
confidence au comte de Choiseul. Le moment dont vous
avez entretenu si souvent et lui et ses prédécesseurs est,
ou semble au moins être arrivé. Le roi ne s'y démentira
point; mais, après avoir exposé ainsi les sentiments et les
résolutions de sa maj., vous demanderez en son nom et de
sa part à ce seigneur de vouloir bien s'ouvrir à vous de ce
que dans cet état des choses le roi très-chrétien pourrait
souhaiter qu'ello fît. Vous le prierez surtout de vous marquer
avec candeur ce à quoi le roi a à s'attendre de la France
s'il est attaqué.

Votre exc. sent bien qu'il n'est plus question de demander à cette couronne de bons offices ou une assistance
de négociation. Ces temps ne sont plus. Les années dans
lesquelles elle aurait pu par cette voie détourner les mal-

heurs publics et les nôtres, se sont inutilement écoulées. Vous sentez de même que l'intention de sa maj. ne saurait être non plus de réclamer dès à présent la garantie de sa maj. tr. chrétienne. Cette démarche serait prématurée. Le but du roi n'est que d'unir ses conseils avec ceux de ce monarque, son allié et son ami, et surtout de savoir avec certitude — connaissance qui lui est absolument nécessaire pour ses arrangements — ce qu'elle peut se promettre de lui en cas d'attaque.

Votre exc. fera cette demande au comte de Choiseul en présence de mon neveu et, aussitôt que ce seigneur y aura répondu au nom de son maitre, mon neveu, auquel j'écris aujourd'hui sur ce sujet, partira pour porter cette réponse, quelle qu'elle soit, à sa majesté. Il importe au roi d'en être instruit promptement et par un homme qui, mis au fait par votre exc. et témoin lui-même de la manière dont elle aura été rendue, pourra lui rendre un compte exact de tout le sens des termes dont elle sera composée.

181.

Dépêche à Mr le comte de Bachoff à Vienne.

Copenhague 6 mars 1762.

Lorsque j'eus l'honneur d'écrire à votre excellence le 2 du passé, le gouvernement du nouvel empereur de Russie était encore si récent et ceux qui se plaisent à douter de tout ce qui ne leur est pas agréable et à ne faire aucune attention aux maux et aux dangers d'autrui, avaient encore si beau jeu à feindre une incertitude sur les sentiments de ce prince, que le roi m'ordonna, de suspendre toute direction ultérieure à donner à ses ministres et d'attendre que les démarches suivantes du nouveau monarque eussent développé davantage ces dispositions tant de fois prédites et si fidèlement annoncées par sa maj., et qu'elles eussent réduit ses prétendus amis à ouvrir les yeux sur des vérités que, par une funeste politique, ils avaient tâché jusqu'ici de dérober à leurs alliés et de se cacher à eux-mêmes. Tout le mois passé a été donné à cette attente et elle l'a rempli. Les inclinations et les projets du czar ne sont plus douteux et, avec quelque soin et quelque application que mr. le comté de Kaunitz puisse vouloir soutenir et répondre que ce ne sera qu'après la tenue du grand-conseil indiqué dès les premiers jours du nouveau règne mais point encore assemblé, que l'on pourra juger des desseins de sa maj. imp., il ne pourra déguiser ni à lui-même ni à personne que tout ce que votre exc. lui a prédit si souvent de la part du roi se vérifie à la lettre, que le czar a déjà pris son parti, que ce parti est opposé à toutes les vues de la maison d'Autriche, qu'il aime ce qu'elle hait, qu'il hait ce qu'elle aime, que le roi de Prusse est à ses yeux ce que la maison d'Autriche a été à ceux des deux dernières princesses qui ont occupé le trône avant lui, l'allié naturel de la Russie, que tous ses vœux ne tendent qu'à s'assujettir le Nord et qu'il attend, pour passer à l'exécution, non la tenue de ce grand-conseil qu'il méprise et qu'il n'écoutera pas, mais le retour du courrier dépêché le 30 janvier pour Londres, de sorte que c'est entre les mains de la Grande-Bretagne qu'est pour le moment la volonté de la Russie et que le sort de cette alliance, à laquelle la cour de Vienne n'a pas hésité de sacrifier au moins tout le Nord, dépend de l'accueil que fera l'Angleterre aux propositions du nouveau souverain.

Le moment est ainsi arrivé, monsieur, où les puissances que des engagements et, plus étroitement encore, un intérêt commun lient l'une à l'autre ne doivent plus se présenter des illusions ni s'en nourrir elles-mêmes, mais où il faut qu'elles voient clair dans leurs résolutions mutuelles, car le peu qu'il reste d'obscurité dans le système du czar sera dissipé avant que cette lettre vous parvienne. Le comte de Kaunitz saura déjà alors jusqu'où l'Angleterre sera entrée dans ce système. Il devinera ce que la réponse de cette couronne effectuera sur l'esprit de ce prince et il aura arrangé en conséquence son propre plan. Rien ne peut ou au moins rien ne doit l'empêcher de vous écouter et de s'expliquer avec vous. Votre exc. cherchera et saisira donc la première occasion favorable d'exposer avec candeur et franchise le véritable état de choses à ce ministre, non pour l'instruire, cela serait superflu, mais pour lui faire voir qu'elle en est instruite. Elle se dispensera de lui rappeler

le passé. Le souvenir de tant de représentations inutiles
et de tant de moments perdus malgré nos plus vives instances ne serait plus qu'amer, ne serait plus qu'un reproche
et, avec quelque facilité qu'on réussisse ordinairement à
diminuer dans son esprit ses propres torts et à les oublier,
il sera difficile à mr de Kaunitz de ne pas se dire quelquefois à lui-même, combien il a négligé les intérêts du roi,
de l'Allemagne et du Nord, et combien il a contribué à
élever et à approcher un ennemi de la monarchie autrich-
ienne, un fléau et rival de sa puissance dans l'empire. C'est
donc à ses propres réflexions que nous remettrons l'office
de nous justifier et de nous venger, et votre exc. ne visera
qu'à le convaincre que le danger, parvenu au point où il
l'est, exige une confiance réciproque et des mesures sérieuses, bien méditées, promptes et décisives.

Elle lui dira qu'elle a ordre du roi de ne pas lui taire
l'attente où est sa maj. de se voir peut-être promptement
attaquée par les forces que l'empereur a en Poméranie,
attente que les politesses ordinaires que ce prince lui a
marquées ainsi qu'à tous les souverains à son avénement
au trône ne diminuent pas, et que la connaissance parfaite
qu'elle a de ses dispositions et de ses inclinations les plus
obères fortifie, et vous ajouterez, monsieur, que quoique
le roi ait fait et fasse encore tout ce que la prudence et la
décence peuvent lui permettre pour détourner cette attaque,
ayant pour cet effet donné les ordres les plus amples et les
plus précis à son ministre à Pétersbourg, il se prépare
néanmoins à la soutenir par mer et par terre, et qu'il est
bien décidé à défendre sous la protection du Tout-Puissant
ses Etats, et à combattre contre l'asservissement du Nord
avec la même fermeté avec laquelle il a jusqu'ici maintenu
la paix et le repos de ses peuples.

Après cette déclaration confidentielle, monsieur, vous ferez
entendre à mr le comte de Kaunitz que le roi, comptant
toujours sur l'amitié de l'impératrice-reine, fondée sur un
intérêt aujourd'hui plus que jamais évidemment commun,
s'assurant sur la bonne foi avec laquelle elle exécutera, le
cas échéant, non seulement ses propres engagements mais
encore ceux de l'empereur Charles VI, son auguste père,

pris le 26 mai 1732,[1]) et ayant la plus haute opinion des
lumières de son ministère, vous a commandé de l'assurer
du désir qu'il a de savoir son opinion sur les mesures à
prendre dans ces conjonctures, et du cas infiniment distingué
qu'il fera de ses conseils et de ses avis dans cette importante crise. Mais que sa maj. vous a aussi expressément
ordonné de lui demander, en son nom et de sa part, ce
qu'elle pourrait se promettre de sa maj. imp. et royale en
cas qu'elle fût attaquée par les Russes.

Votre exc. fera cette demande au ministre impérial
avec toute la prudence, tous les ménagements et toutes les
marques d'amitié, de déférence et de confiance, mais aussi
avec toute la précision possible, et elle lui observera que
sa majesté ne prétend pas par là réclamer déjà la garantie
de l'impératrice-reine promise par le traité déjà cité du 26
mai 1732, et nommément par son article secret — cette
réclamation serait encore prématurée — et qu'elle ne se propose dans ce moment que d'apprendre sur quoi elle peut
compter de la part de cette princesse, connaissance qui lui
est absolument nécessaire dans la position où sont les affaires.
Elle me fera parvenir la réponse de ce seigneur, quelle
qu'elle puisse être, bonne ou mauvaise, par le courrier que
je lui ai dépêché le 13 de janvier. Votre exc. ne saurait
donner trop de soin pour l'obtenir prompte et positive.
Les moments sont précieux et il importe au roi de savoir
s'il a des amis et quels ils sont.[2]) —

---

[1]) Dans le traité conclu le 26 mai 1732 à Copenhague entre l'empereur
Charles VI, l'impératrice de Russie et le roi de Danemark, deux
articles séparés portaient que l'on engagerait le duc de Holstein-
Gottorp à renoncer à ses prétentions sur le Slesvic, moyennant
la somme d'un million de rigsdalers qui lui serait payée par le
Danemark, que, si le duc n'acceptait pas cette offre dans le terme
de deux ans, le roi de Danemark ne serait plus tenu à rien envers lui, et que l'empereur et la Russie se regarderaient comme
dégagés des promesses qu'ils avaient faites à la maison de Holstein
cfr Flassan, histoire des traités, XIII, 322.

[2]) La cour de Vienne était dans la consternation à cause de
l'avénement de Pierre III. Sans croire encore à la possibilité
qu'il irait jusqu'à s'allier avec Frédéric II, elle craignait qu'il ne
se décidât à sortir de la coalition et, pour l'y retenir, elle était
disposée à faire bien des concessions. Le comte Mercy, qui, en

162.

Note à Mr le baron de Borck, ministre de Prusse à Copenhague.[1])

Copenhague le 15 mars 1762.

Le roi, ayant de puissantes raisons pour croire que l'empereur de Russie se prépare à rompre la paix et la bonne intelligence qui ont subsisté depuis si longtemps entre les deux couronnes, et à l'attaquer dans ses Etats, pour lui enlever le duché de Slesvic, croit devoir à sa maj. le roi de Prusse, non-seulement comme à un des princes garants de sa possession du dit duché, mais encore comme à un monarque directement intéressé au maintien de l'indépendance et de l'équilibre du Nord, de lui faire, sans perte de temps, confidentiellement part de ce dessein et des avis qu'il en a reçus.

Sa majesté le roi de Prusse n'ignore pas les soins que le roi s'est donnés depuis près de douze ans pour détourner cette augmentation des calamités de l'Europe, et pour la prévenir par un accommodement amical et solide; elle, à l'attention de qui rien n'échappe, sait que tout a été tenté, que rien n'a été négligé pour parvenir à ce but et sa maj. la prie de croire qu'elle est toujours également

---

1761, avait succédé au comte d'Esterhazy dans l'ambassade de Pétersbourg, se félicite dans ses dépêches d'avoir toujours traité la question holsteinoise avec tant de mollesse, qu'il ne s'était pas attiré la haine du nouvel empereur, comme l'avait fait l'ambassadeur de France, voir Mercy, l. c., 12, 31—32; il conseille à son gouvernement d'éviter soigneusement tout engagement avec le Danemark, l. c, 79, 88, il dit, qu'il faut plutôt flatter l'animosité de l'empereur contre ce pays à cause du Holstein et tâcher de renverser l'élection du prince danois à la coadjutorerie de Lubeck, car, si le Danemark se jetait entre les bras de la Prusse et que Frédéric II acceptât l'alliance avec le Danemark, la prédilection dangereuse de Pierre III pour ce monarque se changerait en haine et la coalition resterait intacte, pag. 31, 143—144, 311. Le comte Kaunitz ne désapprouva pas ces conseils, et dans une dépêche au maréchal Laudon de 24 mars il parait disposé à donner des subsides à la guerre contre le Danemark, Arneth l. c. VI, 287.

[1]) Mr de Borck était fils d'un ministre d'Etat de Frédéric II. Sur les intrigues de ce ministre à la cour de Danemark, voir Molbech: Nyt Hist. Tidsskr, IV, 577—580, Holm: Hist. Tidsskr. IV R, III, 101—110.

disposée à faire, pour y parvenir encore, tout ce qui pout être raisonnablement exigé d'elle et tout ce qui est compatible avec sa dignité et avec sa sûreté. Mais si ses soins continuent d'être infructueux et si, comme il y a toute apparence, l'empereur de Russie persiste à ne vouloir rien écouter de ce qui pourrait l'arrêter dans son projet, elle tâchera de résister, sous la protection du Très-Haut, à ses forces, et elle combattra pour une cause qui est non-seulement la sienne mais encore celle du Nord et de l'Allemagne, avec la même fermeté et la même constance, avec lesquelles elle a conservé jusqu'ici le repos de ses peuples.

Sa majesté estimerait très superflu de représenter à un prince aussi éclairé que l'est sa maj. prussienne ce que les intérêts vrais et immuables de sa couronne exigent dans cette rencontre, et son intention n'est pas non plus de réclamer encore la garantie promise par l'art. V du traité conclu entre leurs augustes prédécesseurs le 24 mai 1715. Cette démarche serait prématurée. Elle ne se propose que de s'ouvrir à ce monarque d'un danger qui, par tant de raisons, leur est commun et de lui demander ses conseils dans un péril auquel il importe si fort à tous les deux, qu'elle ne cède pas.

Mr. le baron de Borcken est prié de faire parvenir ces sentiments et cette demande du roi au roi, son auguste souverain, et il lui plaira d'en procurer une réponse qui, dans une crise aussi vive et aussi violente, ne saurait arriver trop tôt.[1] —

---

[1] Il avait été de l'intérêt de la Prusse de favoriser les prétentions des ducs de Holstein-Gottorp contre le Danemark, mais il n'en était plus de même lorsqu'il s'agissait de voir la Russie s'établir dans le Holstein, cfr Mercy l. c., 44. Cependant la situation de Frédéric II était à la fin de 1761 si désespérée qu'il devait accepter l'alliance à n'importe quelles conditions, et d'ailleurs il n'avait jamais été favorable au Danemark, cfr Hist. de sept ans, V, 157. Ce fut dans ces circonstances qu'au commencement du mois de mars Pierre III proposa à mr. de Goltz, qui avait été envoyé par Frédéric II à Pétersbourg, de conclure un traité d'après lequel il rendrait les territoires prussiens occupés par l'armée russe et garantirait à la Prusse la possession de la Silésie et du Glatz, à condition que Frédéric II lui assurât le Holstein-ducal. Il y avait également question entre eux d'une alliance offensive-défensive

162.

Dépêche à Mr de Johnn à Hambourg.

Copenhague le 16 mars 1762.

J'ai la mémoire encore si récente et si frappée de toutes les difficultés que votre exc. a rencontrées lorsqu'elle a négocié en 1759 [1]) l'emprunt que le roi demandait alors à la ville de Hambourg, et de tout ce qu'il lui en a coûté de peines pour en faire réussir une partie, que ce n'est qu'à regret que je me vois obligé de la charger de nouveau, de la part de sa majesté, d'une commission de pareille espèce. Mais elle ne le sent sans doute que trop elle-même, les calamités dont il a plu à Dieu de couvrir depuis tant d'années la face de la terre, les dépenses prodigieuses que le roi s'est vu engagé et contraint de faire, non pour assouvir une coupable soif de gloire ou pour envahir le bien d'autrui, mais pour conserver le sien et maintenir le repos et le bonheur de ses peuples, et la guerre que, malgré les soins infatigables qu'il s'est donnés et qu'il se donne encore pour la prévenir, l'empereur de Russie est prêt à lui faire, le rendent indispensable et ne nous permettent pas d'hésiter à chercher des ressources dans une ville si opulente et si intimément intéressée au soutien de la cause et des armes du roi.

Trois ans se sont écoulés, monsieur, depuis le dernier emprunt. Mrs de Hambourg, qui alors se représentaient cette affaire comme si difficile et sujette à tant d'inconvénients, ont vu par expérience qu'elle ne leur a attiré ni embarras ni peine, et ils auront connu de même par l'expérience l'exactitude du roi à en remplir les conditions et à acquitter avec la dernière ponctualité les intérêts stipulés.

---

et l'empereur se montra même disposé éventuellement à assister Frédéric II par un corps auxiliaire contre l'Autriche, voir Schäfer III, 452, 472. L'empereur désirait qu'il lui fût permis d'occuper temporairement la ville de Stettin pour s'en servir comme place d'armes pendant la guerre contre le Danemark, et il parait que sous certaines réserves Frédéric II était disposé à obtempérer à ce désir. De même Pierre III songea à adresser une pareille demande à la Suède pour la ville de Stralsund. Cfr Mercy, 73, 147, 156, 185, 200, 224, 226.

[1]) Cfr no 131.

J'ose donc croire qu'à cet égard la nouvelle négociation de votre exc. rencontrera quelque objection de moins, et qu'elle trouvera plus de facilité que la précédente, par l'effet d'une liaison déjà expérimentée et d'une confiance mieux établie.

Mais je sens aussi qu'elle sera exposée par d'autres raisons à des oppositions plus vives. D'abord le roi demande une somme plus forte. Quatre cent mille écus ne lui seraient rien aujourd'hui. Il désire 1500 ou 1200 mille ou, pour tout le moins, un million d'écus de banque. Et puis je ne me dissimule pas que les partisans de la Russie et de la maison ducale et peut-être encore ceux de la Prusse, qui, par une adulation en vérité bien peu glorieuse pour eux, se montrent aujourd'hui si officieux envers cette même nation qu'ils détestaient, il y a deux mois, et qui, par leur joie immodérée de leur réconciliation avec elle, ne font que prouver combien ils la craignent, travailleront contre vous et employeront les menaces et ce ton impérieux et violent, qui leur est si ordinaire, et qui cependant fait impression souvent sur le vulgaire et en général sur tous les esprits faibles, de quelque rang qu'ils soient, pour vous faire échouer.

Je me le dis, monsieur, et ces considérations font sur mon esprit toute l'impression que votre exc. peut désirer. Je prévois les contradictions qu'elle éprouvera, et il serait certainement heureux de se pouvoir les épargner, mais je le répète, il n'y a pas moyen, le besoin de l'Etat l'emporte sur toute autre considération et le succès de la négociation que le roi confie à votre exc. est nécessaire au soutien de ses armes.

Votre exc. ne tardera donc pas à l'entamer et à tout faire pour la faire réussir promptement. C'est ce que le roi m'ordonne de lui dire. Pour des instructions particulières sur la manière de s'y prendre, sa maj. sait qu'elle n'en a pas besoin, et elle s'en fie en plein à son habileté, à son zèle et à sa prudence. Qui est-ce qui saura mieux que votre exc. faire sentir à mrs de Hambourg, qui depuis tant années ont éprouvé la douceur, l'équité, l'amitié du roi, combien il leur importe que ses ennemis ne l'accablent pas, que le souverain avide et despotique de l'orgueilleuse et barbare Russie et son nouvel allié ne soient pas dans le

... d'assouvir contre eux leurs anciennes haines, de leur imposer leur joug intolérable et de leur faire éprouver au moins le sort de Leipsic? Qui est-ce qui leur fera mieux connaître qu'elle, que leur liberté, leur bonheur, le maintien de leur commerce et de leur prospérité dépendent du maintien de la cause du roi? et qui est-ce enfin qui leur rappellera avec plus de force qu'elle, que, leur ville ayant tant profité et profitant encore si considérablement tous les jours des provinces du roi et des mesures prises par sa majesté non-seulement pour la sûreté de ses Etats mais encore pour la leur, il n'est que juste que, par l'avance de la somme désirée qui leur sera fidèlement et exactement rendue et qui, bien loin de leur coûter, leur portera des intérêts considérables, ils contribuent d'une manière si facile et si profitable pour eux au maintien d'un système qui leur importe autant qu'au roi et qui seul, humainement parlant, peut dans ces dangereux moments assurer le leur?

Mais sa majesté me commande cependant de marquer à votre exc. que, désirant faciliter sa négociation et la mettre en état d'appuyer ces puissantes raisons par d'autres moyens souvent plus efficaces, elle l'autorise:

1. à offrir à mrs de Hambourg pour le nouvel emprunt les mêmes conditions que pour le précédent et nommément la protection la plus décidée de sa maj. pour la liberté, la neutralité et la sûreté de leur ville, de manière que sa maj. opposerait, s'il le fallait, toutes ses forces à ceux qui voudraient attenter sur elles et les emploierait, le cas échéant, à leur défense;

2. de leur faire espérer de la part du roi qu'en faveur du dit nouvel emprunt, sa maj. leur accorderait dans ses royaumes et Etats la parité des droits, avantages, et franchises du commerce avec les Hollandais, faveur que sa maj. sait qu'ils désirent et sollicitent depuis si long temps, et

3. de leur promettre que, dans cette même considération, elle remettrait pour douze ou pour vingt ans aux propriétaires ou navigateurs, sujets de la ville, échouant sur les côtes de ses provinces et Etats, le droit sur leurs vaisseaux échoués appartenant à sa chambre des finances, vulgairement nommé Strand-Gerechtigkeit, droit pour la rémission duquel votre

exc. sait de même que mrs de Hambourg sollicitent souvent la cour.

Et sa majesté permet aufin à votre exc. d'employer quelques milles ducats, s'il le faut, pour se rendre favorables les personnages les plus accrédités dans la ville et les plus propres à faire réussir ses vœux. Ces personnages sont sans doute mieux connus à votre exc. qu'à moi et il serait très superflu que je lui indiquasse nommément mons. Ritter, secrétaire der Chor-Alten, que l'on m'a dépeint comme un homme capable de rendre de grands services dans cette occurrence. Elle sait ce qui en est et, s'il peut être utile, elle ne le négligera point.

Mais si tout manquait, si aucune raison, offre ou persuasion ne pouvait faire effet, ni disposer les esprits à se prêter à la demande raisonnable et équitable du roi, sa maj. donne à votre exc. le pouvoir de prendre un ton plus sérieux avec ces messieurs et de leur déclarer que, sa maj. ne pouvant prendre leur refus et l'abandon qu'ils feraient ainsi d'une cause à laquelle ils sont si évidemment intéressés, que comme une preuve de leur partialité la plus singulière et la plus décidée pour ses ennemis, elle prendrait ses mesures en conséquence. Votre exc. peut hausser ou adoucir ce ton, selon ce que la prudence et la connaissance intime qu'elle a de la disposition des esprits lui inspireront. Mais je suis obligé de lui dire qu'il est nécessaire qu'il réussisse. Les finances du roi ne sauraient se passer, dans ces conjonctures et dans cette violente crise, du secours qu'elles attendent de ses soins.

Il ne me reste qu'une réflexion à faire. Je crois de la plus haute importance de hâter la besogne. L'empereur de Russie ne s'est pas encore déclaré contre le roi, de sorte que ses ministres ne pourront pas agir contre votre exc. avec la même vivacité qu'ils le feraient si les hostilités avaient déjà commencé. Cette même observation est encore valable en cas que, par délire ou politique, le roi de Prusse, comme il est possible, poussât la complaisance pour ce monarque au point de s'unir avec lui contre le roi. Le sieur Hecht sera obligé à quelques ménagements, tant que les deux cours ne seront pas brouillées, et peut-être y aurait-il moyen, par quelque don ou promesse faite à propos, d'arrêter ses cris et de l'engager au silence, tant que son maitre n'aura pas parlé. Je prie votre exc. d'examiner cette pensée et d'en faire usage, si elle le juge à propos.

J'attendrai avec impatience sa réponse, ses espérances et ses avis. Dans le moment où nous sommes, les difficultés ne doivent que nous animer, il ne nous est plus permis de nous en laisser rebuter. —

184.

Allerunterthänigstes Bedenken des Geheimen-Conseils.

Copenhagen d. 22 März 1762.

So oft wir bishero auf Ewr. Maj. Befehle unsere Gedanken über das, was bei den stets gefährlicher werdenden Conjoncturen der Zeit Dero Dienst, Ruhm und auf die Glückseligkeit Dero Unterthanen gegründetes Wohlgefallen erfordern möchten, gefasset und zu Dero Füssen gelegt haben, haben wir stets selbige vorzüglich auf die Abwendung oder Minderung derjenigen Gefahr, welche Allerhöchstderoselben und Dero Landen seit dem Augenblicke, da der Herzog von Holstein zum Erben der Russischen Monarchie bestimmt worden, gedroht hat, richten müssen, und sonderlich in den letzten Jahren haben, bei der zunehmenden Macht des Russischen Reichs, und dem herannahenden Tode der Russischen Kaiserin, die Ueberlegungen und Sorgen Dero Diener fast kein anderes Ziel haben können.

Die Erwartung des Tages, an welchem ein so feindlich gesinnter Herr die Kräfte dieses so furchtbaren Reichs, zu Ausführung seiner Ansprüchs und zu Befriedigung seiner Leidenschaften gegen Ewr. Maj. anzuwenden Gewalt überkommen würde, hat nothwendig alle Ihre Entschliessungen und Rathschläge regieret und geleitet, und indem der heftige Krieg, der nun schon in das 6te Jahr den wichtigsten Theil Europas drücket und verheeret, die Systemata fast aller andern Potentaten geändert, auch grossen Theils verrücket und verworren hat, haben Ewr. Maj. Sich weislich bewogen gesehen, nur mit Ausfindung und Anwendung der Mittel, welche die Wirkungen dieser Begebenheit min-

dern oder vernichten könnten, Sich zu beschäftigen, und
die nothwendigste Fürsorge für das Heil Ihres Volks und
Ihrer Staaten hat von Ihnen erfordert, alle Ihre Bemühungen,
Arbeiten und Anstalten inner- und ausserhalb Dero Reiche
und Lande nur dahin abzielen zu lassen.

Nunmehro ist er gekommen, der Tag, das Object so
vieler und langer Sorgen! Unterdessen dass Ewr. Kgl. Maj.
Bundesgenossen sich bedachten, ob und wie sie Ihre billige
und heilsame Handlungen und Erbietungen secundiren und
unterstützen sollten, ist der von Ewr. Kgl. Maj. so oft
vorausgesagte, von Ihren sich so nennenden Freunden aber
nie geglaubte, oder doch nie in ernster Betrachtung ge-
zogene Fall geschehen.

Der Herzog von Holstein, der Prätendent auf Schleswig,
der Fürst, der, obgleich er aus Ewr. Kgl. Maj. Hause ent-
sprossen ist, dennoch den bittersten und unversöhnlichsten
Hass gegen dieses Dero Kgl. Haus mit der Muttermilch ein-
gesogen hat, und in selbigem so wohl durch mit Fleiss
auserlesene Hofmeister und Præceptores erzogen, als bei
zunehmenden Jahren durch niederträchtige Schmeichler unterhalten und bekräftiget worden ist, ist Herr von Russland,
und es hat dem Allmächtigen gefallen, ihm eine so grosse
Macht eben in dem Zeitpunkte zu verleihen, da diese Macht
am geschwindesten gegen Ewr. Kgl. Maj. würken kann; da
die Armee, die nunmehr die seinige geworden ist, nachdem
sie sich ganz Preussisch-Pommern und sonderlich den,
wegen seiner Lage an der Ostsee, wichtigen Platz Colberg
unterworfen, an der Ostsee stehet; da Ewr. Kgl. Maj. Finanzen durch die bisherigen Zurüstungen zu Wasser und
zu Lande geschwächet, Dero Freunde und Bundesgenossen
aber durch lange, theils unglückliche Kriege entkräftet und
ermüdet sind; da andere mit Allerhöchst-Deroselben zwar
nicht durch neuere Allianzen, aber durch fortdauernde feierliche Garantien und eigenes Interesse verbundene Potenzen
durch eben diese schwere Last entfernter Kriege von der
ihnen sonst natürlichen und gewöhnlichen Aufmerksamkeit
auf die Erhaltung des Gleichgewichts im Norden abgewandt
worden; und da endlich es geschehen kann, und wahr-
scheinlicherweise geschehen wird, dass der gewisseste Feind
Russlands, der König von Preussen, selbst sich, um einer

dringenden Gefahr zu entgehen, bewogen finden wird, die Anschläge des neuen Russischen Kaisers gegen Ewr. Kgl. Maj. und sein eigenes Interesse nicht nur geschehen zu lassen, sondern vielleicht gar zu erhitzen, zu erleichtern und zu befördern.

Wir bekennen, dass der Zusammenfluss dieser so bedenklichen und gefahrvollen Umstände selbst unsere obwohlen stets geübte Sorgen übertroffen, und es würden vielleicht wenige Menschen fähig gewesen sein, einen widrigeren Augenblick, in welchem die bereits an sich so nachtheilige Veränderung in Russland sich zutragen könne, auszusinnen oder sich vorzustellen. Wir erlauben uns nicht Ewr. Maj. den Kummer, den wir darüber in unsern Herzen empfinden, zu verbergen. Weil aber die göttliche Vorsehung, die dieses verhänget, nichts desto weniger Ewr. Maj. über alle Ihre Widersacher und Widerwärtige den Sieg verleihen kann, uns aber die Pflicht auferlegt, zum Dienst Dero gerechten Sache mit desto grösserer Ehre und Treue alle unsere Fähigkeiten anzustrengen, so sind wir weit entfernt, für die Macht Ewr. Maj. Feinde zu erschrecken, oder in dem Ausgange des Ihnen drohenden Krieges ein Misstrauen zu setzen, sondern halten vielmehr nach der Ewr. Maj. gewidmeten Treue unserer Herzen dafür, dass es Allerhöchstderoselben gezieme, Dero Dienern und Unterthanen beikomme, besagten Dero Feinden, je grösser ihre Anzahl und ihre Macht ist, in einer Sache, die nicht etwa ein kleines zu verschmerzendes Uebel, sondern das Wesen und Dasein Ihrer Monarchie, die Unabhängigkeit und das Gleichgewicht von Norden und die Erhaltung alles dessen, so Ihroselbst und Ihrem Volke werth und heilig sein kann, betrifft, mit gedoppelter Standhaftigkeit und Muth freudig zu widerstehen.

Einen Vergleich mit dem Kaiser von Russland, der Ewr. Maj. nur den kleinsten Theil von Schleswig, oder etwas von Holstein kosten sollte, können wir Allerhöchst-Deroselben, nach unsern Pflichten, nie anrathen, weil das Ansehen Ewr. Maj. in Europa, der Theil, den Sie an dessen Händeln nehmen können, die Glückseligkeit Ihrer Regierung und die Ruhe Dero Staaten dahin sein würden, wenn eine fremde, sonderlich aber die so unverträgliche Russische Macht die Ihrige mitten in Ihren Landen einschränken, alle Ihre Ent-

schliessungen hemmen und vernichten, und sie von der
Communication mit dem Teutschen Reiche und durch das-
selbige mit dem übrigen Continent von Europa abschneiden
und absondern sollte, und weil Sie gleichsam aufhören würden, unter die souverainen Glieder der grossen Europäischen
Republique gezählet zu werden, und die Ruhe Ihrer Staaten Selbst bestimmen zu können, wenn der Kaiser von
Russland so viel Land zwischen Ihren Provinzen und der
Elbe besässe, dass er in selbigem eine stärkere Anzahl
Truppen, wie Sie Selbst in Schleswig und Holstein zu unterhalten vermöchten. So lange demnach kein Friede als
unter einer solchen Bedingung zu erhalten sein wird, sind
wir einmüthig des allerunterthänigsten Dafürhaltens, dass,
so sehr er auch übrigens zu erwünschen, ja nothwendig sein
möchte, Ewr. Maj. dennoch nicht in selbigen willigen, sondern ihn standhaft ausschlagen, und durch diese Ihre Standhaftigkeit, auch Geduld und Grossmuth in Glück und Unglück und in den günstigen oder widrigen Begebenheiten,
die in einem Kriege vorzufallen pflegen, die Wuth und den
Hass Ihrer Feinde ermüden, und den übrigen Mächten die
Zeit, ihre Augen über das, was ihr eigenes Interesse und
ihre Verbindungen von ihnen erfordern, zu öffnen, geben
mögen.

Wir bescheiden uns wohl, dass wir von der Art und
Weise, den Krieg zu führen, nicht zu urtheilen haben, und
ermessen uns dahero nicht, davon etwas zu erwähnen, sondern
begnügen uns nur eines Theils uns zu erfreuen, dass Ewr.
Maj. bereits solche Anstalten vorgekehret, dass Sie den
sonst von der Nähe der Russischen Armee und vielleicht
von dem noch weniger entfernten Preussischen, in Mecklenburg stehenden Corps zu befürchtenden Ueberfall, nicht
leicht mehr zu besorgen haben, andern Theils aber in Unterthänigkeit uns zu versprechen, dass Ewr. Maj. mit gleicher
Weisheit die gemessensten Befehle gegeben haben oder noch
geben würden, dass, solange die Russischen Völker sich Ihren
Gränzen nicht nähern, die Ihrigen auch in Dero Landen
verbleiben und Ihren Feinden allen Prätext, Sie des Friedens-
bruchs zu beschuldigen, schwächen, Ihren sich nennenden
Freunden aber allen Vorwand, sich dadurch der Pflicht der
Garantie zu entladen, sorgfältig benehmen; sobald aber

erstere aufi Sie zu marschiren vorrücken, die zu Bedeckung Ihrer Gränzen nöthigen Plätze und Positiones einnehmen und behaupten, nach Dero Gerechtigkeits-Liebe und Billigkeit aber allenthalben die strengste Mannszucht halten, und so viel möglich alle Unterdrückung und Ueberlast von denen, die Ihre Feinde nicht sind, und dahero nicht Dero Zorn, sondern vielmehr durch ihre Affection für Ewr. Maj. Dienst Dero Gunst und Gnade verdienen, abwenden sollen. Wie wir uns denn nicht minder vorstellen, dass sobald die Russen ihre feindliche Absicht geäussert, und das Mecklenburgische betreten haben werden, Ewr. Maj. die Kieler Soldatesque entwaffnen, und die fürstlichen Domainen in Besitz nehmen, auch die von dem Kaiser von Russland zu deren Administration verordneten Collegia, Käthe und Bediente aus selbigen, jedoch mit Allerhöchst-Deroselben eigenen und allenthalben so hoch gepriesenen Milde und Güte entlassen, und übrigens Dero Flotte oder einen Theil derselben, so frühe als möglich, in der Ostsee kreuzen, alles was in derselben vorgehet, genau observiren und dann, wenn der Krieg ausgebrochen, die Einrichtung der Magazine für die Russische Armee in Mecklenburg und Holstein hindern, die feindliche Macht schwächen und die feindlichen Küsten beunruhigen lassen werden.

Gleichwie aber, so lange ein Krieg nicht würcklich ausgebrochen, die Hoffnung der Erhaltung des Friedens noch billig und erlaubt ist, und die Ewr. Maj. am bessten bekannten gegenwärtigen äusseren und inneren Umstände uns besonders verpflichten, solche Erhaltung unter billigen und für Ewr. Maj. rühmlichen Bedingungen ernstlich zu wünschen, so vermeinen wir in tiefster Unterthänigkeit, dass alle die jetzigen so unangenehmen und bedrohlichen Aspecten dennoch Allerhöchstdieselben nicht abhalten sollen, das von Ihnen nun schon seit 12 Jahren betriebene Friedens- und Versöhnungs-Werk ferner mit gleicher Vorsicht, Eifer und Muth fortsetzen zu lassen.

Zwar wird solches, nach Veränderung der Umstände, auch auf eine veränderte Weise angegriffen werden müssen. Da es aber Ewr. Maj. nach Dero Weisheit nicht auf die Wege und Mittel, wenn sie nur alle Dero Gerechtigkeit und Dero Ehre gemäss sind, sondern auf den Zweck ankömmt,

so wird solche Veränderung Allerhöchst-Dieselben von diesem
Entschluss nicht abwenden, und wir dürfen vielleicht bemerken,
dass so unangenehm auch sonst in vielen schon berührten
Betrachtungen der Fall, der Ewr. Maj. Feind auf den Russischen Thron erhoben hat, sein mag, eben derselbe dennoch den Nutzen haben wird, dass die mit ihm wieder
anzuhabende Handlung nun für ihn selbst gebracht, so viel
ihn betrifft, von seinem eigenen freien Willen abhangen,
und ihm also weniger misfällig, auch derohalben eher zu
einer Endschaft zu bringen sein wird. Wir haben demnach
mitten unter den Gefahren und Schwierigkeiten, die Ewr.
Kgl. Maj. umringen, auch selbst im jetzigen Augenblick
nicht alle Hoffnung verloren, dass diese Ihro und dem
ganzen Norden so wichtige Sache, die, wenn sie gelinget,
Dero Throne in gewissermaassen ein grösseres Ansehen und
Befestigung, wie er seit mehr denn 200 Jahren gehabt,
geben wird, noch, entweder vor dem Ausbruch des Krieges
oder doch bald nach selbigem, werde zu Stande kommen
können.

Ueber die dazu zu gebrauchenden Mittel vermögen wir
Ewr. Kgl. Maj. noch nicht einen standhaften Plan vorzulegen. Wir stehen aber auf den Punkt einer solchen Ent-
wicklung, die uns dazu vermuthlich fähig machen wird.
Auf Dero Befehl, Ewr. Kgl. Maj. wissen es, ist alles nur
mögliche in Petersburg selbst, wie auch an den Römisch-
Kaiserlichen, Englischen, und Preussischen Höfen beobachtet
worden, und wir können, wenigstens von den erstern dieser
Höfe, täglich Antwort erwarten, die in dem noch sehr verwirrten Zustande der Dinge ein, um weiter und sicher
zu gehen, nothwendiges Licht geben werden. Inzwischen
scheinet so viel gewiss zu sein, dass eben die Ursachen, so
Ewr. Kgl. Maj. vermocht, die officia des Französischen Hofes
bishero zu Erreichung Ihres Zweckes in Russland zu gebrauchen, nunmehro vorhanden sind, um Sie zu bewegen,
die officia des Englischen Hofes zu verlangen, und wir
dürfen Ewr. Kgl. Maj. nicht verbergen, dass wir Ursache
zu haben vermeinen, diese letzteren für aufrichtiger, ernst-
licher, kräftiger und zuverlässiger, als die ersteren seit verschiedenen Jahren gewesen, anzusehen. Der König von
Grossbritannien, welcher als König und Churfürst ein directes

Interesse hat, Russland von Ewr. Kgl. Maj. und seinen eigenen
Gränzen zu entfernen, und dessen Ministeria weit gründ-
lichere Begriffe und Kenntnisse von dem wahren Zustande
Teutschlands und Nordens haben, als das Französische
Ministerium seit einiger Zeit haben kann oder haben
will, wird vielleicht einsehen, dass kein standhafter Friede
in diesem ihm selbst so wichtigen Theile Europæ zu stiften
sei, solange Holstein zwischen Ewr. Kgl. Maj. und dem
Kaiser von Russland getheilet ist, und wir vermeinen uns
daher einigermaassen schmeicheln zu können, dass er selbst,
zu Stiftung eines Vergleichs, der diese ganze Provinz Allerhöchstderoselben zueigne, seine, wie es scheint, gegenwärtig
so grosse Influenz über den Russischen Kaiser anzuwenden,
werde bewogen werden können. Dahin gehen, wie bishero
also auch forthin, unsere sehnlichsten Wünsche, und wir
bekennen, dass, obwohlen wir in jetzigen Umständen einen
Vergleich, der Ewr. Kgl. Maj. den alleinigen Besitz des
Herzogthums Schleswig sicherte, für nützlich und wohl gar
für nothwendig erkennen und daher wünschen müssen, wir
dennoch uns über keinen andern Vergleich oder Frieden,
als der Ihnen auch ganz Holstein zuschreibe, beruhigen
werden. Ersterer kann seinem Werthe nach bezahlt, letz-
terer aber und dessen Vortheil, unsers Bedünkens nach,
nie genug geschätzet werden.

Der Allmächtige Gott, durch Den die Könige herrschen,
und Der Sieg und Weisheit, wenn Er will, verleihet, stehe
E. K. M. in diesen so critischen Zeiten mit Seinem Segen
bey, und wolle selbst die Gefahr, so Ihren Landen
gegenwärtig drohet, die Uebermacht Ihres Feindes und die
Kaltsinnigkeit der Freunde, denen Sie so viele Treue bewiesen haben, zu dem Beweise Ihrer Standhaftigkeit, Klugheit und Grossmuth, zu der Vermehrung Ihres Ruhms und
zu der Erhaltung eines dauerhaften, billigen, vortheilhaften
und also glorreichen Friedens dienen und gereichen lassen. [1] ·

---

[1] En présence d'une guerre avec la Russie, beaucoup de personnes
en Danemark croyaient plus utile de céder et d'acheter la
paix aux conditions posées par Pierre III. Cfr Ostens Gesandtskaber, l. c., 546. Le comte Bernstorff ne se faisait pas d'illusions sur la tiédeur des alliés du Danemark, mais néanmoins

165.

Circulaire aux missions du Roi.

Copenhague le 9 avril 1762.

Les conjonctures du temps engageant le roi à veiller
avec une sollicitude particulière à la sûreté de ses provinces, sa majesté a trouvé bon de faire avancer une partie
de son armée vers les frontières de son duché de Holstein
et de faire cantonner 33 bataillons et 52 escadrons dans
ses propres terres sur les bords de la Trave et de l'Alster.

Comme ce mouvement, quoique naturel, nécessaire, et
ne blessant les droits de personne, pourrait donner lieu à
divers raisonnements dans le pays où vous êtes, sa majesté
m'ordonne de vous dire qu'elle vous autorise à assurer tous
ceux qui vous en parleront et envers lesquels vous jugerez
convenable de vous expliquer sur ce sujet, que la marche
de cette partie de son armée, dont les motifs ne sauraient
être ni ignorés ni condamnés, ne tend à l'offense de personne et que sa majesté n'en est pas moins invariablement
décidée à persister dans les principes de justice, d'équité
et de neutralité, qu'elle a adoptés et constamment suivis
pendant tout le cours de cette guerre.

Je dois ajouter, pour votre information particulière,
qu'environ 24 autres bataillons et le reste de la cavalerie
sont en mouvement et à portée pour renforcer, si le cas
l'exige, les troupes avancées sur les frontières, et que la
flotte du roi, dont une partie est déjà en rade, sera en
état de mettre en mer en peu de semaines. C'est ainsi
que sa majesté a jugé nécessaire de pourvoir, autant que
cela dépend de la prévoyance humaine, à la défense de ses
droits et de ses peuples, après quoi, calme et tranquille
au milieu de ce qui parait se tramer contre elle, elle attend,
sans les provoquer ni les craindre, les résolutions de la

---

il ne balança pas un instant. Convaincu qu'il s'agissait de l'existence même du Danemark, il conseilla fortement au roi, conjointement avec le comte Moltke, de résister jusqu'à l'extrémité, plutôt
que de céder. Cfr Moltke, l. c., 214 sqq. L'anxiété et la piété du
roi se peignent d'une manière caractéristique dans une prière,
chez Moltke, l. c., 316.

puissance qui semble vouloir être son ennemie, et n'en reste
pas moins immuable dans son désir de prévenir, si cela se
peut, les maux inséparables de la guerre, même la plus
heureuse, par un accommodement solide et équitable, pourvu
que cet accommodement soit en même temps conforme à
la dignité de sa couronne et à la sûreté de ses peuples.

186.

Antwort auf die von dem Russisch-Kaiserl. Geheimen-Rath
und Gesandten, Freiherrn von Korff den 2ten dieses übergebene Note betreffend die Reassumirung der vorhin gepflogenen Tractaten.

Copenhagen d. 12te April 1762.

Nachdem Ihro Kgl. Maj. die von dem Russisch-Kaiserl.
Herrn Geheimen-Rath und Gesandten, Freiherrn von Korff,
in der d. 2ten noch laufenden Monaths Aprilis gehaltenen
Conferenz dem Kgl. Ministerio übergebene Note in Unterthänigkeit vorgetragen worden, so haben Allerhöchst-Dieselben
besagten Herrn Geheimen-Raths und Gesandten Exc. in
Antwort zu erwiedern, anbefohlen:

Dass, gleichwie Sie seit der ganzen Zeit Ihrer Regierung
Nichts eifriger und standhafter gesuchet als eine aufrichtige
und genaue Freundschaft mit sämmtlichen Fürsten des Allerdurchlauchtigsten Hauses Holstein, vorzüglich aber mit Ihro
jetzt regierenden Russisch-Kaiserl. Maj. zu stiften und zu
deren Befestigung alles, was die bisherigen, allen Theilen
und dem ganzen Norden so schädlichen, Mishelligkeiten
verursachet und veranlasset hat, aus dem Grunde zu heben,
und gleichwie dieser Zweck das Ziel und der Bewegungs-
grund Ihrer ernstlichen Bemühungen unverrückt gewesen;
also nehmen Sie ganz keinen Anstand Ihro Russisch-Kaiserl.
Maj. förmlichst zu declariren, dass Sie mit Ihro nicht nur
in Frieden sondern auch in Einigkeit und Freundschaft zu
leben bereit sind, und dass demnach, wenn Ihro Russisch-
Kaiserl. Maj. gefallen wird, die vorhin gepflogenen Tractaten zu reassumiren und zu solchem Ende einen oder mehrere Dero Ministros mit Dero Instructionen zu versehen und

eine beiden Theilen bequeme Stadt, wie etwa Hamburg
oder Lübeck sein möchte, zum Orte der Conferenzen anzunehmen oder vorzuschlagen, Ihro Kgl. Maj. ein gleiches
thun und zu dem gemeinnützigen heilsamen Endzweck alles,
was Recht und Möglichkeit erlauben, beitragen werden.

Da nun dieses die Antwort ist, welche das Kgl. Ministerium dem Herrn Geheimen-Rath und Gesandten auf Dero
Note zu geben befehliget worden, so verhofft dasselbe, Seine
Excellenz werden selbige an Dero hohen Hof gelangen zu
lassen, nicht verweilen. [1])

---

[1]) Aussitôt monté sur le trône, Pierre III se prépara à exécuter ses
projets contre le Danemark. Le général Romanzow, qui commandait en Poméranie, fut appelé à Pétersbourg pour recevoir
des instructions relativement à la campagne qui devait s'ouvrir
au printemps, et en même temps que les armements par terre et
par mer étaient poussés avec vigueur, l'empereur tâchait de
s'assurer l'assistance de l'Angleterre, de la Prusse et de la
Suède, cfr Mercy, l. c., 55, 209. Il crut pendant longtemps que
le Danemark n'oserait pas affronter une guerre avec lui et que
le roi céderait dès qu'il verrait s'approcher le danger, cfr Mercy,
268—69. Mais les armements énergiques du gouvernement danois
paraissant au contraire indiquer l'intention de résister, le czar se
décida à brusquer une solution et mr de Korff reçut l'ordre de
présenter cette déclaration à mr de Bernstorff: „dass je aufrichtiger Unser Verlangen ist mit des Königs von Dänemark Majestät
eine dauerhafte Freundschaft und Nachbarschaft fortzusetzen, desto
empfindlicher wäre es Uns auch dahingegen, so wohl in den an-
gebrachten Drohungen als auch in den dänischerseits vorgehenden
Zurüstungen, die Wir nicht anders ansehen können als solche,
die mit der Zeit gegen Uns gerichtet sein würden, ganz widrige
Gesinnungen und Demonstrationes zu finden, dahero Wir Uns
denn in die Nothwendigkeit gesetzt sehen, um eine formelle Erklärung anzuhalten: ob Seine Majestät gesonnen sind mit Uns in
Einigkeit zu leben und Unsern rechtmässigen Ansprüchen auf das
Herzogthum Schleswig ein Genüge zu leisten?, indem Wir widrigen-
falls, sowohl Unserer eigenen Sicherheit halben als auch um
Unsere gar nicht streitig zu machenden Gerechtsame auszuführen,
gezwungen würden, zu solchen Maassregeln zu schreiten, aus welchen, zu Unserm grössten Leidwesen, höchst unglückliche, für
jetzo aber nicht mit leichter Mühe abzuwendende Folgerungen
entstehen können." Dans sa réponse, le gouvernement danois
passe complètement, comme on le voit, les prétentions du czar
sur le Slesvic sous silence, mais assure en même temps de son

187.

Dépêche à Mr le comte de Wedel-Frijs à Paris.

Copenhague le 17 avril 1762.

Mon neveu est arrivé[1]) et le roi a appris avec une véritable satisfaction, tant par ses rapports que surtout par vos dépêches du 26 du passé et par la déclaration que mons. le président Ogier vient de lui faire, la réponse noble, juste et pleine d'amitié que mr. le comte de Choiseul a donnée au nom et de la part du roi, son maître, à la demande que votre exc. a été chargée de lui faire de sa majesté.[2])

---

désir de conserver de bons rapports et de sa disposition à ouvrir des négociations en proposant, conformément aux conseils secrets de mr de Saldern, Lübeck ou Hambourg comme le siège de ces négociations. Cette réponse évasive qui avait pour but de gagner du temps paraît avoir été accueillie à Pétersbourg avec des sentiments divers, cfr Mercy, 227, 332—33, 339 et dép. de Schack du 25 mai 1762.

[1]) Le comte A. P. Bernstorff retourna de sa mission à Paris (voir no 175) en avril. Le but de son voyage avait été manqué par suite de la mort de l'impératrice, mais il avait réussi à gagner le gouvernement français et à adoucir le mécontentement que le comte Wedel-Frijs s'était attiré par ses sympathies prussiennes. Corresp., 225 cfr. 185, 233 etc.

[2]) Cette réponse était ainsi conçue:

Sa maj. tr. chr. était aussi sensiblement touchée que flattée de la confiance que le roi de Danemark lui marquait en cette occasion. Elle applaudissait infiniment aux justes mesures, dignes de sa sagesse, que le roi prenait dans cette crise pour maintenir ses droits et ses Etats, mesures qui ne laissaient rien à désirer à ses amis, si ce n'était qu'il fût dispensé de s'en servir. En cas d'attaque, la France emploierait certainement tous les moyens pour être utile au Danemark et le convaincre de son attachement, amitié et constance dans ses engagements, contractés avec un allié aussi cher; mais, quant aux moyens mêmes, il n'était guère possible de les déterminer pour le présent, les conjonctures ne permettant pas d'envoyer des secours effectifs et l'empereur de Russie, jusqu'ici allié de la France, n'ayant pas encore entrepris d'hostilités. Les secours en argent ou subsides semblaient les plus faciles dans ces circonstances et l'on tâcherait de les effectuer, sans cependant en pouvoir fixer le terme. En attendant, sa maj. tr.-chr. avait envoyé au marquis d'Havrincourt un modique supplément en espèces pour soutenir le parti français en Suède, et elle conseillait au roi de se lier plus étroitement avec cette cou-

Le roi en a été véritablement touché et sa maj. ordonne à votre exc. de le témoigner à mr de Choiseul en l'assurant que les peines, les sollicitudes et les travaux auxquels elle était livrée, ne l'empêchaient pas de goûter toute la douceur de l'amitié du roi très-chr. et de sentir avec un vrai plaisir celle de pouvoir compter, de l'aveu de ce monarque, sur l'intérêt qu'il prenait et voudrait bien prendre toujours au maintien de ses droits et à la conservation de l'équilibre et du système du Nord.

C'est en conséquence de ces sentiments et de la confiance qui en est l'effet que le roi, jugeant convenable et nécessaire de tenir mr. de Choiseul informé de ses démarches, de leur succès, et de tous les événements relatifs à l'affaire, m'ordonne de vous en instruire et de vous charger d'en rendre compte à ce ministre.

J'ai déjà eu l'honneur de marquer à votre exc., par ma lettre du 3 de ce mois, les mesures que sa maj. a prises pour repousser, s'il le faut, la force par la force, et votre exc. y aura vu que l'armée du roi cantonne sur les frontières du Holstein, pendant que sa flotte, dont une partie est déjà en rade, va être incessamment en état de tenir la mer. Ces arrangements n'ont pas été sans effet, et peut-être devons-nous leur attribuer la liberté de la ville de Lübeck, fortement menacée mais qui ne parait plus courir de risque. Rien n'était plus important que de garantir contre toute invasion ou surprise hostile une ville dont le sort décide en partie de celui du Holstein.

ronne pour s'opposer conjointement aux vues ambitieuses du czar, qui selon toutes les apparences ne tendaient qu'à asservir le Nord. La France ne doutait pas que les Suédois, du moins une partie, éclairés sur leurs vrais intérêts et zélés pour le maintien de la liberté du gouvernement, ne saisissent avec empressement cette occasion pour se garantir du joug dont ils étaient menacés et que, sans de justes précautions, ils ne sauraient éviter. Le roi très-chrét. avait déjà sacrifié des sommes immenses à la conservation de ce gouvernement mais avec peu de succès, et il ne les continuerait que jusqu'au moment où il serait entièrement convaincu de leur inutilité et alors il les joindrait et les emploierait à l'usage et au bien du Danemark, et enfin le roi très-chrét. n'avait rien tant à cœur que de prouver au roi de Danemark dans ces occurrences jusqu'à quel point sa conservation et ses intérêts lui étaient chers et précieux." Cfr Correspondance, 227.

Mais le roi n'a pas borné son attention à cette partie et, dans le temps même qu'il s'est appliqué à assurer ainsi ses frontières, il a également cherché à remplir ses obligations envers les puissances, ses alliées ou garantes de sa possession de la propriété contestée, à diminuer le nombre des dangers qui pouvaient la menacer et à multiplier ses ressources.

Dans cette vue; il a non-seulement ordonné à son ministre accrédité à la cour impériale d'exposer au comte de Kaunitz l'état des choses et, sans cependant réclamer encore la garantie de la maison d'Autriche, solennellement promise par le traité du 26 mai 1732, de demander à ce seigneur ses conseils et ce à quoi sa maj. pourrait s'attendre de la part de l'impératrice-reine en cas qu'elle fût attaquée.

Mais il a donné encore les mêmes ordres au comte de Bothmer, son envoyé extraordinaire à la cour de la Grande-Bretagne, puissance que, à cause de sa qualité de garante du Slesvic et de l'influence qu'elle paraît avoir sur l'esprit et les résolutions du czar, il n'aurait été ni juste ni prudent de passer. Et il a même fait remettre au roi de Prusse comme également garant du Slesvic la note dont je vous envoie copie.[1]

La cour impériale a répondu par des propos qui nous font très clairement sentir que, toujours déterminée à ménager, conserver ou renouveler l'inclination de la Russie pour elle, elle ne ferait rien pour les intérêts du roi malgré la garantie, solennellement promise, et elle s'est renfermée au reste dans l'excuse ordinaire de la nécessité où elle se trouvait de se concerter préalablement sur ce sujet avec la France.

Celle de la Grande-Bretagne n'a rien répliqué de déterminé et n'est entrée dans aucun détail, mais s'est contentée de nous assurer, dans des termes fort polis, de son désir d'être utile au roi pour l'accommodement de ses différends avec sa maj. le czar, désir dont en effet je ne saurais douter et dont son ministre à Pétersbourg prouve déjà la sincérité en travaillant, quoique jusqu'ici, à ce qu'il assure, sans aucun ordre de sa cour, efficacement à adoucir

---

[1]) Cfr no. 182.

l'esprit violent du monarque russe dont il semble avoir toute la confiance. Et le roi de Prusse a ordonné à son ministre-résident ici de s'énoncer vis-à-vis de moi de la manière que vous le verrez dans la pièce no III que je joins ici. [1]

Ces mesures prises et ces démarches faites, le roi attendait, avec une attention vigilante mais tranquille, ce que ferait le czar et comment il répondrait aux politesses que sa maj. lui a fait faire par le comte de Haxthausen à l'occasion de son avènement à l'empire et il l'attendait depuis longtemps, toute communication entre Pétersbourg et Stockholm ayant été arrêtée pendant bien des semaines par les vents contraires et les glaces du golfe de Finlande ou par la politique des Suédois, lorsque le baron de Korff reçut un courrier par la voie de l'Allemagne, et par lui l'ordre de remettre au ministère du roi la note que vous trouverez sous no III[2]) et que je vous envoie sans la traduire pour que l'on ne puisse pas nous accuser d'en avoir altéré le sens. Son contenu est très conforme au goût et au ton du czar et mériterait d'être relevé en plus d'un endroit, mais le roi, ayant sagement jugé qu'il suffirait de répondre à sa partie essentielle, m'a commandé de ne répliquer au baron de Korff que dans les termes que vous verrez sous no IV[3]) et dont je joins ici une traduction libre. C'est ce que j'ai fait lundi au soir et le baron de Korff a dépêché avant-hier un courrier pour porter cette réponse du roi à son maitre.

Voilà, monsieur, où nous en sommes et votre exc. l'exposera en entier à mr le comte de Choiseul. Ce à quoi le czar se déterminera, après avoir reçu la réponse du roi, c'est ce que nous ignorons, les lettres que nous venons enfin de recevoir de Pétersbourg nous dépeignant ce prince tel que nous l'avons connu avant son élévation sur le trône, c'est-à-dire livré à bien des passions différentes, pas toujours conséquent dans ses résolutions et par là même difficile à deviner. Mais quelque parti qu'il prenne, il y trouvera le roi préparé. Ce n'est pas que sa majesté ne sente tout

---

[1]) Cette réponse n'a pu être retrouvée mais était évidemment plutôt évasive.
[2]) Cfr note ad no 186.
[3]) Cfr no 186.

le poids et tout le fardeau d'une guerre qui ne se déclare qu'après que de longs armements par mer et par terre ont déjà embarrassé ses finances, mais parce qu'il y a des temps où il ne faut point penser aux difficultés d'une affaire mais seulement à sa nécessité.

Sa majesté se flatte que le roi très-chrétien approuvera toutes ses mesures prises pour le présent et ses résolutions pour l'avenir, et elle prie ce monarque de croire que, quoiqu'elle compte sur son secours lorsque le cas l'exigerait, elle ne précipitera rien et fera tout ce qui dépendra d'elle, pour rendre son alliance, l'accomplissement des engagements pris en sa faveur, et la défense de ses droits garantis les moins onéreux qu'il lui sera possible pour la France.

Votre excellence insistera cependant tant qu'elle pourra sur ce que je lui ai marqué dans une de mes dernières lettres, et je me flatte qu'elle y réussira sans grande difficulté. Le roi très-chrét. est trop ami du roi et pense trop généreusement pour ne pas acquitter des arrérages dans un temps où il importe si fort à sa majesté de les recevoir. J'attends très impatiemment ce que votre exc. effectuera à cet égard.

188.

Dépêche à Mr le comte de Wedel-Frijs à Paris.
Copenhague le 17 avril 1762.

Dans la lettre que je viens d'écrire à votre exc. et qu'elle sent bien être ostensible, si elle le juge à propos, je n'ai point touché l'article d'une jonction des Suédois avec les troupes du roi.[1] C'est que ce projet va tomber de lui-même, les Suédois ne songeant qu'à la paix, y travaillant même déjà, si mes avis ne me trompent pas, et le parti de la France n'étant pas assez fort pour déterminer la nation ou pour oser entreprendre quelque chose qui fût contraire aux volontés de la cour, soumise à son tour à la Prusse et à la Russie. Le ministère en reviendra donc de lui-même et il ne sera pas nécessaire de le combattre.

---

[1] Idée qu'avait émise le duc de Choiseul, cfr note 2 ad no 187.

Quoique point étonné de voir ce ministère las des Suédois, dont en effet l'amitié coûte cher et n'est guère utile, je sens néanmoins avec peine qu'il se lasse aussi de la forme de leur gouvernement. Ce changement de façon de penser, que je n'ai que trop appréhendé, jetterait le roi dans l'embarras et lui ferait une peine extrême, car votre exc. sait que sa maj. ne peut jamais penser de même, et qu'elle ne peut jamais seconder et favoriser en Suède que les desseins et le parti de ceux qui sont pour le maintien de la liberté et des lois. Ce principe est d'une évidence qui ne souffre ni commentaire ni contestation. Votre exc. fera tout ce qui est en son pouvoir pour combattre sans affectation une résolution si fâcheuse, et elle ne négligera rien pour conserver la protection de la France à un parti qui s'est sacrifié pour elle.

Quant au reste je ne lui recommande pour le moment présent que de maintenir la France dans les dispositions pour le roi qu'elle marque aujourd'hui et de la porter au payement des subsides arriérés. C'est à quoi votre exc. employera tout son crédit. Je la seconderai de mon mieux par le président Ogier.

189.

Dépêche à Mr le comte de Bothmer à Londres.

Copenhague le 17 avril 1762.

Quoique le ministère britannique ne se soit pas expliqué encore sur la demande que vous avez été chargé de lui faire et sur le mémoire que vous lui avez remis en conséquence des ordres du roi du 13 février, sa majesté est néanmoins si fermement persuadée de l'amitié du roi de la Grande-Bretagne, de sa fidélité à remplir les engagements de ses pères et de sa couronne, et de sa haute sagesse, qui le rend sans doute incapable de sacrifier ses intérêts permanents et ceux de ses peuples, de l'Allemagne, du Nord et de l'Europe à des avantages passagers et aux vues d'un moment, qu'elle n'hésite pas de continuer à en agir à son égard dans la plus intime confiance et comme si ce monarque lui avait déjà marqué et prouvé les dispositions qu'elle se promet de lui.

C'est en conformité de cette façon de penser, gravée dans son cœur, qu'elle m'ordonne à moi de vous faire part de ses démarches et de leur succès, de ses principes et de ses résolutions, et à vous, monsieur, d'en rendre compte au comte de Bute. —

C'est dans ces termes que nous sommes, monsieur, et c'est des résolutions que prendra à présent le czar que va dépendre la paix ou la guerre.

S'il choisit la dernière, nous défendrons bien, je l'espère, une juste cause, dans laquelle il ne s'agit de rien moins que de la conservation de la monarchie et de tout ce qui peut être cher au roi et à ses peuples, et vous ne dissimulerez point à milord Bute que dans ce cas sa maj. compte indubitablement que le roi de la Grande-Bretagne remplira ses engagements, contractés tant comme roi que comme électeur le 26 juin 1715, le 30 octobre 1719, le 26 juillet 1720, le 14 mars 1730 et le 9 février 1745, et qu'il les remplira d'une manière digne de sa vertu, de sa sagesse, de sa grandeur et, j'ose le dire, de sa prudence.

Et si ce monarque entre en négociation, le roi y portera, dans le sens que je vous ai marqué le 15 février, toutes les facilités raisonnables et possibles.

La Grande-Bretagne aura sans doute, et particulièrement selon les vœux du roi, une part principale à cette négociation et sa maj., qui se fie à sa maj. britannique plus qu'à tout autre prince de la terre, continuera dans cette vue à lui ouvrir dans les occasions son cœur avec la plus intime confiance, mais c'est par cette même raison qu'elle se croit obligée à la prévenir dès à présent:

1. Qu'elle ne peut jamais entrer en négociation sur la restitution du Slesvic, parce qu'elle ne saurait admettre qu'on lui redemande une province justement acquise par les armes de ses ancêtres, garantie par les principales puissances de l'Europe et devenue son héritage légitime, ni souffrir par les mêmes motifs qu'on lui propose de la payer par quelque équivalent, ce qui au fond reviendrait au même. Toute négociation fondée sur cette base serait par conséquent rompue aussitôt qu'entamée.

2. Que jamais il ne pourra y avoir de véritable paix dans l'Allemagne et dans le Nord, tant que le Holstein sera partagé et divisé, comme il l'est. Comme je me suis déjà étendu sur cette vérité dans mon mémoire du 13 février, je ne ferai que l'indiquer et m'y rapporter aujourd'hui; mais vous ne cesserez, monsieur, d'y insister, et si vous aviez besoin de quelques éclaircissements sur ce point, ainsi que sur tout autre, vous vous hâteriez de m'en avertir pour me mettre en état de vous les fournir.

3. Que le projet formé, je le sais, par quelques Holsteinois,[1]) de faire céder par l'empereur de Russie sa portion du pays à un de ses cousins est impraticable, parce que ce serait attenter aux droits de la branche suédoise, qui précède celles des princes Frédéric Auguste et George, en faveur desquelles cette cession se ferait, et parce que l'âge mineur des princes de Suède rendrait le consentement du roi leur père, lors même qu'on l'obtiendrait, d'une validité très douteuse et très incertaine; et enfin

4. Qu'il est par conséquent impossible de procéder avec fruit sur un autre plan d'accommodement que sur celui du roi, que je vous ai communiqué avec ma dépêche du 13 février, et que toutes les tentatives d'en former un autre ne se trouveront dans le fait que pernicieuses et inutiles.

Vous ajouterez à ces réflexions encore une, qui est de la plus grande importance et qui demande toute l'attention du ministère britannique ainsi que de celui de Hannovre. C'est qu'il est absolument impossible que le roi souffre que le czar tienne, ainsi que c'est son projet avoué, une armée ou même un corps considérable de troupes dans le Holstein. Il est si évident que les forces militaires russes, entretenues dans le Holstein, tiendraient sa maj. ainsi que tous ses voisins ou dans une dépendance ou dans des inquiétudes continuelles, et il est si manifeste que la plus grande guerre ne saurait causer autant de maux et d'embarras que le ferait une guerre de cette espèce, que le roi est décidé par les plus puissants motifs à risquer tout plutôt que d'y donner les mains, et plutôt que de ne pas insister sur l'ob-

---

[1]) Mr de Saldern était l'auteur de ce plan, cfr dépêche à Mr de Haxthausen du 26 avril 1762

servation de ce que la paix de Travendahl[1]) règle à cet égard.
Je sens parfaitement la difficulté qu'il y aura de faire revenir le czar d'un dessein qui est en quelque sorte son dessein favori et qu'il a déjà tout manifesté, et cette réflexion est une de celles qui me font regarder avec douleur la guerre comme inévitable; mais j'avoue n'y voir aucun remède et une armée russe dans le Holstein est un mal qui l'emporte sur tout. Il est de la dernière nécessité que vous en fassiez bien sentir la conséquence à milord Bute et à mons. de Behr, rien n'exige davantage leur plus favorable attention. —

Je ne puis finir sans vous charger encore de remercier milord Bute, de la part du roi, de tous les bons offices que mr Keith rend au comte Haxthausen.[2]) Je l'ai déjà dit, mais je le répète, nous ne pouvons donner assez d'éloges à ce ministre, à la sagesse et à la probité de ses procédés. Marquez-en bien la reconnaissance de sa majesté à milord et procurez, s'il se peut, à mons. Keith une prompte approbation de sa conduite et des ordres précis de déclarer à l'empereur les sentiments justes de la Grande-Bretagne et ses anciens engagements avec nos rois.

Apostille. J'ai quelque lieu de croire qu'après les dernières nouvelles de Pétersbourg milord Bute ne trouverait plus à propos que le roi rappelle le comte de Haxthausen

---

[1]) Traité du 18 août 1700 art 6.

[2]) Le ministre d'Angleterre à Pétersbourg, Robert Keith, jouissait au plus haut degré de la confiance de Pierre III. Il sentait l'impossibilité de changer les dispositions hostiles de l'empereur contre le Danemark, mais il s'efforçait au moins d'en différer l'exécution, cfr Mercy l. c., 68, 72, 158, 224—226. L'avènement au pouvoir de Lord Bute, qui depuis octobre 1761 avait remplacé Pitt comme ministre dirigeant en Angleterre, avait du reste modifié complètement la politique anglaise vis-à-vis de la Prusse. Le cabinet de Londres fit des ouvertures à Vienne pour renouer l'ancienne alliance afin de contrebalancer le pacte de famille de Bourbon, signé le 15 août 1761, et en même temps il tâcha de détacher Pierre III de Frédéric II, cfr Schäfer III, 463—72, Arneth 288, 90, 93, Mercy, 368, 390. Cette double tentative échoua et amena un refroidissement très sensible entre Pierre III et l'Angleterre, d'autant plus qu'il devint bientôt évident que ce pays n'était pas disposé à obtempérer aux désirs de l'empereur au sujet du Slesvic, Schäfer III, 472, Mercy 286, 312. —

de ce poste dans le moment actuel. [1]) Vous vous en informerez près de ce seigneur en l'assurant qu'au reste, dans
cette rencontre comme en toute autre, le roi aura toujours
la plus haute considération pour ses conseils et pour ses avis.

198.

Dépêche à Mr le comte de Haxthausen à Pétersbourg.

Copenhague le 26 avril 1762.

Le roi trouve les raisons de la rupture de certaine intelligence[2]) si bonnes qu'il approuve tout ce que vous avez
fait à cet égard ainsi que le renvoi de votre sommelier que
vous m'annoncez.

Observez cependant tout doucement la dame. Je m'attends à de grands coups de sa part mais je doute qu'ils
soient heureux.

Observez aussi Troubetzkoy, le hetman et Schuwalow.
Comment ce dernier supporte-t-il le changement de sa fortune et pourquoi hait-il la cause d'un roi qui ne lui a
pas fait du mal?

L'idée de l'Angleterre de prendre des Russes à sa solde
me fait beaucoup de peine.[3]) C'est toujours aguerrir et
rapprocher une nation déjà assez redoutable, et c'est obliger
le roi à des inquiétudes et à des armements qui ne sauraient
cesser tant qu'une armée russe sera dans son voisinage.
N'y aurait-il pas moyen de faire sentir à mons. Keith tous

---

[1]) Le comte de Haxthausen ne paraît pas avoir été un agent émi-
nent, bien qu'il fût très appliqué et rempli des meilleures intentions, cfr Mercy, 210, 269. Sa position à la cour de Pierre III
était au commencement assez bonne — grâce surtout à sa femme, —
mais plus tard il fut traité avec moins de cérémonie, Mercy,
308, 406.

[2]) Il s'agit de la correspondance clandestine entre Catherine et le
prince Poniatowsky, cfr note ad no 144.

[3]) Il paraît que la Prusse et l'Angleterre avaient persuadé Pierre III
de l'opportunité de finir d'abord la guerre en Allemagne par l'envoi de troupes auxiliaires au Hanovre, en ajoutant des promesses
plus ou moins vagues et probablement peu sincères sur leur assistance éventuelle contre le Danemark, Mercy, 338—339, 358.

les dangers de ce projet, en vérité peu nécessaire et peu utile à la cause de sa patrie.

Est-il bien vrai que beaucoup de soldats prussiens s'enrôlent dans les nouveaux régiments holsteinois? La chose n'est pas indifférente et mérite notre attention.

191.

Dépêche à Mr le comte de Bachoff à Vienne.

Copenhague le 4 mai 1762.

Mes lettres étaient écrites lorsque je reçus celle que vous m'avez fait l'honneur de m'adresser le 15 du passé.

J'y vois que la cour impériale semble enfin disposée à faire, à l'exemple de la France, quelque chose pour le roi en cas que sa maj. soit attaquée par le czar, et si telle est en effet son intention sérieuse, il serait juste de lui en savoir gré et d'avoir, quel que soit le motif de cette résolution, plus de confiance en elle que nous n'avons eu sujet d'en avoir jusqu'à présent. [1])

Votre exc. ne négligera donc rien pour pénétrer sur ce sujet important le véritable plan du comte de Kaunitz, et pour découvrir pour quel temps et à quelles conditions ce ministre projette de fournir des secours à sa majesté et jusqu'où il pourrait se déterminer à les porter.

Nous ne pouvons faire sur ce point les premières ouvertures, et nous devons nous en tenir simplement à insister sur l'exécution des traités et des garanties; mais au cas que l'on s'en explique envers votre exc., elle pourra entrer dans les raisonnements qui se feront sur ce sujet, montrer à cet égard de la facilité et prendre tout ad referendum, mais elle n'oubliera pas de faire sentir (quoique seulement

---

[1]) Le cabinet de Vienne avait enfin compris que tous ses efforts pour gagner les bonnes grâces de Pierre III resteraient infructueux, et il se décida par conséquent à assister le Danemark afin de donner autant d'occupation que possible au czar dans le Nord, Mercy, 299, 310. Il ne s'agissait naturellement que de subsides à payer au Danemark

en particulier et non en ministre) que, s'il importe à la
cour impériale que le roi résiste au czar et ne se prête pas
trop facilement aux conditions d'accommodement qui lui
seront proposées, il est de son intérêt de s'expliquer à
temps sur l'assistance pécuniaire qu'elle voudrait lui donner
pour qu'il puisse prendre ses mesures et ses résolutions en
conséquence. Votre exc. sent trop parfaitement l'équité et
l'importance de cette réflexion pour qu'il soit nécessaire que
je l'explique davantage.

192.

Dépêche à Mr le comte de Bothmer à Londres.

Copenhague le 8 mai 1762.

(Extrait.)

— Que milord Bute juge à présent si les accusations
du ministère de Hanovre sont fondées et si le roi mérite
que ce ministère lui fasse des reproches! Qu'il juge s'il est
juste de se servir, aujourd'hui que le Slesvic est menacé de
ce même danger que sa majesté a si fidèlement travaillé à
détourner des duchés de Brême et de Verden, de ces prétextes pour se soustraire à la réciprocité de soins, pour se
dérober aux obligations les moins contestables, et pour
énerver les effets d'une alliance dont la possession de Brême
et de Verden, que le roi Frédéric IV n'a cédée au roi
George I de glorieuse mémoire que sous cette condition, a
été le prix et le fruit, qu'il juge si une parole de prince
peut être sacrée, si un cas peut être obligatoire, si celui-ci
ne l'est pas.

Mais, monsieur, après avoir représenté tout cela à milord, vous lui direz que, quoique le roi vous eût ordonné
de lui faire cet exposé avec toute la candeur et toute la
confiance qui convenaient à un prince, sûr d'avoir été fidèle
à ses engagements et sûr de parler au ministre vertueux
d'un roi ami de la vertu, et quoique sa majesté voulût que
vous lui déclariez avec franchise que, dans une telle occurrence, elle ne pouvait se contenter de la neutralité de la

Grande-Bretagne et de celle du Hanovre,[1] mais réclamerait,
lorsqu'elle y serait obligée, à la face de l'univers l'effet de
la garantie due par sa maj. britannique, tant comme roi
que comme électeur, elle vous avait néanmoins commandé
d'ajouter qu'elle ne regarderait pas encore le moment présent comme celui qui l'autorisait à faire cette réclamation,
mais que, contente de lui avoir mis devant les yeux par
vous ses procédés et ses droits, elle se bornait pour le présent à lui demander les bons offices pacifiques dignes d'un
prince garant, pour empêcher que le différend n'en vînt à
la crise et à la rupture qui ferait exister le cas de la
garantie effective. Et que, ne pouvant douter que le roi
de la Grande-Bretagne ne reconnût l'équité de cette réquisition, sa majesté se promettait avec certitude que
pour cet effet mons. Keith recevrait promptement l'approbation de sa conduite passée et des ordres positifs de continuer à porter le czar, par les représentations les plus
capables de faire impression sur son esprit, à des sentiments propres à la conservation du repos et de la tranquillité du Nord. Rien ne conduira plus directement à ce
but que l'aveu des engagements de la Grande-Bretagne et
du Hanovre à l'égard du Slesvic, dont il semble que le czar
se plaît à douter, et c'est par cette raison que le roi espère
que mons. Keith aura ordre de ne plus déguiser une vérité
dont, à l'exception du monarque russe, toute l'Europe est
instruite. — Sa majesté approuve fort au reste ce que vous
avez représenté au même ministre au sujet du projet de
prendre des troupes de Russie à la solde de la Grande-
Bretagne, et elle veut que vous continuiez à lui faire sentir
qu'il est impossible que, tant qu'il lui reste des différends
avec le czar, elle voie avec tranquillité un corps considérable
des troupes de ce prince s'approcher de ses frontières et
en position d'y porter la guerre au premier ordre qu'elles
recevront et au premier moment qui paraîtra favorable

---

[1] D'après une dépêche du 20 avril du comte Bothmer, Lord Bute,
avait dit à ce ministre que, en cas d'une attaque de la Russie
sur le Danemark, l'Angleterre comptait garder la plus stricte neutralité.

à leur souverain pour le soutien de ses prétentions et de
ses vues. [1])

Elle agrée pareillement les remontrances que vous
avez faites au sujet de la nomination du comte de Holdernesse à l'ambassade en Russie. Sa maj. souhaite fort
que, si le roi de la Grande-Bretagne juge à propos de revêtir quelqu'un de ses ministres de ce caractère, ce soit
mons. Keith qui en soit honoré. [2])

193.

Dépêche à Mr le comte de Wedel-Frijs à Paris.

Copenhague le 22 mai 1762.

Le roi a appris avec une véritable satisfaction l'attention
judicieuse et éclairée que le roi très-chrétien a bien voulu
donner à l'exposé que, conséquemment à ses ordres du 17
du passé, vous avez fait au comte de Choiseul de l'état de
ses différends avec l'empereur de Russie, et sa majesté
trouve dans cette attention si amicale un nouveau motif de
continuer à faire confidentiellement à ce monarque part
des progrès de cette affaire et des événements qui y ont
rapport. [3])

Pour cet effet elle me commande de poursuivre avec
exactitude ma correspondance avec votre exc. sur ce sujet
et de la mettre par là en état d'en rendre un compte suivi
à mons. de Choiseul.

Nos dernières lettres de Pétersbourg étaient du 27 du passé.
Alors le czar, occupé par préférence à arranger sa paix
avec la Prusse et moins content de l'Angleterre, parce qu'elle
ne lui parait plus assez zélée pour un prince, idole de son

---

[1]) Cfr no 190.
[2]) Mr Keith n'était pas bien vu par le cabinet de Lord Bute, et l'on
avait déjà vainement tâché de le remplacer par un autre ministre,
cfr Schäfer, III, 462, 65.
[3]) Le gouvernement français avait promis de payer tous les arrérages des subsides dus au Danemark et l'ordre fut donné au
comte de Wedel-Frijs de tâcher d'obtenir la somme de 300 mille
livres par mois.

cœur, n'était pas entièrement décidé sur tout le reste et attendait, pour prendre son parti vis-à-vis du roi, la réponse de sa majesté à sa demande du 20 avril. Cette réponse aura pu lui parvenir les derniers jours du mois passé ou les premiers du courant. Il est impossible de prévoir avec certitude l'effet qu'elle aura fait sur lui, la violence de son esprit et la facilité avec laquelle il se prête aux insinuations de tous ceux qui flattent ses goûts et ses passions rendant ses décisions très injustes et très casuelles. Mais quelles qu'elles soient, je puis vous le répéter, elles ne prendront pas le roi au dépourvu. Sa maj. (qui voit avec plaisir que ses résolutions sont ainsi entièrement conformes aux sages avis de mons. de Choiseul) continue de travailler sans relâche à multiplier ses moyens de résistance contre ce prince. Elle renforce et fortifie tous les jours son armée, qu'elle fait cantonner de manière qu'en moins de deux ou trois jours elle pourra être rassemblée sur les bords de la Trave, et elle se propose de se rendre incessamment elle-même sur les lieux pour achever d'y donner les ordres qu'elle jugera nécessaires au bien de son service et conformes aux circonstances.

La première division de sa flotte vient de mettre en mer sous les ordres du comte de Laurwigen, vice-amiral, pour transporter à Eckernfœrde la dernière colonne des Norwégiens. Elle sera suivie, si le besoin l'exige, par la seconde division, dont l'équipement pourra être achevé en peu de jours, et la troisième et quatrième n'attendent que l'ordre du roi pour mettre en rade. La flotte de Russie ne sera que de 17 vaisseaux de ligne[1]) et j'ose croire qu'à cet égard nous pouvons être, humainement parlant, sans inquiétude.

Jusqu'à présent les Russes n'ont point de magasin plus proche des Etats du roi que celui qu'ils ont formé à Colberg, ville éloignée de 50 milles de Lübeck. Ils n'en ont aucun dans le Mecklenbourg et ne trouveraient point de subsistance dans ce pays entièrement abîmé et épuisé par les

---

[1]) L'état de la flotte russe était très misérable, Mercy, 243. Aussi le czar avait espéré amener l'Angleterre à envoyer une forte escadre à son assistance dans la Baltique.

Prussiens. Ils ne pourront par conséquent guère prendre
d'autre route pour venir à nous, surtout n'étant pas maîtres
de la mer ni dans le cas d'en tirer des facilités pour
leurs convois, que le long de l'Elbe et par le pays de
Brandenbourg, route qui ne laisse pas d'avoir aussi ses
difficultés et ses obstacles.

Ces réflexions pourraient tranquilliser vis-à-vis de bien
des princes, mais ne doivent point rassurer contre le monarque russe, qui n'a pas encore été assez longtemps sur le
trône pour avoir éprouvé que la plus grande puissance a
ses bornes et qui pourra ou ignorer ou rejeter toutes les
remontrances qui lui seront faites, pour faire exécuter des
volontés dont l'effet sera, il est vrai, ruineux pour lui-même
à la longue, mais qui commencera toujours par être mortel
au repos et au bonheur du Nord.

Quant aux autres cours, sa majesté se trouve à peu
près aux mêmes termes où elle en était, il y a un mois.
La cour de Vienne continue dans sa froideur et le roi a
même sujet de croire que, constamment fidèle à son plan,
malheureux pour elle et pour toute l'Europe, de sacrifier
toute autre vue à celle de se conserver l'amitié de la
Russie, elle n'hésite point de flatter le czar dans ses passions et ne se fait aucun scrupule de chercher à lui plaire
par des offres et des propositions directement contraires à
ses engagements les plus solennels. Le bon parti en Suède
en agit mieux et serait peut-être disposé à veiller conjointement avec notre roi au maintien de la liberté du Nord,
mais il est gêné à un tel point par ses adversaires, par les
intrigues et le pouvoir de la reine et par la terreur que
cette nation, autrefois si brave et si fière, a conçue de la
Russie, qu'il ne peut tout au plus qu'empêcher que la faction prépondérante n'entraîne le royaume dans des liaisons
tendantes à sa propre oppression, et qu'il ne faut songer
ainsi qu'à désirer et à presser, pour tout bien avec lui,
la fin de la diète et à le seconder pour effectuer la dis-
solution d'une assemblée devenue si dangereuse. L'Angleterre, qui, comme mons. le comte de Choiseul le remarque
si bien, ne peut souhaiter l'augmentation de la puissance
du czar et dont, comme je l'ai déjà observé, le crédit
semble baisser un peu à Pétersbourg, travaille peut-être en

effet a détourner la guerre du Nord, mais son appréhension
de déplaire à ce prince, qu'il est devenu de mode de flatter,
l'empêche de s'expliquer. Mons. Keith, son ministre, proteste perpétuellement au comte de Haxthausen n'avoir aucun ordre de sa cour d'agir dans la cause du roi, et milord
Bute ne parle au comte de Bothmer que d'une exacte neutralité, ce qui, comme votre exc. le sent bien, ne peut satisfaire le roi de la part d'un garant et à quoi sa maj. ne
saurait acquiescer. Le roi de Prusse, vis-à-vis duquel nous
épargnons toute démarche ultérieure comme visiblement inutile dans ces conjonctures, s'en tient à sa première déclaration dont j'ai envoyé copie à votre exc., et nous
n'avons aucune notion des avis qu'il donne à son nouvel
ami dans ces épanchements de confiance qui règnent entre
eux [1]), et qui m'autorisent à croire que les résolutions du
czar se débattent et se décident bien plus à Breslau qu'à
Pétersbourg. Il est bien certain que le roi de Prusse ne
peut désirer une guerre contraire à tous ses intérêts et qui
occuperait bientôt uniquement son allié, mais comme nous
ne savons pas bien exactement jusqu'où il peut être ou se
croire obligé de pousser la complaisance envers le monarque
russe pour conserver l'empire qu'il a sur son cœur, nous
ne pouvons pas non plus tirer de ses principes et de ses
intérêts les conséquences qui, sans la situation où il se
trouve, ne seraient pas douteuses.

Voilà où nous en sommes, monsieur. Votre exc. n'en
cachera rien au comte de Choiseul et elle assurera ce
seigneur que le roi, comptant avec confiance sur l'amitié du
roi très-chrét. si chère à son cœur, lui fera part sur le
champ de la réplique du czar et de ce qu'il apprendra
ou pourra pénétrer des desseins et des résolutions de ce
monarque, et votre exc. ajoutera que, dans ces moments si
pénibles et si difficiles, sa majesté n'a point de satisfaction plus grande que celle de communiquer ses conseils
et ses mesures à un allié si révéré et si constant et d'unir
ses vues et ses démarches à celles d'un si grand prince.

---

[1]) Le comte de Haxthausen avait pourtant mandé que mr. de Goltz
avait apporté des instructions qui nous étaient favorables, voir
dépêche de Bernstorff à Haxthausen du 26 avril.

194.

Ordre und Instruction für den Geheimenrath und Envoyé
von Johnn.

Gottorp d. 12 juni 1762.

Friederich V.

Demnach Wir aus der Art und Weise, mit welcher die
Stadt Hamburg Uns das von ihr unter so vortheilhaften
Bedingungen begehrte Anlehen versagt hat, erkennen müssen,
dass Wir solches in der von Uns so sehr gewünschten Güte
von derselben nicht erhalten werden, die wichtigen dir nicht
unbekannten Ursachen aber, welche Uns selbiges zu verlangen bewogen, noch immer in ihrer vollen, ja vermehrten
Kraft fortdauern, so wollen Wir dir nicht verhalten, dass
Wir ernsthaftere Maassregeln zu ergreifen und durch solche
die Erfüllung Unsers Begehrens mit mehrerem Nachdruck
zu bewirken, Uns, wiewohl sehr ungern, entschlossen haben.

Wir haben zu dem Ende nicht nur Unsern General-
Feldmarschall, Grafen von Saint-Germain beordert, ein' aus
8 Bataillonen und 12 Escadronen Cavallerie und Dragoner
bestehendes Detachement Unserer Armee den 18ten noch
fortlaufenden Monats Juni, unter Unsers General-Lieute-
nants, Prinzen Emil von Schleswig-Holstein-Augustenburg
Commando, in das Hamburgische Territorium einrücken und
durch selbiges das sogenannte Ham und Horn und die Vier-
lande bis Bergedorff besetzen zu lassen und dem commandirenden General-Lieutenant aufzugeben, seine unterhabenden
Truppen in den Hamburgischen Flecken und Orten, jedoch
unter Abwendung aller Unordnung, auch Beobachtung der
strengsten Mannszucht einzuquartiren und von den Einwohnern sattsam verpflegen zu lassen; sondern auch Unserm
Commandanten in Glückstadt aufzutragen, alsobald zwei
Schmacken oder andere dazu bequeme Fahrzeuge mit einigen
kleinen Stücken und erforderlicher Mannschaft zu besetzen
und zu versehen und solche in völliger Bereitschaft segel-
fertig vor dem Hafen der Festung, bis er von dir nähere
Nachricht wegen derer Gebrauchs erhalten haben würde,
zu legen.

Dich aber befehligen und bevollmächtigen Wir, dass
du, so bald und so schnell thunlich, dich zurück nach

Hamburg begebest und, wenn der Magistrat der Stadt bei
dir Beschwerden über sothane Belegung ihres Territorii
führen wird, demselben anzeigest:

Dass dieser Uns abgedrungene und in Ansehung der
ihnen stets bewiesenen Neigung für ihre Stadt, deren Flor
und Wohlfahrt Uns Selbst sehr unangenehme Schritt lediglich die Frucht und Wirkung ihres unerwarteten und so
unbilligen Betragens gegen Uns sei; dass Wir von dem verlangten Anlehen einer Million Reichsthaler Banco[1] nicht
abstehen könnten, und dass du dahero von Uns befehliget
seiest, Unser dahin gerichtetes Begehren zu wiederholen und
ihnen feierlichst zu erklären, dass, wofern sie der Billigkeit, den, Wir dürfen es sagen, Uns schuldigen dank- und
liebesvollen Gesinnungen und ihrem eigenen, mit dem Uns-
rigen allezeit, sonderlich aber anjetzo gewiss genau verknüpften Interesse Platz gäben, und die verlangte Million
Rthl. Banco Uns in Dukaten, couranten Silbermünzen oder
Silber, die Mark fein zu 11 Rthl., oder, in deren gänzlichen
Ermangelung, in von bekannten bemittelten Handelsleuten
acceptirten in 4 oder 6 Wochen bezahlbaren Wechseln
vorzuschiessen sich bequemten, du bevollmächtigt wärest,
ihnen dafür eben solche Obligationen, wie bei dem letzteren
Anlehen beliebet worden, auszustellen, ihnen alle die Vortheile, so du ihnen vor einigen Monaten auf Unserm Befehl
angeboten, noch jetzo zu bewilligen, das in ihr Territorium
eingerückte Corps alsofort ohne einige ihre Beschwerde ab-
marschiren zu lassen und sie aufs neue Unserer Königlichen
Hulde, Gewogenheit, thätigen Protection und Garantie ihrer
Neutralität, Gerechtsame und Ruhestandes zu versichern,
dahingegen du ihnen in dem widrigen Falle anzeigen müssest,
dass, wenn sie in ihrem und Unserer Seits wohl nicht von
ihnen verdienten Betragen beharrten, und innerhalb 2 mal
24 Stunden Unserm Verlangen nicht willfahrten, Unsere Ungnade wider sie alle Tage zunehmen und ihnen empfindlicher werden würde.

---

[1] Lorsque Schäfer, III, 491, dit que ce fut grâce à l'intervention
de l'Angleterre et de la Prusse que le Danemark se contenta
d'un emprunt d'un million, il faut remarquer que le Danemark
n'avait jamais demandé au delà de cette somme.

Wir wollen von der Klugheit des Magistrats und übriger
Vorsteher der Hamburger Bürgerschaft vermuthen, dass sie
in Erwägung der ernsten Folgen, so ihre fernere Wider-
spenstigkeit haben könnte, und der Gefahr, welcher sie sich
und ihre Nachkommen bloss stellen würden, wenn sie Uns
und Unsern Nachfolgern am Reiche Ursache gäben, sie als
heimliche Feinde Unsers Königlichen Hauses und Unserer
Krone anzusehen, sich Unserm, ihnen so unnachtheiligen
Begehren fügen werden, und ertheilen dir in solcher Hoffnung beigehende Vollmacht, kraft welcher du alsobald die,
wegen des Anleihens und dessen Versicherung zu errichtende
Convention mit ihnen, deiner dir eben jetzo anbefohlenen
Erklärung gemäss, schliessen und nach der Unterzeichnung
und Vollziehung von solcher, Unsere in dem Hamburgischen
Territorio und in Glückstadt commandirenden Generale,
damit sodann ohne einigen Verzug Unsere Truppen das
Territorium der Stadt räumen und alle Dinge in dem vorigen
Stande wieder hergestellt werden mögen, benachrichtigen
kannst.

Sollten aber Partheiligkeit, Vorurtheile, Abneigung, irrige
Staats-Klugheit oder Furchtsamkeit sie in ihrem widrigen
Sinne erhalten, so geben Wir dir hiedurch Gewalt, die in
Glückstadt bewaffneten und besetzten Fahrzeuge bis vor
Hamburg kommen und, wenn du es nöthig findest und der
Wirkung gewiss bist, durch solche einige Hamburger Kauf-
mannschiffe aufbringen und nach Glückstadt bringen zu
lassen.

Wir verlassen Uns auf deine bekannte Einsicht und
Erfahrung, wie auf deinen bewährten Eifer für Unsere
Ehre und Unsern Dienst, dass du diesen wichtigen Auftrag
mit aller erforderlichen Klugheit, Ueberlegung, Vorsichtigkeit und Nachdruck ausrichten werdest, und gleich wie
Wir dich zu allem dem, was du zu Erreichung dieses Unsern
Endzwecks, nach deiner Pflicht und Gewissen, Unserer Würde
und Vortheil gemäss erachten wirst, autorisiren und von
dessen Wirkung deine fleissigen und umständlichen, ja täg-
lichen Berichte unfehlbar warten, verbleiben Wir usw.

195.

Dépêche à Mr de Schack à Stockholm.

Slesvic 16 juin 1762.

Ce que notre ami vous a confié, est conforme aux autres notions que j'ai des desseins du czar et il ne nous est plus guère permis de douter que ce prince n'ait résolu d'attaquer le roi.[1] Son silence sur la négociation et sa vivacité à presser ses armements ne l'indiquent que trop, et si des obstacles ou des événements peuvent arrêter ou détourner pour quelque temps son attention de cet objet favori, ils ne sauraient l'empêcher d'y retourner aussitôt que cette interruption sera levée. Ce serait donc se faire illusion que d'espérer la continuation de la paix, et mériter les reproches de la postérité que de s'endormir dans un péril si grand et si certain.

Notre sort est entre les mains de Dieu qui seul donne la sagesse et la victoire à qui il veut. Mais nous espérons en lui qu'il nous accordera de nous conduire en braves gens, fidèles à leur roi et à leur pays, et pour lesquels le pire des maux est de manquer à ses devoirs.

Vous avez très bien fait de venir au secours du comte de Fersen. Peut-être ne nous aime-t-il pas, mais il est galant homme et bon Suédois, et cela suffit pour lui faire mériter l'appui et la bienveillance du roi. J'espère que ce bon procédé de votre part achèvera de l'unir à votre ami et de le disposer à se joindre à lui pour procurer la réponse et l'instruction du comité secret dont vous me parlez dans votre dernière lettre. Pourvu que vous obteniez ce point, vous aurez très bien achevé votre diète. —

---

[1] Cfr Malmström l. c., V, 232, Mercy, 185. La paix avec la Prusse avait été signée à Hambourg le 22 mai 1762. Les instructions que Frédéric II avait adressées à son plénipotentiaire pour demander que la conclusion d'une alliance entre la Suède et la Russie fût promise dans un article secret, n'arrivèrent que lorsque le traité était déjà signé, Schäfer, III, 486 cfr Fersen, l. c., III, 329.

108.

Project einer von der Königl. Dänischen Cantzlei auszu-
lassenden Ordre.

Schleswig d. 16 Juni 1762.

Weil in gegenwärtigen Umständen nichts nöthiger scheint,
als dem Uns drohenden Russichen Hofe die Transporte der
Lebensmittel zum Unterhalt seiner Armee schwer zu machen,
so würde vielleicht der Dienst des Königs erfordern:

Dass mit ehester Post die Ordre gegeben würde, dass
alle Kriegsschiffe und Fregatten, so ihre Ausrüstung und
hinlängliche Bemannung haben, in See gehen uud sonderlich auf die Pommerschen Küsten zwischen Colberg, Stralsund und Rostock kreuzen sollten. Noch müssen sie keine
Feindseligkeit ausüben. Sollte das Verfahren des Russischen
Hofes auch in andern Fällen Feindseligkeiten erfordern, so
wird der Befehl dazu dem commandirenden Admiral der
Flotte zugefertigt werden und er sich bis dahin von selbigen zu enthalten haben.

Da auch nöthig erachtet worden, eine Fregatte nach
Glückstadt zu schicken, so würde auch die desfalls erforder-
liche Ordre auszufertigen sein. Das Wachtschiff auf dem
Belte möchte wohl das bequemste dazu gefunden werden. [1])

----

[1]) Aucune réponse à la note danoise du 12 avril n'arrivait de St.
Pétersbourg et, en attendant, toutes les nouvelles portaient que les
armements s'y poursuivaient avec vigueur. Au mois de mai les
troupes russes avaient franchi l'Oder. L'ordre fut donné d'établir à Colberg des magasins pour l'approvisionnement de 80,000 ·
hommes, et c'était l'intention de transférer plus tard ces magasins d'abord à Stettin et plus tard à Rostock. L'amiral Spiri-
doff avait appareillé de Reval avec la flotte russe, à l'armement de laquelle on avait travaillé avec énergie, cfr Mercy, 409.
— Le gouvernement danois n'avait pas été oisif de son côté.
L'armée était réunie dans le Holstein. Le 19 mars on avait demandé au Hanovre et au Mecklenbourg le libre passage et des
facilités pour les transports et les vivres. Mr de Diede fut envoyé
en mission extraordinaire au Hanovre pour aplanir toute difficulté.
La flotte danoise fut envoyée en croisière dans la Baltique et,
d'après un ordre donné le 19 juin au secrétaire de la marine, le
passage par les bâtiments de guerre russes de la ligne entre
Bornholm et Rostock devait être regardé comme un acte offensif
auquel la flotte danoise aurait à s'opposer par la force.

197.

Dépêche à Mr le comte de Wedel-Frijs à Paris.

Sleavic 17 juin 1762.

Le silence du monarque russe continue, mais ses armements se pressent et je crois cette réponse aussi claire et aussi significative que le pourraient être toutes celles que ses ministres dresseraient.

Je vois, avec toute la satisfaction dont je puis être susceptible en pareil cas, par la lettre que votre exc. m'a fait l'honneur de m'écrire le 7 du passé que mons. le comte de Choiseul en juge de même, et je la prie de dire à ce seigneur que nous ferons tout ce qu'il est en notre pouvoir de faire, pour empêcher que nous ne soyons surpris et pour écarter les maux de la guerre de nos frontières. Mais la situation dans laquelle nous sommes, de dépendre en quelque sorte des démarches de notre ennemi et d'avoir à régler nos mesures sur les siennes, est bien dure, et il est très difficile, quelque vigilance que l'on y mette, de ne pas voir gagner des avantages à l'agresseur.

Toutes les troupes destinées à former l'armée sont cependant arrivées en Holstein, et l'on travaille avec la dernière application à mettre tous les corps en état d'agir au moment que les circonstances l'exigeront.

Quant aux négociations, elles ne sont pas plus avancées qu'elles ne l'étaient lorsque j'écrivis ma dernière lettre à votre exc. Nous avons conformément à l'avis du comte de Choiseul, dont votre exc. m'a parlé dans sa lettre du 21 du passé, rappelé à la Grande-Bretagne ses engagements et requis en conséquence ses bons offices, mais nous n'avons point encore reçu de réponse et le changement dans le ministère arrivé dans ce pays y suspend naturellement toutes choses. La cour de Vienne est toujours également indifférente et réservée à notre égard et nous prouve à chaque démarche qu'elle fait et à chaque parole qu'elle nous dit, qu'elle ne demande pas mieux que de nous immoler au czar à la moindre lueur d'espérance d'obtenir quelque petite part à ses bonnes grâces au moyen de ce sacrifice, et le roi de Prusse garde un silence dont, vu sa situation et les obligations immenses qu'il a au monarque russe, nous ne devons être ni fâchés ni surpris. La Suède charmée de sa paix et occupée de la fin de sa diète ne nous permet tout au plus d'espérer que la neutralité, et votre exc. voit ainsi que, dans une affaire où nous devions être assistés par tant de puissances engagées par les traités les plus solennels et par leur intérêt même le plus évident à faire de notre cause la leur, nous sommes abandonnés d'elles toutes. Mais j'espère en Dieu, que nous ne nous abandonnerons pas nous-mêmes, et que nous ferons au moins tout ce que de braves gens doivent faire pour soutenir jusqu'au bout les droits de leur roi et la liberté de leur patrie.

196.

Dépêche à Mr de Johnn à Hambourg.

Slesvic 20 juin 1762.

Le roi est très satisfait de l'exactitude, de la sagesse et de la vigueur avec lesquelles votre excellence agit dans cette rencontre, et je prie Dieu que ces efforts soient promptement couronnés d'un heureux succès.

La déliberation du sénat communiquée aux ministres étrangers, résidant à Hambourg, ne paraît pas le promettre, mais je m'en fie bien plus à l'habileté et aux notions de votre exc. qu'au ton d'importance et d'obstination que mrs de la ville affectent de prendre encore dans cette occasion.

Je compte cependant que, si votre exc. remarquait la résolution prise de persister dans le refus, elle nous avertirait sans délai, pour que l'artillerie et les mortiers à bombes qui sont tous prêts, puissent s'avancer sur le champ. Dieu veuille que la ville, par une opiniâtreté peu juste et peu prudente, ne nous force pas à porter, en vérité bien malgré nous, les choses à des extrémités que nous abhorrons.

199.

Dépêche à Mr de Johnn à Hambourg.

Slesvic 21 juin 1762.

Le comte de Moltke retournant vers vous, ce sera par lui que j'aurai l'honneur de vous remercier de votre lettre du 19.

Mr l'envoyé de Russie ne sera sans doute pas désavoué par son maître pour la démarche qu'il a faite, mais elle n'en est pas moins hardie de la part d'un ministre qui ne saura alléguer des ordres pour la justifier. Le roi juge qu'il convient de n'y point faire de réponse et que celle que votre exc. a sagement faite au porteur de la lettre suffit et peut tenir lieu de toute réplique.

La résistance et les démarches de mrs de la ville ont cependant porté le roi à donner ordre à son maréchal de faire marcher un renfort de troupes avec un train suffisant d'artillerie vers Hambourg, et je compte que demain le tout sera rendu au lieu de la destination. Dieu veuille que les succès de votre exc. préviennent les extrémités et rendent ces précautions inutiles.

Mais après le bruit que mrs de Hambourg ont fait dans cette occasion le roi est déterminé de n'avoir pas le démenti de cette affaire, et votre exc. peut compter que si l'on nous y force, nous tâcherons de ne point perdre ni notre but ni notre temps. Elle fera dans ce triste cas pour la sûreté de sa personne et pour celle de tous les sujets du roi ce que la prudence lui dictera. [1]

200.

Note à Mr Titley, ministre d'Angleterre.

Pinneberg 27 juin 1762.

Au milieu du trouble et de l'agitation du voyage, des affaires et des sollicitudes, je ne trouve qu'avec peine le

---

[1] Sur l'effet que l'emprunt forcé imposé à la ville de Hambourg fit sur l'esprit de l'empereur russe, voir Schäfer III, 491, Mercy l. c. 411.

moment de vous rendre les grâces très humbles que je vous dois de la lettre qu'il vous a plu m'écrire le 22 du courant.

Je vous prie de croire, monsieur, que le roi, dont vous connaissez les principes, écoutera et recevra les propositions que l'empereur de Russie va lui faire faire par son ministre, avec la disposition la plus sincère de les agréer, pourvu qu'elles soient et autant qu'elles seront compatibles avec son honneur et sa sûreté. Vous ne pouvez pas douter du désir extrême de sa majesté de conserver la paix. Elle en a, je crois, donné des preuves non équivoques pendant seize années de règne et au milieu de la sanglante et cruelle · guerre qui a désolé tant d'autres états. Mais il s'agit de ne pas devenir la victime de ce désir et de ne pas être le jouet de son ennemi et se perdre par sa confiance dans des offices sincères sans doute mais peut-être pas heureux.

Il serait superflu de vous expliquer, monsieur, cette vérité, vous ne la pénétrez sans doute que trop. Qu'espérer en effet d'une négociation offerte et entamée avec les préventions que le mémoire remis par mons. le grand-chancelier, comte de Woronzow à mons. Keith manifeste?

Le roi ayant rempli le but qu'il s'était proposé par ce voyage compte être le 9 du mois prochain de retour à Slesvic et peu après sa majesté poursuivra, à moins que quelque nouvel événement ne l'oblige à s'arrêter, sa route pour Copenhague. Plaise au ciel que j'aie la satisfaction de vous y revoir en bonne santé et contentement réciproque.

201.

Leih- und Freundschafts-Vergleich zwischen der Krone Dänemark und der Stadt Hamburg, unterzeichnet d. 30 Juni, ratificirt d. 3 Juli 1762.[1])

---

[1]) La convention conclue, la ville de Hambourg envoya une députation à Pinneberg pour complimenter le roi. Cette députation quitta la cour „très contente" cfr dép. à Mr de Diede du 3 juillet 1762.

202.

Dépêche à Mr de Gleichen à Madrid.

Pinneberg 29 juin 1762.

(Extrait.)

— Le déplacement presque journalier, et plus encore
les affaires qui m'occupent, ne me permettent pas de rien
ajouter à ce que j'ai eu l'honneur de vous dire, il y a peu
de jours, sur les affaires d'Espagne et les nôtres. Je ne
puis cependant me taire sur le reproche qu'on vous fait
sans cesse des relations que nous avons avec les puissances
barbaresques. En vérité il faut être de bien mauvaise humeur pour nous en vouloir du mal. Il n'est pas possible
qu'un ministre aussi instruit et aussi éclairé que celui
d'Espagne, puisse nous les reprocher sérieusement. Pour
naviguer dans la Méditerranée, il n'y a pas d'autre moyen
que d'acheter la paix de ces corsaires ou de leur faire la
guerre. Si l'Espagne, la France, l'Angleterre, qui ont des
ports et des flottes dans ces mers, n'ont pu parvenir à
les réduire par la force, comment, vu la grande distance
des lieux qui nous sépare, le roi s'y prendra-t-il pour les
contraindre à épargner et à respecter le pavillon de ses
sujets? et peut-on de bonne foi exiger de lui, qu'il se détermine à une guerre éternelle dont il ne pourrait retirer
ni gloire ni avantage, et qui ne ferait que coûter cher à
ses finances et détruire la navigation de ses peuples? Et
cette navigation, l'Espagne a peut-être autant d'intérêt à la
favoriser que le roi lui-même peut en avoir pour la protéger. La cour de France sait, et celle d'Espagne ne l'ignore
sans doute pas non plus, combien de peines nous nous
sommes données pour convertir en argent les effets que
ces gens se sont stipulés. Il n'y a pas de notre faute si
jusqu'ici nous n'avons pu y parvenir. Sa maj. en a offert
bien au delà de ce que ces marchandises peuvent jamais
coûter. Nous ne nous lasserons cependant point. Nous y
insisterons toujours mais nous ne saurions être responsables
de la réussite.[1] —

---

[1] Cfr no 37.

222.

Königliches Cabinetsschreiben an den Herzog zu
Mecklenburg-Schwerin. [1]

Travendahl d. 3 Juli 1762.

Friederich V etc.

Da Wir seit Antritt Unserer Regierung auch mitten in
den Unruhen, welche einen grossen Theil Europæ nun fast
6 Jahre betrübt haben, sorgfältigst bedacht gewesen sind, nie-
mandem, am wenigsten aber Unseren Freunden und Nachbarn
auf irgend eine Weise lästig zu fallen; so gereicht es Uns
anjetzo zu einer wahren Bekümmerniss, Uns durch die, Ewr.
Lbden nicht unbekannten Umstände der Zeit genöthigt zu
sehen, Unsere Armee in Ewr. Lbden Fürstenthümer und
Lande vorrücken und daselbst Posto fassen zu lassen.

Wir verhoffen, Ewr. Lbden werden die dringende Nothwendigkeit, die Uns zu diesem Uns selbst höchst unangenehmen Schritt zwingt, nach Dero Gemüths Billigkeit und
hohen Begabniss Selbst einsehen und Uns demnach solchen,
wie Wir Sie darum hiedurch freundvetterlich ersuchen, zu
gestatten geruhen, aber gewiss sein, dass Wir für Dero und
Dero Lande Sicherheit und Erhaltung wie für Unsere eigenen
sorgen und, wenn sich der Fall ereignen sollte, streiten,
auch Unsere Kriegs-Völker die genaueste Mannszucht halten
zu lassen festlichst bedacht sein werden.

Wir haben Unsern Kammerherrn, Lieben und Getreuen
Ulrich Adolf Grafen von Holstein ernannt, dieses Unser
Ansuchen und Gesinnung Ewr. Lbd. des mehreren zu er-
öffnen und zu contestiren, und da Wir ihm von den gegen-
wärtigen Conjoncturen, sonderlich aber von Unserer für Ewr.
Lbden tragenden wahren Hochachtung und vetterlichen
Freundschaft genaue Kenntniss gegeben haben, so ersuchen

---

[1] Le duc de Mecklenbourg adhéra à la paix de Hambourg entre la
Suède et la Prusse et tâcha, avec l'assistance du Danemark, de
s'arranger avec la Prusse sur le payement de la dernière contribution imposée par Frédéric II, cfr. Schäfer III, 487. Les relations
amicales avec le Danemark persistaient ainsi et l'ordre équestre
avait envoyé le chambellan de Hahn-Seedorff pour complimenter
le roi en Holstein.

Wir Ewr. Lbden ihm geneigtes Gehör zu geben und allem
dem, was er Deroselben in Unserm Namen hinterbringen
und vorstellen wird, völligen Glauben beizumessen.

204.

Instruction pour Mr le comte de Holstein, Envoyé auprès
du Duc de Mecklenbourg.

Travendahl 3 juillet 1762.

Les conjonctures du temps obligeant indispensablement
le roi de faire entrer son armée en Mecklenbourg, sa majesté
a jeté les yeux sur mons. le chambellan comte de Holstein,
pour le charger de la lettre réquisitoriale qu'elle écrit pour
cet effet à mgr. le duc de Mecklenbourg.

Mr le comte de Holstein se rendra sans délai à Schwerin
et s'adressera à mr le comte de Bassewitz comme au ministre
chargé du département des affaires publiques, pour l'informer de l'objet de sa mission et pour le prier de lui procurer une audience de son alt. sérénissime ou, en cas qu'à
cause du goût de ce prince pour la solitude et la retraite,
cette demande trouvât quelque difficulté, de lui indiquer
quelque autre moyen de lui faire parvenir la lettre de sa
majesté.

Il représentera à ce ministre, déjà très-instruit des
desseins du czar, la nécessité où se trouve le roi de les
rompre au moins en partie par la marche de ses troupes
en Mecklenbourg, et il lui donnera la parole de sa maj.
que les troupes du roi ne commettront aucun désordre
dans les Etats de son alt. sérén. et que, si contre les intentions de sa maj., elles en causaient, sa maj. les ferait
payer ou bonifier ainsi que les vivres et fourrages dont
elles pourraient avoir besoin.[1]

Il le priera de faire réflexion sur les calamités cruelles
que le duché de Mecklenbourg essuierait infailliblement si
les Russes pouvaient y agir selon leur bon plaisir, et le
fera convenir qu'il n'y a point d'autre moyen de détourner

---

[1] Cette promesse fut exactement remplie après la mort de Pierre III.

ces maux, qu'en prévenant ces ennemis destructeurs, en occupant avant eux les postes avantageux du pays et en leur coupant les subsistances, ce que la flotte du roi ferait par mer et ce que l'armée de sa maj. tâcherait de faire par terre.

Il ajoutera que l'intention du roi n'est assurément pas de chercher à entrainer mgr. le duc dans les hasards de la guerre et que sa maj., vivement touchée des souffrances si longues et si fortes auxquelles ce prince et ses sujets ont été exposés depuis 5 ans, était très éloignée de vouloir les augmenter ou les renouveler, mais que sa maj. l'avait néanmoins chargé de prier mr le comte de Bassewitz de considérer mûrement ce que les intérêts de son sérénissime maitre pouvaient exiger et que, s'il jugeait qu'il convenait à mgr le duc de concourir lui-même à la défense de son propre pays, lui, le comte de Holstein, avait ordre de lui dire:

que sa maj. y contribuerait volontiers de sa part et que, si son alt. sérén. voulait mettre ses troupes à Rostock, Waren, Melchin, Dömitz, ou dans telle autre place ou poste du duché dont on conviendrait, avec ordre de les défendre selon les lois et les règles de la guerre contre les Russes, s'ils étaient attaqués par eux, et d'agir à cet égard de concert avec les troupes du roi et sous la direction du général de son armée, sa maj. se déterminerait non-seulement à ordonner à ce général de marcher à leur secours et de les soutenir en toute rencontre, mais payerait encore à la dite alt. sérén. un subside de 50 mille écus par an, tant que durerait la guerre contre les Russes, sans exiger jamais d'autres services des dites troupes de mgr. le duc, que celui de garder les places et de défendre le pays de son alt. sérénissime.

Mr le comte de Holstein ne hasardera cette proposition qu'après avoir sondé le terrain et qu'après avoir reconnu qu'elle pourrait être acceptée, mais s'il trouve que les dispositions y sont favorables, il m'en donnera promptement avis, pour que je puisse en rendre compte au roi et lui procurer sans délai les ordres et les pleins-pouvoirs du roi pour la signature du traité. Mais que cette négociation

~~réussisse~~ ou ne ~~réussisse~~ pas,[1]) mr le comte de Holstein
s'appliquera à inspirer à mgr le duc et à son ministère la
plus parfaite confiance dans l'amitié et la bienveillance du
roi et il n'oubliera rien pour rendre ce prince aussi favorable
qu'il sera possible aux intérêts et au service de sa majesté.
Ce point mérite toute son attention et, pourvu qu'il parvienne à faire envisager à son alt. sérén. l'entrée des troupes
du roi comme une protection et une sauve-garde qui lui
arrive, il aura fait dignement et heureusement sa commission
et rempli les intentions de sa majesté.

205.

Dépêche à Mr le comte de Wedel-Frijs à Paris.

Travendahl 6 juillet 1762.

Comme je n'attends que l'arrivée du baron de Korff,
qui, chargé de la proposition ou déclaration du czar formant
la réplique de ce prince à notre réponse du 12 avril, doit
nous joindre ici,[2]) pour vous dépêcher un courrier et mettre
votre exc. en état d'informer mr le comte de Choiseul de
cette réplique et de la situation où elle aura mis les choses,
je ne ferai aujourd'hui qu'accuser la réception des dépêches
de votre exc. du 7, 11, 14, 19 et 25 juin et lui marquer
combien le roi a été touché de voir par la dernière, à quoi
le comte de Choiseul compte fixer les secours, que dis-je,
les payements des arrérages que sa maj. se promettait de
l'amitié et que certainement elle était en droit d'attendre
de la simple justice et de la bonne foi de la France.

Je ne puis exprimer à votre exc. l'effet que cette déclaration si peu favorable fait sur le roi et, qu'il me soit

---

[1]) Elle ne réussit pas, car le duc craignait de voir son pays dévasté
par les Russes. Il préféra garder la neutralité et sollicita les
bons offices du Danemark pour que l'Angleterre prit ses troupes
dans sa solde pour les employer au Hanovre. Cette proposition
fut en effet recommandée par le gouvernement danois à Londres
mais sans effet.

[2]) Par une lettre du 22 juin Mr de Korff avait annoncé qu'il avait
reçu des instructions relatives à l'ouverture des négociations.

permis d'ajouter, sur nous tous. Quoi, dans un temps où
le roi est attaqué par le plus cruel et le plus redoutable
ennemi qui, après avoir marqué, de la manière la plus sensible, sa haine et son aversion à la France, et après s'être
allié et livré au roi de Prusse, tourne à présent ses armes
contre sa maj. pour achever de donner des chaines au Nord
et pour reconquérir la province dont le roi très-chrét. a si
souvent garanti la possession tranquille au roi, dans ce
temps si décisif et si pressant, dis-je, où tous les motifs de
la politique, de la probité, de l'amitié, de l'honneur et d'un
juste ressentiment concourent pour rendre le roi très-chrét.
disposé à remplir ses engagements, ce monarque, qui doit
près de 6 millions au Danemark, se contente d'offrir pour
le reste de cette année si onéreuse pour nous 600 mille
francs, qui font à peine 135 mille écus?

Je rougis en répétant cette offre qui ne contenterait
pas un colonel de hussards chargé de mettre son régiment
en état de faire la campagne, et je vous avoue, monsieur,
que je me flattais que je ne verrais pas le jour où l'on
croirait mon roi réduit à se contenter d'une telle proposition,
ni qu'elle lui serait faite de la part d'un prince qu'il a toujours cru son ami sincère et son premier allié.

Vous voyez, monsieur, par les termes dont je me sers,
combien mon cœur souffre, et il est vrai qu'il n'est point
fait pour de tels procédés. Mais je ne veux point me
laisser aller à la sensibilité et je me contenterai de charger
votre exc. de la part du roi de faire connaître à mons. de
Choiseul ce que 200 mille livres par mois, qui ne doivent
commencer qu'au mois d'octobre, sont dans ce moment
pour un prince qui se voit attaqué par la Russie avec toute
la force et la vivacité que les passions d'un despote peuvent
donner à son armée, et d'y ajouter que les égards tendres
et immuables que le roi avait pour le roi très-chrét. le déterminaient à ne pas les refuser, mais que sa maj. ne pouvait estimer secours et assistance de la part d'un ami et
allié ce qui n'était, à très peu de chose près, que le simple
payement du courant des subsides, si positivement et si
saintement promis dans les traités. Votre exc. s'expliquera
avec toute l'amitié qui anime le cœur du roi mais aussi
avec toute la force que le cas exige, et insistera avec tout

ᵗᵉ ᵖᵃᵗⁱᵉⁿᵗ, qu'elle poarra. y mettre sur des secours plus proportionnés à nos besoins et à l'alliance qui subsiste depuis tant d'années entre la France et nous. Peut-être les obtiendra-t-elle aujourd'hui que l'illusion fatale qui a regné si longtemps et par laquelle on s'est obstiné, malgré tout ce que nous avons représenté, à croire que nous n'avions rien à craindre, doit enfin être dissipée. Peut-être effectuera-t-elle au moins que l'on s'arrange aux termes exprimés dans ma lettre du 22 mai. Il n'est pas possible de porter les facilités plus loin que nous les avons portées alors, il n'est pas possible que l'on rende plus aisé à la France l'acquit de ce qui, après tout, est une dette, et tout ce que l'on nous refuse d'une telle proposition ne peut nous paraître, que l'on me pardonne l'expression, qu'une vraie dureté. Et si l'on nous dénie à présent cette bagatelle, que pourrons-nous espérer de l'effet de sa garantie, lorsque la guerre aura commencé? Nous abandonnera-t-elle alors totalement?

Je remets tout le reste au courrier que je me propose de vous dépêcher au premier jour, mais je ne puis me dispenser de vous marquer ma surprise des rapports qui viennent au comte de Choiseul et dont votre exc. me parle dans l'apostille de sa dépêche du 18 juin. Nous n'avons eu aucune conférence avec le baron de Korff depuis celle du 10 avril et il est impossible que mons. le président Ogier nous ait supposé une négociation avec ce ministre, lui qui était positivement instruit du contraire.

204.

Note à Mr le comte de Finkenstein, ministre d'Etat du roi de Prusse.

Travendahl 6 juillet 1762.

Le baron d'Assebourg, chambellan du roi et ci-devant son ministre en Suède, aura l'honneur de remettre cette lettre à votre excellence. Sa majesté l'honore de sa confiance et je ᵗᵉ compte entre mes meilleurs amis. Je supplie votre exc. de le recevoir avec bonté, de l'écouter favorablement et

et d'ajouter créance entière à tout ce qu'il lui dira et lui
représentera dans ces conjonctures si critiques et si décisives pour la liberté et l'équilibre du Nord. [1])

207.

Dépêche à Mr de Cheusses à la Haye.

Travendahl 8 juillet 1762.

(Extrait).

— J'étais instruit du voyage du czar à l'armée ou
plutôt du projet de ce voyage, mais je n'en suis pas moins
obligé à nos amis de l'empressement avec lequel ils vous
en ont fait part. Vous voyez que ce que je vous ai mandé
depuis longtemps des desseins de ce monarque et de sa
façon de penser n'a été que trop véritable. Mais tel est

---

[1]) Aussi tôt que les ratifications de la paix entre la Russie et la Prusse
avaient été échangées le 5 juin, un traité d'alliance fut signé entre
les deux pays le 15 juin, par lequel on se garantit réciproquement
ses possessions et en cas d'attaque se promit, l'un à l'autre, l'assistance d'un corps d'armée de 20,000 hommes. Dans un article
secret la Prusse s'engagea à soutenir les droits de Pierre III au
Slesvic, par la voie des négociations et au besoin même par les
armes, et à garantir à l'empereur la possession non seulement du
Slesvic mais en général de tous les territoires que le Danemark
se trouverait forcé à lui céder par la paix, voir Schäfer III,
487—88, Arneth VI, 301, Mercy, 280. Il est probable que Frédéric II espérait que les choses n'en viendraient pas à une extrémité, d'autant plus qu'il prévoyait clairement à quels dangers
l'empereur s'exposerait en commençant une guerre avec le Danemark, Schäfer III, 490, Mercy 296, 386—87, 395—97, Histoire de
sept ans, V, 160. Tengberg: Om Keisarinna Catharina IIs åsyftade
stora nordiska alliance, pag. 3—4. La Prusse s'offrit donc comme
médiateur. Le gouvernement danois, qui connaissait déjà sous main
les instructions que Mr de Korff avait reçues, s'empressa d'envoyer
secrètement Mr d'Assebourg à Berlin afin de se concerter d'avance
avec la puissance médiatrice. Ainsi ce diplomate partit le 10 juillet
de Travendahl, muni d'instructions d'après lesquelles le Danemark ne
se prêterait jamais à la rétrocession d'une partie du Slesvic, mais
ne se refuserait pas à faire des sacrifices pécuniaires. Mr d'Assebourg restait à Berlin jusqu'à la fin d'août comme agent secret
du gouvernement danois, cfr Denkwürdigkeiten des Freiherrn
v. d. Assebourg, 111—113.

depuis bien des années notre sort: Nos dangers n'ont jamais alarmé personne, et, quelque chose que j'en aie dit,
on n'a pas voulu m'écouter. Les yeux paraissent un peu
s'ouvrir à présent, mais l'insensibilité aux maux d'autrui et
la crainte des embarras les refermera bientôt et, quoique
environnés de puissances engagées par les traités les plus
solennels à notre assistance et intéressées souverainement à
ne pas nous laisser succomber, on nous y exposera et on
nous laissera combattre seuls pour une cause qui est non
seulement la nôtre mais encore celle de l'Allemagne et de toutes
les nations commerçantes dans la Baltique et du Nord. —
Le monde est bien corrompu, monsieur, et il n'y a plus
guère que l'intérêt propre et direct et la pusillanimité qui
y règnent.

208.

Circulaire aux ministres du roi.

Travendahl 12 juillet 1762.

Le roi ayant eu des avis fréquents de la marche de
l'armée russe, assemblée actuellement en Poméranie sous
les ordres du général comte de Romanzow, et les lettres
circulaires, par lesquelles ce général exige des livrances
dans le duché de Mecklenbourg pour les camps qu'il se
propose de former près des frontières du Holstein, étant
parvenues à la vue et à la connaissance de sa majesté, elle
a jugé devoir à ses fidèles sujets de prendre des précautions
pour leur sûreté, et c'est pour cet effet que sa maj., après
avoir mis garnison dans Travemünde, pour la garde des
magasins qu'elle y a fait établir, a fait passer vendredi le
9 la Trave à son armée et l'a fait entrer le même jour
dans le Mecklenbourg. L'armée a ordre d'observer la discipline la plus exacte et de choisir des positions propres à
couvrir le pays ainsi que celui du Holstein. Elle campe
aujourd'hui entre Wismar et Schwerin. Les deux premières
divisions de la flotte du roi ont aussi mis en mer. Elles
consistent en 14 vaisseaux de ligne, 7 frégates et une
chaloupe et vont croiser dans les parages entre l'île de
Bornholm et Rostock.

C'est dans ces occupations défensives et tendantes uniquement à écarter du pays de Holstein les dangers qui le menacent, que le baron de Korff a trouvé jeudi le roi. Il a été d'abord admis à l'audience de sa majesté, et lui ayant déclaré verbalement qu'il avait ordre de l'empereur son maitre de témoigner à sa maj. que ce monarque acceptait les conférences proposées, désirait qu'elles se tinssent à Berlin et souhaitait que ce fût sous la médiation du roi de Prusse, sa majesté lui a répondu que, par un effet de ses sentiments et de ses dispositions, toujours les mêmes et toujours invariables, elle consentait aux désirs de son maitre et nommerait sans délai les ministres qui se rendraient à Berlin pour y assister de sa part aux dites conférences. Et c'est en conséquence de cette résolution que, le choix du roi étant tombé sur mons. de Juel, son conseiller intime, gouverneur de Fionie et ci-devant son ambassadeur en Suède,[1]) et sur mons. de Ranzau, un de ses chambellans et vice-chancelier du duché de Slesvic,[2]) les ordres ont été expédiés vendredi à ces ministres de se rendre à Berlin le plus tôt qu'il leur serait possible.

299.

Instruction für die zu den Berlinischen Conferenzen ernannten bevollmächtigten Ministros, den Geheimenrath von Juel und den Kammerherrn von Ranzau.

Travendahl d. 12 Juli 1762.

Friederich V etc. Demnach der Russische Kayser Uns durch seinen bevollmächtigten Ministre, den Freiherrn von Korff den 8ten dieses Monaths die Reassumirung der vorhin gepflogenen Tractaten zu friedsamer Beilegung der zwischen Uns bekanntlich vorgewesenen, durch den von Ihm erhobenen heftigen Betrieb Seiner ungerechten Ansprüche aber fast bis zur öffentlichen Ruptur gebrachten Misshelligkeiten antragen lassen und Uns die Kgl. Preussische Residenz-

---

[1]) Cfr no 3.
[2]) Cfr no 29. 45.

Stadt Berlin zum Orte, wo die zu dem Ende angestellten Conferenzen unter Vermittelung des Königs von Preussen gehalten werden möchten, vorgeschlagen, auch Uns zugleich, dass Er in zuversichtlicher Hoffnung Unserer Einwilligung in diesen Seinen Antrag bereits zwei Seiner Ministres, nämlich eben besagten Geheimenrath, Freiherrn von Korff, und den Conferenzrath von Saldern nach Berlin abgesandt und sie zu Schliessung eines Vergleichs mit den nöthigen Vollmachten und Instructionen versehen habe, angezeigt hat,

So haben Wir, obwohl Wir in Erwägung der Gesinnungen und Vorurtheile nur erwähnten Kaysers und der irrigen, von Uns nie einzugestehenden Sätze, worauf Er die Handlung gründen zu wollen scheint, derer glückliche Endschaft nicht vermuthen mögen, Ihm dennoch, damit Unserer Seits zu Erhaltung des Friedens und zu Abwendung der Lasten und Beschwerden, welche aus dem Kriege, mit welchem Er Uns zu überziehen gedenkt, für Unsere getreue und geliebte Unterthanen entstehen können, nichts unversucht gelassen werde, und Wir vor dem Allerhöchsten Gott und der ganzen Welt an dem Blute, so vergossen werden wird, unschuldig sein und bleiben mögen, diesen Seinen Antrag, so bedenklich er Uns auch in mehr denn einer Betrachtung ist, nicht verwerfen wollen, sondern sowohl die Conferenzen als derer vorgeschlagenen Ort und die Mediation des Königs von Preussen, nachdem Wir, dass Er diese Mühwaltung zu übernehmen willig sei, durch Ihn Selbst vergewissert worden sind, angenommen und Uns entschlossen, zu Eröffnung und wo möglich zu glücklichem Ausgang der Negociation alles, was von Uns mit einiger Billigkeit verlangt und erwartet werden mag, unverzüglich beizutragen.

Die Kenntniss und Erfahrung, die Wir von euer bewährten Klugheit, Geschicklichkeit und Uns oft bewiesenen Treue und Eifer für Unsern Dienst haben, hat Uns bewogen, vorzüglich euch beide zu Führung dieser Uns so wichtigen Handlung in besondern Kgl. Gnaden auszuersehen und, gleichwie Wir euch auch mit den benöthigten Vollmachten, so Euch noch am heutigen Tage zugestellt werden sollen, hinlänglich versehen haben, also wollen Wir euch in gegenwärtiger Unserer Kgl. Instruction Unsere Principia, Entschliessungen und Absichten, die in der Negociation

5*

selbst eure Richtschnur und die Regel eures Betragens
und Aeusserungen sein müssen, in gnadenvollem Zutrauen
eröffnen.

Wir sehen den von Unsers Herrn Gross-Vaters Königs
Friederich des 4ten Maj. glorwürdigen Andenkens, aus
dringenden und damals der ganzen Welt vor Augen gelegten
Ursachen, durch gerechte Waffen occupirten vorhin fürstlichen Antheil des Herzogthums Schleswig, als ein recht-
mässiges Erbe Unserer Väter und als eine Provinz an,
welche mit dem Reiche, von dem sie eine Zeitlang abgerissen
gewesen, auf alle Zeit wieder vereinigt und von demselben
unzertrennbar geworden ist, und welche Wir desswegen und
wegen seiner wichtigen Lage niemand, am aller wenigsten
aber einem mächtigen Nordischen Monarchen abtreten können,
sondern wo Wir die Würde, das Ansehen und die Unabhängigkeit Unserer Krone, wie Wir sie von Unseren Vorfahren empfangen, erhalten wollen, so lange ein Degen
in Dänemark geführt werden kann, behaupten müssen.
Nie werden Wir also in die Cession derselben, oder auch
nur einiger ihrer Theile, mit was für Macht, Gewalt und
Ungestüm sie auch von Uns gefordert werden mag, willigen
und können Wir keinem Friedens-Projekt, in welchem eine
solche Bedingung enthalten wäre, nur einen Augenblick
Gehör gehen.

Eben so wenig werden Wir Uns zu Erstattung eines
Aequivalents verstehen. Wir lieben Unsere Lande und Unsere
Leute mit einer zu zärtlichen Liebe um Uns solche ab-
trotzen zu lassen, und da Wir nie zugeben können, dass die
gerechte Occupation der ehemals fürstl. Schleswigsch. Lande
für eine Usurpation ausgeschrien und unter solchem nich-
tigen und dem Ruhm Unserer Vorfahren sowohl als Unserer
eigenen Ehre nachtheiligen Vorwand eine Restitution oder
Vergütung von Uns gefordert werde, so werden Wir Uns
auch auf einen solchen Antrag zu keiner Zeit einlassen.[1]

Alles was Wir demnach bei dieser Zudringlichkeit des
Russischen Kaysers thun können, ist dass Wir, nicht weil

---

[1] On savait que l'empereur Pierre demanderait l'ancienne partie ducale
de Slesvic et, à titre de dommages-intérêts, les îles de Fehmern
et de Helgoland ainsi que la partie royale du Holstein, voir
Moltke l. c. 218.

Wir es schuldig wären, sondern lediglich aus Begierde das
Unglück vieler Völker abzuwenden, Demselben eine Summe
Geldes zu Seiner Beruhigung anzubieten oder zu bewilligen
Uns bewegen lassen und dazu sind Wir, so weit es die
Möglichkeit erlauben kann, willig und bereit.

Dieses sind Unsere Principia und Entschliessungen in
dem euch anvertrauten Geschäfte, von welchen Wir unter
dem Schutze des Allmächtigen nicht abweichen werden und
nach derer Maassgabe ihr euer Betragen einzurichten habet.

Ihr werdet also zuvörderst eure Reise nach Berlin, allwo
die Russischen Plenipotentarii bereits euer warten, mit aller-
möglichster Eile antreten und fortsetzen und, sobald ihr
daselbst angelangt sein werdet, mit dem Kgl. Preussischen
Staatsminister, Grafen von Finkenstein, welchem von seinem
Herrn das Officium eines Mediatoris aufgetragen worden ist,
euch über alles, was die Eröffnung der Conferenzen betrifft,
verabreden. Ohne Zweifel werden solche ohne Formalitäten
gehalten werden. Wir schreiben auch dieserhalb nichts vor,
sondern wollen nur, dass ihr euch zu derer Beförderung
und zu Abwendung alles dessen, so solche hindern könnte,
so viel als geziemend und möglich ist, bereit und willig
finden lasset, und euch gegen den Grafen von Finkenstein
vertrau- und freundschaftlich, gegen die Russischen Pleni-
potentarios aber höflich und gefällig, jedoch ohne ihnen
einigen Vorzug einzuräumen beweiset.

Wir haben Ursache zu vermuthen, dass die Russischen
Ministri, weil ihr Herr gegen Uns und nicht Wir gegen Ihn
Ansprüche formiren, die erste Proposition thun werden, und
Wir mögen nicht zweifeln, dass solche nach den Vorurtheilen
des Kaysers und Seiner gewöhnlichen Heftigkeit eingerichtet
sein wird. Ihr habet derohalben in solchem unfehlbaren
Fall, euch so bescheiden als standhaft zu bezeigen und
zwar, was ohne Nachtheil Unserer Ehre und Gerechtsame
dissimulirt werden kann, gleichsam als hättet ihr es nicht
bemerkt, vorbei zu lassen, Uns schädlichen Assertis aber
mit Mässigung und Muth zu widersprechen und, woferne gar
in sothaner Proposition Worte und Beschuldigungen, die
Wir, in soweit sie an Uns immediate oder an euch, um Uns
solche zu hinterbringen, gerichtet wären, nicht dulden noch
anhören könnten, sich finden sollten, dem Mediatori, oder

nach Befinden der Umstände, ad Protocollum anzuzeigen,
dass ihr solche nicht annehmen noch euch unterstehen dürftet,
sie an Uns gelangen zu lassen. Den Sinn der Proposition
werdet ihr inzwischen, sie mag sein, wie sie will, ad referendum
nehmen, zugleich aber auf den erwarteten Fall, da sie die
Restitution der ehemaligen fürstl. Schleswigschen Lande
oder, welches auf eins herauskommen würde, die Abtretung
eines Aequivalents verlangen sollte, ausdrücklich declariren:
„dass, da ihr nicht die geringste Ursache wüsstet noch
abzusehen vermöchtet, warum Wir eine durch gerechte
Waffen occupirte Provinz wieder herausgeben oder durch
Uebertragung anderer Laude bezahlen sollten, ihr zwar den
Antrag an Uns allerunterthänigst referiren würdet, zugleich
aber voraussehen müsstet, dass Wir in denselben nicht
hineingehen, noch Uns in eine auf einen solchen von Uns
nicht admissiblen Grund gebaute Negociation einlassen würden.
Dagegen wäret Ihr bevollmächtiget, um den Kayser von
Russland den hohen Werth, welchen Wir Seiner Freundschaft beilegten, und die Aufrichtigkeit Unserer Wünsche,
mit Ihm und Unserm ganzen Hause in der der nahen Verwandtschaft und Gemeinschaft des Blutes geziemenden Einigkeit zu stehen, darzuthun, Ihm ansehnliche Summen Geldes
auf einmal oder nach Proportion jährlich auf Sein und des
Grossfürsten, Seines Sohnes, Lebzeiten zu erlegen und, woferne noch andere Temperamente, Gefälligkeiten und Maassregeln, welche dem Russischen Kayser angenehm, Unserer
Ehre und Sicherheit aber unschädlich wären, ausgefunden
werden könnten, auch in selbige zu willigen."
Ihr werdet diese eure vorläufige Aeusserungen sonderlich dem Mediatori communiciren, darauf aber Unsere Entschliessung erwarten und die Zeit, bis solche eingelaufen
sein wird, inzwischen theils auf mögliche Erforschung der
gegentheiligen Absichten, Zurüstungen und Maassregeln,
auch Verbindungen mit dem Preussischen Hofe, theils auf
Gewinnung des Vertrauens des Preussischen Hofes anwenden
und nicht ermüden, dem letzteren die grosse Gefahr, welche
aus der Vermehrung und Ausbreitung der Russischen Macht
dem ganzen Norden und sonderlich der Preussischen Krone
entstehen würde, vorzustellen.

Sollte man aber, Wir wiederholen es, wider Unser Vermuthen von euch die erste Proposition begehren, so habet ihr solche dahin zu thun:

„dass Wir lediglich in der Absicht die bisherigen Irrungen in Unserm gemeinschaftlichen Hause aus dem Grunde zu heben und dem Kayser von Russland den Ernst, mit welchem Wir Seine Freundschaft suchen, zu beweisen, Ihm an dem Tage, da Er Sich mit Uns versöhnen und alles, was Uns bishero entzweiet, auf alle Zeit fahren lassen würde, die Summa von zwei Millionen Neue Zweidrittel oder an derer Statt, von gedachtem Jahre anzurechnen, jährlich 200000 Rth. Neue Zweidr., eine Summe, welche die freien Einkünfte des Landes, welche Er anspräche, weit überträfe, so lange Er und Sein Sohn, der Grossfürst, am Leben wären, unfehlbar in zwei Terminen in Hamburg auszahlen zu lassen, Uns erböten".

Ihr werdet bedacht sein, die Billig- und Wichtigkeit dieser Proposition, durch welche der Russische Kayser in der That an Einkünften mehr als durch die Eroberung des Landes selbst gewinnen würde, gelten zu machen, und nicht unterlassen, bei dieser Gelegenheit die sehr übertriebenen Begriffe, welche sich Viele, sonderlich aber die Holsteinischen Räthe von dem Werthe des ehemaligen fürstl. Antheils des Herzogthums Schleswig machen, der Wahrheit gemäss zu mindern.

Ehe ihr aber diesen Antrag machet, oder den gegentheiligen ad referendum nehmet, oder vielmehr, ehe ihr die Conferenzen eröffnet, habet ihr dem Mediatori anzuzeigen, dass ihr es für ein wesentliches Stück der Negociation und zu deren Succes nothwendig erachtet, dass während selbiger beide Theile keine Feindseligkeiten vornehmen, noch die Gränzen der Lande, in welchen sie sich befünden, überschreiten dürften und dass dieser Stillstand noch vier Wochen nach dem Ende der Versammlung dauern müsste. Ihr habet sehr ernstlich auf dieses billige und gewöhnliche Begehren zu bestehen und dem Preussischen Minister ganz deutlich zu erkennen zu geben, dass, woferne solches abgeschlagen werden sollte, Wir den Schluss, dass man Uns Russischer Seits durch den Schein einer Negociation nur einzuschläfern

und Uns unter solchem mit mehrerem Succes zu überfallen
gedenke, zu machen Ursache haben würden.

Ihr habet Uns, sobald nur immer möglich, von der
Aufnahme dieses euren ersten Antrags als aus welcher Wir,
was Wir etwa von der Gesinnung des Russischen Kaysers
und der Vermittlung des Königs von Preussen zu erwarten
haben mögen, abnehmen werden, zu berichten. Und da Wir
euch jetzo und, bis Wir durch euch von den Umständen der
Dinge nähere Wissenschaft erhalten haben werden, keine
mehrere Instructiones und Befehle geben können, so begnügen Wir Uns euch zu versichern, dass ihr, woferne,
wie Wir mehr wünschen als glauben, eure Negociation
einen Fortgang gewinnen sollte, auf einen jeden eurer Berichte und Ansuchen mit Unsern Resolutionen auf das förder-
samste und deutlichste versehen werden sollet, und Wir
verbleiben euch übrigens usw.

210.

Dépêche à Mr le baron de Diede,[1] Envoyé à Hanovre.
Tavendahl 12 juillet 1762.

Le plaisir que je trouve à m'entretenir avec vous, me
rendrait agréable sans doute de vous fournir les explications
que vous me demandez par votre lettre du 6. Mais vous
le savez, monsieur, l'excès de mes occupations me le rend
absolument impossible et m'enlève entièrement tout le loisir
dont j'aurais besoin pour répondre à des objections et à des
critiques faites plutôt, qu'il me soit permis de vous le dire,
par humeur que de bonne foi. Heureusement ces objections
sont d'une nature à ne pouvoir jamais vous obliger d'y entrer, puisque personne n'est moins en droit de révoquer en
doute la justice d'un procédé que ceux qui en ont garanti
l'effet et qui jouissent actuellement du prix de cette garantie.

Voilà, monsieur, ce qu'il suffira de répondre à ceux
qui, contre les paroles les plus fréquemment répétées de

---

[1] Le baron Diede de Fürstenstein, élevé, pour ainsi dire, par le
comte de Bernstorff, qui fondait sur lui les plus grandes espérances. Voir Eggers: Denkwürdigkeiten des Grafen A. P. Bernstorff, pag. 21, cfr 71.

leur souverain et ses engagements les plus solennels, entreprendront de vous tenir des propos aussi offensants et aussi déplacés.

Pour tout le reste l'expérience en décidera. Il est aisé de ne pas tenir ses promesses, il l'est aussi de donner aux gens des torts qu'ils n'ont pas. Ces procédés sont amers, surtout de la part de ceux qu'on aime et dont on ne les a pas mérités, mais il faut s'y habituer et en appeler à leur propre conviction. Tout ce que je puis et dois ajouter, c'est que l'on est peu au fait du véritable état des choses là où vous êtes. Vous le verrez par l'événement. Continuez cependant de vous conduire comme vous l'avez fait jusqu'ici et n'opposez que de la patience, de la raison et de la douceur à tout ce que vous pourrez remarquer de préjugés et d'aigreur.

Le roi retournera après-demain à Copenhague où je compte le suivre en peu de jours.

211.

Dépêche à Mr le comte de Bachoff à Vienne.
Travendahl 12 juillet 1762.

— Voilà donc, monsieur, une négociation qui va s'ouvrir. Le roi s'en promet peu et ne s'en occupe pas moins des préparatifs d'une guerre vigoureuse. Mais comme un prince aussi sage que lui ajuste ses résolutions et ses vues sur les moyens qu'il a de les exécuter et de les remplir et ne donne que le moins qu'il peut au hasard, il me commande de dépêcher ce courrier à votre exc. et de la charger de sa part, de faire part de ce message du baron de Korff au comte de Kaunitz et de demander à ce seigneur ce que la cour imp. et celle d'Autriche feraient pour sa majesté si les négociations venaient à se rompre et la guerre à éclater entre elle et le czar. Comme le moment est décisif, il faut que la réponse soit prompte et positive, et sa majesté regardera les longueurs et les incertitudes de la réponse comme des preuves que l'on est déterminé à Vienne à rester vis-à-vis d'elle dans l'indifférence et dans l'inaction.

Le roi connaît si bien la politique de la cour impériale et royale, qu'il ne s'attend aucun secours de son amitié, ni même de sa garantie. La première serait sacrifiée sans remords à la plus petite espérance de plaire à la Russie, et la seconde payée sans scrupules en excuses et en paroles. Mais peut-être que l'intérêt pourrait avoir plus de pouvoir, et c'est à mons. le comte de Kaunitz à en décider et à voir s'il importe à sa souveraine de séparer les forces du czar, et de voir le roi contenir les efforts de la plus grande partie de l'armée de ce prince. C'est de cette question que tout dépend, et c'est à elle que votre exc. se bornera, sans faire des instances qui ne conduiraient à rien.

Si le comte de Kaunitz juge la diversion utile à l'impératrice-reine, il estimera juste aussi et nécessaire d'en faciliter les moyens, et il faudra alors qu'il détermine sa dite majesté impériale:

1) à fournir au roi des secours d'argent, puisque tout autre ne saurait avoir lieu par mille considérations, mais votre exc. observera que ces secours doivent être certains, et assignés de manière que sa majesté puisse y compter et ne pas être exposée à des manquements capables de renverser ses plans et de porter un préjudice mortel à toutes ses affaires, et

2) à s'engager solennellement à ne point mettre bas les armes, sans que le roi soit compris dans la pacification et sans que ces cruelles dissensions, dont l'ancien partage du Slesvic et celui qui afflige encore actuellement le Holstein ont été et seront, tant qu'ils subsisteront, une source abondante et intarissable, soient terminées une fois pour toutes par l'attribution ou gratuite ou onéreuse, selon la fortune de la guerre, du Holstein entier au roi. —

212.

Dépêche à Mr le comte de Bachoff à Vienne.[1])

Travendahl le 12 juillet 1762.

(Extrait.)

1. Que l'impératrice-reine fournisse à sa majesté un subside annuel de 800 mille écus de banque, payable en autant de termes qu'il lui conviendra, mais dont le fonds soit tellement assigné et accepté par les banquiers de Vienne et de Hambourg, que sa majesté puisse tirer sur cette somme, quoique à ses propres frais, au commencement de chaque année ou, si l'on aime mieux, de chaque terme.

2. Que sa majesté impér. et royale s'engage solennellement à ne poser les armes qu'en faisant comprendre le roi dans la pacification générale et qu'en stipulant dans la dite pacification que ces cruelles divisions, dont l'ancien partage du Slesvic et celui qui afflige encore actuellement le Holstein ont été et seront, tant qu'ils subsisteront, une source abondante et intarissable, soient terminées une fois pour toutes par l'attribution onéreuse ou gratuite, selon la fortune de la guerre, du Holstein entier au roi.

3. Que la France[2]) entre dans cette liaison comme partie principale contractante, en s'engageant à un subside et à une promesse égale à ce qui a été stipulé dans les articles précédens, et enfin

4. Que, moyennant ce qui dessus, le roi opposera au czar une armée de 30—40,000 hommes par terre et une flotte supérieure à la sienne, mais que, si par le sort et la

---

[1]) La dépêche précédente était prête à partir lorsqu'arriva une lettre de Mr de Bachoff avec la question du comte de Kaunitz „si le roi voudrait agir et se concerter sans délai avec l'impératrice-reine afin de rendre la condition des deux puissances meilleure vis-à-vis de leur ennemi commun, le monarque russe". Cette seconde dépêche indique donc les propositions du gouvernement danois à cet effet.

[2]) Dans le dernier temps, l'indifférence du gouvernement français était devenue telle que Mr de Bernstorff ne pouvait se l'expliquer qu'en supposant une haine personnelle entre le ministère et Mr de Wedel-Frijs, cfr dépêche du 14 juillet.

nécessité des circonstances et des armes, le roi se trouvait
contraint de céder à l'infortune et de faire sa paix particulière, les deux cours de Vienne et de Versailles ne lui
attribueraient point à inconstance ce qui ne serait que
l'effet de la fortune ou du malheur, et se contenteraient de
se trouver par là déchargées des obligations contenues
dans les trois articles précédens, le roi promettant dans ce
cas de restituer sur le champ tout ce qu'il pourrait avoir
tiré en conséquence de Part 1 en avance des subsides, qui
cesseraient de courir le jour même qu'il se verrait réduit à
conclure sa paix particulière. —

213.

Dépêche à Mr de Schack à Stockholm.

Travendahl 14 juillet 1762.

Si je ne vous ai pas fait plus tôt mon compliment sur
l'heureuse clôture de la longue diète qui vient de finir en
Suède, je vous prie de n'attribuer ce délai qu'au dessein
que j'ai eu de vous écrire sur ce sujet par l'occasion du
courrier que je me suis proposé de renvoyer au comte de
Haxthausen aussitôt que le baron de Korff aurait exécuté
la commission dont il était chargé, et que je croyais qu'il
exécuterait beaucoup plus tôt qu'il ne l'a fait. J'ai certainement de l'impatience de vous marquer combien le roi est
content de ce que cette assemblée, qui aurait pu être si
dangereuse pour la Suède et la liberté, s'est terminée sans
avoir blessé la constitution de l'Etat ni renversé son système
au dehors, et je n'en ai pas moins de vous dire que sa
majesté agrée d'une manière toute particulière le zèle,
l'application et l'intelligence avec lesquelles vous l'avez servie
pendant cette mémorable époque. Elle m'ordonne de vous
le témoigner de sa part et c'est avec une vraie joie que
j'obéis à ce commandement.

Le roi sent très bien de quelle conséquence il est pour
son service que les états, avant de se séparer, (ou plutôt le
comité secret qui exerce leur pouvoir) aient décidé la ré-

pónse à donner aux insinuations du czar[1]) et il veut que
vous marquiez à mrs de Ekeblad, de Scheffer et de Fersen[2]), combien il est sensible à cette précaution prise avec
tant de sagesse et de bonheur. Sa maj. s'en fie de son
exécution à leur prudence, à leur habileté et à leur bonne
foi, et comme elle est extrêmement satisfaite et reconnaissante de la réponse verbale donnée au comte d'Ostermann,
dont vous faites mention dans votre dépêche du 29 du
passé, elle se promet que celles qui seront données dans
la suite au comte de Münnich seront conçues et dressées
sur les mêmes principes.[3])

Tous ceux qui seront instruits de ces insinuations
et de ces démarches du monarque russe jugeront par là
de la passion et de la haine étonnante qui animent ce
prince et de l'esprit dans lequel il vient de proposer des

---

[1]) En dehors de la cour, l'opinion publique en Suède était favorable
à la cause du Danemark et beaucoup d'officiers s'offrirent à entrer dans l'armée danoise comme volontaires. Mais Mr de Schack
lui-même reconnaissait que la Suède „telle qu'elle était constituée,
ne pouvait qu'observer la neutralité," et tout ce qu'on pouvait
espérer d'elle était qu'elle tiendrait bon contre les séductions de
la Russie. Tout dépendait à cet égard des instructions que le
comité secret donnerait au gouvernement avant la clôture de la
diète, et Mr de Schack réussit en effet à les obtenir aussi satisfaisantes que possible. Elles portaient „que le gouvernement aurait
à entretenir l'amitié et la bonne intelligence la plus parfaite avec
toutes les cours mais surtout avec les cours voisines, et à conserver soigneusement le royaume dans l'état de paix et de tranquillité dans lequel il venait de rentrer, sans écouter des propositions quelconques qui pourraient tendre à mêler la Suède dans
des querelles étrangères, de quelque part que de telles propositions
vinssent et quelque avantageuses qu'elles pussent paraître".

[2]) Cfr no 195. Grâce au service que Mr de Schack avait pu rendre
au comte de Fersen, ce seigneur, qui jusque-là s'était surtout appuyé
sur l'ambassadeur de France, entra en rapports intimes et suivis
avec le ministre danois et lui devint très utile dans la suite.

[3]) Le ministre de Russie, le comte Ostermann (peu de temps après
remplacé par le jeune comte Münnich), reçut le 28 juin la réponse
suivante aux propositions de sa cour: „que sa maj. suédoise
apprenait avec regret qu'une guerre entre deux puissances, ses
voisines et ses amies, menaçait le Nord, qu'elle faisait des
vœux bien sincères pour que le différend qui allait la faire naître
fût accommodé à l'amiable, mais qu'au reste elle ne pouvait y en-

conférences de paix et de l'accommodement au roi. Un
prince qui en agit avec tant de fougue et d'emportement
doit assurément être bien observé par ses voisins, et vous ne
laisserez pas de faire observer aux amis de la Suède et de
sa liberté ce qu'ils ont à attendre de lui, vu ses liaisons
avec la reine et sa passion aveugle, non pour sa maison,
vous voyez combien il en hait le chef, mais pour sa branche.
Il y a bien de l'apparence qu'un règne aussi peu réfléchi
ne se soutiendra pas longtemps; mais tant qu'il subsistera
tout est assurément à craindre pour le repos des Etats qu'il
est à portée de troubler.

Le roi sait ce que lui surtout a à en attendre mais il
il n'en continue pas moins à marcher d'un pas ferme dans
la route qu'il s'est tracée, de prêter d'une part la main à
un accommodement et de prendre de l'autre des mesures
pour ne pas être la victime de sa bonne foi. Quoiqu'il
n'attende rien, je le répète, des propositions simulées du
czar, il suffit qu'elles portent le titre et l'apparence de
paix pour que sa maj. suspende encore la réclamation des
garanties qu'elle est en droit de demander. Mais dès que
ces propositions auront perdu la masque qu'elles portent
encore, elle n'hésitera plus de suivre le conseil de ses amis
et de vous charger de présenter à sa maj. suédoise un mémoire demandant l'exécution des traités.[1]) Elle ne diffère
cette démarche que pour ne pas donner inutilement un prétexte de plus aux clameurs du czar, qui ne cherche qu'un
prétexte pour excuser les siennes et pour rejêter reproche

trer pour rien, n'ayant d'autre but que de conserver la paix que
le ciel venait de rendre à la Suède; qu'ainsi elle ne pouvait se
résoudre à faire à la cour de Danemark les représentions en faveur
de la cause de l'empereur que sa maj. impériale désirait qu'elle
fît faire, puisque une telle démarche pourrait en entraîner d'autres,
et que bien moins encore elle pourrait ouvrir ses ports aux
vaisseaux moscovites ou se prêter à des démarches qui l'engage-
raient dans la guerre; que si au reste, dans un cas de malheur,
quelque bâtiment russe était obligé de relâcher dans un port
suédois, on lui rendrait tous les offices de l'humanité possibles,
tout comme on les rendrait aux bâtiments danois en pareil cas."

[1]) Le baron de Scheffer avait conseillé au gouvernement danois
d'adresser au comte d'Ekeblad un mémoire qui rappelât les obliga-

de la rupture sur le roi, projet qui cependant, par la sagesse
de sa maj., ne lui réussira pas.

J'aurai une très grande attention à vous informer de
tout ce qui se passera, et je compte que vous continuerez
de m'instruire exactement à votre tour des moindres mouvements de la flotte et de l'armée suédoises. Dans un temps
comme celui-ci tout est intéressant.

214.

Circulaire aux Ministres du Roi.

Copenhague 31 juillet 1762.

A peine le roi, qui, après avoir réglé, comme j'ai eu
l'honneur de vous le dire par ma lettre du 12 de ce mois,
toutes les affaires relatives tant à la marche de son armée et
à ses opérations qu'aux négociations avec les cours étrangères [1])
et aux arrangements intérieurs du pays de Holstein, était
parti le 15 de Travendahl pour faire un tour dans ce
pays-ci, était arrivé à son château de Fredensbourg, qu'il y
reçut la nouvelle de la révolution arrivée en Russie [2]) et
incessamment après les assurances que la nouvelle souveraine désirait rétablir l'ancienne amitié subsistant entre
les deux couronnes, qu'elle avait pour cet effet ordonné au
baron de Korff de quitter Berlin, les conférences y indiquées

---

tions internationales de la Suède au sujet de la garantie du
Slesvic. Il serait selon lui plus facile pour le ministère de re-
pousser, en s'appuyant sur un tel document, les demandes de la
Russie et de combattre la cour.

[1]) Mr de Bernstorff ne s'était pas borné à travailler auprès des
grandes puissances, il s'était adressé partout où il croyait possible
d'obtenir de l'assistance. Ainsi il avait fait des démarches auprès
de la ville libre de Danzig, en Pologne et en Turquie et il y avait
quelques chances pour que ces tentatives ne restassent pas tout
à fait infructueuses, voir Ostens Gesandtsk. l. c., 546—47. L'empereur
russe était surtout assez inquiet sur la nouvelle qui était arrivée
à Pétersbourg, que le sultan de Turquie aurait garanti au Danemark la possession tranquille du Slesvic, cfr dépêche du 4 mai 1762.

[2]) Cfr Moltke l. c., 219.

étant désormais inutiles, et de se rendre ici pour y reprendre les fonctions de son ministère, et que déjà par son commandement les troupes qui, en partie entrées dans le Mecklenbourg, marchaient pour attaquer son armée, se repliaient sur Colberg.

Sa maj., qui dans cette rencontre reconnaît et adore, comme en toute autre, la providence toute-puissante de Dieu, par qui les rois règnent et qui dispose des empires à son gré, n'a point été insensible à cet événement et elle va témoigner au baron de Korff cette disposition sincère qu'elle a toujours eue, de contribuer de bonne foi à un accommodement final de cette querelle et de ces divisions dont l'Europe entière vient de voir les conséquences, et qui ont pensé devenir si fatales au repos du Nord.

A l'arrivée de ce ministre et après avoir donné aux ordres dont il sera chargé toute l'attention nécessaire, sa maj. se décidera sur les mesures qu'elle aura à prendre en conséquence; mais, comme le départ de ce seigneur de Berlin annonce que la Russie ne demande plus d'y établir le lieu de la négociation, elle va permettre aux plénipotentiaires désignés pour s'y rendre de sa part de retourner dans le royaume.

215.

Circulaire aux missions du Roi.

Copenhague 14 août 1762.

Le baron de Korff a eu hier ses audiences du roi dans lesquelles il a présenté à sa majesté ses nouvelles lettres de créance et lui a donné, au nom de l'impératrice Catherine II, sa souveraine, les assurances les plus fortes et les plus positives que sa maj. impér. regardait tout ce qui s'était dit et fait en dernier lieu au sujet et à l'occasion des différends du Holstein comme non avenu, qu'elle était fortement résolue de rétablir et de cultiver l'ancienne et étroite amitié qui subsistait depuis des siècles entre les deux couronnes, et qu'elle ne croirait jamais les contestations que les dites affaires du Holstein pourraient occasionner, assez importants pour pouvoir et devoir altèrer la bonne intelligence établie entre les deux cours et entre les deux nations. [1])

Comme par cette déclaration, qui est appuyée par les faits et par la retraite de l'armée russe, actuellement en mouvement pour repasser la Vistule et se rapprocher de ses frontières, tout ce qui avait brouillé ou allait brouiller les deux cours, se trouve entièrement assoupi et l'amitié entre elles parfaitement rétablie, le roi n'a pas hésité de recevoir le baron de Korff avec la distinction que les ordres dont il était chargé méritent, et d'envoyer au comte de Haxthausen les lettres de créance nécessaires pour continuer les fonctions de son ministère près de sa maj. impér., et sa majesté a en même temps expédié les ordres pour faire rentrer sa flotte et son armée dans ses ports et dans ses provinces.

C'est ainsi que, par la bonté du Tout-Puissant, la paix, si chère au roi, se trouve affermie et a été rendue à ses peuples au moment même où ce bien paraissait inévitablement perdu. Sa maj. m'ordonne de vous en faire part et d'ajouter que cet heureux événement, changeant la face de toutes choses, révoque et annule par une conséquence naturelle toutes les instructions données en dernier lieu, qui ne se concilieraient point avec l'amitié renouvelée aujourd'hui avec la Russie.

126.

Lettre autographe du Roi à l'Impératrice de Russie.

Fredensborg 14 août 1762.

Madame ma sœur. Le baron de Korff m'ayant notifié hier de Votre part Votre avénement au trône de Russie il ne me suffit pas d'en faire à Votre Majesté Impériale mon compliment, comme le vont faire tous les rois de l'Europe; je vous demande la permission de Vous en témoigner ma

[1]) Catherine avait vivement déconseillé à son mari de faire la guerre contre Danemark, voir Ostens Gesandtskaber l. c., 546.

joie et ma satisfaction dans une qualité plus touchante
pour moi, dans celle du prince de la terre qui a la plus
haute opinion de Vous et qui prend l'intérêt le plus vif à
Votre prospérité. Habitué depuis bien des années à Vous
croire l'ornement de Votre sexe et de Votre siècle, je
m'attends à Vous voir porter la gloire de Votre empire
plus loin que ne l'ont fait toutes les princesses et tous les
monarques dont Vous remplissez la place et dont Vous
ferez oublier les règnes, et je me prépare avec l'empressement et la joie d'un ami vrai et fidèle à applaudir aux
actions de Votre Maj. Imp. et au bonheur de Ses peuples.
Ce sont là les sentiments que je prie V. M. Imp. d'agréer
et que j'ordonne au comte de Haxthausen de Lui exposer
et de Lui rappeler aussi souvent qu'Elle permettra. Je
La prie de compter sur leur constance et je Lui demande
surtout de leur accorder le retour que leur vivacité et
leur sincérité méritent.

217.

Dépèche à Mr de Schack à Stockholm.

Copenhague 14 août 1762.

(Extrait).

Je vois avec douleur que la jalousie commence de si
bonne heure d'agir en Suède, même chez ceux qui ne devraient pas en ressentir les atteintes, et que l'on y craint
déjà les prospérités d'un roi qui n'a fait usage de son pouvoir et de ses trésors, même dans les temps les plus
difficiles, que pour le repos et la tranquillité de la nation.
Mais je veux espérer que cette passion si basse et si injuste n'infectera pas les premiers et les plus considérables
de nos amis et que, si même leurs cœurs en sentaient
quelques impressions, ils les surmonteraient, tant par vertu
que par prudence et par la réflexion si naturelle, que rien
n'est plus conforme à leurs propres intérêts que l'exclusion
de la Russie de la côte occidentale de la Baltique, sans
laquelle ni la tranquillité ni l'équilibre du Nord ne sauraient être solidement établis, vérité si claire et si incontes-

table que je défie la prévention même de l'offusquer et de lui refuser son aveu.

Pour le marquis d'Havrincourt je reconnais sa funeste et faible politique à des conseils que son cœur ne devrait jamais former et que par sagesse il devrait supprimer lors même que son cœur les lui fournirait. Il devrait prévoir le peu de cas que le roi en fera et les conséquences peu favorables pour lui que sa maj. ne saurait se dispenser d'en tirer. Le ministère de France pensait autrement en 1749 et 1750, comme vous l'avez si bien observé, mais c'est qu'alors le marquis de Puisieulx conduisait les affaires et que par lui la noblesse et la justesse des sentiments régnait dans le cabinet de Versailles.

Vous dissimulerez cependant tout cela, monsieur.

218.

Dépêche à Mr le comte de Bachoff à Vienne.

Bregentved 24 août 1762.

Je n'écris ce mot à votre exc. que pour l'informer préliminairement que, Pierre III, empereur de Russie et duc de Holstein-Kiel, étant décédé le 17 du mois dernier et ayant laissé en bas âge le grand-duc Paul, son fils, et l'administration de son duché étant par cet événement tombée, selon les lois de l'empire et les usages de l'auguste maison de Holstein, au roi de Suède comme au prince le plus proche agnat du jeune duc, le roi, en vertu de la cession de ce monarque contenue dans le IIIième article séparé et secret du traité du 25 avril 1750, n'a pu refuser à ses engagements ainsi qu'au bien de son alt. impér. et du pays, de se charger de cette administration pour la gérer conformément aux lois et aux usages, conjointement avec l'impératrice de Russie, tutrice et co-régente. La prise de possession s'est faite à Kiel le 19 et 20 du mois avec les formalités et cérémonies requises et avec toute la tranquillité et la douceur imaginables, et sa maj. a remis l'acte solennel de l'hommage et les dispositions à faire ultérieurement jusqu'à ce qu'elle ait pu concerter le tout avec l'im-

pératrice de Russie. [1]) Votre exc. aura soin d'en prévenir
mr le vice-chancelier de l'empire et d'assurer ce seigneur
que le roi ne tardera pas à s'adresser dans les formes à
l'empereur, comme chef de l'empire et tuteur suprême du
jeune prince, et de lui demander la confirmation légale de
cet acte et de son droit.

Votre exc. peut être persuadée que rien ne sera négligé
à cet égard, et elle veillera en attendant à ce que ceux qui
voudraient peut-être causer de nouveaux troubles n'ob-
tiennent rien à Vienne qui puisse être contraire aux droits
de sa maj. et à ses intérêts.

219.

Dépêche à Mr le comte de Haxthausen à Pétersbourg.

Copenhague 8 septembre 1762.

J'ai si souvent et si amplement entretenu mr Schumacher sur ce que, depuis la révolution arrivée en Russie,
le roi juge de l'état des affaires dans ce pays, et sur le
système qu'il s'est formé en conséquence à l'égard de cette
puissance, que je pourrais m'en fier absolument au rapport
qu'il vous en fera; mais je n'en crois pas moins devoir profiter de l'occasion sûre que son départ [2]) me fournit, pour
vous en informer directement vous-même et pour vous

---

[1]) D'après les lois de l'empire et les usages établis dans la maison
d'Oldenbourg, le plus proche agnat devait, pendant la minorité
de l'héritier, exercer l'administration du pays et partager avec la
duchesse douairière, tutrice naturelle du jeune duc, la régence de
l'Etat. Ainsi, pendant la minorité de Charles Frédéric, père de
Pierre III, Chrétien-Auguste avait été administrateur du duché
et co-régent conjointement avec la princesse Hédévig Sophie de
Suède, mère du jeune duc. Dans le cas présent, Adolf Frédéric,
roi de Suède, était le plus proche parent, mais par l'art. 3 séparé
du traité de 1750 il avait cédé son droit au roi Frédéric. Celui-ci
ne fit donc rien que d'user d'un droit incontestable lorsque, sur
la nouvelle de la mort de Pierre III, il chargea Mrs de Brockdorff et de Ranzau de prendre possession de l'administration du
Holstein ducal.

[2]) Mr A. Schumacher, secrétaire du comte de Haxthausen, retourna
à Pétersbourg à l'expiration de son congé.

parler à fond des intentions et des volontés de sa majesté dans une lettre qui ne sortira des mains affidées auxquelles je la remets que pour passer dans les vôtres.

Le roi estime la Russie son alliée naturelle, tant qu'elle ne voudra pas envahir le Nord, parce qu'il n'y a aucun sujet de jalousie ou de querelle entre les deux couronnes et que leurs intérêts sont les mêmes à l'égard de leurs voisins communs, et il croit par la même raison la princesse qui occupe aujourd'hui le trône de cet empire, son amie, parce qu'après ce qui est arrivé entre elle et l'empereur son époux, elle ne peut jamais en saine politique se fier à ceux dont elle a détruit les projets, en renversant ce prince de son trône, et qu'ainsi tous les admirateurs et adhérents de Pierre III, ennemis nés du Danemark, doivent être et seront toujours aussi les siens. Rien assurément ne peut être plus naturel et rien ne devrait être plus intime que l'union entre deux souverains qui ont, par rapport à leurs couronnes, les mêmes intérêts, et, par rapport à leurs personnes, les mêmes ennemis. On ne saurait le sentir mieux que ne le fait le roi.

C'est de ce principe que vous partirez, monsieur, c'est cette vérité que vous tâcherez de faire sentir, mais sans empressement et sans affectation, à l'impératrice elle-même, si vous en avez les moyens, ou à ceux qu'elle écoute et qui dirigent les affaires sous elle. Si vous parvenez à la faire goûter et à l'établir, le reste de votre besogne sera facile. Si au contraire, soit par préjugé, soit par fierté, soit par indolence, on ne se prête point à un raisonnement aussi évident, vous en avertirez le roi, pour que sa maj. s'épargne des peines et des négociations qui ne sont plus nécessaires et qui seraient inutiles. Dans le premier de ces cas, vous vous appliquerez à tirer promptement les fruits d'une disposition favorable et à former, sans perte de temps, une liaison à laquelle tout invite les deux parties et dont les avantages pourront être très considérables à l'une et à l'autre. Dans le second, vous vous contenterez de vous appliquer à démêler les causes d'une indifférence si extraordinaire, et vous couvrirez une attention vigilante sous les apparences de la plus parfaite tranquillité et du plus profond repos. Car, grâces éternelles en soient rendues au

Tout-Puissant, ce n'est plus pour le roi le temps des inquiétudes. Quand, par un malheur inconcevable et dont il serait injuste de soupçonner une princesse si habile, Catherine aurait hérité des passions de Pierre III, quand elle aimerait et renouvellerait des desseins qu'elle a si hautement condamnés elle-même, qu'elle a fortement désavoués par les premiers actes de sa souveraineté et qu'elle sait avoir précipité la chute de son prédécesseur infortuné, sa situation et sa conservation ne lui permettraient pas de les exécuter. Le roi ne peut s'y tromper, et on ne saurait être plus tranquille qu'il ne l'est à cet égard. Rien ne peut donc l'engager à rechercher, avec une sollicitude dont Dieu l'a dispensé, une liaison qu'il souhaite sincèrement et qu'il est bien aise d'offrir, mais dont le refus n'altèrera pas un moment ni son système ni son repos.

Mais le roi aime mieux néanmoins supposer que l'impératrice, dont tout le monde connaît le génie et les lumières, ne se trompera pas à ce point sur ses vrais intérêts et que, ne se pouvant déguiser la violente haine que la maison royale de Suède et les branches cadettes auront, quelque mine qu'elles fassent, contre elle, ni l'opposition fréquente et, j'oserais le dire, perpétuelle des intérêts de la Russie et de la Prusse, ni enfin l'indifférence, pour ne rien dire de plus, dont les cours de Vienne, de Pologne et de France payeront celle qu'elle leur marque aujourd'hui en abandonnant leur cause, ne pouvant se dissimuler non plus d'autres dangers encore qui l'environnent et dont par respect je supprime le détail, elle ne manquera pas l'occasion de s'acquérir l'alliance d'un prince, ami fidèle dont, je le dis encore une fois, la cause est à plus d'un égard la sienne et qui, par la situation de ses Etats et la nature de ses forces, pourra et voudra, dans des cas de troubles et de péril, lui donner des secours plus prompts et plus essentiels qu'aucun autre prince de la terre ne pourra ou ne voudra faire, et c'est dans cette espérance qu'il me commande de vous expliquer ses volontés sur les moyens de resserrer promptement des nœuds qu'il ne dépendra que de l'impératrice de rendre indissolubles.

L'alliance, si souvent formée entre les deux monarchies, devenue si étroite pendant la plus grande partie du règne de Pierre I et dernièrement renouvelée encore sous le

règne de l'impératrice Elisabeth, est expirée l'année passée [1])
et il aurait été inutile et illusoire de la rétablir dans un
temps où on en prévoyait avec certitude la prochaine rupture. Le roi est prêt à la faire revivre aujourd'hui et, je
vous le dis dans la plus étroite confidence, à y ajouter
même, si l'impératrice le désire, des engagements particuliers en faveur de la personne de cette princesse et de sa
conservation sur le trône. Si Catherine II veut être la
vraie amie du roi, le roi sera le sien envers et contre tous
et ses armées de terre et de mer agiront, s'il le faut, pour
maintenir son règne et sa puissance.

Mais vous le sentez bien, monsieur, ce dernier article
ne peut se fonder que sur une union intime étroite, et cette
union intime et étroite ne saurait exister tant que le Holstein fournira des occasions inévitables de divisions et de
querelles. Il faut donc, pour établir l'alliance et la rendre
solide, commencer par couper la racine de ces divisions et
de ces querelles, en s'arrangeant une fois pour toutes et
définitivement sur ce petit Etat, source de tant de haines
et de tant de maux.

Il s'en faut bien que le roi pense encore sur cet
objet comme il l'a fait autrefois. La mort de Pierre III a
tout changé. Catherine II ne peut, je le répète, vouloir
risquer son empire pour une querelle qui lui est étrangère
et dont elle ne peut jamais retirer de l'utilité pour elle-
même. Le grand-prince, son fils, né et élevé en Russie, et
préservé de ces préjugés inspirés dès la naissance et de ces
insinuations absurdes dont les vils flatteurs avaient em-
poisonné l'esprit et le cœur de son malheureux père, ne
regardera plus, quand même il parviendrait au trône de
Russie, cette province que comme elle mérite d'être regardée
par le souverain d'un vaste empire éloigné, et si la Providence disposait de ses jours avant qu'il eût des descendants mâles, événement pas absolument éloigné de la vraisemblance, vu sa jeunesse et la délicatesse de son tempérament, son duché retomberait au roi, non en conséquence
des arrangements pris avec lui mais en vertu et aux conditions du traité fait avec le roi de Suède. Le roi n'a donc

[1]) Traité du 10 juillet 1746, conclu pour quinze ans.

plus les motifs qui le déterminaient autrefois à entasser sacrifice sur sacrifice pour obtenir la cession d'une province assez peu importante en elle-même, et s'il lui en reste de très forts pour la désirer, ce n'est au moins plus avec l'empressement et la sollicitude à laquelle les passions de Pierre III forçaient son cœur et son amour paternel pour ses peuples. Toutes les offres faites précédemment sur ce sujet et rejetées alors par Pierre III doivent par conséquent être estimées nulles aujourd'hui et vous ne vous permettrez pas de les rappeler jamais.

Sur tout, monsieur, vous n'occasionnerez et n'accepterez aucune négociation qui n'aurait pour but que la renonciation du grand-duc sur le Slesvic. Elle ne serait d'aucune utilité, vu le bas âge du jeune prince, et le roi, sûr de son droit et ayant montré à l'univers entier ce qu'il est résolu et en état de faire lorsqu'on l'y force, pour se conserver la possession d'une province légitimement acquise et essentielle à l'existence de sa monarchie, se laissera moins que jamais persuader à payer cher des prétentions que, selon les apparences humaines, il a si peu sujet de craindre désormais, et qu'il a déjà payées au-delà de leur valeur par les frais immenses auxquels les armements de Pierre III l'ont contraint. Cette renonciation peut et doit donc faire part d'un traité qui réglera le reste, mais n'en jamais faire un elle-même.

La cession du Holstein est donc le seul objet qui mérite d'être toujours votre but, ou public ou secret selon les circonstances, j'ai déjà eu l'honneur de vous le dire; quoique, grâces au ciel, le roi ne soit plus dans le cas de la croire nécessaire à son repos, il lui reste toujours de fortes raisons de la désirer; mais ne la poursuivez que'avec beaucoup de calme et beaucoup de modération. Faites sentir que, si sa majesté la souhaite, c'est plutôt pour que rien ne trouble désormais la bonne intelligence entre les branches royale et impériale de la maison de Holstein que pour son propre avantage, et attachez-vous toujours à convaincre de plus en plus l'impératrice et son ministère de la médiocrité de l'objet et de l'honneur qui reviendrait à sa maj. imp., si, par un accommodement définitif, elle ôtait cette querelle du nombre de celles qui troublent ou peuvent troubler l'univers, et enlevait au prince son fils ce prétexte et à la Russie cette possibilité de retomber dans des maux dont la Providence bienfaisante vient seule de préserver les deux monarchies et les deux nations.

Jamais l'impératrice ne retirera rien du Holstein, accablé de dettes. Ce pays peut à peine suffire au payement de leurs rentes et à ses propres besoins, et le plaisir de le posséder ne peut non plus être rien pour elle ni pour le prince son fils, attaché comme elle irrévocablement à la Russie. Quoi donc de plus sage et de plus conforme à ses vrais intérêts que de s'en défaire à des conditions avantageuses et de s'acquérir ainsi, non en perdant mais en gagnant, un ami sûr et essentiel dans l'une et dans l'autre fortune? Quoi de plus digne de sa prudence et de son habileté que d'achever de s'assurer l'amour et la confiance des Russes, en se détachant entièrement d'un pays qui leur est justement suspect et odieux, et en leur prouvant par cet acte de la plus noble et de la plus saine politique qu'elle ne veut connaître d'autres intérêts que les leurs et qu'elle rejette tout ce qui pourrait partager jamais son affection ou celle de son fils pour eux?

Considérée sous ce point de vue, qui est assurément le vrai, la cession du Holstein ne devrait pas rencontrer de grandes difficultés puisqu'elle se trouve également désirable pour les deux parties. Mais le roi, qui connaît combien la malignité, la jalousie et l'intrigue se plaisent à embarrasser et à contrarier les choses les plus simples, ne refusera cependant pas de l'appuyer et de la faciliter encore par des offres considérables et qui, bien pesées, ne pourront que suffire à déterminer les suffrages de tous ceux qui ne préféreront pas le plaisir de nuire et celui de voir des querelles éternelles, au véritable avantage de l'impératrice et du grand-duc et à celui de la Russie.

Sa maj. est disposée, si l'impératrice veut lui céder à présent le duché de Kiel au nom du grand-duc, son fils, par un traité formel, à libérer ce prince et ses descendants de toutes les dettes hypothéquées sur le dit duché et de ne lui en pas moins payer à lui et à ses descendants mâles cent ou, s'il le fallait, cent cinquante et même, si l'on ...... absolument de le faire à moins, deux cent mille

écus courant par an, payables au choix de sa maj. imp. ou
à Hambourg ou à Amsterdam ou même à Pétersbourg, sans
qu'aucun incident ou événement, quel qu'il puisse être et
quand même ce serait une guerre avec la Russie, puisse,
tant que le duché sera à sa maj. et à ses descendants
mâles, les libérer jamais de cette obligation et sous peine
de nullité de ce traité et de la cession du duché, si elle ou
ses successeurs mâles, possesseurs du dit duché, y man-
quaient jamais et arriéraient, sous quelque prétexte que ce
fût, un terme de ce payement.

Cette offre, par laquelle le grand-duc se trouve délivré
de dettes qui absorbent, comme l'impératrice ne saurait
l'ignorer, quasi tous les revenus du duché, et assuré d'un
revenu égal à celui que tout le pays produirait s'il n'avait
ni charges à acquitter ni frais à faire pour la régence, la
défense et l'administration de l'Etat, est si favorable à ce
prince et si raisonnable que l'on pourrait se flatter qu'elle
ne serait pas refusée et vous aurez soin, monsieur, de la
faire envisager telle qu'elle est.

Mais si cependant elle ne touchait pas et que vous
eussiez lieu de croire qu'une grosse somme d'argent, payée à
la fois ou au moins en peu de termes, frapperait davantage, le roi
consentira à convertir aux mêmes conditions, c'est à dire contre
la cession présente pure et simple du duché de Kiel, à laquelle, comme au premier cas, la renonciation à toute
prétention sur le Slesvic doit toujours être attachée comme
un accessoire nécessaire, ces revenus en capital, et à payer
ainsi, au lieu de 100. 150 ou 200 mille écus annuels, la
somme d'un million ou même, si cela était nécessaire, de
quinze cent mille ou de deux millions d'écus courant, fixant
pour ces payements des termes courts dont on conviendrait.
Le roi sait bien qu'à compter les rentes à cinq pour cent,
la première de ses offres passe la seconde; mais, comme le
décès du grand-prince sans descendance masculine est une
chose possible et qu'alors sa majesté aurait perdu tout ce
qu'elle aurait donné à sa maj. imp. pour la cession, attendu
qu'elle n'en serait pas moins obligée, sans aucun égard
pour les accords précédents, à remplir toutes les conditions
de son traité avec le roi de Suède, et comme on ne peut
pas exiger qu'un héritier présomptif, tel que l'est le roi,

paye le domaine dont il est l'héritier, aussi cher que s'il n'y avait aucun droit, sa majesté ne saurait calculer les dites rentes qu'à l'intérêt viager de dix pour cent, ni par conséquent s'avancer à en offrir davantage. Vous vous appliquerez, lorsque vous en viendrez là, à en faire convenir l'impératrice et son ministère, et quoique vous ne deviez pas manquer l'affaire, quand même il faudrait donner encore jusqu'à 3, 4 ou 500 mille écus courant de plus, vous aurez cependant grand soin de ne marcher que pas a pas dans vos offres ou concessions et de ne pas faire croire au ministère de l'impératrice que le roi ignore la valeur du Holstein et les avantages de la situation présente de ses affaires. Les temps, je le dis encore une fois, où il s'agissait non de payer le Holstein mais de satisfaire au malheur des conjonctures et à une imagination sans bornes, sont passés.

Mais si enfin, contre toute espérance, l'impératrice ne voulait entendre à aucune cession du Holstein, à moins de recevoir en échange les comtés d'Oldenbourg et de Delmenhorst, même alors, monsieur, le roi ne la refuserait pas. L'amour de l'union et de la réconciliation avec le grand-duc, son cousin, et celui d'une liaison intime avec l'impératrice lui ferait oublier que, dans ce moment où, en administrateur du duché du Kiel, il peut régir cet Etat d'une manière convenable au bien commun du jeune duc et de notre maison sans en avoir rien à craindre, il ne ferait que perdre à l'échange; mais au moins ne pourrait-il pas payer cher un marché si peu avantageux. Tout ce à quoi dans ce cas sa majesté pourrait se résoudre, en considération des vicissitudes de la fortune et des hommes, et aussi, après tout, pour faciliter la renonciation au Slesvic, serait de se charger, en faveur du grand-duc et de ses déscendants mâles, de 4 ou 5 cent mille écus de dettes hypothéquées sur le Holstein; mais le reste des dettes devrait être compensé dans les comtés d'Oldenbourg et de Delmenhorst de manière que, après avoir posé pour base de l'échange l'égalisation des revenus des provinces à céder réciproquement, sa majesté retiendrait dans les dits comtés autant de terres, péages ou autres droits qu'il en faudrait pour que leurs revenus acquittassent les intérêts des dettes tombant à sa charge dans le duché de Kiel au delà des 4

ou 5 cent mille écus qu'elle avait bien voulu prendre sur
elle pour faciliter l'accommodement, et pour prouver à l'impératrice son désir de s'unir à elle et de terminer pour toujours ses querelles avec le prince son fils.

Telles sont, monsieur, les vues, les intentions et les résolutions du roi que je ne vous ai expliquées par ses ordres de si bonne heure et en si grand détail que pour vous
mettre, à la faveur de l'occasion sûre que le départ de mr
Schumacher me fournit aujourd'hui, tout d'un coup au fait
de ses volontés. Ce sera d'après elles et conséquemment à
leur direction que vous formerez tout le plan de votre conduite, ce sera par ces principes que vous jugerez de ce que
vous aurez à faire dans tous les cas qui pourraient vous
embarrasser dans le cours de votre ministère et de vos
négociations. Vous commencerez, permettez que je le répète, par bien approfondir le système et les sentiments de
l'impératrice. Si elle se croit entièrement affermie sur le
trône, si elle ne craint rien, et si vous jugez qu'elle veut
conserver le Holstein, il vous suffira de l'assurer en termes
généraux de la haute estime et de la sincère amitié du roi,
vous verrez ce qu'elle y répondra, et vous en rendrez
compte à sa majesté sans vous avancer davantage, sans
hasarder aucune proposition et sans prendre autrement
qu'ad referendum ce que l'on vous dira peut-être sur le
renouvellement de l'alliance expirée. Mais si vous voyez
qu'il reste encore des inquiétudes à cette princesse, si vous
démêlez qu'elle désirerait une amitié solide et fidèle, qui
dans des cas de troubles lui assurerait secrètement un
appui et un secours réel, ou si vous pénétrez enfin que,
par les motifs déjà touchés, elle serait bien aise de se défaire avec avantage du Holstein, qui ne lui vaut et ne lui
importe rien, vous vous hâterez de tirer parti de cette disposition et de la rendre utile au roi avant que des puissances malintentionnées ou des esprits malins, dont toutes
les cours fourmillent, puissent la traverser, alors vous lui
offrirez, mais avec la prudence et le ménagement qu'une
telle démarche exige, celle du roi, pourvu que, par la cession du Holstein, elle mette sa majesté en état de ne plus
redouter ces retours de mésintelligence et de divisions incompatibles avec la sûreté et la confiance que de telles

~~maisons demandent.~~ Vous agirez en tout avec beaucoup de
délicatesse et de circonspection et si vous parvenez à pouvoir entamer la négociation, vous observerez avec le plus
grand soin les gradations des offres du roi et vous ne
passerez à celles qui sont plus considérables que lorsque
vous n'aurez plus d'espérance de faire accepter les moindres.

Voilà, monsieur, ce que je devais vous dire au sujet
de la négociation même. Pour ce qui est des moyens de la
faire réussir et appuyer par les gens en crédit, le roi
m'ordonne de vous marquer qu'il s'en rapporte à votre
zèle, à votre fidélité et à votre intelligence. Vous concluerez aisément de tout ce que je viens de vous exposer
que, dans l'état où sont les affaires et où nous sommes, il
n'est pas question de prodiguer les promesses et encore
moins les présents du roi. Nous ne sollicitons plus, nous
négocions, et dans toutes les offres dont je viens de vous
parler, nous croyons donner plus que nous ne demandons.
Le roi veut bien néanmoins, pour vous mettre dans le cas
de réussir dans un pays où l'habitude des gratifications
s'est introduite, vous autoriser à suivre cette même voie, et
elle vous permet pour cet effet d'abord d'employer à des
présents que vous estimerez nécessaires, ce qui vous reste
des deux sommes qui vous ont été assignées cet été, et
puis d'assurer à madame la princesse Daskow, au comte
de Bestucheff, à mr de Panin, à mr Orloff et à tel autre
ministre ou personnage que vous jugerez pouvoir vous être
utile, jusqu'à deux cent mille écus, si la première proposition, savoir la cession du Holstein, réussit contre le
payement de la somme annuelle; jusqu'à cent mille écus, si
l'accommodement se fait sur le pied de la seconde proposition, c'est à dire moyennant le million ou les deux millions
payables une fois pour toutes; et enfin jusqu'à cinquante
mille écus si la cession n'a lieu que moyennant l'échange
contre les comtés d'Oldenbourg et de Delmenhorst. Moins
l'accord même sera onéreux au roi, mieux il récompensera
ceux qui l'auront fait réussir, plus au contraire il sera à
la charge à sa maj., moins elle payera ceux qui l'auront
procuré. J'ajoute à cette règle aussi simple et naturelle
qu'équitable une seconde, c'est que sa maj. ne compte
accorder à personne des récompenses qu'après qu'elles

auront été véritablement gagnées, et qu'ainsi aucune de ces
gratifications ne sera payée que le jour de l'échange des
ratifications. Bien des raisons déterminent sa maj. à cette
résolution, qu'elle s'est très bien trouvée d'avoir établie pour
principe dans toutes les négociations antérieures à celle-ci,
et qui sans cette sage précaution lui auraient coûté inutilement des sommes immenses.

Je ne vous parle point de la répartition de ces sommes
généralement accordées, ni quelle part le roi destine au
comte de Bestoucheff ou à mr de Panin ou à mr d'Orloff.
Ce partage dépend de tant de circonstances, sujettes même
à variation, qu'il est presque impossible de le fixer de si
loin. Sa maj. se fie à vous, et elle est persuadée que vous
vous acquitterez de cette partie importante de votre commission avec toute l'attention qu'elle demande et qui souvent
décide du succès. Si les affaires en venaient à une liaison
étroite et confidentielle entre le roi et l'impératrice, madame la princesse Daskow aurait droit aux marques les
plus distinguées de l'estime et de la considération de sa
maj., et dans ce cas je me ferais un plaisir de lui écrire
dans le sens que vous m'indiquez dans votre lettre du 16
juillet.[1]) Mais si le tout n'aboutit qu'à une négociation
dans les règles de la politique ordinaire, elle pourra avoir
part en secret aux bienfaits de sa maj., mais elle ne saurait
en recevoir des témoignages ou des assurances publiques.
Son attachement pour l'impératrice ne peut être un mérite
particulier aux yeux du roi que lorsque sa maj. imp. se
sera déclarée l'amie personnelle de sa majesté. Avant cette
liaison il ne conviendrait pas au roi de paraître plus sensible à ce que cette dame a fait que les autres souverains
de l'Europe ne témoignent de l'être. Et c'est aussi ce
même raisonnement qui empêche le roi de marquer, par l'envoi d'une ambassade solennelle, un intérêt à ce qui vient
d'arriver et des sentiments sur l'élévation de l'impératrice
qui seraient encore déplacés. Je crois avoir à présent épuisé
l'objet que je m'étais proposé et vous avoir mis en état

---

[1]) La princesse Daschkow passait pour être fille de Mr Panin.
Sur le rôle qu'elle jouait à la cour de Russie voir: La cour de
Russie, il y a cent ans, 230—233.

d'exécuter les volontés du roi sans crainte de vous y tromper. Vous n'en ferez paraître ou entrevoir que ce qui conviendra et si, comme je le suppose, vous trouvez l'impératrice et son ministère trop livrés à d'autres soins pour s'occuper de votre affaire, vous n'en paraîtrez ni surpris ni fâché. Vous attendrez le moment favorable que vous saisirez dès qu'il arrivera, mais vous ne le précipiterez point. Après l'heureux événement que la bonté divine a opéré, il est de notre devoir de tout espérer d'elle et d'attendre avec vigilance, mais avec tranquillité, l'époque qu'elle a fixée pour achever son ouvrage.

220.

Dépêche à Mr le comte de Wedel-Frijs à Paris.

Copenhague 21 septbre 1762.

J'ai rendu compte au roi de la conversation que vous avez eue avec mr le comte de Choiseul au sujet de la possession de l'administration du duché de Kiel, prise par ordre de sa maj. et dont vous avez eu ordre de faire part à ce ministre. Sa maj. a vu avec satisfaction qu'il vous a renouvelé dans sa réponse les assurances de l'amitié du roi très-chr., qui lui sont toujours si précieuses, et elle n'en attendait pas moins, particulièrement dans cette occasion, de la part du ministre d'un prince, son ami et son allié, et qui ne peut que prendre intérêt à l'exercice d'un droit acquis par son entremise et au succès d'une démarche fondée sur un traité conclu sous sa médiation et sa garantie. Mais comme elle a observé que mr le comte de Choiseul vous a marqué en même temps une espèce d'appréhension que cette prise de possession pourrait causer de nouveaux différends avec la cour de Russie et que cette réflexion, qui parait faire impression sur l'esprit de ce ministre, ne laisse pas de faire quelque peine à sa maj., elle veut que votre exc. s'explique à fond avec lui sur les motifs qui l'ont décidée à cette démarche et qu'elle lui expose ensuite les intentions du roi à cet égard avec la candeur et la confiance qui doivent régner entre des cours amies et que, surtout dans cette affaire, nous devons très particulièrement à la France.

Le pays de Holstein-Kiel par lui-même est un des plus petits objets qui puisse agiter des rois. La France le sait si bien et nous lui avons si souvent parlé avec franchise et exactitude de sa valeur qu'il serait très-inutile de le lui prouver de nouveau. Son administration momentanée et partagée en est sans doute un plus petit encore, mais il importe au roi que ce petit pays, qui par sa situation et ses droits est pour lui d'une conséquence supérieure à tout ce que je pourrais vous en dire, ne devienne pas, s'il est possible, entre les mains d'une puissance redoutable un instrument pour le contrarier et le gêner dans toutes ses démarches, et le contraindre perpétuellement à des armements ruineux pour sa défense ou peut-être enfin un moyen de porter jusqu'au cœur de ses Etats le désordre et la guerre. Voilà déjà, je pense, un motif très juste et très pressant pour engager le roi à ne pas être indifférent sur le gouvernement qui va s'établir en Holstein pendant la minorité du jeune duc. Mais ce n'est pas le seul, et il vient s'y joindre deux autres, qui ne le sont pas moins.

L'un, que, par la cession du roi de Suède, le roi se trouve l'héritier présomptif de cet Etat. Il n'y a entre le moment présent et celui qui l'en rendrait le maitre que la vie d'un prince, enfant faible et infirme, exposé à mille dangers physiques et politiques, que Dieu peut sans doute conserver, fortifier et rendre le père d'une nombreuse postérité mais que la Providence peut aussi retirer de ce monde dans peu de jours ou dans peu d'années. Rien donc de plus naturel pour le roi que de prendre intérêt au gouvernement et au sort d'un pays, peut-être à la veille d'être le sien.

Et l'autre enfin, que le droit à l'administration. dont sa maj. s'est mise en possession, étant fondé sur la cession du roi de Suède, qui fait partie du traité de 1750, sa maj. ne pouvait pas se dispenser de le manifester sans paraître se défier ou ne pas faire cas du dit traité, dont la manutention lui est cependant de la plus grande et de la plus extrême conséquence. Ce dernier motif pouvait suffire seul pour déterminer le roi, et sa maj. se flatte qu'en réunissant tous, mr le comte de Choiseul ne pourra, quel que soit au reste le succès de cette démarche, que l'approuver comme légitime et la justifier comme nécessaire.

Voilà pour le passé. Je passe à l'avenir, dont nous allons être éclaircis incessamment par le retour de mon courrier envoyé à Pétersbourg. Ou bien la czarine se prêtera au pas fait par le roi et consentira, selon les lois de l'empire et les usages de la maison de Holstein, à la communauté de la régence, ce que l'on devrait bien attendre de sa prudence et de la situation peu assurée où elle se trouve. Ou bien elle entrera en accommodement sur cet objet, en cherchant à s'attribuer dans les Etats de son fils plus de pouvoir que les lois et les usages ne lui en accordent, ce qui ne parait pas éloigné de son génie. Ou bien enfin elle s'y opposera avec force et vivacité, ce qui est très possible, vu l'orgueil du trône qu'elle occupe et la hauteur d'un ministère que les plus grandes puissances de l'Europe ont travaillé, comme à l'envi, à rendre intraitable par leurs complaisances et leurs flatteries. Dans le premier de ces cas, le roi atteindrait son but, en vérité très désirable pour lui et pour le présent et l'avenir du Nord; dans le second il ouvrirait la porte à une négociation qui, conduite avec douceur et prudence, pourrait concilier les esprits et changer en amitié une ancienne haine; et dans le troisième enfin sa majesté aurait une occasion de faire, sans qu'au fond il lui en coûte du sien, un plaisir essentiel à la czarine, en cédant à ses désirs et en levant son opposition à ses vues, complaisance qui, si cette princesse, que nous ne connaissons pas encore entièrement, pense comme le font souvent les femmes, pourra encore la disposer à goûter un arrangement final conforme à ses propres intérêts et aux avantages bien entendus de son fils, qui mettrait fin à cette funeste division et qui, en vérité nécessaire au repos du Nord et de l'Europe, est et sera toujours le grand but du roi. Quelle que soit donc la résolution de cette princesse sur la démarche du roi, il en résultera un bien, et il n'en viendra jamais un mal. Car ne pensez pas, monsieur, que sa majesté, pour avoir part à l'administration du duché de Kiel, qui, quelque importante qu'elle lui soit, comme je vous l'ai dit d'abord, n'est cependant

après tout que momentanée, et pourrait ne durer que peu
d'années par la promptitude avec laquelle la cour de Vienne
accorderait sans doute une dispense d'âge au jeune grand-duc
aussitôt que l'impératrice de Russie pourrait et voudrait
la lui demander, voudrait sacrifier des objets plus essentiels, et assurez bien mr le comte de Choiseul que sa maj.,
quelque évidents que soient ses droits sur ce point, ne se
propose pas d'être à charge à ses amis pour le soutenir et
ne compte pas dans cette occasion causer des embarras à
ses garants.

V. Exc. priera mr de Choiseul de ne faire de cette
confidence, pour le moment, d'autre usage que celui que
son amitié lui inspirera, et elle l'assurera qu'en peu de
jours j'aurai soin de l'informer de la suite de l'affaire. Elle
lui dira encore que, pour procéder en règle, le roi avait
ordonné au comte de Bachoff[1]) de demander à la cour de
Vienne la confirmation impériale de son administration, mais
que par le commandement de sa maj. j'ai écrit à ce ministre
de suspendre la démarche jusqu'à nouvel ordre.

221.

Lettre de cabinet à l'Impératrice de Russie.

Fredensborg 7 octobre 1762.[2])

Madame ma sœur: En me présentant, en vertu de mes
traités avec le roi de Suède, à la corégence et à l'administration des Etats de mr mon frère et cousin, le grand-duc,
je me suis proposé pour but et pour avantage, de multiplier mes relations avec votre majesté impériale, d'avoir
plus d'occasions de lui marquer mon désir de lui plaire, et
de lui prouver, par mes soins vigilants pour les intérêts du
prince son fils, la pureté de mon amitié pour lui et la
sincérité de mes souhaits d'acquérir et de mériter son affec-

---

[1]) Cfr no 218.

[2]) La remise de cette lettre devait dépendre de l'appréciation du
    comte de Haxthausen et ne devait pas avoir lieu, s'il jugeait que
    l'impératrice tâcherait de faire croire que le roi de Danemark
    s'était humilié dans cette affaire devant la Russie, cfr no 227.

tiou. Mais comme j'apprends, par le baron de Korff et par
les rapports du comte de Haxthausen, que votre maj. impér.
pense différemment sur ce sujet, je n'hésite point de me
détacher de ce moyen et de lui donner, par la franchise et
la satisfaction avec laquelle je m'en détache, la preuve de
ces mêmes sentiments d'une manière qui lui agréera mieux.
Tout ce que je demande en retour, c'est que votre maj.
imper. veuille bien recevoir ce sacrifice avec autant d'amitié
que je le fais, et juger par là de la haute estime que j'ai
pour elle.

222.

Déclaration à faire au gouvernement russe par Mr le comte de Haxthausen à Pétersbourg.

Copenhague 10 octobre 1662.

(Extrait.)

Vous leur direz:

Que le roi, qui regardait avec plaisir l'avènement de
l'impératrice au trône comme l'époque à laquelle non-seulement les affaires du Holstein ne troubleraient plus l'amitié
si anciennement établie entre les deux couronnes et l'alliance naturelle entre elles, mais encore où ces affaires elles-
mêmes seraient arrangées et la concorde et la confiance
rétablies pour jamais entre les princes de cette auguste
maison, n'avait voulu se charger de la corégence et de
l'administration des Etats de son alt. imp. mgr le grand-
duc que pour avoir des occasions plus fréquentes de marquer
ses sentiments pour ce jeune prince et son désir de gagner
un jour son affection et sa confiance par ses soins tendres
et vigilants pour ses intérêts, mais que sa maj., apprenant
que sa maj. imp. pensait différemment sur ce sujet et
qu'ainsi ces soins, au lieu de le conduire à son véritable
but, l'en écarteraient, ne balançait pas à se détacher de ce
moyen et saisissait au contraire celui de donner à sa maj.
imp., par sa promptitude à lui complaire et par la candeur
et la franchise avec laquelle elle entrait dans ses vues et
dans ses souhaits, une preuve bien éclatante et bien déci-

7*

sive de ses sentiments pour elle et de son désir de faciliter
et d'avancer, autant que cela pouvait dépendre de lui, le
généreux dessein de sa maj. imp., exprimé dans la lettre
de mr le grand-chancelier, de donner les mains au règlement final des longs différends anciens pour les affaires du
Holstein, [1]) et qu'en conséquence sa maj. remettrait, aussitôt qu'elle apprendrait que ses offres avaient été reçues
par sa maj. imp. avec une amitié digne de celle qui les lui
inspirait, toutes choses dans l'état où elles étaient avant
le 18 août, jour auquel ses commissaires s'étaient rendus
à Kiel. [2])

---

[1]) Dans une lettre au comte de Haxthausen Mr de Woronzow avait
déclaré que l'impératrice avait quelque disposition à renouer la
négociation pour la cession ou l'échange du Holstein.

[2]) Les commissaires du roi avaient pris possession de l'administration du Holstein ducal le 19 et le 20 août malgré quelques difficultés
soulevées par les autorités. Mais peu après le prince George de
Gottorp, grand-oncle paternel du grand-duc Paul, arriva muni
des pleins-pouvoirs de l'impératrice pour se charger de l'administration. Cet acte était illégal et froissait en outre l'évêque de
Lübeck, grand-oncle aîné du grand-duc et par conséquent plus
proche agnat que le prince George. Les explications que le roi
avait données à Pétersbourg sur l'attitude prise par lui, furent
très mal accueillies par l'impératrice. Sa réponse était très irritée: „ce serait blesser son amour maternel, la partie la plus sensible de son cœur, ce serait l'empêcher absolument de songer au
traité qui terminerait définitivement les différends pour le Holstein,
auquel elle était d'ailleurs disposée à donner les mains". Cfr Recueil de la société historique russe VII, 162—167. — Dans ces
circonstances le roi de Danemark ne voulut pas pousser plus
loin son droit, non par crainte, car le pouvoir de l'impératrice
était encore trop peu affermi pour qu'elle pût vouloir engager la
Russie dans une guerre, mais plutôt parce que l'administration
du duché donnerait évidemment lieu à des procès devant la cour
aulique qui „déjà depuis bien des années avait cessé d'être un
organe de la justice, pour servir exclusivement d'instrument à la
maison d'Autriche," et ensuite parce que cet incident raviverait
probablement l'ancienne discorde et inspirerait au jeune duc les
mêmes sentiments de haine dont son père avait été pénétré. Par
ces motifs le roi se décida à faire abandon de son droit, mais à
la condition que l'impératrice acceptât cette concession dans le
même esprit dans lequel elle lui était offerte. Jusqu'à ce que
l'impératrice se fût énoncée dans un sens satisfaisant à cet égard
le gouvernement danois était résolu à faire respecter son droit,
cfr no 223.

223.

Instruction pour Mrs de Brockdorff et de Ranzau à Kiel.

Copenhague 15 octobre 1762.

Comme on doit s'attendre à tout de ceux qui se voient obéis aujourd'hui à Kiel et qu'ainsi il pourrait arriver qu'ils voulussent, contre toute raison, toute décence et toute attente, pousser les choses au point de vous éloigner de la ville, pour se débarrasser de vos personnes et de vos oppositions, le roi m'ordonne de vous dire qu'il désire que votre exc. et vous, monsieur, fassiez d'abord et avant qu'ils vous fassent parvenir une insinuation si téméraire et si déraisonnable, tout ce qui dépendra de vous pour les en détourner et leur faire comprendre combien ils se rendraient responsables envers leur jeune maitre et le pays, et même envers l'impératrice de Russie, en portant les choses à l'extrémité dans un temps où ils voient, par la modération et la patience du roi, l'intention de sa maj. d'accommoder ces différends d'une manière amicale et décente pour l'une et pour l'autre partie, et en faisant par conséquent manquer peut-être à la dite princesse ce qu'elle paraissait désirer avec tant d'ardeur.

Mais si cette exhortation ne produit point l'effet désiré, et si malgré elle mrs de la régence de Kiel en viennent à la dite insinuation et vous signifient de quitter la ville, vous leur déclarerez qu'ayant autant de droit d'y rester qu'eux-mêmes, vous n'abandonnerez pas le poste que le roi votre maitre vous a confié, et vous leur ferez savoir que, s'ils employaient contre vous ou les vôtres la moindre violence, vous reviendriez au bout de quelques jours dans un état où vous n'auriez plus de pareilles injustices à craindre.

Je ne puis imaginer que des gens, maîtres de leurs sens et qui ne sont pas traîtres à leur patrie, voulussent après cela aller plus loin, mais s'ils le faisaient, le roi vous permet, messieurs, de céder à la force, dès que la démonstration en sera faite et sans attendre des voies de fait; mais sa majesté vous permet et vous ordonne en même temps de requérir sur le champ un nombre suffisant de ses troupes, assez supérieur à celui des soldats du grand-duc pour les mettre hors de cas de pouvoir lui résister et de rentrer sous cette escorte et avec elle dans Kiel. Sa maj. a donné et va donner les ordres nécessaires pour cet effet par le département de la guerre. Elle défendra sévèrement de faire les moindres excès dans les Etats de son alt. imp., mais elle aura soin aussi de vous mettre tout à fait à l'abri de toute insulte et, quant à tout le reste, elle vous donnera alors les ordres que les conjonctures exigeront.

224.

Dépêche à Mr de Schack à Stockholm.

Copenhague 6 novbre 1762.

Vous avez très bien exécuté les ordres du roi que j'ai eu l'honneur de vous faire parvenir par le courrier Gether. Vous avez exactement dit au baron de Scheffer et au comte d'Ekeblad ce qu'il fallait dire à chacun d'eux, vous avez judicieusement et sagement répliqué au dernier et vous avez ainsi entièrement rempli les intentions et l'attente de sa majesté à cet égard.

Notre ami n'a pas moins satisfait à ce que sa maj. se promettait de lui. Il a reçu votre ouverture confidentielle en homme d'honneur et d'intelligence et il y a répondu avec des sentiments dignes de son esprit et de son cœur.

Mais que voulez-vous, monsieur, que je pense du comte d'Ekeblad, marquant tant de froideur et d'indifférence sur une démarche aussi pleine de droiture et d'amitié que la vôtre, et tant de timidité dans une rencontre où rien ne pouvait le porter à avoir peur ou à craindre le déplaisir de son roi?[1]) Quelle idée voulez-vous que je me forme de

---

[1]) L'affaire de l'administration du Holstein prouva de nouveau combien peu de foi le gouvernement danois pouvait avoir dans la bonne volonté de la Suède. Le roi et la reine de Suède se repentaient du traité de 1750 et il n'était plus douteux que, si le grand-duc venait à mourir ou était écarté par une révolution en Russie, ils ne tâchassent de trouver un prétexte pour se dédire du traité afin de revendiquer l'héritage du Holstein ducal. L'attitude du ministère,

son système et de ses desseins, si au moment que le roi
lui marque une confiance et des égards distingués pour sa
personne et ceux qui sont liés avec lui, et l'attention la plus
délicate de ne pas vouloir causer à la Suède des embarras,
dont la plus grande partie serait tombée sur lui et sur son
ministère, il parait insensible à ce procédé et semble se
préparer de loin une excuse et une voie pour dispenser un
jour son pays de l'observation d'un traité solennel, et dont
il ne saurait douter que le désaveu ou la rupture coûterait
des flots de sang, sans qu'il pût en revenir d'autre avantage
à la Suède que celui d'avoir, en cas de succès, un roi plus
à portée de subjuguer sa liberté et de partager ensuite ce
qu'elle peut avoir de richesses entre ses Holsteinois? Je
vous avoue que je suis frappé d'une conduite aussi étonnante, que je ne saurais regarder que comme préméditée.
monsieur, le comte d'Ekeblad ayant été averti de ce que
vous alliez lui dire, et que je ne puis justifier par l'excuse
que le baron de Scheffer a cherché à lui donner, rien
n'étant plus naturel ni plus dans les règles, comme vous
l'avez si bien observé vous-même, que de mettre la France,
garante du traité de 1750, au fait des démarches du roi,

---

au moins celle du ministre des affaires étrangères, Ekeblad, était
équivoque et peu rassurante. Le comte de Bernstorff ayant notifié
immédiatement à la cour de Stockholm l'intention du roi de
prendre possession de l'administration en vertu du traité de 1750,
la réponse de Mr d'Ekeblad, au lieu de reconnaitre franchement
la légalité de cette démarche, fut évasive et incertaine. Et lorsque
le gouvernement danois se décida à ne pas faire usage de son
droit, Mr de Bernstorff en avertit sans délai confidentiellement le
ministre afin de se concerter avec lui sur la forme dans laquelle
cet abandon devrait avoir lieu. D'après le désir de Mr de Scheffer,
il renonça à sa première idée de faire, pour cette fois, remise au
roi de Suède du droit à l'administration, et il se borna à lui notifier
la résolution du roi de ne pas faire valoir son droit dans cette
occasion, mais en réservant d'ailleurs tous les droits qui revenaient
au Danemark d'après le traité de 1750. Bien que Mr d'Ekeblad,
par l'organe de Mr de Scheffer, eût lui-même suggéré cette forme,
il ne se fit pas faute de la trouver peu satisfaisante plus tard et il
demanda un délai, afin de voir la manière dont l'impératrice
accueillerait la résolution du roi. Le comte de Bernstorff se conforma
encore une fois à sa demande, tout impatient qu'il fût de ces
petites chicanes. La réponse de l'impératrice ayant été satisfaisante,
l'affaire avec la Suède se régla naturellement.

résolues en conséquence de ce traité, et que, par aucun
motif, il n'importerait de lui cacher, et rien ne devant
moins surprendre ni fâcher le ministre suédois que cette
communication. Sans doute que dans quelque temps monsieur d'Ekeblad reviendra à lui et à des propos plus convenables, mais je n'en fais pas moins des réflexions bien
sérieuses sur l'embarras, la peine, la retenue, que les Suédois
nous marquent en toutes rencontres où il peut être question
de quelque concert entre les deux cours, et en un mot, sur
le retour si singulier et si peu mérité dont (j'excepte toujours celui que la vertu et la raison distinguent si avanta-
geusement) ils payent les soins assidus que le roi se donne,
soit pour les soutenir soit pour les gagner. On dirait que
la moindre démonstration amicale ou confidentielle leur
coûte au point de les mettre hors d'eux-mêmes et de leur
faire tout oublier, et qu'ils ne veulent que lasser sa bienveillance et lui prouver qu'il ne doit jamais compter sur eux.

Sa majesté accorde cependant très volontiers au comte
d'Ekeblad le délai qu'il souhaite. Elle différera toute démarche ultérieure jusqu'à ce qu'elle ait reçu la réponse de
l'impératrice de Russie et puisque ce ministre croit cette
réponse douteuse, ce qui en effet est possible, vu la façon
de penser inconcevable de la dite cour, elle l'attendra très
tranquillement. Après ce que sa majesté a fait, rien ne la
presse d'en faire davantage, tout ce que la politesse et
l'amitié pouvaient exiger, a été observé vis-à-vis de la Suède;
c'était là le but du roi, lequel rempli, sa majesté se voit
avec plaisir libre de faire dans la suite ce que les circonstances pourront exiger. Je ne doute pas cependant qu'elle
ne se détermine à donner à sa déclaration vis-à-vis du roi
de Suède la forme que notre ami souhaite, et qui en effet
est la plus juste, la plus convenable et la plus conforme
à la façon de penser du roi et aux conjonctures.

Sa majesté ne trouve pas moins très vrai ce que le baron
de Scheffer vous a dit en dernier lieu à l'égard de la France
et du peu de nécessité qu'il y avait de mettre ce gouvernement en tiers des affaires entre les deux cours.[1]) Mr. le

---

[1]) Le comte d'Ekeblad avait fait semblant d'être froissé de ce que
Mr de Bernstorff avait fait confidence à l'ambassadeur de France

baron de Scheffer n'ignore pas que le roi a toujours pensé
ainsi, et que c'est sur ce principe qu'ont roulé nos conversations confidentielles avouées par sa majesté en 1752,
mais il sait aussi que nous avons été obligés d'abandonner
ce plan, mons. le comte de Hœpken n'ayant cherché pendant tout son ministère que de s'en prévaloir pour nous
rendre suspects à la France, objet dans lequel, au grand
détriment peut-être de la cause publique, il n'a que trop
réussi, et mr. le comte d'Ekeblad n'ayant, depuis qu'il
occupe sa place, rien eu de caché pour le marquis d'Havrincourt, qui, quelque brouillé qu'il ait pu être avec son ancien ami le comte de Hœpken, a toujours été fort d'accord
avec lui dans cette partie de sa politique. Mr. le baron de
Scheffer ne disconviendra pas de cette vérité, non plus que de
celle que le choix fait de Mr. de Sprengporten, [1] dont nous
avons au reste tout sujet de nous louer mais que nous
nous souvenons bien avoir été nommé par l'ambassadeur de
France, a achevé de nous prouver l'inutilité d'une réserve
vis-à-vis de ses ministres, et il est trop généreux et trop
sage pour nous proposer de garder à leur égard un silence qui
n'aurait d'autre effet que de nous donner un air de défiance
avec elle et d'attribuer au ministère de Suède le mérite de la
franchise et de la confiance. Le roi désire que vous traitiez cet
article à fond avec lui, que vous lui disiez que le système
de sa majesté est toujours le même, à savoir de rester en
constante et fidèle alliance et amitié avec la France, mais
sans rendre cette couronne l'arbitre nécessaire de ses intérêts ni de ceux du Nord, et qu'elle estime cette restriction très juste et très convenable à la dignité et à l'avantage du Danemark et de la Suède, mais pour qu'elle pût

à Copenhague de ses pourparlers avec le ministère suédois. Ce
n'était évidemment qu'un prétexte car, outre que Mr d'Ekeblad de
son côté n'avait jamais de secret pour le marquis d'Havrincourt,
rien n'était plus naturel pour le ministre danois que de tenir la
France, garante et auteur du traité de 1750, au courant de tout
ce que le gouvernement danois faisait à l'égard de l'exécution
et de l'application de ce traité.

[1] Mr le baron Johan Wilhelm de Sprengporten avait remplacé Mr
d'Ungern-Sternberg, mort en 1760 comme ministre de Suède à
Copenhague.

être observée dans les affaires qui se traitaient entre les
deux royaumes, il fallait que la Suède et nommément le
ministère conduisant ses affaires et chargé de tous les
secrets de l'Etat, pensât et agît de même et que, sans cette
bonne foi et cette conformité de principes et de mesures,
l'exactitude de l'une des deux cours à les suivre ne ferait
qu'irriter et offenser la France et lui donner envie de s'opposer à toutes ses démarches, ce que, comme mr le baron de
Scheffer ne pouvait l'ignorer, elle n'aurait toujours que trop
l'occasion et le pouvoir d'effectuer. Vous ne dissimulerez
point à ce seigneur que, pour déterminer le roi à former
avec la Suède cette liaison confidentielle et étroite qui
ferait le bonheur du Nord et élèverait l'un et l'autre
royaume au point de considération où ils devraient être, et
qui en mon particulier avait toujours fait l'objet de mes
vœux et de mes vues, il faudrait que le ministère de Suède
temoignât bien plus de désir de cette union et de l'amitié
de sa majesté, que Mrs de Hœpken et d'Ekeblad ne l'ont
fait jusqu'ici. Il a assurément trop de lumières et trop de
droiture pour en disconvenir.

225.

Dépêche à Mr de Schack à Stockholm.

Copenhague 27 novbre 1762.

(Extrait).

Vous ne pensez que trop juste et vous n'exprimez que
trop exactement ce que le roi peut attendre du plus grand
nombre de ses amis ou soi-disant tels.[1]) Peu de fermeté,

---

[1]) Mr de Schack fit dans sa dépêche du 21 novbre la description
suivante du comte d'Ekeblad: „Quand il vous aimerait, il ne serait
cependant qu'un ami faible, craintif et par conséquent toujours
inutile dans des cas où il s'agirait de montrer de la fermeté et de
la vigueur. Une crainte excessive qui approche de la pusillanimité,
jointe à une indolence inconcevable, fait le fond du caractère de
ce ministre, d'où il s'ensuit naturellement que la moindre affaire
qui lui paraît sujette à quelque inconvénient ou qui exige de
l'application lui devient odieuse, qu'il est toujours, du moins en

moins encore de reconnaissance, un penchant décidé à la
jalousie, aux soupçons et à la défiance et une lâche facilité
à parler l'ancien langage de la haine et à flatter, par un
moyen si indigne, contre leur propre expérience et leur
propre conviction, les préjugés d'un vulgaire abusé. voilà,
monsieur, ce que le roi découvre dans la plupart de ceux
qu'il a soutenus et qui ne rougissent point de lui être pour
le moins tout aussi inutiles dans les places qu'ils n'ont
conservées que par lui. Mais comme les vues de sa maj.
sont bien plus consacrées au bien de l'Etat qu'à celui des
personnes, tout cela ne fait que la toucher, sans la détourner de la poursuite du plan qu'elle a formé. Elle n'en
agira donc pas moins pour la liberté et la tranquillité de
la Suède, et elle dissimulera le peu de satisfaction que la
plupart de ses citoyens lui donnent. Elle leur pardonnera
d'être ingrats, pourvu qu'ils soient libres.

Mr de Haxthausen m'a donné le même avertissement
qu'à vous, et vous aurez déjà vu dans mes précédentes
dépêches que la liaison qui semble se former entre l'impératrice de Russie et la reine de Suède excite fortement l'attention du roi. Il est très nécessaire de l'observer et vous
avez sagement fait, monsieur, d'en avertir confidentiellement
notre ami et de réveiller sur elle sa vigilance. Mais je dois
pourtant ajouter, pour votre consolation et la mienne, que
les inclinations de la czarine, premiers effets de ses passions,
pourront être sujettes encore à bien des variations. L'esprit
de cette princesse, qui depuis qu'elle règne se manifeste
être fort inférieur à l'opinion qu'on en avait conçue, est
encore aussi peu rassis que son système et toutes ses démarches ne marquent jusqu'à présent, outre le désir de
plaire et de gouverner, que beaucoup de présomption, de
précipitation et même de l'inconstance.[1] Déjà mr de Panin
baisse, madame Daskow est presque disgraciée, le maréchal

_____

apparence, l'ami du plus fort et qu'il rapporte tout à sa propre
sûreté et tranquillité et non pas à un certain système général de
politique.« En général, dit-il, „dans toute la Suède il n'y a qu'un
seul homme dont nous soyons sûrs" (Scheffer).

[1]) Sur la manière dont les diplomates danois jugeaient l'impératrice
Catherine à cette époque, voir Ostens Gesandskaber, l c., 558—554.

de Münnich va sortir de l'empire; que dire de la résolution
prise sur la Courlande, et de la ridicule démarche de prier
l'impératrice-reine et le roi de Prusse d'évacuer la Saxe[1])?
que juger de l'imprudence de ses procédés envers le roi,
qu'elle n'est certainement pas dans le cas de soutenir par ses
forces et qui ne lui vaudraient que des affronts, si des motifs et des vues supérieurs n'engageaient pas sa maj. à
les tolérer? Ce n'est pas ainsi que l'on règne ni que l'on
effectue de grandes choses, et pour peu que Catherine II
continue sur ce ton, toute la puissance de son empire ne
l'empêchera pas d'être très insignifiante pour toutes les
autres puissances de l'Europe. Nous verrons dans peu ce
qu'elle fera en présence des offres si nobles et si généreuses
du roi, il ne me faudra plus que cette expérience pour me
former une idée de son génie et de son caractère. —

224.

Dépêche à Mr de Schack à Stockholm.

Copenhague 18 décembre 1762.

Voici la lettre que je vous avais promise, il y a 8 jours,
et dont j'espère que notre ami sera content, puisqu'elle est
toute conforme à ce qu'il vous a proposé pour le cas aujourd'hui arrivé et à ce que vous m'avez mandé en conséquence le 22 octobre.[2]) Quelque envie que puissent avoir
mrs les Suédois de tourner en mal tout ce qui se fait par
ordre du roi et d'être mécontents de toutes les démarches
de sa maj., ils auront de la peine à condamner celle-ci, à
moins qu'ils ne se plaignent de ce que le roi va rétablir
toutes choses à Kiel dans l'ancien état avant que d'avoir
reçu leur aveu; mais, outre qu'après la froideur avec laquelle
ils ont reçu les premières ouvertures de sa maj. et la réponse nulle qu'ils lui ont donnée alors ils ne sont guère en
droit de croire qu'on puisse s'en promettre une plus signi-

---

[1]) Cfr Schäfer, III, 661—664.
[2]) Il s'agit de la notification à faire à la Suède de la décision du
    roi relativement à l'abandon de l'administration du Holstein-ducal,
    cfr no 224.

ficative de leur part aujourd'hui, ils doivent sentir que sa
maj. s'exposerait elle-même et eux aussi peut-être à nombre
de reproches et de désagréments, si pour attendre leur
consentement, qu'au fond ils ne peuvent pas dire nécessaire,
elle différait l'arrangement arrêté entre elle et la czarine
et ardemment désiré par cette princesse. Tout ce que le
roi pourra donc faire à cet égard, c'est de différer de huit
jours l'expédition de ses ordres pour Kiel.

Mais, monsieur, le roi m'ordonne de vous confier le
soupçon violent que les derniers rapports qu'elle a reçus
de Russie, lui font naître d'un dessein de la plus grande
importance, qui se traine entre l'impératrice et la reine de
Suède. Je ne vous parle plus des intrigues que j'oserais
presque dire ordinaires, déjà entamées entre les deux princesses, toutes deux inquiètes, ambitieuses et avides de pouvoir
et de domination. Ce que le roi vient d'apprendre l'autorise
à leur supposer des projets extraordinaires et d'une conséquence plus forte, et il n'est pas entièrement éloigné de
croire qu'il est peut-être question entre elles de procurer
en cas de mort du jeune grand-duc, auquel ses infirmités
semblent ne pas promettre une longue vie, la succession au
trône de Russie à un des princes en Suède. L'idée est
probablement très chimérique, et n'aboutirait qu'à faire
périr tôt ou tard le prince infortuné choisi pour être la
victime de l'ambition et de l'union des deux princesses.
Mais comme il suffirait qu'elle fût formée entre elles pour
les lier de la manière la plus intime l'une à l'autre, le roi
juge qu'il est bon que vous communiquiez, sous le sceau
du plus profond secret, cet avis, que sa maj. ne donne
cependant que pour une simple conjecture,[1] au baron de
Scheffer, afin que, cherchant à pénétrer ce mystère de son
côté comme nous le ferons du nôtre, nous parvenions, par
des soins communs, plus facilement à le découvrir. Vous
voyez d'un coup d'œil, monsieur, à quoi tout cela conduirait
et combien l'indépendance de la Suède et sa liberté seraient

---

[1] Plus tard Mr de Bernstorff écrit qu'il y avait quelque raison de
croire qu'il s'agissait plutôt d'un mariage entre le grand-duc et
une princesse, qui, en cas de mort du jeune prince sans postérité,
lui succéderait sur le trône de Russie. Cfr N. Tengberg, l. c., 19.

près de périr, si ce projet était jamais, je ne dis pas exécuté, bien des choses s'y opposeraient, mais seulement sérieusement conçu. Vous direz à ce respectable sénateur, monsieur, que la mésintelligence augmente entre les rois de Prusse et de la Grande-Bretagne et que, quoiqu'il n'y ait pas d'apparence qu'on en vienne à une rupture ouverte, au moins tant que l'union entre les cours de Vienne et de Versailles rendra le raccommodement de cette dernière avec celle de Berlin difficile ou impossible, il n'y aura cependant plus de concert d'opérations et de démarches entre elles. Il faudra voir ce que cette désunion produira à Moscou. Tout y est, comme je vous l'ai déjà dit dans mes précédentes, variable et chancelant, il n'y a que l'orgueil de la czarine, quoiqu'au bord du précipice, et sa haine contre ceux qu'elle devrait aimer, qui ne le sont pas.

227.

Dépêche à Mr le comte de Haxthausen à Pétersbourg.
Copenhague 25 décembre 1762.

Le roi a été content de la réponse que l'impératrice de Russie a fait donner par son ministère à la déclaration que vous avez été chargé de lui faire, il ne l'est guère de tout le reste des procédés de cette princesse, dont vous lui avez rendu compte successivement et sur tout par votre rapport du 17 du passé. Sa maj. sait qu'elle avait mérité mieux de sa part, mais satisfaite par là même et contente d'avoir tout fait de son côté, pour établir entre les deux cours une liaison et une intelligence convenables et utiles à l'une et à l'autre, elle attendra très tranquillement et sans aucune inquiétude que l'impératrice, revenue de ces amitiés qu'elle semble préférer aujourd'hui, reconnaisse le prix de la sienne ou que la Providence en dispose différemment.

Le roi trouve très bon que, voyant la disposition de la czarine, vous ayez pris, conformément à vos instructions, le parti de ne pas remettre à cette princesse la lettre de sa maj., et il approuve de même tant les propos que vous avez tenus dans votre conférence avec mrs les chanceliers de Russie, que la lettre que vous avez écrite à mr de Panin.

Cette affaire est donc finie,[1] monsieur, et le roi en tire toujours l'avantage important, d'abord d'avoir marqué à l'impératrice une complaisance dont elle peut bien par fierté dissimuler mais dont elle ne saurait se cacher le prix, et puis d'avoir vu le fond de la politique et du cœur de cette princesse pour lui.[2] Cette découverte n'est point indifférente et le roi saura se la rendre utile.

En conséquence sa maj. est résolue de laisser tomber toute négociation avec sa majesté impériale. Vous continuerez, monsieur, d'aller à la cour et chez les ministres, vous paraîtrez très content, vous serez en effet très tranquille, mais vous ne laisserez pas échapper un mot qui puisse faire croire que le roi désire quelque chose de la czarine et si l'on venait à vous parler, soit du renouvellement de l'alliance de 1746 soit d'un traité au sujet de la renonciation au Slesvic, vous en recevrez l'ouverture.

228.

Dépêche à Mr le comte de Haxthausen à Pétersbourg.

Copenhague 29 janvier 1763.

(Extrait.)

Mrs de Breteuil et d'Almadoure n'ont, je pense, pas lieu de craindre d'être désavoués par leurs cours, et je ne puis que trouver que la déclaration que l'impératrice de Russie a donnée le 21 novbre, termine, selon leurs souhaits, le différend et doit satisfaire toutes les puissances.[3] Le titre impérial n'est, par lui-même, pas plus élevé que celui de roi, il l'est même dans son origine beaucoup moins,

---

[1] Le 24 décembre l'ordre fut donné à Mrs de Brockdorff et de Rantzau de quitter Kiel. Cfr sur l'affaire de l'administration Moltke l. c., 220—222.

[2] A cette époque la cour danoise jugeait l'impératrice Catherine tout aussi hostile au Danemark que l'avait été Pierre III, seulement avec plus de dissimulation. Mr de Bernstorff écrit le 11 janvier 1763 que „s'il ne se trompe pas, l'impératrice ne consentira jamais à la cession, voire même à l'échange du Holstein.“

[3] Sur les discussions relatives au titre impérial pris par Catherine II, voir Flassan VI, 352 sqq, 530 sqq.

comme vous le savez, et il n'est pas douteux que chaque roi, souverain d'une nation libre et indépendante de toute autre, pourrait, comme Pierre I l'a fait, se faire donner, par ses sujets et les étrangers qui seraient dans la nécessité de se conformer à ses volontés ou qui trouveraient de leur intérêt de lui complaire, ce même titre. Mais il ne déciderait rien pour le cérémonial avec les autres rois, dont aucun mortel ne peut régler le rang. En Europe les czars sont les seuls princes auxquels l'envie de cette décoration soit venue, et il se peut bien que les relations qu'ils ont toujours eues avec les cours orientales asiatiques leur ait fait naître cette idée, qu'on peut excuser en eux puisque, ne portant jusque-là que le titre de grand-duc, inférieur en effet à leur puissance et à l'étendue de leur domination, il était assez juste qu'ils en prissent un plus élevé. Mais en Asie et en Afrique nous voyons les souverains des Indes et de la Chine, de l'Abyssinie et du Maroc, être appelés du même nom, sans que qui que ce soit pense attribuer à ces princes un rang sur les rois, leurs voisins, et moins encore sur les monarques européens. Il n'y a que les empereurs d'Allemagne et de Grèce, auxquels, non comme empereurs mais comme successeurs des souverains de l'ancien empire romain, les autres rois sont convenus de céder le pas comme aux premiers entre les égaux, et puisque la Russie, qui ne saurait ignorer cette vérité, vient de déclarer très sagement en conformité qu'elle ne prétend point que le titre qu'elle s'est arrogé depuis 42 ans, change rien au cérémonial jusqu'à présent usité entre les cours, cérémonial dans lequel très notoirement elle n'a joui d'aucun avantage sur les autres puissances, il en résulte qu'elle se joint à tous les rois dans les principes jusqu'ici reçus et usités, et il ne reste par conséquent aucun motif pour lui contester une dignité inoffensive et . qui, égale à la dignité royale, convient sans doute aux souverains d'une si vaste monarchie.

Je me suis un peu étendu sur cet objet, pour vous mettre au fait de la manière dont le roi l'envisage. Vous paraîtrez donc très content de la déclaration de l'impératrice, lorsqu'il sera question de s'expliquer à cet égard, mais vous éviterez d'en parler beaucoup; les détails n'étant pas nécessaires dans ces rencontres et ne donnant souvent occasion qu'à des contestations qu'il est toujours bon d'écarter et de prévenir.

L'élévation de mr de Panin au poste de premier ministre, car il paraît bien en prendre le chemin, aurait été fort agréable au roi, il y a sept ou huit mois.[1] Il le croyait alors dans les principes que tout ministre russe, aimant sa souveraine et sa patrie, doit avoir; mais depuis que sa majesté voit que d'anciennes inclinations et des haines particulières lui font adopter un système que sa nation lui reprochera tôt ou tard, elle ne peut le regarder des mêmes yeux ni avoir en lui la même confiance. Vous observerez bien attentivement sa conduite, monsieur. Il est cependant si peu concevable qu'un homme d'esprit, tel que lui, et qui depuis longtemps est au fait des affaires, puisse aller sérieusement contre les intérêts les plus évidents et les plus notoires de son pays, que j'ai bien de la peine à imaginer que les liaisons secrètes qu'il tâche de former entre sa souveraine et la reine de Suède aient pour but de rétablir le pouvoir souverain dans un pays voisin ou d'appeler un prince suédois sur le trône de Russie. Je ne saurais croire non plus que, le grand-duc, quoique infirme, étant encore plein de vie et dans un âge où les constitutions se fortifient très ordinairement, mr de Panin puisse songer à régler une succession qui, bien loin d'affermir, ne ferait que troubler l'Etat ou au moins augmenter pour plus d'une raison ses dangers, et je conclus de toutes ces considérations que, s'il y a en effet une intrigue et un projet entre les deux princesses, il ne peut regarder tout au plus que la princesse de Suède, que l'on voudra peut-être destiner pour épouse au grand-duc et appeler comme telle en Russie, pour y être élevée dans la religion et dans les mœurs du pays et déclarée grande-

---

[1] Dans une dépêche du 12 octobre 1762 à Mr de Schack le comte de Bernstorff dit: „Mr de Panin est un des premiers hommes de son pays, il a du génie et des principes et beaucoup de talent, de connaissances et de justesse d'esprit. Mais il est fier, vivement irrité contre la France, dont il s'est cru persécuté, et, par le pouvoir que certaine liaison à Stockholm a eu sur son cœur, attaché à la reine de Suède." Pendant son ministère à Stockholm il s'était montré peu favorable au Danemark, cfr no 16.

duchesse, comme Catherine II l'a été. Cette idée aurait certainement ses inconvénients, et je serais fort trompé si tôt ou tard l'impératrice n'avait sujet de s'en repentir, mais elle en aurait toujours moins que toute autre, et je vous prie de bien réfléchir à cette conjecture et de me dire ensuite ce que vous en pensez. Les passions et les préventions auront cependant beau faire, le Danemark sera toujours l'allié naturel de la Russie, et la Suède ne le sera jamais.

229.

Dépêche à Mr de Schack à Stockholm.

Copenhague 19 février 1763.

(Extrait).

Depuis quelque temps déjà le roi s'aperçoit ou croit s'apercevoir que le ministère de France, plus vif et plus impatient que prudent et réfléchi dans sa politique et dans ses principes, se lasse de la Suède ou au moins du parti qu'il y a eu jusqu'ici et qu'il juge que la forme du gouvernement, telle qu'elle est établie aujourd'hui dans ce royaume, lui rend son alliance peu utile. Il peut y avoir du vrai dans ce raisonnement, et il y en aurait encore davantage si la France était encore aujourd'hui, comme du temps de Louis XIV, en goût et en situation de troubler l'Europe et de chercher pour cet effet un allié dans le Nord toujours prêt à porter le feu là où elle le désirerait. Mais comme, quelque juste que cela puisse être pour la France, rien ne serait plus contraire aux intérêts du roi que si cette couronne changeait de principes et entraînait, par la prodigieuse influence qu'elle exerce sur la nation suédoise, une grande partie de ceux qui travaillent aujourd'hui pour la liberté et le maintien des lois, à changer comme elle et à renverser ce qu'ils ont soutenu, rien aussi n'importe plus à sa maj. que de pénétrer à temps ce dessein pour s'y opposer, s'il existe, de toutes ses forces. L'appui que la France a donné dans ces derniers temps aux défenseurs de la liberté en Suède est le nœud le plus fort qui lie sa maj. avec cette couronne et je ne dois point vous dissimuler,

monsieur, què, quelle que soit l'amitié que sa maj. sent
pour le roi très-chrét., elle n'hésitera pas un moment
de contrecarrer toutes les vues de ce monarque, si jamais
il voulait favoriser le rétablissement de ce pouvoir souverain
qui, tant qu'il a subsisté en Suède, a été le malheur et le
tourment du Nord. L'extrême conséquence de la chose
porte le roi à m'ordonner de vous avertir de ces soupçons,
peut-être peu fondés, probablement très prématurés et qui
ne se vérifieront que difficilement tant que la mésintelligence
entre les cours de France et de Prusse empêchera la reine
de Suède de s'adresser et de s'attacher à la première.
Mais sa maj. entend que vous gardiez le plus profond
secret sur cette confidence que vous n'appliquerez qu'à
votre propre usage. [1])

230.
Dépêche à Mr le comte de Wedel-Frijs à Paris.
Copenhague 26 février 1763.

Le roi a vu avec une satisfaction particulière par vos
dépêches, dont les dernières étaient du 4 et 7 du courant,
la manière pleine d'amitié et de politesse avec laquelle
mons. le duc Praslin a reçu la proposition que votre exc.
a été chargée de lui faire d'une communication confidentielle
entre les deux cours de ce qu'elles pourraient pénétrer ou
découvrir des vues et du système de l'impératrice de Russie, et c'est pour commencer à y satisfaire de sa part que
sa majesté m'a ordonné de vous parler à fond sur ce sujet.

La roi croit connaître assez cette princesse pour l'estimer
capable, si elle se maintient sur le trône, d'augmenter fort
sa puissance et la considération de son empire. Il la sait
très appliquée aux soins du gouvernement, aimant le travail, avide de gloire et de domination; l'univers jugera si
elle est délicate sur le choix des moyens pour y parvenir.
Il la croit fière et altière, inclinée à former de grandes
entreprises et peut-être même à en former quelquefois de

---

[1] Cfr Ostens Gesandtskaber, 613—614, Tengberg: Catharina IIs dsyf-
tede store nordiska Alliance, 20, Malmstrøm, V, 257.

supérieures à ses forces et à sa situation. Mais il ne la juge pas en état d'en exécuter de considérables, au moins pendant plusieurs années, son trône ne pouvant être assez affermi pour lui permettre de s'exposer à des hasards, et il en conclut que, assez habile pour sentir cette vérité, elle tournera son application à redresser les désordres sans nombre qui, pendant la mollesse des derniers règnes, se sont introduits dans l'intérieur de son empire, à acquérir par là et par une hauteur de langage, toujours agréable à un peuple, surtout lorsqu'il est ignorant et barbare, l'affection de la nation russe, dont elle a besoin, et à s'attribuer, tant par la conséquence naturelle de cette conduite que par son attention à se mêler des affaires de toutes les autres cours, un empire sur les puissances qui lui sont voisines et une influence majeure sur celles qui gouvernent le reste de l'Europe.

Voilà, monsieur, ce que le roi estime être le caractère de cette princesse et son plan général, et ce dont la vérité lui parait prouvée par tout ce qu'on lui a vu faire jusqu'à présent. Mons. le duc de Praslin est sans doute plus exactement instruit qu'il ne saurait l'être par nous, des arrangements qui se prennent dans l'intérieur de la Russie pour améliorer et régler les finances, pour mettre sur un pied plus redoutable l'armée et tout ce qui a rapport à l'art militaire, pour rétablir la flotte, pour améliorer ou plutôt pour créer ce fameux port de Rotherwick près de Narwa, déjà promptement décoré du nom de port baltique comme s'il était ou allait être le seul port de cette mer, pour fonder de nouvelles villes, augmenter le commerce etc, et quoique ces arrangements, que leur multiplicité même embarrassera, trouveront probablement des difficultés et des obstacles qui pourront les retarder et même les faire échouer en partie, il suffit qu'ils soient formés, dans un temps où tout autre que Catherine II ne serait occupé que de la sûreté de sa vie et de sa puissance, pour dénoter son génie et pour indiquer ce qu'elle veut et pourra faire d'un empire aussi vaste et aussi soumis à la volonté de ses souverains que le sien, et lorsque le duc de Praslin voudra se rappeler la manière impérieuse et violente dont cette princesse vient de disposer de la Courlande en dépit des droits notoires et pas

même contestés de la Pologne, l'application et l'emportement avec lesquels, malgré son aversion autrefois décidée
contre la reine de Suède et tout ce que la destructrice de
Pierre III devait naturellement penser et attendre de celle
qui avait fondé toutes ses espérances sur l'appui de cet
infortuné monarque, elle cherche à s'attacher aujourd'hui
cette princesse et à s'assujettir par son moyen la maison
royale de Suède, la prédilection extrême et par les mêmes
raisons si étonnante qu'elle marque au roi de Prusse, autre
ami intime de l'époux qu'elle a fait périr, les mouvements
qu'elle s'est donnés, pour avoir ou au moins pour paraître
avoir une principal part, soit à l'évacution de la Saxe, soit
à la pacification de l'Allemagne, [1]) et le ton enfin qu'elle a
pris à l'occasion du titre impérial et lorsqu'il a été question
de l'administration du Holstein dont elle s'est saisie, au mépris
de toutes les lois de l'empire et de la maison d'Oldenbourg,
sans s'embarrasser un moment de leur contradiction et sans
marquer le moindre désir de l'aveu de l'empereur, lors, dis-je,
que monsieur de Praslin se rapellera tous ces faits, il en
conclura, avec cette justesse d'esprit qui lui est propre, ce
que toute l'Europe a à attendre d'elle pour peu qu'elle
règne et qu'elle vive.

Son règne ne fait que commencer, monsieur, et, je
l'avoue, il est peu assuré encore, mais il n'en est pas moins
temps que les rois qui prennent intérêt au repos, à l'équilibre et à l'indépendance de l'Europe dans toutes ses parties, fassent des réflexions sérieuses et mûres sur ce génie
et ce pouvoir si grand et peut-être si dangereux qui s'élève
et qui après tout peut se soutenir, et que ceux d'entre eux
qui se trouvent liés ensemble par une amitié naturelle et
sincère, concertent les mesures à prendre pour le balancer, aujourd'hui que la paix conclue de toute part autorise
à espérer une longue tranquillité et permet de former des
systèmes solides, fondés non sur des intérêts momentanés,
auxquels la réussite des affaires oblige de se prêter quelquefois, mais sur les fondements inébranlables de la nature et
de la situation même des Etats, base de liaisons et de vues
que les événements peuvent altérer mais non pas détruire

---

[1]) Cfr Schäfer III, 697.

et qui reviennent toujours. Sans un concert, pris avec
sagesse et exécuté avec fidélité et constance,[1] le pouvoir
entreprenant de la Russie, ce pouvoir que les plus grands
princes de l'Europe ont paru vouloir augmenter à l'envi,
gagnera un ascendant et prendra des racines que les efforts
les plus violents ne pourront plus arrêter.

Le roi a cru devoir à son amitié fidèle pour le roi
très-chrét., à l'intérêt qu'il prend à la gloire de ce monarque, et à la confiance qu'il a dans sa sagesse et dans le
secret de ses conseils, de s'ouvrir de bonne heure et sans
réserve à lui sur cet objet si important; mais, content
d'avoir ainsi satisfait aux mouvements de son cœur, il ne
lui demande et ne lui propose rien à cet égard. Tranquille
et fort sûr que, sous la protection du Très-Haut, le repos
de ses peuples, premier objet de ses soins tendres et pater-
nels, ne court point de risques pendant le règne de cette
même princesse, trop habile pour courir après de médiocres
acquisitions éloignées et pour les préférer à de plus importantes et de la part de pays plus voisins, qui s'offrent au moins à
lui obéir s'ils ne se donnent pas pour provinces à son empire,
il n'a point d'inquiétude pour ses intérêts particuliers et ce
n'est que le bien général qui le fait parler. C'est au roi
très-chrét. à juger s'il lui convient de laisser faire cette
fière rivale, s'il convient à l'éclat et au système de sa couronne que la Pologne et la Suède deviennent des vassaux
de la Russie, dont bientôt elle se jouera comme elle se joue
aujourd'hui de la Courlande, s'il lui convient que les affaires
de l'Allemagne se débattent désormais à Pétersbourg.

Je vous avoue, monsieur, que je ne le crois pas et
qu'après les réponses que ce monarque a fait donner à la
déclaration de Pierre III, lorsqu'il abandonna son alliance,
et à celle de Catherine II au sujet du titre impérial, réponses dignes de son trône, je me promets de sa fermeté
et de celle de son ministère des résolutions et des mesures
capables de conserver l'équilibre et de maintenir, contre les
attentats et les entreprises d'une puissance nouvelle que le
malheur du temps a rendue si considérable, le pouvoir, la
dignité et l'indépendance des anciennes couronnes de l'Europe.

---

[1] Voir Ostens Gesandtskaber, 562—64, cfr no 235.

231.

Dépêche à Mr le comte U. A. de Holstein à Schwerin.
Copenhague 5 mars 1763.

J'ai reçu samedi, le 26 du passé, la lettre que vous avez bien voulu m'écrire le 22 et, avec elle, l'acte de la convention passée entre vous de la part du roi et mr le comte de Bassewitz de la part de mgr le duc de Mecklenbourg. [1]) J'ai sur le champ mis sous les yeux du roi l'une et l'autre pièce et j'ai la satisfaction de vous dire que sa maj., qui a été très contente de vous et de l'application et de la ponctualité que vous avez mises à l'exécution de ses ordres pendant tout le cours de la négociation dont vous avez été chargé, ne l'est pas moins de celles que vous avez marquées encore dans ce dernier acte qui y a mis le sceau et qui, quoique devenu inutile aujourd'hui par la paix rétablie dans toute l'Allemagne, terme auquel la convention expire, sera toujours une preuve bien décisive pour son alt. sérén. et sa maison de l'amitié particulière du roi et de l'intérêt qu'il prend à sa conservation et à son soutien. Le baron d'Usedom ne m'a point parlé encore de la ratification du duc, son maître, et je ne lui en parlerai pas non plus, la convention étant, comme je viens de le dire, déjà expirée par la fin des troubles de l'Allemagne, et l'appréhension d'une rupture entre les rois de la Grande-Bretagne et de la Prusse n'ayant certainement aucun fondement.

232.

Réponse verbale donnée à Mr l'Ambassadeur de France à Copenhague.
Copenhague 26 mars 1763.

— Que sa majesté recevait comme un nouveau témoignage de ces mêmes sentiments l'offre que mons. l'ambassadeur

---

[1]) De peur que, si la guerre continuait en Allemagne, le roi de Prusse n'enlevât, malgré la paix conclue avec le Mecklenbourg, ses troupes et ne les incorporât dans l'armée prussienne, le duc avait sollicité et obtenu par une convention datée du 19 février la permission de les faire passer dans le Slesvic. Mais la paix

avait été chargé de lui faire de la part du roi, son maître,
de la faire comprendre, en qualité de puissance alliée de
l'impératrice-reine de Hongrie et de Bohême, dans le traité
de paix conclu le 15 du mois dernier entre cette princesse
et le roi de Prusse,[1]) qu'elle était très sensible à une
attention aussi obligeante et qu'elle croyait ne pouvoir témoigner mieux combien elle en était touchée, qu'en y répondant avec toute la sincérité et toute la confiance qu'une
amitié fidèle et constante était en droit d'inspirer,

Que sa majesté serait toujours très jalouse d'être
nommée et comptée entre les alliés les plus décidés de la
France, mais qu'elle ne voulait pas dissimuler au roi très-
chrét. qu'elle n'était pas dans le cas de penser tout à fait
de même à l'égard de la cour de Vienne, dont, pendant
tout le cours de la guerre qui venait de finir, elle n'avait
non-seulement pas reçu le moindre signe d'amitié mais au
contraire éprouvé toute sorte de froideur et d'indifférence,
qui avait marqué une répugnance si visible à accéder, sur
les exhortations de la France, au traité du 4 mai 1758 et
qui, comme elle n'en avait que trop de preuves, n'avait
jamais hésité un moment de sacrifier les intérêts les plus
pressants du Danemark et du Nord, les lois de l'empire et
ses propres engagements les plus solennels à son désir de
plaire à la Russie et à ses inutiles efforts de retenir Pierre
III dans son alliance,

Que le roi ne rappelait point ces faits par un mouvement de ressentiment contre une cour à la grandeur et à
la sagesse de laquelle à tous autres égards il se plaisait
de rendre justice, dont il avait toujours estimé et désiré
l'amitié et que son alliance avec la France lui rendait très
considérable aujourd'hui, mais qu'il croyait naturel et juste de
ne pas les ignorer dans cette occurrence et de s'en rapporter
au roi très-chrét. lui-même si, après n'avoir jamais été
traité pendant toute la guerre comme allié de la dite cour,
qualité qui supposait une réciprocité sans laquelle elle ne

---

de Hubertsbourg ayant déjà été signée le 15 février, cette convention était devenue inutile et ne fut jamais ratifiée.
[1]) Cfr Schäfer III, 697.

pouvait subsister un moment, il convenait qu'il en prît le titre à la paix,

Que sa majesté, bien aise de faire lire à ce monarque jusqu'au fond de son cœur, ne prétendait pas non plus lui cacher que, si la part que les puissances nommées et comprises aujourd'hui dans le traité prenaient à la paix, en s'y faisant comprendre, devait, comme il semblait résulter de la combinaison de l'art XVI avec l'art XX, les conduire et les engager à la garantie de la dite paix, cet engagement était, tant par le danger toujours présent d'une rupture nouvelle entre deux monarchies dont cette guerre n'avait ni éteint l'animosité ni fixé ou décidé le sort, que par les vicissitudes et les changements auxquels toutes les choses humaines et, par conséquent aussi, les liaisons politiques des empires sont sujettes, vicissitudes qui pourraient exposer le roi à la douleur de se voir lié un jour à une cause opposée à des intérêts qui lui fussent incomparablement plus chers, d'une nature trop onéreuse et trop importante pour pouvoir être contracté gratuitement et sans savoir, par quels avantages et quel degré de certitude donnée à ses propres Etats et à l'affermissement du repos de ses peuples la cour de Vienne balancerait le danger auquel sa majesté exposerait ces mêmes Etats et ces mêmes peuples en sa faveur,

Et que par ces réflexions le roi estimait qu'il était de la prudence et même de ce qu'il devait à ses véritables amis de ne point former des liens pour l'avenir, dont l'effet et le contre-coup pourrait être très différent de ce qu'il était naturel de prévoir aujourd'hui et qui entièrement contre son gré et son intention pourraient lui imposer des obligations ou susciter des querelles désagréables aux puissances auxquelles il se faisait un objet principal de n'être jamais à charge ni contraire.

Ce que monsieur l'ambassadeur était prié de représenter à sa cour avec la capacité supérieure et l'amitié dont il a donné de si fréquentes preuves au ministère du roi.

233

Instruction pour Mr d'Osten comme ministre du roi
à St. Pétersbourg.

Copenhague 7 avril 1763.

Le roi, monsieur, se fait un plaisir de vous renvoyer
en Russie.[1] Il se souvient de la fidélité et de l'intelligence
avec laquelle vous l'avez servi pendant le cours de votre
précédent ministère. Il se rappelle que vous avez su alors
vous acquérir la bienveillance et la confiance de la princesse qui est aujourd'hui sur le trône de cette vaste monarchie et il se promet que, ménageant cet avantage avec
la prudence qu'il exige, vous saurez le rendre utile à son
service; aussi son choix n'a-t-il pas balancé un moment. Il
s'est fixé sur vous dès que les circonstances l'ont engagé à
accorder au comte de Haxthausen le rappel qu'il sollicitait,
et sa majesté est bien sûre que vous ne décevrez pas son
attente.

Elle ne vous donne point d'instructions. Contente de
vous réitérer, autant qu'elles pourront être applicables aujourd'hui, celles qui ont été adressées autrefois à vous et à
votre successeur, et de vous renouveler particulièrement les
ordres qu'elle m'a· commandé d'envoyer au comte de Haxthausen le 8 sept., du vrai sens desquels le sieur Schumacher, qui en a été le porteur, pourra vous rendre un
compte exact, ainsi que ceux du 25 décbre et du 29 janvier,
elle s'en remet à vous de leur exécution. Vous connaissez
le terrain et, quelque grand que soit le changement arrivé

---

[1] L'avènement au trône de Catherine II ayant rendu opportun un
changement dans la légation danoise à Pétersbourg, le comte de
Bernstorff avait d'abord songé à Mr d'Assebourg pour ce poste.
Mais comme la nouvelle impératrice ne paraissait pas très disposée à résoudre la question du Holstein, il se décida à envoyer Mr d'Osten, d'autant plus que la cour de Russie avait exprimé le désir que lui ou le comte de Lynar fût nommé. Cette
seconde ambassade en Russie de Mr d'Osten dura jusqu'en novembre 1765. Son successeur en Saxe et en Pologne fut le comte
de Schulembourg. Voir Assebourg, l. c., 113—114, Ostens Gesandtskaber, 551—552. Le comte de Haxthausen fut nommé membre
du collège de l'amirauté à Copenhague.

dans cet empire depuis votre départ, la Russie ne vous sera pas une terre étrangère. Je sais que je n'ai rien à vous apprendre sur son état; mais le roi veut que je vous confie ce qu'en observant avec attention tout ce que l'impératrice de Russie a fait depuis qu'elle règne, il juge que cette princesse est et sera pour lui, le Nord et l'Europe, et que je vous marque en conséquence le ton qu'il désire que vous preniez dans la conduite de ses affaires près d'elle. Il rend justice à l'étendue et au brillant de son esprit, à son application aux soins du gouvernement et à son désir de remédier aux désordres intérieurs de son empire et à en relever l'éclat et la gloire au dehors, mais il ne peut méconnaître en même temps l'excès de son ambition et la hauteur peut-être pas assez réfléchie avec laquelle elle en agit à l'égard de tout ce qui s'oppose à ses volontés, et il suspend encore son jugement sur la justesse des mesures qu'elle a prises pour affermir sa puissance au dedans et sur la prudence de son choix dans son système et dans ses alliances. C'est au temps et aux événements qu'il en laisse la décision.

L'impératrice a eu deux contestations jusqu'ici, l'une et l'autre très volontaires. L'une sur l'administration du Holstein, qu'elle s'est attribuée privativement de sa propre autorité et au mépris de celle de l'empereur et des lois, sans avoir aucun droit d'en exclure le roi. L'autre sur la Courlande, dont elle dispose comme d'une province de son empire dans le temps même qu'elle déclare et soutient que ce n'est qu'à la Pologne à décider de son sort. Elle aurait selon toutes les règles de la vraisemblance échoué dans la première de ces prétentions, qu'elle ne pouvait poursuivre sans exposer sa puissance si nouvelle et si chancelante encore à des embarras et à des risques que l'objet ne méritait pas, si le roi, auquel il aurait été si facile de se maintenir, en vertu des lois et des usages de l'empire, dans le pouvoir qui lui était dévolu sur un petit pays sans défense, entouré de toute part de ses places, de ses villes et de ses domaines, s'était soucié de conserver un avantage si médiocre et n'avait mieux aimé combler la mesure de tout ce qu'il a fait pendant le cours de son règne pour rétablir l'union dans sa maison, et lorsqu'elle réussit dans la seconde, ce que la supériorité de ses forces, plus redoutables sans doute à un peuple divisé, désarmé et voisin, semble lui assurer, elle n'y gagnera que la réputation dangereuse d'une soif de domination que rien n'arrête. Le roi n'est donc point encore aussi sûr de sa prudence et de la maturité et de la constance de son esprit qu'il l'est de la vivacité et du brillant de son génie, et il ne voit jusqu'ici en elle qu'une princesse faite pour en imposer au vulgaire et pour jouer un rôle d'éclat tant que la fortune la favorise, mais éblouie de sa puissance, plus avide de gloire que de justice, violente dans l'exécution de ses projets impérieux et très portée à sacrifier amitié, ancienne et nouvelle, système et reconnaissance à la vanité de faire parler d'elle et au goût pour l'extraordinaire qu'elle parait avoir adopté. Telle est l'idée que sa majesté a de Catherine II et c'est d'après cette idée, fondée sur les actions qui prouvent et peignent mieux que ne le peuvent faire les paroles, qu'elle règle et réglera ses mesures et ses démarches à son égard.

Vous jugez bien, monsieur, que ce n'est pas d'une princesse de ce caractère que le roi attend des complaisances et des arrangements dont le but ne serait que l'amitié, la concorde et la paix. Persuadée, comme elle l'est, qu'elle se suffit à elle-même et qu'elle n'a besoin de personne, ces motifs ne la toucheraient pas; il faudrait, pour la faire entrer dans les vues de sa majesté, lui en présenter d'autres qui la frappassent davantage, et c'est ce qui n'est ni au pouvoir ni de la convenance du roi; ainsi il ne faut pour le présent penser à aucune négociation avec elle. Ce n'était pas là le sentiment du roi lorsque l'impératrice monta sur le trône. Le roi était disposé alors à former les liaisons les plus étroites avec elle et vous en verrez des traces dans ma première lettre du 8 sept. au comte de Haxthausen, mais cette princesse ayant débuté par les procédés les plus injustes à son égard, et ayant agi dans l'affaire du Holstein avec une passion plus conforme et à l'esprit et aux préjugés de Pierre III qu'aux principes sur lesquels elle avait fondé la ruine et la destruction de ce faible prince, le roi se l'est tenu pour dit et il est bien décidé à ne point jouer le rôle indigne de lui de flatter sa fierté par des recherches qui, grâce au Tout-Puissant, ne lui sont plus nécessaires et dont il prévoit l'inutilité.

Vous ne serez donc point assujetti, monsieur, à ces soins qui ont rendu votre précédent séjour en Russie si difficile et si pénible, mais vous ne serez pas oisif pour cela et sa majesté n'en attend pas moins des services importants de votre sagacité, de votre fidélité et de votre zèle pendant le temps qu'elle vous confiera cette partie de ses intérêts.

D'abord vous observerez avec la vigilance et l'application la plus soutenue si l'impératrice s'est déjà fait un plan fixe de politique et de vues, chose que la vacillation de ses mesures rend douteuse, et si elle s'est décidée dans le choix de ses ministres et dans celui de ses alliances? Tout le monde sait que mrs. de Bestoucheff et de Panin sont divisés entre eux et vous n'ignorez pas que bientôt il ne sera pas aisé d'affectionner à la fois les cours de Londres et de Berlin; il importe au roi de savoir, laquelle des deux l'emporte dans l'esprit de la czarine, il lui importe d'apprendre si monsieur de Panin est plus écouté que son rival? Vous suivrez avec attention tout ce qui se fait et se fera pour l'arrangement intérieur de l'empire, ordonnances militaires, tant pour l'armée que pour la flotte, ordonnances de finances, d'économie, de commerce, de police, rien n'échappera à vos recherches et vous tâcherez d'en saisir et d'en exposer au roi le vrai sens, le but et l'effet; vous ne travaillerez pas moins à connaître, autant que cela vous sera possible, les fondements sur lesquels Catherine II cherche à appuyer un pouvoir qui, déféré par un petit nombre de courtisans et quelques soldats, n'a ensuite été reconnu que par un acquiescement qui ne pouvait être refusé à la force, mais qui, dénué de tout autre titre et par là sans exemple même en Russie, ne peut qu'être exposé aux murmures du peuple et aux scrupules des gens de bien, attachés au sang de leurs maîtres, et vous examinerez surtout, avec la pénétration qui vous est ordinaire, les effets que le changement de fortune a produits dans le cœur et l'esprit de cette princesse. Ce dernier point n'est pas le moins important et peu de gens seront plus en état de le remplir que vous, qui avez si bien connu sa majesté impériale. Le 'roi attend de vous des notions qui le confirmeront dans

l'idée qu'il a d'elle ou qui la rectifieront. Plusieurs traits
le persuadent aujourd'hui qu'elle a pris le roi de Prusse
pour modèle; sans parler de sa politique, qui paraît à bien
des égards moulée sur celle de ce monarque, il semble
qu'elle cherche à l'imiter dans le ton qu'elle prend dans
ses lettres, dans son goût, qu'elle affiche, pour les savants
ou au moins pour les beaux esprits, et surtout dans ce
jargon de philosophie qu'elle ne paraît que trop avoir
adopté, probablement dans l'espérance que son clergé ne
s'apercevra pas de longtemps encore combien peu il est
compatible avec la dévotion qu'elle affecte. Ce n'est pas
seulement par curiosité, c'est encore par des raisons supérieures que le roi désire savoir ce qu'après avoir revu la
czarine, vous penserez de cette conjecture.

Vous vous attacherez ensuite à démêler et à détruire,
autant que cela pourra dépendre de vous, les progrès du
projet, formé peut-être par monsieur de Panin mais bientôt
saisi et adopté par l'impératrice elle-même, d'une liaison
secrète entre elle et la reine de Suède, ennemie, vous le
savez. implacable du roi.

De toutes les entreprises de Catherine II aucune ne
prouve mieux l'opinion qu'elle a de son habileté et son
goût pour allier les contraires, que celle de vouloir être le
soutien, le refuge et l'objet de la confiance de cette même
maison dont elle a abattu et fait périr le chef et l'espérance.
Il n'y a point d'homme attaché à la famille ducale de Holstein qui ne frémisse en entendant proférer son nom, et
elle veut cependant que tous recourent à elle comme à
leur appui et protectrice. Elle est montée sur le trône en
déclarant que les affaires du Holstein n'influeraient jamais
sur les intérêts de la Russie, la première de ses actions a
été de chasser tous les Holsteinois, sans en garder un seul,
après leur avoir fait éprouver les traitements les plus durs
et les plus méprisants, et peu de semaines après elle n'a
pas balancé à exposer le repos de cet empire, non pas pour
maintenir sa part dans la régence du petit pays qui d'abord
lui paraissait si indifférent, personne ne la lui disputait,
mais pour se l'arroger toute entière, et elle n'a pas hésité
de satisfaire cette injuste envie, dont il ne lui revenait ni
honneur ni véritable avantage, au hasard de blesser sensible-

ment un allié naturel de la Russie. Depuis elle s'est fait un soin particulier de marquer de la prédilection personnelle pour le parti qui en Suède cherche, sous la conduite et les auspices de la reine, à y renverser les lois dont la Russie est garante et à y rétablir la souveraineté, et c'est cependant l'événement qui, de tous ceux qui peuvent arriver dans les pays étrangers, est indubitablement celui que toute princesse moscovite, connaissant et aimant le bien de son Etat, doit craindre et détourner le plus. Ce sont ces contrariétés, monsieur, qui méritent d'être éclaircies et la dernière surtout demande toute votre vigilance et toute votre pénétration.

Et vous vous appliquerez enfin, mais sans aucune affectation et sans que l'on puisse vous supposer quelque dessein ou quelque vue particulière, à faire sentir à l'impératrice même, si vous en avez l'occasion, et à ses ministres après elle, que la nature elle-même a formé une liaison d'intérêts entre le Danemark et la Russie que les passions peuvent faire oublier pour un temps mais qu'elles ne peuvent détruire; trop éloignées l'une de l'autre pour avoir des contestations entre elles et pour se craindre, les deux monarchies ont des voisins communs et, par conséquent, des vues et inquiétudes communes. Faites-le leur apercevoir, donnez leur une occasion de se rappeler cette vérité et faites leur entendre que, toujours avouée par leurs pères, comme les fréquentes alliances conclues depuis deux siècles entre les deux couronnes le prouvent, ce n'est que cette misérable querelle pour le Holstein qui l'a fait méconnaître à leurs conducteurs holsteinois depuis quelques années. Dites-leur qu'il n'y a point de prince qui affectionnerait plus sincèrement que le roi leur gouvernement présent, s'ils le voulaient. De quelque manière qu'il se soit établi, le roi lui a toujours l'obligation d'avoir, en terminant le règne de Pierre III, arrêté une guerre prête à s'allumer et, sous quelque point de vue que l'impératrice envisage sa situation passée et présente, il est toujours vrai que les ennemis du roi sont aussi les siens. Rien ne serait donc plus naturel qu'une amitié vraie entre les deux souverains, mais vous ne leur cacherez pas qu'elle ne se formera pas solidement, tant que la chimère du Holstein sera affectionnée par l'impératrice. Avant que cette chimère ne soit abandonnée et toute occasion de réveiller les anciennes haines ne soit étouffée par un traité définitif de paix, de renonciation et d'échange, toute alliance ne serait qu'illusion et ce serait faiblesse d'y penser.

Voilà, monsieur, ce que vous prendrez vous-même pour règle et ce que vous ne cacherez pas à ceux auxquels vous croirez pouvoir parler avec confiance. C'est par ces raisons que le roi ne vous charge pour le présent que de bien éclairer toutes les démarches de la cour où vous allez résider et de guetter le moment où vous pourrez faire mieux. Ce moment peut ne pas être éloigné mais actuellement il n'existe pas.

Paraissez donc tranquille lorsque vous serez à Moscou et ne permettez pas que l'on vous suppose ni de l'inquiétude ni le dessein d'entamer quelque négociation. Assurez simplement et la souveraine et ses ministres, que vous avez été choisi pour entretenir la bonne intelligence entre les deux cours et pour être à sa maj. imp. un témoin et un interprète fidèle du désir du roi de la cultiver. Ne quittez point ce langage tant que les esprits seront disposés comme ils le sont, mais si jamais vous voyez, soit par un effet de l'infirmité du jeune grand-duc, qui, si elle empirait, devrait faire sentir à l'impératrice combien peu il lui importe de disputer un pays prêt à lui échapper, soit par quelque autre cause, quelque jour à leur faire goûter l'échange du Holstein, seul et unique but du roi, tout autre ne pouvant valoir le prix qu'il coûterait, avertissez-en promptement sa majesté. Le roi n'exige pas qu'on lui fasse des avances, mais il ne veut non plus en faire qu'à bonnes enseignes.

Jusque-là bornez vos soins à ceux que je viens de vous recommander par ordre de sa majesté et ajoutez-y celui de prévenir, par tous les moyens qui dépendent de vous, que l'on n'inspire pas au grand-duc cette haine contre le roi et sa couronne et ces sentiments de convoitise et de vengeance qui, après avoir failli être si funestes à tout le Nord, ont hâté la ruine du malheureux prince qu'il nomme son père. Le roi m'ordonne de répéter cette partie de ses volontés dans toutes les lettres que j'ai l'honneur d'écrire à ses ministres, non pas qu'il craigne désormais une in-

vasion de la part de la Russie, après les difficultés que
cette puissance a éprouvées dans cette entreprise au moment qui lui était si uniquement favorable sa majesté
ne pense point que l'idée de la tenter reviendra jamais à
ses souverains, mais parce que son cœur bon et généreux
abhorre les animosités héréditaires dans sa maison, et que
sa prudence désire écarter une cause de défiance et de discorde qui, sans pouvoir être jamais utile, peut être embarrassante quelquefois.

Ménagez pour cet effet des liaisons avec mons. de Panin et les autres personnes préposées à l'éducation du
jeune prince ou approchant de sa personne, et n'oubliez
rien pour animer en eux ce goût national qui les rend si
disposés à mépriser et à oublier le Holstein et à imprimer
ces mêmes sentiments à leur élève.

Il ne me reste plus que de former des vœux pour le
bonheur et les succès du ministère que vous allez reprendre.
Si j'avais moins bonne opinion de votre prudence j'aurais
de l'inquiétude, je vous l'avoue. Le rôle que vous allez
jouer, ne sera pas aisé. Vous n'arrivez pas à Moscou
comme un autre ministre étranger. Vous y paraîtrez comme
favorisé par l'impératrice et ayant eu part à sa confiance.
Vous y ferez revivre, en paraissant, le souvenir d'un homme
que plusieurs voudraient voir oublié.[1]) Vous m'entendez, cela
suffit pour me tranquilliser. Votre sagesse et votre modération désarmeront vos envieux et les ennemis de votre ami,
et vous saurez éviter les écueils contre lesquels Mr de
Chétardie,[2]) désiré comme vous une seconde fois en Russie,
a brisé sa réputation et sa fortune.

234.

Dépêche à Mr le comte de Wedel-Frijs à Paris.

Copenhague 14 mai 1763.

(Extrait).

Vous réitèrerez au reste à ce seigneur (le duc de Praslin)
ce que j'ai eu l'honneur de vous dire déjà plus d'une fois

---

[1]) Mr de Poniatowski.

[2]) Ministre de France en Russie sous Elisabeth. Voir: La cour de
Russie, 97—98, cfr Ostens Gesandtskaber, 656.

à cet égard. L'impératrice de Russie n'aime que l'Angleterre et la Prusse. Elle veut dominer sur la Suède et sur
la Pologne, et cette dernière vue achève de former ses liaisons avec le roi de Prusse, de la complaisance duquel elle
a besoin pour y réussir et qui, contre ses propres intérêts
vrais et permanents, flatte dans ce moment ses projets
orgueilleux et notamment le despotisme qu'elle exerce sur
la Courlande. Une combinaison si peu naturelle suppose
sans doute une union secrète et une alliance formée entre
les deux puissances dont le but doit être considérable,
mais jusqu'où elle est arrêtée et quels en sont les articles,
laquelle des deux parties aura été la plus fine et assez
habile pour obtenir de l'autre des avantages présents en
échange de promesses futures qui ne seront peut-être jamais remplies, c'est ce que le roi ignore jusqu'à présent et
sur quoi il suspend son jugement jusqu'à l'arrivée des informations qu'il attend tous les jours, et dont la recherche
fait un objet considérable et constant de ses sollicitudes.
Mr le duc de Praslin peut compter que le roi lui fera une
prompte part de ses découvertes. —

225.

Dépêche à Mr le comte de Bachoff à Vienne.

Copenhague 21 mai 1763.

— Sa majesté est curieuse d'apprendre ce que le
comte de Kaunitz jugera à propos de lui communiquer sur
les moyens d'assurer l'équilibre et la tranquillité du Nord.
Il est évident, et ce n'est pas la première fois que je le dis
à votre exc., qu'à cet égard les intérêts de la cour impériale
comme telle et ceux de la maison d'Autriche bien entendus
sont exactement les mêmes que ceux du roi, et que leurs
majestés imp. et royale ont pour le moins autant de sujet
qu'en a sa majesté de veiller au repos et à l'indépendance
de cette partie de l'Europe, dont l'influence sur le reste et
particulièrement sur l'Allemagne est si décidée et si notoire.
Il leur importe comme au roi que la Russie soit considérable et considérée, elles sont, mais pas plus que ne l'est

sa majesté, alliées naturelles de cette couronne, mais si
elles veulent que cette puissance soit leur amie et dans le
besoin leur appui et non pas leur rivale, l'alliée, comme
nous venons de le voir et le voyons actuellement, de leurs
ennemies et la protectrice de tous ceux qui haïssent ou
craignent leur pouvoir, il faut qu'elles la retiennent dans
ses justes bornes et n'excitent et ne nourrissent pas en
elle cet orgueil si naturel aux nations nombreuses et barbares, et cette soif de domination qui embrasse déjà la
souveraineté de la mer Baltique et cherche à s'asservir la
Pologne et la Suède, il faut qu'elles travaillent à rendre
cette puissance la balance du pouvoir, l'appui et non l'arbitre de la liberté du Nord, il faut qu'elles s'en servent
pour tenir en échec leurs ennemis et non pas la substituer
à leur place. Ces principes sont incontestables. Ils forment
le système du roi, placé comme le sont les monarques
Autrichiens à l'égard de la Russie, c'est-à-dire, ayant avec
elle des voisins communs et ayant par conséquent, je le
répète, exactement les mêmes intérêts relativement à elle,
et si le comte de Kaunitz, qui sans doute les admet en
principe, veut aussi les admettre dans l'application, rien ne
sera plus aisé que de former un concert, qui, fondé sur
la nature et la raison, ne pourra être que sincère et
durable, mais si ce ministre continue de n'avoir d'autre
objet que celui de flatter la Russie dans toutes ses vues,
d'encenser et de faciliter toutes ses volontés et d'acheter
des faveurs momentanées par des complaisances excessives
et dont l'effet est perpétuel, si, dis-je, sa politique sur ce
point n'est point changée, et s'il fait de cette puissance
son idole pendant la paix comme il l'a fait pendant la
guerre, s'il n'ouvre point les yeux sur les dangers qu'il
prépare, par cette conduite, à l'Allemagne et nommément à sa
patrie, à ses souverains et au pouvoir impérial, il n'est pas
possible que nous marchions d'accord, puisqu'il ne l'est
pas que le roi se prête et concoure à des mesures directement opposées à ses propres intérêts et à ceux du Nord et de
l'Allemagne, que comme roi et comme prince il est chargé
de soutenir et de défendre. Quelque grand homme que soit
le comte de Kaunitz, je ne crains point de le dire à votre
exc., il fera tort à sa gloire, s'il persiste dans un système

9*

qu'il est peut-être excusable d'avoir suivi pendant cette
cruelle guerre, mais de la poursuite duquel rien ne pourrait
le justifier aujourd'hui qu'elle est finie et dont il vient
d'éprouver si vivement les dangers et les vicissitudes, et
malgré tout son génie et tous ses talents son nom passera
dans ce cas à la postérité parmi ceux des ministres qui,
pour obtenir des avantages et des facilités passagers, ont
ouvert la porte à des maux réels et exposé leur pays à des
calamités permanentes.

Je souhaite vivement et je me promets de ses lumières
qu'il sentira cette vérité, dont l'union actuelle entre les
cours de Moscou et de Berlin et leur intelligence étroite
pour l'oppression de la Pologne fournit une preuve si frappante, et qu'il donnera désormais son attention non à cho-
quer ou à troubler la Russie — ce n'est ni le but ni le
souhait du roi, — mais à former, entre toutes les puissances qui aiment encore la justice et la liberté, un concert capable de la retenir dans ses limites. C'est là l'unique
moyen qui lui reste pour conserver à sa souveraine la
possibilité de retrouver jamais dans cette puissance une
alliée et un secours, et c'est à ce moyen, ménagé avec la
prudence et la circonspection que le cas exige, que le roi
ne se refusera pas.

Sa majesté a lieu de croire que la froideur qui augmente de jour en jour entre la czarine et la maison de
Saxe, si vivement offensée par l'affaire de Courlande, fera
ce que toutes les représentations et les événements n'ont
pu faire et persuadera enfin le comte de Kaunitz, et elle
en attend tranquillement l'effet, mais elle est attentive à
voir, comment ce seigneur s'y prendra pour obvier au reste
des inconvénients, suites de la guerre, et pour regagner
l'Angleterre, au moins autant qu'il est nécessaire pour acquérir le suffrage électoral du Bronsvic pour l'élection du
roi des Romains. Votre exc. y veillera surtout à l'arrivée
peu éloignée aujourd'hui du Lord Stormont et du baron de
Steinberg, [1]) qui, je crois, seront incessamment à Vienne.

---

[1]) L'ambassadeur d'Angleterre et le ministre de Hanovre.

224.

Instruction supplémentaire pour Mr le baron de Gleichen comme ministre du roi à Paris. [1])

Copenhague 10 juin 1763.

Le roi en m'ordonnant, monsieur, de joindre aux instructions expédiées selon le style et la forme ordinaires une explication plus particulière et plus précise des affaires qu'il vous confie, ainsi que de ses volontés et de ses vues à leur égard, a bien voulu me dispenser de vous parler de la France elle-même, de sa puissance, de ses malheurs, de sa politique ancienne et moderne, de ses liaisons et alliances, de son ministère, des intrigues et des factions qui la divisent. Ces détails nécessaires pour tout autre ne le sont pas pour vous. Sa maj. sait que vous connaissez cette puissante monarchie et ceux qui la gouvernent, et elle a jugé qu'il suffirait de vous exposer son système, tant général que surtout relativement à cette couronne, et d'en tirer les conséquences qui, déterminant ses intérêts et ses souhaits vis-à-vis d'elle, serviront de règle et de principes à votre conduite et à vos soins.

Le roi a pour unique but le bonheur de ses peuples, vraie source, son cœur le sent, de la gloire et de la félicité du monarque et de la monarchie. L'assurer, l'augmenter par des moyens dignes de lui, par la pureté et la justice de ses desseins et de ses projets, par la fermeté de ses résolutions et de ses démarches dans leur exécution, par l'observation la plus scrupuleuse de sa parole, par une constance inaltérable dans ses amitiés et ses alliances, c'est là sa politique et en la suivant attentivement on est sûr de ne jamais manquer ses intentions. La félicité d'un peuple est de ne dépendre d'aucune autre puissance que de celle

---

[1]) Le comte de Wedel-Frijs fut rappelé de Paris le 3 juin 1763 et nommé lieutenant-général et grand-écuyer du roi. Le baron de Gleichen lui succéda comme ministre en France, où il resta jusqu'au $^{19}/_3$ 1770. Le chambellan A. Larrey, ancien secrétaire de légation à Stockholm, remplaça le baron de Gleichen comme ministre de Danemark à Madrid. — Cfr Correspondance entre Bernstorff et Choiseul, 229—84.

de son souverain naturel et légitime et de ses lois, de jouir
en paix et en tranquillité de tous les bénéfices et de tous
les avantages que ces lois lui accordent, de ne jamais voir ses
intérêts sacrifiés, de ne combattre, s'il le faut, que pour son
maitre et sa patrie et non pour des querelles étrangères,
dont il ne ferait que partager ou subir les hasards ou les
maux sans être admis à une part égale des biens, des
succès et de la gloire, de voir son souverain considéré et
révéré par les autres puissances de l'Europe, son alliance
recherchée et son influence, fondée sur l'opinion de sa
sagesse et de sa vertu, assez établie sur les conseils des
nations voisines pour pouvoir y maintenir l'équilibre et la
paix et écarter toute révolution contraire à la sûreté et à
la tranquillité communes, et de sentir enfin sa prospérité,
ses forces et ses richesses augmentées intérieurement par
des acquisitions faites légitimement et judicieusement, par de
sages établissements dans toutes les parties de l'Etat, par
une attention suivie à favoriser la population, par l'exten-
tion de son commerce et les encouragements donnés à l'agriculture, à l'industrie et aux arts. C'est cette félicité que le
roi cherche, par des soins infatigables, à procurer et à
conserver à la nation qui lui obéit. Il n'a point fait de
démarche pendant tout son règne qui n'ait tendu à l'augmenter, et tous les ordres qu'il donne aujourd'hui et à vous,
monsieur, et à nous tous qui le servons, n'ont point d'autre
but. C'est de ce principe que sont émanées toutes ses
mesures, c'est ce principe qui l'a tenu, malgré les menaces
et les promesses, ferme, calme et intrépide dans l'orage et
qui, après l'avoir engagé à faire goûter à ses sujets les
douceurs d'une profonde paix au milieu des horreurs et des
calamités d'une guerre générale, lui a mis les armes à la
main lorsqu'un ennemi redoutable se préparait à envahir
ses Etats, aussi décidé à combattre, même à forces inégales,
dès que l'honneur et le salut de son peuple l'exigeaient et de
préférer la guerre la plus dangereuse à une honteuse paix,
qu'il l'avait été jusque là de préférer la paix aux apparences
séduisantes d'une guerre qui, à tout autre qu'à lui, n'aurait
d'abord paru annoncer et promettre que des avantages faciles et certains. C'est encore le même principe qui le
guide dans ses résolutions, aujourd'hui que l'Europe, re-

spirant après ses malheurs et ses illusions, va rentrer dans son ancien système ou peut-être prendre une forme nouvelle encore plus solide.

Vous n'aurez donc, monsieur, qu'à bien étudier ce principe et ses conséquences pour saisir et prévoir tout ce que je puis avoir à vous dire.

La France est amie du roi. Depuis 21 ans des alliances trois fois renouvelées ont fondé, ont combiné les intérêts des deux couronnes. Le roi, en montant sur le trône, a trouvé cette alliance faite. Il en a rempli toutes les obligations et, habitué à regarder le roi très-chrét. comme son ami, il désire perpétuer une liaison devenue naturelle à son cœur, constant dans ses penchants, et qui, vu l'intérêt commun des deux cours, ne peut, pourvu qu'elle soit observée de part et d'autre avec une attention et une fidélité égales, qu'être avantageuse à toutes les deux. Il importe à la France comme au roi que le Nord soit libre et que pour cet effet l'excessive puissance des Russes, de cette nation devenue aujourd'hui si orgueilleuse et si entreprenante, soit limitée. Il ne lui importe pas moins que la Suède ne soit point asservie sous le joug d'une princesse ambitieuse et absolument dépendante des adversaires et rivaux de la maison de Bourbon, ni que les anciens et fidèles amis de la France, victimes de leur zèle pour elle, soient soumis et sacrifiés au ressentiment et au pouvoir arbitraire de cette violente ennemie. Il lui importe également que, par une union sincère formée entre les deux anciennes couronnes du Nord, l'équilibre de cette partie de l'Europe, source de son influence sur elle, se rétablisse, et il lui importe enfin, autant qu'au roi, que le commerce de l'univers ne soit pas uniquement entre les mains des Anglais, ses ennemis implacables, et des Hollandais, toujours inclinés à embrasser et à soutenir leur cause. mais que les nations navigantes et trafiquantes du Nord y aient part et puissent, lorsque le cas l'exige, empêcher que la mer ne lui soit fermée et ne lui refuse tous ses biens et tous ses secours. Des rapports si multipliés et si décidés forment des nœuds que le roi se plaît à croire aussi chers au roi très-chrét. qu'à lui, et quoiqu'il y ait eu tout récemment des temps, et des temps de danger et de la plus cruelle crise, où ce prince a paru les méconnaître, sa majesté ne les méconnaît point et elle aime mieux oublier cet abandon ou ne l'attribuer qu'à l'excès du malheur qui opprimait alors la France, que de s'en faire un motif de défiance envers elle et de supposer que cette couronne pût retomber jamais dans un oubli de ses engagements si opposé à ses intérêts et à sa gloire.

Vous allez donc en France, monsieur, sous les auspices de l'amitié la plus vraie et la plus sincère. Vous n'aurez point d'autre langage à tenir que celui de la candeur, et si l'on se souvient que vous parlez de la part d'un prince dont la France elle-même (ce sera le dernier mot que je dirai de ses procédés que je viens de toucher) n'a pu lasser et ébranler la constance, rien ne sera plus agréable ni plus paisible que les fonctions de votre ministère. Le roi ne demande rien au roi très-chrét., rien que l'exécution de ses anciennes promesses et l'observation de ses propres intérêts. Vous ne trouverez point de négociation entamée entre les deux couronnes, toutes celles dont vos prédécesseurs ont été chargés sont finies et la délicatesse du roi ne lui a pas permis d'en ouvrir de nouvelles dans ces temps de malheur et de détresse, où des infortunes et des calamités multipliées au dedans et au dehors du royaume ont épuisé et épuisent encore toute l'attention et toute la sollicitude du ministère de Versailles. L'alliance même, qu'il a été d'usage de renouveler toujours quelques années avant son terme, tire à sa fin. Elle expirera au 15 mars prochain.[1]) Le roi consentirait probablement à la prolonger, mais il ne veut pas que vous en fassiez la proposition. Dans le dérangement où se trouvent les finances de la France et au moment du nouveau système que l'on parait y vouloir établir, cette proposition pouvant ne pas être reçue, sa maj. n'en fera pas l'essai, et elle se borne à vous enjoindre de veiller à l'accomplissement de l'ancien traité, c'est à dire à l'acquit des subsides arriérés. Rien n'est moins disputable que cette dette, assurée par d'anciennes et de nouvelles conventions et dont vous verrez le montant par la note que je

---

[1]) Traité d'alliance et de subsides du 30 janvier 1754, conclu pour huit ans à partir du 15 mars 1756, jour de l'expiration de l'ancien traité du 14 août 1749.

joins ici. Tant qu'a duré la guerre et avec elle les dépenses excessives de la France, le roi, aussi sensible aux embarras de ses amis qu'aux siens propres, n'en a point pressé le payement, quelque fâcheuses que fussent les conjonctures surtout pour lui, mais aujourd'hui que la paix rétablit ou doit au moins rétablir l'ordre en toute chose, il s'attend que, reconnaissante d'un procédé que j'ose dire si peu ordinaire, la France ne se refusera plus à une obligation que tous les motifs de l'honneur et de la politique doivent lui rendre sacrée, et qu'elle n'hésitera pas de la remplir exactement et aussi promptement qu'il lui sera possible. Vous le ferez sentir, monsieur, avec autant de sagesse que de fermeté, et vous aurez grand soin de prévenir que cette dette si légitime et si privilégiée ne soit renvoyée à d'autres temps et rangée, par quelque financier plus avare que prudent, au nombre de celles dont le gouvernement aime à ne pas se souvenir. Le roi, que la délicatesse de ses propres procédés rend très sensible à ceux que l'on tient à son égard, serait fort touché d'un traitement si injuste et si peu mérité, et je ne vous dissimulerai pas que les suites pourraient en être considérables. Mais sa maj. ne refusera point de se prêter à toute proposition juste qui pourra lui être faite et de s'entendre, pour le payement des dits subsides arriérés, à des termes raisonnables. Vous ferez un rapport exact au roi de tout ce qui vous sera offert à cet égard et vous demanderez, pour y répondre, les ordres de sa majesté, qu'elle ne vous fera pas attendre.

Ce point réglé, vous n'aurez plus, je le répète, que les propres intérêts de la France à poursuivre, intérêts sur lesquels vous ne pourrez avoir que l'ignorance et l'illusion à combattre. Si la France veut continuer d'être ce qu'elle est ou redevenir ce qu'elle a été, il faut qu'elle discerne et distingue les puissances qui peuvent et veulent être ses amies de celles qui ne peuvent ni ne veulent l'être, que, sans courir vainement et par une complaisance dont elle doit avoir senti l'inutilité après l'alliance des uns, elle cherche à conserver celle des autres, il faut qu'elle travaille au maintien du repos et de l'indépendance du Nord, il faut qu'elle soutienne en Suède un parti mal-

heureux et prêt à succomber, qui s'est sacrifié pour lui complaire, il faut qu'elle fasse usage de tout son crédit dans
ce royaume pour en conserver la liberté et le gouvernement,
tel qu'il est établi par les lois. C'est là le point décisif
pour le Nord et pour le crédit de la France. Je vous le
recommande, monsieur, par ordre exprès du roi, faites-en
l'objet principal de vos soins et ne déguisez pas à la France
que le salut du Nord repose et se fonde sur cette base,
que, si on l'ébranlait jamais, tout serait en feu au même moment, et que le roi, fidèle à ses principes et préférant
à tout le bonheur de son peuple, entièrement et irrévocablement lié à la liberté de la Suède, n'hésiterait pas de soutenir, de tout son pouvoir et par les derniers efforts de
ses armes, le parti de ceux qui combattraient pour elle.
Ce parti est aussi celui de la France et il est assez malheureux pour ne pouvoir résister toujours sans un secours
étranger à l'ambition de la cour et à celle de ceux qu'elle
suscite contre lui. Ne permettez pas qu'on se lasse à
Versailles de l'assister, et opposez-vous à tous ces faux
politiques qui, sous prétexte du peu d'utilité dont la Suède
est aujourd'hui à ses alliés, voudraient y rétablir la souveraineté. Faites sentir à mrs de Choiseul et de Praslin
qu'au moment que la France paraîtrait vouloir consentir ou
conniver à une pareille entreprise, elle perdrait tous ses
amis dans le Nord et livrerait la Suède, si la révolution
réussissait, à la domination des Russes et aux conseils impérieux du roi de Prusse, seul oracle de la reine sa sœur
et, si elle ne réussissait pas, à l'influence des Anglais, auxquels les défenseurs de la liberté seraient obligés de s'adresser
dès l'instant qu'ils se verraient délaissés par la France.
Dévoilez-leur toutes les suites d'un projet si funeste, et
donnez la même application à les rendre favorables à
l'augmentation du commerce et de la navigation des sujets
du roi. L'expérience la plus amère et la plus frappante
leur a fait sentir sans doute que non-seulement la grandeur
mais le salut de la France dépend de la diminution de la
puissance maritime de la Grande-Bretagne, et qui est-ce
qui peut savoir mieux qu'eux que ce grand et dangereux
ouvrage ne saurait réussir qu'en fournissant peu à peu aux
autres nations indépendantes et trafiquantes les moyens

d'affaiblir son commerce en le partageant? Faites-leur sentir que de toutes ces nations il n'y a point qui soit plus
amie de la France et plus propre à remplir ces vues que
la nôtre, sans laquelle il n'y aurait, en temps de guerre
contre les Anglais, ni abri ni asyle, ni par conséquent
de navigation pour les Français dans la mer du Nord,
et engagez-les, par ces considérations et toutes les autres que l'abondance du sujet vous suggèrera, à bien
peser ce que, je ne dis pas l'intérêt du roi, mais celui de
la France exige d'eux et à convenir qu'en facilitant les
avantages des Danois, c'est pour les Français qu'ils travaillent. En France même les sujets du roi n'ont plus de
faveurs à demander. La convention signée à Versailles le
30 septbre 1749 leur assure déjà ipso facto tous les privilèges accordés ou à accorder aux nations les plus privi-
légiées. Nous ne pouvons rien désirer au delà, mais il y a
bien des branches de commerce à faciliter ou à établir,
bien des canaux de communication et de gain réciproque à
ouvrir, qui pourront occuper vos soins et mériter ceux du
ministère du roi très-chrétien. Tels sont les livrances de
viande salée de Jutland pour l'approvisionnement de la
marine tant militaire que marchande de la France, qu'il est
bien plus naturel et raisonnable qu'elle tire d'un peuple
ami que des Irlandais, ses ennemis perpétuels, et au sujet
desquelles il y a des conventions faites entre les deux
cours dont j'ai déjà eu l'honneur de vous faire part, et dont
vous trouverez dans les papiers de l'ambassade du roi à
Paris et dans les rapports de sieur Nordingh de Witt, consul de sa maj. à la Rochelle, toutes les informations dont
vous pourrez avoir besoin; le commerce du tabac de la
Louisiane, objet qui pourra devenir considérable mais sur
lequel j'attends encore des notions plus précises; des arrangements à prendre entre la compagnie royale d'Asie et celle
des Indes en France au sujet de quelques possessions de
la dernière sur la côte de Coromandel, et d'autres encore
qui se présenteront successivement à vos recherches et à
votre sagacité selon les conjonctures. Le roi vous les recommande toutes et il désire que vous vous attachiez particulièrement à appuyer dans le même esprit, près de la cour
de France et par elle, les négociations de mr le chambellan

de Larrey à Madrid, entre lesquelles celle que ce ministre
a ordre d'entamer pour obtenir que l'Espagne ne s'oppose
pas au peuplement et à la culture de l'île de Bique, tient
le plus à cœur de sa maj.[1]) Le roi très chrét. a déjà,
vous le savez, donné ordre à son ambassadeur de la seconder, vous n'oublierez rien pour nous ménager la continuation et l'effet de ces dispositions favorables, et vous tiendrez avec mr de Larrey une correspondance exacte pour
être toujours en état de l'assister dans le cas où sans
doute il n'aura que trop besoin de vos secours.

Voilà, monsieur, les points principaux sur lesquels le
roi m'ordonne de vous faire connaître ses volontés. Il me
suffira pour tout le reste de vous indiquer ce que je dirais
en détail à tout autre qu'à vous.

Vous éviterez avec soin tout ce qui, n'étant pas nécessaire au service du roi, pourrait vous rendre moins agréable au roi très-chrét. et à son ministère, et vous fuirez par
cette raison toute liaison, de quelque espèce qu'elle soit, qui
leur serait odieuse ou suspecte. Mais vous ne refuserez
pas cependant de rendre, quoique avec toute la prudence et
tous les ménagements nécessaires, aux protestants, souvent
persécutés en France, les bons offices qu'ils pourront peut-
être vous demander et que le roi est toujours disposé à
leur accorder avec une sagesse égale à son zèle.

Et vous appuyerez de même, mais aussi avec toute la
prudence requise et sans vous exposer pour cela au moindre déplaisir, les demandes du duc de Saxe-Gotha et celles
du major-général comte d'Ysenbourg, tendantes à obtenir
de la France quelque partie au moins des dédommagements qui leur ont été promis. Vous verrez s'il est possible d'effectuer quelque chose en leur faveur, mais vous ne
vous chargerez point d'autres intercessions de cette espèce
sans l'ordre exprès du roi.

---

[1]) L'île de Bique, aussi appelée „Krabben-Eiland", située non loin de
St. Thomas. Déjà en 1682 le gouvernement danois avait pris
possession de cette petite île mais sans s'y établir. — En présence
de l'opposition de l'Espagne, le comte Bernstorff abandonna momentanément l'idée de procéder à la colonisation, tout en réservant les droits de la couronne danoise.

Vous veillerez avec scrupule au maintien des droits du roi et de ceux de son ambassade, et vous accorderez vos soins distingués à ce que la chapelle de sa maj. serve à l'usage auquel le roi la destine, à l'édification et à la consolation de ceux de sa réligion qui sans elle seraient peut-être privés de tout secours spirituel. Le roi, protecteur en tout lieu de ceux qui professent sa foi, aime que ses ministres pensent à cet égard comme lui.

Tout Danois ou autre sujet de sa maj. trouvera en vous un soutien et un père. Vous permettrez à ceux qui ont des affaires ou des procès en France de recourir à vos lumières, à vos conseils et à votre appui, et vous donnerez une attention particulière à la conduite, aux mœurs et aux principes de la jeune noblesse de la nation voyageant en France. Si quelqu'un d'entre eux se dérangeait à un certain point, vous vous hâteriez d'en avertir sa famille et de prévenir ainsi sa perte.

Vous tiendrez relativement aux affaires du commerce une correspondance suivie avec les consuls du roi établis dans les divers ports du royaume, et vous rendrez compte à sa maj. de tout ce qui dans leurs rapports pourra mériter de parvenir à sa connaissance.

Vous vivrez en bonne intelligence, mais en évitant toute intimité qui pourrait vous faire partager leurs disgrâces ou leurs torts, avec tous les ambassadeurs et ministres des cours étrangères et vous rechercherez particulièrement l'amitié de l'ambassadeur de Suède. Comme je vous ai parlé très amplement sur son sujet, il me suffira de vous le nommer ici. Rien ne devrait vous être plus aisé que de gagner sa confiance, rien ne vous sera peut-être plus difficile. [1]) Et vous donnerez enfin vos soins à tout. Que rien n'échappe à votre connaissance et par vous à celle du roi. Tout ce qui se fait dans un royaume tel que la France intéresse sa maj. Arts, sciences, agriculture, commerce, fabriques, industrie, découvertes utiles, de quelque espèce qu'elles soient, progrès de toutes sortes, nouvelles lois, ordonnances et règlements pour le militaire, le civil, la police ou les

---

[1]) C'était le baron U. Scheffer, frère du sénateur mais de tout autres sentiments que lui à l'égard du Danemark.

finances, événements même de la cour et de la ville — que tout entre dans vos rapports. Tout sera agréé par un prince qui sait tirer de l'utilité de tout.

Je m'arrête. Puissent vos succès égaler mes vœux et mes espérances!

᎐

237.

Dépêche à Mr le comte de Wedel-Frijs à Paris.

Copenhague 2 juillet 1763

(Extrait).

Ce que j'ai eu l'honneur de marquer à votre exc. le 11 du passé se confirme et se vérifie. Huit mille Russes sont déjà entrés en Courlande et un plus grand nombre va les suivre par la Livonie. Une autre division de troupes de la même nation perce en Lithuanie du côté de Smolensko, et le tout va former une armée considérable, destinée à soutenir la confédération qui est sur le point d'éclater en Pologne contre les Radziwils et la cour qui les soutient. Le major-général Soltikow commande l'avant-garde de cette armée, mais on croit le général Panin ou le comte de Czernichef destiné à la commander en chef. Le roi juge ces nouvelles certaines et, quoiqu'il ne doute pas que mons. le duc de Praslin n'en soit informé depuis longtemps en droiture, il n'en veut pas moins que votre exc. en fasse part à se seigneur.

Voilà donc un nouvel orage qui s'élève et qui trouble le repos général, à peine rendu à l'Europe. Le roi sait que le parti en Pologne qui y appelle les Russes, soutient qu'il est forcé d'en venir à cette extrémité par les violences et les cruautés du prince Radziwil, que le roi de Pologne protège, et sa maj. ne prétend pas décider de faits et de droits qui ne sont pas encore assez éclaircis pour pouvoir être jugés; mais toujours est-il vrai que la Russie, par la hauteur et la hardiesse de sa démarche, prouve ce que j'ai eu l'honneur de vous dire depuis longtemps du caractère de la czarine et qu'après un pas de cette conséquence, fait et risqué la première année d'un règne usurpé et chancelant, il ne peut plus être douteux que cette princesse ne soit

sûre' de l'aveu du roi de Prusse et peu inquiète de ce que
la maison d'Autriche et toutes les autres puissances alliées
et amies d'Auguste III et de sa maison pensent et voudront
y opposer. Je suis bien persuadé que mons. le duc de
Praslin trouvera cet événement bien digne de ses réflexions.

228.

Instruction für die Königlichen Comitilal-Gesandten Herren
Geheimen-Rath von Moltke und Freiherrn von Bachoff zu
Regensburg.

Friedensburg d. 8 Juli 1763.

Friederich V. Wann Wir zu Unserer so grossen Be-
fremdung als Leidwesen die schweren Mishelligkeiten, so
seit verschiedenen Jahren zwischen des Herzogs von Würtemberg Lbden und den Ständen Seines Landes entstanden
sind,[1]) vernommen und nunmehro zuverlässig in Erfahrung
gebracht haben, dass das schon lange gefasste Vorhaben
Sr. Lbden, die uralte und auf so viele bündige Pacta und
Reversalia sich gründende, von Kaysern zu Kaysern bestätigte und von dem Corpore evangelicorum versicherte
Verfassung des Landes umzustossen und die theuersten
Zusagen und Verbindungen Ihrer Voreltern und Vorweser
an die fürstliche Regierung aus eigener Autorität und nur
nach dem Wohl-Gefallen Ihres Willens zu vernichten, nunmehro in dem Begriff seiner Erfüllung stehet, und Sie zwar
einen Landtag auf bevorstehenden Monath August berufen
aber zugleich denen, so darauf erscheinen sollten, unter
Bedrohung Ihrer schwersten Ungnade und deren strengsten
Wirkungen, welche bereits verschiedene von ihnen in vergangenen Jahren erfahren, angedeutet haben, sich Ihrem
Willen zu unterwerfen, mithin im Begriff sind, des Landes

---

[1]) Sur le conflit constitationnel en Würtemberg de 1757 à 1770, voir:
Pfister Geschichte der Verfassung des würtembergischen Hauses
und Landes, IV, Abschnitt XII. Le gouvernement danois n'épargna
aucune peine afin de conserver la constitution contre les attaques
du duc. Il adressa des lettres au duc, aux états du pays, à
l'empereur et aux autres puissances européennes. Cfr Asseburgs
Denkwürdigkeiten pag 203 sqq.

Grund-Gesetze und dessen Stände Gerechtsamen und Privilegien durch Zwang und Gewalt umzustürzen und zu unterdrücken, so vermögen Wir, sowohl aus der Uns angebornen
Liebe zu Gerechtigkeit, als auch weil Wir als Fürst des
Teutschen Reichs, für die Erhaltung der innern Ruhe in
allen dessen Theilen zu sorgen verpflichtet und berechtigt
sind, vorzüglich aber weil Unsers in Gott ruhenden Herrn
Vaters Maj. nicht nur als Mitglied des corporis evangelici
die Würtembergsche Landesverfassung mit dem gesammten
corpore unter dem 12 Juni 1734 und 26 April 1738 asse-
curirt, sondern mehrbesagter Landschaft noch insbesondere
unter dem 4 Dec. 1741 eine eben dahin gerichtete Urkunde
ertheilt haben, diesem gefährlichen und in dem Teutschen
Reiche nicht leicht erhörten Unternehmen des Herrn Herzogs nicht stillschweigend zuzusehen, sondern halten Uns
verbunden dasselbe und die damit verbundene Gefahr vieler
Unruhen, ja vielleicht gar Blutvergiessens in den Würtembergschen Landen, so viel an Uns ist, hintertreiben und abwenden zu helfen.

Und da sämmtliche Glieder des Corporis Evangelicorum,
sonderlich aber die Könige von Preussen und Grossbritannien,
als Churfürsten von Brandenburg und Braunschweig - Lüne-
burg, mit Uns gleiche Verbindungen und gleiche Ursachen,
der höchstbedrängten Würtembergschen Landschaft zu Hülfe
zu kommen haben, so ergeht hiedurch Unser allergnädigster
Befehl und Wille an euch, dass ihr unverzüglich mit den
Chur-Brandenburgschen und Chur-Braunschweigischen Ministris, sodann aber auch mit andern confidentioribus im
Corpore Evangelicorum zusammentreten und mit ihnen ver-
traut überlegen sollet, wie besagter bedrückten Landschaft
am ehesten und nachdrücklichsten von Wegen des Corporis
zu Hülfe zu kommen und sie von der ihr drohenden
Gefahr, ihre theuer erworbenen und behaupteten Gerechtsamen und Verfassungen zu verlieren befreiet werden könne.

Wir gestatten euch zum voraus zu allen den, Gesetz
und Herkommen gemässen Rathschlägen und Entschliessungen
des Corporis in Unserm Namen zu concurriren und erwarten
von euch, dass ihr in dieser, einem ansehnlichen Evangelischen Lande so wichtigen und für dessen geistliche und
weltliche Glückseligkeit so entscheidenden Angelegenheit

nichts, so dem dauernden Uebel vorbeugen oder abhelfen kann, unterlassen werdet.

Da Wir übrigens, in Erwartung eurer fleissigen und pflichtmässigen Berichte von der Befolgung dieses Unsern Willens, euch mit Königlicher Gnade stets zugethan verbleiben.

239.

Note an den Königlich Preussischen Geheimen-Legationsrath und Envoyé extr., Freiherrn von Bork.

Copenhagen d. 11 Juli 1763.

Nachdem dem Könige dasjenige, was des an Dero Hoflager subsistirenden Königl. Preussischen Geheimen-Legationsraths und Envoyé extr., Herrn Freiherrn von Bork, Hochwohlgeboren vermittelst des den 13 Juni übergebenen Pro Memoria, betreffend der Stadt Colberg wider die Oeresundische Zoll-Kammer führende Beschwerden angetragen haben, in Unterthänigkeit vorgelegt worden ist, so haben Ihro Königl. Majestät aus solchem, mit wahrer Bekümmerniss die Wiederholung sothaner Beschwerden und damit verknüpfte Erneuerung der mehrmalen abgelehnten Ansprüche, auf welche sie sich gründen und die, so oft ihnen nachgesehen worden, nur zu unzähligen Streitigkeiten Anlass gegeben haben, ersehen. [1]

Ihre Königliche Maj. sind nach der sehr grossen Hochachtung, die Sie für Ihro Königl. Maj. in Preussen hegen, und nach Ihrer aufrichtigen Begierde, die uralte zwischen beiden Königl. Häusern zu beider Nutzen stets unterhaltene und auf ein gemeinsames Interesse gegründete genaue Freundschaft sorgfältig fortzusetzen und zu befestigen und, so viel an Ihnen ist, stets zu vermehren, gewiss mehr geneigt, den Handels-Privilegien und Vortheilen der Königl. Preussischen Unterthanen in Dero Lande Vorzüge hinzuzufügen als solche zu vermindern. Sie verlassen Sich aber auf Ihro Kgl. Maj. in Preussen tiefen Einsicht und Gemüths-Billigkeit, dass

[1] Cfr no 30.

Allerhöchst-Dieselbe, in gerechter Erwägung, dass der zu
Behuf besagter Stadt Colberg und übriger ehemals in dem
Hanseatischen Bunde gewesenen Pommerschen Städte angeführt werden wollende Odenseeische Recess mit dem Bunde
selbsten, auf welchen er sich gegründet und mit dem er
geschlossen worden, durch die Schicksale und Veränderungen
der Zeiten verschwunden ist und nicht mehr existiren kann,
sothanem Recess keine fernere Wirkung beilegen noch dass,
da Sie Allerhöchst-Selbst Dero Pommerschen Municipal-
Städten die Vorrechte und Freiheiten des ehemaligen Hanseatischen Bundes und das damit verknüpfte Jus belli et
foederum nicht mehr eingestehen, noch sie anders als vor
Dero Landes-Hoheit alleinig unterworfene Städte halten und
ansehen, auch von allen übrigen Potenzen und Völkern
nicht anders als für solche gehalten und angesehen wissen
wollen, selbige demnach als eines Bündnisses und dessen
Wirkung fähige Städte nur in diesem Falle von der Krone
Dänemarks betrachtet werden und also nur zu deren höchst-
empfindlichen Nachtheil noch Hansestädte sein sollten, begehren werden.

Ihro Königl. Maj. sind überzeugt, dass diese einzige
Vorstellung hinreichend sein wird, Ihro Königl. Preussische
Maj. den Ungrund mehrerwähnter Colberg und anderer
Städte Ansprüche darzuthun und Sie nach Dero Gerechtigkeits-Liebe zu bewegen, selbigen Dero fernere Unterstützung
zu versagen, und Sie leben desto zuversichtlicher dieser
Hoffnung, als Sie durch weit neuere Traktaten und Friedens-
schlüsse, nämlich durch den 2ten Artikel der zwischen beiden
Kronen in dem gemeinschaftlichen Lager von Stralsund
den 18 December 1715 und durch den 9 Artikel des
mit der Krone Schweden den 23 Juli 1720 geschlossenen
Friedens, befugt sind diese Gerechtigkeit von Allerhöchst-
deroselben zu erwarten. In beiden sind die Freiheiten,
welche die Pommerschen Städte, sie mögen für Kgl. Preussische oder für ehemals Kgl. Schwedische Städte betrachtet
werden, zu geniessen haben sollen, und welche, indem sie
nach Maassgabe der Worte des Traktats den selbsteigenen
Kgl. Dänischen Unterthanen in allen Zoll- und anderen
Auflagen im Oeresund und Belt gleich gehalten werden
sollen, ohne den gänzlichen Umsturz des ganzen Zollwesens

und dessen ersteren Grundsätze nicht ansehlicher und vortheilhafter sein können, genau bestimmt, und Ihro Kgl. Maj. können nicht zweifeln, dass Ihro Kgl. Preussische Maj. diese die ganze Sache so deutlich entscheidenden feierlichen Tractaten und Friedens-Schlüsse dem so weit ältern und, wie bereits angeführt, keiner Existenz mehr fähigen Odenseeischen Recess vorziehen und Dero Unterthanen, welche nach ihrer Unterwerfung an die Kronen Schweden und Preussen den Schicksalen deren Reiche und Staaten, welchen sie unterworfen und einverleibt worden, folgen und die Traktate und Schlüsse ihres Landesherrn erkennen und erfüllen müssen, nach deren Vorschrift zu denken und zu handeln und sich selbigen gehorsam zu bezeigen, anweisen werden.

Es versprechen Sich demnach Ihro Kgl. Maj., es werden Ihro Kgl. Maj. in Preussen diese Dero Bundes- und Tractaten-mässige, Hochachtungs-, Freundschaft- und Zutrauens-volle Erklärung Sich nicht misfällig sein lassen, sondern in Betracht derer allgemeinen und besondern Gründe, welche durch das von Dero in Gott ruhenden Herrn Vaters Maj. den 13 Mai 1735 an Dero Oeresundische Zoll-Kammer erlassene Rescript, so dessen Eigenschaft nach nur als eine innere Veranstaltung anzusehen und keine verbindliche Kraft haben mag, gewiss nicht aufgehoben werden wollen noch können, Dero Pommerschen Städten gerechtest anbefehlen von ihren so wenig rechtmässigen Beschwerden und Ansprüchen abzustehen, sich, dem zwischen beiden Königen den 18 December 1715 verabredeten und beschlossenen Regulativ gemäss, zu betragen und übrigens sich Kgl. Dänischer Seits alles nur möglichen Vorschubs und Gefälligkeit, auch aller nur immer thunlichen Begünstigungen in ihrer Handlung und Gewerben gewiss zu halten.

Welches alles das Kgl. Ministerium des Kgl. Preussischen Herrn Geheimen-Legationsraths und Abgesandten Hochwohlgeboren auf dessen Eingangs erwähntes Pro Mem. in Antwort zu erwiedern befehligt ist.

Dêpèche à Mr le comte de Bachoff à Vienne.

Copenhague 23 juillet 1763.

(Extrait).

Si dans l'attente où j'ai été depuis quelques semaines d'apprendre quelque chose de plus positif du système actuel du comte Kaunitz pour les affaires du Nord et de l'altération que le changement de politique, d'inclination et d'alliance de la cour de Russie auraient pu et, peut-être pourrais-je dire, dû y porter naturellement, [1]) je n'ai point touché ce sujet dans mes lettres à votre exc., je puis à présent le reprendre après que, dans sa dêpèche du 30, elle a rendu compte au roi de son entretien avec ce ministre et que par là elle a donné connaissance à sa maj. des dispositions où, malgré tout ce qui se manifeste tous les jours de l'union et des desseins de leurs majestés czarine et prussienne, la cour impériale se trouve. Mais ce que j'aurai à dire à cet égard ne sera pas long. Le roi reconnaît au discours du comte de Kaunitz le génie de ce seigneur, son habileté et son adresse. Il voit que, fidèle au fond de son cœur à ses anciennes affections, il ne se permet pas même des projets ni des idées opposées à la puissance qu'il a tant aimée, et que, malgré toute la froideur de cette puissance, malgré son infidélité et des liaisons diamétralement opposées à tous les intérêts de la maison d'Autriche, tout ce qu'il s'accorde contre elle, c'est de vouloir bien savoir ce que l'on découvrira de ses desseins. Le roi rend à une conduite aussi mesurée toute la justice qui lui est due, mais je dois avouer à votre exc. que sa maj. trouve un peu délicat de s'engager dans une communication confidentielle à cet égard avec un ministre dont les inclinations pour la cour sur laquelle il s'agit de s'expliquer sont si décidées et se manifestent encore si évidemment, et que, la prudence du comte de Kaunitz excitant la sienne, elle ne s'y déterminera que sous deux conditions très équitables et très naturelles, l'une et l'autre. La première, que la confiance et les confidences seront réciproques, et la seconde, que la cour im-

---

[1]) Cfr no 235.

périale, après avoir donné au roi tant de preuves de son
indifférence, lui en donne enfin aussi de son amitié.[1]) La
demande n'est pas injuste, et dès que sa maj. la verra ou
pourra la croire sincèrement accordée, mais non avant, elle
se prêtera avec joie à une communication d'intelligence et
à une réciprocité de confidences qu'elle souhaite véritablement.[2])

241.

Instruction supplémentaire pour le chambellan de Diede
von Fürstenstein comme Envoyé du Roi à Berlin.

Copenhague 2 septembre 1768.

(Extrait).

Le roi de Prusse était, il y a dix ans, dans la plus
grande force de son âge et de son ambition. Il était le
maitre d'un Etat qui augmentait tous les jours en force,
d'une armée supposée presque invincible, et de richesses
considérables. Il méprisait la Russie et en était haï, on le
croyait et il se croyait lui-même l'allié invariable de la
France, et on le voyait ou menacé ou avide d'une guerre
nouvelle qui devait terminer ou augmenter encore sa grandeur. Aujourd'hui, plus avancé en âge et affaibli par de
longs travaux et de cuisantes sollicitudes, sorti sans perte,
à force de valeur et de fermeté et plus encore à force de
miracles, d'une guerre qui, plus d'une fois, paraissait
devoir mettre fin à sa puissance et à sa vie et qui lui a
appris que la victoire pouvait se déclarer contre lui, affermi
par là dans ses possessions mais ne gouvernant plus que
des Etats appauvris et épuisés, instruit par son expérience
qu'il pouvait être réduit à devoir son salut à cette même
cour dont il s'était plu de faire si peu de cas, brouillé
avec · ses anciens alliés et surtout ennemi personnel et

---

[1]) La preuve de la sincérité de la cour de Vienne que demandait le
comte de Bernstorff, était la confirmation de l'élection du prince
Frédéric comme évêque futur de Lübeck.

[2]) Cfr sur le peu d'effet de cette insinuation, Ostens Gesandtskaber,
600—04.

irréconciliable du roi très-chrét., quoique peut-être encore
au fond de son cœur ami de la France, il semble et
par goût et par nécessité ne pouvoir plus désirer qu'un
repos qui, à moins de ces incidents que la politique ne
saurait prévoir et contre lesquels elle ne peut ni ne
doit prendre des mesures, durera probablement autant que
sa vie. Ce n'est donc plus tout à fait le même prince, il
ne doit plus y avoir les mêmes dangers ni les mêmes
difficultés à s'entendre avec lui, et il semble rentré dans la
classe des monarques souverains d'un Etat réglé et fixé, de
laquelle la nouveauté de ses conquêtes, la soif de les
étendre, la promptitude de ses résolutions et de ses entreprises et son système, qui n'avait pour toute règle que celle
de n'en avoir aucune, paraissaient l'avoir fait sortir.

Le roi ne vous dit donc plus ce qu'il a dit à votre
prédécesseur. Les mêmes motifs de sagesse et d'amour pour
ses peuples continuent, il est vrai, à détourner sa majesté de tout engagement qui pourrait la conduire à partager les haines et les querelles de ce prince, mais elle ne
croit plus impossible de former avec lui des liaisons qui,
sans aller si loin, pourraient être utiles et avantageuses
aux deux couronnes, et si le roi de Prusse marquait jamais
avoir des dispositions à en conclure de pareilles, elle y
consentirait avec plaisir.

Aujourd'hui le moment n'en est pas arrivé encore selon
elle, mais la possibilité qu'il arrive suffit pour la déterminer à s'ouvrir à vous de ses sentiments à cet égard.

Elle sait que le roi de Prusse manque de goût pour
les négociations dont l'importance ne le frappe pas, et
qu'il a le bon esprit de ne pas vouloir de ces alliances
qui n'ont point de vrai but, qui ne font que gêner les
princes qui les ont contractées, et occasionner des querelles
entre eux. Sa majesté les aime aussi peu que lui. Vous
ne donnerez donc aucun lieu de croire, monsieur, que vous
avez des propositions de cette espèce à lui faire. Et vous
ne prendrez à Berlin que le ton et le langage du ministre
d'un prince qui a une très haute estime pour sa maj.
prussienne, qui fait grand cas de son amitié et qui ne
désire pas davantage d'elle. Mais quand, par ce propos et
une conduite qui y répond, vous aurez acquis la confiance

qu'on ne refuse guère à ceux dont on ne craint point l'importunité et dont on aime les principes, et quand vous aurez sondé le terrain et acquis assez de notions pour connaître les lieux et les moments favorables, vous irez un pas plus loin et vous vous ferez une affaire sérieuse d'insinuer et de faire sentir au monarque ou, si vous ne l'approchez pas assez pour pouvoir y parvenir, à son ministère deux vérités incontestables, l'une et l'autre.

La première, que, quels que puissent être les affections et les avantages du moment, les maisons royales de Danemark et de Prusse ont les mêmes intérêts dans le Nord, qu'il est pour elles de l'importance la plus décidée de se conserver réciproquement, l'une et l'autre, dans un état de grandeur et d'influence sur cette partie de l'Europe, et qu'elles ne peuvent avoir ainsi (je le répète pour le Nord) qu'un système commun. Et la seconde, que le roi a pensé et a agi en conséquence pendant la dernière guerre, qu'il a résisté à toutes les instances et à toutes les offres des ennemis de la Prusse, et que, bien que les motifs les plus pressants l'eussent décidé pour une neutralité exacte, il a été prêt à s'en départir et à prendre les armes pour aider sa maj. prussienne à reconquérir son royaume, lorsque la Russie paraissait déterminée à le lui retenir et que la moitié de l'Europe ne demandait pas mieux que d'en garantir à cette redoutable puissance la conquête. Vous ne toucherez ce dernier point qu'avec sagesse et qu'autant qu'il en faut pour détruire les préjugés et les opinions peu fondées qui, nous ne le savons que trop, se sont emparées des esprits à Berlin. Mais pour le premier, vous y insisterez en toutes rencontres où vous pourrez le faire sans affectation et vous vous ferez un objet capital de l'établir. C'est de ce point que doivent partir tous vos raisonnements et toutes vos conclusions politiques.

Si en effet il est vrai, et qui est-ce qui, après y avoir réfléchi un moment, pourrait le nier, que les deux couronnes ont le même intérêt et que, par la nature de leur position, elles ne peuvent avoir qu'un système dans le Nord, il en résulte qu'il importe au roi de Prusse que le Danemark soit délivré de la gêne et des entraves que lui donnent souvent le partage du Holstein et quelquefois les

prétentions de l'héritier de Russie sur le Sleavic, et il en
résulte peut-être plus évidemment encore qu'il importe à
ce monarque que l'empereur de Russie et que le roi de
Suède ne possèdent ni l'une ni l'autre de ces provinces.
J'estime très superflu d'entreprendre la preuve de ces conséquences, dont la justesse ne saurait échapper ni à vous
ni à ceux auxquels vous les exposerez, et tout ce que le
roi demande au roi de Prusse se borne cependant à désirer
qu'il les admette et qu'il pense et agisse en conséquence.

Sa majesté ne doute pas qu'un prince aussi éclairé
qu'il l'est, n'ait depuis longtemps fait ces réflexions, et c'est
dans cette persuasion qu'elle n'attribue qu'au malheur des
temps et qu'à la nécessité unique des conjonctures l'alliance
offensive conclue par lui avec Pierre III l'année dernière,
alliance dont elle est très certaine que personne n'a mieux
prévu et senti les inconvénients que sa maj. prussienne;
aussi n'en ferez-vous aucune mention. Sa maj. l'a parfaitement oubliée, elle n'en conservera jamais le moindre ressentiment. Mais elle compte, je ne vous le dissimule pas, monsieur, que les conjonctures qui seules pouvaient excuser
une pareille alliance, directement contraire à toute espèce
de principes, n'existant plus, sa maj. prussienne ne sacri-
fiera point désormais à des vues d'une convenance passa-
gère sa propre conviction, la foi des traités et ses intérêts
permanents et solides. et elle s'assure que l'union qui paraît
de nouveau si étroite entre les cours de Berlin et de Pétersbourg et la complaisance dont le roi de Prusse semble se
piquer pour l'impératrice de Russie, ne s'étendront pas sur
le Holstein et ne faciliteront pas des desseins formés contre
elle. Vous ne paraîtrez pas le soupçonner, monsieur, mais
vous tâcherez de le pénétrer. Rien ne mérite davantage
vos recherches et ce sera l'objet de votre première attention.

Vous consacrerez ensuite vos soins avec une application
presque égale à la découverte et à l'examen des liaisons
qui subsistent entre le roi de Prusse et la reine de Suède.
Tout le monde sait l'autorité qu'a le frère sur la sœur,
mais il n'est pas aussi décidé jusqu'où il porte la tendresse
pour elle et si son affection pourrait l'engager à favoriser
les vues de cette princesse, contraires aux intérêts de sa
propre couronne. Vous sentez, monsieur, que c'est du réta-

blissement de la souveraineté en Suède que je parle. La
reine n'a que trop prouvé que c'est vers ce rétablissement
que, malgré la foi jurée du roi, son époux, tendent tous
ses vœux et que tous les moyens lui paraissent bons pour
y parvenir; il ne reste qu'à savoir, si, pour lui complaire,
le roi, son frère, oublie que ce rétablissement serait un
événement funeste pour lui et pour sa maison et qu'en y
travaillant, que dis-je, en se laissant aller à le permettre,
il se préparerait ou à ses successeurs un ennemi redoutable,
maitre d'une nation pauvre et belliqueuse et très disposée
à répéter à la première occasion favorable les acquisitions
et les conquêtes que ses pères ont faites sur elle.

Voilà, monsieur, ce qu'il importe le plus au roi de
pénétrer, de prévenir ou de détourner et ce que je dois
recommander par préférence à votre sollicitude, mais au
fond rien ne lui est indifférent d'un prince aussi voisin et
aussi agissant que l'est le roi de Prusse. Toutes les vues,
toutes les démarches de ce monarque méritent l'attention
de sa majesté et votre vigilance.

On lui suppose aujourd'hui de grands desseins sur la
Pologne, et la tranquillité avec laquelle il voit les Russes
y exercer ainsi qu'en Courlande une domination bien propre
à exciter sa jalousie, semble indiquer qu'il est en secret sûr
d'être récompensé de sa complaisance.

On a lieu de croire que l'intelligence entre lui et le
roi de la Grande-Bretagne n'est que médiocre et ne tient
presque plus qu'aux bienséances. On le voit renouveler ses
vexations contre le duc de Mecklenbourg. On prétend qu'il
va exercer contre le négoce de la ville de Hambourg des
violences qui approchent de bien près de la tyrannie. Que
tout cela vous occupe, monsieur, ainsi que sa conduite et
ses procédés envers les cours de France et d'Autriche. Que
rien de tout ce qui peut parvenir à la connaissance d'un
ministre étranger n'échappe à la vôtre et à vos reflexions!

242.

Dépêche à Mr de Schack à Stockholm.

Copenhague 15 novbre 1763.

Je me propose dans cette lettre de répondre à celle que vous avez bien voulu m'écrire le 21 du passé.[1]

Le roi a été vivement touché de son contenu. Il est, on ne peut plus, sensible aux desseins que des puissances injustes et inquiètes forment contre la liberté et les lois de la Suède[2] et contre la tranquillité du Nord, il l'est aux dangers qui en résultent pour leurs défenseurs, ses amis, mais il l'est surtout à l'amitié et à la confiance du baron de Scheffer. Il veut que vous l'en remerciiez de sa part dans les termes les plus expressifs et, comme la confiance ne peut jamais être payée que par la confiance, vous lui expliquerez sans réserve ses sentiments et ses résolutions sur les conjonctures présentes que je vais vous exposer.

Le roi n'est que trop averti que l'impératrice de Russie, par une fausseté de raisonnement inconcevable dans une princesse qui a autant d'esprit et qui se pique d'autant d'habileté qu'elle, ou bien par un excès d'ambition, est décidée à soutenir ou à paraître soutenir les vues de la

---

[1] Voir Ostens Gesandtskaber 615—17.

[2] Dans une dépêche du 5 novbre, le comte Bernstorff avait informé mr de Schack des dispositions des différentes cours au sujet de la Suède. La France, l'Autriche et même l'Angleterre étaient opposées à un changement de la constitution. En Prusse, „mrs de Finkenstein et de Hertzberg assurent que leur maître ne pense pas différemment de ses ayeux et qu'il connait trop ses intérêts pour souhaiter le rétablissement d'un pouvoir qui leur a été si dangereux." Mais il en était autrement de l'impératrice. „Cette princesse, déterminée par l'affection singulière qu'elle porte, dit-on, au roi de Suède, son oncle, et peut-être par le désir qu'elle se sent d'être la bienfaitrice de la branche cadette de la maison de Holstein, après avoir détruit son chef, ferme les yeux sur le bien et le système de la Russie et est en effet disposée à prêter son secours à la reine de Suède et à favoriser son ambition. Les fidèles ministres de son empire s'y opposent, il est vrai, et je sais qu'on allait lui présenter des remontrances contre son dessein, mais il est très incertain si elles feront quelque impression sur un esprit hardi et décidé et qui semble se croire tout possible." Cfr Ostens Gesandtskaber 564—66.

reine, mais que l'on nomme à Pétersbourg celles du roi de
Suède, et à adopter les projets que, par l'effet d'une passion
étonnante, mons. de Panin se plait à lui présenter pour ce
même but. Il est vrai que ces projets sont dits ne point
tendre jusqu'au rètablissement du pouvoir souverain, et n'avoir
pour objet que celui des prérogatives et droits que l'on dit
avoir été ôtés à sa maj. suédoise depuis son avènement à
la couronne. Mais comment des gens sensés peuvent-ils
penser qu'il sera même dans leur pouvoir d'arrêter le
torrent lorsqu'ils l'auront une fois lâché, et qu'ils pourront
empêcher le renversement de la constitution lorsqu'en ajoutant au poids de l'une des balances, ils auront détruit
l'équilibre sur lequel elle est fondée? Il est difficile de
croire qu'ils puissent s'abuser à ce point, et il ne reste
donc qu'à supposer, ou bien que l'impératrice et celui
qu'elle écoute se sont déterminés à sacrifier l'intérêt de la
Russie au plaisir de satisfaire leurs inclinations et leurs
penchans, ou bien que leur intention secrète est d'établir
en Suède le pouvoir moscovite sous le prétexte et le nom
de l'autorité royale et de ne faire désormais des rois de
Suède, comme il leur a presque réussi de le faire de ceux
de Pologne, que des vice-rois dépendant de la Russie.[1]

Quel que soit de ces deux buts celui de l'impératrice,
le roi convient qu'il est souverainement dangereux d'abord
pour la Suède, à laquelle le joug médiat ou immédiat de la
Russie ne peut qu'être intolérable, et puis pour tout le
reste du Nord, dont l'indépendance et la tranquillité sont
inséparablement unies à celles de la Suède.

Sa majesté sent que ce danger serait encore augmenté à l'excès si le roi de Prusse trempait dans ce funeste dessein. Il est si aisé de démontrer que ce serait le
comble de la fausse politique dans ce prince, qu'on ne
pourrait pas même penser à l'en soupçonner, si l'on n'avait
quelque lieu de craindre, que l'offre d'un avantage pré-

---

[1] Depuis quelque temps déjà le comte Bernstorff croyait voir un
lien entre les tendances de l'impératrice en faveur d'un changement de constitution en Suède et la froideur qu'elle montrait envers le Danemark. Peut-être avait-elle pour but de reprendre les
projets de Pierre III contre le Danemark après s'être assuré la
coopération de la Suède, cfr Ostens Gesandtskaber, 561—62.

sent, tel que le serait celui de la cession de la Poméranie,
pourrait l'éblouir et que, content d'ajouter cette province
importante à ses conquêtes et d'augmenter par là ce qu'il
croit être la gloire de son règne, il pourrait fermer les
yeux sur les maux qui en reviendraient à l'univers, au Nord
et même à ses successeurs.

Le roi ne peut donc pas écarter toute inquiétude à
cet égard, et il convient, je le répète, que jamais le Nord
n'a été menacé d'un danger plus cruel qu'il ne l'est maintenant par l'ambition et l'union de deux princesses et d'un
prince, faits, tranchons le mot, pour troubler son bonheur.

Mais comme l'effet des dangers ne doit être, dans les
âmes généreuses, que d'élever leur ardeur et leur courage
et de redoubler leurs forces pour égaler la résistance à
l'attaque, bien loin de s'en laisser abattre, il ne s'en sent
que plus animé à opposer dans une si juste cause une
fermeté inébranlable à toutes les entreprises des adversaires
communs, et il vous ordonne pour cet effet de déclarer de
sa part au baron de Scheffer:

> Que les défenseurs des lois et de la liberté de la
> Suède auront en lui un ami et un appui constant
> et fidèle, que rien ne détournera jamais de par-
> tager le sort de la Suède et qui sera toujours
> prêt à concerter avec eux ses mesures et ses dé-
> marches.

Sa majesté espère, il est vrai, que les moyens que l'on a
trouvés d'éviter la convocation d'une diète extraordinaire et
même la mort du roi de Pologne, donnant des occupations
plus pressées et plus instantes à la czarine et au roi de
Prusse et pouvant fort bien finir par détruire leur intelligence jusqu'à présent si étroite, serviront encore à détourner le mal qui sans ces deux événements paraissait
imminent, et elle les regarde comme les effets de la bonté
de cette Providence sur laquelle elle repose toutes ses
espérances, et dont elle a déjà tant de fois éprouvé le pouvoir suprême et secourable; mais elle n'en juge pas moins
nécessaire et dans l'ordre, de concerter de bonne heure un
plan de conduite capable de fortifier le bon parti et d'embarrasser les menées de ceux qui se préparent à l'opprimer.

Elle vous autorise pour cet effet, monsieur, de dire en son nom au baron de Scheffer que, s'il en juge de même, elle le prie de projeter ce plan et d'être persuadé de la confiance avec laquelle elle le recevra. Sa majesté ne connait personne qu'elle estime plus propre à cet ouvrage important, et des lumières et de la droiture duquel elle ait plus grande opinion. Elle croit comme lui que, quelque déplorables que soient aujourd'hui la situation ou le gouvernement de plusieurs grandes puissances et la léthargie des autres, elles ne pourront cependant être indifférentes à l'asservissement du Nord, et elle compte toujours que, quand tout parviendrait à l'extrémité, ceux qui voudraient subjuguer des peuples aussi braves que le sont ceux de cette partie de l'Europe et les soumettre à un pouvoir tel que celui des Russes ou de leurs adhérens, trouveraient plus de difficultés que leurs esprits, livrés à l'illusion et à l'ivresse de l'injustice, n'en imaginent peut-être.

En attendant le roi donne sa parole royale au baron de Scheffer que tout ce qu'il vous a dit, que tout ce que je viens de vous répondre sera enseveli dans le plus profond secret et que personne n'en aura connaissance que d'un commun accord. Il s'en promet la réciprocité de son amitié et de sa droiture, et il l'informera par vous des découvertes qu'il pourra faire sur les objets de l'attention commune.

Jamais, vous pourrez l'en assurer, monsieur d'Osten[1]) n'aura la moindre notion de ce que nous venons de nous dire, mais comme il parle lui-même dans ses rapports de l'intelligence déjà établie et qui va s'établir mieux encore entre la czarine et la reine de Suède, sa majesté lui a ordonné d'y veiller avec la plus grande application. Je vous ferai part du compte qu'il en rendra.

Je n'aurai pas moins le plus grand soin de ne laisser rien entrevoir de notre intelligence au baron de Breteuil,[2]) auquel le roi m'a ordonné d'ailleurs de parler beaucoup et

---

[1]) Le baron de Scheffer avait conçu sur les sentiments et la fidélité de mons. d'Osten des soupçons que Mr de Bernstorff ne partageait que trop. Voir Ostens Gesandtskaber, 650 sqq.

[2]) Ministre de France à Stockholm, de passage à ce moment à Copenhague.

fort sincèrement des affaires de la Suède. J'ai bonne opinion
de ce ministre, mais je vous en parlerai avec plus de certitude et d'étendue lorsque je le connaîtrai mieux.

En un mot, monsieur, le roi fait de son côté tout ce
que l'amitié la plus vraie et la plus agissante peuvent inspirer et il fera voir à ses amis et, s'il le faut, à toute la
terre ce que peut une union vertueuse, constante et éclairée,
et combien il est convaincu que surtout aujourd'hui les
intérêts du Danemark et ceux de la Suède sont inséparables.

242.

Dépêche à Mr de Schack à Stockholm.

Copenhague 26 novbre 1763.

(Extrait).

Les rapports que le roi a reçus de St. Pétersbourg sont
très conformes à ceux qui vous sont venus. Ils assurent
que le décès d'Auguste III[1]) a changé les résolutions de
la czarine,[2]) et que le désir de donner un roi de sa main
et de son goût à la Pologne occupe si fort cette princesse
qu'elle ne songe plus à autre chose, et qu'elle s'est dé-
minée à laisser au moins pour le moment présent la Suède
libre et en paix.[3]) Quoique ses desseins soient devenus

---

[1]) Par la mort d'Auguste III le trône de Pologne était devenu vacant. Le gouvernement danois accrédita sans délai Mr de Mestral
de St Saphorin comme chargé des affaires auprès de la république,
tandis que Mr de Schulenbourg resta ministre auprès de l'électeur
de Saxe jusqu'en 1768.

[2]) Sur le changement de la politique de l'impératrice au sujet de la
Suède et sur ses motifs, voir Ostens Gesandtskaber, 564—66 cfr
Art. secret du traité du 11 avril 1764 entre la Prusse et la Russie,
voir Tengberg, l. c. Ann. A.

[3]) Les prévisions du comte de Bernstorff ne tardèrent pas à se réaliser. Dans des dépêches du 10 décembre, il manda à mrs de
Schack et d'Osten que le baron de Korff avait reçu l'ordre de
sonder les dispositions du roi sur un concert à prendre entre les
deux cours relativement aux affaires de Suède. Mr de Bernstorff
s'était borné à répondre qu'il en rendrait compte au roi, mais en
ajoutant que „jusqu'ici on avait de justes causes pour supposer à

bien moins dangereux depuis que le gouvernement de la
Suède a trouvé moyen d'éviter la convocation d'une diète
extraordinaire, je regarde néanmoins comme un bienfait
signalé de la Providence que les affaires de la Pologne
soient les premières qui attirent l'attention et la soif de
gloire et de domination de l'impératrice, et que le reste du
Nord gagne par là non seulement le loisir de prendre ses
mesures contre ses projets, mais encore l'avantage d'apprendre à la connaître dans des entreprises considérables,
et de pouvoir juger de l'étendue de son génie et de son
courage et de ce qu'en conséquence il pourrait y avoir à
craindre ou à attendre d'elle. Ses démarches à l'égard de
la Pologne annoncent la résolution de porter, si elle trouve
de la résistance, les choses jusqu'à l'extrémité. On parle de
l'assemblée d'une armée prête à entrer sur les terres de la
république, et il est aussi très vraisemblable que cette princesse, à force de hauteur, obligera les plus grandes puissances de l'Europe de sortir de la léthargie dans laquelle
elles se plaisaient d'être à son égard, et les contraindra à
ouvrir les yeux sur la faute qu'elles ont faite de flatter
pendant si longtemps une cour déjà trop arrogante par
elle-même et entièrement disposée à se faire des droits de
leurs complaisances. Peu de semaines nous donneront des
lumières à cet égard.

244.

Dépêche à Mr le baron de Gleichen à Paris.

Copenhague 31 décembre 1763.

(Extrait.)

Le baron de Korff, ministre plénipotentiaire de l'impératrice de Russie, ayant reçu l'ordre de sa cour de déclarer
au roi: „Que la partie la plus considérable des grands de

---

l'impératrice et à son ministère des principes très différents de
ceux qui pouvaient rendre un pareil concert possible." Dans la
dépêche du 7 janvier 1764 Mr d'Osten reçut pourtant l'ordre d'accepter la proposition. Cfr Ostens Gesandtskaber, 564—66, 618—19.

Pologne s'étant adressée à sa maj. imp. pour lui demander
de favoriser la résolution qu'ils avaient prise de déférer la
couronne de leur patrie à un Pjaste, sa dite maj. imp. leur
avait accordé leur demande et s'était déterminée à appuyer
l'accomplissement de leurs desseins en appuyant la liberté
de leur élection, et qu'elle espérait que le roi se trouverait
dans les mêmes dispositions qu'elle et ordonnerait à son
ministre près de la république de travailler de concert avec
le sien à un but aussi équitable et aussi convenable aux
intérêts du Nord." Sa maj. m'a commandé de répondre:
„qu'elle était très sensible à cette ouverture, marque de
l'amitié de sa maj. imp., et quoiqu'elle ne connût point de
prince aspirant à la couronne de Pologne auquel elle la
désirât plutôt qu'à l'électeur de Saxe, qu'elle n'en était
pas moins décidée à désirer le maintien de l'entière liberté
de l'élection et que celui qu'elle avait chargé de ses affaires
à Varsovie recevrait l'ordre précis de se conduire en conséquence."

245.

Dépêche à Mr le baron de Gleichen à Paris.

Copenhague 31 décembre 1763.

(Extrait).

J'ai mis sous les yeux du roi votre dépêche du 2 de
ce mois.

Sa maj. m'ordonne de vous dire qu'elle ne consentira
jamais à ce que le ministère d'un prince avec lequel elle a
conclu une convention s'attribue à lui seul, plusieurs années
après que cette convention a été agréée par les deux monarques, signée par leurs ministres et exécutée des deux
parts, le droit de juger si elle doit être tenue ou non.[2]

---

[1] Pour la candidature du prince Poniatowski et les motifs qui avaient
porté l'impératrice à favoriser son élection, voir Ostens Gesandtskaber, 566—570.

[2] Le duc de Praslin faisait de grandes difficultés pour payer les
subsides arriérés, en prétendant que les 500 mille livres ajoutées,
en vertu de la convention spéciale du 20 mars 1759, aux subsides

Jamais elle ne donnera son aveu à une entreprise si évidemment contraire au droit des gens et à tout ce que les souverains se doivent réciproquement et à eux-mêmes. Après cela le roi très-chrét. payera les subsides que mons. le duc de Praslin conteste aujourd'hui ou ne les payera pas, tiendra sa parole ou ne la tiendra point, c'est de quoi le roi n'est pas le maître, mais il l'est de ne pas avoir la faiblesse d'autoriser un procédé inouï et qui, en vain le dissimulerait-on, détruit la confiance, seule sûreté des traités, seule base de tous les engagements. Voilà, monsieur, ce que le roi pense sur les difficultés que l'on vous fait et ce qu'il ne peut se dispenser d'en penser.

246.

Dépêche à Mr de Schack à Stockholm.

Copenhague 11 février 1764.

Le roi apprend certainement avec plaisir par vos dépêches que les affaires continuent de s'accommoder et de s'arranger en Suède et que les bonnes dispositions de la reine paraissent s'affermir de plus en plus, et sa majesté, qui a l'âme trop noble et trop élevée pour l'avoir défiante, se plait à supposer solide et sincère un changement aussi avantageux au bonheur et à la tranquillité du Nord. Mais comme il lui importe, ainsi qu'à tous ceux qui aiment la Suède et ses lois, de ne pas se tromper aux apparences

---

antérieurement stipulés par le traité du 4 mai 1758 dussent être remboursées par le Danemark comme une avance, et que cette augmentation de subsides devait cesser avec la guerre, tandis que le gouvernement danois soutenait que la somme contestée était un subside et non pas une avance, et qu'elle était due au Danemark pour toute la durée du traité du 30 janvier 1754. — L'examen le plus superficiel du texte de la convention et des dépêches suffit pour écarter tout doute sur le peu de fondement de l'interprétation mise en avant par le gouvernement français. Voir no. 123 Note, et dép. du 20 août 1763 à mr de Gleichen. Ce différend fut à la fin arrangé de manière que l'augmentation de 500000 livres, stipulée par la convention du 20 mars 1759, serait seulement accordée jusqu'à la signature de la paix et que ce subside serait payé à raison de 1,500,000 livres par an.

et de ne point être la dupe d'une conduite peut-être artificieuse, elle approuve fort l'application avec laquelle vous suivez cet objet et elle vous sait un gré particulier de tout ce que vous faites pour en découvrir le fond et le vrai.

Je vous avoue, monsieur, que je pense comme vous et que plus les paroles de la reine sont douces et flatteuses, plus je les appréhende. Un caractère aussi ambitieux et aussi fier que le sien ne se résoudra pas à employer les termes rapportés dans votre lettre du 20 du passé,[1] sans s'en promettre un avantage capable de la consoler de s'en être servie, et, tant que le désir de dominer sera la passion favorite de cette princesse, je ne vois pas le moyen de croire qu'elle veuille se réunir de bonne foi à des gens dont tout le but est de limiter son pouvoir. La prétendue mésintelligence ou division de principes entre le roi son époux et elle m'est un nouveau motif de soupçon. Cette division n'est pas naturelle pour qui connait l'ascendant pris d'une part et la différence de génie de l'autre, et ne me paraît par conséquent qu'un jeu concerté entre eux pour essayer de s'acquérir par là du crédit dans les deux partis et d'en réunir le bénéfice en faveur de l'autorité royale. Si en effet le roi continuait à disposer des bonnets et si la reine engageait les chapeaux à se fier à elle et à recevoir au moins ses impressions, leurs majestés seraient les maitres du royaume entier et les deux partis éprouveraient bientôt que, au lieu d'obtenir chacun son but, l'un opposé à l'autre, ils n'auraient travaillé qu'à remplir celui de leurs chefs, trop étroitement liés entre eux pour pouvoir avoir au fond des principes différents sur leur intérêt commun, irrévocablement uni, irrévocablement le même. L'artifice est un peu trop grossier pour pouvoir réussir et éblouir

---

[1] Mr de Breteuil avait dit à mr de Schack „que la reine tenait en toutes occasions des propos très convenables, excusant sa conduite passée à leur (les chapeaux) égard par la fougue de la jeunesse qui l'avait emportée, par la vivacité de son caractère et par les préjugés qu'on lui avait inspirés, et promettant de redresser le tout par la conduite qu'elle tiendrait à l'avenir, qui serait entièrement conforme aux principes qu'on désirait qu'elle suivît et de la vérité et de la justice desquels elle ne pouvait que convenir.“ Cfr Ostens Gesandtskaber, 621—22.

des gens habiles; mais comme, dans un pays où les haines
sont vives et où le nombre décide, les illusions sont quelquefois étonnantes, il est toujours très nécessaire d'y veiller et
c'est ce que le roi se promet avec certitude de vous.

Mes inquiétudes, car, puisque je suis en train de vous
en entretenir, j'aime mieux vous les dire toutes à la fois,
ne se bornent pas encore à celle-ci. J'en ai une autre qui
m'alarme peut-être encore davantage, c'est que la reine, en
flattant d'abord les amis de la France et puis la France
elle-même, ne parvienne enfin à persuader à cette puissance
qu'il est de son intérêt réel d'augmenter le pouvoir royal
en Suède, attendu que l'on peut dire qu'il lui sera plus
aisé de conserver de l'influence sur un prince et de tirer
alors un parti efficace de son amitié que de maintenir son
crédit sur un parti nombreux qui, quelque affectionné qu'il
puisse être, ne peut jamais, ainsi que l'expérience de deux
guerres l'a prouvé, rendre des services bien utiles. C'est là,
monsieur, l'effet que je crains le plus du changement vrai
ou prétendu de la Russie, et que je craindrais bien plus
encore si la haine personnelle que la cour de Versailles
porte au roi de Prusse venait à se calmer. Vous vous
rappellerez que quelques ministres de cette cour ont déjà,
dans des moments de mauvaise humeur, fait les mêmes
réflexions et je ne puis qu'appréhender que, si la reine de
Suède, qui ne voit aujourd'hui que trop que la Grande-
Bretagne ne songera jamais à favoriser ses vues ambitieuses,
se lasse de cette liaison et se conduit assez habilement
pour regagner la confiance de la France, elles ne prévalent tôt
ou tard. Il ne sera par cette raison que trop nécessaire d'observer mons. de Breteuil, de tâcher de découvrir jusqu'où
les avances et les cajoleries de la reine feront impression
sur lui et d'y rendre, pour peu qu'il y ait du danger, les
amis de la liberté bien attentifs. Dans une forme de gouvernement, tel que l'est celui de la Suède, les amitiés simulées et les feintes douceurs sont assurément plus à craindre
que les contradictions et les haines ouvertes.

Le roi, je le répète, compte donc que, si le cas venait à l'exiger, vous aurez soin d'ouvrir les yeux à ses
amis et de ne pas permettre qu'ils méconnaissent le danger
qu'ils pourraient courir. Mais il sait aussi que vous ne les

alarmerez pas avant le temps. Paraître trop défiant à présent ne ferait que les révolter et leur faire soupçonner que le roi aime à les voir brouillés. Vous avez déjà fait cette observation, monsieur, elle est très sage et vous éviterez, en la suivant, les écueils qui dans un état si agité se présentent de toutes parts.

247.

Dépêche à Mr d'Osten à Pétersbourg.

Copenhague 12 mars 1764.

(Extrait).

Dans le corps du traité même[1]) le roi ne désire qu'un seul changement, c'est que la garantie générale à laquelle il s'engage à l'égard des provinces aujourd'hui possédées par la Russie en Europe ne soit pas étendue jusqu'à la défense de celles que le grand-seigneur pourrait attaquer. Vous sentez bien que ce n'est pas par prédilection pour la Porte ottomane, si souvent ennemie de la chrétienté, que sa majesté souhaite cette exception, mais parce que la distance énorme des lieux rend toute prestation de secours contre

---

[1]) Jusqu'ici le comte de Bernstorff n'avait pas donné suite aux conseils répétés de mr d'Osten „de ne pas être la seule de toutes les puissances qui marquât de la froideur contre la Russie", car „il ne voulait pas de ces alliances qui ne stipulent que des garanties et de bons offices et qui, bien loin d'affermir l'amitié, ne font qu'occasionner des plaintes et des froideurs parce qu'elles ne donnent que des prétentions et des espérances faciles à éluder, sans donner ni fixer des droits". (Dépêche du 10 septbre 1763). „Le roi souhaite vivement l'amitié et l'alliance de l'impératrice mais c'est la réalité qu'il en souhaite et non l'apparence. Il ne se soucie pas de figurer uniquement parmi ses courtisans" (Dép. du 5 novbre 1763). Mais en présence de l'ouverture faite par mr de Korff au mois de décembre, le comte de Bernstorff se décida à proposer à la Russie le renouvellement du traité expiré du 10 juin 1746, afin d'obtenir à cette occasion la promesse formelle que la question des duchés serait arrangée, ainsi que de lier l'impératrice au maintien de la constitution suédoise. Le traité de 1746 fut pris pour base de la nouvelle négociation.

elle impossible et que sa majesté n'aurait ainsi aucun moyen
de remplir ses obligations à son égard. Cette raison est
si évidente et il résulte si peu de préjudice à la Russie de
la dite exception que j'ose penser qu'elle vous sera accordée sans difficulté.

Sa majesté ne voit rien à changer que les dates, les
noms et les titres dans le reste de cette pièce, ainsi que
dans la convention du même jour et dans la Erläuterungs-
Acte signée à St. Pétersbourg le 8 mai 1747, tendantes
l'une et l'autre à régler tout ce qui a rapport au secours
que les deux puissances auraient, en cas d'attaque, à se
porter réciproquement.

Mais les deux articles secrets du 10 juin 1746 semblent
au roi susceptibles de quelques additions, que le bien général du Nord et le but des deux monarques d'affermir solidement leur amitié et leur union paraissent exiger indispensablement.

Le premier renferme l'assurance que, par l'article IV
du traité principal, l'impératrice entend ne se dispenser de
l'obligation de garantir au roi la possession de la partie
autrefois ducale du Slesvic qu'uniquement et dans le seul
cas où le grand-duc voudrait faire valoir ses prétentions
contre cette partie du dit duché. Le roi sent qu'il serait
inutile de demander la suppression de cette restriction et
il a trop de considération pour l'impératrice pour vouloir
même la lui proposer. Mais comme au fond une garantie
qui excepte le seul prince de l'univers qui a une prétention
contre les Etats garantis, n'en est pas une puisqu'elle
s'évanouit précisément dans le cas où elle serait utile et
qu'ainsi l'obligation et, si j'ose m'exprimer ainsi, le fardeau
de cet engagement réciproque est trop inégal entre les deux
monarques, sa majesté croit ne rien désirer qui soit injuste ou
contre l'équité en souhaitant qu'il plaise à sa maj. impériale
de lui promettre ses bons et efficaces offices à la majorité du prince son fils pour terminer alors, par un heureux
échange du duché Holstein-Kiel contre les comtés d'Oldenbourg
et de Delmenhorst ou quelque autre équivalent agréable,
toutes les divisions si funestes, source de tant de malheurs,
et pour fonder et assurer une union intime et inaltérable
entre les princes d'une même maison, destinée par la Pro-

vidence, à ce qu'il semble, à régner sur tout le Nord depuis l'Elbe jusqu'à la Chine. L'objet est si digne de la grandeur d'âme de l'impératrice et de son amour pour ses peuples, elle fera par là un si grand bien à l'univers et à la postérité la plus reculée, et la partie du Holstein dont il s'agit est, lors même que je ne dirais rien de l'équivalent, si peu de chose pour un prince né pour occuper un jour le trône de Russie, que je ne puis qu'espérer que sa maj. impér. ne refusera pas une action si méritoire et dont l'accomplissement la comblerait de gloire. Employez-vous, monsieur, à la lui représenter telle qu'elle est, montrez-la lui dans son vrai point de vue, elle peut se passer de toute embellissement. Et que ne pourrais-je pas vous dire encore sur ce sujet! Sans cet accommodement final, sans cet échange, tout ce qui se fait pour l'union des deux puissances et pour la tranquillité du Nord est inutile ou au moins sujet à être renversé dans un moment, sans lui les deux monarques seront toujours exposés et souvent obligés à agir contre leurs propres intérêts. Mais pourquoi m'étendre vis-à-vis de vous sur une vérité qui vous est si bien connue et qui depuis si longtemps fait l'objet de nos réflexions, de nos soins et de notre correspondance?

Le second article secret ne parait pas moins demander une sorte de modification. Le principe en est immuable et vous verrez en le lisant que l'obligation qu'il contient n'est point expirée avec le reste du traité, mais comme ni l'impératrice par son affection pour le roi de Suède, son oncle chéri, ni le roi, en vertu du traité conclu en 1750 avec ce monarque, ne voudront ni ne pourront avec justice le dépouiller de son droit de succession et d'héritage, il semble qu'il conviendra aux intérêts des deux parties contractantes que sa maj. impér. avoue et permette de soutenir le dit traité de 1750, par lequel le but de l'article en question s'obtient sans préjudice pour sa maj. impér., et puis, que les deux puissances, donnant un peu plus d'étendue à leur liaison, s'allient et règlent entre elles un concert permanent pour le maintien de la forme de gouvernement de la Suède, si essentiellement important au repos du Nord et à l'avantage des deux couronnes. Le roi ne voit point de moyen plus naturel et plus simple pour parvenir à cette fin que celui

que je viens de vous exposer par son commandement, et il
m'ordonne pour cet effet d'abord de vous envoyer copie du
traité de 1750 pour que, si après avoir goûté l'idée on vous
demande de le voir, vous puissiez le produire en confidence
et sous le sceau du plus profond secret que cette partie de
votre commission exige surtout, et puis de vous faire tenir
le projet des deux articles séparés et secrets tels que je les
ai dressés en conformité de ses volontés.[1]) L'intention de
sa maj. n'est cependant pas de vous astreindre et de vous
lier aux termes de ces projets, ni même de vous enjoindre
de les produire de sa part si vous y trouvez de l'inconvénient
pour le bien de son service. Elle ne vous les adresse que
pour abréger et faciliter votre travail et pour vous expliquer avec plus de clarté et de précision ses intentions et
ses souhaits, et pour vous mettre en état de les remplir ou
au moins d'en approcher le plus qu'il vous sera possible.
Elle s'en fie au reste à vous de l'usage que vous en ferez.

Voilà, monsieur, ce que j'ai ordre de vous dire sur le
contenu du traité dont la négociation vous est commise.[2])

248.

Dépêche à Mr Kuur, Résident à Danzic.

Copenhague 13 mars 1764.

Sur le compte que j'ai rendu au roi de votre seconde
lettre du 25 du passé, sa majesté m'a ordonné de vous dire
que, décidée à prendre à l'exemple des rois ses aïeux un
intérêt très vif et très constant au maintien ou plutôt au

---

[1]) L'article secret sur les affaires de la Suède était dressé de manière
à ne pas gêner les deux gouvernements dans la faculté de poursuivre le but commun, le maintien de la constitution, chacun par
la voie qui lui paraîtrait la plus propre.

[2]) Enfin mr d'Osten fut autorisé, au cas que l'impératrice s'engageât
à l'échange futur de Holstein, à promettre non-seulement que le
roi ne contrarierait pas les vues de l'impératrice en Pologne ni
l'élection de son candidat à la couronne, mais même qu'il secon-
derait sous main ses intentions et s'emploierait sérieusement à les
faire réussir.

rétablissement des droits des protestants ou dissidents en Pologne, elle donnerait les ordres les plus précis non-seulement au chargé de ses affaires près de la république de se concerter sur cet objet avec les ministres des autres puissances protestantes en Pologne et d'agir de concert avec eux pour une fin si juste et si louable, mais encore à son envoyé extraord. en Russie de travailler sérieusement à engager la cour de Pétersbourg à favoriser la même cause. Sa maj. vous permet d'en assurer de sa part mrs de Goltz et de Korff et d'y ajouter que s'ils trouvaient à propos d'envoyer ici un député, il serait le bienvenu et · qu'elle donnerait ordre à son ministère de porter toute attention à ses souhaits et à ce qu'il serait chargé de lui représenter. [1])

Comme pour une affaire de cette importance et dans la poursuite de laquelle on doit s'attendre à tant d'oppositions et de difficultés, les moments sont précieux, je n'ai pas voulu en perdre et je me hâte de vous informer de ces dispositions du roi. Vous en ferez, j'en suis sûr, un usage aussi prudent que zélé.

249.

Dépêche à Mr de Schack à Stockholm.

Copenhague 17 mars 1764.

Vos dernières dépêches et surtout celles du 24 et du 28 février et du 6 d. c. roulent sur des objets si importants que le roi y a donné toute son attention. et que c'est après bien des réflexions qu'il m'ordonne de vous en dire sa pensée.

Le projet[2]) du chef de ses amis lui parait beau, il en sent l'utilité et l'importance et il ne saurait que donner des

---

[1]) En effet la noblesse dissidente de la Prusse et de la Grande-Pologne envoyait au mois de mai un député, mr d'Unruhe, à Copenhague pour solliciter „l'appui du roi pour le maintien et le rétablissement de ses droits et de ses libertés depuis si longtemps contestés et opprimés."

[2]) Le parti dominant en Suède avait formé le projet de modifier la constitution en augmentant surtout le pouvoir du sénat. Mr de

éloges bien sincères au cœur et au génie de celui qui se
prépare à l'entreprendre. Mais il ne peut s'en dissimuler
les' dangers de toute espèce, non-seulement pour le citoyen
généreux qui s'expose à en être la victime mais encore
pour l'Etat. Le but, le grand point de vue de tous ceux
qui ont cherché jusqu'ici à rendre ou à maintenir la Suède
libre, a été de donner tout le pouvoir non à un seul, non
à quelques-uns, mais à la nation en corps, et puisque ce
pouvoir ne saurait s'exercer par la multitude, à ses représentants assemblés en diète; la base de tout leur système
a été de les constituer seuls souverains dans le royaume, et
ils ont cru avoir moins à craindre de l'usage de cette souveraineté, lorsqu'il serait entre les mains d'un si grand
nombre de personnes de différents ordres et classes, divisés
entre eux, censeurs et critiques les uns des autres, rarement
assemblés et faits pour redevenir sujets et soumis aux
lois au moment de la séparation de l'assemblée, que de
toute autre personne ou corps auquel ils le confieraient.
Le roi croit bien que, trop livrés à cette idée, les fondateurs
ou au moins les soutiens de la liberté de la Suède ont
passé ce but en portant trop de choses à la décision des
Etats, et en attribuant ainsi la régence et le gouvernement
du royaume à une assemblée qui, point faite par sa nature
pour régner, ne devrait s'occuper que de la législation,
c'est-à-dire du soin de maintenir et de faire observer les
anciennes lois et de celui d'en donner de nouvelles; mais
il sera si difficile de donner des bornes à une puissance
reconnue, fondée sur les lois ou au moins légitimée par
l'usage et chére à tout le peuple, qui croit la partager et
la partage en effet, sans ébranler les lois les plus essentielles à la constitution de l'Etat, il est si fort à craindre
que cet exemple de toucher à la forme du gouvernement ne
serve quelqu'autre jour de planche à une cour toujours
inquiète, agissante et redoutable et à ceux qui, pour lui

Scheffer avait élaboré la proposition qui dans ce but devait être
soumise à la diète prochaine et il l'avait communiquée d'abord à
mr de Bernstorff. Les chapeaux eux-mêmes finirent par reconnaître
l'impossibilité de faire adopter ce projet et l'abandonnèrent définitivement. Cfr Tengberg, 27—29, Ann. B. Ostens Gesandtskaber,
623—24 cfr 27, Malmström V, 255—56.

plaire, voudront dans des vues moins saines et moins vertueuses reformer des lois qu'ils appelleront des abus, quoiqu'elles soient le boulevard de la liberté, il est si peu probable, qu'entre tant de gens du concours desquels ce projet a besoin pour réussir, il ne se trouve point de faux frère ni de traitre, se servant de la confiance des auteurs du dessein pour le faire échouer, et la tentative, quel qu'en soit le succès, sera représentée sous des couleurs si odieuses par tous ceux qui ne l'adoptent pas, que sa maj. ne peut voir qu'avec inquiétude l'homme de la Suède auquel, par estime et par amitié pour la nation suédoise, elle souhaite le plus de crédit et d'applaudissements dans sa patrie, s'exposer à la risquer. Elle sait bien qu'il y mettra toute la prudence, toute la sagesse, toute l'habileté possibles, elle ne doute pas un moment que, pourvu que son plan soit exactement suivi, il ne soit conforme aux anciennes lois et à leur esprit, utile et salutaire, je le répète, à l'Etat, mais peut-on espérer que, dans un pays où tout le monde veut gouverner et où la rivalité et la jalousie ont tant de force, on s'en tienne au plan dressé par un homme si sage, mais si envié? Ne sera-t-on pas obligé d'admettre des additions ou de prétendues corrections proposées par des gens puissants, du concours desquels on ne saurait se passer, et faudrait-il rappeler au baron de Scheffer le succès si peu mérité qu'a eu son excellente ordonnance contre le luxe qui, au lieu de faire le bien qu'elle aurait dû produire, n'a servi qu'à diminuer sa popularité?

Le roi ne peut se dispenser de faire ces réflexions et il vous laisse le maitre d'en faire avec votre prudence ordinaire l'usage que vous jugerez convenable. Mais quand vous en feriez part au baron de Scheffer en tout ou en partie, vous ne l'assurerez pas moins que le roi, entièrement persuadé de ses lumières et de son patriotisme, se prêtera avec plaisir aux mesures qu'il souhaitera que sa maj. prenne en cette occasion, et vous lui donnerez en même temps la parole de sa maj. qu'elle lui gardera le secret le plus profond et le plus inviolable sur tout ce qu'il vous confiera à cet égard.

Le roi ne vous dira rien sur l'idée d'assembler la
diète extraordinairement dix mois avant son terme. Si cette
démarche est inévitable il faut s'y résoudre et s'appliquer
à en diminuer les dangers, que sa majesté croit considérables
et très bons à éviter si cela était possible. [1]

250.

Dépêche à Mr d'Assebourg à Francfort. [2]

Copenhague 21 avril 1764.

(Extrait).

— Voilà donc, monsieur, finis et passés cet acte et
cette époque qui auraient pu être si favorables au redresse-
ment des griefs et sous plus d'un rapport salutaires, sans qu'il
en soit revenu aucun bien ni à la religion opprimée en nombre
de lieux ni aux droits des princes négligés dans une rencontre
aussi essentielle, ni enfin à la cause des états de Würtemberg gémissant sous le joug et la violence, et cette grande
complaisance que l'empire vient de marquer à la maison
impériale ne lui a valu aucun retour et n'a produit d'autre
effet que de donner au gouvernement de l'empereur, per-
pétué, selon les apparences, pour le siècle actuel dans
sa maison, une sécurité et un poids de plus. L'empereur,
prince doux et équitable, n'en abusera pas par lui-même,
mais qu'il est coupable cependant celui qui a rendu inutile ainsi une occasion pareille de procurer le bien, et
que vraisemblablement ni lui ni personne de ceux qui ont

---

[1] Le parti dominant se vit en effet forcé à convoquer la diète pour
le mois de janvier 1765.

[2] Mécontent du retard que la cour impériale mettait à la confirmation de l'élection du prince Frédéric comme coadjuteur de Lübeck, et froissé par le peu de cas qu'on faisait à Vienne des
droits des princes secondaires de l'empire dans la question de
l'élection d'un roi des Romains futur, le gouvernement danois ne
voulait pas se faire représenter officiellement dans cette élection.
Mais pour être néanmoins bien renseigné sur ce qui s'y passerait,
le comte Bernstorff envoya mr d'Assebourg à Francfort sans caractère officiel.

part aux affaires aujourd'hui ne retrouvera plus. On gémira
longtemps sur mr de Flotho et peut-être aussi sur le choix
qui a été fait de lui pour un ouvrage de cette importance.[1])

251.

Dépêche à Mr de Schack à Stockholm.

Copenhague 12 mai 1764.

Le roi, qui emploie les temps de repos et de tranquillité
que la bonté de Dieu lui accorde à affermir et consolider
de toutes parts le bonheur de ses peuples et à resserrer
et perpétuer les alliances et les liaisons qu'il sait être
salutaires et utiles à leurs intérêts et à ceux du Nord,
ayant fait réflexion que le traité d'amitié et d'alliance conclu pour quinze ans entre les couronnes de Danemark et de
Suède, le 5 octobre 1734, et renouvelé depuis pour autant
d'années, le même jour 1749, va expirer dans cinq mois, et regardant son union étroite et intime avec la Suède comme la
base de la fécilité des deux nations et de celle d'une grande
partie de l'Europe, juge nécessaire de donner une nouvelle
durée à une liaison si essentielle et si importante et il vous
ordonne pour cet effet, monsieur. d'insinuer avec la prudence
et la sagesse qui vous sont propres à mons. le comte d'Ekeblad: que vous êtes persuadé que le roi, dont les sentiments
d'amitié pour la Suède sont constamment les mêmes, sera
très disposé à renouveler avec elle le traité de 1749 dès
qu'il apprendra que sa maj. suédoise y est portée de son
côté. Vous observerez ce que ce seigneur répondra à cette
ouverture et vous ferez votre rapport à sa majesté. J'avoue
que je me flatte qu'elle sera reçue agréablement par mons.
d'Ekeblad. L'intérêt des deux cours est certainement le même
et je me promets que cette vérité ne sera pas méconnue

---

[1]) Sur cette mission et le rôle que le premier envoyé de Prusse y
jouait, voir Denkwürdigkeiten des Freiherrn v. d. Assebourg,
197—202. — Cette mission terminée, mr d'Assebourg fut envoyé
en Würtemberg pour défendre les droits des états contre le duc,
cfr Denkwürdigkeiten, 203 sqq.

par un ministre aussi vertueux et aussi droit et dont les
principes sont aussi justes et aussi patriotiques. [1]

252.

Schreiben an den Bevollmächtigten der Dissidentischen
Ritterschaft in Polen, Herrn von Unruhe.

Copenhagen d. 25 Mai 1764.

Nachdem dem Könige das Pro Memoria, welches der
Herr von Unruhe als Bevollmächtigter einer löblichen Union
der dissidentischen Ritterschaft in Polen dem Königlichen
Ministerio den 17ten dieses Monats übergeben, vorgetragen
und dessen Inhalt von Ihro Königlichen Majestät in reifer
Erwägung genommen worden ist, so haben Allerhöchstdieselben
gedachtem Herrn Bevollmächtigten in Dero Namen zu antworten befohlen:

Dass, da Sie der dissidirenden Ritterschaft in Polen
Sache für gerecht und deren Begehren für gegründet er-
kannten und derselben nach dem Beispiel der Könige, Ihrer
Ahnherren und Vorfahren, mit ganz besonderer Königlicher
Gewogenheit und Wohlwollen zugethan wären, so wollten
Sie keinen Anstand nehmen, dem Verlangen besagter ver-

[1] Le baron de Scheffer avait engagé le gouvernement danois à proposer le renouvellement du traité de 1749 qui venait d'expirer.
Néanmoins lorsque le comte de Bernstorff en fit la proposition, mr
de Scheffer, s'étant ravisé, désira que l'affaire fût renvoyée à un
temps plus favorable. Le ministère danois en prit tranquillement
son parti et mr de Bernstorff répondit dignement que „le roi
n'avait pas besoin d'alliance ni d'engagement réciproque pour être
constant dans ses principes et dans son amitié". Mais en même
temps il fait cette observation philosophique dans une dépêche du
22 septbre: „si c'est la cour qui est, comme je n'en doute pas, la
cause de ce refroidissement, il faut avouer que la haine est bien
plus courageuse, plus constante et plus puissante que ne l'est
l'amitié." Plus tard il paraît que l'expérience que mr de Scheffer
venait de faire des véritables sentiments de la cour lui avait de
nouveau fait changer d'idée, mais alors des ouvertures faites par
la Russie à Copenhague ne permettaient plus à mr de Bernstorff
de prendre l'initiative désirée, cfr dépêche du 13 octobre à mr de
Schack, et Ostens Gesandtskaber, 622—623.

einigten Ritterschaft Statt zu geben, und würden zu dem
Ende Dero bei der Durchlauchtigen Republique Polen accreditirten Kammerjunker von St. Saphorin den wiederholten und gemessenen Befehl beilegen, sich in gemeinschaft-
licher Bemühung mit den Botschaftern und Ministris anderer, und erwähnter dissidirenden Ritterschaft und ihrer
Sache ebenfalls günstigen Mächte dahin zu arbeiten, dass
auf künftigen Reichstagen

1. die den Gerechtsamen der Dissidenten nachtheiligen,
in den Jahren 1717 und 1736 errichteten Constitutiones
cassiret und aufgehoben,

2. das ihnen von Alters her zukommende Recht, gleich
den Römisch-Catholischen, zu allen Chargen und Dignitäten
der Republik gelangen zu können, wieder zugestanden und
ungekränkt gelassen,

3. ihren Geistlichen die ihnen gebührende Freiheit, dergestalt dass sie in keinem Stücke von dem Römisch-Catholischen Clero dependiren, noch von selbigem auf irgend
eine Weise in administratione sacrorum gehindert werden
sollen, zuerkannt, und

4. die ihnen abgenommenen Kirchen wieder gegeben
oder die Erlaubniss an deren Stelle neue zu erbauen, wie
auch das Recht die alten zu repariren und beim Verfalle
derselben neue zu errichten, beigelegt oder agnoscirt werden
möge.

Wie denn auch Ihro Königliche Majestät die Garantie
besagter den Dissidenten in Polen gebührenden Rechte und
Religionsfreiheiten auf ewige Zeiten nebst nur genannten
Mächten auf ferneres Verlangen besagter Ritterschaft zu
übernehmen nicht abgeneigt sein würden. Welche Königliche
Entschliessung demnach auf Ihro Majestät special Befehl
ein Königliches Ministerium dem Herrn Bevollmächtigten
hiedurch zu eröffnen nicht hat ermangeln wollen.[1]

---

[1] Parmi les nombreux écrits sur l'affaire des dissidents en Pologne,
voir surtout: Hüppe, Verfassung der Republik Polen, 226—32, cfr
A. Beer, die erste Theilung Polens, 45—50, 188—91. Sur l'attitude
prise par le gouvernement danois dans cette question, cfr Ostens
Gesandtskaber, 584—589.

253.

Dépêche à Mr d'Osten à Pétersbourg.

Copenhague 5 juin 1764.

(Extrait.)

Depuis la dernière que j'ai eu l'honneur de vous écrire le 26 du passé j'ai reçu les vôtres du 8 et du 11 du même mois.[1])

J'y vois que l'impératrice de Russie refuse au roi une de ses principales demandes, la garantie ou au moins l'aveu du traité fait avec le roi de Suède en 1750, et que ses desseins vont à engager sa majesté dans un système fort compliqué et fort étendu et qui, à quelques égards, est différent de celui que le roi a jugé jusqu'ici convenir à ses intérêts. Il se peut que sa majesté s'y prête, je ne puis en rien dire de positif parce qu'elle ne s'est pas encore expliquée sur ce sujet important; mais ce que je crois prévoir, c'est que si elle s'y prête ce ne sera qu'à bonnes enseignes, et qu'elle ne fera point de démarche de la plus grande conséquence pour elle sur de simples espérances et de simples promesses de négociations et d'accords futurs.

254.

Dépêche à Mr le baron de Gleichen à Paris.

Copenhague 30 juin 1764.

Le roi me commande de vous faire part, mais sous le sceau du secret, qu'il m'a donné l'ordre d'insinuer à mr l'ambassadeur de France que sa majesté, regardant aujourd'hui le différend qu'il y avait eu entre les deux cours au sujet des subsides arriérés et de leur acquit comme finalement et amicalement réglé, n'hésitait plus de témoigner au roi

---

[1]) Dans ces dépêches mr d'Osten avait parlé de propos qu'on venait de lui tenir dans le sens d'une grande alliance du Nord, voir Ostens Gesandtskaber, 602—603, cfr Tengberg: Catharina IIs åsyftade stora nordiska Alliance, Holm: C. v. Saldern, Hist. Tidsskr., IV R. III, 90—92, Frédéric II, œuvres complets, VI, 15—16.

très chrét. qu'elle ne demandait pas mieux que de renouveler l'alliance qui, après avoir subsisté pendant tant d'années entre les deux couronnes, était expirée au mois de
mars dernier et que, si ce monarque pensait de même et
jugeait à propos de donner des instructions nécessaires
à son ambassadeur, elle était toute disposée à entrer en
négociation à cet égard. Je vous fais cette confidence,
monsieur, par ordre du roi pour que vous vous expliquiez
en conformité vis-à-vis de mons. le duc de Praslin, mais
vous aurez soin au reste de dérober au public toute connaissance de cette ouverture. [1])

255.

Lettre de cabinet à S. M. le Roi de Grande-Bretagne.

Fredensbourg 17 août 1764

Monsieur mon frère. Ma tendresse pour le prince royal,
mon fils, et celle que je dois à mon peuple exigeant de moi
de ne rien négliger pour assurer autant que je le puis le
bonheur de l'héritier de ma couronne, je ne diffère plus de
demander à votre majesté de lui accorder en mariage madame la princesse Caroline Mathilde, sœur cadette de votre
majesté. [2]) Je me promets de son amitié une réponse conforme à mes vœux et je la prie de permettre au comte de
Bothmer de lui exposer plus au long de ma part la vive
satisfaction que j'aurai de ce renouvellement des nœuds

---

[1]) Cfr no 256.

[2]) Dans une dépêche du 7 juillet 1764 mr de Bernstorff écrit: „pourvu
que la parole du roi de la Grande-Bretagne ne soit pas déjà
donnée au prince d'Orange, elle ne pourra guère être refusée au
prince royal, puisque, dès les années 1751 et 1754, feu sa maj.
britannique lui avait promis une des princesses ses petites-filles
que son alt. royale choisirait, et que ces mêmes assurances ont
encore été réitérées depuis. — Il est vrai qu'il reste encore une autre
princesse, fille du feu prince de Galles, à marier; mais je ne puis
vous dissimuler que jamais le roi ne consentira à unir l'héritier de
sa couronne à une princesse dont la santé délicate et la conforma-
tion faible pussent faire craindre pour les rois qu'elle serait destinée à enfanter."

qui ont déjà plus d'une fois et toujours heureusement uni
nos familles et les sentiments avec lesquels je suis

Monsieur mon frère

de V. M.

le bon frère.

256.

Dépêche à Mr de Schack à Stockholm.

Copenhague 25 août 1764

(Extrait).

— La cour de France ayant témoigné le désir que sa
maj. lui proposât le renouvellement de l'alliance entre les
deux couronnes, expirée le 15 mars dernier, sa maj. s'y est
déterminée sur le champ et a fait faire la dite proposition
par mrs Ogier et de Gleichen. Mais le duc de Praslin,
après y avoir répondu au reste d'une manière très amicale
et très satisfaisante, ayant chargé l'un et l'autre des ministres
que je viens de nommer, de prévenir sa majesté que le roi
très-chrétien ne se trouvait pas dans le cas, vu l'état de
ses affaires et de ses finances, de donner des subsides, sa
maj. m'a ordonné de répliquer à l'ambassadeur: „qu'elle
n'était ni étonnée ni blessée de cette insinuation, et qu'elle
sentait très bien que le roi pourrait avoir de bonnes raisons pour ne point donner des subsides à ses alliés; mais
que, comme ces subsides formaient un des principaux articles du dernier traité, elle ne voyait pas que le dit traité
pût être renouvelé, sans renouveler aussi ce qui en faisait
une partie essentielle.“

Il y a quelques jours que cette réponse est partie et
nous saurons dans peu l'effet qu'elle fera sur le ministère de
France. [1]) Je vous prie d'assurer le baron de Scheffer que
j'aurai grand soin de lui en faire part par vous.

Il ne saurait être douteux pour moi que ce ministre si
éclairé et si patriotique ne saisisse toute l'importance de ce
cas nouveau, et combien il est nécessaire que nous nous y

---

[1]) Cfr no 260.

conduisions avec prudence et dignité. Si le ministère de
France était habile, il sentirait combien il est heureux
que des rois veuillent bien accepter ses subsides, mais
tranchons le mot, la vérité me l'arrache, il n'est pas habile.
Il préfère souvent une petite épargne à un grand avantage,
et si les couronnes du Nord lui accordent une fois de
contracter des alliances avec elles sans subsides, il en fera
une habitude et un droit et il ne voudra plus donner ces
secours que dans des conjonctures extraordinaires et à des
conditions onéreuses, qu'il serait au-dessous d'elles d'admettre. Plût au ciel que les subsides ne fussent point un
objet pour elles, je connais le cœur du baron de Scheffer, il
connaît le mien! Quelle joie pour nous si nos maitres ou
nos patries pouvaient être indifférentes à cette médiocre
augmentation de revenus; mais, comme ce n'est pas tout-à-fait
le cas et qu'après tout une alliance avec la France conclue but à but ne serait pas égale, puisque la France, étant
ce qu'elle est, acquiert en s'alliant avec nos rois une influence dans le Nord dont elle sait souvent tirer parti, au lieu
que par cette même alliance nos rois n'acquièrent ni ne
prétendent acquérir de l'influence dans l'ouest ou dans le sud
de l'Europe, je me trouve forcé d'avouer qu'il n'est que juste
et raisonnable d'insister pour qu'elle balance cette différence
d'intérêts par une somme d'argent qui, en contribuant à l'arrangement des affaires de nos maitres et à faciliter les établissements qu'ils forment pour le bien de leurs peuples,
puisse leur faire trouver dans leur union avec la France
le même avantage que cette couronne.

Telles sont, monsieur, les considérations qui ont déterminé le roi à prendre le parti qu'il a pris. Exposez-les
au baron de Scheffer et voyez ce qu'il vous en dira. Sa
maj. désire en savoir ses sentiments et le désire avec d'autant plus d'empressement qu'elle croit soutenir dans cette
occasion la cause de la Suède autant que la sienne, étant
bien certaine que les succès que la France aurait près de
l'une des deux couronnes du Nord, serviraient bientôt de
planche et de règle et formeraient promptement un préjugé
et un préjudice pour l'autre. Mais assurez-lui en même
temps que, quelle que soit la résolution de la cour de
Versailles, qu'elle persiste dans le déni des subsides ou n'y

persiste pas, qu'elle offre des tempéraments que, pour peu qu'ils soient raisonnables, sa majesté sera toujours disposée à accepter ou qu'elle ne connaisse plus d'autre politique que l'économie, et qu'il y ait ainsi un renouvellement d'alliance avec elle ou qu'il n'y en ait pas, sa maj. sera toujours la même à l'égard des affaires de la Suède et qu'elle ne sera jamais contre la France tant que cette couronne se déclarera pour les lois et la liberté de la Suède et sera liée avec ses défenseurs. Donnez-en la parole royale à mons. de Scheffer et dites-lui que sa majesté, qui se plaît à lui donner en cette rencontre une marque décisive de la plus parfaite et de la plus intime confiance, et à lui prouver que son union avec le bon parti en Suède fait la base de son système à laquelle toute autre liaison est subordonnée, attend en retour de sa part la même constance pour lui et se promet que, quand la France méconnaîtrait même sa fidèle amitié et ne la payerait que de froideur, lui et ses amis n'en feraient pas de même mais feraient voir à l'univers que leurs cœurs sont à eux et ne dépendent pas des directions et des sentiments souvent chancelants et souvent abusés d'une puissance étrangère.

257.

Dépêche à Mr de Schack à Stockholm.

Copenhague 22 septbre 1764.

Le roi m'ordonne de vous faire sans perte d'un moment une confidence importante et dont il désire que vous fassiez part sans délai au chef de ses amis.

La cour de Russie, dans le concert le plus intime avec le roi de Prusse, a résolu de renverser les constitutions de 1756 et de rétablir en Suède le pouvoir royal tout au móins comme il l'était en 1720. [1]) Non-seulement des rapports, de l'authenticité et de la fidélité desquels sa maj. est certaine, viennent de le lui marquer, mais la cour de Péters-

---

[1]) Cfr l'art. secret du traité du 11 avril 1764 entre la Russie et la Prusse chez Tengberg, l. c, Ann. A, et Malmström, V, 254.

bourg elle-même s'est dévoilée, en invitant sa majesté, non
par des propositions formelles mais par des insinuations
absolument équivalentes et dont le fond et le but ne sauraient être douteux, à accéder à ce plan. Elle a fait représenter au roi que, rien n'étant plus juste que ce dessein,
puisque la forme du gouvernement de 1720 était la vraie loi
fondamentale de la Suède, que les états n'avaient pu altérer, elle espérait que sa majesté n'hésiterait pas à vous
ordonner de concourir avec son ministre et ceux d'Angleterre et de Prusse à son exécution, et lorsque le roi lui a
fait répondre qu'il était très éloigné de pouvoir entrer
dans une telle proposition, rien ne pouvant l'engager à travailler contre les lois et la liberté de la Suède, telles qu'elles
étaient établies aujourd'hui par des règlements faits en
pleine diète, elle s'est rabattue à demander qu'au moins sa
maj. voulût se conduire passivement à la diète prochaine et
ne point s'opposer à ses opérations, ce qui lui ayant été
encore refusé par le roi, elle s'est enfin contentée de désirer qu'au moins l'opposition de sa majesté ne se fît pas
avec éclat, désir qui, étant d'une part vague et susceptible
de bien des interprétations, lorsque le cas en existera, et
sur lequel il serait, de l'autre, par bien des raisons, dangereux de s'expliquer négativement dès à présent, ne pourra
pas lui être dénié, mais sur lequel sa maj. tâchera cependant
de s'énoncer dans des termes qui ne la gêneront pas si la
nécessité des conjonctures exigeait cet éclat qu'il serait si
heureux de pouvoir éviter. [1])

Voilà donc, monsieur, les desseins de la Russie con-
statés et quelle source abondante de réflexions ne nous
présente pas cette découverte! Il en résulte:

Que la reine de Suède, âme de cette entreprise, n'a
cherché, par toutes ses promesses et ses explications avec
notre ami et les chefs du bon parti, qu'à les endormir et
qu'à leur porter les plus rudes coups au moment qu'à
l'ombre du concert, pris de son aveu et peut-être même
par ses instigations et sur ses promesses, pour le bien
commun de tous les ordres de l'Etat et de la cour même,

---

[1]) Cfr Ostens Gesandtskaber, 624—629, Malmström, V, 258.

ils se croyaient le plus sûrs d'elle et le plus à l'abri des
effets de son ambition et de ses intrigues;

Que cette princesse a su assez aveugler le roi son
frère, pour l'engager à flatter et à seconder ses passions
contre les intérêts les plus évidents de sa couronne et de
sa maison, qui, s'étant agrandie aux dépens de la Suède,
aura assurément quelque jour tout à craindre du ressentiment d'un roi, souverain de cette nation belliqueuse et
ayant assez pouvoir sur elle pour pouvoir risquer et sacrifier peut-être sa tranquillité et son bonheur pour satisfaire
ses vues de vengeance et de conquête;

Que le roi de Prusse a eu à son tour, par un prodige
également étonnant en politique, l'art de dérober à la
czarine la connaissance des vrais intérêts non moins évidents de son empire, sur le même objet, et que son crédit à
Pétersbourg est assez grand pour que l'on y concerte toutes
choses avec lui, complaisance qu'il paye par des attentions extrêmes et entre autres par celle d'y envoyer,
comme le roi le sait avec certitude, copie de tous les rapports que lui fait mr de Cocceji[1]);

Que la czarine, ivre de domination, veut exercer sur la
Suède le même pouvoir qu'elle vient d'exercer sur la Pologne,
c'est-à-dire lui donner un roi et régner sur elle par lui;

Qu'elle se flatte d'attirer l'Angleterre dans son parti,
chose du succès de laquelle je doute cependant encore, et
enfin, car il serait inutile de multiplier les réflexions et les
conséquences, qui ne sont que trop naturelles et trop évidentes pour échapper à qui les suit,

Que cette princesse se croit assez sûre de son fait et
de la réussite de son projet pour avoir osé le découvrir
déjà, et qu'elle présume assez de son habileté et de son
crédit pour avoir voulu en donner connaissance au moins
indirectement à un prince dont elle ne saurait ignorer les
sentiments pour la Suède et qu'elle sait être très-clairvoyant
sur ses propres intérêts, inséparablement unis à ceux de la
liberté et de l'indépendance de ce royaume.

Le roi, qui connaît tout le prix du temps, regarde
comme un vrai bonheur que cette trame soit ainsi démêlée.

---

[1]) Ministre de Prusse à Stockholm.

Il en rend grâces à Dieu et il se hâte d'avertir par vous, sous le sceau du plus profond secret si nécessaire dans ce moment, ses amis du danger qui les menace; mais comme il ne veut point prendre à leurs affaires d'autre part que celle qu'ils désirent qu'il y prenne, il ne fera sur ce sujet, jusqu'à ce qu'il sache ce qu'ils souhaitent et ce qu'ils pensent, aucune autre démarche et, jusqu'à ce qu'il ait été instruit de leurs sentiments par vos rapports, il ne s'ouvrira à personne et pas même à la France de la confidence qu'il leur fait. S'il était possible qu'ils fussent contents de remettre les choses sur le pied où elles étaient en 1720, le roi le serait aussi et sûr, comme il l'est, de leur amour pour le vrai bien de leur patrie, il ne prétend ni les exhorter ni les détourner de rien de ce qu'ils jugeront leur convenir.

Mais si, comme il y a tout lieu de s'y attendre, ces âmes généreuses refusent de prendre des lois de la czarine et du roi de Prusse et ne veulent point devenir la victime d'une ingrate princesse, qui, bien loin de se souvenir d'avoir été appelée par leurs libres suffrages au trône qu'elle occupe, ne cherche qu'à les subjuguer, le roi les prie de ne point se décourager, quelque imminent et quelque grand que soit le danger, et il les assure de son fidèle et constant appui. Ce ne serait pas la première fois que l'artifice et la perfidie auraient succombé à la constance et à la prudence et, quoique les perturbateurs du repos du Nord s'imaginent pouvoir compter sur la pluralité des suffrages dans la nation et qu'ils croient déjà avoir cause gagnée, ils se tromperont, sa maj. l'espère, dans leur calcul et ils éprouveront que les états de la Suède ne sont pas faits pour être dupés et asservis par des puissances ennemies de leurs droits.

Sa maj. s'en rapporte à la sagesse du baron de Scheffer si dans un tel danger on voudra ou pourra penser à la réformation des lois de l'Etat, ou si toutes les forces, tous les conseils des amis de la liberté ne doivent pas se concentrer uniquement et se réunir dans cette crise pour la défense des lois et pour opposer mesures à intrigues. L'habileté de ce chef y pourvoira, sa maj. le laisse le

maître de faire de la confidence qu'elle lui fait, l'usage qu'il
estimera nécessaire, pourvu qu'il la ménage de manière que
la Russie ne puisse apprendre qu'elle vienne d'ici, condition
importante et essentielle que sa maj. est obligée d'exiger
et qu'elle compte qui sera remplie fidèlement, quelque difficile que surtout les liaisons de mr. d'Hermansson[1]) en puissent
rendre l'exécution.

Plus d'un événement, non-seulement possible mais même
probable, pourra cependant appuyer la bonne cause et
faciliter la résistance de ceux qui la défendent. Les Turcs
font des mouvements, et s'ils éclataient, la czarine aurait
autre chose à faire que de penser à s'assujettir ses voisins. La France ne sera peut-être pas toujours insensible
ni sourde à la voix de ses engagements et de ses avantages,
et je ne croirais pas impraticable de détourner l'Angleterre
de prendre part à des desseins contraires à ses principes, et
auxquels son opposition ordinaire et naturelle à tout ce que
fait ou favorise la France pourrait seule l'engager. Plus les
dangers sont grands, monsieur, et plus il faut que le courage, l'union et la prudence redoublent; on ne succombe
que rarement dans une cause juste lorsqu'on fait ce qu'il
faut pour ne pas succomber.

258.

Dépêche à Mr d'Osten à Pétersbourg.
Copenhague 22 septembre 1764.
(Extrait.)

— Mais je dois en même temps vous confier par le
commandement du roi que le retour de l'impératrice, le
calme dont jouit l'empire et le rétablissement de mons. de
Panin ayant fait cesser toutes les causes alléguées ci-devant
pour justifier les délais de la réponse qui vous a été promise, il y a, je pense, plus de trois mois, sa maj. commence
à trouver ces délais longs et à leur supposer d'autres motifs que ceux que l'on vous a cités. Vous tâcherez de les

---

[1]) Mathias von Hermansson était secrétaire d'Etat et conduisait les
négociations entre la reine et les chapeaux.

pénétrer, monsieur, mais sans témoigner une impatience
que sa maj. juge ne convenir ni à elle ni à ses ministres.[1])

259.

Dépêche à Mr d'Osten à St. Pétersbourg.

Copenhague 27 octobre 1764.

Si, dans vos derniers rapports, qui sont du 25 et 28
septembre et du 2 de ce mois, vous ne marquiez pas au
roi que le contre-projet est enfin dressé et vous sera incessamment remis, je vous avouerais que sa majesté pourrait
commencer à croire que l'impératrice a changé de sentiments, et que cette princesse ne se soucie plus du renouvellement du traité. Six mois d'attente. sont longs
lorsqu'il s'agit d'une réponse peu difficile à faire, mais il
faut avoir patience et le roi n'en manquera pas pourvu que
la besogne soit bonne et que ce contre-projet, que sa maj.
attend présentement tous les jours, ne contienne rien qui
soit contraire à l'équité et au bien général du Nord, dont
le maintien, autant qu'il dépend d'elle, forme son système.

On ne saurait désirer plus véritablement que ne le fait
le roi l'indépendance de la Suède. et il n'y a point de
prince sur la terre qui soit plus intéressé à ce que ce
royaume voisin ne soit pas au pouvoir d'aucune autre puissance, de sorte que sur ce point ses sentiments sont parfaitement conformes à ceux que mons. de Panin vous a marqués.[2]) Sa maj. regarde de même comme le plus important
de tous les objets pour lui qu'il n'y ait en Suède aucun
pouvoir intérieur qui domine sur l'autre, c'est-à-dire que le
roi ne l'emporte pas sur le sénat ni le sénat sur le roi,
mais que l'un et l'autre restent dans un équilibre assez parfait pour se balancer réciproquement. Mons. de Panin s'ex-

---

[1]) Le projet danois avait été communiqué à mr de Panin au mois
d'avril et le contre-projet russe ne fut présenté qu'au commencement de décembre. Sur les raisons de ce long retard dans les
négociations, voir Ostens Gesandtskaber, 592—95, cfr Tengberg,
25—26.

[2]) Cfr Ostens Gesandtskaber, 627—29.

plique encore dans le même sens à cet égard et nous serions
ainsi dans le cas d'espérer la plus entière union de principes et
de mesures entre les deux couronnes, si je ne craignais pas que,
dans leur développement et leur application, il ne se trouvât
des différences. C'est ce que le contre-projet et peut-être plus
encore la correspondance qui en sera la suite nous apprendra,
et il est juste que j'en suspende jusque-là mon jugement.

Je ne suis pas plus tranquille sur l'article du secours
ou des subsides en cas de guerre contre le Turc. Sa maj.
ne m'a pas encore exprimé ses volontés à cet égard et je
ne serai à portée de les lui demander que lorsque la proposition en sera faite; mais vous vous rappellerez, monsieur,
ce que par ses ordres je vous en ai écrit dans la première
de mes dépêches sur la négociation aujourd'hui entamée, et
il me semble aujourd'hui comme alors que la demande de
faire prendre part au roi à une telle guerre n'est pas équitable. Je remets de vous en dire davantage s'il en est
question.

L'élection du roi en Pologne[1]) a été si unanime et
toute la nation paraît si contente de son choix, que le roi
s'est fait un plaisir de reconnaître le nouveau monarque en
répondant à la lettre par laquelle il lui avait fait part de son
élévation sur le trône. J'ai très grande opinion de ce
jeune prince et je pense que si la Pologne peut être re-
levée, elle le sera par lui. L'article de l'alliance qui parlait
de la reconnaissance du prince qui serait élu est donc inutile désormais, et je crois que le roi goûtera fort l'idée de
mons. de Panin de substituer à sa place un article relatif
aux dissidents.

C'est une grande perte que la Russie et la Pologne ont
faite par la mort de mons. de Kaiserlingk. Je vous prie de
me dire par qui vous pensez qu'il sera remplacé et si
l'union entre les cours de Pétersbourg et Berlin, qui faisait

---

[1]) L'élection de Stanislas Poniatowski comme roi de Pologne eut
lieu le 7 septbre 1764. Sur les rapports d'amitié qui liaient mr
de Bernstorff à la famille Czartoriski, voir Correspondance entre
Bernstorff et Choiseul, introduction, pag. 8; sur la part que le Danemark prit dans cette élection et les espérances que le ministre
danois attachait au nouveau roi, voir Ostens Gesandtskaber, 573—578,
cfr Broglie: le secret du roi, II, 227 sqq.

une partie favorite du système de ce ministre, ne pourrait
pas en être un peu ébranlée.

Et je vous demande les mêmes éclaircissements sur la
sensation que peuvent avoir faite à Pétersbourg les courses
des Prussiens en Pologne. On en est amèrement touché à
Varsovie et on s'y flatte que l'impératrice ne les apprendra
pas avec indifférence.

269.

Brief an den Herrn Etatsrath von Moser zu Stuttgard.

Copenhagen d. 30 October 1764.

Gleichwie ich bishero über die schweren und harten
Drangsalen, welche Ewr. Hochwohlg. um Ihres Vaterlandes
Willen eine so lange Zeit standhaft und edelmüthig aus-
gestanden haben, sehr gerührt gewesen bin, also erfreue
ich mich vom Herzen, dass diese Verfolgung endlich ein
Ende genommen hat.[1]) Der Allerhöchste sei gelobt, der
Ihnen Kraft verliehen grosse und langwierige Leiden un-
erschrocken und ohne Verletzung Ihrer Pflichten zu ertragen
und der, nachdem Er Sie zu einem nicht nur in jetzigen
Zeiten sondern auch bei der Nachkommenschaft aller Ehre
würdigen Martyrer einer guten und gerechten Sache gemacht, Sie auch nun mächtig herausgeholfen hat. Er wolle
Sie auch schon in diesem Leben, noch mehr aber in dem
künftigen, nach welchem ich weiss, dass Sie seit vielen
Jahren ernstlich trachten, für diese Ihrem Vaterlande bewiesene Treue belohnen und Sie Ihrem würdigen und be-
rühmten Herrn Sohne[2]) und Ihrer ganzen Familie zum grossen
und immerwährenden Segen setzen.

Dem Könige, meinem Herrn, welcher Verdienste zu er-
kennen weiss, ist es eine angenehme Nachricht gewesen in
Ewr. Hochwohlg. Befreiung die Würkung Seiner Bemühungen
und Vorworts endlich zu sehen. Ihro Maj. befehlen mir,
Sie sowohl dessen als Dero ganz besonderen Achtung und
Gewogenheit zu versichern, und ich, der ich seit 35 Jahren

---

[1]) Cfr no 133. [2]) Charles Frédéric von Moser, publiciste célèbre.

Ewr. Hochwohlg. kenne und ehre, Sie aber jetzo höher wie
jemahls schätze, mache mir eine wahre Freude, Ihnen nicht
sowohl zu der wiedererlangten Freiheit als zu dem billig
erworbenen Verdienste und Ruhm Glück zu wünschen, und
Sie meiner aufrichtigen Ergebenheit zu vergewissern.

261.

Dépêche à Mr le baron de Gleichen à Paris.
Copenhague 10 novbre 1764.

J'ai rendu compte au roi de la résolution prise par le
roi très-chrét. au sujet du renouvellement de l'alliance que
mons. le duc de Praslin vous a fait entendre et dont vous
avez fait votre rapport le 21 du passé. Sa majesté la
trouve très sage et très juste, et il y a sûrement plus de
noblesse et d'équité à s'expliquer ainsi que d'entrer dans
des engagements que l'on prévoit ne pas vouloir ou ne pas
pouvoir remplir. Elle consent donc à remettre le renouvellement de l'alliance à un autre temps, et elle vous charge
d'assurer mons. le duc de Praslin non-seulement de son
estime très distinguée pour sa personne mais encore de la
constance de ses sentiments pour la France, qui, quoique sa
majesté se réserve ainsi que de raison la liberté de prendre
dans l'occasion telles mesures qu'elle jugera convenir aux
intérêts de sa couronne, liberté si précieuse et si inséparable
de la souveraineté qu'il n'y a qu'une alliance actuellement
existante qui puisse la limiter, ne dépend pas d'un objet
tel que les subsides, et dont sa majesté sera toujours
très aise de donner des preuves au roi très-chrétien.
Cette réponse faite, vous laisserez entièrement tomber l'affaire
et vous ne ferez plus mention d'alliance, sans cependant
témoigner moins d'attachement à mons. de Praslin et sans
marquer moins de zèle pour le maintien de la bonne intelligence entre les deux couronnes.[1]

---

[1] Ainsi le traité ne fut pas renouvelé et l'ancien système de traités
de subsides entre la France et le Danemark fut définitivement
abandonné. Cet événement n'amena du reste aucun refroidissement dans les sentiments du gouvernement danois, cfr Correspondance entre Bernstorff et Choiseul, 242.

262.

Dépêche à Mr d'Osten à Pétersbourg.

Copenhague 1 décembre 1764.

Le baron de Korff m'a remis le 19 du mois passé copie
d'une déclaration non, comme j'aurais supposé, à faire à
Varsovie en faveur des dissidents, mais signée le 11 juillet
par les ministres de Russie et de Prusse[1]) pour engager
et unir leurs souverains au soutien et au rétablissement des
droits de cette partie de la noblesse polonaise, et ce seigneur a en même temps, par ordre de l'impératrice sa maîtresse, invité le roi à ordonner au chargé de ses affaires eu
Pologne de se joindre à ces mesures et d'accéder aux démarches que feraient en conséquence les ministres de sa
maj. impér. à Varsovie, invitation que nous approuvons entièrement avoir été faite de même à toutes les autres
puissances protestantes.

Sa majesté s'y est prêtée avec plaisir et elle m'a commandé de répondre au baron de Korff que mons. de St.
Saphorin recevrait non-seulement les instructions que sa
cour proposait, mais qu'il les avait déjà reçues depuis longtemps, la cause des dits dissidents étant si juste et si
chère au roi que sa maj. lui avait commandé dès le temps
de l'interrègne de se joindre à tout ce que feraient et
représenteraient les ambassadeurs et ministres de Russie,
de Prusse et d'autres cours pour cet effet.

Vous vous expliquerez en conformité, monsieur, et vous
assurerez le ministère de sa maj. impér. que sa maj. se
fera un vrai plaisir de concourir avec cette puissante princesse à un ouvrage si glorieux et si salutaire.

263.

Dépêche à Mr de St Saphorin à Varsovie.

Copenhague 26 janvier 1765.

Le roi a appris avec une vraie douleur le malheureux
succès de tant d'efforts, de tant d'intercessions et de tant

---

[1]) Cfr Ostens Gesandtskaber 586—89.

de promesses faites en faveur des dissidents. Je ne l'ai que trop prévu. Mais je suis au désespoir de ne m'être pas trompé. C'est donc ainsi que la superstition et la haine triomphent toujours et que ceux qui peuvent tant dans des affaires bien plus douteuses ne peuvent rien dans une cause si légitime et si belle. Je ne veux pas pousser plus loin mes réflexions et mes plaintes.

Mais je vous avoue que je ne reconnais pas dans cette occasion la prudence, la saine politique, l'humanité et la droiture des princes Czartoriski. Je ne sais quel avantage ils peuvent trouver à forcer les dissidents ou à quitter le royaume ou, ce qu'ils feraient plutôt, à se jeter entre les bras de la czarine et du roi de Frusse. Cette façon de penser m'est inconcevable.

Le roi, qui, d'une part, ne peut voir avec indifférence opprimer des gens qui n'ont point commis d'autre crime que celui de professer la même foi que lui, et qui, de l'autre, ne peut que regarder comme un événement funeste pour tout le Nord que la Russie et la Prusse acquièrent dans les entrailles de la Pologne un puissant parti, par lequel ces gouvernements seront toujours les maîtres de porter dans ses provinces les plus considérables la division et les troubles, est très touché de cet événement et n'en sera, je vous l'avoue en confidence, consolé qu'en partie si des traités faits à Pétersbourg et à Berlin adoucissent, sous les auspices de ces deux puissances, le sort des dissidents. Son humanité en sera satisfaite mais sa politique ne le sera pas.

Il continuera cependant toujours à les favoriser et, trop juste et trop généreux pour les faire souffrir de la faute de leurs adversaires, il appuyera même à Péters-bourg et à Berlin leur cause. Vous pouvez les en assurer et vous ne laisserez point de leur rendre tous les bons offices qui dépendront de vous. Sa majesté vous en charge très expressément et elle m'a ordonné d'écrire au baron de Goltz, staroste de Crone, qui a de nouveau réclamé son appui au nom des dissidents, que vous entretiendrez une correspondance confidentielle avec lui ou avec celui qu'il vous nommerait. Vous n'y manquerez donc pas, monsieur, mais vous conduirez cette liaison avec la circonspection et la prudence nécessaires. Vous continuerez aussi d'être bien

avec le secrétaire de la ville de Danzic. Sa majesté veut
que vous lui soyez utile ainsi qu'à sa ville autant qu'il vous
sera possible. Vous avez bien fait d'écrire à Paris selon le
désir du prince grand-chancelier de Lithuanie, mais je doute
que vous soyez content de la réponse; il n'en vient pas souvent de bien agréable de ce pays là.

264.

Dépêche à Mr de Schach à Stockholm.

Copenhague 29 janvier 1765.

Jn ne puis vous le cacher, la tournure que prennent
les affaires à Stockholm est bien inquiétante et vous avez bien
vu lorsque vous avez annoncé que la diète serait orageuse.
On peut s'attendre aujourd'hui à une attaque vive et redoutable et nous allons voir quelle résistance y porteront
ces hommes qui, il n'y a que huit ou quinze jours, se croyaient sûrs de la victoire. J'avoue que, sans vouloir leur
reprocher les dangers dans lesquels ils se trouvent, je ne
puis qu'être étonné de ce qu'avec tant de lumières ils
aient pris des mesures si peu sûres.[2])

---

[1]) Mr A. F. L. de Mistral de St. Saphorin accrédité à Varsovie, d'abord
comme chargé d'affaires ensuite comme ministre, jusqu'à 1773.

[2]) Le gouvernement danois avait bien des raisons pour abandonner
les chapeaux. Leur conduite envers lui était depuis longtemps
déjà peu franche et leurs tergiversations dans l'affaire du mariage
du prince Gustave venaient d'en donner une nouvelle preuve. Ensuite il était impossible à prévoir jusqu'à quel point ils pourraient
être amenés à changer d'attitude dans la question constitutionelle,
grâce aux cajoleries de la reine et bientôt peut-être à l'influence
du gouvernement français lui-même. Enfin il était plus que vraisemblable qu'ils succomberaient aux attaques des bonnets dans la
diète. De l'autre côté les bonnets s'appuyaient sur l'Angleterre et
la Russie, et les dernières ouvertures de l'impératrice avaient suffisamment prouvé qu'elle n'était plus disposée à favoriser les vues
ambitieuses de la reine de Suède. Ainsi le gouvernement danois,
en s'alliant intimement à la Russie, pouvait emporter les deux
points capitaux de sa politique, la solution de la question holsteinoise et le maintien de la constitution libre en Suède. Mais
mr de Bernstorff, tout en se retirant du parti, regardait comme
indigne du gouvernement danois d'abandonner les personnes dans

Et ce qui augmente ma peine et mon embarras, c'est que,
si dans leur détresse ils venaient à recourir aux bontés du roi
et à lui demander des secours pécuniaires, je ne sais plus
comment leur en fournir, sans perdre tous les fruits de nos
longues négociations avec la Russie, que sa maj. sacrifierait
sans balancer au maintien de la liberté et de la constitution
de la Suède, mais que sa tendresse pour ses peuples, dont
elles assurent le repos, ne lui permettra que difficilement
d'immoler au soutien de l'influence de la France sur ce
royaume. Rien de plus pénible et de plus difficile que la
conduite du roi dans ce moment.

Je ne crains plus que la Russie veuille rendre le pouvoir souverain au roi de Suède ni qu'elle pense à user de
moyens violents contre l'Etat. Je crois savoir avec certitude
qu'elle est aussi décidée qu'une cour peut l'être, à favoriser plutôt la démocratie que la monarchie dans ce pays.
L'Angleterre pense certainement de même. L'une et l'autre
puissance et surtout la première en a donné les assurances
les plus fortes au roi et je puis bien vous dire en confidence, mais à vous seul, que nous travaillons actuellement
à rendre ce rétablissement du pouvoir souverain plus difficile que jamais. Mais ce qui m'alarme, c'est ce que vous
venez de me mander des ordres reçus par le comte d'Ostermann contre les six sénateurs. Le coup serait cruel. Le
roi n'abandonnera jamais ses amis, quoiqu'ils n'aient que
trop prouvé ces derniers temps qu'ils sont bien plus ceux
de la France, et il ne pourra cependant se déclarer et agir
pour eux qu'au hasard de voir rompre le traité avec la
Russie, d'ailleurs assez avancé pour pouvoir être censé fait.
L'honneur et la probité le décideront dans cette alternative
comme en toute autre, mais il n'en sent pas moins tout le
fâcheux.

Je ne vous dis tout cela, monsieur, que parce que je
crois important de vous mettre au fait du véritable état des

leur malheur, et bien qu'il prévit jusqu'à quel degré il s'exposerait
à la colère de l'impératrice en montrant une pareille fidélité envers d'anciens amis, il se décida pourtant à employer les moyens
qui étaient à sa disposition, pour soustraire mrs de Scheffer, d'Ekeblad et de Hamilton à la vengeance de leurs adversaires. Cfr
Odhners Gesandtskaber, 630—37.

choses et parce que j'aime à m'entretenir avec vous. Car
pour votre conduite, la volonté du roi est qu'elle soit toujours la même, que vous continuiez à agir en confidence et
union avec le baron de Breteuil, que vous soyez constamment l'ami de vos amis heureux ou malheurenx, et que
vous ne changiez en rien ni vos liaisons ni vos propos, que
je sais être toujours sages. Tout ce que sa maj. vous
recommande, c'est de détourner, si cela se peut, les secours
pécuniaires que la Russie lui reprocherait comme donnés
non à la Suède mais à la France, ou s'ils ne peuvent être détournés sans la perte de ses amis ou de son crédit, de nous
indiquer les moyens de les fournir sans que la Russie sache
d'où ils viennent. J'avoue que je crois le secret impossible
dans ce cas, mais il pourrait l'être moins que je ne le pense.

245.

Mémoire à présenter par Mr d'Osten à Mr de Panin lors
de la signature du traité du 28 février—11 mars 1765. [1])

Le soussigné envoyé extr. et ministre plénipotentiaire
de sa majesté le roi de Danemark, Norvège voyant avec un

---

[1]) Le comte de Bernstorff n'était pas content de la rédaction des
articles secrets II et III, tels qu'ils étaient formulés dans le projet
russe. Dans le premier de ces deux articles, la Russie avait demandé que la question de l'élection du prince Frédéric comme
évêque futur de Lübeck restât dans le statu quo pour être définitivement réglée dans l'arrangement éventuel de la question holsteinoise. Mr de Bernstorff ne voulait pas prendre un pareil engagement sans y ajouter certaines restrictions nécessaires. Quant au troisième article secret le gouvernement danois ne désirait pas s'associer au blâme qui y était exprimé au sujet de la déclaration de
guerre contre la Prusse en 1757. Par conséquent mr d'Osten reçut l'ordre de tâcher d'obtenir que les deux articles fussent modi-
fiés dans le sens indiqué, et en outre que la Russie reconnût le
traité conclu en 1750 avec le roi de Suède relativement à la succession dans la partie ducale du Holstein. Mais pour le cas qu'il
ne réussît pas dans ses efforts, il devait remettre à mr de Panin,
lors de la signature du traité, le mémoire qu'on lit plus haut. Mr
d'Osten se vit dans la nécessité de céder quant à l'art III, qui
avait été rédigé par l'impératrice elle-même et que son amour-

regret extrême que, malgré toutes ses représentations, le
ministère de sa majesté l'impératrice de toutes les Russies
ne juge pas pouvoir admettre l'explication et l'omission
des quelques paroles contenues dans le II et le III article
secret, estimées justes et utiles par le roi son maître et
comme telles proposées par lui à sa majesté impériale, et
appréhendant que des instances réitérées à cet égard et
surtout un plus long délai de signature ne devinssent fatals
à une négociation dont il sait que le succès est si sincèrement
désiré par le roi son maître, se détermine, animé comme il
l'est par le zèle le plus ardent pour l'avancement et le
maintien de l'union et de l'intelligence la plus étroite entre
les deux augustes parties contractantes, à prendre sur lui
de signer le traité d'alliance défensive et de garantie réciproque ainsi que ses articles séparés et secrets, tels qu'ils
se trouvent conçus dans le contre-projet qui lui a été remis le 3 décembre dernier par le ministère impérial, et d'en
procurer la ratification de sa cour.

Mais il ne peut se dispenser de déclarer en même
temps, comme il le fait par le présent mémoire:

Qu'il ne signe le second article secret, tel qu'il est proposé par le ministère impérial, et n'en promet la ratification
du roi son maître que dans le sens et dans la conviction où il
est que l'esprit de cet article de même que l'intention de sa
maj. impér. de toutes les Russies, en le proposant, n'est
point d'engager sa maj. le roi de Danemark, Norvége à renoncer aux droits acquis pour le prince son fils sur la
coadjutorerie de l'évêché de Lübeck, ni d'en procurer la
résignation de son alt. royale avant la conclusion et l'exécution du traité d'accommodement dont cette résignation
doit faire partie, mais que les paroles du dit article rela-

---

propre ne lui permettrait pas de modifier. Mais grâce à cette concession, il obtint que l'art II fût changé comme l'avait désiré mr
de Bernstorff, et que mr de Panin acceptât la communication relative au traité de 1750 sans faire la moindre difficulté. L'expéri-
ance prouva bientôt combien le changement introduit dans l'art
II avait été sage, car sans que le gouvernement danois eût fait de
nouvelles démarches à Vienne, l'élection du prince Frédéric reçut
la confirmation impériale, cfr no 272. Voir Ostens Gesandtskaber
396—99.

tives au dit objet ne tendent qu'à porter sa maj. à ne plus insister
auprès de la cour de Vienne, depuis le jour de la signature
de l'article, sur la confirmation de l'élection de son alt.
royale et de laisser depuis le dit jour toutes choses in
statu quo jusqu'à la conclusion ou la rupture (que Dieu
veuille détourner) des arrangements provisionnels à prendre
en vertu du même article, le tout sans autre exception que
celle du cas unique et regrettable du décès de son alt. sérénissime mgr l'évêque actuellement régnant, lequel cas de
nécessité arrivant laisserait à sa maj. le roi de Danemark,
Norvége la liberté de faire valoir les droits du prince son
fils, mais ne la dégagerait pas de sa parole de procurer la
résignation de son alt. royale au moment de l'exécution du
traité d'accommodement.

Et le soussigné déclare en outre que, quoique le roi
son maître eût désiré par les motifs exposés verbalement
d'obtenir l'omission des paroles marquées dans le IIIième article secret, sa maj. n'en sera pas moins attentive à remplir
les engagements qui y sont contenus et du dernier desquels
elle se flatte d'avoir facilité l'exécution, par le traité de
1750 communiqué confidentiellement à sa maj. impériale.

Fait à St. Pétersbourg.

286.

Dépêche à Mr d'Osten à St. Pétersbourg.

Copenhague 31 janvier 1765.

(Extrait.)

— Il me semble, monsieur, que ceci doit suffire pour
faire revenir les esprits d'un soupçon si injustement conçu.
Rien au monde, je le dis encore une fois, n'est plus éloigné
de la façon de penser du roi que de vouloir tromper personne, et il n'y a point de puissance sur la terre vis-à-vis
de laquelle il voulût moins tenter un artifice si fort au-
dessous de sa dignité et de son cœur que vis-à-vis de l'impératrice dont il connaît le génie, dont, comme il le prouve
dans ce moment, il préfère l'alliance à toute autre et avec laquelle il sait que les intérêts les plus constants l'unissent.

Je ne puis vous communiquer les prétendus arrangements
avec la France puisqu'il n'y en a point de faits, je ne puis vous
prouver leur non-existence, puisqu'on ne saurait prouver
que ce qui est et non ce qui n'est pas, et je dois attendre,
sans y pouvoir porter d'autre remède, si la vérité triomphera à Pétersbourg sur la défiance ou si elle succombera à
son funeste pouvoir. Mais je ne saurais finir sans vous
faire deux observations: la première que, si ces insinuations
malignes viennent, comme on vous l'a dit, de la France
elle-même, rien ne prouve mieux qu'il n'y a point de secrète intelligence entre elle et le roi puisque, si cette intelligence existait, la France la cacherait et ne la trahirait
pas, et la seconde que, si le but de la Russie n'est autre
que d'avoir un allié fidèle, exact et ponctuel dans le roi,
elle peut compter avoir pleine satisfaction, rien ne pouvant
être plus décidé que la volonté de sa majesté sur cet objet; mais si elle se propose, sous prétexte d'amitié, de
dépouiller sa maj. de son indépendance et de sa prudence et
de l'assujettir à ses vues et à ses haines non comprises ni
exprimées dans l'alliance, elle ne sera pas contente, nul intérêt, nul motif au monde ne pouvant engager sa maj.
à oublier ce qu'elle est et ce qu'elle se doit, ni à agir
d'une manière indigne d'elle et de son cœur envers qui que
ce puisse être. [1]

267.

Schreiben an den Kaiserl. Russischen General-Feld-Marschall,
Herrn Grafen von Münnich. [2]

Copenhagen d. 2ten Februar 1765.

Monseigneur. Unter den angenehmsten Befehlen, welche
der König, mein Herr, mir bei Gelegenheit der Abfertigung

---

[1] L'impératrice reprochait également au gouvernement danois d'avoir
vendu une quantité de domaines situés dans le Holstein. Mr de
Bernstorff défendit cette mesure en prouvant que, grâce à cette
vente, le trésor avait doublé les revenus qu'il avait perçus jusque-là
de ces terres, en même temps qu'elles produisaient plus après être
devenues propriété particulière. Cfr Ostens Gesandtskaber, 594—95,
Tengberg, 25.

[2] Le comte de Münnich, qui surtout pendant le règne de l'impératrice
Anne avait joué un si grand rôle en Russie, avait été rappelé de

13*

des heute an den Königl. Gesandten am Russisch-Kaiserl.
Hofe abgehenden Couriers ertheilt hat, gehört gewiss derjenige, durch den Er mich beordert Ewr. Exc. Seiner ganz
besonderen Estime und Gewogenheit zu versichern. Ihro
Maj. wollen, dass ich Ewr. Exc. sagen soll, wie Sie allezeit
an Dero Wohlergehen ein wahres Antheil nehmen, wie Sie
Dero patriotischen Gesinnungen und Dero fortwährende Liebe
zu Ihrem Vaterlande mit ausnehmendem Wohlgefallen erkennen und wie Sie sehr geneigt sind, Ewr. Exc. Vergnügen
auf alle Ihnen mögliche Weise zu befördern.

Im Verfolg und zum Beweise dieser Gesinnungen haben
Ihro Maj. diejenigen Punkte, welche Ewr. Exc. an mich
sowohl direkte als durch den Herrn Conferenzrath von
Gude gelangen zu lassen geruht haben, sofort an die Departements, zu welchen sie gehören, versendet und selbigen
zugleich andeuten lassen, dass es Allerhöchst-Derselben angenehm sein würde in selbigen allen Ewr. Exc. so viel
möglich zu begünstigen, und ich hätte gewünscht bereits
heute Ewr. Exc. von deren Rapport und der darauf genommenen Kgl. Entschliessung benachrichtigen zu können. Da
ersterer aber noch nicht eingelaufen und ich den abzufertigenden Courier nicht länger aufhalten kann, so muss
ich jene Pflicht noch aussetzen und mich vor diessmal begnügen Ewr. Exc. nur gehorsamst zu ersuchen, Sich meines
wahren Diensteifers so gewiss als der ehrerbietungsvollen
Hochachtung zu halten, mit der ich verharre usw.

268.

Dépêche à Mr le baron de Diede à Berlin.

Copenhague 2 mars 1765.

Le même guignon qui depuis longtemps poursuit toutes nos
négociations à Berlin et surtout celles qui sont relatives au

---

soń exil par Pierre III. Il était né dans le pays d'Oldenbourg et
ainsi sujet du roi de Danemark, pour lequel il avait toujours conservé beaucoup d'attachement. Son intention de se retirer dans
ses terres en Oldenbourg ne se réalisa pas et il mourut à Riga,
gouverneur de l'Estonie et de la Livonia.

commerce, a encore fait échouer les propositions que
j'avais faites par ordre du roi le 8 octobre de l'année
dernière au baron de Bork. Ce ministre m'a fait entendre
verbalement que le roi son maître ne les goûtait pas et regardait comme non dit et non avenu tout ce qui avait été
dit et proposé de part et d'autre sur ce sujet, ce qui a engagé le roi à me commander de lui faire une déclaration
pareille. Je vous envoie le précis de l'une et de l'autre,
mais seulement pour votre information particulière et en
vous priant de n'en point faire d'autre usage que celui de
marquer d'en être instruit au cas que l'on vous en parle.[1])

Voilà donc encore une tentative amicale manquée et
une preuve de plus du peu de faveur que nos efforts
trouvent à Berlin. Il faut prendre patience et se le tenir
pour dit. Peut-être sa majesté prussienne prendra-t-elle
un jour des sentiments moins contraires à un pays avec
lequel la nature elle-même l'a liée par des rapports et des intérêts soit politiques soit commerciaux. que la volonté d'un
souverain peut arrêter et suspendre mais qui au fond subsisteront et reviendront toujours.

269.

Dépêche à Mr de Schack à Stockholm.

Copenhague 9 mars 1765.[2])

Le moment que nous avons prévu depuis si longtemps,
est donc arrivé et nous voici à l'époque que la haine s'est

---

[1]) Il s'agit des privilèges que la Prusse réclamait en faveur des anciennes villes hanséatiques relativement aux péages du Sund. Cette
question compliquée se trouve d'ailleurs exposée avec tous les
détails dans une note que le gouvernement danois adressa au
ministre de Russie le 7 mars 1766.

[2]) Cette dépêche ouvre la campagne diplomatique dans laquelle le
comte de Bernstorff, avec une fermeté et une habileté incomparables,
força à la fin la reine de Suède à accomplir le mariage arrêté
depuis 1750 entre la princesse danoise Sophie Magdalène et le
prince royal de Suède. Pendant quelque temps encore il tâcha
d'amener la reine à se prêter de bonne grâce à ce qui se ferait
autrement malgré elle. Mais lorsqu'il vit que tous ses ménagements ne servaient qu'à lui faire perdre du temps, il se décida à

plu à préparer depuis tant d'années et à la crise qui va décider ou au moins avoir une influence infinie sur le système du Nord. Sans doute qu'aucune lettre que je vous ai jamais écrite, ne m'a tant coûté, et j'implore la bonté divine de ne pas permettre qu'il m'échappe, ni dans cette dépêche ni dans aucune des autres qui la suivront sur le même objet, une pensée ni une parole qui soit contre ses lois et contre les devoirs et la sagesse qu'elles prescrivent.

Vous avez rendu, monsieur, un service important au roi, en lui apprenant le plan de la reine de Suède pour parvenir au moyen de rompre le mariage du prince royal, son fils, avec mad. la princesse Sophie Magdalène, et la complaisance que la chancellerie du royaume a eue pour ses vues, en dissimulant aux états l'engagement formel contracté, en 1750 et 1751, entre les deux maisons royales et les deux cours.

J'en ai rendu un compte exact à sa maj. et, quoiqu'elle n'ait pas jugé à propos de me donner ses ordres sur ce sujet ni de me faire savoir les résolutions auxquelles elle se déterminera au cas d'un événement qui l'offensera à la fois comme père et comme roi, elle m'a permis de vous inspirer les démarches que les desseins de la reine exigent,

---

agir. Le 26 octobre il donna ordre à mr de Schack de s'assurer la coopération des ambassadeurs de Russie, d'Angleterre et de France, de porter, sous les auspices des bonnets, l'affaire devant le comité secret, et d'avertir le président de la chancellerie de ces démarches, cfr nos 284, 285. Alors la reine commença à fléchir, mais en demandant des concessions en échange de sa complaisance. D'abord ce fut la renonciation éventuelle au Holstein, stipulée dans le traité du 1750, qu'elle voulut voir annulée. Plus tard elle fit insinuer qu'elle se contenterait que l'évêché de Lübeck, après la mort du prince Frédéric, fût assuré à un prince de la maison de Holstein-Eutin. Mr de Bernstorff refusa net, cfr nos 287, 288. Enfin toute résistance fut vaincue et le 8 avril 1766 la publication solennelle des fiançailles eut lieu. Plus tard la malheureuse princesse paya cher, il est vrai, la victoire que l'énergie de mr de Bernstorff avait remportée sur la haine de la famille royale suédoise. Voir Ostens Gesandtskaber, 640—47, Malmstrøm, V, 371—75, Olof Nilsson: „Blad ur Konung Gustaf III's och Drottning Sofia Magdalenas Giftermålshistorie," dans Historiskt Bibliothek, 1877—79, Tengberg, 38—42.

et c'est ainsi de son aveu, quoique non par son commandement exprès, que je vais vous parler.

Il y a quinze ans et immédiatement après que les
différends si connus entre les deux cours, à l'occasion de
l'élection du roi de Suède d'aujourd'hui, eurent été terminés par le renouvellement de l'alliance et le traité d'accommodement pour les affaires du Holstein, conclus l'un et
l'autre par l'entremise et sous la garantie de la France, que
le ministre du roi très-chrét., dans la vue de consolider et
d'affermir le système de l'union entre les deux couronnes et
les deux maisons royales et avec lui le repos du Nord, fit
naître l'idée du mariage du prince Gustave et de madame la
princesse. La proposition était d'une grande conséquence.
Mad. la princesse touchait alors de bien près au trône. Il
n'y avait entre lui et elle qu'un seul prince encore au berceau. Cependant le roi y consentit et son cœur généreux,
fidèle au système adopté, le décida malgré toutes les considérations et toutes les sollicitations qui s'y opposaient en
foule. On ne méconnaissait point alors le prix et l'importance de cette résolution et tous ceux qui dans ce temps
là avaient quelque part aux affaires, et il y en a plusieurs
encore de ce nombre qui vivent et en Danemark et en
Suède, se souviendront quels furent les sentiments des deux
nations, lorsque l'engagement transpira, et combien on s'en
applaudit à Stockholm et à Versailles. On se hâta d'en
profiter et de la rendre irrévocable. Le roi de Suède,[1] ce
prince vénérable que tout le monde sait avoir été dans la
plus étroite intelligence avec son sénat et n'avoir rien fait sans
lui, écrivit au roi le 5 nov. 1750 la lettre dont je vous envoie copie, lettre dans laquelle ce prince fait pour l'héritier
futur de son trône la demande formelle de mad. la princesse,
et dans laquelle il parle, non pour sa personne mais en roi
de Suède, et n'oublie point d'alléguer le consentement et
les vœux du prince et de la princesse, père et mère du
prince futur époux. Le roi y répondit le 14 décbr. de la
même année dans les termes qui vous sont connus, puisque
vous en avez le double, et immédiatement après le prince
et la princesse, aujourd'hui roi et reine de Suède, écrivirent

[1] Frédéric de Hesse, mort 1751.

le premier au roi le 13 janv. et la seconde à feu la reine
le 18 du même mois 1751 les lettres dont je joins ici
pareillement copie. Vous y verrez, monsieur, que rien n'est
plus décisif que leur aveu, et vous conviendrez avec tous
ceux qui les liront, que, le bas âge des princes fiancés ne
permettant alors ni de consommation ni de déclaration plus
publique, il n'en fallait pas davantage pour donner la sanction la plus complète aux nœuds qui venaient d'être formés.
Cependant on crut en Suède devoir ajouter encore une formalité
de plus. Le baron de Fleming, aujourd'hui sénateur, eut l'ordre
de réitérer de bouche et en audience formelle la demande faite
par écrit par le roi, son maitre, et il exécuta cet ordre en
présence du conseil de sa majesté. Depuis lors ni lui ni ses
successeurs n'ont jamais manqué de regarder mad. la princesse comme leur reine future, et le roi, de son côté toujours fidèle à sa parole, quelque justes causes de mécontentement qu'il ait pu avoir contre la cour de Stockholm, n'a pas voulu se permettre de toucher à une promesse si solennelle et il en a donné la preuve la plus décisive qu'un souverain et un père puisse donner, en mariant
la seconde des princesses ses filles avant l'ainée. Vous
sentez toute la force de ces dernières paroles.

Voilà, monsieur, l'exposé succinct, simple et fidèle de
l'engagement que l'on se prépare à violer. Il est connu de
l'Europe entière, nul Danois, nul Suédois ne l'ignore, les
preuves s'en trouvent dans les protocoles du sénat, dans les
actes de la diète, les rapports des ministres et de Suède et
de France en sont pleins, les applaudissements de la nation
suédoise l'ont confirmé dans plus d'une diète et le mariage
de mad. la princesse héréditaire de Hesse y a mis le sceau.
Nous ne pouvons donc pas faire semblant de l'avoir oublié
et puisque la reine de Suède, au lieu d'un acte de violence
et de surprise, dont la vivacité porte souvent avec elle à la
fois le reproche et l'excuse, a choisi de parvenir à l'infidélité qu'elle médite par des apparences de réflexion et
d'examen et par la voie d'un aveu national, nous devons, je
ne dis pas à notre princesse, qui, sûre de sa grandeur, de sa
vertu et de ses charmes doit s'inquiéter peu du trône
qu'on cherche à lui enlever, mais à la Suède elle-même de
ne point favoriser, par notre silence et notre indifférence

le projet qui se trame et qui ne peut qu'être mortel à la bonne intelligence entre les deux nations.

Vous ne différerez donc point, monsieur, de demander une entrevue au sénateur de Scheffer et de lui dire que le roi était instruit de ce qui se machinait, qu'il n'avait point jugé à propos de s'expliquer sur ce sujet, et que vous étiez dans l'attente de ses ordres, mais que je vous avais prié de lui exprimer sans délai, avec la confiance qui avait régné jusqu'ici entre nous, les mouvements qui agitaient mon cœur, que je lui demandais de voir lui-même les lettres des deux rois et de la reine de Suède, que je vous avais envoyées et dont j'avais sous les yeux les originaux que je ferais voir à mr le président Ogier et à telle autre personne qu'il me nommerait, que je le priais de rechercher dans les actes du sénat et de la diète tout ce qui s'était passé dans cette affaire et de se faire dire par mrs de Tessin et de Fleming la part qu'ils y avaient eue eux-mêmes, que je lui soumettais la question de juger si l'engagement contracté n'était pas un engagement de roi à roi et de nation à nation, sur lequel le changement de volonté d'une reine ne pouvait ni ne devait avoir aucune influence, et que j'en appelais à son cœur, dont la vertu m'était connue, de lui dire ce que dans une telle conjoncture la bonne foi, l'honneur et la probité exigeaient de tout Suédois et principalement d'un sénateur de Suède, ami et chef de son parti. Ne lui dissimulez pas que j'avais été préparé aux procédés de la reine et que j'étais moins étonné que, princesse et femme, elle se permît de préférer à tout devoir et à toute considération la satisfaction qu'elle se figure de trouver dans un acte de pouvoir et de haine qui mettrait sa nièce et sa créature sur le trône,[1] mais que je n'avais pu apprendre qu'avec une douleur amère la complaisance de la chancellerie, complaisance que par vénération pour lui je ne qualifierais point, mais par laquelle elle était coupable d'avoir supprimé ce qu'il y avait de plus sacré dans ses fonctions et, qu'il m'en pardonne le mot, criminelle envers le comité secret auquel elle cherchait à

---

[1] La reine de Suède avait conçu le plan de marier le prince Gustave à une princesse de Schwedt, mais son frère, Frédéric II, désapprouva complètement cette idée, cfr Malmström, V, 372.

dérober, autant qu'il était en elle, la connaissance de ce
que, pour répondre à la confiance de la nation qui avait
remis à sa sagesse et à sa probité les plus précieux de ses
intérêts et l'affermissement de son repos, il lui importait le
plus de savoir. Demandez-lui ce qu'après ce trait, après
cette preuve si décisive du pouvoir suprême de la reine sur
le chef et les membres de la chancellerie, après cette preuve
que le désir de plaire ou de ne point mécontenter cette princesse
les rend insensibles non-seulement à la voix qui ne peut que
parler dans leurs cœurs, mais encore au risque auquel ils
s'exposent personnellement, en induisant le comité secret à
une résolution dont les suites peuvent être sérieuses et funestes et que la nation pourra bien désapprouver quelque
jour, je lui demande, dis-je, ce qu'après cette preuve je
puis espérer du ministère de la Suède, je lui demande
ce qu'il me sera permis désormais de dire à mon roi pour
le porter à conserver une amitié si cruellement et si légèrement sacrifiée. Il connaît mon cœur, il sait combien il est
fidèle, avec quel plaisir j'y ai saisi et nourri l'idée d'un système de vraie union et de vraie concorde dont le repos et
la félicité des deux nations seraient la base et le but.
Sera-t-il dans le pouvoir d'un mortel de conserver ce système après un outrage de cette nature? Outrage personnel
qui, tant que la génération présente subsiste, ne s'oubliera
point et que chaque Danois regardera comme fait à sa fille
unique. Sera-ce là le retour que la Suède accordera à un
prince qui, pendant tout le temps de son règne, ne lui a
pas causé un moment de déplaisir. qui n'a agi à son égard
que comme s'il était Suédois lui-même, et qui ne s'est
attiré la haine à laquelle on veut immoler son alliance que
parce qu'il s'est déclaré l'ami immuable de la liberté et de
ses lois? Et quelle est la récompense que l'on se promet
d'un procédé dont la postérité sera un jour le juge sévère?
quel sera ce bonheur que l'on se propose d'acheter si chèrement? Celui d'avoir une seconde reine pareille à celle qui
est aujourd'hui la bénédiction du règne, élevée dans ses
maximes, aussi dépendante qu'elle des décrets de Berlin,
attentive à perpétuer la félicité et la tranquillité actuelles,
et à étendre jusqu'aux générations futures les principes
religieux et politiques qu'elle professe? Ah, monsieur, je

m'arrête. Mais dites au baron de Scheffer que, si je pouvais haïr une nation, faite, lorsqu'on ne l'égare pas, pour être l'intime et la meilleure amie de la mienne, si je me permettais des pensées de vengeance contre ceux qui travaillent à la rupture de nos liaisons ou qui s'y prêtent par timidité ou par mollesse, je ne leur souhaiterais pour toute punition que de réussir dans leurs desseins.

Mr de Scheffer verra par la confiance avec laquelle je lui parle, que mon cœur ne l'accuse pas de partager les sentiments et les procédés qui le blessent. Il faudrait qu'il ne fût plus lui-même, pour consentir à préférer la faveur simulée et momentanée d'une cour à des principes que je sais être les siens. Mais ce n'est pas assez pour un tel homme, tel que lui. J'attends davantage de sa vertu, je m'attends qu'il vous dira ce qu'il vous convient de faire dans un moment si délicat pour le ministre d'un roi, ami fidèle de la Suède, que l'on se prépare à offenser à la face de l'univers dans la partie sensible de son cœur, et s'il ne vous le dit pas, si des motifs que je ne puis concevoir mais que ma tendre amitié me fera respecter toujours, l'obligent à déposer dans ce moment décisif et critique la qualité de notre conseil et du chef de nos amis, je me promets de lui qu'il trouvera bon que nous nous le tenions pour dit et que son silence sera aussi éloquent pour nous que le seraient ses paroles.

Voilà, monsieur, le premier pas que vous aurez à faire. Mais vous ne vous arrêterez pas à celui-là. Vous vous rendrez aussi chez le baron de Breteuil. Vous lui direz comme au baron de Scheffer, que le roi est informé des desseins de la reine de Suède, mais vous ajouterez que sa majesté ne veut pas supposer un moment que cette princesse puisse trouver de l'appui dans un projet si inique et si dangereux pour le repos du Nord. Vous lui montrerez également les copies des trois lettres que je vous envoie, et vous lui déclarerez que le roi ne s'étant déterminé que sur les instances du ministre de France à la conclusion d'un engagement imaginé, négocié et contracté par l'entremise du roi très-chrét., vérité dont il trouvera mille preuves dans les papiers de mr d'Havrincourt, vous ne doutez pas un instant de son appui et de celui de tous ses amis, pour rompre

une trame dont le succès renverserait absolument le système du Nord et qui ne tend visiblement qu'à affermir et
perpétuer la domination de la Prusse sur la Suède. Vous
ajouterez à ce mot ce que vous jugerez propre à l'animer,
et vous lui laisserez entrevoir que, bien que le roi ne vous
ait point fait connaître encore ses résolutions, vous ne
pouvez douter qu'elles ne soient très sérieuses, pour peu
que le projet de la reine de Suède avance, et qu'il ne
vous reste dans ce cas pas la moindre espérance de conserver le système que la France avait tant travaillé à établir.

Sage et éclairé comme vous l'êtes, vous saurez, monsieur, employer les termes et le degré de vivacité que vous
estimerez convenir selon la gravité et la proximité du danger. Plus il sera pressant, plus vous montrerez de nerf et
de fermeté, et comme tous ceux qui dans cette occasion
travailleront ou se déclareront contre les droits de la princesse, n'auront plus le moindre titre à la confiance et à la
bienveillance du roi, vous aurez grand soin de ne pas permettre que le public soit abusé par eux et qu'ils puissent
lui faire croire, ou que l'engagement n'a point existé ou
qu'il puisse être violé sans inconvénient. Le roi vous
permet de faire voir les lettres des rois et de la reine de
Suède à qui vous estimerez utile de les communiquer et
sa majesté veut que, si vous apprenez que par une suite
de ces mêmes intrigues le comité secret se prépare à faire
la démarche désirée par la reine, vous l'en avertissiez sur
le champ, même en lui envoyant exprès un homme affidé
et par lequel vous puissiez lui faire savoir, dans le plus
grand détail, l'état des choses et les moyens, s'il y en a,
d'y porter remède.

Je ne vous dirai assurément rien pour animer votre
zèle. Cela serait bien injuste et bien déplacé. Tout ce que
je vous demande, c'est de faire dans cette rencontre comme
vous avez fait dans toutes les autres et d'être bien sûr
qu'alors le roi sera content.

270.

Erneuerter Allianz- und Defensiv-Tractat zwischen Dänemark
und Russland. [1]

Unterzeichnet in Petersburg d. 28 Febr — 11 März 1765.
Ratificirt in Copenhagen d. 6 April 1765.

271.

Dépêche à Mr de St Saphorin à Varsovie.

Copenhague 23 mars 1765.

J'ai rendu compte au roi de toutes vos dépêches et
particulièrement de celles du 16, 20 et 23 du passé. Elles
ont paru à sa maj., qui en a été très satisfaite, dignes
d'une attention distinguée et c'est après y avoir mûrement
réfléchi qu'elle m'a ordonné d'y répondre sans délai.

Rien n'est plus raisonnable qu'une intelligence intime
et étroite entre le Danemark et la Pologne. La nature
elle-même y invite les deux souverains et les deux peuples.
Leurs intérêts les plus essentiels leur sont communs, il
importe à l'un des deux royaumes que l'autre soit puissant
et considéré parce qu'il importe à tous les deux que l'équilibre, seule base de la liberté et de l'indépendance, se conserve dans le Nord, et leurs intérêts secondaires, même le
commerce, la navigation etc, les réunissent sans que rien les
divise. Nul différend n'existe entre les deux nations et leur
position semble rendre impossible qu'il naisse jamais d'objet de contestation et de jalousie entre elles. A ces motifs de
politique stable et permanente il s'en joint aujourd'hui d'autres,
d'une nature personnelle. Le nouveau roi que le ciel a
donné à la Pologne semble né pour relever la grandeur et la
gloire de la république. Son génie, ses lumières et ses
vertus lui ont acquis la plus haute estime d'un prince qui
sait priser les uns et les autres, et tout conspire ainsi à
fixer le moment présent comme une époque amenée exprès et désignée par la Providence pour le rétablissement
de l'union la plus sincère, déjà anciennement établie entre

---

[1] Voir Ostens Gesandtsk., 599—603, Malmström, V, 314 sqq.

les deux cours mais qu'un siècle plus éclairé, plus agissant
et plus attentif rendra plus étroite et plus vive qu'elle ne
l'a été autrefois. Le roi, déterminé par des raisons si décisives et si conformes à son inclination, se fera donc un
vrai plaisir de marquer en toute occasion ces sentiments
à sa maj. polonaise, et c'est pour lui en donner dès
ce moment toutes les preuves qui dépendent de lui,
qu'il a non-seulement ordonné au baron de Gleichen
de faire au duc de Choiseul l'ouverture souhaitée par
le prince grand-chancelier de Lithuanie,[1]) ouverture sur
laquelle je vous parlerai plus amplement dans une lettre
particulière, jointe à celle-ci, et qu'il lui a enjoint de
témoigner à ce seigneur et au duc de Praslin, qui.
quoique à certains égards dépendant de son cousin, ne
laisse pas d'avoir ses volontés à lui et de les écouter souvent, combien il croyait convenable aux intérêts de la
France que cette couronne marquât moins de froideur envers un prince fait et placé pour inspirer d'autres sentiments, mais qu'il m'a permis encore de m'exprimer avec
candeur et sincérité sur les questions qui vous ont été faites.

Je vais profiter de cette permission.* Mais comme elle
est limitée et ne m'est accordée que pour le prince Czartoriski, vous aurez soin, monsieur, qu'elle ne passe pas
plus loin. Ce n'est qu'à lui que je parle et je m'en fie à
sa sagesse et à son cœur noble et droit, que je connais et que
je respecte depuis tant d'années, qu'il ne permettra pas que
qui que ce soit nous écoute. Je lui demande surtout sa
parole d'honneur qu'aucun ministre de cour étrangère sans
exception quelconque ne soit instruit de cette espèce d'entretien confidentiel. Je me flatte qu'il ne refusera pas de
vous la donner avant que de m'entendre.

Le système du roi, c'était la première des questions qui
vous ont été adressées, est celui d'un père de son peuple.
Souverain d'une nation qui ne dépend que de lui, il n'est
occupé que de la rendre plus florissante, plus tranquille et
plus heureuse. Ce qui conduit à ce but lui est cher, ce qui

---

[1]) Le roi Stanislas Auguste désirait vivement d'être reconnu par la
France et avait demandé à cet effet les bons offices du Danemark.
Cfr. Ostens Gesandtskaber, 582, Broglie, le secret du roi, II; 265—66.

s'y oppose lui est étranger. Toutes ses liaisons se fondent
sur ce principe. Il peut convenir à de petits princes d'Italie
et d'Allemagne d'adopter le système autrichien, français ou
anglais; pour lui, il ne connaît que le sien et c'est celui du
repos et de l'indépendance de tous les pays qui l'entourent
ou l'intéressent. Les petits profits, les avantages momentanés ne font aucune impression sur lui et ne le détournent
pas un instant de sa route. Il n'offense, n'irrite et ne redoute personne. Observateur exact et scrupuleux de sa
parole, il ne la viole jamais, mais c'est pour cela même
qu'il ne la donne qu'après mûre réflexion et qu'il évite de
contracter des engagements pour de longs termes qui,
quoique utiles au moment qu'on les forme, peuvent par la
vicissitude ordinaire aux choses humaines cesser de l'être
avant que d'expirer. En un mot, le pouvoir de faire librement le bien et le bonheur de son peuple est pour lui le
charme de la grandeur et l'attrait de la royauté et c'est là,
monsieur, la clef de sa conduite et de toutes ses opérations
pendant tout le cours de son règne.

C'est en conséquence de ce principe qu'il a vu deux fois
l'Europe en feu sans se laisser entraîner à partager les vues ou,
pour mieux dire, les passions et les calamités des parties belligérantes, c'est dans le même ordre d'idées que, prêt à tirer
l'épée pour la défense de ses Etats, sans permettre au danger,
qui paraissait alors multiplié contre lui, de le détourner de
cette juste résolution et de répandre de l'effroi dans son
âme, il l'a remise avec joie dans le fourreau et en rendant
gloire au Tout-Puissant, son sauveur et son appui, au moment que le bien de sa patrie n'exigeait plus qu'elle fût
tirée, et qu'il a déposé avec elle tout ressentiment et toute
haine contre la puissance qui avait cherché sa destruction.
C'est encore en conséquence du même principe que, bien
loin de chercher à troubler ses voisins, il ne s'applique
qu'à conserver avec et parmi eux, autant qu'il est en son
pouvoir de le faire, la concorde et la tranquillité, et enfin
il s'est posé pour but ordinaire de ses travaux deux objets
qu'il ne perd jamais de vue: celui de terminer enfin radicalement ces différends si longs et depuis plus d'un siècle
si souvent funestes au Nord qui divisent sa maison, et celui
d'agrandir ses Etats, non par la violence et les injustices

mais par des traités pacifiques qui, grâce en soit rendue à
Dieu, ne lui ont pas mal réussi jusqu'à présent, et de les
enrichir par les arts de la paix et par l'établissement d'un
commerce porté et étendu dans toutes les parties du monde.

Voilà, monsieur, ma réponse à la première des questions
du prince Czartoriski. Tel est le système du roi. Je passe
à la seconde sur laquelle je puis être plus succinct et
également sincère.

Le roi est toujours, conformément à ce que je viens de
vous dire, ami de la France. Mais il n'est plus en alliance
avec elle. Le payement que cette couronne est tenue de lui
faire, sont les arrérages d'un traité expiré et non les fruits
d'un traité subsistant. Le roi a toujours rejeté et rejettera
toujours les subsides qui le gênent dans l'exécution des
principes que je viens de vous exposer. Mais lorsque la
situation des affaires générales de l'Europe et celle des
intérêts de son royaume l'invitent à la conclusion d'une
alliance et à la formation d'une liaison limitée pour un
certain nombre d'années et compatible au reste avec toutes
les parties de son système, il ne refuse point d'y insérer,
lorsque l'occasion s'en présente, un article, qui, en lui attribuant des subsides, augmente la masse des espèces et des
richesses du royaume, multiplie et lui facilite les moyens
de contenter son inclination, favorise celle de faire du bien
et sert de contrepoids aux avantages qu'un royaume étranger, et nommément la France, tire d'ailleurs du commerce
avec ses Etats dont, malgré les soins infatigables que
sa majesté se donne, la balance est encore, il faut l'avouer,
contre nous. Ces subsides, une fois stipulés, doivent être
payés et s'ils ne l'ont pas été pendant la durée de l'alliance, il faut qu'ils le soient après, sans que ce payement,
devenu dette, impose au reste de nouvelles obligations au
roi ou prolonge celles qui sont expirées avec l'alliance.
C'est dans ces termes que le roi en est avec la France,
qu'il regarde comme une des grandes puissances faites par
la Providence, non pour gouverner l'Europe mais pour en
former une des balances, dont il approuve ou condamne,
seconde ou oppose les mesures, selon qu'elles lui paraissent
conformes ou contraires à la justice et au système dont je
viens de vous faire le tableau, et pour laquelle il est bien

aise de conserver les ménagements et les égards que les
puissances se doivent réciproquement, et dont il convient
d'user envers une monarchie à laquelle l'arbitre suprême de
toutes choses a accordé depuis bien des siècles le pouvoir
de faire, selon qu'elle est gouvernée, beaucoup de bien et
beaucoup de mal, mais qu'il ne prendra jamais pour conseil
ou pour guide au point de s'en laisser détourner des objets que, pour le bien de sa maison et de ses peuples, il se
propose, ainsi qu'il vient de le prouver dans ce moment
même par le renouvellement de son alliance avec la Russie
et par la conclusion du mariage du prince royal son fils
avec une princesse de la Grande-Bretagne. Mons. le prince
Czartoriski verra par cet éclaircissement l'attention du roi
à tenir toutes les parties de son système liées ensemble et
en même temps la grandeur de la confiance, que sa majesté a en lui, confiance dont il va recevoir une nouvelle
preuve parce que sa maj. me permet de répliquer à sa
dernière et troisième question.

La Suède a été pendant près d'un siècle la source des
malheurs du Nord et le flambeau qui l'a mis en feu aussi
souvent que l'ambition de ses rois leur inspirait le désir
des conquêtes ou des richesses que leur propre pays leur
refusait. Le même esprit anime, les mêmes besoins agitent
encore cette nation fière, belliqueuse et indigente. Mais
la forme de son gouvernement l'adoucit et la communication du pouvoir suprême, étendue à tous les ordres
de l'Etat, l'équilibre établi entre le roi et le sénat, la
division des esprits, suite ordinaire de cette liberté et
de cet équilibre, la mettent hors d'état de contenter ces
inclinations et ses passions naturelles et la rendent aussi
paisible ou au moins aussi peu dangereuse au dehors qu'elle
est quelquefois troublée au dedans. C'est donc au maintien de cette forme de gouvernement que doivent tendre
tous ceux qui aiment le repos du Nord et c'est ce maintien
que sur toute autre chose le roi se propose. Il ne cherche
point à nuire à la Suède, il ne demande pas mieux que
de voir s'ensevelir les anciennes haines et il verra avec plaisir
le bonheur et les prospérités de cette rivale d'autrefois;
mais toucher à ses lois actuelles, c'est toucher aux plus
précieux bijoux de sa propre couronne et il n'y a rien à

quoi sa maj. résisterait plus vivement et plus fortement s'il
le fallait. Le reste lui est plus indifférent. Peu lui importe, qui guide la Suède, pourvu que la Suède reste libre
et pacifique. Il est vrai que par là cette puissance sort en
quelque sorte du nombre de celles qui ont plus ou moins
de part au gouvernement général de l'Europe. Mais ce mal
n'est pas grand, il ne s'en afflige pas, et il pense bien que
le roi de Pologne ne s'en affligera pas davantage.

Tels sont donc les sentiments du roi sur tous les
points dont mons. le prince Czartoriski vous a parlé. Exposez les lui sans détour et demandez-lui après cela, si,
les connaissant aujourd'hui de source, il les juge propres à
fonder entre les deux rois cette intimité que l'uniformité
des principes peut seule inspirer et peut seule maintenir.
Si ceux du roi de Pologne sont bien différents, il faut s'en
tenir à l'estime que les grands princes ne sauraient se refuser réciproquement lorsqu'ils marchent par des voies droites
quoique opposées. Mais si sa maj. polonaise aime à soutenir l'indépendance de sa couronne, comme le roi aime à
soutenir celle de la sienne, si ce prince pense pour le repos du Nord comme le fait sa maj., si, sans permettre à
une autre puissance de décider de ses principes et de ses
inclinations, il est résolu de suivre ses propres lumières et
ses propres goûts et si après cela il juge convenable à
son système et à ses intérêts de lier une amitié vraie avec
le roi, sa maj. s'y prêtera avec joie. Il ne faudra pour la
cimenter, ni traité ni alliance; la confiance, la sincérité et
le secret suffiront. Les deux rois s'avertiront de ce qui
pourra leur importer de savoir, ils se rendront réciproquement tous les bons offices qui seront en leur pouvoir, ils
travailleront d'intelligence à des buts qui pourront leur être
communs, ils faciliteront mutuellement le commerce de leurs
sujets et il rempliront en un mot l'un vis-à-vis de l'autre
les devoirs de l'amitié — le tout sous une seule et unique
condition qui est celle du plus profond secret. Tout le plan
tombe de lui-même aussi tôt qu'il sera confié à une autre
puissance, quelle qu'elle puisse être.

Je m'arrête, monsieur, j'ai tout dit si le prince de Czartoriski
veut y répondre, je n'aurai rien dit s'il n'y répond pas. [1]

---

[1] Cfr Ostens Gesandtskaber, 582—84.

272.

Dépêche à Mr d'Osten à St. Pétersbourg.

Copenhague 6 avril 1765.

(Extrait).

Vous l'assurerez (mr de Panin) que le roi ayant adopté cet article (IIIième article secret) le remplira et l'exécutera avec la bonne foi la plus entière au point qu'il ne ferait même plus aucune difficulté sur l'abolition des constitutions de 1756,[1]) supposé que l'impératrice jugeât à propos d'insister sur cette abolition et trouvât bon de donner ainsi à la cour de Suède une preuve de son amitié, dont cette cour ne ferait peut-être pas un bon usage et que, dans ce moment même, elle pourrait bien ne pas mériter de sa maj. impériale, et vous le prierez de compter sur cette parole du roi sans se laisser aller à des défiances difficiles à éviter, malgré toute la droiture de sa maj. et celle de ses ministres, pendant une diète commencée et formée avant l'alliance et à laquelle il était par conséquent impossible de prendre et de donner le ton d'une union qui, n'ayant pas été concertée d'avance, ne pouvait point pour cette fois paraître aussi entière qu'elle le paraîtra dans les diètes futures, pour lesquelles on se sera arrangé avant de prendre ses mesures. Mais vous lui direz en même temps que le roi, en se déterminant ainsi à l'observation exacte de ses promesses et à la complaisance la plus vraie pour les vues et résolutions de l'impératrice sur le sujet du monde qui lui tient le plus à cœur et qui lui importe le plus, compte aussi de son côté sur la réciprocité de l'amitié de sa maj. impér. et se tient assuré en conséquence que cette princesse n'augmentera pas le pouvoir royal en Suède au delà des bornes qu'elle y a mises elle-même dans l'article cité, et qu'elle ne souffrira pas que l'on prenne dans cette diète des résolutions personnellement offensantes pour sa maj. et contraires à la conservation de la bonne intelligence entre

---

[1]) Il s'agit des restrictions au pouvoir royal apportées à la constitution de 1720 par suite de la conjuration des comtes de Brahe et Horn en 1756.

14*

les deux cours et du repos des deux royaumes. Vous ne ferez point de difficulté d'expliquer, si mons de Panin le souhaite, le sens de ces dernières paroles. Elles ont deux objets, l'un, le mariage du prince Gustave, et l'autre, le rétablissement, projeté peut-être, d'un homme que le roi a éprouvé être son ennemi décidé.[1])

Je ne dois pas oublier de vous dire que la cour de Vienne ou plutôt la cour aulique de l'empire germanique a enfin expédié la confirmation de l'élection de Lübeck. Le roi a observé si exactement sa promesse à cet égard que depuis l'arrivée du courrier par lequel vous lui avez envoyé le contre-projet, il n'a pas donné un ordre sur ce sujet au comte de Bachoff et que, lorsque la nouvelle de la confirmation impériale lui est venue, il ne l'a point déclarée à sa cour ni reçu à ce sujet des compliments ou permis au prince son fils d'en recevoir. Tout bruit, tout éclat ont été évités. Vous pouvez, si vous le jugez à propos, le dire à mons. de Panin et l'assurer en même temps que cet événement n'altère en rien les résolutions de sa majesté et qu'elle n'en observera pas moins avec l'attention la plus exacte les engagements contenus dans le IIième des articles secrets.

273.

Dépêche à Mr de St. Saphorin à Varsovie.

Copenhague 18 mai 1765.

Vous avez très bien entendu et exécuté les ordres du roi dont j'ai eu l'honneur de vous faire part le 23 mars dernier et sa maj. a appris avec une véritable satisfaction la manière noble, amicale et judicieuse avec laquelle les ouvertures et les confidences qu'elle m'avait permis de faire au prince grand-chancelier ont été reçues par ce seigneur et ensuite par le roi de Pologne. Sa maj. voit par elle qu'elle ne s'est point trompée dans la haute idée qu'elle

---

[1]) Il avait été question de charger de nouveau le baron de Hœpken de la direction des affaires étrangères en Suède, mais mr de Lœwenhjelm lui fut préféré, cfr Malmstrøm, V, 335, Ostens Gesandtsk., 640.

a conçue du génie et du cœur du monarque et du premier
de ses ministres, et qu'elle peut suivre sans risque le penchant que cette idée lui inspire, de rendre sincère, intime
et permanente la liaison secrète à laquelle son cœur, ami
passionné de la vertu, l'invite et la guide et qu'en même
temps sa politique approuve et désire.

J'ai donc ordre de vous dire, monsieur, que si sa maj.
polonaise continue de l'agréer ainsi, il est et sera désormais
entendu que les deux rois, sans autre engagement que celui
de leur parole royale et sans autres motifs que ceux de la
vertu qui les anime l'un et l'autre et des nobles vues qui
leur sont communes, sont et seront amis dans le vrai sens
de ce mot, qu'ils se communiqueront sous le sceau d'un
secret inviolable les avis qu'ils jugeront dignes ou importants d'être communiqués, qu'ils favoriseront réciproquement
les intérêts l'un de l'autre et multiplieront, autant que cela
se pourra, les relations entre les deux cours et entre les
deux nations et nommément celles du commerce entre les
deux royaumes, et qu'en un mot ils se rendront partout et
en tous lieux tous les bons offices dont ils auront l'occasion
et le moyen. Le roi vous autorise, monsieur, à porter au
roi de Pologne sa parole pour une telle liaison, qui, sans
gêner ni embarrasser les deux princes contractants et sans
donner de l'ombrage à personne, peut avoir des effets plus
heureux et plus importants qu'on ne le pense aujourd'hui,
et à recevoir en retour celle de ce monarque, s'il veut bien
vous la donner, et il veut que vous ajoutiez simplement que
sa maj. s'en fie à lui que le secret, sans lequel cette liaison ne saurait être ni utile ni durable, sera exactement
gardé et ne passera pas les deux princes ses oncles, pour
lesquels l'estime de sa maj. n'a également pas de bornes.

Dès ce moment le roi commencera ou continuera à agir
en conséquence. Par ses ordres j'ai déjà écrit, il y a plusieurs jours, au baron de Gleichen dans le sens des ouvertures du prince grand-chancelier et j'espère apprendre
dans peu ce que le ministère de France, qui aura été instruit dans ces entrefaites des événements arrivés à Constantinople et du peu de succès que l'entremise du ministre de Sardaigne à Vienne a eu, lui répondra. J'ai
chargé mons. de Gleichen de ne point parler en ministre,

la cour de Vienne s'étant emparée de la négociation, dont le roi ne lui envie point la forme ni l'éclat, mais en ami de mrs de Choiseul et de Praslin et de leur fournir les réflexions que l'intérêt propre de la France doit leur faire naître, et je pense avoir quelque lieu de croire que cette façon simple et naturelle de leur exposer le vrai fera plus d'impression sur eux que des remontrances plus formelles. Au moins facilitera-t-elle la réussite des moyens que le roi de Pologne jugera peut-être à propos d'employer d'autre part.

En vertu des mêmes dispositions le roi n'hésiterait pas de communiquer à ce prince le traité d'alliance qu'il vient de renouveler avec la Russie, s'il n'estimait pas devoir différer cette communication jusqu'à l'échange des ratifications et puis jusqu'à l'arrivée de l'aveu de la puissance avec laquelle cette alliance a été contractée, aveu qu'il a déjà demandé (quoique sans nommer le roi de Pologne ni aucun autre prince, mais seulement ses amis en général) et qu'il attend dans peu. Sa maj. polonaise trouvera, lorsqu'elle verra le traité, qu'il n'a point d'autre but que d'affermir le repos du Nord, seul objet pour lequel le roi se permet de former un concert avec une puissance devenue trop considérable pour ne pas aimer la domination.

Et c'est enfin pour entrer dès à présent dans les communications confidentielles que le roi vous ordonne de dire au prince grand-chancelier: que jusqu'ici il n'a point encore été porté atteinte ni publique ni même secrète à la constitution de la Suède pendant cette diète, et que le parti qui y domine ne s'est occupé jusqu'à présent que de tâcher de rendre le gouvernement du parti français odieux et suspect à la nation, en recherchant les fraudes et les malversations de quelques personnes favorisées et employées par lui à la direction de la banque et au maniement des deniers de la couronne. L'impératrice de Russie, moins politique et moins prudente à cet égard que dans le reste de son gouvernement, penche, il est vrai, pour le pouvoir royal et semble se souvenir plutôt des liens de sang qui l'unissent au prince qui en est revêtu aujourd'hui que de la gloire d'avoir ménagé et avancé les intérêts de son empire, et mr de Panin, ce ministre si équitable et si sage, paraît se rappeler un peu trop vivement d'avoir eu le dessous à a diète de 1756; mais il n'a cependant pas éclaté encore que l'envoyé de Russie ait porté ses adhérents à des mesures capables d'alarmer les amis de la liberté, et il reste ainsi l'espérance que la réflexion l'emporte sur le penchant et que le mal ne sera pas aussi grand qu'on avait lieu de le craindre. Le roi y est très attentif et continuera de faire part au roi de Pologne ou de sa satisfaction ou de ses inquiétudes.

Je ne vous dirai rien ni du roi de Prusse qui semble voir avec regret que la Pologne a un roi différent d'Auguste III et un ministre autre que le comte de Brühl, ni des autres cours de l'Europe parce que je ne doute pas que sa maj. polonaise n'ait d'elles des nouvelles aussi bonnes et plus récentes que celles qui pourraient lui venir d'ici. Mais je dois vous charger de mettre tous vos soins à pouvoir rendre compte au roi avec certitude de ce que vous apprendrez de l'intérieur de la Russie, des progrès, des différends surgis au sujet du péage sur la Vistule et de ce qui se passe en Turquie. Je ne suis pas sans quelque appréhension que l'on compte un peu trop à Varsovie sur le génie pacifique et sur l'impuissance de la Porte.

Et ne perdez jamais de vue que, pour la solidité de l'union si heureusement établie aujourd'hui entre les deux rois, il est nécessaire qu'il y ait ici un ministre de Pologne. Ce ministre jouira ici exactement du degré de confiance que le roi son maitre jugera à propos de lui accorder et de lui attribuer. Il ne saura de nos liaisons que ce que ce prince voudra qu'il en sache, mais il ne sera pas en mon pouvoir d'obtenir la continuation de votre mission à moins qu'elle ne soit réciproque. Souvenez-vous toujours de ce principe.

274.

Dépêche à Mr de Schack à Stockholm.

Copenhague 1 juin 1765.

Le baron de Breteuil, au zèle et à l'activité duquel pour les intérêts de sa cour je ne puis donner que de grands éloges, ayant de nouveau chargé le président Ogier de représenter au ministère du roi la nécessité absolue qu'il

y aurait de prendre des mesures efficaces pour sauver le
comte d'Ekeblad et le baron de Scheffer de l'expulsion du
sénat, à laquelle les Russes et leurs amis les avaient condamnés et que lui, l'ambassadeur, savait de science certaine devoir incessamment être tentée, ce ministre s'est ac-
quitté fidèlement de sa commission et a fort insisté sur
l'utilité dont il serait de vous munir sans délai de sommes
suffisantes pour vous mettre en état de parer le coup et de
détourner l'affront qu'on préparait à ces deux seigneurs.
A l'entendre, son confrère était sûr de son fait, il savait que
le comte d'Ostermann avait reçu un ordre positif de former
l'attaque, que ce ministre allait obéir et qu'il n'y avait point
de temps à perdre si l'on voulait résister au parti puissant
dont il disposait. Il fallait prendre promptement son parti
et rien n'était plus pressant que de vous mettre en action,
de peur de ne plus retrouver ensuite le moment où l'on
pourrait arrêter le pouvoir et la haine des Russes et la
ruine qu'ils préparaient à tous les amis du roi.

La nouvelle aurait eu de quoi inquiéter sa maj. et son
embarras aurait été grand. D'une part, elle n'aurait guère
pu se résoudre à abandonner ses amis et, de l'autre, rien
n'aurait été plus contraire à ses intérêts et à l'objet qui,
depuis que la liberté de la Suède n'est plus en danger, lui
importe le plus, que de travailler contre le parti dominant
et d'obliger ceux dont les suffrages lui sont nécessaires, à
les lui refuser et à la regarder comme leur ennemie. Mais
heureusement elle a de puissantes raisons d'espérer que le
danger n'est pas tel que le baron de Breteuil le croit ou
le lui représente, et elle a pu ainsi se contenter de me
commander de répondre à mons. le président Ogier, que
toute déclaration qu'elle ferait en faveur de ceux qu'elle
affectionne, avant que le mariage de madame la princesse
ne soit décidé, aurait inévitablement des suites si fâcheuses
qu'elle se voit obligée à la différer à moins d'une nécessité
absolue et évidente et que, comme ce cas n'existe pas encore, elle juge se devoir à elle-même et à la cause qui va
s'agiter, de ne point précipiter et de ne point déterminer
des résolutions qui peut-être ne sauveraient pas mrs d'Ekeblad et de Scheffer, mais qui ruineraient infailliblement des

intérêts faits pour être bien chers non-seulement à elle
mais à toute la Suède.

Le roi a jugé nécessaire que vous fussiez informé de
cette réponse que je ne vous rends peut-être pas bien
exactement parce que, ne m'en étant expliqué que verbalement et dans une suite de conversations avec mons. l'ambassadeur de France, je ne puis que vous en exposer le
sens, et sa maj. veut que, si mons. le baron de Breteuil continue de vous presser sur le même objet et vous met dans
la nécessité de lui répondre, vous vous expliquiez en conséquence. Mais elle me permet en même temps de vous
dire confidentiellement et à vous seul que ce qui achève de
la décider à ne point prendre l'alarme que ce ministre, soit
de bonne foi soit par politique, cherche à lui donner, c'est
qu'elle se croit assez sûre que l'impératrice de Russie ne
persécutera point les deux sénateurs souvent nommés. A
ce mot vous sentirez, monsieur, que le roi n'oublie et n'abandonne pas ses amis, quoiqu'il en soit oublié et abandonné
quelquefois. Je vous dirais beaucoup plus de vive voix, je
n'ose en confier davantage au papier. [1]

275.

Dépêche à Mr de Schack à Stockholm.

Copenhague 1 juin 1765.

(Extrait.)

Je venais de vous écrire par ordre du roi la lettre
précédente, lorsque je reçus celle que vous m'avez fait
l'honneur de m'adresser le 21. Je me suis hâté de la

---

[1] Dans une lettre à St Pétersbourg du 1 juin le comte Bernstorff
écrit: „Je vous prierai seulement d'ajouter à notre ami (Saldern),
que le roi lui a une obligation particulière de la résolution prise
par l'impératrice de ne point poursuivre les sénateurs que sa maj.
affectionne. Le roi ne se laissera certainement pas entrainer par
ces sénateurs à des mesures contraires à l'alliance et à sa sincère
réunion avec la Russie. Mais sa maj. a le cœur trop bon et trop
généreux pour pouvoir voir accabler des gens auxquels (leur nombre
est bien petit) elle a en d'autres temps promis appai et bien-

mettre sous les yeux de sa maj. et voici qu'après avoir
mûrement réfléchi sur son contenu, elle me commande de
vous dire: qu'elle a de justes raisons de douter que
la Russie songe à attaquer les sénateurs qu'elle aime
mais que, comme après tout rien n'est absolument certain dans le monde, que les plus grandes sûretés peuvent
manquer et qu'elle ne veut pas que ses amis puissent
croire qu'elle néglige leur cause par trop de confiance
dans ses conjectures, elle s'est déterminée à consacrer,
au moment que mrs de Breteuil et de Scheffer vous
assureront qu'il n'est plus nécessaire à la réussite de l'affaire du mariage de gagner un des favoris de la reine,[1])
les 400000 écus cuivre désirés, qui pour la plus grande
partie avaient été destinés au but que je viens de marquer,
à la défense de ses dits amis, mais cela sous deux conditions, dont elle ne pourra se relâcher et dont elle demande
qu'on lui assure l'accomplissement ponctuel et exact. La
première, que cet argent ne soit employé à aucun autre usage
dans le monde qu'uniquement à la conservation de mrs
d'Ekeblad, de Scheffer et de Hamilton et qu'ainsi il ne soit
pas dépensé un écu à moins que ces trois seigneurs ou l'un
d'eux ne soit attaqué, et la seconde qu'excepté eux et
mons. l'ambassadeur de France personne dans l'univers ne
soit informé de ce que sa maj. veut faire ou fera pour leur
soutien. [2])

Voilà, monsieur, ce que sa maj. a pu imaginer pour
combiner l'affection qu'elle porte au baron de Scheffer et
aux autres qui se disent attachés à elle, avec ce qu'elle
doit à des intérêts aussi chers que le sont ceux qui
s'agitent aujourd'hui et qui dans cette crise peuvent si

---

veillance. La résolution noble et magnanime de l'impératrice tire
le roi de cette peine et c'est assurément un des plaisirs les plus
sensibles qu'elle ait pu lui faire."

[1]) Le comte de Bernstorff avait repoussé le conseil d'acheter des
voix dans le comité secret, mais il ne se refusait pas au besoin
à récompenser un des favoris de la reine, par ex. le comte Sinclaire, s'il voulait se charger de faire envisager à sa protectrice
l'affaire du mariage sous son vrai jour.

[2]) Sur l'affaire des sénateurs et ses conséquences, voir Ostens Gesandtskaber, 637—39, Tengberg, 37—38.

~~aisément~~ péricliter. Je ~~sens~~ très bien que ce tempérament
ne satisfera pas mons. l'ambassadeur, qui vise bien moins
à l'argent du roi qu'à quelque démarche de sa maj. capable
de la brouiller avec la Russie et à aigrir les adversaires de
la France contre elle. Mais quoique ce ministre, en pensant ainsi, fasse son devoir, il est trop juste et trop éclairé
pour vouloir que le roi pense comme lui. Quelque vivacité
qu'il ait marquée dans sa dernière conversation, son équité
naturelle ne l'aura pas abandonné et il ne pourra pas
s'empêcher de se dire à lui-même, surtout après s'être
rappelé que c'est sa cour qui n'a pas jugé à propos de renouveler l'alliance avec le roi, et que c'est le parti de la
France qui dans cette diète a cru nécessaire de s'attacher
à la seule ennemie que sa maj. ait dans l'univers, à la
reine de Suède, il ne pourra, dis-je, il ne voudra pas disconvenir que, bien loin que le roi puisse être accusé d'inconstance dans ses mesures et dans ses affections, on ne
saurait guère porter la fermeté en faveur de ses amis,
réduits, je le veux croire, par la nécessité des conjonctures
à prendre les premiers un attachement si contraire à celui
qu'ils assuraient avoir pour lui, plus loin que ne le fait sa
maj., et que la France n'est pas en droit non plus de
trouver mauvais qu'après avoir changé son système et ses
principes relativement au Nord au point qu'elle l'a fait, le
roi ne puisse pas dans cette crise certainement très importante combiner ses vues aux siennes avec autant d'éclat et
aussi publiquement qu'elle l'aurait fait si l'alliance avait été
renouvelée entre les deux couronnes et si les partisans de
la France ne s'étaient pas réunis à la reine de Suède, mais
que tout ce que la constance de sa maj. dans ses affections
peut lui permettre, soit de se tenir tranquille au dehors,
de résister à toutes les invitations que lui font les adversaires de la France et d'assister en secret ses anciens amis.

Je finirai cette lettre par où je l'ai commencée. Le
roi a lieu de croire que l'alarme donnée aux sénateurs
n'est pas fondée. Mais il se peut que l'ardeur et l'animosité des bonnets forcent la main au ministre de Russie
et l'obligent de prendre part à ce qui au fond, je ne l'ai
que trop dit et senti, est le véritable intérêt de sa cour.
Vous avez les yeux bons, vous démêlerez ce qui en est. Si

l'attaque est résolue, si elle se fait, vous ne changerez pas
pour cela de façon d'agir envers les accusés quand même
ils seront malheureux, vous ferez pour eux et particulièrement pour le baron de Scheffer près du comte d'Ostermann
ce que vous pourrez. Mais vous éviterez tout ce qui avec
quelque raison pourrait exciter les plaintes de ce ministre
contre vous. Sa maj., je le répète, s'en fie à votre prudence et à votre habileté.

276.

Dépêche à Mr de St. Saphorin à Varsovie.

Copenhague 15 juin 1765.

Sa maj. s'aperçoit que le mécontentement de la noblesse
et des villes de Prusse augmente et elle n'est pas sans
quelque appréhension que, si sa maj. polonaise, ce prince
fait pour gagner tous les cœurs et assurément pas pour
perdre ceux d'une partie de ses sujets, n'y met ordre par
sa sagesse, ses lumières et sa douceur, ce mécontentement
pourra venir à un excès dont cette province elle-même sera
la première victime, et dont personne ne profitera qu'une
puissance dont la Pologne a déjà éprouvé et éprouve encore
tous les jours les principes et la politique. La matière est
si délicate que le roi ne la touche qu'avec le plus grand
ménagement. D'abord sa maj. n'a pas le dessein de faire
naître ou d'augmenter la défiance entre les cours qui sans
doute se connaissent réciproquement aussi bien qu'elle peut
les connaître, et puis elle sait à quel point tout prince
juste et sage doit éviter de se mêler des affaires intérieures
d'un royaume qui n'est pas le sien; mais après avoir promis l'amitié vraie et sincère au roi de Pologne, elle croirait
manquer à sa parole si elle cachait ce dont il peut importer
à ce monarque d'être informé.

Voyez donc, monsieur, si, sans lui déplaire et sans nuire
à personne, vous pouvez lui représenter ou au prince grand-
chancelier de Lithuanie la fermentation qui augmente et
s'aigrit tous les jours en Prusse, et si vous pouvez parvenir
à attirer leur attention sur les remèdes propres à la

calmer et à prévenir ses effets peut-être funestes. Ils trouveront sans peine tous ceux que la sagesse et la profonde
connaissance des lois et des intérêts de l'Etat peuvent
fournir à de si grands hommes, mais qu'ils vous permettent
de leur en insinuer un, dont le roi ne méconnaît pas la
difficulté et les inconvénients et auquel il sait que d'autres
considérations les rendent contraires, mais qu'il estime si juste
et si utile qu'il ne saurait se dispenser de souhaiter qu'il
fût goûté par eux. C'est celui de satisfaire les dissidents.
Le roi n'entend point que, dans cette occasion où vous
agirez moins en ministre d'un souverain protestant qu'en
homme chargé d'une commission secrète de la part d'un roi
ami véritable de sa maj. polonaise, vous répétiez ce que vous
avez dit autrefois, et de vive voix et par écrit, à ce monarque. Contentez-vous de lui insinuer ou à son premier-
ministre que, tant que la noblesse de la Prusse, presque
toute dissidente, se verra, sans avoir commis d'autre crime
que celui de penser en fait de religion comme ses frères
ont pensé depuis deux siècles et demi, dépouillée des droits
les plus flatteurs de sa naissance, privée de toute part au
gouvernement de sa patrie et dégradée de cette égalité qui
fait la première loi de la république et la base de sa constitution, il est impossible que cette province, si importante
pour la Pologne et si dangereusement située, soit véritablement
affectionnée à ses rois et à leur couronne. Des gens nés
libres et qui voient tous les jours dans leurs égaux leurs
oppresseurs ne peuvent résister à la longue au désespoir, et
s'ils y ont résisté depuis 48 ans que leur infortune a commencé, c'est qu'ils n'ont pas toujours été si sûrs de l'appui
étranger qu'ils le seraient aujourd'hui s'ils venaient jamais
à le chercher. Il est digne de la sagesse du roi de Pologne
et de la supériorité de son génie, il convient au prince son
oncle, aujourd'hui le plus grand ministre peut-être de l'Europe, de réfléchir sur cette vérité et de voir si le rétablissement de la noblesse dissidente dans l'état où. elle était
avant 1717, acte qui terminerait tout d'un coup toute inquiétude, tout danger et toute intrigue, serait donc un si
grand mal. Ne dépendrait-il pas toujours du roi de Pologne
de donner à ses membres des dignités ou de ne pas leur
en donner? Les adhérents de l'église dominante en seraient-

ils moins les maitres de toutes les délibérations et de toutes
les résolutions de la république? Le pouvoir royal, auquel
les dissidents seraient toujours obligés de se tenir par reconnaissance et par politique comme à leur seul appui,
n'augmenterait-il pas considérablement en gagnant un si
grand nombre de partisans fidèles? et n'y aurait-il absolument point de tempérament à trouver pour gagner les plus
puissants du clergé romain et pour adoucir leurs clameurs?
L'objet mérite les méditations les plus sérieuses d'un prince
fait pour assurer à sa patrie le repos et le bonheur et à
son propre nom, autant que les hommes le peuvent, une
gloire immortelle.

Je ne vous dirai presque rien des villes de la Prusse,
dont l'affliction et l'agitation ne sont guère moins vives.
Leur affaire est connue, discutée et épuisée et leur cause,
quoique moins belle, trouvera beaucoup moins d'opposition
que celle de la noblesse dissidente. Quelques faveurs,
quelques marques de la bienveillance royale les consoleront
et les tranquilliseront. Employez-vous aussi pour elles, mais
souvenez-vous toujours que ce n'est que l'amitié qui inspire
le roi et que son but n'est point d'irriter et d'importuner
mais de persuader et de toucher. Souvenez-vous que c'est
l'unique but que le roi se propose et que la commission
qu'il vous donne aujourd'hui finit au moment que vous
perdrez l'espérance de l'obtenir.

277.

Dépêche à Mr de Schack à Stockholm.
Copenhague 22 juin 1765.

Je croyais en finissant la lettre que je viens de vous
écrire avoir épuisé tout ce que je devais vous dire aujour-
d'hui.[1] Mais ayant rendu compte au roi de votre lettre
du 11, sa maj. m'a ordonné de vous exprimer encore ses
sentiments sur les principaux objets de cette importante
dépêche.

---

[1] Dans une première dépêche du 22 juin le comte de Bernstorff
avait assuré que tout en s'alliant à la Russie, le Danemark n'avait
pourtant pas entendu changer de système en Suède.

Elle est très satisfaite de ce que vous avez dit aux
barons de Breteuil et de Scheffer et de ce que vous avez
répliqué à leurs réponses, et elle ne l'est pas moins de ce
que vous vous proposez de dire au comte d'Ostermann en
cas que les trois sénateurs fussent réellement attaqués,
ce que, par des raisons que vous devinez sans doute, elle a
toujours lieu de croire qui ne se fera pas.[1]) Sa maj.
approuve fort que vous fassiez cette démarche, le cas
l'exigeant, et elle vous permet d'en faire ensuite part à nos
amis ou de ne pas leur en faire part selon que vous le
jugerez le plus convenable à leurs buts et au bien de son
service. Elle s'en remet à votre discernement et à votre
prudence et agréera tout ce que vous ferez à cet égard.

Sa maj. vous autorise en même temps à déclarer au
baron de Scheffer, quoiqu'avec la circonspection que vous
sentirez bien être nécessaire, que, quoique la Suède n'ait
pas voulu renouveler l'alliance entre les deux royaumes,
elle ne regarderait néanmoins jamais avec indifférence
qu'une puissance, quelle qu'elle puisse être, sans en excepter
aucune sur la terre, voulût envahir hostilement la Suède et
la mettre sous sa dépendance. Si jamais il se formait une
telle entreprise, il verrait qui est l'ami véritable de sa
patrie et quel prince mérite le mieux la confiance de ses
citoyens. Le roi pense cependant être sûr que, pour le
présent au moins, ce danger n'existe pas, et il approuve
fort le raisonnement que vous avez fait pour détruire les
soupçons que le baron de Scheffer paraissait en avoir conçus. L'événement le confirmera bientôt.

---

[1]) Malgré les promesses de la Russie, le parti vainqueur en Suède ne
pouvait se résigner à ne pas pousser son succès jusqu'au bout
en se vengeant sur les sénateurs. Dans une autre dépêche du 22
juin et plus amplement dans celle du 6 juillet, le comte de Bernstorff exprime ses regrets de ce changement des intentions du
gouvernement russe, tout en avouant „que ces sortes de vengeance
ne sont que trop ordinaires et naturelles à l'esprit des factions et
qu'il faut convenir que la victoire des Anglais et des Russes ne
serait qu'à peine ébauchée, s'ils laissaient les partisans de la
France maîtres des affaires." Mais il n'en maintenait pas moins
l'ordre de soutenir les trois sénateurs et de payer dans ce but
la somme mise à la disposition de l'ambassadeur de France.

Enfin, monsieur, le roi veut que vous disiez au baron de Breteuil que sa maj., en lui donnant la plus grande marque de sa confiance et en remettant entre ses mains un secret dont la découverte, que dis-je, dont la moindre idée lui causerait des peines sensibles et pourrait avoir des conséquences fâcheuses pour ses intérêts, n'avait certainement pas pensé à le mettre dans l'embarras et à lui demander des assurances qu'elle sentait très bien qu'il ne pouvait pas lui donner actuellement; que si elle vous avait chargé de lui confier, pour la défense des trois sénateurs amis communs des deux couronnes, la somme qu'elle avait destinée précédemment au sieur de Sinclaire, c'est seulement parce qu'elle avait cru que mons. l'ambassadeur jugeait lui-même cette dernière dépense désormais inutile et que, dans cette supposition, elle avait été naturellement bien aise de ne pas multiplier des frais que par plus d'une raison il lui convenait d'épargner, mais qu'aussitôt qu'il estimait que, pour obtenir de la reine de Suède qu'elle ne causât pas les maux que la violence de sa parole ferait naître infailliblement, il pourrait être utile de gagner le dit sieur de Sinclaire, sa maj. ne prétendait point retirer sa parole mais vous avait autorisé à lui déclarer que les deux sommes étaient prêtes à être employées aux usages marqués, savoir vingt mille écus argent de ce pays-ci pour le dit sieur de Sinclaire, payables au jour du mariage, et 400,000 écus cuivre pour la défense des trois sénateurs, à remettre aux termes et sous les conditions exprimées dans ma lettre du 1 de ce mois.[1])

Le baron de Breteuil jugera lui-même s'il est possible que le roi agisse avec plus de candeur, de confiance et de franchise, s'il peut marquer mieux combien il l'estime et l'honore personnellement, et à quel point il est constant à aimer ses amis, quels sujets de mécontentement qu'ils lui donnent ou lui aient donnés. Si après cela il en veut

---

[1]) Dans la dépêche du 1 juin le comte de Bernstorff avait accordé la somme demandée en faveur des trois sénateurs dans la supposition que celle destinée à gagner le comte de Sinclaire pour l'affaire du mariage était devenue superflue. Mais sur les représentations de l'ambassadeur de France, il accorda par cette dépêche les deux sommes cumulativement.

davantage, ce sera une preuve qu'il préfère l'avantage momentané de sa cause à la justice et à l'équité, et alors, comme on ne saurait le contenter sans se manquer à soi-même, il faudra se le tenir pour dit et se détacher peu à peu de lui. Mais le roi, dont l'âme généreuse n'aime pas les soupçons et penche à croire qu'on pense aussi noblement que lui, compte bien certainement qu'il ne le mettra pas dans cette nécessité.

Je me flatte que cette résolution du roi mettra fin à bien des doutes et qu'elle remplira tout ce que dans ces circonstances l'on pouvait attendre de sa majesté.

278.

Dépêche à Mr de Schack à Stockholm.

Copenhague 27 juillet 1765.

Des raisons, que je me réserve de vous expliquer quelque jour de bouche, engagent le roi malgré lui à changer quelque chose aux ordres qu'il vous a fait parvenir par ma lettre du 6 de ce mois. Il suivait alors les sentiments de son cœur, aujourd'hui il se voit dans le cas de donner quelque chose à la politique. Rien n'altère et n'altèrera cependant le fond de son système et la complaisance n'ébranlera jamais ses principes. Sa maj. m'avait commandé le jour que je viens de nommer de vous dire: „que quand même mons. le comte d'Ostermann réitèrerait ses instances pour vous porter à vous déclarer sur les constitutions de 1756, vous persistiez à ne point vous expliquer sur ce point délicat et à alléguer, pour justifier votre silence, le défaut d'instructions." Mais aujourd'hui je dois vous marquer que la volonté de sa maj. est que vous cherchiez l'occasion de dire à ce ministre, mais sous le sceau du plus profond secret: „que les ordres du roi vous étaient venus sur la question qu'il vous avait faite et que vous étiez ainsi en état de lui donner pour réponse que c'était la forme de gouvernement établie en 1720, que sa maj. estimait la loi fondamentale de la Suède, qu'en vertu de l'alliance renouvelée les deux couronnes étaient engagées à

15

maintenir, qu'en conséquence sa maj. serait contente, pourvu que cette loi fondamentale fût maintenue et que, ne regardant pas du même œil les constitutions faites à la diète de 1756, elle ne s'opposerait point aux efforts que le parti aujourd'hui dominant pourrait juger à propos de faire pour les révoquer." [1])

Vous aurez soin, monsieur, de donner à cette explication toute la clarté qui peut lui être nécessaire. Mais vous lui ôterez autant que possible toute solennité et vous préviendrez, autant qu'il dépendra de vous, qu'elle ne fasse de bruit. Je ne sais que trop bien, ce dernier point sera difficile à obtenir. Mais nous devons au moins faire ce que nous pouvons pour cet effet et si après cela nos soins se trouvent inutiles, si nos amis ou ceux qui, en certaines rencontres, se disent tels et qui doivent avoir compris depuis longtemps que le roi ne se brouillerait pas avec la Russie pour la défense de ces constitutions additionnelles, qui, bien que très sages, ne sont après tout pas essentielles à la liberté de la Suède, se plaignent du roi, vous n'avez qu'à leur dire que ce sont eux-mêmes, ou au moins l'un d'entre eux qui force sa maj. à la démarche qu'elle vient de vous prescrire et que par pure considération et amitié pour eux elle aurait été bien aise d'éviter. Je ne sais si ce mot sera une énigme pour eux mais je ne puis vous la résoudre par lettre, et, je le répète, je dois me réserver de vous l'expliquer quelque jour de vive voix.

Quant à tout le reste, je m'en remets à mes précédentes. Le roi s'en tient à ce qu'il m'a ordonné de vous mander et il attend avec impatience le dénouement et le succès de la scène qui va s'ouvrir entre les deux partis et

---

[1]) L'impératrice s'occupait encore de l'idée de faire lever les restrictions que les événements de 1756 avaient apportées au pouvoir royal, et le gouvernement danois, un peu à contre-cœur, se décida à la fin à s'y prêter. Mais bientôt la conduite de la reine Lovisa Ulrika fit revenir l'impératrice de cette idée, cfr Malmström, V, 316—17, Fersen, III, 331, 333, et bien loin de vouloir augmenter le pouvoir royal en Suède, Catherine II ne chercha dans la suite que des moyens de rendre impossible tout changement dans la constitution existante, cfr Malmström, V, 381, Ostens Gesandtskaber, 634—35.

qui décidera probablement de leur pouvoir pendant quelques années. Si nos amis succombent, j'aime à les appeler de ce nom, marquez-leur toute l'amitié que vous jugerez convenir. Mais s'ils triomphent, cachez votre joie; dans ce cas les Russes seront furieux, tout leur sera suspect, tout les irritera à l'excès, ils s'en prendront à tout le monde de leur revers, un mot, un geste leur paraîtra une violation de l'alliance. Votre sagesse nous épargnera, à vous et à nous, des plaintes et des reproches sans nombre.

279.

Dépêche à Mr le baron de Gleichen à Paris.

Copenhague 10 août 1765.

J'ai mis sous les yeux du roi toutes vos dépêches et nommément celles du 18 et du 21 du passé. Elles lui ont fait une vraie peine. Mais sa maj., après y avoir mûrement réfléchi, n'a pas jugé avoir à vous charger de quelque réponse aux propos peu justes et peu agréables qui vous ont été tenus.

. Le champ des soupçons est vaste et les défiances, quand une fois on s'y livre, n'ont point de bornes. Elles sont le poison et, lorsqu'elles se répètent, le tombeau de l'amitié. On leur doit d'abord les explications et les assurances qu'elles semblent souhaiter et attendre. Mais lorsque ces explications et ces assurances ne tranquillisent pas, lorsqu'une des parties aggrave la première injure du soupçon par une plus forte encore, par celle de ne point ajouter foi à ce qu'on lui dit pour le dissiper, il ne reste rien à faire à l'autre que de s'en remettre au temps, qui dévoile tout et qui est le triomphe certain, quoique quelquefois tardif, de la vérité. Le soin de se justifier toujours ne va pas à un particulier et moins encore à un roi et ce ne sont point des commissions de cette nature que le vôtre vous donnera.

Vous vous en tiendrez donc, monsieur, à ce que j'ai eu l'honneur de vous marquer par le commandement de sa maj. le 13 du passé. Vous continuerez de marquer à mr de Praslin tous les ménagements dus à sa personne et à sa

place et vous lui laisserez le loisir de revenir de ses préventions, sans chercher les occasions de les combattre. Ce
ministre doit savoir déjà depuis longtemps que toutes ses
plaintes contre la prétendue condition ajoutée par le roi à la
résolution prise par sa maj. en faveur des sénateurs de Suède
amis de la France n'avaient pour fondement qu'un malentendu du baron de Breteuil, et que sa maj. n'a pas
hésité, aussitôt qu'elle s'en est aperçue et longtemps avant
que vous m'en ayez écrit, de le lever, en s'expliquant très
clairement comme cet ambassadeur l'avait souhaité.[1] Si
cette expérience rend mons. de Praslin un peu plus circonspect et moins pressé une autre fois de juger dé-
favorablement des sentiments du roi et d'en tirer des
conséquences odieuses, sa maj. en sera très aise, mais
si ce seigneur n'en aime pas moins à se nourrir de mécontentement, elle aura au moins la satisfaction de savoir
qu'elle n'y a pas donné lieu et d'être très sûre qu'un
jour la France et l'Europe conviendront que sa conduite
à l'égard de la Suède, et nommément des sénateurs du
royaume attaqués aujourd'hui par les ennemis de la France
et envers le parti devenu celui de la reine de Suède, a été
digne de ses principes et de sa constance. Je ne vous
répèterai point ce que je vous ai dit à cet égard le 29
juin. Vous en avez déjà fait usage et je crois également
inutile de répondre au reproche d'indifférence sur le sort
de la Suède que mr de Praslin fait au roi. Vous savez en
partie vous-même s'il est fondé et peut-être que, si les avis
du roi avaient été écoutés à temps, les affaires de ce royaume ne seraient pas réduites aux termes où elles le sont.
Mais ce que je dois vous observer, c'est que j'ignore pour
ma part que ce concert entre les deux cours sur les intérêts du Nord dont mr de Praslin estime que la fin approche,
ait jamais eu de commencement et ait jamais existé de la
part de la France vis-à-vis de nous et que, si on revient
vous parler des égards de sa maj. pour la Russie, vous ne
vous en défendiez point. Sans doute que le roi en a, les
cours de Vienne et de Versailles lui ont appris à en avoir
pour une puissance qui pendant nombre d'années a été

---

[1] Cfr. no 277.

l'objet de leur complaisance illimitée, mais il ne voit pas
que ces égards, pour lesquels il a des motifs qui ne sont
point inconnus à la France et dont pour le repos du
Nord ou, si elle pensait en amie, du Danemark elle devrait
souhaiter sincèrement le succès, soient dans le cas d'exciter
le déplaisir de cette couronne. Quel est le désavantage
qui lui en revient? Le roi en remplit-il moins les devoirs
de l'amitié la plus exacte envers elle? Jamais la France
n'a eu un ami plus constant et qui lui ait été moins à
charge que le roi. Il l'est encore et il continuera de l'être.
Mais je vous avoue que l'amitié veut du retour et que ce
n'est point par la froideur et par des soupçons continuels
qu'elle peut être conservée.

280.

Dépêche à Mr Dreyer,
secrétaire de légation à St. Pétersbourg.
Copenhague 17 août 1765.

(Extrait).

Si le roi de Prusse s'oppose en secret à un accommodement final des différends qui ont divisé jusqu'ici la maison
de Holstein,[1] il faut que ce soit encore plus par un motif
de jalousie contre la Russie et l'éclat du règne de l'impératrice que par mauvaise volonté contre le roi. Son intérêt
naturel serait évidemment que cette partie des côtes de la
Baltique fût tranquille et n'appartînt ni à la Russie ni
à la Suède. Si donc il agit contre un accommodement
qui terminerait toute inquiétude à cet égard, il ne peut
y être excité que par des passions personnelles, qui ne
sauraient guère être autres que celles que j'indique, ou
par le désir d'avoir toujours à la main une pomme de discorde, qui puisse animer le Danemark contre la Russie, et
un tison capable d'allumer un feu en Allemagne. J'abandonne au jugement de tout ce qu'il y a d'hommes sages et
vertueux si des intrigues produites par de tels motifs mé-

---

[1] Cfr Ostens Gesandtskaber, 571—72, 593.

ritent d'être favorisées. Je ne vous ferai point d'observations sur la conduite de ce prince envers le roi de Pologne.
La cour de Varsovie aura soin de l'éclairer et tout ce qu'il
y a à désirer à cet égard c'est qu'un ministre dont les vues
sont aussi nobles que le sont celles de mr de Panin, ne
soit pas trompé par l'artifice, la simulation et l'excès
d'ambition caché sous des dehors séduisants.

281.

Dépêche à Mr Dreyer à St. Pétersbourg.

Copenhague 31 août 1765.

(Extrait).

Si j'ai jamais reçu une lettre dont le contenu m'ait
frappé et surpris, c'est celle que vous m'avez écrite le 7 de
ce mois et qui m'est parvenue par estafette lundi au matin. [1])
Je me hâte d'y répondre et je l'aurais fait encore plus tôt
si le temps qu'il me faut pour recevoir les ordres du roi et
soumettre mes dépêches à son examen et à son approbation
me l'avait rendu possible.

Les mauvais offices que des gens qui nous haïssent,
sans que je les connaisse et sans que je sache pourquoi,
aiment à nous rendre, ont réussi et la mauvaise humeur de
la cour de Russie est, je le vois, parvenue à son comble.
Je vous avoue que j'en suis vivement blessé. Mais ma juste
sensibilité ne me permettra pas d'oublier la manière noble

---

[1]) Tout à coup les trois sénateurs suédois perdirent courage et se
retirèrent volontairement du sénat, cfr Malmström, V, 320, Tengberg, 37. Toute résistance étant ainsi devenue inutile, le comte de
Bernstorff révoqua sans délai l'autorisation donnée à l'ambassadeur
de France d'employer en leur faveur la somme accordée par no 275
et 277, mais il reçut pour réponse qu'elle avait déjà été dépensée.
En même temps il apprit que le gouvernment russe connaissait
le rôle que le Danemark avait joué dans cette occasion et le regardait comme une trahison. Le comte de Bernstorff crut d'abord
à une perfidie de la part de la reine, mais on sut plus tard
qu'un employé au ministère des affaires étrangères à Paris trans-
mettait régulièrement des copies des dépêches importantes au
gouvernement anglais, cfr Malmström V, 266, II, 124. Cette affaire

et amicale dont, même au milieu de cet orage, notre ami[1]) en agit avec nous. Faites-lui en mes remercîments les plus vifs et les plus sincères et dites-lui que le roi lui en sait un gré que, quelque tournure que les affaires prennent, rien n'effacera jamais de sa mémoire. Il verra toujours qu'il a affectionné une cour qui mérite l'attachement d'un honnête homme.

Après avoir rempli ce devoir envers lui, je ne diffère plus un moment de vous dire que je sens qu'il est temps que je vous mette en état de vous expliquer une bonne fois avec lui et, par son moyen, avec tous ceux auxquels il est important de nous faire connaître. Si notre union, si l'union des deux cours doit subsister, il faut la mettre à l'abri des malentendus qui la troublent et des défiances qui l'étouffent, il faut que son existence et sa durée ne dépendent plus des rapports du premier venu ou des lettres de gens manifestement intéressés à nous brouiller.

D'abord je vous déclare de la part du roi et par ses ordres exprès que sa maj. désavoue tout ce qui se débite ou se raconte d'elle et de ses sentiments, ainsi que de ceux de ses ministres dans des correspondances anonymes ou étrangères. Mais les ambassadeurs de France auront beau s'écrire entre eux ce qu'ils voudront; ils auront beau me faire parler et tirer de mes discours prétendus telle conclusion qu'il leur plaira, sa maj. déclare qu'elle n'entrera jamais dans aucun éclaircissement à cet égard, mais qu'elle demande aux puissances ses amies de ne la juger que sur les discours tenus par ses ministres aux leurs, et plus encore sur ses actions. Il est très évident que si des lettres de ministres intéressés à nous faire parler et penser d'une manière désagréable à la Russie, intéressés à expliquer dans ce sens nos discours les plus innocents, intéressés enfin à faire valoir à leurs confrères et à leur parti leur prétendu crédit près du roi et de son ministère

---

faillit rompre complètement les bons rapports entre la Russie et le gouvernement danois jusqu'au point que celui-ci se demanda s'il ne devait pas suspendre le départ de mr d'Assebourg pour son nouveau poste. Néanmoins l'orage se calma peu à peu et l'affaire fut enfin aplanie, cfr Ostens Gesandtskaber, 638—39.

[1]) Mr C. de Saldern.

et surtout à le faire croire supérieur à celui de ceux qu'ils n'aiment pas et contre le crédit desquels ils combattent, si, dis-je, les rapports de ces messieurs doivent trouver créance et passer pour authentiques, il est certain que nous ne serons jamais bien avec la Russie et que nous passerons notre vie à nous soupçonner, puis à nous quereller et enfin à nous convaincre du peu de fonds de ces soupçons et de ces querelles. —

Mais je puis me dispenser d'aller plus loin et d'approfondir encore mieux l'affaire. Quand il serait vrai que le roi aurait accordé 25000 écus au salut de quelques personnes qu'il honorait de ses bontés, en quoi aurait-il manqué à l'alliance et à ses engagements? L'art III l'oblige à maintenir conjointement avec l'impératrice la constitution légale et les lois fondamentales de la Suède, c'est-à-dire, la forme du gouvernement de 1720, et à concerter avec elle les mesures à prendre entre les deux couronnes aux diètes futures pour empêcher que l'on ne déroge à cette constitution ni ne l'altère jamais en renversant l'équilibre que ces lois établissent entre les trois puissances ou Haupt-Stände de l'Etat. Cette obligation interdit-elle au roi d'être secourable à deux ou trois sénateurs attachés particulièrement à sa personne ou à sa couronne? Quoi, un article commun aux deux alliés donnerait à la Russie le droit de perdre les amis du roi et ôterait à sa maj. celui de les soustraire à leur perte? On exigerait de l'un des alliés de laisser tomber son crédit dans la nation en abandonnant ses adhérents pour que l'autre augmentât le sien en les persécutant. Où est-ce que cela se trouve stipulé? Quel traité a jamais contenu une prétention de cette nature? Et si jamais on en proposait un tel, croirait-on à Pétersbourg que le roi le signerait? Non, monsieur, ce n'est pas à des conditions si inégales que se font les alliances, ce n'est pas là ce qu'un des alliés peut prétendre de l'autre. Relisez, je vous prie, notre traité et son IIIième article secret dont il s'agit, y découvrez-vous rien de semblable? Le roi y promet, comme je viens de vous le dire, de se réunir à la Russie pour le rétablissement et le maintien des lois fondamentales et de la constitution de la Suède. C'est ce qu'il a fait et ce qu'il fera scrupuleusement. Il n'y a aucune affection qui l'en empêchera et il sera le premier à porter ceux de la nation suédoise sur lesquels il a du pouvoir, à penser de même ou à les mettre hors du cas de s'y opposer. Mais il n'a pas perdu pour cela le droit de faire du bien à des gens qui lui ont marqué de l'attachement et qu'il voit malheureux ou sur le point de le devenir. Il n'a point fait mystère à mr de Panin de ses sentiments, surtout pour le baron de Scheffer. Mr d'Osten a eu ordre de parler en faveur de ce sénateur et mr de Panin, ne suivant d'abord que les mouvements de son cœur généreux, a témoigné vouloir l'épargner. Vous vous rappelez combien le roi l'a remercié de cette complaisance. De justes raisons, sans doute, ont fait changer mr de Panin de sentiments. Le roi ne le lui reproche pas. Il ne prétend pas que ce seigneur donne à son intercession au delà de ce qu'il juge convenir aux intérêts de sa souveraine. Mais aussi sa maj. ne voit-elle pas pourquoi elle serait censée manquer à la Russie en continuant de penser et d'agir comme elle l'a fait depuis douze ans pour un homme contre lequel la Russie ne lui a pas confié ses griefs et ne lui a pas dit qu'elle agirait. Si donc, ce que cependant je suis très éloigné de vous dire, il était vrai que le roi eût accordé quelque secours à mons. de Scheffer et à son compagnon d'infortune pour adoucir son sort ou le détourner, à quel titre la Russie s'en plaindrait-elle? Cet acte d'humanité aurait-il détruit les lois fondamentales de la Suède? Aurait-il même empêché l'impératrice de renverser le parti de la France? Et son triomphe aurait-il été moins beau si le roi y avait soustrait un homme pour lequel il avait demandé et était en droit de croire avoir obtenu son indulgence?

Je n'ai été que trop long sur cet article, monsieur, je le sens, mais il est difficile de s'arrêter lorsque l'on est vivement ému. Je tâcherai de finir en résumant tout ce que j'ai voulu vous dire.

Le roi ne redoute aucun reproche. Malgré toutes les sollicitations de la France et tous les souhaits du parti qui lui est attaché, malgré les appréhensions que l'on a été au moins aussi empressé à lui inspirer contre les desseins du parti russe qu'on l'est d'inspirer des soupçons à la cour de Russie contre lui, il défie la Suède entière de lui citer une

démarche qui fût contraire à ses engagements. Les sénateurs auxquels il prend intérêt, ont quitté leurs places
sans résistance et le parti russe est vainqueur. Voilà ce
que toute la terre voit. Le roi s'attendait à ce que la
Russie serait contente, et qu'elle lui témoignerait une satisfaction qu'il ne se lassera pas de mériter toujours, et
n'ayant plus rien à désirer pour des gens retirés de la
scène, les seuls qu'il affectionnât, il était bien résolu à ne
plus parler pour eux à mr de Panin. Il se promettait
ainsi un contentement tranquille et réciproque. Mais si on
continue de payer sa bonne foi de soupçons et de plaintes,
s'il suffit pour tout brouiller d'une lettre interceptée, s'il
n'en faut pas davantage pour que l'on songe, ainsi qu'il
semble qu'on vous menace, à rompre la promesse donnée
au sujet du mariage de la princesse et à oublier l'exécution
de Part II, si de si minces artifices et des efforts si
médiocres de ceux qui souhaitent anéantir l'alliance entre
les deux couronnes réussissent à l'anéantir en effet, alors il
se verra, il faut que je l'avoue, déçu dans son attente et
obligé de changer bien des idées et il ne reconnaîtra plus
à ces procédés les lumières, la noblesse et l'équité des
ministres auxquels il s'est fié et sur le caractère desquels il a fondé le système qui l'a déterminé à conclure
l'alliance.

En voilà assez, monsieur, et peut-être trop. Je crois
vous avoir marqué de quoi calmer toute inquiétude véritable
et sincère, mais je n'ai point de moyens contre les appréhensions simulées. Si à l'arrivée de cette lettre la mauvaise humeur dure encore, si notre ami résiste à toutes les
vérités que je vous charge de lui dire, avertissez-m'en
promptement. Alors il n'en faut pas douter, on n'a voulu
qu'avoir un prétexte pour rompre et ce prétexte ne manque
jamais. J'en serais au désespoir mais plus j'en serais touché
et plus il importe d'en être instruit sans délai.

282.

Instruction pour Mr d'Assebourg comme ministre du Roi
à St. Pétersbourg. [1])

Copenhague 5 septbr 1765.

(Extrait.)

— L'impératrice a beaucoup de lumières et de capacité, son âme est haute et élevée, je la crois incapable de
mettre de la mauvaise foi dans ses procédés et elle cherche
sérieusement à faire le bien de son empire. Mais elle est
entêtée de sa puissance et avide de gloire et de domination.
Elle veut régner sur ses voisins et gouverner le Nord. La
moindre différence de sentiments avec les siens, la moindre
résistance à ses volontés l'étonne et l'impatiente et elle croit
qu'on lui manque au moment qu'on ne lui applaudit pas.
Mr de Paniu, le plus sage et le plus désintéressé de tous
les ministres que l'Europe ait jamais connus à la Russie,
adoucit quelquefois la fierté de ce caractère mais ne le
change pas, prévenu comme il l'est lui-même sur la prééminence de sa nation et sur l'autorité qui lui est dûe, et
naturellement enclin à trouver très justes les mesures dont
il est souvent l'auteur et toujours l'organe. Il est donc très
difficile à un roi justement jaloux de sa dignité d'en conserver le plus précieux joyau, l'indépendance, en même
temps que l'amitié de la Russie, et vous n'aurez point
d'ennemi à combattre que vous vaincrez plus difficilement
que cette idée, qui n'abandonne jamais l'impératrice et
rarement son ministre, que leurs affections et leurs
haines sont faites pour servir de règle à celles de leurs
amis. Le roi ne se trompe pas sur le système de cette
princesse, il voit clairement qu'elle veut laisser à la Pologne
et à la Suède leurs lois et leurs rois mais assujettis à son
pouvoir et régnant sous sa protection, qu'elle se propose

---

[1]) Mr d'Assebourg resta à St. Pétersbourg comme ministre de Danemark jusqu'au ⁴/₁₂ 1767, lorsqu'il fut remplacé par le Comte de
Scheel. Mr d'Osten, en quittant St. Pétersbourg, alla à Naples
comme ministre. Sur sa position personnelle pendant sa seconde
mission en Russie, voir Ostens Gesandtskaber, 655—62.

d'influer sur le reste de l'Europe par son crédit supérieur
dans le Nord, qu'elle aime d'inclination l'Angleterre et par
politique le roi de Prusse, dont les complaisances flattent
sa fierté et sont autant de trophées de sa grandeur, qu'elle
est jalouse de l'impératrice-reine et pense à son égard
comme on pense à l'égard de ceux qu'on sait avoir offensés,
qu'elle hait la France et se soucie peu de l'Allemagne et
du reste de l'Europe. Il voit qu'elle a conçu le dessein de
former dans la maison de Holstein un pacte de famille
analogue à celui que la maison de Bourbon a conclu, et
destiné à lui servir de contre-poids et de balance, et il trouve
dans ce plan des parties qu'il approuve, d'autres qu'il peut
laisser faire, d'autres enfin dont la réussite lui importe,
mais il en trouve aussi auxquelles il ne saurait coopérer et
il ne peut surtout, je le répète, qu'établir pour base de
toutes ses résolutions et de toutes ses démarches que tant
que l'échange du Holstein ne sera pas fait, tant que les
divisions de sa maison ne seront pas radicalement et irrévocablement éteintes par cet échange, il ne saurait assez
compter sur la constance de l'amitié de la Russie et sur la
conformité de ses intérêts avec ceux de l'empire ou plutôt
avec ceux de ses souverains, pour pouvoir entrer entièrement dans ses vues et pour se permettre de travailler
véritablement à l'augmentation de son pouvoir et de son
influence. Ce raisonnement est simple, monsieur, mais il
est fondé et tout ce qui me reste à vous dire, n'en sera
que la conséquence. [1])

---

[1]) L'instruction s'occupe dans deux apostilles de la question du mariage de la princesse Sophie Magdalène et de celle des dissidents
en Pologne et de la ville de Danzic. En passant par la Prusse
occidentale, mr d'Assebourg devait déconseiller le baron de
Goltz, chef des dissidents dans cette province, de son projet de
former une confédération générale entre les protestants et les
Grecs.

263.

Dépêche à Mr de Schack à Stockholm.

Copenhague 14 septbre 1765.

(Extrait.)

Quelque immuablement que le roi persiste dans la résolution que je vous ai communiquée dans mes précédentes, et
quelque invariable que soit sa volonté de faire décider l'affaire
du mariage au hasard de tout ce qui pourrait en arriver, sa maj.,
qui aime écouter ses amis et déférer à leur avis, ne refusera
pas à ceux de mrs de Breteuil et de Scheffer le délai qu'ils
lui demandent et lui conseillent.[1]) Elle ajoutera, s'il le
faut, encore quatre ou six semaines au premier terme
qu'elle vous avait fixé, pourvu qu'elle ne soit pas la dupe
de cette déférence et qu'il lui reste le temps de finir cette
affaire avant la clôture de la diète ordinairement précipitée,
comme vous savez, lorsque, les animosités particulières
assouvies, il ne s'agit plus que de l'intérêt de l'Etat. Voilà,
monsieur, ce que vous voudrez bien dire aux deux seigneurs
que je vous ai nommés et vous ajouterez qu'en vous permettant de faire cette déclaration, le roi vous avait réitéré
l'ordre de veiller avec la plus grande attention à la marche de
la diète et de faire proposer l'affaire du mariage, n'importe par qui, si ses amis lui refusaient cet office au
moment que vous vous apercevrez que cette assemblée
tire vers la fin.

---

[1]) Dans la dépêche du 24 août le comte de Bernstorff écrit: „sa maj.
juge du but de ces trois ministres" (mrs de Breteuil, de Scheffer
et de Hermansson) „que quoiqu'ils désirent dans le fond de leur
cœur la conclusion du mariage, et sentent très bien que l'honneur,
la probité et leur propre intérêt exigent qu'il s'achève, ils voudraient bien cependant qu'il restât incertain et reculé, pour servir
également de lien qui attachât le roi à leur cause, et de ressort
pour ménager ou animer les passions de la reine de Suède et enfin pour leur fournir à eux-mêmes un moyen juste et agréable à
la nation de demander la convocation d'une nouvelle diète au moment qu'ils seraient dans le cas d'espérer qu'elle pourrait relever
leur parti." Mais le roi voulait que l'affaire fût résolue pendant
cette diète, „il en préfère la rupture, si la Suède veut s'exposer à
la honte et aux conséquences d'une telle violation de la foi donnée."

Mais après leur avoir donné cette nouvelle preuve de
la confiance du roi, vous leur direz sous le sceau du plus
profond secret qu'il est arrivé ici de Stockholm des lettres d'un ministre étranger à un de ses amis et confrères
résidant ici, par lesquelles j'ai vu avec un regret mortel
que notre secret était trahi et que le parti opposé savait
ce que le roi avait fait pour les trois sénateurs, avec une
exactitude et dans un détail qui ne laissaient aucune ombre
de doute qu'il n'en fût informé de source. Ne leur cachés
pas ma surprise et ma douleur, mais dites-leur que j'exige
d'eux de n'en point faire de bruit parce que ce bruit ne
ferait plus qu'aigrir la plaie sans la guérir. Dites-leur que
je les estime trop pour les soupçonner un moment d'avoir
occasionné volontairement cette infidélité et pour ne pas
rendre justice à leur vertu, incapable de les abandonner;
mais ayant seuls eu part au secret du roi aujourd'hui ré-
vélé, je les prie de mettre la main sur la conscience et
d'examiner si un attachement fatal ne les aurait pas engagés
à le communiquer à quelque prétendu ami ou amie qui se
serait hâté d'en faire ce perfide usage. Je les révère trop
pour les presser sur une aventure qui sans doute percera
leurs cœurs comme elle perce le mien, et je suis ému en
me représentant combien ils seront touchés en pensant que
telle est la récompense que le roi reçoit de sa confiance et
de son amitié; mais je ne puis m'empêcher de leur dire que
ce coup cruel met fin à toutes choses, et que je ne vois
plus aucun moyen de rendre utile une liaison dont par
un malheur extrême la sûreté est bannie, quoique l'estime
ne le soit pas.

284.

Dépêche à Mr Dreyer à St. Pétersbourg.

Copenhague 21 septbre 1765.

Après tout ce que je vous ai dit, monsieur, dans mes
lettres du 31 août et 14 de ce mois, je ne pensais pas
avoir à reprendre dès aujourd'hui la plume, mais son exc.
mr de Korff m'ayant communiqué ce que son exc. mr de

Panin lui marque du déplaisir et de la défiance conçus contre nous et de leurs causes, je n'hésite pas un moment de vous mettre encore une fois en état d'exposer à ce ministre, que mon cœur révère, les sentiments avec lesquels j'ai appris les siens et de les lui exposer avec cette sincérité et cette franchise qui conviennent à la probité et à un homme qui sait ne mériter ni soupçons ni reproches. Je serai obligé de répéter tout ce que je vous ai dit précédemment et surtout le 31 août, mais je vous le répèterai le plus succinctement qu'il me sera possible et je ne ferai parler dans cette lettre que les faits et le cœur.

Je demande d'abord préliminairement à la justice de mons. de Panin de ne point juger des principes de mon roi et de sa conduite par ce que des ministres de cours étrangères en disent ou en écrivent. Ces messieurs, souvent intéressés à brouiller nos cours, toujours empressés à faire valoir leur pénétration ou leur savcir-faire, vous prêtent à leur bon plaisir des propos et des vues, et il m'est absolument impossible de prévoir et de parer les traits de leur imagination et peut-être de leur politique. Je dois répondre et je répondrai de tout ce que je dis et de tout ce que j'écris moi-même, ainsi que de tous les discours et de toutes les démarches des ministres de mon maître, employés aux cours étrangères, conformes aux volontés de sa maj. que par son commandement je leur aurai expliquées, j'avouerai et je rendrai raison de tout ce que les ministres des puissances avec lesquelles nous avons traité auront entendu de nous, mais je ne puis en faire autant vis-à-vis des rapports de troisième main, ni à l'égard des lettres, quand elles seraient même interceptées, écrites par des gens qui n'ont point eu de part à la négociation et auxquels j'aurai peut-être été dans le cas de cacher précisément ce qu'ils prétendent savoir. Tous mes devoirs seraient absorbés par la seule occupation de me défendre contre des délateurs ou des nonvellistes. Mr de Panin est trop équitable pour le vouloir et dès lors il me permettra de ne répliquer à tout l'article fourni par les ambassadeurs de France ou occasionné par leurs correspondances que par un désaveu formel. Jamais, je prie ce seigneur de le croire sur ma parole, que je n'ai point encore ni hasardée ni violée de ma vie, jamais nous n'avons été coupables de la frivole et injuste vanité de nous attribuer d'avoir mis de la finesse dans notre alliance, dont personne ne sait mieux que ce ministre lui-même que nous avons accepté et non pas fourni les articles importants et à la rédaction de laquelle nous n'avons par conséquent pas pu mettre de l'art, quand même nous l'aurions voulu. Je déclare absolument fausses toutes les paroles que l'on nous prête sur ce point.

Après cette demande qui, j'ose le croire avec confiance, ne me sera pas refusée et après cette déclaration préliminaire, j'en viens à l'accusation même, à celle d'avoir manqué à nos engagements. Ne cachez pas à mons. de Panin la profonde douleur avec laquelle je vois la créance qu'il lui donne, et dites-lui que, rempli de vénération, d'estime et de confiance pour lui dans le moment même qu'il m'afflige, je ne veux point d'autre juge que lui-même, mais j'attends que pour prix de ces sentiments il voudra bien non pas adopter mais examiner et peser les reproches que l'on nous fait et les faits que l'on nous attribue.

Le troisième des articles secrets de l'alliance nous prescrit de nous entendre et de nous unir pour le maintien de la constitution fondamentale de la Suède et pour le rétablissement d'un équilibre de pouvoir entre les différents ordres de l'Etat, capable de prévenir désormais les abus qui avaient été faits de ce pouvoir par le passé. Voilà l'obligation. Je demande en quoi nous l'avons violée, en quoi nous avons manqué à cette promesse? Mr de Panin sait que l'alliance n'a été signée que le onze de mars et par conséquence deux mois après l'ouverture de la diète, et qui est-ce qui sait mieux que lui qu'il n'était plus temps alors de prendre des mesures pour la conduite de l'assemblée; il se rappellera que nous le lui avons représenté d'abord et qu'il en a si bien senti la vérité que mons. d'Ostermann n'a rien concerté avec le ministre du roi et qu'il lui a au contraire caché jusqu'à ce moment toutes ses opérations. Nous ne pouvions donc pas agir dans cette diète et il ne nous restait que de nous tenir tranquilles et de ne point contrarier les mesures des ministres russes, parti toujours difficile à prendre pour une cour qui ne craint point de faire ses affaires et qui n'aime pas à être insignifiante dans un

royaume voisin, mais qui l'était particulièrement dans une
crise décisive où un parti longtemps opprimé travaillait
avec succès à détourner et à écraser à son tour celui qui
pendant 27 ans avait gouverné les affaires. Cependant
nous l'avons pris et nous y avons été fidèles, nous avons
résisté à toutes les sollicitations des adhérents de la
France, nous avons rejeté toutes les appréhensions que
l'on a cherché à nous faire naître des desseins de la Russie,
nous n'avons écouté que notre confiance en elle, et je défie
toute la Suède de produire un homme que le ministre du
roi a détourné de son attachement pour cet empire ou
animé à s'opposer à son système. Nous avons vu poursuivre et abattre des gens depuis de longues années attachés à la personne du roi et à sa couronne et, obligés de
préférer dans cette rencontre fort sensible au cœur de sa
maj. le bien du Nord au bonheur de quelques particuliers,
nous nous sommes contentés d'intercéder inutilement pour
eux près de l'impératrice et, si enfin dans l'excès de leur
détresse le roi, qui si souvent les avait assurés de sa bienveillance et de sa protection, leur a accordé quelque soulagement, quelque moyen, non de résister au pouvoir qui les
terrassait, non de balancer les succès d'un parti triomphant,
mais de diminuer leurs propres dangers, que mons. de Panin sait bien être grands pour tout Suédois qui succombe
au ressentiment et à la haine de ses compatriotes, si,
dis-je, le roi a accordé quelque gratification dans de tels
moments à deux ou trois de ses amis, acte d'humanité que
je ne veux pas cacher plus long temps à ce ministre quoique
je vous avoue ne pas connaître l'obligation d'en convenir,
peut-on lui en faire un reproche? Par l'alliance le roi s'est
ôté à lui-même la liberté de travailler contre les vues de
l'impératrice exprimées dans Part III secret, il s'est interdit
des mesures opposées non-seulement aux paroles mais encore au sens de cet article. Mais s'est-il privé de la faculté de faire du bien à ceux qu'il a honorés de son affection autrefois et qui n'ont pas mérité vis-à-vis de lui de la
perdre, de leur faire du bien comme à des particuliers?
Distinction que je vous prie de remarquer et que le roi a
exactement observée. S'il avait pensé à les soutenir comme
chefs de parti et comme sénateurs, s'il avait eu d'autre vue

que celle de les consoler et de ne pas mériter le blâme
d'avoir entièrement oublié dans l'infortune des gens qu'il
avait aimés dans leur prospérité, ne leur aurait-il accordé
que 25,000 écus, leur aurait-il permis de céder sans résistance à la volonté de l'impératrice? Le roi a-t-il fait une
seule action dans son règne qui autorise qui que ce soit
dans l'univers à croire qu'il calcule si mal et employe de
si faibles moyens pour opérer de grandes choses? Je rougirais de m'étendre davantage sur des vérités de cette évidence. A tous les soupçons qu'on forme contre nous, à
toutes les conséquences que l'on se plait à tirer d'un acte
généreux, je n'oppose que la somme que l'on nous reproche
et son effet. Si l'on peut découvrir dans 25,000 écus accordés à des hommes qui ont rendu les armes, le dessein
de contrarier les vues de la Russie, si l'on peut y trouver
autre chose que la bienfaisance d'un prince qui sait combiner ce qu'il doit à ses alliances et au bien de ses peuples
avec ce qu'il aime rendre à l'humanité, je brûlerai ces papiers et je ne raisonnerai plus.

Il est vrai que mons. de Schack n'a pas confié cette
libéralité de sa maj. à mr le comte d'Ostermann; mais, outre
qu'à mon très grand regret la confiance n'est pas encore,
je ne déciderai pas par la faute de qui, aussi établie que
je le désirerais entre les deux ministres, je ne vois pas à
quel titre et par quel motif il aurait dû lui révéler un fait
de cette nature dont il ne pouvait lui faire part sans mortifier à l'excès ceux mêmes qu'il s'agissait de consoler. Que
le cœur généreux et vertueux de mr de Panin juge s'il aurait été digne du roi de mêler une si grande amertume à
son bienfait.

On prétend encore que cette gratification a été employée pour gagner l'ordre des prêtres. C'est sur quoi je
ne puis rien dire. Le roi l'ignore absolument. La précaution qu'il a prise était de ne l'accorder que sous la condition expresse qu'elle serait consacrée uniquement à sauver
mrs d'Ekeblad, de Scheffer et de Hamilton, sans pouvoir
être appliquée à aucun autre usage. Si ces sénateurs se
sont écartés de cette loi imposée, ils en sont punis par la
perte de leur argent, mais ce que sa maj. sait, c'est, je le
répète, que la médiocrité de la somme les mettait hors

d'état d'en abuser. J'en appelle à l'évènement, quel ordre a
été plus constant dans ses affections et plus fidèle à la
Russie que celui que l'on veut que l'argent du roi ait
corrompu?

Je pense en avoir assez dit. Il est temps que mr de
Panin juge. Qu'il consulte ses lumières, qu'il consulte son
cœur vertueux si nous avons mérité ses reproches et ses
soupçons. Que lui, qui connaît si parfaitement la Suède et
qui depuis tant d'années a été l'observateur éclairé de nos
principes et de nos mesures, suivies même dans les conjonctures les plus séduisantes et au milieu des agitations de
l'Europe entière, décide de la vérité des sentiments que l'on
nous prête et s'il est équitable de nous les supposer, lorsque
tous les événements parlent pour nous; qu'il nous marque
en quoi nous nous sommes écartés de l'esprit de notre alliance et nous indique les traces de cette duplicité dont on
ose nous taxer; qu'il déclare si un acte d'humanité, dont je
suis sûr qu'il trouve les motifs dans son propre cœur, qui
n'a produit et par sa nature n'a pu produire aucun mal,
qui par conséquent est totalement étranger à la politique
et n'appartient point à l'alliance ni à ses lois, devrait
attirer au ministère du prince qui l'a fait la froideur
amère et les reproches que nous venons d'essuyer; qu'il fixe
et détermine le mal arrivé par cet acte à la Russie ou à la
Suède et pour la réparation duquel on nous demande
50,000 écus,[1] somme que mon roi ne plaindra jamais et
qu'il doublera avec plaisir, s'il le faut, lorsqu'il s'agira de
faire plaisir ou de rendre des services essentiels à une
princesse alliée, telle que l'impératrice, mais dont je n'aurai
jamais le cœur de lui proposer l'emploi lorsqu'on la lui
demandera à un tel titre. Qu'il prononce enfin si nous
devions nous attendre à ce traitement de la part d'une princesse dont nous avons préféré et dont nous préférons encore
l'amitié à celle du reste de l'Europe! Je lui ai exposé ce

---

[1] Le cabinet russe avait demandé à titre de réparation que le Danemark payât au profit des „intérêts communs" dans la diète le
double de la somme accordée à la défense des trois sénateurs.
Le comte de Bernstorff ne se refusa pas à assister par de l'argent
une politique à laquelle il avait adhéré, mais il ne voulait pas
avoir l'air de payer une amende. Cfr. no 290.

que je sens et ce que je pense; qu'il juge combien mon cœur doit être vivement blessé, je m'en rapporte à lui.

Nos torts me sont inconnus. Si nous en avons, je les apprendrai de lui et je ne les défendrai point; mais s'ils n'existent pas, si, fidèles à l'alliance, nous n'avons, comme j'en suis convaincu et comme je sais que c'a été l'intention constante du roi et de son ministère, point donné lieu à la froideur et à la défiance, je m'attends que le ministre équitable auquel je m'adresse ne permettra plus qu'elles troublent une liaison dont il est l'auteur et anéantissent des vues dont l'exécution ferait sa gloire et le bonheur du Nord; je m'attends qu'il me rendra, personnellement à moi, une confiance dont j'ai besoin pour les opérations que l'alliance nous rend communes et que je regarde comme un honneur et une récompense de mes sentiments et de mes travaux.

Dites-lui que j'y aspire ainsi qu'à son estime, que je le révère non-seulement pour ses lumières, dont il a donné des preuves si avantageuses pour sa patrie pendant le cours de son heureux et brillant ministère, mais encore pour les qualités de son cœur, dont son ami et le mien, mr d'Assebourg, m'a fait plus d'une fois un si beau tableau. Dites-lui que c'est sur lui, sur sa sagesse et ses vertus que je fonde l'espérance d'une union véritable et sincère entre nos souverains et du bien qu'elle produira, et que, sans cette haute opinion que j'ai de son caractère, j'aurais bien hésité avant que d'opiner lorsqu'il a plu au roi de demander mon avis pour la conclusion d'une alliance dont, vu la supériorité du pouvoir de la Russie, je connais très bien les inconvénients en cas que cette redoutable puisssance voulût en faire un injuste usage. Ajoutez que je lui réitère dans ce moment, au nom de mon maitre et de tout son ministère, l'assurance de l'intention la plus sincère et la plus immuable de remplir exactement l'alliance, ses articles et leur esprit, et de la volonté la plus décidée à faciliter, autant que le roi le pourra, les vues salutaires de sa maj. impér. pour le système, le repos et l'union du Nord; mais ne lui dissimulez pas que toutes ces assurances, toutes ces intentions, quelque fermes qu'elles soient, s'évanouiront et n'aboutiront à rien, s'il n'y a point de réciprocité et si les soupçons, poison de l'amitié, trouvent le moyen d'élever un nuage entre lui et moi. Je ne demande point de confiance aveugle, rien ne serait plus déraisonnable, je ne souhaite que de la voir éclairer toutes nos actions. Mais ce que je désire et ce que j'ose me promettre de lui, c'est qu'il ne nous jugera que sur des vérités et ne nous condamnera dans aucune rencontre qu'après m'avoir entendu. Une alliance, une liaison qui a un but n'est rien sans la confiance, et la nôtre ne vaut ni ses soins ni les miens si cette âme de toute union ne peut être rétablie. Nous faisons et nous ferons avec empressement pour la fonder et l'affermir ce qui dépend de nous. C'est pour cet effet, c'est pour lui dévoiler le fond de nos sentiments, pour en être l'interprète et le garant que mr d'Assebourg, l'homme du monde qui lui est le plus véritablement attaché, négligeant sa santé et excédant peut-être ses forces va le trouver; c'est dans cette seule vue que j'ai pu me résoudre à proposer un si long voyage à mon intime ami. Il n'est pas dans notre pouvoir de faire davantage et de lui prouver mieux quel cas nous faisons de son amitié et combien nous désirons l'acquérir. Si nous l'obtenons, nous nous féliciterons de nos peines et des efforts que nous avons faits; s'il nous la refuse. nous aurons au moins la consolation de lui avoir prouvé combien nous lui rendons justice et de n'avoir pas manqué par notre faute ou notre négligence un bien dont nous connaissons le prix.

285.

Dépêche à Mr de Schack à Stockholm.

Copenhague 26 octobre 1765.

(Extrait).

— Vous saisirez la première conférence avec le comte de Lœwenhjelm pour faire entendre à ce sénateur, non pas formellement ni au nom du roi mais comme par une effusion de cœur et par l'effet d'un zèle très naturel et très convenable à un ministre qui, comme vous, ne désire que le maintien d'une intelligence étroite entre les deux cours: „que vous ne pouvez pas refuser à vos sentiments pour les

deux familles royales de lui rappeler que, mgr. le prince
royal de Suède et madame la princesse Sophie Magdalène
étant parvenus aujourd'hui à l'âge où il convient que leur
union depuis si longtemps arrêtée entre leurs augustes parents et depuis tant d'années applaudie par les deux nations
soit achevée, il serait très important de ne plus différer la
perfection de cette affaire si essentielle au bien commun des
deux royaumes et que vous serez en particulier très flatté
de voir que lui, le comte de Lœwenhjelm, fasse de cette
union un des premiers soins d'un ministère que vous espérez
devoir être glorieux pour lui, utile à la Suède et avantageux à la conservation de l'amitié la plus intime entre
les deux cours ainsi qu'à celle du repos de tout le Nord. [1])

286.

Dépêche à Mr de Schack à Stockholm.

Copenhague 26 octbre 1765.

(Extrait)

Quelque désir que j'aie eu et quelque soin que j'aie pris
de vous expliquer dans la dépêche précédente les volontés
du roi avec clarté et avec une précision qui pût diminuer
une partie des embarras inséparables de leur exécution, je
crains bien n'y avoir pas réussi autant que je le souhaiterais.
Le cas est trop compliqué et la situation trop difficile. Le
roi veut faire réussir une affaire que la reine de Suède,
malheureusement plus roi que le roi son époux, abborre; il
lui faut pour y parvenir, la pluralité dans une nation déchirée par deux factions, furieuses l'une contre l'autre, que
la haine seule anime et gouverne et dont les membres approuvent et condamnent, souhaitent ou rejettent ce qu'on
leur propose, non selon leurs propres sentiments ou intérêts

---

[1]) Les délais successifs accordés sur la demande du parti des chapeaux étant enfin expirés sans avoir amené aucun résultat, l'ordre
fut donné par cette dépêche à Mr de Schack d'agir et de porter
l'affaire devant le comité secret par l'organe d'un bonnet. La démarche auprès du nouveau président de la chancellerie fut bien
accueillie et mr de Lœwenhjelm promit son assistance.

mais selon l'opinion qu'ils ont de la peine qu'en se déclarant ils feront à leurs adversaires; il lui faut conduire cette pluralité à préférer le bien de l'Etat et l'observation des engagements, dont communément elle se soucie peu, au plaisir qui lui est suprême, d'enlever à ses ennemis l'appui de la princesse sur laquelle ils comptent et qui de son côté parait prête à changer comme on le désire, à sacrifier toute affection, tout système, toute vue, pourvu que dans cette rencontre elle soit dispensée de tenir sa parole. Peu de négociations ont été, je crois, jamais soumises à tant de difficultés et à tant de risques.

Encore s'il ne s'agissait que de s'unir à un parti et de rompre avec l'autre; l'affaire aurait alors sans doute ses dangers, on pourrait succomber avec ce parti, mais il n'y aurait après tout qu'à suivre les routes battues et qu'à employer les moyens ordinaires, d'abord de bien choisir et puis de bien soutenir celui que l'on aurait choisi. Mais ce n'est pas cela. Aucun des partis n'est sûr encore. Auquel le roi se fiera-t-il? En faveur duquel rompra-t-il avec l'autre? Préfèrera-t-il celui qui tient actuellement avec la reine, ou celui qui proteste contre cette princesse? Sa maj. comptera-t-elle sur ceux qui immolent actuellement les sentiments de leur cœur à son ennemie, ou sur ceux qui ne demandent pas mieux que de les lui immoler? Auquel des deux accordera-t-elle l'avantage de pouvoir l'abandonner?

Il faut donc, évitant ou reculant au moins un choix qui n'est pas encore mûr, user pour ce premier début de tous les deux et, autant qu'il se peut, ne dépendre d'aucun; il faut tourner en remède le venin de l'un et de l'autre; il faut, sans suivre les factions dans leurs sentiers tortueux, se frayer une route droite et saisir pour avancer les moments où ceux qui s'en sont écartés sont contraints par la position du but de la retrouver; il faut profiter autant qu'il se pourra de l'avantage que la justice et la raison ont souvent sur l'iniquité et qui est réellement plus grand qu'on ne l'imagine. Le plan est très difficile et fort hasardé, il pourra très bien manquer, mais le roi n'en voit point qui soit plus digne de lui. —

Dépêche à Mr de Cheusses à la Haye.

Copenhague 16 novbre 1765.

(Extrait).

— Il m'est revenu d'assez bonne part que l'on compte
à Berlin que le prince d'Orange épousera la princesse de
Prusse et que l'on y tient l'affaire déjà fort avancée. Si
cela est, ce sera une forte preuve du pouvoir que conserve
dans ce pays là le parti prussien, puisque rien ne paraît
d'ailleurs plus opposé aux maximes et aux intérêts de la
république que d'allier le stadthouder avec un prince voisin
si puissant et si entreprenant, et dans la maison de l'univers dont les principes sont les plus despotiques et les
moins religieux. Quant à nous il ne nous reste que d'attendre ce à quoi on se résoudra. Mais je ne dois pas dissimuler à votre exc. qu'il n'y aura peut-être pas beaucoup de
temps à perdre, et que j'ai lieu de croire qu'il se présentera
bientôt un autre parti assez convenable pour notre princesse. Il y a déjà quelque temps que nous le voyons venir,
mais comme nous aimerons toujours mieux le prince d'Orange
nous faisons semblant de ne pas entendre ces avances.[1]

Je ne dis pas ceci à votre exc. pour l'engager à faire
de nouvelles démarches, ce n'est pas mon intention. Je ne
crois pas qu'une affaire de cette nature réussisse à force de
la presser, et je suis très persuadé qu'on ne saurait mieux
faire que de la remettre entièrement à la sagesse de votre
exc. C'est uniquement pour sa propre information que je
la lui confie et elle voudra bien n'en faire usage que pour
elle-même.

---

[1] Le ministère désirait que la fille cadette de Frederik V épousât le
prince d'Orange, mais la tentative échoua et on dut se contenter
de la voir augmenter les liens de parenté qui unissaient déjà la
maison danoise à la famille de Hesse-Cassel. Cfr N. Hist. Tidsskr.,
IV, 563—64.

298.

Dépêche à Mr de Schack à Stockholm.

Copenhague 23 novbre 1765.

(Extrait.)

-- Sa maj. pense sur ces propositions comme vous et
elle trouve si contraire à la nature de la chose, à son
honneur et à ses intérêts de leur accorder la moindre
attention, que non-seulement elle désire que vous répliquiez
toujours avec la même fermeté et la même vigueur à toutes
les ouvertures que l'on pourrait vouloir continuer de vous
faire dans ce goût, mais qu'elle vous ordonne de déclarer,
si jamais on voulait vous parler ministériellement dans le
même sens: „que le roi, après avoir donné sa parole à sa
maj. suédoise pour l'union de leurs augustes enfants, regarde
cet engagement comme irrévocable et ne se permet pas
de douter qu'il ne soit envisagé de même par ce monarque,
et que, comme lui préfère mgr. le prince royal de Suède à
tous les princes de la terre qui pourraient vouloir épouser
mad. la princesse, il compte, toutes choses étant égales
dans cette union si sagement concertée et si heureusement
assortie, sur le retour que ces sentiments méritent. En
conséquence il vous a enjoint de lui rendre compte, aussitôt
que vous pourrez en être instruit, du temps auquel sa maj.
suédoise souhaite que ces engagements soient remplis, mais
que sa maj. vous a en même temps donné à connaître si sérieusement qu'elle n'entend point que cette affaire, depuis
longtemps arrêtée et réglée, devienne l'objet ou l'occasion
d'une nouvelle négociation, qu'elle vous a défendu non-seulement d'écouter mais même de prendre ad referendum des
propositions ou conditions quelconques que l'on voudrait y
ajouter, défense positive à laquelle vous ne pourriez contrevenir et qui vous mettrait hors d'état de vous prêter, ne
fût-ce que pour un moment, à des discours de cette espèce.“

269.

Dépêche à Mr de Schack à Stockholm.

Copenhague 3 décembre 1765.

Vos dépêches du 26 du passé viennent d'être déchiffrées et je me suis hâté de demander les ordres du roi sur les insinuations de mr d'Olthoff[1], dont vous me faites l'honneur de me parler dans votre lettre no 2.

Sa maj. voit avec douleur que mr de Lœwenhjelm fait ainsi lui-même, quoiqu'il se serve de l'entremise d'autrui, des tentatives qui ne sont pas justes et qu'elle ne peut accorder. Il est aisé sans doute de lâcher des paroles qui, n'ayant point de sens déterminé, ne contenant point de promesses positives et n'étant point faites au ministère, peuvent être révoquées ou rendues inutiles sous mille prétextes; mais, comme ces paroles ne sont demandées que pour en faire tôt ou tard usage, il n'est point de la dignité du roi de vous autoriser à les proférer et à donner par ce moyen des armes, il est vrai, peu dangereuses à ceux qui comptent s'en servir pour former quelque jour des prétentions contre lui. Sa maj. a promis de la manière la plus solennelle au chapitre de Lübeck de le maintenir dans le droit d'une libre élection, et ainsi elle n'a aucun dessein d'empêcher que l'évêché ne tombe un jour après mgr. le prince Frédéric en partage à un prince descendant du prince évêque d'aujourd'hui, si les voix libres du chapitre le lui défèrent. Il aime assez les princes de son sang pour leur faire sentir à tous les effets de son affection aussitôt que, cessant d'agir envers lui non-seulement comme des étrangers mais aussi comme des ennemis implacables, ils se rendront dignes de cette affection en adoptant eux-mêmes des sentiments dignes du sang qui coule dans leurs veines et conformes à ce que des princes puinés doivent aux chefs de leurs maisons. Les paroles proposées de mr Olthoff ne contiennent donc rien qui soit opposé aux principes et aux intentions

---

[1] Mr v. Olthoff, dont le comte de Lœwenhjelm se servit pour faire ces insinuations, était diplomate au service de la Suède et avait négocié la paix de Hambourg en 1762.

de sa maj., mais, je le répète, ce n'est pas le moment
ni l'occasion où elle puisse consentir à vous charger de les
employer. Mad. la princesse a été promise à mr le prince
royal de Suède sans toutes ces conditions et assurances,
c'est aussi sans elles que son mariage doit se consommer et,
malgré la juste et extrême tendresse du roi pour cette
princesse digne de tout son amour, sa maj ne compte pas
lui assigner une autre dot que celle que les usages de sa
maison royale attribuent aux princesses filles du roi, ni lui
donner en mariage ou pour faire accepter sa main des
espérances dont la postérité du prince Auguste[1]) pourrait
et voudrait abuser contre sa maison royale. Vous sentirez
très bien, monsieur, que sa maj. ne se départira point de
cette résolution et, comme vous aurez reçu depuis le départ
de votre lettre la mienne du 23 du passé, vous aurez prévu
ce que j'ai ordre de vous dire aujourd'hui.

Ne le dissimulez pas, monsieur, à ceux auxquels vous
serez dans le cas de parler sur une idée si peu attendue.
Le roi de Suède n'a aucun droit de mettre de nouvelles
conditions à une affaire déjà conclue. Il n'est rien arrivé,
depuis que leurs alt. royales ont été fiancées, qui autorise
ce monarque à un tel procédé, et le roi notre maitre est
trop délicat sur l'honneur pour se permettre la moindre démarche qui puisse faire croire qu'il pense plus recevoir que
donner par cette union. Rien n'est plus sensible à son
cœur que ce qui pourrait donner lieu à une telle erreur.

Je vous avoue que je suis très touché de ce que les
mieux intentionnés pour l'affaire lui donnent eux-mêmes
cette tournure. Mais je me flatte qu'ils en reviendront et
je suis bien sûr qu'ils ne pourront qu'approuver dans le
fond de leurs cœurs que le roi ne se prête point à leurs
propositions. —

---

[1]) Frédéric August, évêque de Lübeck, depuis duc d'Oldenbourg.

290

Dépêche à Mr d'Assebourg à St. Pétersbourg.

Copenhague 5 décembre 1765.

(Extrait).

Je ne puis commencer ma correspondance avec vous sur des intérêts aussi importants pour le roi et l'Etat que le sont ceux dont vous êtes chargé, sans célébrer la bonté Divine qui a conduit les choses au point que, par un bonheur que j'avoue n'avoir pas osé espérer toujours, ces intérêts passent aujourd'hui par vos mains, et sans l'implorer pour qu'elle veuille bénir nos soins et notre travail et vous accorder des forces égales à la vigueur dont elle a doué votre Ame. Si j'ai jamais espéré qu'une liaison véritable et sincère entre les deux couronnes succèderait à la défiance et aux contestations qui les ont divisées depuis tant d'années, si j'ai jamais osé croire possible qu'on couperait jusqu'à la racine de ces funestes querelles qui ont si souvent agité et toujours inquiété le Nord, c'est aujourd'hui que je l'espère, aujourd'hui que mr de Panin a toute la confiance de sa souveraine et vous celle du roi. Ce n'est qu'à présent que je peux me flatter que de petites animosités, des intérêts subalternes et des vues basses et courtes ne l'emporteront pas sur des principes solides, sur des vues généreuses et sur de grands intérêts, et que les sentiments du roi seront rendus comme ils méritent de l'être. Veuille le ciel bénir et remplir des espérances que je crois si bien fondées et nous faire obtenir enfin le but légitime et salutaire que nous nous proposons. Vous êtes parti entièrement au fait des intentions du roi et de ses sentiments. Je vous ai informé, pendant que vous étiez en route, de l'exécution de ce que nous avions concerté entre nous et vous aurez trouvé en arrivant à Pétersbourg tout ce qui a été écrit de part et d'autre depuis. Je n'ai donc à vous parler que de la lettre que son exc. mr de Panin a écrite au baron de Korff, servant de réponse à mon mémoire du 21 septbre[1]) dont je vous ai fait tenir le double à

---

[1]) Cfr. no 284.

Dantzic, et de l'effet qu'elle aussi bien que vos premiers
rapports ont produit sur l'esprit du roi.

Sa maj. a été très touchée de la lettre de mr de
Panin.[1]) Elle y a trouvé des principes si justes, une politique
si vraie et si solide et une manière de penser si noble que
son estime et sa confiance pour ce ministre s'en sont
singulièrement augmentées, et elle y a remarqué un fonds
d'amitié pour le Danemark qui excite toute sa reconnaissance. Aussi m'a-t-elle ordonné de ne pas débattre davantage
les événements passés et de ne plus presser leur justifica-
tion, quoique j'ose dire qu'elle ne me serait pas difficile,
mais de m'attacher uniquement à assurer par vous ce
seigneur de la sincérité et de l'empressement avec lequel
elle accepte et avoue ses principes, qui depuis bien des
années sont aussi les siens, dont elle connaît la vérité et
les avantages et qui n'ont besoin que de la réprocité pour
être indissolubles.

C'est donc par ordre du roi que j'ai l'honneur de vous
charger, monsieur, de déclarer à son exc. mr de Panin que
sa maj. adopte le système qu'il a exposé dans sa lettre à
mr le baron de Korff et qu'elle convient de toutes les
vérités sur lesquelles ce système se fonde. Qu'elle est convaincue que l'alliance entre le Danemark et la Russie est
une alliance naturelle très importante pour le Danemark, et
que les intérêts bien entendus des deux couronnes sont les
mêmes relativement à tout le Nord et particulièrement à la

---

[1]) Dans cette lettre mr de Panin avait complètement rassuré le
gouvernement danois sur les intentions de l'impératrice au sujet
de la constitution suédoise, en même temps qu'elle promettait l'assistance effective de la Russie dans l'affaire du mariage et l'envoi
prochain de mr de Saldern à Copenhague pour entamer la négociation sur l'échange du Holstein. Mais par contre il demandait
que le gouvernement danois donnât un gage de sa séparation du
parti français en assistant les opérations russes en Suède par une
somme de 50000 écus, dont il paraît qu'on avait grandement besoin
à ce moment, cfr dépêche de mr d'Assebourg du 12 novembre
1765. Le comte de Bernstorff était d'autant plus disposé à accepter cette proposition que le parti des chapeaux avait complètement abandonné l'alliance danoise. En date du 3 décembre il
écrit à mr de Schack que „cette tracasserie, en nous engageant à
des explications avec la Russie, nous a uni plus fortement avec elle."

Suède. Qu'en conséquence elle est déterminée à travailler
aux diètes futures qui seront assemblées dans ce royaume
(la présente étant en partie trop avancée et en partie trop
gênante par la nécessité d'y finir l'affaire de mariage de
madame la princesse, pour que sa maj. y puisse faire autre
chose avec succès) de concert avec la Russie, à y maintenir,
selon la teneur du III art. secr. de l'alliance signée le
11 mars de cette année, la constitution fondamentale de la
Suède, et qu'elle ne souhaite rien avec plus de vivacité
que de parvenir à assurer cette union de vues et de soins
et à la rendre permanente et inaltérable par un accord qui
prévienne, écarte et termine à jamais les contestations nées
et à naître sur les affaires du Holstein, seule occasion de
diversité d'intérêts et de ses funestes suites, qui puisse
exister et subsister jamais entre les deux couronnes.

Vous ajouterez, monsieur, que telle étant la façon de
penser du roi, telles étant ses résolutions, sa maj., je le répète, véritablement touchée des sentiments de l'impératrice
si noblement exprimés par mons. de Panin, ne donne plus
de bornes à sa confiance dans la modération, la justice, la
fermeté et la constance des mesures de cette princesse et
de son ministère et que, pour ne pas s'en tenir à des
paroles mais en fournir des preuves à son exc., elle s'est
déterminée à se rendre à ses souhaits et vous a autorisé à
lui dire que les 50 mille écus demandés dans sa lettre sont
aux ordres de sa maj. impér., soit que son exc. veuille que
vous les payiez à Pétersbourg à celui qu'elle vous nommera,
soit qu'elle aime mieux (ce qui nous paraîtrait le plus
secret et par conséquent le plus convenable) tirer pour le
montant de la somme sur Pierre His à Hambourg qui
sera instruit à honorer sur le champ ses assignations.

Je ne vous dissimulerai pas, monsieur, que le roi aurait
eu bien des motifs pour décliner ce payement. Ils vous
sont bien connus et vous avez été témoin des sentiments
avec lesquels sa maj. en a reçu les premières propositions.
Mais son cœur, fait pour l'amitié et sensible à la vertu, ne
veut pas que mons. de Panin croie que cette somme lui
est plus chère que l'occasion de faciliter ses plans et d'appuyer
ses vues, et elle ne peut se résoudre à refuser à ce sage et

vertueux ministre une chose qui parait lui être agréable et qu'il juge pouvoir augmenter la bonne intelligence entre les deux cours. Tout ce qu'elle lui demande, c'est de vouloir bien prendre des mesures et donner ses ordres pour que la chose ne s'ébruite pas en Suède et ne nous y suscite pas de nouveaux chagrins et de nouveaux embarras. Il sait qu'il y a des gens dans ce pays là qui ne cherchent qu'à nous faire de la peine et qu'à traverser l'affaire du mariage de la princesse. Il sait que, quoique nous n'attendions que du parti attaché à la Russie le succès de cette affaire, tout le monde peut pourtant y nuire et qu'il n'y a personne de si insignifiant sur la terre qui ne puisse faire du mal. Il ne vous refusera donc pas un secret demandé par de si justes motifs et il ne voudra pas que ce que l'estime la plus vraie et l'amitié la plus pure arrachent au roi, lui devienne une nouvelle source de déplaisir. Sa maj. compte entièrement sur cette complaisance de sa part et vous charge, monsieur, de me faire savoir par la première poste le choix que ce ministre aura fait et s'il veut le payement de la somme à Pétersbourg ou à Hambourg.

Joignez à cette déclaration les remerciments du roi les plus sincères des ordres envoyés au comte d'Ostermann. Sa maj. sent vivement le procédé noble et amical de l'impératrice dans cette rencontre, et elle est bien sûre que cette princesse, animant et dirigeant aujourd'hui les démarches de la nation suédoise, ne permettra pas qu'elles s'écartent du chemin de la bonne foi et fidélité que toute nation doit à ses engagements. Mr de Panin saura déjà depuis longtemps que le ministre du roi guidé par les conseils de celui de sa maj. impér. a engagé le comte de Lœwenhjelm à se charger de l'affaire. Nous en attendons les progrès d'un jour à l'autre et l'on nous a fait espérer qu'elle serait décidée avant les fêtes de Noël. Ce serait une grande obligation que le roi aurait à l'impératrice.

Dites-le à mons. de Panin et dites-lui aussi, je vous prie, tout ce que vous savez que mon cœur pense de lui. Personne ne peut lui en rendre un meilleur compte que vous, qui plus que tout autre m'avez donné une idée juste de son génie, de l'élévation de son âme et de ses ver-

tus. C'est à vous surtout que je dois l'idée que j'ai de lui,
cette idée dont les opérations nobles et bien calculées de
son heureux ministère m'ont prouvé la justesse et que la
sagesse et l'équité de ses principes développés dans sa
lettre au baron de Korff ont encore fortifiée et étendue.
Assurez-le de ma plus sincère, de ma plus haute vénération.
Dites-lui que je ne vois plus en lui que l'ami du bonheur
du Nord, que dans toutes mes méditations, dans tous les
avis que je serai dans le cas de donner, je l'envisagerai
sous ce point de vue et que mon cœur, attaché à la vertu,
aimant et respectant ceux qui la professent, se promet avec
joie que c'est lui que le ciel destine à être le glorieux instrument de la réunion des princes qui dominent sur cette
partie de l'Europe, de l'extinction de leurs funestes haines,
de la tranquillité et de la félicité de leurs peuples.

291.

Dépêche à Mr d'Assebourg à St. Pétersbourg.

Copenhague 5 décembre 1765.

J'ai tâché de vous exprimer dans la lettre que je viens
de vous écrire combien le roi estime l'alliance de la Russie, combien il désire la rendre sincère et durable et ce
qu'il s'est résolu à faire pour marquer à l'impératrice son
désir de lui complaire. Dans celle-ci je vous donnerai une
preuve de plus de ces sentiments de sa majesté. Et ce sera
en vous confiant ou plutôt en vous mettant à même de
confier à mr de Panin une ouverture que vient de lui faire
la cour britannique.

Cette cour, qui depuis la mort de George II avait
paru oublier totalement les affaires du dehors et se
faire un point de politique de ne pas y prendre intérêt,
vient de nous demander si nous avons encore des engagements qui pourraient nous empêcher de nous lier avec elle,
et nous laisse entrevoir que, si nous étions libres, elle, qui
était sur le point de former une alliance plus étroite avec
la Russie, nous inviterait à entrer sous des conditions avan-

tageuse dans cette alliance et dans son système. Vous connaissez assez, monsieur, celui du roi et les maximes de son règne pour prévoir ce que j'ai eu ordre de répondre à mons. de Titley, chargé de me faire cette insinuation.

Je lui ai dit que le roi faisait un très grand cas de l'amitié de sa maj. britannique, sentiment dont il venait de donner une preuve bien éclatante en renouvelant, par la demande qu'il avait faite de la princesse sœur cadette de ce monarque pour épouse du prince royal héritier présomptif de sa couronne, les nœuds qui avaient si souvent uni les deux familles royales, qu'il n'avait aucun engagement qui l'empêchât d'entrer en alliance avec lui et qu'ainsi il était prêt à écouter ce qu'il plairait à sa maj. britannique de lui proposer.

Mais j'ai ajouté que la candeur et la bonne foi avec lesquelles le roi aimait à agir en toutes occasions l'avaient porté à me commander de ne pas lui dissimuler qu'en réfléchissant sur ce que le bonheur de ses peuples exigeait de lui, il avait déjà depuis bien des années posé pour base de sa politique de ne pas se laisser entraîner facilement dans des querelles ou des intérêts qui lui étaient étrangers, que consacrant, en conséquence de ce principe, toute son attention à rendre ses sujets heureux et à les conserver tranquilles et puis encore au repos et à l'indépendance du Nord, il n'avait point pris de part à la sanglante guerre qui venait de déchirer le reste de l'Europe et qui, s'il avait voulu se prêter à des offres brillantes et séduisantes, aurait pu lui en fournir plus d'une occasion, qu'il n'y avait ainsi que des objets propres non à troubler mais à assurer la paix de ses Etats qui pourraient l'engager à entrer en alliance avec une cour intéressée, par sa position et la figure qu'elle faisait en Europe, à tout ce qui se passait dans les quatre parties du monde et par là tellement exposée à prendre part à toutes les agitations de l'univers, qu'il ne pouvait se tirer un coup de canon ni sur terre ni sur mer sans qu'elle fût obligée d'accourir et de s'en mêler, que cette considération rendrait une combinaison de vues et de mesures bien difficile et que, si elle était possible, elle dépendrait du succès de nos liaisons avec la Russie, avec laquelle le roi venait de s'allier et qui seule

pourrait fournir le moyen d'intéresser la sagesse du roi aux
vues qu'on pourrait lui présenter. J'ai affecté de rendre
ces dernières paroles un peu obscures mais je ne puis
douter que mr Titley n'en ait compris le sens.[1])

C'est ainsi, monsieur, que j'ai répondu à cette première
ouverture, faite sans doute en conséquence de l'alliance
que les cours de la Grande-Bretagne et de Russie cherchent
à opposer au célèbre pacte de famille de la maison de Bourbon. Il se peut que la première ne soit pas contente de
cette réponse et qu'elle la rende à Pétersbourg de manière
que l'impératrice n'en sera pas contente non plus. Mais
c'est pour prévenir cet inconvénient que je vous en avertis
et que le roi veut que vous en fassiez part, quoique sous
le sceau du plus profond secret, à mr de Panin. Il peut
compter que ce que je viens de vous en dire est exact et
quelque récit que le ministre britannique puisse lui en
faire, je le prie de s'en fier au mien.

Eclairé comme il l'est, il ne pourra certainement pas
condamner la résolution du roi de ne point sacrifier le bonheur de ses peuples à son amitié, quoique vraie et réelle,
pour la Grande-Bretagne et je compte si fort sur son équité
que je me crois certain qu'il approuvera que, si sa maj.
a jamais à prendre part aux vues des puissances étrangères,
ce ne pourra être qu'au moyen qu'on lui assure, par l'accommodement final des querelles du Holstein, le repos intérieur et domestique de ses Etats. Vous voyez avec quelle
sincérité, avec combien peu de retenue défiante ou mysté-
rieuse je lui parle par vous. Vous saurez mieux que personne faire valoir ces sentiments, source de ma confiance.

---

[1]) La proposition d'alliance faite par l'Angleterre était due à l'influence de mr Pitt et se rencontrait avec l'idée de l'impératrice
Catherine d'établir une grande alliance du Nord. En présence
de la réponse évasive du gouvernement danois l'Angleterre sus-
pendit sa tentative et, quelques mois après, un refroidissement se
produisit dans les rapports entre la Russie et l'Angleterre. — A
peu près au même temps le gouvernement anglais fit une proposition analogue à la Suède et là on l'accueillit. Ce traité d'alliance avec l'Angleterre, signée le 5 février 1766, amena la rupture
entre le gouvernement suédois et la France et la cessation des
rapports d'intimité séculaires entre ces deux cours. Cfr Malmstrøm, V, 373—81, 440 sqq.

⸻| Il importe fort au roi d'apprendre avec certitude ce que ce ministre pense sur tout ceci. Vous le pénétrerez avec votre sagacité ordinaire et vous m'en informerez le plus tôt qu'il vous sera possible. Je suspendrai toute mesure ultérieure jusqu'à ce que j'en sois instruit.

292.

Lettre autographe du Roi à S. M. l'Impératrice de Russie.

Christiansbourg 15 janvier 1766.[1])

Madame ma Sœur. Le Tout-Puissant ayant appelé hier mardi à Lui le Roi mon Père, je charge le baron d'Assebourg de Vous faire part de ce triste événement. Mais je ne puis me refuser la consolation de parler encore plus particulièrement de ma douleur à V. M. Imp. comme la première amie du Prince que je pleure. J'ai hérité de Ses sentiments comme de Son trône et je prie V. M. Imp. d'être bien persuadée que je ne désire rien avec plus d'empressement que de mériter ceux qu'Elle a bien voulu avoir pour Lui et d'accomplir le plus cher de Ses vœux en rendant, autant qu'il dépend de moi, inaltérables et indissolubles les liaisons de l'amitié et de l'union la plus intime entre les deux Maisons et les deux Couronnes. Je prie V. M. Imp. d'agréer ces dispositions de mon cœur et de me permettre de croire qu'Elle voudra bien, en prenant quelque intérêt à ma personne et à la félicité de mon règne, accorder ce

---

[1]) Le roi Frédéric V mourut le 14 janvier 1766. La notification de ce décès et de l'avènement au trône de Chrétien VII se fit de la manière usitée auprès des différentes cours, mais le roi adressa en outre cette lettre de cabinet à l'impératrice Catherine II. Les „Denkwürdigkeiten des Freiherrn v. d. Asseburg," 122—124 contiennent des détails intéressants sur l'audience dans laquelle ce ministre remit la lettre à l'impératrice. Celle-ci y exprima combien elle appréciait les qualités du roi défunt et en même temps elle fit dire par mrs de Panin et de Korff combien elle regardait le maintien de mr de Bernstorff à son poste comme utile pour les relations entre les deux cours. L'attitude de mr de Bernstorff vis-à-vis de cette insinuation délicate fut très réservée.

retour à l'estime infinie et à la baute considération avec laquelle je suis etc.

Brief an Bürgermeister und Rath der Stadt Hamburg.

Friederichsberg d. 15 Jan. 1766.

Christian VII etc.

Wann es dem allmächtigen Gott nach Seinem heiligsten Willen gefallen, Unsers Höchstgeehrten Herrn Vaters Maj. nach einer beschwerlichen Krankheit am 14ten dieses Monaths aus dieser Welt und zu Sich zu nehmen, so geben Wir euch diesen schmerzlichen Todesfall in Königl. Gnaden zu erkennen, in der ungezweifelten Zuversicht dass, da Unsers nunmehr in Gott ruhenden Herrn Vaters Maj. Dero für die Stadt Hamburg hegende besondere Gewogenheit vielfältig bewiesen, ihr aus unterthänigster Devotion nicht ermangeln werdet, euer Beileid durch öffentliche Trauer an den Tag zu legen und zu solchem Ende nicht nur das Geläut in euren Kirchen anzuordnen, sondern euch auch, wie es in dergleichen traurigen Fällen vorhin geschehen, dergestalt zu betragen, dass Wir daraus eure unterthänigste Devotion gegen Unsers Höchstseeligen Herrn Vaters Maj. und Uns wirklich verspüren mögen. Wir versehen Uns dessen gnädigst und verbleiben euch übrigens mit Kgl. Gnade und wohlgeneigtem Willen beharrlich wohl zugethan und gewogen.

Depeche an den Herrn Grafen von Bachoff zu Wien.

Copenhagen d. 15 Januar 1766.

Nachdem es dem Höchsten gefallen hat, des nun Höchstseeligen Königs Friederichs des Vten Maj. am gestrigen Tage aus dieser Vergänglichkeit abzufordern, so haben zwar Unsers jetztregierenden Königs und Allergnädigsten Herrn Christian des VIIten Maj. das in lege regia zur Voll-

jährigkeit bestimmte Alter schon lange erreicht und daher
die Erb-Regierung Dero beiden Königreiche sofort Selbst
angetreten, in Ansehung Dero im Bezirke des Teutschen
Reichs belegenen Herzogthums, Grafschaften und Lande
hingegen fehlt Allerhöchst-Deroselben annoch etwas an dem
zur Mündigkeit und zu eigener Verwaltung der Regierung
erforderlichen Alter. Wie dann, was insbesondere das
Herzogthum Holstein betrifft, das von König Friederich
dem Dritten gl. Ged. zu Copenhagen den 24 Juli 1650 errichtete und von Kaiser Ferdinand dem IIIten zu Wien den
9ten December desselben Jahres bestätigte Erb-Statutum juris
primogenituræ et majorennitatis verordnet dass, gleich den
Churerben im Reiche, derjenige von Höchstgedachten Königs Leibeslehnserben, an welchen als den erstgeborenen
die Landes-Regierung im Herzogthum Holstein devolvirt
wird, nach zurückgelegtem achtzehnten Jahre seines Alters
für mündig und volljährig, auch zu würklicher Antretung
der fürstlichen Regierung gehalten werden solle: bei diesen
Umständen wollen Ihre Kgl. Maj., dass Ewr. Exc. eine Bitt-
schrift, in welcher Namens Allerhöchst-Desselben um eine
Kaiserl. concessionem veniæ ætatis zu wirklicher und eigener
Verwaltung der Regierung in Dero Herzogthum Holstein,
Grafschaften Oldenburg und Delmenhorst und übrigen im
Bezirke des Heiligen Römischen Reichs belegenen Landen
angesucht werde, in der gewöhnlichen Form abfassen und
gehörigen Orts übergeben lassen, auch die baldige Ausfertigung des Diplomatis, so viel immer thunlich, betreiben
mögen. [1])

[1]) Le diplôme de majorité parvint à Copenhague au commencement
du mois de mai. Naturellement le roi, suivant le droit féodal,
devait également demander à l'empereur l'investiture de ses possessions faisant partie de l'empire. Mais, dans cette occasion, la cour
aulique commit une erreur qu'heureusement le comte de Bernstorff
ne manqua pas de relever dans sa dépêche à mr de Bachoff du 17
janvier 1767: „Je ne comprends pas ce qui a pu engager Celui qui
a dressé le rapport du conseil aulique à faire mention des duchés
de Glücksbourg, Sonderbourg, Plœen pp. Pourrait-il ignorer que
les deux premiers petits états, qui n'ont jamais prétendu au titre
de duchés, font partie du duché de Slesvic et relèvent ainsi non
de l'empire auquel ils sont absolument étrangers, mais de la couronne de Danemark? Aurait-il oublié que dans les derniers ar-

Dépêche à Mr de St. Saphorin à Varsovie.

Copenhague 8 février 1766.

Entre les affaires dont j'ai eu à rendre compte au roi, notre jeune et auguste maitre, lorsqu'en montant sur le trône et prenant entre ses mains les rênes du gouvernement, sa maj. a pris connaissance du système, des vues et des engagements du roi son père de gl. mem., il n'y en a guère eu dont elle ait agréé davantage le rapport que celui des liaisons intimes d'amitié, d'estime et de confiance mutuelles établies entre feu sa maj. et sa maj. polonaise.

Le roi, que le cœur le plus vertueux et le plus noble dispose à aimer la vertu, la sagesse et le génie partout où il les trouve, s'est habitué depuis longtemps à avoir la plus haute opinion d'un prince qui, par la supériorité de ses lumières et l'éclat de ses talents, a su réunir en sa faveur les suffrages unanimes d'une nation libre et ignorant, jusqu'à son élection, ce que c'était que la concorde et l'unanimité, et qui, ce qui est sans doute plus difficile encore, s'est conservé sur le trône l'amour des peuples qui l'y a élevé, et rendu son pouvoir grand et inébranlable en régnant sur les cœurs; il s'est hâté d'entrer à son égard dans les sentiments du roi son père et le premier ordre qu'il vous a donné et qu'il vous réitère c'est celui d'offrir à ce monarque son amitié la plus vraie et la plus décidée et sa confiance la plus intime. L'intérêt des deux royaumes et celui de leurs souverains, base de cette liaison, est toujours le même et l'estime mutuelle des deux rois, qui en faisait le nœud, ne doit pas avoir changé; le roi, votre maitre et le mien, prouvera qu'il l'a méritée et sa maj. polonaise (qu'il me soit accordé de me permettre cette seule fois de ma vie un mot

---

rangements, faits pour la succession de Plœn, il' a été convenu et stipulé qu'il ne serait plus question du prétendu duché de ce nom et que cette ancienne prétention imaginée par les possesseurs de cet apanage, serait oubliée et ensevelie à jamais? Le roi est très étonné d'une méprise de cette nature et sa maj. se promet bien que votre exc. aura soin de la faire redresser et d'empêcher qu'elle ne cause dans son temps de nouveaux embarras."

dont je sens d'ailleurs toute la présomption), c'est moi qui lui en répond, verra que si Dieu a enlevé aux Danois un roi, objet de leur amour, Il leur en a rendu un autre dans Sa miséricorde.

Je vais donc, monsieur, reprendre par ordre de sa maj. ma correspondance avec vous sur les mêmes principes sur lesquels je l'ai fondée jusqu'ici, et ne pouvant douter de la constance de ceux d'un prince aussi ferme et aussi éclairé que l'est sa maj. polonaise, le roi me commande de vous parler avec le même intérêt et avec la même confiance que si vous aviez déjà reçu de la part de ce monarque la parole de retour qu'il se promet de lui.

Il vient d'arriver en Angleterre un événement dont les suites pourront être considérables. Mr Pitt, cet idole du peuple, s'est déclaré en plein parlement pour les ministres actuellement en place. Cette déclaration, dont ils avaient besoin et qui au moins pour un temps leur donnera une popularité capable de les maintenir, les attachera à lui et les engagera à suivre ses conseils et son système. Dès lors ce ministère, dans lequel il se fera cependant probablement ces jours-ci quelques changements pour le composer précisément tel que mr Pitt le souhaite, deviendra actif et la Grande-Bretagne recommencera à jouer en Europe un rôle que les succès étonnants de ses armes dans la dernière guerre l'ont mise en état de rendre bien brillant. Déjà, le roi de Pologne en est sans doute averti, elle a commencé à jeter les fondements d'une alliance dans le Nord et à y chercher des amis qui puissent l'aider à balancer le pouvoir de la maison de Bourbon dans le Sud et l'effet de la ligue que la France a formée dans cette partie de l'Europe. Elle est sur le point de s'allier très étroitement avec la Russie, qui paraît prête à unir son système au sien, et elle vient d'entamer en Suède une négociation qui tend visiblement à rompre les nœuds qui depuis si longtemps attachaient cette couronne à la France et qui, vivement soutenue et pressée par le parti aujourd'hui dominant à la diète, a bien la mine de réussir. Il se conduit de même, par la voie du prince héréditaire de Brunsvic, une négociation secrète entre les cours de Londres et de Berlin, et quoique l'affection personnelle entre les rois de la Grande-

Bretagne et de Prusse ne soit peut-être pas fort grande et
que leurs principes de politique et de morale ne soient
certainement pas les mêmes non plus que leurs intérêts en
Allemagne, il est néanmoins très apparent que l'influence de
mr Pitt, zélé et constant partisan de sa maj. prussienne,
l'emportera et que ses conseils, favorisés par la froideur
avec laquelle la cour de Vienne a reçu depuis un an et au
delà les avances du précédent ministère britannique qui
cherchait à renouer avec elle, produiront une nouvelle
union entre ces deux monarques, dont la Russie sera en
quelque sort le nœud et le garant. Voilà, monsieur, le roi
vous permet de le dire au roi de Pologne, ce que sa maj.
sait et présume des vues actuelles et futures de la Grande-
Bretagne, animées et· secondées par les conseils de l'impératrice de Russie, princesse qui par son application aux affaires
et par sa fermeté augmente de jour en jour son pouvoir et
son crédit, et sa maj. ne voit pas que la France oppose à
ces desseins d'autres mesures qu'une grande attention à se
conserver l'amitié de l'Espagne et quelques soins pour ne
point perdre celle de l'Autriche. La résistance qu'elle fait
en Suède à ceux qui cherchent à y établir le système de
l'Angleterre et de la Russie sur les ruines du sien n'est que
médiocre, et il ne semble pas que ses ministres dans le
reste de l'Europe soient fort occupés à s'opposer aux opérations de ces deux puissances, l'une son ancienne et l'autre
sa nouvelle rivale.

Sa maj. m'ordonne d'ajouter que les appréhensions que
l'on avait eu quelque sujet de concevoir, que le pouvoir
royal gagnerait pendant cette diète en Suède diminuent tous
les jours. La reine, en s'unissant étroitement au parti français, qui jusque là lui avait été si odieux, et en engageant
le roi son époux à refuser toute complaisance à la fraction
contraire, autrefois la sienne, a entièrement aliéné d'elle les
affections de l'impératrice de Russie et il y a toute sorte
d'apparence que cette diète, qui menaçait si fort les lois du
royaume, finira sans y avoir rien altéré, événement dont
tous les princes du Nord, quelles que puissent être d'ailleurs
leurs affections, ont sujet de se féliciter.

Pour le roi au moins il s'en contente et, très résolu
d'ailleurs à n'avoir que la justice pour règle et la félicité

de ses peuples pour but de ses actions, le bonheur général
pour objet de ses vœux, il va en conformité de ces principes observer en paix et avec beaucoup d'attention les
manœuvres et les desseins des autres princes avant que d'y
prendre part, mais il est déjà très décidé sur les souhaits
qu'il forme pour le roi de Pologne, l'affermissement de son
règne, et l'augmentation de son pouvoir. Il sent très vivement qu'il importe au bien du Nord que la Pologne tienne
parmi les puissances le rang que la nature elle-même semble lui avoir assigné, et il espère que le roi qui y règne
aujourd'hui est destiné par la Providence à le lui rendre.
Sans doute que ce ne sera pas sans peine et sans travail.
Que d'ennemis, que d'envieux, que de jaloux ce prince
n'aura-t-il pas à combattre et à vaincre? Mais connaissant
à fond sa nation, ayant su en acquérir l'amour, instruit de
ses lois, éclairé sur ses intérêts, élevé au dessus des préventions et des préjugés qui ont fait faire tant de faux pas
à ses prédécesseurs, laborieux, éloquent, ayant été assez
longtemps citoyen lui-même pour savoir ce que des citoyens
désirent et attendent de leurs maîtres, et se trouvant
cependant dans un âge qui lui permet de former et qui lui
donne l'espérance de pouvoir exécuter lui-même des projets
qui exigent une application longue et suivie, et joignant
enfin à tant d'avantages brillants celui d'avoir les deux plus
grands seigneurs et les deux plus grands hommes de la nation, révérés de l'Europe entière, attachés irrévocablement
à sa personne et à sa grandeur par les liens les plus étroits
du sang, de la tendresse et d'une longue intimité, à quoi
ne pourra-t-il pas parvenir? Le roi se le dit avec complaisance et il pense avec plaisir qu'il pourra voir ce prince,
son ami, devenir par son génie et par son habileté et par
ce pouvoir suprême que l'amour des peuples donne à celui
qui sait le conserver et en faire usage, le restaurateur de
sa patrie et l'appui de l'équilibre du Nord; que sous son
règne les protestants, rétablis dans leurs droits, défendus
par lui contre l'oppression de leurs ennemis, seront les
soutiens les plus zélés de l'autorité royale et que le commerce, facilité et encouragé, rendra la nation polonaise indu-
strieuse et riche et augmentera ses relations avec les Danois
et les autres peuples trafiquant et naviguant dans la Baltique.

Tels sont les sentiments de sa maj, vous pouvez en assurer le roi de Pologne. Si ceux de ce prince pour sa maj. y répondent, rien ne troublera leur union et ils pourront se rendre mutuellement des offices essentiels et avancer sans bruit et sans éclat des vues trop justes et trop utiles à leurs royaumes et à tout le Nord pour ne pas leur être communes. [1])

296.

Dépêche à Mr de Schack à Stockholm.

Copenhague 1 mars 1766.

Le roi veut que je profite de l'occasion de ce courrier pour vous faire savoir avec plus de sûreté ses volontés sur le renouvellement de l'alliance au sujet duquel mr le comte de Lœwenhjelm vous a fait quelque ouverture, et pour vous entretenir avec moins de réserve des considérations qui embarrassent cette affaire.

Sa maj. y est généralement très disposée. Une alliance défensive convient toujours à ses principes et à ses vues et il n'y a point de cas où, la Suède étant non attaquante mais attaquée, il ne soit de son intérêt de concourir à sa défense; mais elle sent bien que dans un moment où la dite couronne parait vouloir changer ou avoir déjà changé

---

[1]) Cette dépêche était destinée à être soumise au roi de Pologne et il ressort d'une autre dépêche confidentielle qu'elle était écrite sur la demande des frères Czartoriski dont le roi commençait à ne pas écouter les conseils. Dans cette dernière dépêche mr de Bernstorff dit entre autres: „le roi de Pologne n'agirait pas avec sa sagesse ordinaire s'il se brouillait avec ses oncles et, ce qui en serait la suite, avec la Russie. Il est sans doute à plaindre d'être dépendant de la dernière au point où il l'est, et il est très naturel qu'il sente vivement la rigueur avec laquelle elle s'oppose aux liaisons qu'il souhaiterait de former et surtout au mariage brillant et avantageux qu'il désirerait contracter. Mais outre que les obligations qu'il a à cette puissance doivent lui rendre ses chaines moins pesantes, il n'est pas temps encore de se priver d'un appui dont il a le plus pressant besoin pour l'affermissement de son trône et de sa grandeur.“

de système, ce renouvellemet ne saurait se faire sans blesser la puissance dont le parti succombe aujourd'hui et sans avoir par conséquent des suites qui méritent attention. La France le regardera comme un pas fait pour consolider le nouveau système opposé au sien et pour se rapprocher de l'Angleterre, et il n'en faudra pas davantage pour exciter la bile de son ministère déjà haut et colère par lui-même et qui ne connaît et n'avoue jamais ses torts et pour, ce qui serait plus fâcheux, lui fournir un prétexte de se dédire de la garantie du traité conclu avec le roi de Suède relativement aux affaires du Holstein en 1750 ainsi que du payement des arrérages dus au roi. Cette considération n'échappe pas à sa maj. Elle ne lui fait pas rejeter une proposition d'ailleurs bonne et raisonnable, mais elle la porte à n'y entrer qu'avec prudence et précaution.

Dans cette vue sa maj. a commencé par faire confidence à l'impératrice de Russie de l'insinuation qui vous a été faite et, quoique par la raison que je viens d'alléguer il n'y ait aucun doute que cette princesse n'approuve et n'appuie une idée qui, comme vous l'avez très bien observé, fait partie de son plan, il faudra voir néanmoins jusqu'où elle l'adopte et ce qu'elle voudra faire et effectuer pour la faire réussir. Avant que le roi ne le sache, il ne peut s'expliquer positivement ni vous mettre en état de répondre avec précision au comte de Lœwenhjelm, et il faudra que jusque-là vous vous contentiez de tenir ce ministre en bonne humeur par des assurances générales des dispositions du roi, certainement favorables à toute augmentation d'union et de liaison entre les deux couronnes, et par l'espérance que vous lui donnerez que sa majesté s'y portera avec empressement aussitôt que l'affaire du mariage de mad. la princesse ne l'occupera plus. Le comte d'Ostermann et le chevalier Gooderick, auxquels vous ferez confidence de la véritable cause de votre silence, c'est-à-dire auxquels vous confierez, sous le sceau du secret, que le roi attend sur ce sujet les sentiments de l'impératrice avant que de vouloir se décider, vous aideront à faire supporter avec patience un délai au comte de Lœwenhjelm.

Et nous, monsieur, nous emploierons cet intervalle, vous et moi, à réfléchir profondément sur les moyens de

combiner les différents intérêts du roi par rapport à cette
alliance et d'en écarter les dangers. Le grand point, le
point difficile, je l'ai déjà touché, est de prévenir que le roi,
en renouvelant dans l'époque actuelle son alliance avec la
Suède, dirigée par la Russie et l'Angleterre, ne perde pas
la garantie dont la France s'est chargée en faveur des
arrangements pris avec le prince royal, aujourd'hui roi, de
Suède pour les affaires de Holstein, ou d'effectuer que, s'il
la perd, il en soit dédommagé par quelque autre garantie
également puissante. Rien n'est plus essentiel aux intérêts
du roi. Le traité dont je parle est un des plus avantageux
qui ait jamais été conclu et nous touchons peut-être au
moment d'en tirer le fruit. La mort du grand-duc, jeune
prince d'une santé délicate et exposé à des dangers de
toute espèce, peut le faire naitre tous les jours. Et quel
malheur ne serait-ce pas, quels reproches n'aurions nous
pas à nous faire si, connaissant l'éloignement extrême du
roi de Suède à le remplir, ayant tout lieu de croire qu'il
est aussi déterminé à violer cette partie de ses promesses
qu'il l'a été à manquer à ses engagements envers madame
la princesse, nous travaillions à priver sa maj. de l'unique
sûreté étrangère qu'elle a pour effectuer l'accomplissement
d'une convention de cette conséquence, sans lui faire regagner d'un autre côté ce qu'elle risque de celui-ci? Je ne
vous nie pas que je suis extrêmement frappé de cette
réflexion et que je ne puis souhaiter que le roi s'expose
légèrement à un si grand danger.

Peut-être pourra-t-on obtenir, il faudra certainement le
tenter si on peut espérer de réussir, que la Suède en renouvelant son alliance confirme aussi nommément le traité
souvent cité, qui, quoiqu'il ne regarde pas directement ses
intérêts et ne dispose que de provinces qui lui sont étrangères, a cependant été conclu par ordre et de l'aveu de son
roi et signé par son ministère. Cette confirmation serait un
avantage important fort digne d'être souhaité et recherché.
Mais pensez-vous, monsieur, que les états ou, lorsqu'ils
seront séparés, les sénateurs tenant leur place se ré-
soudront à l'accorder, ou que, l'ayant accordé, ils en rempliront l'engagement? Pensez-vous que, dans la position où
sont les choses, le roi puisse en hasarder la demande sans

donner au roi de Suède l'occasion de brouiller les affaires
par des déclarations fâcheuses et celle de troubler et d'arrêter le mariage de mad. la princesse? Réfléchissez-y mûrement, je vous prie, et dites-m'en votre sentiment le plus tôt
qu'il vous sera possible. L'affaire est d'une délicatesse et
d'une difficulté extrêmes et je vous avoue que plus j'y pense
plus je crois qu'il faudra ne pas la toucher avant que
celle du mariage ne soit entièrement terminée, et avant que
sa maj. ne sache avec une sorte de certitude ce qu'elle
peut se promettre des Suédois ses amis et des couronnes de
Russie et d'Angleterre, leurs nouvelles alliées. La diète sera
finie alors, mais n'importe, il vaut mieux perdre l'avantage
dont elle pourrait être que de précipiter une négociation
dont les suites peuvent nous être si funestes.

297.

Dépêche à Mr. d'Assebourg à St. Pétersbourg.

Copenhague 1 mars 1766.

Le roi est véritablement touché d'apprendre que mr de
Saldern paraît moins content depuis quelque temps et qu'il
semble espérer moins de sa gratitude et de ses bontés que
de celles du feu roi. Il verra et éprouvera certainement le
contraire. Si depuis un mois ou deux je vous ai moins
parlé de lui et vous ai moins prié de lui faire des assurances de notre part, c'est qu'outre que je vous ai toujours
demandé de suppléer à mon silence et de lui appliquer
selon votre prudence tout ce que je vous disais pour mr de
Panin, c'est, dis-je, que je le croyais parti de Pétersbourg.
La même raison m'arrête encore aujourd'hui. Mais si contre
toute espérance et contre toute attente mons. de Saldern
est encore avec vous lorsque cette lettre arrivera, dites-lui,
je vous prie, tout ce qui pourra le convaincre que le roi
notre maitre actuellement régnant est très instruit des
grands services qu'il a rendus dans les temps difficiles et
les plus critiques ainsi que de ses sentiments patriotiques,
et que sa maj. s'acquittera en roi de toutes les obligations
et de tous les engagements du roi son père, aussitôt que

l'heureuse conclusion et l'exécution plus désirable encore de
l'accommodement final qui va se négocier auront fait exister
le cas des uns et des autres. Mr de Saldern trouvera au
reste dans toutes les cours où le roi a des ministres, les indices de ces sentiments de sa maj. J'ai écrit par ses ordres
depuis quinze jours à mons. de St. Saphorin de lui donner,
pendant qu'il sera à Varsovie, toutes les marques de considération et d'attachement dont il pourra s'aviser et elle
m'a commandé d'écrire encore ce soir dans le même sens
à mr de Diede. A mesure qu'il s'approchera d'ici, on lui
réitèrera, quoique peut-être avec un peu moins d'éclat, ces
démonstrations et ces assurances, et lorsqu'il sera enfin
arrivé dans cette capitale, il verra si le roi a des bontés
pour lui et si les serviteurs de sa maj. désirent faciliter son
ouvrage et le contenter.

Pour le prince de Kourakin, ce sera, s'il est possible,
avec encore plus d'empressement que nous chercherons à
lui plaire. Neveu de mr de Panin, il peut compter que jamais étranger n'aura été plus cher et plus précieux à nos
yeux.[1])

Les affaires de Suède vont très-bien, ainsi que vous le
saurez bien plus tôt en droiture que par moi. Le roi a
chargé mr de Schack de proposer le 2 avril pour le jour
auquel le mariage serait publiquement déclaré à l'une et à
l'autre cour et la fin d'août ou le commencement de septembre
pour la célébration même de cette auguste union, et sa maj.
a consenti que l'on travaillât à Stockholm à dresser et à
arrêter les articles du contrat de mariage pourvu que la

---

[1]) Mr C. de Saldern, qui était nommé ministre du grand-duc à Copenhague pour négocier le traité provisionnel sur l'échange du Holstein, avait dû se rendre à son poste à la fin de l'année précédente. Mais il différa son départ de St. Pétersbourg probablement
par des motifs particuliers, et le comte de Bernstorff était d'autant plus impatient de ce retard que mr de Saldern devait s'arrêter en route d'abord à Varsovie et ensuite à Berlin, où il avait
des affaires à traiter avec les gouvernements. Sur les préparatifs pour
la négociation holsteinoise, l'instruction qui avait été donnée à mr
de Saldern et l'influence heureuse qu'exerçait mr d'Assebourg sur
mr de Panin, voir Asseburgs Denkwürdigkeiten, 117—21, 124—25.

conclusion formelle et la signature s'en fassent ici selon les usages reçus en pareil cas.[1])

Elle m'a ordonné en même temps de tâcher de trainer l'affaire du renouvellement de l'alliance avec cette couronne jusqu'à ce que j'aie appris par vous les sentiments de la cour de Russie et je dois même vous prévenir en confidence que ce renouvellement, quoique très conforme à son principe et à son système, n'est pas sans quelque difficulté dans le moment présent. Le roi regarde la conclusion de cette alliance des mêmes yeux que celle que l'Angleterre paraissait vouloir lui offrir mais dont elle ne parle plus, et les considère comme des parties du plan général dont il ne peut établir d'autre base qu'une liaison intime et solide avec la Russie, fondée et assurée par la réunion finale et irrévocable de la maison de Holstein. Avant que ce grand ouvrage n'ait eu sa perfection, il est bien difficile que sa maj. adopte des engagements dont l'utilité et la solidité dépendent uniquement de sa réussite.

Le roi est bien aise d'avoir vu par vos dépêches quel est précisément le point de la contestation du traité conclu entre la Grande-Bretagne et la Russie.[2]) Il trouve que la première de ces cours exige trop et qu'elle pourrait très bien être satisfaite de l'ultimatum de l'impératrice. Les agitations et les divisions sont si fortes actuellement dans ce pays là que le ministère ne saurait donner ni attention aux affaires étrangères ni poids à ses conseils, et qu'il ne peut s'occuper que de sa conservation et de ses querelles domestiques — situation fâcheuse et qui retarde et embarrasse tous les projets et tous les systèmes auxquels la Grande-Bretagne doit avoir et prendre part.

---

[1]) Cfr dépêche du 22 février 1766: „il est d'usage que ces contrats se dressent à la cour où se trouve la princesse fiancée, mais comme mr de Lœwenhjelm allègue de fortes raisons pour obtenir que celui-ci se concerte sous les yeux des états assemblés, sa maj. se prêtera encore à ce désir et m'ordonne de vous envoyer dans peu de jours le projet de contrat, bien entendu que, lorsque tout sera ajusté, la signature s'en fasse (comme de raison) ici."

[2]) Le traité de commerce entre la Russie et l'Angleterre, signé par le chevalier Macartney, ne fut conclu que le 20 juin 1766 à Pétersbourg. Cfr Denkwürdigkeiten des Herrn v. Asseburg, 166—68.

298.

Dépêche à Mr de Schack à Stockholm.

Copenhague 8 mars 1766.

Le roi a donné une attention toute particulière à votre
dépêche du 25 et quoique sa maj. espère encore que l'on
parviendra à prévenir que la démarche du comte de Fersen,
trop hardie pour avoir été entreprise légèrement, n'ait toutes
les suites qu'elle fait craindre, elle n'en juge pas moins
juste et nécessaire de vous pourvoir à tout événement des
instructions dont vous pourriez avoir besoin et de vous
mettre hors de toute incertitude et de tout embarras dans
ce moment si critique. [1])

Tant qu'il ne s'agira que des querelles intérieures de mrs
les Suédois, vous les laisserez faire. Mr de Fersen ne peut
plus aspirer à la bienveillance particulière du roi ni à sa
protection déclarée. Le rôle qu'il a joué dans cette diète
doit le lui faire sentir. Mais il a été autrefois du parti de
sa maj., il n'a rien fait de décidé contre elle et il prétend
avoir contribué à disposer l'esprit de mgr. le prince royal
au mariage de mad. la princesse. Cela suffit pour engager
un prince aussi généreux que le roi à ne pas se joindre à
ceux qui veulent se venger de lui ou le persécuter et, je ne
vous le dissimulerai pas, des raisons de politique se joignent
encore à cette résolution, qui pourrait s'en passer. Vous
serez donc tranquille tant qu'il ne sera question que de
l'expulsion ou de la conservation du comte de Fersen.

Vous ne le seriez pas tout à fait autant si, par un
changement de scène moins extraordinaire en Suède qu'autre
part, ce seigneur prenait le dessus et se voyait en état
d'accabler ses adversaires. Alors vous feriez sentir à ces
derniers et nommément à mrs de Horn, de Rudbeck et de
Lœwenhjelm, si alors il courait des risques, ce que je ne
pense pas, l'effet des promesses du roi, vous marqueriez
l'intérêt que vous prenez à eux et vous ne refuseriez point

---

[1]) Il s'agit du conflit sérieux qui s'éleva entre le comte Fersen et le
parti vainqueur au sujet du rapport de la commission de la
banque, Malmström, V, 361—368.

de vous concerter en leur faveur avec mrs d'Ostermann et
Gooderick, observant toujours dans tous ces mouvements la
prudence et la décence que vous êtes habitué de mettre à
toutes vos actions.

Mais si vous voyez, monsieur, que le dépit de mr de
Fersen, son animosité ou son désespoir conduisent ce
général à des extrémités tendantes à rétablir en tout ou
en partie le pouvoir souverain, et à altérer par la violence, quand ce ne serait que la moins importante des
lois ou la plus petite partie de la constitution du royaume,
alors vous n'hésiterez pas un moment de prendre avec mr
d'Ostermann toutes les mesures requises et nécessaires pour
détourner un si grand mal. Le roi connaît trop bien à quel
point il lui importe de soutenir la forme de gouvernement
de la Suède telle qu'elle est aujourd'hui, pour permettre
qu'il s'y fasse d'une manière illégale la moindre correction
ou réforme, et pour ne pas employer avec une fermeté inébranlable à son maintien tous les moyens que Dieu lui a
donnés. Sa maj. vous autorise donc, dans ce cas et si
l'occasion était assez pressante pour ne pas vous donner le
temps de lui rendre compte de l'état des affaires et d'attendre ses ordres, à vous unir à mr d'Ostermann selon
l'exigence des circonstances et, sûre de votre sagesse, elle
se contente de vous dire qu'entre plusieurs moyens de détourner les dangers également sûrs et efficaces, elle pré-
fèrera toujours le plus doux, celui qui fera le moins d'éclat
et celui qui aura le moins l'apparence de l'oppression à
l'égard de cette même nation, qu'il s'agit non pas de subjuguer ou de livrer au pouvoir d'une autre puissance mais
de maintenir libre.

Le roi attend avec beaucoup d'impatience le dénouement de cette nouvelle et fâcheuse scène. Il espère que le
courrier que je vous ai dépêché par ses ordres vous
sera arrivé; peut-être pourrez-vous vous en servir pour l'informer avec plus de sûreté et de promptitude de ce qui se
passera.

Apostille. Vos dépêches du 28 sont arrivées. Le roi
y a vu avec une grande satisfaction que le grand danger
qui menaçait la Suède a passé ou qu'au moins il est di-

minué. Mais il n'en a pas moins voulu que ma lettre partît
pour qu'à tout évènement vous fussiez sûr de ses volontés.

299.

Dépêche à Mr de Schack à Stockholm.

Copenhague 24 mai 1766.

En rendant compte au roi de votre dépêche du 16 et
de son contenu important, sa maj. m'a commandé de vous
dire: Qu'aussitôt que vous aurez sujet de croire que la
cour et ses adhérents, quels qu'ils puissent être, méditent de
porter, surtout à l'aide de quelque émeute populaire, du changement à la constitution de l'Etat et à la forme du gouvernement du royaume, vous aurez sur-le-champ à exécuter les
ordres du roi contenus dans ma lettre du 8 mars et à concerter avec le bon parti, c'est-à-dire avec le parti opposé
à toute innovation, et avec le comte d'Ostermann les mesures
qu'il serait nécessaire de prendre dans une telle occurence.
Prudent et sage, comme vous l'êtes, le roi sait que vous
serez en garde contre les fausses nouvelles, les fausses ter-
reurs et les pièges, que l'on pourrait vouloir vous tendre,
pour vous mener plus loin que le service et la situation
délicate dans laquelle les affaires se trouvent aujourd'hui
ne le permettent. Mais s'il compte sur votre circonspection
et sur votre pénétration, il compte aussi sur votre fermeté
et votre activité, si le cas l'exige, et il vous renouvelle la
déclaration qu'estimant le maintien du gouvernement de la
Suède tel qu'il est établi actuellement par les lois un objet de la première importance pour la tranquillité de ses
peuples, la gloire et la félicité de son règne, il passera sur
toute autre considération pour empêcher qu'on ne l'ébranle,
et qu'il ne laissera point sans secours le parti qui agira
pour la défense de ses libertés et de ses lois. Vous pourrez
le déclarer là où vous le jugerez nécessaire et être bien sûr
que le roi ne vous désavouera pas et ne démentira pas sa
parole.

Sa maj. vous réitère également ses ordres pour le cas
où la constitution de la Suède ne péricliterait pas et où la

cour et ses adhérents n'entreprendraient rien contre les lois mais n'attaqueraient que les personnes. Le roi est trop content du maréchal de la diète et du comte de Horn — les seules personnes que je sache qui se soient distinguées dans l'affaire de mad. la princesse — pour les laisser sans secours et il vous autorise par ce motif à employer, c'est-à-dire à promettre au comte d'Ostermann, lorsque leur danger serait si grand et si pressant qu'il faudrait absolument y pourvoir sans que vous ayez le temps d'en avertir le roi, la somme nécessaire pour les sauver, mais il désire néanmoins que cette opération se fasse avec le plus grand secret et avec les mêmes précautions que s'est fait l'année passée le payement de 50000 écus que vous vous rappellerez. Le comte d'Ostermann a certainement assez de crédit pour pouvoir faire l'avance et il ne lui importera que d'être sûr du remboursement. Je vous avoue cependant que je souhaite fort que ce cas n'arrive pas. Il embarrasserait à bien des égards le service du roi, et je me flatte que les deux partis seront assez sages pour interrompre ou suspendre enfin l'excès de leur animosité et de leur haine, et pour ne pas en venir à des extrémités dont il est en vérité difficile de prévoir l'issue.[1]

302.

Dépêche à Mr de Schack à Stockholm.

Copenhague 28 juin 1766.

J'ai eu l'honneur de rendre compte au roi de la dépêche importante que vous m'avez adressée le 17 de ce mois.

---

[1] Sur la petite révolte en Westro-Gothie et les troubles qui menaçaient d'en sortir au sein de la diète, voir Malmström, V, 396—404, Tengberg, 42—43. — Dans une dépêche du 31 mai, le comte Bernstorff enjoignit à mr de Schack de ne pas faire de démarche publique avant que le ministère ne se fût adressé à lui par ordre des Etats, et que dans ce cas il donnât, „non de concert avec le ministre de Russie mais pour lui seul", une déclaration en faveur de la liberté de la Suède. Le gouvernement danois désirait vivement que le conflit fût aplani à l'amiable, et il désapprouva fort que les trois ordres inférieurs prétendissent dominer l'ordre de la noblesse cfr. dép. du 7 juin.

Sa maj. sent que, puisque mr le comte d'Ostermann a trouvé le moyen de regagner la supériorité dans la maison des nobles sans perdre celle qu'il a su s'acquérir dans les trois ordres inférieurs, le moment est venu de donner à la constitution de la Suède toute la stabilité que les hommes peuvent lui donner.[1] Elle est toute disposée à y concourir et elle vous renouvelle à cet égard tout ce que par ses ordres j'ai eu l'honneur de vous dire dans mes deux dernières dépêches. Elle ne s'arrêtera dans la poursuite de ce grand objet ni aux petits avantages ni aux petits inconvénients. Elle ne fixera sa vue que sur le but et, pourvu que la liberté de la Suède soit constatée et affermie, pourvu que les espérances de la cour de rétablir la souveraineté, ou par une surprise et un coup de main ou par l'intrigue et la corruption, soient anéanties et prévenues, elle sera contente. C'est dans ce sens qu'elle a considéré le rapport que vous lui avez fait du projet d'une réforme des lois de la Suède, dressé par quelques bien-intentionnés et que mr le comte d'Ostermann a bien voulu vous communiquer, et c'est en conséquence de ces principes qu'elle n'objecte rien aux 6 des 8 articles que cette pièce contient. Elle trouve très sage que les états travaillent à améliorer l'éducation de la jeunesse et à revoir les anciens règlements des universités, à presser l'observation des lois et des ordonnances, à admettre et à encourager la liberté de la presse, à diminuer le nombre des charges inutiles pour augmenter les appointements de celles qui sont nécessaires, à borner les abus des appels aux états et à donner enfin de nouvelles lois relatives à la police, à la monnaie, au commerce et à

---

[1] La grande députation dans la diète avait été chargée de présenter son rapport „sur la mauvaise exécution des bonnes lois et sur les moyens d'y remédier pour l'avenir“, et au commencement on avait l'intention de mettre des bornes à la puissance trop grande des états et par conséquent d'augmenter le pouvoir royal. Mais peu à peu le parti vainqueur changea de sentiments envers la cour, et on abandonna toute idée de réviser les lois constitutionnelles dans le sens d'une augmentation des prérogatives royales. A cet égard l'opposition de la Russie, mais surtout celle du Danemark exerça une grande influence sur le résultat. Voir Malmström, V, 441—46, Tengberg, 45—46.

d'autres parties essentielles de l'administration d'un état. Sa
maj. applaudit avec plaisir à des vues si salutaires.

Elle ne pense pas tout à fait de même sur l'article II.
Sa maj. voit plus d'inconvénients au rétablissement du pouvoir royal dans la collation des charges, que la diète de
1756, alarmée et irritée des entreprises de la cour ou plutôt de celles de la reine, avait estimé nécessaire de restreindre et, quoiqu'elle ne se dissimule pas que la réforme
projetée aura une difficulté de moins lorsqu'on la rendra
moins désagréable aux royalistes et que l'on rappellera
uniquement les ordonnances de 1720, elle ne peut que vous
charger de représenter au comte d'Ostermann combien le
pouvoir souverain gagnera, lorsque les rois se reverront les
maitres de donner à qui ils voudront le gouvernement de la
ville dans laquelle la diète se tient et le commandement
des troupes qui y sont en garnison. Priez-le de réfléchir
au danger extrême que courront à chaque assemblée les défenseurs de la liberté, aussitôt que toutes les forces civiles
et militaires se trouveront (car qui est-ce qui ignore que
ceux qui commandent les corps en disposent s'ils sont habiles, et que la bonne volonté des subalternes ne peut ni
borner ni balancer leurs pouvoirs dans les moments décisifs?) dans la dépendance de personnes qui devront leur
élévation uniquement à la cour, et exposez-lui avec les plus
vives couleurs la facilité qu'auront les rois de Suède, dès
qu'ils auront eu soin de mettre les plus ardentes et les plus
audacieuses de leurs créatures à la tête des troupes et de la
bourgeoisie, d'opprimer par eux une nation dont, en temps
de diète, tous les chefs, dès qu'ils voudront les saisir, se
trouveront entre leurs mains comme autant d'otages de la
soumission du reste du peuple. N'oubliez rien pour engager ce ministre, qui jusqu'à présent a conduit les opérations de cette diète avec tant de prudence, à ne pas consentir que la liberté de la Suède soit exposée à un si
grand risque et obtenez, si vous ne pouvez entièrement
parer le coup, que les colonels des gardes et de l'artillerie
au moins soient exceptés de la règle qu'on veut établir. Le
péril serait un peu moindre si ceux-ci étaient choisis de
la manière établie dans 1756 et ne devaient pas leur pouvoir à la prérogative royale. Anciennement, vous le savez,

les peuples jaloux de leur liberté ne tenaient jamais leurs
assemblées dans des villes fermées, encore moins dans
celles où il y avait des troupes. Ils appréhendaient ces
situations où une nation entière, réunie dans ses représentants et se croyant en sécurité à l'ombre des lois, peut se
voir, dans le moment où elle s'y attend le moins, à la
merci d'un petit nombre de gens hardis et armés. Les
mœurs de notre siècle n'ont pas permis aux Suédois de
nourrir les mêmes craintes, et l'attention avec laquelle ils
ont cru pourvoir à tous les cas en établissant la forme de
leur gouvernement actuel les a empêchés de prendre en
1720 les précautions que leurs pères auraient jugées nécessaires. Mais instruits par le projet de 1756, avertis de la
possibilité de l'entreprise par le dessein qui en a été formé
alors, voudront-ils aujourd'hui travailler eux-mêmes à la
rendre praticable? voudront-ils armer l'ambition dont ils
ont éprouvé ou été sur le point d'éprouver les effets. et le
comte d'Ostermann, cet appui vigilant de leur liberté, y
donnera-t-il les mains? Ne lui déguisez pas les inquiétudes
du roi sur ce point important.

Mais exposez-lui avec plus de force et de vivacité encore, s'il est possible, combien sa maj. est frappée de l'art.
VIII du même projet tendant à établir une commission autorisée à former un nouveau code de droit public, et combien elle est charmée de ce que ce sage ministre a déjà rejeté lui-même un si dangereux projet. Sa maj. ne veut pas
accuser ses auteurs de quelque mauvais dessein, comme serait celui de vouloir se ménager les moyens de regagner la
cour en la favorisant dans ce code, mais elle ne peut
s'empêcher de vous marquer son étonnement de ce que,
dans le temps même que la Russie travaille avec tant
d'application, de sagesse et de succès à fixer la constitution
suédoise et à la garantir par là de toute variation et altération, on ait osé proposer à son ministre de la rendre tout
à fait incertaine et d'en remettre le sort à l'habileté et à
la fidélité de quelques personnes et à l'issue très douteuse
d'une diète future. Sa maj. ne peut jamais donner son
approbation ni son concours à un pareil dessein et elle est
bien sûre que l'impératrice de Russie ne l'agréera jamais.
Vous le déclarerez dans la confiance la plus intime au

comte d'Ostermann. Vous lui direz que vous avez l'ordre
positif non-seulement de ne point contribuer ni de votre
personne ni de l'argent du roi au projet souvent mentionné,
à moins que l'article VIII n'en soit, comme vous m'avez
marqué qu'il l'avait déjà résolu lui-même, entièrement rayé,
et l'objet de la Lag-Commission uniquement et précisément
borné à la correction des lois civiles sans qu'il soit permis
de toucher le moins du monde à celles qui regardent la
constitution de l'Etat, mais encore de lui demander de la
part du roi et en vertu de l'alliance et du concert établi
entre les deux cours que, si contre toute attente des
Suédois d'ailleurs bien intentionnés insistaient sur l'établissement d'une commission telle qu'elle est projetée dans
l'art VIII, et s'il estimait devoir donner quelque attention
à leurs sentiments et à leurs importunités, il voulût bien au
moins suspendre toute opération à cet égard jusqu'à ce que
le roi eût le temps de dépêcher un courrier à Pétersbourg
pour communiquer à l'impératrice ses sentiments sur ce
sujet, et de concerter avec elle les mesures à prendre dans
un cas si imprévu et si opposé à tout ce que les deux puissances s'étaient proposé jusqu'ici pour but de leurs soins
et de leurs travaux. Je ne puis croire que nous soyons réduits à en venir là, monsieur. Le comte d'Ostermann est
trop éclairé et trop ferme pour accorder aux auteurs du
projet une créance opposée à ses propres lumières, mais si
cependant les circonstances l'y portaient, vous insisteriez
absolument sur le délai et sur la complaisance que le roi
lui demande et qu'il se promet infailliblement de ses sentiments et de la connaissance qu'il a de l'amitié de sa souveraine pour sa majesté.

Voilà donc, monsieur, ce que le roi m'ordonne de vous
marquer en réponse à votre rapport. Sa maj. est prête à
concourir au dessein conçu par mr le comte d'Ostermann,
bien entendu qu'il ne soit exécuté qu'avec une prudence et
des précautions qui en assurent, humainement parlant, le
succès. Elle est prête à y contribuer, s'il le faut (vous ménagerez cependant à cette occasion comme à votre ordinaire
ses finances) pour la somme et de la manière exprimées
dans mes dépêches précédentes, pourvu que des quatre
grandes charges, au moins celles de colonels des gardes et

de l'artillerie restent à la disposition du sénat ou des états
(je ne sais pas bien lequel des deux pouvoirs y pourvoit) et
pourvu surtout que l'art. VIII soit rayé et qu'il n'y ait
point de commission autorisée à toucher aux lois formant
la constitution de l'Etat, et elle suspend au contraire, si le
dit article devait subsister, cette résolution et toute autre
qu'elle a pu prendre pendant cette diète jusqu'à ce qu'elle
ait pu s'en expliquer et en convenir avec sa maj. l'impératrice de Russie.

Votre dextérité, monsieur, et l'habileté de mr le comte
d'Ostermann me persuadent que vous viendrez à bout
d'écarter du grand dessein qu'il s'agit de faire réussir, les
idées et les vues qui le rendent si dangereux; ils me font
espérer que nos souverains jouiront de la satisfaction et de
la gloire si noble et si pure d'avoir affermi la liberté de la
Suède et le repos du Nord sans laisser à ceux qui désirent
renverser et troubler l'une et l'autre, l'espérance et les
moyens de réussir à une occasion peut-être prochaine dans
leurs funestes et coupables vues.

361.

Dépêche à Mr de St. Saphorin à Varsovie.

Copenhague 28 juin 1766.

(Extrait.)

Si, comme j'ai déjà eu l'honneur de vous le dire, le roi
a été content de la conduite que vous avez tenue vis-à-vis
de mr de Saldern, sa maj. ne l'est pas moins du compte
que vous lui avez rendu depuis de ses négociations et de
ses succès.[1] S'intéressant vivement et sincèrement à la
satisfaction et à la grandeur du roi de Pologne, elle apprend avec plaisir que le séjour de ce ministre à Varsovie
a produit des éclaircissements utiles, et elle se fait surtout
une vraie joie de l'assurance que l'on vous a donnée que la
confédération générale subsistera pendant la diète prochaine.
Le roi juge ce point le plus important de tous pour con-

---

[1] Cfr. Ad. Beer: die erste Theilung Polens, I, 191—92.

solider l'autorité royale, y habituer les grands et le peuple et pour désaccoutumer les esprits turbulents de ces ruptures de diètes si fréquentes sous les rois saxons, et que l'on peut dire avoir mis le comble à la décadence de la république. Tout se relèvera, tout se rétablira sous un un roi sage, laborieux et appliqué, et la Pologne redeviendra par lui une des premières puissances du Nord.

Ce sera, je vous l'assure, une sensible satisfaction pour le roi. Le rétablissement de l'influence qui appartient à la Pologne dans les affaires de l'Europe, fait partie du système de sa maj. et vous savez, monsieur, qu'elle a adopté les sentiments du feu roi pour la personne de sa maj. polonaise comme une portion de son héritage. Elle applaudit de tout son cœur aux sages mesures que ce prince prend pour le bonheur de la nation sur laquelle il règne, et elle voit avec le plus tendre intérêt les peines qu'il se donne pour se conserver l'affection de ses anciens et fidèles amis et pour se concilier celle de tout le peuple.

Sa maj. profitera attentivement du bon conseil que sa maj. polonaise lui a donné relativement à la cour de Russie, et elle vous charge d'en témoigner sa reconnaissance à ce monarque. Ses observations sur le génie de l'impératrice et sur son système sont exactement conformes à celles de sa maj. polonaise, et elle croit que cette princesse mérite, par la sagesse et la modération de son plan et par la constance et la vérité avec lesquelles elle se propose de maintenir le repos et d'avancer le bonheur public, l'estime, la confiance et l'amitié sincère de ses voisins. C'est dans ces principes que le roi écoutera mr de Saldern et qu'il traitera avec lui, et si la négociation de ce ministre échoue, comme après tout le cas est très possible, ce ne sera pas la faute de sa majesté.

Nous l'attendons dans peu ici. Il sera suivi par un ministre russe[1]) dont on dit beaucoup de bien. Nous en saurons davantage dans quelques semaines. —

---

[1]) Le baron de Korff était subitement mort à Copenhague au mois d'avril. Il paraît que mr de Saldern s'était d'abord flatté de l'espoir d'être chargé seul de la négociation holsteinoise. Mais il n'en fut rien et le général-major de Filosofoff arriva au mois de dé-

302.

Dépêche à Mr le baron de Gleichen à Paris.

C'est assurément une satisfaction pour le roi d'apprendre que mr le duc de Choiseul commence à percer le nuage d'illusions et de fausses représentations que des esprits animés je ne puis comprendre par quels motifs ont su élever entre les deux cours pour obscurcir la vérité et la dérober à ses yeux.[1] Je m'en suis toujours fié à la justesse et à la pénétration de son esprit. Il n'est point fait pour être trompé ni pour se refuser au vrai, et comme il pourra à présent tirer les éclaircissements les plus exacts et les plus sûrs des rapports de mr le président Ogier, un des hommes les plus sages, les plus judicieux et les plus zélés pour son roi et sa patrie, que j'aie jamais connus, je ne crains point que la malignité puisse tenir davantage devant lui et je me promets qu'il ne tardera pas à sentir la droiture et la constance de la conduite tenue par sa maj., malgré et au milieu de mille occasions qui auraient pu l'en détourner. Ce sentiment, cette justice est tout ce que le roi désire dans le moment présent, il n'a point d'autre vue et il lui suffit dans ce début de son règne que la France connaisse les principes qu'il a adoptés et dont il ne s'écartera pas.

Sa maj. est très sensible à la réponse pleine d'amitié et de politesse que mr le duc de Choiseul a donnée à vos intercessions en faveur des cours de Weimar et de Gotha. Elle vous charge d'en faire ses remercîments à ce seigneur et de lui dire qu'elle observe avec grand plaisir ses opérations. Elle est très persuadée que son génie et sa fermeté

---

cembre à Copenhague comme ministre de Russie et prit part aux négociations conjointement avec mr de Saldern.

[1] Au mois d'avril 1766 le duc de Choiseul avait repris le portefeuille des affaires étrangères, et peu après il avait écrit une lettre assez désagréable à mr de Bernstorff sur les rapports entre la France et le Danemark. Dans sa réponse du 24 mai ce ministre avait exposé la conduite du gouvernement danois. Voir Correspondance entre Bernstorff et Choiseul, 234—48.

donneront bientôt une nouvelle face aux affaires de la France au dehors et au dedans du royaume.

En Suède les affaires, qui y étaient dans une très grande agitation, paraissent se calmer et annoncent enfin un terme à la diète, mais il faudra voir l'effet que produira la réponse de la France sur l'article des subsides ou plutôt des arrérages. Cet effet est encore assez douteux.

363.

Traité de mariage entre S. M. le Roi de Danemark et Mad. la Princesse Caroline Mathilde de la Grande-Bretagne.

Conclu à Londres le 14 juillet, ratifié à Copenhague le 1 août 1766.

364.

Dépêche à Mr de Schack à Stockholm.

Copenhague 9 août 1766

(Extrait.)

Mr Gunnings m'a communiqué la réponse que la cour de Suède a faite à celle de France, et je vous prie de marquer à mr le chevalier Gooderick ma reconnaissance de ce qu'il a bien voulu me procurer cette satisfaction. La pièce est écrite avec dignité et embarrassera le ministère de Versailles, qui traînera peut-être sa réplique et continuera de suspendre le payement des arrérages jusqu'à ce qu'il voie l'effet de ces nouvelles menées et la fin de la diète. [1] Jamais révolution n'a été plus complète que celle que cette assemblée a produite et s'il se prouve en effet, comme il n'y a presque plus moyen d'en douter, que la France ait changé de système et qu'elle veuille désormais concourir à l'oppression de la liberté de la Suède, [2] elle n'effectuera par

---

[1] Cfr Malmström, V, 440.

[2] Dans une dépêche du 16 août le comte de Bernstorff écrit à mr de Gleichen: „On prétend que dans un conseil tenu, il y a quelques mois, à Versailles il a été délibéré et finalement décidé que la France travaillera désormais non pas à soutenir la forme du gouvernement de la Suède, telle qu'elle est établie par les lois, mais

cette politique la plus mauvaise de toutes que la réunion
de tout le Nord contre elle. Jamais elle ne pourrait seconder plus efficacement les vues et le système de la Russie,
ni lier plus fortement à cette puissance tous les souverains
qui estiment avec justice leurs intérêts les plus essentiels
et la félicité du Nord intimement attachés au maintien de
la forme du gouvernement de la Suède, telle qu'elle est
établie par les lois. Le roi est très attentif à voir quelles
seront dans cette conjoncture les démarches du parti jusqu'ici
attaché à la France et si les chefs, qui pendant si long
temps ont parlé le langage de la liberté, se laisseront entrainer par cette couronne à changer avec elle. Mais
quelles que soient leurs résolutions, sa maj. n'en est que
plus décidée à favoriser de la manière qu'elle vous l'a déjà déclaré le plan concerté entre vous et le comte d'Ostermann.
Il sera temps de l'entreprendre s'il y a moyen de réussir
dans cette diète et quoique sa maj. ne vous charge pas de
presser sa tentative parce que, comme elle vous l'a déjà
marqué précédemment, il vaut mieux ne pas la faire que de
la faire sans succès, elle veut néanmoins que vous en rai-
sonniez souvent avec le comte d'Ostermann et le chevalier
Gooderick et que vous empéchiez, autant que cela dépendra
de vous, que l'irrésolution du premier ne laisse passer
l'époque présente si vous la trouvez assez favorable pour
pouvoir vous en promettre un succès heureux.

305.

Dépêche à Mr d'Assebourg à St. Pétersbourg.

Copenhague 16 août 1766.

(Extrait).

Votre dépêche no 60, qui a été très agréable au roi,
soutient mes espérances et je me promets beaucoup de mr
de Filosofoff, du caractère que vous lui trouvez et des in-

à la renverser et à rétablir dans sa place la souveraineté abjurée
et abolie." Cfr Tengberg, 46—47, Broglie: le secret du roi, II,
279—83 Malmstrøm, VI, 6—10.

directions que vous lui procureres. Mais pour que tout cela devienne utile, il faut qu'il soit ici. C'est le refrain de mes plaintes.

Ce que vous me faites l'honneur de marquer de la négociation de mr de Saldern à Berlin répond assez à ce qui m'en a été dit d'autre part.[1]) Il est très évident que la politique du roi de Prusse ou ses principes par rapport à la Pologne sont directement opposés à ceux de l'impératrice de Russie, qu'il redoute et hait autant l'augmentation du pouvoir royal et le rétablissement du bon ordre dans ce pays là que sa maj. impér. les favorise, et que ce ne sera jamais que par une complaisance forcée qu'il donnera les mains à des projets et à des entreprises propres à donner quelqué considération à ce royaume. Mr de Panin ne peut que s'en apercevoir et prendre ses mesures en conséquence. Mais je crois bien qu'il ne s'en inquiète pas, pouvant compter avec autant de certitude qu'il est en état de le faire, sur l'espèce de nécessité où le roi de Prusse se trouve de ménager l'impératrice. Par cette certitude les inclinations de ce prince lui importent moins, quoiqu'il puisse y avoir des moments où elles décident et où elles embarrasseront fort les opérations de la Russie.

366.

Contrat de mariage de Madame la Princesse Louise et de Mgr le Prince Charles de Hesse.

Frederiksberg 25 août 1766.

367.

Dépêche à Mr de Schack à Stockholm.

Copenhague 30 août 1766.

Si le roi a appris avec plaisir que le projet conçu pour assurer la liberté de la Suède, ce projet qui mérite et obtient aujourd'hui toute son attention, a heureusement

---

[1]) Cfr Oeuvres de Frédéric le Grand, VI, 14—15, Hist. Tidsskr. IV R, III, 90—92, 188. 190.

passé au comité secret[1]) et surtout s'il a vu avec une vraie
satisfaction la sagesse et la prudence avec lesquelles cette
pièce importante est dressée, il n'en est que plus impatient d'en
apprendre l'heureux succès et il ne sera pas sans inquiétude
jusqu'à ce que vous ayez pu l'en informer. Sa maj. approuve fort néanmoins que les chefs de l'entreprise aient
résolu de ne rien précipiter, et, quoique je vous avoue
qu'elle ne soit pas sans quelque appréhension que les
efforts réunis de la cour et de l'ambassadeur de France,
guidés et animés par le génie violent de la reine, ne réussissent
encore à former, surtout dans l'ordre de la noblesse depuis
si longtemps habitué à révérer et à suivre leurs inspira-
tions, des intrigues capables d'arrêter et même de faire
échouer l'ouvrage, elle n'en sent pas moins la nécessité et
la décence de laisser aux quatre ordres qui composent et
représentent la nation, le temps convenable pour peser
une résolution de cette importance et pour en concevoir
toute l'utilité. Sa maj. espère que mrs d'Ostermann et
Gooderick n'épargneront rien pour emporter un succès qui
couronnera les travaux de cette diète, et, pour faire également de son côté tout ce à quoi elle s'est engagée, elle ordonne aujourd'hui à mr d'Assebourg de déclarer à mr de
Panin que les cinquante mille écus promis sont à sa disposition. Vous faites très bien de cacher autant que vous
le pouvez la part que vous avez à cette affaire. Mais si le
cas pouvait exister où la réussite dépendrait de votre déclaration, vous ne la refuseriez pas, le roi concevant si bien
la conséquence de cette amélioration des lois fondamentales
de la Suède qu'il préfère à toute autre considération celle
de ne pas la manquer.

C'est une découverte considérable que vous avez faite
des inclinations secrètes du roi de Prusse à cet égard. Elle
doit donner à penser aux cours de Londres et de Péters-

---

[1]) Les travaux de la grande députation avaient abouti à un résultat satisfaisant aux yeux du gouvernement danois et avaient été consignés
dans l'ordonnance qui parut le 12 novembre 1766. La disposition la
plus importante de cette ordonnance était qu'un changement des
lois fondamentales ne deviendrait loi que lorsqu'il aurait été
adopté par les quatre ordres dans deux diètes consécutives, cfr
Malmström, V, 446, Tengberg, 47—48, Ostens Gesandtskaber, 635.

bourg. Peut-être aussi mr de Cocceji n'est-il mécontent que
de ce qu'on lui a caché le projet. Il serait bon de le démêler.

Mr de Fersen fait honneur à son caractère et à ses
principes en aimant mieux s'absenter que de travailler
contre des mesures qu'il sent utiles à sa patrie. Mais ne
perdra-t-il pas beaucoup de son crédit chez la reine et sur
les esprits échauffés de son parti par cette démarche. L'ambassadeur de France lui pardonnera-t-il de se retirer de la
mêlée un jour de combat? J'attends ce que vous m'en
direz, bien sûr de l'attention et de la sagacité avec laquelle
vous observerez tout dans cette importante crise.

308.

Mémoire à présenter par Mr d'Assebourg à St. Pétersbourg.

Copenhague 6 septembre 1766. [1]

Son exc. monsieur de Panin vous ayant témoigné, monsieur, dans la conversation dont vous avez rendu compte au
roi dans votre dépêche du 29 juillet no II, qu'il désirait que
notre cour lui communiquât confidentiellement et par manière de mémoire les rapports entre elle et les autres nations avec lesquelles elle avait contracté autrefois au sujet
du péage du Sund, sa majesté m'a commandé de dresser
sur le champ ce mémoire et de m'y expliquer avec toute
la sincérité et toute la confiance dues à celui qui l'a demandé et au but qui a occasionné sa demande. J'obéis
avec joie à cet ordre, et je vous avouerai que, si jamais
travail m'a fait plaisir, c'est celui-ci, puisqu'il est destiné
à paraître sous les yeux du ministre que mon cœur
révère, et que je me flatte qu'il lui prouvera que, si le roi

---

[1] Le comte de Bernstorff avait déjà expliqué dans une dépêche à
    mr d'Assebourg du 5 avril 1766 (imprimée dans les Denkwürdigk.
    des Herrn v. Asseburg, 185—187, avec la date inexacte du 6 septbre)
    pourquoi il était impossible d'accéder à cette demande de la Rus-
    sie. L'effet de ces représentations fut que mr de Panin abandonna
    cette idée et se contenta de ce qui se trouve stipulé dans l'art.
    séparé et secret I du traité du $^{11}/_{22}$ avril 1767.

regarde toute exemption du péage du Sund comme impossible à concéder, c'est non par des motifs de choix ou de jalousie, non faute de désirer vivement pouvoir contribuer aux avantages de la Russie, mais par des raisons dont la vérité et la force n'échapperont pas à son équité et à ses lumières. Je me flatte que monsieur de Panin trouvera que ce n'est que par la nécessité que des obligations décidées imposent, que le roi a pu se résoudre à vous charger de représentations contre la proposition accessoire d'un projet dans toutes les parties duquel il entre d'ailleurs de si bonne foi, et qu'à tout autre égard il n'y a point de prince sur la terre plus disposé à seconder ses vues, même par rapport au commerce, ni qui désire plus sincèrement que sa majesté favoriser celui de la Russie et concourir avec lui à tout ce qui peut le faciliter et l'étendre.

Les droits du Sund, dont l'origine se perd dans l'antiquité la plus reculée et qui se perçoivent sur tous les navires sans exception aucune passant le détroit, ont été autrefois plus considérables qu'ils ne le sont aujourd'hui; mais il y a longtemps que nos rois les ont sagement mis sur un pied si modéré, qu'il n'y a point de nation qui s'en plaigne, et point de commerce qui s'en ressente. Dans le temps de la grande puissance des villes anséatiques, elles avaient les premières obtenu quelques avantages, quelque diminution de péage, mais ces prérogatives ont disparu avec le pouvoir et la ligue de ces villes, et il n'en reste plus que des vestiges presque imperceptibles. Après elles, les nations qui ont succédé à leur trafic et à leur navigation, ont tourné leur attention vers ce même objet et, les vrais principes du commerce s'étant éclaircis et développés de plus en plus de part et d'autre, elles ont cherché et ont réussi, non pas à stipuler à elles-mêmes des préférences toujours soumises à des difficultés presque insurmontables et exposées à la jalousie et à l'opposition des autres peuples, mais à empêcher et à prévenir qu'on n'en accordât à leur préjudice. Nos rois ont conclu dans ce sens quatre traités encore actuellement en vigueur, et qui forment aujourd'hui la règle qui s'observe au Sund.

Le premier est avec la Grande-Bretagne; il a été signé en 1670. Vous verrez, monsieur, par les articles VIII et

XL que je joins ici sub A., que la nation britannique s'y est stipulé le droit de partager en tout temps tous les privilèges et concessions qui, en fait de péages et impositions (Vectigalia, Portoria etc.), étaient ou seraient accordés à d'autres nations.

Le second regarde les Provinces-Unies; il a été conclu en 1701 et, quoique son terme soit expiré, il a été convenu, qu'il sera observé provisionnellement jusqu'à la conclusion d'un nouveau traité. Son art. XVII, que vous trouverez sub B., renferme les mêmes stipulations et promesses que la cour britannique avait obtenues pour ses sujets, et vous remarquerez que, dans l'un et dans l'autre, on n'excepte de l'égalité qui fait la règle générale, que les privilèges dont les Suédois jouissaient alors en vertu de la paix de Christianstad.

Mais le troisième traité, que j'ai à vous communiquer, lève cette exception unique. C'est celui de la paix entre le Danemark et la Suède, signé à Stockholm en 1720. Les Suédois y renoncent à leurs prérogatives, ils se bornent à l'égalité, et se contentent de se la faire accorder et promettre toute parfaite et pour le présent et pour l'avenir, ainsi que vous le verrez par l'art. IX de la paix que je vous envoie in extenso sub C.

Et le quatrième enfin est celui qui a été conclu avec la France en 1742. Son art. IV, que vous verrez sub D., n'est pas moins précis que les autres, et achève de prouver la vérité de tout ce que j'ai eu l'honneur de vous dire sur ce sujet.

Voilà, monsieur, l'état des choses, voilà le tableau fidèle des engagements du roi qui ont passé en héritage à sa majesté avec sa couronne. Je l'expose, en conséquence des ordres du roi, simplement et confidentiellement à monsieur de Panin; c'est à présent à ce seigneur à en tirer des conclusions dignes de son équité et de sa sagesse. Il voit que le roi ne peut rien accorder dans le Sund à la Russie qui, dès le moment même, ne devienne le droit des nations les plus naviguantes et les plus commerçantes de l'Europe, et nommément de celles qui font jusqu'à présent presque seules le trafic de la Baltique; il voit par conséquent que tout ce que sa majesté ferait pour les sujets de sa majesté impériale, serait une perte pour le Danemark, sans être un avantage pour eux. Ce n'est pas, il est aisé de le démontrer, le marchand, propriétaire du navire ou de sa charge, qui fait les frais de ce qui se paie au Sund, c'est celui qui achète les marchandises dont le navire est chargé, qui les acquitte, et le péage ne fait rien au navigateur et au marchand vendeur, pourvu que tous ceux qui naviguent dans la même mer et vendent les mêmes marchandises, paient les mêmes droits, et ne puissent par conséquent ni naviguer, ni vendre à meilleur marché que lui. Tout le reste n'intéresse que l'acheteur, qui le paie sans s'en apercevoir et sans s'en plaindre.

Si donc il n'est pas au pouvoir du roi d'accorder à la Russie des préférences dans le Sund, comme je viens de vous en mettre les preuves en main, et si comme je le crois également vrai, toute diminution des droits de ce péage rendue générale ne serait en effet pas un gain ou un objet pour cet empire, aurais-je néanmoins à craindre que monsieur de Panin, cet homme juste, cet ami d'un roi allié fidèle de sa souveraine, voudrait former une demande qui ne produirait d'autre effet que celui d'attaquer et de blesser les intérêts les plus sensibles de sa majesté, pourrais-je appréhender qu'occupé du noble dessein d'assurer le bonheur de l'Europe en le fondant sur la tranquillité et l'union du Nord, il voudrait mettre hors d'état d'y concourir celui de tous les princes qui est le plus disposé à le soutenir?

Non, monsieur, je ne le croirai pas, mais je vous avouerai cependant que je serais sensiblement peiné de lui proposer et de me promettre de lui le sacrifice généreux d'une idée judicieuse et naturelle en elle-même, si des engagements antérieurs ne le rendaient impossible et inutile, et qu'en me souvenant qu'elle lui avait plu, je ne la combattrais qu'à regret, si je n'avais la consolation et le plaisir de l'assurer par ordre et de la part du roi, qu'à tous égards autres que celui du Sund, sa majesté se fera un plaisir d'avancer ces mêmes vues en facilitant et en favorisant efficacement le commerce de la Russie. Sa majesté regarde l'accord qui va se négocier comme une combinaison véritable du système et des intérêts des deux couronnes, et c'est sous ce point de vue que cet accord fait l'objet de toute son attention et de ses premiers souhaits. Sans doute que l'échange du Holstein contre les comtés d'Oldenbourg et de Delmenhorst lui est agréable, elle en sent très-bien les avantages, mais il ne lui est véritablement important que parce qu'il ôte la seule cause de division et de mésintelligence qui existait entre les deux monarchies, et parce que, cette fatale source de haine étant tarie, rien n'empêchera plus les liens de sang et les rapports de la nature de reprendre leurs droits, et de rendre, autant que cela est possible et permis à l'humanité, indissoluble une union à laquelle dès lors tout invite et rien ne s'oppose. Il n'y a que cette considération qui engage le roi à faire avec plaisir des sacrifices qui lui coûteraient beaucoup, s'il ne s'agissait que d'acquérir ce qui lui manque du Holstein; vous le savez, monsieur, les revenus de ce pays sont, à 2 ou 3 mille écus près, exactement égaux à ceux de l'Oldenbourg et du Delmenhorst. Le roi ne gagne à l'échange que l'amitié des princes de sa maison, ou pour mieux dire, celle de la Russie; c'est à elle qu'il donne tout ce qu'il cède ou prendra sur lui en faveur de l'accord. C'est là le principe qui va le guider dans la négociation qui est sur le point d'être entamée, le même le guidera aussi dans les affaires de commerce. S'il est impossible de favoriser celui des Russes dans le Sund, il ne le sera pas de leur procurer des avantages et des facilités dans les provinces de la domination de sa majesté. Elle vous autorise d'assurer monsieur de Panin qu'elle embrassera avec empressement les moyens qui y tendront, et que, dans toutes les occasions où elle ne se verra pas gênée par des engagements ou par ce qu'elle doit à sa couronne et à ses peuples, elle prouvera les sentiments qui l'animent et à quel point elle estime les intérêts de la Russie unis aux siens.

Je ne demande donc point par ses ordres à monsieur de Panin d'oublier le but qu'il se propose par des motifs que je ne puis qu'applaudir, je ne lui demande que de l'appliquer à des objets qu'il soit au pouvoir de sa majesté d'accorder, et de regarder ces facilités, ces prérogatives de commerce qu'il cherche à procurer à sa nation, comme le fruit et non comme la condition d'un accommodement au-

19*

quel il sait qu'elles n'ont point de rapport. Le zèle le plus
vif et le plus pur pour la réussite de ses glorieux et salutaires desseins et pour l'union intime des deux couronnes
inspire ma demande; l'équité et la raison dicteront, je le
sais, sa réponse.

309.

Convention concernant le commerce entre le Danemark et
le Portugal,

signée à Lisbonne le 26 sept. 1766,
ratifiée à Copenhague le 7 mars 1767.

310.

Traité de mariage entre Madame la Princesse Sophie Magdalène et Mgr le Prince Royal Gustave de Suède,

signé à Copenhague le 29 septbre,
ratifié à Christiansbourg le 6 octobre 1766.

311.

Dépêche à Mr d'Assebourg à St. Pétersbourg.

Copenhague 18 octobre 1766.

Le roi ayant en mr de Panin une confiance égale, c'est
tout dire, à son estime pour lui, trouve juste et convenable
de lui faire part, quoique sous le sceau du plus profond
secret, de ce que les discours tenus par le prince royal de
Suède pendant son séjour à Helsingborg et les rapports exacts et fidèles qui lui ont été rendus sur la personne de ce
prince, lui donnent lieu de juger de ses dispositions et de
son système.

D'abord sa maj. ne saurait douter qu'il ne soit entièrement dans la dépendance de la reine sa mère, gagné en
tous points, inspiré et conduit par elle. La citant à tout
propos, constamment appliqué à la louer ou à la justifier,
ne marquant des distinctions et de la confiance qu'aux

miniatures de cette princesse, dont toute sa cour et sa suite
sont uniquement composées, témoignant de la froideur à
tous les autres et nommément au comte de Horn, le prince
royal a paru vouloir afficher cette dépendance ou cette
union.

Son alt. royale ne s'est guère moins déclarée pour le
parti français, si étroitement lié aujourd'hui avec celui de la
reine. Elle a semblé en avoir adopté les maximes, les goûts
et le langage. Bien des gens ont cru même s'apercevoir
d'une sorte de désir d'imiter le baron de Breteuil, observation qui dans tout autre cas que celui-ci pourrait être négligée, mais qui dans celui-ci devient importante, parce qu'elle
annonce et dénote le penchant et l'inclination du cœur.

Il est de même échappé au prince quelques propos
d'impatience contre le bon parti et le sénat, assez signi-
ficatifs pour indiquer clairement qu'il voit avec peine les
limites qui bornent le pouvoir souverain et qui traversent
quelquefois les projets de la cour, et il semble à tous
égards que, si son alt. royale a jugé à propos étant à
Stockholm de flatter les deux partis et de marquer entre
eux une sorte de neutralité, il ne lui a pas plu d'en faire
autant pendant son voyage, ce qui a surtout paru par les
instances aussi vives que sérieuses qu'elle a faites dans ses
conversations avec mgr le prince de Hesse pour obtenir du
roi le rappel prompt et immédiat de mr de Schack. [1]

Elle s'est fortement plainte de ce ministre comme toujours opposé aux vues du roi et de la reine, ses parents,
et elle a porté son animosité contre lui au point de désirer que mad. la princesse royale n'eût que peu ou point
de conversation avec lui et retirât toutes les marques de sa
confiance à ce fidèle serviteur, ministre du roi son frère.

Le roi veut que vous confiiez à mr de Panin surtout
cette particularité qui fait une preuve si décisive de tout
ce que je viens de vous dire ou de conjecturer, et sa maj.
désire que vous ajoutiez qu'ayant déjà accordé depuis longtemps aux prières de mr de Schack son rappel à la fin de
cette diète et ensuite pour les premiers mois après l'arrivée

---

[1] Cfr Nilsson: Blad ur konung Gustav IIIs och Sofia Magdalenas
giftermåls historia, 277—78.

de mad. la princesse à Stockholm, et ce ministre redoublant
dans ces circonstances ses prières pour l'obtenir sans délai,
elle croyait en effet convenable de lui accorder bientôt la
grâce qu'il sollicitait avec tant d'ardeur, mais qu'elle avait
cependant estimé convenable à l'étroite amitié et au concert
intime établi entre elle et la cour de Russie d'en avertir
préalablement mr de Panin et de l'assurer que le successeur de mr de Schack aurait ordre de marcher dans ses
traces, de suivre les mêmes principes et surtout de mériter
et de cultiver à son exemple avec le plus grand soin l'amitié et la confiance du comte d'Ostermann.

Vous sentez, monsieur, l'importance de ces confidences.
Je prierais tout autre que vous de les faire avec beaucoup
de circonspection. Mais vous, monsieur, vous n'avez que
faire de ces exhortations et votre prudence m'est trop connue pour que je me permette de l'exciter.

312.

Dépêche à Mr de St. Saphorin à Varsvie.

Copenhague 1 novbre 1766.

En vain vous déguiserais-je les inquiétudes du roi sur
la crise violente dans laquelle se trouvent aujourd'hui les
affaires de Pologne.[1] Sa maj. en est vivement touchée
et elle sent à la fois tout ce que doit sentir un prince qui
aime sa religion et ceux qui la professent, qui est ami de
l'humanité et de ses droits mais aussi l'ami tendre et sincère du souverain dont les résolutions généreuses sont gênées
par la plus grande partie de son peuple, et qu'une cause si
puissamment soutenue et si fortement contredite et opposée
met dans la plus grande perplexité.

Si les conseils et les intentions du roi avaient été
suivis, vous le savez, monsieur, l'affaire aurait été traitée
avec plus de ménagement et de modération, les menaces qui
révoltent et aigrissent toujours les cœurs libres et généreux

---

[1] La diète polonaise s'était réunie le 6 octobre 1766. Sur le caractère violent que prirent dès l'ouverture les discussions, voir Beer:
die erste Theilung Polens I, 195 sqq.

auraient été moins prodiguées et on aurait évité ces extrémités qui menacent aujourd'hui la Pologne entière et tous
ceux qui l'habitent, sans distinction de créance, des plus
funestes malheurs. Mais des conseils plus vifs, dictés par
une douleur plus juste que prudente, ont prévalu. Il serait
inutile de s'arrêter à les regretter. Il ne faut penser qu'à
en adoucir les conséquences.

Le roi n'abandonnera pas les dissidents et ne se détachera pas de la Russie. Il ne les suivra peut-être pas
dans toutes leurs mesures et surtout point dans leurs menaces, mais à cela près ses sentiments et son langage ne
changeront point ni pour eux ni pour elle. Il approuve
le mémoire que vous avez projeté de présenter au roi de
Pologne et le parti que vous avez pris de le présenter à
ce prince de concert avec le ministre d'Angleterre dans
une audience particulière. Il vous continue tous ses ordres
de servir la cause de tout votre pouvoir et de tout
votre crédit, mais il vous réitère aussi celui de travailler
sans relâche à prévenir, s'il est possible, les extrémités et à
rapprocher les esprits pour prévenir que ce qui doit être
la délivrance des dissidents ne devienne pas leur asservissement total et leur perte et que ce qui était destiné à
faire le bonheur de la Pologne ne tourne pas à sa dévastation et à sa ruine. Il ne me parait pas encore impossible de trouver des tempéraments propres à satisfaire
les uns sans désespérer les autres. Veuille le ciel qu'on ne
les néglige pas.

Continuez cependant, monsieur, à assister les dissidents
de vos conseils et de vos offices, prenez, marquez-leur constamment le plus vif intérêt à leur sort, vivez toujours dans
une union intime avec l'ambassadeur de Russie, mais ne
vous laissez retenir par rien de témoigner l'attachement le
plus vrai à la personne du roi de Pologne. Dites-lui aussi
souvent que vous en aurez l'occasion, combien le roi sent
et partage ses chagrins, dites-en autant de ma part aux
princes ses oncles et ménagez-vous de manière à ne pas
perdre sa confiance ni la leur.

Voilà, monsieur, tout ce que je suis en état de vous
être dans un moment où les coups décisifs se frappent sur
un théâtre dont je suis si éloigné. Le roi attend, je le ré

pête, avec grande inquiétude les nouvelles de ce qui s'y
passe, et il compte que vous continuerez de l'informer de
tout avec l'exactitude qui vous est ordinaire et dont il me
commande de vous dire qu'il est très content.

312.

Dépêche à Mr d'Assebourg à St. Pétersbourg.

Copenhague 8 novbre 1766.

Vous ne serez déjà que trop instruit sans doute de la
situation des affaires tant politiques que religieuses en
Pologne. Le roi en est vivement touché et il voit avec
douleur que ce qu'il ne désirait que parce qu'il l'estimait
utile au bonheur de ce royaume et au rétablissement des
droits des dissidents, tourne à la destruction de l'un et des
autres. Sa maj. n'est cependant pas étonnée de la furieuse
résistance que le clergé romain et ses adhérents opposent
aux vues de l'impératrice. Elle ne l'a que trop prévu, vous
le savez, mais elle s'était flattée qu'il serait possible de
gagner ou d'intimider des gens qui, sous le voile du
zèle, ne cachent au fond qu'un grand attachement à leurs
intérêts particuliers, et elle n'a pas encore perdu toute
espérance que la sagesse et la puissance de sa maj. impér.
vaincront des difficultés insurmontables à tout autre. Mais
ce qu'elle ne peut apprendre qu'avec une véritable peine,
c'est le malheur personnel du roi de Pologne qui, contraint
sans doute de suivre le torrent et ne pouvant se séparer de
son peuple, se voit la victime de l'animosité des deux
partis et perd les bonnes grâces de l'impératrice dans le
temps qu'il n'est haï d'une partie de ses sujets que parce
qu'on l'accuse d'être trop attaché à cette princesse. Mr de
St. Saphorin vous aura mandé combien la santé de ce
prince infortuné souffre dans cette cruelle agitation, et il
vous aura parlé aussi des fortes démarches faites contre lui
par les ministres de Russie et de Prusse dans une rencontre
où ces deux ministres se sont ligués même avec les ennemis les
plus déclarés des dissidents, uniquement pour faire échouer

une affaire qui aurait été agréable à sa maj. polonaise et
avantageuse à son autorité.[1]) Après ce coup porté il sera
difficile que la confiance renaisse jamais bien véritablement entre les deux cours, et je crains même que les dissidents ne s'effarouchent de la facilité avec laquelle leurs protecteurs se sont réunis avec leurs adversaires les plus pas-
sionnés. Tout me paraît un chaos dans ce moment à Varsovie et, je le répète, rien ne me donnera une lueur d'espérance que la sagesse et la générosité de l'impératrice. Pour
peu qu'elle écoute son ressentiment, tout sera perdu et la
Pologne ne présentera plus qu'une scène d'horreur dont il
n'est pas impossible qu'une autre puissance tire plus de
profit et d'avantage qu'elle.

314.

Dépêche à Mr de St. Saphorin à Varsovie.
Copenhague 15 novbre 1766.

Je ne vous écris ce mot en secret que pour vous dire
que mes dernières nouvelles de Pétersbourg sont bien fâcheuses pour la maison de Czartoriski. Je ne sais, par quel
malheur on attribue à elle seule toute la résistance que la
cour de Russie éprouve, ni pourquoi cette cour, bien qu'elle ne
puisse ignorer combien l'évêque de Cracovie et ses adhérents
sont ennemis de cette maison, la rend cependant responsable
des faits et paroles de ce fougueux prélat. J'en suis dans une
profonde douleur et je ne puis me représenter qu'avec
une peine inexprimable les deux généreux frères devenir la
victime des actions de leurs adversaires. Je ne pense pas
comme eux sur l'affaire des dissidents, vous le savez, mais
cette diversité d'opinion sur un objet ne diminue point
mon respect, ma vénération pour leurs vertus et mon tendre
attachement pour leurs personnes, ne diminue point l'intérêt que je prends à leur grandeur et à leur conservation,

---

[1]) Il s'agissait d'une loi qui préparerait l'abolition ou la restriction
du liberum veto, cfr A. Beer, l. c., pag. 198—99.

sur laquelle la prospérité de leur patrie, humainement parlant, se fonde. N'y aurait-il pas moyen de conjurer l'orage qui les menace? N'y aurait-il pas moyen d'arrêter la vivacité du prince Repnin et de le raccommoder avec eux? Je suis presque sûr que les principes ne sont pas si opposés que l'on ne pût s'entendre si on le voulait. Il faut aux dissidents liberté et sûreté pour leur culte, liberté, sûreté et décence pour leurs personnes et leurs biens, il faut qu'ils soient à l'abri des vexations de leurs confrères et du clergé romain, leur ennemi. Je ne puis imaginer que les princes Czartoriski veuillent leur refuser ces droits, inséparables de leur naissance et sans lesquels ils ne seraient que les esclaves de leurs frères et de leurs égaux. Ces princes sont trop humains et trop éclairés et raisonnables pour le faire. Ils ne leur contestent sans doute que la capacité de parvenir aux dignités et aux bénéfices de la couronne, celle de prendre part au gouvernement de l'Etat. C'est, je l'avoue, être bien rigoureux à leur égard; mais n'y aurait-il pas des termes dont on pût convenir, n'y aurait-il pas d'expédient à trouver qui pût satisfaire les uns sans trop révolter les autres? Peu de choses sont impossibles à la raison et à l'envie de réussir. Pourquoi celle-là le serait-elle? Je vous avoue que je frémis de penser que la Pologne sera peut-être abîmée, toutes les espérances conçues pour son rétablissement détruites et la maison de Czartoriski abandonnée à la haine de ses rivaux et de ses envieux. Marquez, je vous prie, toute ma douleur, toutes mes alarmes au prince palatin et rassurez-moi sur elles si vous le pouvez.

J'attendrai de vos nouvelles avec impatience et inquiétude mais ne répondez à cette lettre que sur une feuille séparée. Je ne vous l'écris pas comme ministre, je ne vous l'écris que comme un particulier vivement touché de ce qu'il voit et de ce qu'il appréhende. Je serais inconsolable si le plus beau règne que la Pologne ait jamais pu se promettre, était interrompu presque dans son début pour ne plus être que l'époque des haines les plus funestes et des maux les plus cruels. Je le répète, je ne m'en consolerais point.

Toutes mes peines et mes sollicitudes ne changent rien cependant aux instructions que j'ai eu l'honneur de vous donner par ordre du roi. Suivez-les, mais en les suivant avec exactitude, n'oubliez rien pour faire sentir en secret au roi de Pologne et aux princes ses oncles, combien leurs peines font de douleur au roi et à moi.

315.

Dépêche à Mr de Schack à Stockholm.
Copenhague 22 novbre 1766.

De tous les projets que l'esprit de parti réduit au désespoir pouvait enfanter, il n'y en a point que j'aurais moins imaginé, je l'avoue, et moins redouté que celui dont vous me faites l'honneur de me parler dans vos dépêches du 10 et 11 de ce mois, dont la première m'a été remise par le courrier de mr Gooderick.[1]) Engager son roi à une démarche aussi indécente et aussi peu glorieuse que l'est celle de se dire abattu par les contradictions et las de régner, l'exposer au risque ou d'être pris malgré lui au mot ou d'avoir à révoquer sa parole comme imprudemment avancée, c'est à mon gré une idée si hardie, si téméraire et si criminelle que je ne l'aurais pas supposée même aux plus fanatiques des enthousiastes de la cour. Je ne puis comprendre comment elle est venue à des gens sages et capables de sentir la conséquence d'une pareille mesure, et je ne vous dissimulerai pas que, si l'avis ne me venait pas de vous, j'aurais de la peine à y ajouter foi. Mais, monsieur, plus elle est extraordinaire, plus elle mérite, aussitôt qu'elle existe, l'attention la plus sérieuse du roi. Sa maj. sent que l'on ne tenterait pas et n'emploierait pas un moyen de cette nature, si l'on ne s'en proposait le plus grand effet et si on ne se flattait d'en tirer les plus grands avantages, elle sent combien il sera nécessaire d'opposer mesure à mesure.

Vous en assurerez mrs de Gooderick et d'Ostermann et vous emploierez de concert tous vos soins pour bien dé-

---

[1]) Voir Tengberg, 48—49, cfr VIII, Malmstrøm, V, 454—56.

couvrir et pénétrer toute l'étendue de ce singulier projet. Sa maj. en attend vos rapports avec une impatience extrême.

314.

Dépêche à Mr d'Assebourg à St. Pétersbourg.

Copenhague 22 novbre 1766.

J'ai mis sous les yeux du roi vos dépêches et je lui ai rendu un compte fidèle et exact de tout ce qui vous a été dit et déclaré par le ministère impérial au sujet de l'affaire des dissidents.

Sa maj. y a donné l'attention la plus sérieuse et la plus réfléchie et comme elle est bien résolue à ne pas se séparer de sa maj. impériale dans une cause si juste, mais de continuer d'agir de concert avec elle pour obtenir le but salutaire que les deux puissances se proposent, elle vient de renouveler ses ordres à mons. de S. Saphorin de se tenir uni au prince de Repnin et aux ministres de la Grande-Bretagne et de Prusse, et elle lui commande de ne rien négliger pour faire connaître et valoir cette union et en rendre les effets heureux et avantageux aux dissidents.

Vous aurez déjà vu, monsieur, par la déclaration que ce ministre a remise en conformité de ses instructions au roi de Pologne[1]), et dont il vous aura envoyé la copie avant qu'elle fût imprimée comme elle l'est aujourd'hui, avec quelle précision il s'est expliqué à cet égard et combien il a été attentif à employer les termes souhaités par mr de Panin et concertés avec mr de Repnin. J'espère que l'on en sera content à Pétersbourg et que l'on y observera que dans cette importante rencontre, comme en toute autre, rien n'est plus exact, plus fidèle et plus sincère que l'amitié du roi et son désir de poursuivre de concert avec l'impératrice des vues dignes de l'un et de l'autre. Animée par ces mêmes motifs, sa maj. donne ordre aujourd'hui à

---

[1]) Cette déclaration est imprimée dans: Clausen: Recueil de tous les les traités etc. conclus par la couronne de Danemark dès 1766 jusqu'en 1794, pag. 5—7, cfr la réponse du sénat de Pologne, pag. 8.

mr d'Osten de s'exprimer à la cour où il réside dans le sens proposé par mr de Panin[1]), et quoiqu'elle n'ait d'ailleurs aucune relation avec les ministres de Rome, elle lui a enjoint de s'exprimer ainsi nommément vis-à-vis du nonce du pape. Ce n'est pas que sa maj. s'en promette quelque effet, l'esprit de persécution et de haine envers tous ceux qui ne lui obéissent pas, n'abandonne jamais ceux qui remplissent ou gouvernent le siège romain, il est l'âme de toute leur politique, en vain leur allègue-t-on la raison et le christianisme, ce sont des arguments étrangers pour eux; mais il suffit que l'impératrice ait souhaité cette démarche, très sage en elle-même, pour décider sa maj. à enjoindre à son ministre de la tenter.

Mais si le roi se fait ainsi un plaisir et une affaire de seconder partout et par les mesures les plus publiques les glorieux desseins de sa maj. impér., il ne peut cependant que compatir vivement au sort du roi de Pologne, qui, dans la crise la plus fatale et la plus embarrassante où un roi, élu depuis peu d'années par son peuple, dépendant de lui et dont l'autorité très limitée par les lois est encore nouvelle et chancelante, puisse se trouver, ne saurait prendre de parti qui ne lui soit funeste. Ce prince, certainement bien plus malheureux que coupable, chef presque précaire de la nation la plus superstitieuse de l'Europe, sûr d'être abandonné par elle au moment qu'elle le soupçonnera de manquer de zèle pour ses principes, né et élevé lui-même dans ces opinions, mérite-t-il tant de haines et de reproches? mérite-t-il de perdre l'amitié de l'impératrice sa bienfaitrice, au moment qu'il lui représente tant de dangers qui le menacent et qu'il hésite à s'en laisser accabler? Ce qui se débite de son pouvoir dans la nation et de la puissance sans bornes des princes Czartoriski ses oncles est manifestement le langage de ses ennemis et des leurs qui, bien aises de le gêner et de les perdre, rejettent tout sur eux et veulent, s'ils ne réussissent pas dans le reste, avoir au moins le plaisir de les rendre de plus d'une manière vic-

---

[1]) Mr de Panin espérait d'obtenir par l'intervention du pape que le clergé catholique ne s'opposât pas à ce que les dissidents en Pologne fussent satisfaits.

times de leurs vues et de leurs projets. Il faut ne pas connaître la Pologne, les factions et les divisions qui la déchirent, la jalousie et l'esprit de liberté et d'indépendance qui y règnent, l'autorité du clergé, fondée sur l'ignorance du peuple et par conséquent universelle et à laquelle depuis tant d'années rien n'a pu résister, pour les en croire. Le roi pénétré de ces réflexions, ne peut, je le répète, que plaindre le roi de Pologne dans cet excès de maux et souhaiter que l'impératrice, considérant la situation, n'écoute pas trop les insinuations dictées peut-être par une politique moins généreuse que la sienne, pour aller jusqu'à détruire son propre ouvrage. La cause des dissidents sera difficilement établie et affermie par les armes. La partie est trop inégale au dedans et l'appui du dehors trop casuel. La guerre une fois allumée à leur occasion se tiendra difficilement au seul objet qui l'a fait naître. L'histoire est remplie d'exemples bien propres à instruire à cet égard, si les puissances protectrices, après les avoir animés à se confédérer et après avoir achevé par là de les rendre souverainement odieux à toute la nation, qui après tout sera toujours la leur, venaient pour quelque raison ou par quelque événement que ce pût être, à abandonner leurs intérêts. Le roi ne saurait se dissimuler ces vérités, ni par cette raison cesser de souhaiter que l'impératrice, contente d'avoir effrayé leurs adversaires par la montre de sa puissance et le sérieux de ses déclarations, ne poussât pas les choses jusqu'à la dernière extrémité, mais admit des expédients et des tempéraments qu'il ne serait peut-être pas impossible de trouver, et qui assureraient le sort des dissidents qu'elle protège bien plus solidement que ne pourraient le faire les victoires les plus éclatantes.

Je vous expose cette façon de penser du roi par ses ordres uniquement pour vous en informer. La volonté de sa maj., constamment résolue, je le répète, de ne pas séparer ses démarches et ses offices de ceux de l'impératrice, n'est pas que vous en fassiez un usage qui pourrait être hors de saison. Il suffit que vous sachiez ses sentiments et que, lorsque vous jugerez pouvoir le faire sans inconvénients, vous tâchiez d'adoucir les impressions prises contre le roi de Pologne et de modérer le feu et la haine du ba-

roñ de Goltz. Le roi s'intéresse ardemment à la vraie
gloire de l'impératrice et au succès de son grand et vertueux ministre, et puis il estime la prospérité de la Pologne
convenable à ses intérêts et il serait fâché, et par humanité
et par politique, de voir ce vaste et beau royaume continuer
d'être nul en Europe ou même devenir au moins en partie
la proie d'une puissance qui pourrait bien ne pas penser
absolument comme la Russie, qui a fort la mine de joindre
au zèle qu'elle professe dans cette occasion, des vues un
peu moins religieuses et désintéressées et des desseins pas
entièrement détachés de l'amour du bien d'autrui.

347.

Instruction für den Grafen von Holstein als destinirten Envoyé extraord. nach dem Preussischen Hofe. [1]

Christiansburg d 15 December 1766.

(Extrait.)

Art. V. Da Wir vorjetzo keine besondere Negociation
an dem Berliner Hofe haben, so geht die vornehmste Absicht, welche Wir bei seiner Verschickung hegen, ins besondere dahin, dass er, Unser Kammerherr und Envoyé,
sich möglichst angelegen sein lasse, des Königs von Preussen
Gesinnungen gegen Uns und Unsere Interessen, wie auch
dessen Absichten bei gegenwärtigen Läuften genau zu erforschen, auf dessen Demarches sorgfältig Acht zu haben
und darüber zuverlässig zu berichten, da Wir ihn dann, dem
Befinden nach, mit Verhaltungs-Befehlen werden versehen
lassen.

---

[1] Le baron de Diede ayant été nommé ministre à Londres, le comte
U. A. de Holstein fut destiné à le remplacer à Berlin. Mais il ne
prit jamais possession de son poste. Il fut appelé à d'autres fonctions, et il fut décidé que le poste de Berlin resterait vacant encore pour 6 mois et que mr d'Osten toucherait à titre de gratification 2000 Spécies sur les appointements ainsi économisés.

818.

Ratification royale de l'acte de renonciation à l'héritage dans la maison de Brunsvic-Lunebourg signé par la reine Caroline Mathilde à Londres le 1 octobre 1766.

Copenhague 15 décembre 1766

319.

Dépêche à Mr de Schack à Stockholm.

Copenhague 23 décembre 1766.

Délivré par la grâce de Dieu de cette indispositon douloureuse dont j'ai été affligé, je me hâte de m'acquitter des ordres du roi, que la seule impossibilité m'a empêché d'exécuter plus tôt, et je ne perds pas un moment pour vous dire que le roi, trop sûr de votre zèle pour sa personne et pour son service pour douter un moment des sentiments avec lesquels vous entrez dans ce que les égards que les rois amis se doivent exigent de lui, a pris la résolution de complaire à sa maj. le roi de Suède et de prolonger, pour marquer à ce prince son empressement à aller au devant de ce qui peut lui être agréable, votre séjour à Stockholm jusqu'au printemps prochain.[1]

Vous le déclarerez, monsieur, à son exc. mr le comte de Lœwenhjelm et vous prendrez vous-même vos mesures en conséquence. Après tout, ce délai ne sera pas bien long, l'hiver est déjà fort avancé et peu de mois le termineront. Vous nous reviendrez dans peu avec l'agrément de plus d'avoir mérité et obtenu de la part de la cour où vous avez résidé et où vous avez exécuté les volontés du roi au contentement parfait de sa majesté, le témoignage le plus bono-

---

[1] Aussitôt qu'il fut connu à Stockholm que mr de Schack serait rappelé sur la demande du prince royal, le parti dominant, assisté par la Russie, demanda officiellement à Copenhague qu'il restât. Dans ces circonstances il fut maintenu à Stockholm jusqu'au printemps 1767. Voir Nilsson l. c., 278.

rable et le plus satisfaisant qui puisse être rendu à un ministre. C'est avoir atteint et rempli tous les buts.

229.

Instruction für den Kammerherrn W. Chr. v. Diede zum Fürstenstein als Envoyé extraord. beim Gross-Britannischen Hofe.[1]

Christiansburg d. 12 Januar 1767.

(Extrait)

— 4. Insonderheit hat er den Kgl. Gross-Britannischen Ministris die Nothwendigkeit eines vertraulichen und genauen Einverständnisses zwischen beiden Höfen, um das Gleichgewicht im Norden sowohl als die Freiheit und Ruhe in den Uns benachbarten Reichen zu unterhalten, vorzustellen und bei solcher Gelegenheit auf eine anständige und behutsame Weise zu insinuiren, dass die Beibehaltung der in Schweden eingeführten Regierungs-Form der Grund sei, worauf der Ruhestand im Norden beruhe, und dass Wir deren Umsturz und die Einführung der uneingeschränkten Gewalt in besagtem Königreiche nie zugeben, sondern diejenigen, welche daselbst für die Beibehaltung ihrer Fundamental-Gesetze und Freiheiten wohlgesinnt wären, aus allen Kräften unterstützen würden.

230.

Dépêche à Mr d'Assebourg à St. Pétersbourg.

Copenhague 24 janvier 1767.

Le roi, pénétré de la plus haute estime pour l'impératrice de Russie et pour son ministre, et toujours attentif à donner à cette princesse des preuves de sa confiance intime et de son désir prédominant de se lier plus étroitement avec elle qu'avec aucune autre puissance de la chrétienté, vous

---

[1] Le comte de Bothmer ayant été nommé grand-maître de la maison de la reine Caroline Mathilde, mr de Diede lui succéda comme ministre à Londres, et resta dans ce poste jusqu'au 20/12 1776.

charge de dire dans la plus grande confidence à mr de Panin que la Grande-Bretagne vient de lui proposer une
alliance défensive pour la sûreté et l'avantage mutuel des
deux couronnes et de demander à sa maj. qu'elle projette
elle-même le plan de cette alliance et de ses conditions.

Sa maj. n'est point du tout éloignée de cette liaison.
Naturellement disposée en faveur des intérêts d'une maison
royale si souvent et si étroitement unie à la sienne et amie
d'une nation si puissante et si considérable, qui a été plus
d'une fois l'alliée de sa couronne, elle incline fortement à
y donner les mains, bien entendu que les conditions de
l'alliance soient équitables et conviennent à ses intérêts et
aux circonstances. Mais elle n'entrera pourtant point dans
la négociation avant de savoir ce que sa maj. impér.
en pense et jusqu'à quel point elle y juge l'époque présente favorable, et j'ai pour cet effet reçu l'ordre de
trainer sa réponse le mieux qu'il me soit possible jusqu'à
ce que vous m'ayez informé des intentions et des sentiments
de cette princesse. Je vous prie de me les faire savoir avec
précision et promptitude.[1]) Je vous avoue que le voyage de
Moscou m'afflige.[2]) Peut-être cette lettre même ne vous

---

[1]) Mr de Panin ayant déjà quitté Pétersbourg avant l'arrivée de cette
  instruction, mr d'Assebourg se borna à répondre dans sa dépêche
  du 20 février: „si je pouvais me fier aux observations que j'ai
  faites depuis mon arrivée ici sur la façon de penser de mr de Panin relativement aux liaisons à établir entre le roi et la Grande-
  Bretagne, je dirais qu'il les souhaite en effet pour le bien et
  l'affermissement du système du Nord, dont il est si occupé, mais
  que, pour bien déterminer les principes de cette union générale
  et les avantages qui en doivent revenir aux puissances qui la con-
  tracteront, il voudrait achever auparavant la négociation particulière entre nous et sa cour afin qu'aucune influence étrangère
  n'en pût troubler la poursuite et qu'au moyen du traité provisionnel convenu et arrangé, l'Angleterre, convaincue de la parfaite
  intelligence entre nos souverains, fût disposée à accéder par des
  conditions favorables à leurs engagements déjà convenus." Une
  conversation postérieure avec mr de Penin confirma pleinement ce
  jugement, „pour établir un système solide dans le Nord, il fallait
  que les souverains de cette partie de l'Europe fussent bien liés
  entre eux avant de se faire un ami commun au dehors," cfr dép
  d'Assebourg du 5 mars.

[2]) Voir Denkwürdigkeiten des Herrn v. Asseburg, 130, 139—41.

sera rendue qu'après le départ de la cour. Combien n'y aura-t-il pas de jours et peut-être de semaines perdus avant que le ministère, dérangé par un si grand voyage, puisse reprendre les affaires. Le contretemps est bien fâcheux dans un moment aussi vif et aussi critique que celui dans lequel nous nous trouvons, et il deviendrait déplorable si votre santé vous empêchait d'être avec mr de Panin. Je ne veux pas même imaginer un si grand malheur.

Nous travaillons cependant sans relâche, mrs les ministres de Russie et nous,[1] et quoique, dans une affaire de cette importance et de cette étendue, il se trouve sans doute des obstacles et des incidents qui embarrassent et qui arrêtent, nous espérons toujours vous envoyer la minute du traité au temps que je vous ai marqué, au mois d'avril. Il faudra pour cela faire la plus grande diligence, mais j'espère que nous le ferons.

322.

Dépêche à Mr de Schack à Stockholm.
Copenhague 14 mars 1767.

Si plusieurs des lettres que vous m'avez fait l'honneur de m'écrire, roulent sur des intrigues qui se jouent en Suède, je dois vous prier de venir à mon secours pour m'aider à en découvrir une qui se trame ici mais qui tire probablement son origine des ordres qui viennent de Stockholm·à celui qui la conduit. Nous avons des indices très forts que mr de Sprengtporten emploie le vert et le sec pour contrecarrer la négociation entamée par ordre du roi avec les ministres de Russie, et il y a même des gens qui croient savoir qu'il répand de l'argent pour acheter des ennemis à cet ouvrage. Je ne vous donne pas cette dernière circonstance pour vraie et j'aime à en douter, ne pouvant croire personne dans ce pays, jusqu'ici si exempt de corruption, capable d'écouter seulement des propositions si

---

[1] Les négociations avaient été ouvertes le 30 décembre 1766 entre mrs de Filosofoff et Saldern d'un côté et mrs de Bernstorff, de Thott et de Reventlow de l'autre.

indignes et de si viles tentations. Mais comme il ne m'est
cependant pas permis de négliger les bruits qui en courent, je
dois vous prier de découvrir, s'il est possible, de qui mr de
Sprengtporten peut avoir les ordres et les moyens d'agir
comme il le fait. Vous pouvez vous en ouvrir à mr d'Ostermann. Il partage, je l'espère, avec nous l'intérêt que nous
prenons au succès d'une négociation qui nous est commune.
Vous rendriez un service bien important au roi, si vous
pouviez approfondir ce mystère, mais vous voudrez bien
ne me répondre sur cet article que dans le chiffre secret
et sur des feuilles séparées. [1])

322.

Instruction supplémentaire pour Mr Gregers Juel comme
Envoyé extraord. à Stockholm. [2])

Copenhague 16 mars 1767.

La situation des affaires en Suède a si entièrement
changé depuis deux ans et surtout depuis la dernière diète,
et les instructions données à mrs d'Assebourg et de Schack,
vos prédécesseurs, lorsqu'ils se rendirent à leurs postes et
entrèrent dans le ministère que le roi vous confie aujourd-
'hui, sont par là devenues si inutiles que j'aurais, monsieur,
à vous former un plan tout nouveau et à vous présenter un
tableau opposé à celui que j'ai remis en 1754 et 1760 à ces
deux ministres — tableau dont les détails seraient nombreux et considérables —, si vous n'aviez pas été pendant plusieurs années et dans l'époque même de ces changements
sur les lieux où ils sont arrivés, et si, témoin oculaire de
toutes les résolutions dont j'aurais à vous entretenir et à
vous instruire, elles ne vous étaient pas parfaitement connues; [3]) mais ces notions que vous avez déjà, la part que

---

[1]) D'après une dépêche du 4 avril il paraît que ce soupçon, qui peut-
être était provoqué par les intrigues connues du ministre de
Prusse, n'était pas tout à fait fondé. Cfr. Hist. Tidsskr. IV R, III,
106—7, Note.

[2]) Mr Gregers de Juel, ministre à Stockholm jusqu'au 1 avril 1771.

[3]) Mr de Juel avait passé plusieurs années en Suède auprès de mr
de Schack pour s'initier aux affaires et se rendre capable de succéder à ce ministre.

vous avez eue par la permission du roi à toutes les opérations de la dernière diète et l'application que vous avez donnée à ces affaires, m'en dispensent et me permettent de n'ajouter que quelques observations à tout ce que par le commandement du roi j'ai déjà eu l'honneur de vous dire sur la conduite que vous aurez à tenir dans le ministère dont vous allez être chargé.

Les principes du roi, vous le savez, monsieur, sont les mêmes, son système est immuable; pendant que tout a changé en Suède, il n'a point changé. Il est, comme il l'a été toujours, l'ami, le protecteur de la liberté suédoise et de la forme de gouvernement telle qu'elle est établie dans ce royaume par les lois. Ce mot est le précis de toutes les instructions que le roi vous donne, il est la clef de tous les ordres qu'il vous adressera et en ne perdant jamais cette règle de votre souvenir vous ne vous écarterez jamais du chemin qu'il veut que vous suiviez. Il n'y a point de liaisons, point d'affections qui puissent l'altérer. Toute puissance, tout homme qui soutient en Suède la liberté et les lois a droit à son amitié, à son concours et à son appui, toute puissance qui les attaque est son ennemie, tout homme qui les combat ou les trahit a encouru sa disgrâce.

Depuis que le malheur de la Suède a appelé au trône la reine qui y règne aujourd'hui, cette princesse, abusant de la complaisance et de la facilité du roi son époux, n'a cessé de cabaler contre les lois et de conspirer contre la constitution de l'Etat, à laquelle ce même roi son époux doit sa couronne et dont il a juré le maintien. Elle ne cesse de joindre à ces projets coupables le projet chimérique d'enlever la Norwége au Danemark. C'est donc elle qui est l'ennemie du roi, c'est donc elle et ses adhérents que vous, son ministre, devez observer sans cesse, sans jamais vous laisser endormir ni par ses inconséquences, ni par ses revers, ni par les illusions dont elle cherche à semer et couvrir sa route. Elle sera toujours le but de votre défiance et de votre attention, vous la croirez toujours, lors même qu'elle paraîtra la plus désœuvrée et la plus tranquille, occupée de quelque intrigue et de quelque dessein pernicieux.

Dans les diètes de 1751, 1756 et 1760, la France et les chapeaux ses amis s'opposaient à elle et défendaient les

lois. Le roi par conséquent s'unit à eux, ses ministres
eurent l'ordre de seconder leurs opérations et vous savez
avec quelle bonté et quel succès sa maj. les a secourus
dans leur embarras et leurs détresses, avec quelle fidélité
mr de Schack a concouru à leur appui et aux opérations
coûteuses et dangereuses qui les ont soustraits aux malheurs qui leur étaient préparés. En 1764 une singulière
politique, dont ils n'ont pas eu sujet de s'applaudir, les
réconcilia secrètement avec la reine, les rendit ingrats et
infidèles envers le roi, notre maître, et donna à sa maj., qui
n'avait pas jugé à propos de changer avec eux et de les
suivre dans leurs inconstances et leurs erreurs, d'autres
amis les bonnets, qui en devenant les amis des lois de-
venaient nécessairement les siens. Vous l'avez vu, monsieur,
vous avez été témoin de la probité avec laquelle ces derniers en ont agi, vous savez sur quelle base leur liaison
avec le roi et le concert intime heureusement établi entre
sa maj. et l'impératrice de Russie ont été fondés, vous en
conclurez que, tant que les bonnets conserveront ces principes, le roi ne saurait ni désirer ni avoir d'autres amis.

Vous suivrez donc attentivement et scrupuleusement ces
liaisons, vous adopterez toutes les connexions de mr de
Schack et vous cultiverez surtout avec le plus grand soin
l'affection et la confiance du comte d'Ostermann que vous
possédez déjà. Vous ne permettrez pas qu'il conçoive
contre vous et vos inclinations le moindre soupçon et, quoique
vous deviez ménager vos démarches au point que vous ne
donnerez de justes sujets de plainte à personne, vous aurez néanmoins pour premier but celui de conserver l'union
la plus intime avec lui, de partager ses conseils et ses
mesures tendantes au soutien de la forme de gouvernement,
et de maintenir le roi dans la position d'être instruit de
tout ce qui se fait et se projette pour cet effet, ainsi que
dans celle d'être estimé le protecteur et l'appui constant et
inébranlable de la liberté suédoise.

S'il était possible que dans cette position et avec ces
principes vous observassiez une certaine égalité entre les
partis opposés, recommandée autrefois à vos prédécesseurs,
le roi vous la prescrirait aussi; mais sa maj. sent qu'engagés aussi avant dans les affaires du royaume que ses

ministres le sont aujourd'hui, il n'est plus ni possible ni convenable d'affecter une indifférence qui ne saurait exister ni abuser personne. Elle ne veut donc point que vous paraissiez neutre lorsque vous ne l'êtes pas et ne sauriez l'être, elle veut que vous donniez une préférence marquée aux défenseurs de la cause qu'elle protège, mais elle désire cependant que dans toute votre conduite vous vous montriez l'ennemi du parti contraire sans l'être des personnes qui le composent, que vous vous souveniez toujours que ces mêmes chapeaux, devenus les adhérents de la reine après avoir si vivement combattu et anéanti ses coupables desseins en 1756, peuvent redevenir ce qu'ils ont été, les appuis de la liberté, et que par cette même raison vous distinguiez parmi eux les gens que la malheureuse séduction de l'animosité et de la haine fait agir aujourd'hui contre leurs propres principes, tels que sont les comtes de Fersen et de Scheffer, qui dans le fond aiment leur patrie et qui, s'ils peuvent être entraînés à l'oublier dans la chaleur de la contestation et de la passion, sont au moins incapables de la trahir jamais, que vous les distinguiez, dis-je, de ceux qui, entièrement aveuglés par des intérêts personnels, ne seront jamais que des instruments de l'oppression et de l'intrigue. Il est important que vous conserviez des ménagements pour les premiers et que, sans avoir avec eux des liaisons qui pourraient donner ombrage à vos vrais amis, vous les convainquiez par vos procédés qu'immuablement attaché à la constitution légale de la Suède, vous ne les combattez uniquement que parce qu'ils la combattent.

J'estime après cela presque superflu de vous dire qu'en conséquence de ces règles il convient aux intérêts du roi que vous soyez bien avec le ministre de la Grande-Bretagne. Le roi son maître est par rapport à la Suède dans le même système que le nôtre et vous pourrez encore compter pour quelque chose que celui qui remplit aujourd'hui cette place, le chevalier Gooderick, est le serviteur particulier de sa maj. et l'ami sincère du Danemark. Homme judicieux, rempli de connaissances et rompu dans les affaires, sa confiance ne pourra que vous être agréable et utile.

Pour l'ambassadeur de France, vous serez aussi bien avec lui qu'il vous sera possible de l'être en observant

les règles que le roi vient de vous prescrire. Vous ne pouvez aujourd'hui que vous opposer à ses souhaits, à ses intrigues et à ses vues, mais vous éviterez de lui donner occasion de se plaindre personnellement de vous, et vous em-
ploirez surtout à son égard dans toutes vos actions et dans
tous vos discours la prudence que sa maj. se promet de
votre application et de votre zèle. Je n'ai rien à vous dire
de particulier sur les ministres des autres cours, ils sont
ou assez insignifiants ou dépendants de ceux que je viens
de vous nommer. Vous en agirez avec eux en conséquence.

Vous remplirez donc, monsieur, les volontés et les intentions du roi, en observant sans cesse la reine de Suède,
en vous tenant étroitement et intimement lié au ministre de
Russie, en cultivant l'affection et la confiance du parti de
la liberté et du ministre de la Grande-Bretagne, sans offenser
personnellement et à moins d'une nécessité absolue l'ambassadeur de France et ceux qui dans le parti des chapeaux méritent quelque estime et, je l'ajoute, en coopérant
fidèlement à éloigner une diète extraordinaire et à prévenir
et à écarter tout ce qui pourrait donner de l'avantage à
la cour sur ceux qui lui résistent. Le roi veut que vous
regardiez tout ce qui se présentera à faire dans ce sens
comme s'il vous l'avait nommément et particulièrement
ordonné.

Il ne me reste que deux articles encore à toucher.

L'un regarde mdme la princesse royale. Vous le sentez et votre zèle pour le sang de nos rois vous le dit
mieux que je ne puis le faire jamais, que son service exige
et demande toute l'attention de votre cœur. Indépendamment de ce que la voix de la nature et de la tendresse inspire au roi pour elle, indépendamment de ses vœux pour le
bonheur d'une sœur chérie, il importe à sa maj. que le crédit
de son alt. royale s'établisse et augmente en Suède. Ce sera
une amie puissante de plus qu'elle aura dans ce royaume
voisin. Vous laisserez donc un libre cours aux sentiments qui
vous animent pour son alt. royale. Vous l'assisterez de vos
conseils, vous lui rendrez tous les services qui dépendront
de vous; mais, pour que ces services soient utiles, il faut
qu'ils soient prudents et secrets, il faut qu'ils ne causent
point de chagrins à mdme la princesse, il faut qu'ils ne vous

fassent point de jaloux. Je puis vous recommander à cet
égard l'exemple de mr de Schack. En suivant ses principes
et sa sagesse, vous aurez ses succès.

Et le dernier point enfin que le roi m'ordonne de vous
recommander, c'est que vous donniez une application toute
particulière à démêler et à suivre l'union de sentiments et
de vues qu'il peut y avoir entre la reine de Suède et le
prince royal son fils, le degré de pouvoir que cette princesse a sur son esprit et sur son cœur, et les liaisons secrètes
que l'on pourrait supposer à l'une et à l'autre avec le roi
de Prusse. Vous sentez si bien l'importance de ces objets que je me dispense de la détailler. Ils méritent tous
vos soins.

Quant à tout le reste, je m'en rapporte aux instructions données à vos prédécesseurs. Rien de ce qui se passe
en Suède, rien de ce qui regarde son armée, sa flotte, ses
finances, sa banque, ses fabriques, son commerce, intérieur
et extérieur, sa navigation, son crédit, n'est indifférent au
roi. Rien n'échappera à votre vigilance. Vous rendrez
compte de tout à sa maj. et vous serez bien sûr qu'elle ne
vous laissera jamais languir après ses résolutions et ses ordres, et que vous serez ponctuellement instruit de ses volontés et guidé par ses commandements.

Voyagez heureusement, monsieur, remplissez les vues
du roi et mon attente, méritez, obtenez l'approbation de sa
maj. et mes applaudissements et revenez-nous un jour, après
un brillant et heureux ministère, comblé d'honneur et de
succès. Mes vœux les plus tendres vous accompagneront
toujours.

324.

Dépêche à Mr d'Assebourg à Moscou.

Copenhague 20 avril 1767.

Grâces au ciel, notre négociation est terminée. La dernière conférence a été tenue ce soir et le courrier va partir
pour porter à Moscou le traité tel qu'il a été dressé sous

les yeux du roi et agréé par sa maj. S'il était d'un moindre volume, j'aurais tâché de vous en envoyer une copie; mais j'aurais été obligé de retarder pour cet effet de plusieurs jours le départ du courrier, et je suis sûr que vous m'approuvez de préférer à ce délai le parti de prier mr de Panin, comme je le fais par le moyen de mrs de Filosofoff et de Saldern, de vous le communiquer.

Comme dans tout cet ouvrage on s'est assujetti à suivre encore avec la plus scrupuleuse exactitude les grands principes et les grandes vues des deux souverains, j'ose espérer qu'il obtiendra bientôt l'aveu de sa maj. impér. Vous aurez soin, monsieur, de le procurer le plus promptement qu'il vous sera possible. Selon le calcul de mr de Saldern et le mien le courrier pourra nous le porter vers la fin du juin. Vous vous figurerez aisément avec quelle impatience il sera attendu.

Le roi ne veut cependant pas différer jusque là le plaisir qu'il sent de vous prouver la satisfactien qu'il a des services que vous lui avez rendus dans cette importante rencontre, et pour vous en donner une marque publique, il vient de vous nommer son conseiller privé. J'en fais mon compliment à votre excellence avec la joie la plus vive et la plus sincère, elle sait combien mon cœur applaudit et s'intéresse à sa gloire et à ses avantages. Ma joie serait cependant, je ne le nie pas, encore plus pure et plus entière, si je n'avais pas été obligé de rappeler à sa maj., dans ce même moment, les instances faites par votre exc. pour obtenir la permission de quitter encore cet été la cour de Russie. Le roi y a fait l'attention la plus sérieuse, et trop bon maitre pour vouloir gêner un serviteur fidèle et chéri, il m'ordonne de dire à votre exc. qu'il la lui accorde, quoique non sans peine. Vous êtes donc le maitre, monsieur, de partir aussitôt que vous serez sûr de l'approbation accordée par l'impératrice au traité et de l'expédition de cette approbation. Le roi est bien certain que vous n'êtes pas homme à quitter la partie avant que ce point important ne soit en sûreté.

Mais sa maj. me commande d'ajouter qu'il n'y a que vos souhaits et son désir de les remplir qui aient pu la porter à consentir à votre départ, et qu'elle persiste dans la

résolution de vous nommer son ambassadeur si vous pouvez
rester en Russie jusqu'au retour de mr de Saldern. Dans
ce cas votre exc. en recevra les lettres de créance avec le
courrier qui portera le traité signé à l'impératrice, et elle
jouira des mêmes appointements, agréments et avantages
dont mr Charles de Holstein a joui pendant le temps
qu'il était revêtu du même caractère. Ils suffiront à sa dépense et il n'y aura aucun embarras à cet égard. [1])

325.

Lettre de cabinet à l'Impératrice de Russie.

Copenhague 21 avril 1767.

Madame ma sœur. Je me fais une si douce habitude
de tout espérer et de tout attendre de l'amitié de V. M.
Imp., et je souhaite si sincèrement écarter tout ce qui peut
ou troubler ou retarder la réussite et la conclusion de
l'ouvrage qui, selon les vœux les plus constants de mon
cœur, achèvera de rendre Notre union indissoluble, que je
ne puis me dispenser de demander à V. M. Imp. qu'il Lui
plaise ajouter encore une démarche à tout ce qu'Elle a
déjà fait pour assurer un but si glorieux et si salutaire.
Le sieur Borck, qui réside près de ma personne de la part
du roi de Prusse, m'a donné lieu de le croire occupé à
traverser secrètement les vues de V. M. Imp. et les miennes
et à embarrasser la négociation de Nos ministres. Son
éloignement me parait nécessaire, [2]) mais je voudrais qu'il se
fit sans éclat et sans bruit, et c'est ce qu'il sera facile à
V. M. Imp. d'effectuer. Un mot dit par Elle suffira pour
engager le roi de Prusse à le rappeler. J'en aurai une
vraie obligation à V. M. Imp. et je La prie de juger par

---

[1]) Voir Denkwürdigkeiten des Herrn v. Asseburg, 170.
[2]) Sur les intrigues de ce ministre ici, voir N. Hist. Tidsskr., IV B,
III B., 103—110.

cette preuve de ma confiance en Elle, avec quelle estime et
quels sentiments je suis à jamais, Madame ma Sœur,

de V. M. Imp.

le bon frère. [1]

326.

**Provisorischer Traktat zwischen dem Könige von Dänemark
und der Kaiserinn von Russland über den Austausch des
Gross-Fürstlichen Antheils Holstein gegen die Grafschaften
Oldenburg und Delmenhorst,**

unterzeichnet in Copenhagen d. 11—22 April,
ratificirt zu Christiansburg d. 30 November 1767. [2]

327.

**Votum des Geheimenraths Grafen von Bernstorff, abgelegt
im Conseil d. 30 April 1767, die Alienation der an die Stadt
Hamburg habenden alten Ansprüche betreffend.**

Wenn auf Veranlassung dessen, so von den Russischen
Ministris wegen der Veräusserung der Gerechtsame und Ansprüche, so dem Könige und dem Gross-Fürsten als regierenden Herzogen von Holstein bis anbero auf die Stadt
Hamburg zugestanden, insinuirt worden, über dieses wichtige Object in der Absicht gerathschlagt werden soll, um
darüber einen allerunterthänigsten Vortrag an Ihro Königl.
Maj. abzufassen, und es meine Pflicht erfordert, zu solchem
Ende meine unvorgreifliche Meinung über solches Ew.

---

[1] L'impératrice répondit par une lettre autographe, datée le 11
septbre Kolomenskoe, qui est imprimée dans N. Hist. Tidsskr.,
V, 304—7. Il en résulte que le roi de Prusse avait prévenu les
désirs du gouvernement danois en rappelant mr de Borck, qui en
avertit le comte Bernstorff le 18 mai. Du reste la lettre de l'impératrice s'attachait à assurer le maintien des ministres et notamment celui de mr de Bernstorff.

[2] Sur les négociations de ce traité voir Hist. Tidsskr. IV R, III,
99—114. Pour prouver sa satisfaction, le roi nomma mrs de
Bernstorff, de Thott et de Reventlow comtes le 14 décembre 1768.

Hochfürstl. Durchl.[1]) und Ew. Excellenzen in ehrerbietigem collegialischem Vertrauen ohne Vorbehalt zu offenbaren; so glaube ich meine Gedanken nicht deutlicher entwickeln zu können, als wenn ich solche theile, und zuvörderst, worinnen nach meinem Begriff diese Königl. und Grossfürstl. oder, eigentlicher zu reden, Herzogl. Holsteinischen noch behaupteten und fortgesetzten Jura und Prætensiones über und auf Hamburg bestehen, sodann aber, was ich von deren Nutzen und Anwendung mir vorstelle und erwarte, und endlich, was ich bei solcher Beschaffenheit der Sache und Umstände dem Dienste des Königes am zuträglichsten erachte, anzeige.

Hamburg ist ohne Zweifel auf Holsteinischem Grund und Boden erbaut, und ursprünglich eine Holsteinische Land-Stadt gewesen. Noch zu Anfang der Regierung Königs Christiani I ist sie, wie Ew. Exc. aus der Deduction, so ich aus den Acten extrahiren lassen, und Deroselben vorzulegen die Ehre gehabt habe, ersehen haben werden, auf die Land-Tage erschienen; noch unter der Regierung Königs Christiani III nennt selbige die Herzoge von Holstein ihre Erbgebornen Landes-Herren, und bekennt in ihrer Anno 1551 dem Reichs-Fiscal, welcher Reichs-Steuern von ihr verlangte, entgegengesetzten Schrift:

dass sie nicht dem Reiche, sondern dem Fürstenthum Holstein unmittelbar sei,

und noch Anno 1603 hat sie König Christiano IV und dessen Herren Vettern gehuldigt.

Ihre Verbindung mit dem Lande Holstein und ihre Abhängigkeit von dessen Grafen und Herzogen sind also unstreitig; so wenig aber solches von ihr geläugnet werden kann, so wenig mag auch hinwiederum misskennt werden, dass diese Verbindung und Abhängigkeit schon seit den ältesten Zeiten durch unvorsichtig ertheilte und geschlossene Privilegia und Verträge sehr eingeschränkt und geschmälert, und in den folgenden Seculis, sonderlich aber seit 150 Jahren, injuria temporum grossentheils vernichtet und verloren worden sind.

---

[1]) Le prince Charles de Hesse, beau-frère du roi, avait été nommé ministre d'Etat le 16 septbre 1766.

In dem XII und XIIIten Seculo, wo die Staats-Kunst
wenig excolirt wurde, haben die Grafen von Holstein sich
gleichsam ein Vergnügen gemacht, so oft sie Geld zu Kreuz-
Zügen oder Kriegen gebrauchten, ihre Rechte auf die Stadt
an dieselbe, wie Ew. Exc. häufige Exempla davon in schon
angezogener Deduction bemerkt haben werden, zu verkaufen.
Die höchsten Regalia, das Recht Gesetze zu geben und zu
verändern, das Recht zu münzen, die Befreiung von allen
Appellationen an die Holsteinischen Gerichte, wurden ihnen
ausdrücklich ertheilt, und von ihnen ohne Widerspruch ausgeübt. In dem XVten Seculo bekennen die Grafen von
Holstein und ihre Vettern die Herzoge von Schleswig, dass
die Stadt Hamburg zu keiner Land-Folge oder Hülfe, und
also weder in Kriegs- noch Friedens-Zeiten zu einiger Contribution, Steuern oder Stellung einiger Mannschaft pflichtig
wäre, und selbst unter Christiano I ergingen die Herrschaft-
lichen Aufträge, welche zuweilen in Dingen, die den Privi-
legiis der Stadt nicht zuwider liefen, dem Rath unter der
Benennung von guten Freunden ertheilt wurden, nur
bittweise. Schon zuvor hatten die Kaiser angefangen, nur
besagte Stadt unmittelbar mit Vorrechten und Gnaden-
Briefen zu versehen. Sigismundus unterwarf sie Anno 1424
in gewissen Sachen den Kaiserl. Gerichten immediate, anno
1510 erklärte Maximilianus I und das Reich, sie sei eine
Reichs-Stadt, und wenn ohngefähr 40 Jahre darnach, näm-
Ao 1549, da man sie unter dieser Qualität mit zu den
Reichs-Steuern ziehen wollte, die Sprache der Stadt sich in
etwas änderte, und selbige, um sich einer solchen Last zu
entladen, sich selbst nicht eine Reichs-Stadt, sondern eine
Holsteinische Stadt nannte; so währte doch diese ihre Treue
und Demuth nicht lange, sondern sie fing bereits Anno 1557
an, ihre Abhängigkeit von dem Herzogthum Holstein sehr
einzuschränken, und nachdem ihr im Anno 1575 gewagte
Versuch, ihre Unterwerfung an das Reich und an das Herzogthum Holstein zugleich zu läugnen, und sich nur für eine
ganz freie Hanse-Stadt auszugeben, nicht gelingen wollte,
so hat sie glücklichere Mittel zu ergreifen gesucht, und
sich das Obrist-Richterliche Amt im Reiche dergestalt günstig zu machen gewusst, dass Anno 1565 das Reichs-Cammer-
Gericht ihr dem Hause Holstein ferner die Huldigung zu

leisten unter schwerer Strafe untersagte, und endlich
den 6ten Julii 1618 ein förmliches Urtheil eben dieses
Höchsten Reichs-Gerichts für sie ausfiel und sie für eine
unmittelbare Stadt des Reichs feierlich erklärte — ein Urtheil, in Kraft dessen sie Anno 1619 den Nieder-Sächsischen
Kreis-Tag, ohngeachtet der Protestation der Königlichen
und Herzoglichen Gesandten, beschickte, und dessen völlige
Würkung nur durch die Ergreifung des Remedii Revisionis
bis anhero aufgehalten und suspendiret worden ist. Weder
der Anno 1621 errichtete Steinbergische Vertrag, in welchem
diese Suspension des Urtheils, durante Revisione, Hamburgi-
scher Seiten angenommen worden, noch der Anno 1679
unter Vermittlung der Krone Frankreich, des Chur-Hauses
Brandenburg und des Herzoglich Braunschweig-Lüneburgi-
schen Hauses getroffene, und nachher verschiedene Mal con-
firmirte Pinnebergische Interims-Recess, kraft welches
  dem Könige sowohl als der Stadt alle Ihre Gerechtig-
  keiten bis zu anderweitigen entweder gütlichen Abhand-
  lung oder richterlichen Entscheidung, ungekränkt und
  ungeschmälert vorbehalten bleiben sollen,
haben der Sache eine bessere Gestalt gegeben, und nachdem man Anno 1700 bei dem Antritt der Regierung Fride-
rici III die Huldigung noch einmal vergeblich verlangt, und
dagegen die abschlägliche Antwort der auf nur erwähntes
ihr günstiges Urtheil und die darauf geschlossenen alles
in statu quo lassenden Verträge und Recesse sich berufenden
Stadt erhalten; so ist weiter nicht darauf gedrungen worden, sondern alles dabei geblieben, dass man sich in den
Königlichen Ausfertigungen bis Anno 1736 fleissig, hernach
aber sparsamer der Worte Unserer Erb-Unterthänigen
Stadt bedient, und in den Schreiben, welche bei einer
jeden Veränderung in der Königlichen Regierung erlassen
werden, von dem Rath, den man in selbigen und in der
Aufschrift, Ehrsame Liebe Getreue Bürgermeister und
Rath Unserer Stadt Hamburg nennt, die Anlegung der
Trauer, das Geläute der Glöcken, und eine Trauer-Predigt
an dem Begräbniss-Tage des abgelebten Königs, verlangt,
sich aber begnügt hat, von diesen dreien Forderungen, nur
die eine, nämlich das Läuten der Glöcken, zu erhalten.

Ewr. Exc. ersehen demnach aus diesem allem, - daß
dem Könige Unserm Herrn von den ursprünglichen Rechten
der Grafen und Herzoge von Holstein über die Stadt Hamburg nichts mehr als einige an sich wenig würkende und
noch dazu widersprochene Worte und Benennungen und
das in eben angezogenen Pällen noch üblige Geläut der
Glöcken, eine schwache und kaum merkliche Erinnerung der
ehemaligen Ober-Herrschaft, übrig sind, und dass selbst das
Objectum Litis, welches nach erlittenem widrigem Urtheil,
durch eine sehr kostbare, schwere und misaliche Revision
vor einem gewisser Maassen wenigstens zum Theil par-
theüschen Richter erstritten werden soll, keine andere Rechte
und Vortheile, als nur die Huldigung, so unter den viel-
fältigen Einschränkungen, unter welchen sie geleistet worden,
eben wenig für etwas anders als für eine Ceremonie angesehen zu werden verdient, betrifft, mithin die Königlichen
und Herzoglichen Ansprüche nicht mehr eine wahre und in
ihren Würkungen nutzbare Herrschaft zu vindiciren, sondern
nach so vielen Abhandlungen, Veräusserungen, Eingeständ-
nissen und Verträgen, nur den Schein und das Andenken
derselben einigermaassen zu erhalten, zum Zweck haben
können.

Nach diesem Bekenntniss, welches mir die Wahrheit
und die am Tage liegende Beschaffenheit der Dinge ab-
zwingt, kann es fast überflüssig erachtet werden, über den
Nutzen und Anwendung dieser noch übrigen so geringen
und so eitlen Rechte und Ansprüche zu reden. Worte und
Ceremonien tragen zu der Macht und zu dem Ansehen
eines Königs und eines Fürsten wenig bei, sie sind fähig
genug, Streitigkeiten, Hass, Widerwillen und Misstrauen zu
ernähren, und in diesem Betracht sind sie vielleicht dem
Königlichen Interesse nachtheilig, weil Ihro Maj. unter dem
Namen und in der Qualität eines zuverlässigen Beschützers
des Flors, der Freiheit und der Handlung Hamburgs mehr
von dieser Stadt ziehen und mehr wahre Gewalt über sie,
als die Fortsetzung und selbst die Erstreitung aller bisherigen Forderungen Ihnen geben kann, erlangen würden,
wesentlichen Nutzen aber können sie nach ihrer Eigenschaft
nicht haben. Es ist keine Wahrscheinlichkeit zu Erhaltung
eines obsieglichen Urtheils in dem Revisions-Process vor-

handen, vielmehr das Gegentheil zu besorgen, noch weniger
kann man sich vernünftigerweise die Möglichkeit einer andern günstigen Veränderung in einer Sache, in welcher
Hamburg die mächtigsten Potentaten Europæ und die an-
gesehensten Fürsten des Teutschen Reichs zu bekannten
Freunden und Vertheidigern hat, vorstellen. Sollten aber
wider alles menschliche Vermuthen die bisherigen Königlichen und Herzoglichen Sätze auf eine andere Weise erstritten oder erhalten werden können, wozu würden sie
dienen? Was hilft die unter so vielen Restrictionen ge-
leistete Huldigung? Was hilft selbst die erkannte Abhängigkeit einer Stadt, die allerseits eingestandenermaassen von
allen Steuern, Gaben und Land-Folgen- in Kriegs- und
Friedens-Zeit frei ist, die alle Jurisdiction unangefochten
besitzt und das nicht bestrittene Recht hat, sich selbst Gesetze zu geben und zu nehmen, und die, wenn sie auch eine
so eingeschränkte Abhängigkeit wieder einräumen sollte,
dennoch allezeit nach der Grund-Verfassung des Teutschen
Reichs befugt sein würde, sich an die höchsten Reichs-
Gerichte, so bald sie sich in irgend einer Sache beschwert
zu sein glaubte, zu wenden, und gewiss wäre daselbst Gehör
zu finden. Die Geld-Hülfen, so bishero zuweilen von ihr
gefordert und erzwungen worden, sind nicht auf das Recht
der Grafen und Herzoge von Holstein, denn Dieselben haben
sich aller Contributionen und Steuern bereits angeführter-
maassen völlig begeben, sondern auf das jus æquitatis und
necessitatis, welches, wenn das hohe Haus Holstein auch
allen seinen Ansprüchen auf die Stadt entsagte, dennoch
eben die Kraft, so ihm bishero beigelegt werden mögen,
behält, gegründet gewesen, und würden also auch nach der
völligen Freisprechung der Stadt, mit gleichem Fug wie bishero, begehrt werden können, und die thätliche Occupation
und Unterwerfung derselben würde, wenn sie übrigens zu
unternehmen billig und rathsam und zu behaupten möglich
wäre, eben so wenig aus den bisherigen Ansprüchen und
juribus herzuleiten und kraft derselben zu rechtfertigen
sein, mithin durch einen Renunciations-Vergleich nicht gehindert noch erschwert werden. Die auf das Recht, Verträge und Gesetze gegründeten Befugnisse und Prætensiones
haben mit dergleichen Anschlägen und Unternehmungen,

bei welchen es ohnehin denen, die sie beschliessen, nie an wahren oder Schein-Ursachen fehlet, keine Gemeinschaft, sie können zu deren Ausführungen weder nutzen noch schaden, und ich glaube daher die Erörterung der Frage, ob es würklich den Königen, unseren Herren, vortheilhaft sein würde, Hamburg zu besetzen, eine Frage, bei der vieles vor und gegen zu erwägen sein würde, als hieher nicht gehörig ganz übergehen und hier nur wiederholen zu müssen, dass ich in den wenigen und geringen Reliquien der ehemaligen Holsteinischen Ober-Rechte auf Hamburg, welche, wie es vielleicht angemerkt zu werden verdient, noch ehe die jura territorialia der statuum imperii ihren jetzigen Anfang und Bestimmung erhalten, bereits abgestanden, verkauft und verloren gewesen, nur den Schatten solcher Rechte sehe, und also keinen wahren wichtigen Nutzen in deren Gebrauch und Anwendung zu erfinden und anzugeben vermag.

Wenn aber diese noch behaupteten oder noch begehrten jura so schwachen Nutzens und so geringen Werthes sind, so würde von selbsten daraus folgen, dass ich kein Bedenken tragen könnte, mich vor solche Alienation, wenn sie nur durch eine wichtige Summe Geldes erkannt und belohnt würde, zu entscheiden, und ich stehe freilich keinen Augenblick an, sowohl dieses meiner Pflicht gemäss zu thun, als noch hinzuzusetzen, dass wo jemalen ein Zeit-Punct, in welchem diese Alienation rathsam und vortheilhaft erachtet werden könne, gewesen, solches der jetzige sei, sowohl weil das nunmehro wiederhergestellte genaue Verständniss mit dem Gross-Fürstlichen Hofe und dessen schriftlich zugesagtes Vorhaben, das von der Stadt Hamburg gegen deren feierliche Freisprechung zu empfangende Geld zu Bezahlung seiner Schulden anzuwenden, die ganze beiden regierenden Herzogen von Holstein auszuzahlende Summe dem Könige, unserm Herrn, allein zueignen und nutzbar machen würde, als auch, weil der Gedanke, dass in dem Falle, wo alles in dem gegenwärtigen Stande verbliebe, ein künftiger Kaiser von Russland Rechte und Ansprüche auf Hamburg in Gemeinschaft mit Ihro Königlichen Majestät haben würde, grössere Bedenklichkeiten und mehr gegründete Sorgen, als die völlige Befreiung oftbesagter Stadt und deren Folgen jemalen erwecken können, verursachen, und also einen neuen wichtigen

Grund zu der unter so vortheilhaften Bedingungen vorgeschlagenen Veräusserung abgeben muss.

Allein ich halte mich nicht minder verbunden, mit
gleicher Treue und Aufrichtigkeit vorauszusagen, dass diese
Entschliessung, so wohl überlegt und nützlich sie auch sein
mag, dennoch grosses Aufsehen bei dem Publico verursachen
und von vielen gemissbilliget werden wird. Die Königlichen
Ansprüche auf Hamburg, ob sie gleich seit so vielen Seculis nicht das geringste zum Ruhm und Nutzen unserer
Könige bewürket, und nichts als leere Streitigkeiten, Verdruss und Misstrauen veranlasst, ja oft Beleidigungen, die
nicht geahndet werden können, Ihnen zugezogen haben, sind
der Welt bekannt, und nur wenige wissen, dass solche bloss
eitle Ceremonien und Schein-Vorzüge fordern, wesentliche
Vortheile aber, Vermehrung der Einkünfte und die Erhaltung
der Gewalt und Herrschaft über die Stadt gar nicht be-
treffen. Deren Alienation wird also in dem Sinne des Publici ein wichtiger Verlust heissen und der grosse Haufe
derer, die die Thaten der Könige und die Rathschläge ihrer
Diener ohne von den Ursachen dieser Thaten und dieser
Rathschläge im geringsten unterrichtet zu sein, zu beurtheilen
allezeit fertig sind, die ansehnliche Zahl derer, die sich
sonderlich an den Höfen, ohne jemalen die Staats-Wissen-
schaft gelernt noch geübt zu haben, in derselben sehr ge-
schickte Richter zu sein glauben, und nach der dem menschlichen Herzen angebornen Neigung, auch wohl aus noch
strafbarerem Treiben, in dem Tadeln ihre Freude finden,
werden sehr beschäftigt sein, eine solche Entschliessung,
als dem Könige und dessen Ruhm und Interesse höchst
nachtheilig und schädlich auszuschreien. Eben die leeren
Prætensiones, so bishero so unfruchtbar gewesen, werden,
sobald sie aufgegeben worden, herrliche und unumstössliche,
unschätzbare Rechte heissen, die jedermann offenbare Unmöglichkeit, aus solchen, nach der gegenwärtigen Verfassung
Europæ, etwas zu erzwingen, wird alsofort verschwunden
sein und vergessen werden, und nur die bei vielen aufrichtige, bei vielen verstellte Bewunderung, wie ein solcher
Fehltritt in Dänemark geschehen, wie man sich daselbst zu
der Aufopferung so wichtiger Rechte bereden lassen können,

mit der dem politischen Pöbel und noch mehr den politischen Feinden eigenen Bitterkeit überbleiben.

Ich glaube nicht, dass es uns erlaubt sei, diese nicht zu vermeidende Folge des gegenwärtig zu beschliessenden Schritts uns selbst, noch weniger aber dem Könige, unserm Herrn, zu verbergen. Und ferne sei es von uns, einen ungerechten Tadel zu scheuen, noch uns durch solchen in der standhaften Ausübung unserer Pflichten wankend zu machen.

Ihro Majestät werde also alles nach seiner wahren Beschaffenheit vorgestellet. Lasset uns Ihnen treulich und redlich sagen, wie wenig Ihre Ansprüche auf Hamburg jetzo mehr bedeuten, wie wenig möglich es sei, aus selbigen etwas nutzbares zu folgern, oder sie gelten zu machen, wie wenig Sie durch deren Veräusserung, in welcher Betrachtung es auch sein mag, was für Anschläge und Absichten Sie auch dermaleinst zu unternehmen und auszuführen gerecht finden und gewillt sein möchten, verlieren würden. Lasset uns hinzufügen, dass der gegenwärtige Zeit-Punct der vortheilhafteste scheine, um für selbige einen doppelten Preis zu erhalten, und dass es, nach den wahren Regeln der Staats-Klugheit, Ihrem Interesse zuträglicher sei, Sich eine so wichtige Stadt, wie Hamburg ist, aufrichtig zu verbinden, und zu einem Vertrauen in Ihren Schutz zu gewöhnen, als selbige durch nicht auszuführende Forderungen und Zerrungen in einem steten Widerwillen zu unterhalten, und sie zu nöthigen, anderer Potentaten Beistand zu suchen, ja als Prætensiones auf sie in die Hände eines so mächtigen und furchtbaren Fürsten, wie ein Kaiser von Russland ist, zu lassen, oder solche mit ihm in Gemeinschaft zu haben. Lasset uns aber ebenso wenig das widrige Urtheil, so der grosse Theil des Publici über eine Alienation solcher alten und bekannten Ansprüche fällen wird, Ihnen verschweigen.

Ihro Königlichen Majestät alleine kommt es zu, Sich in einem solchen Falle zu entscheiden und Sich Selbst zu prüfen, was für eine Würkung eine widrige vielleicht öffentliche Beurtheilung Ihrer Entschliessung über Ihr Herz und Zufriedenheit haben würde. Weise Könige haben solche wichtig gehalten, und also einer auch nicht gegründeten Kritik, selbst mit Nachsetzung ihres Interesse, zu entgehen gesucht. Andere nicht minder weise Könige haben aber selbige wenig geachtet. Ihro Königlichen Majestät Ur-Gross-Ahnherr, König Fridericus III ist Anno 1652 im Begriff gewesen, eben diese Ansprüche auf Hamburg der Stadt für 250,000 Rthlr., wovon die Hälfte Ihm, die andere Hälfte aber dem damals regierenden Herzoge zu Schleswig und Holstein zukommen sollte, abzustehen, und man arbeitete schon an der Ausfertigung der Cessions-Urkunde, als die Negociation nicht von Ihm, sondern von der Stadt abgebrochen wurde, und noch vor wenigen Jahren hat der König von Sardinien, dessen Vorfahren seit vielen Jahrhunderten auf die Stadt Genève den Ansprüchen des Hauses Holstein auf Hamburg ganz ähnliche Prætensiones formiret, diesen langen Steit durch eine Renunciation auf selbige, und durch die ohnentgeltliche Agnition der Freiheit und Souverainität der Stadt, ein Ende gemacht.

Ihro Königlichen Majestät Selbsteigenen Wahl und Resolution bleibt demnach diese Sache unterworfen. Wollen Sie Ihre und Ihrer Vorfahren jura und Prætensiones behalten, so ist weiter nichts zu überlegen, sondern diese Ihre Entschliessung nur den Russischen Ministris zu eröffnen; finden Sie aber für gut, solche, wenn dafür eine beträchtliche Summe erhalten werden kann, abzustehen, so wird nöthig sein, den gegenwärtigen günstigen Zeitpunct nicht zu versäumen, sondern ohne Verlust eines Augenblicks dem Geheimen-Rath von Schimmelmann[1]) die erförderlichen Instructiones zur Eröffnung der in Gemeinschaft mit dem Geheimen-Rath von Saldern anzustellenden, äusserst geheim zu haltenden Negociation zu ertheilen, und ihm die Summe, die er fordern soll, zu bestimmen. Der König ist, kraft der Anno 1762 begehrten und erhaltenen Anleihe, der Stadt eine Million Reichsthaler Species, und der Gross-Fürst 300,000 Rthlr. gleicher Müntze schuldig. Könnten beide Summen getilgt werden, und also Ihro Königlichen Majestät, als Denen, wie bereits oft erwähnt worden, beide, kraft des dem Schlusse nahen Provisional-Tractats, zu gute kommen würden, 1300 mille Rthlr. Spec. bei dieser Gelegenheit pro-

---

[1]) Mr H. C. de Schimmelmann, trésorier et intendant général du commerce, était, depuis 30/1 1761, accrédité comme Envoyé du roi dans le cercle de la Basse-Saxe, et depuis la mort de mr de Johann 22/2 1764 il représentait seul le Danemark à Hambourg.

fitiron; so würde man wohl keine Ursache haben, die Curi-
alien, die man würde ändern müssen, und den schon einmal
verlornen Process, den man nicht würde fortsetzen können,
zu bedauern.

Ich übergebe diese meine Gedanken Ewr. Hochfürst-
lichen Durchlaucht und Ew. Excellenzen ferneren reifen Erwägung und erbitte mir nur dass Höchst- und Hoch-Dieselben
auch Dero Meinung, zum Zeugniss Unseres allerseitigen
beständigen redlichen und getreuen Betragens, schriftlich zu
äussern geruhen wollen.

328.

Instruction supplémentaire pour Mr le comte Ch. Fréd. de Görtz comme Envoyé extr. à Berlin. [1]

Copenhague 19 mai 1767.

(Extrait.)

— Vous allez être l'organe et l'interprète des sentiments et des intérêts du roi vis-à-vis d'un prince considérable par sa puissance, mais plus considérable encore par
son application extrême aux affaires et au gouvernement de
son Etat, d'un prince aussi attentif à deviner, à pénétrer les
desseins et les secrets de ses voisins qu'habile à déguiser
et cacher les siens. La grandeur à laquelle cette application et les conjonctures ou, pour mieux dire, la Providence
l'a élevé, a donné une face nouvelle à l'Europe, elle a uni
les maisons de Bourbon et d'Autriche, qui depuis deux
siècles paraissaient des ennemis irréconciliables dont rien ne
pouvait calmer la haine et la rivalité, elle a changé l'équi-

---

[1]) Sur le antécédents du comte Görtz de Schlitz, et sur les circonstances qui avaient motivé sa nomination à Berlin voir: Hist.
Tidsskr. IV R, III pag. 102—110 cfr N. Hist. Tidsskr. IV, 581. Il
ne prit jamais possession de ce poste. D'abord il lui fut accordé
sur sa demande un congé pour mettre ordre à ses affaires en
Allemagne, mais le 12 décembre sa nomination fut révoquée. Il
quitta définitivement le service danois en laissant beaucoup de
dettes soit en Danmark soit à Berlin, où il avait déjà commencé
son installation.

libre, chef-d'œuvre de la politique de nos pères et base du système de cette partie du monde, et elle a rendu le Nord de l'Allemagne le théâtre de ces guerres et de ces querelles sanglantes qui désolaient autrefois le cours du Rhin, les Pays-Bas et l'Italie. Résider près de lui et observer ses mesures et ses démarches, c'est donc un poste très important et, quoiqu'il n'y ait actuellement point de négociation entre les deux cours, vous ne serez certainement pas désœuvré si vous voulez bien voir toutes les opérations dont vous serez le témoin et vous mettre en état d'en rendre un compte exact et vrai au roi.

Sa maj. n'a aucun sujet de supposer au roi de Prusse des intentions dont elle eût à être alarmée. Les deux cours n'ont point d'intérêts opposés et elles en ont de communs. Leur union a été constante pendant plus d'un siècle et sa maj. prussienne a vu par l'expérience que, lorsque tant d'autres puissances étaient liguées contre elle, le Danemark, quoique alors allié de la France, n'a pas hésité de faire voir à l'Europe entière et particulièrement à l'empire d'Allemagne, qu'il ne prenait aucune part aux déclarations et aux desseins formés contre sa personne et sa maison. Le roi se persuade que sa maj. prussienne se rappelle une preuve si décisive de ses dispositions et qu'elle comptera plus que jamais sur leur vérité et leur constance, aujourd'hui que les deux souverains n'ont point d'alliés différents ni opposés mais que la première amie du roi de Prusse, l'impératrice de Russie, est aussi la première amie de sa maj. Vous remplirez le principal but de votre ministère, monsieur, en vous appliquant sur toutes choses à cultiver cette bonne intelligence entre les deux rois, et à prouver par toutes vos actions et toutes vos paroles à sa maj. prussienne que l'ordre le plus précis que votre maître vous ait donné a été celui de lui plaire.

Il y avait autrefois quelques points en contestation entre les deux cours et vous en trouverez des vestiges dans les papiers de vos prédécesseurs. Tout cela est fini aujourd'hui et il n'y a que les prétentions que la ville de Colberg et quelques autres villes de la Poméranie forment sur des prérogatives dans le Sund, qui ne soient pas entièrement terminées. Mais elles sont suspendues d'un accord commun et cela suffit pour vous autoriser à les laisser dormir. Le dernier acte du baron de Diede a été de présenter un mémoire au ministère de sa maj. prussienne contre la pratique frauduleuse des négociants de Königsberg, Memel et Stettin, trouvant moyen de procurer à leurs bateliers des passeports et chartes-parties infidèles au préjudice des douanes et des droits des deux rois. Vous suivrez cette affaire, si elle n'est pas finie avant votre arrivée. Elle n'est point contentieuse et son arrangement convient également aux deux souverains.

Mais si vous avez ainsi le bonheur si rare pour un ministre, employé à une cour étrangère, de n'avoir point à craindre des commissions difficiles et fâcheuses, vous avez encore celui de trouver entre les deux puissances des intérêts communs et des ouvrages entrepris de concert que vous pouvez regarder comme autant de liens formés pour conserver et augmenter une union sincère entre elles. Tel est le maintien de la liberté de la Suède et de la forme de gouvernement qui y est établie par les lois, objet également important pour les deux rois et qui dans tous les cas doit faire votre première sollicitude. Telles sont la cause des dissidents en Pologne, fortement soutenue par le roi de Prusse et dont le roi, votre maitre et le mien, ne s'est déclaré pas moins le protecteur; celle des états de Würtemberg, défendue à mesures communes par les deux rois; la garantie, accordée conjointement par eux au pacto de succession réglé dans la maison de Bade, et celle d'un acte passé par le prince Louis de Würtemberg et de ses fils, qui va être expédié incessamment d'un aveu commun. Vous les suivrez toutes dans le sens du concert le plus intime, et vous vous en prévaudrez dans l'occasion comme d'autant de preuves des rapports nombreux qui réunissent à tant d'égards la politique et les intérêts des deux monarchies.

Le ministère que le roi vous confie est donc, vous le voyez, un ministère d'amitié. Vous n'aurez ni à inquiéter ni à troubler la cour où vous allez. Vous n'aspirerez qu'à gagner sa confiance. C'est là le service que le roi attend de vous et le plus grand que vous puissiez lui rendre dans le poste qu'il vous donne. N'alarmez personne, cherchez sincèrement à maintenir l'union entre les deux cours, à écarter tout soupçon contre la nôtre, à prévenir toute querelle, et vous aurez réussi. —

529.

Königliche Garantie des zwischen den Prinzen Ludwig und Friederich Eugen von Würtemberg-Stuttgart wegen der künftigen Erbfolge in Anno 1763 geschlossenen Erb-Vertrages.

Friederichsberg d. 25 Mai 1767.

530.

Instruction supplémentaire pour Mr de Diede comme Envoyé extraord. à Londres.

Travendahl 18 juillet 1767.

(Extrait.)

— Vous trouverez, monsieur, la Grande-Bretagne plus puissante et plus heureuse au dehors qu'elle ne l'a jamais été. Une guerre victorieuse l'a rendue redoutable et supérieure à tous ses ennemis. L'histoire ne nous fournit point d'exemple d'une puissance maritime égale à la sienne. Elle a fondé et conquis un empire en Amérique qui comprend presque toute la partie septentrionale de cette moitié du monde. Les Indes Orientales, ce gouffre qui depuis plus de deux siècles avait englouti toutes les richesses de l'Europe, semblent n'avoir plus de trésors que pour elle. Son commerce est universel et lui fournit des ressources si supérieures à ses besoins, que son opulence et ses moyens augmentent au milieu du fardeau des dettes immenses dont elle est chargée; mais on dirait qu'une prospérité si éclatante l'accable, et pendant que sa grandeur et sa félicité en imposent à l'univers, elle n'en goûte pas la douceur, et ne s'occupe que des divisions intestines qui la déchirent. Son influence déciderait peut-être, si elle le voulait, du sort de l'Europe, mais elle n'en fait que peu d'usage, et depuis la révolution (vraie époque de sa gloire) il n'y a point eu de temps où elle ait moins agi.

Vous le verrez, monsieur, ses ministres, chancelants et réduits ou à craindre ou à désirer une démission prochaine, ne peuvent se former ni de plan ni de système. Le roi, qui, en montant sur le trône, avait conçu le projet glorieux d'être le souverain de tout son peuple, et non pas seulement le chef d'une faction, et qui pour cet effet affaiblissait la puissance du parti qui avait régné si longtemps sous le roi son aïeul, avait tâché de former une coalition des deux partis et, pendant quelques années, avait soutenu avec apparence de succès un dessein si juste et si sage. Mais en dernier lieu il a jugé devoir s'en désister et céder aux menées et aux menaces de cet ancien parti et des Whigs, et depuis le gouvernement ne fait plus que flotter entre ceux qui cherchent à le saisir. Les affaires parlementaires se poursuivent par conséquent avec intelligence et avec ardeur, les étrangères s'oublient.

Il n'y a que peu d'années encore que la Grande-Bretagne était l'âme au moins d'une moitié de l'Europe. Ses négociateurs travaillaient sans relâche. La fondation, le maintien ou le rétablissement de l'équilibre, but de leurs travaux, les occupait partout. Aujourd'hui rien ne les agite, et excepté en Suède, où le chevalier Gooderick a rendu à sa cour, à force de génie et de zèle et à l'aide de conjonctures souverainement favorables, un crédit et une supériorité qu'il craint bien qu'elle ne voudra pas seulement accepter si elle doit lui coûter quelques subsides, on n'apprend rien d'eux. La fameuse affaire des Manilles repose depuis un an; la cause des dissidents en Pologne, si belle et si favorable, n'a obtenu que quelques démarches faibles et languissantes; la Russie attend encore la ratification de son traité de commerce et le départ de l'ambassadeur qui lui a été annoncé, il y a longtemps. Toute cette partie languit, et si quelque ministre, las de l'inaction, se sentait l'envie de proposer des mesures ou des projets, il en rejetterait promptement la pensée comme une tentation, prévoyant qu'il n'aurait pas le temps de l'exécuter.

Vous ne trouverez donc, monsieur, que peu ou point de mouvement dans les affaires étrangères, en arrivant à Londres, et vous n'en attendrez point jusqu'à ce qu'il se forme un nouveau ministère, ou que celui qui existe, se

croie plus sûr de son crédit et de sa durée, événement
dont la santé du comte de Chatham décidera; si elle se
rétablit, la vigueur d'âme de ce grand homme pourra rendre au conseil britannique l'éclat dont il jouissait en 1759;
si elle succombe, tout le ministère périra avec elle.

Mais au défaut de l'étendue des vues et de l'ardeur du
travail, vous observerez beaucoup de modération et beaucoup de droiture. Excepté les princes qui ont des prétentions pécuniaires à former que l'on n'écoute point, témoin
la demande du roi notre maître relativement aux droits
d'Elsfleth, dont vous trouverez les preuves et les refus dans
les papiers de votre prédécesseur, il n'y en a point qui ait
sujet de se plaindre de la Grande-Bretagne. L'âme du roi,
qui règne sur elle, est juste, et ceux qui manient ses
affaires quelquefois avec une indépendance qui ne peut se
voir que dans ce pays-là, n'ont pas le temps de ne l'être
pas. Vous remarquerez encore une sorte de penchant pour
les alliances du Nord. La cour britannique serait bien aise
d'en conclure pourvu qu'elles ne coûtent ni argent ni peines.
Vous vous rappellerez qu'elle a fait sur ce sujet des ouvertures au roi, il y a environ six mois, et je ne doute pas
qu'on ne vous en dise encore quelques mots, lorsque vous
paraîtrez. Il n'y a, je le crois, sorte de bons procédés que
vous n'ayez à vous promettre aussi souvent que l'on se
souviendra de vous.

Vous jugerez, monsieur, par ce que je viens d'avoir
l'honneur de vous dire, que le roi ne s'attend à rien d'important ni de décisif tant que durera l'incertitude présente
du gouvernement. Vous aurez, je le prévois, tout le loisir
nécessaire pour vous bien orienter, et pour bien connaître
ceux auxquels vous aurez à faire, avant que d'être dans le
cas d'appliquer les connaissances que vous aurez acquises.

Vous assurerez cependant dès votre arrivée le roi de la
Grande-Bretagne et son ministère du sincère désir du roi
de vivre avec sa maj. britannique dans une étroite et fidèle
amitié et, quoique la négociation entamée avec la Russie ne
permette pas à sa maj. d'en entreprendre une autre avant
que cette première ne soit finie, et que vous ayez à vous
expliquer ainsi sur cet objet, en cas que l'on vous en parle,
dans les termes de la réponse donnée par ordre du roi le

7 févr. de cette année à mrs Titley et Gunnings, dont je
joins ici la copie, vous n'en serez pas moins attentif à convaincre la cour britannique que ce délai ne vient d'aucune
froideur, indifférence ou insensibilité, mais uniquement de la
nature même de la chose, et que, lorsque l'affaire qui occupe aujourd'hui sa maj., sera parvenue au point de certitude que les circonstances exigent, elle sera charmée de
former avec sa maj. britan. les liaisons qui seraient estimées propres à consolider le système du Nord et utiles à
leurs intérêts réciproques. Vous vous ferez une affaire sérieuse de persuader cette vérité au roi de la Grande-Bretagne
et de combattre tous les soupçons que les ennemis de la
bonne intelligence entre les deux couronnes ont cherché ou
chercheront peut-être encore à lui donner à cet égard.

331.

Convention entre le Danemark et l'Espagne pour se rendre
réciproquement les déserteurs et les esclaves dans leurs
îles de l'Amérique,

signée le 21 juillet, ratifiée le 31 août 1767.

332.

Traité de paix et de commerce entre le Roi de Danemark
et l'Empereur de Maroc,

conclu le 25 juillet 1767.

333.

Dépêche à Mr d'Assebourg à Moscou.

Copenhague 22 sept 1767.

J'ai eu l'honneur d'écrire ces derniers ordinaires plusieurs fois à votre exc., mais je me vois dans le cas de reprendre dès aujourd'hui la plume pour lui marquer que
nos tristes cabales, nos fatales intrigues continuent toujours,

qu'elles ont même pris de nouvelles forces depuis quelques
semaines et que celui qui en est l'âme, le même au sujet
duquel le roi a écrit, il y a quelques mois, à l'impératrice,
ayant trouvé moyen de se faire de puissants amis qui
veulent se servir de lui pour contenter leur ambition et
leurs haines, n'importe à quel prix, nous met dans le cas
de trembler pour notre ouvrage, lors même qu'il semble que
le succès en est entre nos mains. [1])

Ce n'est qu'à regret que je fais part à votre exc. de
nos craintes et de nos inquiétudes. Je voudrais lui épargner
la douleur qui me ronge, mais je ne le puis. Le danger
est tel qu'il ne m'est plus permis de le lui laisser ignorer.
Mr de Filosofoff fait tout ce qu'on peut attendre d'un ministre ferme, vigilant, courageux, éclairé et fidèle à sa
souveraine. [2]) Je ne puis lui donner assez d'éloge et quand
mr de Panin n'aurait fait pour nous que de le choisir pour
lui confier nos affaires, il aurait droit à toute ma recon-

---

[1]) Cette lettre s'occupe des intrigues à la cour, objet que le comte
de Bernstorff touche assez souvent dans ses lettres particulières à
mr d'Assebourg, publiées dans Denkwürdigkeiten des Herrn v.
Asseburg, 392—400. Comme on le voit par la dépêche, c'était
toujours mr de Borck qui travaillait pour renverser mr de Bernstorff, car quoique son rappel eût été officiellement annoncé le 18
mai, il restait encore en fonctions. Cette tentative ne réussit pas
mieux que les précédentes et eut probablement pour résultat
que enfin mr de Borck dut présenter ses lettres de rappel le 1
décembre 1767, et que le vieux comte Danneskjold-Samsoe reçut
son congé le 26 octobre et l'ordre de quitter Copenhague; voir
N. Hist. Tidsskr. IV, 560, cfr correspondance entre Bernstorff et
Danneskjold, N. Hist. Tidsskr., 307—8.

[2]) On sait que Catherine II, soit personnellement soit par l'organe
du comte de Panin, professait toujours la plus grande estime
pour mr de Bernstorff et faisait tout ce qu'elle pouvait pour le
soutenir contre les intrigues de la cour, voir no 292, 325, et les
lettres, imprimées dans les Denkwürdigkeiten l. c. Il est possible que l'influence que les ministres russes tâchaient d'exercer
en faveur du ministre menacé, prit quelquefois une forme tant
soit peu brutale et humiliante et, pour ce qui est de mr de Saldern, ceci est même probable eu égard à son langage grossier et
emporté. Mais quant à mr de Filosofoff, le reproche ne paraît
pas fondé, car dans ce cas le comte Bernstorff, qui certainement
avait une haute opinion de la dignité du roi et du pays, ne se serait
pas prononcé sur son compte d'une manière si élogieuse, comme il

naissance. Etant vraisemblable que les gens qui travaillent ici à nous faire perdre le fruit de nos travaux tâcheront de trouver, s'il est possible, moyen d'énerver à Moscou l'impression qu'y feront certainement les rapports de mr de Filosofoff, je supplie votre exc. de s'opposer fortement à un tel effet de leur malice. Je la conjure de dire à mr de Panin que les rapports de ce ministre méritent toute son attention et sa conduite tout son appui. Il serait trop malheureux que la colomnie, l'artifice et les mensonges parvinssent à étouffer la voix de la vertu et de la raison.

334.

Dépêche à Mr de Juel à Stockholm.

Copenhague 14 novbre 1767.

(Extrait).

Le roi sent vivement le danger de la situation où se trouvent les affaires en Suède et il juge bien fondées les appréhensions que vous en marquez. Des calamités générales et qui tombent principalement sur la partie de la nation qui, possédant des fonds de terre,[1]) est par là même la plus considérable de l'Etat et la plus importante à être ménagée, ne sont que trop faites pour donner crédit aux clameurs qu'excitent, d'une part, la juste douleur de ceux qui souffrent et succombent et, de l'autre, les artifices et la haine de la cour et de la faction qui lui est dévouée et qui, habile dans l'art funeste de semer les soupçons et le mécontentement, saurait rendre odieuses et suspectes les mesures même les plus heureuses. Il n'y a qu'une grande vigilance et beaucoup de sagesse et de fermeté qui puissent prévenir ou arrêter les maux et le désespoir, suites naturelles de la ruine, quand elle ne serait que momentanée, du crédit et du commerce,

---

le fait toujours, même dans des lettres toutes confidentielles à mrs d'Assebourg et de Scheel, cfr entre autres celles du 26 septbre, du 20 déc. 1769 et du 9 mars 1770. De même les lettres particulières de mr de Filosofoff au comte Bernstorff, qui se trouvent dans les archives, portent l'empreinte du plus profond respect.

[1]) Cfr Malmstrøm, VI, 31 sqq.

et ce serait se faire illusion que de croire que ceux qui
périssent actuellement ou voient périr leurs amis approu-
veront ou toléreront, s'ils peuvent s'en dispenser, des arrangements auxquels ils attribuent cette perte et qu'ils s'en consoleront par l'espérance toujours douteuse d'un succès futur.
Sa maj. s'attend donc à des mouvements violents de la part
des malheureux et de ceux qui, pour parvenir à leurs fins,
aigrissent leurs embarras et leurs douleurs.

335.

Lettre particulière à Mr d'Assebourg à Moscou.

Copenhague 5 décembre 1767.

Dans l'incertitude où je suis si, comme je le souhaite,
cette lettre trouvera encore votre exc. à Moscou, ou si les
accidents qui, sans notre faute, ont retardé l'arrivée du
courrier et avec elle la signature du traité, ont lassé sa patience et l'ont déterminée à partir de cette capitale avant la
réception de ces nouvelles lettres de rappel, [1]) je ne hasar-
derai point de lui écrire tout ce que je voudrais lui dire et
je me contenterai de lui marquer que, pénétré de la bonté
et de la miséricorde divine qui, par une direction toute
adorable, a fait réussir contre l'attente de presque tout le
monde la négociation la plus difficile qu'il y eût en Europe,
je compte entre les effets les plus doux et les circonstances
les plus agréables de cet événement, la consolation d'en
avoir partagé le travail et le succès avec l'ami le plus cher
et avec lequel mon cœur est le plus tendrement et le plus
inviolablement lié. Je bénirai toute ma vie le ciel de
m'avoir rendu un des instruments d'un ouvrage de la bonté et
de l'utilité duquel je suis convaincu, et je n'oublierai jamais
l'honneur et la reconnaissance que je dois et tout le Danemark avec moi à votre excellence.

---

[1]) De nouvelles lettres de rappel avaient été signées par le roi pour
mr d'Assebourg avec le titre d'ambassadeur. Désireux de quitter
la Russie à cause de sa santé, mr d'Assebourg ne prit pas ce titre
d'ambassadeur, cfr Denkwürdigkeiten, 170. Néanmoins la cour de
Russie lui donna, à son départ, le cadeau d'argent qui était fixé
pour un ambassadeur.

Dépêche à Mr de Juel à Stockholm.

Copenhague 26 décembre 1767.

(Extrait.)

Quoique le roi connaisse jusqu'où la reine de Suède aime à porter ses projets et qu'il sache que les entreprises les plus odieuses sont possibles dans un Etat déchiré par des factious et des haines civiles, il ne se serait cependant pas attendu que l'on voulût former au milieu de la plus profonde paix et dans un temps où rien n'empêche les puissances protectrices de la liberté suédoise de faire tous les efforts nécessaires pour la soutenir ou pour la rétablir, que dans un tel temps, dis-je, on voulût former un dessein aussi hardi que celui dont vous faites mention dans vos dé-pêches du 11 et 15 de ce mois.[1]) Il sait gré au comte de Fersen de l'avoir rompu et il ne croira jamais que ni ce seigneur ni le comte de Scheffer donnent dans des visions si criminelles et si déraisonnables, mais il m'ordonne cepen-dant de vous observer, monsieur, que si la reine a pu con-cevoir une idée si audacieuse, elle peut la nourrir encore secrètement et que le départ ou l'absence de son confident, le colonel Sinclaire, ne suffit pas pour rassurer à cet égard.. Ce favori peut revenir au moment que l'on s'y attend le moins, et il sera certainement très nécessaire que les chefs du bon parti, de la perte desquels il s'agirait principale-ment, redoublent d'application pour veiller à leur propre sûreté et à celle de l'Etat. Pourvu qu'ils ne s'endorment pas, pourvu qu'ils soient attentifs aux menées de leurs adversaires, ils n'auront vraisemblablement rien à craindre; mais il faut de la vigilance, il faut de l'attention, et si le génie inquiet de la reine et de ceux qu'elle écoute, pro-duisait néanmoins un de ces événements qu'elle a ma-

---

[1]) Cfr Tengberg, 61. Dans sa dép. du 15 déc. mr de Juel écrit: „le plan de la reine et de mr de Sinclaire doit effectivement être d'engager la populace de Stockholm à une émeute, de tourner sa fureur contre mr de Rudbeck et de faire assassiner les sénateurs de Horn, de Funck at de Düben, et la reine espère par une pa-reille confusion de gagner des avantages en faveur du pouvoir royal."

chinés tant de fois, vous n'auriez pas autre chose à faire
qu'à vous concerter avec mr d'Ostermann, à assister de vos
conseils, de vos offices et de votre crédit les amis de la
bonne cause s'ils sont en état de se défendre et de faire
résistance à leurs adversaires ou s'ils ne le sont plus, de
vous tenir tranquille dans votre maison et d'employer toutes
les facultés et ressources de votre esprit pour faire parvenir dans tous les cas sûrement et promptement au roi la
nouvelle de ce qui serait arrivé. Vous pouvez compter que
sa maj. ne vous laissera pas languir dans l'incertitude de
ses volontés, mais vous fera savoir sur le champ ses
ordres précis pour vous mettre hors de toute inquiétude à
cet égard dans une telle conjoncture. —

337.

Dépêche à Mr de Gleichen à Paris.

Copenhague 16 janvier 1768.

Le marquis de Blosset[1]) se rendit mercredi, jour ordinaire de nos conférences, chez moi et me dit: „Qu'il avait
ordre de me déclarer que le roi très-chrétien, informé que
le roi, mon maitre, avait pris des engagements directement
contraires à la France, avait résolu de suspendre le payement des subsides jusqu'à ce que sa maj. eût repris des
sentiments plus conformes au but pour lequel ces subsides
avaient été stipulés.“

Quoique préparé, par ce que vous m'avez mandé, monsieur, d'une de vos dernières conversations avec mr le duc
de Choiseul, à une résolution peu conforme aux traités conclus entre les deux couronnes, quoique instruit du mauvais
état des finances de la France, situation qui engage quelquefois les cours à recourir, pour diminuer le poids d'un fardeau qui les gêne et les presse, à des expédients dont elles
rougiraient en d'autres temps, quoiqu'habitué enfin à la
mauvaise humeur des puissances débitrices, lorsqu'il s'agit
de remplir en pleine paix les promesses faites dans un

---

[1]) Ministre de France à Copenhague après mr d'Ogier.

temps de guerre, où les neutralités et les offices que les
neutralités admettent ont un prix qu'ils n'ont plus quand
on n'a plus d'ennemis, je ne vous déguiserai pas que je
fus frappé de la déclaration, de son sens et de sa forme.
Cependant je me contentai de répondre à mr de Blosset,
„que je ne pouvais mieux marquer mon respect pour le roi
très-chr. et mes égards pour son ministre qu'en ne répondant rien à une déclaration de cette nature, que j'en ren-
drais compte au roi, mon maitre, sur lequel elle ferait l'impression qu'elle ne pouvait manquer de faire sur un roi, et
que tout ce que je me permettrais de dire dans ce moment, serait que je ne concevais pas quels étaient les engagements qui servaient de prétexte à cette démarche, attendu
que sa maj. n'avait fait que terminer une affaire domestique absolument inoffensive pour toute autre couronne et
la plus importante, de l'aveu même de mr de Choiseul, qui
pût exister pour la sienne, et s'arranger pour cet effet avec
une puissance, point ennemie de la France, par une négociation qui n'avait pas été cachée à mr de Choiseul, mais qui
depuis longtemps lui avait été confiée et ensuite annoncée
— que je ne pouvais donc qu'ignorer les causes de ce procédé, mais que je convenais qu'il était aisé à la France de
rompre des liaisons qu'il lui serait peut-être très difficile de
renouer."

Voilà, monsieur, le sens de ce que j'ai répondu préliminairement à mr de Blosset. J'en ai ensuite fait mon
rapport au roi, qui, sensible, comme vous pouvez le croire
et comme il convient aux sentiments de son cœur et à sa
dignité, à un procédé si extraordinaire et si peu mérité,
vous ordonne de parler à mr le duc de Choiseul dans
le même esprit, de prendre des termes dont je me suis servi
ceux que vous trouverez à propos d'employer, et d'y ajouter,
„que sa maj. n'ignorait pas que la France était assez puissante pour pouvoir se dispenser de tenir sa parole et d'acquitter ses dettes, mais qu'elle savait aussi que toute cette
puissance ne lui donnait pas le pouvoir d'annuler les droits
nés des engagements les plus formels, et qu'en conséquence
elle regarderait toujours les sommes qui resteraient non
payées des arrérages fixés par la déclaration du 9 juillet

1764 [1]) comme lui étant dues, et se croirait autorisée à les réclamer dans tous les temps."

Vous aurez soin, monsieur, de vous expliquer d'une manière précise à cet égard, mais sans aigreur et sans émotion. Il n'est permis de s'échauffer qu'à ceux qui ont tort et ce n'est pas notre cas. Jamais droit n'a été plus clair et plus évident que celui du roi, jamais reproche moins fondé que celui qu'on lui fait. Sa majesté a dirigé toutes ses démarches avec tant de circonspection et de prudence ou, pour mieux dire, avec tant de probité et de bonne foi qu'elle ne craint ni accusation ni soupçon. Il y a près de deux ans, que j'ai fait part de son système à mr le duc de Choiseul. [2]) Elle ne s'en est point écartée depuis et si elle a réussi à finir, autant qu'elle peut l'être, l'affaire la plus considérable et la plus glorieuse qui ait pu l'occuper jusqu'à présent, ç'a été sans blesser, en quoi que ce soit, ses autres engagements et sans donner à quelque prince que ce puisse être, la moindre cause de déplaisir. La fin des divisions intestines de la maison de Holstein ne saurait faire de la peine à personne. Elle peut être, si vous le voulez, indifférente aux souverains du sud de l'Europe, mais elle doit être agréable à ceux qui prennent part au sort du Nord et surtout à la France, garante de la possession du Slesvic. Elle doit l'être encore aux puissances qui ont intérêt à ne pas voir la Russie maîtresse d'une des premières provinces du Danemark ou toujours aspirant à le devenir. Si jamais négociation avait droit d'espérer qu'elle obtiendrait les suffrages de l'Europe entière, c'était celle que le roi vient de terminer puisque, j'ose l'avancer, il importe à toute l'Europe, qu'elle réussisse. C'est cette même négociation que, du temps de l'impératrice Elisabeth, la France avait tant de fois promis d'appuyer, et aujourd'hui que le roi en vient à bout, sans qu'il en coûte à cette couronne ni frais ni peines, elle en saisit le prétexte pour colorer ou plutôt pour amener une rupture de traité que rien n'a préparée, que rien n'occasionne. Je

---

[1]) Le gouvernement français s'était engagé à payer 1,500,000 livres par an.

[2]) Cfr Correspondance entre Bernstorff et Choiseul, 238 sqq.

m'abstiens, je vous l'ai déjà dit, de qualifier cette conduite,
mais j'en fais juge l'univers entier et mr le duc de Choiseul lui-même. Je sais bien que la France en a agi de
même à l'égard de la Suède, mais au moins cette Suède,
avait-elle conclu une alliance avec la Grande-Bretagne,[1])
rivale connue de la France, et cette alliance pouvait peut-
être être alléguée comme un motif de mécontentement de cette
dernière puissance. Mais le roi n'a rien fait de pareil, ni traité
ni convention ni alliance de quelque nature que ce puisse être,
avec autre qu'avec le duc de Holstein ou, vu son bas âge,
avec l'impératrice sa mère et sa tutrice, convention qui ne
regarde absolument et uniquement que les domaines et les
prétentions de cette maison de Holstein, et c'est là ce qu'on
appelle des engagements qui autorisent le roi très-chrétien —
je m'arrête, monsieur, il y a des choses qui parlent
d'elles-mêmes, que l'on ne peut qu'affaiblir en les expliquant, parce qu'elles se sentent toujours mieux qu'elles ne se
disent. Celle-ci est plus que toute autre du nombre.

Je me tais et je cherche vainement mr de Choiseul
dans une résolution qui ne lui ressemble pas, dont l'avantage est si médiocre pour lui, qui fera ombre dans le tableau de sa vie et de son histoire et dont les conséquences
lui seront reprochées lorsque nous n'existerons plus ni lui
ni moi.

338.

Dépêche à Mr de Juel à Stockholm.
Copenhague 9 février 1768.
(Extrait).

— Mais ce qui m'occupe le plus et ce qui mérite le
mieux toute votre attention, c'est la manière dont il conviendra d'employer l'argent du roi, lorsque sa maj. aura
trouvé bon d'en accorder. Les Suédois vous disent qu'il
faut le donner à un tel d'entre eux, dont ils vous vanteront
l'intégrité et les talents, mr d'Ostermann vous exhortera à
le confier à celui auquel il confiera celui de l'impératrice,

---

[1]) Cfr no 291, Note.

et ils auront raison, les premiers parce que, en obtenant ce
point, ils augmenteront leur parti et le nombre de leurs
amis et travailleront à tous leurs buts aux frais du roi, et le
second parce que alors l'argent du Danemark, confondu avec
celui de la Russie, ne fera qu'une masse dont, par des raisons qui ne vous échapperont pas, la Russie retirera le
premier honneur et le premier avantage. Mais c'est à quoi
le roi ne saurait consentir, et sa maj. est bien fondée à vouloir que, conformément au plan dont je vous ai parlé avant
votre départ et dont j'ai entretenu plus d'une fois peut-être
mr votre prédécesseur, les secours qu'elle fournit servent
non seulement à faciliter le but général et commun, mais
lui donnent encore à elle des amis particuliers. Il faut,
tranchons le mot, il faut former un parti danois qui soit
uni au parti russe mais non point absorbé par lui, et qui
soit assez attaché et assez fidèle au roi pour suivre ses
vues sans s'embarrasser des vues des autres puissances.
Voilà, monsieur, quel doit être votre véritable objet, celui
sur lequel vous devez toujours avoir les yeux. Vous aurez
tout fait si vous l'obtenez.

Le roi prévoit qu'aussitôt que l'on s'apercevra de ce
dessein, on y opposera des obstacles innombrables. Tous vos
amis suédois vous en représenteront l'exécution comme impossible, parce qu'il leur parait très doux de toucher de l'argent des puissances étrangères sans rien faire pour elles et
d'en disposer plutôt comme d'un tribut que comme d'une
grâce. Les ministres de Russie et d'Angleterre vous tien-
drout le même langage, parce qu'ils aiment mieux que vous
travailliez à fortifier leur parti qu'à en former un pour
votre roi, et il pourra par ces raisons être très nécessaire
que vous cachiez votre plan et ne l'avanciez que lentement
et secrètement; mais ne le quittez jamais et ne faites pas un
pas qui ne vous en approche.[1]

---

[1] Cfr. dépêche à mr de Juel du 12 mars qui revient sur la nécessité de
l'indépendance de nos opérations tout en prévoyant l'opposition
que cette résolution ne manquerait pas de provoquer de la part du
ministre russe.

339

Dépêche à Mr de Juel à Stockholm.

Copenhague 13 février 1768.

(Extrait.)

— Quoique le roi espère que le projet audacieux qui paraissait menacer la tranquillité et la liberté de la Suède, et dont vous lui avez rendu compte, il y a quelques mois,[1]) est dissipé et que ses coupables auteurs en ont abandonné le dessein, il suffit qu'ils l'aient conçu une fois pour que sa maj. les juge capables de le former une seconde fois et pour que, après en avoir conféré avec l'impératrice de Russie, sa première et intime amis et alliée naturelle, elle ait pris la résolution de vous munir d'instructions pour le cas de surprise, et de vous les donner entièrement conformes à celles qu'elle sait que cette souveraine a données au comte d'Ostermann.

Sa maj. veut donc, monsieur, que vous continuiez de veiller à toutes les démarches des ennemis de la bonne cause en Suède, et principalement à celles qui pourraient tendre à moyenner par la violence et nommément par l'emprisonnement d'un ou de plusieurs sénateurs la convocation d'une diète extraordinaire, que vous communiquiez fidèlement et confidentiellement vos découvertes au ministre de l'impératrice et que, lorsque vous jugerez l'un et l'autre le danger réel et pressant, lorsque mr d'Ostermann se déterminera à faire pour l'écarter la déclaration dont il est chargé, vous déclariez en même temps au nom du roi: „que sa maj., par suite des rapports immuables et permanents qui subsistent entre elle et la Suède, de même qu'en vertu des traités existant entre elle et sa maj. impér. de toutes les Russies, ne pourra voir avec indifférence qu'une partie de la nation suédoise veuille, par un acte de force et de violence, rompre les liens de toute la nation et enfreindre ouvertement la forme de son gouvernement et les pivots de sa liberté, que sa maj. ne balancera point à faire connaître à toute la Suède qu'un tel mépris pour sa constitu-

---

[1]) Cfr no 336.

tion ne lui sera pas égal et qu'en suivant les règles de l'honneur et de la franchise que sa dignité demande, elle ne veut point lui dissimuler qu'elle prendrait part à un événement si contraire aux lois du royaume, si irrégulier et si violent.«

Vous ferez confidence, monsieur, au comte d'Ostermann de cet ordre du roi, mais vous ajouterez que ce même ordre porte de n'en faire usage que conjointement avec lui et qu'ainsi vous ne l'exécuterez que lorsque vous serez convenus, l'un et l'autre, que le cas exige de le produire.

340.

Dépéche à Mr de Diede à Londres.

Copenhague 1 mars 1768.

(Extrait.)

Il a plu au roi d'ordonner hier à madame la grande-gouvernante de Plessen de résigner sa charge et de s'éloigner de la cour. Comme je ne me permets pas de raisonner sur les résolutions de mon maitre, je ne vous dirai rien sur celle-ci et me contenterai de vous assurer que la reine, quoique affligée de la retraite de cette dame qu'elle honore de ses bontés, se porte bien ainsi que le prince royal. Si l'on parlait à la cour britannique de cet événement, vous aurez soin de faire entendre que c'est une de ces révolutions de cour dans lesquelles la reine n'entre pour rien, et vous contredirez à toutes les conséquences que l'on voudrait en tirer. [1])

341.

Instruction pour Mr le comte de Scheel comme Envoyé extr. à St. Pétersbourg. [2])

Copenhague 4 avril 1768.

Arrivé au moment fixé par le roi pour votre départ et où je dois par le commandement de sa maj. vous remettre

---

[1]) Cfr Hist. Tidsskr. IV R, III, 119, N. Hist. Tidsskr. IV, 604—607, Mémoires de Reverdil, 121—23.

[2]) Sur sa demande pressante mr d'Assebourg avait enfin été relevé du poste de Pétersbourg, et il avait accepté en remplacement de

vos lettres de créance, terminer les conversations que j'ai
eues avec vous sur les affaires qui vont vous être commises
et achever de vous instruire de ses volontés, je dois avant
toutes choses admirer et bénir la Providence suprême, par
le bienfait de laquelle je puis vous tenir aujourd'hui un
langage si différent de celui que j'ai eu à tenir à vos prédécesseurs. Vous l'avez vu, monsieur, vous avez observé dans
les papiers que j'ai eu l'honneur de vous communiquer à
combien de vicissitudes la bonne intelligence entre les deux
cours a été exposée, combien de fois, pendant combien
d'années le succès dont nous jouissons aujourd'hui a paru
impossible et chimérique. Vous y avez trouvé une époque
où le souverain de la Russie sacrifiait tous ses intérêts,
toutes ses passions au seul désir de porter le fer et le feu
dans le sein du Danemark, et n'a pas hésité de rendre au
voisin le plus redoutable de son empire un royaume qu'il
ne dépendait que de lui de réunir au reste de ses Etats,
seulement pour parvenir plutôt à ce but de tous ses souhaits; mais vous y avez vu aussi cet orage dissipé dans un
instant et l'héritière de ce prince ennemi revenir successivement des préjugés auxquels elle avait été également livrée,
pénétrer par la force de son génie les véritables intérêts de
son empire, de la maison de Holstein et du Nord, et revêtir
peu à peu les sentiments de l'amie du roi la plus tendre
et de l'alliée la plus solide et la plus essentielle de sa
couronne.

Une révolution si entière et si heureuse aura fait sans
doute, monsieur, et fera encore souvent l'objet de vos réflexions les plus sérieuses, et il suffit que vous vous la représentiez dans son étendue, dans ses conséquences et dans
ses avantages pour y trouver toutes les instructions que le

---

mr d'Eyben le poste de Würtemberg, où il resta jusqu'en 1771, occupé
des affaires intérieures du duché, cfr Denkwürdigkeiten, 218—28.
On avait d'abord songé à le remplacer à Pétersbourg par mr de Raben,
qui avait passé quelque temps avec mr d'Assebourg pour s'initier aux
affaires, mais ce ministre déconseilla sa nomination, ne le croyant
pas assez capable pour ce poste important. Mr de Raben fut donc
envoyé à Berlin et le comte C. de Scheel fut accrédité le 4 avril
1768 en Russie, où il resta jusqu'à sa mort, le $^{18}/_{11}$ 1771.

roi veut vous donner et tout le plan de conduite qu'il trouve bon de vous prescrire.

Les intérêts du Danemark et de la Russie sont les mêmes, tout les réunit, rien ne les divise; ceux de la maison de Holstein, que l'impératrice estime les siens, n'exigent pas moins le concert le plus intime entre ses différentes branches pour l'avancement de la puissance et de la gloire du nom qui leur est commun. Il ne s'agissait donc que de sentir une fois cette vérité, de dissiper les nuages qui la couvraient, pour ne plus la méconnaître. Cela s'est fait; cette cruelle haine, qui paraissait implacable, ces funestes divisions, qui menaçaient perpétuellement le royaume, qui tenaient nos rois dans de continuelles alarmes et qui les forçaient à ne penser qu'à une défense onéreuse et à regarder comme le plus grand des malheurs la prospérité des princes de leur maison, n'existent plus; des principes justes et solides ont pris leur place, il ne reste que de les suivre et de les cultiver et, au lieu que vos prédécesseurs étaient réduits à donner pendant leur séjour en Russia tous leurs soins à la découverte des desseins et des démarches d'un ennemi puissant et inflexible, vous ne trouverez qu'une cour disposée à goûter la douceur et les avantages de l'union, de l'intimité et de la concorde.

C'est sous de si heureux auspices et dans des circonstances si favorables que vous paraîtrez, monsieur, à la cour où vous allez résider. Entretenir ces dispositions, prévenir que les vicissitudes ordinaires ne les altèrent et ne les refroidissent et que la malice des autres nations, jalouses de la prospérité du roi, ne les détruise, c'est ce que sa maj. vous demande. Vous aurez bien fait, si vous maintenez l'amitié entre les deux souverains, telle qu'elle est aujourd'hui; mais comme dans les affaires de cette importance c'est reculer que de n'avancer pas, vous mettrez toute votre application et tous vos soins à multiplier et à resserrer ces heureuses liaisons, à les affermir et à engager de plus en plus l'impératrice à fonder son système dans le Nord sur son alliance avec le roi, et à mettre une partie de sa gloire dans l'augmentation de la puissance de sa majesté.

Pour parvenir à cette fin vous n'aurez qu'une voie à suivre. C'est celle de plaire, cela vous sera aisé. L'impéra-

trice aime à être louée et considérée, mais elle mérite de
l'être et il ne vous coûtera pas de lui exprimer les sentiments qui lui sont dus. Vous lui exposerez avec fidélité
les sentiments que vous connaissez au roi pour elle et il
n'en faudra pas davantage, et sa maj. vous mettra, à mesure
que les événements se présenteront, dans le cas de lui marquer une confiance si entière et si soutenue qu'elle n'aura
rien à désirer à cet égard. Vous vous attacherez au comte
de Panin, à ce ministre, l'ornement de sa patrie et de son
siècle, que ses lumières et ses vertus rendent si digne de
la confiance de sa souveraine. Vous lui témoignerez la
vénération la plus vraie, vous l'assurerez de l'estime toute
particulière que le roi lui porte et lorsque, peu après votre
arrivée, mr de Saldern se trouvera aussi à Pétersbourg,
vous concerterez vos démarches avec ce dernier et, sûr des
bontés du roi pour lui et de son affection au service de sa
maj., vous cultiverez avec lui la liaison la plus intime. Vous
suivrez ses conseils, tant qu'ils seront compatibles avec les
ordres que le roi vous donnera, et vous ne permettrez pas
qu'il se glisse jamais la moindre froideur entre vous, observant cependant de ne faire paraître votre union et
votre bonne intelligence qu'autant qu'il le jugera à propos lui-même. La nation avec laquelle vous aurez à vivre
est méfiante et jalouse, vous ne sauriez trop vous appliquer
en toute occasion à éviter, à prévenir et à écarter ces
soupçons.

C'est là, monsieur, ce que le roi m'a commandé de
vous dire sur votre conduite en général. Je passe à présent aux objets particuliers qui demanderont préférablement
vos soins et votre application.

Le premier de tous et, j'oserai le dire, le vrai but de
votre ministère sera de veiller à l'exacte observation du
traité qui vient d'être conclu et de presser le moment de
son exécution. Il est, vous le savez, monsieur, la base du
système du roi et, humainement parlant, celle de la félicité
de son peuple et du repos du Nord. Tout ce que les
hommes ont pu faire pour en rendre l'accomplissement certain a été fait. Le roi a su y intéresser la gloire personnelle de l'impératrice et le génie national de son peuple.
Des avantages sagement accordés à la navigation et au com-

merce des Russes, mais au fond plus utiles encore au Holstein, les mettent dans le cas de désirer pour leur nation ce qui fera le bonheur de la nôtre, et les faveurs promises et déjà marquées aux princes cadets de la maison, qui jusqu'ici avaient été les boute-feu de la querelle et dont les plaintes perpétuelles avaient contribué plus que toute autre chose à l'aigreur devenue héréditaire entre les deux branches, ne font pas seulement disparaître un fatal obstacle, mais obligent encore puissamment ces princes à changer de langage et à devenir les appuis et les défenseurs de cette même réunion dont ils avaient jusque-là redouté et écarté la possibilité. Le roi, en procédant dès aujourd'hui à la liquidation des dettes contractées sur le Sleavic et en remplissant déjà plusieurs articles de l'accommodement provisoire, [1] se procure un droit sur l'accomplissement du reste, que le grand-duc ne pourra plus refuser avec une ombre d'équité, à moins que de se soumettre à l'obligation onéreuse de remettre toutes choses dans la situation où elles étaient avant le traité et à moins que d'irriter et d'exciter les plaintes de tous ceux qui jouissent aujourd'hui des effets heureux de l'accord, et votre maj., vous ne l'ignorez pas, monsieur, a en même temps pris toutes les voies possibles pour porter ceux qui entourent le jeune prince à lui inspirer des sentiments favorables à l'heureux et salutaire ouvrage qu'il s'agit d'achever. Tout est donc fait, je le répète, rien n'a été oublié de ce qui a pu se faire; mais, malgré toutes ces précautions, le roi ne se le dissimule pas, l'affaire peut manquer encore, millo incidents peuvent la traverser et quoique presque en port il ne nous est pas permis de nous endormir. Que tous vos soins soient donc consacrés au désir de maintenir le grand-duc dans les dispositions où nous osons nous flatter qu'il est actuellement et à le mettre le plus tôt qu'il sera possible dans le cas de les déclarer, que toutes vos démarches tendent vers ce but; l'impératrice y

---

[1] L'acte de renonciation et d'assurance, stipulé dans l'art. VIII, fut signé le 25 janvier 1768, la proclamation prévue à l'art. II fut publiée le 24 janvier, l'ordonnance promise par Part. VI séparé en faveur de l'université de Kiel parut le 1 février, enfin les engagements pris dans Part. XXXII en faveur des pasteurs et des pauvres d'Eutin avaient été exécutés sans délai.

peut le plus, elle doit être ménagée la première et sans comparaison au dessus de toute autre, mais que personne de ceux qui approchent son alt. impér. ne vous paraisse indifférent. Vous savez ce que peut souvent la conversation familière et que par elle, sans même que les princes s'en aperçoivent, les gens les moins propres à régler leurs goûts et leurs résolutions y influent le plus. Ménagez-les, étudiez-les tous, que tous ceux qui approchent le grand-duc soient vos amis et ceux de votre cause, que tous ceux qui sont à portée d'engager l'impératrice à hâter la résolution délicate de la majorité de son fils, vous soient favorables; ne négliges aucun moyen légitime pour les rendre tels et si ces moyens vous manquent, informez-en le roi, il vous les fournira.

Fixez pour le second objet de vos sollicitudes les affaires de la Suède. Après les siennes propres il n'y en a point en Europe qui intéressent plus fortement le roi. Il s'agit de conserver à ce royaume la forme de gouvernement et les lois dont il jouit actuellement et de maintenir particulièrement tout ce qui a été réglé à la dernière diète. Les deux cours ont exactement le même système à cet égard, elles se sont promis le concert le plus parfait, il faut le poursuivre et mettre pour base des opérations communes la confiance réciproque la plus intime. Le roi vous autorise à assurer l'impératrice de toute la sienne. Il a donné et donnera sans cesse pour cet effet les ordres les plus précis à mr le chambellan de Juel et si, comme sa maj. n'en doute pas, le comte d'Ostermann en a reçu et en reçoit constamment de semblables, l'effet en sera grand et le parti opposé ne pourra guère résister à l'application et à la vigueur avec lesquelles chaque ministre sera chargé d'exécuter séparément la volonté réunie des deux puissances. Je dis séparément. Il importe à la cause commune que les deux puissances agissent dans la plus étroite intelligence mais chacune pour soi. Il ne convient pas qu'elles paraissent ne faire qu'une. Un protecteur effraierait la liberté suédoise, deux la rassurent.

Le soutien des dissidents en Pologne et celui de la cause protestante, quelque part que ce puisse être, ne vous paraîtra pas indifférent non plus. Le roi aime à la protéger et il n'ignore pas que, sans parler même de motifs

supérieurs, il importe à sa gloire et à sa politique de l'affectionner.

Vous observerez d'un œil attentif les liaisons de l'impératrice avec les autres cours de l'Europe et vous tâcherez
particulièrement de pénétrer, si l'amitié et la confiance que
cette princesse témoigne au roi de Prusse sont dans le fond
aussi vraies, sincères et réciproques qu'elles le paraissent.
Il importe au roi de ne s'y tromper pas. Votre prudence
vous engagera à marquer de la prédilection pour les puissances que sa maj. impér. aime le mieux, mais cette même
prudence vous inspirera les bornes de cette règle et vous
conduira à ne professer de véritable attachement que pour
la Russie et à faire sentir toujours à l'impératrice et à son
ministre que sa maj. impér. est sans difficulté la première
amie du roi, et qu'elle de son côté ne saurait pas non plus avoir
d'allié plus fidèle et, à bien des égards, plus utile que sa maj.,
vérité fondée sur la nature même et sur mille considérations. Vous parlerez souvent de la grandeur de la maison
de Holstein, désormais souveraine du Nord, et du rôle
qu'elle jouera en Europe, lorsque par les soins glorieux
de l'impératrice toutes les contestations seront à jamais terminées. Mais vous ne dissimulerez pas que, la préférence
que le roi donne sans balancer à l'amitié de sa maj. impér.
sur celle du roi ou plutôt de la reine de Suède achevant
de lui attirer la haine de cette dernière et de tous ceux sur
lesquels elle domine, il ne serait pas sans quelque inquiétude sur les efforts qu'elle ferait pour le traverser dans
toutes ses vues et tous ses intérêts, tant en Holstein et en
Russie même qu'ailleurs, s'il ne s'en fiait à l'impératrice qui,
pénétrant bientôt ces desseins et ces artifices sous quelque
forme qu'ils puissent paraître, l'aiderait dans tous les cas à
les dissiper. Vous vous expliquerez à peu près de même à
l'égard de la France, aujourd'hui si étroitement liée à sa
maj. suédoise par un concert dont la haine de l'une contre le
Danemark et celle de l'autre contre la Russie font l'âme; vous
ne laisserez pas entièrement oublier au comte de Panin la
preuve de ses dispositions que cette couronne vient de
donner au roi en suspendant, sans en alléguer d'autre raison ou prétexte que celui de l'étroite liaison de sa maj.
avec l'impératrice, le payement des quatre millions de livres

d'arrérages qu'elle lui doit, et vous aurez soin de faire tout
l'usage possible d'un fait auquel sa maj. impér. ne saurait
manquer d'être sensible.

Quant aux autres cours le roi ne vous prescrit rien de
particulier par rapport à elles. Vous verrez dans celle de
la Grande-Bretagne l'amie actuelle de la Russie et dans
celle de Vienne son amie future, événement peut-être moins
éloigné qu'on ne pense. Vous tiendrez à l'égard de toutes
un langage modéré, observant toujours de faire entendre à
l'impératrice que les liaisons avec ces puissances sont et
doivent être toutes subordonnées à celle qui subsiste entre
le roi et elle, base du système du Nord. Aussi ne paraîtrez-
vous, je le répète, véritablement occupé que de celle-là,
vous ne serez attentif qu'à ce que fait l'impératrice, empressé qu'à applaudir à ses sentiments et à ses actions.
Vous n'en laisserez ignorer aucune au roi, vous observerez
tout, non-seulement ses démarches politiques et relatives
aux autres nations mais encore les lois, ses arrangements
militaires et économiques, ses réglements de finance, de
navigation et de commerce, ses projets pour augmenter la
population de ses Etats et y avancer l'agriculture;[1] rien,
en un mot, ne vous échappera, vous informerez le roi de
toutes ses entreprises, soit qu'elles réussissent soit qu'elles
échouent, et vous ne permettrez pas que quoi que ce puisse
être qui arrive dans une cour si importante et si intéressante aujourd'hui, échappe à la connaissance de sa majesté.

Qui n'excepte rien, n'a rien à ajouter. Il ne me reste
donc que de vous parler de la vivacité et de la sincérité de
mes vœux pour vos succès et de l'ardeur attentive que je
porterai toujours à les seconder. Puissent-ils surpasser vos
espérances et égaler les miennes. Puissiez-vous nous revenir avec la gloire et la satisfaction d'avoir mis la dernière

---

[1] L'impératrice suivait avec une égale attention les améliorations
qui se faisaient en Danemark à l'égard de l'agriculture et des pay-
sans. Ainsi elle demanda un jour à mr d'Assebourg des renseignements détaillés sur les mesures que le comte Bernstorff
avait prises dans sa propriété à Gjentofte pour rendre ses tenanciers
propriétaires, et dont elle avait entendu parler comme d'une expérience très remarquable, cfr dép. de mr d'Assebourg du 27 avril
et réponse du comte Bernstorff du 17 octobre 1767.

main au plus heureux ouvrage qui ait jamais occupé un ministre du roi.

342.

Dépêche à Mr de Gleichen à Paris.

Copenhague 9 avril 1768.

(Extrait.)

Je vous fais en même temps très particulièrement mes remercîments de ce que vous avez enfin porté le duc de Choiseul à s'ouvrir à vous sur le motif qui a déterminé le roi très-chrétien à prendre la résolution arbitraire dont le roi refuse de se plaindre mais qu'il sent comme elle mérite d'être sentie. Je ne me suis donc pas trompé, la fraude ou l'artifice se sont fait écouter et mr de Choiseul croit tenir la copie d'un article secret par lequel „le roi s'est engagé à suivre et à seconder toutes les vues de la Russie". Dites-lui de ma part que cet article est faux et que, de quelque part qu'il lui ait été fourni, je le déclare tel. Il sait que ma parole est vraie et j'ose dire peut-être qu'après dix-sept ans de ministère l'Europe la connaît telle. Le roi est allié de la Russie et très étroitement uni avec elle, — bien loin de le dissimuler, il se fait un plaisir et un honneur de ces liaisons parce qu'il les a contractées en prince sage et prévoyant et sur des principes dignes d'un père de son peuple et de l'ainé d'une maison à laquelle Dieu a soumis le Nord —, il a partagé et partage encore les mesures de cette puissance en Suède et en Pologne, parce que, quant aux premières, la Russie a adopté celles qu'à l'exemple des rois ses pères il a toujours suivies et suivra toujours immuablement, et que les dernières défendent une cause qu'il ne saurait abandonner. Mais de promettre son secours et son concours à des vues futures point exprimées et de s'unir ainsi à des desseins point encore connus et point encore examinés, c'est ce que la Russie n'a jamais demandé et ce que sa majesté ne fera jamais ni pour elle ni pour aucune puissance de la terre. Il faut ne point connaître ce prince si on croit qu'un objet, quel qu'il

soit, pût jamais le porter à renoncer ainsi à la première et
à la plus brillante prérogative des rois, à l'indépendance et
à la liberté du choix et des mesures; il faut n'avoir aucune
idée de lui et de ceux qui l'environnent, pour penser qu'il ait
des serviteurs assez infidèles et assez audacieux, pour oser
soumettre à ses yeux et présenter à sa signature un article
qui donnerait à un autre souverain le droit de diriger ses
actions et dégraderait la couronne qui lui a été transmise
par une si longue suite d'aïeux. Je suis, je vous l'avoue,
vivement frappé de voir mr de Choiseul donner créance à
des fictions pareilles, je ne m'y attendais pas de sa part.
Le roi n'a que deux traités avec la Russie; l'un, conclu en
1765, est une alliance défensive, faite comme toutes les alliances défensives le sont et dressée dans les termes usités
dans ces cas, l'autre, signé l'année passée, uniquement relatif aux différends qui depuis un siècle avaient déchiré la
maison de Holstein, ne tend qu'à les terminer et ne touche
point à d'autres intérêts. Ni l'un ni l'autre ne contient les
paroles ou le sens des paroles citées par mr de Choiseul,
ni l'un ni l'autre ne fournit aucune ombre de plainte à aucune puissance de la chrétienté. Il se peut fort bien que
la France, mécontente aujourd'hui de la Russie, aimerait
mieux que le roi fût brouillé avec cet empire, que de le
voir son allié, et qu'il lui serait agréable qu'il abandonnât
ses anciens et vrais intérêts en Suède, pour adopter ceux
qu'elle même a jugé à propos d'embrasser dans ces derniers temps. Mais un ministre tel que mr de Choiseul, qui
en vérité est trop grand pour ne pas être équitable, et qui
sait que nous ne pouvons faire ni l'un ni l'autre sans trahir
notre patrie, ne doit pas se permettre de pareilles prétentions et moins encore les écouter assez pour en faire la
règle du juste et de sa conduite. Il est fait pour estimer
la sagesse, la raison et la droiture des procédés partout où
il les trouve et pour agir en conséquence.

C'est par considération pour lui que le roi m'ordonne
de vous parler ainsi et qu'il vous permet de vous expliquer
dans le même sens envers lui. Non pas dans l'idée d'amener
par là le rétablissement des payements qui lui sont dus, —
après le ton que la France vient de prendre à son égard,
il ne pense certainement pas à faire des démarches dans

ane telle vue et, vous pouvez l'ajouter, malgré toutes les douleurs qui m'environnent, que mr de Choiseul n'ignore pas et dont il semble qu'il a la cruauté de se prévaloir, je sais trop ce que je dois jusqu'au dernier moment à la place que j'occupe pour prêter mon ministère à une telle faiblesse — mais parce que sa majesté estime qu'il lui convient de confoudre les calomnies ou les erreurs, et qu'il serait au-dessous d'elle de les favoriser par son silence.

Mais aussi, après avoir encore parlé pour cette fois, vous ne toucherez plus un sujet si peu fait pour être rappelé. Vous vous conformerez exactement au plan de conduite que je vous ai tracé par ordre du roi dans mes lettres du 16 et du 30 janvier, et vous attendrez en paix que la vérité perce et que la justice reprenne ses droits.

342.

Instruction pour Mr le chambellan de Raben[1]) comme Envoyé extraord. à Berlin.

Copenhague 1 mai 1768.

344.

Vergleich mit der Stadt Hamburg wegen der Ansprüche des Herzoglich-Holsteinischen Hauses an selbige und deren Immediatät,

geschlossen zu Gottorp d. 27 Mai,
ratificirt in Travendahl d. 3 Juni 1768.

---

[1]) Mr Siegfried Victor von Raben, ministre à Berlin jusqu'au 14/5 1770, lorsqu'il fut nommé maréchal de la cour du prince Frédéric. Cfr sur son sort postérieur Hist. Tidsskr., IV R, II, 370—71. — Cette instruction est en tout point conforme à celle imprimée sous no 328.

345.

Dépêche à Mr de St. Saphorin à Varsovie.

Londres 26 août 1768. [1])

Quoique, dans presque toutes les lettres que j'ai eu l'honneur de vous écrire, j'ai eu celui de vous marquer combien le roi continue d'unir ses souhaits et ses vues à ceux de l'impératrice de Russie, je ne puis néanmoins voir approcher l'époque de la diète de Pologne sans vous renouveler tout ce que je vous ai dit à cet égard.

Sa maj. est dans l'alliance la plus intime et la plus étroite avec cette souveraine, elle connaît ses intentions équitables et généreuses, elle s'intéresse vivement à sa gloire et à ses succès, elle ne souhaite pas moins que sa maj. impér. l'affermissement des avantages obtenus pour les dissidents et elle estime le rétablissement du calme et de l'ordre, tel qu'il a été fait par les lois dans les différentes parties du gouvernement de la république, nécessaire au bonheur et à la tranquillité de l'Europe. Elle sait que ce but ne peut être obtenu que par le succès des armes et des conseils de la Russie, et c'est par tant de raisons qu'elle est vivement empressée à avancer ce succès par tous les moyens qui peuvent.

---

[1]) Au commencement du mois de mai le roi partit de Copenhague et, après avoir passé un mois dans le Holstein, il continua son voyage par le Hanovre et la.Hesse en Hollande et en Angleterre, où il fit un séjour de deux mois. De Londres il se rendit le 13 octobre en France et, après avoir passé presque deux mois à Paris, il retourna en Danemark par Strasburg, Mannheim, Hanau et Brunswic et fit son entrée à Copenhague le 14 janvier 1769. — Dans ce voyage, le roi ne passa pas par Berlin. Les motifs qu'on alléguait pour cette omission ressemblent beaucoup à des prétextes. Le roi de Prusse, disait-on, était en tournée dans ses provinces et il ne paraissait pas convenable au roi de faire une courte visite à Berlin lorsqu'il entendait passer plusieurs mois dans les cours anglaise et française. Le comte de Bernstorff accompagnait le roi dans ce voyage et poursuivait la correspondance politique avec les légations comme d'ordinaire, tandis que les affaires courantes se traitaient à Copenhague au nom d'un autre membre du conseil. Sur ce voyage, voir N. Hist. Tidsskr. IV, 621—624, Hist. Tidsskr. IV R., III, 125, Denkwürdigkeiten, 400—401, cfr 176 Reverdil: Mémoires, 132—38.

être dans son pouvoir. . Vous le savez, monsieur, mais je vous le répète. Vous vous expliquerez et vous agirez donc conformément à ces principes dans toutes les occasions qui se présenteront. Vous continuerez de vivre dans l'union la plus parfaite avec l'ambassadeur de Russie et tous les ministres de cet empire. Vous plaiderez toujours près de lui et près d'eux la cause des dissidents, et vous emploierez tout ce que vous pouvez avoir du crédit sur tous vos amis pour les engager à penser de même et à entrer dans un système qui est le seul qui puisse terminer les maux affreux de la Pologne.

J'ai la consolation de voir ici le prince et la princesse de Czartoriski et j'avoue que j'y suis très sensible. Vous connaissez ma façon de penser pour les maisons dont ils sortent, l'un et l'autre, et je ne vous en dis pas davantage.

346.

Dépêche à Mr le comte de Scheel à St. Pétersbourg.

Londres 23 septbre 1768.

Je viens d'apprendre par la lettre que vous m'avez fait l'honneur de m'écrire le 31 du passé votre heureuse arrivée à Riga et comme je me flatte que vous aurez atteint peu de jours après le terme de votre voyage, je profite avec plaisir du courrier que mr de Filosofoff dépêche à mr de Panin pour ouvrir notre correspondance et pour vous dire un mot avec plus de sûreté que je ne pourrais le faire par la poste ordinaire.

Le but de ce courrier est d'annoncer à l'impératrice que le roi viendra la voir au mois de mai ou de juin prochain[1]) et que sa maj., qui s'est décidée à supprimer tous les autres voyages qu'elle se proposait de faire et qui retournera en droiture et en diligence à Copenhague dès qu'elle aura vu Paris, fera celui de Russie par mer. · La résolution en a été prise par le roi lui-même, il y a deux ou

---

[1]) Cette résolution était provoquée par l'insistance du comte Scheel qui avait été informé que l'impératrice désirait vivement recevoir la visite du roi.

trois jours. Dieu veuille la lui rendre heureuse et à son pays. Vous savez depuis longtemps ce que j'en ense. J'en fais part à mr de Saldern par la lettre que je^pjoins ici et que je vous prie de lui remettre. Mais j'ai en même temps de fortes raisons pour désirer que la nouvelle en soit tenue entièrement secrète aussi longtemps que possible. Demandez-le à mrs de Panin et de Saldern. Ils ne me refuseront pas cette faveur.

Comme nous aurons le temps de parler souvent de cette entrevue, dont le succès fait et fera le premier et le plus pressant objet de mes vœux et de mes sollicitudes, je ne vous en dirai pas plus aujourd'hui et j'emploierai le peu de moments dont je pourrai disposer jusqu'au départ du courrier à vous parler de nous et des affaires qui m'inquiètent.

Nous partirons d'ici le 10 ou au plus tard le 12 du mois qui vient. Le séjour du roi dans cette île a été agréable et j'ose me flatter qu'il a assez bien réussi. L'intelligence est très bonne entre sa maj. et le roi et la famille royale de la Grande-Bretagne et le peuple est enchanté de notre maitre. On ne se lasse pas de le voir et partout où il paraît il n'entend que des acclamations. J'espère que les quinze jours qui nous restent à passer ne nous seront pas moins favorables. Après quoi mes souhaits et mes craintes se tourneront sur Paris. Le Ciel veuille encore nous tirer heureusement de là.

Si je vous parlais, je vous dirais bien des choses sur notre situation mais je ne me fie jamais tout à fait au papier. Ainsi je renfermerai tout ce que je puis vous faire savoir dans un seul mot. C'est qu'il s'en faut de beaucoup que mes vœux soient remplis, mais que nous pourrions être beaucoup plus malheureux que, grâce à Dieu, nous ne le sommes.

J'ai trouvé le roi d'Angleterre bien digne de respect et de vénération. Il est vertueux, sensé et appliqué. Mais son ministère est si fort occupé de ses divisions ou de ses plaisirs qu'il n'est pas en état de penser aux affaires du dehors ni de rien entreprendre. On a voulu m'assurer que, jaloux de notre union avec la Russie, milord Cathcart avait ordre de la traverser sourdement. J'ai de la peine à le croire, mais je vous prie néanmoins d'observer attentivement les démarches de ce seigneur.

La France profite bien de l'état où elle sait qu'est le gouvernement d'Angleterre. Elle a de grandes vues et les exécute.

Ce qui m'inquiète aujourd'hui le plus, c'est la Pologne. Quelque succès que les Russes y aient, les affaires y vont mal et si l'on ne prend pas de nouvelles mesures, on n'en viendra pas à bout, on n'aura point de pacification cet hiver, mais la guerre l'été prochain. Je le vois, j'en gémis, mais je sens que ce n'est pas le moment où il convient que nous en parlions.

Tout ce que je vous prierai de faire, c'est de vous intéresser fortement et vivement pour les dissidents. Si la Russie les abandonne, ils seront mille fois plus malheureux qu'ils ne l'ont jamais été et ils pleureront, eux et leur posterité, sur une protection qui aura achevé de les abîmer. La gloire de l'impératrice et son humanité exigent qu'elle les soutienne. On peut céder bien des choses aux Polonais mais point celle-là. Les adversaires de la Russie en triompheraient trop.

Mr de Saldern vous sera un ami important dans tout ceci. Je vous prie de le consulter sur tout et d'entretenir avec lui l'amitié la plus intime. Il est de la plus grande nécessité que vous restiez entièrement unis.

Quoiqu'accablé d'occupations, je vous écris cette longue lettre de ma main pour que personne, sans exception, n'ait connaissance encore du voyage du roi dont je vous fais la confidence. Je vous recommande mr Dreyer. Il pourra vous être utile étant depuis si longtemps dans le pays, et je connais assez votre cœur et vos sentiments nobles pour être très sûr que vous vivrez bien avec lui.

347.

Dépêche à Mr le comte de Scheel a St. Pétersbourg.

Newmarket 4 octobre 1768.

(Extrait.)

Le départ du roi n'aura lieu que le 13. Une fête que sa maj. juge à propos de donner à la noblesse qui se trouve à Londres, occasionne ce petit délai. Je compte qu'elle sera à Paris le 21.

Je me confirme dans mes soupçons que le ministère britannique ne serait pas fâché de semer de la défiance entre notre cour et celle de la Russie. Nous ne le méritons certainement pas et si la Grande-Bretagne le voulait, elle pourrait tirer un avantage réel de cette alliance formée aujourd'hui dans le Nord par deux puissances qui n'out aucune envie de dépendre de la maison de Bourbon; mais la politique nuisible, j'appelle ainsi celle qui tend à déranger les opérations d'autrui et à faire naître de la mésintelligence où on le peut, est toujours la première à se présenter à l'esprit de ceux qui ne se donnent pas le temps d'approfondir les affaires, et c'est là le cas du ministère dont je parle. Occupé du soin de se soutenir, de ses querelles, des embarras extrêmes que les frondeurs lui suscitent, et de ses plaisirs, il n'a pas le loisir de méditer sur les démarches et les vues des autres puissances et il trouve avoir plutôt fait d'en penser mal et de les embarrasser. J'ose me flatter avec certitude qu'il ne réussira pas à Pétersbourg à notre égard.

Ne témoignez cependant aucune froideur ou défiance à milord Cathcart. Je l'ai connu jeune et je le crois homme de bien et d'honneur. S'il se souvient de moi, dites-lui beaucoup de choses de ma part. Ce serait un bon coup si vous pouviez lier amitié avec lui et je ne doute pas que vous n'y parveniez. Au moins cela le rendrait moins exposé à se laisser prévenir par ceux qui chercheront certainement à l'éloigner de vous. Mais vous observerez toujours à ne former aucune liaison ni avec lui ni avec personne qui puisse donner ombrage à mr de Panin. La bienveillance et la confiance de ce grand et vertueux ministre fera toujours le premier but de tous vos soins et de toutes vos sollicitudes. Vous donnerez une très grande attention aux affaires de Pologne et de Turquie.

Je vous ai déjà parlé sur les premières, et il ne me reste que peu de choses à vous en dire. La force peut beaucoup dans ce pays-là, mais elle ne peut pas tout. Si la Russie veut que les troubles y finissent et que son ouvrage subsiste, il faut qu'elle donne du crédit et sa confiance à des gens d'honneur, respectés dans la nation, capables de soutenir son système et incapables par leur caractère de la trahir. Pour moi, qui m'imagine connaître un peu ce pays-là, je ne sais que les Czartoriski capables de la bien servir. Ce sont des gens que rien ne pourra porter à agir contre leur honneur et contre leur patrie, mais qui par-là même sont fort dignes et plus en état de combiner les intérêts de la Russie et ceux de Pologne et de faire réussir une pacification raisonnable. Malheureusement le prince Repnin est leur ennemi depuis longtemps et empoisonne toutes leurs actions et toutes leurs paroles. Tant que la Russie se fiera aux Potocki et à toutes ces autres familles qui l'ont trahie mille fois, elle en sera la dupe, on lui promettra tout avec une soumission servile, mais on ne lui tiendra rien et les troubles ne finiront point.

Quant à la Turquie, je désire avec ardeur qu'on puisse éviter la guerre avec cette puissance, peu redoutable aujourd'hui mais incommode. Je le crois possible pourvu que l'on joigne beaucoup de raison et de fermeté à beaucoup de largesses répandues parmi les grands de l'empire. Les derniers rapports de mr Dreyer m'apprennent que l'on prend ce parti et j'en suis très aise. Je m'en fie aux lumières, aux talents et à la sagesse de mr de Panin.

348.

Dépêche à Mr de St. Saphorin à Varsovie.

Newmarket 4 octobre 1768.

Je profite d'un moment de loisir qui m'est enfin arrivé pour répondre à la lettre en chiffres que vous m'avez fait l'honneur de m'écrire et qui m'est parvenue le 17 du passé.

Vous vous représenterez facilement, monsieur, combien je suis touché du souvenir que le roi de Pologne m'accorde et de la confiance dont il daigne m'honorer, vous, qui savez quel est mon dévouement pour ce prince et qui avez vu depuis que vous êtes employé en Pologne et qu'il est sur le trône, que je n'ai jamais désiré que sa prospérité. Comme il est certainement le plus grand homme et le plus

vertueux qui ait régné en Pologne depuis prés de deux
siècles, il serait aussi le plus heureux si mes vœux avaient
été exaucés. Vous en êtes témoin, monsieur, vous vous
rappellerez combien j'ai souhaité que les premières idées, qui
eussent rendu la Pologne considérable et fortunée sous son
autorité, eussent été suivies, vous avez vu cet esprit régner
dans toutes mes dépêches et toutes mes opérations, il serait
superflu de vous le répéter.

Des événements déplorables ont détruit, au moins
pour un temps, tant d'espérances, mais ils n'ont changé
ni mon zèle ni mon cœur. Toutes les occasions que j'ai
eues, je m'en suis servi pour avancer mon premier but,
toutes mes insinuations, toutes mes représentations, tant en
Russie qu'autre part, ont été pour le service de sa maj.
polonaise et le seront toujours.

Assurez-en ce monarque, en me mettant à ses pieds.
Dans la crise présente et dans l'extrémité à laquelle les
choses sont portées actuellement, mes efforts ne lui seront
probablement pas fort utiles. Mais ils pourront ne pas être
absolument indifférents pour l'avenir et ils seront toujours
sincères et fidèles.

Il n'y a qu'un point sur lequel je ne saurais dissimuler
à sa maj. polonaise que je pense peut-être un peu différemment d'elle. C'est sur les droits rendus aux dissidents. Il
ne m'est pas possible de souhaiter qu'on les restreigne.
Indépendamment de tous les motifs dont ce monarque
éclairé et juste ne saurait méconnaître la force, au moins à
mon égard, je ne puis regarder leur rétablissement dans les
prérogatives de leur naissance que comme un avantage
pour le trône. Les rois de Pologne ont-ils trop de sujets
attachés à leurs personnes pour vouloir en diminuer le
nombre? Et trouvent-ils quelque intérêt à obliger une partie
assez considérable de leur noblesse, qui se tiendrait uniquement à eux comme à son seul appui, à se détacher d'eux
et à rechercher des protections étrangères? Je vous avoue
que je ne le comprends pas. Je conçois que les gentilshommes catholiques aiment à avoir moins de concurrents
pour les places et les dignités et que le clergé romain les
appuie, mais que les rois concourent à ces vues, directement
opposées à leurs intérêts, c'est ce qui me passe. Travailler

à engager la Russie à céder ce point, ce serait agir contre tous mes principes, je ne puis ni le faire ni le promettre; mais à cela près, je me trouverai toujours heureux lorsque je pourrai avancer les vues et les desseins d'un prince que mon cœur révère, et dont la maison a fait l'objet de mon attachement le plus vif et le plus tendre avant qu'elle fût élevée à la grandeur suprême à laquelle elle est parvenue aujourd'hui.

Si mes intelligences sont justes, sa maj. polonaise doit avoir reçu depuis peu quelques nouvelles moins désagréables de Pétersbourg, et je ne suis pas sans espérance que de ce côté-là les affaires pourront aller un peu mieux. Il n'y a point d'autre moyen de calmer les troubles destructeurs qui déchirent et abîment aujourd'hui la Pologne que par l'influence et le secours de cette puissante cour, et la base de tout plan ne peut être que l'intelligence la plus parfaite avec elle. Tout autre dessein éloignerait du but.

Peut-être pourrai-je dans quelque temps vous parler plus clairement sur ce sujet.

349.

Dépêche à Mr de Ferber, secrétaire de légation à Berlin.

Copenhague 29 octobre 1768.[1])

Vous n'ignorez pas entièrement, monsieur, les sujets de mécontentement que la conduite de mr le baron de Borok a donnés les dernières années de sa résidence dans cette cour, les embarras qu'il a cherché de susciter dans l'administration publique et les sentiments peu affectionnés qu'il a trahis en plusieurs occasions pour les intérêts et les principes de cette cour. Quoique rappelé, l'esprit remuant que nous lui connaissons et son talent pour l'intrigue, joint au ressentiment d'avoir manqué son but à plusieurs égards, ne nous le rendent pas encore indifférent. Il nous importe

---

[1]) Cette dépêche est signée par le ministre d'Etat, le comte de Bernstorff.

de connaître sa marche et ses liaisons actuelles, de savoir
comment à son retour il a été accueilli de sa maj. prussienne, à quoi on l'emploie ou le destino, les vues que lui-
même peut avoir, les propos qu'il tient, le cas qu'on paraît
faire de lui à la cour et en ville, et surtout les relations
qu'il conserve avec les personnes qu'il peut avoir connues
ici. Vous rendrez un service également utile et agréable
en faisant de tout cela, sans affectation et avec cette intelligence que plusieurs années de séjour dans une cour peut
guider, l'objet de vos recherches et de vos perquisitions et
en me faisant parvenir par des voies sûres ou par le courrier ordinaire en lettre chiffrée les découvertes que vous
aurez faites ou que vous ferez au sujet de mr de Borck.

250.

Dépêche à Mr de Juel à Stockholm.

Altona 4 janvier 1769.

J'ai reçu ces jours-ci vos dépêches du 16 et du 20 du
passé et je viens de les lire, n'ayant pu parvenir à les dé-
chiffrer plus tôt. Vous vous représenterez sans peine avec
quelle surprise j'y ai vu les événements que vous m'y
annoncez; mais j'ai la satisfaction de pouvoir vous dire que
le roi, auquel j'en ai rendu compte sur le champ, est très
content de vos rapports et approuve entièrement votre conduite. Je ne puis encore entrer dans de plus grands détails. Ce sera ma première occupation et mon premier
travail lorsque je serai de retour à Copenhague, où j'espère
arriver le 14 de ce mois.

Je vous prie d'être très persuadé que le roi donnera
toute son attention aux affaires dont vous êtes chargé, et je
n'aurai rien plus à cœur que de vous mettre dans le cas
de travailler sans inquiétude et sans embarras aux fonctions de votre ministère et à la tranquillité publique, seul
objet des sollicitudes et des désirs du roi.[1]

---

[1] Il s'agit de la grande démonstration du roi de Suède, le 12 décembre, qui par l'appui qu'il trouvait auprès des collèges admini-

251.

Dépêche à Mr de St. Saphorin à Varsovie.

Copenhague 28 janvier 1769.

Quoique bien des soins, que le retour du roi dans ses Etats exige, et les affaires du Nord, qui s'embrouillent tous les jours davantage, m'occupent à un point que je ne sais y suffire, je vais néanmoins faire l'impossible et me dérober quelques heures pour répondre à vos différentes lettres et particulièrement à celle que vous m'avez écrite le 14 du passé.

Mettez-moi aux pieds du roi de Pologne et dites-lui que, puisqu'il l'ordonne, je vais vous mettre en état de lui exposer sans réserve ce que je pense sur les conjonctures présentes; que, dans tout autre temps, la crainte d'avoir peut-être des idées différentes des siennes sur quelques points et par conséquent le malheur de lui déplaire m'arrêterait et m'imposerait silence, mais que ses volontés et la crise dans laquelle je le vois, ne me permettent pas d'écouter dans le moment présent une appréhension d'ailleurs si juste et qui m'est si naturelle, et je crois que mon attachement ancien et fidèle pour sa personne, sa maison et les mânes sacrés des auteurs de ses jours, assez grands et assez illustres pour honorer même la couronne qu'il porte, m'impose la loi de ne redouter que ce qui peut lui nuire, et par conséquent de ne lui rien déguiser de ce que je pense ou savoir ou prévoir. Après m'avoir écouté, il sera le maitre de juger mes raisons ou mes erreurs, et me fiant à la droiture et à la grandeur de son âme, qui ne lui permettra jamais de faire de ma sincérité un usage qui pût m'embarrasser, je serai content de lui avoir donné une preuve

---

stratifs avait forcé le sénat à convoquer la diète. Cfr Tengberg, 65—66, Malmström, VI, 67 sqq. — Les instructions qui furent envoyées le 21 janvier à mr de Juel, portent que „le roi ne se laisserait détourner pour rien de son but et que rien ne lui paraîtrait trop cher ou trop difficile pour l'obtenir." Le ministre devait agir en union avec mr d'Ostermann, 40,000 écus furent mis à sa disposition, des déclarations étaient regardées un moyen bien dangereux et des démonstrations menaçantes devaient être réservées pour les dernières extrémités. Par une dépêche du 28 janv. un crédit fut ouvert en faveur de mr d'Ostermann jusqu'à concurrence de 150,000 écus.

de mon zèle et de ma fidélité, supérieure a toute autre qui pût dépendre de moi.

Partout où j'ai été l'année passée, je me suis fait un honneur et un devoir de me conduire en serviteur décidé de sa majesté polonaise, et j'ai fait un de mes premiers objets de pénétrer à quel point ceux qui gouvernent les nations sont ou attachés ou contraires à ses intérêts. Je crois le savoir assez bien aujourd'hui. J'ai trouvé qu'on lui est généralement affectionné en Hollande et en Angleterre, mais je ne m'étendrai pas sur les dispositions de ces deux pays, parce que la république des Provinces-Unies se mêle peu aujourd'hui des affaires générales de l'Europe et parce que je suis que sa majesté a déjà ou aura dans peu des rapports directs de Londres, qui la mettront mieux au fait que je ne puis le faire de ce qu'elle pourra attendre de la nation ou du ministère britanniques; mais je vous parlerai clairement sur la France. Sa majesté polonaise y a des amis, mais la haine du ministère contre la Russie est si forte qu'elle s'étend aussi sur ce monarque, et je ne saurais me cacher ni lui dissimuler qu'elle est la source et la cause de tous les troubles qui l'inquiètent et qui affligent si excessivement aujourd'hui la Pologne. Je n'ai cependant pas lieu de croire que l'on songe actuellement à Versailles à moyenner une nouvelle élection, et je ne pense pas que le plus hardi projeteur de la France ait encore formé un plan pour un cas pareil. Je regarde ainsi comme des imaginations ou des chimères ce que l'on dit des vues de la cour de Vienne en faveur du prince Albert de Saxe et de celles de la France pour le prince de Condé ou celui de Conti. Ce sont des rêves de politiques oisifs qui vont au delà du but sans s'occuper des moyens pour y parvenir et l'on sent bien en France qu'on n'en est pas là; mais je ne répondrais de rien, si les armes de la Russie essuyaient des revers décisifs, et si la fureur des ennemis de sa majesté polonaise en Pologne même ne pouvait être ralentie et supprimée par la sagesse de ce monarque et les efforts de ses amis.

La cour de France dispose de celles d'Espagne et de Naples et elle a une grande influence sur celle de Vienne; mais je ne crois pas que son autorité sur la dernière soit assez forte pour pouvoir la déterminer à se mêler directement des troubles de la Pologne et à prendre part à la guerre que ces troubles occasionnent, pourvu que le roi de Prusse n'y prenne pas une part directe non plus. L'incendie deviendrait sur le champ général, si la maison d'Autriche croyait avoir lieu de craindre que ce monarque parviendrait à augmenter sa puissance par les calamités présentes.

. Telle est en peu de mots, monsieur, la disposition générale des puissances dont les sentiments peuvent intéresser sa majesté polonaise. J'en conclus qu'à moins de malheurs auxquels il n'y a actuellement point d'apparence, ce monarque aura le temps de calmer son royaume et d'en rétablir les affaires, pourvu que, saisissant le moment des maux extrêmes qui l'oppriment aujourd'hui comme le plus propre à réunir tous les gens de bien en faveur de leur patrie commune et à leur faire oublier toutes les divisions passées, il forme à lui-même et pour eux un plan de conciliation patriotique, ferme et vigoureux, et ne se laisse écarter ni distraire par rien dans la poursuite de ce but. [1]) Ce serait une chimère de penser à un pareil plan sans le fonder sur l'appui et l'approbation de la puissance amie de sa majesté polonaise dont les troupes remplissent le royaume, et qui seule s'oppose aux ennemis de ce prince. Je sais très bien tout ce qui doit se penser et tout ce qui pourrait se dire à cet égard, mais il s'agit de sauver le trône et la république et non pas de se souvenir des griefs, quelque légitimes qu'ils puissent être, et le plus grand obstacle à la réunion sincère de tous les gens fidèlement attachés à sa majesté polonaise et à la patrie étant levé aujourd'hui, [2]) il me semble que le salut de l'un et de l'autre exige que sa majesté polonaise saisisse ce moment favorable, d'abord pour se réunir elle-même avec ses anciens et fidèles serviteurs, gens que leur cœur attache si étroitement à elle qu'elle ne

---

[1]) Dans une dép. du 11 mars, mr de Bernstorff précise mieux sa pensée dans ce sens qu'il ne s'agirait pas selon lui de provoquer une nouvelle confédération, comme on avait compris son conseil à Varsovie.

[2]) A la fin de janvier 1769, le prince Repnin dont le procédé brutal avait irrité tout le monde, avait été rappelé et remplacé par le prince Wolkonski.

peut jamais se fier à personne plus entièrement qu'à eux, et puis pour les réunir avec la cour de Russie. Toute autre opération, quelle qu'elle puisse être, perdra l'Etat au lieu de le remettre.

Je n'ignore pas que cette réunion et ce raccommodement ont leurs grandes difficultés de plus d'une espèce, mais je les crois surmontables, et cela suffit pour qu'elles soient surmontées parce que le rétablissement de l'Etat et la conservation de tout ce qui peut et doit être cher à un Polonais en dépendent. Il s'agira d'abord d'oublier toutes les offenses, tous les ressentiments intérieurs et extérieurs, — ils sont faits pour disparaître devant les grands objets qu'il est question de sauver —, et puis de céder quelque chose de part et d'autre de ses vues et de ses souhaits. Demander à la Pologne de complaire en tous les points à la Russie, ne serait pas juste; demander à la Russie d'en faire autant en faveur de la Pologne, serait s'abuser. Ce serait bien le moyen de rompre une négociation mais non pas celui de la conclure. Les deux points principaux qui divisent aujourd'hui les deux puissances sont, vous le savez, monsieur, la garantie de la constitution de la république que l'impératrice s'est attribuée, et la cause des dissidents. La première peut en effet paraître très dangereuse à l'indépendance de la Pologne, la seconde ne saurait, selon mes idées, fixées après des réflexions innombrables, lui porter aucun préjudice. Par un bonheur assez rare, la Russie est disposée à sacrifier la garantie et ne tient ferme que sur le rétablissement des dissidents. Sa majesté polonaise, les chefs de ceux qui souhaitent le bien de la patrie, pourraient-ils vouloir la laisser périr ou au moins l'exposer à ce malheur, seulement pour ne pas rendre les droits de leur naissance à leurs frères, descendants des mêmes aïeux, citoyens, enfants de la république, comme ils le sont, auxquels ils ne reprochent d'autre crime que celui de penser différemment d'eux sur des points qui ne blessent ni le zèle et la fidélité pour l'Etat ni l'obéissance due aux lois, et de n'avoir pas la lâcheté de sacrifier leur sentiment à leur fortune? L'article solennellement accordé à la diète et aujourd'hui de nouveau contesté est tout pour les dissidents et n'est rien pour les catholiques. Si les premiers ne peuvent

entrer au sénat ni avoir la voix à la diète, ils ne sont plus
gentilshommes polonais en effet, ils ne sont plus membres de la nation, ils n'en sont que les sujets, leur
naissance ne fait plus que leur malheur, mais quel malheur
peut-il résulter pour le roi et la noblesse catholique lorsque
quelques nobles dissidents siégeront dans leurs assemblées,
réunis au reste de leur nation? Dès le moment qu'on leur
aura rendu leurs privilèges et leurs prérogatives, les dissidents
n'auront plus d'intérêts séparés ni autres que ceux de toute
la noblesse, et puis que peut-on craindre de leur petit
nombre? Que voudront-ils, que pourront-ils, que vont-ils
faire? Le cas n'est donc pas égal pour l'un ou pour l'autre
parti. La Russie ne saurait sacrifier cette partie des constitutions de la dernière diète, sans trahir ceux que sa protection et ses promesses auraient perdus et sans renoncer à
sa gloire et à son crédit, au lieu que la Pologne ne perd
ni ne sacrifie rien. Que sa majesté polonaise borne le nombre des sénateurs et des nonces dissidents, à la bonne
heure, que ce nombre soit rendu aussi peu considérable
qu'elle voudra, on pourra s'en contenter; mais de révoquer
la loi en entier, d'exolare une seconde fois cette partie de
la nation de tout ce qui décide de son existence comme
noblesse polonaise, c'est une demande à laquelle la Russie
ne peut se prêter sans se déshonorer et à laquelle aucune
des puissances protestantes qui, de près ou de loin, a eu
une sorte de part à l'ouvrage, ne saurait donner les mains.

A tous les autres égards je continuerai de travailler avec
un zèle redoublé à l'accomplissement des vues de sa majesté polonaise, je ferai tout ce qui dépendra de moi à
Pétersbourg, à Berlin, à Londres pour les avancer; mais je
serais indigne de la bienveillance et de l'estime de ce
monarque, si je lui promettais d'agir contre les vœux des
dissidents, que je crois justes, légitimes et utiles à ce prince
lui-même. Il est trop éclairé et trop généreux pour l'attendre de moi.

Les services que je tâcherai de lui rendre, ne seront
cependant pas publics, ils ne seront que secrets. Je ne vois
pas de jour à l'admission des médiateurs que ce prince propose. Je doute que la Grande-Bretagne, toute occupée de
ses divisions et de ses intrigues intestines, entreprenne un

si grand ouvrage. La cour de Russie ne voudra pas de
celle de Vienne et le roi notre maitre est trop étroitement
lié avec la Russie et trop déclaré pour les dissidents pour
s'attendre à un si haut degré de confiance de la part de
ceux qui n'aiment ni l'une ni les autres. L'accommodement
ne pourra se négocier qu'entre les parties en contestation
elles-mêmes. Nos offices n'y manqueront point, mais ils n'y
paraîtront pas.

Voilà, monsieur, ce que je me suis proposé de vous
dire. Rendez-en compte à sa majesté polonaise et obtenez
d'elle qu'elle me pardonne la franchise avec laquelle je
m'explique. Le danger de sa situation m'y oblige. J'ai très
bonne opinion de cette situation, pourvu que sa majesté ne
s'abandonne pas elle-même, et pourvu qu'elle saisisse ce
moment, où l'incertitude des événements de la guerre rend
toutes les puissances modestes et faciles, pour rallier à elle
ce qu'il y a de gens d'esprit et de cœur bien intentionnés
pour la république et pour traiter à leur tête avec la
Russie. Ce mot dit tout. Si elle laisse échapper ce moment, il ne reviendra peut-être plus. La Russie victorieuse
se prêtera moins à ses souhaits et que pourrait-elle attendre si de mortels et cruels ennemis de sa personne et
de sa maison, les confédérés de Bar et leurs adhérents publics ou secrets, étaient favorisés de la fortune? Je frémis
pour elle à la seule pensée de ce malheur. Mais je l'éloigne
de mon esprit et je ne m'occupe que de l'espérance que sa
sagesse saura profiter de la conjoncture et tourner ses dangers même à sa gloire et à son avantage. Personne, je la
supplie de le croire, n'en aura une joie plus vive et plus
pure que moi et ne lui consacre déjà dès à présent des
applaudissements plus sincères et plus fidèles.

352.

Note à Mr le comte de Panin, ministre d'Etat de l'Impératrice de Russie.

Copenhague 6 février 1769.

Le désir des Danois d'apprendre l'art de la guerre dans
les glorieuses armées de sa maj. impér. et de répandre leur

sang, s'il le faut, pour sa cause engageant nombre de jeunes officiers de la nation à chercher service dans la guerre allumée aujourd'hui entre la Russie et la Porte, j'ai ordre du roi mon maitre de les recommander à la haute protection de votre exc. Sa maj., qui leur déclarera à tous qu'il estimera les services rendus à sa maj. impér. comme rendus à lui-même, et leur enjoindra sous peine de sa disgrâce la plus sévère de ne le céder à personne en fidélité et en ardeur pour le service de l'empire, leur souhaiterait le bonheur d'être placés selon leurs grades dans les régiments de l'armée actuellement employée contre les infidèles. Elle leur continuera, tant qu'ils y seront pendant cette guerre, la paie dont ils jouissent ici et elle leur prouvera par la manière dont elle récompensera leurs actions et punira leurs négligences, combien elle a à cœur qu'ils se montrent dignes de l'honneur qu'ils ambitionnent.

Le roi sera sensiblement obligé à votre exc. de la bonté avec laquelle elle voudra bien favoriser les vœux de ces officiers, et moi, je me trouve heureux d'avoir, en exécutant ces ordres de sa maj., l'occasion d'assurer votre exc. du respect, de la vénération et de l'attachement inviolable avec lesquels j'ai l'honneur d'être. [1])

252.

Dépêche à Mr le comte de Scheel à St. Pétersbourg.

Copenhague 6 février 1769.

Les affaires s'embrouillent si fort en Suède et y deviennent si sérieuses, elles exigent un concert si détaillé et

---

[1]) Tandis que les officiers prussiens n'étaient admis qu'à titre de volontaires, les officiers danois furent reçus et employés dans les régiments chacun selon son grade et son arme et en tout point sur le même pied que les officiers russes. Parmi les officiers qui entrèrent au service russe pendant la guerre turque, les dépêches du comte de Scheel citent dans le courant de 1769 mrs de Stricker, Gähler, Brüggemann, Moltke, Blücher, Morgenstjerne, Lepel, Conradi, deux Düring, Caltenborn, Raeder, Heiliger, Rohweder, Prentz, Progrell, Falkenskjold, Schmettau, Adeler, d'Angeli etc. Ces officiers se distinguèrent beaucoup, et à plusieurs reprises le comte de Czernicheff, ministre de la guerre, adressa des lettres au comte de Scheel pour se louer d'eux.

si parfait entre les deux puissances intéressées plus que
toute autre à conserver la constitution de ce royaume voisin telle qu'elle est établie par les lois, et leur dérangement peut opposer des obstacles si considérables à l'exécution des résolutions les plus décidées et les plus fortement
prises par l'un et l'autre monarque, que le roi m'a ordonné
de vous dépêcher un courrier pour vous mettre en état d'exposer à son exc. le comte de Panin d'abord l'état des choses,
puis les mesures déjà prises par sa majesté pour arrêter et
rompre, s'il est possible, les intrigues ennemies et enfin les
opérations que sa majesté estime nécessaires pour combattre
les desseins futurs de ces mêmes ennemis et affermir le
système qu'ils veulent renverser. Je tâcherai de remplir
ces trois objets dans cette lettre et je la terminerai par un
mot qui regardera l'article des subsides stipulés par Part I
séparé et secret de l'alliance de 1765. Huit ou dix jours
après l'expédition de mon courrier il en partira un autre,
c'est à dire celui que mr de Filosofoff a reçu et qu'il ren-
verra avec le résultat des conférences que nous aurons eues
avec lui dans cet intervalle par ordre du roi. La crise est
si dangereuse, la France, premier mobile de tous ces troubles et de toutes nos peines, agit avec tant de violence et
de hauteur et pousse sa pointe avec tant de vivacité et si
peu de ménagement que le concert le plus étroit est absolument nécessaire entre nos deux cours, et que, si la Russie
veut que nous entrions sans réserve dans ses vues et que
nous risquions tout pour soutenir avec elle le système du
Nord, elle trouvera juste d'entrer aussi à son tour dans
notre situation et de se prêter à des arrangements qui seuls
peuvent permettre au roi de faire de si grands efforts et
justifier à sa majesté elle-même, à la nation et à la postérité
tous les dangers auxquels elle va s'exposer.

Je commence par vous faire l'exposé de la situation du
Nord et particulièrement de la nôtre. Il sera très succint,
car il est aussi parfaitement connu à l'impératrice de Russie
qu'à nous-mêmes. La gloire de la Russie, l'influence que
sa souveraine a su se donner sur tout qui se fait en Europe, par la sagesse et la fermeté de ses mesures, la grandeur et la beauté de son plan d'être la bienfaitrice des

royaumes de Suède et de Pologne, voisins de son empire,
en tenant la première libre et tranquille et en rétablissant
en Pologne un gouvernement fixe, stable et également juste
pour tous les sujets libres de la république, de quelque religion qu'ils puissent être, ont rendu la France jalouse et excité dans le cœur de son ministère, je ne sais pas trop
pourquoi ni comment, une aigreur difficile à concevoir et
inutile à exprimer. Il a déterminé son maitre à s'opposer à toutes les vues de l'impératrice et il exécute cet ordre ou cette permission avec une vigilance et une activité
qui tiennent de la passion. Il a commencé par exciter les
esprits en Pologne et à y souffler le feu de la division in-
testine si facile à allumer, il a forcé ensuite par ses intrigues le ministère turc à résoudre une guerre que le
grand-seigneur appréhende lui-même mais qu'il est obligé
d'accorder aux cris d'une populace ignorante et animée, et
pendant qu'il a mis ainsi l'Orient de l'Europe en flamme, il
cherche à susciter de nouveaux embarras à la Russie du
côté de la Suède, en adoptant, en flattant au moins les visions de la reine et en engageant les nombreux adhérents de la
France à s'unir à elle pour troubler le gouvernement, y opprimer la liberté et entraîner peut-être une nation abusée et
inquiète à rompre avec cet empire et courir après des conquêtes imaginaires. Non content d'avoir ainsi fait naître de
tout côté des ennemis à l'objet de sa haine, il travaille
avec la même vivacité à lui enlever des amis. Il a vaincu
dans cette vue l'extrême animosité qu'il avait autrefois
contre le roi de Prusse, quoique fondée sur des offenses
personnelles, et a ou moyenné ou au moins facilité une espèce de réconciliation entre les deux cours et le rétablissement
de la correspondance entre elles, et tournant en même
temps son attention la plus vive sur le Danemark et trouvant dans le roi notre maitre des lumières sur ses vrais intérêts, unies à une fermeté et à une exactitude dans l'observation de ses engagements qui ne lui permettent point
d'espérer qu'il le porterait à agréer ses desseins, il a donné
tous ses soins à l'en punir et à l'intimider sur les suites de
son amitié pour la Russie, d'abord en déclarant que la
France ne lui paierait plus les arrérages dus à sa couronne

24*

et puis par la déclaration qu'il vient de faire au baron de Gleichen dont je vous envoie copie.[1])

Vous voyez d'un coup d'œil, monsieur, tout ce que cette situation a d'embarrassant et de périlleux. Vous voyez, dans le temps que la Russie, distraite et importunée par un essaim de brigands qui se disent confédérés, représentants de la république de Pologne, se trouve obligée à donner une partie de ses soins à ce vaste pays affligé et qu'elle est enveloppée dans une guerre avec une des plus grandes puissances du monde, vous voyez, dis-je, dans ce moment si fâcheux la Suède en feu et la France à la tête de tous les souverains de la maison de Bourbon et guidée par un génie vaste et audacieux, uniquement occupée à y fomenter des troubles. Il ne faut pas nous abuser, monsieur, tout se prépare à y porter les choses jusqu'aux dernières extrémités. La démarche du roi de Suède et les pas auxquels ce prince ou ceux qui disposent de lui, ont su engager les départements, en sont le signal et le gage. Cette démarche est si contraire à la forme du gouvernement, les déclarations des départements faites au sénat sont si opposées aux lois, qu'il faut que ceux qui s'y sont laissé déterminer soient décidés à tout et ne connaissent plus de modération dans leurs projets. Le roi peut craindre pour sa couronne, le prince royal pour son droit de succession,[2]) les membres des collèges pour leurs têtes. Tous n'ont plus de ressource et de salut que dans le renversement de la constitution. Le duc de Choiseul et l'homme impétueux qu'il a choisi pour seconder ses desseins, le comte de Modène,[3]) ne manqueront pas de le leur faire sentir. Ils sauront tirer parti de ces esprits déjà échauffés par l'ambition, la haine et le plus violent de tous les sentiments, la peur. Nous devons nous attendre à tout et croire les entreprises les plus hardies non-seulement possibles mais probables. Nous devons en même temps nous préparer, lorsque ces entreprises seront portées à l'extrême, et peut-être même par le simple bruit de nos

---

[1]) Voir no 355, note 2.

[2]) Cfr Tengberg, 67.

[3]) Le nouveau ministre de France, qui avait succédé au baron de Breteuil.

préparatifs et de nos armements, à voir les Etats du roi
attaqués par la France, ses possessions en Amérique, environnées des îles françaises et espagnoles, enlevées et notre
commerce dans la Méditerranée suspendu ou détruit.

Le tableau est peu agréable, monsieur, mais lorsqu'on
est engagé dans une cause légitime et qu'on a les véritables
intérêts de sa cour à défendre, rien ne doit abattre. Plus
dans ce cas le danger est grand, moins il doit étonner, plus
il doit élever l'âme et l'affermir. C'est la maxime du roi,
c'est ce qu'il va prouver à l'univers. Dès qu'il eut appris
l'étrange manœuvre du roi de Suède, dont la nouvelle lui
vint en Allemagne, il m'ordonna d'écrire à mr. de Juel pour
l'autoriser à assurer le sénat de son soutien et aussitôt qu'il
fût arrivé ici, il donna ses premiers soins à fournir à ce
ministre le moyen d'appuyer le parti et d'animer son courage. Il lui assigna d'abord une somme de 40 mille écus
pour rendre les élections favorables et balancer les intrigues
des royalistes. Il lui accorda d'amples instructions pour le
mettre en état d'agir avec certitude dans tous les cas, et il
lui enjoignit surtout de concerter toutes choses et toutes
ses démarches avec le comte d'Ostermann. Il vient, en conséquence des demandes du général Filosofoff, de se résoudre
à tenir jusqu'à cent ou cent cinquante mille écus prêts pour
les avancer au comte d'Ostermann successivement et à
mesure que mr de Filosofoff le requerra pour ce ministre,
et après avoir ainsi pourvu aux affaires de la Suède pour
le moment présent, il a ordonné à son ministre en France
de répondre à la déclaration du duc de Choiseul dans les
termes que vous verrez ci-joints.[1]) Vous n'y trouverez, je
crois, ni étonnement ni faiblesse, quoique sa majesté ne se
dissimule certainement pas les suites que les menaces de la
France peuvent avoir pour elle et pour ses peuples.

Telles sont, monsieur, les mesures que le roi a prises
jusqu'ici. Elles ne suffisent peut-être pas pour longtemps
et il s'agira d'en concerter de plus efficaces pour les cas
possibles. La grande distance qui sépare les deux cours
oblige à des prévoyances extraordinaires et qui seraient
superflues si l'on pouvait se concerter et s'entendre plus

---

[1]) Voir no 355.

souvent. Le roi y a déjà donné bien des réflexions et emploiera dès aujourd'hui tous les moments à mettre son ministère en état d'en conférer avec monsieur de Filosofoff, après quoi et dès que l'on sera convenu d'un plan, ce ministre dépêchera, comme j'ai déjà eu l'honneur de vous le dire, le courrier qu'il a ici, pour le porter à l'impératrice, dont je me servirai aussi pour vous informer des intentions du roi.

Il n'est pas douteux, monsieur, que la tranquillité et la sûreté des deux monarchies exigent que la forme du gouvernement de la Suède soit maintenue telle qu'elle est. Ce point n'exige ni délibérations ni réserves, mais il est question des moyens à employer pour effectuer ce maintien et jusqu'à quel point on voudra ou pourra les porter.

Le 3ième article secret et séparé du traité d'alliance de 1765 pourvoit aux cas ordinaires, et l'union intime qui règne depuis cette heureuse époque entre les ministres des deux cours accrédités en Suède, le concert parfait dans lequel ils travaillent pour le but commun ne laisse rien à désirer sur son exécution. Les secours pécuniaires que, comme je viens de vous le marquer, le roi a déjà accordés et qu'il est disposé d'accorder encore, sont de ce même genre. Il n'est pas douteux non plus qu'il faut les continuer. Le roi tient tout cela pour dit et ce ne sont pas là les objets de ses délibérations. Mais il sera probablement bon et peut-être nécessaire d'appuyer ce concert, ces négociations et ces secours pécuniaires par des démarches encore plus essentielles, par des déclarations, des armements et, dans tous les cas de nécessité extrême, par des faits, et c'est là où commence ce qui mérite d'être discuté entre les deux puissances et décidé entre elles, parce que les déclarations et les armements attireront infailliblement des inconvénients très considérables et une guerre très dangereuse au Danemark.

Le roi va unir tout ce qu'il doit d'une part à sa couronne, à ses intérêts et à ceux de son peuple, et de l'autre à son attachement pour l'impératrice de Russie et à sa vénération et à son intime amitié pour cette grande princesse, en lui parlant sans réserve et avec la confiance la plus entière de ce qui l'arrête dans cette rencontre.

Tout le monde sait que, malgré l'ordre qu'il a mis dans ses finances et le succès de plusieurs opérations entreprises par ses ordres, il n'a pas pu encore acquitter entièrement dans ce commencement de son règne les dettes que les nécessités de la dernière guerre ou, pour parler plus juste, de la dernière paix armée ont fait contracter à la couronne; mais ce n'est pas là ce qui l'embarrasse, il n'en fera pas moins, s'il le faut, les armements de terre et de mer nécessaires, et le bon parti en Suède trouvera, s'il les réclame, des défenseurs en Norwége, en Sélande et dans la Baltique tout prêts à courir par ses ordres à leur secours. Mais il y a une autre considération qu'il ne saurait ni se cacher ni négliger et dont vous ne méconnaîtrez pas tout le poids. Il y a un traité avec le roi de Suède sur la succession du Holstein signé en 1750. Tant que celui qu'il a conclu en 1767 avec le duc n'est pas exécuté, ce traité lui est précieux. et malgré toute la préférence qu'il donne hautement et sans balancer un instant à ses liaisons avec son altesse impériale sur celles qu'il pourrait avoir avec le roi et la maison de Suède, il ne saurait cependant annuler le dernier, comme cela arriverait au moment que l'épée serait tirée avant que l'échange du Holstein, encore incertain aujourd'hui, ne soit assuré et exécuté. Le roi est si convaincu des lumières et de l'équité de l'impératrice qu'il n'hésite pas de lui faire cet aveu, et il est sûr qu'elle est trop généreuse et trop son amie pour ne pas sentir ce que les intérêts de son peuple exigent de lui et pour ne pas vouloir qu'il les suive. Le roi ne ferait pas cette réflexion si l'impératrice était aussi immortelle que le sera son nom, ou si la gloire et la sagesse humaine assuraient contre les événements et les malheurs de l'humanité; mais je ne la poursuivrai pas. L'impératrice l'envisage avec plus d'intrépidité que ne peuvent le faire ceux qui l'aiment.

Ajoutez à cette première considération, monsieur, celle de la situation des Etats du roi. La Russie n'a rien du tout à craindre des menaces de la maison de Bourbon, occupant un continent vaste et reculé. Elle est inaccessible à ses coups, mais il n'en est pas de même des provinces de la domination du roi. Cette côte immense qui, depuis Altona jusqu'à Wardœhus, tient une étendue de près de 300

milles, est par sa longueur même presque partout ouverte
aux insultes ennemies, les îles qui font une partie si considérable de la monarchie ne le sont guères moins, les
établissements de la nation en Afrique et surtout en Amérique ne sauraient, au moins dans un si court espace de
temps, être fortifiés au point de pouvoir résister aux forces
françaises et espagnoles, si considérables dans cette partie
du monde. Tout le poids, tout le danger de cette guerre
retomberaient donc uniquement sur le Danemark et quoique
le roi ne refuse pas de soutenir l'un et l'autre, s'il le faut,
vous sentez bien, monsieur, qu'il est juste que, pour balancer ce partage inégal de charges et de risques, il ait la
consolation de savoir que la Russie est son alliée — s'il
est permis aux hommes de se servir de ce terme — éternelle et que toute possibilité de refroidissement, humainement à prévoir, n'existe plus. certitude qu'il ne saurait
avoir tant que l'échange du Holstein n'est pas accompli.
Renfermons tout dans un mot, monsieur, tout dépend de ce
seul point: tant que le roi se sentira cette entrave. il doit
ménager le roi de Suède et tous ses ennemis, par crainte
des événements il ne pourra tenter rien de grand, mais au
moment où l'impératrice terminera ce juste embarras, au
moment qu'elle remettra le Holstein à sa majesté aux conditions stipulées dans le traité de 1767, le roi entreprendra
tout pour elle, il ne craindra plus les attaques du dehors,
étant sûr de la paix au dedans de ses Etats, et il joindra
sans balancer ses armes à celles de sa majesté impériale,
si les événements de la Suède l'exigent. Le roi, j'ai l'ordre
de le répéter, s'en fie aux lumières de l'impératrice, qu'elle
trouvera qu'il ne demande rien que de raisonnable et de
juste, elle sait qu'il ne profitera rien à l'exécution du traité
déjà approuvé par elle, et que, sans faire mention des
dettes et apanages considérables dont il se charge, les provinces qu'il rend valent au moins celles qu'on lui cède;
mais il y gagne la sûreté de l'alliance de la Russie et cette
sûreté est au-dessus de tout prix pour lui.

Dès lors toutes les difficultés du plan à former s'a-
planiront et il ne s'agira plus que de s'assurer des sentiments des cours de Prusse et d'Angleterre. Le roi ne demande à la première que de ne point troubler ses opéra-

tions et il lui suffira d'en avoir la parole de l'impératrice,
et quant à la seconde il s'en reposera de même sur les
soins de sa majesté impériale. Il sait que ses intérêts ne
sauraient être en de meilleures, en de plus puissantes mains.

Voilà, monsieur, ce que vous direz de la part et au
nom du roi à l'impératrice et à son ministère. Voilà sur
quoi vous tâcherez de m'apprendre, le plus promptement
qu'il vous sera possible, la résolution décisive de sa majesté
impériale.

Mais, — et c'est par où je finirai cette longue lettre —,
vous ferez encore une observation à monsieur le comte de
Panin, que son équité naturelle ne rejettera et ne désapprouvera certainement pas, et sur laquelle je ne m'explique dès à présent que parce que le roi ne veut cacher
aucune de ses pensées à ce grand homme.

C'est que sa majesté est persuadée que l'impératrice
jugera elle-même que le cas des subsides stipulé par le
premier article séparé et secret du traité de 1765 cessera
d'exister dès que le roi se trouvera obligé d'armer par un
effet de cette alliance. Il n'est ni de l'esprit du traité ni
de l'usage ni de la justice qu'un des alliés attaqué lui-
même, au moins obligé par les menaces et les démarches
d'un ennemi commun à se mettre en défense et à porter les
frais de la guerre, concoure encore aux dépenses de l'autre et soit assujetti à une obligation qui, dans le temps
qu'elle a été contractée, supposait manifestement le cas où
il n'y aurait qu'un des alliés contraint à la guerre et l'autre en paix. Sa majesté est, je le répète, si convaincue de
l'équité de l'impératrice qu'elle se contente de vous dire ce
mot, dont vous ferez l'usage que vous estimerez nécessaire
et convenable. Elle n'a pas la moindre pensée d'en faire
une difficulté ou une affaire dans ce moment, et tout ce
qu'elle vous charge de demander dans la plus intime confidence à monsieur le comte de Panin, lorsque vous en
trouverez le moment bien favorable, c'est si la couronne de
la Grande-Bretagne concourt à la même obligation des subsides dans la guerre contre les Turcs.[1] Ce ministre juste et

---

[1] La réponse du comte de Panin à cette question est rapportée par
le comte de Scheel dans une dépêche du 10 mars: „que c'était

équitable n'aura pas oublié que le roi ne s'est déterminé à cet engagement, dont il a bien prévu dès lors le poids et le cas très-possibles, que sur sa parole positive que ce serait désormais la conditio sine qua non de toutes les alliances de la Russie dont aucune puissance ne serait exceptée. Je désirerais fort, je l'avoue, de ne point toucher du tout cette corde dans les conjectures où nous nous trouvons, mais il ne m'est pas permis, vous le sentez, monsieur, de la supprimer entièrement, et le comte de Panin jagera sans doute, avec la pénétration qui lui est naturelle, à la première parole que vous lui en direz, de quelle importance il est pour le roi que cet engagement soit général pour tous les alliés de la Russie et de quelle conséquence il est pour la navigation des sujets de sa majesté dans la Méditerranée que la Porte, qui en sera bientôt instruite par la France, ne puisse pas l'accuser d'être son ennemi particulier et plus déclaré contre elle que les autres amis de l'empire russe.

Je recommande encore une fois à votre prudence l'usage que vous ferez de ce dernier article.

354.

Dépêche à Mr le comte de Scheel à St. Pétersbourg.

Copenhague 6 février 1769.

Je viens de vous écrire une bien longue lettre, qui servira, je l'espère, de réponse aux questions et aux insinuations de mr de Saldern, dont vous me faites part dans votre lettre particulière du 30 décembre, et . j'y ajouterai simplement que je n'entends qu'à peine ce que son exc. vous a dit des propositions que je devais avoir faites à mr de Filosofoff relativement à des équipements et des établissements de nouveaux ports que nous méditions. et sur l'exécution desquelles elle, qui connaissait l'état de nos

---

l'obstacle que rencontrait la conclusion d'un traité avec la Grande-Bretagne, et que sans ce point ou un autre qui pût y suppléer par un intérêt commun tant à la Russie qu'à ses alliés, l'alliance ne se conclurait pas."

finances, avait de l'inquiétude,[1]) attendu que je me rappelle
bien que le roi a dit à ce général, sur la réception de la
nouvelle de la guerre déclarée à l'impératrice, qu'il était plus
disposé que jamais à marquer sa fidèle amitié à sa maj. impér.
en resserrant encore davantage dans un tel moment les nœuds
de son alliance avec elle, et qu'il y a eu à cette occasion des
conversations familières et libres dont mr de Filosofoff, digne et
respectable objet de la confiance de sa maj. et de celle de son
ministère, a pu être et a sans doute été témoin, mais que
je ne me souviens point de lui avoir fait des propositions sur
ces objets et que je ne lui en ferai jamais, parce que je
suis très fidèle au principe que mr de Saldern me connaît,
que lorsqu'il s'agit de liaisons et d'alliances entre deux
cours de forces inégales, ce n'est jamais à la moins puissante de faire des offres ou des propositions. Tant que je
serai écouté, il n'y en aura donc pas de faites dans ce
goût-là de notre part à la Russie, et si cet empire ne juge
pas qu'il soit de son intérêt de former des nœuds plus
étroits avec le Danemark, s'il ne croit pas qu'il lui importe
de concourir aux moyens qui puissent mettre cet allié
naturel en état de lui répondre de la Baltique et de le
seconder puissamment par mer, il n'en sera jamais parlé.

C'est ce que je vous prie, monsieur, de dire de ma part
à mr de Saldern, mais je ne puis pas dissimuler en même
temps ni à vous ni à lui que je suis vivement blessé du
sens renfermé dans ses paroles et qui, joint à d'autres intelligences qui me sont venues, me fait voir très-clairement,
malgré tous les efforts que vous faites en ami fidèle de l'un
et de l'autre pour en couvrir et pour m'en dérober l'amertume,
qu'il a cru possible que le roi eût conclu un traité de
subsides avec la France et que je voulusse offrir ou faire

---

[1]) Pendant son voyage, le roi s'était rencontré avec mr de Filosofoff
et les conversations dont il y a question avaient eu lieu à cette
occasion. Le ministre de Russie, qui était très partisan d'une
union entre son pays et le Danemark, paraît avoir exagéré les détails de ces propos dans son rapport et, en Russie, où l'on doutait de la possibilité pour le Danemark de développer par ses propres ressources la marine royale à un si grand degré de force, on
conçut le soupçon étrange dont mr de Saldern se rendit l'organe
vis-à-vis de mr de Scheel.

valoir auprès de la Russie des vaisseaux et des arrangements payés par son ennemis et par conséquent engagés à elle. Je ne m'arrêterai pas à la puérilité et à l'odieux d'un tel projet et à l'impossibilité absolue de l'exécuter, quand on aurait eu la faiblesse et le malheur de le former, et je tâcherai d'oublier qu'après 36 ans de travaux j'ai pu en être soupçonné, mais je vous avoue que de voir que ce soupçon a pu venir un instant à mr de Saldern, à mon ami, c'est ce qui m'étonne et m'afflige. Je n'y répondrai point. La matière m'est trop sensible, mais je vous prie et vous charge de lui dire de ma part que si je m'aperçois désormais que lui ou mr de Panin nourrissent de ces espèces de défiance contre moi, je résignerai sur le champ ma part à toute négociation avec eux, et que je les laisserai les maitres de choisir un autre négociateur qui ait pu donner plus de preuves de probité, de droiture et de bon sens que je n'ai pu en fournir pendant 18 ans de ministère. [1]

355.

Dépêche à Mr le baron de Gleichen à Paris.

Copenhague 7 février 1769.

Le roi ayant vu dans vos rapports du 13, 16 et 20 janvier[2]) la déclaration que mr le duc de Choiseul vous a

---

[1]) Outre ces deux dépêches, mr de Bernstorff adressa par le même courrier trois autres dépêches à mr de Scheel: 1) sur les affaires de Pologne, où il engageait le gouvernement russe à agir dans le même sens qu'il venait de recommander au roi de Pologne dans la dépêche du 28 janvier à mr de St Saphorin, 2) sur le voyage à Pétersbourg projeté par le roi pour l'été, mais que la crise en Suède et l'attitude prise par la France rendaient très difficile et 3) sur l'usage que mr de Scheel devait faire de ces différentes dépêches.

[2]) A la nouvelle des événements en Suède, mr de Choiseul avait fait la déclaration suivante au baron de Gleichen: „sa maj. m'a ordonné de vous déclarer, tandis qu'il est temps encore, que, vu l'intérêt qu'elle prend à la Suède, elle regardera toute voie de fait comme une rupture avec la France, et que l'Espagne suivra indubitablement le même principe." Le ministre d'Espagne avait confirmé cette dernière assertion et parlé beaucoup „des maux qui

faite et réitérée, et ayant mûrement réfléchi à son contenu
et à son objet, vous ordonne de répondre à ce seigneur:
„qu'il apprend avec une peine sensible par cette déclaration
la part qu'a et que prend le roi très-chrét. aux mouvements
dont à son retour de France il a trouvé la Suède agitée.
Que personne ne sait mieux que ce monarque avec quelle
vérité et sincérité sa maj. souhaite le maintien de la liberté
et de l'indépendance de ce royaume voisin du sien, puisqu'ils
ont travaillé pendant tant d'années de concert et dans l'union
la plus intime à conserver et à affermir des biens si précieux
à la Suède et à tout le Nord. Qu'elle pense constamment
de même et qu'elle ne peut qu'espérer que rien ne troublera le repos de cet Etat, puisqu'elle s'en fie à la justice
de sa maj. très-chrét. qui ne permettra jamais à ceux dont
elle dispose, de violer leurs serments les plus sacrés et les
plus solennels et d'agir contre les lois fondamentales de leur
patrie."

356.

Dépêche à Mr de Juel à Stockholm.

Copenhague 11 février 1769.

La scène est encore si embrouillée en Suède et il est
si peu à prévoir quel sera l'effet des agitations et des
machinations de tant d'esprits échauffés et audacieux qui
travaillent à y renverser la liberté et les lois, que le roi,
attentif à tout et qui s'occupe à prévoir tout ce qui pourra

---

résulteraient pour le Danemark, sa navigation et ses colonies d'une
rupture avec toute la maison de Bourbon." — En réponse à la
déclaration du comte Bernstorff du 7 février, le duc de Choiseul
adoucit ses paroles par une note du 18 mars, dans laquelle il disait que „la France espère que la forme du gouvernement suédois
ne sera point changée, mais le roi ne pense pas que, si la nation
la changeait, il fût libre à aucune puissance sous aucun prétexte
de s'ingérer dans les déterminations que pourrait prendre la nation suédoise, attendu que les actes de garantie sur la forme du
gouvernement ayant été donnés à la nation, ils ne peuvent avoir leur
effet qu'à la réquisition de cette même nation." — Par conséquent
il espère que „le roi de Danemark voudra bien rejeter des partis
violents qui nuiraient à l'amitié véritable que le roi sent pour lui."

arriver, m'ordonne de vous dire qu'il croît important à son
service que vous vous ménagiez dès à présent, mais dans
le plus grand secret et avec toute la prudence possible, une
espèce de connexion avec ceux du parti contraire auxquels
vous connaissez assez d'honneur pour ne pas vouloir manquer tout à fait à leur devoir et à leur patrie et la laisser
subjuguer entièrement par la reine et ses adhérents ou sé-
ducteurs. L'intention de sa maj. n'est pas que vous ayez
actuellement de l'intelligence avec eux. Cela se découvrirait
et gâterait tout dans un pays où les factions qui le déchirent, ne se livrent qu'à la haine et à la défiance. Elle
se borne à vouloir que vous ne les offensiez pas, que vous
leur marquiez, lorsque vous pourrez le faire sans affectation
et sans risque, une considération personnelle, et que vous
vous prépariez ainsi la possibilité de vous expliquer avec
eux si le bon parti succombait, et qu'il fallût ainsi tenter de
diviser la faction opposée et chercher à balancer la fureur
des royalistes outrés par la modération de ceux qui veulent
bien augmenter le pouvoir royal, mais non pas le rendre illimité. Les affaires peuvent tourner si différemment que le
roi a trouvé bon de vous dire ce mot, mais, je le répète,
son intention n'est point que vous en fassiez un autre
usage que celui de le renfermer pour le présent dans votre
cœur. Vous n'en serez pas moins tout entier à nos amis
sans leur donner le moindre sujet de défiance, et vous ne
vous souviendrez de ce que je viens de vous marquer que
pour ne pas vous fermer à vous-même sans nécessité le
chemin à une ressource qui, après tout, pourrait devenir
nécessaire. [1])

---

[1]) Dans une autre dépêche du même jour mr de Juel reçut l'ordre
de tâcher de gagner le baron de Pechlin, „il est à qui le paie,
cela est connu, mais le grand point est de ne pas être sa dupe.“
Cfr Malmström, VI, 136—37.

357.

Précis d'une convention préliminaire et d'une alliance perpétuelle à conclure entre le Danemark et la Russie.

Copenhague 23 février 1769.[1]

Les troubles qui agitent et menacent la Suède et la déclaration faite sur ce sujet par la cour de France à celle du Danemark n'indiquant que trop les desseins formés contre la liberté de la Suède et la tranquillité du Nord, il a été jugé nécessaire par leurs majestés royale et impériale de

---

[1] L'impératrice avait accueilli avec plaisir l'idée d'une union plus intime, cfr no 353, et le 23 janvier mr de Filosofoff écrivit à mr de Bernstorff en l'engageant dans les termes les plus vifs à donner suite à cette idée: „les liaisons entre les deux cours étant parvenues à un degré de leur plus grande maturité par les circonstances et par les avances mêmes qu'on en a faites de votre part, le moyen pour le retenir simplement dans une amitié telle qu'elle subsiste actuellement ne peut plus être de saison, il faut ou la lier plus fortement et, si j'ose dire, la faire parvenir au plus haut degré de l'intimité possible ou occasionner si non une rupture au moins un refroidissement insensible." — Par suite de cette invitation des pourparlers s'engagèrent entre les deux ministres, et ces précis en furent les résultats que mr de Filosofoff soumit à son gouvernement. Mr de Bernstorff de son côté les transmit au comte de Scheel, mais seulement pour sa propre information car „sa maj. ne fait pas de propositions, vous en savez les raisons," dit-il dans la dépêche du 23 février, par laquelle il envoie les précis à mr de Scheel. Dans cette dépêche il développe, 1. que ce pacte de famille du Nord deviendrait le contre-poids de celui de la maison de Bourbon, 2. que, au préalable, tous les différends devaient être terminés et que l'impératrice ne payerait pas cette alliance trop chèrement „par le sacrifice non d'une chose mais d'un délai", 3. que le Danemark deviendrait la puissance maritime de l'union et écarterait les flottes ennemies de la Baltique. — Enfin, dans une dépêche confidentielle de la même date, il fait des réflexions générales sur ce plan. Il sent „tous les inconvénients de l'engagement" et qu'il sacrifie toute autre liaison en Europe. Toutefois dans les circonstances actuelles il n'y aurait pas autre chose à faire et les ressources du pays suffiront pour remplir ses obligations. Mais il faut d'abord être sûr de la sincérité de la Russie et que, en prévision d'une attaque éventuelle de la France sur le Danemark, l'Angleterre se déclare d'avance en faveur du Danemark.

concerter et de fixer entre elles les mesures nécessaires
pour maintenir l'une et l'autre et pour appuyer les démarches légales des citoyens suédois de tout ordre, fidèles
à leur patrie et à sa constitution établie par les lois;

pour cet effet elles sont convenues non-seulement d'agir
dans l'esprit et le sens de l'art 3 secret et séparé de
l'alliance de 1765, mais encore de redoubler d'intimité et
de confiance dans la conduite des affaires pendant la diète
extraordinaire qui va se tenir à Norkjœping, et d'enjoindre
à leurs ministres résidant à Stockholm de regarder les intérêts des deux cours comme absolument les mêmes et
comme inséparables et indissolubles;

elles établissent constamment et d'un commun accord
pour unique but de leurs soins la conservation de la liberté
et de la paix de la Suède et, n'ayant point d'autre désir
que celui de rassurer et d'affermir les esprits des bien-
intentionnés. intimidés peut-être ou ébranlés par les calomnies et les machinations de ceux qui veulent établir le
pouvoir souverain sur les ruines des lois, et abuser ensuite
de ce pouvoir illimité pour entraîner la nation dans des
guerres injustes et téméraires, elles autoriseront sans délai
leurs ministres à donner de concert à tous ceux qu'ils jugeront dans le cas de les recevoir, les assurances les plus
fortes et les plus précises:

que les deux cours, ne cherchant que le bonheur et le
repos de la Suède, ne prendront aux affaires de la diète
que la part que les défenseurs des lois du royaume leur
demanderont d'y prendre, qu'elles en donnent leur parole
la plus positive, et que si elles se mettent dans le cas de
pouvoir assister promptement leurs amis, qui sont en
même temps ceux de la constitution légale du royaume, ce
n'est que pour pouvoir, lorsqu'elles en seront requises par eux
et non autrement, les défendre contre les violences de leurs
oppresseurs et les mettre en état de sauver leur vie,
leur fortune et leur patrie.

Mais cette déclaration même et plus encore la nécessité
des conjonctures obligeant leurs majestés royale et impériale
à prendre les mesures que les intrigues et les entreprises
des ennemis du bonheur de la Suède rendent nécessaires,
elles se promettent réciproquement de donner dès à pré-

sent avec le moins de bruit qu'il se pourra, leurs ordres pour avoir vers le 1 mai chacune une escadre de 8 à 10 vaisseaux de guerre prête à mettre en mer et une armée de 20 mille hommes à portée des frontières de la Suède, sa majesté impériale ayant résolu d'approcher la sienne de la Finlande et sa majesté danoise voulant mettre deux corps chacun de 10 mille hommes en état d'en imposer à la Scanie et aux provinces limitrophes de la Norwége.

Leurs majestés royale et impériale ne se dissimulent point que ces premiers arrangements ne suffiront pas, si le parti royaliste l'emporte à la diète et si les trois couronnes de la maison de Bourbon réalisent pour l'appuyer les menaces de la France, et elles se réservent par conséquent de concerter entre elles, à mesure que les événements se développeront et paraîtront le requérir, de plus puissants efforts et des dispositions plus efficaces, capables d'être opposées à des attaques aussi redoutables.

Mais, considérant que, dans un moment où elles se déterminent à sauver conjointement la Suède à quelque prix que ce soit, et où sa majesté le roi de Danemark expose par un effet de sa fermeté dans cette résolution ses royaumes et Etats au ressentiment et aux attaques des puissances qui seraient ses amies s'il n'était pas l'ami et l'allié de la Russie, il est de l'équité et de la plus grande importance que leur union entre elles soit inébranlable et mise à l'abri de toute altération possible, elles se sont décidées à donner à leur union la stabilité et la perfection en faisant exécuter dès à présent le traité provisoire pour les affaires du Holstein signé le 13 décbre 1767, et en convenant d'une alliance perpétuelle ou pacte de famille qui unisse à jamais les deux branches de l'auguste maison de Holstein. Sa majesté impériale donnera pour cet effet, jours après la signature de cette convention, ses ordres et ses pouvoirs pour consommer l'échange, arrêté dans le dit traité, des Etats du Holstein contre ceux d'Oldenbourg et de Delmenhorst aux conditions convenues, et sa majesté danoise s'engage de son côté, immédiatement après cet échange, à faire agir, si les conjonctures l'exigent, non-seulement l'escadre et les corps de troupes mentionnés dans cette convention mais encore toutes ses forces de terre et de mer pour la

défense de la Suède et, le cas échéant, pour celle de la
Russie, sans s'en laisser détourner par quelque danger ou
considération que ce puisse être.

Précis de l'alliance
perpétuelle entre les deux couronnes.

Les troubles excités en Pologne, la guerre suscitée à la
Russie avec la Porte Ottomane et les mouvements qui com-
moncent à agiter la Suède et la menacent des entreprises
les plus violentes contre ses lois et la constitution du
royaume, rendant absolument nécessaire à la liberté et à
la tranquillité de l'Europe que l'auguste maison de Holstein, à laquelle le Tout-Puissant, distributeur des couronnes
et des empires, a soumis le Nord, se réunisse par les liens
les plus indissolubles de l'amitié la plus étroite et la plus
intime pour pourvoir par un concert parfait et une jonction
entière de ses conseils, de ses mesures et de ses forces au
maintien du repos public et de l'équilibre de l'Europe,
leurs majestés royale et impériale, déjà liées entre elles par
les nœuds de la plus haute vénération et de l'amitié personnelle la plus vraie, se sont déterminées à ne pas
différer un ouvrage aussi salutaire, mais à le porter sans
délai à la perfection que les conjonctures présentes exigent
si indispensablement.

Elles formeront pour cet effet une alliance perpétuelle
sous la dénomination d'un pacte de famille entre elles
pour tous les temps où les deux trônes seront remplis par
les deux souverains aujourd'hui glorieusement régnant et
par leur postérité, qui soit à jamais un monument solennel des
sentiments qu'elles ont l'une pour l'autre, et de leur application vigilante au bien général de leurs peuples et de l'Europe, et dont l'esprit sera de regarder et de déclarer les
intérêts des deux monarchies comme étant absolument les
mêmes.

En conséquence leurs majestés royale et impériale,
après avoir accommodé pour jamais et tari jusqu'à la source
les contestations qui divisaient autrefois les branches de
leur maison, se garantiront non-seulement réciproquement
tous les Etats, terres, îles et droits sans exception qu'elles
posséderont le jour de la signature de ce traité, mais dé-

clareront encore, qu'en vertu de leurs intimes liaisons de parenté et d'amitié et de l'union qu'elles contractent par le présent traité, elles regarderont comme leur ennemie commune toute puissance qui la deviendra désormais de l'une ou de l'autre des deux couronnes;

et quoique ce principe, qui fait la base de l'alliance, les engage à se soutenir réciproquement, si le besoin l'exige, de toutes leurs forces, elles fixeront cependant les premiers secours que la puissance requise sera tenue de fournir à la puissance requérante, à ce qui a été stipulé pour le même cas dans les articles VI et VII de l'alliance de 1765, secours qu'elles doubleront cependant d'abord, si la partie requérante trouvait les forces stipulées dans les dits articles insuffisantes pour ses premiers besoins et désirait d'en recevoir de plus considérables.

Le cas de cette garantie existera aussitôt que l'un des deux souverains la réclamera et il suffira que l'un des deux alliés demande le secours stipulé, pour que l'autre soit obligé de le fournir, sans qu'il soit nécessaire au premier d'entrer dans aucune explication relative à sa cause ou à sa situation.

Sa majesté le roi de Danemark déclare qu'il contribuera autant qu'il sera en son pouvoir à l'accroissement de la puissance navale de l'empire de Russie, et qu'il est prêt à concéder même dans le présent traité tous les avantages tendant à ce but, qu'il saura être agréables à sa majesté impériale et qu'il lui sera possible de lui procurer, et pour rendre la garantie à laquelle il s'offre plus efficace de sa part et plus utile au dit empire, il s'engagera à augmenter ses forces de mer et à les porter dans l'espace de 10 ans au plus tard à 50 ou 60 vaisseaux de guerre, et sa majesté l'impératrice de Russie, sentant, d'une part, combien cette augmentation de la flotte danoise importe à l'alliance et réfléchissant, de l'autre, à la situation des provinces du Danemark et de la Norwége, bien plus exposées au ressentiment et aux attaques des puissances jalouses ou ennemies de l'union de la maison de Holstein que ne le sont les provinces de son empire, fournira à sa majesté danoise, pour lui faciliter les moyens de cette augmentation pendant les dites dix années, pour 200 mille roubles par an des matériaux, productions de son empire, servant à la construction des vaisseaux, tels que peuvent être des mâts de Livonie, du chanvre, du nitre, du fer, du bois etc. sans en demander de paiement.

Les vaisseaux de guerre de l'une des deux puissances seront reçus dans tous les temps soit de paix soit de guerre dans les ports de l'autre, comme s'ils étaient de la même nation et y jouiront de toute sûreté, liberté et assistance qu'ils pourraient désirer et trouver dans leurs propres ports.

Leurs majestés royale et impériale conviendront que lorsqu'il s'agira de terminer par la paix la guerre qu'elles auront soutenue en commun, elles compenseront les avantages que l'une des deux puissances pourrait avoir eus, avec les pertes que l'autre aurait pu faire, de manière que, sur les conditions de la paix ainsi que sur les opérations de la guerre, les deux monarchies, dans toute l'étendue de leur domination, seront regardées et agiront comme si elles ne formaient qu'une seule et même puissance.

Elles s'engageront non-seulement à concourir au maintien et à la splendeur de leurs monarchies dans l'état où elles se trouvent actuellement, mais encore à soutenir sur tous les objets sans exception la dignité et les droits de leur maison, de sorte que chaque prince qui aura l'honneur d'être issu du même sang, pourra être assuré en toute occasion de la protection et de l'assistance des deux couronnes.

Et voulant que leurs peuples participent à cette union intime, établie entre elles, et jouissent du bonheur d'être soumis à la même maison, elles déclarent que les sujets des deux couronnes seront traités relativement à la navigation, au commerce et aux impositions, dans chacune des deux monarchies en Europe, comme les propres habitants du pays où ils aborderont ou résideront, de sorte que le pavillon russe jouira dans les mers, rades et hâvres de la domination danoise des mêmes droits et prérogatives que le pavillon danois, et pareillement le pavillon danois sera traité dans l'empire de Russie avec la même faveur que le pavillon russe. Les sujets des deux monarchies en déclarant leurs marchandises paieront les mêmes droits qui seront payés par les nationaux. L'importation

et l'exportation leur seront également libres comme aux sujets
naturels, et il n'y aura de droits à payer de part et d'autre
que ceux qui seront perçus sur les propres sujets du
souverain, ni de matières sujettes à confiscation que celles
qui seront prohibées aux nationaux eux-mêmes. Leurs majestés se réservent en outre de favoriser de tout leur pouvoir la navigation et le commerce de leurs sujets, et de
procurer réciproquement chacune aux sujets de l'autre sur
ces objets tous les avantages possibles, elles se promettent
mutuellement que nulle autre puissance étrangère ne jouira en
Russie non plus qu'en Danemark d'aucun privilège plus avantageux que celui des deux nations, et elles nommeront de
part et d'autre des commissaires pour examiner tout ce qui
pourrait être avantageux de s'accorder réciproquement, pour
en convenir et pour en dresser une convention qui dans son
temps sera jointe au présent traité d'alliance perpétuelle.

Ce traité étant fondé en grande partie sur les liaisons
de sang et de parenté qui unissent les deux hautes parties
contractantes, nulle autre puissance que celles qui sont de
la maison de Holstein ne pourra être invitée à y accéder.
La Suède seule pourrait l'être, tant que les princes de la
famille royale actuellement régnante la gouvernent, mais
elle n'y sera cependant admise que sous les conditions et
avec les précautions que la situation et les intérêts différents de ce royaume pourront exiger.

Les hautes parties contractantes se confieront réciproquement toutes les alliances qu'elles pourront former dans la
suite et les négociations qu'elles pourront suivre, surtout
lorsqu'elles auront quelque rapport avec leurs intérêts communs, et en conséquence leurs majestés ordonneront à tous
les ministres respectifs qu'elles entretiennent dans les autres
cours de l'Europe de vivre entre eux dans l'intelligence la
plus parfaite et avec la plus entière confiance, afin que
toutes les démarches faites au nom de l'une des deux couronnes tendent à la gloire de toutes les deux et à leurs
avantages communs, et soient un gage constant de l'amitié que leurs dites majestés veulent établir et perpétuer
entre elles.

Les ministres de l'une des deux puissances résidant
près de l'autre seront réputés ministres de famille et joui-

ront de tous les avantages et prérogatives attachés à cette
qualité.

Dépêche à Mr le comte de School à St. Pétersbourg.

Copenhague 23 février 1769.

(Extrait).

— La nation suédoise est divisée dans ses attachements et
déchirée par ses haines, mais très unie dans le principe d'une
fierté nationale qui semble céder quelquefois au désir de tirer
ce qu'elle peut des étrangers mais qui au fond subsiste toujours. Le moyen le plus sûr de la révolter c'est de blesser
cette fierté et lorsqu'elle l'est par les puissances voisines,
objets de la jalousie et de l'ouvie des Suédois de tous les
partis, rien n'arrête plus leur sensibilité et leur ressentiment, et ils sont capables alors de se porter aux expédients
les plus extrêmes et d'oublier leurs intérêts et leurs ven-
geances personnelles, dans tous les autres cas idoles de
leurs cœurs, pour se réunir dans la vengeance publique —
vérité que nous devons avoir toujours devant les yeux, mais
particuliérement dans une conjoncture où notre but est non
pas d'animer mais de calmer la nation excitée par nos ennemis.

Par cette raison toutes nos opérations doivent tendre
à rassurer nos amis effrayés, à satisfaire les mécontents et
à prouver aux uns et aux autres qu'ils sont heureux par la
liberté et qu'ils auraient tort de choisir une autre forme de
gouvernement que celle dont ils jouissent. Il faut le leur
prouver en leur marquant beaucoup de considération, il faut
les convaincre que nos maitres ne prétendent pas dominer
sur eux, il faut les leur faire envisager simplement comme
des défenseurs disposés à soutenir leurs vues et leurs droits
mais sans aucune volonté de leur commander. Loin de
nous par conséquent toute déclaration impérieuse et toute
démarche qui pût être interprétée par nos adversaires
comme contraire à l'honneur et à l'indépendance de la
nation. —

En effet il serait bien difficile et de fait et de droit de
soutenir la constitution de la Suède, si toute la nation était

unanimement résolue de la changer et, quoique la Russie
l'ait garantie et jouisse par-là d'un titre dont je n'ai assurément pas le dessein de contester la légalité et de limiter
l'étendue, il ne lui serait pas plus aisé de forcer d'une
manière durable la nation entière à une forme de gouvernement devenue odieuse à tous ses membres. Notre première
attention doit donc être de prévenir et de détourner une
union si fatale, d'empêcher la partie de la nation qui est
attachée à nos maitres de succomber aux artifices de ses ennemis, d'entretenir en elle le goût de la liberté et de l'animer à regarder le secours que leurs majestés lui préparent
comme une ressource sûre pour elle, que nos souverains
peuvent et veulent accorder à ses vœux et à ses sollicitations mais qu'ils n'ont aucun dessein de lui imposer.

359.

Dépêche à Mr le baron de Diede à Londres.

Copenhague 4 mars 1769.

(Extrait)

Le roi aime la nation britannique, il aime ses maximes
et ses principes, il affectionne la liberté et l'indépendance
générale autant qu'elle, mais sa prudence et ce qu'il se doit
à lui-même, à sa couronne et à ses peuples ne lui permet
pas de former une alliance dont l'unique effet serait de le
brouiller avec la France et sa redoutable ligue. C'est là,
monsieur, une réflexion qui ne vous échappera pas et qui
par son importance mérite de n'être jamais perdus de vue.
S'allier avec la Grande-Bretagne, ce n'est pas simplement
former une liaison avec elle, c'est se rendre les Bourbons
ennemis et s'exposer au ressentiment inquiet et agissant de
deux tiers de l'Europe, c'est prendre sur soi une part de la
haine immortelle que les souverains de la France, de
l'Espagne, de l'Italie et de l'Amérique portent à cette couronne. Il faut avoir des motifs pour se mettre dans un cas
dont les inconvénients sont si grands et si nombreux. Les
effets de l'alliance ne sont pas les mêmes entre l'Angleterre
et le prince qui contracte avec elle. Elle ne fait que gagner

en s'acquérant un ami, le reste de sa situation ne change pas. Son nouvel allié au contraire se trouve dès ce moment une foule de redoutables ennemis qu'il n'avait pas et qu'il n'aurait point s'il n'était pas son ami. L'Angleterre n'est donc pas juste lorsqu'elle demande qu'on se ligue avec elle sur un pied absolument égal.

C'est ce sentiment ou obscur ou développé qui a porté l'Angleterre elle-même et les puissances qui dans le siècle précédant le nôtre ont négocié avec elle, à ne fonder communément leurs traités que sur des avantages que faisait la première à ses alliés et qui à l'ordinaire consistaient dans des subsides, pratique toujours avantageuse à celui qui les donne, et qui, quoique décriée aujourd'hui dans la Grande-Bretagne par des esprits superficiels ou malins, a puissamment contribué à l'augmentation de sa grandeur et de sa gloire. L'esprit de parti et, il faut en convenir, l'énorme masse de dettes dont le royaume est accablé, les ont rendus odieux à la nation, mais leur justice et leur nécessité pour l'Angleterre n'en existent pas moins et cette couronne est déjà dans le cas de s'apercevoir — et elle le sentira encore davantage dans la suite — combien l'épargne des médiocres sommes qu'elle répandait autrefois en Europe, lui fera perdre de sa considération et lui coûtera de trésors. [1])

---

[1]) Le ministère anglais désirait empêcher la France de l'emporter en Suède, mais, comme il prétendait ne pas pouvoir accorder, contre la défense expresse du parlement, des subsides en temps de paix, il se trouvait nécessairement en état d'infériorité vis-à-vis de sa rivale. Il adressa à la Russie et au Danemark des propositions d'alliance, mais ces deux puissances demandaient que des subsides fussent stipulés en faveur de la Suède et il paraît même qu'elles n'avaient pas abandonné toute idée d'en demander également pour elles-mêmes, au moins pour certains cas. Dans ces circonstances les pourparlers traînaient En attendant l'Angleterre contribua pour sa part aux dépenses considérables qu'entraînèrent les opérations électorales de mrs de Juel et d'Ostermann.

262.

Déclaration à faire au gouvernement de Suède.

Copenhague 18 mars 1769. [1])

Le roi a appris avec la dernière surprise que l'équipement d'un petit nombre de vaisseaux de guerre qu'il a jugé à propos d'ordonner à son retour dans le royaume donne lieu à lui attribuer des desseins contraires au repos de la Suède.

Sa maj. ne pensait pas être exposée à un pareil soupçon. L'amitié qui subsiste entre les deux couronnes, à laquelle de part et d'autre il n'a été porté aucune atteinte et qui a été cimentée depuis peu d'années par l'alliance heureusement contractée entre les deux familles royales, et ses sentiments connus pour une nation à la prospérité, à la liberté et à l'indépendance de laquelle nul prince de la terre ne peut s'intéresser plus vivement qu'elle, devaient sans doute la mettre à l'abri de toute accusation de cette nature et suffire pour l'anéantir.

Mais elle souhaite trop sincèrement d'obvier sur le champ à tout ce qui sous quelque prétexte que ce soit pourrait altérer la bonne intelligence entre les deux couronnes, pour s'arrêter à cette juste considération et elle n'hésite pas de déclarer que, désirant constamment avec une égale vivacité la conservation de la Suède, rien n'est plus éloigné de sa pensée que le dessein de la troubler. [2])

---

[1]) La petite escadre que le Danemark avait équipée avait attiré l'attention du public en Suède tandis que mr d'Ostermann avait réussi à cacher qu'on armait également à Pétersbourg. Dans une dépêche du 21 mars mr de Bernstorff reproche vivement au ministre russe ce mystère, qui ne sert qu'à rendre le gouvernement danois odieux aux yeux du public en Suède, bien que ce soit précisément le Danemark qui s'oppose toujours à des démonstrations militaires à moins d'une nécessité absolue. Cfr Malmström, VI, 100—101.

[2]) Dans une autre dépêche de la même date le comte de Bernstorff approuve le plan d'opérations, imprimé chez Tengberg, Ann. E, X—XIII, se plaint des lenteurs de la Russie et de l'Angleterre et se prononce contre les déclarations comminatoires „qui répugnent au roi."

361.

Dépêche à Mr de Juel à Stockholm.

Copenhague 1 avril 1769.

(Extrait.)

— Le premier point[1]) est fort éclairci par les pièces que vous avez jointes à vos rapports du 3 et du 13 du mois qui vient de finir. Le roi les a attentivement examinées et, après avoir fait sur tous les changements agréés par les états depuis l'introduction de la forme actuelle du gouvernement les réflexions qui lui ont paru nécessaires, il juge que ces changements, et particulièrement ceux qui ont été résolus par les diètes de 1756 et de 1765, sout avantageux et salutaires et méritent d'être défendus autant qu'on pourra le faire avec quelque espérance de succès, mais qu'après tout la liberté de la Suède pourra être censée conservée pourvu que la forme introduite en 1720 et la Reichs-Tags-Ordnung de 1723 subsistent, et que l'autorité royale ne soit pas portée au delà des bornes qui lui ont été fixées alors. Sa majesté estime en conséquence qu'il faut tout faire et n'épargner ni soins ni dépenses pour effectuer que les règlements des diètes de 1756 et de 1765, surtout quant aux numéros IV et V marqués dans votre lettre du 10 mars, relatifs à la disposition des charges et à l'usage de l'estampille, et quant au consentement de deux diètes consécutives, nécessaire avant qu'une altération des lois fondamentales du royaume puisse être légale, subsistent, mais que le cas d'en venir aux derniers moyens, c'est-à-dire aux voies de fait et à la prise des armes n'existera que lorsque la cour attaquera la forme de gouvernement établie en 1720 et 1723, et n'existera même alors que sur la réclamation publique ou secrète de ceux du bon parti ou des Suédois de condition quelconque qui imploreront ou appelleront le secours des amis de la nation

---

[1]) Il s'agit de „déterminer ce qui fait la constitution fondamentale de la Suède, que le roi a promis et qu'il est résolu de maintenir à quelque prix que ce soit, et quels sont les changements des lois présentes qui, à toute extrémité, pourraient être admis sans que par leur admission la constitution fondamentale ait été estimée blessée ou renversée.“

contre la violence de ses oppresseurs. Le roi a lieu de
croire qu'au fond l'impératrice de Russie pense de même,
mais il n'en est pas entièrement sûr. Sans doute le comte
d'Ostermann sera instruit des intentions de sa souveraine
à cet égard et il pourra vous en informer. —

362.

Déclaration à faire au gouvernement de Suède.

Copenhague 1 avril 1769.

Il n'y a que peu de semaines que le soussigné ministre
de sa maj. le roi de Danemark, Norwége etc. a eu l'honneur
de déclarer de la part du roi son maitre les sentiments
immuables de sa maj. pour la Suède, son désir constant de
conserver l'amitié étroite qui subsiste si heureusement entre
les deux couronnes et l'intérêt fidèle qu'elle prendra toujours à la prospérité, à la liberté et à l'indépendance de la
nation.

Il a ordre de renouveler aujourd'hui les mêmes assurances à l'occasion de l'assemblée des états du royaume qui
convoquée extraordinairement attire a si juste titre sur elle
l'attention de l'Europe et particulièrement celle du Nord.

Le roi son maitre ne doute pas un moment que le but
de cette assemblée respectable et toutes ses démarches ne
soient dirigées en conformité des lois fondamentales vers
l'affermissement de la tranquillité générale, et que rien n'y
sera tenté ni résolu qui, portant atteinte au repos et aux intérêts les plus précieux du Nord, obligeât sa maj. à prendre
malgré elle les mesures que ses anciens engagements et la
sûreté de ses propres royaumes pourraient exiger. [1])

---

[1]) Le gouvernement danois était opposé en principe à faire de pareilles déclarations, et, dans la dépêche du 18 avril, le comte de
Bernstorff écrit: „il paraît très douteux au roi qu'une puissance
puisse s'attribuer vis-à-vis de l'autre le droit de défendre et de
maintenir une constitution et des lois qui lui sont étrangères."
Néanmoins, si les chefs du parti constitutionnel et les autres puissances le demandaient, mr de Juel était autorisé à présenter cette
déclaration, qui au reste différait de celles des autres ministres en
tant qu'elle ne parle pas expressément des lois fondamentales,
mais les embrasse sous le nom générique „intérêts précieux

368.

Dépêche à Mr de Juel de Stockholm.

Copenhague 8 avril 1769.

(Extrait.)

— Vous vous rendrez, non pas chez mr de Friesendorff, [1])
il ne s'agit pas ici d'une affaire de cour à cour, mais chez
deux ou trois des autres sénateurs que vous choisirez pour
cet effet selon les connaissances que vous avez de leur
caractère, et vous leur direz: que le roi votre maitre, ayant
appris que contre leurs promesses ils ont, sans vous en
avertir, plié sous la volonté de leurs ennemis et sont entrés
dans leurs vues en ordonnant l'équipement d'une escadre à
Carlscrona, et qu'ils ont même part à la menée dont le but
est de tourner toute la haine et toute la défiance de la nation sur sa maj. seule, vous a ordonné de leur demander
une explication et une déclaration positive de leurs sentiments. Que jusqu'ici sa maj. n'a rien épargné ni rien redouté pour leur faire sentir son appui, mais qu'elle ne Pa
fait que parce qu'elle les a crus fidèles à leurs propres intérêts et principes. Qu'il n'est pas juste qu'elle fasse des
armements pour eux et prodigue son argent pour augmenter
et affermir leur parti si, au premier choc ou pour mieux
dire à la première petite apparence d'inconvénients, ils
l'abandonnent eux-mêmes, et s'ils trouvent du plaisir et de
l'habileté à charger du ressentiment public un prince qui les
soutient de si bonne foi, et qui ne se voit dans le cas d'essuyer ce mauvais service de leur part qu'uniquement par un
effet de son amitié secourable pour eux. Vous ajouterez
que le roi désire savoir en conséquence s'ils veulent encore
résister aux vues ambitieuses des royalistes et des chapeaux
ou s'ils ne le veulent plus, s'ils veulent être ses amis et
remplir les obligations de l'amitié envers lui ou s'ils ne le

---

du Nord." Cette déclaration ne fut pas remise parce que les
sénateurs craignaient „que cette démarche n'irritât le parti vainqueur et ne leur coûtât la tête (dép. à mr de Diede du 6 mai), et
d'ailleurs le comité secret s'empressa de donner des assurances
satisfaisantes, cfr Malmstrøm, VI, 118.

[1]) Après la mort du comte de Lœwenhjelm, le 7 mars 1769., mr de
Friesendorff remplissait les fonctions de président de la chancellerie.

veulent pas. Et vous leur déclarerez que jusqu'à ce qu'ils vous aient donné des assurances claires et précises sur l'un et l'autre point, vous avez ordre de suspendre toutes vos opérations en leur faveur, le roi ne se sentant pas fait pour être sacrifié ni à la peur ni à la politique de qui que ce puisse être. [1]

364.

Dépêche à Mr de Juel à Stockholm.

Copenhague 29 avril 1769.

(Extrait.)

— Il ne s'agit plus de conserver le commandement aux bonnets, ils l'ont laissé échapper, ni de combattre le système de la France, il triomphe, les Anglais l'ont voulu. [2] Il n'est plus question que de sauver la constitution et la liberté de la Suède. C'est à cet objet seul que doivent se borner nos efforts et nos travaux.

S'il peut être obtenu par une résistance sage mais mâle et vigoureuse des bonnets, soutenue par les quatre puissances, les vœux de sa maj. seront remplis. Alors il ne faudra songer et travailler qu'à ce seul but, et elle accordera tout ce qu'on lui proposera et demandera de raisonnable pour cet effet. Mais si les bonnets, qui étaient si peu

---

[1] Bien que toutes les démarches du gouvernement danois pour défendre la constitution eussent été prises de l'aveu du parti dominant, le sénat ne s'en donna pas moins l'air de partager l'inquiétude du public sur l'objet des armements danois et, au lieu de se reconnaître satisfait par la déclaration du 18 mars, il y répondit d'une manière ironique et donna l'ordre le 28 mars d'équiper une escadre à Carlscrona. Le comte Bernstorff soupçonna mr d'Ostermann d'avoir part à cette conduite qui rendait le gouvernement danois odieux aux yeux du public suédois, et mr de Juel reçut par conséquent l'ordre, en même temps qu'il se prononcerait au sénat dans les termes susindiqués, de demander une explication satisfaisante à mr d'Ostermann, en ajoutant que „le roi n'attendait que de savoir sa réponse pour en écrire à l'impératrice et lui demander à elle-même si c'étaient ses volontés qui s'exécutaient à Stockholm.“

[2] La chute des sénateurs bonnets eut lieu par le vote des états à la fin du mois de mai.

de chose lorsqu'ils dominaient, ne sont plus rien aujourd'hui qu'ils succombent, il faudra penser à la ressource dont je vous ai parlé dans ma lettre du 11 février et du 1er du courant. Il faudra, s'il est possible, capituler avec les chefs du parti français et s'arranger avec eux aux meilleures conditions possibles. Je ne suis pas absolument sans espérance, depuis que le comte de Fersen est à la tête de la nation, que ce but pourra être obtenu.[1]) Il ne voudra peut-être pas démentir tous les principes de ses amis et les siens, ni renverser son propre ouvrage. Il n'oubliera peut-être pas entièrement l'année 1756 et si le comte de Scheffer devenait, comme cela me parait probable, président de la chancellerie, je m'en flatterais encore davantage.

Le premier moment ne sera peut-être pas propre à cette négociation secrète et délicate. L'ivresse du succès, les transports de joie et de reconnaissance envers ceux qui y ont contribué, le souvenir récent des liaisons intimes qui ont produit cet événement, nous fermeront tous les cœurs. Mais le succès même désunit, les nouveaux conducteurs de la nation ne pourront pas satisfaire les prétentions, l'avidité de tout le monde, la reine surtout sera bientôt mécontente et mécontentera bientôt. Alors il sera temps de faire nos insinuations et de tenter l'accommodement.

Vous emploierez donc les moments actuels à empêcher, s'il est possible, qu'ils ne deviennent trop funestes à la liberté et que dans le premier enthousiasme on n'accorde pas trop au roi ou plutôt à la reine. — En attendant continuez à garder la mesure avec les chefs des victorieux. Ne leur marquez point de l'amitié, cela serait peu à sa place et ils s'en défieraient, mais marquez leur de l'estime. Faites savoir sans affectation au comte de Fersen que dès que le bâton devait être entre les mains d'un homme qui ne fût pas du parti attaché au roi, sa maj. le voyait avec plus de plai-

---

[1]) Dans les explications que mr de Gleichen avait eues avec le duc de Choiseul au commencement du mois de janvier, le ministre français avait déclaré que le but du parti des chapeaux n'était pas de rétablir le pouvoir souverain du roi. Cfr Malmström, VI, 56. En effet les prévisions du comte Bernstorff se réalisèrent et mr de Fersen fit des ouvertures (voir dép. de mr de Juel du 29 avril) qui pourtant n'aboutirent pas, cfr Tengberg, 83, Ann. J, pag. XVII.

sir dans les siennes que dans celles de tout autre, et persistez à vous tenir toujours à portée et à rendre cette intelligence plus étroite.

265.

Dépêche à Mr de Diede à Londres.

Copenhague 6 mai 1769. •

(Extrait.)

Il y a déjà quelques jours que mr Gunnings m'a dit de la part du roi son maitre que sa maj. britannique ne souffrirait pas que la France rompît avec le roi au sujet des affaires de la Suède, et qu'elle regarderait comme faites contre elle-même toutes les hostilités que cette couronne attenterait à cette occasion contre le Danemark. J'ai sur le champ rendu compte au roi d'une déclaration si amicale et sa maj., qui y est très sensible, vous ordonne de prier milord Rochefort d'en témoigner toute sa reconnaissance à son monarque. Sa maj. en est très touchée. Je ne crois cependant pas, pour vous parler vrai, que les choses en viendront là. La France a trop de motifs pour éviter cette extrémité.[1]

---

[1]) Dans deux dépêches du 10 juin, le comte Bernstorff exprime son contentement de ne pas avoir besoin de l'assistance anglaise, qu'il regarderait toujours malgré les promesses les plus formelles comme très douteuse. „Que peut-on s'attendre d'un ministère qui même dès à présent ne cache pas qu'il préfère le repos et l'épargne à toute autre considération." — „Il ne s'occupe que de ses querelles intérieures et refuse toute dépense au dehors, parce qu'il estime les maux qui résultent de cette parcimonie déplacée et dangereuse inférieurs à l'embarras que pourraient lui attirer les reproches des frondeurs qui plaisent toujours au peuple anglais lorsqu'ils blâment le ministère pour avoir employé de l'argent au dehors et lorsqu'ils parlent avec mépris des alliances étrangères."

366.

Dépêche à Mr de Juel à Stockholm.

Copenhague 17 juin 1769

(Extrait.)

Le roi est fort content des propos que vous avez tenus
aux comtes d'Ekeblad et de Scheffer, et il n'approuve pas
moins la complaisance que vous avez marquée au premier
de ces seigneurs en lui cédant la maison que vous occupiez.
Vous avez sagement fait en agissant ainsi. Un ministre sert
toujours bien son maître lorsque, par des offices personnels
et sans nuire au bien des affaires, il tâche de plaire à la
cour où il réside, et le comte Ekeblad mérite en particulier
des attentions de notre part. De tous les ministres à la
tête des affaires de la Suède que j'aie connus, c'est celui
qui a paru le moins mal intentionné envers le Danemark,
et la douceur de son caractère me fait croire que, la place
qu'il occupe une seconde fois devant tomber à un sénateur
chapeau, le choix ne pouvait guère être plus heureux. Le
baron de Scheffer[1]) fera probablement le fort de la besogne
et il y portera sans doute les principes que je lui ai toujours connus, et dans lesquels je le crois très constant. Il
pourra favoriser le projet que vous avez joint à votre dép.
du 3 mars no 2[2]) mais je ne crois pas qu'il aille plus loin,
et je serais fort trompé si, pensant et parlant comme il le
fait, il conserve longtemps la faveur de la reine.

Tels étant les deux chefs du ministère, je crois qu'en
effet le parti ne demanderait pas mieux que de se voir
rétabli dans la confiance du roi notre maitre et j'estime les
sentiments que le comte de Scheffer vous a marqués sincères et sûrs. Ils sont très conformes à ceux de la France
qui désire également se raccommoder avec sa maj., mais

---

[1]) Le baron U. Scheffer, frère du comte F. C. Scheffer et ancien ministre de Suède à Paris, fut nommé conseiller et adjoint de mr
d'Ekeblad, président de la chancellerie.

[2]) C'était un plan élaboré en 1764 par mr de Hermanson et qui modi-
fiait la forme de constitution mais pas autant que la reine le désirait. Mr de Friesendorff l'avait communiqué confidentiellement
à mr de Juel.

l'un et l'autre fondent ce désir sur une condition préliminaire qui le détruit. Ils voudraient que le roi abandonnât
la Russie et les bonnets, chose impossible parce qu'elle serait directement contraire nou-seulement à la bonne foi et
à la gloire de sa maj. mais encore à ses intérêts les plus
évidents. Il n'est dans le pouvoir ni de la France ni de la
Suède d'offrir au roi des avantages seulement approchant
·de ceux qu'il attend de la Russie avec toute la certitude
que les choses humaines admettent, et une longue expérience vous a appris que, même dans les affaires de Suède, la
France toujours impérieuse n'accorde à ses alliés aucune
autorité, aucune part à la direction, au lieu que la Russie,
qu'on assure si fort d'un esprit de domination, ne fait point
de difficulté, vous l'éprouvez tous les jours, de concerter
tous ses pas avec le roi et de lui laisser la part qui lui est
due à la conduite, au mérite et à la gloire des opérations.

Le roi ne saurait donc écouter des propositions qui
tendent à le séparer de l'allié le plus équitable, le plus
utile et le plus essentiel qu'il puisse avoir jamais, et sa maj.
ne se permettra pas une parole qui puisse le faire espérer
aux partisans de la France.

367.

Schreiben an S. Exc. den Herrn General-Lieutenant
von Hauch[1]).

Copenhagen d 19 Juni 1769.

Der mir von Ew. Exc. zugestellte mit den Anschlüssen
hiebei wieder zurückfolgende Bericht des Kgl. Generalitäts-
und Commissariats-Collegii in Norwegen ist im Kgl. Conseil
vorgetragen und in Erwägung gezogen worden. Es ist selbiges der Meinung, dass, obgleich den Schweden nicht ver-
wehrt werden könne, in ihrem eigenen Lande von den an-
gränzenden Norwegischen Gegenden Risse und Charten aufzunehmen und zu verfertigen, ihnen solches auf dem Kgl.
Territorio auf keine Weise gestattet werden müsse, und dass
zu solchem Ende den Commandanten und Befehlshabern in

---

[1]) Mr André de Hauch, premier membre du collège de la généralité
et du commissariat.

den Norwegischen Festungen und Forts aufzugeben sei,
wenn sich daselbst oder in den umliegenden Gegenden Schwedische Officiers oder andere Personen einfinden würden,
deren Pässe sorgfältig zu untersuchen, alle Schritte und
Handlungen derselben genau zu beobachten und wenn es sich
äussern sollte, dass sie die Absicht hätten, Situations-Charten
zu machen und andere Nachrichten einzuziehen, ihnen das
Unerlaubte ihres Unternehmens glimpflich aber ernstlich vorzustellen und an der Vollziehung desselben zu hindern, diejenigen verdächtigen Personen aber, welche nicht mit gehörigen
Pässen versehen oder verkleidet angetroffen werden möchten,
sofort zu arretiren und so lange in sicherer Verwahrung zu
behalten, bis sie darüber berichten und mit ferneren Verhaltungs-Befehlen versehen werden könnten.

368.

Dépêche à Mr. le comte de Scheel à St. Pétersbourg.

Copenhague 15 juillet 1769.

(Extrait.)

— Le roi n'a assurément pas le dessein de brouiller,
quand il le pourrait, l'impératrice avec le roi de Prusse.
Il croit au contraire l'union entre ces deux puissances très
heureuse pour le Nord. Il souhaite seulement qu'elle soit
de part et d'autre également sincère et également fidèle.
Ce qu'il y a de sûr c'est que le comte de Solms sert bien
son maître[1]).

---

[1]) La méfiance que mr de Bernstorff montrait toujours des intentions
du roi de Prusse avait été augmentée en dernier lieu par les efforts
que ce monarque tentait auprès de Catherine II pour l'amener à
intervenir dans les affaires de Hesse, où le landgrave tâchait, avec
l'assistance de la Prusse, de s'affranchir d'une des conditions
onéreuses du règlement du 24 janvier 1755, garanti par les rois
de Danemark et de la Grande-Bretagne. Le comte de Bernstorff
voyait dans ces efforts de Frédéric II l'intention de semer la discorde entre la Russie et ces deux puissances, dont le roi de Prusse
jalousait l'influence à St. Pétersbourg. Mr de Bernstorff soutint
avec énergie les dispositions du règlement de 1755 et, bien que
mr de Panin eût commencé par incliner du côté de la Prusse dans

369.

· Dépêche à Mr de Juel à Stockholm.

Copenhague 15 juillet 1769.

(Extrait.)

— Je ne dois cependant pas vous dissimuler que l'accession effective du roi de Prusse, si jamais la guerre se fait, ne parait pas au roi bien difficile à obtenir, mais que sa maj. prévoit qu'il le sera davantage de déterminer ce monarque à des déclarations de la nature de celle qu'on lui demande. Sa maj. prussienne ne risquant rien du tout en rompant avec la Suède mais pouvant y gagner la Poméranie, ce prince ne sera pas inexorable lorsque l'on aura à lui proposer de se saisir de cette province. Les deux couronnes peuvent assez compter sur sa complaisance à ce prix, mais il est trop habile pour faire connaître d'avance ses vues et pour aider à détourner, en les déclarant, l'événement qu'il serait bien aise de voir arriver. Le roi sera donc très attentif aux ordres qu'il donnera à son ministre en réponse aux ouvertures du comte d'Ostermann. et si ces ordres sont favorables, sa maj. en conclura que ce monarque est bien sûr que les Suédois dans aucun cas n'en viendront aux extrémités et qu'il n'y a point de guerre à se promettre de leur part.

370.

Dépêche à Mr de St. Saphorin à Varsovie.

Copenhague 29 juillet 1769.

Je ne puis assez vous exprimer tout ce que je souffre en apprenant la situation affreuse de la Pologne et des dissidents infortunés qui l'habitent et l'état plein de dangers et d'horreurs auquel se trouvent réduits un prince que j'admire, que je respecte et que j'aime, et ces hommes illustres auxquels tout mon coeur est attaché.

---

cette affaire, il réussit à l'en détourner complètement et ce petit essai de leurs forces respectives se décida en défaveur du roi Frédéric II. Cfr. Asseburg Denkwürd., 360—61.

25*

Dans mes précédentes je vous avais parlé du seul parti que je croyais à prendre pour le roi de Pologne, et c'est une consolation pour moi de penser que ce monarque a prévenu et rempli mes voeux, qu'il s'est réuni aux plus fidèles et aux plus considérables de sa nation et qu'au milieu des plus grands périls et des plus grandes calamités il tient une contenance digne de lui. Il ne lui reste sans doute que cela à faire, tant que durera cette crise que l'attente prochaine de plus grands événements rend encore plus indécise, et tant qu'elle achèvera de favoriser les excès de ces malheureux qui, sous prétexte de s'être confédérés pour défendre la liberté de leur patrie, ne font en effet que l'anéantir et désoler leurs concitoyens.

Mais, monsieur, cette crise affreuse ne durera pas longtemps. Bientôt les succès ou les revers, et quand il serait possible qu'il n'y eût ni des uns ni des autres, le temps seul l'altèreront. Bientôt les puissances belligérantes espéreront et craindront moins; elles sentiront mieux les besoins que malgré leurs forces elles auront d'être appuyées, et dans peu de semaines on pourra ou croira prévoir l'issue d'une guerre dont la Pologne a fourni le prétexte, et dont il s'agit d'empêcher qu'elle ne soit la victime.

Il est donc de la sagesse du roi et de ceux qui lui sont fidèles de profiter de ce moment d'ailleurs si malheureux pour concerter, pendant qu'amis et ennemis les réduisent à l'inaction, les moyens et les mesures qui puissent les mettre en état de rentrer bientôt en activité, de sauver le royaume et assurer le trône — concert d'autant moins difficile à fixer qu'il n'y a point de choix pour eux et que, quel que soit le sort de la guerre, sa maj. n'a qu'un seul parti à prendre. Elle le sait. Les confédérés veulent sa ruine. Ils ont inspiré ce même dessein à la Porte. Victorieux ou défaits, il faut leur résister. Penser à leur plaire, à s'accommoder avec eux, avant qu'ils soient lassés, abattus et soumis, serait se livrer à l'illusion et vouloir périr.

Que le roi ne perde donc pas un temps précieux à écouter et à suivre des projets beaux et nobles en eux-mêmes, mais pernicieux et mortels à sa grandeur dans les circonstances où il se trouve. Mais qu'il se lie, tous les jours plus étroitement avec les gens de bien qui dans une

nation telle que la polonaise ne sauraient qu'être nombreux,
qu'il attire à lui tous ceux que les excès des confédérés et
les maux publics affligent, qu'il les exhorte à sacrifier à
son exemple tous les intérêts moindres au salut de la patrie
et qu'il ne se lasse pas d'exposer à eux et à la Russie,
puissance dont ses ennemis ne lui permettront pas de se
séparer, le véritable état du royaume, la droiture et la
sagesse de ses vues et la nécessité de complaisances réciproques pour obtenir ce but commun.

Je n'ai point oublié tout ce qui peut rendre cette application difficile et amère, mais un roi grand homme et
des chefs de nation aussi éclairés et aussi vertueux que le
sont ceux dont vous savez que je parle, ne trouvent rien
au-dessus des forces de leur génie et de leur cœur.

L'auteur de tant de maux n'est plus à portée de
les multiplier [1]). L'impression que ses rapports ont faite
malheureusement, dure encore mais s'effacera peu à peu.
Tout deviendra plus aisé. Il faudra tirer le voile sur le
passé, ne parler que du présent et en parler avec beaucoup
de ménagement, céder lorsqu'il ne sera question que de préjugés et ne tenir ferme que sur l'essentiel. Il n'est pas
possible que la cour de Russie ne rende toute sa confiance
au roi de Pologne, ne sente revivre tout son zèle pour lui,
lorsqu'il en agira ainsi. Il n'est pas possible que, surtout
dans ces troubles, elle ne désire son amitié lorsqu'elle le
verra aimé et secondé par la partie la plus respectable de
la nation, lorsqu'elle sentira ses conseils inspirés par la
sagesse et la droiture. Elle n'abandonnera certainement pas
ce prince. Sa maj. polonaise peut y compter et je vous
prie de l'en assurer positivement, les intrigues du primat et
celles des gens plus habiles et plus puissants que lui n'y
feront rien pourvu que ce monarque continue d'en agir avec
candeur, constance et sincérité vis-à-vis d'elle et qu'il lui
prouve par l'uniformité et la franchise de ses procédés qu'il
ne veut pas se séparer d'elle, et qu'il est prêt à faire en sa
faveur tout ce qui lui est permis et possible de faire dans
le désordre et les troubles où sont la nation et le royaume.
Il n'y a, je ne lâche ce mot qu'à regret mais la vérité et

---

[1]) L'ancien ambassadeur de Russie à Varsovie, le prince Repnin.

mon zèle m'y forcent, il n'y a point d'autre salut pour le roi
et tous ceux qui ne veulent pas achever de mettre leur
patrie à feu et à sang et être soumis aux Potocki et à
leur séquelle que dans l'alliance de la Russie. C'est la
seule puissance qui puisse et qui veuille résister aux ennemis de sa maj. polonaise et à cette hydre de factieux qu'ils
ont excitée. Rien n'est donc plus important que de ne point
lui marquer de défiance et de ne pas lui donner sujet d'en
concevoir et, si d'une part rien n'est plus éloigné de ma
pensée et de mes souhaits que de voir le roi de Pologne
acheter son amitié par des démarches indignes de lui, contraires à ses engagements vis-à-vis de son peuple et préjudiciables à sa nation et à sa gloire, rien n'est plus conforme
à mes voeux de l'autre que de le savoir étroitement uni
à l'impératrice pour leurs intérêts communs et en intelligence intime avec elle, pour combattre des ennemis qui ne
se proposent rien moins que de lui enlever la couronne et
peut-être la vie. Toute conduite équivoque et chancelante
serait mortelle dans un si grand danger. Il faut que la
Russie voie et sente que le roi de Pologne ne préfère à
elle que ses devoirs et que pour tout le reste il est son
allié certain et inébranlable. Ce n'est que sur cette base
que les mesures communes pourront être prises, ce n'est
que sur la confiance réciproque qu'elles pourront être fondées
et, dès ce moment, il sera de l'intérêt même de la Russie de
se désister de tout ce qui affaiblirait le pouvoir du roi dans
la nation. Elle ne saurait consentir à détruire son ouvrage
qu'il paraissait avoir déjà conduit à sa perfection. Elle ne
peut abandonner les dissidents qu'elle aurait rendus plus
malheureux que jamais; le lui proposer serait l'affronter, mais
il y des adoucissements à tout et il n'est point du tout
impossible de trouver des expédients honorables à l'une et
à l'autre couronne et salutaires particulièrement à la Pologne.
J'aperçois, monsieur, que je vous dis toujours la même chose.
Pardonnez-le. La vérité n'est qu'une et ne varie pas. Nous
faisons et nous ferons ici tout ce que nous pourrons pour la
représenter à Pétersbourg, et je me flatte quelquefois que ce
ne sera pas absolument sans effet.

_u_ ꞌ Mais il y a trois choses dans vos dépêches qui m'affligent
et augmentent ma peine, et dont je dois toucher un mot
avant que de finir cette longue lettre.

L'une est l'idée du général russe qu'il faudrait que l'impératrice déclarât la guerre au roi et à la république de
Pologne. Je comprends que cette résolution faciliterait les
opérations militaires, que rien ne gêne et n'embarrasse davantage que les ménagements à garder envers les habitants du
pays où l'armée se trouve et envers des amis douteux, mais elle
renverserait toutes les mesures politiques. Elle annulerait
d'abord ce qui a été établi dans les dernières diètes et
priverait par conséquent les dissidents de ce qui leur reste
d'espérance et de droits, et elle servirait ensuite de prétexte à d'autres puissances ou les forcerait même peut-être
à prendre part à la querelle et, sous couleur d'assister la
Pologne et l'assurer contre les conquêtes des Russes, à rendre
général cet incendie que l'on ne saurait éteindre trop
promptement. Vous ne cacherez vos inquiétudes à cet égard
ni au général ni à l'ambassadeur lorsque vous aurez l'occasion de leur en parler, et je vois déjà avec plaisir par votre
dernière que ce projet ne sera pas soutenu par eux.

Le second objet de mes peines est la haine que je vois
que quelques-uns des principaux dissidents continuent de
porter à la maison de Czartoriski. Il y a longtemps que je
m'en suis aperçu avec chagrin et que j'ai attribué une partie
des malheurs de nos frères à cette haine mal réfléchie et dont
j'accuse surtout mr de Goltz. Je sais bien que leurs principes sur ce sujet sont sévères et moins favorables que je
ne l'aurais souhaité et espéré d'eux, mais il fallait les fléchir
et au lieu de cela mr de Goltz a cherché de leur nuire et
s'est adressé à des protecteurs perfides dont il a éprouvé
l'infidélité et l'inconstance. Ils sont trop infortunés pour
qu'il soit permis de les affliger davantage mais, si sans parler
du passé vous pouvez leur ouvrir les yeux sur l'avenir, ne
le négligez pas. Leur intérêt est évidemment d'effectuer la
confirmation et l'exécution de ce qui a été décidé en leur
faveur sous le règne du roi actuel. Il faut donc travailler à augmenter le crédit de ce prince en Russie, à
fortifier son parti en Pologne même, à éloigner toute pensée
de factions opposées à lui. Si le roi succombe, la première

opération de son successeur, quelque nom qu'il porte, sera
de les accabler et de les réduire à leur ancienne oppression
et à leur ancienne servitude. Il n'y a donc personne qui
doive désirer plus ardemment qu'eux le soutien de ce prince,
son union avec l'impératrice et les succès de la Russie.
S'ils travaillent sur un autre plan, si de petits ressentiments
ou des affections personnelles les dirigent, ils courront à
leur perte. Leurs amis ne pourront que plaindre leur sort
et leur aveuglement.

Mon troisième chagrin est enfin la désunion que j'en-
trevois entre le comte de Fleming et les mêmes princes
Czartoriski. Dans des temps de paix et de tranquillité j'en
serais moins étonné. Leur façon de penser n'est pas la
même, mais dans cette crise se séparer de ceux qui sont
ses seuls alliés dans le royaume, auxquels il a donné sa fille
unique, c'est ce que je ne saurais combiner avec l'esprit et le
génie que je connais au comte de Fleming. Si vous pouvez
me développer les raisons de ce malheur, je vous prie de
le faire.

Il est temps que je finisse. Vous aurez eu des événements avant que ma· lettre vous arrive, mais quels qu'ils
soient, je ne crois pas qu'ils détruisent ce que je viens de
vous dire. La grandeur du roi de Pologne, le bonheur des
dissidents sous son autorité, voilà ce qui fait l'objet de mes
voeux. Je vois l'une et l'autre dans un danger cruel, mais
je ne désespère point et pourvu que ce prince ne se laisse
détourner, ni par les perfides insinuations de ses ennemis
implacables ni par la froideur de ses amis ni enfin par leurs
revers, s'il leur en arrive, de rester constant dans ses engagements et dans ses alliances, pourvu qu'il persiste à ne
donner son estime et sa confiance qu'à la vertu et ne la
donner qu'à elle, je me flatte qu'il surmontera tout ce qui
s'oppose aujourd'hui à lui et que ses travaux et ses dangers
ne serviront qu'à augmenter sa gloire et son bonheur.

371.

Correspondance entre l'Impératrice Catherine II et le Roi Chrétien VII.

1. Lettre de l'Impératrice.

St. Pétersbourg 31 mars 1769.

Monsieur Mon Frère. J'ai reçu avec la sensibilité la plus vive tout ce que le ministre de Votre Majesté a eu ordre de M'exposer de Sa part, des embarras et des affections de Son coeur, relativement à Son voyage. Rien ne Lui sera plus facile, que de Se représenter jusqu'à quel point Je désire de faire personnellement Sa connaissance. C'est en elle que J'ai vu la confirmation la plus décisive et la plus solide de tous les liens qui Nous unissent personnellement et des liaisons étroites qui attachent Nos Couronnes l'une à l'autre. Les circonstances mêmes Nous invitent à donner à Notre alliance ce caractère d'intimité et de perpétuité. Nul moyen ne M'a paru plus prompt et plus sûr pour y parvenir, que de lire en Nous-mêmes l'étendue et la sincérité de Nos sentimens l'un pour l'autre, aussi bien que la droiture et la solidité de Nos vues sur tous Nos intérêts communs. J'allais connaître un parent, un ami éprouvé, un souverain allié aussi fidèle que naturel de Ma nation. Tout ce que les dispositions de Mon coeur Me présentaient de plus cher, se montrait du côté le plus utile aux saines raisons de la politique de Nos Monarchies. A la vue des difficultés qui s'élèvent contre une perspective aussi intéressante, Je suis obligée de rendre justice à la façon dont Votre Majesté envisage les affaires de Suède. J'y aperçois visiblement jointe aux intérêts de Sa Couronne les plus voisins, la considération d'une alliance à l'observation de laquelle Sa sollicitude prompte et vigilante M'a prouvé l'élévation de Son âme, la droiture et la fermeté de Son caractère. Les embarras si directs à Nos deux Couronnes du côté d'un Etat dont les conjonctures et la politique sont l'objet perpétuel de Nos regards, n'excitent pas moins Mon attention que la Sienne.

L'intrigue et la passion s'avancent avec tant d'audace,
que toutes les présomptions humaines Nous annoncent des
entreprises violentes et Nous prescrivent les précautions qu'il
convient de prendre. Je sens combien la présence de Votre
Majesté dans Ses Etats doit importer dans cette crise.
Balancée par deux considérations aussi grandes que le sont
Mon désir de connaître personnellement Votre Majesté et
l'intérêt essentiel marqué par le moment qui s'y oppose, Je
La prie de M'épargner l'effort de prononcer laquelle des
deux doit l'emporter. J'ajouterai que la force de la première est également sentie par l'un et l'autre, et que le point
d'intérêt qui la balance, est encore dépendant de circonstances qui seront plutôt connues de Votre Majesté que de
Moi. Elle sera donc éclairée sur la résolution la plus
avantageuse pour Nous, avant que Je fusse en état de la
conseiller. En remettant ainsi à Elle-même le tout, tel qu'il
sera indiqué par la situation des affaires, Je La prie d'être
bien persuadée, que quelle que soit Sa résolution, rien ne
pourra altérer la sensation qu'a faite sur Moi Son dessein,
ni la satisfaction avec laquelle J'en verrai en tout temps
l'exécution [1]).

M'étant déterminée à écrire directement à Votre Majesté
sur un objet aussi sensible pour Nos Personnes et aussi
essentiel pour le bien de Notre alliance, Ma lettre va embrasser un second objet, fondement éternel de Notre union,
sur lequel les considérations les plus fortes Me prescrivent
de M'expliquer immédiatement avec Elle, pour obvier à toute
délicatesse, que les ministres de cour en cour sont obligés
d'observer dans les négociations. Votre Majesté voit déjà
que Je veux traiter le point regardé de tout temps par Nous
comme devant perpétuer l'union de Nos Couronnes, en ôtant
toute cause de discussion future et toute opposition d'in-

---

[1]) Plus tard les circonstances politiques ou les dispositions du roi
changèrent et il se décida à faire la visite projetée à Pétersbourg encore dans le courant de l'été. Mais lorsque mr de
Scheel pressentit mr de Panin sur ce nouveau projet, celui-ci le
déconseilla parce que les préparatifs pour la réception du roi
avaient été contremandés et que l'impératrice souffrirait dans son
orgueil si elle ne pouvait recevoir le roi dignement. Voir l'instruction du 10 juin et la réponse de mr de Scheel du 8 juillet 1769.

terêt entre Elles. Je rends assurément touto la justice qui est due à la prévoyance de Sa cour et Je ne Me méprends point aux motifs qui Lui font désirer à Elle-même l'exécution actuelle de Notre traité provisoire de l'échange des Etats de Mon Fils. Je n'ai comme Elle d'autre but, ni d'autre maxime que de rendre Notre union perpétuelle et Je puis dire que depuis longtemps Mon propre désir à prévenu le Sien sur l'accomplissement d'une convention qui en est la base. Plus Je sens en Moi la force et la justice de ces mêmes motifs qui déterminent Votte Majesté, plus Je souhaite et suis prête d'y acquiescer. Du côté des raisons de Votre Majesté, du côté du bien et de la nécessité de la chose en elle-même, du côté de Mon propre désir, voilà quelle Je suis et Je le dis dans la plénitude de la conviction personnelle. Après avoir mis aussi à découvert Ma façon de penser propre, Je ne présumerai point trop de l'attention et de l'amitié sincère de Votre Majesté, qu' Elle voudra bien Me juger Elle-même d'un autre côté et Me considérer par rapport à ce point et dans la qualité de Mère de Mon Fils et dans celle de Souveraine.

Comme Mère de Mon Fils Je l'élèrs dans les principes de la tendresse envers Moi et de l'attachement à l'empire pour lequel Il est destiné.

Comme Souveraine, qui dès son avénement au trône a posé pour règle immuable de ses maximes d'Etat d'unir, par les liens d'une alliance indissoluble, deux couronnes que la Providence semble avoir voulu, par la position locale de leurs Etats et le choix de leurs Souverains, mettre dans une nécessité absolue de se servir l'une et l'autre et dans la situation la plus heureuse pour faciliter leurs avantages mutuels; Comme Princesse déjà unie par le sang et par l'amitié la plus étroite avec Votre Majesté et qui, ne voyant dans la nation danoise que l'amie la plus naturelle de la sienne, n'a d'autre désir que de mettre le dernier sceau aux noeuds qui les unissent déjà entre elles, Je dispose Mon Fils, successeur à Mon empire, à suivre l'exemple que Je Lui trace et à prendre par penchant, par persuasion et par conviction le même moyen de concourir aux intérêts communs de la Russie et du Danemark, dans la disposition que J'ai faite dans Ses intérêts patrimoniaux, et si Je réussis ou non dans

l'éducation de Mon Fils, J'en prends pour juge tous ceux qui
voient Ma Cour. La candeur de Mon Ame, la bonne foi et
la cordialité qui vont et iront toujours à la tête de toute
négociation entre Moi et Votre Couronne, Me fixent à des
réflexions selon Moi bien solides et bien importantes sur
cette conduite. Je regarde comme le devoir d'une alliée,
d'une parente et d'une amie intime d'inviter Votre Majesté
à peser avec Moi, lequel des deux partis est le plus sûr,
ou celui que Je suis maintenant, que Nous avons choisi dans
son principe et dont le succès est aussi certain que choses
humaines peuvent l'être; ou celui qui Nous exposerait aux
risques que, par une anticipation sur la libre volonté de
Mon Fils, cet acte d'autorité par lui-même, les efforts de
Nos ennemis, de Nos envieux, des malintentionnés de tout
genre et de tout ordre, aux intrigues, aux menées, aux insinuations desquels la garde la plus vigilante ne ferme
jamais toute entrée, ne viennent inquiéter la jeunesse de
Mon Fils et ne Lui laissent une impression que tous Mes
efforts et toute Ma bonne volonté ne pourraient peut-être
pas détruire. J'ai trop de confiance dans les lumières
de Votre Majesté, Je suis trop sûre de Sa façon de voir
et de juger et Je suis Moi-même trop tranquille d'après
la force et la vérité du sentiment qui Me guide, pour
Lui dissimuler Mes justes défiances au moment de Nous
livrer à un mouvement aussi naturel en Moi qu'en Elle. Il
faut du temps, des soins et des précautions infinies, pour
détruire des haines invétérées. Comme elles sont le triste
effet de l'habitude, elle seule peut en être le remède et on
ne saurait venir trop tôt, ni par trop de moyens à son
aide. Les dissensions des deux branches de la Maison
de Holstein ont tant de fois troublé leur repos et altéré si
sensiblement la tranquillité de tout le Nord, que la conversion
de leur animosité en une amitié intime et stable et le dessein
si grand de fonder sur elle la paix durable de cette partie
de l'Europe, ne peut pas être un ouvrage de simple théorie.
Il est telle convention qui ne porte que sur un point décidé
et, ce point une fois réglé, tout est fini. Il en est d'autres
dont la conclusion n'est que la préparation des effets heureux
qu'on en attend et cette préparation doit être d'autant plus
délicate. L'échange du Holstein doit être le gage, l'assurance

de la concorde et de l'union rétablies dans cette maison et non
un acte qui prescrirait à ses animosités de se taire parce-
que leur aliment leur aurait été enlevé. A Dieu ne plaise
qu'il puisse jamais être regardé sous ce dernier point de vue
par Celui qui aura un jour à y regarder et que ce soit
Nous qui Lui en fournissions le prétexte. Que nourri bien
plutôt dans les principes qui Le conduisent de Lui-même à
le ratifier, Il commence Sa majorité par Nous savoir gré d'un
ménagement qui Le rend partie et Lui laisse la satisfaction
de consommer un acte qu'Il regardera comme l'ouvrage de
la tendresse de Sa Mère, qui Lui donne le mérite d'avoir
écouté Lui-même Ses sentimens d'amitié pour Sa maison, Ses
principes de raison pour la paix si désirable avec elle et
d'égards pour l'union d'intérêts de la Couronne déjà possédée
par elle et de celle pour laquelle Il est destiné.

Votre Majesté n'a souhaité cet accomplissement actuel
de Notre arrangement provisoire que dans ce but si désiré
par Nous de rendre perpétuelle et indissoluble l'alliance de
Nos Etats, déjà conduite à des termes si heureux par Nos
dispositions personnelles et par un coup d'oeil également
sûr et fixe des deux côtés sur les intérêts des deux nations.
Je M'ouvre avec candeur sur ce qui Me parait y devoir conduire par une route plus certaine et moins à la prise des
vicissitudes humaines. Tout scrupule, toute réserve disparaît,
quand l'intérêt senti ne parle que le langage de la conviction propre et surtout de la bonne volonté. J'aurai cette
satisfaction de voir l'avis de Votre Majesté se réunir au
Mien, et guidés l'un et l'autre par la sincérité de Nos coeurs,
éclairés par la connaissance des choses humaines, Nous sus-
pendrons l'accomplissement d'un désir également fondé sur
Mes dispositions les moins équivoques et sur Mes maximes
d'Etat les plus immuables[1]).

[1]) Les motifs du refus de l'impératrice d'avancer l'affaire de l'échange
du Holstein ressortent clairement des dépêches du comte de Scheel.
Il écrit dans sa dépêche du 21 mars: „Il (Panin) est d'avis que si
le grand-duc lui-même ne met pas les engagements contractés à
exécution, ils sont exposés à peu de certitude, comme des malintentionnés pourront ensuite lui inspirer du mécontentement contre
le procédé de mad. sa mère et rallumer par là l'ancienne haine
que justement on veut faire cesser par cet arrangement. C'est
pourquoi l'impératrice ne peut pas accorder l'échange, outre que

Le point en lui-même déjà considéré comme arrêté irrévocablement entre Nous, et confié à Nos soins et Nos ménagements respectifs pour être immanquable dans son exécution, Nous permet sans aucun retour ni aucune distraction de tourner toutes Nos vues vers la perfection de Notre alliance et sa direction immédiate aux circonstances présentes. Je vois avec satisfaction la parfaite réciprocité des sentiments de Votre Majesté pour son intimité et sa durée, dans la proposition de la convertir en un traité perpétuel sous la dénomination de pacte de famille. Tous Mes voeux se réunissent vers le même but. On ne M'a vu d'autre maxime, que de réunir tout le Nord. gouverné par la Maison de Holstein, dans un seul système, de le voir assurer sa tranquillité par son propre poids et décider pour beaucoup de celle de toute l'Europe. Tout ce que J'ai fait et ce que Je fais encore, sont autant de degrés, qui préparent la conclusion d'un pareil traité. Par rapport au temps, Je passe sous silence la crise actuelle de la Suède, dont le roi est le seul naturellement à y inviter, mais Je ne saurais Me dissimuler combien il sera satisfaisant pour Moi en disposant tout, que Mon Fils atteignant Sa majorité y entre Lui-même comme partis, et que, comme chef de la maison Ducale de Holstein, Il contribue essentiellement à lui donner l'intérêt et le nom de pacte de famille.

---

le pouvoir de tutrice ne lui permet pas de disposer du bien de son pupille, à quoi la famille royale de Suède mettrait aussi empêchement et la cour de Vienne ne manquerait pas d'opposer les lois de l'empire. De le déclarer majeur, comme le seul moyen de donner de la solidité à cette exécution du traité, est impossible, la résolution de l'impératrice étant inébranlable à cet égard par des raisons invincibles, d'éloigner autant que possible le moment où le prince cessera d'être enfant. Je dois avouer que, vu les circonstances dont je suis témoin oculaire, je n'ose pas me flatter qu'elle s'y résoudra." En date du 16 avril il dit: „En le déclarant majeur, les Russes pourraient facilement se souvenir du droit de ce prince au trône, guidés surtout par le peu d'attachement qu'ils portent à l'impératrice et qu'elle n'ignore pas, et se rappelant ce qui est arrivé l'année 1764 à Schüsselborg pendant son voyage à Riga, elle n'est rien moins que tranquille à ce sujet." — Quelques mois après, en effet une conspiration parmi les officiers de la garde fut découverte mais supprimée sans être parvenue à la connaissance du public, voir dép. de mr de Scheel du 12 septbr. 1769.

En attendant Nous pouvons dès le moment même en recueillir les effets précieux. La confiance d'une part et l'honneur de l'autre sont les garants de l'intimité de Notre alliance et de la sûreté avec laquelle Nos deux Couronnes doivent se réunir vers le centre commun qui leur est marqué par les circonstances. Nous sommes attaqués par un ennemi commun dans le même temps et dans le même point, en Suède. Je n'entrerai point dans cet examen contre qui il réunit plus d'efforts et qui est plus exposé à ses entreprises; ce serait difficile et l'amitié y a pourvu. Mais quels que soient les dangers, les alliés les partagent, les indemnités en cas de pertes, les acquisitions en cas de succès, tout se prévoit et est la matière des stipulations entre eux. Je suis prête à entrer dans tous ces arrangemens et J'ai chargé Mon ministre de dresser un plan de tous ceux que Notre position rend nécessaires. On ne Me verra négliger aucun des objets qui peuvent intéresser la Couronne de Danemark. Je souhaite qu'Elle trouve Ma garantie suffisante pour pourvoir à Ses craintes sur le sort de Son arrangement éventuel avec le roi de Suède. J'offre de M'en charger dès à présent pour tel événement, à telles conditions et dans tels termes qu'il conviendra à Sa sûreté. J'embrasserai avec plaisir tous les moyens de favoriser l'augmentation des forces maritimes du Danemark, dont Je juge la prospérité inséparable de celle de Mes propres Etats. Je solliciterai avec les soins et l'empressement les plus assidus, les secours et l'attention de l'Angleterre sur le maintien des possessions danoises en Amérique. En un mot Je n'omettrai rien pour montrer combien J'ai à coeur les intérêts de la nation danoise et d'établir Notre alliance sur le pied le plus stable, combien Je veux être attentive à en remplir les devoirs et quelle force et quelle solidité ces maximes tirent en Moi de l'amitié inviolable et de l'estime sans bornes, avec laquelle Je suis,

Monsieur mon Frère,
de Votre Majesté
la bonne Soeur, Amie et Alliée
Catherine.

2. Lettre du Roi [1]).

Frederiksberg 2 sept. 1769.

Madame ma Sœur. Mon attention toujours fixée sur V. M. Impér., toujours occupée à suivre Ses actions et à leur applaudir, à Lui prouver les sentiments uniques qui m'attachent à Sa personne et à rendre indissolubles les liaisons qui unissent Ses vues aux miennes et les intérêts de Son empire à ceux de ma couronne, a décidé des résolutions et des projets que, j'avais formés pour cet été. Je lui ai sacrifié le désir si cher à mon cœur de voir V. M. Imp. et de voir en Elle la première et la plus auguste de mes amies, l'ornement de son sexe, de son siècle et du Nord. Obligé de choisir entre le plaisir de Lui dire ce que je pense pour Elle et celui de le Lui prouver par mes actions, j'ai préféré le dernier, quoique peut-être le moins touchant pour moi, et si j'ai perdu par ce choix le bien que mon dessein et Son aveu me promettaient, j'ai eu au moins la consolation d'employer ce même temps que j'y avais destiné, à agir de concert avec V. M. Imp., à réunir mes soins aux Siens et à travailler avec Elle au maintien de la liberté de la Suède et du repos du Nord, noble objet de Ses sollicitudes et des miennes. L'approbation de V. M. I., Elle sait que j'y aspire, me récompensera, j'ose le croire, de mon sacrifice.

Les dangers qui menaçaient la Suède ne sont cependant pas encore dissipés. Ils exigent plus que jamais Notre union. Une faction violente et animée, soutenue par une puissante cour dont le but unique est d'embarrasser les glorieux desseins de V. Maj. Imp., poursuit ses projets avec ardeur et n'attend qu'un moment favorable pour renverser la constitution du royaume et peut-être pour précipiter la nation abusée dans ces mêmes démarches qui lui ont si peu réussi en 1741. [2]) La cour qui la protège et l'inspire, lui

---

[1]) En réalité, à cause de leur longueur, ni la lettre de l'impératrice ni celle du roi n'étaient autographes mais elles étaient censées l'être.

[2]) La guerre avec la Russie. On croyait en effet que la France avait le projet de pousser la Suède, lorsque le pouvoir royal y serait rétabli, à une rupture avec l'impératrice.

assuré sans doute son secours dans ce cas et j'en vois les conséquences, je les vois dans toute leur étendue. Je connais la situation de mes Etats, mais je connais aussi ce que mes engagements, ma gloire et mes intérêts permanents exigent. Je n'en suis que plus décidé à poursuivre le but qui m'est commun avec V. M. Imp., plus résolu à m'opposer à celui de Ses ennemis, plus impatient de mettre le sceau à Notre union et à lui voir cette perfection qui selon toutes les règles de la prudence et de la certitude humaine doit la rendre une partie inébranlable du système de l'une et de l'autre monarchie.

Je renouvelle pour cet effet à V. M. Imp. toutes les offres qui je Lui ai faites, il y a quelques mois. Il ne dépend désormais que d'Elle de conclure l'affaire la plus importante qui se soit négociée dans ce siècle et dont le succès, affermissant Son système et le mien, affranchira le Nord de tout pouvoir étranger, portera l'influence de Son empire jusqu'à l'océan germanique et étendra Son crédit dans l'Europe entière.

J'avais fondé toutes mes propositions sur l'exécution actuelle du traité conclu entre Nous en 1767 pour terminer les longues et funestes dissensions de la maison de Holstein, et V. M. I., juste et éclairée comme Elle l'est, sent que la nature de la chose et ce que je dois à ma couronne et à mes peuples ne me permettent pas de leur donner une autre base. Mais quelque puissantes que soient les considérations qui m'avaient déterminé à cette demande et dont aucune n'échappe à la pénétration et à l'équité de V. M. Imp., le désir de Lui plaire, d'entrer dans Ses raisons et dans Ses vues, et de m'unir à Elle, l'emporte, et je n'insiste plus sur l'accomplissement présent du dit traité, pourvu qu'il plaise à V. M. Imp. de fixer actuellement le terme de cet accomplissement et de déterminer le temps auquel Elle mettra le Grand-Duc, Son auguste Fils, dans le cas et Lui donnera le pouvoir de ratifier le traité et d'achever le grand ouvrage que Lui et tout le Nord devront à Sa sagesse.

Je ne puis marquer à V. M. Imp. un plus haut degré d'estime, ni plus haut degré de confiance. Si je connaissais moins Ses vertus et Ses lumières, si Sa parole n'était pas aussi sacrée à mes yeux qu'aux Siens, je manquerais à toutes les règles, mais c'est à Vous, Madame, que je me fie. Cela suffit. Fixez le jour ou l'année que Vous jugerez propre à combiner les différentes vues que Votre sagesse se propose, ces vues si dignes d'une souveraine, d'une mère et de Vous. Donnons, Vous et moi, à un arrangement aussi essentiel au bonheur de la maison de Holstein et à celui du Nord la certitude que les princes peuvent donner aux bienfaits qu'ils destinent aux siècles futurs et à leurs peuples; arrachons-le, autant qu'il est possible, aux vicissitudes humaines, et que rien n'arrête ensuite la conclusion de l'alliance intime et indissoluble que j'ai offerte à V. M. Imp. Je continuerai d'y porter de ma part toutes les facilités et tout l'empressement ainsi qu'à Ses observations toute, l'exactitude que peuvent inspirer la haute vénération que j'ai pour V. M. Imp. et ces sentiments si vrais, si vifs et si décidés avec lesquels je suis etc.

372.

Dépêche à Mr le comte de Scheel à St. Pétersbourg.

Copenhague 2 septbre 1769.

(Extrait.)

Nous avons perdu bien du temps, monsieur, et je ne pensais pas lorsque je vous écrivis le 6 et 23 février que nous serions au mois de septbre aussi peu avancés que nous le sommes. Le roi sent vivement ces délais, mais la grandeur de l'objet et sa sagesse le mettent au-dessus de l'impatience, et il les oubliera pleinement et sans peine, pourvu que ses soins soient finalement couronnés du succès qu'il désire et qu'il est en droit de se promettre. Il sent en même temps que ce n'est pas seulement le nombre d'affaires dont le comte de Panin est surchargé et peut-être sa lenteur dans les expéditions, mais encore leur délicatesse et leur difficulté qui arrêtent les résolutions de l'impératrice, et dès lors il est trop juste pour attribuer à ce seigneur ce

qui n'est pas sa faute. Et il est toujours très déterminé à
poursuivre un but dont il connait l'importance et de redoubler de fermeté et de constance pour surmonter les obstacles
qui s'y opposeront.

C'est dans cet esprit que, quelque fortes raisons qu'il
eût de demander à l'impératrice l'exécution actuelle du
traité provisoire de 1767 comme la base et condition décisive de l'alliance à conclure, il a néanmoins pris le parti
de céder aux motifs, il faut en convenir, justes et puissants
que cette princesse a allégués dans sa lettre pour s'en dispenser dans le moment présent, et de consentir qu'elle diffé-
rât l'exécution de ce traité jusqu'à la majorité du grand-
duc, pourvu qu'elle fixât dès à présent le terme de cette
majorité et conséquemment celui de l'exécution. Voilà le but
et le sens de la lettre que sa maj. écrit à l'impératrice. La
proposition embarrassera sans doute cette princesse. Le roi
le prévoit et en est fâché, mais il est impossible qu'il laisse
l'objet qui est tout pour lui dans une plus longue incertitude,
et que sur ce point il pousse sa complaisance et sa confiance plus loin qu'il ne le fait. L'impératrice ne saurait
pas se le dissimuler, ses ministres non plus, et la répugnance
de la première cédera enfin à la raison et aux intérêts du
grand œuvre, qu'après tout elle parait affectionner elle-même.
Vous le représenterez fortement au comte de Panin et à
mr de Saldern et vous donnerez tous vos soins à obtenir
que ce terme ne soit pas trop reculé. Nous touchons à la
fin de la seconde année après la signature du traité. Le
grand-duc va entrer peu de jours après que vous aurez reçu
cette lettre dans la 16ième année de son âge. Ses pères,
les ducs de Holstein, ont toujours été majeurs à 18 ans.
Le diplôme de l'empereur Ferdinand III du 4 mai 1646 leur
en donne le droit. Si donc l'impératrice ne voulait rien
faire pour le roi, elle ne pourrait remettre sa majorité
que jusqu'au mois d'octobre 1772. Voyez si vous ne pouvez pas effectuer qu'elle la fixe à l'année 1771. C'est le
grand point que le roi vous recommande et qui fera l'objet
de toutes vos sollicitudes.

Quant au reste, le roi ne peut que vous renouveler ses
ordres du 6 et 23 février sans entrer dans aucun détail

parce qu'il ignore encore si l'impératrice accepte et agrée ses propositions, ou si elle y désire des changements. Jusqu'à ce que sa maj. en soit informée, elle se contente de vous réitérer ses anciens commandements.

Mais elle veut que vous fassiez ce qui dépendra de vous pour pousser une réponse et une décisive. Je vous l'ai déjà dit dans une de mes précédentes lettres, sa maj. aime à regarder comme une preuve de la confiance de l'impératrice qu'elle finit les affaires des autres puissances comme les plus douteuses avant celles qui intéressent un ami sûr et décidé, tel qu'il l'est. Mais cette façon de penser a cependant ses bornes et doit en avoir. Pendant tout cet été, que les troubles de la Suède et les menaces de la France ont rendu si critique, le roi a tenu bon. Il a agi comme si tous ses arrangements avec la Russie avaient été pris et assurés, il a travaillé contre la France, décliné les ouvertures de la Grande-Bretagne, répandu l'argent en Suède, employé des sommes considérables à ses armements, le tout sans avoir aucune sûreté formelle de la conclusion de cette alliance plus intime avec l'impératrice, sans laquelle il faudrait sans doute qu'il prit des mesures différentes. — Cela a pu aller ainsi une fois, mais cela ne saurait pas se continuer à la longue, et une union de la nature de celle dont il s'agit doit avoir une base et une règle fixée par des traités. Les affaires de Suède ne sont certainement pas dans l'état où on se les représente à Pétersbourg. Nous avons toujours tout à craindre de la part d'un esprit aussi intrigant, aussi inquiet et aussi altéré de domination que celui de la reine, réuni à l'habileté, au crédit et à l'activité des chapeaux, et soutenu par l'or de la France et le génie du duc de Choiseul. De moment à autre il peut y éclater des entreprises qui forceront les deux cours aux résolutions les plus vives, mais comment les prendre avant qu'elles se soient entendues et qu'elles aient réglé et fixé leurs mesures? La Russie, il est vrai, n'a que peu d'inquiétude à avoir, située comme elle l'est, mais il n'en est pas de même du roi. Ses Etats sont exposés au ressentiment de la France et aux premiers efforts de la Suède. Ils forment, dans une étendue de 300 milles d'Allemagne et au delà, le boulevard de la Baltique

et des peuples qui en habitent les côtes. Mais si cette situation ajoute à leur importance, elle ajoute aussi à leurs périls, et le roi ne peut s'exposer à ces risques sans savoir
pourquoi et sans être sûr de ce que dans ce cas il a à attendre de la Russie.

Apost. En vous envoyant, monsieur, la lettre du roi à
l'impératrice et en même temps la copie, je dois vous faire
observer un mot qui a besoin d'une explication. J'ai l'ordre
de vous la donner.

C'est celui où le roi invite sa maj. impér. à donner à
l'alliance toute la certitude que les princes peuvent donner
à leurs ouvrages et à l'arracher autant qu'il est possible
aux vicissitudes humaines. Ces expressions sont générales
et sa maj., pour ne pas présenter à l'impératrice une idée
qui aurait pu affecter son cœur maternel, n'a pas voulu les
développer plus particulièrement, mais leur véritable objet
est de demander à cette princesse qu'elle veuille bien non-
seulement fixer dès à présent le terme de l'accomplissement
du traité provisoire de 1767, mais encore garantir à la couronne de Danemark la possession du duché de Holstein en
cas que, par un malheur que le Tout-Puissant veuille détourner, le grand-duc vienne à manquer avant l'arrivée de ce
terme et l'exécution du traité. Le roi se flatte que cette
demande paraîtra juste à l'impératrice puisqu'elle ne tend
qu'à affermir un ouvrage reconnu salutaire de part et d'autre, sur lequel les deux souverains sont d'accord et dont
l'accomplissement n'est arrêté que parce que sa maj. impér.
veut que le grand-duc son fils l'approuve, le ratifie et l'exécute lui-même. La sagesse de ce motif est telle que le roi
lui cède; mais comme dans le cas malheureux dont il a été
fait mention et qui, quoique, grâces au ciel, non probable,
est cependant possible, ce motif n'existerait plus et qu'il
ne serait pas équitable que le roi fût exposé au risque de
perdre le fruit d'un traité dont il remplit de son côté toutes
les conditions onéreuses, il est évident que la justice exige
qu'alors ce même traité, qui n'est provisoire que par égard
de son alt. imper., cesse de l'être et soit censé parfait, ou
qu'au moins l'impératrice dédommage le roi de ce qu'il admet aujourd'hui par un effet de sa confiance et de sa haute
estime pour elle, en lui garantissant des droits qu'il a déjà

acquis [1]) et qui revivraient au moment qu'arriverait le malheur que je n'indique qu'en frémissant.

373

Dépêche à Mr le comte de Scheel à St. Pétersbourg.

Copenhague 2 septbre 1769.

(Extrait.)

Les affaires de la Pologne sont dans un état cruel. Ce serait s'aveugler que de ne pas voir que les intrigues des ennemis de la Russie et du clergé romain ont irrité la nation entière contre les mesures prises par l'impératrice et que cette haine, jointe au génie national des Polonais, à leurs préjugés, leur ignorance et leur superstition, est devenue fureur chez la plupart d'entre eux. A l'exception d'un très petit nombre, sur lequel la raison peut avoir gardé quelque empire, tout le reste qui n'a pas encore pris les armes n'est retenu que par la crainte que la présence de troupes russes leur inspire, et il n'est presque pas douteux que, si ces troupes étaient employées autre part ou que quelque échec considérable les forçât à sortir du royaume, le soulèvement serait général, le roi précipité du trône, les dissidents exterminés ou remis sous le joug le plus sévère et tous les réglements faits depuis la mort d'Auguste III mis au néant.

Judicieux et éclairé, comme l'est le comte de Panin, il sent mieux que personne le danger et les inconvénients de cet état des choses et que, tant que la nation sera ainsi disposée, il ne sera pas possible de pacifier ce vaste pays ni de tirer parti de ceux qui l'habitent. Aussi vois-je par le langage qu'a tenu le prince Repnin peu avant de partir de Varsovie et par celui que tient aujourd'hui le prince Wolkonski, que ce sage ministre travaille déjà depuis quelques mois à ramener les esprits effarouchés; mais il ne faut pas se faire illusion, il n'y réussira qu'après avoir trouvé les

---

[1]) Par le traité de 1750 avec le roi de Suède. Au fond ce que le comte Bernstorff demande c'est que la Russie, dans le cas prévu, empêche que le roi de Suède ne rompe le traité de 1750.

moyens de s'attacher un parti dans la nation et après avoir
fait voir au reste que la guerre des Turcs n'abat point la
puissance de la Russie ni le courage de sa souveraine.
Avant que d'avoir obtenu ces deux points, toutes les peines
seront inutiles.

Le dernier se prouvera par lui-même. Les Turcs, je
l'espère en Dieu, ne vaincront pas et les infortunés, ennemis
de leur patrie, qui mettent leurs espérances en eux, seront
bientôt dégoûtés de ces protecteurs faibles, despotiques et
barbares. Mais le premier, la formation d'un parti en Pologne réuni aux Russes, sera bien difficile. Il est cependant
absolument nécessaire et dès lors il faut le croire et le rendre possible.

Le roi de Pologne doit être le chef de ce parti. Mille
raisons, toutes superflues à alléguer, l'exigent. Il ne demande pas mieux lui-même, et s'il est vrai qu'il ait chancelé
pendant un temps dans ses inclinations et ses principes, il
n'est pas au premier regret et a appris par une sévère expérience son erreur. Elevé sur le trône par la Russie, il ne
peut ni l'abandonner ni en être abandonné, mais un roi sans
pouvoir et sans influence sur sa nation n'est qu'un embarras.
Il faut donc lui trouver et lui procurer des amis et des adhérents, qui sous ses auspices puissent former avec lui le
centre du ralliement de la nation, attirer à lui et à eux
tous ceux qui seront las d'être les esclaves des Turcs ou
les compagnons de brigands, et composer un corps capable
de représenter la république et d'être comme tel utile à
la Russie.

Il y a 35 ans, monsieur, que je connais la Pologne et
que je sais que j'observe ce qui s'y passe. Pendant ce long
intervalle de temps et pendant tant de troubles et d'agitations qui ont rempli cette époque, je n'ai vu dans le royaume
qu'une seule famille agir avec suite, avec intelligence et
avec fermeté, un seul parti qui, guidé par elle, pût remplir
l'idée dont je vous parle. C'est celle des Czartoriski. Je
n'ignore rien de ce qui peut leur être opposé. Je suis qu'ils
sont républicains décidés, jaloux jusqu'au scrupule de l'indépendance et de la gloire de leur nation, ennemis des
dissidents, fiers et hauts, incapables de plier sous l'autorité,
je sais encore qu'ils sont aliénés et irrités; mais je le ré-

pète, il n'y a qu'eux qui sachent promettre et tenir, point
d'autres en Pologne auxquels on puisse se fier, personne
qui, quand il serait fidèle, aurait assez de crédit, assez
d'habileté pour ramener la nation outrée et abusée, personne que, à l'exception d'eux et de ceux qui leur sont
unis, l'on puisse attacher au roi et dont on puisse faire un
parti avec lui. Mr de Panin en a déjà fait l'expérience. Il
sait ce que valent le primat, les autres Potocki, les Radzi-
will, nombre de Lubomirski et tant d'autres qui s'engagent
à tout, reçoivent tout et ne font rien, qui, jaloux de l'élévation d'un Poniatowski et plus fidèles à d'anciennes haines
qu'à de nouveaux devoirs, sacrifient tout à cette jalousie et
n'ont dans le fond de leur cœur d'autre désir, d'autre projet
que celui d'élever un nouveau trône sur la ruine et les
débris de celui qu'avait élevé l'impératrice. Là où il n'y a
point de choix, il serait inutile d'hésiter. Il faut donc regagner les Czartoriski et s'accorder avec eux.

Le moment où nous touchons, celui de la fin de la campagne sera favorable à cette opération décisive. Les armées
de Russie, victorieuses alors ou au moins maîtresses de la
Moldavie et des frontières de la Pologne, débarrassées pour
l'hiver des Turcs, qui ne font pas la guerre dans cette saison, et en état de faire sentir leurs ressentiments à leurs
ennemis, en imposeront aux Polonais, la confiance dans les
barbares aura diminué, le premier éblouissement que leur
approche avait causé sera dissipé, les seigneurs et les
possesseurs de terres seront las d'être en butte à la convoitise et aux rapines du premier pillard qui s'avisera d'en
ramasser d'autres et de se dire confédérés. Le moment, dis-je,
sera vraisemblablement heureux si le comte de Panin juge
à propos de le saisir et de charger le prince Wolkonski
d'offrir aux Czartoriski l'oubli sincère du passé, la confiance
de l'impératrice et la direction des opérations à faire par
des Polonais qui en sera la preuve et le fruit. S'il y ajoute
la déclaration que l'ambassadeur a déjà faite par rapport à
la garantie et s'il consent que le nombre des dissidents
ayant entrée dans le sénat soit limité, je crois qu'il les ra-
mènera et qu'il pourra les engager à entrer sincèrement,
fidèlement et efficacement dans les vues de la Russie et à
prendre sur eux le soin certainement bien dangereux et bien
pénible et de désabuser et de calmer leur nation. —

Je passe à mon second objet, aux affaires de l'Angleterre et je serai aussi succinct sur cet article que j'ai été long sur le précédent. Tout ce que j'ai à vous dire se réduit à un seul mot. Le roi de la Grande-Bretagne mérite personnellement toute l'estime, toute la confiance de ses amis; mais les divisions qui déchirent son royaume, d'ailleurs si fortuné, sont si vives que son ministère est toujours ébranlé et hors d'état de penser à autre chose qu'à sa propre défense, et qu'il ne peut se mêler que faiblement des intérêts des autres cours. La France profite de cette situation. Elle fait ce qu'elle veut, et dans l'Angleterre même ses partisans déclarés, les ennemis de toute contestation avec elle, président à tous les conseils. Le duc de Grafton même a été obligé de s'allier avec eux. Ce serait donc s'abuser que d'attendre dans ces moments quelque assistance, quelque démarche ferme et essentielle de la Grande-Bretagne. Mais les temps changent et le génie national, les intérêts évidents du royaume reprendront leurs droits. C'est pour ce temps qu'il faut ménager son amitié et employer celui d'aujourd'hui à apprendre à s'en passer. Si l'alliance entre le roi et la Russie, telle que sa maj. l'a proposée, se conclut, et si elle est suivie et exécutée avec la bonne foi, la fidélité et la franchise que cette alliance exige par sa nature et par son but, le Nord pourra avoir son propre système et agir selon ses propres vues sans dépendre de celles d'autrui. Mais si cette alliance ne se conclut pas ou ne devient qu'une liaison ordinaire, il nous faut à tous les deux ou au moins à nous un appui étranger, celui de l'Angleterre ou de la France, selon les occurrences. La résolution de la Russie en décidera; nous attendrons après elle, nous tenons tout en panne, mais nous ne pouvons pas l'y tenir longtemps.

Apostille. J'avais écrit ma lettre lorsque je lis la vôtre du 8 du passé. J'y vois que mr de Panin a déjà prévenu la plus grande partie de mes vœux relativement aux affaires de Pologne, et je me flatte que ces dernières propositions auront le succès que je lui souhaite ardemment.[1]

---

[1] Les dispositions dans lesquelles la cour de Russie était à cette époque au sujet de la Pologne, ressortent de cette dépêche de mr de Scheel du 8 août. Ce ministre écrit: „cette cour désire réelle-

J'ai cependant encore deux mots à vous dire à ce sujet. Je désire d'abord vivement que mr de Panin ne se rebute pas des premières difficultés que feront les princes Czartoriski. Elles seront fortes. La tâche par elle-même

---

ment calmer les esprits furieux en cédant sur les griefs qui excitent cette nation. Ainsi, pour se conformer avec dignité à un accord entre les mécontents et les dissidents, on a fait insinuer aux princes Czartoriski les dispositions de l'impératrice de s'y prêter, si ces seigneurs veulent convoquer une confédération de pacification et que les catholiques conviennent avec les dissidents des points, en établissant pour principe que la religion romaine reste selon les lois la dominante et que, par conséquent, leur influence dans les affaires de la république soit plus considérable par le nombre des membres. On ne doute pas que les dissidents, pour mettre fin aux malheurs de leur patrie, ne s'y conforment en se contentant de quelques avantages d'égalité, et lorsqu'ils déclareront au roi de Pologne et à cette cour être satisfaits par de telles conventions, on ne fera aucune difficulté de se relâcher sur les points en dispute et de lever la garantie si odieuse à la nation. Mr de Psarsky* (le ministre-résident du roi de Pologne) „a envoyé un courrier à Varsovie pour démontrer au roi et à ses oncles la nécessité de travailler à ce plan comme le seul auquel la Russie puisse consentir sans compromettre sa gloire."

Cette ouverture n'aboutit pas, et mr de Scheel écrit le 5 septbre: „quoique les seigneurs polonais témoignent être assez disposés à convenir entre eux des arrangements avec les dissidents, ils semblent pourtant souhaiter que la Russie fasse quelque avance qui, marquant à l'univers comme si elle se prêtait par nécessité à des relâchements, blesserait la dignité de cette cour. Tant pour éviter cette apparence que par le peu de confiance du ministre dans la discrétion du prince Wolkonski, on ne lui a pas envoyé l'ordre de s'expliquer sur des relâchements vis-à-vis des dissidents. Tout ce que mr de Panin peut faire sans se compromettre vis-à-vis de sa souveraine et des ennemis de la Pologne ici, auxquels il doit laisser ignorer qu'il a fait insinuer au roi et aux Czartoriski des dispositions favorables, c'est de prescrire à l'ambassadeur de ne pas rebuter les dissidents et d'accepter leurs propositions. On désire ainsi que votre exc. veuille appuyer à Varsovie sur la nécessité de ce principe pour cette cour et persuader aux seigneurs polonais de ne pas exiger que la Russie fasse des démarches déshonorantes pour la gloire de l'impératrice." Enfin, sous le 8 septbre, il écrit que les Czartoriski avaient repoussé avec fierté toutes les ouvertures du prince Wolkonski, en exigeant des avances de la part de la Russie et des relâchements sur tous les points. Autrement ils déclaraient vouloir s'abstenir de toute action car „Pologne restera toujours Pologne." Cfr Beer, I, 242—243.

est dangereuse et difficile pour eux. Il s'agit d'entreprendre
l'ouvrage du monde le moins populaire et de s'exposer à
la haine et à tous les reproches de ses compatriotes, à tous
leurs outrages. Cela coûtera à de vieux seigneurs habitués
à être les oracles d'une grande partie de leur nation et à
en être admirés et aimés. Après cela ils douteront dans les
premiers temps de la bienveillance de l'impératrice et de la
confiance du comte de Panin. Ils craindront qu'on ne
veuille d'eux que s'en servir, sauf à les abandonner ensuite
quand on n'en aura plus besoin. Mais si le comte Panin
charge le comte Wolkonski de ne pas se rebuter d'un premier refus et de revenir à la charge et de leur marquer de
l'estime et de la bonne foi, je crois que malgré tout cela il
réussira et que ce sera le salut de la Pologne. Les Czartoriski sont, je l'avoue, d'assez mauvais courtisans, mais ce
sont des hommes, et des hommes que j'ai toujours vus
fidèles à leurs engagements et capables de les remplir. Le
comte de Panin est trop grand pour leur désirer d'autres
qualités.

Et puis je forme encore un souhait en faveur des dissidents. Découragés, abattus, ruinés ils sont tout prêts à
s'abandonner eux-mêmes. Si mr de Panin s'en rapporte à
eux et les laisse les maîtres de faire leurs propres conditions,
ils sacrifieront peut-être des droits essentiels à quelque médiocre intérêt personnel et présent. Je conjure ce ministre
d'être leur guide et leur protecteur jusqu'au bout. La gloire
de la Russie exige qu'ils soient maintenus dans les droits
de leur naissance, qu'elle a su leur faire rendre, et s'il doit
y avoir de la différence entre eux et leurs oppresseurs, qu'elle
ne soit que dans le nombre. Il est nécessaire que les dissidents remplissent quelques places au sénat parce qu'ils sont
nés égaux à ceux qui y entrent, et que ce serait renverser
les principes si l'on consentait que les religious qu'ils professent leur en ôtassent le droit. Mais on peut admettre,
comme mr de Panin l'a déjà si judicieusement remarqué,
que, moins nombreux dans le royaume, ils le soient aussi
dans le conseil de la république et dans les dignités, offices
et bénéfices de l'Etat. Toute modification fondée sur l'équité
et les proportions est bonne. Il n'y a que le principe même,

si sagement et si généreusement établi par la Russie, qui doit être immuable et maintenu jusqu'à l'extrémité.

374.

Dépêche à Mr le baron de Diede à Londres.

Copenhague 28 septbre 1769.

(Extrait).

La France disposant par le pacte de famille de l'Espagne et de la meilleure partie de l'Italie, maitresse par conséquent du Sud et de l'Occident du continent de l'Europe, influant par ses alliances si souvent répétées dans ces dernières années avec la maison d'Autriche et par son crédit dans l'empire sur l'Allemagne, et ayant réussi à mettre par ses intrigues la Pologne à feu et à sang, s'est irritée de voir le Nord seul soustrait à son pouvoir. Pour le réduire, ou au moins pour l'inquiéter et le troubler à son gré, elle s'est emparée de l'esprit et du cœur de la reine de Suède en lui promettant l'objet après lequel elle soupire et auquel elle sacrifie tout depuis 18 ans, le pouvoir souverain. Elle a su faire rendre le gouvernement du royaume à ses adhérents fidèles, mais obligé en même temps ces chefs du parti républicain à quitter leurs principes et à adopter ceux qu'ils avaient abhorrés jusque-là, et elle travaille aujourd'hui avec la plus grande apparence de succès à couronner cet ouvrage. Si elle réussit, elle aura porté sa gloire et sa puissance plus loin que ne l'a jamais fait Louis XIV au plus beau de ses jours, et, après avoir essuyé une des guerres les plus malheureuses dont on ait l'exemple, elle sera parvenue en moins de sept ans de paix à pouvoir décider du sort de la plupart des Etats de l'Europe et de la tranquillité du reste.

875.

Dépêche à Mr de Juel à Stockholm.

Copenhague 14 octobre 1769.

(Extrait.)

— Après m'avoir réitéré que sa volonté était que vous restiez inséparablement uni pour la défense de la forme actuelle du gouvernement de la Suède aux ministres de la Grande-Bretagne et de Russie, à mrs de Rudbeck et de Pechlin et à leurs amis, et que vous fassiez de concert avec eux tous les efforts imaginables et possibles pour sauver sans exception toutes les lois et constitutions de la Suède aujourd'hui en force, sa maj. me commande de vous confier que, si malgré toute votre résistance, vos soins et ceux de vos confrères et amis, il était absolument impossible de prévenir le renversement des lois, que les adhérents de la cour et de la France méditent, et la faiblesse ou la nécessité du bon parti à s'y soumettre, elle juge (ce que cependant vous ne prendrez pas pour sa décision absolue et finale, attendu que sa maj. n'en ayant pas encore conféré avec ses alliés suspend jusqu'au résultat de ces conférences sa dernière détermination sur un point de cette suprême importance) que les trois couronnes, ou plutôt les deux puissances qui donnent aux affaires de la Suède une attention plus sérieuse que ne le fait dans ce moment la Grande-Bretagne, peuvent à toute extrémité permettre, sans prendre les armes, que les articles proposés par le comte de Fersen, que vous avez joints à votre dépêche du 6, soient acceptés,[1]) surtout en cas que l'on pût obtenir:

1) Que l'on ajoute à Part III que, comme tout changement dans les lois était ou devait au moins être censé la chose du monde la plus délicate et la plus rare qui ne devait avoir lieu que lorsque le bien qui en résulterait serait évident à toute la nation, il ne pourrait avoir lieu que du consentement unanime du roi, du sénat et des quatre ordres, de sorte que l'opposition d'un seul membre, ou du sénat ou d'un des quatre ordres, suffirait pour l'empêcher. Si ce dernier point, qui je l'avoue pourrait un peu révolter, n'était

---

[1]) Voir Tengberg, Ann. J pag. XVII.

absolument pas à emporter, il faudrait stipuler que, pour rendre un changement dans les lois légal, la pluralité devrait être au moins des $^3/_4$ ou des $^4/_5$ dans le sénat et dans chaque ordre et qu'à moins d'une telle majorité le changement serait encore rejeté;

2) que la peine de mort soit rétablie contre tout particulier proposant une mutation de la forme du gouvernement soit de vive voix soit par écrit, et enfin

3) que le projet de rétablir la disposition des petites charges militaires, comme elle était réglée en 1716, soit supprimé et cette distribution conservée sur le pied où elle l'est aujourd'hui.

Le roi suspend son sentiment sur l'article des alliances parce qu'il le trouve dressé obscurément et il désire que vous cherchiez à l'éclairer davantage. Nous avons nombre d'exemples d'alliances conclues par la Suède dans les intervalles des diètes, et il ne paraît pas trop possible de convoquer ces assemblées coûteuses et redoutables à chaque fois qu'il serait question de former une liaison. Ce ne peut guère avoir été l'esprit de la forme du gouvernement jusqu'ici, et sa maj. attend par conséquent l'explication des mots employés par le comte de Fersen dans cet article IV de son projet. Dès qu'elle lui sera venue, elle vous fera savoir ses résolutions encore sur ce point.

376.

Dépêche à Mr le comte de Scheel à St. Pétersbourg.

Copenhague 4 novbre 1769.

Vous l'avez bien senti. Vos deux dernières lettres du 5 et du 10, que j'ai reçues mardi, ont rempli mon cœur d'amertume. Quel sort que le mien! Il y aura dans quelques mois 20 ans révolus que je travaille à saisir un objet qui semble fuir à mesure que je l'approche. Il n'y a que la conviction du devoir qui puisse soutenir dans de si longues peines.

Je sais que je n'ai rien à vous recommander et que votre zèle, votre vigilance et votre application égalent mes souhaits. Ne vous lassez pas comme je ne me lasserai point

tant que je pourrai travailler. Pressez mrs de Panin et de
Saldern sans les impatienter. S'ils savaient tout ce que les
délais et les incertitudes de cette négociation me font souffrir, ils auraient quelquefois compassion de moi.

Je souhaite qu'ils se souviennent que ce même traité
dont on traîne si fort l'exécution, nous l'exécutons déjà dans
plusieurs articles très onéreux. Notre ami le sait et, j'en
suis sûr, le sent. Leur paraît-il juste que cela continue
ainsi encore longtemps?

Note. Ces délais continuels dont se plaint mr de Bernstorff, trouvent peut-être en partie leur explication dans les
intrigues dont la cour danoise était le théâtre et qui pouvaient
bien ébranler la confiance de la Russie dans le pouvoir des
ministres et surtout dans celui du comte Bernstorff. Une
lettre confidentielle du général Filosofoff jette quelque lumière sur cet état des choses. Elle est datée le 31 octobre mais ne fut remise que le 16 novbre. Nous reprodui-
sons ici cette lettre, sans rien changer aux incorrections
de la langue:

„Il est connu à votre exc. que notre traité en 1767,
ayant pour base de bannir à jamais du Nord toute influence étrangère, a porté le coup le plus mortel à la France
accoutumée dès longtemps à y maîtriser.

Que n'a-t-elle pas fait pour contrecarrer la consolida-
tion de ce traité et de notre système pacifique et salutaire?
Et voyant ses efforts inutiles, quel venin n'a-t-elle pas re-
jailli sur le genre humain? Les troubles de Suède et de Pologne, les guerres de Turquie et celle des pirates contre
vous[1]) en sont les esquisses. Toute l'Europe connaît le vrai
moteur de ce sang innocent qui se répand actuellement sur
les rives du Dniester et du Danube et est, peut-être, sur
le point d'être versé jusque dans nos régions même, si les
machinations de la France lui réussissent pour rendre encore ce nouveau service à l'humanité.

C'est dans la corruption, dans les voies sourdes et les
intrigues les plus raffinées qu'elle fait consister l'essor de
sa politique. C'est à regret que je vous retrace, monsieur,

,[1]) Allusion à la guerre que le bey d'Alger avait déclarée au Danemark, voir plus loin.

en deux mots ce qui s'est passé les hivers de 1767 et 1768
et qui a été anéanti par la fermeté d'un monarque éclairé.
On connaît la source de ces menées malgré leurs détours
tortueux et raffinés. Cette vérité s'est démontrée encore
avec plus d'évidence pendant le séjour de sa maj. à Paris.
C'est là que la France a tâché d'exceller dans ses raffinements, en condescendant même aux moyens les plus bas.
Il n'appartient qu'à sa politique de faire de propositions
pour la corruption des personnes engagées au service du roi,
revêtues de caractères publics et honorées de sa confiance,
et encore pas de son propre argent, mais de celui qu'elle
lui devait. Et c'est aussi avec chagrin que je répète qu'une
proposition aussi honteuse fut écoutée par quelqu'un de la
suite de sa maj. avec trop de légèreté sans y marquer la
juste indignation qu'elle méritait et avec laquelle votre auguste maître l'a rejetée. [1])

Mais ce même Paris, où la France préparait le bouleverse-
ment total de notre union, fut la tombe pour tous ses projets pernicieux. J'avoue avec la plus grande satisfaction
que cette gloire appartient à votre souverain. Oui, monsieur, c'est à l'élévation de ses sentiments, à sa fermeté et
à son discernement profond qu'il était réservé de terrasser
les menées secrètes de la France et de les rendre infructueuses dans ses foyers et au milieu de tout son faste.

C'est lui, c'est ce grand prince qui, au plus fort des
raffinements du duc de Choiseul, par un trait le plus glorieux de son règne, renversant de fond en comble les filets
que lui tendait ce ministre, rechercha de consolider le bonheur de son peuple et de tant d'autres. Il est connu à
votre exc. qu'il me chargea la veille de son départ de Paris
de faire part à l'impératrice ma souveraine de toutes les
menées dont la France s'était servie pour le détacher d'elle
et le mépris qu'il en ressentait, de l'assurer de la constance
de son amitié et de lui proposer en même temps l'union la
plus étroite avec l'intimité seulement possible entre deux nations soumises aux différents souverains. Il vous est connu,

---

[1]) La personne à laquelle font allusion ce passage et d'autres dans
la suite de cette lettre, est le comte de Holck, grand-maître de la
garde-robe et favori du roi.

monsieur, que l'impératrice a senti tout le prix de l'amitié
et de la constance du roi et qu'elle a reconnu l'étendue,
l'utilité et la grandeur de ses propositions, le lui ayant marqué directement et ayant ordonné à son ministèro de former
de son côté le plan ou le projet de cette union. Mes dernières nouvelles de la Russie me disent que ce projet vient
d'être achevé et en plus grande partie approuvé déjà par
l'impératrice et qu'on ne tardera pas de me l'envoyer, pour
le présenter à l'approbation de votre auguste maitre.

Telle est la situation heureuse où se trouvent nos deux
cours respectives, et c'est par de tels principes que les ordres de sa maj. le roi et la politique de son sage ministère
ont été dirigés jusqu'ici dans toutes les affaires et surtout
de la Suède. Ces principes ont déjà produit cet avantage
considérable pour les intérêts communs que, malgré la supériorité du parti français et de celui de la reine de Suède,
leurs cabales et plus encore les vues pernicieuses du premier pour occasionner une guerre sont, sinon tout-à-fait
anéanties, au moins arrêtées.

Il est superflu de représenter à votre exc. qu'il n'est
pas suffisant, dans la position actuelle du système politique de l'Europe, que nos deux souverains soient convaincus intérieurement de leur constance et de leur attachement
inviolable pour la conservation inaltérable de leur union, et
il est aussi inutile de vous diro que le moment n'a jamais
été si précieux et si pressant de le faire sentir à toute
l'Europe, et d'écarter avec le plus grand soin toutace qui
pourrait faciliter ou donner lieu à qui que ce soit de débiter le contraire. Les torts qui en résulteraient, si dans
une position aussi favorable il paraissait la moindre ombre
qui y pût donner atteinte, et surtout si la France parvenait à faire accroire à l'Europe et préférablement aux
têtes échauffées des Suédois, comme effectivement elle n'a
pas manqué déjà de l'insinuer à l'ouverture de la présente
diète, que ses influences subsistent encore en Danemark,
qu'elle commence à y rétablir ses anciennes liaisons et
qu'elle pourra, sinon rompre nos nœuds, retenir au moins
sa maj. danoise à borner ses soins pour soutenir la forme
actuelle du gouvernement, uniquement aux dépenses et aux

démarches ministérielles qui ont été employées jusqu'à ce moment, sans recourir aux moyens plus efficaces que Dieu lui a donnés et que le vrai bien de ses sujets, les engagements avec ses alliés, la conservation de la tranquillité du Nord et celle de ses propres Etats exigeraient de lui.

Votre pénétration vous fera entrevoir, monsieur, de quelle conséquence des insinuations pareilles, appuyées des apparences, peuvent être actuellement en Suède et si la France manquera d'en profiter.

Je dois, par le caractère dont je suis revêtu, représenter que ces apparences subsistent ici réellement par les liaisons, les entrevues presque journalières et les entretiens fréquents en particulier du ministre de France, marquis de Blosset, avec des personnes qui ont le bonheur de jouir de la haute faveur et de la confiance de sa maj. le roi, circonstance, non seulement connue de tout le monde, mais même annoncée déjà dans les nouvelles publiques du bas-Rhin par l'expression „d'une froideur" entre nos deux cours et rapportée par plusieurs ministres étrangers à leurs cours, sans doute, monsieur, avec des réflexions qui ne peuvent être rien moins qu'avantageuses pour la solidité de notre système. Je supplie très humblement votre exc. de me faire savoir si le roi votre auguste maitre est instruit de ces circonstances, et, comme l'établissement du système du Nord est autant son ouvrage et sa conservation inaltérable non moins son intérêt que celui de l'impératrice, et qu'il est même de sa gloire de faire taire des bruits pareils, s'il a déjà donné ses ordres pour étouffer dans leur berceau les vues intrigantes du ministre de France et anéantir les apparences dont il pourrait tirer avantage pour débiter des faussetés.

Je suis persuadé et je puis assurer votre exc. que ma cour est trop éloignée de prendre ombrage de pareils bruits s'ils lui parvenaient de quelque autre côté que du mien. Mais vous pouvez bien juger vous-même, monsieur, que comme les faits subsistent, il est de mon devoir de ne pas les taire, voyant partout qu'ils commencent à éclater et qu'ils pourront occasionner des suites désagréables au vrai bien et à l'intérêt de la cause commune. Je supplie donc instamment votre exc., de m'honorer de sa réponse qui règlera mes démarches et les éclaircissements que je ferai à ma cour, à ce sujet.[1]

377.

Traité d'alliance entre le Roi de Danemark et l'Impératrice de Russie.

signé à Copenhague le 13 décembre 1769, ratifié à Christiansbourg le 19 février 1770.

378.

Dépêche à Mr de St. Saphorin à Varsovie.

Copenhague 5 décembre 1769.

(Extrait.)

— On est déterminé à Pétersbourg à donner, à quelque prix que ce soit, avant la fin de l'hiver une forme aux affaires de Pologne. Vous le savez, le comte de Scheel vous en a averti et c'est ce qui me dispense de vous expliquer en détail les motifs et le précis de cette résolution. Il me suffira de vous prier de représenter là où vous l'estimerez convenir, l'extrême nécessité de saisir ce moment et d'en tirer tout le parti que les circonstances permettent.

Vous vous rappellerez, monsieur, ce que j'ai eu l'honneur de vous dire, il y a quelques mois, sur le même sujet dans le temps des revers des Russes et avant leurs victoires. C'était là l'époque favorable. Elle n'a duré qu'un instant, qui s'est écoulé; il n'en faut plus parler. En voici une seconde, pas à beaucoup près aussi avantageuse que la première mais bonne. Si on la néglige encore, tout sera dit, je le crains.

Je ne sais que trop que les ordres venus à l'ambassadeur, les propositions, les questions qu'il doit faire, pensées

---

[1] Sur l'original mr de Bernstorff a annoté de sa propre main: „cette lettre a été lue au roi le 17 novbre et sa maj. y a répondu de bouche au ministre de Russie."

fièrement et dites de même, ne sauraient être agréables au roi et aux chefs d'une nation libre et indépendante, d'une nation dont les lois, les mœurs et les goûts abhorrent et rejettent précisément cette supériorité et ce ton d'autorité qui les a dictées et qui les anime. Je sais encore, et je le sais avec douleur, que l'on se défie plus que jamais à Pétersbourg de ces hommes illustres qui, nés dans la liberté, ne connaissent que ses principes et son langage. Je n'ignore pas que mes représentations n'ont produit à la cour de Russie qu'une très petite partie de l'effet que je leur destinais, et je sais que dans tout autre temps je devrais par mille motifs arrêter mon zèle et mes instances, mais dans celui-ci mon cœur ne me le permet pas: le moment est décisif. Cette réflexion étouffe toutes les autres.

Dans cette affreuse crise les moindres maux sont des biens. Tout est tolérable, pourvu que le trône reste à son légitime maître, la liberté à la république, les provinces au royaume. Quelque impérieuse que soit la Russie, elle ne veut toucher à rien de tout cela.

Le roi de Pologne a fait pour plaire à sa nation la démarche qu'elle semblait exiger de lui. Il a convoqué son sénat. [1] Il l'a écouté, il a approuvé, adopté son langage. J'y ai applaudi, j'y applaudis encore. Il fallait faire ce pas, voir ce qu'il produirait. Mais voici sa maj. dans le cas de juger de son effet. Son peuple lui en sait-il gré, ses ennemis personnels sont-ils moins ardents contre elle, sont-ils plus fidèles à leur serment et songent-ils moins à ériger un autre trône sur les débris du sien? Ce monarque a-t-il reçu des rapports bien consolants de mr de Biereczinski? Pense-t-il que la déférence extrême témoignée à la Porte désarmera cette puissance orgueilleuse et barbare, la rendra moins disposée à l'immoler à la rage des confédérés, pour peu qu'elle en ait jamais les moyens. Si cela est, je ne dis mot. Si sa maj. polonaise se trouve assez de sujets fidèles pour pouvoir à leur tête résister à la fois à des ennemis furieux et à des amis importuns et incommodes, il est de grand cœur de ne céder ni aux uns ni aux autres, mais si ce n'est pas là son cas, si la Providence exige d'elle un genre

---

[1] Voir A. Beer, I, 245—247.

d'héroïsme moins éclatant mais plus difficile et plus méritoire, celui de se prêter aux temps et de sauver par sa
sagesse une patrie ingrate qu'elle ne peut défendre par
ses forces, voudra-t-elle hésiter, reculer le seul moyen d'affermir son trône et de détourner la désolation totale du
royaume et perdre par son refus ou ses délais des moments
dont ses cruels ennemis sauront bien tirer avantage?

Il n'est plus temps de vous le taire. Le roi de Pologne
le sait sans doute. Vous l'avez peut-être appris. - Ses ennemis ne remplissent pas seulement la Pologne et l'Europe,
ils remplissent encore la Russie elle-même. Combien de fois
n'ont-ils pas pressé l'impératrice d'abandonner ce prince, de
combien d'arguments ne se sont-ils pas servis pour l'y engager? Mr de Panin s'y est opposé, lui seul a détruit leurs
desseins. Je n'ai pas oublié qu'il est l'oncle du prince
Repnin, qu'il aime ce neveu et qu'il l'a trop écouté. Mais
il n'en est pas moins l'unique ami solide et fidèle du roi de
Pologne, l'unique appui de sa couronne en Russie. Tirez-en
les conséquences!

Je n'ai plus qu'un mot à vous dire. Après quoi j'aurai
eu la consolation de satisfaire, autant que ma situation me
le rend permis et possible, à la passion constante de mon
cœur. L'électeur de Saxe se croit très près du trône et
l'est peut-être. [1]

379.

Dépêche à Mr le comte de Schoel à St. Pétersbourg.

Copenhague 20 décembre 1769.

Le courrier qui vous porte cette dépêche est chargé de
remettre en même temps à la cour impériale le traité signé.
Ce mot vous dit tout, monsieur. Ce nouveau nœud resserre
l'amitié déjà si étroite entre les deux souverains. Le système
de leur union et celui du Nord s'appuie sur une base de
plus; les petits nuages que les délais avaient fait naître
sont dissipés et le roi, se reposant sur les sentiments et sur

---

[1] Voir A. Beer, I, 247—248.

la parole de l'impératrice, attendra sans impatience l'époque fixée, qui donnera l'effet aux mesures convenues et aux engagements contractés pour le bonheur commun, et qui achèvera de ne laisser qu'un seul et même intérêt aux deux monarchies et à l'auguste maison qui règne et régnera sur l'une et sur l'autre. Sa maj. sent toute l'importance de l'ouvrage et elle goûte toute la douceur de voir par cet événement et celui du maintien de la constitution de la Suède finir si heureusement une année qui menaçait le Nord de tant de troubles et de tant de malheurs.

Vous marquerez, monsieur, sa satisfaction dans les termes les plus forts et que vous jugerez les plus convenables à l'impératrice et à son ministère, et vous leur direz qu'il ne manque plus au roi que de voir cette princesse partager son contentement. Il l'espère et s'en fie absolument à elle, et il a cru ne pouvoir lui en donner une preuve plus complète qu'en acceptant, comme il fait, le projet du traité et en le signant sans y changer une seule parole. Ce trait peut-être unique dans l'histoire convenait à une amitié et à une union également uniques.

Parler de ces sentiments, en donner les assurances, les renouveler, en rappeler les faits et les preuves, voilà, monsieur, ce qui vous occupera désormais. Vous n'aurez ni des représentations ni des demandes à faire, et le roi ne vous charge que d'une seule commission dans laquelle j'espère que vous réussirez. C'est de voir si vous n'obtiendrez pas que l'impératrice s'engage par une déclaration particulière, mais cependant formelle et authentique, à ne point faire servir hors de la Baltique les 2000 matelots que le roi promet par Part. IX de lui fournir lorsqu'elle les requerra. Vous sentez, monsieur, les motifs de ce souhait du roi. Les climats des mers plus éloignées font naître souvent des maladies dans les équipages, et sa maj. ne peut que désirer de les épargner à cette portion précieuse de son peuple. Essayez donc si vous pouvez l'effectuer. Le roi n'a pas voulu la proposer comme une condition et encore moins arrêter pour l'amour d'elle la signature du traité; mais il serait sensiblement obligé à l'impératrice si elle voulait bien lui donner cette marque de son amitié et de sa complaisance. Je vous prie d'en parler tout naturellement à mrs de Panin et de

Saldern. Ils vous diront si la chose est possible, et si elle l'est, ils ne vous refuseront ni leurs conseils ni leur appui. Je n'ajoute rien sur la ratification. Celle du roi sera dressée avant même que le terme fixé arrive.

Je ne puis finir cette lettre sans vous réitérer l'heureuse et agréable assurance que le roi est très content de vous. Sa maj. m'ordonne de vous le dire et d'y ajouter qu'elle est bien instruite de la sagesse et de la prudence de votre conduite ainsi que du zèle et de l'intelligence avec lesquels vous ménagez ses intérêts, qu'elle les agrée parfaitement et qu'elle est bien sûre que vous continuerez d'agir constamment avec la même stabilité et la même application dans le poste important qui vous est confié. [1]

---

[1] Dans une seconde dép. de la même date mr de Bernstorff explique mieux sa pensée au sujet des 2000 matelots. Il désire que la Russie fasse la déclaration susmentionnée, à laquelle mr de Panin s'était déjà montré assez disposé dans ses conversations avec mr de Scheel. Mais au reste le ministre danois ne regarde pas la question comme très importante, puisque la Russie ne se trouverait guère souvent dans le cas d'envoyer des flottes dans des mers éloignées. — D'ailleurs mr de Bernstorff exprime sa satisfaction du traité et surtout des articles VII, VIII et XIII. Par ce traité la cour de Danemark avait été affranchie de l'obligation de payer des subsides de guerre contre la Turquie (art VII), l'époque de l'échange avait été avancée à l'année 1771 (art. XI), la garantie pour le cas de la mort du grand-duc, garantie suggérée dans la dépêche du 2 septbre (no 372), était implicitement donnée dans l'art XIII, le pacte de famille devait se faire dès que le grand-duc aurait acquis l'âge de sa majorité (art. XII et XIV); enfin si le Danemark n'avait pas obtenu tout ce qu'il avait proposé en faveur de l'augmentation de sa flotte, ce n'était pas que la Russie n'approuvât pas l'idée, mais parce que le trésor russe ne pouvait pas s'imposer de plus grandes charges et parce que l'impératrice désirait également augmenter sa propre flotte. Cfr Dépêches du comte de Scheel du 26 sept. et du 30 octobre 1769. Comme on le voit, la garantie que la Russie offre dans l'art X pour les conquêtes que le Danemark ferait éventuellement sur la Suède, n'occupe pas l'attention du gouvernement danois et lorsque mr de Panin en fit la première ouverture au comte de Scheel, celui-ci répondit immédiatement de manière à faire comprendre que cette perspective n'entrait pas dans les intentions de son gouvernement, qui voulait précisément éviter que le cas de guerre ne se présentât, dép. du comte de Scheel du 10 mars 1769. Au reste la Russie avait déclaré à plusieurs reprises qu'en cas d'une guerre elle ne garderait rien du

336.

Dépêche à Mr le comte de Scheel à St. Pétersbourg.

Copenhague 20 décbre 1769.

(Extrait.)

Les affaires de Suède ont pris une tournure si heureuse et si favorable que je n'ai presque plus à vous en parler que pour m'en réjouir avec vous. La constitution et les lois du royaume sont, vous le savez, sauvées depuis longtemps en entier, les vastes desseins de la reine et de la France détruits et la fin de la diète est résolue pour le 15 du mois prochain. Voilà le fruit de la fermeté des deux cours et de leur union. Elles en goûtent bien pleinement la douceur dans cette occasion importante et j'ose croire qu'après cette expérience elles ne seront plus tentées d'abandonner un système dont l'avantage est si évidemment et, humainement parlant, si certain.

L'Angleterre, si son ministère se donne le temps et la peine de réfléchir sur ce que la gloire et le véritable intérêt de la couronne auraient exigé de lui, ne sera pas longtemps sans regretter la froideur et la parcimonie avec lesquelles elle a pris part à ces affaires. Son ministère en voit déjà les effets. Les chefs des chapeaux donnent assez clairement à connaître qu'ils ne songent point au renouvellement des traités entre la Suède et la Grande-Bretagne. Les états, disent-ils, n'ordonnent au sénat que celui des alliances avec le Danemark et la Russie.[1] Il est bien vrai que le moment paraît venu où le Nord, tranquille et uni au dedans, pourra se passer des influences étrangères et traiter avec les puissances de l'Occident et du Sud, non plus comme

---

territoire suédois pour elle, aussi le traité ne fait aucune mention d'une pareille éventualité. Cfr Malmstrøm VI, 200.

[1]) La Russie croyait dans les circonstances actuelles devoir proposer à la Suède le renouvellement de l'ancienne alliance, mais le comte de Bernstorff ne voulait pas s'associer à cette démarche, laissant à la Suède le soin d'en prendre l'initiative, voir dépêche à mr de Juel du 16 déc. 1769. Combien cette réserve était sage, ressort des résolutions du comité secret, voir Malmstrøm VI, 173—75.

autrefois pour obtenir leur appui et par conséquent pour dépendre d'elles, mais avec tous les avantages que l'égalité et le moyen de se passer de leur secours accordent. Il ne peut y avoir rien de plus heureux pour cette partie de l'Europe et la gloire (autant que les hommes peuvent s'attribuer à eux-mêmes la sagesse et le bonheur qui leur sont accordés) en sera due aux deux souverains dont l'union, la conduite et les vues produiront cet effet et découvriront à l'Europe entière les forces et l'importance du Nord.

On paraissait disposé à Londres, il y a quelque temps, à rappeler milord Cathcart et à le faire passer en Espagne, si la Russie ne nommait point de successeur à l'ambassadeur qu'elle vient de rappeler [1]), mais il semble qu'on ne songe plus à exécuter, au moins de si tôt, ce dessein.

281.

Dépêche à Mr le comte de Scheel à St. Pétersbourg.

Copenhague 20 décembre 1769.

(Extrait.)

Le roi sent très bien le poids et la solidité que l'accession de sa maj. prussienne donnerait à l'alliance du Nord, combien elle assurerait le repos de cette partie de l'Europe et quel comble de supériorité elle attribuerait aux moyens que les deux couronnes unies ont déjà pour maintenir contre tous les efforts humains la constitution de la Suède, cette constitution qui leur est si importante et si précieuse puisqu'elle est la seule barrière propre à opposer à la fougue de cette nation inquiète, fière et guerrière. Aussi sa maj. entre-t-elle parfaitement à cet égard dans les sages vues de sa maj. impér. et en sent-elle toute l'utilité, pourvu néanmoins que l'accession du nouvel allié et les engagements réciproques qui en seront le fruit n'aient pour but que le

---

[1]) Le comte de Czernicheff avait été rappelé de Londres, les négociations n'aboutissant pas. Les rapports entre les deux cours n'en restèrent pas moins très amicaux, cfr dép. à mr de Scheel du 4 novbre.

repos du Nord et n'entraînent point l'alliance dans les animosités et les guerres que les conquêtes de ce monarque et son génie redouté pourront lui attirer à lui et à ses successeurs du côté de l'Occident et du Sud. [1]

Persuadé que l'impératrice sent la justesse et la vérité de cette réflexion et que de tout temps elle l'a mise pour base de la ligue, le roi est entièrement disposé à y entrer et il vous ordonne de le déclarer de sa part au comte de Panin. Dès ce moment il vous autorise à écouter tout ce que ce seigneur vous dira sur ce sujet et à vous prêter à tout ce qu'il pourra souhaiter de vous. En conséquence vous l'assurerez que si sa maj. prussienne envoie au roi un ministre, homme de confiance, [2] sa maj. le recevra avec distinction et formera avec ce prince une amitié aussi sincère et aussi étroite que l'impératrice, qui fait et fera toujours le nœud de cette alliance, son ouvrage, pourra le désirer.

Dans le même esprit elle consent à faire part à ce prince, de la manière et dans les termes que vous avez très

---

[1]) Après de laborieuses négociations le renouvellement de l'alliance entre la Russie et la Prusse avait été signé le 12 octobre 1769, cfr Beer, 1, 268—71, 304—5. Par ce traité la Russie s'était assuré la coopération de la Prusse en cas d'une rupture avec la Suède, cfr l'art. secret, Tengberg, Ann. G pag. XIV—XV. Dans sa dépêche du 8 mai 1769 le comte de Scheel écrit: „au lieu des articles qui ont été précédemment insérés dans les traités avec ce monarque" (traité du 11 avril 1764 entre la Prusse et la Russie) „qu'il devrait employer ses bons offices pour lever les différends touchant le duché du Sleswic, il sera dit dans celui-ci" (le projet présenté par la Prusse) „que le roi de Prusse garantit toutes les possessions du grand-duc dans l'empire romain, point que le comte de Solms a employé pour persuader de la nécessité de mettre le roi son maître au fait des arrangements arrêtés entre les deux cours, mais le ministre lui a démontré que cette connaissance lui serait indifférente et que les cours étaient convenues de n'en rien publier avant l'exécution du traité." — Aussitôt que cette alliance avait été signée, le roi de Prusse fit connaître à mr de Panin son désir de conclure également une alliance avec le Danemark, proposition que mr de Panin recommanda vivement au gouvernement danois. Voir dépêches du comte de Scheel du 13 et 30 octobre.

[2]) Mr de Vinck qui avait succédé à mr de Borck, avait été rappelé de Copenhague immédiatement après le retour du roi de son grand voyage, et depuis la Prusse n'avait été représentée que par un secrétaire, mr Gieseler.

bien exprimés dans votre lettre du 17 novbre, aussitôt qu'il
aura ici un ministre à la discrétion duquel on puisse se tier,
de tout ce que l'on pourra pénétrer des desseins de la France
intéressant ce monarque et l'alliance du Nord, et elle va
pour cet effet, mais bien plus encore parce que l'impératrice
le souhaite, ne plus différer le rappel de mr de Gleichen et
lui donner le plus promptement qu'il lui sera possible un successeur plus attaché et plus vigilant. Elle ne tardera pas à
faire son choix et lorsqu'il sera fait, de m'ordonner de vous
en faire part. [1]

Je n'ajoute pas que sa maj. fera communiquer ces
mêmes notions qu'elle pourra tirer de la France et toutes
celles qu'elle jugera dignes de l'attention de l'impératrice
avec une confiance incomparablement plus étendue, car cela
va sans dire. —

382.

Dépêche à Mr le comte de Scheel à St. Pétersbourg.

Copenhague 20 décembre 1769.

(Extrait.)

— Dites-lui qu'autant je suis content de l'état des
affaires partout ailleurs, autant je suis inquiet de la tour-

---

[1] La Prusse avait été obligée par la Russie à rappeler le comte de
Golts qu'elle venait d'envoyer à Paris comme ministre, et la Russie
n'était également représentée en France que par un secrétaire.
Dans ces circonstances, Frédéric II avait demandé les bons offices
de la Russie pour que le ministre de Danemark à Paris fût autorisé à tenir la cour de Berlin au fait de ce qui se passait d'important en
France. Mr de Panin recommandait vivement cet arrangement à
Copenhague en exprimant en même temps son désir que le ministre
de Danemark rendît le même service au gouvernement russe. Mr de
Bernstorff se déclarait prêt à remplir ces demandes, mais à la condition qu'aucune correspondance ne s'engageât directement entre
le ministre de Danemark et les deux autres cours mais que ce fût
lui, le comte Bernstorff, qui communiquerait à Copenhague aux
ministres de Prusse et de Russie toutes les nouvelles qu'il recevrait de la légation danoise à Paris et qu'il croirait pouvoir intéresser leurs gouvernements. Cette condition fut acceptée comme
toute naturelle et correcte, mais une autre difficulté se présenta
en tant que le baron de Gleichen était regardé comme étant tout

nure que prennent celles de Pologne. Sans être aussi éloigné
qu'on le pense sur le fond et sur les points essentiels,
on se querelle avec un acharnement funeste sur les formes
et sur les termes. Les Polonais ont certainement tort de
crier sur des choses passées. Ces clameurs sont inutiles
et nuisibles et par conséquent absurdes. Ils ont tort encore d'affecter une neutralité entre la Russie et la Turquie,
ton qu'ils ne sont pas en état de soutenir, et on ne saurait
les excuser des propositions à la Russie[1]), que, comme je
leur ai fait dire, l'impératrice n'accepterait pas, s'il y avait
tant de Polonais à Moscou qu'ils y a de Russes à Varsovie.
Mais les infortunés méritent indulgence parce qu'ils ne savent
que faire pour ne pas être censés traîtres à leur patrie et
pour ne pas être abhorrés de toute leur nation. Il est du
grand cœur de l'impératrice et même de sa fortune de leur
pardonner des erreurs et des fausses démarches que cette
situation cruelle leur arrache, et de se rappeler que qui est
obligé de suivre les passions d'une multitude et surtout
d'une multitude ignorante, fait et s'explique souvent mal
sans le vouloir et mérite toujours de l'indulgence. Je crains
fort que le prince Wolkonski, sachant qu'on ne le croit
pas sincèrement attaché au comte de Panin, n'outre ses rapports à ce seigneur pour détruire ces soupçons et pour tâcher de lui plaire et qu'ainsi, quoique son intention puisse être
bonne, il ne serve mal sa souveraine et sa cause. Le grand
point est, autant que je le connais, que la Russie sorte
glorieusement de cette difficile affaire, qu'elle pacifie seule
et sans intervention d'aucune autre puissance ce royaume
agité, qu'elle soutienne sur le trône le roi qu'elle y a placé
et mette les dissidents en possession des droits qu'elle leur
a fait rendre, qu'elle conserve en conséquence tout son crédit dans la république et qu'elle anéantisse ainsi les desseins et les intrigues de ceux qui ouvertement ou en secret
s'opposent à ses vues.

à fait dans la dépendance du duc de Choiseul. Ce point fut
également réglé, car le comte de Bernstorff était lui-même très
mécontent de la paresse et de la négligence de ce ministre qui
déjà à plusieurs reprises avait été vertement reprimandé, cfr dép.
du comte Bernstorff du 21 octobre.

[1]) Voir Beer I, 246—47.

C'est là, je pense, son but. Elle a déjà fait entendre qu'elle se désisterait du point de la garantie, qui en effet révolte les Polonais et lui importe très peu à elle, qui n'a que faire de ce nouveau titre et à laquelle les anciennes alliances et surtout sa situation et sa puissance suffiront pour lui fournir toujours le prétexte et les moyens de prendre aux affaires de la république telle part qu'elle trouvera bon. Elle peut, sans nuire encore à l'essentiel, accorder à la superstition et à la haine du clergé romain et de ceux qui lui obéissent l'aveu que les places au sénat occupées par les dissidents soient fixées à un petit nombre. Elle peut enfin laisser ou altérer, selon qu'elle le trouve bon, les constitutions faites dans les dernières diètes. Tout cela ne blessera ni son autorité ni sa gloire, et j'ose assurer l'ami respecté et chéri auquel je parle par vous que, si elle veut bien avoir ces complaisances, elle fera l'accommodement avec le roi de Pologne et son ministère au moment qu'elle le désirera. Vous sentez bien, monsieur, que je ne m'avancerais pas au point que je le fais, si je n'étais pas assez sûr de mon fait et si je ne me croyais pas dans le cas de savoir les pensées secrètes du roi de Pologne et de ses oncles. Mais la passion vive et sincère qui m'anime pour le bien public et particulièrement pour la gloire et le service de la Russie, cette même passion qui me fait parler, ne me permet pas de vous dissimuler que, tant que le prince Wolkonski ne fera que menacer le roi et traiter les princes Czartoriski en ennemis de sa cour, tant qu'il ne fera qu'exiger du premier de se jeter entre les bras de la Russie et d'abandonner les seuls hommes qui lui soient fidèles, auxquels il puisse se fier et qui le défendent contre une nation irritée et dégoûtée de lui, tant, dis-je, que l'ambassadeur n'aura que des propositions de cette nature à faire à ce malheureux prince, il ne fera rien et j'ose dire que, quand il réussirait dans sa négociation, il ne ferait pas davantage. A quoi le roi seul servira-t-il à la Russie? Il lui sera un fardeau importun, s'il s'allie à elle sans mener avec lui la république ou au moins un corps d'hommes considérables et accrédités qui puissent la représenter actuellement et la former un jour. Quand il voudrait faire ce pas dangereux, il serait de l'intérêt de la Russie de l'en détourner. C'est un roi qu'il s'agit d'avoir. Mais qu'est-ce qu'un roi sans sujets et sans adhérents? Il faut donc donner à sa maj. polonaise le moyen d'avoir un parti et quel parti peut-il avoir si on le force à abandonner le sien? Veut-on qu'il en cherche un parmi ses cruels et implacables ennemis, qui s'exposent à tant d'horreurs et se souillent de tant de crimes dans l'unique espérance de lui ôter la couronne et la vie? Notre ami connaît le pays, connait les personnages. Je m'en rapporte à sa décision, s'il est possible d'en former un plus solide, en rejetant les Czartoriski et en substituant à leur place ce tas de gens perfides, inconstants et avides, qui promettent tout et ne tiennent rien, qui, corrompti par la France, ne feignent de s'attacher à la Russie que pour la trahir et pour s'enrichir de ses dons et des dépouilles de leur patrie, mais qui au fond ne visent qu'à se donner un roi étranger dont la faveur leur procure des grâces, des pensions et les moyens de se venger de leur égal, devenu leur souverain. Jamais ils ne pardonneront à la Russie d'avoir fait élire un Poniatowski. Mais les Czartoriski, dira-t-on, sont ennemis de cet empire. Je vous réponds, monsieur, qu'ils ne le sont pas. J'ose vous répondre qu'ils sont convaincus que le salut de leur roi, le leur et celui de leur patrie dépendent de son union avec cette grande puissance. Ils le déclareront, ils agiront en conséquence, mais ils veulent être traités en gens d'honneur et en républicains et, je l'avoue, les menaces ne sont pas faites pour eux. Ils sont gens à périr plutôt qu'à se rendre à ces moyens, mais quand ils seront abattus ou détruits, chose facile à la Russie, sa cause en sera-t-elle plus avantageuse et sa gloire augmentée?

Notre ami me pardonnera la franchise et peut-être même la vivacité de mon langage. Le zèle le plus pur me le dicte et je n'ai, je ne puis avoir d'autre but que le succès et la gloire de la première, de l'unique alliée de mon maître et celle du ministre respectable que j'aime et dont toute l'Europe et moi plus que personne admire les lumières, la douceur et les vertus. Je serais inconsolable, si je voyais la France triompher sur la Russie dans cette contestation et elle triomphera, si on lui laisse le temps de multiplier .

ses artifices et ses intrigues et si on force les plus honnêtes
gens de la nation à recourir à son appui. Tout est encore
entre les mains de l'impératrice, mais le temps passe et si
la pacification n'est pas arrangée et assurée avant l'ouverture de la campagne, bien des choses seront douteuses qui
ne le sont pas aujourd'hui.

Pendant que je vous écris ainsi, monsieur, j'écris ou plutôt
je ne cesse d'écrire à Varsovie avec bien plus de force encore et avec toute la sincérité à laquelle une longue et fidèle
liaison m'autorise, pour représenter au roi de Pologne et à
ses oncles qu'il faut, à quelque prix que ce soit (excepté
celui du devoir et de l'honneur), qu'ils s'unissent à la Russie
et qu'il n'y a absolument aucune autre ressource pour eux.

C'est, je ne le me cache pas, le moyen de déplaire à
l'une et à l'autre cour, mais c'est aussi celui de satisfaire
à l'amitié et à ma conscience. Cela me suffit et s'il me fallait une autre consolation, j'aurais encore celle de parler par
vous à un ami dont je connais les bontés et qui sait que
je ne lui cuvre mon cœur que parce qu'il est l'objet de
toute ma vénération et de toute ma confiance.

Apost. Encore un mot pour vous seul, mais dont vous
ferez pourtant l'usage que vous trouverez bon. Le comte
de Fleming est un homme très agissant, plein d'honneur,
de courage et de ressources. Ce choix est excellent. Mais
il n'est pas né Polonais et il faut par cette raison l'appuyer
beaucoup, puisqu'il n'aura pas sans cela la considération qui
lui est nécessaire pour faire ce qu'ou attend de lui. Lui
associer un Potocki ou un Mnesneck est une chose impossible. Jamais il n'y aurait de l'union, de la confiance entre eux.

Mais ne s'aperçoit-on pas que le roi de Prusse manœuvre
avec la plus grande habileté? Malheureusement son intérêt
est tout opposé dans cette rencontre à celui de la Russie.
Celle-ci veut la Pologne pacifiée, lui la veut agitée. Jamais
il ne souhaitera à la Russie un parti solide et bien composé. L'impératrice a sans doute les raisons les plus fortes
d'être bien avec lui, d'accepter et de souhaiter son assistance, mais de suivre ses conseils en tout pourrait être
dangereux. Je n'en dis pas davantage.

Ne nommez le comte de Fleming à personne, pas même à notre ami à moins qu'il ne vous en ait parlé ou ne vous en parle le premier. Mais insistez, autant que vous le pouvez, je vous prie, pour que l'impératrice renonce à la garantie. Je l'ai déjà dit, cette garantie ne lui est point du tout nécessaire. Elle ne lui importe rien, mais c'est le le point dont les Polonais, médiocres politiques, sont le plus effarouchés et tant qu'on le poussera il n'y aura rien à faire avec eux. Je vous prie de faire tout ce que vous pourrez pour lever cet obstacle capital.[1])

283.

Dépêche à Mr le comte de Scheel à St. Pétersbourg.

Copenhague 27 janvier 1770.

Vous avez agi très sagement et selon votre prudence ordinaire en ne portant point de plaintes contre le comte d'Ostermann sur l'événement arrivé en Suède le 29 novbre.[2])

C'était bien là le sens des ordres du roi dont je vous ai fait part le 9 décembre et vous l'avez très bien suivi. J'ai dû alors vous instruire du fait pour que vous ne l'ignorassiez point, mais j'ai eu grand soin de ne pas vous

---

[1]) Cette dépêche était confidentielle et destinée exclusivement à Passage de mr de Scheel dans ses conversations avec mr de Saldern. Mais sous la même date le comte de Bernstorff écrivit une dépêche ostensible au sujet des affaires de Pologne. Dans celle-ci il dit: „sa maj. est sûre que le roi désire avec ardeur un accommodement avec la Russie, que dans tous les points essentiels il est prêt à se rendre aux volontés de sa maj. impér. et que tout ce qu'il demande se réduit à ce qu'on n'exige pas de lui de se séparer du petit nombre de ses amis, et que l'on se prête à quelques formalités peu considérables." — „Il se peut," ajoute la dépêche, „que ce prince outre cette dernière demande. Sa maj. le sent et elle est très éloignée de le justifier à cet égard. Telles sont par exemple les plaintes si déplacées contre le prince Repnin, telle est la proposition d'annuler le traité conclu à la dernière diète, tel est enfin l'élargissement de l'évêque de Cracovie. Sa maj. trouve tout cela hors de saison et n'excuse ces demandes que parce qu'elles ne sont peut-être pas volontaires."

[2]) Voir Tengberg, 89, Malmström, VI, 173.

parler de plaintes à faire parce que ce sont des mesures fâcheuses qu'il ne faut prendre que dans le cas de nécessité. Ce cas dont, s'il était arrivé, je vous aurais averti, n'a heureusement pas existé et ma lettre du 16 du même mois vous l'a marqué promptement; la manœuvre n'a pas été bonne, on ne saurait se le déguiser, mais elle n'a pas eu de mauvais effets et cela suffit pour l'ensevelir dans l'oubli.

Le roi est bien aise que le comte Panin ait répondu comme il l'a fait aux questions de l'ambassadeur d'Angleterre, sur les dernières négociations heureusement terminées entre les deux cours. Sa maj. m'a ordonné de tenir le même langage, si mr Gunnings marquait la même curiosité que milord, mais ce ministre a eu la modestie de n'y pas donner lieu encore.

Le roi de Prusse ne nous donne jusqu'ici aucun signe de vie et il ne lui échappe rien qui puisse faire croire qu'il cherche à entrer dans quelque liaison avec le roi. Sa maj. attendra ses résolutions à cet égard avec beaucoup de tranquillité, et n'en continuera pas moins à donner à ce monarque toutes les preuves qui dépendent d'elle de ses égards et de son amitié. Il peut y avoir des objets sur lesquels elle n'a ni les mêmes principes ni les mêmes intérêts que sa maj. prussienne, mais cette diversité inévitable entre les deux rois ne l'empêchera pas de se réunir bien fidèlement et de bonne foi à ce prince sur les objets où leurs principes sont les mêmes et leurs intérêts communs.

J'espère pouvoir me réjouir avec vous l'ordinaire prochain sur l'heureuse fin de la diète de Suède.[1]

384.

Circulaire aux ministres du Roi à Londres, Paris, Madrid, Lisbonne, la Haye et Naples et aux consuls dans les ports de l'Océan et de la Méditerranée.

Copenhague 30 janvier 1770.

Différents soins plus pressés et plus importants ayant occupé la roi pendant ce dernier temps, j'ai laissé passer

---

[1] La diète fut close le 29 janvier 1770.

quelques semaines sans vous écrire sur les affaires d'Alger;[1]
mais la saison approchant dans laquelle sa maj. compte
exécuter les mesures dont je vous ai instruit par ses ordres
le 18 novbre dernier, et l'apparition de son escadre dans la
Méditerranée allant réveiller l'attention du public sur l'expédition dont elle est chargée et sur ses causes, je crois devoir vous mettre en état de répondre aux prétextes par lesquels les Algériens ont voulu colorer leur perfidie et la violation de la paix, et de convaincre de la fausseté de ces
prétextes tous ceux qui pourraient en douter encore. Vous
vous rappellerez, monsieur, que le dey a allégué pour motifs de la rupture:

1° que le roi portait secours aux ennemis de la Porte
ottomane,

2° que le roi vendait à des étrangers des passeports
convenus par les traités et qui, en vertu de ces mêmes traités,
ne pouvaient être accordés qu'aux sujets de la couronne.

Il n'a pu imaginer d'autres griefs, l'exactitude avec laquelle le roi a observé tous ses engagements avec lui, lui
en ayant ôté les moyens. Mais le premier se trouve démenti par le prince même en faveur duquel on avait affiché
de le produire. Le grand-seigneur a dépêché le 21 novbre
de l'année qui vient de finir un officier exprès à Alger avec
un mandement impérial portant un ordre absolu au dey de
rétablir la paix avec le roi, qu'il nommait pour ami de la
Porte. Ce prétexte n'existe donc plus et tombe de lui-
même. Et quant au second, je vous envoie ci-joint le précis de ce qui s'observe ici avec l'exactitude la plus scrupu-

---

[1] Probablement encouragé sous main par le duc de Choiseul, Alger
avait déclaré dans l'automne de 1769 la guerre au Danemark et
l'on prévoyait que Tunis et Tripolis suivraient peut-être cet exemple. C'était un grave danger pour la navigation danoise, importante dans la Méditerranée, et le gouvernement envoya sans délai
deux frégates afin de convoyer les bâtiments de commerce danois.
En attendant l'été, on espérait que la paix pourrait être rétablie
soit par l'intermédiaire de la Porte soit directement par le consul
Arreboe, qui avait conservé des rapports avec les ministres du dey.
A défaut de réconciliation, le gouvernement danois croyait pouvoir venir facilement à bout de cette guerre. Il paraissait
d'ailleurs que le Portugal désirait prendre part à une expédition
contre les pirates.

leuse et sans que l'on s'en écarte jamais, par rapport aux passeports.

Mrs les consuls du roi résidant dans les ports de la Méditerranée savent par eux-mêmes avec quelle vigilance le conseil royal de commerce tient la main à l'exécution ponctuelle de ces règles. Il pourrait me suffire de m'en rapporter à leur témoignage, mais je n'ai pas moins obtenu la permission du roi de les mettre toutes sous vos yeux et vous autoriser de la part de sa maj. à les communiquer là où vous le jugerez à propos, et à déclarer en son nom qu'elle ne dispense et n'a jamais dispensé personne des devoirs qu'elles imposent. C'est à présent à ceux qui les verront, de se dire à eux-mêmes si on peut en établir de plus sévères et de plus propres à rendre toute contravention impossible, et vous pouvez, monsieur, défier toute la terre de produire un seul exemple d'une fraude tolérée ou connivée par le roi ou par ceux auxquels il a confié le soin de faire exécuter cette partie de ses volontés.

Jamais guerre n'a donc été plus injuste et plus destituée de toute ombre de motifs que celle que les Algériens font à la nation. Le roi sent la satisfaction de le savoir et il n'en pourvoira qu'avec plus de confiance et de tranquillité à la défense de la navigation de ses sujets, et il a promis au grand-seigneur d'attendre, à compter du 20 de ce mois, pendant dix semaines l'effet des commandements de sa hautesse au dey, mais ce terme expiré sans que ce chef des pirates ait recherché la paix, rien ne l'arrêtera plus dans son juste ressentiment.

Voilà, monsieur, ce dont le roi m'a ordonné de vous donner connaissance, mais il veut que j'ajoute que son intention n'est pas que vous fassiez de tout ceci aucune déclaration ou usage public. Elle ne m'a enjoint de vous écrire cette lettre que pour votre propre information particulière et pour que, dans les conversations que vous êtes dans le cas d'avoir, vous puissiez rendre raison où vous l'estimerez convenir, des mesures du roi et de la justice de ses armes.

29*

365.

Dépêche à Mr de St. Saphorin à Varsovie.

Copenhague 13 février 1770.

(Extrait.)

Les lettres du 3, 6, 10, 13, 17, 20 et 24 du mois passé que vous m'avez fait l'honneur de m'écrire et que j'ai reçues après vous avoir adressé la mienne du 20, ne me permettent plus de douter de ce que je soupçonnais déjà. — Je vous répète donc tout ce que je vous ai dit dans cette lettre et je vous prie de la relire et de la regarder comme si je vous l'écrivais aujourd'hui une seconde fois.[1])

Dans ma persuasion de cette position je n'ai, vous le sentez, que peu de chose à répondre aux ordres qu'il a plu au roi de Pologne de me donner par vous et que vous m'avez fait parvenir le 17 janvier. Mon zèle ardent et fidèle ne manquera jamais à ce prince, je serai toujours passionné pour sa gloire, sa grandeur et sa félicité, j'emploierai constamment à son service le peu que je puis dans le monde; mais je ne saurais obtenir de mon zèle et de mon cœur de travailler contre ses intérêts, quoique d'une manière qui, dans ce moment, lui serait agréable, et de donner mes soins à des négociations qui, au moins selon ma conviction, ne sauraient que précipiter ses maux ou prolonger ses peines. Assez d'autres se prêteront à ses vues, assez d'autres se chargeront de commissions dont ils ne connaissent ou ne craignent pas assez les conséquences, mon cœur ne me permet pas de tenter des succès qui seraient des malheurs.

Je trahirais, monsieur, les bontés dont ce monarque m'honore, si je lui donnais lieu de croire que je pourrais

---

[1]) Mr de Bernstorff avait conseillé au roi d'envoyer un homme considérable à Pétersbourg pour s'aboucher à cœur ouvert avec mr de Panin. On avait refusé. Mr de Bernstorff s'offrit alors pour servir d'intermédiaire non pas comme ministre de Danemark, mais comme ami personnel du comte de Panin. Au lieu d'accepter cette offre, on était tombé sur la malheureuse idée de demander la médiation de la France, c'est-à-dire de la puissance qui était regardée à Pétersbourg comme une ennemie décidée. Cfr dép. à St. Saphorin du 13 et du 20 janvier.

persuader la cour de Russie à accepter la médiation des puissances étrangères et particulièrement de la France pour terminer les troubles qui affligent la république. Mon crédit ne va pas jusque-là. Je puis espérer d'être écouté lorsque je ferai envisager à l'impératrice ou à son ministère des moyens de s'unir davantage à sa maj. polonaise et de combiner mieux la gloire et les intérêts de la Russie avec la grandeur de ce prince, la liberté et la tranquillité de son royaume; mais je deviendrais inutile si je proposais à sa maj. impér. de céder à la France la gloire de pacifier la Pologne et de mettre son roi dans le cas d'avoir plus d'obligations à cette couronne qu'à elle et à son empire. Un seul mot de cette nature me mettrait à jamais hors d'état d'être bon à quelque chose au prince que je désire servir. Je ne déguise point, je ne prétends point me faire valoir au delà de ce que je suis. Je puis contribuer à rétablir une union sincère et utile entre le roi de Pologne et l'impératrice de Russie, je ne puis point être employé à l'affaiblir. Par la même raison je suis hors d'état de faire en France les insinuations que sa maj. polonaise voudrait qui y fussent faites. Toutes ces démarches tourneraient contre elle et contre son service, il ne m'en reviendrait que le regret mortel de lui avoir nui. Ne différez pas, monsieur, de le représenter à ce monarque en me mettant à ses pieds. Je raisonne et j'agis selon ma conviction et mes lumières, mais je vous répète, ce que je vous ai déjà dit bien des fois, je puis me tromper. Je crois que l'amitié sincère de la puissance voisine qui, par les avantages de sa situation, a depuis tant d'années et aura probablement longtemps encore une si grande influence en Pologne, dont les armées victorieuses sont au milieu du royaume et qui a imposé assez au reste de l'Europe pour que, malgré la haine et l'envie que bien des princes lui portent ouvertement et secrètement, aucune ne s'empresse à se déclarer contre elle, importera plus à sa maj. polonaise que celle de nombre d'autres cours infiniment moins impérieuses et moins incommodes parce qu'elles ne peuvent pas l'être, mais qui n'opposeront aux maux affreux qui accablent le trône et l'Etat que des ressources éloignées et peut-être imaginaires. Je crois qu'il est plus aisé au roi de Pologne de regagner l'amitié sincère et cordiale de cette puissance, qui lui a été acquise, qui est encore toujours déclarée pour lui et dont à plusieurs égards l'intérêt est le sien, que celle de souverains engagés dans des liaisons anciennes et intimes avec ses plus cruels ennemis et qui, protecteurs des factions que la jalousie a élevées personnellement contre sa grandeur, ne les lui sacrifieront jamais entièrement. Je crois que rien n'est plus contraire aux vrais intérêts de ce prince que des négociations multipliées,[1]) toujours trahies, quelque secrètes qu'on les croie, qui se croisent inévitablement et qui ne font qu'ôter tout crédit à ses opérations les plus sérieuses et semer la défiance partout, et qu'il n'y a point de situation plus dangereuse pour lui que celle d'une espèce de neutralité entre les puissances qui se disputent l'honneur de causer et de terminer les malheurs de la Pologne, parce que c'est le moyen de n'être cher à aucune et de devenir la victime du ressentiment, de l'indifférence et de la politique de toutes. Je crois que, si ces trois propositions que je viens d'avancer sont vraies, il est nécessaire que sa maj. polonaise cherche à écarter et à percer tous les nuages qui se sont élevés entre elle et le ministre qui dirige les affaires de la Russie, ministre qui, quand il serait en effet moins vertueux et moins éclairé qu'il ne l'est à mes yeux, quand il se prêterait trop à des insinuations artificieuses que mille motifs ne peuvent que rendre très séduisantes pour lui, surtout tant que sa maj. polon. penche ou parait pencher en faveur de ses ennemis personnels et de ceux de l'empire qu'il sert, n'en serait pas moins indispensablement nécessaire à ce prince aussi longtemps qu'il conservera la place qu'il occupe, et je crois enfin que tout le temps qui se perd avant que de parvenir à ce rétablissement d'une union, je ne dis pas apparente et plâtrée mais vive, sincère et cordiale, est un malheur funeste et jusqu'à un certain point irréparable pour la Pologne et pour son roi.

---

[1]) Dans sa dépêche du 20 janvier le comte de Bernstorff écrit: „Je m'aperçois tous les jours davantage que le roi de Pologne aime les négociations indécises et artificieuses. C'est un malheur que je déplore, car elles le perdront. Sa situation ne les permet pas, au moins pas encore.“

Voilà, monsieur, ma créance, résultat de longues et de nombreuses réflexions. Je l'expose, je la soumets sans réserve aux yeux de sa maj. polon. et à sa décision. Mon but n'est point de la persuader, à moins que ce ne soit pour son bonheur, je ne veux lui dire ce que je crois vrai que pour qu'elle en juge, et je ne sors pas des règles que je me prescris en tout autre cas, je ne me mêle d'un objet à l'examen duquel mon cœur seul m'appelle que pour plaider devant elle une cause vivement attaquée et peut-être peu défendue à son tribunal. Il n'importe à personne, il importe peu à moi-même que j'aie raison, mais il importe à l'Europe entière que le roi de Pologne ne se trompe pas. C'est ce qui me fait parler.

Au reste, monsieur, ne croyez pas que je m'abuse. Je vois très clairement l'inutilité de mes efforts. Ils ne produiront rien. Cet hiver est encore perdu. La campagne va s'ouvrir, on voudra attendre son issue. Les délais, les hésitations, les espérances passagères, politique très différente de la mienne mais fort analogue au cœur humain, auront beau jeu. On aura 6 mois de calamités, 6 mois de dévastations, d'intrigues et d'horreurs de plus, les esprits achèveront de s'éloigner et de s'aigrir, et ce sera dans cet état que l'on arrivera à l'hiver pour y recommencer les mêmes délibérations qui ont consumé la saison première qui vient de nous échapper. C'est ainsi que les choses iront jusqu'au moment fixé par la Providence où la pacification se fera comme elle pourra, et où il ne restera à ceux qui y sont les plus intéressés que le regret de n'avoir pas profité du moment où ils auraient pu se la rendre plus favorable.

384.

Dépêche à Mr le comte de Scheel à St. Pétersbourg.

Copenhague 3 mars 1770.

(Extrait.)

— Il me suffit de vous dire aujourd'hui que le roi est très content des soins et des mouvements que vous vous êtes donnés pour obtenir l'accomplissement des espérances qu'on vous avait données relativement à l'emploi des mate-

lots. Sa maj. est satisfaite de ce que mr le comte de Panin
vous a promis à cet égard et vous dispense de rappeler à
ce seigneur ce qu'il vous avait dit autrefois sur ce sujet. [1])

Elle attendra patiemment les effets des soins que va se
donner mr le comte de Panin pour fortifier la ligue du Nord
en y faisant entrer le roi de Prusse. Jusqu'à présent ce
prince ne marque aucune disposition à se prêter à ces vues.
Seul de tous les souverains de l'Europe, il affecte de témoigner de la froideur au roi, mais sa maj. qui sait qu'elle
ne mérite pas ces sentiments, n'en est et n'en sera pas
moins empressée à contracter avec lui les liaisons que l'affermissement du système de la tranquillité et de l'indépendance du Nord pourront exiger. Rien ne contrariera de sa
part ies travaux de mr de Panin.

Elle voit avec douleur l'état de la Pologne, voilà tout
ce qu'elle me permet de vous en dire aujourd'hui.

Vous saurez déjà que mr de Filosofoff a engagé sept
officiers de la marine do roi à passer au service de l'impératrice; ce sont mrs Arff, Basballe, Tønder, Fasting, Acke-
leye, Ployart et Nissen. [2]) Les bons officiers de mer sont si
rares et si utiles à une puissance maritime que ce n'est
qu'en faveur de sa maj. impér. que le roi peut consentir à
un pareil sacrifice.

---

[1]) Mr de Panin se déclara hors d'état de réaliser ce qu'il avait fait
prévoir antérieurement, que la Russie s'engagerait à ne pas employer les matelots dans les parages méridionaux, attendu que
l'impératrice, confirmée dans son avis par mr de Filosofoff, attachait le plus grand prix à ce subside. Tout ce que mr de Panin
pouvait promettre, c'était qu'on se bornerait pour cette année à
demander l'assistance de quelques centaines de matelots et que, autant qu'il dépendrait de lui, on s'en tiendrait également dans les
années suivantes au même nombre.

[2]) Ces officiers entraient au service russe de leur propre chef et à titre
de volontaires mais naturellement avec le consentement du gouvernement danois.

387.

· Dépêche à Mr le comte de Scheel à St. Pétersbourg.

Copenhague 9 mars 1770.

Il n'y a que peu de jours que j'ai eu l'honneur de vous écrire sur le contenu de vos lettres du 8, mais ce n'était que préliminairement et je dégage aujourd'hui la parole que je vous ai donnée alors d'en raisonner plus en détail avec vous à la faveur du courrier que mr de Filosofoff dépêche.

Les ratifications ont été échangées lundi au soir. L'ouvrage important de l'alliance entre les deux couronnes, cet ouvrage qui assure l'exécution du traité de 1767 autant que les opérations des hommes peuvent être assurées, et qui prépare toutes choses pour cette union intime entre les deux branches de la maison de Holstein, union qui selon toutes les règles de la prudence humaine fera la gloire de cette maison, le repos du Nord et son influence sur le reste de l'Europe, est donc parvenu à sa perfection, les principes sont fixés et établis, il n'y a plus qu'à les suivre, et les mesures que les deux souverains voudront prendre, les desseins qu'ils trouveront à propos de former, leur seront tous facilités désormais par leur union, pourvu qu'elle soit fidèle et sincère, et l'impératrice en fait dans ce moment le premier essai. Elle trouve pour l'expédition maritime qu'elle médite une ressource que j'ose dire qu'elle ne pourrait point avoir ni si prompte ni si sûre sans l'amitié et le concours du roi. Je parle des officiers et des matelots qu'elle engage ici. Sa maj. les refuserait à toutes les puissances de la terre, elle les lui cède avec plaisir. Je me flatte qu'on sentira à Pétersbourg le prix de cette complaisance ou plutôt celui de l'amitié qui l'inspire; l'alliance, vous le savez, en dispenserait puisqu'elle exige six mois d'avertissement, mais le cœur du roi l'accorde.

Mr de Filosofoff demande pour la mi-mai 3 à 400 hommes. De toutes les saisons celle-ci est la moins favorable, puisque tous les armements, tant de l'Etat que des particuliers, sont faits et que les travaux des chantiers ont déjà commencé. Cependant il les aura, on trouvera les

moyens de les lui fournir. Je ne sais pas bien encore quels
seront ces moyens et comment l'on s'y prendra pour empêcher que ce secours ne passe et ne soit taxé par les
puissances qui n'aiment pas les Danois parce qu'elles haïssent
les Russes, comme une violation de la paix avec les Turcs.
Mais cet embarras ne sera que pour nous et la Russie ne
s'en apercevra pas.

Je ne veux pas vous le cacher. Je ne vois pas sans
peine de bons officiers et de bons matelots s'engager dans
une expédition étrangère que par plus d'une raison je crois
très-périlleuse, mais quand je considère que rien ne doit
prouver mieux à la Russie l'importance et l'utilité d'une
alliance avec le Danemark, et qu'après cette preuve et les
succès obtenus en Suède on ne saurait plus être bon et
fidèle citoyen de cet empire sans souhaiter la perpétuité
de cette alliance, je ne plains plus ceux qui s'y vouent et je
regarde ce qu'ils font et feront dans cette guerre comme
des services essentiels qu'ils rendent à leur roi et à leur
patrie. Sous ce point de vue leur résolution, le parti qu'ils
prennent, change entièrement de nature et de face.

388.

Dépêche à Mr le comte de Scheel à St. Pétersbourg.

Copenhague 9 mars 1770.

Le roi a donné une attention très particulière à ce que
vous me marquez dans votre lettre no 1 du 8 février au sujet de la négociation projetée par le comte Panin avec le
roi de Prusse. Sa maj. voit par ce que ce ministre vous
en a dit, que l'affaire est encore très peu avancée. Elle
avait lieu d'en penser différemment.

Vous connaissez, monsieur, les principes et le système
du roi. Il n'y a qu'une puissance dans l'univers avec laquelle le roi puisse s'unir intimement et sans réserve, puisqu'il
n'y en a qu'une dont les intérêts ne soient jamais contraires et
même dans presque tous les cas soient uniformes aux siens, qui
ait les mêmes voisins, les mêmes ennemis qu'elle, qui ne puisse
jamais être indifférente à son sort parce que son alliance lui

importe toujours, qui à son tour soit constamment dans le
cas de lui être utile et qui cependant n'ait aucun objet de
rivalité avec elle, dont l'augmentation de commerce et de
richesse augmente ses revenus, et qui ait en même temps
dans son pouvoir le moyen de rendre au roi le bon office
le plus essentiel qu'il puisse recevoir, celui de lui donner le Holstein contre des provinces qui lui sont moins considérables
parce qu'elles sont détachées de ses Etats et ne forment
point un corps avec eux. Il n'y a, dis-je, qu'une seule puissance qui soit dans ces termes à son égard. Le roi de Prusse
n'y est pas et il ne saurait par conséquent s'attendre à une
liaison avec le roi qui serait souvent onéreuse, souvent dangereuse pour sa maj. et qui ne serait ni l'un ni l'autre pour
lui. Ce serait cependant le cas si l'alliance proposée par mr
le comte de Panin devait s'étendre à d'autres objets qu'à
la tranquillité du Nord. Le roi de Prusse a nombre de
querelles, le roi n'en a aucune dès que celle du Holstein
sera terminée. Il n'y aurait donc aucune proportion à un
engagement qui obligerait les deux monarques à une défense
réciproque, si elle était illimitée. Cela est si clair, monsieur, que je ne puis craindre que le comte de Panin ne le
sente et que sa maj. prussienne n'en convienne elle-même.
Et si alors elle ne désire pas une alliance bornée aux seuls
intérêts du Nord, c'est qu'elle ne se soucie pas d'avoir les
mains liées, à moins qu'elle n'y trouve un avantage énorme.

En suivant avec application la politique de ce prince, on
trouve que son grand soin est de se tenir toujours dans le cas
de profiter de tous les événements favorables qui pourraient
lui arriver. Personne par cette raison n'aime moins les alliances que lui. Il n'y a que la Russie avec laquelle il en
désire pour être sûr de cette puissance dont il a senti la
force et vis-à-vis de laquelle, vu la situation du pays, il
peut tout perdre et ne rien gagner. C'est elle seule qu'il craint
et qu'il flatte. Bien des gens l'accusent qu'il cherche à la
tromper et qu'il a des desseins secrets contre elle. Je ne
suis pas de ce nombre, sans rechercher s'il voudrait en
être débarrassé. Il suffit que dans l'état où sont les choses,
il souhaite sincèrement d'être bien avec elle, il est jaloux
de tous ses amis et souhaiterait ardemment qu'elle n'en eût
point d'autre que lui. Il a soin de lui susciter des embar-

ras en Pologne, de lui rendre suspects tous ceux qui pourraient y terminer les troubles, d'empêcher qu'elle n'ait la gloire et le mérite d'une pacification qui y augmenterait son pouvoir, il n'oublie rien pour perpétuer les maux de ce royaume voisin, et surtout pour le tenir dans un état d'anarchie qui le mette hors du cas de borner les avantages qu'il retire de sa faiblesse, mais je ne crois pas qu'il ait des intelligences secrètes avec les ennemis de la Russie. Je pense qu'il trouve la situation des choses bonne et qu'il ne cherche qu'à la prolonger.

Vous verrez, monsieur, par sa manœuvre à Pétersbourg, si mes conjectures sont justes; vous verrez s'il entre de bonne foi dans les propositions de mr de Panin relatives au Nord. Il a eu pour l'impératrice la complaisance de rompre une seconde fois avec la France, voyons s'il aura encore celle de s'engager sur les affaires de Suède et avec notre roi. Au moins ne parait-il plus empressé de le faire, ses propositions, qui étaient si vives l'été dernier, n'ont eu aucune suite, il n'a point nommé de ministre pour résider près de sa maj.,[1] il ne dit pas un mot à celui du roi qui est accrédité auprès de lui. Dans les affaires intérieures de l'Allemagne communes à sa maj. et à lui, il ne s'explique point, le plus complet silence est tout ce que nous voyons, tout ce que nous apprenons de lui. Ce ne sont pas là, monsieur, des apparences qui annoncent des dispositions telles que mr de Panin les suppose. Les voyage du prince Henri en Suède[2] ne me parait pas de meilleur augure. Je ne crois pas que ce prince entreprenne de faire quitter à sa sœur la reine des projets idoles de son cœur. Il est trop habile et il connait trop les femmes et sa sœur en parti-

---

[1] Néanmoins le comte de Solms continuait d'assurer mr de Panin du désir de son roi de s'allier avec le Danemark et le ministre russe ajoutait toujours foi à tout ce qui lui parvenait de Berlin, tandis que mr de Scheel expliquait la réserve du roi de Prusse comme motivée par le refus du comte de Bernstorff de s'engager avec la Prusse au delà des affaires du Nord. Cfr dép. à mr de Scheel du 19 mai.

[2] Le frère du roi de Prusse Henri fit une visite à sa sœur en Suède dans l'été 1770 et se rendit de là à St. Pétersbourg, Malmstrøm, VI, 117, Beer, II, 43—47.

culier pour se charger d'une pareille commission. Ce voyage
me donnerait par conséquent plutôt de l'ombrage que de
la confiance, mais j'aime mieux suspendre mon opinion et
n'en juger que par l'effet. Vous en ferez autant, monsieur,
vous parlerez peu sur toutes ces choses mais vous observerez tout avec la plus grande attention. Lorsque mr de
Panin vous entretiendra sur ces objets, vous lui marquerez
les dispositions du roi telles que je vous les ai exprimées
par ordre de sa maj. dans ma lettre du 20 décembre. Vous
ne presserez ni n'arrêterez l'affaire. Vous verrez venir, mais
vous témoignerez tout l'empressement convenable lorsque
l'on sera venu.

Je ne vous répèterai pas que mr de Gleichen est rappelé. [1])
Le roi n'a fait cette démarche que parce que l'impératrice
le souhaitait. Je me flatte qu'on estimera quelque chose à
Pétersbourg ce que l'on paraissait y souhaiter.

289.

Dépêche à Mr de St Saphorin à Varsovie.

Copenhague 21 avril 1770.

(Extrait.)

Vous le voyez, monsieur, tout tend à la ruine de la Po-
logue, tout tend à y entretenir un incendie qui, après avoir

---

[1]) Le rappel de mr de Gleichen de Paris, la retraite de mr de
Cheusses de la Haye et la nomination de mr de Raben comme
maréchal de la cour du prince Frédéric amenèrent un revirement
dans le corps diplomatique. „Le roi a rappelé mr de Gleichen de
Paris au déplaisir de mr le duc de Choiseul, qui a marqué dans
cette rencontre une vivacité dont je ne suis pas surpris, mais
aussi un intérèt qui m'étonne; sa maj. l'envoie à Naples, où il
pourra être aussi peu danois qu'il voudra, sans nuire aux affaires.
Mr le comte d'Osten passe en Hollande, poste que par économie
nous avions laissé vacant depuis un an, et mr de Larrey, relevé
en Espagne par mr de Juel de Dresde, succèdera à mr votre
beau-frère à Berlin. J'espère qu'il y fera bien par les relations
qu'il y a avec des gens que le roi de Prusse aime et favorise“,
voir dép. du 19 mai 1770. Le successeur du baron de Gleichen à
Paris fut mr O. de Blome.

dévasté ce royaume, gagne les pays voisins et rend le malheur général. La saison du repos ou plutôt celle des travaux du cabinet s'est écoulée sans fruit, les armées rentrent en action et l'incertitude, l'attente de leur succès, dont un seul quelquefois renverse toute la face des affaires, suspend et rend toute autre opération vaine et impossible. La Pologne, épuisée par les Russes, déchirée par ses propres citoyens, également en proie à ceux qui la pillent et à ceux qui la vengent, n'est sûre que d'en être la victime, et son roi, attaqué avec fureur et acharnement par une partie de ses sujets qui en veulent hautement à sa couronne et peut-être à sa vie, mollement assisté par le reste, obéi par personne, déclaré usurpateur du trône par la Porte ottomane, ayant perdu la confiance de la Russie, soutenu encore près d'elle, il est vrai, par le plus mortel, le plus dangereux et le plus habile de ses ennemis mais sous condition d'être nul, abandonné ou contrarié en secret peut-être par les puissances auxquelles il se fie, suspect aux catholiques et regardé avec douleur par les dissidents comme leur adversaire inexorable, ne voit qu'abîme et maux autour de lui; quelle situation, monsieur, pour ce prince aimable, éclairé, laborieux, éloquent, fait pour être les délices et le restaurateur de sa nation! Puis-je en être témoin, puis-je voir sans affliction le fruit de cette politique contre laquelle je me suis si fortement et si inutilement élevé, ou, pour parler plus juste, peut-être l'effet de ce concours de circonstances sur lequel j'ai tant gémi.

Vous le savez sans doute, l'impératrice de Russie n'a pas même répondu à la lettre de ce monarque dont il se promettait de si bons effets,[1]) elle a considéré, ainsi que je vous l'avais prédit, l'idée de la médiation de la France et des autres puissances catholiques, comme le projet le plus contraire à ses vues et le plus opposé à sa gloire qui puisse être imaginé. Le roi de Pologne n'aurait jamais rien pu faire qui donnât plus de jeu à ses ennemis et qui le rendît plus suspect à la princesse qui, de quels yeux qu'il

---

[1]) Lettre du roi Stanislas-Auguste à l'impératrice Catherine, datée du 7 octobre 1769, jointe en copie à la dépêche de mr de Scheel du 30 octobre.

la regarde, n'en est pas moins la seule souveraine qui soit
affectionnée à sa personne et qui le défende contre ses
ennemis. Mon cœur sincèrement attaché à ce monarque ne
peut lui cacher cette vérité, quelque déplaisante qu'elle soit.
Il a, je ne me le déguise certainement pas, de très grands
griefs contre elle; le séjour de ses troupes dans le royaume
et ce qu'elles coûtent de toute manière à la nation, le pouvoir dont elle y jouit, le ton que prennent souvent ses généraux et ses ambassadeurs, leurs discours publics et leurs
manœuvres secrètes, lui rendent cette assistance fréquemment
très amère, mais après tout, on ne travaille pas à Pétersbourg à donner un autre roi à la Pologne, on n'y paie pas
ceux qui offrent la couronne à d'autres princes. Le premier
point est de maintenir le trône et d'empêcher l'entière dé-
vastion du royaume. Ce point obtenu, on aura du temps
pour le reste. Mais le roi de Pologne s'approche-t-il de ce
but, en dégoûtant de plus en plus l'impératrice, en em-
plóyant un temps souverainement précieux à lui faire des
propositions qu'elle rejettera toujours et en donnant, par son
goût pour un plan odieux à cette princesse, tout ce qu'il
faut d'armes à ses ennemis près d'elle pour le combattre
et pour lui faire perdre ce qu'il lui restait de crédit sur
l'esprit de cette unique et puissante amie? Je vous l'ai dit
autrefois et je le sens vivement. Le roi de Pologne a raison
de rejeter absolument tout conseil qui voudrait l'induire à
se séparer de ses oncles et de ses amis fidèles. Sa grandeur, son honneur exigent qu'il soit à leur tête, ne les
abandonne pas et n'en soit pas abandonné.[1]) Il est digne
de lui et de ses principes d'agir toujours en roi et en père
de sa noblesse et de son peuple; mais de tout risquer pour
courir après une popularité qui (au moins dans ce moment)
fuit devant lui et de vouloir affecter une neutralité entre
des puissances éloignées, protectrices de ses ennemis im-

---

[1]) A Pétersbourg on était très emporté contre les Czartoriski et assez
mécontent de les voir soutenus par mr de Bernstorff. „On croit
que ces princes ont demandé à votre exc. de s'intéresser en leur
faveur et qu'ils espèrent de gagner du temps pour faire réussir
d'autant mieux leurs intrigues avec les cours de France et de
Vienne, qui du moins sont d'accord pour nourrir le feu intérieur
dans la république," cfr dép. de mr de Scheel du 8 février.

placables, et la Russie dont les armées l'environnent et qui
seule écarte et arrête ces ennemis, seule combat pour sa
querelle, c'est prendre un parti que je crois insoutenable
et aux conséquences duquel je ne puis songer sans peine et
sans effroi. Et sera-t-il mieux, la Pologne sera-t-elle plus
heureuse lorsque, à force de propositions inutiles, on aura
éludé l'accommodement ou l'aura rendu dépendant des succès de la guerre, et lorsque, par une suite très probable ou
au moins très possible de ces événements, les armées d'Autriche et de Prusse et (malheur que Dieu veuille détourner)
celle des Turcs, entrées de toute part dans le royaume, en
feront le théâtre de toutes les horreurs de la guerre, le dé-
chireront et finiront peut-être par le démembrer? Les grands
hommes que vous savez que je respecte et que j'aime, ne voient-
ils pas que c'est à cela que conduit la prolongation de tous
ces troubles, que c'est là le résultat de la célèbre conférence
de Neisse [1]) et que toute la manœuvre du génie qui conduit
avec tant d'artifice cette partie de l'affaire, ne tend qu'à
forcer la Russie à y donner un consentement qu'elle a eu
la sagesse et le courage de refuser constamment jusqu'à
présent?

Je suis souvent frappé de ce que cette réflexion, qui
ne peut leur échapper, ne paraisse faire que si peu d'impression sur eux. Lorsqu'ils traitent avec la Russie, il semble qu'il s'agisse du salut de cet empire et non de celui de
la Pologne. Ils veulent que la cour de Pétersbourg fasse
les premiers pas et des propositions qui surtout plaisent
à la nation, qu'elle se désiste de la garantie et consente à
ôter une seconde fois aux dissidents le droit de l'accès à
la législation, rendu à ces infortunés par la diète et par le
traité de 1767, qu'elle commence par donner des déclarations préliminaires, propres à calmer et à satisfaire la noblesse polonaise irritée. Tels peuvent être les vœux d'un
ministre et d'un sénateur de la république, né dans la religion romaine et ne connaissant qu'elle, mais peut-on s'y ob-
stiner au point de risquer l'Etat et toute fortune publique
et particulière en leur faveur? Comment croire que la Russie,
pour laquelle les troubles de la Pologne sont un embarras,

---

[1]) Voir Beer, I, 299—304.

il est vrai, mais un embarras souvent très utile par le secours de toute espèce qu'elle en tire, et qui, humainement
parlant, n'en a aucune suite fâcheuse pour elle-même à
craindre, quel que soit le dénouement, fasse toutes les
avances et tous les sacrifices, et prenne sur elle le rôle de
sollicitante en abandonnant à la Pologne celui d'accorder?
L'obtenir serait le chef d'œuvre de la politique, je l'avoue,
mais il en sera de ce projet comme de tous les secrets mer-
veilleux, on perd son temps et on se ruine en courant après.
Il n'y a pas de doute sur le point de la garantie, il sera
cédé, on l'a déclaré bien des fois,[1] mais j'espère que celui
de la législation des dissidents ne le sera jamais, et si c'est
avec raison que la Pologne insiste sur l'abolition de ce qui
peut gêner son indépendance, le premier des biens d'une nation libre et souveraine, elle a bien mauvaise grâce à mettre
avec plus d'ardour encore sa félicité dans l'oppression d'une
partie de ses enfants, et elle n'est pas conséquente en renversant avec la passion la plus obstinée, dès qu'elles parlent
en faveur des objets de sa haine, ces mêmes lois qu'elle cite
à tout propos et que, dans tout autre cas, elle soutient in-
violables.

399.

Dépêche à Mr le comte de Schoel à St. Pétersbourg.

Copenhague 19 mai 1770.

Il y a déjà 10 ou 12 jours que mr le chambellan de
Juel a envoyé au roi un projet concerté entre lui et mrs
d'Ostermann et de Gooderick pour préparer en Suède les
choses pour la diète future.[2] Je vous parlerais plus au
long de cette pièce si je n'étais pas bien sûr que mr de Panin
l'a reçue en même temps que moi et qu'ainsi vous en aurez déjà

---

[1] Dans la dépêche du 8 février 1770, mr de Schoel écrit: „Mr de
de Panin m'a répété à cette occasion ce qu'il m'avait déjà dit auparavant, que sa souveraine est disposée à se relâcher sur l'article
de la garantie et à modifier les intérêts en faveur des dissidents,
pourvu qu'on fasse le premier pas, qui serait déshonorant pour la
Russie et indiquerait une apparence de contrainte."
[2] Tengberg, 90—91, Ann. K.

connaissance. Il suffira donc de vous dire que le roi est assez
disposé à l'agréer et que le chevalier Gooderick, qui vient de
passer ici, se croit sûr que sa cour l'adoptera également,
mais que cependant sa maj. suspendra ses résolutions jusqu'à
ce qu'elle sache ce que l'impératrice en pense. Je compte
que vous me l'aurez appris avant que cette lettre vous arrive.

391.

Mémoire présenté au Roi par le comte de Bernstorff.

Travendal 18 juillet 1770.[1)]

Sire. Daignez excuser, daignez agréer l'effet d'un zèle
pur et fidèle, une démarche dont mon devoir m'impose la
loi et la nécessité, à laquelle lui seul me détermine.

Le comte de Ranzau-Aschberg a reparu devant Vous;
on dit que V. M. lui destine une place à Copenhague et que
surtout Elle songe à le rapprocher de Sa personne. Des raisons qui me paraissent fondées, me font croire ces deux dernières résolutions contraires aux intérêts les plus pressants
de V. M. Permettez, Sire, que je les soumette à Votre
examen et à Votre décision.

Je ne demanderais pas cette grâce à V. M., si je pouvais
ne la Lui demander pas. Elle sait, et j'ose, avec le plus profond respect mais aussi avec la plus parfaite confiance, en
appeler à Elle-même, que je connais les bornes qu'Elle m'a
assignées; jamais je n'ai présumé de faire parvenir à V. M.
des sollicitudes qu'Elle-même n'avait pas rendues les miennes,
jamais, sans Son ordre précis et peut-être réitéré, parole n'est
sortie de ma bouche qui pût tendre à enlever à un de Ses
sujets les bontés dont Elle jugeait à propos de l'honorer,
ou à les diminuer. Je sais respecter Ses goûts. Et fidèle

[1)] Au milieu de juin le roi était parti pour les duchés accompagné
de la reine, de la cour et du comte de Bernstorff. Pendant ce voyage
les intrigues à la cour prirent une tournure très dangereuse. Le
pivot de ces intrigues était le comte de Ranzau-Ascheberg, un des
principaux auteurs de la chute du comte de Bernstorff quelques mois
après. Sur ce seigneur, voir N. Hist. Tidsskr. IV, 568—70, 84—85,
641—46, Danske Saml. IV B, 289 sqq.

à cette règle, je n'entreprendrais pas aujourd'hui de représenter à V. M. les inconvénients inévitablement attachés aux faveurs qu'Elle pourrait vouloir marquer au comte de Ranzau, ou même à leurs apparences, si ces inconvénients ne touchaient directement la partie de Ses affaires dont Elle m'ordonne de m'occuper.

V. M. connaît la haine allumée entre les cours de Russie et de France, haine portée de part et d'autre à de grandes extrémités, devenue personnelle entre les souverains, mobile des actions et des opérations les plus vives de leurs ministres, et cause de tout le sang qui se répand depuis plus d'une année en Europe. Elle a vu par mille preuves et par mille traits, qu'il suffit d'être taxé d'incliner en faveur de l'une de ces cours, pour être l'objet de la défiance de l'autre, et Elle sait mieux que personne que le maréchal de St. Germain, accusé de se souvenir trop des obligations de sa naissance et de ne savoir penser et raisonner qu'en Français, est l'objet de l'aversion la plus décidée de la Russie. Elle n'ignore pas non plus que les amis de ce général partagent son sort, et que nommément le comte de Ranzau est compté par l'impératrice entre ses ennemis, c'est-à-dire entre ceux qui professent d'avoir adopté un système directement opposé au sien.

A cette qualité le comte de Ranzau en joint une autre encore moins douteuse, c'est celle d'être contraire au succès du traité conclu entre V. M. et la Russie relativement au Holstein. Je ne veux point lui attribuer à crime ce sentiment très coupable en tout autre qui serait mieux au fait; peu instruit des articles de ce traité, s'étant peut-être moins occupé de son contenu et de ses conséquences que des ouvriers qui y étaient employés. entraîné par des préventions nationales et par un sentiment secret et inconnu à lui-même de l'intérêt du corps dont il est membre, il peut être de bonne foi; mais quelle que soit son innocence, il n'en est pas moins vrai et moins connu qu'il est accusé d'avoir travaillé, quand il en a eu l'occasion, contre ce traité, et de s'être servi pour cette fin de l'accès qu'il a trouvé près de V. M. et de la confiance dont Elle l'a honoré. Vous ne l'avez pas oublié, Sire, et la Russie non plus.

Enfin il y a une haine mortelle entre lui et monsieur
de Saldern; elle est publique, tout le Holstein en retentit,
et V. M. en sait encore sur ce point plus que personne.

Ce sont ces considérations, Sire, qui me forcent à rompre aujourd'hui le silence respectueux dans lequel j'aime
à m'envelopper lorsque V. M. ne m'ordonne pas de parler;
souffrez que je Vous les rappelle. Vous seul êtes le maitre
dans Votre royaume, nul mortel dans l'univers n'a le droit
de gêner Votre pouvoir; mais moins Votre puissance est limitée, plus Vos volontés seules décident, et plus il Vous importe qu'un sujet fidèle, oubliant tous ses intérêts propres
pour ne penser qu'aux Vôtres, Vous expose la vérité telle
qu'il la voit. Le rappel du comte de Ranzau n'est pas de ces
événements de cour dont l'influence est indifférente et pas-
sagère; c'est un acte décisif et qui, une fois fait, ne connaît
plus de remède. En lui accordant Vos faveurs, en le mettant du petit nombre de ceux que Vous honorez de Votre
familiarité, en lui permettant de Vous approcher dans ces
moments heureux où V. M. dépose en quelque sorte Sa
grandeur, et ouvre Son âme aux charmes de la conversation
et de la liberté, Vous attribuez tous ces avantages si importants, si fréquemment désirés, si rarement obtenus et dont
il est si facile à un homme habile de profiter, à l'ennemi
de la Russie, de la négociation et de celui qui seul des Holsteinois attachés au grand-duc désire et qui seul est en
état de la faire réussir. V. M. a éloigné cet ennemi, il y
a deux ou trois ans, vraisemblablement par complaisance
pour la cour, qui lui donne ce nom et se déclare contre lui;
Elle révoque en le rappelant, ce trait de Son amitié et de
Sa prudence, Elle rend douteuse au public Son inclination
pour un système qu'Elle a adopté après les réflexions les
plus longues et les plus mûres à la face de l'univers, que
mille fois Elle a, comme roi et comme particulier, appelé le
Sien, dont Elle a déjà commencé à recueillir les fruits, dont
l'utilité et l'importance extrêmes sont avouées unanimement,
et sans exception aucune par Ses amis et par Ses ennemis,
et qu'Elle ne peut plus abandonner sans ternir la gloire de
Sa vie et sans exposer Son repos et celui de Ses Etats aux
plus cruels risques. Elle ouvre dans le même moment la
porte à tous les soupçons que la défiance et la haine person-

nelles peuvent faire naître. L'impératrice, habituée à regarder V. M. comme un ami intime, pour lequel elle veut tout faire, mais de qui elle peut aussi tout attendre, sera frappée de revoir près d'Elle un adversaire sur lequel elle pensait l'avoir emporté; elle regardera sa nouvelle faveur, qu'elle croira plus grande qu'elle ne le sera peut-être, non comme un effet des bontés de V. M. mais comme celui de la politique la plus raffinée et des intrigues les plus cachées de la France, et sûre que V. M. ne voudrait pas lui faire un déplaisir si marqué par un motif et pour un but ordinaire, elle supposera à Sa résolution des vues bien plus importantes, et ne doutera pas que ce premier avantage de ses ennemis ne soit suivi rapidement de bien d'autres et n'aboutisse promptement au renversement de tout le système. Mr. de Saldern, qui jusqu'à présent, je ne puis lui refuser ce temoignage, a tout fait pour augmenter de jour en jour la confiance et la reconnaissance de l'impératrice et pour en hâter et assurer les fruits à V. M., mais qui sait haïr et se connaît en vengeance, ne doutera plus que le comte de Ranzau, parlant seul et seul écouté, ne trouve les moyens de le perdre dans Son esprit, et vivement blessé dans toutes ses passions par ce revers qu'il ne prévoyait pas, ne comptant plus sur ces bontés qui ont fait jusqu'ici son espérance, il cessera de croire son intérêt uni à celui de V. M. Il n'en faudra pas davantage, les dégoûts, les contestations naîtront sous ses pas; tout sera rompu.

Je ne me déguise pas, Sire, que l'on peut traiter ces appréhensions de chimériques. Il est aisé et doux d'écarter légèrement toute pensée qui déplaît ou importune; rien n'est plus ordinaire et plus commode que cette manière de les réfuter, et il est vrai qu'elle réussit quelquefois et que toutes les craintes ne se réalisent pas; mais celles que j'ose, que je suis forcé de vous exposer, sont fondées sur la nature de l'affaire même. Jamais négociation n'a été plus délicate que celle que V. M. a déjà soutenue depuis si longtemps et portée si loin. V. M. attend de l'impératrice de Russie et de son fils le sacrifice le plus important, le plus nécessaire au repos de Ses peuples et, qu'il me soit permis de le dire, à l'existence de Sa monarchie, le plus avantageux à Sa gloire personnelle et à l'augmentation de Sa considération dans l'Europe. Elle l'attend de la seule amitié de cette princesse et du grand-duc. V. M. n'a aucun droit de l'exiger, aucun moyen de l'exiger, aucun moyen de l'extorquer, l'amitié est la seule base, le seul ressort de tout l'ouvrage. Il a coûté des peines immenses de l'établir et de lui faire prendre la place de l'animosité invétérée qui régnait dans ces mêmes cœurs, il n'en coûte pas moins de la conserver, cependant V. M. y a réussi jusqu'ici à l'admiration de l'Europe entière. Vous l'emportez, Sire, à Pétersbourg, sur presque tous les princes de la terre, les conseils que Vous donnez y sont écoutés préférablement à ceux du roi de Prusse même, le ministre qui y réside de Votre part jouit des prérogatives de la confiance, de toutes les distinctions flatteuses que les ambassadeurs des plus grandes puissances de l'Europe désirent et recherchent en vain, celui de l'impératrice en Suède a eu ordre, dans les temps les plus critiques, de suivre sans balancer les instructions que Vous donneriez au Vôtre, les rois et princes étrangers recherchent Votre appui lorsqu'ils ont besoin de celui de la Russie, Vous recevez tous les jours des marques de l'affection la plus vive et de la confiance la plus intime. L'impératrice renonce, même sans que Vous l'en ayez pressée et au milieu de la guerre la plus coûteuse, à 400 mille roubles de subsides par an que Vous lui deviez en vertu des alliances, elle Vous prie d'accepter gratuitement du bois pour la construction des vaisseaux, et des franchises pour faciliter l'achat des autres productions de son empire dont Votre flotte pourrait avoir besoin, et ne met point d'autre condition à ces concessions importantes que celle qu'il Vous plaise de les employer à l'augmentation de Votre puissance navale; les ordres qui partent pour Kiel sont concertés avec Vous avant que d'être expédiés, et tous les arrangements qui se prennent dans le Holstein tendent au but réglé et conclu avec V. M.; c'est en Votre faveur et pour Votre avantage qu'on y forme des établissements, qu'on y paye des dettes, pas un sol des revenus du duché n'arrive à Pétersbourg, tout est employé à améliorer un pays et des finances qui vont devenir les Vôtres, Vous avez, Sire, pour tout renfermer dans un seul mot, l'affaire entre Vos mains; tous les jours Vous recevez de nouveaux gages de cette vérité, de la sincérité et du zèle avec lequel on agit, on travaille pour Vous; mais, je le répète, l'amitié et la confiance sont l'âme de ces procédés, l'oubli d'une heure peut les renverser. Au moment que l'impératrice croira que V. M. n'est pas son ami décidé et à toute épreuve, au moment qu'elle doutera de Son inclination victorieuse pour elle et de la préférence qu'Elle lui donne sur tous les autres souverains de l'Europe, au moment que mr de Saldern pensera que V. M. lui retire ces bontés dont Elle l'a assuré tant de fois, toute la machine sera arrêtée, la froideur succèdera d'abord, et puis, comme c'est le sort inévitable des vives amitiés négligées, la plus violente haine; on cherchera à faire regretter à V. M. les avantages méprisés, et je n'ose le Lui dissimuler, on n'en trouvera que trop les moyens.

Ne refusez pas, Sire, quelques regards à ce tableau, honorez-le de quelque attention; la vérité ne peut Vous en échapper, et ne regardez point comme une gêne, comme une limitation de Votre indépandance ce qui est nécessaire pour l'affermir.

Il n'y a point de bien qui s'obtienne sans peine, la gloire suppose des difficultés, et peut-il y en avoir de plus légères que celles qui dépendent uniquement de Votre volonté? Vous touchez au moment où Vous achèverez de recueillir les fruits de Votre constance, de Votre patience et de Vos ménagements. V. M. voudrait-Elle Se lasser si près du bout de la carrière? Voudrait-Elle accorder ce triomphe, cette joie, cette surprise à Ses envieux et aux jaloux de Sa prospérité et de Sa grandeur? Je La connais trop pour le craindre, et j'ose croire le comte de Ranzau lui-même assez habile pour consentir au court délai dont il s'agit, assez noble pour ne pas désirer actuellement une fortune qui, s'il la faisait dans ces circonstances, le rendrait le fléau et le malheur de sa patrie et l'objet des gémissements de toute la nation et de toute la postérité.

Je m'arrête, Sire, et je vais attendre avec respect Vos ordres, Votre choix et le sort de l'Etat. J'espère tout de V. M. Elle balancera le bien qui peut Lui revenir du rappel du comte de Ranzau avec le mal dont il pourra être l'occasion et la cause, et Elle ne Se trompera point sur celui des deux partis qui mérite la préférence. Mais quand je m'abu-

serais moi-même, quand toute autre consolation me serait
ravie, on ne m'enlèvera pas au moins celle d'avoir satisfait
à la fidélité que je Lui dois. [1])

Dépêche à Mr le comte de Scheel à St. Pétersbourg.
Travendal 26 juillet 1770.

La dernière lettre que j'ai eu l'honneur de vous écrire
était du 6 de ce mois. J'ai passé depuis mon temps dans
les troubles, dans les combats et dans les afflictions dont
mr Dreyer vous rendra compte, et je vous avouerai que,
sans le secours d'en Haut, que j'implore et dont l'espérance
me soutient, je ne résisterais point à tous les chagrins que
j'essuie et à toutes les douleurs qui m'environnent. Mr
Dreyer, que j'ai retenu plusieurs jours, vous en dira au
moins une partie et assez pour que vous partagiez mes
peines et plaigniez mes maux.

Mais ne nous laissons pas abattre, faisons notre devoir
jusqu'au bout. Dieu est le maitre. Il peut tout, ayant sauvé
le Danemark tant de fois. Il lui accordera encore la bénédiction qu'il paraissait lui avoir destinée, si non, sa volonté
soit faite. Nous pouvons, nous devons implorer ses grâces,
mais nous n'avons aucun droit de les exiger et de nous les
promettre. Il doit me suffire pour ma part de faire fidèlement et courageusement ce que je puis, et c'est ce que je
ferai avec son assistance jusqu'au dernier moment de mon
existence, ou politique ou physique.

Vous me seconderez, mon cher comte, je le sais. Vous
ne vous laisserez pas décourager non plus, vous soutiendrez
avec patience et fermeté les amertumes qui très probablement vont se répandre sur votre ministère et le mien. Vous
m'aiderez à adoucir les esprits, à détourner les aigreurs, à
prévenir les éclats et un mal plus grand encore, la froideur
et la défiance. Comptez que nous ferons, mes amis et moi,
l'impossible pour soutenir le système et que nous serons

---

[1]) Ce mémoire est imprimé dans les Denkwürdigkeiten des Freiherrn
v. d. Asseburg, 424—429, mais avec plusieurs incorrections qui
toutes ont pour but de couvrir mr de Saldern.

fidèles' au roi et á l'Etat, à quelque prix que ce soit. On réussit quelquefois lorsqu'on combat pour la vérité et je continuerai d'espérer, pourvu que notre ami ne nous abandonne point et ne se fâche pas. Priez-le pour l'amour de la patrie de ne pas se lasser d'un ouvrage qui fera toujours sa gloire et son mérite immortel. Jusqu'ici nous n'avons encore que des douleurs, des peines et des amertumes; ils ne deviendront des dangers que lorsqu'il les rendra tels.

Mr Dreyer vous expliquera tout ce qu'il peut y avoir d'obscur dans ces paroles. Je m'en rapporte à lui, on ne peut être plus content de lui que je le suis.

393.

Dépêche à Mr le comte de Scheel à St. Pétersbourg.

Travendal 26 juillet 1770.

Je profite du départ de mr Dreyer pour vous parler, non pas bien amplement parce que son rapport verbal suppléera à ce qui pourrait manquer à mes lettres, mais avec moins de réserve sur l'état de nos affaires et pour vous mettre dans le cas d'en instruire notre ami.

Notre voyage et ce qui est arrivé pendant son cours, aura fait sans doute beaucoup de bruit; il m'a donné et il me donne des chagrins inexprimables, mais je me flatte d'être en état de résister et de maintenir tout l'essentiel, pourvu que notre ami ne nous abandonne pas et combine ses mesures avec les nôtres.

Nous avons été près de 15 jours à Slesvic, l'indisposition de la reine y ayant retenu le roi plus longtemps qu'il ne se l'était proposé. Le prince et la princesse de Hesse n'ont été pas trop mal traités dans l'extérieur, mais ils ont été exclus de toute confiance. Les bontés du roi paraissent entièrement éteintes pour le premier et, quoique son altesse se soit conduite avec toute la prudence possible, il semble qu'il ne lui sera plus possible de les regagner. Sa maj. l'a invité plusieurs fois à se rendre cet hiver à Copenhague avec la princesse, mais il est très douteux si, peu contents comme ils le sont, ils ne chercheront et ne trouveront pas les moyens de s'en dispenser.

Arrivés ici, où nous sommes dans une sorte de retraite,
nous avons eu deux événements dont il est juste que je
vous touche quelque chose. L'un que le comte Holck a
perdu la surintendance des plaisirs. C'est un peu sa faute,
s'étant souvent absenté et peu appliqué à cette partie de
ses fonctions; Brandt, le même qui fut disgracié il y a
deux ans, a eu la direction des spectacles, et Sarti, premier
maître de la chapelle, celle de la musique. Holck conserve
sa place de grand-maître de la garde-robe, ses entrées et
tous ses appointements. S'il voulait être prudent, son sort
serait assez heureux. L'autre, je ne vous le nommerai pas
par des raisons que je vous expliquerai, je l'espère, quelque
jour, mais je ne peux pas douter que vous n'en soyez déjà
informé. Tout ce que je me crois permis de vous en dire,
c'est que j'ai fait ce qui m'a été possible pour le détourner
mais j'ai succombé. J'en suis très affligé, quoique j'aie de
fortes raisons pour croire que cet événement ne sera pas
fort dangereux.[1]) Bien des choses se sont changées depuis
deux ou trois ans. Le public croira peut-être qu'on voudra
faire rappeler le maréchal de St. Germain, mais je doute
qu'on forme pareil projet et quand on le formerait, je suis
presque certain qu'il ne réussirait point.

Voilà où nous en sommes pour le moment actuel. Combien de temps nous resterons dans ces provinces, ce que le
roi et la reine feront en partant d'ici, je l'ignore ou au
moins ne le sais pas avec certitude. Hier la grande-gouvernante avec les dames de la reine, le comte Holck et plusieurs autres de notre petite cour ont pris les devants pour
retourner à Copenhague, de sorte qu'il ne reste que très peu
de personnes près de leurs majestés. On parle beaucoup
d'une petite course à Bronswic pour y aller voir la princesse
de Galles, et elle se fera peut-être au moment que nous
nous y attendrons le moins.

Pour les affaires de l'Etat, elles vont leur train et,
grâces au Ciel, il ne s'y fait rien qui puisse m'affliger et
m'inquiéter. L'escadre de mr Arff trouvera toutes choses

---

[1]) Le rappel du comte Ranzau et allusion à la promesse par lui donnée de ne pas vouloir travailler contre l'alliance avec la Russie,
N. Hist. Tidsskr., IV, 644.

prêtes en arrivant et je me flatte que l'impératrice sera contente. Au moins le roi a-t-il donné les ordres les plus précis à cet égard et vient-il de les renouveler.

Mr de Filosofoff est encore à Pyrmont. Je juge par ses dernières lettres qu'il est assez content de l'effet des eaux. Incertain comme je le suis de tout ce qui regarde le reste de notre voyage, je ne sais si nous le reverrons avant Copenhague.

394.

Lettre particulière à Mr le comte de Scheel à St. Pétersbourg.

Travendal 26 juillet 1770.

J'ai le cœur si touché et si blessé et ma douleur est si vive quand je songe d'une part à l'état où nous nous trouvons ici, et de l'autre aux mécontentements perpétuels, même dans les temps les plus heureux, dont notre ami nous accable,[1]) que j'ai parlé amplement sur ce sujet à mr Dreyer et l'ai prié de vous en rendre un compte exact et détaillé. Soyez-en bien sûr que nous faisons tout ce qui nous est possible et au delà, pour soutenir toutes choses et pour procurer à un homme si digne de notre reconnaissance et si nécessaire au salut de l'Etat, toutes les marques d'attention et de distinction qui lui sont dues; mais nous ne pouvons pas au delà de nos forces et s'il a encore quelque pitié de sa patrie, s'il a encore quelques sentiments pour des gens qui travaillent fidèlement avec lui au but commun et qui sont plus malheureux qu'il ne peut

---

[1]) Mr de Saldern était toujours mécontent; tantôt il ne se croyait pas suffisamment récompensé de ses services, tantôt il était jaloux des attentions montrées à d'autres que lui ou son frère, qui était resté à Copenhague comme chargé d'affaires pour le Holstein. De l'autre côté mr Saldern, à qui on devait en grande partie le traité de 1767, pouvait également le renverser, car il exerçait une très grande influence sur mr de Panin, était écouté par l'impératrice et les sentiments du grand-duc dépendaient beaucoup de la direction qu'il leur donnerait. — Il était donc de la dernière importance de ne pas l'avoir pour ennemi.

se l'imaginer, il n'ajoutera pas à nos tourments en doutant
de notre zèle et de notre ardeur pour tout ce qui peut lui
être agréable.

Si mr son frère n'a pas eu de présent, c'est qu'avant
que nous sussions son départ, il n'y avait pas de prétexte
pour lui en donner et que, lorsqu'il partit, ce présent aurait
eu l'air d'un congé que nous avons sur toutes choses voulu
éviter. Peut-être avons-nous mal raisonné, mais nous avons
cru bien faire et nous ne désirons certainement que de
marquer en toute rencontre la plus haute considération et
la plus vive reconnaissance à un homme dont les services
sont au-dessus de tout prix. Nous réparerons infailliblement
cette faute. Mr son frère aura un présent et nous n'ou-
blierons rien pour l'apaiser et le satisfaire. Mais nous méritons qu'on ne se fâche pas et ne se précipite pas contre
nous et que l'on se fie à nos sentiments, car nous pensons
bien et nous faisons ce que nous pouvons.

Employez, mon cher comte, tout votre crédit à persuader de cette vérité et soyez-en le garant. Vous pouvez
l'être sans risque. Procurez-moi ce soulagement. J'en ai
besoin et je ne saurais soutenir davantage de passer ma
vie dans les travaux les plus zélés et les plus fidèles si l'on
continue de les méconnaitre de toutes parts.

395.

Dépêche à Mr le comte de Scheel à St. Pétersbourg.

Travendal 7 août 1770.

J'ai eu l'honneur de vous écrire si amplement par mr
Dreyer, il n'y a que peu de jours, que je ne reprendrais pas
la plume aujourd'hui si je ne venais de recevoir votre lettre
particulière du 17 du passé. J'y vois avec la plus vive reconnaissance l'intérêt que mr le comte de Panin veut bien
continuer de prendre à mon sort ou plutôt à la cause à laquelle j'ai consacré mes travaux et ma vie. J'en suis
pénétré et jamais je ne perdrai le souvenir de ses bontés, mais
dans le temps que je le sens si vivement, je n'ai rien à lui

demander avec plus d'ardeur et plus d'instances que de me
les conserver et de m'en honorer toujours, mais de ne point
faire ni permettre qu'il se fasse actuellement de démarche
en ma faveur. Je me crois assez fort pour maintenir mon
terrain et l'affaire et pour empêcher que le roi, dont le bon
esprit est certainement décidé pour la bonne cause, ne soit
entraîné dans des illusions, pourvu que l'on ne fournisse pas
à ceux qui l'entourent et qui, quels que puissent être
d'ailleurs leurs sentiments, ne prennent encore aucune part
directe aux affaires de l'Etat et n'en ont aucune connaissance, des motifs et des prétextes pour s'en mêler et qu'on
ne les mette pas dans le cas de croire que leur défense et
leur propre salut les obligent à faire du mal. Je supplie
mr le comte de Panin de m'en croire préférablement à tout
autre, personne ne peut être mieux instruit de l'intérieur que
je le suis, moi qui l'étudie sans cesse. Jusqu'à présent il
n'y a point de danger essentiel. J'ai succombé, il est vrai,
dans le dernier combat que j'ai soutenu, et le comte de
Ranzau est entré, malgré moi et mes représentations, dans
le collège militaire; mais si j'ai été vaincu, ce n'a été
qu'après avoir pris les précautions nécessaires pour empêcher que même ma défaite ne fût nuisible à mon grand
objet, c'est-à-dire au fidèle attachement de mon maître au
système de l'union avec l'impératrice. J'ose dire y avoir réussi et je demande à mr le comte de Panin de juger de
cette vérité non par mes paroles mais par les effets. Il verra
que nous ne chancelons et ne chancellerons pas dans nos
démarches. Les successeurs du pauvre Holck, renfermés
dans leurs propres cercles, uniquement attentifs à ce qui
s'y passe et n'ayant jusqu'à l'heure qu'il est, je le certifie,
aucune espèce de liaison avec les ministres des cours opposées, n'ébranleront pas notre ouvrage, si nous ne les atta-
quons pas, et leur sûreté les engagera à nous ménager si
nous ne les poussons pas à bout.

Telle est la situation présente un peu améliorée depuis
le départ de mr Dreyer. Si elle venait à changer, vous en
seriez informé.

Parlez en conséquence à mr le comte de Panin. Engagez-le,
je vous prie, à ne point faire de pas, à ne pas marquer du
déplaisir dans ce moment. Le torrent, qui a paru être con-

tre moi et mes vœux, s'écoulera dès que nous n'élevons pas,
pour le gêner et le forcer, une digue qui l'irrite et qu'il
puisse rompre. Ce n'est qu'après mille réflexions que je me
suis fixé à ce raisonnement, et que je me suis déterminé à
parler dans ce sens à l'homme illustre auquel tout mon
cœur est attaché et que j'ose appeler mon ami. Je tiendrai
le même langage au général Filosofoff, je le prierai instamment de ne rien faire et de ne paraître ni inquiet ni cho-
qué. Effectuez, mon cher comte, qu'il lui soit permis de
m'écouter. Le sort de l'affaire dépend dans ce moment de
notre constance, de notre patience, de notre tranquillité.

Je ne finirais point si je me laissais aller au plaisir
d'entrer dans le détail des motifs qui me décident, mais
cela serait inutile. Ce que je viens de vous dire, joint à ce
que vous dira mr Dreyer, suffit pour vous expliquer et vous
mettre au fait de tout ce que je pense. Et je finirais
moins encore si je voulais vous exprimer tous les sentiments
dont mon cœur est rempli envers mr de Panin. Suppléez à
mon défaut, mon cher comte, jamais vous ne lui en direz
trop, jamais vous ne lui en direz assez.

Apost. Tout ce que je viens de vous dire pour le comte
de Panin s'adresse aussi à mr de Saldern, que je vous prie
d'assurer de mon respect et de mon attachement le plus tendre. Je souhaite avec ardeur qu'il goûte mon raisonnement
et son résultat. Ni la prudence ni mon devoir ne m'en permettent un autre. Vous le sentez. Le voyage de Bronswic
longtemps différé va se faire. Je ne vous parlerai de ce
voyage que lorsqu'il sera fait et que j'en aurai vu l'effet.

Pour le pauvre Holck, son rôle est joué. Il aurait pu
se soutenir, s'il avait voulu et su suivre les conseils de ceux
qui lui voulaient du bien, mais il est inconduisible et tel
qu'il est, il vaut mieux pour lui-même et pour tout ce à
quoi il s'intéressait, qu'il soit éloigné. Il nuisait dans les
derniers temps à ce dont il se mêlait, d'abord parce qu'il
n'était ni prudent ni habile, et puis parce que ses rivaux
voulaient qu'il eût tort en tout.

Peut-être trouverez-vous un peu de différence entre le
ton de cette lettre et celui de celles que mr Dreyer vous
aura remises. C'est qu'un projet que je méditais alors a

réussi et que je crois la situation de l'affaire un peu meilleure.[1] La volonté de Dieu déterminera son sort.

296.

Circulaire aux Ministres du Roi à l'étranger.

Copenhague 1 septbre 1770.

C'est un plaisir sensible pour moi de pouvoir vous apprendre aujourd'hui l'heureux retour du roi et de la reine. Leurs majestés, revenues de Lunebourg, où elles étaient allées pour y jouir de la vive satisfaction de voir leurs altesses royales mad. la princesse de Galles et mgr le duc de Gloucester,[2] sont parties d'Altona le 19 et sont arrivées, après s'être arrêtées deux jours à Slesvic, le 27 au château de Frederichsberg où elles ont eu la joie de trouver mgr le prince royal en parfaite santé.

Les affaires ont repris dès le lendemain leur cours ordinaire, et le roi a paru hier en public pour recevoir les compliments de sa cour et des ministres des cours étrangères à cette occasion.

L'escadre russe, qui avait mis à la voile pour la Méditerranée et le Levant, a été obligée par les vents contraires de retourner dans le Sund où elle attend impatiemment le moment où il lui sera possible de poursuivre sa course.

Il y a quelques jours que le jeune comte Moltke, aide de camp du roi pour la marine, est arrivé ici avec des dépêches du contre-amiral Kaas, commandant l'escadre de sa majesté dans la Méditerranée. Nous apprenons par elles que Alger a été bombardé pendant plusieurs jours, qu'un des forts et une partie des vaisseaux ennemis, retenus dans le port, ont été détruits, mais que la régence, persistant malgré ce châtiment à refuser la paix juste et équitable qui lui a été offerte de la part du roi au moment que son escadre a paru devant la place, le contre-amiral avait ré-

---

[1] Peut-être le ministre fait-il allusion à l'entrevue qu'il paraît avoir eue à cette époque avec mr de Struensée et dont nous trouvons des renseignements dans: Mémoires de Reverdil, 157—58.

[2] Voir N. Hist. Tidsskr. IV, 646—47.

solu de détacher quelques vaisseaux pour bloquer le port et qu'il se préparait avec le roste à infester et alarmer les côtes du royaume, après qu'il aurait passé à Port Mahou les jours nécessaires pour rafraîchir les équipages et rétablir les malades, qui se sont trouvés en assez grand nombre à bord de l'escadre par un effet de la chaleur extraordinaire de la saison. Le roi attend dans peu de jours des rapports ultérieurs de ces opérations et décidera en conséquence celles de la campagne prochaine.

---

¹) Les tentatives pour ramener la paix avec Alger ayant échoué, l'escadre commandée par le schout-by-nacht Kaas était partie le 2 mai. Dans ses instructions, datées du 6 et du 8 avril, cet officier avait reçu l'ordre de ne procéder à l'attaqué de la ville qu'après avoir épuisé tous les moyens d'obtenir un raccommodement pacifique, et il devait se contenter du renouvellement de l'ancien traité, de la restitution des bâtiments de commerce danois capturés et du relâchement des prisonniers danois sans demander d'autres avantages ni exiger une indemnité de guerre. Les efforts de mr de Kaas n'aboutirent pas et force lui fut de commencer les hostilités. Malheureusement les deux galiotes à bombes qui faisaient partie de l'escadre n'étaient pas assez fortes, et le bombardement n'eut pas l'effet qu'on s'en était promis. Mr de Kaas dut se retirer et plus tard la plus grande partie de l'escadre retourna à Copenhague. Il ressort des dépêches que le comte de Bernstorff ne reprochait rien à mr de Kaas et, en général, qu'on n'attachait pas une grande importance au mauvais succès de cette expédition. Mr de Bernstorff continua ses efforts pour ramener la paix par des négociations, et mr de Kaas fut même autorisé à employer jusqu'à 30,000 mille piastres pour gagner sous main les ministres du dey. Mais pour le cas où l'honneur et les intérêts du pays dussent rendre la reprise des hostilités nécessaire, une commission fut nommée le 4 septbre afin d'élaborer un plan pour les opérations de l'année suivante, et rien n'indique dans les archives que cette mesure fût inspirée par un sentiment d'hostilité contre le comte Bernstorff, qui en effet n'était responsable en rien du mauvais résultat de l'expédition et qui au contraire, dans toute cette affaire, avait montré la plus grande prudence.

297.

Instruction supplémentaire pour Mr Otto de Blome comme
Envoyé extr. du roi à Paris.[1])

Copenhague 14 septre 1770.

Comme vous trouverez, monsieur, dans les archives de
l'ambassade du roi à Paris les mémoires que feu sa maj. m'a
ordonné d'adresser à vos prédécesseurs le 31 janv. 1755 et
le 10 juin 1763 pour leur servir d'instructions et éclairer
et guider leurs premiers pas, et que ces mémoires exposent
avec assez d'étendue non-seulement les liaisons et les relations dans lesquelles les deux couronnes se trouvaient alors
entre elles, mais encore les principes des unes et des autres,
je pourrais me dispenser aujourd'hui de m'acquitter du
même office à votre égard, si l'altération considérable arrivée
depuis dans la politique et le système de la France n'avait
ébranlé ces mêmes principes, et ne m'imposait l'obligation
de vous signaler les effets que cette altération a produits,
et surtout le changement qu'elle a dû opérer inévitablement
dans les résolutions et les démarches du roi.

En 1755, la France se gouvernait encore selon les anciennes maximes établies et suivies par les grands rois qui
ont régné sur elle depuis le commencement du siècle dernier. Le Nord lui était cher encore, l'amitié de cette partie
de l'Europe paraissait lui importer. C'était ainsi que je
l'avais connue et j'ai parlé dans ce sens au comte de Wedel-
Frijs. On devait juger constant un système fondé en raison, qui s'était soutenu depuis tant d'années. Cependant il
fut renversé peu de mois après. Le cardinal de Bernis
abusé lui-même en voulant plaire à la favorite, commença
à le changer; la France réunit ses intérêts à ceux de la
maison qu'elle avait toujours combattue, l'alliance de l'Autriche lui tint lieu de toute autre et, quoique l'auteur de ce
changement succombât bientôt aux revers qui suivirent son
exécution, son successeur, le duc de Choiseul, attaché par nom-

---

[1]) Mr O de Blome, colonel et aide-de-camp général du roi, resta à
Paris comme ministre jusqu'à la fin de 1796, lorsqu'il fut remplacé par Mr Dreyer.

bre de motifs personnels à l'adopter, le poursuivit et le poussa plus loin. Il imagina, en 1761, le célèbre pacte de famille et, tournant désormais toutes ses vues, tous ses soins vers le Sud, il ne se souvint du Nord que pour le négliger, le haïr et le troubler. Ses sentiments commencèrent à se manifester d'ubord après la conclusion de la paix, et vous verrez dans ce que j'ai écrit au baron de Gleichen que le feu roi s'en aperçut dès 1763.

L'alliance entre les deux couronnes expira l'année suivante le 15 mars 1764. Elle avait duré alors 21 ans. Le feu roi était disposé à la renouveler aux mêmes conditions auxquelles elle avait subsisté jusque-là. Vous verrez par mes lettres à vos prédécesseurs que je ne l'ai pas laissé ignorer au ministère de la France, mais cette couronne ne le voulut pas. L'amitié de nos rois ne lui paraissait plus un objet désirable, à moins qu'ils ne se vouassent à ses vues et à ses querelles, et le duc de Choiseul s'était imaginé de pouvoir étendre jusque-là sa domination sans qu'il en coûtât autre chose à son maître que de payer ce qu'il devait déjà. Il comptait ainsi faire valoir davantage l'inexactitude de ses payements qu'il n'aurait pu faire valoir leur ponctualité et en tirer plus de profit. L'idée pouvait être bonne pour la France, elle n'était pas séduisante pour ses alliés, le feu roi ne la goûta pas et on ne renouvela point l'alliance.

On s'en tint de part et d'autre à la simple amitié, et la France convint par un acte signé du duc de Praslin, le 9 juillet 1764, qu'elle payerait au roi les subsides arriérés à raison de 1500 millo livres par an, promesse qu'elle exécuta en effet pendant quelques années. Nous en étions à ces termes, lorsque le roi qui règne aujourd'hui sur nous monta sur le trône. Les procédés de la France se ressentaient déjà de son nouveau système, mais ils n'étaient pas encore entièrement développés. Ils étaient froids, mais ils n'étaient pas injustes ni offensants. Cette vive et implacable haine qui anime le duc de Choiseul contre la Russie était déjà allumée, mais elle ne se manifestait que dans des disputes sur des titres et des formalités peu importantes et peu sérieuses; la France soutenait encore en Suède le parti de la liberté et des lois, qu'elle avait protégé depuis si longtemps et qui formait le premier et véritable nœud qui avait uni et unissait encore sa politique à celle de nos rois. L'intelligence était donc, quoique moins vive, encore bonne entre elle et nous, mais cela ne dura pas et le roi découvrit dans cette même année qu'elle commençait à en renverser la base, en se déclarant pour la reine de Suède, en coopérant à ses vues ambitieuses et en sacrifiant aux passions de cette princesse des engagements qui auraient dû lui être sacrés. C'était la France qui avait négocié dès l'année 1750 le mariage de la princesse, sœur aimée du roi, avec le prince royal de Suède. Elle s'était donné les peines les plus vives et les plus soutenues pour surmonter les obstacles qui s'y étaient opposés. Elle y avait réussi, le mariage arrêté entre les deux maisons royales se trouvait revêtu de toutes les formalités possibles. Il n'en eut pas moins le malheur de déplaire au bout de quelques années à la reine de Suède, qui dans la fougue de son caractère ne garda plus de mesure pour le faire rompre et mit sa gloire et sa joie à faire à la princesse l'affront le plus sensible qu'elle pût recevoir, et l'ambassadeur de France ne rougit point de prêter son ministère, quoique inutilement, à cette injustice. Dans d'autres temps, il n'en aurait peut-être pas fallu davantage pour brouiller les deux cours, mais le roi se retint sagement et, content d'avoir soutenu les droits de sa sœur et sa propre dignité, satisfait de sa victoire, il ne laissa échapper aucun signe de ressentiment. Le 10 janv. 1768, le duc de Choiseul me fit faire par le marquis de Blosset la déclaration que vous trouverez dans ma lettre du même mois à mr de Gleichen, portant la suspension du payement du reste des arrérages, suspension qui dure encore. Il y avait encore là de quoi se fâcher, les arrérages liquidés et avoués de toute part étaient dus de couronne à couronne, et la France, qui n'avait aucune violation des traités à reprocher au roi, — on n'entreprenait pas même de l'en accuser — n'était pas en droit de se dispenser de sa propre autorité de l'observation de ses engagements les plus solennels. Il y aurait eu des vérités bien incontestables et bien dures à lui dire; cependant le roi ne le fit pas, il se contenta de m'ordonner de répondre à cette déclaration dans des termes modérés mais dignes de lui, ce que j'ai tâché de faire, d'abord verbalement à mr de Blosset et puis dans mes let-

tres au baron de Gleichen du 16 et 30 janvier et 9 avril,
et sa maj., qui, sur la fin de l'année, vint elle-même en
France, jugea au-dessous d'elle de toucher ce sujet pendant
le séjour qu'elle y fit. Elle vécut avec le roi très-chrét. et
se sépara de lui dans les termes d'une amitié sincère, mais
à peine eut-elle touché les frontières de ses Etats dans les
premiers jours de 1769, qu'elle apprit que le ministre de
ce monarque préparait en Suède une révolution qui, si elle
avait réussi, aurait porté le coup le plus fatal à ses intérêts les plus connus et les plus décidés, à l'influence qu'elle
a dans le Nord et à la sûreté de ses Etats, et que dès le
13 janvier le duc de Choiseul avait écrit au baron de
Gleichen : que n'ayant pu se défendre de la crainte que les
clameurs des bonnets ne portassent leurs amis à quelque
démarche violente, ni s'empêcher de rendre compte au roi
son maitre de cette idée, sa maj. très-chrét. lui avait ordonné de déclarer en conséquence, tandis qu'il était temps
encore, que, vu l'intérêt qu'elle prenait à la Suède, elle regarderait toute voie de fait comme une rupture avec la
France et que l'Espagne suivrait indubitablement le même
principe.

Les expressions, vous le voyez, étaient fortes, la sagesse
et la fermeté du roi obvièrent à leurs effets; sans s'en laisser ni échauffer ni intimider, il me commanda de répondre
ce que vous verrez dans ma lettre au baron de Gleichen,
écrite le 7 février. Sa maj. ne se laissa pas arrêter dans sa
carrière ni détourner de son but, elle sauva la Suède ou
eut au moins une part principale à sa conservation, et la
France n'eut ni le prétexte ni l'envie d'exécuter ses menaces. Quoique cette couronne ait succombé, elle est restée
tranquille et en silence.

Je ne suis entré dans ces détails, monsieur, que pour
vous remettre aussi succinctement qu'il m'a été possible le
tableau de la situation dans laquelle le roi se trouve actuellement vis-à-vis de la cour où vous allez résider. Il a
sujet d'être très mécontent d'elle, elle a la première rompu
et abandonné les principes et le concert qui formaient leur
union. Elle lui retient des sommes considérables qu'elle ne
saurait nier et qu'elle ne nie pas lui devoir, et elle agit en
Suède directement contre ses intérêts les plus précieux.

Mais il ne veut pas lui faire des reproches qui seraient inutiles, il ne veut pas être son ennemi, et bien certain que
le temps viendra où elle reconnaîtra ses torts et satisfaira
à ses justes demandes, il attend cette époque avec calme
et sans impatience. Ce sont ces dispositions, que je vous
marque par son commandement exprès, qui feront le plan
et la règle de votre conduite. Il serait au-dessous de sa
maj. de se plaindre sans effet et de solliciter vainement un
roi, maître d'un royaume plus opulent et plus peuplé que le
sien mais au reste son égal. Vous ne tiendrez donc point
le langage de mécontent et, vous prenant à faire entendre
au duc de Choiseul, lorsque l'occasion l'exigera, que le roi
insiste et insistera toujours sur le payement de ce qui lui
est dû, vous ne lui parlerez de ses torts et ne lui rappellerez
ses injustices que lorsque vous estimerez pouvoir le faire
avec utilité. Vous mettrez d'ailleurs votre application à lui
plaire. Sans déguiser ni nier l'alliance qui subsiste entre
le roi et la Russie, sans cacher les sentiments que cette
alliance exige, vous ne les affecterez pas, votre contenance
sera décente dans tous les cas. Vous trouverez probablement
la nation et la cour très touchées des malheurs redoublés
dans lesquels leurs vœux et leurs conseils ont entraîné les
Turcs. N'en témoignez point de joie, que l'on voie toujours
en vous le ministre d'un prince fidèle à ses amis, mais qui
n'a point d'ennemi

Mais n'en défendez pas avec moins de courage le système de votre roi. Vous avez une cause bien belle à soutenir. Le roi n'a rien fait contre la France, n'a manqué en
rien à ses engagements, à son amitié vis-à-vis d'elle. Fidèle
à tous ses traités, il les a remplis tous exactement et si,
également fidèle aux intérêts de sa couronne et de la nation
dont Dieu l'a établi souverain, il a, à l'exemple de tous ses
aïeux, cherché et chéri l'alliance de la plus grande puissance
du Nord, s'il a travaillé à terminer par un accord heureux
et favorable les divisions qui déchiraient sa maison, qui ont
fait les malheurs et les peines de ses pères et mis plus
d'une fois sa monarchie à deux doigts de sa perte, il n'a
rien fait qu'un prince habile et sage ne dût faire et rien
qui ne fût conforme même aux intérêts de la France. Son
but, dans toutes ces pénibles négociations, n'a été que celui

que cette couronne a tant de fois promis d'appuyer du
temps de l'impératrice Elisabeth, et il est si évident qu'il
est du vrai avantage de la France ainsi que de toutes les
puissances de l'Europe, sans en excepter aucune, que la redoutable Russie ne conserve point le Holstein et par lui les
moyens d'infester et de bloquer le Danemark, la Suède et
l'Allemagne, que mr de Choiseul en est convenu lui-même et
que si, par les malheurs du temps, il parvenait à renverser
l'ouvrage et les justes espérances du roi, ce serait le triomphe de l'humeur et du caprice sur la raison et une tache
immortelle que sa propre nation reprocherait à la mémoire
de ce ministre dans tous les temps.

Vous pouvez le lui faire entendre, monsieur, quand il
vous en fournira l'opportunité. Je suis sûr qu'il sentira au
fond de son cœur la vérité de vos paroles. Veillez en
même temps à ses projets, à ses démarches, à son sort. In-
formez le roi de tout, accordez à ses sujets vos soins
lorsqu'ils les réclameront, nourrissez l'amitié déjà établie
entre les deux peuples et regardez enfin comme dit à vous
tout ce qui a été dit à vos prédécesseurs et que les temps
n'ont point changé. Il serait inutile de vous répéter ce
que vous avez ou aurez sous vos yeux.

Puissent vos succès être complets, puissiez-vous servir
votre roi et lui plaire.

396.

Correspondance entre le Roi et le comte de Bernstorff.

1. Lettre du Roi, datée Hirschholm le 15 septbre.

Je trouve nécessaire pour le bien de mon service de
faire un changement dans le maniement des affaires. C'est
pourquoi je vous dispense de toutes vos charges, en vous
conservant uniquement votre place au conseil, où vous continuerez, à ce que je me promets, de me rendre des conseils
conformes à votre expérience et à votre zèle pour mes intérêts. Soyez d'ailleurs assuré de la continuation de ma
bienveillance.

Christian.

2. Réponse du comte de Bernstorff, datée Bernstorff le
15 septbre.

Je reçois les ordres de Votre Majesté avec les sentiments de soumission qui ont fait la règle de ma vie, pendant les 30 ans que j'ai passés à Son service & à celui des
Rois, Ses pères, et je mets ainsi avec le plus profond respect
à Ses pieds les charges dont il Lui avait plu de m'honorer.
Je ne Vous demande, Sire, que la permission d'y joindre la
place au conseil, que Vous avez trouvé bon de me réserver.
Votre majesté est trop éclairée, pour ne pas sentir que je
l'occuperais très inutilement, et sans doute trop juste, pour
ne pas m'accorder un repos que je n'avais sacrifié jusqu'ici
qu'à la seule espérance de La servir et de Lui plaire.

Je suis avec le plus profond respect, de Votre Majesté, &c.

Bernstorff.

3. Lettre de cabinet du Roi, Hirschholm le 16 septbre.

Monsieur le comte de Bernstorff. Comme je ne veux pas
que vous me serviez avec désagrément et que, par cette raison, j'ai cru devoir déférer à votre demande et accepter
la démission générale que vous désirez, Je vous l'accorde,
monsieur, par la présente, avec une pension annuelle de
6000 écus et avec l'assurance de la continuation de Mes
bonnes grâces.

Christian R.

_____

A. Schumacher

4. Lettre d'adieu du comte de Bernstorff.

Sire,

Daignez recevoir avec quelque bonté les remercîments
les plus soumis d'un homme qui Vous avait consacré sa
vie. Obligé de donner quelque attention à des intérêts
domestiques, négligés jusqu'ici avec joie, je me propose de
me rendre à Borstel. Je serai jusqu'au tombeau, Sire, &c.

5. Réponse autographe du Roi, datée Hirschholm le 3
tobre 1770.

Je vous souhaite, monsieur le comte, un bon et
reux voyage. J'apprendrai toujours avec plaisir de bon
nouvelles de votre santé et prospérité. Comptez sur la
tinuation de Ma bienveillance.

Christian.

Table du second volume.

		Rel et Maison royale.	Num.	Page.
		1. *Lettres de cabinet.*		
1762.	1 février	à l'empereur Pierre III, à l'occasion de son avénement au trône........	177.	1.
—	3 juillet.	au duc de Mecklenbourg, sur l'entrée des troupes danoises dans son territoire	205.	58.
—	14 août.	à l'impératrice Catherine II, à l'occasion de son avénement au trône........	216.	81.
—	7 octobre.	à l'impératrice Catherine II, sur la renonciation du roi à l'administration du Holstein-ducal	221.	92.
1764.	17 août.	au roi de la Grande-Bretagne, afin de demander la princesse Caroline Mathilde en mariage pour le prince royal........	225.	176.
1766.	15 janvier.	à l'impératrice Catherine II, pour lui annoncer l'avénement au trône du roi Chrétien VII	292.	259.
—	—	au bourgmestre de la ville de Hambourg, à l'occasion de l'avénement au trône du roi Chrétien VII......	293.	260.
1767.	21 avril.	à l'impératrice Catherine II, afin de provoquer le rappel du ministre de Prusse, mr. de Borck	325.	315.
1769.	31 mars. 2 septbre.	de l'impératrice Catherine II au roi, et du roi à l'impératrice	371.	409. 416.
1770.	15 septbre 8 octobre	sur le voyage du roi à Pétersbourg et sur l'exécution du traité de 1767. Correspondance entre le roi et le comte de Bernstorff sur la démission de ce ministre............................	396.	486.

		2. *Traités et conventions concernant la maison royale.*		
1766.	14 juillet.	Traité de mariage entre le roi de Danemark et la princesse Caroline Mathilde de la Grande Bretagne...	302.	282.
—	25 août.	Contrat de mariage entre la princesse Louise et le prince Charles de Hesse.	306.	285.
—	29 septbre.	Traité de mariage entre la princesse Sophie Magdalène et le prince royal Gustave de Suède..................	310.	282.
—	15 décembre.	Ratification du roi de l'acte par lequel la princesse Caroline Mathilde avait renoncé, le 1 octobre, à Londres, à l'héritage dans la maison de Brunsvic-Lünebourg....................	316.	304.
		3. *Rapports au Roi.*		
1762.	22 mars.	Sur l'attitude à prendre en cas d'une guerre avec la Russie au sujet des duchés...........................	164.	21.
1767.	30 avril	Vote du comte de Bernstorff sur la question des anciennes prétentions sur la ville de Hambourg..........	327.	316.
1770.	18 juillet.	Mémoire présenté au roi par le comte de Bernstorff sur le rappel du comte de Rantzau à la cour.............	391.	406.
		Lettres à des autorités à l'intérieur.		
1762.	16 juin.	Ordre à la chancellerie danoise sur les mouvements de la flotte...........	198.	52.
1769.	19 juin.	Instruction à mr. le général de Hauch sur la conduite à tenir vis-à-vis des Suédois qui tâchent de dresser le plan des forteresses norvégiennes..	367.	401.
		Circulaires aux ministres du Roi à l'étranger.		
1762.	9 avril.	Exposé des préparatifs militaires en vue de la défense du pays. Désir d'un accommodement pacifique.........	185.	22.
—	12 juillet.	Mouvements de l'armée et de la flotte. Conférences à Berlin sous la médiation de la Prusse.................	208.	65.
—	31 juillet.	Annonce de la révolution en Russie et de la déclaration pacifique de l'impératrice Catherine............	214.	72.

			Num.	Page.
1762.	14 août.	Rétablissement de rapports amicaux avec la Russie	215.	80.
1770.	30 Janvier.	Exposé des différends avec Alger	384.	449.
—	1 septbre.	Sur le voyage du roi et de la reine à Brunsvic et sur l'issue de l'expédition contre Alger	396.	479.

Empire Germanique et Autriche.

1. *Instructions pour les ministres du Roi à Ratisbonne.*

Mrs. de Moltke et L. de Bachoff.

1763.	8 juillet.	Ordre de se concerter avec les autres membres du corps évangélique sur les moyens de venir en aide aux états de Würtemberg contre le duc.	238.	142.

2. *Instruction pour mr. d'Aschbourg,* envoyé à Francfort à l'élection du roi des Romains.

1764.	21 avril.	Le peu de fruits de cette élection...	250.	171.

3. *Instructions pour les ministres du Roi à Vienne.*

Mr. le comte de Bachoff v. Echt.

1762.	6 mars.	Demande de savoir ce que le Danemark peut se promettre de l'Autriche en cas d'une attaque de la Russie	181.	11.
—	4 mai.	Même objet.........................	191.	41.
—	12 juillet.	Même objet.........................	211.	73.
—	—	Conditions auxquelles roi est disposé à accepter la proposition faite par l'Autriche	212.	75.
—	24 août.	Notification de la prise de possession par le roi de l'administration du Holstein-ducal	218.	83.
1763.	21 mai.	L'opportunité d'un concert entre les puissances afin de contenir la Russie	235.	130.
—	23 juillet.	Manque de confiance dans les intentions du comte de Kaunitz	240.	148.
1766.	15 janvier.	Ordre de demander veniam ætatis pour le roi au sujet de ses possessions dans l'empire	294.	290.

France.

1. *Notes aux ministres de France
à Copenhague.*

Mr. l'ambassadeur Ogier.

1763.	26 mars.	Refus d'être compris dans la paix de Hubertsbourg à titre d'allié de l'Autriche. Motifs de ce refus	288.	128.

2. *Instructions pour les ministres
du Roi en France.*

Mr. le comte de Wedel-Frijs.

1762.	27 février.	Demande de connaître ce que le Danemark peut se promettre de la France en cas d'une attaque de la Russie..	180.	9.
—	17 avril.	Satisfaction causée par la réponse du duc de Choiseul. Préparatifs militaires. Démarches auprès des cours. Proposition de conférences faite par l'empereur de Russie	187.	81.
—	—	Coopération militaire avec les Suédois impossible. Crainte que la France ne commence à se lasser de la forme du gouvernement en Suède........	188.	85.
—	22 mai.	En attendant la réponse du czar, les mouvements militaires se poursuivent. L'attitude des cours est peu satisfaisante	198.	44.
—	17 juin.	Mutisme de la cour de Pétersbourg. Préparatifs militaires. Abandon des autres cours	197.	56.
1762.	6 juillet.	Surprise du roi d'apprendre de quelle manière la France compte payer les arrérages de subsides. Mauvais augure pour l'efficacité de la garantie	205.	61.
—	21 septbre.	Motifs qui ont conduit le roi à prendre l'administration du Holstein-ducal, et vues qui le guideront dans la marche de cette affaire	230.	85.
1763	26 février	Observations sur les vues et le système de Catherine II. L'opportunité d'un concert entre les puissances afin de contenir la Russie................	289.	115.
—	14 mai.	Continuation des renseignements sur la politique russe..................	294.	120.
—	2 juillet.	Continuation. Affaires de Pologne...	297.	142.

		Mr. le baron de Gleichen.	Nom	Page.
1763.	10 juin.	Instruction générale................	238.	128.
—	31 décembre.	Démarche faite par Catherine II auprès du roi au sujet de l'élection d'un roi en Pologne	244.	152.
—	—	Difficultés faites par la France sur le payement des arrérages de subsides.	245.	160.
1764.	30 juin.	Le payement des arrérages réglé, le roi propose le renouvellement du traité d'alliance expiré..........	254.	175.
—	10 novbre.	Refus de la France de stipuler des subsides..................'......	261.	187.
1765.	10 août.	Méfiances et soupçons de la part de la France	279.	227.
1766.	12 juillet.	Sentiments plus justes du duc de Choiseul envers le Danemark	302.	262.
1768.	16 janvier.	Déclaration du marquis de Blosset que le payement des subsides dus cesserait.	337.	337.
—	9 avril.	Explications à donner sur les faux soupçons du duc de Choiseul contre le Danemark..................	342.	351.
1769.	7 février.	Déclaration sur les intentions du roi au sujet de la forme du gouvernement en Suède	355.	380.
		Mr. Otto de Blome.		
1770.	14 septbre.	Instruction supplémentaire..........	397.	480.
		Suède.		
		Instructions pour les ministres du Roi en Suède.		
		Mr. de Schack.		
1762.	1 février.	Sur les conséquences que le nouveau règne en Russie pourra avoir pour la Suède. L'importance pour le Danemark que la constitution soit conservée en Suède, et que la reine ne réussisse pas à joindre la Suède à la Russie pour attaquer le Danemark..	178.	2.
—	19 février.	Plaintes sur la pusillanimité des soidisant amis. Il faut résister de concert afin de défendre ses possessions et la liberté. Le roi assistera la Suède autant qu'il pourra	172.	5.
—	16 juin.	La guerre n'est plus à éviter. Espoir que mrs. de Scheffer et de Fersen		

			Nam.
		obtiendront du comité secret l'instruction désirée	195
1763.	14 juillet.	Instruction satisfaisante du comité. Le roi n'attend rien des conférences à Berlin. Probabilité que le règne de Pierre III ne durera pas. Intention du roi de demander au moment opportun l'exécution des traités	212.
—	14 août	Jalousie des Suédois et intrigues de la diplomatie française	217.
—	6 novbre.	Plaintes sur la conduite de mr d'Ekeblad dans l'affaire de l'administration du Holstein-ducal. Réserve vis-à-vis des ministres de France	224.
—	17 novbre.	Mécontentement de la conduite des amis en Suède. Inquiétude sur la liaison entre l'impératrice et la reine. Réflexions sur l'impératrice	225.
—	18 décembre.	Réglement de l'affaire de l'administration. Projets dangereux de l'impératrice et de la reine. Refroidissement entre la Prusse et l'Angleterre	226.
1763.	19 février.	Soupçon que la France est sur le point de changer de principe à l'égard de la forme du gouvernement en Suède. Effet d'un pareil changement sur les rapports du Danemark avec la France	228.
—	15 novbre.	Dangers pour la liberté. Déclaration à faire au baron de Scheffer. Opportunité de concerter un plan commun	242.
—	26 novbre.	Heureux effet de la mort du roi de Pologne sur la question constitutionnelle en Suède	243.
1764.	11 février.	Les bonnes dispositions de la reine sont peut-être un piège. Danger qu'elle ne persuade à la France de regarder comme de son intérêt d'augmenter le pouvoir royal en Suède	245.
—	17 mars.	Réflexions sur le projet constitutionnel de mr de Scheffer	248.
—	12 mai.	Proposition de renouveler l'alliance de 1749	251.
—	25 août.	Question du renouvellement du traité d'alliance avec la France. Stipulation de subsides. Opportunité de suivre	

			Num.	Page.
		le même principe dans cette circon-stance...............................	256.	177.
1764.	22 septbre.	Projet de l'impératrice de rétablir la constitution de 1720. Refus du roi de s'y associer. Offre d'assistance à mr de Scheffer......................	257.	179.
1765.	29 janvier.	La diète. Les chefs des chapeaux en danger. Le roi disposé à les assister au besoin bien qu'il soit mécontent d'eux...............................	264.	190.
—	9 mars.	Sur le mariage entre le prince royal de Suède et la princesse Sophie Magdalène..........................	269.	197.
—	1 juin.	Pas de danger véritable pour mrs de Scheffer et d'Ekeblad. Difficulté de les assister en présence de la question du mariage....................	274.	215.
—	1 juin.	Si, contre toute attente, les trois séna-teurs étaient attaqués, le roi est dis-posé à leur venir en aide à certaines conditions........................	275.	217.
—	22 juin.	Affaire des trois sénateurs. Le roi ne verra pas avec indifférence que la Suède soit attaquée par une puissance étrangère.........................	277.	222.
—	22 juillet.	Le roi ne s'opposera pas à l'abolition des dispositions fondamentales de 1756, pourvu que la constitution de 1720 reste intacte..................	278.	225.
—	14 septbre.	Un délai dans l'affaire du mariage est accordé sur la demande de mrs de Scheffer et de Breteuil. Le secret de l'assistance prêtée aux trois sénateurs ébruité à Pétersbourg par suite d'une indiscrétion	283.	237.
—	26 octobre.	Ordre à mr de Loewenhjelm d'entamer l'affaire du mariage	285.	245.
		Difficultés de l'affaire du mariage....	286.	246.
—	23 novbre.	Le roi refusera toute condition dont la Suède pourrait vouloir faire dé-pendre l'accomplissement du mariage	288.	249.
—	3 décembre.	Refus de faire de promesse au sujet de l'élection future d'un évêque de Lübeck............................	289.	250.
1766.	1 mars.	Difficulté d'accueillir l'insinuation de mr. de Loewenhjelm sur le renouvelle-ment de l'alliance..................	296.	261.

1766.	8 mars.	Conduite à tenir dans la lutte entre mr de Fersen et le parti vainqueur.	228.
—	24 mai.	Résolution du roi de soutenir la constitution et de venir en aide à mrs de Redbeck et de Horn.......	301.
—	28 juin.	Sur le projet d'assurer la constitution par de nouvelles lois. Objections contre l'augmentation du pouvoir royal à l'égard de la collation des charges et contre la codification projetée du droit public...........	303.
—	9 août.	Nouvelle politique de la France à l'égard de la Suède...............	304.
—	30 août.	Sur la marche du projet tendant à assurer la constitution............	307.
—	22 novbre.	Sur l'intention attribuée au roi de Suède d'abdiquer la couronne............	315.
—	23 décembre.	Prolongation de sa mission en Suède jusqu'au printemps............	319.
1767.	14 mars.	Intrigues politiques attribuées à mr de Sprengporten................	322.

Mr. de Juel.

—	16 mars.	Instruction supplémentaire..........	323.
—	14 novbre.	État dangereux des choses en Suède.	324.
—	26 décembre.	Projet criminel de la reine..........	326.
1768.	9 février.	Utilité de former un parti danois....	328.
—	13 février.	Mesures à prendre en cas de troubles en Suède......................	339.
1769.	4 janvier.	Sur la démonstration du roi de Suède faite au sénat.....................	350.
—	11 février.	Nécessité de se rapprocher du parti vainqueur	354.
—	18 mars.	Déclaration au gouvernement suédois sur l'escadre danoise.	360.
—	1 avril.	Indication des parties de la constitution suédoise que le roi veut maintenir immuables......................	361.
—	1 avril.	Déclaration au gouvernement suédois sur la réunion de la diète.........	362.
—	8 avril.	Sommation au ministère suédois au sujet de son attitude dans la question de l'escadre danoise..............	363.
—	29 avil.	Nécessité de s'arranger au besoin avec le parti vainqueur	364.
—	17 juin.	Sur les dispositions du ministère à se rapprocher du gouvernement danois.	365.

			Num.	Page.
1765.	15 juillet.	Sur la politique que le roi de Prusse suivra à l'égard de la Suède.......	369.	402.
—	14 octobre.	Conditions sous lesquelles on pourra tolérer l'adoption du plan du comte de Fersen	375.	420.

Russie.

1. *Traités et conventions.*

1765.	11 mars.	Traité d'alliance et de défense.......	270.	205.
1767.	22 avril.	Traité provisionnel sur l'échange du Holstein-ducal contre les comtés d'Oldenbourg et de Delmenhorst ...	327.	316.
1769.	23 février.	Précis d'une convention préliminaire et d'une alliance perpétuelle entre le Danemark et la Russie	357.	362.
—	13 décembre.	Traité d'alliance	377.	425.

2. *Notes aux ministres de Russie à Copenhague.*

Mr. le baron de Korff.

1762.	12 avril.	Acceptation de la proposition de l'empereur sur l'ouverture de conférences communes.....................	186.	22.

3. *Instructions pour les ministres du Roi à St. Pétersbourg.*

Mr. le comte de Haxthausen.

1762.	26 avril.	Soupçons contre les projets de l'impératrice. Sur l'idée d'envoyer des troupes auxiliaires russes dans le Hanovre.	190.	40.
—	8 septbre.	Conditions que le roi est disposé à offrir à l'impératrice pour obtenir la cession du Holstein-ducal	212.	84.
—	10 octobre.	Renonciation du roi à son droit d'administrer le Holstein-ducal pendant la minorité du grand-duc..........	222.	99.
—	25 décembre.	Sentiments de l'impératrice et résolution du roi de laisser tomber toute idée d'une négociation	227.	110.
1763.	29 janvier.	Réflexions sur le titre impérial pris par la Russie. Observations sur la nomination du comte de Panin. Sa liaison avec la reine de Suède	228.	111.

Mr. d'Osten.

			Num.
1764.	7 avril.	Instruction générale. Jugement sur l'impératrice et ses actes. Ligne que le roi compte suivre dans sa politique à son égard.............	233.
—	12 mars.	Proposition de renouveler le traité de 1746 en le modifiant en quelques points..........................	247.
—	5 juin.	Sentiments du roi au sujet de la grande union projetée par l'impératrice ...	253.
—	22 septbre.	Impatience d'avoir une réponse aux propositions du 12 mars..........	256.
—	27 octobre.	Sur le traité. Le roi a recours le nouveau roi de Pologne. Article en faveur des dissidents..............	259.
—	1 décembre.	Démarche en faveur des dissidents...	262.
1765.	janvier.	Mémoire à présenter à St. Pétersbourg à l'occasion de la signature du traité du 11 mars 1765........	265.
—	31 janvier.	Démenti aux soupçons que le gouvernement danois eut des arrangements secrets avec la France...........	266.
—	6 avril.	Le roi pourra accepter l'abolition des dispositions de 1756, à condition que les autres restrictions du pouvoir royal en Suède restent intactes, que le mariage se fasse et que mr. de Höpken ne devienne pas ministre. Confirmation impériale de l'élection de Lübeck.......................	272.

Mr. Dreyer.

—	17 août.	Sur les motifs de l'opposition du roi de Prusse à un accommodement entre le Danemark et la Russie. Sa conduite envers la Pologne..........	280.
—	31 août.	Sur la mauvaise humeur de la Russie à cause de la protection que le gouvernement danois aurait accordée aux sénateurs suédois.............	281.
—	21 septbre.	Discussion approfondie de cet incident	284.

Mr. d'Assebourg.

—	5 septbre.	Instruction générale. Caractère et plans de l'impératrice...................	282.
—	5 décembre.	Aplanissement du différend relatif aux sénateurs. Accord entre les deux	

			Num.	Page.
		gouvernements sur leur système politique.............................	290.	252.
1765.	5 décembre.	Proposition d'alliance faite par l'Angleterre, et réponse du roi............	291.	254.
1766.	1 mars.	Sentiments du roi envers mr de Saldern. Affaires de Suède. Sur les négociations entre la Russie et l'Angleterre	297	269.
—	16 août.	Sur la mission de mr de Saldern à Berlin et les rapports entre la Russie et la Prusse..............	305.	284.
—	6 septbre.	Sur le péage du Sund et l'impossibilité d'y accorder des privilèges à la Russie.............................	308.	287.
—	18 octobre.	Sentiments du prince royal de Suède. Rappel de mr de Schack..........	311.	292.
—	8 novembre.	Affaires de Pologne.................	313.	296.
—	22 novembre.	Affaires des dissidents. Position du roi Stanislas-Auguste.............	316.	301.
1767.	24 janvier.	Nouvelle proposition d'alliance défensive, faite par l'Angleterre........	321.	305.
—	20 avril.	Signature du traité provisionnel sur l'échange du Holstein-ducal contre les comtés d'Oldenbourg et de Delmenhorst.......................	324.	312.
—	22 septbre.	Intrigues intérieures. Conduite de mr. de Filosofoff.................	333.	332.
—	5 décembre.	Lettres de rappel et compliment pour la conclusion du traité............	335.	335.
		Mr. le comte de Scheel.		
1768.	4 avril.	Instruction générale.................	341.	343.
—	23 septbre.	Projet du roi de rendre visite à l'impératrice à St. Petersbourg. Séjour du roi à Londres..................	346.	355.
—	4 octobre.	Séjour du roi à Londres. Affaires de Pologne..................	347.	357.
1769	6 février.	Exposé de la situation du Nord et surtout de celle du Danemark. Mesures prises par le roi et mesures communes à prendre. Nécessité pour le Danemark d'être assuré d'une prompte exécution du traité de 1767. Question des subsides contre les Turcs.............................	359.	369.
—	—	Rapports exagérés de mr. de Filosofoff sur les projets du gouverne-		

			Num.	Page.
		ment danois et soupçons injustes de mr de Saldern......................	354.	378.
1769.	28 février.	Mesure à garder dans les opérations en Suède...................	358.	390.
—	15 juillet.	Sur l'alliance entre la Prusse et la Russie............................	362.	402.
—	2 septbre.	Commentaire à la lettre du roi à l'impératrice de la même date.....	372.	418.
—	2 septbre	Affaires de Pologne. Défense pour les Czartoriski. Affaires d'Angleterre. Situation des dissidents	373.	422.
—	4 novembre.	Plaintes sur le retard que subit la conclusion du traité. Note: lettre de mr. de Filosofoff sur les intrigues à la cour......................	376.	430.
—	20 décembre.	Signature du traité. Désir que les matelots danois ne soient pas employés hors de la Baltique........	379.	437.
—	—	État satisfaisant des affaires en Suède	380.	440.
—	—	Sur les rapports avec la Prusse......	381.	441.
—	—	Affaires de Pologne. Peu de confiance dans la politique de Frédéric II à l'égard de la Pologne............	382.	443.
1770.	27 janvier.	Fausses manoeuvres du comte d'Ostermann à Stockholm. Secret gardé par mr de Panin vis-à-vis de l'Angleterre sur le traité avec le Danemark. Pas de rapprochement de la part de la Prusse...............	383.	448.
—	3 mars.	Question des matelots. Mutisme du roi de Prusse. Entrée au service russe d'officiers de la marine danoise.	386.	456.
—	9 mars.	Échange des ratifications du traité. Réflexions sur le traité et l'entrée au service russe des matelots danois.	387.	457.
—	9 mars.	Réflexions sur la politique de la Prusse. Rappel du baron de Gleichen......	388.	458.
—	19 mai.	Plan d'opérations pour la diète future en Suède........................	390.	465.
—	26 juillet.	Intrigues de cour	392.	472.
—	26 juillet.	Voyage du roi et événements qui l'ont marqué..........................	393.	473.
—	26 juillet.	Mécontentement de mr de Saldern ..	394.	475.
—	7 août.	Demande que mr de Panin ne fasse aucune démarche pour venir en aide au comte de Bernstorff...........	395.	476.

			Num.	Page.
		4. *Instructions pour les plénipotentiaires du Roi à la conférence de Berlin.*		
		Mrs. de Juel et de Ranzau.		
1762.	12 juillet.	Instruction sur les conditions auxquelles le roi pourrait conclure un arrangement pacifique avec l'empereur Pierre III	209	66.
		5. *Instructions pour les commissaires du Roi chargés de prendre possession de l'administration du Holstein-ducal.*		
		Mrs. de Brockdorff et de Juel.		
1762.	15 octobre.	Instruction sur la conduite à tenir en cas qu'on les insulte à Kiel........	222.	101.
		6. *Lettres à des hommes d'État russes.*		
1765.	2 février.	À mr le comte de Münnich. Assurances de la grâce du roi................	268.	195.
1769.	6 février.	À mr le comte Panin. Sur des officiers de l'armée danoise désireux d'entrer au service de la Russie	352.	368.
		Grande-Bretagne.		
		1. *Notes aux ministres d'Angleterre à Copenhague.*		
		Mr. de Titley.		
1762.	27 juin.	Le roi agréera les propositions de Pierre III pourvu qu'elles soient compatibles avec sa dignité	200.	55.
		2. *Instructions pour les ministres du Roi à Londres.*		
		Mr. le comte de Bothmer.		
1762.	17 avril.	Confiance du roi dans l'Angleterre. Seules bases possibles d'un arrangement. Reconnaissance des services rendus par le ministre d'Angleterre à St. Pétersbourg....................	189.	36.

1762.	8 mai.	Le roi ne se contentera pas de la neutralité de l'Angleterre et de Hanovre en cas d'une guerre avec la Russie, mais réclamera l'effet de la garantie pour le Slesvic. Pour le moment on ne demande que les bons offices de l'Angleterre à Pétersbourg, appuyés par l'aveu formel des engagements de l'Angleterre et du Hanovre	192.	42.
		Mr. le baron de Diede de Fürstenstein.		
1767.	12 janvier.	Instruction générale	330.	304.
—	18 juillet.	Instruction supplémentaire	333.	342.
1768.	1 mars.	Démission de la grande-gouvernante de la reine, mad. de Plessen.......	340.	345.
1769.	4 mars.	Difficultés s'opposant à la conclusion d'une alliance avec l'Angleterre....	350.	391.
—	6 mai.	Déclaration de l'Angleterre de soutenir le Danemark en cas d'une rupture entre ce pays et la France	365.	399.
—	23 septbre.	Position gagnée par la France en Europe	374.	403.

Hollande.

Instructions pour les ministres du Roi à la Haye.

Mr. de Cheusses.

1762.	8 juillet.	Plaintes sur la manière dont toutes les puissances abandonnent le Danemark dans la crise actuelle.......	207.	64.
1765.	16 novbre.	Sur le mariage du prince d'Orange ..	287.	245.

Prusse.

1. *Notes aux ministres d'État du roi de Prusse.*

1762.	6 juillet.	à mr le comte de Finkenstein pour introduire mr d'Assebourg.........	205.	63.

			Num.	Page

2. Notes aux ministres de Prusse à Copenhague.

Mr. de Borck.

| 1762. | 15 mars. | Projets probables de l'empereur de Russie. Demande de connaître les avis de la Prusse dans ces conjonctures .... | 182. | 15. |
| 1763. | 11 juillet. | Impossibilité de satisfaire aux réclamations de la ville de Colberg et d'autres villes de la Poméranie relativement aux péages du Sund .... | 230. | 145. |

3. Instructions pour les ministres du Roi à Berlin.

Mr. le baron de Diede de Fürstenstein.

| 1763. | 2 septembre. | Instruction générale. Possibilité de liaisons entre les deux rois .... | 241. | 149. |

Mr. le comte H. A. de Holstein.

| 1766. | 15 décembre. | Instruction générale. .... | 317. | 303. |

Mr. le comte de Görtz (de Schlitz).

| 1767. | 19 mai. | Instruction générale. .... | 328. | 326. |

Mr. de Raben.

| 1768. | 1 mai. | Instruction générale. .... | 342. | 353. |

Mr. de Ferber.

| — | 29 octobre. | Demande de renseignements sur les agissements de mr. de Borck ...... | 349. | 361. |

Hanovre.

Instructions pour les ministres du Roi à Hanovre.

Mr. le baron de Diede de Fürstenstein.

| 1762. | 12 juillet. | Injustice des objections et des critiques que le Hanovre adresse au Danemark. | 210. | 72. |

Pologne

1. *Instructions pour les ministres du Roi à Varsovie.*

Mr. Mistral de St. Saphorin.

1765.	26 janvier.	Réflexions sur les effets de la mauvaise politique au sujet des dissidents...	263.
—	23 mars.	Proposition d'une liaison confidentielle entre les deux rois...............	271.
—	16 mai.	Liaison entre les deux cours établie. Communication de nouvelles et d'avis politiques.............	273.
—	15 juin	Mécontentement dans la Prusse occidentale et dangers qui pourront en découler. Opportunité de gagner les dissidents	276.
1766.	8 février.	Sentiments du roi à l'égard de la Pologne. Projet de l'Angleterre de former une ligue des puissances du Nord. Affaires de Suède. Affaires intérieures de Pologne	296.
—	28 juin.	Mission de mr de Saldern à Varsovie.	301.
1767.	1 novembre.	Le roi n'abandonnera pas les dissidents ni ne se séparera de la Russie	312.
—	15 novembre.	Désir d'amener une réconciliation entre les Czartoriski et la cour russe	314.
1768.	26 août.	Accord entre le Danemark et la Russie à l'égard des dissidents	343.
—	4 octobre.	Question des dissidents.;............	348.
1769.	29 janvier.	Sentiments des différentes cours à l'égard du roi de Pologne. Opportunité de créer un parti patriotique et de se concerter avec la Russie. Points principaux d'un pareil accord. Médiation d'une puissance tierce impossible. Offre de services......	351.
—	29 juillet.	Nécessité pour le roi de Pologne de se rapprocher de la Russie. Haine malheureuse des dissidents contre les Czartoriski....................	370.
—	5 décembre.	Nécessité pour le roi Stanislas-Auguste de prendre une décision..........	378.
1770.	13 février.	Refus de travailler en faveur d'une médiation de la France. Nécessité de se réconcilier avec la Russie ...	385.
—	21 avril.	Conduite peu politique du roi de Pologne............	389.

			Tom.	Page.

3. *Instructions pour les résidents du Roi à Dantzic.*

Mr. Kaur.

| 1764. | 13 mars. | Le roi fera des efforts en faveur des protestants en Pologne............ | 248. | 167. |

4. *Lettres à l'envoyé des dissidents en Pologne.*

Mr. d'Unruhe.

| 1764. | 25 mai. | Le roi donnera ordre à son ministre en Pologne de travailler en faveur des dissidents................ | 252. | 172. |

Petits États allemands.

Würtemberg.

| 1764. | 30 octobre. | Lettre à mr de Moser: félicitations sur sa mise en liberté............ | 260. | 186. |
| | 25 mai. | Garantie du roi d'une convention faite entre les princes de Würtemberg sur la succession................ | 329. | 329. |

Mecklembourg.

Instructions pour les ministres du Roi à Schwerin.

Mr. le comte de Holstein.

| 1762. | 3 juillet. | Nécessité de faire entrer des troupes danoises dans le duché et utilité d'un traité commun pour la défense du pays contre les Russes........ | 204. | 50. |
| 1763. | 5 mars. | Approbation du traité conclu avec le duc sur ses troupes. Inutilité de ce traité par suite de la paix........ | 231. | 119. |

Hambourg.

1. *Traités et conventions.*

| 1762. | 30 juin. | Traité de commerce et d'amitié........ | 201. | 55. |

1768.	27 mai.	Traité d'accommodement entre la maison de Holstein et la ville de Hambourg sur les anciennes prétentions des ducs et l'immédiatité de la ville	344.

2. Instructions pour les ministres du Roi à Hambourg.

Mr. de Johnn.

1762	16 mars.	Demande d'un emprunt. Offre de conditions avantageuses. Au besoin, des mesures coërcitives	183.
—	12 juin.	Ordre de déclarer au magistrat que, en cas de refus, le roi usera de moyens coërcitifs. Mesures prises à cet effet	194.
—	20 juin.	Les troupes prêtes à marcher	198.
—	21 juin.	Protestation du ministre de Russie. Ordre donné aux troupes d'avancer.	199.

Espagne.

1. Traités et conventions.

1767.	21 juillet.	Convention pour l'extradition mutuelle de déserteurs et d'esclaves dans les Antilles	331.

2. Instructions pour les ministres du Roi à Madrid.

Mr. le baron de Gleichen.

1762.	29 juin.	Sur les rapports du Danemark avec les États barbaresques	202.

Portugal.

Traités et conventions.

1766.	26 septbre.	Convention concernant le commerce entre le Danemark et le Portugal ..	309.

Maroc.

1767.	25 juillet.	Traité de paix et de commerce	352.